주역선해

주역의 불교적
이해와 융합

주역선해

周易禪解

우익지욱 저 · 길봉준 역주

운주사

역자의 말

명대明代의 4대 고승 가운데 한 사람으로 추앙받는 우익지욱(藕益智旭, 1599~1655) 선사에 의해 저술된 『주역선해周易禪解』는 유교의 대표적 경전 가운데 하나인 『주역』을 불교적 관점에서 재해석한 유일한 역학서 易學書이다. 명나라 말기에 불교계는 유불의 융화와 합일의 관점에서 유교와 노장의 사상을 불교적 시각으로 새롭게 해석하고자 하는 움직임 이 홍행하였는데, 이러한 결과로 저술된 책들이 지욱과 더불어 4대 고승으로 평가되는 운서주굉(雲棲株宏, 1532~1612)의 『죽창수필竹窓隨筆』과 감산덕청(憨山德清, 1546~1623)의 『노자도덕경주老子道德經注』, 그리고 지욱의 『주역선해』와 『사서우익해四書藕益解』 등이다.

　『주역선해』라는 서명에 있어 '선해禪解'는 곧 '불해佛解'라는 의미와 상통한다. 『주역선해』는 불교의 모든 교의와 사상을 종합적으로 응용 하여 역리易理를 불교적 관점에서 논리적으로 해석하는 특징을 보여 주고 있기 때문이다. 또 한편으로는 『주역』을 단순히 불교적 관점에서 재해석했다는 단편적 의미를 벗어나, 『주역』의 불교적 해석을 통해 오랫동안 이념상으로 대립해 왔던 유교와 불교의 상호 이해와 융합을 모색했다는 점에서 보다 큰 가치를 지닌다. 지욱은 당시의 유생들이 불교를 비방하고 서로 대립하게 된 시대적 상황을 극복하고자 유교와 불교 사상에 대한 해박한 지식을 바탕으로 유교경전을 불교적 관점에서 재해석하였다. 이는 유교와 불교가 지향하고 있는 진리와 가치가 결코 둘이 아님을 설파하고, 나아가 불교와 유교 상호간의 대립과 갈등을 해소하고 이해와 융합을 모색하고자 하는 목적에서다. 지욱은『주역선해』의 서문에서 자신의 이 같은 의도를 다음과 같이 밝히고 있다.

내가 역을 해석하는 이유는 다름이 아니라 선(禪, 佛敎)으로써 유교에 들어가 유생들을 인도하여 선을 알게끔 하고자 하는 것뿐이다(吾所由解易者, 無他. 以禪入儒, 務誘儒以知禪耳).

지욱의 이 같은 언급은『주역선해』를 저술한 의도가 불교의 입장에서 유교경전인『주역』을 해명함으로써『주역』을 매개로 삼아 유교에서 불교를 이해할 수 있는 통로를 열어주고자 하는 것임을 밝히고 있는 것이다. 결국 유교의 대표적 경전인『주역』의 불교적 해석을 통해, 불교에 대한 이해 부족 때문에 비방과 갈등을 일삼고 있는 유학자들에게 불교를 이해시킴으로써 불교와 유교의 화해와 융합을 의도하였던 것이다.

유불의 융화와 합일이라는 취지의 관점에서 저술된『주역선해』에는 실로 다양한 불교사상과 유교사상, 그리고 송원명宋元明대의 다양한 역학가易學家의 역설易說을 중심으로 한 역학사상이 내재되어 있다. 이를 요약하면, 크게 세 가지 측면에서 정리할 수 있다. 첫 번째, 불교사상에 있어서는 화엄과 천태사상이 중심사상으로 원용援用되고 있지만, 그 밖에 대·소승 사상을 비롯하여 유식·계율·선종사상에 이르기까지 모든 불교사상이 두루『주역』의 괘효卦爻의 뜻과 역리易理를 해석하는 데 원용되고 있다. 두 번째, 유교사상에 있어서는 수기치인

修己治人 등과 같은 유교적 기본사상과 신유학新儒學인 정주程朱의 이학理學과 육왕陸王의 심학心學 등이 부분적으로 불교의 교설과 함께 어우러져 표현되고 있다. 세 번째, 역학사상에 있어서는 『역전易傳』의 의리학적義理學的 관점이 적극적으로 수용되고 있으며, 나아가 송원명대의 심학心學 계통의 다양한 역학가의 역설이 또한 함께 수용되고 있다.

이렇듯 『주역』을 해석하는 데 있어 유불의 다양한 사상이 하나로 융합·회통되어 표현되고 있는 지욱의 『주역선해』는 역학사에 있어 다음과 같이 크게 세 가지 측면에서 그 사상적 성취와 영향을 끼쳤다고 볼 수 있다.

첫 번째, 역리와 불교의 회통이다.

지욱의 『주역선해』가 성취해 낸 이 같은 역리易理와 불교의 회통의 내용 중에서 가장 중요한 부분은 크게 두 가지 측면에서 요약할 수 있다. 하나는 역리와 불법이 동등한 우주의 근원적 진리임을 서로 대비시켜 증명(互證)하였다는 사실이고, 다음은 역易과 진여불성眞如佛性이 결과적으로 하나의 상통한 진리임을 천명해 냈다는 사실이다.

두 번째, 불교와 유교의 내적·외적 융합이다.

지욱은 『주역선해』에서 내적으로는 불교 내 각종 종파사상을 융합하고, 외적으로는 다양한 유학사상을 융합하여, 최종적으로는 서로 상이하고 차별적인 유불사상을 원만하게 융합하여 회통시키고 있다.

세 번째, 종교와 철학의 사상적 융합이다.

지욱이 『주역선해』에서 성취해 낸 종교와 철학 방면의 사상적 융합은 크게 두 가지 내용으로 정리할 수 있다. 그 하나는 역학과 불교에 있어 무극無極, 태극太極, 역리易理, 역易, 건도乾道, 음양陰陽, 동정動靜, 도道, 기氣, 변통變通, 이사理事, 체용體用, 심心, 법法, 진여眞如, 불성佛性, 연기緣起, 무명無明, 성수性修, 정혜定慧, 지관止觀, 적조寂照 등과 같은 철학적 개념들을 상호 연관된 철학적 개념으로 융섭融攝하여 하나의 동일한 철학적 개념으로 융통시키고 있다는 사실이고, 다음은 역학에 있어 음양陰陽, 동정動靜, 강유剛柔, 길흉吉凶 등과 같은 상대적 역易의 개념을 설명함에 있어서 불교의 정혜균등定慧均等, 실권병중實權並重, 성수불이性修不二, 지관쌍수止觀雙修의 교설과 상호 대비시켜 역시 그 뜻을 하나로 융합·회통시키고 있다는 사실이다.

『주역선해』가 비록 그 내용면에 있어서 논리적 비약과 내용적 모순이 있을 수 있지만, 역학사에 있어 이러한 세 가지 측면에서의 사상적 성취와 영향은 결코 도외시할 수 없는 역사적 사실임이 분명하다. 이는 곧 유불의 조화론이라는 측면에서뿐만 아니라. 역학사에 있어서도 지욱이 성취한 가치 있는 업적이라고 평가할 수 있다.

주역선해 하경 周易禪解 下經

해제

1. 우익지욱과 주역선해

1) 지욱의 생애

우익지욱藕益智旭은 명말 중국 불교사에 있어 덕산감청憨山德淸·자백진가紫栢眞可·운서주굉雲棲株宏 등과 더불어 이른바 4대 고승으로 불릴 정도로 큰 족적을 남긴 걸출한 인물이다. 서기 1599년(明 神宗 萬曆 27년)에 태어나 서기 1665년(淸 順治 12년) 57세의 세수로 입적하였다. 속성은 종鐘씨이고 이름은 제명際明, 혹은 명성名聲이라고도 하였다. 자는 우익藕益, 진지振之, 호는 팔불도인八不道人[1] 혹은 말년에 그가 거처하던 곳을 지칭해서 영봉노인靈峰老人이라고도 불리었다. '지욱智旭'이란 이름은 그가 출가하여 감산의 문인인 설령雪嶺에게 받은 법명이다. 지욱의 출생과 출가 인연 및 불교 수행에 관한 보다 자세한 내용은 『영봉종론靈峰宗論』(이하『종론』)에 실려 있는 「팔불도인전八不道人傳」에 기술되어 있다.

「팔불도인전」에 의하면 지욱은 매우 총명하여 12세의 어린 나이에 유가서를 읽고 '성학性學'을 후대에 전할 것을 다짐하였다고 한다. 그는 당시 이단으로 여겨졌던 불교와 노자를 비판할 결심을 하였고,

---

1 '팔불도인八不道人'은 지욱 자신이 지은 자호이다. 지욱은 이 자호를 따서 「팔불도인전八不道人傳」이라는 자서전을 쓰기도 하였다. 「팔불도인전」은 「藕益大師自傳」이라고도 불린다.

이후 그는 실제로 불교를 비판하는 내용의 글 수십 편을 짓기도 하였다. 『종론』에서는 이를 다음과 같이 표현하고 있다.

> 7세 때에 채식을 시작하였고 12세에 외전(外傳: 유가의 경전)을 배우다가 '성학性學'을 듣고 나서 영원토록 그것을 나의 임무로 여겨, 석가와 노자의 이단을 물리칠 것을 맹세하였다. 고기와 술상을 차려놓고 이단을 비판하는 글 수십 편을 지었다.[2]

출가 이전, 지욱의 이 같은 숭유崇儒와 훼불謗佛의 차별적 관점은 그가 17세 때에 우연히 당대의 고승인 주굉이 지은 『자지록서自知錄序』와 『죽창수필竹窓隨筆』을 읽으면서 점차 바뀌기 시작한 것으로 보인다. 「팔불도인전」에서는 이러한 지욱의 유불에 대한 인식의 변화과정을 다음과 같이 표현하고 있다.

> 17세 때에 운서 주굉의 『자지록서』와 『죽창수필』을 읽고 이내 불교의 비방을 그만두고, 불교를 비판하면서 지은 논문들을 모아서 불살라버렸다.[3]

이후 지욱은 20세 때에 이르러 『논어』를 주석하면서 공자의 심학을 깊이 깨닫고, 같은 해에 부친상을 당하여 천도재를 올리는 과정에서

---

2 『종론』「팔불도인전」, 797쪽. "七歲茹素, 十二歲就外傳, 聞聖學, 卽千古自任, 誓滅釋老. 開葷酒, 作論數十 篇辟異端."
3 위와 같음. "十七歲, 閱自知錄序及竹窓隨筆, 乃不謗佛, 取所著辟佛論焚之."

『지장보살본원경地藏菩薩本願經』의 독경을 듣는 것을 계기로 점차 출가
의 결심을 하기에 이른다. 「팔불도인전」에서는 이를 다음과 같이 표현
하고 있다.

> 20세에 유가의 경전인 『논어』를 주석할 때, '천하는 인으로 돌아간다
> (天下歸仁)'는 구절에 이르러 붓을 놓을 수가 없었다. 침식을 잊고
> 삼일 밤낮으로 고심하고 사색한 끝에 공자와 안자의 심학을 크게
> 깨닫게 되었다. 그해 겨울 부친의 상을 당하여 『지장보살본원경』을
> 처음으로 듣게 되었고, 이때부터 출가의 마음을 먹었다. 22세부터는
> 염불하는 데 오로지 뜻을 두었으며 남아 있던 2천여 편의 원고를
> 모두 불살라버렸다.[4]

지욱의 출가 결심은 23세에 이루어진 것으로 전해진다. 그가 출가의
결행을 굳히게 된 계기는 23세 되던 해에 『대불정수능엄경大佛頂首楞嚴
經』을 듣게 되었는데, "세계는 공에 있고(世界在空), 공은 대각을 생한다
(空生大覺)"라는 경구의 의심을 풀기 위함임을 밝히고 있다. 그의 출가
실행의 계기와 과정을 「팔불도인전」은 다음과 같이 기록하고 있다.

> 23세에 『대불정경』을 듣게 되었는데, '세계는 공에 있고, 공은 대각
> 을 생한다'라는 경구에 이르러 '무슨 까닭으로 이 대각이 있어서
> 허공계의 밑천이 되었는가?'를 의심하게 되었다. 깊이 고민하고

---

4 위와 같음. "二十歲, 註論語, 至天下歸仁, 不能下筆. 廢寢忘餐三晝夜, 大悟孔顏心
法. 冬喪父, 聞地藏本願, 發出 世心. 二十二世 專志念佛, 盡焚窗稿二千餘篇."

생각하였지만 공부는 조금의 진전도 없었다. 이것을 계기로 출가하여 대사大事를 연구하여 체득할 것을 결심하였다.[5]

지욱이 출가의 결심을 실행에 옮긴 것은 다음해인 24세 때이다. 지욱은 당시의 고승인 감산 선사를 세 번이나 찾아 출가의 뜻을 청하였으나 사제의 인연을 맺지 못하고 결국은 감산의 문도인 설령을 은사로 모시고 머리를 삭발하여 승복을 입고(削髮染衣) '지욱'이라는 법명을 받게 되었다. 지욱은 그해 여름과 가을 두 계절을 운서산(雲棲山: 중국 절강성 북부 항주에 위치한 산)에 들어가 고덕 법사古德法師에게 『성유식론』을 듣게 되었는데, 『대불정수능엄경』과 『성유식론』의 종지에 모순이 있는 것처럼 생각되었다. 그 까닭을 고덕 법사에게 물었으나 법사는 "성종과 상종은 화회和會할 수 없다"라고 말할 뿐이었다. 지욱은 불법이 어찌 두 가지 진리가 있을 수 있는지 깊이 의심하였고, 그 의심을 풀려고 마침내 경산(徑山: 중국 절강성 북부 항주에 위치한 산)에 들어가 참선 수행에 전념하였다. 다음해 여름, 그는 마침내 그동안 의심했던 성상性相이 둘이 아님을 깨닫고, 나아가 선가의 일체 공안公案에 대한 모든 의심까지도 확연히 깨닫게 되었다. 이에 대하여 「팔불도인전」은 다음과 같이 기록하고 있다.

여름과 가을을 운서산에 들어가 공부하면서 고덕법사로부터 『성유식론』의 강의를 들었는데, 한 번 들으면 모두를 이해하였으나 『대불

---

5 위와 같음. "二十三歲, 聽大佛頂經, 謂世界在空, 空生大覺, 遂疑何故有此大覺, 致爲空界張本, 悶絶無措, 但昏散最重, 功夫不能成片, 因決意出家, 體究大事."

정수능엄경』의 종지와 모순이 있음을 의심하였다. 법사에게 청해
물으니, 법사는 '성종性宗과 상종相宗은 화회和會할 수 없다'고 말할
뿐이었다. 심히 그것을 괴이하게 여기면서 어찌 불법에 두 갈래가
있을 수 있는지 의심하였다. 하루는 고덕법사에게 묻기를 '망념이
일어나는 것을 두려워하지 말고 단지 깨닫는 것이 늦음을 두려워하
라 하고, 또 중음中陰이 태에 들어감으로 생각이 일어나 생을 받는
것이라 하니, 만약 빨리 깨닫는다고 해도 어찌 해탈을 성취할 수
있겠습니까?'라고 물었다. 고덕법사가 '그대는 지금 입태入胎하였는
가? 아닌가?'라고 되묻자 나는 미소만 지을 뿐이었다. 고덕법사가
'입태하였다'라고 말하자 나는 할 말이 없었다. 고덕법사가 '그대가
말하고 있는 다만 지금의 이 몸은 과연 수태受胎할 때에 얻어서
가지고 온 것인가?'라고 다시 묻자 나는 등에 땀을 흘릴 뿐, 도무지
알 수가 없었다. 마침내 경산에 들어가 좌선에 전념하였다. 다음해
여름, 공부가 지극해지자 몸과 마음, 세계가 홀연히 모두 사라졌다.
이로 인하여 이 몸은 무시이래로 곳곳마다 태어났다가는 다시 죽곤
했는데, 다만 견고한 망상이 나타난 그림자로서, 찰나마다 망상이
계속되어 참으로 부모가 낳아준 그것이 아님을 깨달았다. 이로써
성종과 상종을 모두 투철하게 알게 되었으며, 그 근본이 모순되지
않고 다만 교광사설交光邪說로서 크게 사람을 오인하게 하는 것임을
알게 되었다. 이때에 일체의 경론과 일체의 공안이 눈앞에 드러나게
되었다.[6]

---

6 위와 같음. "夏秋作務雲棲, 聞古德法師講唯識論, 一聽了了, 疑與佛頂宗旨矛盾.
請問, 師云性相二宗, 不許和會, 甚怪之, 佛法豈有二岐邪. 一日問古師云, 不怕念
起, 只怕覺遲, 且如中陰入胎, 念起受生, 縱令速覺, 如何得脫. 師云, 汝今入胎也未,

지욱은 다음해인 26세에 보살계를 받았으며, 27세에는 율장을 두루 살펴보고 바야흐로 온 세상이 허위에 가득 차 있음을 알았다. 28세 되던 해에는 어머니가 병으로 돌아가시자 이를 크게 애통해 하며 다시 산에 들어가 수행에 전념하였으며, 두 해가 지난 30세 되던 해에 또다시 율장을 두루 열람하고 『비니사의집요毘尼事義集要』와 『범실우담梵室偶談』을 지었다. 이에 대하여 「팔불도인전」은 다음과 같이 기록하고 있다.

26세에 보살계를 받았다. 27세에 율장을 두루 열람하고 바야흐로 모든 세상이 허위에 가득 차 있음을 알았다. 28세 때에 모친의 병이 깊어지자 팔뚝을 네 번이나 찔렀으나(피를 흘려 어머니에게 먹임: 역자주) 구해드리지 못해 너무도 마음이 아팠다. 모친의 장례를 마치고 벼루와 붓을 태워버리고 깊은 산중에 곧장 들어갔다. 도반인 감공鑒空과 함께 오강吳江의 송능松陵에 들어가 문을 닫아걸고 머물렀다. 수행 중에 큰 병을 얻었지만, 참선 공부에 전념하며 정토세계에 왕생하기만을 간구하였다. 30세에 관문을 나와 남해를 보고 종남산終南山에 가고자 하였으나, 도반 설항雪航을 만나 율학律學을 전해 달라는 청을 받고 용거龍居에 머무르면서 『비니사의집요』와 『범실우담』을 저술하기 시작했다. 이 해에 성곡惺穀과 귀일歸一 두 도반을

道人微笑. 師云, 入胎了也. 道人無語. 師云, 汝謂只今此身, 果從受胎時得來者耶. 道人流汗浹背, 不能分曉. 竟往徑山坐禪. 次年夏, 逼拶功極, 身心世界, 忽皆消殞. 因知此身, 從無始來, 當處出生, 隨處滅盡, 但是堅固 妄想所現之影, 刹那刹那, 念念不住, 的確非從父母生也. 從此性相二宗, 一齊透徹, 知其本無矛盾, 但是交光 邪說, 大誤人耳. 是時一切經論, 一切公案, 無不現前."

만나 서로 간에 많은 수행의 이로움을 주고받게 되었다.[7]

다음해인 31세 되던 해에 지욱은 성곡惺穀선사와 헤어지고 다시
무이無異선사를 따라 금릉(金陵: 지금의 강소성 남경)에 이르러 110일
정도를 보내면서 당시 선禪의 폐단을 모두 알게 되었고, 이를 계기로
율장을 널리 펼 것을 결심하게 된다. 이후 지욱은 참선과 율장뿐만
아니라 자은종(慈恩宗: 법상종), 현수종(賢首宗: 화엄종), 천태종, 정토
종과 같은 당시에 유행했던 모든 종파의 가르침을 함께 수학한 것으로
보인다. 32세에 이르러 이러한 여러 종파의 가르침 중에서 자신이
추종할 하나의 종파를 선택할 결심으로 제비뽑기를 하였는데, 천태를
뽑은 것을 계기로 천태학을 공부하는 데 진력하게 된다. 그렇지만
스스로가 천태의 종문宗門으로만 머물기를 바라지는 않았다. 이에
대하여 「팔불도인전」은 다음과 같이 기록하고 있다.

32세 때에 『범망경』에 주를 달다가 네 가지 선택사항을 만들어
부처님께 물었는데, 현수賢首, 천태天台, 자은慈恩, 자립종(自立宗:
스스로 종을 세우는 것)이었다. 마침내 천태를 뽑으니, 이후부터
천태 연구에 전심하였다. 그렇지만 천태의 자손만을 고집하지 않았

7 위와 같음. "二十六歲, 受菩薩戒. 二十七歲, 遍閱律藏, 方知擧世積訛. 二十八世母
病篤, 四刲肱不救, 痛切肺肝. 葬事畢, 焚棄筆硯, 矢往深山. 道友鑒空, 留掩關於松
陵. 關中大病, 乃以參禪工夫, 求生淨土. 三十歲, 出關朝海, 將往終南, 道友雪航,
願傳律學. 留住龍居, 始述毘尼事義集要, 及梵室偶談. 是年遇惺穀, 歸一兩友, 最
得交修之益."

다. 왜냐하면 당시의 천태종은 선종, 현수, 자은종 등과 마찬가지로
각자 자기 종파에만 집착하여 서로 간에 화합을 이루지 못하고
있었기 때문이다.[8]

지욱에 대한 위와 같은 기록으로 보면 지욱의 천태에 대한 천착은
이때부터 이루어지지 않았나 생각된다. 하지만 「팔불도인전」에도 언
급되고 있듯이 지욱은 천태의 경론을 주로 공부하면서도 거기에만
집착하여 다른 종론을 도외시하지는 않은 것으로 보인다. 그 이유는
당시에 모든 종파들이 자파의 우월성만을 주장하며 다른 종파들과
분열과 대립의 양상을 보인 것에 대한 폐해를 그 누구보다도 잘 알고
있었기 때문일 것이다. 지욱이 천태를 주로 공부하면서도 모든 종파의
경론에 대한 가르침을 도외시하지 않은 것은 그의 불교에 대한 종합적이
고 해박한 이해와 체계적 인식의 틀을 성취하게 하는 결과를 낳게
되었다고 할 수 있다. 그의 문집인『종론』과『주역선해』에 담겨 있는
다양한 종교적 교의와 가르침이 이를 증명하고 있다.

지욱은 33세 되던 가을에, 성곡과 벽여 두 선사가 세상을 떠나자
비로소 영봉산靈峰山[9]에 들어가 겨울을 나게 된다. 이때부터 지욱은
대장경을 두루 열람하며 경론에 대한 지식을 쌓아나갔고, 이후 35세부

---

8 앞의 책, 798쪽. "三十二世, 擬注梵網, 作四闇問佛, 一曰宗賢首, 二曰宗天台,
   三曰宗慈恩, 四曰自立宗. 頻拈得台 宗闇. 於是究心台部, 而不肯爲台家子孫. 以近
   世台家, 與禪宗, 賢首, 慈恩各執門庭, 不能和合故也."
9 영봉산靈峰山: 지금의 중국 절강성 효풍현孝豊縣에 위치한 산. 지욱이 말년에
   스스로의 자호를 '영봉'이라 부른 것도 바로 지욱이 이 산에서 수행한 인연에서
   비롯되었다.

터는 제방을 편력수행遍歷修行하면서 57세 입적 직전까지 경론에 대한
많은 주해註解와 논서를 쓰는 등 활발한 저술활동을 병행한 것으로
기록되어 있다. 「팔불도인전」에서는 33세 이후부터 지욱의 행적에
대한 구체적 언급이 생략되고 있다. 단지 그가 몇 살에 어디에서 무슨
논서를 저술하고 주해하였는가 하는 것만을 간략히 기록하고 있을
뿐이다.

지욱이 남긴 많은 저술 가운데『주역선해』는 그가 43세 되던 1641년
부터 쓰기 시작하여 4년 후인 1645년에 완성한 것으로 기록되어 있다.
중국 근현대의 명승으로 일컬어지는 홍일법사(弘一大師, 1880~1942)
가『종론』의 「팔불도인전」과 지욱의 사제인 석성시釋成時가 쓴 지욱에
대한 기록, 그리고『종론』에 담겨 있는 여러 자료들을 취합하고 검증하
여 새롭게 쓴 「우익대사연보藕益大師年譜」에서는『주역선해』의 저술
인연과 시작, 그리고 완성에 대한 과정을 다음과 같이 기록하고 있다.

43세 되던 신사년에 온릉溫陵 월대月臺에서 동안거를 결제하면서
곽郭 씨라는 사람이 역易에 대해 묻자 마침내 붓을 들어『주역선해』를
저술하기 시작하였으나, 반도 완성하기 전에 요청에 응하느라 그대
로 남겨두었다. 44세인 임오년 여름에 혼자서『민유집閩遊集』을
편찬하였고, 온릉으로부터 호주로 돌아와서는『대승지관석요大乘
止觀釋要』를 저술하였다. 영봉산에서 대장경을 장성裝成하고『철불
사예참문鐵佛寺禮懺文』을 편찬하였다. …… 47세 되던 을유년(1645)
여름에 ……『주역선해』를 끝마쳤다.[10]

---

10 弘一大師 撰, 「藕益大師年譜」(『周易禪解』, 九州出版社, 2004), pp.360-361.

이 같은 기록으로 보면 지욱의 『주역선해』 저술은 근 4~5년 가까이 진행된 것으로 보인다. 『주역』에 대한 선해가 그만큼 방대하고 심혈을 기울일 수밖에 없었던 힘든 작업이었음을 짐작할 수 있는 내용이다. 이후 지욱은 49세 되던 정해년(1647)에 『유식심요唯識心要』, 『상종직해 팔해相宗直解八解』, 『미타요해彌陀要解』, 『사서우익해四書藕益解』 등 네 편을 저술하였다. 이 가운데 『사서우익해』는 유교의 대표적 경론인 『논어』, 『중요』, 『대학』, 『맹자』 등을 『주역선해』와 마찬가지로 불교적 관점에서 재해석한 책이다. 51세에는 온릉으로부터 영봉으로 다시 돌아와 『북천목십이경송北天目十二景頌』, 『법화회의法華會義』를 저술 하였으며, 52세에는 『점찰소占察疏』와 『중치비니사의집요발重治毗尼 事義集要跋』을 저술하였다. 53세에는 장간에서 결제하면서 『선불도選 佛圖』를 거듭 교정하였고, 54세에는 성계晟溪에 머물면서 『능가의소楞 伽義疏』를 초록하였다. 이해 12월에 자서전의 저술을 시작하였는데, 스스로 「팔불도인전」이라 이름 붙였다. 이에 대해 「우익대사연보」에 서는 다음과 같이 기록하고 있다.

임진년 54세, 성계晟溪에서 하안거를 결제하고 『능가의소』를 초록 하기 시작하였다. 8월에 장수長水의 남쪽 근교인 냉향당冷香堂으로 옮겨가서 마침내 완성하였다. 그해 가을, 『속서유침여續西有寢餘』를 편집하였고, 이해 12월(臘月)에 자서전을 초록하기 시작하였다.

"辛巳 四十三歲 結冬溫陵月臺 有郭氏問易 遂擧筆述周易禪解 稿未及半 以應請旋 置. 壬午 四十四歲 是夏 自輯閩遊集 自溫陵返湖州 述大乘止觀釋要 靈峰山中藏 經裝成 撰鐵佛寺禮懺文. ⋯⋯ 乙酉 四十七歲 ⋯⋯ 夏 撰周易禪解竟."

먼젓번 가을에 대사가 세상을 피해 운둔하기를 결심하자 승속이 모두 길을 가로막아 뜻을 이루지 못한 적이 있었는데, 그동안의 행각行脚을 기록하기를 청하였기 때문이다. 그해 겨울 장수 영천사에서 잠시 쉬면서 수행이 아직 다 되지 못했음을 생각하고서 이 전傳을 다시 저술하여 「팔불도인전」이라 이름 붙였다. 이름을 '팔불八不'[11]이라고 한 까닭은 『중론』의 팔불과 『범망경』의 팔불의 뜻을 취한 것이다. 또한 대사도 스스로 말하기를 "옛적에는 유儒, 선禪, 교敎, 율律이 있어도 도인들이 삼가며 어느 한 가지만을 고집하지 않았다. 오늘날에도 또한 유, 선, 교, 율이 있는데, 도인들이 발끈하여 서로를 탐탁하게 여기지 않았다. 그러므로 팔불이라 부른다"라고 하였다. 장수에 머물면서 천여 권의 장경을 열람하였다.[12]

지욱이 자호를 '팔불도인'이라고 붙인 것은 용수가 지은 『중론』에서

---

11 팔불八不: 2~3세기 남인도 출신으로 대승불교를 크게 일으킨 용수가 지은 『중론』에서 설해지고 있는 '팔불중도八不中道'를 가리킨다. '팔불중도'는 서로 대립하고 있는 여덟 가지 그릇된 개념을 연기법으로 타파하여 분별과 집착이 소멸되는 공의 지혜를 드러냄을 가르치고 있다. '팔불'은 여덟 가지 미혹을 말하는 것으로 불생不生, 불멸不滅, 불상不常, 부단不斷, 불일不一, 불이不異, 불래不來, 불거不去를 가리킨다. 용수는 이러한 여덟 가지 미혹된 견해를 파파하여 연기적 견해를 갖추는 것이 바로 진리에 대한 바른 깨달음인 중도라고 가르치고 있다.

12 弘一大師 撰, 「藕益大師年譜」(『周易禪解』, 九州出版社, 2004), p.363. "壬辰, 五十四歲, 結夏晟溪, 草楞伽義疏. 八月, 選長水南 郊令香堂, 乃閣筆. 秋, 輯續西有寢餘. 是歲臘月, 草自傳. 先是是秋大師決志肥遁, 緇素遮道不得, 請述行脚. 冬, 憩長營泉寺, 念行脚未盡致, 復述玆傳, 曰八不道人傳. 取中論八不, 梵網八不之旨. 又大師自云, 古者有儒有禪有教有律, 道人旣蹴然不敢. 今亦有儒有禪有教有律, 道人又觖然不屑, 故名八不也. 任長水, 閱藏經千卷."

말하고 있는 '팔불중도八不中道'의 의미를 취하고 있음을 밝히고 있다. 지욱 자신이 말한 내용으로 보면 지욱이 팔불을 자신의 자호로 차용한 구체적 이유는 '불생불멸不生不滅, 불상불단不常不斷, 불일불이不一不 異, 불래불거不來不去'의 팔불의 의미를 빌려 당시의 수행인들이 유교와 불교를 편 가르고 교와 율을 분간하며 서로를 경시하고 각자가 의지하고 있는 교설만이 옳다고 집착하는 폐단을 염려하고 지적하고자 하는 목적 때문인 것으로 보인다. 55세 되던 계사년(1653)에 지욱은 「팔불도 인전」을 다시 다듬고 고쳤으며, 『선불보選佛譜』와 『기신론열강소起信 論裂綱疏』 등을 저술하였다.

　『종론』에 실린 그의 자서전과 홍일대사가 정리한 「우익대사연보」 등의 기록을 종합해 보면, 지욱은 29세의 젊었을 때부터 57세 입적할 때까지 무려 11차례에 걸쳐 크고 작은 병마에 시달렸던 것으로 보인다. 56세 되던 갑오년(1654)에 접어들면서 지욱은 다시 병을 앓게 된다. 이러한 병중에도 지욱은 평소와 다름없이 수행을 이어가면서 설법과 저술을 쉬지 않았다. 하지만 이해 가을부터 병세가 점점 더 깊어지자, 지욱은 자신의 열반을 예견하고 제자들에게 사후에 자신의 시신을 처리하는 데 있어 '시신을 화장하여 뼈를 둘로 나누어 반은 새와 짐승에 게 주고, 나머지 반은 물고기와 껍질이 있는 동물들에게 주라'고 유언하 기에 이른다. 57세 되던 을미년(1655) 정월 21일 낮 오시에 지욱의 병은 회복 불가능한 상태에 이르렀고, 마침내 정월 21일 낮 오시에 침상 모퉁이에 좌정하여 서쪽을 향해 합장하고 열반에 들었다. 그의 세속 나이 57세, 출가 나이인 법납 34세 때였다.

　대사가 열반에 들자 그의 모든 제자들이 문인인 성시사成時師에게

『종론』의 편집을 요청하였다. 그의 시신은 그 후 3년 만에 화장하게 되었는데, 시신은 마치 살아 있는 육신처럼 머리가 자라나고 얼굴 모습도 생전 그대로였으며, 치아도 손상되지 않은 상태로 육신불肉身佛의 모습을 하고 있었다고 한다.[13]

위에서 살펴본 것처럼, 지욱의 생애는 한평생 모범적이고 성실한 수행자로서의 전형적인 모습을 보여 주고 있다. 출가 이전에는 유학을 깊이 있게 공부하여 세속적인 학문의 소양을 쌓았고, 출가 이후에는 참선을 위주로 하면서도 불립문자不立文字라는 선가의 종지에만 편협하게 집착하지 않고 한평생 경·율·론 삼장의 공부를 게을리 하지 않았다. 뿐만 아니라 천태, 정토, 율, 화엄, 법상에 이르기까지 당시에 유행했던 모든 종파의 가르침도 외면하지 않고 함께 수학하여 원융한 중도의 사상적 관점을 정립하였다. 또한 유교에 대한 열린 시각으로 유교의 경전을 새롭게 해석한『선해』와『사서우익해』등의 저술을 통해 유불의 융화와 회통을 위해 많은 노력을 기울이기도 하였다. 이 같은 지욱의 원융무애한 수행과 학문적 태도는 그가 지은 수많은 저서를 쓸 수 있는 풍부한 사상적 밑거름이 되었고, 그 수행과 학문적 성과 또한 고스란히 그의 저서에 담아 낼 수 있었다고 할 수 있다. 이러한 지욱의 생애와 행적으로 보면 사후에 그가 명나라 불교의 4대 고승으로 이름을 얻게 된 것은 지극히 당연한 결과라 할 수 있다.

---

13 弘一大師 撰,「藕益大師年譜」,(『周易禪解』, 九州出版社, 2004), 364~366쪽 참조.

2) 지욱의 저작

지욱의 전기를 보면 지욱은 출가 이전인 어려서부터 왕성한 저술 활동을 했던 것으로 보인다. 『종론』에서 언급되고 있는 "이단을 배척하는 수십 편의 논을 지었다(作論數十辟異端)"라는 표현과 "이십 세에 『논어』를 주석하였는데, '천하귀인'이라는 구절에 이르러서는 붓을 놓을 수가 없었다(二十歲, 註論語, 至天下歸仁, 不能下筆)"라는 표현이 이를 말해 준다. 사상적인 변화로 인해 23세에 출가한 이후에도 그의 저술활동은 왕성하게 이루어졌다. 그가 저술한 전적典籍은 매우 다양하다. 비록 천태의 종문에 가까이 몸담고 있었으나, 어느 한 종파의 경론에만 집착하지 않고 천태·화엄·유식·율·정토 등에 이르기까지 실로 다양한 경론을 강설하고 주석하였다. 뿐만 아니라 노년에는 유가의 경전을 불교적 관점에서 재해석한 저술들을 남겼는데, 대표적인 것이 바로 『주역선해』, 『사서우익해』, 『성학개몽답문性學開蒙答問』, 『치지격물해致知格物解』, 『유석종전절의儒釋宗傳竊義』 등이다. 또한 당시에 새로운 종교로 중국에 들어온 서양 종교인 천주교에 대한 비판의 내용을 담은 저술을 남기기도 했는데, 바로 『벽사집闢邪集』 2권이다. 여기에는 『천학초징天學初徵』, 『천학재징天學再徵』 등의 논문이 실려 있다. 이렇듯 지욱이 불교 내의 여러 종파뿐만 아니라 외부의 다른 교파를 초월하여 다양한 내용의 저술을 남긴 것은 그가 모든 종교와 사상에 분별과 차등을 두지 않고 하나로 아우르고자 하는 원융무애한 사상에 기인한 것으로 이해된다. 곧 서양 종교인 천주교에 대한 예외적인 거부의 관점을 제외하고는 불교 내적으로는 각 종파의 융합과 외적으로는 유불도儒佛道 삼교의 융합과 회통을 이루고자 했던 노력의 산물이라 할 수 있다.

지욱이 남긴 저작들은 그의 입멸 후 제자들의 의견에 따라 문도인 석성시에 의해 『종론宗論』과 『석론釋論』으로 나누어 싣고, 이를 다시 하나로 묶어 『영봉종론』이라는 이름으로 1659년 겨울에 판각되었다. 모두 10권으로 엮어진 『종론』에는 수필·전기 등 7부의 저술이 실려 있고, 모두 200여 권으로 엮어진 『석론』에는 42종이나 되는 각종 논소가 실려 있다. 『석론』에 실려 있는 목록을 정리하면 다음과 같다.

경석經釋 (16종)

불설아미타경요해佛說阿彌陀經要解 1권

점찰경현의占察經玄義 1권

점찰경의소占察經義疏 2권

능가경의소楞伽經義疎 10권

능엄경현의楞伽經玄義 2권

능엄경문구楞伽經文句 10권

금강경파공론金剛經破空論 2권

금강경관심석金剛經觀心釋 1권

반야심경석요般若心經釋要 1권

법화륜관法華綸貫 1권

묘현절요妙玄節要 2권

법화경회의法華經會義 16권

불유교경해佛遺敎經解 1권

사십이장경해四十二章經解 1권

팔대인각경해八大人覺經解 1권

우란분경신소盂蘭盆經新疎 1권

율석律釋 (14종)

범망경현의梵網經玄義 1권

범망경합주梵網經合註 7권

보살계본전요菩薩戒本箋要 1권

보살계갈마문석菩薩戒羯磨文釋 1권

수보살계법(重定)授菩薩戒法 1권

학보살계법學菩薩戒法 1권

비니후집문변毘尼後集問辯 1권

우바새계경수계품전요優婆塞戒經受戒品箋要 1권

중치비니사의집요重治毘尼事義集要 17권

사분율소특계건도략석四分律大小特戒犍度略釋 1권

오계상경전요五戒相經箋要 1권

불설계소재경략석佛說戒消災經略釋 1권

불설재경과주佛說齋經科註 1권

논석論釋 (5종)

대승기신론망소大乘起信論網疏 6권

성유식론관심법요成唯識論觀心法要 10권

상종팔요직해相宗八要直解 9권

대승지관법문석요大乘止觀法門釋要 4권

교관망종병석의敎觀網宗幷釋義 1권

참의懺儀 (3종)

범망경참회행법梵網經懺悔行法 1권

점찰선악업보참의占察善惡業報懺義 1권

찬례지장보살참원의讚禮地藏菩薩懺願儀 1권

잡저雜著 (4종)

선불보選佛譜 6권

견문록見聞錄 1권

주역선해周易禪解 10권

사서우익해四書藕益解 4권

2. 『주역선해』 해제

1) 저술의 인연과 과정

지욱이 『주역』을 해석하기 시작한 시기는 그의 나이 43세 되던 해에 온릉 월대에서 동안거를 할 당시이다. 지욱은 『주역선해』 제9권 마지막 장에 덧붙인 「역해易解」 발문에서 자신이 이때 역을 해석하게 된 인연에 대해서 다음과 같이 언급하고 있다.

돌이켜보니 지난해에 온릉에서 꿈결처럼 노닐다가 월대에서 동안거 결제를 하고 있었는데, 곽씨라는 사람이 찾아와서 역의 이치에

대해 묻기에 마침내 붓을 들어 원고를 쓰기 시작하였다.[14]

곽郭 씨라는 인물이 구체적으로 누구를 지칭하는지는 알 수 없지만, 『주역선해』의 내용에도 그가 말한 역리에 대한 표현이 몇 차례씩 인용되고 있는 점으로 미루어 보아 그가 역에 대해 이미 상당한 수준의 지식을 습득한 인물이었던 것은 분명한 것 같다. 지욱이 『주역』을 해석하게 된 인연에 대한 기록의 언급은 이것이 전부이다. 그런데 여기서 주목할 점은 『주역』에 대해 이미 상당히 깊은 지식을 습득하고 있었던 것으로 믿어지는 곽씨라는 인물이 왜 하필 출가자의 신분인 지욱에게 『주역』에 대한 이치를 질문했는가? 하는 점이다. 이는 아마도 지욱이 당시에 이미 역학에 대한 명성을 널리 얻고 있었기 때문이라 이해된다. 곽씨 본인 스스로도 이미 역학에 대한 깊은 이해를 하고 있었음에도 불구하고 다시 출가자인 지욱에게 역리를 물어왔다는 사실이 이를 증명해 준다고 볼 수 있다.

지욱은 『주역선해』의 머리글인 「주역선해서周易禪解序」에서 "나는 월대에서 동안거 결제를 하고 있으면서 선의 게송을 독송하던 여가에 손에 주역(韋編)을 들고 주석을 붙이고 있었다(藕益者結冬於月臺. 禪誦之餘, 手持韋編而箋釋)"라고 표현하고 있는데, 이는 이미 그가 『주역』에 주석을 붙일 수 있을 정도로 『주역』에 대한 자기만의 이치를 체득하고 있었음을 추측하게 하는 언급이다. 『종론』에 실려 있는 「시곽태작示郭太爵」에서도 "거사께서 마땅히 주역을 공부하기를 공자님처럼 위편삼

---

14 『주역선해』(九州出版社, 2004), 제9권, 「易解」跋, 310쪽. "憶曩歲幻遊溫陵, 結冬月臺, 有郭氏子來問易義, 遂擧筆屬稿."

절위편三絕의 경지에 이를 정도로 한다면, 반드시 크나큰 진전이 있을 것입니다. 더욱 한 번의 필삭筆削만으로는 열람해도 이치를 깨달을 수 없을 뿐만 아니라, 역리의 체득으로부터 더 멀어지게 될 것입니다. 절차탁마를 반복해야만 합니다! 이 말을 거듭거듭 명심하시기 바랍니다"[15]라고 언급하고 있는데, 이 역시 지욱이 역학에 대한 깊은 이치를 체득하고 있었음을 밝혀주는 내용이라고 할 수 있다. 실제로 지욱은 『주역』을 해석하면서 20여 명의 역학서의 언구와 적지 않은 역학에 관한 저작을 인용하고 있는데, 이 역시 지욱이 역학에 대해 깊이 있는 학습과 이해가 있었음을 증명해 주는 내용이라 할 수 있다.

지욱이 비록 곽씨라는 사람의 요청에 의해 『주역』의 해석을 시작하게 되었다고 표현하고 있지만, 당시의 정치적·사상적으로 혼란한 시대적 상황과 배경이 그로 하여금 『주역』을 해석하게 만든 직접적인 원인으로 작용했을 것으로 이해된다. 『주역선해』의 발문인 「역해」의 다음과 같은 글은 이를 사실적으로 말해 준다.

아아! 민(閩, 복건성)에서 오吳 지방에 이르기까지 거리로는 삼천 리에 불과하고, 신사년 겨울부터 이번 여름(을유년)에 이르기까지는 시간상으로는 천이백여 일에 불과하다. 세상사는 꿈만 같아 다만 천차만별하게 변화하고 있으니, 교역交易의 시대인가? 변역變易의 시대인가? 천차만별한 세상사를 다 겪어오면서 시대와 땅이 함께 변했는데, 변하지 않은 것은 의연하게 예전과 같구나! 나는 까닭에

---

15 『종론』, 92쪽. "居士當讀韋編, 至於三絕, 必大有進者. 更作一番筆削, 不閱而知, 其可行遠也. 如切如嗟, 如琢如磨. 請三復斯語."

'해와 달이 하늘에 머물러 있지만 운행하지 않은 듯하고(日月稽天而不歷), 강물과 시냇물이 경주하듯이 흘러가면서도 흐르지 않는 듯하다(江河競注而不流)'[16]는 조공(肇公, 승조법사)의 말씀이 나를 속이지 않음을 알 수 있겠다. 그 불변한 이치를 얻어서 그 지극한 변화에 대응하고, 그 지극한 변화를 관찰해서 그 불변한 이치를 체험함은 항상과 무상이라는 두 마리 새가 함께 노니는 것이 아니겠는가? 내가 어찌 문왕文王이 유리옥에 갇혔던 일과 주공周公이 유언비어로 모함을 받았던 일과 공자孔子께서 천하를 주유하시던 여가에 위편삼절(韋編三絶: 주역을 묶은 가죽 끈이 세 번이나 끊어질 만큼 주역을 읽음)하시던 뜻을 알 수 있겠냐마는, 세 분 모두 이러한 뜻[17]에 동감하시지 않았을까? 나는 부끄럽게도 세 분의 성인과 같은 덕의 배움이 없지만, 세 성인이 여민동환與民同患하시던 시대의 뜻을 겸손히 받들고자 한다. 그러므로 붓을 놓았다가 다시 발문을 쓴다.[18]

---

16 승조법사(僧肇法師, 384~414)가 저술한 『조론肇論』의 「물불천론物不遷論」에서 언급되고 있는 언구이다.

17 앞 구절인 '그 불변한 이치를 얻어서 그 지극한 변화에 대응하고, 그 지극한 변화를 관찰해서 그 불변한 이치를 체험함(得其不易者, 以應其至易. 觀其至易者, 以驗其不易)'의 뜻을 가리킨다.

18 『주역선해』(九州出版社, 2004), 제9권, 「易解」跋, 310쪽. "嗟嗟, 從閩至吳, 地不過三千餘裏. 從辛巳冬至今夏, 時不過一千二百餘日. 乃世事幻夢, 蓋不啻萬別千差. 交易耶, 亦變易耶. 至於歷盡萬別千差世事, 時地俱易, 而不易者依然如故. 吾是以知日月稽天而不歷, 江河競注而不流, 肇公非欺我也. 得其不易者, 以應其至易. 觀其至易者, 以驗其不易. 常與無常, 二鳥雙遊. 吾安知文王之於羑裏, 周公之被流言, 孔子之息機於周流, 而韋編三爲之絶, 不同感於斯旨耶予愧無三聖之德之學, 而竊類三聖與民同患之時, 故閣筆而復爲之跋."

　인용문에서 지욱은 명말청초의 혼란하고 변화무쌍한 시대상황을 몸소 목격하고 경험한 자신의 편치 않은 심정을 솔직 담백하게 표현해 내고 있다. 그는 혼란하고 급변하는 당시의 이러한 시대상황을 경험하고 "교역交易의 시대인가? 변역變易의 시대인가?"라고 자문하고 있다. 역리의 관점에서 당시의 시대상을 진단하고 있는 것이다. 이어서 그는 모든 것이 다 변하고 있는 가운데 변하지 않고 의연히 남아 있는 이치가 존재하고 있음을 승조대사의 설법을 예로 들어 말하고 있다. 격변하는 시대를 맞이하여 아무리 세상사가 급격한 변화의 모습을 드러내도 그러한 변화에 상관없이 불변하고 고유한 이치가 존재하고 있음을 가리키는 표현이다. 표면적인 현상은 아무리 성장소멸의 변화를 반복해도 그러한 변화를 초월하여 만고에 불변한 진리가 있음을 말하는 것이다. 현상적인 무상과 본체적인 항상함, 이는 곧 역易과 불역不易의 역리易理이기도 하다. 까닭에 지욱은 "그 불변한 이치를 얻어서 그 지극한 변화에 대응하고, 그 지극한 변화를 관찰해서 그 불변한 이치를 체험함은 항상과 무상이라는 두 마리 새가 함께 노니는 것이 아니겠는가!"라고 하여 당시의 시대상황에 필요한 가치를 역리에서 찾을 수 있음을 밝히고 있다. 지욱이 『주역』을 해석하게 된 직접적인 인연을 말하고 있는 내용이라 할 수 있을 것이다.

　한편으로 지욱은 자신의 이러한 『주역』에 대한 해석의 작업을 문왕·주공·공자 등 세 성인의 역과 관련된 전고를 예로 들면서, 결국은 세 성인과 같이 '여민동환與民同患'하고자 하는 마음에서 비롯되었음을 밝히고 있다. 『주역』을 해석하는 것이 결국은 당시의 혼란하고 급변한 시대상황 속에서 고통받던 백성들에게 새로운 희망의 가치를 제공해

주기 위한 인연으로 시작되었음을 말하고 있는 것이다.

지욱이 『주역』을 해석한 과정은 『계사전』을 비롯한 오전五傳을 먼저 해석하고, 이어서 상경과 하경 순으로 해석을 끝마친 것으로 전해진다. 그런데 지욱의 이러한 해석 작업은 근 4년 반이라는 결코 짧지 않은 시간 속에 이루어졌다. 이렇듯 많은 시간이 소요되게 된 이유는 다음과 같은 지욱의 언급을 통해 추측할 수 있다.

먼저 『계사전』을 비롯한 오전五傳의 해석을 끝마치고 다음으로 상경 의 해석을 끝마쳤다. 하경에 대한 해석을 채 절반도 마치기 전에 우연히 자운법화紫雲法華의 요청을 받아들여 원고를 높은 전각에 주저하며 그대로 넣어 두었다. 손가락을 꼽아보니 홀연히 삼년 반을 넘기게 되었다. 금년 봄(을유년)에 유도留都의 요청에 응하려다 가 병란으로 성이 가로막혀(兵阻石城) 잠시 제생암濟生庵으로 가서 여름을 보내고 있었다. 하루는 길고 할 일도 없어서 두세 사람을 위해 (남악혜사의) 『대승지관법문』을 토론하며 연구하다가, 다시 남는 여력이 있어 역학의 이치를 보여 주고자 비로소 예전의 원고를 마저 끝마치게 되었다.[19]

지욱의 이러한 언급으로 보면, 법화스님의 요청이 구체적으로 무엇 이었는지 언급되고 있지 않지만 그의 요청에 의해 해석을 중단하게

---

19 위와 같음. "先成繫辭等五傳, 次成上經. 而下經解未及半, 偶應紫雲法華之請, 旋置高閣. 屈指忽越三載半矣. 今春應留都請, 兵阻石城. 聊就濟生庵度夏, 日長 無事, 爲二三子商究大乘止觀法門, 復以餘力拈示易學, 始竟前稿."

되었고, 이후 삼년 반의 세월을 보내고 나서 제생암이라는 절에 머물면서 다시 『주역』에 대한 해석을 끝마치게 되었다는 내용이다. 지욱이 구체적으로 무엇 때문에 삼년 반이라는 시간을 보내고 나서 다시 해석을 끝마치게 되었는지 그 이유에 대한 설명은 분명하게 언급하고 있지 않지만, 「역해」에서 언급되고 있는 '병란으로 성이 가로막힘(兵阻石城)' '세상사가 꿈만 같아 다만 천차만별하게 변화함(世事幻夢, 蓋不啻萬別千差)', '천차만별한 세상사를 다 겪어 옴(歷盡萬別千差世事)' 등의 표현으로 미루어 볼 때, 당시의 병란으로 인한 시기적 혼란과 어려움이 가장 큰 원인 가운데 하나였음을 추측할 수 있다. 병란과 시대적 어려움으로 인해 해석의 과정에 많은 어려움이 있었음을 의미하는 내용이다.

이상에서 살펴본 바와 같이 지욱이 그의 나이 43세에 『주역』의 해석을 시작하여, 근 삼년 반이 지난 뒤 47세에 마침내 완성하기까지 그 인연과 과정은 결코 단순하고 순탄하지 못했음을 알 수 있다. 지욱이 이렇듯 시대적 혼란과 어려움을 극복하고 삼년 반의 세월을 이어 가면서 마침내 『주역선해』를 완성할 수 있었던 것은 그가 표현하고 있는 것처럼, 세 성인과 같이 오로지 '여민동환'하고자 하는 원력의 마음을 끝까지 잃지 않았기 때문일 것이다.

2) 저술의 판본과 유전

1645년(을유, 순치 2년)에 완성된 『주역선해』는 모두 11만 자의 내용을 담아 10권으로 편집되었다. 1권부터 4권까지는 상경에 대한 해석이고, 5권부터 7권까지는 하경에 대한 해석이며, 8권은 「계사상전」, 9권은

「계사하전」·「설괘전」·「서괘전」·「잡괘전」 등을, 마지막 10권은 여러 도설圖說 등을 모아 해석하고 있다.

이러한『주역선해』가 지욱의 문도 제자인 석통서釋通瑞의 노력에 의해 처음으로 판각된 시기는『종론』을 편집한 지욱의 사제 석성시(釋成時. 號는 堅密, 1648~1678)가 편집의 후기에 쓴 '순치을미납월십이일順治乙未臘月十二日'이라는 표현과 석통서가 쓴『교각역선기사校刻易禪紀事』의 '서도시대사오년瑞叨侍大師五年'이라는 표현을 참고해 보면 대략 순치연간順治年間 7년에서 11년 사이로 추정된다.[20] 이후『주역선해』는 지욱이 열반한 지 4년 뒤인 1659년에 석성시가 지욱의 다른 저술들과 함께 묶어『영봉종론靈峰宗論』이라는 이름으로 판각되었다. 이『종론』이 1676년경에 금릉金陵의 고림암古林庵에서 다시 중각되어 가흥嘉興의 능엄사陵嚴寺로 보내졌고, 이 판본은 이후『명속장경明續藏經』이라 불리는『가흥장嘉興藏』41권에 편입되어 1728년도에 간행되었다. 그 뒤 청나라 가경연간(嘉慶年間, 1796~1820)인 1801년에 예친왕부豫親王府의 유풍경裕豐敬에 의해 다시 판각되었으며, 민국시대에 이르러서는 양인산(陽仁山, 1837~1911)이 설립한 남경의 금릉각경처金陵刻經處에서 1915년 불문에서 전해지던『종론』에서『주역선해』만을 따로 떼어내 별도로 간행하였다. 이 간행본이 최근(2002)에 완성된『속수사고전서續修四庫全書』에 수록되어 전해지고 있다. 이러한 석통시 각본과 금릉본金陵本을 근거하여 최근까지 출판되어 있는『주역선해』의 여러 판본을 정리하면 다음과 같다.

---

20 謝金良,『周易禪解研究』, 98쪽 참조.

1. 민국 금릉각경처각본民國金陵刻經處刻本: 1915년(민국 4년)에 금릉각경처에서 출판되었다. 10권의 내용을 상책(1~3권), 중책(4~6권), 하책(7~10권) 등 크게 3책으로 나누고 있다.

2. 무구비재역경집성본無求備齋易經集成本: 1976년 대북 성문출판사가 금릉각경처각본을 영인해서 출판하였다. 책 표지에 '周易禪解 十卷, (明) 釋智旭撰, 1979年 台北 成文出版社據民國四年(1915) 金陵刻經處刻本影印'라고 표기되어 있다. '무구비재無求備齋'는 대만의 유명한 역학가 엄영봉嚴靈峰의 서재호書齋號인 점으로 미루어 엄영봉에 의해 중간되었음을 알 수 있다. 현재 산동대학 도서관에 소장되어 있다.

3. 청초석통서각본淸初釋通瑞刻本: 1989년 상해고적출판사에서 출판되었다. 책 표지에 '周易禪解 十卷, (明) 釋智旭 撰, 明崇禎十四年釋通瑞刻本, 淸初釋通瑞刻本'이라고 표기되어 있으며, 상해도서관과 중공북경시위中共北京市委도서관에 소장되어 있다. 이 각본은 1995년에 상해고적출판사가 출판한 『속수사고전서』 제15책 속에 수록되었다.

4. 향보간본享保刊本: 이 본은 일본 향보享保연간(18세기 전반)에 간행되었는데, 애석하게도 현재는 전해지지 않는다. 홍일법사가 쓴 『우익대사연보藕益大師年譜』에 "雍正元年, 癸卯(卽日本享保八年). 是年孟春, 日本東京 『靈峰宗論』 重刊版"[21]이라는 언급이 있다.

5. 소천석본蕭天石本: 이 본은 금릉각경처본을 근거로 하여 대만성문산文山에서 은둔해 살던 소천석 선생에 의해 편집된 『선종총서禪宗叢

---

21 『주역선해』, 368쪽.

書』속에 담겨져 1978년 대만 자유출판사에서 간행되었다.

6. 강소광릉본江蘇廣陵本: 한 권의 단행본으로 1998년에 금릉각경처본을 근거하여 강소광릉고적각인사江蘇廣陵古籍刻印社에서 출판되었다.

7. 신표점본(新標點本, 合編本): 1996년에『주역선해』와『사서선해』를 하나로 묶어 북경단결출판사에서 출판되었는데, 책 겉표지에 '周易·四書禪解 (明) 智旭著, 施維點校; 陳德述注釋'이라고 표기되어 있다.[22]

8. 주역공작실점교본周易工作室點校本: 2004년 북경의 구주출판사에서 출판되었는데, 강소광릉본을 근거로 하고 있다. 부록으로 인광대사印光大師가 쓴『사서우익해四書藕益解』중간서重刊序와 사금량이 쓴「『주역선해周易禪解』역학사상여방법략론易學思想與方法略論」, 그리고 홍일대사가 쓴「우익대사연보」등이 실려 있다.[23]

이 외에 국내에서는 김탄허金呑虛가 현토懸吐하고 번역하여 탄허불교문화재단이 도서출판 교림에서 1982년 모두 3권으로 출판한『주역선해』가 있다. 제1권은 탄허종사가 쓴「주역선해서周易禪解序」를 담아『주역선해』의 1권부터 4권까지의 내용을 싣고 있고, 제2권은『주역선해』의 5권부터 8권까지의 내용을 싣고 있으며, 제3권에서는 9권에서부터 마지막 10권까지의 내용과 부록으로 탄허 자신이 직접 정리한「주역총목周易總目」을 싣고 있다.

---

22 謝金良,『周易禪解硏究』, 98~100쪽 참조.

23 본 번역서는 이 본을 원본으로 활용하였다.

3) 구조와 내용의 대강

『주역선해』는 모두 10권으로 구성되어 있다. 1권 맨 앞면에는 자서自序
인 「주역선해서周易禪解序」 한 편이 실려 있는데, 『주역선해』의 성격과
『주역』을 해석하는 의도에 대해서 질문자와의 문답을 통해 천태종의
교설인 사실단四悉檀의 비유를 들어가면서 설명하고 있다. 한편으로
9권 맨 뒷면에는 「주역선해발문(易解跋)」 한 편이 실려 있는데, 『주역선
해』의 저술 인연과 저술 순서, 그리고 순탄치 못했던 저술에 대한
소회 등이 실려 있다. 그리고 1권부터 7권까지는 상경과 하경을 해석하
고 있다.

　지욱은 『주역』을 실현하는 기본원리로 불교의 성수론性修論을 활용
하고 있는데, 상경은 바로 이러한 성수론에 있어 성덕性德의 내용으로
서 천지와 일월의 상상像이고 적조寂照와 정혜定慧의 덕을 담아내고 있다
고 하였다. 또 하경은 수덕修德의 내용으로서 감응感應과 궁통窮通의
상상像이고 기교機教[24]가 서로 두드러져 과거·현재·미래의 만물을 이롭
게 하는 상을 담아내고 있다고 하였다. 지욱은 이러한 성덕과 수덕이야
말로 상경과 하경에 담겨져 있는 크나큰 뜻이라고 결론 내리고 있다.
지욱의 상경과 하경에 대한 언급을 직접 옮겨 보면 다음과 같다.

---

24 불교에서 '기機'는 곧 중생이 부처님 가르침을 받아들여 이해할 수 있는 능력,
　자질, 가능성 등을 말하고, 한편으로는 교화의 대상인 중생 그 자체를 의미하기도
　한다. 근기根機, 기근機根, 기연機緣 등으로도 불리며, 중생의 자질에 따라 상·중·
　하 근기로 나뉘기도 한다. 기교機教, 혹은 기법機法은 교화의 대상인 중생과
　부처님의 교법을 통칭해서 부르는 말이다.

상경은 중천건(重天乾 ䷀)·중지곤(重地坤 ䷁)괘에서 시작하여 중수
감(重水坎 ䷜)·중화리(重火離 ䷝)괘에서 끝마침으로, 바로 천지와
일월의 상상(像)이다. 또한 고요함과 비춤·선정과 지혜의 덕이기도
하다. 이것을 요약하면, 성덕性德의 시작과 끝이라 할 수 있다.
하경은 택산함(澤山咸 ䷞)·뇌풍항(雷風恒 ䷟)괘에서 시작하여 수화
기제(水火旣濟 ䷾)·화수미제(火水未濟 ䷿)괘에서 끝마침으로, 바로
감응感應과 궁통窮通의 상상(像)이다. 또한 기기와 교教가 서로 두드려져
(相叩) 과거·현재·미래의 만물을 이롭게 하는 상이기도 하다. 이를
요약하면, 수덕修德의 시작과 끝이라 할 수 있다. 또한 상경은 중천
건·중지곤괘의 성덕性德에서 시작하여 중수감·중화리괘의 수덕에
서 끝마침으로 스스로 수행하는 인과의 가르침을 모두 갖추고 있으
며, 하경은 택산함·뇌풍항괘의 기교機教에서 시작하여 수화기제·
화수미제괘의 무궁한 것에서 끝마침으로 타인을 교화하는 모든
것(能所)이 갖추어져 있다. 이것이 상경과 하경 두 편의 큰 뜻이다.[25]

또한 8~9권은 「계사전」을 비롯한 5전을 해석하고 있으며, 마지막
10권에는 하도와 낙서를 비롯한 8편의 도설이 실려 있다.

지욱은 『주역』을 해석함에 있어 크게 세 가지 부분으로 나누어 해석을
시도하고 있다. 하나는 『주역』 본문을 먼저 언급하고 그에 대한 일반적

---

25 『선해』 제5권, 「下經之一」, 133쪽. "上經始乾坤而終坎離, 乃天地日月之象, 又寂
照定慧之德也. 是約性德之始終. 下經始咸恒而終旣濟未濟, 乃感應窮通之象. 又
機教相叩, 三世益物之象 也. 是約修德之始終. 又上經始幹乾坤之性德, 終幹坎離
之修德, 爲自行因果具足. 下經始幹咸恒之機教, 終幹旣濟未濟之無窮, 爲化他能
所具足. 此二篇之大旨也."

해석을 한 것이고, 또 하나는 그러한 일반적 해석에 이어서 불교의
교의를 원용하여 불교적 관점의 해석을 하는 것이며, 마지막 하나는
유교사상과 일반적 역학사상을 원용하여 역리의 해석을 시도하고 있는
점이다. 일반적 해석 부분에 있어서는 기존의 의리학적 관점을 그대로
따르고 있고, '약불법(約佛法, 혹은 約觀心)'으로 시작되는 불교적 해석
부분에 있어서는 불교의 다양한 교의를 바탕으로 괘효의 이치를 해석하
며 역리와 불교의 교의에 대한 상호 융합을 시도하고 있으며, '약세법(約
世法, 혹은 約世道)'으로 시작되는 부분에 있어서는 전통적 유교사상
및 역학의 이론을 원용하여 역리를 재해석하고 있다.

(1) 『상경上經』

『선해』의 상경 부분은 제1권부터 제4권까지이다. 제1권에서는 건괘와
곤괘 두 괘효만을 해석하고 있다. 지욱은 이러한 두 괘효를 해석함에
있어, 건·곤괘를 불교의 불성론佛性論, 십법계론十法界論, 지관론止觀
論, 정혜론定慧論, 일념삼천론一念三千論, 육즉론六卽論, 성수론性修論,
선정론禪定論, 육바라밀六波羅蜜 등 다양한 교의를 활용해 해석하여
불교와 역리의 융합을 시도하고 있다. 사실은 지욱이 『주역』을 해석함
에 있어 유불의 통합과 일치에 대한 종합적 견해가 모두 이러한 건·곤괘
의 해석에 담겨져 있다고 해도 과언이 아니다. 그만큼 내용과 분량면에
서 가장 중요하고 핵심적인 부분이기도 하다.

제2권에서는 수뢰둔(水雷屯 ䷂)괘부터 산수몽(山水蒙 ䷃), 수천수
(水天需 ䷄), 천수송(天水訟 ䷅), 지수사(地水師 ䷆), 수지비(水地比
䷇), 풍천소축(風天小畜 ䷈), 천택리(天澤履 ䷉)괘에 이르기까지 모두

8괘를 해석하고 있는데, 주요 내용은 수선修禪을 통해 진리의 문에 들어가는 이치를 이러한 8괘의 역리를 이용하여 천명하고 있다.

제3권에서는 지천태(地天泰 ䷊)괘로부터 천지비(天地否 ䷋), 천화동인(天火同人 ䷌), 화천대유(火天大有 ䷍), 지산겸(地山謙 ䷎), 뇌지예(雷地豫 ䷏), 택뢰수(澤雷隨 ䷐), 산풍고(山風蠱 ䷑), 지택림(地澤臨 ䷒), 풍지관(風地觀 ䷓)괘까지 모두 10괘를 선해하고 있으며, 수선을 통해 작은 깨침을 얻게 되었을 때 나타날 수 있는 마장魔障에 대해서 이러한 10괘의 역리를 이용하여 어떻게 극복할 수 있는가를 해석하고 있다. 제4권에서는 화뢰서합(火雷噬嗑 ䷔)괘부터 산화비(山火賁 ䷕), 산지박(山地剝 ䷖), 지뢰복(地雷復 ䷗), 천뢰무망(天雷无妄 ䷘), 산천대축(山天大畜 ䷙), 산뢰이(山雷頤 ䷚), 택풍대과(澤風大過 ䷛), 중수감(重水坎 ䷜), 중화리(重火離 ䷝)괘까지 모두 10괘를 해석하고 있는데, 수선을 통해 큰 깨침을 성취하는 과정에서 나타날 수 있는 선병禪病을 치료할 수 있는 불교적 이치를 이러한 10괘의 역리를 이용해 해석하고 있다.[26]

지욱의 성수론에 있어 이상의 상경은 바로 성덕性德에 해당된다. 성덕은 곧 우리들이 본래부터 구족하고 있는 본성을 말하며, 불교적인 입장에서는 바로 무한한 선덕善德을 갖추고 있는 진리의 불성을 의미한다. 지욱은 상경에서 이러한 성덕에 대한 내용과 그에 대한 깨침을 불교적인 교의를 원용하여 괘효를 해석하며 그 뜻을 밝혀내고 있다. '위로는 진리를 추구하고(上求菩提), 아래로는 중생을 제도한다(下化衆

---

26 謝金良, 『周易禪解硏究』, 127~136쪽 참조.

生)'는 대승불교의 두 가지 큰 실천 이념에 비춰 본다면, "상경은 건·곤괘의 성덕에서 시작하여 감·리괘의 수덕에서 끝마침으로 스스로 수행(自行)하는 인과의 가르침을 모두 갖추고 있다"고 하는 지욱의 표현은 곧 상경과 하경을 상구보리와 하화중생이라는 대승불교의 실천 이념의 관점에서 해석하고 있음을 추측할 수 있다.

(2)『하경下經』

『선해』의 하경 부분은 제5권부터 제7권까지이다. 제5권은 택산함(澤山咸 ䷞)괘부터 시작하여 뇌풍항(雷風恒 ䷟), 천산돈(天山遯 ䷠), 뇌천대장(雷天大壯 ䷡), 화지진(火地晉 ䷢), 지화명이(地火明夷 ䷣), 풍화가인(風火家人 ䷤), 화택규(火澤睽 ䷥), 수산건(水山蹇 ䷦), 뇌수해(雷水解 ䷧), 산택손(山澤損 ䷨), 풍뢰익(風雷益 ䷩)괘까지 모두 12괘를 선해하고 있는데, 수선을 통해 자리이타의 수행력을 증진시켜 나가는 데 있어 마땅히 수순해야 할 불교의 이치를 설명하고 있다.

제6권은 택천쾌(澤天夬 ䷪)괘부터 천풍구(天風姤 ䷫), 택지췌(澤地萃 ䷬), 지풍승(地風升 ䷭), 택수곤(澤水困 ䷮), 수풍정(水風井 ䷯), 택화혁(澤火革 ䷰), 화풍정(火風鼎 ䷱), 중뢰진(重雷震 ䷲), 중산간(重山艮 ䷳), 풍산점(風山漸 ䷴), 뇌택귀매(雷澤歸妹 ䷵)괘까지 모두 12괘를 해석하고 있으며, 수선을 통해 모든 번뇌와 미혹을 제거하고 나와 남을 함께 이롭게 할 수 있는 불교의 이치에 대해서 이러한 12괘의 역리를 이용해 해석하고 있다.

제7권은 뇌화풍(雷火豊, ䷶)괘로부터 시작하여 화산려(火山旅 ䷷), 중풍손(重風巽 ䷸), 중택태(重澤兌 ䷹), 풍수환(風水渙 ䷺), 수택절(水

澤節 ䷼), 풍택중부(風澤中孚 ䷼), 뇌산소과(雷山小過 ䷽), 수화기제(水
火旣濟 ䷾), 화수미제(火水未濟 ䷿)괘까지 모두 10괘를 선해하고 있는
데, 선을 닦고 마음을 관조함에 있어 순서에 따라 마땅히 중시해야
할 불교의 이치에 대해서 역시 이러한 10괘의 역리를 통해 해석하고
있다.[27]

성수론에 있어 상경이 성덕에 관한 내용이라면 하경은 수덕에 관한
내용이다. 상경이 수행을 통한 성덕의 체득과 자리自利의 내용이라
한다면, 하경은 대중의 교화를 통한 이타利他의 내용을 담고 있다.
"하경은 함·항괘의 기교機敎에서 시작하여 기제·미제괘의 무궁한 것에
서 끝마침으로 타인을 교화하는 작용(能所)이 갖추어져 있다(下經始於
咸恒之機敎 終於旣濟未濟之無窮 爲化他能所具足)"고 하는 지욱의 언급은
하경의 이러한 성격을 잘 나타내고 있다. 한편으로 상경이 불교의
이치로써 역을 해석하여(以佛解易) 불교와 역리의 상호 융통을 담아내
는 데 그 중심을 두고 있다면, 하경은 역리로써 불교의 이치를 해석하여
(以易解佛) 불교와 역리 간의 호증互證과 호통互通의 이치를 담아내는
데 그 중심을 두고 있다는 차별적 특징을 보여 주고 있다.

(3) 오전五傳과 도설圖說

『선해』에 있어 「계사상전」·「계사하전」·「설괘전」·「서괘전」·「잡괘
전」을 담고 있는 오전五傳 부분은 제8권과 9권에 실려 있다. 제8권은
「계사상전」을 해석하고 있는데, 태극太極, 음양陰陽, 건곤乾坤, 강유剛

---

27 앞의 책, 136~144쪽 참조.

柔, 동정動靜, 삼극三極, 괘효사卦爻辭, 변화變化, 길흉회린吉凶悔吝, 생생지위역生生之謂易, 역서易書, 하도의 수(河圖之數) 등의 역易의 개념을 불교의 수연불변隨緣不變·불변수연不變隨緣論, 성수론性修論, 호구론互具論, 법상론法象論, 불성론佛性論, 선정론禪定論, 지관론止觀論 등의 교의와 상호 대비하여 해석하고 있다.

제9권은 「계사하전」을 비롯하여 「설괘전」·「서괘전」·「잡괘전」 등을 해석하고 있다. 「계사하전」에 있어서는 「계사상전」과 마찬가지로 다양한 역의 개념을 불교의 교의와 대비시켜 유불의 상통한 이치를 밝히고 있다. 예컨대 생생지역生生之易, 천하일치天下一致, 여민동환지심與民同患之心, 괘효지리卦爻之理, 역도광대易道廣大 등 역易의 개념을 불교의 무진지리無盡之理, 법계일심法界一心, 수증지도修證之道, 심외무법心外無法 등과 대비시켜 역리와 불교의 교의를 상호 융합하고 있는 것이다.

「설괘전」의 해석에 있어서는 내용을 크게 11단계로 나누어 해석하며 팔괘가 갖는 기본적인 상징의 의의와 취상取象의 범위를, 불교의 이치를 원용하여 새롭게 해석하고 있다.

「서괘전」을 해석함에 있어서는 "서괘序卦 일전一傳은 세간의 생사유전生死流轉하는 이치를 밝힌 가르침이라고 할 수 있고, 또한 공부를 이루어 해탈하는 이치를 밝힌 가르침이라고 할 수 있으며, 또한 법계연기의 이치에 대한 가르침이라고 할 수 있고, 또한 중생을 교화하고 이롭게 하는 가르침이라고 할 수 있다. 유가에 있어서는 곧 내성외왕의 가르침(內聖外王之學)이며 불교에 있어서는 자리이타의 비결이라 할 수 있다"[28]라고 하여 전체적인 관점에서 불교와 역리의 상통함을 분명하게 밝히고 있다.

마지막 「잡괘전」을 해석함에 있어서는 전체의 내용을 모두 19단계로 나누어 선해하면서 마지막 결론으로 "아! 이러한 잡괘전 일전을 읽어보니 공자께서 실로 부처님께서 설법하시던 영산(靈山: 영축산)에서 비밀스럽게 부촉(密囑)을 받아 이곳에 오셔서 중생을 제도하신 것임을 알 수 있을 것 같다. 그렇지 않고서야 어떻게 그 미묘한 말씀과 심오한 취지가 이렇듯 일승(一乘: 대승)의 가르침과 깊이 합치할 수 있단 말인가! 생각하고 새겨야 할 것이다"[29]라고 말하며 「잡괘전」의 전체적 내용이 대승불교의 하화중생이라는 실천이념과 하나로 상통함을 밝히고 있다.

『선해』의 마지막 10권에서는 하도·낙서·복희팔괘차서·복희팔괘방위·복희육십사괘차서·복희육십사괘방위·문왕팔괘차서·문왕팔괘방위 등 모두 8개의 도설을 싣고 있는데, 이는 주희의 『주역본의周易本義』 첫머리에 수록된 「역본의도易本義圖」에 실린 도설을 근거로 하고 있음을 알 수 있다. 이 중에서 『본의本義』에 실린 도설과 전적으로 동일한 것이 반이고, 개조하여 약간의 차이를 나타내고 있는 것이 반이다. 주자가 도설을 책머리에 실은 데 반해서 지욱은 반대로 책말미에 수록하고 있는데, 이에 대해 누가 그 이유를 묻자 "성인은

---

28 『선해』제9권, 「서괘전」에 대한 해석, 305쪽. "序卦一傳, 亦可作世間流轉門說, 亦可作 功夫還滅門說, 亦可作法界緣起門說, 亦可作設化利生門說. 在儒則內聖外王之學, 在釋則自利利他之訣也."

29 『선해』제9권, 「잡괘전」에 대한 해석, 309쪽. "噫, 讀此一章, 尤知宣聖實承靈山密囑, 先來此處度生者矣. 不然, 何其微言奧旨, 深合於一乘若此也. 思之佩之."

말 없음을 깨달아 말 있음을 보여 주고, 학자는 말 있음을 인하여 말없음을 깨닫는다. 그런 까닭에 옛날에 '도상을 왼쪽에 두고 글은 오른쪽에 둔다(左圖右書)'는 이론이 있었다. 어찌 뒤바뀐 것이 있겠는가. 또한 문자와 도상은 모두 달을 손가락으로 가리키는 것뿐이다. 기꺼이 달은 보려 하지 않고 손가락의 앞뒤만을 다투는 것은 또한 어리석은 일이 아니겠는가?"³⁰라고 해명하고 있다. 또한 지욱은 자신이 10권에 실은 도설 중에 주희의 『본의』에 실린 도설과 약간의 차이가 있는 것이 있음을 의식한 듯 "오른쪽 8개의 도설은 옛것과 같은 것이 있고 옛것과 다른 것이 있는데, 다만 유교와 불교의 마음의 요체를 아득히 통달하는 것을 귀하게 여겼을 뿐이니, 살피는 사람은 용서하시라"³¹라고 언급함으로써 도설에 있어 부분적으로 차이가 있음을 긍정하고, 한편으로는 도설을 통해 유교와 불교가 모두 마음의 요체를 깨닫는 것을 귀한 가치로 여기고 있음을 밝히고 있다.

　지욱이 도설을 해석함에 있어 특징적인 것은 도설의 내용에 따라 불교의 교의를 적절히 대비시켜 역시 두 이치가 하나의 상통한 이치임을 밝히고 있다는 점이다.

---

30 『선해』 제10권, 「校刻易禪紀事」, 327쪽. "聖人悟無言而示有言, 學者因有言而悟
　　無言. 所 以古有左圖右書之說, 何倒之有. 且文字與圖皆標月指耳. 不肯觀月,
　　而爭指之前後, 不亦惑乎."

31 『선해』 제10권, 326쪽. "右圖說有八, 或與舊同, 或與舊異. 只貴遙通釋儒心要而
　　已. 觀者恕之."

周易禪解

주역상경 上經

藕益子結冬於月臺. 禪誦之餘, 手持韋編而箋釋之. 或問曰, 子所解者是易耶. 餘應之曰, 然. 復有視而問曰, 子所解者非易耶. 餘亦應之曰, 然. 又有視而問曰, 子所解者亦易亦非易耶. 餘亦應之曰, 然. 更有視而問曰, 子所解者非易非非易耶. 餘亦應之曰, 然. 侍者聞而笑曰, 若是乎墮在四句中也. 餘曰, 汝不聞四句皆不可說, 有因緣故四句皆可說乎. 因緣者, 四悉檀也. 人謂我釋子也. 而亦通儒, 能解易, 則生歡喜焉. 故謂是易者, 吾然之, 世界悉檀也. 或謂我釋子也. 奈何解易, 以同俗儒. 知所解之非易, 則善心生焉. 故謂非易者, 吾然之, 爲人悉檀也. 或謂儒釋殆無分也, 若知易與非易必有差別, 雖異而同, 雖同而異, 則籠統之病不得作焉. 故謂亦易亦非易者, 吾然之, 對治悉檀也. 或謂儒釋必有實法也. 若知非易, 則儒非定儒, 知非非易, 則釋非定釋. 但有名字, 而無實性. 頓見不思議理焉. 故謂非易非非易者, 吾然之, 第一義悉檀也. 侍者曰, 不然. 若所解是易, 則人將謂易可助出世法, 成增益謗. 若所解非易, 則人將謂師自說禪, 何嘗知易, 成減損謗. 若所解亦易亦非易, 則人將謂儒原非禪, 禪亦非儒. 成相違謗. 若所解非易非非易, 則人將謂儒不成儒, 禪不成禪, 成戲論謗. 烏見其爲四悉檀也. 餘曰, 是固然. 汝獨不聞人參善輔人, 而氣喘者服之立斃乎. 抑不聞大黃最損人, 而中滿者服之立瘥乎. 春之生育萬物也, 物固有遇春而爛壞者. 夏之長養庶品也, 草亦有夏枯者. 秋之肅殺也, 而菊有黃花. 冬

之閉藏也, 而松栢靑靑, 梅英馥馥. 如必擇其有利無害者而後爲之, 天地恐亦不能無憾矣. 且佛以慈眼視大千, 如群機已熟, 然後示生, 猶有魔波旬擾亂之, 九十五種嫉妬之, 提婆達多思中害之. 豈惟堯舜稱猶病哉. 吾所由解易者, 無他. 以禪入儒, 務誘儒以知禪耳. 縱令不得四益而起四謗, 如從地倒, 還從地起. 置毒乳中, 轉至醍醐, 厥毒仍在. 徧行爲外道師, 薩遮爲尼犍主, 意在斯也. 侍者再拜而謝曰, 此非弟子所及也. 請得筆而存之.

— 崇禎辛巳仲冬旭道人書於溫陵之毫餘樓.

우익자(藕益子, 지욱 자신)가 동안거를 월대月臺에서 결제하고 있으면서 선禪의 게송을 외우곤 하였는데, 틈이 날 때면 손수 『주역』에 주석을 달곤 하였다. 어떤 사람이 "스님께서 해석하고 있는 것이 『주역』입니까?"라고 묻기에, 나는 "그렇다"고 대답하였다. 또 어떤 이가 보고서 "스님이 해석하는 것은 역易이 아니지 않습니까?"라고 묻기에, 나는 또한 "그렇다"고 대답하였다. 또 어떤 사람이 보고서 "스님이 해석하는 것이 역이기도 하고 역이 아니기도 한 것입니까?"라고 묻기에 나는 또 "그렇다"고 대답하였다. 다시 어떤 이가 보고서 "역도 아니고 역이 아닌 것도 아닙니까?"라고 묻기에 나는 또 "그렇다"고 대답하였다. 시자가 듣고 웃으면서 "스님 말씀대로라면, 사구四句[32] 가운에 떨어지는

---

32 사구四句: 하나의 개념, 혹은 서로 대립되는 두 개념을 기준으로 해서 모든 현상을 판별하는 네 가지 형식을 말한다. 유무有無를 예로 들면, 有·無·亦有亦無·非有非無의 사구四句가 성립되고, 一과 異, 常과 無常, 自와 他 등의 경우에도 사구가 성립된다. 불교의 진리는 이러한 사구와 백비百非의 분별이 끊어진 상태임을 가르친다.

것이 아닌지요?"라고 하였다.

나는 말하였다. "그대는 사구는 다 말할 수 없는 것이지만, 인연이 있는 까닭으로 설하게 된다는 것을 듣지 못했는가? 인연이라고 하는 것은 바로 사실단四悉檀[33]이다. 사람들은 나를 부처님 제자라고 말하지만, 내가 『주역』에 통달하여 『주역』을 해석한다고 하면 무척 기뻐하는 마음들을 낸다. 그러므로 '역易입니까?'라고 하면 나는 '그렇다'고 하는 것이니, 세계실단世界悉檀이라 할 수 있다. 어떤 사람은 나를 부처님 제자라고 부르면서 어떻게 『주역』을 해석하며 세속의 유생들과 함께하느냐고 그러지만, 해석한 것이 역이 아님을 알게 되면 곧 착한 마음을 내게 된다. 그러므로 '『주역』이 아니지 않습니까?'라고 하면 나는 '그렇다'고 하는 것이니, 위인실단爲人悉檀이라 할 수 있다. 어떤 사람은 유불儒佛은 거의 나눌 수 없는 것이라고 말한다. 하지만 만약 역과 역 아닌 것(非易)이 반드시 차별이 있어서 비록 다르면서도 같고, 같으면서도 다르다는 것임을 안다면, 곧 모호하게 여기는 병은 생겨나

---

33 사실단四悉檀: 실단은 범어 'siddhānta'의 음역으로 성취成就·종宗·이理 등으로 번역된다. 사실단은 부처님이 중생을 인도하여 깨달음을 완성시키기 위해 제시한 교법을 네 가지 범주로 나눈 것으로, 곧 세계실단世界悉檀·각각위인실단各各爲人悉檀·대치실단對治悉檀·제일의실단第一義悉檀을 가리킨다. 세계실단(=樂欲悉檀)은 흔히 세간에서 통용되는 가르침을 설하여 중생을 즐겁게 하는 교설을 말하며, 위인실단(=生善悉檀)은 중생들의 능력과 자질에 따라 각각 그들에게 적합한 가르침을 설하여 청정한 행위를 하도록 하는 것을 가리킨다. 대치실단(=斷惡悉檀)은 중생들의 번뇌와 악업을 소멸시키는 가르침을 가리키며, 제일의실단(=入理悉檀)은 진리를 바로 설하여 중생들을 깨달음에 들게 하는 가르침을 말한다. 이러한 실단에 대해서 천태의 지의는 悉은 두루 미친다는 의미의 '徧'으로, 檀은 널리 베푼다는 의미의 '단나(檀那 dāna, 施)'로 해석하고 있다.

지 않게 될 것이다. 그러므로 '역이기도 하고 역이 아니기도 한 것입니까?'라고 물으면 나는 '그렇다'고 하는 것이니, 대치실단對治悉檀이라 할 수 있다. 어떤 사람은 유교와 불교에는 반드시 실체적인 법(實法)이 있다고 말한다. 만약 역(易: 지욱이 선해하고 있는 주역)이 아니라는 것임을 안다면, 곧 유교(지욱이 선해를 통해서 말하고 있는 유교)는 고정된 틀 속의 유교(定儒)가 아닌 것이며, 역이 아닌 것도 아님을 안다면, 곧 불교(지욱이 선해를 통해서 말하고 있는 불교)는 고정된 틀 속의 불교(定佛)가 아닌 것이다. 단지 이름만이 있을 뿐, 고정된 정체성(實性)이 있는 것은 아니다. 문득 부사의한 진리를 깨달을 수 있어야만 하는 것이다. 그러므로 '역도 아니며, 역이 아닌 것도 아니지 않습니까?'라고 물으면 나는 '그렇다'고 하는 것이니, 제일실단第一義悉檀이라 할 수 있다."

시자가 말하기를, "그렇지 않습니다. 만약에 선해하시는 것이 역易이라고 하신다면, 사람들은 장차 역이 출세법(出世法: 佛法)을 도와줄 수 있는 것이라고 말하면서 유교의 우월성을 강조하며 불교에 대한 비방을 더욱 증가해 나갈 것(增益謗)입니다. 만약에 선해하시는 것이 역이 아니라고 하신다면, 사람들은 장차 스님께서 자신의 선禪을 설하는 것일 뿐, '어찌 역을 알면서 그러겠는가?' 하고 말하면서 불교가 유교보다 못하다고 비방을 하게 될 것(減損謗)입니다. 만약에 선해하시는 것이 역이면서 또 역이 아니라고 하신다면, 사람들은 장차 유儒는 원래 선禪이 아니며, 선도 또한 유가 아니라고 말하면서 서로 상반된 가르침이라고 비방하게 될 것(相違謗)입니다. 만약에 선해하시는 것이 역도 아니고 역이 아닌 것도 아니라고 하신다면, 사람들은 장차 유儒가

유儒를 성립하지 못하고 선禪이 선禪을 성립하지 못한다(유도 선도 아니다)고 말하면서 말장난에 불과하다고 비방하게 될 것(戲論謗)입니다. 어찌 그것이 사실단이 된다고 보겠습니까?"라고 하였다.

나는 말하였다. "이것은 진실이다. 그대는 유독 인삼이 사람에게 훌륭한 보약이지만 천식환자(氣喘)가 그것을 먹게 되면 바로 쓰러져 죽는다는 것을 듣지 못했는가? 혹은 대황大黃이라고 하는 약초는 가장 사람을 손상시키는 것이지만, 헛배가 부른 병을 앓는 자가 복용하게 되면 바로 낫게 된다는 것을 듣지 못했는가? 봄에는 만물이 탄생해서 길러지지만 만물 중에는 진실로 봄을 만나면 시들어 소멸되는 것이 있고, 여름에는 뭇 생명들이 성장하게 되지만 화초 가운데는 여름에 말라 죽는 것도 있으며, 가을은 생명을 시들게 하여 쇠락시키지만 국화는 노란 꽃을 피우고, 겨울에는 만물을 거두어 감추지만 소나무와 잣나무는 더욱 푸르고 매화는 더욱 향기롭다. 만약에 반드시 그 이익은 있고 손해는 없는 것만을 선택한 후에야 그것을 한다면 천지도 아마 역시 유감이 없다고는 할 수 없을 것이다. 또한 부처님은 자비의 눈으로 삼천대천세계를 살피시고 뭇 중생들이 이미 성숙해진 상태임을 아신 연후에야 모태에 들어 세상에 오셨지만, 오히려 마왕 파순[34]이 요란을 떨었고 95종류의 외도들이 부처님을 질투하였으며, 제바달다[35]는 항상

---

34 파순(波旬, Pāpimant): 파비야波卑夜·파비연波俾掾·파비播裨라고도 음역한다. 살자殺者·악자惡者를 의미한다. 욕계 제6천의 임금인 마왕의 이름이다. 항상 악한 뜻을 품고 나쁜 법을 만들어 수행자의 마음을 어지럽히고 사람의 혜명慧命을 끊는 대표적인 인물로 전해진다.

35 제바달다禘婆達多: 석가모니의 사촌 동생이며, 곡반왕斛飯王의 아들이다. 백반왕白飯王 또는 선각善覺 장자의 아들이라고도 한다. 전설에 의하면 출가하기 이전의

부처님을 해칠 생각을 하였다. 어찌 오직 요순堯舜만이 널리 덕을
베풀어 중생들을 구제하시는 데 부족함을 느끼셨다고 말할 수(猶病)³⁶
있겠는가?

내가 역을 선해하는 이유는 다른 것이 아니라, 선으로써 유교에
들어가 유생들로 하여금 선을 알게끔 유도하기 위한 목적일 뿐이다.
설사 네 가지 이익(四益)³⁷을 얻기보다는 네 가지 비방(四誘)³⁸을 불러일

석가모니와 학술과 무예 등에서 경쟁 관계에 있었으며, 석가모니의 출가 이전
부인인 야쇼다라를 아내로 맞는 경쟁에서도 패배했다고 한다. 석가모니가 성도한
후 고향으로 돌아왔을 때 다른 친척들과 함께 출가하여 석가모니의 제자가
되었다. 이후 석가모니의 위세를 질시하여 500명의 대중을 인솔하고 가야산에서
독자적으로 정사精舍를 운영하였으며, 당시 마가다국의 왕인 아사세왕과 결탁하
여 석가모니를 죽이고 마가다국의 교권을 장악하고자 기도하였으나 성공하지
못했다고 한다. 이로 인해 이후의 교단에서는 석가모니를 거역한 가장 대표적인
악인으로 낙인 찍혔다.

36 『논어』 「옹야雍也」편에 나오는 내용, 즉 "자공이 말하기를, 만일에 백성에게
널리 은덕을 베풀어 능히 구제할 수 있는 사람이라면 어떻습니까? 어질다고
할 수 있겠습니까? 공자께서 말씀하시기를, 어찌 어질다고만 하겠는가! 반드시
성인일 것이니 요순도 오히려 어렵게 여기셨다(子貢曰, 如有博施於民而能濟衆,
何如. 可謂仁乎, 子曰, 何事於仁, 必也聖乎, 堯舜 其猶病諸)"라는 내용을 인용하고
있다.

37 사익四益: 4실단을 통해 얻는 네 가지 이익. 곧 환희익歡喜益·생선익生善益·파악익
破惡益·입리익入理益 등을 말한다.

38 사방四誘: 진리, 혹은 불성에 대한 네 가지 잘못된 견해. 고정된 진리는 없음에도
있다고 주장하여 유有의 허물에 해당하는 증익방增益誘, 무無에 대한 미혹으로
도는 없지 않지만 없다고 주장하는 손감방損減誘, 무이기도 하고 유이기도 하다(亦
有亦無)는 상위방相違誘, 무도 유도 아니다(非有非無)는 희론방戲論誘 등을 말한
다. 증익방은 더 보탬으로써 비방이 되는 것이고, 손감방은 줄임으로써 비방이

으키게 된다고 해도 마치 땅에서 넘어진 자는 도리어 땅을 딛고 일어서
야 하듯이, 우유에 정제성분을 타면 서서히 발효식품[39]이 되어도 그
유독 성분이 남아 있게 되는 것과 같다. 변행偏行[40]이 외도들의 스승이
되고, 살차薩遮가 니건尼健[41]의 주인이 되는 뜻은 여기에 있는 것이다."

시자가 다시 절하고 사죄하며 말하길, "이것은 제자가 알 수 있는
경지가 아닌 것 같습니다. 원컨대, 써서 보존하여 전해 주시지요"라고
하였다.

– 숭정 신사년(1641) 한겨울에 지욱도인이 온릉溫陵의 호여루毫餘樓
에서 쓰다.

되며, 상위방은 앞뒤가 맞지 않음으로써 비방이 되고, 희론방은 갈팡질팡함으로
써 비방이 된다는 것이다.

39 제호醍醐: 버터 위에 뜨는 기름으로 맛이 뛰어나다고 한다.

40 변행偏行:『화엄경』에서 선재동자가 찾아간 53선지식 가운데 21번째 선지식.

41 살차는 부처님 당시에 활동하던 유명한 대논사이고, 니건은 니건자尼犍子라고도
하며, 나체의 모습으로 고행을 일삼는 요즘의 자이나 교도를 말한다.

주역 상경

1. 중천건(重天乾)	2. 중지곤(重地坤)	3. 수뢰둔(水雷屯)	4. 산수몽(山水蒙)	5. 수천수(水天需)
6. 천수송(天水訟)	7. 지수사(地水師)	8. 수지비(水地比)	9. 풍천소축(風天小畜)	10. 천택리(天澤履)
11. 지천태(地天泰)	12. 천지비(天地否)	13. 천화동인(天火同人)	14. 화천대유(火天大有)	15. 지산겸(地山謙)
16. 뇌지예(雷地豫)	17. 택뢰수(澤雷隨)	18. 산풍고(山風蠱)	19. 지택림(地澤臨)	20. 풍지관(風地觀)
21. 화뢰서합(火雷噬嗑)	22. 산화비(山火賁)	23. 산지박(山地剝)	24. 지뢰복(地雷復)	25. 천뢰무망(天雷无妄)
26. 산천대축(山天大畜)	27. 산뢰이(山雷頤)	28. 택풍대과(澤風大過)	29. 중수감(重水坎)	30. 중화리(重火離)

주역선해 제1권 [上經之一]

六十四卦皆伏羲所畫. 夏經以艮居首, 名曰連山. 商經以坤居首, 名曰
歸藏. 各有繇辭以斷吉凶. 文王囚羑裏時, 繫今彖辭, 以乾坤二卦居
首, 名之曰易. 周公被流言時, 復繫爻辭. 孔子又爲之傳, 以輔翊之,
故名周易. 古本文王, 周公彖, 爻二辭, 自分上下兩經. 孔子則有上經
象傳, 下經彖傳, 上經象傳, 下經象傳, 乾坤二卦文言, 繫辭上傳, 繫辭
下傳, 說卦傳, 序卦傳, 雜卦傳, 共名十翼. 後人以孔子前之五傳 會入
上下兩經. 而繫辭等五傳不可會入, 附後別行, 卽今經也. 可上可下,
可內可外, 易地皆然. 初無死局, 故名交易. 能動能靜, 能柔能剛,陰陽
不測. 初無死法, 故名變易 雖無死局. 而就事論事則上下內外仍自歷
然. 雖無死法, 而卽象言象, 則動靜剛柔仍自燦然. 此所謂萬古不易之
常經也. 若以事物言之, 可以一事一物各對一卦一爻, 亦可於一事一
物之中, 具有六十四卦三百八十四爻. 若以卦爻言之, 可以又一切事

物卽一事一物, 一事一物卽一切事物. 一切卦爻卽一卦一爻, 一卦一爻卽一切卦爻. 故名交易變易. 實卽不變隨緣, 隨緣不變, 互具互造, 互入互融之法界耳. 一卦一爻各對一事一物. 亦可於一卦一爻之中, 具斷萬事萬物, 乃至世出世間一切事物. 伏羲但有畫而無辭, 設陰陽之象, 隨人作何等解, 世界悉檀也. 文王彖辭, 吉多而凶少, 擧大綱以生善, 爲人悉檀也. 文公爻辭, 誡多而吉少, 盡變態以權懲, 大治悉檀也. 孔子十傳, 會歸內聖外王之學, 第一義悉檀也. 偏說如此. 剋實論之, 四聖各具前三悉檀. 開權顯實, 則各四悉.

64괘는 모두 복희씨伏羲氏가 그린 것이다. 『하경夏經』(하나라의 역)은 간(艮 ☶)괘를 맨 처음에 놓은 까닭에 연산역連山易이라고 이름하였고, 『상경商經』(은나라의 역)은 곤(坤 ☷)괘를 맨 위에 놓았다고 해서『귀장역歸藏易』이라고 이름 붙였다. 여기에는 각각 점사(占辭: 주사繇辭)가 있어서 길흉을 판단하였다. 문왕文王[42]이 유리옥에 갇혀 있을 때에 지금의 단사(彖辭, 卦辭)를 붙이고 건乾, 곤坤 두 괘로 첫머리를 삼아서 '역易'이라 이름하였다. 주공周公[43]이 유언비어로 인해 몸을 숨기고 있을 때에 다시 효사爻辭를 지었다. 공자께서 또한 전傳을 지어 보태어

---

42 문왕(文王, B.C. 1152~1056): 주周나라의 시조. 주나라를 창업한 무왕武王의 아버지. 성은 희姬 이름은 창昌. 은나라 주紂왕의 폭정에 의해 유리羑裏의 감옥에 있을 때 주역의 괘사卦辭를 지었으며, 복희 선천 팔괘를 기초로 문왕 후천 팔괘를 지었다고 전한다.

43 주공周公: 문왕의 넷째 아들이자 무왕의 동생. 성은 희姬 이름은 단旦. 무왕을 도와 은나라를 토벌한 공으로 곡부曲阜에 봉해져 노魯나라의 시조가 되었다. 주역 384효 하나하나에 설명을 붙인 효사를 지었다.

보완함으로써 『주역周易』이라 이름 붙여지게 되었다.

고본古本은 문왕과 주공의 단彖·효爻 두 사辭를 각기 나누어 상경上經과 하경下經으로 나누었다. 공자께서 여기에 「상경단전上經彖傳」과 「하경단전下經彖傳」, 「상경상전上經象傳」과 「하경상전下經象傳」, 건乾·곤坤 두 괘의 「문언전文言傳」, 「계사상전繫辭上傳」과 「계사하전繫辭下傳」, 「설괘전說卦傳」, 「서괘전序卦傳」, 「잡괘전雜卦傳」을 지어 함께 '십익十翼'이라 이름 붙였다. 후대의 사람들이 공자의 앞의 다섯 전傳을 모아서 상경과 하경에 편입시켰지만, 「계사전」 등 다섯 전은 미처 편입시키지 못했다. 후에 특별히 부록으로 첨부하여 유통하게 되었는데, 지금의 『역경』이 바로 이것이다.

위가 될 수도 있고 아래가 될 수도 있으며, 안이 될 수 있고 밖이 될 수 있는 것이니, 역易의 지위가 바뀌는 것은 다 이렇게 자연스런 이치이다. 처음부터 그 위치가 정해져 고정불변한 것(死局)은 아니다. 그러므로 '교역交易'이라 이름한다. 움직일 수도 있고 고요할 수도 있으며, 부드러울 수도 있고 강할 수도 있다. 까닭에 음양은 헤아릴 수 없는 것이어서 처음부터 고정되어 죽어 있는 법(死法)이 아니다. 그러므로 '변역變易'이라 이름한다.

비록 위치가 정해져 있지 않지만 사물에 적용해 논한다면 곧 상하와 내외가 저절로 확연해지는 것이고, 고정되어 있지 않은 까닭에 상象을 들어 말한다면 곧 동정動靜과 강유剛柔가 이에 저절로 찬연해지는 것이다. 이러한 이치를 이른바 만고에 변하지 않는 경전(常經)이라 하는 것이다.

만약 사물로써 그것을 말한다면, 한 가지 일과 하나의 사물로 각기

하나의 괘와 하나의 효로 대비할 수 있다. 또한 한 가지 일과 하나의 사물 가운데에는 64괘와 384효를 갖추고 있다. 만약 괘와 효로 그것을 말한다면 하나의 괘와 하나의 효로 각기 한 가지 일과 한 가지 물건(一事一物)에 대비할 수 있고, 또한 하나의 괘와 하나의 효 가운데에는 만 가지 일과 만 가지 물건(萬事萬物), 세간과 출세간의 일체 만물을 모두 갖추고 있다고 단정해서 말할 수 있다.

또한 일체 만물이 곧 한 가지 일과 한 가지 물건이고, 한 가지 일과 한 가지 물건이 곧 일체 만물이며, 일체 괘효가 곧 하나의 괘와 하나의 효이고, 하나의 괘와 하나의 효가 곧 일체의 괘효가 된다. 까닭에 이를 이름하여 '교역변역交易變易'이라 하는 것이다. 그렇지만 실상은 곧 변하지 않으나 인연을 따르고(不變隨緣), 비록 인연을 따르지만 변하지 않는 것(隨緣不變)이니, 서로를 포용하면서 서로를 만들어 내고, 서로를 받아들이면서 서로가 융합하는 진리의 세계(法界)를 이루어 낸다.

복희의 역은 단지 괘만 있고 괘사가 없어 음양의 상만을 시설施設하여 사람에 따라 나름의 이해를 하게 하였으니, 세계실단[44]이라 할 수 있다. 문왕이 쓴 단사彖辭는 길함에 대한 단사가 많고 흉함에 대한 단사는 적은데, 이는 큰 강령(大綱: 인간이 근본적으로 실천해야 할 큰 도리)을 제시함으로써 사람들로 하여금 착한 마음을 내게 하신 것이니, 위인실단[45]이라 할 수 있다. 주공이 쓴 효사爻辭는 경계하는 내용이 많고

---

44 세계실단世界悉檀: 부처님이 설법하실 때 세상에 맞추어 말씀하신 가르침. 사실단 四悉檀의 하나. 사실단은 세계실단, 위인실단, 대치실단, 제일의실단을 말한다.
45 위인실단爲人悉檀: 부처님이 설법하실 때 사람들의 근기에 맞추어 알맞게 말씀하

길함에 대한 효사는 적은데, 이는 모두 사람들의 태도를 변화시켜
잘못된 것을 바로잡도록 한 것이니, 다스림에 대한 대치실단[46]이라
할 수 있다. 공자가 쓴 「십익전十翼傳」은 안으로는 성인의 길을 밝히고
밖으로는 국왕이 나라를 통치하는 도를 배우는 학문(內聖外王之學:
곧 성인과 군자의 도)으로 회귀하게 하신 것이니, 제일의실단[47]이라
할 수 있다. 대강 설명하면 이와 같지만, 세밀하게 말한다면 네 성인(복
희, 문왕, 주공, 공자)의 역易이 각각 앞의 세 실단을 갖추고 있어 방편을
열어 실상을 드러나게 한 것(開權顯實)이라는 점에서 곧 각각이 모두
사실단이라 할 수 있다.

신 가르침.

46 대치실단對治悉檀: 부처님이 설법하실 때 상대편의 병(번뇌)에 따라 이를 대치하도
　록 말씀하신 가르침. 자비관慈悲觀이나 부정관不淨觀 등.

47 제일의실단第一義悉檀: 부처님이 설법하실 때 방편으로 말하는 것이 아니라,
　절대적인 근본 진리에서 제법실상諸法實相을 말씀하시어 중생으로 하여금 진리
　에 들어가게 하는 가르침.

(1) ䷀ 중천건重天乾 (乾下 乾上)

乾은 元코 亨코 利코 貞하니라.
　건　　원　　형　　이　　정

'건乾'은 크고 형통하고 이롭고 바르다.[48]

六畫皆陽, 故名爲乾. 乾者, 健也. 在天爲陽, 在地爲剛, 在人爲智爲
義, 在性爲照, 在修爲觀. 又在器界爲覆, 在根身爲首, 爲天君. 在家爲
主, 在國爲王. 在天下爲帝. 或有以天道釋, 或有以王道釋者, 皆偏擧
一隅耳. 健則所行無礙, 故元亨. 然須視其所健者何事. 利貞之誡, 聖
人開示學者切要在此, 所謂修道之敎也. 夫健於上品十惡者, 必墮地
獄, 健於中品十惡者, 必墮畜生. 健於下品十惡者, 必墮鬼趣, 健於下
品十善者, 必成修羅. 健於中品十善者, 必生人道, 健於上品十善者,
必生天上. 健於上品十善, 兼修禪定者, 必生色無色界. 健於上品十
善, 兼修四諦十二因緣觀者, 必獲二乘果證. 健於上上品十善, 能自利
利他者, 卽名菩薩. 健於上上品十善, 了知十善, 卽是法界卽是佛性
者, 必圓無上菩提. 故十界皆元亨也. 三惡爲邪, 三善爲正. 六道有漏

---

48 『주역』에서 복희씨가 그린 64괘의 각 괘상(卦象, ䷀ 등) 아래 각각 붙인 글을
　괘사卦辭 또는 단사(彖辭: 원래 판단하다란 뜻의 '단彖'으로 불렸는데, 나중에
　단사 또는 단경彖經이라 함)라고 하는데, 문왕이 은나라 폭군인 주왕에 의해
　유리옥에 유폐되었을 때 지은 것이라 한다.

爲邪, 二乘無漏爲正. 二乘偏眞爲邪, 菩薩度人爲正. 權乘二諦爲邪,
佛界中道爲正. 分別中邊不同爲邪, 一切無非中道爲正. 此利貞之誡,
所以當爲健行者設也.

여섯 획이 모두 양효陽爻인 까닭에 '건乾'이라 이름한다. '건'이라는
것은 강건하다는 뜻이다. 하늘에 있어서는 양陽이 되고 땅에 있어서는
강함이 되며, 사람에 있어서는 지혜와 의로움이 되고, 성정性情에
있어서는 밝게 비춤이 되며, 닦음에 있어서는 관觀함이 된다. 또한
중생들이 살고 있는 세계(器世間)에 있어서는 마음의 작용이 되고,
몸에 있어서는 머리와 마음(天君)이 되며, 집에 있어서는 주인이 되고,
나라에 있어서는 국왕이 되며, 천하에 있어서는 황제가 된다. 혹은
하늘의 도로 해석하기도 하고, 또는 임금의 도로 해석하기도 하는
것은 모두 한 가지 예를 들어 설명하는 것에 지나지 않을 뿐이다.
강건하기 때문에 행하는 데 걸림이 없다. 그러므로 '크게(元) 형통하다
(亨)'고 하는 것이다. 그러나 모름지기 그 강건한 바가 어떤 일인지를
보아야 한다. '바르게 함(貞)이 이롭다(利)'〔또는 이롭고 바르다〕[49]라고
하는 경책의 말씀은 성인이 배우는 사람들을 일깨우고자 하는 요지를
여기에 담아내고 있음이다. 이른바 진리를 수행하게 하는 가르침(修道
之敎)이라 할 수 있다.

---

[49] '건乾 원형이정元亨利貞'이란 문장을 해석함에 있어 공자는 천도天道의 운행에
바탕한 춘하추동 사시의 덕으로 판단(건乾은 크고, 형통하고, 이롭고, 바르다)한
반면, 주자는 『주자본의朱子本義』에서 "크게 형통하나 바르게 함이 이롭다"고
하여 점서占筮적으로 풀이하였다.(김석진, 『대산주역강해 1』, 대유학당, 2012
〔2판〕, 22쪽 참조)

무릇 상품上品의 세계에서 열 가지 악(十惡)[50]을 애써(健) 실천하는 자들은 반드시 지옥에 떨어지게 되고, 중품中品의 세계에서 십악을 애써 저지르는 자들은 반드시 축생의 세계에 떨어지게 되며, 하품下品의 세계에서 십악을 강건하게 저지르는 자들은 반드시 아귀의 세계에 떨어지게 된다. (이와는 반대로) 하품의 세계에서 열 가지 선(十善)을 힘써 실천하게 되면 반드시 아수라의 세계를 이루게 되고, 중품의 세계에서 십선을 굳세게 실천하게 되면 반드시 인간세계에 태어나게 되며, 상품의 세계에서 십선을 힘써 실천하게 되면 반드시 천상세계에 태어나게 된다. 또한 상품의 세계에서 십선을 닦음과 더불어 선정을 닦는 자는 반드시 색계와 무색계에 태어나게 되고, 상품의 세계에서 십선과 더불어 사성제四聖諦[51]와 12인연법因緣法[52]을 수행하는 자는

50 10악업十惡業이라고도 한다. 몸으로 짓는 살생·도둑질·음행, 입으로 짓는 거짓 말·이간질·이치에 닿지 않는 말·욕설, 뜻으로 짓는 탐욕·분노·어리석음 등의 열 가지 죄업을 가리킨다. 이러한 십악의 반대 행위가 십선업十善業이다.

51 사제四諦: '제(諦, satya)'는 진리·사실 등을 뜻한다. 보통 사성제四聖諦·사진제四眞諦라고도 하며, 부처님께서 깨달음을 성취하신 직후 5비구를 대상으로 설했다고 하는, 괴로움을 소멸시켜 열반에 이르는 네 가지 진리를 가리킨다. 곧 중생의 생로병사生老病死의 4고와 미운 대상을 만나야 하는 고통(怨憎會苦)·사랑하는 대상과 헤어져야 하는 고통(愛別離苦)·구하는 것을 얻지 못하는 고통(求不得苦)·심신에 대한 집착으로 인해 겪게 되는 괴로움(五陰盛苦) 등 8고를 내용으로 하는 고성제苦聖諦, 그러한 괴로움의 원인은 진리에 대한 무지(無明)와 만족을 모르는 탐욕심인 갈애渴愛에서 비롯됨을 가리키는 집성제(集聖諦), 이러한 고통과 그 고통의 원인으로 작용하는 갈애로부터 벗어나 참된 진리를 깨닫고 종교적 해탈의 자유를 얻게 되는 경지를 가리키는 멸성제滅聖諦, 이러한 멸제에 도달하기 위하여 종교적으로 실천해야 될 여덟 가지 수행의 길(八正道)을 가리키는 도성제道聖諦 등을 말한다.

반드시 이승(二乘: 성문과 연각승)의 증과를 얻게 되며, 상상품上上品의
세계에서 힘써 십선을 닦고 나도 이롭고 남도 이롭게 하는 자리이타自利
利他의 행을 실천하는 자는 곧 보살이라 이름할 수 있고, 상상품의
세계에서 강건하게 십선을 닦아서 이 십선이 곧 법계이고 불성 그
자체임을 깨달아 체득하는 자는 반드시 무상보리를 원만하게 성취하게
된다. 이런 까닭으로 시방세계(十界)[53]가 모두 '크게(元) 형통(亨)하다'
고 하는 것이다.

　삼악도(三惡道: 지옥도·아귀도·축생도)의 세계는 곧 사도邪道의 세계
가 되고, 삼선도(三善道: 천도天道·인도人道·아수라도阿修羅道)의 세계
는 곧 정도正道의 세계가 된다. 육도 중생의 번뇌의 세계는 사도가
되고, 이승(二乘: 보살승과 성문승, 또는 성문승과 연각승)의 청정한
세계는 정도가 된다. 이승의 개인적 깨달음만을 위한 이기적 수행(偏眞)

---

52 12연기十二緣起: 중생에게 있어 괴로움(苦)이 일어나게 되는 열 가지 과정을
　말하며, 12지연기支緣起·12인연因緣·12인생因生·12연생緣生·12연문緣門이라
　고도 한다. 근본불교의 가장 기초적인 교의로『아함경』등에서 설해지고 있으니,
　곧 ① 무명(無明: 四諦에 대한 무지)·② 행(行: 무명으로 일으키는 의지력·충동
　력·의욕)·③ 식(識: 식별하고 판단하는 의식, 인식작용)·④ 명색(名色: 名은 수·
　상·행·식의 작용, 色은 五蘊에 대한 집착)·⑤ 육입(六入: 대상을 감각하거나
　의식하는 눈眼·귀耳·코鼻·혀舌·몸身·마음意의 작용)·⑥ 촉(觸: 六根과 六境과
　六識의 화합으로 일어나는 마음 작용)·⑦ 수(受: 괴로움과 즐거움 등을 느끼는
　감수 작용)·⑧ 애(愛: 갈애, 애욕, 탐욕)·⑨ 취(取: 탐욕에 의한 집착)·⑩ 유(有:
　業有)·⑪ 생(生: 태어난다는 의식) ⑫ 노사(老死: 늙고 죽음) 등을 가리킨다.
53 십계十界: 미혹한 중생에서 깨달음을 이룬 성인에 이르기까지 모든 경지를 10종류
　로 나눈 지옥계·아귀계餓鬼界·축생계·수라계修羅界·인간계·천상계天上界·성
　문계聲聞界·연각계緣覺界·보살계菩薩界·불계佛界를 말한다.

은 사도가 되고, 보살이 중생을 제도하는 것은 정도가 된다. 중생 제도를 위한 방편의 가르침(權敎)에서 말하는 속제俗諦와 진제眞諦의 이제二諦는 사도가 되고, 부처님 경계(佛界)에서 가르치는 중도는 정도가 된다. 가운데와 끝(곧 중도中道와 변견邊見, 혹은 상견常見과 단견斷見)이 같지 않다고 분별함은 사도가 되고, 일체의 모든 것이 중도가 아님이 없음을 깨닫는 것은 정도가 된다. 이러한 까닭으로 '바르게 함이 이롭다(利貞)'고 하는 경계의 말씀은 마땅히 강건하게 닦는 수행자(健行者)들을 위한 가르침이라 할 수 있다.

初九는 潛龍이니 勿用이니라.
초구 잠룡 물용

초구[54]는 잠긴 용이니 쓰지 말라.[55]

---

54 『주역』 경문에서 6효를 읽을 때 효가 음(--)이면 육六, 양(一)이면 구九를 붙여 읽는다.

山水蒙

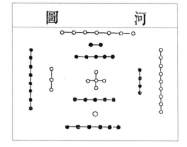

예컨대 산수몽(山水蒙 ䷃)괘를 읽는 경우, 초효는 음효로 초육初六(양효는 초구), 이효는 양효로 구이九二, 삼효는 음효로 육삼六三, 사효는 음효로 육사六四, 오효는 음효로 육오六五, 상효는 양효이므로 상구上九라고 읽는 것이다. 이렇듯 음효를 육, 양효를 구라 표시하는 것은 크게 두 가지 이유에서이다.

첫째, 하도河圖에 배열된 수 중에서 안(內本)에 배열된 1·2·3·4·5는 다른 수를 생하는 기본수가 된다고 하여 생수生數라 하고, 밖(外末)에 배열된 6·7·8·9·10은 생수를 통하여 이루어진 수라하여 성수成數라 하는데, 생수 1·2·3·4·5 중에서 양수陽數에 해당하는 1·3·5의 합이

龍之爲物也, 能大能小, 能屈能申. 故以喩乾德焉. 初未嘗非龍, 特以
在下, 則宜潛而勿用耳. 此如大舜耕歷山時, 亦如顔子居陋巷乎. 其靜
爲復, 其變爲姤 復則後不省方以自養, 姤則施命誥四方以養衆, 皆潛
之義也.

용의 물건 됨은 대소와 굴신을 자유자재로 하는 데 있다. 그러므로
용을 하늘의 덕성(乾德)에 비유하는 것이다. 초구初九가 일찍부터 용이
아니라고는 할 수 없지만, 특히 아래 자리(初九爻)에 위치하여 마땅히
잠복해 있으므로 쓰지 말라고 한 것뿐이다. 이를 비유하자면 훌륭한
순임금이 역산歷山에서 은둔하여 농사짓던 시기와 같으며,[56] 안자顔子

___

9가 되고, 음수陰數에 해당하는 2·4의 합이 6이 되므로 이러한 음양의 합수를
근거로 하여 음효를 6, 양효를 9로 표시한다는 것이다. 둘째, 생수 중에서 하늘의
수(天數)에 해당하는 홀수는 1·3·5 세 가지이고, 땅의 수(地數)에 해당하는
짝수는 2·4 두 가지인데, 이를 '삼천양지參天兩地'라고 한다. 이렇듯 삼천의 수의
합인 9(1+3+5)와 양지의 수의 합인 6(2+4)을 음효와 양효를 대표하는 수로
표시한다는 것이다. 이는 곧 8괘 중에서 양을 대표하는 순양純陽의 태양수太陽數인
건천(乾天 ☰)은 양이 세 개로 3×3=9, 음을 대표하는 순음純陰의 태음수太陰數인
곤지(坤地 ☷)는 음이 세 개로 2×3=6이 되는 것에서 증명되고 있다.(청화,『주역선
해 연구』, 운주사, 2011, 40~41쪽 참조.)

55 각 괘는 6효爻로 이루어져 있어 64괘에는 모두 384효가 있다. 한 괘의 각 여섯
효, 즉 384효 하나하나에 붙인 글을 효사爻辭 또는 상象라 하는데, 이는 문왕의
아들인 주공이 지었다고 전한다.

56 지욱은 초효 '잠룡물룡말씀하시길'의 뜻을 순임금이 젊은 시절에 역산에서 농사지
으며 숨어살던 시기(耕歷山時)에 비유하고 있다. 순임금이야말로 능대능소能大能
小하고, 능굴능신能屈能申한 용덕龍德, 곧 하늘의 건덕乾德을 갖춘 성현으로 보고
있는 것이다. 지욱의 이러한 표현은 요순에 대한 전통적 유가의 관점을 그대로
수용하고 있는 것으로 보인다. 이러한 지욱의 관점은 나머지 2효부터 상효에

가 누추한 저자거리에서 은거할 때와 같다고 할 수 있다. (초구만)
고요히 움직이지 않으면 지뢰복(地雷復, ☷☳)괘가 되고, (초구만) 움직
이면 천풍구(天風姤, ☰☴)괘가 된다. 복復괘는 임금(後)이 지방을 순시하
지 않고 스스로의 힘을 기르는 상태요, 구姤괘는 명命을 내려 사방에
알려줌(誥)으로써 백성을 양육하는 것을 뜻하니, 모두 잠룡의 뜻이다.

九二는 **見龍在田**이니 **利見大人**이니라.
<small>구 이   현 룡 재 전   이 견 대 인</small>

구이는 용이 밭에 나타나 있음이니 대인을 봄이 이롭다.

初如淵, 二如田, 時位之不同耳. 龍何嘗有異哉. 二五曰大人, 三曰君
子, 皆人而能龍者也. 此如大舜徵用時, 亦如孔子遑遑求仕乎. 其靜爲
臨爲師, 其變爲同人, 皆有利見之義焉.

초구는 연못(에 잠겨 있는 용)과 같고, 구이가 밭(에 나와 있는 용)과
같다고 하는 것은 때(時)와 처지(位)가 같지 않을 따름이니, 용이
어찌 일찍이 다름이 있겠는가? 구이와 구오에서는 '대인大人'이라 말하
고 구삼에서는 '군자'라 말한 것은 모두 사람을 용에 비유한 것이다.
이것은 훌륭한 순임금이 부름 받아 쓰일 때(徵用時)와 같으며,[57] 또한
공자가 벼슬을 얻기 위해 황황히 천하를 주유할 때와 같다고 할 수

이르기까지 그대로 이어진다.

[57] 지욱은 구이 효사를 우순虞舜이 요임금(大人)의 부름을 받고 30세에 등용되어
신하로서 활동하던 시기(徵庸時)에 비유하여 그 의미를 치국治國의 관점에서
새롭게 해석하고 있다.

있다. 초구와 구이가 고요히 변하지 않으면 지택림(地澤臨, ䷒)괘가 되고, 구이만 고요하여 변하지 않으면 지수사(地水師, ䷆)괘가 되고, 구이만 (음으로) 변하면 천화동인(天火同人, ䷌)괘가 된다. 모두 '대인을 보면 이롭다(利見大人)'라는 뜻을 나타내고 있다.

九三은 **君子**ㅣ **終日乾乾**하야 **夕惕若**이니 **厲**하나 **无咎**니라.
구 삼　　군 자　　종 일 건 건　　석 척 약　　　려　　　무 구

구삼은 군자가 종일토록 강건하고 굳세고, 저녁에도 두려운 듯 삼가면 위태로우나 허물이 없다.

在下之上則地危, 純剛之德則望重, 故必終日乾乾. 雖至於夕, 而猶惕若. 所謂安而不忘危, 危者, 安其位者也. 此如大舜攝政時, 亦如王臣蹇蹇匪躬者乎! 其靜爲泰爲謙, 其變爲履, 皆有乾乾惕厲之義焉.

(구삼은) 하괘의 맨 위에 있어서 그 지위가 위태하지만, 순수하고 강한 덕이므로 곧 명망이 중대한 자리이다. 그러므로 반드시 종일토록 강건하고 굳세게 처신해야 하며, 비록 저녁에 이르더라도 오히려 조심하여 신중히 해야 된다. 이른바 '편안하더라고 위태로움을 잊지 않아야 된다(安而不忘危)'[58]는 말이다. 위태롭다고 생각하는 것은 오히려 그 지위를 편안하게 만드는 것이다. 이것은 위대한 순임금이 섭정할 때와 같으며,[59] 또한 '왕과 신하가 어렵고 어려운 것은 몸의 어려움 때문이

---

58 「계사하전」 제5장에서 언급되고 있다.

59 지욱은 구삼 효사를 해석하면서 효사의 뜻을 우순虞舜이 늙은 요임금을 대신해 30년간 섭정한 시기에 비유하고 있다. 천하의 권력을 손에 잡은 임금의 지위에

아니다'[60]라는 말과 같은 뜻이 아니겠는가! 고요히 변하지 않으면(하괘가 모두 불변하면) 지천태(地天泰, ䷊)괘가 되고, (구삼만 불변하면) 지산겸(地山謙, ䷓)괘가 되며, (구삼만) 변하면 천택리(天澤履, ䷉)괘가 된다. 모두가 강건하고 굳세지만 두려운 듯 삼가야 한다는 뜻을 담고 있다.

九四는 或躍在淵이니 无咎니라.
구 사　　혹 약 재 연　　무 구

구사는 혹 뛰어보지만 못에 있으면 허물이 없다.

初之勿用, 必於深淵, 四亦在淵何也. 初則潛四則躍, 時勢不同, 而跡暫同. 此如大舜避位時, 亦如大臣之休休有容者乎. 其靜爲大壯, 爲豫, 其變爲小畜, 皆有將飛未飛, 以退成進之義焉.

초구의 '잠긴 용은 사용하지 말라(潛龍勿用)'고 하는 것은 반드시 깊은 못에 있어서이지만, 구사에서 또 '못에 있다(在淵)'고 하는 것은 무슨 뜻인가? 초구는 못에 잠겨 있는 용이고 구사는 잠겨 있던 용이 도약해보려고 시도하는 것으로, 이는 시세時勢는 같지 않지만 처지(跡)가 잠시 같음을 뜻하는 것이라 할 수 있다. 이것은 순임금이 왕위를 사양할 때와 같으며, 또한 대신들이 지위 없이 한적하게 있다가 지위를 얻게

　　있는 당사자가 아닌, 그러한 임금의 명을 받은 신하로서 임금을 대신하여 섭정할
　　수밖에 없었던 우순의 처지와 정치상황이 구삼 효사의 뜻과 잘 부합하고 있음을
　　염두에 둔 해석이라 할 수 있다.
60 수산건괘 2효 효사에서 언급되고 있다.

되는 처지와 같다 할 수 있다. (구사가) 고요해서 그대로 있으면 뇌지예 (雷地豫, ䷏)괘가 되고, 변하게 되면 풍천소축(風天小畜, ䷈)괘가 된다. 모두 비상하고자 하지만 아직 날지 못하므로, 물러남으로써 다시 나아 감을 성취하고자 하는 뜻이다.[61]

九五는 **飛龍在天**이니 **利見大人**이니라.
구 오   비 룡 재 천   이 견 대 인

구오는 나는 용이 하늘에 있으니 대인을 봄이 이로우니라.

今之飛者, 卽昔之或躍, 或惕, 或見, 或潛者也. 不如此, 安所稱大人哉! 我爲大人, 則所見無非大人矣. 此如大舜垂衣裳而天下治, 亦如一切聖王之禦極者乎. 其靜爲夬, 爲比, 其變爲大有, 皆有利見之義焉.

지금 비상하고자 하는 자(용)는 곧 지난날에 혹은 도약하고자, 혹은 두려워한, 혹은 드러내고자, 혹은 잠겨 있던 자이다. 이와 같지 않다면 어찌 대인이라 불릴 수 있겠는가? 내가 대인이 되면 곧 드러내는 바도 대인이 아님이 없게 되는 것이다. 이것은 '위대한 순임금이 의상을 드리우고 있기만 해도 천하가 다스려졌다(大舜垂衣裳而天下治)'[62]는

---

61 지욱은 구사 효사의 뜻을 우순이 요임금의 선양에 대한 요청을 받고도 제위를 끝내 사양하던 경우에 비유하고 있다. 임금의 자리에 오를 수 있는 도약의 기회를 얻고서도 잠시 이를 사양하여 신하의 자리를 지켰지만(在淵), 결국에는 최고의 권력에 오르게 된 우순의 현명한 처신이 구사 효사의 뜻과 잘 부합하고 있음을 염두에 둔 해석이라 할 수 있다.

62 지욱은 구오 효사를 순임금이 마침내 제위에 올라 덕으로써 나라를 태평하게 통치하던 시기에 비유하고 있다. '의상을 드리우고 있기만 해도 천하가 다스려진

뜻과 같으며, 또한 모든 성왕이 황제의 제위에 올라 천하를 다스릴 때(饗極)와 같다고 할 수 있다. 상구만 변하고 구오를 비롯한 나머지 모든 효가 고요히 불변하면 택천쾌(澤天夬, ䷪)괘가 되고, (구오만 고요히 불변하면) 수지비(水地比, ䷇)괘가 되며, (구오만 변하면) 화천 대유(火天大有, ䷍)괘가 된다. 모두 '대인을 봄이 이롭다(利見大人)'는 뜻을 담고 있다.

上九는 **亢龍**이니 **有悔**리라.
상구   항룡   유회

상구는 높이 오른 용이니 뉘우침이 있으리라.

亢者, 時勢之窮. 悔者, 處亢之道也. 此如大舜遇有苗弗格, 舞干羽於 兩階乎? 否則不爲秦皇, 漢武者幾希矣. 其靜爲乾, 爲剝, 其動爲夬, 皆亢而須悔者也. 王陽明曰乾六爻作一人看, 有顯晦, 無優劣. 作六人 看, 有貴賤, 無優劣. 統論六爻表法, 通乎世出世間. 若約三才, 則上二 爻爲天, 中二爻爲人, 下二爻爲地. 若約天時, 則冬至後爲初爻, 立春 後爲二爻, 淸明後爲三爻, 夏爲四爻, 秋爲五爻, 九月後爲上爻. 又乾 坤二卦合論者, 十一月爲乾初爻, 十二月爲二爻, 正月爲三爻, 二月爲 四爻, 三月爲五爻, 四月爲上爻. 五月爲坤初爻, 乃至十月爲坤上爻

다(垂衣裳而天下治)'는 표현은 곧 천자의 두터운 덕화에 의해 천하가 저절로 교화되고 다스려짐을 의미한다. 중정한 용덕을 갖추고 있는 구오의 의미를 중국 역사에 있어 전설적인 성군으로 추앙되고 있는 순임금에 대비시켜 그 뜻을 해석하고 있는 것이다.

也. 若約欲天, 則初爻爲四王, 二忉利, 三夜摩, 四兜率, 五化樂, 上他化. 若約三界 則初欲界, 二三四五色界, 上無色界. 若約地理, 則初爲淵底, 二爲田, 三爲高原, 四爲山穀, 五爲山之正基, 上爲山頂. 若約方位, 則初爲東, 三爲南, 四爲西, 六爲北, 二五爲中. 若約家, 則初爲門外, 上爲後園, 中四爻爲家庭. 若約國, 則初上爲郊野, 中四爻爲城內. 若約人類, 則初民, 二士, 三官長, 四宰輔, 五君主, 上太皇, 或祖廟. 若約一身, 則初爲足, 二爲腓, 三爲股爲限, 四爲胸爲身, 五爲口爲腸, 上爲首亦爲口. 若約一世, 則初爲孩童, 二少, 三壯, 四强, 五艾, 上老. 若約六道, 則如次可配六爻. 又約十界, 則初爲四惡道, 二爲人天, 三爲色無色界, 四爲二乘, 五爲菩薩, 上爲佛. 若約六卽 則初理, 二名字, 三觀行, 四相似, 五分證, 上究竟. 以要言之, 世出世法, 若大若小, 若依若正, 若善若惡, 皆可以六爻作表法. 有何一爻不攝一切法, 有何一法不攝一切六爻哉. 佛法釋乾六爻者, 龍乃神通變化之物, 喩佛性也. 理卽位中, 佛性爲煩惱所覆故, 勿用. 名字位中, 宜參見師友, 故利見大人. 觀行位中, 宜精進不息, 故日乾夕惕. 相似位中, 不著似道法愛, 故或躍在淵. 分證位中, 八相成道, 利益群品, 故爲人所利見. 究竟位中, 不入涅槃, 同流九界, 故云有悔. 此原始要終, 兼性與修而言之也. 若單約修德者, 陽爲智德, 卽是慧行. 初心乾慧, 宜以定水濟之, 不宜偏用. 二居陰位, 定慧調適, 能見佛性, 故云利見大人. 三以慧性徧觀諸法, 四以定水善養其機, 五則中道正慧證實相理, 上則覓智慧相了不可得. 又約通塞而言之者, 初是淺慧, 故不可用. 上是慧過又定, 故不可用. 中之四爻皆是妙慧. 二如開佛知見, 三如示佛知見, 四如悟佛知見, 五如入佛知見也.

'항亢'이란 시세가 궁색해진 것이요, '회悔'란 궁색함(亢)에 처한 도道이다. 이것은 순임금이 묘족이 복종하지 않자, 깃털과 방패를 들고 두 섬돌 사이에서 춤을 춘 것과 같다 할 수 있다.[63] 그렇지 않았다면 진시황제와 한무제가 되지 않을 자가 드물었을 것이다.[64] 상구를 비롯한 모든 괘가 고요히 불변하면 그대로 중천건(重天乾, ☰)괘가 되고, 상구만 불변하면 산지박(山地剝, ☷)괘가 되며, 상구만 변하면 택천쾌(澤天夬, ☱)괘가 된다. 모두 궁색해져서 모름지기 후회하는 상황이다.

왕양명(王陽明, 王守仁. 1472~1528)이 말하기를 "건괘의 여섯 효를 한 사람으로 보게 되면 드러나고(顯) 숨김(晦)이 있을 수 있으나 우열은 없고, 여섯 사람으로 보게 되면 귀천은 있을 수 있으나 우열은 없다'라고 하였다.

여섯 효가 표현해 내는 진리(法)를 총괄적으로 논한다면, 세간과 출세간을 모두 통섭通攝하고 있다고 할 수 있다. 만약에 삼재(三才: 天·地·人)로 요약한다면, 곧 위의 두 효(구오와 상구)는 하늘이 되고,

---

63 '무간우어양계舞干羽於兩階'라는 표현은 『상서』의 「대우모」편에 실린 "황제가 바로 돌아와서 덕을 닦고 간우의 춤을 두 섬돌 사이에서 추니, 70일 만에 묘족이 복속하였다(帝乃誕敷文德, 舞干羽於兩階, 七旬, 有苗格)"라는 내용의 일부로, '간우干羽'는 방패에다 깃을 단 것을, '양계兩階'는 주인과 손님이 나누어 앉는 자리를 뜻한다. 지욱의 이러한 표현은 순임금이 묘족이 불복종하는 것에 대해 무력을 통한 강제 복속을 그만두고 황제로서의 위엄과 권위를 낮추어 문덕文德으로써 주변국을 복속시킴을 가리키는 말이라 할 수 있다. 권력의 극점에 도달해 있으면서도 스스로를 낮춰 덕으로써 나라를 통치했던 순임금의 덕행을 '항룡유회亢龍有悔'의 뜻에 대비시키고 있는 내용이다.

64 곧 순임금처럼 처지에 따라 자신을 낮출 수 없기에 누구나 진시황제와 한무제 같은 왕이 될 수 없다는 뜻.

중간의 두 효(구삼과 구사)는 사람이 되며, 아래의 두 효(초구와 구이)는 땅이 된다. 만약 천시(天時: 계절·절기)로 요약하면, 동지 이후(45일)는 초효, 입춘 이후(60일)는 2효, 청명 이후(80일)는 3효, 여름은 4효, 가을은 5효, 9월 이후는 상효가 된다. 또 건괘와 곤괘의 두 괘만을 통합해서 논한다면, 11월은 건괘의 초효, 12월은 2효, 정월은 3효, 2월은 4효, 3월은 5효, 4월은 상효가 되고, 5월은 곤괘의 초효가 되며, 나아가 10월은 곤괘의 상효가 된다.

만약 욕계천欲界天으로 요약해 보면, 초효는 사천왕천, 2효는 도리천, 3효는 야마천, 4효는 도솔천, 5효는 화락천, 상효는 타화자재천이 된다. 만약 삼계三界로 비유해 보면, 초효는 욕계, 2효, 3효, 4효, 5효는 색계, 상효는 무색계가 된다. 만약 지리로 따지면, 초효는 연못의 맨 밑바닥이며, 2효는 들밭, 3효는 고원, 4효는 산골짜기, 5효는 산중턱, 상효는 산의 정상이 된다. 방위로 보면, 초효는 동방, 3효는 남방, 4효는 서방, 6효는 북방, 2효·5효는 중앙이 된다. 만약 집으로 비유해 보면, 초효는 대문 밖이 되고 상효는 후원, 중간의 네 효(㸱: 2효, 3효, 4효, 5효)는 가정이 된다. 만약 지리로 따지면, 초효와 상효는 성 밖의 들판이 되고 가운데 네 효는 성안이 된다. 만약 사람의 신분으로 보자면, 초효는 백성, 2효는 선비, 3효는 관료, 4효는 재상, 5효는 군주, 상효는 태황太皇, 혹은 조상의 사당이 된다. 육신으로 요약해 보면, 초효는 발, 2효는 장딴지, 3효는 넓적다리와 허리, 4효는 가슴과 몸통, 5효는 입과 등, 상효는 머리 또는 입이 된다. 만약 사람의 일생으로 따져 보면, 초효는 아동기, 2효는 소년기, 3효는 장년기, 4효는 강년기(強年期: 40대), 5효는 애년기(艾年期: 50대), 상효는 노년기가 된다.

만약 육도六道[65]로 비교해 본다면, 순서와 같이 여섯 효에 배당시켜 볼 수도 있고, 또한 십계十界에 대비시키면, 초효는 사악도(四惡道: 지옥·아귀·축생·아수라), 2효는 인도人道, 3효는 색계와 무색계, 4효는 이승二乘, 5효는 보살, 상효는 부처님이 되는 것이다. 만약 육즉六卽[66]으

---

65 중생이 지은 선악의 원인에 의하여 윤회하는 6가지의 세계. 지옥도, 아귀도, 축생도의 삼악도三惡道와 아수라도, 인간도, 천상도의 삼선도三善道를 통틀어 일컫는다.

66 천태사상을 정립한 지의(智顗, 538~597)대사는 원교圓敎의 가르침에 의지해 불법을 수행하여 깨달음을 증득해 가는 수행의 계위를 크게 여섯 종류로 분류하여 설명하고 있는데, 이것이 바로 '육즉六卽'이다. 육즉은 곧 이즉理卽, 명자즉名字卽, 관행즉觀行卽, 상사즉相似卽, 분증즉分證卽, 구경즉究竟卽 등을 말하며, 여기서 '六'은 여섯 가지 수행의 차서를 나타내는 것으로, 곧 수행을 통하여 증득하는 지혜의 심천深淺을 의미한다. 또한 '즉卽'은 떨어지지 않는다는 의미로, 진리에 상즉相卽하여 그것과 일체가 됨을 말한다. 이를 자세히 설명하면 다음과 같다. ①이즉은 일체 중생은 누구나가 불성(理)을 구족하고 있으며, 이러한 불성(性相) 은 부처님이 있든 없든 간에 항상 존재하고 있음을 말한다. 곧 모든 중생은 근원적인 측면에서 모두 부처님과 같은 불성의 존재이지만, 단지 미혹한 중생들 은 이러한 이치를 깨닫지 못하고 그냥 그대로 중생의 모습에 머물러 있는 단계를 의미한다. ②명자즉은 자기 자신이 본래 부처님의 성상을 갖추고 있음을 알고 선지식을 따라 부처님의 경전을 배우고 삼제三諦의 원융한 묘리를 듣고 봄으로써 삼라만상 의 일체가 불법임을 아는 경지이다. 문자로 표현된 부처님의 교설을 듣고 배움으 로써 겨우 불법에 대한 옅은 이해의 단계에 도달함을 의미한다. ③관행즉은 불법을 머리로 이해하는 지식의 단계(名字卽)를 벗어나, 자신의 마음을 직접 관조하여 이치와 지혜가 상응(理慧相應)하게 됨으로써 행하는 바가 말하는 바와 같고, 말하는 바가 행하는 바와 같게 되는 경지에 도달함을 의미한다. ④상사즉은 마음의 관조를 통해 미혹을 제거하여 안·이·비·설·신·의 등 여섯 감각기관(六根)이 청정하게 됨으로써, 궁극적인 깨달음의 경지에 거의 비슷하게

로 요약하면, 초효는 이즉理卽, 2효는 명자즉名字卽, 3효는 관행즉觀行卽, 4효는 상사즉相似卽, 5효는 분증즉分證卽, 상효는 구경즉究竟卽이된다.

요점을 말하자면, 세간과 출세간의 크고 작은 것, 사람이 사는 환경(依報)과 업으로 받은 현재의 몸과 마음(正報), 선과 악 등의 모든 법(法: 현상세계)을 이 여섯 효로써 표현해 낼 수 있다. 따라서 어느 한 효가 일체의 법을 포섭하고 있지 않겠으며, 어느 한 법이 이 일체의 6효(변화작용)를 포함하지 않음이 있을 수 있겠는가?

불법으로 건괘의 여섯 효를 해석하면, 용은 곧 신통변화를 일으키는 영물靈物로서 불성에 비유할 수 있다. 이위理位 중에서는 불성이 번뇌에 덮여 있는 까닭에 '쓰지 말라(勿用)'고 한 것이요, 명자위名字位 중에서는 마땅히 스승과 도반을 만나 함께 해야 하는 까닭으로 '대인을 봄이 이롭다(利見大人)'고 한 것이다. 관행위觀行位 중에서는 마땅히 정진하여 쉬지 않아야 하는 이유로 '낮에는 굳세게 노력하고 밤에는 두려워해야 한다(日乾夕惕)'고 하였고, 상사위相似位에서는 삿된 도와 법에 애착하여 집착하지 않는 까닭에 '혹 뛰어보지만 못에 있으면(或躍在淵)'이라고 한 것이다. 분증위分證位에서는 여덟 가지 상으로 도를 성취하여(八相成道)[67] 뭇 중생에게 이익을 주시는 까닭으로 '사람을 위하여 이익을

접근해 감을 의미한다.

⑤분증즉은 마음에 대한 관조의 수행이 깊어짐에 따라 지혜가 더욱 증장하여 처음으로 일부분의 무명을 완전히 타파하고 불성의 이치를 부분적으로 깨달아 진여가 드러나는 경지에 도달함을 의미한다.

⑥구경즉은 앞의 다섯 단계를 모두 거쳐 마지막으로 부처님의 깨달음과 동등한 궁극적인 깨달음의 경지인 묘각의 지위에 도달함을 의미한다.

보여 준다(爲人所利見)'고 한 것이며, 구경위究竟位 중에서는 열반에
들지 않고 함께 구계九界[68]에 유전流轉하는 까닭으로 '뉘우침이 있다(有
悔)'고 하는 것이다.

　이것은 처음을 근원으로 하여 끝을 연구해 내고(原始要終), '성품(性)'
과 '닦음(修)'을 아울러서 말한 것이다. 만약 단순하게 '닦음(修)'과
'덕(德)'으로만 예를 든다면, 양陽은 지혜의 덕(智德)이 되므로 곧 혜행慧
行이라 할 수 있다. 초구에 있어 마음(初心)은 마른 지혜(乾慧)에 불과하
다. 마땅히 선정이라는 맑은 물로써 구제해 내야 하지만, 한쪽으로만
치우치게 사용해서는 옳지 않다. 구이는 음陰의 자리(陰位)에 거처하여
선정과 지혜가 적절히 조화를 이루고 있으므로 능히 불성을 깨달을
수 있다. 그런 까닭에 '대인을 봄이 이롭다(利見大人)'고 하였다. 구삼은
지혜의 성품(慧性)으로서 모든 법을 두루 관찰하는 것이요, 구사는
선정의 맑은 물로 그 근기根機를 잘 길러내는 것이다. 구오는 곧 중도의

---

67 팔상성도八相成道: 석가모니의 생애를 여덟 가지 모습으로 표현한 것으로, ①도솔
　래의상(兜率來儀相: 도솔천에서 이 세상에 내려오시는 모습) ②비람강생상(毘藍
　降生相: 룸비니동산에서 탄생하시는 모습) ③사문유관상(四門遊觀相: 네 성문으
　로 나가 세상사를 관찰하시는 모습) ④유성출가상(踰城出家相: 성을 넘어 출가하
　시는 모습) ⑤설산수도상(雪山修道相: 설산에서 수도하시는 모습) ⑥수하항마상
　(樹下降魔相: 보리수 아래에서 악마의 항복을 받으시는 모습) ⑦녹원전법상(鹿苑
　傳法相: 녹야원에서 최초로 설법하시는 모습) ⑧쌍림열반상(雙林涅槃相: 사라쌍
　수 아래에서 열반에 드시는 모습) 등을 말한다.

68 구계九界: 십계十界 중에서 사리事理에 명철 원만한 지혜를 갖춘 불과佛果를
　제외하고, 그 밖에 무명無明의 망집妄執을 벗어나지 못하는 지옥계·아귀계·축생
　계·아수라계·인간계·천상계·성문계·연각계·보살계 등 아홉 종류의 세계를
　가리킨다.

바른 지혜(正慧)로 실상의 이치를 증득하는 것이고, 상구는 지혜의 상相을 찾으려고 하지만 끝내 얻지 못하는 것이다.

또 한편으로 '통함과 막힘(通塞)'이라는 것으로 논한다면, 초효는 얕은 지혜이므로 쓸 수 없다는 것이요, 상효는 지혜가 선정보다 지나쳤으므로 쓸 수 없다는 것이다. 가운데의 네 효는 모두 신묘한 지혜라 할 수 있는데, 2효는 부처님께서 깨달은 바의 지혜(佛知見)를 여는 것과 같고, 3효는 불지견을 드러내 보이는 것과 같고, 4효는 불지견을 깨닫는 것과 같고, 5효는 불지견에 들어가는 것과 같다.

用九는 見群龍호대 无首하면 吉하리라.
용구   견군용   무수   길

용구[69]는 뭇 용을 보되 머리가(머리함이) 없으면 길하다.

六十四卦, 共計三百八十四爻. 陰陽各半, 則陽爻共有百九十二. 此周公總明一切陽爻所以用九而不用七之旨也. 蓋七爲少陽, 靜而不變. 九爲老陽. 動而變陰. 今若筮得乾卦, 六爻皆九則變爲坤卦. 不惟可知大始 亦且可作成物. 而六龍不作六龍用, 其變化妙無端倪矣. 此如大舜薦禹於天, 不以位傳其子. 亦如堯舜之猶病, 文王之望道未見, 孔子之聖仁豈取乎.

---

69 용구用九는 중천건괘에서 양의 여섯 효(9, 老陽)가 모두 움직이는(변하는) 상태를 말한다. 곧 양의 극대화를 나타내는 표현이다. 양이 극에 달하면 변하여 중지곤괘로 수렴된다. 이렇게 모든 효가 9로 이루어진 중천건괘가 변하여 중지곤괘가 되는 것을 용구라 한다. 한편, 모든 효가 6으로 이루어진 중지곤괘에서 음의 여섯 효가 모두 변해 중천건괘가 되는 상태를 용육用六이라 한다.

64괘를 모두 합산해 보면 384효가 된다. 음효陰爻와 양효陽爻가 각각 반씩으로 양효는 모두 192효이다. 이는 주공(周公, B.C. ?~1095)이 모든 양효 중에서 9만을 사용하고 7은 쓰지 않은[70] 뜻을 총괄적으로 밝힌 것이다. 대개 7은 소양少陽이 되니 고요해서 변하지 않고, 9는 노양老陽이 되니 움직여서 음(8, 少陰)으로 변한다. 지금 만약 점을 쳐서 건괘를 얻었는데, 육효가 모두 9면 곧 변하여 곤괘가 된다. 다만 대시大始를 알 뿐만 아니라, 또한 만물을 창조해 내는 것이다.[71] 육룡(六龍, 6효)이 육룡으로만 작용하는 것이 아니라 그 변화가 미묘하여 시초와 끝(端倪)이 없는 것이다. 이것은 대순大舜이 우禹를 천자로 천거하고 그 아들에게 제위를 물려주지 않은 것[72]과 같으며, 또한 요순堯

---

70 『주역』에서는 (특히 점을 쳐서 괘를 얻을 때) 성수成數인 6·7·8·9·10 중에서 6·7·8·9만을 쓰는데(10은 모든 것을 통합하는 끝수이므로 쓰지 않는다), 홀수인 7·9는 양효가 되고, 짝수인 6·8은 음효가 된다. 그중 7은 양이 성장하는 초기를 나타내는 수로 소양少陽이라 하고, 자라면 노양老陽이 될 뿐 음으로 변하진 않는다. 9는 양의 성장이 종결되는 때이므로 노양이라 하고, 양이 극에 달하면 소음少陰인 8로 변한다. 그러므로 '모든 양효 중에서 9만을 사용하고 7은 쓰지 않는다'고 한 것이다. 한편, 8은 음의 수축하는 초기이므로 소음이라 하고, 자라면 노음(6)이 될 뿐 양으로 변하진 않는다. 그러나 노음인 6이 극에 달하면 소양인 7로 변한다. 『주역』은 변화를 중시하기 때문에 9와 6을 써서 음양의 변화를 나타낸 것이다.(김석진, 『주역입문 2』, 대유학당, 2012〔2판〕, 146~147쪽 참조)

71 대시大始는 도의 근원, 만물의 시원, 태초라는 의미이다. 「계사전」 상에 "건은 대시大始를 알고, 곤은 만물을 창조한다(乾知大始, 坤作成物)"라는 문장이 나온다. 이에 대해 공영달孔穎達은 『주역정의周易正義』에서 "건은 대시를 안다는 것은, 건은 천양의 기이기 때문이다. 만물은 다 기氣에서 비롯되는 까닭에 그 대시를 안다고 한 것이다(乾知大始者, 以乾是天陽之氣, 萬物皆始在於氣, 故云知其大始也.)"라고 주석하였다.

舜도 오히려 부족하게 생각한 것(堯舜之猶病)[73]과 같고, 문왕이 도를 깨치고도 깨닫지 못한 듯이 한 것(文王之望道未見)[74]과 같으며, 공자께서 '어찌 감히 성인聖仁임을 자처하랴!'라고 말씀하신 것[75]과 같다.

若約佛法釋者, 用九, 是用有變化之慧, 不用七之無變化也. 陽動卽變爲陰, 喩妙慧必與定俱. 華嚴云, 智慧了境同三昧. 大慧云, 一悟之後, 穩貼貼地, 皆是此意. 群龍者, 因中三觀, 果上三智也. 觀之與智, 離四句, 絶百非, 不可以相求, 不可以識識, 故無首而吉.

만약 불법에 의거해 해석한다면, '용구用九'는 변화가 있는 지혜를 쓰라는 것이요, 7(少陽)이라는 변화가 없는 지혜는 사용하지 말라는

---

72 요순은 중국 고대 역사에 있어서 성왕으로 칭송되는 대표적인 제왕들이다. 이들 두 제왕은 자신들의 제위를 아들에게 사적으로 물려주지 않고 훌륭한 인물을 선발하여 물려주어 나라를 바르게 통치하게끔 하였다고 전해진다. 요임금은 순을 제위에 천거하였고, 순임금 또한 우를 제위에 천거하여 나라의 통치를 맡겼다.

73 「자서自序」에 대한 주 36) 참조.

74 『맹자』「이루하離婁下」편에 "문왕은 백성 보기를 다친 사람같이 하였고, 도를 깨달았음에도 그것을 아직 깨닫지 못한 듯이 하였다(文王, 視民如傷, 望道而未之見)"라는 내용이 언급되고 있다.

75 『논어』「술이述而」편에 "공자께서 말씀하시기를, 성聖과 인仁으로 말하면 내 어찌 감히 자처할 수 있겠는가? 그러나 행하기를 싫어하지 않으며, 남을 가르치기를 게을리 하지 않는 것으로 말하면 그렇다고 말할 수 있을 뿐이다. 공서화가 말하였다. 바로 이것이 저희 제자들이 배울 수 없는 점입니다(子曰, 若聖與仁, 則吾豈敢. 抑爲之不厭, 誨人不倦, 則可謂云爾已矣. 公西華曰. 正唯弟子不能學也.)"라는 내용이 나온다.

것이다. 양이 움직여 곧 변하여 음이 됨은 미묘한 지혜가 반드시 선정과 함께하는 것에 비유할 수 있다. 『화엄경』에서는 "지혜로 경계를 깨달음에 삼매와 같다"고 하고, 대혜종고[76]가 말한 "한 번 깨닫고 난 후에는 지극히 편안하다"라는 함은 모두 이러한 뜻이다. '군용群用'이란 인因 가운데 삼관(因中三觀)과 과果 위의 삼지(果上三智)[77]라 할 수 있다. 이 관과 지혜는 사구(四句: 곧 문자를 말함)를 떠나고 온갖 시비가 끊어져 형상으로도 구할 수 없고 알음알이로도 알 수 없는 것이다. 그러므로 '머리가 없으면 길하다'고 하였다.

---

76 대혜종고(大慧宗杲, 1089~1163): 송대의 임제종 양기파의 승려로서, 『벽암록碧巖錄』을 쓴 원오극근(圓悟克勤, 1063~1135)선사의 법을 계승하여 공안선(간화선)을 펼쳤다. 스승인 원오극근의 어록을 모아 『정법안장』을 편찬하였고, 그동안 불교 안팎의 많은 이들과 글을 통해 주고받은 문답을 모아 『서장』을 지었다. 『서장』은 이후 간화선 수행을 하는 많은 이들에게 큰 영향을 끼쳤다.

77 삼관三觀과 삼지三智: 불교에 있어 삼관의 의미는 여러 가지이지만, 지욱이 천태종의 교의를 중심으로 역을 선해하고 있음을 볼 때, 여기서 언급되고 있는 삼관三觀은 곧 천태종에서 주장하는 삼관의 의미라고 보인다. 천태종에서는 모든 존재의 실상을 분석하여 관찰하는 데 있어 세 가지 방법을 주장하는데, 바로 모든 현상에는 불변하는 실체가 없다고 보는 '공관空觀', 따라서 모든 현상은 여러 인연의 일시적인 화합으로 존재한다고 보는 '가관假觀', 공空이나 가假에 치우치지 않고 있는 그대로의 실상을 보는 '중관中觀'이 그것이다. 또한 삼지三智는 지혜를 세 가지 내용으로 나눈 것으로, 모든 현상을 두루 아는 성문·연각의 지혜인 일체지一切智, 깨달음에 이르게 하는 모든 수행을 두루 아는 보살의 지혜인 도종지道種智, 모든 현상의 전체와 낱낱을 아는 부처의 지혜인 일체종지一切種智를 말한다.

象曰 大哉라. 乾元이여! 萬物이 資始하야 乃統天이로다. 雲行雨
단왈 대재   건원   만물   자시   내통천   운행우

施하야 品物이 流形이로다.
시   품물   유형

「단전」에 이르길 크도다! 하늘의 으뜸이여! 만물이 이를 바탕하여
비롯하나니, 이에 하늘을 거느리도다. 구름이 가고 비가 베풀어져서
만물(品物)이 형상을 이루어 나가는구나.

此孔子彖傳, 所以釋文王之彖辭者也. 釋彖之法, 或闡明文王言中之
奧, 或點示文王言外之旨, 或借文王言句而自出手眼, 別申妙義, 事非
一槪. 今乾坤二卦, 皆是自出手眼, 或亦文王言外之旨. 此一節是釋元
亨二字, 以顯性德法爾之妙, 所謂無不從此法界流也. 蓋乾之德不可
勝言, 而惟元能統之, 元之德不可名狀, 惟於萬物資始處驗之. 始者,
對終而言, 不始不足以致終, 不終不足名資始. 卽始而終, 故曰統天.
擧凡雲行雨施, 品物流行, 莫非元之德用. 所謂始則必亨者也.

이것은 공자의 「단전彖傳」으로서, 문왕의 단사(彖辭, 괘사)를 해석한
것이다. 단사를 해석하는 방법은 문왕의 말씀(단사) 가운데에서 오묘한
뜻을 밝혀 드러내거나, 혹은 문왕이 설명한 언외言外의 종지를 찾아서
보여 주거나, 혹은 문왕의 언구를 빌려와서 자신의 관점을 드러내어
특별히 묘한 의의를 펼치는 것으로, 이러한 일은 하나의 개념에 국한된
것이 아니다. 지금의 건곤乾坤 두 괘에 대한 표현은 모두 공자 자신의
견해를 드러낸 것이기도 하며, 혹은 문왕의 언외의 종지라고도 할
수 있다.

이 한 구절은 '원元, 형亨'[78]이라는 두 글자를 해석하여 성덕(性德: 하늘의 본성과 작용)의 진리(法爾, 實相)가 그렇듯 오묘하다는 것을 드러낸 것이다. 이른바 이 진리세계(法界)를 좇아 유출(生成)되지 않음이 없다는 것이다. 대개 건乾의 덕은 말로 다할 수 없지만 오직 으뜸(元)이어서 능히 만물을 이끌어 다스리고(統禦) 있음이니, 이러한 원元의 덕은 이름 붙일 수도, 형상으로 나타낼 수도 없다. 오로지 만물이 바탕하여 시작(生成)되는 곳에서 그것을 미미하게 경험(徵驗)할 따름이다.

'비롯하다(始)'라는 것은 '끝마치다(終)'의 상대적인 말이다. 시작함이 없으면 끝남에 이를 수 없는 것이며, 끝마침이 아니라면 '바탕하여 비롯하다(資始)'라고 이름할 수 없다. 비롯함을 바탕으로 한 끝마침이다. 그러므로 '하늘을 다스린다(統天)'고 한 것이다. 무릇 구름이 흐르고 비가 내려 만물이 형체를 이루어 나가는 것은 원덕元德의 작용이 아님이 없다. 이른바 시작이 있으면 반드시 형통(亨)하다는 것을 말한다.

大明終始하면 **六位時成**하나니 **時乘六龍**하야 **以禦天**하나니라.
대 명 종 시　　　육 위 시 성　　　시 승 육 룡　　　이 어 천

마침과 비롯함을 크게 밝히면 여섯 위(位, 자리)가 때로 이루어지니, 여섯 용을 타서 이로써 하늘을 거느린다.

---

[78] 대산 김석진 선생도 이 구절을 하늘의 사덕(원형이정) 가운데 원과 형의 두 덕을 설명한 것으로 보았는데, "大哉라, 乾元이여! 萬物이 資始하야 乃統天이로다"를 봄의 원덕元德을 설명한 것으로 보고, "雲行雨施하야 品物이 流形이로다"를 여름의 형덕亨德을 설명한 것으로 보았다.(김석진,『대산주역강해 1』, 대유학당, 2015, 30~31쪽)

此一節, 是顯聖人以修合性, 而自利功圓也. 聖人見萬物之資始, 便能卽始見終, 知其由終有始. 始終止是一理, 但約時節因緣, 假分六位. 達此六位無非一理, 則位位皆具龍德, 而可以禦天矣. 天卽性德, 修德有功, 性德方顯, 故名禦天.

이 한 구절은 성인이 수행함으로써 본성에 합일하여 자신에게 이로운 공덕이 원만해졌음을 드러낸 것이다. 성인은 만물이 하늘을 바탕으로 하여 비롯되었음을 깨달았다. 그러므로 곧 비롯됨(始)을 기준으로 하여 그 끝(終)을 보고, 그 끝을 말미암아서 시작됨이 있음을 아는 것이다. 시작(초구)과 끝(상구)이 다만 하나의 이치이지만, 단지 시절의 인연에 따라서 임의적으로 여섯 위계(位階: 육효)로 나누었을 뿐이다. 이 여섯 자리가 하나의 이치임을 통달한다면, 각각의 자리마다 모두 용의 덕을 구족하여 하늘을 거느릴 수 있음을 알게 된다. 하늘은 곧 본성의 덕(性德)이라 할 수 있다. 덕을 닦아 공덕이 있으면 성덕이 바야흐로 드러나게 된다. 그러므로 '하늘을 거느린다(禦天)'고 하는 것이다.

乾道ㅣ 變化에 各正性命하나니 保合太和하야 乃利貞하니라.
건 도 변 화 각 정 성 명 보 합 태 화 내 이 정

'건乾'의 도가 변화함에 각기 성性과 명命을 바르게 하니, 크게 화합을 보전하고 합해서, 이에 이롭고 바르다.

此一節, 是釋利貞二字, 以顯性德本來融徧, 所謂無不還歸此法界也.

蓋一切萬物旣皆資始於乾元, 則罔非乾道之變化, 旣皆乾道變化, 則
必各得乾道之全體大用. 非是乾道少分功能, 故能各正性命, 物物具
乾道全體, 又能保合太和. 物物具乾元資始大用, 乃所謂利貞也.

이 한 구절은 '이정利貞'의 두 글자를 해석하여 성덕性德이 본래 원융하고
보편적인 것임을 밝힌 것으로, 이른바 '이 법계로 회귀하지 않는 것은
없다(無不還歸此法界)'[79]는 뜻이다. 대개 일체만물이 모두 건원乾元을
바탕으로 하여 시작된 것이라면, 건도乾道의 변화가 아닌 것이 없다.
이미 모든 것이 건도의 변화라고 한다면, 반드시 각각의 존재는 건도의
전체적인 큰 작용을 얻고 있는 것으로, 건도의 작은 부분적 작용(功能)
에만 국한된 것은 아니다. 그러므로 각각의 존재가 능히 성명性命을
바르게 하여 만물이 건도 전체를 구족하고 있는 것이며, 또한 능히
보존하고 합하며, 크게 합할 수 있는 것이다. 만물 하나하나는 모두
건원乾元을 바탕으로 하여 위대한 작용을 갖추고 있다. 그러므로 '이롭
고 바르다(利貞)'고 하는 것이다.

首出庶物에 萬國이 咸寧하나니라.
수 출 서 물　　만 국　　함 녕

뭇 물건에 머리로 나옴에 만국이 다 편안하다.

此一節, 是顯聖人修德功圓, 而利他自在也. 統論一傳宗旨, 乃孔子借
釋彖爻之辭, 而深明性修不二之學. 以乾表雄猛不可沮壞之佛性, 以

元亨利貞表佛性, 本具常樂我淨之四德. 佛性必常, 常必備乎四德. 竪窮橫徧, 當體絶待, 故曰大哉乾元. 試觀世間萬物, 何一不從眞常佛性建立. 設無佛性, 則亦無三千性相, 百界天如, 故擧一常住佛性, 而世間果報天, 方便淨天, 實報義天, 寂光大涅槃天, 無不統攝之矣. 依此佛性常住法身, 遂有應身之雲, 八敎之雨, 能令三章二木各稱種性, 而得生長. 而聖人則於諸法實, 相究盡明了. 所謂實相非始非終, 但約究竟徹證名之爲終. 衆生理本名之爲始, 知其始亦佛性, 終亦佛性, 不過因於迷悟時節因緣, 假立六位之殊. 位雖分六, 位位皆龍, 所謂理卽佛, 乃至究竟卽佛, 乘此卽而常六之修德, 以顯六而常卽之性德, 故名乘六龍以禦天也. 此常住佛性之乾道, 雖亘古亘今不變不壞, 而具足一切變化功用, 故能使三草二木各隨其位而證佛性. 旣證佛性, 則位位皆是法界, 統一切法無有不盡, 而保合太和矣. 所以如來成道, 首出九界之表, 而利海衆生, 皆得安住於佛性中也.

이 한 구절은 성인이 덕을 닦아 공덕이 원만해짐으로써 남을 이롭게 하는 것에 자유자재함을 밝힌 것이다. 일전(一傳: 문왕이 붙인 단사彖辭에 공자가 해설을 붙인 단전彖傳을 말함)의 근본적인 취지(宗旨)를 전체적으로 논해 보면, 공자는 단사彖辭와 효사爻辭를 빌려와 해석함으로써 '성性(본성)'과 '수修(닦음)'가 둘이 아닌(性修不二) 학문임을 깊이 밝힌 것이다. 건괘로써 웅맹雄猛하여 막히거나 파괴될 수 없는 불성을 나타내고, '원형이정元亨利貞'으로써 불성이 본래 구족하고 있는 '상락아정常樂我淨'의 네 가지 덕(四德)[80]을 나타내고 있다. 불성은 반드시 영원하

---

80 통칭하여 '열반사덕涅槃四德'이라고 한다. 열반을 증득함으로써 갖추게 되는

다. 영원한 것이므로 반드시 네 가지 덕을 갖추고 있다. 가로세로(공간과 시간)로 무궁하고 보편적인 것이어서 마땅히 본체가 절대적인 것이라 할 수 있다. 그러므로 '크도다! 하늘의 으뜸이여!(大哉. 乾元)'라고 한 것이다.

예를 들어 세상의 만물을 관찰해 보더라도 어느 한 사물인들 참되고 영원한 불성을 좇아서 존재하지 않는 것이 있겠는가? 만약 불성이 없다고 한다면 곧 삼천성상三千性相과 백계천여百界天如[81]도 있을 수

네 가지 덕으로 ①영원히 변치 않는 상덕常德, ②괴로움이 없이 평안한 낙덕樂德, ③무명번뇌를 벗어나 참된 자아(眞我)의 경지를 갖춘 아덕我德, ④번뇌의 더러움이 없는 정덕淨德을 가리킨다.

81 삼천성상三千性相과 백계천여百界天如: 천태종의 교설이다. '삼천三千'은 삼라만상의 모든 존재와 현상에 대한 총칭으로, '삼천성상三千性相'은 곧 그러한 모든 존재와 현상에 내재한 본성을 의미한다. 또한 '백계천여百界天如'에 있어 '백계'는 곧 '백법계百法界'를 가리키는 것으로, 백계는 십계(十界: 윤회하는 6도 세계인 지옥·아귀·축생·아수라·인간·천상세계와 성인의 경지인 성문·연각·보살·불 세계를 말한다)와 이러한 십계 하나하나의 세계가 또다시 다른 9계界를 갖추고 있음(十界互具)으로 결국 백법계가 됨을 말한다. 이러한 백법계에 우주법계의 근본 실상을 설명하는 교설인 십여시(十如是: ①현상적으로 나타난 모든 현상을 가리키는 여시상如是相, ②모든 법에 구비된 내적인 본성을 뜻하는 여시성如是性, ③여기에 주체가 있음을 말하는 여시체如是體, ④제법이 역용力用을 지니고 있음을 가리키는 여시력如是力, ⑤이러한 역용이 작용하여 여러 가지 업을 짓게 됨을 말하는 여시작如是作, ⑥여기에는 근본적인 원인과 보조적인 원인이 있게 되는데, 근본적인 원인을 가리키는 여시인如是因, ⑦보조적인 원인을 가리키는 여시연如是緣, ⑧그러한 원인을 바탕으로 결과가 나타나게 됨을 뜻하는 여시과如是果, ⑨과보를 뜻하는 여시보如是報, ⑩십여시의 상相부터 보報까지 모두가 평등함을 뜻하는 여시본말구경如是本末究竟)를 곱하여 천법계千法界가 됨을 가리킨다. 따라서 '백계천여百界天如'는 이 우주법계의 모든 세계와 그 속에 존재하는

없는 것이다. 그러므로 하나의 상주하고 있는 불성(常住佛性)을 예로 든다면, 세간과보천世間果報天, 방편정천方便淨天, 실보의천實報義天, 적광대열반천寂光大涅槃天[82]이 모두 포함되어 있는 것이다. 이렇듯 불성으로 상주하고 있는 법신에 의지하여 마침내 응신應身[83]의 구름과 팔교 八敎[84]의 구름이 있게 되는 것이며, 능히 삼초이목三草二木[85]으로 하여금 각기 타고난 성품(種性)에 적합하게 성장함을 얻게 하는 것이다. 성인은

현상의 실상에 대한 총칭이라고 할 수 있다. 이러한 이치의 세계가 우리의 일념一念에 모두 갖추어져 있음을 비유해 설명하는 경우에는 또 다른 표현으로 '일념삼천一念三千'이라 한다.

82 천태종에서는 중생과 부처의 미迷·오悟의 경지를 네 가지 국토(四土)로 교설하고 있다. 이러한 4국토 중에서 육도 중생이 선악의 업인業因에 따라 태어나는 세계를 세간과보천世間果報天, 성문과 연각의 세계를 방편정천方便淨天, 보살의 세계를 실보의천實報義天, 부처의 세계를 적광대열반천寂光大涅槃天이라 한다.

83 응신應身: 부처의 세 가지 유형(三身: 法身·報身·化身) 가운데 하나로 때와 장소, 중생의 능력이나 소원에 따라 나타나 그들을 구제해 주는 부처님. 석가모니불을 비롯한 과거칠불과 미래의 부처인 미륵불 등이 여기에 해당한다. 다른 표현으로 화신불이라고도 한다.

84 팔교八敎: 천태종에서 부처의 교설을 여덟 가지로 나누어 설명하는데, 팔교는 곧 부처의 교설을 그 교화방식에 따라 분류한 화의사교(化儀四敎: 頓敎·漸敎·秘密敎·不定敎)와 부처의 교설을 그 내용에 따라 분류한 화법사교(化法四敎: 藏敎·通敎·別敎·圓敎)를 말한다.

85 삼초이목三草二木: 『법화경』「약초유품藥草喩品」에서 설해지고 있는 비유로, 세계에는 상·중·하 크기의 3초草와 대·소의 2목木이 존재하는데, 이러한 3초 2목은 비록 대소의 차이는 있지만 하늘은 비를 뿌려 이들을 모두 평등하게 적셔주듯이, 부처가 인천(人天: 小草)·성문과 연각(中草)·장교藏敎의 보살(上草)·통교通敎의 보살(小樹)·별교別敎의 보살(大樹) 등을 불법의 감로수로 인도하여 모두 평등하게 깨달음을 얻게 함을 비유한다.

곧 제법실상諸法實相을 명료하게 다 연구해 내신 분이다. 이른바 '실상實相'이라는 것은 시작함도 아니고 마침도 아니지만, 단지 궁극적인 진리를 철저하게 증득함을 예로 들어서 '마침(終)'이라고 하고, 중생의 이치의 근본(理本)을 '시작(始)'이라고 부르는 것이다. 그 시작도 불성이고 마침도 불성인 줄 알아야만 한다. 미혹되고(迷) 깨닫는(悟) 시절에 따른 인연을 바탕으로 하여 임시적으로 '여섯 자리(六位)'라고 하는 구별을 세운 것에 불과할 뿐이다.

자리를 비록 여섯으로 나누었지만 자리마다 모두가 용龍이다. 이른바 '이즉불理卽佛'이고, 나아가 '구경즉불究竟卽佛'인 것이다. 이렇듯 상즉相卽하여 항상한 육위六位의 수덕修德을 이용(乘)함으로써, 육위이면서 항상 상즉하고 있는 성덕性德을 나타낸다. 그러므로 이름하여 '여섯 용을 타서 이로써 하늘을 거느린다(乘六龍以禦天)'고 한 것이다. 이렇듯 상주하고 있는 불성의 건도乾道가 비록 예로부터 지금까지 변하지도 훼손되지도 않지만, 일체의 변화작용(功用)을 갖추고 있다. 그러므로 능히 연각·성문·보살·대승·소승(三草二木)으로 하여금 각각 그 자리에 따라서 불성을 증득하게 하는 것이다. 이미 불성을 증득하였다면 곧 자리마다 모두가 법계가 된다. 일체의 모든 진리를 통섭하여 다하지 않음이 없기에 '크게 화합을 보전하고 합한다(保合太和)'고 하는 것이다. 이러한 까닭으로 여래께서 도를 이루심에 구계九界의 세계에 스승(首)으로 현신하시니, 온 우주의 중생들(刹海衆生) 모두가 불성 가운데서 편안히 머물 수 있는 것이다.

象曰 天行이 健하니 君子ㅣ 以하야 自強不息하나니라.
상왈 천행 건　군자　이　　자강불식

「상전」에 이르기를, 하늘의 운행이 굳건하니, 군자가 이로써 스스로
굳세어 쉬지 않느니라.

六十四卦大象傳, 皆是約觀心釋. 所謂無有一事一物而不會歸於卽心
自性也. 本由法性不息, 所以天行常健. 今法天行之健而自强不息, 則
以修合性矣.

64괘의 「대상전大象傳」은 모두 마음을 통찰하는 것(觀心)을 요점으로
해석하고 있다. 이른바 하나의 일(一事)과 하나의 사물(一物)도 마음의
자성에 상즉相卽하여 회귀하지 않음이 없는 것이다. 본래 진리의 성품
(法性)은 쉬지 않기 때문에 하늘의 운행(天行)은 항상 강건하다. 지금
천행의 강건함을 본받아서 스스로 굳세어 쉬지 않을(自强不息) 수
있다면, 수행으로써 본성에 융합할 수 있게 되는 것이다.

潛龍勿用은 陽在下也ㅣ오 見龍在田은 德施普也ㅣ오 終日乾乾
잠룡물용　양재하야　　현룡재전　덕시보야　　종일건건

은 反復道也ㅣ오 或躍在淵은 進이 无咎也ㅣ오 飛龍在天은 大人
반복도야　　혹약재연　진　무구야　　비룡재천　대인

造也ㅣ오 亢龍有悔는 盈不可久也ㅣ오 用九는 天德은 不可爲首
조야　　항룡유회　영불가구야　　용구　천덕　불가위수

也ㅣ라.
야

'잠겨 있는 용은 쓰지 말라(潛龍勿用)'는 것은 양陽이 아래에 있기 때문이

고, '나타난 용이 밭에 있다(見龍在田)'는 것은 덕을 널리 베푼다는 뜻이며, '종일토록 노력하고 노력한다(終日乾乾)'는 말은 도를 반복한다는 의미이다. '혹 뛰어 보지만 못에 있다(或躍在淵)'는 것은 나아감에 허물이 없다는 뜻이고, '나는 용이 하늘에 있다(飛龍在天)'는 것은 대인의 창조함(다스림)이며, '높이 오른 용은 후회함이 있다(亢龍有悔)'고 하는 것은 가득 차면 오래가지 못함을 뜻하는 것이고, '9를 쓴다(用九)'는 것은 하늘의 덕은 머리가 될 수 없음을 가리킨다.

文並可知, 佛法釋者, 法身流轉五道名曰衆生, 故爲潛龍. 理卽法身, 不可用也. 具縛凡夫, 能知如來祕密之藏, 故德施普. 十乘妙觀, 念念熏修, 故反復道. 不住相似中道法愛, 故進無咎. 八相成道, 廣度衆生, 故是大人之事. 無住大般涅槃, 亦不畢竟入於滅度. 盡未來時, 同流九界, 故盈不可久. 但恃性德, 便廢修德. 全以修德而爲敎門, 故天德不可爲首. 馮文所曰, 其潛藏者, 非謂有時而發用也, 卽發用而常潛藏也. 其在下者, 非謂有時而上也, 其上者不離乎下也. 乾卦所謂勿用之潛龍, 卽大衍所謂勿用之一也.

다 알 수 있는 내용의 글이다. 불법으로 해석하면, 법신이 오도五道[86]에 유전하는 것을 중생이라고 부른다. 그러므로 '잠룡潛龍'이 된다. 이치로는 곧 법신이지만 쓸 수 없다. 번뇌에 속박된 범부가 여래를 비밀하게 감추고 있는 까닭으로 '덕을 널리 베푼다(德施普)'고 하는 것이고, 십승

---

86 5취趣와 같은 뜻이다. '도道'는 중생이 각자 지은 선악의 업인業因에 따라 왕래하는 세계, 곧 지옥·아귀·축생·인도·천도를 가리킨다.

묘관十乘妙觀[87]을 생각 생각으로 훈습하여 닦는 까닭으로 '도를 반복한

---

87 곧 '십승관법十乘觀法'을 가리킨다. 천태종의 원돈지관圓頓止觀을 닦는 전통 수행관
법이며, '십승十乘'이라고 한 것은 이 열 가지가 수행자를 깨달음의 경지로 운반하
는 수레(乘)와 같다는 의미를 나타낸다. 이 관법은 중국 수나라의 지의智顗가
체계화시킨 것이며, 고려의 제관諦觀도 이에 대해 심도 있게 해설하였다. 십승관
법을 살펴보면 다음과 같다. ① 관부사의경觀不思議境: 범부가 일상생활 가운데에
서 일으키는 일념심一念心 가운데 온갖 현상이 모두 갖추어져 있을 뿐만 아니라,
그 일념심은 공空·가假·중中의 삼제三諦가 서로 일체화되어 있는 부사의한 묘경妙
境임을 관하는 것이다. ② 발진정보리심發眞正菩提心: 진정으로 보심을 일으키는
것으로, 만약 관부사의경을 깨닫지 못하는 이는 네 가지 큰 서원(四弘誓願)을
일으켜서 자신과 남을 불쌍히 여기고, 위로는 깨달음을 구하고 아래로는 중생을
구원하는 것이다. ③ 선교안심지관善巧安心止觀: 지관止觀의 실행에 의하여 마음
의 진실한 본성에 침잠하여 들어가는 것으로, 이때에는 고요하면서도 밝게 비치는
정혜定慧의 발현이 매우 중요시된다. ④ 파법변破法遍: 모든 것에 대한 마음의
집착을 널리 부정하는 것으로서, 삼관三觀으로 세 가지 미혹인 삼혹(三惑: 見思惑·
塵沙惑·無明惑)을 깨뜨리는 것이다. ⑤ 식통색識通塞: 절대의 진리와 통하는 것과
그것을 방해하여 막히는 것을 구분하여 득실得失을 분명히 아는 것이다. 고려의
제관은 진리를 막는 것으로는 고苦·삼독三毒·십이인연十二因緣·무명無明 등을
구체적인 예로 들었고, 팔정도八正道·지智·육바라밀六波羅蜜·일심삼관一心三觀
등을 진리와 통하는 것의 예로 들었다. ⑥ 도품조적道品調適: 무작無作의 도품道品
을 수행자의 능력과 자질에 따라 검토하여 맞게 쓰는 것이다. ⑦ 대치조개對治助開:
만약 무작의 도품을 닦는 것이 힘이 들고 장애가 많이 생겨나서 원만한 이치를
깨닫지 못하는 경우에는 5정심관(五停心觀: 不淨觀·慈悲觀·因緣觀·界分別觀·數
息觀)과 육바라밀을 닦아 원만한 이치를 깨닫는 데 도움이 되도록 한다는 것이다.
⑧ 지차위知次位: 범부의 경지에 있으면서 성인의 경지에 올랐다고 착각하는
등의 교만한 마음을 일으키는 일이 없도록 스스로 살펴서 아는 것을 말한다.
⑨ 능안인能安忍: 능히 안정된 경지에 이르는 것으로, 스스로의 마음에 맞거나
맞지 않거나를 막론하고 동요하지 않게 된다. ⑩ 무법애無法愛: 참다운 깨달음이
아닌 것에 애착하거나 얽매여 있는 경지를 벗어나서 참다운 깨달음의 자리로

다(反復道)'고 하는 것이다. 거짓된(相似) 중도를 진리라고 집착하여
(法愛) 머물지 않는 까닭으로 '나아가도 허물이 없다(進無咎)'고 하는
것이며, 여덟 가지 모습(八相)[88]으로 도를 이루어 널리 중생들을 제도하
는 까닭에 '대인大人'의 일이라고 하는 것이다. 대반열반大般涅槃[89]에
머물지도 않고 또한 마침내 멸도滅度[90]에도 들어가지 않으며, 미래의
세상이 다하도록 구계九界의 중생들과 함께 유전하는 까닭으로 '가득
차면 오래갈 수 없다(盈不可久)'고 한다.[91] 단지 성품의 고유한 덕(性德)

나아가는 것이다. 제관은 이것을 수행의 52단계 중 처음의 십신十信에서 벗어나
십주十住의 초기 단계에 들어감을 뜻하는 것이라고 해설하였다. 천태종에서는
이러한 십승관법 중 첫째의 관부사의경은 전체의 본체인 정관正觀이 되며, 이
관법은 상근기上根機 중생을 위한 관법이고, 제2에서 제6까지는 중근기中根機를
위한 관법이며, 제7부터 제10까지는 하근기下根機를 위한 관법임을 교설한다.
또한 이러한 열 가지 관법이야말로 법화삼매法華三昧에 이르게 하는 가장 올바른
방법임을 주장한다.

88 부처님이 이 세상에 출현하여 중생을 제도하려고 일생 동안에 나타내어 보이는
여덟 가지 상징적인 모습을 가리킨다. 곧 ① 강도솔상降兜率相, ② 탁태상託胎相,
③ 출생상出生相, ④ 출가상出家相, ⑤ 항마상降魔相, ⑥ 성도상成道相, ⑦ 전법륜상
轉法輪相, ⑧ 입열반상入涅槃相 등이다.

89 마하반열반나(摩訶般涅槃那, Mahāparinirvāa)라 쓰며, 대입멸식大入滅息·대멸도
大滅度·대원적입大圓寂入이라 번역한다. 열반과 같은 의미이다. 여기서는 생사윤
회의 세계를 완전히 벗어나 영원히 열반의 세계에 드는 것을 의미한다.

90 열반涅槃을 번역한 말로, 나고 죽는 큰 환난을 없애어 번뇌의 바다를 건넜다는
뜻으로, 여기서는 중생의 구원을 외면하고 혼자만의 깨달음의 경지에 머물러
있음을 의미한다.

91 지욱은 '높이 오른 용은 후회함이 있다고 하는 것은 가득 차면 오래가지 못함을
뜻한다(亢龍有悔 盈不可久也)'라는 「대상전」의 뜻에 대해 부처와 보살이 비록
완전한 열반의 깨달음을 얻었지만, 혼자만의 열반락涅槃樂에 머물지 않고 중생들

만을 믿게 되면 곧바로 수행하는 덕(修德)을 그만두게 될 수 있으니, 전적으로 수행하는 덕으로써 교문敎門을 삼아야만 한다. 그러므로 '하늘의 덕은 머리가 되지 못한다(天德不可爲首)'고 하는 것이다.

풍문소馮文所[92]가 말하길 "그 '잠기어 감춰져 있다는 것(潛藏)'은 때에 따라 작용하는 것을 말하는 것이 아니라, 곧 작용함에 맞춰 일상적으로 잠기어 감추어져 있다는 뜻이다. 그 '아래에 있다(下也)'는 것은 어느 시기에 위로 오르는 것을 말하는 것이 아니라, 그 위에 있는 것(곧 乾, 太極)이 아래를 여의지 않는 것을 의미한다. 건괘의 이른바 '쓰지 말라(勿用)'고 하는 잠긴 용(潛龍)은 곧 대연大衍의 수數[93] 중에서 이른바 '쓰지 말라(勿用)'고 하는 하나(一: 太極)를 의미한다"라고 하였다.

文言曰 元者는 **善之長也**ㅣ오 **亨者**는 **嘉之會也**ㅣ오 **利者**는 **義**
문 언 왈　원 자　　선 지 장 야　　　　형 자　　가 지 회 야　　　이 자　　　의

의 구원을 위해 다시 중생들이 사는 윤회의 세계에 일부러 태어나는 의미로 해석하고 있음을 알 수 있다. 이른바 열반을 성취함으로써 생사윤회에서 벗어났지만, 중생들의 구제에 대한 원력 때문에 자발적으로 윤회의 세계에 원생願生한다는 설명이다.

92　풍문소의 이름은 풍시가馮時可이며 자는 원성元成, 문소文所는 호이다. 명나라 가정嘉靖 20년(1541)경에 태어나 천개天啓 2년(1621)경에 사망하였다. 진사 출신의 관리로서 문장에 뛰어나 여형동與邢侗, 왕치등王稚登, 이유정李維楨, 동기창董其昌과 함께 명말 '중흥오자中興五子'로 손꼽힌다. 『주역선해』에서 풍문소의 역설이 인용되고 있는 곳은 이곳 건괘 「상전」뿐이다.

93　대연수는 50책수策數를 가리킨다. 산가지로 점을 칠 때, 50개의 산가지 중에서 태극을 상징하는 의미로 하나를 제외시켜 놓고 49개만으로 점을 친다. 이에 관해서는 「계사상전」 9장에서 언급되고 있다.

之和也ㅣ오 貞者는 事之幹也ㅣ니
지 화 야   정 자   사 지 간 야

「문언전」에서 말하였다. 원元은 선의 으뜸이고, 형亨은 아름다움의
모임이며, 이利는 의로움의 화합이고, 정貞은 일의 줄기이다.

六十四卦不出陰陽二爻, 陰陽之純, 則爲乾坤二卦. 乾坤二義明, 則一
切卦義明, 故特作文言一傳申暢之. 此一節先明性德也.

64괘는 음양의 두 효를 벗어나지 않는다. 음양의 순수함이 곧 건곤乾坤
이라고 하는 두 괘가 되는 것이다. 건곤의 두 뜻을 밝히면 곧 모든
괘의 뜻을 밝힐 수 있다. 그러므로 특별히 「문언文言」이라는 하나의
전傳을 지어 그 뜻을 펴서 드러낸 것(申暢)이다. 이 한 구절은 먼저
성덕性德을 밝히고 있다.

君子ㅣ 體仁이 足以長人이며 嘉會ㅣ 足以合禮며 利物이 足以
군 자   체 인   족 이 장 인   가 회   족 이 합 례   이 물   족 이

和義ㅣ며 貞固ㅣ 足以幹事ㅣ니
화 의   정 고   족 이 간 사

군자가 인仁을 체득함이 족히 어른이 될 만하며, 모임을 아름답게
함이 족히 예에 합하며, 만물을 이롭게 함이 족히 의리에 화합하며,
바르고 굳셈이 족히 일을 주관할 만하니

此一節明修德也.

이 한 구절은 수덕修德을 밝히고 있다.

君子ㅣ **行此四德者**ㅣ라 **故**로 **曰乾元亨利貞**이라.
군자　　행차사덕자　　　고　　왈건원형이정

군자는 이러한 네 가지 덕을 실천한다. 그러므로 말하길 '건乾은 원형이
정元亨利貞하다'고 한다.

此一節結顯以修合性也, 非君子之妙修, 何能顯乾健之本性哉. 統論
乾坤二義, 約性則寂照之體, 約修則明靜之德, 約因則止觀之功, 約果
則定慧之嚴也. 若性若修, 若因若果, 無非常樂我淨. 常樂我淨之慧名
一切種智, 常樂我淨之定名首楞嚴定, 所以乾坤各明元亨利貞四德
也. 今以儒理言之, 則爲仁義禮智. 若一往對釋者, 仁是常德, 體無遷
故, 禮是樂德, 具莊嚴故, 義是我德, 裁制自在故, 智是淨德, 無昏翳
故. 若互攝互含者, 仁禮義智性恒故常, 仁禮義智以爲受用故樂, 仁禮
義智自在滿足故我, 仁禮義智無雜無垢故淨. 又四德無雜故爲仁, 四
德周備故爲禮, 四德相攝故爲義, 四德爲一切法本故爲智也.

이 한 구절은 수행으로써 본성에 합일함을 결론적으로 나타내고 있다.
군자의 미묘한 수행이 아니면 어떻게 하늘乾의 굳건한 본성을 깨달아
체현해 낼 수 있겠는가! 건곤의 두 가지 뜻을 전체적으로 논하면 본성
(性)이라는 측면에서는 고요히 비추는 당체當體라 할 수 있고, 수행(修)
이라는 측면에서 보면 밝고 고요한 덕이며, 인因이라는 측면에서 보면
지관止觀의 공功이고, 과果라는 측면에서 보면 정혜定慧의 장엄함이라
할 수 있다. 이와 같은 본성과 수행, 원인과 결과 등이 상락아정常樂我淨
아님이 없다. 상락아정의 지혜를 '일체종지一切種智'라고 부르며, 상락

아정의 선정을 '수능엄정首楞嚴定'이라 부른다. 그러한 까닭에 건곤에서 각각 '원형이정'이라는 네 가지 덕을 밝히고 있는 것이다.

　이제 유가儒家의 이치로 그것을 말해 보면, 곧 '인의예지仁義禮智'라 할 수 있다. 만약 하나씩 대비시켜 상대하여 해석하면, '인仁'은 영원함의 덕(常德)이라 할 수 있는데, 체體가 변천하지 않기 때문이다. '예禮'는 즐거움의 덕(樂德)이라 할 수 있는데, 장엄을 갖추고 있기 때문이다. '의義'는 참된 자아의 덕(我德)이라 할 수 있는데, 재제裁制를 자유롭게 할 수 있기 때문이다. '지智'는 깨끗함의 덕(淨德)이라 할 수 있는데, 번뇌에 가려져 있지(昏翳) 않기 때문이다. 만일에 서로 포섭되거나 서로 포함하고 있는 것이라고 한다면, 인의예지의 본성은 항상한 것이기 때문에 '상常'이라고 할 수 있고, 인의예지로써 받아들여 쓰는 것(受用)이 되는 까닭에 '낙樂'이라 할 수 있으며, 인의예지가 자재하여 만족한 까닭으로 '아我'라고 할 수 있고, 인의예지가 혼잡함도 없고 때 묻음도 없는 이유로 '정淨'이라고 할 수 있다. 또한 사덕四德이 잡됨이 없는 까닭으로 인仁이 되고, 사덕이 두루 완비되어 있는 까닭으로 예禮가 되며, 사덕이 서로를 포섭하고 있는 이유로 의義가 되고, 사덕이 모든 진리(一切法)의 근본이 되는 까닭으로 지智가 되는 것이다.

初九曰 潛龍勿用은 何謂也오. 子ㅣ曰 龍德而隱者也ㅣ니 不易
초 구 왈 잠 룡 물 용　　하 위 야　　자　왈 용 덕 이 은 자 야　　불 역

乎世하며 不成乎名하야 遯世无悶하며 不見是而无悶하야 樂則
호 세　　불 성 호 명　　둔 세 무 민　　불 견 시 이 무 민　　낙 즉

行之하고 憂則違之하야 確乎其不可拔이 潛龍也ㅣ라.
행 지　　우 즉 위 지　　확 호 기 불 가 발　　잠 룡 야

초구에서 말한 '잠룡물용潛龍勿用'은 무엇을 말하는가? 공자께서 말씀하시길 "용의 덕이 있지만 숨어 있는 자이니, 세상에서 바뀌지 않고, 이름을 이루려고 하지 않고, 세상을 피해 숨어 살아도 번민하지 않으며, 옳다고 보아(인정하여 알아) 주지 않더라도 번민하지 않는다. 즐거우면 곧 행하고 근심스러우면 곧 피한다. (신념이) 확고하여 그를 뽑을 수 없는 것이 잠룡潛龍이니라."

約聖德釋, 如文可解. 若約理即釋者, 龍德而隱, 即所謂隱名如來藏也. 昏迷倒惑, 其理常存, 故不易乎世, 佛性之名未彰, 故不成乎名. 終日行而不自覺, 枉入諸趣, 然畢竟在凡不減, 故遯世無悶, 不見是而無悶. 樂則行之, 而行者亦是佛性, 憂則違之而, 違者亦是佛性. 終日隨緣, 終日不變, 故確乎其不可拔也.

성인의 덕(聖德)에 의거하여 해석하면, 글과 같이 이해할 수 있다. 만약 이즉理即에 의거하여 해석하면, '용의 덕이 있지만 숨어 있다(龍德而隱)'는 것은, 곧 이른바 숨어 있는 것을 여래장이라 할 수 있다. 혼미하고 전도되어 미혹하지만 그 이치는 항상 존재하고 있으므로 '세상에서 바뀌지 않는다(不易乎世)'고 하며, 불성의 이름이 아직 빛나지 않는 까닭으로 '이름을 이루려고 하지 않는다(不成乎名)'고 하는 것이다. 종일토록 행해도 스스로 깨닫지 못하고 그릇되게 모든 세계(諸趣)에 윤회(入)하는 것이다. 그러나 필경에는 범부에 있어서도 줄어들지 않으므로 '세상을 피해 숨어 살아도 번민하지 않으며, 옳다고 보아주지 않더라도 번민하지 않는다(遯世無悶, 不見是而無悶)'고 하는 것이다.

'즐거우면 곧 행한다(樂則行之)'고 했을 때 행하는 자도 역시 불성이고, '근심스러우면 곧 피한다(憂則違之)'고 했을 때 피하는 자도 역시 불성이다. 종일토록 인연을 따르지만 종일토록 변하지 않으므로(終日隨緣, 終日不變) '확고하여 그를 뽑을 수 없다(確乎其不可拔)'고 하는 것이다.

九二曰 見龍在田利見大人은 何謂也ㅣ오. 子ㅣ曰 龍德而正中
구 이 왈   현 룡 재 전 이 견 대 인   하 위 야   자   왈   용 덕 이 정 중
者也ㅣ니 庸言之信하며 庸行之謹하야 閑邪存其誠하며 善世而
자 야   용 언 지 신   용 행 지 근   한 사 존 기 성   선 세 이
不伐하며 德博而化ㅣ니 易曰 見龍在田利見大人이라하니 君德
불 벌   덕 박 이 화   역 왈 현 룡 재 전 이 견 대 인   군 덕
也ㅣ라.
야

구이에서 말한 '들판에 모습을 드러낸 용이(見龍在田) 대인을 봄이 이롭다(利見大人)'는 것은 무엇을 말하는 것인가? 공자께서 말씀하시길 "용덕이 중정中正한 자이니, 평소의 말을 미덥게 해야 하고, 평소의 행위를 근신해서 삿됨을 막고, 그 성심을 잃지 말아야 한다. 세상을 선하게 하여도 자랑하지 않고, 덕을 널리 베풀어 교화해야 한다. 역易에서 말한 '들판에 모습을 드러낸 용이 대인을 봄이 이롭다(見龍在田利見大人)'는 것은 군자의 덕을 의미하는 것이다."

文亦可解. 若約名字卽佛釋者, 秖是身口七支, 以知法性無染汚故, 隨順修行屍波羅密, 從此閑九界之邪, 而尊佛性之誠. 初心一念圓解善根, 已超三乘勸學塵劫功德, 而不自滿假. 故其德雖博, 亦不存德博之

想, 以成我慢也. 發心畢竟二不別, 如是二心先心難. 故雖名字初心,
已具佛知佛見而爲君德.

글의 내용을 또한 충분히 이해할 수 있다. 만약 명자즉불名字卽佛에
의거하여 해석한다면 평소의 말(庸言)과 행동(庸行)은 단지 몸과 입의
칠지七支[94]일 뿐이다. 법성法性이 물들거나 오염되지 않음을 아는 까닭
에 시바라밀屍波羅密[95]을 좇아서 수행하면 이로부터 구계九界의 삿됨을
막아서 불성의 성실함을 보존할 수 있다. 처음 발심하여 한 생각에
선근을 원만하게 이해함은 이미 삼승권학三乘勸學[96]의 티끌같이 많은
공덕에서 벗어났지만, 스스로 만족하여 자만하지 않았기 때문이다.[97]

---

94 몸과 입으로 짓는 7가지 악업을 말한다. 곧 몸으로 짓는 살생, 도둑질, 삿된
   음행과 입으로 짓는 거짓말, 속이는 말, 악담, 이간질하는 말 등 일곱 가지이다.
95 대승불교에서 보살이 열반에 이르기 위해서 닦아야 할 여섯 가지의 수행법인
   육바라밀(六波羅蜜: 보시布施, 지계持戒, 인욕忍辱, 정진精進, 선정禪定, 지혜智慧)
   가운데 지계바라밀을 가리킨다.
96 '승乘'은 배를 타고 바다를 건너듯이, 수행자가 진리의 깨달음을 통해 이 사바세계
   에서 저 피안의 세계로 건너가는 수행의 차별적인 방법과 수단을 의미한다.
   대승불교에서는 성문승(聲聞乘: 부처의 교설의 가르침을 듣고 깨달음을 이루고자
   하는 것), 연각승(緣覺乘: 혼자서 진리에 대한 통찰을 통해 깨닫는 것), 보살승(菩薩
   乘: 위로는 진리를 구하고 아래로는 중생의 구원을 통해 깨달음을 이루는 나가는
   것) 등의 3가지 승(三乘)을 교설한다. '권학勸學'은 곧 '권교權敎'와 같은 뜻이다.
   '삼승권학'은 삼승에 대한 부처의 가르침이 결과적으로는 부처가 중생들의 근기와
   자질에 따라 그들을 교화시켜 깨달음의 세계로 인도하기 위한 세 가지 방편의
   가르침에 지나지 않는다는 의미이다.
97 곧 삼승三乘에 대한 가르침을 수행함으로써 티끌과 같은 많은 수행공덕을 쌓았지
   만, 그것에 만족해하거나 그것을 자랑하지 않고 궁극적인 열반의 성취를 위해
   노력했다는 의미이다.

그러므로 그 덕이 비록 넓지만, 또한 덕이 넓다는 생각에 빠져 스스로 잘났다는 아만我慢의 마음을 드러내지 않는 것이다. 발심할 때의 마음과 깨달았을 때의 마음(發心畢竟), 이 두 마음은 다르지 않지만, 이와 같은 두 마음 중에서 앞의 발심하는 마음이 더 어렵다. 그러므로 비록 명자名字만을 이해하는 초심자이지만 이미 부처의 지견知見을 갖추고 있어서 '군자의 덕(君德)'이라고 하는 것이다.

九三曰 君子終日乾乾夕惕若厲无咎는 何謂也ㅣ오. 子ㅣ曰 君
구 삼 왈 군 자 종 일 건 건 석 척 약 려 무 구   하 위 야   자 왈 군

子ㅣ進德修業하나니 忠信이 所以進德也ㅣ오 修辭立其誠이 所
자   진 덕 수 업   충 신   소 이 진 덕 야   수 사 입 기 성   소

以居業也ㅣ라. 知至至之라 可與幾也ㅣ며 知終終之라 可與存
이 거 업 야   지 지 지 지   가 여 기 야   지 종 종 지   가 여 존

義也ㅣ니 是故로 居上位而不驕하며 在下位而不憂하나니 故로
의 야   시 고   거 상 위 이 불 교   재 하 위 이 불 우   고

乾乾하야 因其時而惕하면 雖危나 无咎矣리라.
건 건   인 기 시 이 척   수 위   무 구 의

구삼에서 말한 '군자는 종일토록 강건하고 굳세어서(君子終日乾乾), 저녁에도 두려운 듯 삼가면 위태로우나 허물이 없다(夕惕若厲无咎)'는 것은 무엇을 말하는 것인가? 공자께서 말씀하시기를 "군자는 덕에 나아가 공업을 닦으니, 충성되고 미덥게 하는 것이 덕에 나아가는 것이고, 말을 수양하고 그 정성을 확립하는 것이 공업을 이루는 원인이 되는 것이다. 이를 줄을 알아서 이르는 것은 가히 기미를 알 수 있게 되고, 마칠 줄을 알아서 끝내니 가히 의로움을 보존할 수 있게 된다. 그러므로 윗자리에 있어도 교만하지 않으며, 낮은 자리에 있어도 근심

하지 않는다. 그러므로 강건하고 굳세게 해서 그 때에 따라서 두려워 삼가면 비록 위태로울지라도 허물은 없는 것이다."

忠信是存心之要, 而正所以進德. 修辭立誠, 是進修之功, 而正所以居業. 此合外內之道也. 可往則往是其幾, 可止則止是其義. 進退不失其道, 故上下無不宜矣. 若約佛法六卽釋者, 正觀行位中圓妙功夫也. 直心正念眞如, 名爲忠信, 所以進德而爲正行也. 隨說法淨, 則智慧淨, 導利前人, 化功歸己, 名爲修辭立誠, 所以居業而爲助行也. 知至至之是妙觀, 知終終之是妙止, 止觀雙行, 定慧具足, 則能上合諸佛慈力而不驕, 下合衆生悲仰而不憂矣.

충심과 믿음은 마음을 보존하는 요체로 바로 '덕에 나아가는 원인(所以進德)'이다. 말을 수양하고 정성을 확립하는 것은 수행을 실천해 가는 공력으로서, 바로 '공업을 이루는 원인(所以居業)'이다. 이것이야말로 밖과 안을 합일시키는 도라 할 수 있다. 가야 할 때 가는 것이 바로 그 기미를 아는 것이고, 멈춰야 할 때 멈추는 것이 바로 그 뜻을 보존하는 것이니, 나아가고 물러남에 그 도를 잃지 않는 것이다. 그러므로 상하에 마땅하지 않음이 없다.

만약 불법의 육즉六卽에 의거하여 해석한다면 바로 관행위觀行位 가운데 원만하고 미묘한 공부라 할 수 있다. 곧은 마음(直心)으로 진여를 바르게 생각하는 것을 '충신忠信'이라 한다. 덕을 쌓아 나아감으로써 바른 행(正行)[98]이 되기 때문이다. 설법의 청정함을 따라서 곧

---

98 정행正行은 팔정도나 육바라밀 등을 실천 수행하는 것을 말하며, 조행助行은

지혜가 청정해진다. 주위 사람을 교화하여 이롭게 하면 교화의 공덕은 자기 자신에게 돌아오게 되는데, 이름하여 '말을 수양하고 정성(진실)을 확립한다(修辭立誠)'는 뜻이다. 공업을 이룸으로써 조행助行이 되기 때문이다. '이를 줄을 알아서 이른다(知至至之)'는 것은 바로 신묘하게 관찰하는 것(妙觀)이고, '마칠 줄을 알아서 마친다(知終終之)'는 것은 바로 신묘하게 그치는 것(妙止)을 의미한다. 지관止觀을 함께 닦아 선정과 지혜가 갖춰지게 되면 위로는 모든 부처님의 자비의 힘에 합일하게 되더라도 교만하지 않고, 아래로는 중생들의 우러러 자비를 바라는 마음에 응합應合하면서도 근심하지 않는 것이다.

九四曰 或躍在淵无咎는 何謂也오. 子 | 曰 上下无常이 非爲邪
구 사 왈 혹 약 재 연 무 구　　하 위 야　　자　왈 상 하 무 상　　비 위 사

也 | 며 進退无恒이 非離群也 | 라 君子進德修業은 欲及時也 |
야　　진 퇴 무 항　비 리 군 야　　군 자 진 덕 수 업　　욕 급 시 야

니 故로 无咎니라.
　고　무 구

구사에서 말한 '혹 뛰어보지만 못에 있으면 허물이 없다(或躍在淵无咎)' 는 것은 무엇을 말하는 것인가? 공자께서 말씀하시기를 "오르고 내림에 항상함이 없는 것은 삿된 짓을 하려는 것이 아니며, 나아가고 물러남에 항상함이 없는 것은 무리를 떠나려는 것이 아니다. 군자가 덕에 나아가 공업을 닦는 것은 때에 미치고자 하는 것이다. 그러므로 '허물이 없다(无咎)'고 하는 것이다."

그 외에 불보살께 예배, 공양하거나 중생을 위해 선업善業을 쌓는 등의 보조적인 수행을 말한다.

此正闡明舜禹避位, 仍卽登位之心事也. 若約佛法者, 直觀不思議境
爲上, 用餘九法助成爲下. 心心欲趨薩婆若海爲進, 深觀六卽不起上
慢爲退. 欲及時者, 欲於此生了辦大事也. 此身不向今生度, 更向何生
度此身? 設不證入圓住正位, 不名度二死海.

이것은 바로 순임금과 우임금이 천자의 자리를 고사하다가 이내 곧
왕위에 올랐던 심사心事를 천명한 내용이다.

　만약 불법에 의거하여 해석하면, 부사의한 경계(不思議境)를 직관하
는 것이 상上이 되고, 나머지 구법九法[99]으로 도와 성취하고자 하는
것은 하下가 된다. 마음 마음마다 무량한 지혜의 바다(薩婆若海)를
추구해 가는 것이 나아감(進)이 되며, 깊이 육즉六卽을 통찰하여 교만한
마음(增上慢)을 일으키지 않는 것은 물러남(退)이 된다. '때에 미치고자
한다(欲及時)'고 하는 것은 이번 생애에서 대사(大事: 깨달음의 열반을
성취하여 생사윤회에서 벗어나는 일)를 분별해 마치고자 하는 것이다.
이 몸을 지금 생애에서 제도하지 못한다면 어느 생애에서 제도를 할
수 있겠는가? 이 몸이 만약 원만하게 머무를 바른 자리를 깨달아
들어가지 못한다면, 두 생사의 바다(二死海)[100]를 건넜다고 할 수 없을
것이다.

---

99 구법九法: 십승관법 중에서 첫 번째 관법인 관부사의경觀不思議境을 제외한 9가지
　관법을 가리킨다.
100 두 생사의 바다(二死海): 곧 분단생사分段生死와 변역생사變易生死를 가리킨다.
　분단생사는 업인業因에 따라 윤회하는 범부들의 생사를 말하고, 변역생사는
　보살이 세상에 나서 번뇌를 끊고 성불하기까지 받는 생사를 의미한다.

九五曰 飛龍在天利見大人은 何謂也오. 子ㅣ曰 同聲相應하며
구 오 왈 비 룡 재 천 이 견 대 인   하 위 야   자 왈 동 성 상 응

同氣相求하야 水流濕하며 火就燥하며 雲從龍하며 風從虎ㅣ라.
동 기 상 구   수 류 습   화 취 조   운 종 룡   풍 종 호

聖人이 作而萬物이 覩하나니 本乎天者는 親上하고 本乎地者는
성 인   작 이 만 물   도   본 호 천 자   친 상   본 호 지 자

親下하나니 則各從其類也ㅣ니라.
친 하   즉 각 종 기 류 야

구오에서 말한 '나는 용이 하늘에 있으니, 대인을 봄이 이로우니라(飛龍
在天利見大人)'는 무엇을 말하는 것인가? 공자께서 말씀하시기를 "같은
소리는 서로 응하며 같은 기운은 서로를 구한다. 물은 습한 곳으로
흐르고 불은 건조한 곳으로 나아가며, 구름은 용을 좇고 바람은 범을
좇는다. 성인이 일어나시니 만물이 우러러본다. 하늘을 근본으로 하고
있는 것은 위에 친하고 땅을 근본으로 하고 있는 것은 아래에 친하니,
곧 각기 그 종류를 따르는 것이니라."

此明聖人垂衣裳而天下治, 初非有意有造作也. 佛法釋者, 如來成正
覺時, 悉見一切衆生成正覺. 初地離異生性, 入同生性, 大樂歡喜, 悉
是此意. 乃至證法身已, 入普現色身三昧. 在天同天, 在人同人. 皆所
謂利見大人, 法界六道所同仰也.

이것은 '성인이 의상만 드리우고 있어도 천하가 다스려졌다'[101]는 것으

---

101 『주역』「계사전」하권 제2장에 나오는 말이다. "황제와 요임금과 순인금은
   의상을 드리우고 천하를 다스렸으니, 이는 대개 모두가 건곤에서 취한 것이다(黃
   帝堯舜 垂衣裳而天下治 蓋取諸乾坤)." 황제와 요순 때는 태평성대로, 이들은
   임금의 의상만 드리우고 옥좌에 앉아 있어도 천지(건곤)의 이치에 자연스럽게

로, 처음부터 의도적이고 조작함이 없음을 밝히고 있다. 불법으로 해석하면, 여래가 정각을 이루셨을 때에 일체의 모든 중생도 정각正覺을 성취함을 보시고는 초지初地[102]에서 이생성異生性을 여의고 동생성同生性[103]에 들어가 크게 기뻐하고 즐거워하신 것이 모두 이러한 뜻이다. 나아가 법신을 증득하시고 나서 보현색신삼매普現色身三昧[104]에 들어가

합치되어 정치가 잘 이루어졌다는 의미.

[102] 초지初地: 대승불교에서는 수행을 통해 위로는 열반을 구하고 아래로는 중생을 제도하는데, 모든 대승수행자가 닦아야 할 52위에 이르는 수행의 계위階位를 교설하고 있다. 바로 10신信·10주住·10행行·10회향廻向·10지地·등각等覺·묘각妙覺의 계위이다. 초지는 이러한 52위 가운데 10지의 첫 번째 계위인 환희지歡喜地를 가리킨다. 환희지는 선근과 공덕을 원만히 쌓아 비로소 성자의 경지에 이르러 기쁨이 충만한 수행단계를 의미한다.

[103] 이생성異生性, 동생성同生性: 범부는 미혹 속에 있기는 하지만 참된 본성의 마음을 결코 잃어버린 것은 아니다. 보살은 부처의 경지에 거의 다다른 자이며, 부처는 완전한 진리의 깨달음을 성취한 성인이다. 달로 비유하자면, 일반중생은 초하루의 달과 같고, 보살은 13일, 14일의 달과 같으며, 부처는 보름달과 같다. 비록 중생과 보살과 부처가 그 드러내는 현상적인 마음은 각기 다르지만 청정무구한 진리(본성)인 불성을 근원적으로 구족하고 있다는 측면에서는 중생과 보살과 부처는 차별이 없다. 동일한 하나의 불성의 마음을 함께 소유하고 있는 것이다. 유식학唯識學에서는 이러한 것을 '동생성同生性'과 '이생성(異生性: 범부성)'이라는 말로 표현한다. 동생성은 모든 부처와 똑같이 불성을 드러내어 사용하는 것으로, 원교圓敎의 10주住 계위 중에 초주初住 이상의 보살이 일분一分의 무명을 파괴하면 일분의 불성이 드러나 작용함을 가리킨다. 이에 비해 이생성은 동생성과는 완전히 달라 자성광명인 불성이 전혀 드러나지 않는 것을 의미한다. 곧 불성이 무명번뇌에 가려져 있어 불성의 지혜작용이 전혀 드러나지 못하고 있는 범부중생의 마음을 가리킨다.

[104] 보현색신삼매普現色身三昧: 뜻대로 갖가지 몸을 나타내 중생을 제도하는 삼매. 묘음보살, 관음보살을 대표하는 가장 뛰어난 삼매를 보통 '현일체색신삼매現一切

시어 하늘에 있으면 하늘과 함께하시고, 인간세계에 있으면 인간들과 함께하심이 모두 이른바 '이견대인利見大人'이라고 하는 것이니, 법계의 육도 중생들이 함께 우러러보게 되는 것이다.

上九曰 亢龍有悔는 何謂也ㅣ오. 子ㅣ曰 貴而无位하며 高而无
상 구 왈 항 룡 유 회   하 위 야   자 왈 귀 이 무 위   고 이 무

民하며 賢人在下位而无輔ㅣ라 是以動而有悔也ㅣ니라.
민   현 인 재 하 위 이 무 보   시 이 동 이 유 회 야

상구에서 말한 '높이 오른 용은 후회함이 있다(亢龍有悔)'는 것은 무엇을 말하는 것인가? 공자께서 말씀하시기를 "귀하지만 지위가 없는 것이며, 고귀하지만 백성이 없는 것이며, 현인[105]이 아래 자리에 있지만 도와줌이 없는 것이다. 이러한 까닭으로 움직이게 되면 후회함이 있게 되는 것이다."

李衷一曰, 從來說聖人無亢, 却都從履滿招損上看. 夫子乃以無位, 無民, 無輔表之. 此堯舜有天下而不與之心也, 非位喪, 民叛, 賢人離去之謂也. 動字下得妙, 無停思, 無貳慮. 天下極重難反之局, 止在聖人

色身三昧'라고 하는데, 보현색신삼매는 이 삼매의 또 다른 이름이다. 이 삼매의 힘과 작용에 의거하여 중생들의 교화를 위해 모든 중생의 근기에 맞추어 몸을 변화시켜 나투는 것을 의미한다. 즉 34가지 중생신의 모습에다가 4가지의 성인의 몸, 즉 성문, 연각, 보살, 부처의 모습으로 몸을 변화시킨다.

105 현인賢人에 대해 주자는 『주역본의周易本義』에서 구오를 비롯한 상구의 아래에 있는 여러 효들로 해석하였다. "현인이 아래 자리에 있다는 말은 구오 이하를 말한 것이다(賢人在下位 謂九五以下)."(김석진, 『주역전의대전역해 上』, 대유학당, 2011[수정2쇄], 201쪽 참고)

一反掌間. 致悔之由, 止在一動. 處亢之術, 止在一悔. 佛法釋者, 法身
不墮諸數, 故貴而無位. 佛果出九界表, 故高而無民. 寂光非等覺以下
境界, 故賢人在下位而無輔. 是以究竟位中, 必逆流而出, 示同九界,
還現嬰兒行及病行也.

이충일李衷一[106]은 말한다. "지금까지 (여러) 말들은 '성인은 지나침(無
亢)이 없다'고 하였지만, 오히려 모두 가득 차게 되면 손실을 초래하게
됨을 위(亢龍有悔)를 통해 볼 수 있다. 공자(夫子)께서는 이에 대해
지위가 없고, 백성이 없으며, 보좌함이 없다는 것으로 이를 나타내고
있다. 이것은 요순이 천하를 소유하였으나 간여하지 않으려는 마음을
의미하는 것이지, 지위를 잃거나 백성이 배반하거나 현인이 떠나감을
말한 것은 아니다. '움직인다(動)'는 글자에는 묘한 뜻이 있으니, 가만히
생각해 봄(停思)이 없고 '거듭 헤아려 봄(貳思)'이 없음을 의미한다.
천하의 지극히 중차대하고 돌이키기 어려운 국면일지라도 (이를 다스
림은) 성인에게 있어 단지 한 번 손바닥을 뒤집는 것처럼 쉬운 일일
것이다. 후회하는 데까지 이르게 된 원인은 다만 한 번 움직이는 데
있는 것이며, 지나침에 처하여(處亢) 할 수 있는 묘술은 단지 한 번
뉘우치는 데에 있을 뿐이다."

　불법으로 해석하면, 법신은 어떠한 범주의 테두리(諸數)에도 떨어지
지 않기 때문에 '귀하지만 지위가 없다(貴而無位)'고 하고, 불과佛果는

---

106 이충일李衷一: 명대의 인물로 추측할 뿐, 그 인적사항에 대해서는 기록을 찾을
　수 없다. 『주역선해』에서 이충일의 역설이 인용되고 있는 곳은 이곳 건괘 「문언
　전」에 대한 해석부분 단 한 곳뿐이다.

윤회하는 중생의 세계(九界)의 표면을 벗어났기에 '고귀하지만 백성이 없다(高而無民)'고 하는 것이며, 열반의 경지에서 비추는 지혜광명(寂光)은 부처님과 등각等覺 이하의 경계가 아니므로 '현인이 아래 자리에 있지만 도와줌이 없다(賢人在下位而無輔)'고 하는 것이다. 이렇기 때문에 (마침내 궁극적인 열반을 성취하여 생사윤회에서 완전히 벗어났더라도) 그러한 경지(究竟位) 가운데서 반드시 거슬러 벗어나서 모든 중생의 세계(九界)에서 그들과 함께함을 나타내고, 또한 마치 순진무구한 어린아이처럼 분별심이 없이 중생을 제도하는 보살행(嬰兒行)과 자비로써 모든 중생의 괴로움을 제거해 주는 보살행(病行)을 실천함을 의미한다.

潛龍勿用은 下也ㅣ오 見龍在田은 時舍也ㅣ오 終日乾乾은 行事
잠 룡 물 용   하 야   현 룡 재 전   시 사 야   종 일 건 건   행 사

也ㅣ오 或躍在淵은 自試也ㅣ오 飛龍在天은 上治也ㅣ오 亢龍有
야   혹 약 재 연   자 시 야   비 룡 재 천   상 치 야   항 룡 유

悔는 窮之災也ㅣ오 乾元用九는 天下ㅣ 治也ㅣ라.
회   궁 지 재 야   건 원 용 구   천 하   치 야

'잠겨 있는 용은 쓰지 말라(潛龍勿用)'고 하는 것은 아래에 있기 때문이고, '나타난 용이 밭에 있다(見龍在田)'고 하는 것은 때로 그친다는 것이며, '종일토록 노력하고 노력한다(終日乾乾)'고 하는 것은 일을 행한다는 의미이다. '혹 뛰어보지만 못에 있다(或躍在淵)'는 것은 스스로를 시험하는 것이고, '나는 용이 하늘에 있다(飛龍在天)'고 하는 것은 위에서 다스리는 것이며, '높이 오른 용은 뉘우침이 있다(亢龍有悔)'고 하는 것은 궁해져서 재앙이 있음을 뜻하는 것이고, '건원乾元이 9를 쓴다(乾元

用九'고 하는 것은 천하를 다스린다는 의미이다.

此以時位重釋六爻之義也. 用九而曰乾元, 正顯乾卦全體大用, 亦顯
潛見惕躍飛亢, 皆無首而皆吉. 佛法釋者, 理卽佛爲貶之極, 故下. 名
字卽佛, 未有功夫, 故時舍. 五品位正修觀行, 故行事. 相似位擬欲證
眞, 故自試. 分證位八相成道, 故上治. 究竟位不住涅槃. 故窮之災.
用九, 則以修合性, 故天下治也.

이것은 때와 자리로써 6효의 뜻을 거듭 해석한 것이다. 용구用九에서
'건원乾元'이라 말한 것은 바로 건괘의 전체적인 큰 작용을 나타낸다.
또한 '잠김(潛)'·'나타남(見)'·'두려워함(惕)'·'도약함(躍)'·'날아오름
(飛)'·'지나침(亢)'이 모두 '자기를 내세우지 않음(無首)'으로 해서 모두
길함을 나타내고 있다.

　불법으로 해석하면, 이즉불理卽佛은 지극히 낮은 까닭으로 '아래에
있다(下)'고 하는 것이고, 명자즉불名字卽佛은 아직 공부(공부의 성과)
가 없는 까닭으로 '때로 그친다(時舍)'고 하는 것이며, 오품위五品位[107]는
바르게 관행觀行을 수행하는 까닭으로 '일을 행한다(行事)'고 하는 것이

---

107 오품위五品位: 오품제자위五品弟子位라고도 한다. 천태종에서 원교의 수행계위
　　인 8계위 중에서 십신十信 이전에 닦는 첫 번째 계위로서 수희품隨喜品·독송품讀
　　誦品·설법품說法品·겸행육도품兼行六度品·정행육도품正行六度品 등의 다섯 가
　　지를 말한다. 구체적인 내용을 설명하면, 수희품은 실상의 법문을 들어서 믿고
　　이해하여 기쁘게 따르는 것, 독송품은 원교의 가르침을 독송하고 관하여 이해해
　　나가는 것, 설법품은 본인 스스로 수지독송受持讀誦할 뿐만 아니라 육바라밀
　　행을 함께 닦아 나가는 것, 정행육도품은 육바라밀을 바르게 실천하여 나와
　　남을 함께 교화해 가는 것을 말한다.

다. 상사위相似位는 진리를 증득하고자 노력하는 까닭으로 '스스로 시험한다(自試)'고 하는 것이고, 분증위分證位는 여덟 가지 상(八相)으로 도를 이루는 까닭에 '위에서 다스린다(上治)'고 하는 것이며, 구경위究竟位는 열반에 머물지 않기 때문에 '궁해져서 재앙이 있다(窮之災)'고 하는 것이다. 용구用九는 수행으로써 본성에 합일하는 까닭으로 '천하를 다스린다(天下治)'고 하는 것이다.

潛龍勿用은 陽氣潛藏이오 見龍在田은 天下ㅣ文明이오 終日乾
잠룡물용　　　양기잠장　　　현룡재전　　　천하　문명　　　종일건

乾은 與時偕行이오 或躍在淵은 乾道ㅣ乃革이오 飛龍在天은 乃
건　여시해행　　　혹약재연　　건도　내혁　　　비룡재천　　　내

位乎天德이오 亢龍有悔는 與時偕極이오 乾元用九는 乃見天則
위호천덕　　　항룡유회　　　여시해극　　　건원용구　　　내견천칙
이라.

'잠겨 있는 용은 쓰지 말라(潛龍勿用)'는 양기가 잠겨서 숨어 있는 것이고, '나타난 용이 밭에 있음(見龍在田)'은 천하가 문명해짐이며, '종일토록 노력하고 노력함(終日乾乾)'은 때에 맞춰 더불어 행하는 것이다. '혹 뛰어보지만 못에 있음(或躍在淵)'은 건도乾道가 곧 변혁되는 것이고, '나는 용이 하늘에 있음(飛龍在天)'은 곧 하늘의 덕(天德)에 자리하는 것이며, '높이 오른 용은 뉘우침이 있음(亢龍有悔)'은 때와 더불어 곤궁해진 것이고, '건원이 9를 씀(乾元用九)'은 곧 하늘의 법칙을 보는(아는) 것이다.

此兼約德之與時, 再釋六爻之義也. 與時偕極, 對與時偕行看, 皆所謂

時乘禦天者也. 乃見天則, 則潛而勿用亦天則, 乃至亢而有悔亦天則
也. 佛法釋者, 佛性隱在衆生身中, 故潛藏, 一聞佛性, 則知心, 佛,
衆生三無差別, 故天下文明. 念念與觀慧相應無間, 故與時偕行. 捨凡
夫性, 入聖人性, 故乾道乃革. 由證三德, 方坐道場, 故位乎天德. 天德
者, 天然之性德也. 極則必返, 證佛果者, 必當同流九界. 性必具修,
全性起修, 乃見性修不二之則.

이는 거듭하여 덕德과 시기를 예로 들어 재차 여섯 효의 뜻을 해석한
것이다. '때와 함께 더불어 극해진다(與時偕極)'고 하는 것은 '때와
함께 더불어 행한다(與時偕行)'고 하는 것에 상대적인 표현으로 보아야
한다. 모두가 이른바 '때에 맞추어 하늘을 다스린다(時乘禦天)'는 의미
라 할 수 있다. '곧 하늘의 법칙을 보는 것(乃見天則)'이라는 것은 바로
'잠겨 있는 것은 쓰지 말라'는 것도 또한 하늘의 법칙이고, 나아가
'지나쳐서 후회가 있다'라는 것도 또한 하늘의 법칙이라는 뜻이다.

　불법으로 해석하면, 불성이 중생의 몸속에 숨어 있으므로 '잠겨서
감춰져 있다(潛藏)'는 것이고, 한 번 불성을 듣게(깨닫게) 되면 마음과
부처와 중생, 이 셋이 차별이 없음을 알게 되기 때문에 '천하가 문명하다
(天下文明)'고 하는 것이다. 생각 생각이 관혜觀慧[108]와 더불어 상응하여
빈틈이 없는 까닭에 '때와 함께 더불어 행한다(與時偕行)'고 하는 것이
며, 범부의 성품을 버리고 성인의 성품에 들어가기 때문에 '건도乾道가
곧 변혁된다(乾道乃革)'고 하는 것이다. 세 가지 덕(三德: 戒·定·慧)을

---

108 관혜觀慧: 팔정도에 있어서 정념正念, 곧 마음에 대한 매순간의 바른 알아차림(싸
　　띠, sati)의 지혜를 말한다.

증득함으로 말미암아서 바야흐로 도량(佛性)에 편안히 머물게 되는 까닭으로 '하늘의 덕에 자리한다(位乎天德)'고 하는 것이다. '하늘의 덕(天德)'은 천연적인 성덕(性德: 佛性)이다. 극진해지면 다시 되돌아오게 되는 것이니, 불과佛果를 증득한 자는 반드시 구계九界를 유전하며 중생들과 함께 살아야만 하는 것(同流)이다. 본성은 반드시 수행을 갖추고 있으며(性必具修), 본성이 온전히 수행을 일으킴(全性起修)을 알아야 이내 본성과 수행이 둘이 아닌(性修不二) 법칙을 깨달을 수 있게 된다.

乾元者는 始而亨者也ㅣ오 利貞者는 性情也ㅣ라. 乾始ㅣ能以美
건원자   시이형자야   이정자   성정야   건시   능이미

利로 利天下ㅣ라 不言所利하니 大矣哉라.
리   이천하   불언소리   대의재

'건원乾元'은 시작해서 형통한 것이고, '이정利貞'은 성정性情이다. 건乾의 시작함이 능히 아름다운 이로움으로써 천하를 이롭게 한다. 이로운 바를 말하지 않으니(말로 다 표현해 내지 못하니), 크도다!

前約仁禮義智四德, 以釋元亨利貞. 今更申明四德一以貫之. 統惟屬乾, 而非判然四物也. 舉一乾字, 必具元德, 舉一元字, 必統四德, 元之大, 卽乾之大矣.

앞에서는 인仁·예禮·의義·지智의 사덕四德을 예로 들어서 원형이정元亨利貞을 해석하였지만, 지금은 다시 사덕을 하나의 이치로 꿰뚫어 설명을 전개하고 있다. 전체적으로는 오로지 건乾에 속하는 것으로,

분명히 (개별적인) 사물四物이 아닌 것이다. 하나의 '건乾'자를 든다면
반드시 원덕元德을 갖추고 있으며, 하나의 '원元'자를 든다면 반드시
사덕을 통괄하고 있는 것이다. 원元의 위대함이 바로 건乾의 위대함
이다.

大哉라 乾乎여. 剛健中正純粹ㅣ 精也ㅣ오 六爻發揮는 旁通情
대 재　건 호　　강 건 중 정 순 수　　정 야　　　육 효 발 휘　　방 통 정

也ㅣ오
야

크도다, 건乾이여! 강건중정剛健中正하여 순수純粹하고 정미(精)하다.
6효가 발휘하는 것은 두루 뜻을 통하는 것이다.

乾具四德, 而非定四, 故大, 故復以剛健等七字而深贊之. 卦言其體,
爻言其用. 卦據其定, 爻據其變. 體大則用亦大, 體剛健中正純粹精,
則用亦剛健中正純粹精矣.

건乾이 네 가지 덕을 갖추고 있다고는 하지만, 네 가지 덕으로만 한정되
어 있는 것이 아니므로 '크다(大)'고 한다. 그러므로 다시 강건剛健
등 7자로써 그러한 의미를 깊이 찬탄하고 있다. 괘는 그 본체를 말하는
것이고, 효는 그 작용을 말하는 것이다. 괘는 그 정함(定)에 의거하고
있으며, 효는 그 변화(變)에 의거하고 있다. 체가 크면 곧 작용 또한
크다. 체가 강건중정剛健中正하고 순수純粹하여 정미(精)로우면, 곧
작용 또한 강건중정하고 순수하여 정미로운 것이다.

時乘六龍하야 以禦天也ㅣ니 運行雨施ㅣ라 天下平也ㅣ라.
시 승 육 룡　　　이 어 천 야　　　운 행 우 시　　　천 하 평 야

때로 여섯 용을 타서 하늘을 거느리니, 구름이 행해지고 비가 베풀어져
서 천하가 평안하게 된다.

上明乾德體必具用, 此明聖人因用以得體也. 佛法釋者, 此章申明性
必具修, 修全在性也. 佛性常住之理名爲乾元, 無一法不從此法界而
始, 無一法不由此法界而建立生長, 亦無有一法而不卽以此法界爲其
性情, 所以佛性常住之理, 徧能出生成就百界千如之法, 而實無能生
所生, 能利所利. 以要言之, 卽不變而隨緣, 卽隨緣而不變. 竪窮橫徧,
絶待難思, 但可强名之曰大耳. 其性雄猛物莫能壞, 故名剛. 依此性而
發菩提心, 能動無邊生死大海, 故名健. 非有無眞俗之二邊, 故名中.
非斷常空假之偏法, 故名正. 佛性更無少法相雜, 故名純. 是萬法之體
要, 故名粹. 無有一微塵處, 而非佛性之充徧貫徹者, 故名精. 所以只
此佛性乾體, 法爾具足六爻始終修證之相, 以旁通乎十界迷悟之精,
此所謂性必具修也. 聖人乘此卽而常六之龍, 以禦合於六而常卽之
天, 自旣以修合性, 遂能稱性起於身雲施於法雨. 悉使一切衆生同成
正覺而天下平, 此所謂全修在性也.

위에서 건덕乾德의 체體는 반드시 작용(用)을 갖추고 있음을 밝혔고,
이 장에서는 성인이 작용을 원인으로 해서 체體를 체득함을 밝히고
있다.

　　불법으로 해석하면, 이 장은 불성은 반드시 닦음을 구족하고 있으며,

모든 수행은 불성에 있음을 분명하게 밝히고 있다. 불성이 상주하고 있는 이치를 '건원乾元'이라 이름한다. 한 법(一法)도 이 법계를 말미암아서 비롯되지 않음이 없고, 한 법도 이 법계로부터 건립되거나 생성되어 성장하지 않음이 없으며, 또한 한 법도 이 법계에 근원하여 그 성정性情을 삼고 있지 않음이 없다. 이러한 까닭에 불성이 상주하는 이치가 두루 능히 세상의 모든 법을 출생시키고 성취시키지만, 실상은 능히 생하게 하는 것(能生)과 생하여지는 것(所生), 이롭게 하는 것(能利)과 이롭게 되는 것(所利)이 없는 것이다.

이것을 요약해서 말한다면, 불변不變에 바탕을 둔 수연隨緣이며, 수연隨緣에 바탕을 둔 불변不變이다. 시간과 공간적으로 무궁하고 두루 하며(竪窮橫徧) 절대적인 것이기에 사량하기 어렵다.[109] 단지 억지로

---

109 지욱은 불성이 모든 존재에 내재되어 상주하고 있는 이치를 '건원乾元'에 비유하고 있다. 이 말은 곧 '불성은 곧 건원과 같다(佛性則乾元)'라는 의미일 것이다. 지욱은 불성에 의해서 모든 존재가 비롯되고, 불성에 의해 모든 존재가 건립되어 생장하며, 또한 모든 존재는 불성을 구족하고 있다고 말하고 있다. 이 말은 곧 건원이 그러한 작용을 하고 있다는 말과 다르지 않다. 한편으로 지욱은 불성과 현상, 곧 이理와 사事, 체體와 용用이 결코 둘이 아님을 '무능생소생無能生所生, 능리소리能利所利'란 말로 표현하고 있다. 불성(乾元)에 의해 드러난 현상과 현상 속에 구족해 있는 불성(乾元)이 하나면서 여럿이고(一卽多), 여럿이면서 하나라는 것(多卽一)이다. 이러한 이치를 결론적으로 말하고 있는 표현이 바로 '불변이수연不變而隨緣, 수연이불변隨緣而不變'이라는 내용이다. 불성, 즉 건원은 불변한 이치이지만, 인연을 따라 현상적으로 드러나고, 인연을 따라 드러난 존재이지만 불변한 본원의 이치를 그 현상 속에 그대로 구족하고 있다는 표현인 것이다. 이러한 표현은 불교 화엄사상의 일즉다一卽多, 다즉일多卽一, 상입상즉相入相卽, 호구호섭互具互攝의 진리를 말하고 있는 법계연기론法界緣起論을 적용한 관점의 해석이라 볼 수 있다. 불성을 건원에 대비시켜 건원의 전체적 개념을

그것을 이름하여 '크다(大)'고 할 뿐이다. 그 불성은 웅맹하여 어떤 사물로도 훼손시킬 수 없다. 그러므로 '강剛'이라 이름한다. 이러한 불성에 의지하여서 보리심을 일으켜 능히 무변한 생사의 큰 바다를 움직일 수 있게 되는 까닭으로 '건健'이라 부른다. 유有와 무無, 진眞과 속俗이라는 두 치우침(二邊)이 없는 까닭으로 '중中'이라 이름하고, 단斷과 상常, 공空과 가假라는 치우친 법이 아니므로 '정正'이라 부른다. 불성은 또한 작은 법(小法)이라도 서로 섞여 있지 않으므로 '순純'이라 이름하고, 만법의 요체가 되므로 '수粹'라 하며, 하나의 티끌 같은 곳에도 불성의 충만함이 두루 관철(充徧貫徹)되지 않음이 없기 때문에 '정精'이라 부르는 것이다.

이렇기 때문에 다만 이러한 불성인 건체乾體는 본래(法爾) 6효의 시작과 끝이라고 할 수 있는 닦음(修)과 증득(證)이라는 상을 구족하고 있다. 그럼으로써 십계十界의 미혹하거나 깨어 있는 모든 존재에게 두루 관통하고 있는 것이다. 이것이 이른바 '불성은 반드시 닦음을 갖추고 있다(性必具修)'고 하는 뜻이다. 성인은 이것(乾體, 佛性)에 상즉(相卽: 서로 하나로 바탕을 두고 융합함)하여 항상 여섯 용(六爻)을 운용한다. 그렇게 함으로써 여섯 용으로써 항상 (불성, 건체에) 상즉相卽하고 있는 하늘을 제어하여 융합할 수(禦合) 있는 것이다. 스스로 이미 수행으로써 본성에 계합하였다면, 마침내 불성에 부합하여 구름처럼 몸을 일으키고 진리의 비를 베풀 수 있어야 한다. 만약에 모든 일체 중생들로 하여금 함께 정각을 이루어서 천하를 평안하게 할 수

───────────

불교적 관점에서 융합, 회통시키고 있는 내용인 것이다.

있다면, 이것이야말로 이른바 '모든 수행은 불성에 있다(全修在性)'고
하는 의미가 될 것이다.

君子ㅣ 以成德爲行하나니 日可見之ㅣ 行也ㅣ라 潛之爲言也는
군자 이 성 덕 위 행   일 가 견 지   행 야   잠 지 위 언 야

隱而未見하며 行而未成이라 是以君子ㅣ 弗用也하나니라.
은 이 미 현   행 이 미 성   시 이 군 자   불 용 야

군자는 덕을 이루는 것으로써 행실을 삼는다. 날마다 가히 보는 것이
행실이기 때문이다. '잠겨 있다(潛)'[110]는 말은 숨어서 아직 나타나지
않는 것이며, 행하여도 아직 이루지 못함이다. 이러한 까닭에 군자는
쓰지 않는 것이다.

此下六爻, 皆但約修德, 兼約通塞言之. 佛法釋者, 成德爲行, 謂依本
自天成之性德而起行也. 旣全以性德爲行, 則狂心頓歇, 歇卽菩提, 故
爲日可見之行也. 然猶云潛者, 以其雖則開悟, 習漏未除, 故佛性猶爲
虛妄煩惱所隱而未現. 而正助二行, 尙在觀行相似, 未成般若解脫二
德. 是以君子必以修德成之, 而弗專用此虛解也.

이 아래의 6효는 모두 다만 수덕修德으로 요약한 것(수덕에 의거한
것)이며, 아울러서 '통하고(通)' '막힘(塞)'으로 요약하여 말하고 있다.
   불법으로 해석하면, '덕을 이루는 것으로써 행실을 삼는다(成德爲
行)'는 것은 본래 스스로가 천연적으로 이루어진(天成) 성덕性德을
의지해서 행동을 일으키는 것을 말한다. 이미 전적으로 성덕으로써

---

110 건괘 초구의 효사인 '잠룡물용潛龍勿用'에서의 잠潛을 말한다.

행위의 근간을 삼을 수 있다면 곧 어지러운 마음(狂心)을 한순간 쉴 수 있고, 쉽게 되면 곧 보리(菩提: 깨달음의 마음)인 것이다. 그런 까닭에 '날마다 가히 보는 것이 진리의 행위(日可見之行)'가 된다고 하는 것이다. 그렇지만 오히려 '잠겨 있다(潛)'라고 말하는 것은 그것(性德)이 비록 곧 깨달음을 얻었다고 할지라도 번뇌의 습성(習漏)이 제거되지 않았기 때문에 불성이 오히려 허망하게 번뇌에 가려져서 아직 드러나지 않았기 때문이다. 그리고 정행正行과 조행助行의 두 실천이 오히려 관행觀行과 상사相似[111]에 있어서는 아직 반야와 해탈의 두 덕을 이루지 못한 것이 된다. 이러한 까닭에 군자는 반드시 덕을 닦음(修德)으로써 그것을 이루어야만 하고, 이러한 헛된 알음알이(虛解)를 사용해서는 안 되는 것이다.

君子ㅣ 學以聚之하고 問以辨之하며 寬以居之하고 仁以行之하
군 자   학 이 취 지   문 이 변 지   관 이 거 지   인 이 행 지

나니 易曰 見龍在田利見大人이라하니 君德也ㅣ라.
     역 왈 현 룡 재 전 이 견 대 인   군 덕 야

군자는 배움으로써 모으고, 물음으로써 변별하며, 너그러움으로써 거처하고, 어짊으로써 행한다. 역易에서 '나타난 용이 밭에 있으니 대인을

---

111 관행觀行과 상사相似: 관행은 곧 천태의 육즉六卽 가운데 관행즉觀行卽을, 상사는 곧 육즉 가운데 상사즉相似卽을 가리킨다. 관행즉은 불법을 머리로 이해하는 지식의 단계(名字卽)를 벗어나 자신의 마음을 직접 관조觀照하여 이치와 지혜가 상응(理慧相應)하게 됨으로써 행하는 바가 말하는 바와 같고 말하는 바가 행하는 바와 같게 되는 경지에 도달함을 의미한다. 상사즉은 마음의 관조를 통해 미혹을 제거하여 안眼·이耳·비鼻·설舌·신身·의意 등 여섯 감각기관(六根)이 청정하게 됨으로써 궁극적인 깨달음의 경지에 거의 비슷하게 접근해 감을 의미한다.

봄이 이롭다'[112]라고 한 것은 군왕의 덕을 말함이다.

學問是聞慧, 寬居是思慧, 仁行是修慧. 從三慧而入圓住, 開佛知見,
卽名爲佛, 故云君德.

학문은 들어서 얻는 지혜(聞慧)이고, 너그러운 마음에 머물 수 있음(寬
居)은 사유해서 얻는 지혜(思慧)이며, 어진 행(仁行)은 닦음을 통해서
얻는 지혜(修慧)이다. 세 가지 지혜를 따르게 되면 원만한 깨달음에
들어 머물 수 있게 된다. 불지견佛知見을 깨닫게 되면 곧 부처라 이름한
다. 그러므로 '군자의 덕(君德)'이라고 말하는 것이다.

九三은 重剛而不中하야 上不在天하며 下不在田이라 故로 乾乾
하야 因其時而惕하면 雖危나 无咎矣리라.

구삼은 거듭 강하지만[113] 가운데에 위치하지 못하고[114] 있다. 위로는
하늘에 위치하지 못하고 아래로는 밭에도 위치하지 못하고 있다. 그러
므로 굳세고 굳세게 해서 그 때에 따라서 두려워하면 비록 위태롭더라도
허물은 없다.

----

112 건괘 구이의 효사, "현룡재전見龍在田 이견대인利見大人."

113 거듭 강하다(重剛): 구삼은 양의 자리(1, 3, 5효)에 양효가 있으므로 거듭 강하다고
   한 것이다.

114 가운데에 위치하지 못하고(不中): 여섯 효에서 2효와 5효의 자리를 중中이라
   하는데, 그 자리를 얻음을 득중得中이라 하고 그렇지 못함을 부중不中이라 한다.

重剛者, 自强不息, 有進而無退也. 不中者, 不著中道而恩恩取證也.
上不在天者, 未登十地, 入佛知見也. 下不在田者, 已超十住, 開佛知
見. 因時而惕, 正是不思議十行法門, 偏入法界, 而能行於非道, 通達
佛道. 故雖危無咎.

'거듭 강하다(重剛)'는 것은 스스로 강건하고 쉬지 않아서(自强不息),
나아감은 있어도 물러남은 없다는 의미이다. '가운데에 위치하지 못하
다(不中)'라는 것은 중도에 안착하지 못했으면서도 성급하게 깨달음을
취하려 한다는 것이다. '위로는 하늘에 위치하지 못하다(上不在天)'라
는 것은 아직 십지十地[115]를 증득하여 불지견佛知見에 들지 못한 것이고,

---

115 십지十地: 보살의 수행단계를 52위位로 나눌 경우 제41~50위에 해당하지만,
다만 10지만을 설정하는 경우도 있다. 지地는 '주(住, vihāra)'라고도 불리며,
10지 이외에 7지나 13지를 설정하는 경전도 있다. 그러나 가장 널리 받아들여지
고 있는 것은 『십지경十地經, Daśabhūmika sūtra』에 나타나는 체계이다. 이
경에서는 낮은 단계로부터 높은 단계의 차례대로 다음과 같은 10지를 말하고
있다. 곧 ① 보살로서의 길을 가기 시작하면서 깨달음에 이르고 다른 이들을
도우려는 생각에 기쁨으로 충만되어 있는 환희지(歡喜地, pramuditā), ② 계율을
지켜 마음의 때가 없어지는 이구지(離垢地, vimalā), ③ 숭고한 진리에 의해
점차 지혜의 빛을 발하게 되는 명지(明地, prabhākāri), ④ 선행의 불로써 악한
욕망과 무지를 태워버리는 염지(焰地, arciṣmatī), ⑤ 이제는 선정을 충분히
수행하여 어떤 것에 의해서도 쉽게 무너지지 않는 난승지(難勝地, sudurjayā),
⑥ 수행이 더욱 진척되어 연기에 대하여 통찰하고 열반에 직면한다고 하는
현전지(現前地, abhimukhī), ⑦ 광대무변한 진리의 세계에 이르러 실재를 있는
그대로 보게 되는 원행지(遠行地, dūraṃgama), ⑧ 번뇌로 어지러워지는 일이
없으며 목적에 사로잡히지 않아 마음의 움직임이 자연스럽게 용출되는 부동지
(不動地, acalā), ⑨ 어떤 것에도 거리낌 없이 통달하고 자재한 지혜를 얻어
설법교화가 자유자재하게 되는 선혜지(善慧地, Sādhumatī), ⑩ 법신을 완성하

'아래로는 밭에 위치하지 못하다(下不在田)'라는 것은 이미 십주十住[116]를 벗어나 불지견을 연 것이다. '때에 따라서 두려워한다(因時而惕)'는 것은 바로 부사의한 십행十行[117]의 법문으로 두루 법계에 들어가 능히 도 아닌 곳(非道: 곧 세속)에서 보살행을 실천하여 불도佛道를 통달하는 것이다. 그러므로 '비록 위태롭더라도 허물은 없다(雖危無咎)'고 하는 것이다.

九四는 重剛而不中하야 上不在天하며 下不在田하며 中不在人
구사   중강이부중   상부재천   하부재전   중부재인

이라 故로 或之하니 或之者는 疑之也ㅣ니 故로 无咎ㅣ라.
고 혹지   혹지자   의지야   고   무구

여 몸은 허공과 같이 제한이 없게 되고 지혜는 큰 구름처럼 된다는 법운지(法雲地, dharmameghā) 등이다.

116 십주十住: 보살이 수행하는 과정에서 거치는 52단계 중 제11위에서 제20위까지의 계급階位. 곧 ① 발심주發心住, ② 치지주治地住, ③ 수행주修行住, ④ 생귀주生貴住, ⑤ 방편구족주方便具足住, ⑥ 정심주正心住, ⑦ 불퇴주不退住, ⑧ 동진주童眞住, ⑨ 법왕자주法王子住, ⑩ 관정주灌頂住를 이른다. 십신十信을 지나서 마음이 진제眞諦의 이치에 안주安住하는 지위에 이르는 계위이다.

117 십행十行: 보살이 이타행을 실천하는 단계의 열 가지 과정으로, 보살의 52위 중에서 제21위부터 제30위까지의 계위를 가리킨다. 곧 ① 법공法空에 들어가 사견으로 동요되지 않는 환희행歡喜行, ② 항상 중생을 교화하여 이롭게 하는 요익행饒益行, ③ 항상 인내하여 사람들을 거역하지 않는 무위역행無違逆行, ④ 대정진으로 일체 중생을 열반으로 이끌고자 발심하여 방심하지 않는 무굴요행無屈撓行, ⑤ 무명으로 인해 교란되지 않는 무치란행無癡亂行, ⑥ 항상 불국토에 출현하여 살아가는 선현행善現行, ⑦ 공견空見과 유견有見에 집착하지 않는 무착행無著行, ⑧ 얻기 어려운 선근을 성취하는 난득행難得行, ⑨ 법을 사람들에게 설해 주는 선법행善法行, ⑩ 중도의 진실한 이치를 깨닫는 진실행眞實行 등이다.

구사는 거듭 강하지만 가운데 위치하지 못하고 있다. 위로는 하늘에 위치하지 못하고, 아래로는 밭에도 위치하지 못하고 있으며, 가운데로는 사람의 위치에도 있지 못하다. 그러므로 의혹하는 것(或之)이니, 의혹한다는 것은 의심하는 것이다. 그러므로 허물이 없다고 하는 것이다.

重剛不中, 亦如上說. 中不在人, 謂已超十行, 示佛知見也. 或之者, 回事向理, 回因向果, 回自向他, 和融法界而無所偏倚, 有似乎疑之也. 疑者, 擬議以成變化之謂. 故雖似有修證之事, 而實無事也.

'거듭 강하지만 가운데 위치하지 못하다(重剛不中)'라고 하는 것은 역시 위에서 설명한 것과 같다. '가운데로는 사람의 위치에도 있지 못하다(中不在人)'라고 하는 것은 이미 십행十行을 벗어나 불지견佛知見을 드러내 보임을 말한다. '의혹한다(或之)'는 것은 사사를 돌이켜 이理로 향하고, 인因을 돌이켜 과果로 향하며, 자신을 돌이켜 타인으로 향하고, 법계와 원융하게 화합하여 치우친 바가 없는 것으로서 '의심하는 것(疑)'과 비슷한 뜻이라고 할 수 있다. '의심한다(疑)'는 것은 헤아리고 논의함으로써 변화를 이루는 것을 말한다. 그러므로 비록 수행하여 증득하는 일이 있는 듯하지만, 실제로는 일(닦고 증득하는 일)도 없는 것이다.

夫大人者는 與天地合其德하며 與日月合其明하며 與四時合其
부대인자 여천지합기덕   여일월합기명   여사시합기

序하며 與鬼神合其吉凶하야 先天而天弗違하며 後天而奉天時
서   여귀신합기길흉   선천이천불위   후천이봉천시

하나니 **天且弗違**은 **而況於人乎** l 며 **況於鬼神乎** l 여.
　　　천 차 불 위　　이 황 어 인 호　　　황 어 귀 신 호

무릇 대인[118]은 천지와 더불어 그 덕을 합하며, 일월과 더불어 그 밝음을
합하며, 사시와 더불어 그 차례를 합하며, 귀신과 더불어 그 길흉을
합하여 하늘보다 앞서도 하늘을 어기지 않고, 하늘보다 뒤에라도 하늘
의 때를 받들게 되니, 하물며 사람에 있어서이며 하물며 귀신에 있어서
이겠는가!

十地入佛知見, 如天普覆, 如地普載, 如日照晝, 如月照夜. 如四時次
序之始終萬物, 如鬼神吉凶之折攝群機. 根本妙智, 窮法界無始之始,
差別妙智, 建法界無時之時. 理旣相契弗違, 則凡人與鬼神, 總圍於一
理者, 安得不相順而利見哉.

십지十地의 불지견佛知見에 들어간다는 것은 하늘이 만물을 두루 덮는
것과 같고, 대지가 널리 싣는 것과 같으며, 해가 낮을 비추는 것과
같고, 달이 밤을 밝히는 것과 같다. 사계절이 차례대로 질서 있게
만물을 시작(生長)하고 마치는 것(收斂)과 같으며, 귀신이 길흉으로
뭇 중생(群機)을 절복시키고 섭수하는 것(折攝)과 같다. 근원적인 신묘
한 지혜(根本妙智)로 법계의 비롯됨 없이 시작되는 이치를 궁구하고,
차별적인 신묘한 지혜(差別妙智)로 법계의 때 없는 때를 세우는 것이다.
이치가 이미 서로 하나로 맞아떨어져 어긋나지 않으므로 곧 사람과

---

118 대인大人: 주자의 『주역본의』에 다르면 여기서의 대인은 건괘 구오의 "비룡재천飛
　　龍在天 이견대인利見大人"에서의 대인을 말한다.(김석진, 『주역전의대전 역해
　　上』, 218쪽 참조)

귀신이 모두 한 가지 이치 속에 있는 것이니, 어찌 서로 수순하여 이익을 드러내지 않을 수 있겠는가!

亢之爲言也는 知進而不知退하며 知存而不知亡하며 知得而不
知喪이니 其唯聖人乎아. 知進退存亡而不失其正者ㅣ 其唯聖
人乎ㄴ더.

'지나치다(亢)'[119]는 말은 나아갈 줄만 알고 물러날 줄은 알지 못하는 것이며, 존속하는 것만 알고 망할 줄은 알지 못하는 것이며, 얻는 것만 알고 잃는 것은 모르는 것이다. 오직 성인만이 진퇴進退와 존망存亡을 알아서 그 바름을 잃지 않으니, 그렇게 할 수 있는 사람은 오직 성인뿐이다.

凡有慧無定者, 惟知佛性之可尙, 而不知法身之能流轉五道也. 惟知佛性之無所不在, 而不知背覺合塵之不亡而亡也. 惟知高談理性之爲得, 而不知撥無修證之爲喪也. 惟聖人能知進退存亡之差別, 而進亦佛性, 退亦佛性. 存亦佛性, 亡亦佛性. 進退存亡不曾增減佛性, 佛性不礙進退存亡, 故全性起修, 全修在性, 而不失其正也. 若徒恃佛性, 不幾亢而非龍乎. 又約究竟位中解者, 示現成佛是知進, 示現九界是知退, 示現聖行梵行嬰兒行是知存, 示現病行是知亡, 而於佛果智斷無所缺減, 是不失其正也.

---

119 지나치다(亢): 건괘 상구 "항룡유회亢龍有悔"의 항亢을 말한다.

무릇 지혜만 있고 선정이 없는 자는 오직 불성을 숭상할 줄만 알고 법신이 능히 오도五道에 유전함은 알지 못한다. 오직 불성이 존재하지 않은 곳이 없는 줄만을 알고 깨달음을 등지고 풍진 세상에 합치되어(背覺合塵) 망하지 않았으면서도 망한 상태(不亡而亡)인 줄은 알지 못한다. 오직 고상하게 이理와 성性을 담론하는 이익만을 알고 수행을 통한 깨달음의 증득을 저버린(撥無修證) 손해는 알지 못한다. 오로지 성인만이 능히 진퇴존망進退存亡의 차별을 알 수 있을 뿐이다. 나아감도 또한 불성이고 물러남도 역시 불성이며, 존재함도 불성이고 소멸도 역시 불성일 뿐이다. 진퇴존망에 있어 일찍이 불성은 증가하거나 감소하지 않을 뿐 아니라, 불성은 진퇴존망에도 장애됨이 없다. 그러므로 '전체의 성품에서 수행을 일으키고(全性起修)', '수행 전체는 성품에 있게 된다면(全修在性)', 그 바름을 잃지 않게 될 것이다. 만약 단지 불성만을 믿는다면 지나쳐서 용이 아닌 처지에(용의 지위를 잃은) 가깝지 않겠는가?

또한 구경위究竟位 가운데 의거하여 풀이한다면, 성불을 나타내 보이는 것은 바로 나아감을 아는 것이고, 구계九界를 나타내 보이는 것은 물러남을 아는 것이며, 성행聖行·범행梵行·영아행嬰兒行을 나타내 보이는 것은 존재함을 아는 것이고, 병행病行[120]을 나타내 보이는

---

120 『대열반경』 권11 「성행품」에서는 보살이 닦아야 할 다섯 가지 행(五行)을 설하고 있다. 바로 성행聖行, 범행梵行, 천행天行, 영아행嬰兒行, 병행病行이다. 성행은 성스러운 행이라는 의미로 계율과 선정과 지혜를 닦는 것을 말하고, 범행은 청정한 행이라는 의미로 청정한 마음으로 자비를 베풀어 중생들에게 이로움을 주고 괴로움을 덜어주는 보살행을 닦는 것을 말한다. 천행은 자연의 이치를 수순함을, 영아행은 지혜가 얕은 이들을 교화하기 위해 그들이 좋아하고 행하는

것은 쇠망함을 아는 것이다. 하지만 부처님의 깨달음(果智)에 있어서는 결코 결함이나 감소함이 없는 것이 바로 '그 바름을 잃지 않는다(不失其正)'는 의미이다.

작은 선행들을 같이 행하는 것을, 병행은 평등심에서 중생과 마찬가지로 자신도 번뇌와 괴로움의 병이 있음을 방편적으로 드러내 보여 주는 것을 가리킨다.

(2) ䷁ 중지곤重地坤

坤은 元코 亨코 利코 牝馬之貞이니 君子의 有攸往이니라. 先하면
　　곤　원　형　이　빈마지정　　군자　　유유왕　　　　선
迷하고 後하면 得하리니 主利하니라. 西南은 得朋이오 東北은 喪朋
　미　　후　　득　　　　　주리　　　　서남　득붕　　동북　상붕
이니 安貞하야 吉하니라.
　　　안정　　　길

'곤坤'은 크게 형통하고 이롭고 암말의 바름이니, 군자가 가고자 하는
바가 있다. 먼저 하면 잃게 되지만 뒤에 하면 얻게 되니 이로움을
주장한다. 서남에서는 벗을 얻고 동북에서는 벗을 잃게 되니, 편안히
바르게 해서 길하다.

六畫皆陰, 故名爲坤. 坤者, 順也. 在天爲陰, 在地爲柔, 在人爲仁,
在性爲寂, 在修爲止, 又在器界爲載, 在根身爲腹爲腑臟, 在家爲妻,
在國爲臣. 順則所行無逆, 故亦元亨. 然必利牝馬之貞, 隨順牡馬而不
亂. 其在君子之體坤德以修道也, 必先用乾智以開圓解, 然後用此坤
行以卒成之. 若未有智解, 先修定行, 則必成暗證之迷. 惟隨智後用之,
則得主而有利. 如目足並運, 安穩入清涼池. 亦如巧力並具, 能中於百
步之外也. 若往西南, 則但得陰之朋類, 如水濟水, 不堪成事. 若往東
北, 則喪其陰之朋黨, 而與智慧相應, 方安於定慧均平之貞而吉也.

여섯 효(六畫)가 모두 음陰이므로 '곤坤'이라 이름한다. 곤은 '유순柔順'

함이다. 하늘에 있어서는 음이 되고, 땅에 있어서는 부드러움(柔)이 되며, 사람에 있어서는 어짊(仁)이 된다. 성품에 있어서는 고요함(寂)이 되고, 수행에 있어서는 그침(止)이 된다. 또한 기계器界[121]에 있어서는 실음(載)이 되고, 몸에 있어서는 배와 오장육부가 된다. 집에 있어서는 아내가 되고, 국가에 있어서는 신하가 된다. 수순隨順하면 곧 행하는 바가 거슬림이 없게 되므로 또한 '크게 형통하다(元亨)'고 한다. 그렇지만 반드시 암말의 바름(貞)이 이롭기 위해서는 수말을 유순하게 따라서 어지럽지 않아야만 한다. 그처럼 군자가 곤덕坤德을 체득하고자 도를 닦음에 있어서도 반드시 먼저 건의 지혜(乾智)를 씀으로써 원만히 이해하여 깨달을 수 있다. 이런 연후에야 이러한 곤행坤行을 사용함으로써 마침내 그것(元亨)을 성취할 수 있게 되는 것이다.

만약에 지혜에 대한 이해가 없이 먼저 선정만을 닦고자 한다면, 반드시 거짓된 깨달음(暗證) 속에서 미혹만을 이루게 될 것이다. 오직 지혜를 수순한 이후에 그것(坤道, 禪定)을 사용하게 되면 불성(土)을 증득하여 이로울 수 있다. 마치 눈과 발을 함께 운행하여 평온한 청량지(淸凉池: 열반)에 들어가는 것과 같으며, 또한 기교와 힘을 함께 갖추어 능히 백 보 밖에서도 적중할 수 있는 것과 같다고 하겠다.

만약 서남쪽으로 가게 되면 다만 음陰의 부류(朋類)만을 얻게 된다. 물을 물로 건너고자 하는 것과 같아서 일을 성취할 수 없다. 만일 동북쪽으로 가게 되면 그 음의 동료들(朋黨)은 잃게 될지라도 지혜와 서로 응하게 되어 비로소 선정과 지혜가 균등한 바름(貞)에 안주할

---

121 또는 기세계器世界·기세간器世間이라고도 한다. 중생을 포용하여 살게 하는 국토, 세계를 가리킨다.

수 있어 길吉하게 된다.

象曰 至哉라 **坤元**이여. **萬物**이 **資生**하나니 **乃順承天**이니 **坤厚載**
단왈 지재 곤원 만물 자생 내순승천 곤후재

物이 **德合无疆**하며 **含弘光大**하야 **品物**이 **咸亨**하나니라. **牝馬**는
물 덕합무강 함홍광대 품물 함형 빈마

地類ㅣ니 **行地无疆**하며 **柔順利貞**이 **君子攸行**이라. **先**하면 **迷**하
지류 행지무강 유순이정 군자유행 선 미

야 **失道**하고 **後**하면 **順**하야 **得常**하리니 **西南得朋**은 **乃與類行**이오
실도 후 순 득상 서남득붕 내여유행

東北喪朋은 **乃終有慶**하리니 **安貞之吉**이 **應地无疆**이니라.
동북상붕 내종유경 안정지길 응지무강

「단전」에 이르길 지극하도다! 곤坤의 원元이여! 만물이 바탕하여 생성되니, 바로 유순하게 하늘의 도를 이어받은 것이다. 곤은 두터워 만물을 실어서 덕이 한계가 없음에 합치되며, 포용하고 광대하며 빛나고 커서 품물(만물)이 모두 형통하다. '암말(牝馬)'은 땅에 속하는 부류이다. 땅을 다님에 한계가 없으며, 유순하고 바르게 함이 이로우니 군자가 실천해야 할 바이다. 앞장서면 미혹하여 도를 잃게 되지만, 뒤에 하면 수순하여 떳떳한 도(常道)를 얻게 된다. '서남쪽에서 벗을 얻는다는 것(西南得朋)'은 바로 동류同類와 함께 행한다는 것이고, '동북쪽에서 벗을 잃는다는 것(東北喪朋)'은 바로 마침내 경사가 있다는 것이다. '편안히 바르게 해서 길함'이 땅의 무한함에 응하는 것이다.

此傳詳釋彖辭. 先約地道明坤四德, 次明君子體坤德而應地道也. 資始所以稟氣, 資生所以成形, 由稟氣故, 方得成形, 故名順承天也. 合

德無疆, 言其與天合德, 西南則兌離以及於巽, 皆陰之類, 東北則震艮以至坎乾, 可賴之以終吉矣. 佛法釋者, 以坤表多所含蓄而無積聚之如來藏性. 約智名乾, 約理名坤, 約照名乾, 約寂名坤. 又可約性名乾, 約修名坤. 又可修中慧行名乾, 行行名坤. 乾坤實無先後, 以喩理智一如, 寂照不二, 性修交徹, 福慧互嚴. 今於無先後中說先後者, 由智故顯理, 由照故顯寂, 由性故起修, 由慧故導福. 而理與智冥, 寂與照一, 修與性合, 福與慧融, 故曰至哉坤元萬物資生乃順承天也. 稱理之行, 自利利他, 一行一切行, 故德合於無疆之智而含弘光大也. 牝馬行地, 雖順而健, 三昧隨智慧行, 所以爲佛之三昧也. 夫五度如盲, 般若如導. 若以福行爲先, 則佛知見未開, 未免落於旁蹊曲徑而失道. 惟以智導行, 行順於智, 則智常而行亦常. 故西南得朋, 不過與類俱行而已. 惟東北喪朋, 則於一一行中具見佛性. 而行行無非法界, 當體絶待, 終有慶矣. 所以安貞之吉, 定慧均平, 乃可應如來藏性之無疆也. 佛法釋者, 以坤表多所含蓄而無積聚之如來藏性. 約智名乾, 約理名坤, 約照名乾, 約寂名坤. 又可約性名乾, 約修名坤. 又可修中慧行名乾, 行行名坤. 乾坤實無先後. 以喩理智一如, 寂照不二. 性修交徹, 福慧互嚴. 今於無先後中說先後者, 由智故顯理, 由照故顯寂, 由性故起修, 由慧故導福. 而理與智冥, 寂與照一, 修與性合, 福與慧融. 故曰至哉坤元萬物資生乃順承天也. 稱理之行, 自利利他. 一行一切行, 故德合於無疆之智而含弘光大也. 牝馬行地, 雖順而健. 三昧隨智慧行, 所以爲佛之三昧也. 夫五度如盲, 般若如導. 若以福行爲先, 則佛知見未開, 未免落於旁蹊曲徑而失道. 惟以智導行, 行順於智, 則智常而行亦常. 故西南得朋, 不過與類俱行而已. 惟東北喪朋, 則於一一行中具見佛性,

而行行無非法界, 當體絶待, 終有慶矣. 所以安貞之吉, 定慧均平, 乃
可應如來藏性之無疆也.

이 「단전」은 단사象辭를 자세하게 해석한 것이다. 먼저 지도地道를
요약하여 곤坤의 네 가지 덕을 밝히고, 다음으로 군자가 지덕地德을
체득하여 지도地道에 상응함을 밝히고 있다. (건괘 단전의) '바탕하여
시작된다(資始)'는 것[122]은 기氣를 받아서 태어남을 뜻하고, (곤괘 단전
의) '바탕하여 생성된다(資生)'는 것은 형상(形)을 이룸을 뜻한다. 기를
받아 태어났기 때문에 바야흐로 형상을 이룰 수 있는 것이다. 그러므로
'유순하게 하늘을 이어받았다(順承天)'고 한 것이다. '덕이 한계가 없음
에 합치된다(德合無疆)'는 것은 그것이(坤) 하늘(乾)과 더불어 덕을
합함을 말한다. 서남은 곧 태(兌, ☱)괘, 이(離, ☲)괘로부터 손(巽,
☴)괘에 이르는 것으로, 모두가 음의 부류에 해당한다. 동북은 바로
진(震, ☳)괘, 간(艮, ☶)괘로부터 감(坎, ☵)괘, 건(乾, ☰)괘에 이르
는 것[123]으로서, 이에 의지하면 마침내 길할 수 있게 된다.

---

122 건괘 「단전」에 "대재건원大哉乾元, 만물자시萬物資始"라고 한 것을 말한다. 이는
   곤괘 「단전」의 "지재곤원至哉坤元, 만물자생萬物資生"과 대응된다.

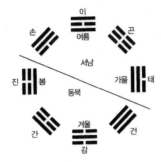

후천팔괘 방위원도

불법으로 해석하면, 곤坤은 함축하고 있는 것은 많지만 축적하고 있는 것이 없는 여래장성如來藏性[124]을 표현하고 있다. 지혜(智)의 측면에서는 '건乾'이라 이름할 수 있고, 이치(理)의 측면에서는 '곤坤'이라 이름할 수 있으며, 비춤(照)의 측면에서는 '건乾'이라 이름할 수 있고, 고요함(寂)이라는 측면에서는 '곤坤'이라 이름할 수 있다. 또한 본성(性)으로 보면 '건乾'이라 부를 수 있고, 수행(修)이라는 측면에서는

---

123 후천팔괘는 계절과 방위를 표상하고 있다. 방위로 크게 양분해 보면 서남방의 음괘와 동북방의 양괘로 분류되어 있음을 알 수 있다. 서남방을 보면 동남방의 손(巽, ☴, 장녀)괘, 남방의 이(離, ☲, 중녀)괘, 서남방의 곤(坤, ☷, 모)괘, 서방의 태(兌, ☱, 소녀)괘가 모두 음으로 이루어져 있다. 이른바 '서남득붕西南得朋'인 것이다. 동북방을 보면 동방의 진(震, ☳, 장남)괘, 동북방의 간(艮, ☶, 소남)괘, 북방의 감(坎, ☵, 중남)괘, 서북방의 건(乾, ☰, 부)괘가 모두 양으로 이루어져 있다. 이른바 '동북상붕東北喪朋'인 것이다.

124 여래장은 중생의 번뇌 중에 있지만 그 번뇌에 더럽혀지지 않으며, 본래부터 절대 청정하여 영원히 변함없는 깨달음의 본성을 가리킨다. 여래장의 산스크리트어 'tathagatagarbha'는 여래와 태胎의 복합어로서 '여래의 태'를 의미한다. 여기서 태는 모태 또는 태아를 가리키는데, 이로부터 여래장은 성장하여 부처가 될 태아를 뜻하기도 하고, 그 태에 부처의 성품을 간직한 자를 뜻하기도 하며, 중생을 설명하는 말로도 쓰인다. 일반적으로 진여나 불성의 다른 명칭이며, 중생의 번뇌 속에 덮여서 가려진 자성청정심自性淸淨心을 말한다. 여래장사상은 반야경의 공관空觀에 입각하면서도 여래의 지혜는 보편성을 지니고 작용한다고 설하는 『화엄경』의 주장이나, 삼계三界의 중생이 모두 부처의 자식이라고 보는 『법화경』의 일승一乘사상 등을 계승하여 "일체 중생은 여래의 태를 간직하고 있다"고 선언한 데서 출발한다. 여래장사상을 설하고 있는 『승만경』·『능가경』 등에서는 '여래의 태아'라는 의미를 취하여 이론적으로 심화시켰다. 또한 『열반경』에서는 같은 주장을 "일체 중생은 모두 불성을 지니고 있다(一切衆生 悉有佛性)"라는 말로 표현하였다.

'곤坤'이라 부를 수 있다. 또 한편으로 수행 중에서도 지혜의 닦음(慧行)
을 '건乾'이라 부르고, 행위의 닦음(行行)을 '곤坤'이라 한다. 건곤乾坤은
실제적으로 선후가 없다. 예를 든다면 이치와 지혜가 하나(一如)이고,
고요함과 비춤이 둘이 아니며(不二), 본성과 닦음이 서로 통하고,
복과 지혜가 서로 장엄하는 것이다.[125]

  이제 선후가 없는 가운데 선후를 말하는 것이니, 지혜로 말미암아
이치가 드러나고, 비춤으로 말미암아 고요함이 드러나며, 본성으로
말미암아 수행을 일으키고, 지혜로 말미암아 복으로 인도해 낼 수
있는 것이다. 그러므로 이치와 지혜는 심오(冥)한 것이고, 고요함과
비춤은 하나이며, 닦음과 본성은 합일되고, 복과 지혜는 융합하는
것이다. 그러므로 "지극하도다! 곤坤의 원元이여! 만물이 바탕하여
생성되니, 바로 유순하게 하늘의 도를 이어받은 것이다(至哉坤元 萬物
資生 乃順承天)"라고 말하는 것이다.

  이치에 부합하는 수행만이 자신과 남을 함께 이롭게 한다. 하나의
행이 일체의 행이 되기 때문에 덕이 끝없는(無疆) 지혜에 합해져서
'포용할 수 있고(含), 광대하며(弘), 빛나고(光), 크다(大)'고 한다.
암말이 대지를 달릴 때에는 비록 순하지만 강건하다. 삼매는 지혜의
행을 따르는 것이니, 부처의 삼매가 되는 이유이다. 무릇 오도五度[126]는

---

125 여래장성을 표현하고 있는 곤괘의 불법적 특징

乾	智	照	性	慧行	慧
坤	理	寂	修	行行	福
	(一如)	(不二)	(交徹)		(互嚴)

126 오도五度: 다섯 바라밀. 대승불교에서 보살이 궁극적인 열반의 성취를 위해

맹인과 같고, 반야는 인도하는 자와 같다.[127] 만약에 복을 짓는 선행(福行)만을 우선시한다면 부처의 지견(佛知見)은 열리지 않게 될 뿐만 아니라, 바른 길을 잃고 그릇된 길에 빠져서(旁蹊曲徑) 정도를 잃게 될 것이다. 오직 지혜로써 수행을 이끌고 수행이 지혜에 순종하게 되면 곧 지혜도 항상 할 수 있고 수행 또한 항상 하게 되는 것이다. 그러므로 '서남에서 벗을 얻는다(西南得朋)'는 것은 동류와 더불어서 함께 간다는 것에 불과할 뿐이다. 오직 '동북쪽에서 벗을 잃는다는 것(東北喪朋)'은 곧 하나하나의 수행 속에서 갖춰져 있는 불성을 보는 것이다. 모든 실천 수행(行行)은 진리의 세계(法界)이고 당체(當體: 佛性)는 비교할 수 없는 절대적인 것이어서 '마침내 경사가 있다(終有慶)'고 하는 것이다. 그러므로 '안정하여 길하다(安貞之吉)'는 것은 선정과 지혜가 균형을 이루어야만 비로소 여래장성의 경계 없는 경지(無疆)에 상응할 수 있음을 의미한다.

象曰 地勢 | 坤이니 君子 | 以하야 厚德으로 載物하나니라.
상왈 지세 곤 군자 이 후덕 재물

반드시 닦아야 할 보시布施·지계持戒·인욕忍辱·정진精進·선정禪定·반야般若 (지혜) 등 여섯 가지 실천덕목 중에서 앞의 반야를 제외한 앞의 다섯 가지 실천덕목을 말한다.

127 육바라밀의 실천에 있어 가장 중요한 실천덕목은 바로 반야, 곧 지혜이다. 수행은 곧 무명한 마음을 일깨워 밝은 마음인 지혜를 향상시켜 나가는 것이라 할 수 있다. 때문에 대승보살이 닦는 육바라밀 중에서 지혜가 중요시되는 것은, 이러한 반야를 의지해서 수행을 실천해 나가야 삿된 길로 빠지지 않고 바른 정각의 깨달음을 이룰 수 있기 때문이다. 육바라밀 중에서 지혜가 앞에서 이끌면 나머지 수행은 저절로 따라서 이루지게 되어 있는 것이다.

「상전」에서 말하기를, 땅의 형세가 곤이니, 군자가 이로써 후한 덕으로 만물을 싣는 것이다.

性德本厚, 所以地勢亦厚. 今法地勢以厚積其德, 荷載群品, 正以修合性之眞學也.

본성의 덕(性德)은 본래 후덕하다. 그런 까닭에 땅의 형세(地勢) 또한 후덕하다고 하는 것이다. 지금 땅의 형세를 본받음으로써 그 덕을 두텁게 쌓아서 모든 중생(群品)을 싣는 것(荷載)은 바로 수행으로써 본성에 계합할 수 있는 참된 학문인 것이다.

初六은 履霜하면 堅氷이 至하나니라.
초 육   이 상   견 빙 지

초육은 서리를 밟으면 굳은 얼음이 이르게 된다.

象曰 履霜堅氷은 陰始凝也니 馴致其道하야 至堅氷也니라.
상 왈 이 상 견 빙   음 시 응 야   순 치 기 도   지 견 빙 야

「상전」에서 말하길, '서리를 밟으면 굳은 얼음이 이르게 된다(履霜堅氷)' 는 것은 얼음이 처음 엉기기 시작하는 것이니, 그 도를 길들여 이루어서 굳은 얼음에 이르게 되는 것이다.

此爻其靜爲姤, 其變爲復, 姤則必至於坤, 復則必至於乾, 皆所謂馴致其道者也. 問曰, 乾坤之初爻等耳, 乾胡誡以勿用, 坤胡決其必至乎. 答曰, 陽性動, 妄動, 恐其洩也, 故誡之, 陰性靜, 安靜則有成也, 故決

之. 積善積惡, 皆如履霜, 餘慶餘殃, 皆如堅氷. 陽亦有剛善剛惡, 陰亦有柔善柔惡. 不當偏作陰柔邪惡釋之. 說統云, 善乾惡坤, 此晉魏大謬處. 九家易曰, 霜者, 乾之命. 堅氷者, 陰功成也. 京氏曰, 陰雖柔順, 氣則堅剛, 爲無邪氣也. 陰中有陽, 氣積萬象. 孫問斯曰, 隕霜不殺菽, 冬無氷, 春秋皆爲記異. 然時霜而霜, 時氷而氷, 正令正道, 以堅氷爲至, 而至之自初也, 如是謂凝謂順. 氷畢竟是陰之所結, 然惟陽伏於內, 故陰氣外亙而爲氷. 聖人於乾曰爲氷, 明是此處注脚. 馴致二字, 正表坤德之順處. 脚跟無霜, 不秋而凋, 面孔無血, 見敵輒走. 若約佛法釋者, 乾之六爻, 兼性修而言之, 坤之六爻, 皆約修德定行而言. 初上二爻, 表世間味禪之始終, 中間四爻, 表禪波羅密具四種也. 二卽世間淨禪, 而達實相, 三卽亦世間亦出世禪, 四卽出世間禪, 五卽非世間非出世禪. 又借乾爻對釋. 初九有慧無定, 故勿用, 欲以養成其定. 初六以定含慧, 故如履霜, 若馴致之, 則爲堅氷之乾德. 九二中道妙慧, 故利見大人, 六二中道妙定, 故無不利. 九三慧過於定, 故惕厲而無咎, 六三定有其慧, 故含章而可貞. 九四慧與定俱, 故或躍而可進, 六四定過於慧, 故括囊而無譽. 九五大慧中正, 故在天而利見, 六五大定卽慧, 故黃裳而元吉. 亢以慧有定而知悔, 戰則定無慧而道窮也. 又約乾爲正行, 坤爲助行者, 坤之六爻卽表六度, 布施如履霜, 馴之可致堅氷. 氷者, 乾德之象, 故云乾爲氷也. 持戒則直方大, 攝律儀故直, 攝善法故方, 攝衆生故大. 忍辱爲含章, 力中最故, 精進如括囊, 於法無遺失故, 禪定如黃裳, 中道妙定徧法界故, 智慧如龍戰, 破煩惱賊故.

이 초효는 고요히 있는 경우 (나머지 효는 양효로 되는 경우) 천풍구(天

風姤, ☴)괘가 되고 변하면 지뢰복(地雷復, ☳)괘가 된다. 천풍구괘는 반드시 중지곤(重地坤, ☷)괘에 이르게 되고, 지뢰복괘는 반드시 중천건(重天乾, ☰)괘에 이르게 된다. 모두 그 도를 길들여 이루게 됨(馴致其道)을 말하는 것이다.

질문하기를, 중천건괘와 중지곤괘의 초효는 (초효인 것이) 같을 뿐인데 건괘에서는 어찌 '쓰지 말라(勿用)'고 경계하였으며 곤괘에서는 어찌 반드시 '이르게 된다(至)'고 결론적으로 말하였는가?

대답하기를, 양陽의 본성은 움직이는 것으로 그릇되게 움직이면 남용될까(洩) 두렵기 때문이다. 그러므로 그것을 경계한 것이다. 음陰의 본성은 고요한 것으로 안정하게 되면 곧 이루어짐이 있기 때문이다. 그러므로 그것을 결론지어 말한 것이다. 악을 쌓고 선을 쌓는 것 모두가 '서리를 밟는 것(履霜)'과 같으며, 경사가 있고 재앙이 있게 되는 것 모두가 '굳은 얼음(堅氷)'과 같은 것이다. 양은 또한 강건한 선(剛善)과 강건한 악(剛惡)이 있고, 음 역시 유순한 선(柔善)과 유순한 악(柔惡)이 있을 수 있다. '음유陰柔'를 편협하게 사악한 측면으로만 해석하는 것은 옳지 못하다.

『설통說統』[128]에서 "선한 것을 건乾이라 하고, 악한 것을 곤坤이라 한다"라고 하였는데, 이는 진晉나라와 위魏나라 시대의 크나큰 오류의 관점(大謬處)이라 할 수 있다. 『구가역九家易』[129]에서는 "상霜이라고

---

128 『설통說統』: 지욱과 거의 동시대 인물인 명나라 때의 장진연張振淵이 저술한 『석경산방간주역설통石鏡山房間周易說統』을 말하는 것인지, 다른 저서인지 명확하지 않다.

129 『구가역九家易』: 순씨구가荀氏九家를 지칭한다. 순씨구가는 순상荀爽·경방京房·

하는 것은 건乾의 명령이고, '견빙堅氷'이라고 하는 것은 음의 공력으로 이루어진 것이다'라고 하였고, 경방京房[130]은 "음이 비록 유순한 것이지만 기氣는 곧 견고하고 강건하여 삿된 기운이 없다. 음 속에 양이 있으며, 기가 축적되어 만물의 형상이 된다'라고 하였다.

손문사孫問斯[131]는 "서리가 내렸는데도(隤霜) 콩잎이 시들어 죽지

마융馬融·정현鄭玄·송충宋衷·우번(虞飜: 虞仲制)·육적陸績·요신繞信·곽자현郭子玄 등이며, 이들의 역설을 '구가역九家易'이라 한다.

130 경방京房: 한대 상수역학의 대가이다. 전한 동군東郡 돈구頓丘(하남성 淸豊) 사람이다. 본성은 이李씨이고, 자는 군명君明이다. 맹희孟喜의 문인 초연수焦延壽에게『주역』을 배웠고, 금문경씨역학今文京氏易學의 개창자다. 원제元帝 초원初元 4년(기원전 45) 효렴孝廉으로 천거되어 낭郎이 되었다. 여러 차례 글을 올려 재이災異에 대해 말했는데 자주 적중했다. 중서령中書令 석현石顯 등이 권력을 좌우한다고 탄핵했다가 석현과 오록충종五鹿充宗의 미움을 받아 위군태수魏郡太守의 자리에서 쫓겨났다. 한 달 뒤『주역』을 연구하던 오록충종과 학설이 다르다는 이유로 석현의 참소를 입어 기시(棄市: 거리에서 사형을 집행하여 그 시체를 그대로 내버려두는 형벌)를 당했다. 이후에 제자 은가殷嘉, 요평姚平, 승홍乘弘 등이 모두 경학박사가 되었는데, 이로부터 경씨역학京氏易學이 성립되었다. 종래의 괘기설卦氣說, 팔궁괘설八宮卦說, 오행설과 팔괘휴왕설八卦休旺說, 음양이기설, 납갑설納甲說 등을 종합적으로 전개하여 상수역학의 이론을 새로운 차원에서 정립하였다. 저서에『경씨역전京氏易傳』,『주역장구周易章句』,『주역착괘周易錯卦』,『주역요점周易妖占』,『주역점사周易占事』,『주역수림周易守林』,『주역비후周易飛候』,『주역비후육일칠분周易飛候六日七分』,『주역사시후周易四時候』,『주역혼돈周易混沌』,『주역위화周易委化』,『주역역자재이周易逆刺災異』,『역전적산법잡점조례易傳積算法雜占條例』 등이 있다.

131 손문사(孫問斯: 1564~1635): 명나라 때 학자. 본명은 신행愼行이고 자가 문사問斯이며, 호는 기오淇澳이다. 상주부常州府 무진武進 사람으로 역에 관련한 저술로『주역명락의찬술周易明洛義纂述』,『불어역의不語易義』 등이 있다.

않았던 일과 겨울인데도 얼음이 얼지 않았던 일을 『춘추春秋』에서는 모두 기이한 일이라고 기록하였다. 그렇지만 서리가 내릴 시기에 서리가 내리고 얼음이 얼 시기에 얼음이 어는 것은 정도가 바르게 행해지는 것이다. 굳은 얼음에 이르게 됨은 처음에 서리로 시작하여 굳은 얼음에 이르게 되는 것이다. 이와 같기 때문에 '엉긴다(凝)', '순종한다(順)'라고 표현한 것이다. 얼음은 결과적으로 음의 결정체라고 할 수 있다. 그렇지만 오히려 양이 내부에 잠복해 있기 때문에 음기는 외부에서 얼어 얼음이 된다. 성인(공자)이 「설괘전」 제11장에서 '건乾은 얼음이다(爲氷)'라고 말한 것은 분명히 이곳에 대한 각주脚注이다. '순치馴致'라는 두 글자는 바로 곤덕坤德의 수순해 가는 곳을 표현하고 있다. (그러나) 발뒤꿈치는 서리가 내리지 않고 가을이 아니어도 말라버리고, 코에 코피가 나지 않았는데도 적을 보자마자 바로 달아나네"라고 하였다.

만약 불법에 의거해 해석하면, 건괘의 여섯 효는 불성(性)과 수행(修)을 아울러서 말한 것이라 할 수 있고, 곤괘의 여섯 효는 모두 수행의 덕(修德)과 선정수행(定行)을 말한 것이라 할 수 있다. 초효, 상효 두 효는 세간에서 선禪을 맛보는 시작과 끝을 표현한 것이고, 가운데의 네 효는 선바라밀禪波羅密이 네 가지 종류를 갖추고 있음을 나타내고 있다. 2효는 곧 세간정선世間淨禪으로 존재의 참다운 모습을 깨닫는 것이고, 3효는 곧 역세간역출세간선亦世間亦出世禪이며, 4효는 곧 출세간선出世間禪이고, 5효는 곧 비세간비출세간선非世間非出世禪이다.[132]

---

132 여기서 지욱은 중지곤괘의 2~5효를 천태지의 대사가 불교의 수행법에 관해 강설한 내용을 정리한 『차제선문次第禪門』에서 선수행법으로 설명되고 있는

또한 건괘의 효를 빌려 곤괘의 여섯 효와 대비시켜 해석하면, 건괘 초구는 지혜만 있고 선정이 없기 때문에 '쓰지 말라(勿用)'고 한 것인데 이는 그 선정을 양성하기 위해서이다. 곤괘 초육은 선정으로써 지혜를

네 종류의 수선법修禪法에 대비시켜 그 뜻을 불교적인 관점에서 재해석하고 있다. 『차제선문』의 완전한 제목은 『석선바라밀차제선문釋禪波羅密次第禪門』이다. 간단히 『선바라밀禪波羅密』 또는 『선문수증禪門修證』, 『선문禪門』 등으로 불리기도 한다. 천태지의 대사가 31세 때부터 8년간(568~575), 금릉金陵의 와관사瓦官寺에 머무르면서 강설한 내용을 정리한 책이다. 이 『차제선문』에서는 선정수행의 방법을 그 얕고 깊은 차이로 분류하여 크게 네 단계로 정리하고 있다. 바로 ① 세간선世間禪 → ② 역세간역출세간선亦世間亦出世間禪 → ③ 출세간선出世間禪 → ④ 비세간비출세간선非世間非出世間禪이다. 세간선은 범부들이 닦는 선정으로 곧 색계·무색계의 선정을 가리키며, 근본미선根本味禪이라고도 한다. 사선四禪·사무량심四無量心·사공정四空定 등의 십이문선十二門禪을 내용으로 그 수증법이 설해지고 있다. 역세간역출세간선은 경우에 따라 근본정선根本淨禪, 혹은 세간정선世間淨禪이라고도 한다. '역세간亦世間'은 여전히 세간에서 행해지던 선정을 매개로 하는 선정수행이라는 의미이고, '역출세간亦出世間'은 세간선에는 없던 지혜의 방편을 써서 궁극의 열반으로 이끌어 세간을 벗어나게 하는 수행법이라는 의미를 나타낸다. 결국 역세간역출세간선은 범부나 외도의 수행자들이 행하는 선정과 모습은 같아 보일 수 있으나, 행하는 내용과 궁극에 얻어지는 선정의 결과가 전혀 다른 선정법을 가리킨다. 그리고 육묘문六妙門·십육특승十六特勝·통명관通明觀 등을 내용으로 그 수증법이 설해지고 있다. 출세간선은 출세간지혜를 계발하는 선법으로 구상九想·팔념八念·십상十想·팔배사八背捨·팔승처八勝處·십일체처十一切處·구차제정九次第定·사자분신삼매師子奮迅三昧·초월삼매超越三昧 등을 내용으로 그 수증법이 설해지고 있다. 비세간비출세간에 대한 설명은 『차제선문』에서 생략되어 있다. 지욱은 곤괘에서 뿐만 아니라, 수뢰둔괘의 육삼효, 산풍고괘의 상구효, 풍지관괘의 상구효, 산지박괘 육삼효의 「상전」, 뇌택귀매괘의 「단전」 등에서도 '미선味禪' 등을 언급하고 있는데, 이 역시 세간선(근본미선)과 같은 의미로 사용하고 있음을 알 수 있다.

포함하고 있기 때문에 '서리를 밟는다(履霜)'는 것처럼 만약 그것을 잘 다스려 가면 곧 단단한 얼음과 같은 하늘의 덕(乾德: 지혜)이 된다. 건괘 구이는 중도의 신묘한 지혜이기 때문에 '대인을 봄이 이롭다(利見 大人)'고 한 것이고, 곤괘 육이는 중도의 신묘한 선정이기 때문에 '이롭지 않음이 없다(無不利)'고 한 것이다. 건괘 구삼은 지혜가 선정을 지나쳤기 때문에 '두려워하게 되면 위태롭지만 허물은 없다(惕厲而無 咎)'고 한 것이며, 곤괘 육삼은 선정에 그러한 지혜가 있는 이유로 '빛나는 것을 머금어 가히 바르게 한다(含章可貞)'고 한 것이다. 건괘 구사는 지혜와 선정을 함께 구족한 까닭으로 '혹은 도약해 보고(或躍)' 나간다고 한 것이며, 곤괘 육사는 선정이 지혜보다 지나쳤기 때문에 '주머니를 동여매어서(括囊)', '명예로움은 없다(無譽)'고 한 것이다. 건괘 구오는 큰 지혜가 중정한 까닭으로 '하늘에 있으니 봄이 이롭다(在 天利見)'고 한 것이고, 곤괘 육오는 큰 선정은 곧 지혜이기 때문에 '누런 치마이니 크게 길하다(黃裳元吉)'고 한 것이다. 항(亢: 상구)은 지혜로써 선정에 있으니 '뉘우칠 줄 안다(知悔: 有悔)'는 것이며, 싸운다는 것(戰: 상육)은 곧 선정에 지혜가 없어서 '도가 궁핍하다(道窮)'고 하는 것이다.

또한 건乾이 중심적인 수행(正行), 곤坤이 보조적인 수행(助行)이 되는 것으로 요약하면, 곤괘의 여섯 효는 곧 육바라밀을 나타내는 것이라 할 수 있다. 보시는 '서리를 밟는 것(履霜)'과 같아서 길들여 가면 단단한 얼음에 이를 수 있다. 얼음은 건덕(乾德)의 형상이기 때문에 '건은 얼음이다(乾爲氷)'라고 말한다. 지계는 곧 곧고(直), 방정하고(方), 크다(大). 수행에 필요한 모든 계율을 잘 지키는(攝律儀)

까닭에 곧고, 모든 선업을 잘 실천하는(攝善法) 까닭에 방정하고, 모든 중생을 잘 제도하는(攝衆生) 까닭에 크다고 하는 것이다. 인욕은 '빛을 머금은 것(含章)'이 됨이니, 힘 중에서 가장 최고이기 때문이다. 정진은 '주머니를 동여매는 것(括囊)'과 같으니, 진리를 잃어버리지 않기 때문이다. 선정은 '누런 치마(黃裳)'와 같으니, 중도의 묘한 선정이 법계에 두루하기 때문이다. 지혜는 '용이 싸우는 것(龍戰)'과 같으니, 번뇌의 적을 타파하기 때문이다.

六二는 直方大라 不習이라도 无不利하니라.
육이 직방대 불습 무불리

육이는 곧고 방정하여 크다. 익히지 않아도 이롭지 않음이 없다.

象曰 六二之動이 直以方也ㅣ니 不習无不利는 地道ㅣ 光也ㅣ라.
상왈 육이지동 직이방야 불습무불리 지도 광야

「상전」에서 말하길, 육이의 움직임이 곧고 방정하니, '익히지 않아도 이롭지 않음이 없다(不習无不利)'고 하는 것은 땅의 도가 빛난다는 것이다.

純柔中正, 順之至也. 順理故直, 依理而動故方. 旣直且方, 則必大矣. 此地道本具之德, 非關習也. 佛法釋者, 世間淨禪卽是實相, 故直方大. 正念眞如爲直, 定之體也. 善法無缺爲方, 定之相也. 功德廣博爲大, 定之用也. 世間淨禪法爾本具實相三德, 能於根本禪中通達實相, 故不習而無不利也. 向淨禪中, 覿實相理, 名之爲動. 動則三德之理現

前, 於禪開秘密藏, 故地道光.

유순하고 중정함은 순함(順)의 지극함이다. 이치에 순종하기 때문에 곧고, 이치에 의지하여 움직이기 때문에 방정하다. 이미 곧고 또한 방정하다면 반드시 큰(大) 것이다. 이러한 대지의 도(地道)는 본래 구족해 있는 덕으로, 닦아서 익히는 것과는 관계가 없다.

　불법으로 해석하면, 세간정선世間淨禪이 바로 참된 실상이므로 '곧고 (直)', '방정하고(方)', '크다(大)'고 한다. 진여를 바르게 억념憶念하는 것을 '곧다(直)'고 하는 것이니 선정의 몸체이다. 선법善法에 결함이 없는 것을 '방정하다(方)'고 하는 것이니 선정의 형상이다. 공덕이 넓게 두루 미치는 것을 '크다(大)'고 하는 것이니 선정의 작용이다. 세간정선은 본래 실상의 세 가지 덕(三德: 진여, 반야, 해탈)을 구족하고 있어서 선정수행을 근본으로 하여 실상을 통달할 수 있다. 그러므로 '익히지 않아도 이롭지 않음이 없다(不習而無不利)'고 하는 것이다. 세간정선을 닦아가는 과정에서 실상의 이치를 엿보게 되는 것을 이름하여 '움직임(動)'이라고 한다. 움직이게 되면 곧 삼덕三德의 이치가 눈앞에 드러나서 선정 속에 비밀스럽게 감춰져 있는 것(秘密藏: 진여, 여래장, 불성)을 깨달을 수 있다. 그러므로 '땅의 도가 빛난다(地道光)'고 하는 것이다.

六三은 含章可貞이니 或從王事하야 无成有終이니라.
육삼　함장가정　　혹종왕사　　무성유종

육삼은 빛나는 것을 머금어 가히 바르게 하는 것이니, 혹 왕의 일을 좋더라도 이루는 것은 없지만 유종의 미는 있다.

象曰 含章可貞이나 **以時發也**ㅣ오 **或從王事**는 **知光大也**ㅣ라.
상왈 함장가정 이시발야 혹종왕사 지광대야

「상전」에서 말하길, '빛나는 것을 머금어 가히 바르게 한다는 것(含章可貞)'은 때에 맞춰 발휘하는 것이다. '혹 왕의 일을 좋는다(或從王事)'는 것은 지혜가 광대하기 때문이다.

蘇眉山曰, 三有陽德, 苟用其陽, 則非所以爲坤也. 故有章而含之, 有章則可以爲正矣. 然以其可正而遂專之, 亦非所以爲坤也, 故從事而不造事, 無成而代有終. 佛法釋者, 亦世間亦出世禪, 亦愛亦策, 故含章而可貞. 或從一乘無上王三昧事, 則借此可發出世上上妙智而有終, 不復成次第禪矣.

소미산蘇眉山[133]은 "육삼은 양의 덕을 가지고 있지만, 진실로 그러한

---

[133] 소미산은 곧 송대의 소식(蘇軾, 1036~1101)을 가리킨다. 소식은 삼교회통三教會通의 관점에서 『주역』을 주석하였는데, 이러한 내용을 담고 있는 책이 바로 『동파역전東坡易傳』이다. 『동파역전』은 『비능역전毗陵易傳』, 『소씨역전蘇氏易傳』이라고도 하며, 소식이 단독으로 저술한 것이 아니라 그의 부친인 소순蘇洵이 먼저 주석을 달다가 노환으로 세상을 떠나자 소식이 부친의 뜻을 이어받아 동생인 소철의 의견을 수렴하여 종합 완성한 책이다. 이 책의 특징은 왕필과 마찬가지로 노장사상을 원용하여 『주역』을 풀이하였을 뿐만 아니라, 불교의 선리禪理를 동시에 채용하여 삼교융합의 관점을 담아내고 있다는 점이다. 지욱의 『주역선해』에는 '소미산蘇眉山'이라는 이름으로 역설이 인용되고 있는 곳이 20여 곳, '소씨蘇氏'라는 이름으로 역설이 인용되고 있는 곳이 1곳 등 모두 21곳이나 되는데, 대부분은 『동파역전』 원문의 역설을 그대로 인용하고 있다.

양의 덕을 쓴다면 곧 곤坤이 될 수 없다. 그러므로 '빛나는 것이 있어서 그것을 머금고 있다'고 한다. 빛나는 것을 소유하고 있다면 곧 바르게 될 수 있다. 그렇지만 그 바르게 될 수 있는 것으로써 마침내 오로지 해나간다고 하더라도 또한 곤이 될 수 있는 것은 아니다. 그러므로 일을 좇아서는 하더라도 일을 만들지는 말아야 하는 것이니, 성취는 없지만 대신에 마침은 있다'라고 하였다.

불법으로 해석하면, (육삼은) 역세간역출세선亦世間亦出世禪이라 할 수 있다. 애착하거나 또는 경책하는 것이기도 하므로 '빛나는 것을 머금어서 바르게 될 수 있다(含章而可貞)'고 한다. 혹 일승一乘인 위없는 궁극적인 삼매(王三昧)¹³⁴의 일을 따른다면 이를 바탕으로 출세간의 높고 높은 미묘한 지혜를 발휘할 수 있어서 종착점(궁극적인 해탈, 성불)이 있게 되어 또다시 차례대로 선정을 닦는 과정이 필요치 않다.

六四는 **括囊**이면 **无咎**ㅣ며 **无譽**리라.
<small>육 사　괄 낭　무 구　무 예</small>

육사는 주머니를 동여매면 허물이 없으며 명예도 없다.

인용되고 있는 내용을 전체적으로 살펴보면 대체적으로 괘효의 의리학적 이치를 설명하고 있는 경우가 대부분이다.

134 왕삼매王三昧: 삼매 가운데 왕이라는 의미로, 「대지도론大智度論」에서는 '삼매왕 삼매三昧王三昧'라고 언급하고 있다. 『증일아함경』에서는 아상我相, 인상人相, 수자상壽者相에서 벗어나 모든 것을 공한 것으로 보는 '공삼매空三昧'를 왕삼매라 언급하고 있다.

象曰 括囊无咎는 愼不害也ㅣ라.
상왈 괄낭무구 신불해야

「상전」에서 말하길, '주머니를 동여매면 허물도 없고 명예도 없다(括囊无咎)'는 것은 삼가면 해롭지 않다는 것이다.

得陰之正, 而處於上卦之下, 位高任重, 故括囊以自愼焉. 吳幼淸曰, 坤體處而容物, 囊之象也. 四變爲奇, 塞壓其上, 猶括結囊之上口, 人之謹閉其口而不言, 亦猶是也. 蘇眉山曰, 咎與譽, 人之所不能免也. 出乎咎, 必入乎譽, 脫乎譽, 必罹乎咎. 咎所以致罪, 而譽所以致疑也. 甚矣, 無譽之難也. 佛法釋者, 出世間禪切忌取證, 取證則墮聲聞辟支佛地, 雖無生死之咎, 亦無利他之譽矣. 若能愼其誓願, 不取小證, 則不爲大乘之害也.

음이 바른 자리를 얻어서 상괘의 맨 아래에 위치하니, 지위는 높고 책임은 막중하다. 그러므로 '주머니를 동여매듯(括囊)' 스스로 신중히 처신해야만 한다.

　오유청吳幼淸[135]은 "곤坤의 본체는 텅 비어서 만물을 수용하는 주머니

---

135 오유청吳幼淸: 원대의 역학가 오징(吳澄, 1249~1333)을 가리킨다. 오징은 무주撫州 숭인崇仁 사람으로 자는 유청幼淸이고 호는 초로草廬이다. 주희의 4대 제자 가운데 한 사람이며, 역학에 있어 허형許衡·유인劉因 등과 함께 원대에서 가장 영향력 있는 사람에 속한다. 그의 역학사상은 주희와 소옹에 근원하고 있다. 그는 상수학의 관점을 위주로 하면서도 상수와 의리의 관점을 겸용하였다. 특히 역학에 있어 수數를 가지고 일체를 해석하려 하여 소옹의 상수학파와 마찬가지로 신비적인 색채를 나타내었다. 전반적으로 볼 때 오징의 역학사상은 주희의 '이본체론理本體論'을 계승하여 우주의 본원을 태극이라고 규정하고,

의 형상이다. 4효가 변하면 기수(奇數: 홀수, 양수)가 되어 그 위를 막고 압박하는 것이 마치 주머니의 위 입구를 묶어 결박하는 것과 같다. 사람이 그 입을 단속하고 삼가며 말을 하지 않는 것도 또한 오직 이와 같아야 한다"라고 하였다. 소미산은 "허물과 명예는 사람이 능히 피할 수 있는 것이 아니다. 허물에서 벗어난다면 반드시 명예로움에 들어갈 수 있고, 명예로움에서 벗어나게 되면 반드시 허물로 근심하게 된다. 허물은 죄에 이르게 하는 이유가 되고, 명예는 의혹에 이르게 하는 이유가 된다. 참으로 명예 없이 산다는 것은 어려운 일이다"라고 하였다.

불법으로 해석한다면, 출세간선出世間禪에서 가장 기피해야 할 점은 깨달음에만 집착하는 것이다. 깨달음에만 집착하면 성문과 벽지불[136]의

이 태극이 음양 2기와 오행을 화생하고, 만물을 화생하는 과정을 이리라고 보는 관점을 견지하였다. 이러한 오징은 경학에 능통하여 역易, 서書, 시詩, 예禮, 춘추春秋 등에 관한 여러 저작을 남겼는데, 대표적인 역학서로는 『역찬언易纂言』 12권과 『역찬언외익易纂言外翼』 8권 등이 있다. 『선해』에서 오징의 역설이 인용되고 있는 곳은 중지곤괘 육사, 수뢰둔괘 육이, 지산겸괘 단사, 천뇌무망괘 육삼, 산천대축괘 「상전」, 풍천소축괘 「상전」 등 모두 여섯 곳이다. 이러한 인용문 등은 대부분 상象으로써 괘효사의 이치를 해석하고 있는 내용들이다.

136 대승불교에서는 붓다가 중생을 제도하는 데 있어 크게 세 가지 내용의 교법을 차별적으로 설했다고 본다. 이른바 성문승聲聞乘·연각승緣覺乘·보살승菩薩乘 삼승三乘에 대한 교설이 그것이다. 여기서 '승乘'은 부처님의 교법이 중생을 실어 열반의 저 언덕에 이르게 하는 배의 역할을 함을 비유한다. 성문승은 붓다의 4성제四聖諦에 대한 가르침을 직접 듣고 깨달음을 얻는 수행자를 가리킨다. 연각승은 독각獨覺, 벽지가불辟支迦佛이라고도 부르며, 12인연의 법문을 스스로 통찰하여 깨달음을 성취해 가는 수행자를 지칭한다. 보살승은 자리이타自利利他를 원력으로 하여 6바라밀의 법문을 실천하며 성불을 위해 보살행을

경지에 떨어지고 만다. 비록 나고 죽는 허물은 없다고 하더라도, 또 한편으로는 중생을 이롭게 하는(利他) 명예는 없게 된다. 만약 능히 그 서원을 신중히 해서 소승의 깨달음(小證)에만 집착하지 않는다면, 대승에 가르침에 해가 되지는 않는다.

六五는 **黃裳**이면 **元吉**이리라.
육 오   황 상   원 길

육오는 누런 치마이니 크게 길하다.

象曰 黃裳元吉은 **文在中也**ㅣ라.
상 왈 황 상 원 길   문 재 중 야

「상전」에서 말하길, '누런 치마이니 크게 길하다(黃裳元吉)'고 하는 것은 문채(文彩, 혹은 文德)가 가운데 있기 때문이다.

黃者, 中色, 君之德也. 裳者, 下飾, 臣之職也. 三分天下有其二, 以服事殷, 斯之謂乎. 佛法釋者, 非世間非出世禪, 禪卽中道實相, 故黃. 不起滅定, 現諸威儀, 同流九界, 故如裳. 此眞無上菩提法門, 故元吉. 定慧莊嚴, 名之曰文, 全修在性, 名文在中.

황색은 중앙을 뜻하는 색으로 군자의 덕을 상징한다. 치마는 아랫부분을 장식하는 것(하의)으로 신하의 직분을 의미한다. 천하가 셋으로 나누어졌을 때, 그 반 이상(2/3)을 차지하고서도 복종함으로써 은나라

―――――――――
　　수행하는 수행자를 통칭한다.

를 섬긴 것[137]이 이러한 것을 말하는 것이 아니겠는가?

불법으로 해석하면, 비세간비출세선非世間非出世禪이라 할 수 있는 데, 이러한 선은 곧 중도의 실상이라 할 수 있다. 그러므로 '누렇다(黃)'고 하는 것이다. 멸진정(滅盡定: 탐·진·치 삼독심이 완전히 소멸된 궁극적인 열반의 경지)을 일으키지 않고(곧 열반에만 안주하여 머물러 있지 않고) 모든 위의를 나타내서 구계의 중생세계에 함께 유전하기 때문에 '치마(裳)'와 같다고 한다. 이렇게 하는 것이야말로 참된 무상보리의 법문이기 때문에 '크게 길하다(元吉)'고 하는 것이다. 선정과 지혜로 장엄하는 것을 '문채(文)'라 하고, 모든 수행이 성품에 내재해 있는 것을 '문채가 가운데 있다(文在中)'고 한다.

上六은 **龍戰于野**하니 **其血**이 **玄黃**이로다.
상 육　용 전 우 야　　기 혈　　현 황

상육은 용이 들에서 싸우니 그 피가 검고 누렇다.

象曰 龍戰于野는 **其道** l **窮也** l 라.
상 왈 용 전 우 야　　기 도　　궁 야

---

137 『논어』「태백泰伯」편에서 언급되고 있는 "천하를 셋으로 나누어 그 둘을 가졌는데도 은나라를 복에 따라 섬겼으니 주나라의 덕은 지극하다고 할 것이다(三分天下有其二, 以服事殷, 周之德, 其可謂至德也已矣.)"라는 내용에서 출전한다. 주나라 문왕은 비록 제후였지만, 당시 큰 산과 강을 경계로 9주州로 나뉘어 있었던 중국의 국토 중에서 옹雍, 양梁, 형荊, 예豫, 서徐, 양揚의 6주의 지지를 받고 있었고, 은나라의 주紂는 천자였지만 기冀, 청青, 연兗의 3주만 따르는 형상이었다. 이러한 상황임에도 불구하고 문왕은 군신의 예에 충실하여 은나라 주왕에게 여전히 복종하였다고 한다.

「상전」에서 말하길 '용이 들에서 싸운다는 것(龍戰于野)'은 그 도가 궁극에 이른 것이다.

其靜爲夬, 其變爲剝, 皆有戰之義焉. 善極則斷惡必盡, 惡極則斷善必盡. 故窮則必戰, 戰則必有一傷也. 陳旻昭曰, 此天地旣已定位, 而震龍欲出, 故戰於野也. 震爲龍, 爲玄黃. 氣已盛故爲血. 窮乎上者必反下, 故爲屯卦之初爻. 夫乾坤立而有君, 故次之以屯. 有君則有師, 故次之以蒙. 屯明君道, 蒙明師道, 乾坤卽天地父母, 合而言之, 天地君親師也. 佛法釋者, 無想天灰凝五百劫而墮落, 非非想天八萬大劫而還作飛狸牛蟲, 乃至四禪無聞比丘墮阿鼻獄, 皆偏用定而不知以慧濟之, 故至於如此之窮.

그(상육)만이 고요히 있으면 택천쾌(澤天夬, ䷪)괘가 되고, 그만이 변하게 되면 산지박(山地剝, ䷖)괘가 된다. 모두 '싸운다(戰)'는 뜻을 가지고 있다. 선이 극성하게 되면 악을 끊어 반드시 소멸시키고, 악이 극진하게 되면 선을 끊어 반드시 소멸시킨다. 그러므로 궁극에 이르면 반드시 싸우게 되고, 싸우게 되면 반드시 한 번의 손상이 있게 된다.

　진민소陳旻昭[138]는 "이것은 천지가 이미 자리를 정하게 되면 우레의 용(龍: 왕)이 출현하고자 하는 것이다. 그러므로 '들에서 싸운다(戰於

---

138 진민소는 명대의 우익 지욱과 동시대 인물로 구체적인 인적 사항을 알 수 없다. 다만 지욱이 진민소에게 편지를 보낸 내용이 『영봉종론靈峰宗論』에 실려 있다. 『주역선해』에서 그의 역설이 인용되고 있는 곳은 곤괘 상육, 지수사괘 구이, 풍천소축괘 괘사, 천뇌무망괘 육삼에 대한 해석 등 모두 네 곳이다. 대체적으로 역사적인 사례를 들어 괘효의 뜻을 해석하고 있는 내용들이다.

野)'고 한다. 우레(震)가 용이 되고, 현황玄黃이 되는 것이다. 기氣가 이미 극성해졌기 때문에 혈血이 되는 것이다. 위로 궁극에 이른 것은 반드시 아래로 하강하게 된다. 그러므로 (곤괘 다음의 괘인) 수뢰둔(水雷屯, ䷂)괘의 초효가 되는 것이다. 무릇 건곤乾坤이 세워지면 군왕이 있게 된다. 그러므로 다음 순서로 수뢰둔괘를 둔 것이다. 군왕이 있으면 스승이 있어야 하는 까닭으로 다음 순서를 산수몽괘(山水蒙, ䷃)괘로 한 것이다. 둔괘로 군왕의 도를 밝히고, 몽괘로 스승의 도를 밝히고 있다. 건곤은 곧 천지와 부모로, 통합적으로 말하면 천지·군왕·부모·스승인 것이다"라고 하였다.

불법으로 해석한다면, 무상천無想天은 오백 겁을 재처럼 응결시켜 있다가도(灰凝)[139] (결국은 낮은 윤회의 세계로) 떨어지고, 비비상천非非想天[140]은 팔만대겁八萬大劫의 시간일지라도 결국에는 날짐승·너구

---

139 회응灰凝: 『능엄경』 제9권에서는 무상천에 대해서 다음과 같이 설명하고 있다. "만약 앞의 마음에서 괴로움과 즐거움의 두 가지를 모두 싫어하고 버리는 마음을 정밀하게 연마하여 상속이 끊어지지 아니하고, 버리는 길을 끝까지 다한다면 몸과 마음이 다하고 마음과 생각이 식은 재처럼 엉겨서 오백 겁을 지내게 될 것이다. 그러나 이 사람이 이미 생멸生滅로 인因을 삼았기 때문에 불생멸성不生滅性을 발명하지 못하여 처음의 반 겁은 멸하여 없어지고, 뒤의 반 겁은 태어나 따르게 되는데, 이와 같은 일부 무리를 무상천이라 부른다(若於先心, 雙厭苦樂, 精研捨心, 相續不斷, 圓窮捨道, 身心俱滅, 心慮灰凝, 經五百劫, 是人旣以生滅爲因. 不能發明不生滅性, 初半劫滅, 後半劫生, 如是一類名無想天.)."

140 비상비비상천非想非非想天: 욕계, 색계와 더불어 삼계 가운데 하나인 무색계無色界의 넷째 하늘로, 삼계제천三界諸天 가운데 가장 위에 있는 하늘. 혹은 생각이 있는 것도 아니고 생각이 없는 것도 아닌 무색계 제4천의 경지 그 자체를 의미하기도 한다.

리·소·벌레 등이 될 수 있으며, 나아가 사선천四禪天에 대해 들어보지
못한 비구[141]는 아비지옥에 떨어지게 된다. 모두가 한쪽으로 치우쳐
선정만을 활용할 뿐, 지혜로써 중생들을 제도할 줄을 모르기 때문이다.
그러므로 이와 같은 궁핍함에 이르게 되는 것이다.

用六은 利永貞하니라.
용 육   이 영 정

용육用六은 길이 바르게 해야 이롭다.

---

141 사선무문비구四禪無聞比丘:『능엄경』제9권에서는 수행 도중에 나타날 수 있는
   마장魔障에 대해 설명하고 있는데 '사선무문비구'는 여기서 다음과 같은 내용으
   로 언급되고 있다. "너희들 배우는 단계의 연각과 성문이 지금 마음을 돌이켜
   대보리의 더없이 미묘한 깨달음으로 나아가려고 하기 때문에 나는 지금까지
   이미 진실한 수행법을 설해 왔다. 그러나 너희들은 오히려 사마타와 위빠사나를
   수행할 때 생기는 미세한 마군의 일을 알지 못하고 있느니라. 마의 경계가
   앞에 나타나도 잘 알지 못한다면 닦는 마음이 바르지 못하여 삿된 견해에
   떨어지기 마련이다. 너희들 자신의 음마陰魔든지, 혹은 또 천마天魔든지, 혹은
   귀신이 붙거나, 혹은 도깨비(魑魅)를 만났을 때, 마음속이 밝지 못하여 도적을
   자식으로 알거나, 또는 그 가운데서 작은 것을 얻고 만족하면 제 사선천四禪天에
   관하여 들어본 적이 없는 비구가 성인의 법을 증득했노라고 망언을 하는 가운데,
   하늘의 과보가 이미 끝나서 쇠약한 모양이 앞에 나타난 것을 보고 아라한도
   다시 다음 세상의 몸을 받는다고 하다가 아비지옥에 떨어진 경우와 같게 되리라
   (汝等有學, 緣覺聲聞, 今日廻心, 趣大菩提, 無上妙覺. 吾今已說眞修行法, 汝猶未識
   修奢摩他, 毗婆舍那, 微細魔事, 魔境現前, 汝不能識, 洗心非正, 落於邪見, 惑汝陰魔,
   惑復天魔, 惑著鬼神, 惑見魑魅, 心中不明, 認賊爲子, 又復於中, 得少爲足. 如第四禪,
   無間比丘가, 妄言證聖, 天報已畢, 衰相現前, 謗阿羅漢, 身見後有, 墮阿鼻獄.)."

象曰 用六永貞은 **以大終也** | 라.
<small>상왈 용육영정 이대종야</small>

「상전」에서 말하길, '용육은 길이 바르게 해야 한다(用六永貞)'고 하는
것은 크게 마친다는 뜻이다.

此總明百九十二陰爻, 所以用六而不用八之旨也. 八爲少陰, 靜而不
變, 六爲老陰, 動而變陽. 今筮得坤卦, 六爻皆六, 則變爲乾卦. 不惟順
承乎天, 亦且爲天行之健矣. 佛法釋者, 用八如不發慧之定, 用六如發
慧之定, 發慧之定, 一切皆應久修習之. 禪波羅密至佛, 方究竟滿, 故
曰大終.

이 구절은 192개의 음효陰爻에 있어서 6을 쓰고 8을 사용하지 않는
취지의 이유를 총체적으로 밝히고 있다. 8은 소음少陰으로 고요하여
변하지 않지만, 6은 노음老陰으로 움직여 양陽으로 변한다. 지금 시초점
을 쳐서 중지곤(重地坤, ䷁)괘를 얻었는데 6효가 모두 6(老陰)이라면
곧 변하여 중천건(重天乾, ䷀)괘가 되는 것이다. 오직 하늘에 순종하여
이어받을 뿐만 아니라, 또한 천행天行의 강건함이 되는 것이다.

불법으로 해석하면, 8을 쓰는 것은 마치 지혜를 발휘하지 못하는
선정과 같고, 6을 쓰는 것은 지혜를 발휘하는 선정과 같다. 지혜를
발휘하는 선정은 일체의 모든 것을 마땅히 오랫동안 수행하고 익혀야만
가능한 일이다. 선정바라밀로부터 부처님의 경지에 도달해야 바야흐
로 궁극적으로 깨달음의 경계가 원만해진다. 그러한 이유로 '크게
마친다(大終)'고 하는 것이다.

文言曰 坤은 至柔而動也ㅣ 剛하고 至靜而德方하니 後得하야 主
문언왈 곤   지유이동야   강   지정이덕방   후득   주

(利)¹⁴²而有常하며 含萬物而化ㅣ 光하니 坤道ㅣ 其順乎ㄴ뎌. 承
리   이유상   함만물이화 광   곤도   기순호   승

天而時行하나니라.
천이시행

「문언전」에서 말하길, 곤坤은 지극히 유순하지만 움직임은 강하고,
지극히 고요하지만 덕은 방정하다. 뒤에 해야 얻게 되고, (利: 이로움을)
주장하여 상도常道가 있으며, 만물을 포용하여 화함이 빛나니, 곤도坤道
의 그 유순함이여! 하늘을 이어서 때맞춰 행하는구나.¹⁴³

此仍以地道申贊坤之德也. 贊乾則自元而亨而利而貞. 贊坤則自貞而
利而亨而元. 乾之始必徹終, 而坤之終必徹始也. 文並可知. 佛法釋
者, 卽是直贊禪波羅密, 以其住寂滅地, 故至柔至靜, 以其能起神通變
化, 普應群機, 感而遂通, 故動剛德方. 由般若爲導而成, 故後得主而
有常, 所謂般若常故禪亦常也. 於禪中具足萬行, 一一妙行與智相應,
道利含識, 故含萬物而化光. 非智不禪, 故坤道爲順. 非禪不智, 故承
天時行也.

이는 거듭 지도地道로써 곤坤의 덕을 찬탄하고 있는 내용이다. 건乾괘에

---

142 정자(程子, 程頤. 1033~1107)의 『역전易傳』과 주자(朱子, 朱熹. 1130~1200)의
『주역본의周易本義』에는 모두 '주主'자 다음에 '이利'자가 와야 한다고 말하고
있다. 그래서 이利자를 괄호로 표시하였다.

143 공자는 건괘와 곤괘에 특별히 「문언전」을 지어서 괘사와 효사를 거듭 설명하였는
데, 이 문장은 곤괘 「문언전」의 일곱 단락 중 첫 단락으로 괘사를 설명한 부분
이다.

서는 곧 '원元'으로부터 '형亨'·'이利'·'정貞'이라고 찬탄하였고, 곤괘에
서는 곧 '정貞'으로부터 '이利'·'형亨'·'원元'이라고 찬탄하고 있다. 건의
시작은 반드시 끝마침으로 관철되고, 곤의 끝마침은 필연적으로 시작
으로 관철된다. 글의 뜻을 모두 알 수 있는 내용이다.

불법으로 해석하면, 곧 선정바라밀을 직접 찬탄한 것이라고 할 수
있다. 그렇듯 적멸한 경지에 머무르는 이유로 '지극히 유순하고(至柔)',
'지극히 고요하다(至靜)'고 하고, 그렇듯 능히 신통변화를 일으켜서
널리 중생들의 근기를 상대하고 감응하여 마침내 통하는 까닭에 움직임
이 강하고 덕은 방정하다고 하는 것이다. 반야(般若: 지혜바라밀)에
의해 인도되어서 깨달음을 성취하기 때문에 '뒤에 해야 주인을 얻어서
항상함이 있다(後得主而有常)'고 한다. 이른바 반야는 항상하기 때문에
선정 또한 항상하다. 선정 가운데에 온갖 보살행(萬行)을 갖추고,
하나하나의 신묘한 실천행이 지혜와 더불어 서로 상응해서 중생들을
이로움으로 인도하기 때문에 '만물을 포용하여 교화함이 빛난다(含萬
物而化光)'고 한다. 지혜가 아니면 선정을 이룰 수 없기 때문에 '곤도는
수순함이 된다(坤道爲順)'고 하는 것이며, 선정이 아니면 지혜를 이룰
수 없기 때문에 '하늘을 이어서 때맞춰 행한다(承天時行)'고 한다.

積善之家는 必有餘慶하고 積不善之家는 必有餘殃하나니 臣弑其
적 선 지 가　　필 유 여 경　　　적 불 선 지 가　　　필 유 여 앙　　　신 시 기

君하며 子弑其父ㅣ 非一朝一夕之故ㅣ라. 其所由來者ㅣ 漸矣니
군　　　자 시 기 부　　비 일 조 일 석 지 고　　　기 소 유 래 자　　　점 의

由辨之不早辨也ㅣ니 易曰 履霜堅氷至라하니 蓋言順也ㅣ라.
유 변 지 부 조 변 야　　역 왈 이 상 견 빙 지　　　개 언 순 야

선을 쌓은 집에는 반드시 남는 경사가 있고, 불선을 쌓은 집에는 반드시 남는 재앙이 있다. 신하가 그 임금을 시해하고 자식이 그 아비를 죽이는 것은 하루아침 하룻저녁의 연고 때문이 아니다. 그 말미암아서 온 바가 점차적인 것이고, 분별해야 할 것을 일찍 분별하지 못한 것에 기인한 것이다. 역(곤괘 초육)에서 말하길 "서리를 밟으면 굳은 얼음이 이르게 된다(履霜堅氷至)"고 하는 것은 대개 순종함을 말하는 것이다.[144]

順, 卽馴致其道之謂. 洪化昭曰, 臣而順, 必不弑君, 子而順, 必不弑父. 此正所謂辯之於早者, 不作愼字解. 陣非白問曰, 何故積善餘慶積惡餘殃, 不發明於乾之初爻, 而明於坤之初爻耶. 答曰, 乾是智巧, 坤是聖力. 非智巧則不能知善知惡, 非聖力則不能積善積惡, 故曰, 乾知大始坤作成物. 佛法釋者, 十善爲善, 十惡爲不善, 無漏爲善, 有漏爲不善. 利他爲善, 自利爲不善, 中道爲善, 二邊爲不善, 圓中爲善, 但中爲不善. 善卽君父之義, 不善卽臣子之義, 以善統禦不善, 則不善卽善之臣子, 以不善妨礙於善, 則善遂爲不善所障, 如君父之被弑矣. 所以千裏之行, 始於一步, 必宜辯之於早也.

'수순한다는 것(順)'은 곧 그 '도를 길들여서 이루는 것(馴致其道)'을 말한다. 홍화소洪化昭[145]가 말하길 "신하가 순리를 따른다면 반드시

---

144 곤괘 초육의 "서리를 밟으면 굳은 얼음이 이르게 된다(履霜堅氷至)"라는 효사에 대한 공자의 설명이다.

145 홍화소洪化昭: 자호가 일북거사日北居士이다. 명대의 경학가로 알려질 뿐, 자세한 생몰연대는 알 수 없다. 『주역독좌담周易獨坐談』이란 저서를 남기고 있으며, 『주역선해』에서 홍화소의 역설이 인용되고 있는 곳은 이곳 중지곤괘 「문언전」에

임금을 시해하지 못할 것이고, 자식이 순리를 따른다면 반드시 부모를 죽이지 못할 것이다. 이것이 바로 이른바 일찍이 분별한다는 의미이다. '삼간다(愼)'는 의미의 글자로만 해석해서는 안 된다'라고 하였다.

진비백陣非白[146]이 묻기를 "무슨 이유로 선을 쌓으면 경사가 남아돌고, 악을 쌓으면 재앙이 넘쳐난다고 하는 것을 건괘의 초효에서 밝히지 않고 곤괘의 초효에서 밝히고 있습니까?" 답하기를 "건은 지혜가 교묘한 것이고, 곤은 성스러운 힘이다. 지혜가 교묘하지 못하면 선과 악을 구별할 수 없고, 성스러운 힘이 아니면 선과 악을 쌓을 수가 없다. 그러므로 '건은 크게 시작함을 주관하고(乾知大始), 곤은 만물을 이룸을 짓는다(坤作成物)'고 말하는 것이다."

불법으로 해석하면, 열 가지 선업(十善)은 선이 되고 열 가지 악업(十惡)은 불선이 되며, 무루無漏[147]는 선이 되고 유루有漏[148]는 불선이 된다. 남을 이롭게 하는 실천(利他)은 선이 되고 자신의 이익만을 찾는 것(自利)은 불선이 되며, 중도는 선이 되고 양극단에 치우침(二邊)은 불선이 된다. 원만한 중도는 선이 되지만 오직 중도만을 고집하는 것(但中)은

대한 해석 단 한 곳뿐이다.

146 진비백陣非白: 역시 명대의 인물로만 추정될 뿐, 그 구체적인 생몰연대와 행적은 알 수 없다. 『주역선해』에서 진비백의 이름이 인용되고 있는 곳은 중지곤괘 「문언전」에 대한 해석 단 한 곳뿐이다.

147 불교에서 '루漏'는 곧 번뇌를 가리킨다. '무루無漏'는 곧 번뇌가 없다는 말로, 탐욕(貪), 성냄(瞋), 어리석음(癡)이라고 하는 세 가지 독성의 큰 번뇌가 없는 청정한 마음을 의미한다.

148 마음이 탐욕, 성냄, 어리석음이라고 하는 세 가지 독성에 오염되어 청정성을 잃어버린 상태의 번뇌의 마음을 의미한다.

불선이 된다. 선은 곧 임금과 부모의 뜻이라고도 할 수 있고, 불선은 곧 신하와 자식의 의미라고도 할 수 있을 것이다. 선으로써 불선을 통제하여 다스린다면 불선이 곧 선한 신하와 자식이 되는 것이고, 불선으로써 선을 방해하고 장애한다면, 선이 마침내 불선의 장애가 되는 것이다. 마치 임금과 부모가 죽임을 당하는 것과 같은 이치이다. 까닭에 천리를 가는 것도 한 걸음부터 시작하는 것이니, 반드시 마땅히 일찍이 분별해야만 한다.

直은 其正也ㅣ오 方은 其義也ㅣ니 君子ㅣ 敬以直內하고 義以方
외하야 敬義立而德不孤하나니 直方大不習无不利는 則不疑其
所行也ㅣ라.

'직直'은 바르다는 것이고, '방方'은 의롭다는 뜻이다. 군자는 공경함으로써 내면을 바르게 하고 의로움으로써 밖을 방정하게 해서 경敬과 의義가 세워졌을 때 덕은 외롭지 않게 된다. "곧고 방정하고 커서 익히지 않더라도 이롭지 않음이 없다(直方大 不習 无不利)"는 것은 곧 그 행하는 바를 의심하지 않는 것이다.[149]

惟正故直, 惟義故方. 直方皆本具之德, 而敬之一字, 乃君子修道之要術也. 敬卽至順, 順則必直且方, 而德不孤, 可謂大矣. 佛法釋者, 正念

[149] 곤괘 육이효의 "곧고 방정하고 커서 익히지 않더라도 이롭지 않음이 없다(直方大 不習 无不利)"에 대한 공자의 설명이다.

眞如, 是定之內體, 具一切義, 而無減缺, 是定之外相. 旣具內體外相, 則必大用現前而德不孤, 所以於禪開秘密藏, 了了見於佛性而無疑也.

오직 바르기 때문에 '곧다(直)'고 하는 것이며, 오직 의롭기 때문에 '방정하다(方)'고 한다. 곧고 방정함은 모두 본래부터 갖추고 있는 덕이다. '경敬'이라는 한 글자는 바로 군자가 진리를 닦아 나가는 중요한 방법이다. '경敬'은 지극히 순리를 따르는 것이다. 순리를 따르게 되면 반드시 바르고 또한 방정하여 덕이 외롭지 않게 되는 것이니 '위대하다 (大)'고 말할 수 있다.

불법으로 해석하면, 진여를 바르게 통찰하는 것이 바로 선정의 내면적 몸체라고 한다면, 일체의 뜻을 갖춰서 모자라거나 결함이 없는 것을 선정의 외형적 모습이라 할 수 있다. 이미 내면적 몸체와 외형적 형상을 함께 갖췄다면 반드시 위대한 작용이 앞에 드러나서 덕이 외롭지 않게 된다. 까닭에 선정에서 비밀스럽게 간직한 진리의 창고를 열어서 명료하게 불성을 봄으로써 의심할 것이 없게 되는 것이다.

陰雖有美나 舍之하야 以從王事하야 弗敢成也ㅣ니 地道也ㅣ며
음 수 유 미   함 지   이 종 왕 사   불 감 성 야   지 도 야

妻道也ㅣ며 臣道也ㅣ니 地道는 无成而代有終也ㅣ니라.
처 도 야   신 도 야   지 도   무 성 이 대 유 종 야

음이 비록 아름다움이 있으나 그것을 머금음으로써 왕의 일을 순종하더라도 감히 성취하지는 못한다. 땅의 도이고, 아내의 도이며, 신하의 도이니, 지도地道는 성취함은 없어도 대신하여(천도를 이어) 마침은 있는 것이다.[150]

文義可知. 佛法釋者, 亦世間亦出世禪, 雖卽具足實相之美, 但含而未發, 而此爲王三昧之助, 弗宜偏修以至成也. 蓋禪定隨智慧行, 如地承天, 如妻隨夫, 如臣輔君. 然智慧不得禪定, 則不能終其自利利他之事, 故禪定能代有終也.

문장의 뜻으로 알 수 있을 것이다. 불법으로 해석하면, 역세간역출세선亦世間亦出世禪이라 할 수 있다. 비록 실상의 아름다움을 구족하고 있다고 하더라도 단지 머금고만 있고 아직 발휘해 내지 못하고 있는 것이다. 이러한 선은 왕삼매王三昧를 도울 수는 있지만, 마땅히 한쪽으로 치우친 수행(偏修: 곧 지혜와 선정을 균등하게 닦지 않고 선정수행에만 매달리는 것)을 함으로써 깨달음을 성취하고자 해서는 안 된다. 대개 선정은 지혜행(智慧行: 관觀, 지혜수행)을 따라가야만 한다. 마치 땅이 하늘을 이어받음과 같고, 아내가 지아비를 따르는 것과 같으며, 신하가 임금을 보좌하는 것과 같은 이치이다. 그렇지만 지혜가 선정을 얻지 못하면 나와 남을 함께 이롭게 하는 보살행을 끝마칠 수 없게 된다. 그러므로 선정으로 지혜를 대신해 끝마칠 수 있는 것이다.[151]

天地變化하면 草木이 蕃하고 天地閉하면 賢人이 隱하나니 易曰
천지변화　　　초목　　번　　　천지폐　　　현인　　은　　　　역왈

---

150 곤괘 육삼효의 "빛나는 것을 머금어 가히 바르게 하는 것이니, 혹 왕의 일을 좇더라도 이루는 것은 없지만 유종의 미는 있다(含章可貞 或從王事 無成有終)"에 대한 공자의 설명이다.

151 곧 선정이 비록 지혜를 따라야 하지만, 지혜만 있어서는 상구보리 하화중생의 자리이타를 완성할 수 없다. 선정과 지혜를 균등히 갖춰야 비로소 자리이타의 보살의 원력을 완성(有終)할 수 있다는 표현이다.

括囊无咎无譽ㅣ라하니 **蓋言謹也**ㅣ라.
괄 낭 무 구 무 예　　　　개 언 근 야

천지가 변화하면 초목이 번성하고, 천지가 피폐해지면 현인이 은둔한다. 역易에서 말하기를 "주머니를 동여매면 허물도 없고 명예도 없다(括囊无咎无譽)"고 하였으니, 대개 삼가 함을 말한 것이다.[152]

能謹則可以成變化, 變化則草木亦蕃, 不謹則天地必閉, 閉則雖賢人亦隱矣, 安得不括囊哉. 佛法釋者, 定慧變化, 則三草二木各得潤澤生長, 若入於出世果證則灰身泯智, 而無利生之事矣. 故修此法門者不可以不謹也.

능히 근신하면 변화를 이룰 수 있으며, 변화하게 되면 초목이 또한 번성하게 된다. 근신하지 않으면 천지가 반드시 피폐해지고, 피폐해지면 비록 현인일지라도 또한 은둔할 수밖에 없다. 어찌 주머니를 묶지 않을 수 있겠는가!

불법으로 해석하면, 선정과 지혜가 변화하게 되면 곧 삼초三草와 이목二木[153]이 각기 윤택함과 생장生長을 얻게 된다.[154] 만약 세상을

---

152 곤괘 육사효의 "주머니를 동여매면 허물이 없으며 명예도 없다(括囊无咎无譽)"에 대한 공자의 설명이다.

153 삼초이목三草二木: 『법화경』「약초유품藥草喩品」에서 설해지고 있는 비유로, 세계에는 상·중·하 크기의 3초草와 대·소의 2목木이 존재하는데, 이러한 3초2목은 비록 대소의 차이는 있지만 하늘은 비를 뿌려 이들을 모두 평등하게 적셔주듯이, 부처가 인천(人天: 小草)·성문과 연각(中草)·장교藏教의 보살(上草)·통교通教의 보살(小樹)·별교別教의 보살(大樹) 등을 불법의 감로수로 인도하여 모두 평등하게 깨달음을 얻게 함을 비유한다.

초탈해서 깨달음에만 들고자 한다면 몸을 망치고 지혜는 메말라 중생을 이롭게 하는 일이 없게 된다. 그러므로 이러한 법문[155]을 닦는 자는 가히 삼가지 않으면 안 되는 것이다.

君子ㅣ 黃中通理하야 **正位居體**하야 **美在其中而暢於四支**하며
군자   황중통리   정위거체   미재기중이창어사지

發於事業하나니 **美之至也**ㅣ라.
발어사업   미지지야

군자가 황중黃中의 이치에 통달하여 바른 자리에 몸을 거처하며, 아름다움이 그 가운데 있게 되어 사지에 빛나게 되고 사업에서 발휘되게 되니, 아름다움의 지극함이다.[156]

黃是中色, 卽表中德. 德雖在中, 而通乎腠理, 故雖屬正位, 仍居四體, 此釋黃裳義也. 美在其中等, 重牒上義以釋元吉之義. 佛法釋者, 以黃中三昧, 而通達實相之理. 實相雖名正位, 徧入一切諸法而居衆體. 蓋惟深證非世間非出世上上之禪, 故能暢於四支, 發於事業. 而三輪不思議化, 普利法界, 乃爲美之至也.

'황黃'은 중앙 색으로 곧 중정한 덕(中德)을 나타낸다. 덕이 비록 가운데 있지만 살결(腠理)에까지 통한다. 그러므로 비록 바른 자리(正位)에

---

154 선정과 지혜를 균등히 닦음으로써 원만한 깨달음(圓覺)을 성취하게 되고, 이를 통해 세상 모든 중생이 이롭게 될 수 있다는 표현이다.

155 선정과 지혜를 균등히 닦아 깨달음을 이루어 나와 남을 함께 이롭게 해야 한다는 대승의 가르침.

156 곤괘 육오효의 "누런 치마이니 크게 길하다(黃裳元吉)"에 대한 공자의 설명이다.

속해 있다고 하더라도 곧 사지(四體)에까지 나타나는 것이다. 이것은
'누런 치마(黃裳)'의 뜻을 해석한 것이다. '아름다움이 그 가운데 있다(美
在其中)'는 표현 등은 위의 뜻을 중첩해서 '크게 길하다(元吉)'라는
뜻을 해석한 것이다.

　불법으로 해석하면, 황중삼매黃中三昧[157]로써 존재의 참모습(實相)
에 대한 이치를 통달함을 의미한다. 실상을 비록 '바른 자리(正位)'라고
부르지만, 일체의 현상(一切諸法) 속에 편입되어 모든 존재의 본체에
내재되어 있다. 대개는 오직 세간도 아니고 출세간도 아닌 최고의
선(非世間非出世上上之禪)을 깊이 깨닫는 것을 의미한다. 그러므로
능히 '사지에 빛나게 되며(暢於四支), 사업에서 발휘한다(發於事業)'고
한다. (깨달음을 성취한 이후에) 세 가지 법륜(三法輪)[158]을 통한 불가사
의한 교화로 법계를 두루 이롭게 하는 것이 바로 '아름다움의 지극함(美
之至)'이라는 의미이다.

---

157 황중삼매는 곧 '비세간비출세선非世間非出世禪'에 대한 또 다른 표현으로 보인다.
　　이러한 선을 닦음으로써 선정과 지혜를 균등히 닦아 원만한 정각을 이룰 수
　　있고, 그러한 깨달음에 의지하여 세속에도 집착하지 않고, 열반의 즐거움(涅槃
　　樂)에도 머물러 있지 않으면서 나와 남을 이롭게 하는 보살행을 실천할 수
　　있기 때문이다.

158 삼법륜三法輪: 여래의 수승한 신구의身口意 삼업三業을 가리킨다. 곧 신법륜(身法
　　輪, 身輪: 신통변화를 나투어 중생들에게 불법에 대한 믿음의 마음을 갖게
　　하고 수행에 대한 발심을 일으키게 하는 능력), 교계륜(教誡輪, 口輪: 교법을
　　연설하여 중생들의 그릇된 견해를 타파하고 바른 정견을 갖게 하며, 열반의
　　성취를 위한 바른 수행법을 일깨우는 능력), 기심륜(記心輪, 意輪: 중생의 근기에
　　따라 교화의 가르침을 펴는 능력) 등의 세 가지 뛰어난 여래의 능력을 말한다.

陰疑於陽하면 必戰하나니 爲其嫌於无陽也 ㅣ라. 故로 稱龍焉하
음 의 어 양　　　　필 전　　　　위 기 혐 어 무 양 야　　　　　　　고　　칭 용 언

고 猶未離其類也 ㅣ라 故로 稱血焉하니 夫玄黃者는 天地之雜也
유 미 리 기 류 야　　　고　　칭 혈 언　　　부 현 황 자　　천 지 지 잡 야

ㅣ니 天玄而地黃하니라.
천 현 이 지 황

음이 양을 의심하면 반드시 싸우게 된다. 그 양이 없음을 의심하기
때문에 '용龍'이라 부르고, 오히려 그 동류를 떠나지 못하므로 '혈血'이라
부르니, 무릇 '현황玄黃'이라는 것은 천지의 섞임이니 하늘은 검고 땅은
누르다.[159]

夫陰陽皆本於太極, 則本於體, 何至相疑而戰哉. 陽者見之謂之陽, 不
知與陰同體, 故疑陰而必戰. 陰者見之謂之陰, 不知與陽同體, 故亦疑
陽而必戰. 方陰之盛而戰陽, 則有似乎無陽, 故稱龍, 以明陽本未嘗無
焉. 逮陰之動而變陽, 則似離乎陰類, 故稱血, 以明陰仍未離類焉. 夫
惟動而將變, 故玄黃相雜耳. 變定之後, 天玄地黃, 豈可雜哉. 子詔風
草頌云, 君子何嘗去小人, 小人如草去還生. 但令鼓舞心歸化, 不必區
區務力爭. 得此旨者, 可以立消朋黨之禍. 不然, 君子疑嫌小人, 小人
亦疑嫌君子, 不至於兩敗俱傷者幾希矣. 佛法釋者, 始則誤認四禪爲
四果, 及至後陰相現, 則反疑四果不受後有之說爲虛, 而起謗佛之心,
是必戰也. 然世間豈無眞證四果智德者耶, 故稱龍, 以顯四果之非虛
焉. 彼雖自謂四果, 止是暗證味禪, 實未離於生死之類, 故稱血, 以定

159 곤괘 상육효의 "용이 들에서 싸우니 그 피가 검고 누렇다(龍戰於野 其血玄黃)"에
대한 공자의 설명이다.

其類焉. 夫玄黃者, 定慧俱傷之象也. 以定傷慧, 慧傷而定亦傷, 然此
俱約修德, 故言傷耳. 若本有寂照之性, 則玄自玄, 黃自黃. 雖闡提亦
不能斷性善, 雖昏迷倒惑, 其理常存, 豈可得而雜哉. 又觀心釋者, 陰
陽各論善惡. 今且以陰爲惡以陽爲善, 善惡無性, 同一如來藏性, 何疑
何戰. 惟不達性善性惡者, 則有無相傾. 起輪廻見而必戰, 戰則埋沒無
性之妙性. 似乎無陽, 故稱龍以顯性善之不斷焉. 旣以善惡相抗則二
俱有漏, 故稱血以顯未離生死類焉. 夫善惡相傾奪者, 由未達妙性體
一, 而徒見幻妄事相之相雜也. 實則天玄地黃, 性不可改. 何嫌何疑,
何法可相戰耶. 善惡不同, 而同是一性. 如玄黃不同, 而同是眼識相
分. 天地不同, 而同一太極. 又如姸媸影像不同, 而同在一鏡也. 若知
不同而同, 則決不敵對相除而成戰. 若知同而不同, 則決應薰習無漏
善種以轉惡矣.

무릇 음양은 모두 태극에 근본을 두고 있나니, 본체(태극)에 근본하고
있는데 어찌 서로를 의심하여 싸움에까지 이르게 되었는가? 양은
본체(자기 자신을)를 봄에 있어서 그것을 양으로만 여겨 음과 더불어
동체를 이루고 있음을 알지 못하기 때문이다. 그러므로 음을 의심하여
반드시 싸우게 되는 것이다. 음이 본체(자기 자신을)를 봄에 있어서도
음으로만 여겨서 양과 더불어 동체를 이루고 있음을 알지 못하기 때문에
역시 양을 의심하여 반드시 싸운다. 바야흐로 음이 극성해져서 양과
싸우게 되면 곧 양이 없는 것처럼 된다. 그러므로 '용龍'이라고 부르는
것이니, 양이 본래 없지 않았음을 밝히고 있다. 음이 움직여 양으로
변함에 이르게 되면 곧 음의 무리를 떠난 것처럼 된다. 그러므로 '혈血'이

라 부르며, 음이 여전히 무리를 벗어나지 않았음을 밝히고 있는 것이다.

무릇 오로지 움직이게 되면 장차 변하게 된다. 그러므로 하늘(玄)과 땅(黃)이 서로 섞일 수밖에 없다. 변화가 완성된 이후에는 하늘의 검은 것(天玄)과 땅의 누런 것(地黃)이 어찌 섞일 수 있겠는가? 자소子韶[160]는 「풍초송風草頌」에서 "군자가 어찌 일찍이 소인을 버릴 수 있겠는가! 소인은 잡초와 같아서 뽑아내도 다시 생겨나니, 다만 고무시켜서 마음으로 귀화하게 한다면 구구히 애써 다툴 필요가 없다. 이러한 뜻을 아는 자는 붕당朋黨의 화를 바로 소멸시킬 수 있을 것이다. 그렇지 못하다면 군자는 소인을 의심하여 싫어하게 될 것이고, 소인 역시 군자를 의심하여 혐오하게 될 것이다. 나아가 둘 다 패하고 함께 상처를 입게 되지 않을 자가 거의 드물 것이다"라고 하였다.

불법으로 해석하면, 처음에는 곧 사선四禪[161]이 사과四果[162]가 되는

---

160 자소子韶: 중국 하남성 개봉開封 출신의 송나라 관리 겸 학자였던 장구성(張九成, 1092~1159)을 가리킨다. 자소子韶는 장구성의 자字. 호는 무구無垢 혹은 무구거사無垢居士, 횡포거사橫浦居士로 불리었다. 당시 고승인 대혜종고大慧宗杲선사의 절친한 도반이기도 하다. 저서로 『횡포집橫浦集』 12권이 있다.

161 사선四禪; 사정려四靜慮라고도 하며, 욕계欲界의 미혹을 뛰어넘어 색계色界에 생겨나는 4단계의 명상(선정)을 가리킨다. 곧 초선정初禪定·제2선정第二禪定·제3선정第三禪定·제4선정第四禪定이다. 이러한 사선정을 그 내용적인 특징에 따라 초선정을 이생희락정離生喜樂定, 제2선정을 정생희락정定生喜樂定, 제3선정을 이희묘락정離喜妙樂定, 제4선정을 사념청정정捨念淸淨定이라고도 한다.

162 사과四果: 붓다의 가르침에 의지하여 수행해 가는 과정에서 얻게 되는 성자의 네 가지 깨달음의 경계를 가리킨다. 곧 수다원과(須陀洹果, sotapatti, stream entry)·사다함과(斯陀含果, sakadagami, once-return)·아나함과(阿那含果, anagami, never-return)·아라한과(阿羅漢果, arahatta, arahantship)를 말한다.

것으로 잘못 알고 있다가 후에 음의 모습(陰相: 번뇌 망상)이 나타나는 경우에 이르게 되면, 도리어 사과를 얻고 나면 후생에 미혹의 몸(後有: 윤회하여 다시 태어나는 업식業識)을 받지 않게 된다는 가르침마저 허황된 것이라고 의심하여 부처님을 비방하는 마음을 일으키게 된다. 이것이 바로 '반드시 싸우게 된다(必戰)'고 하는 의미이다. 그러나 세상에서 어찌 진실로 사과의 지혜와 덕을 증득한 자가 없었겠는가? 그러므로 '용龍'이라고 부름으로써 사과가 허망하지 않다는 것을 나타낸 것이다. 저들이 비록 스스로 사과라고 말하지만, 단지 교법을 배우지 않고 선의 맛에만 빠져 있는 것(暗證味禪)에 지나지 않아, 실제로는 생사의 부류에서 벗어나지 못한 것이다. 그러므로 '혈血'이라 부름으로써 그 부류임을 규정하고 있는 것이다.

　무릇 '현황玄黃'이라고 하는 것은 선정과 지혜가 함께 손상된 형상을 의미한다. 선정 때문에 지혜가 손상되면 지혜만 손상되는 것이 아니라, 선정 또한 손상된다. 그러나 이것은 모두 수덕修德이라는 관점에서

수다원과는 입류과入流果, 예류과預流果라고도 한다. 성류聖流에 들어가는 과명果名으로 함이 없는 열반(無爲涅槃)을 향해 비로소 발을 들여놓은 것이며 성聖을 이루기 위한 수행의 첫 단계이다. 사다함과는 일래과一來果 혹은 빈래과頻來果라고도 한다. '한 번 더 몸을 받는다'라는 뜻이다. 함이 없는 곳에서 망상 경계로 한 번 왔다 가면 망상이 계속되지 않는다. 한 번 왔다 간다는 것은 임의로 몸을 바꾸어서 다시 태어나는 것을 말하며, 두 번 다시는 망상 경계인 색계에 떨어지지 않는다고 한다. 아나함과는 불환과不還果, 불래과不來果라고도 한다. '오지 않는다'는 뜻으로, 함이 없는 곳에서 함이 있는 곳(유루의 세계, 욕계)으로 단 한 번도 오지 않는다. 아라한과는 응공자應供者라고도 한다. 더 이상 배울 것이 없다는 뜻에서 무학無學의 경지이며, 곧 탐·진·치와 같은 미혹의 번뇌가 완전히 소멸한 궁극적인 깨달음의 경지인 열반을 말한다.

손상된다고 말하는 것뿐이다. 만약 본래 고요하게 비추고 있는 성품이
라면 곧 '검은 것(玄)'은 저절로 검고 '누런 것(黃)'은 저절로 누럴 뿐이다.
비록 천제闡提[163]라고 하더라도 착한 본성(性善)을 끊을 수 없는 것이며,
비록 혼미하여 미혹에 전도顚倒되어 있다고 하더라도 그러한 이치는
항상 존재하고 있는 것이다. 어찌 진여불성이 오염되어 혼잡해질 수
있겠는가?

또한 마음을 관하는 것으로 해석한다면, 음과 양은 각각 선과 악으로
논할 수 있다. 지금 또한 음은 악이 되고 양은 선이 된다고 한다면
선악은 본성이 없는 것으로 동일한 여래장성如來藏性일 뿐이다. 무엇을
의심하고 무엇을 다투겠는가? 오로지 본성의 선악에 대해 통달하지
못한 자들만이 '있음(有)과 없음(無)'의 상에 치우치는 것이다. 윤회견
(輪廻見: 본래 고유한 선악이 있어 그로 인해 윤회하는 것이라는 견해)을
일으키게 되면 반드시 논쟁하여 싸우게 되며, 싸우게 되면 곧 체성體性
이 없는 신묘한 본성을 매몰시키게 된다. 마치 양陽이 없는 것처럼
되는 것이다. 그러므로 '용龍'이라 호칭하여 선한 성품이 단절되지
않았음을 밝히고 있다. 이미 선악을 주장함으로써 서로 간에 논쟁한다
면 두 측면 모두가 번뇌 망상의 견해(有漏)에 머물러 있는 것이다.
그러므로 '혈血'이라 호칭하여 아직 생사의 부류(윤회하는 중생의 무리)
를 벗어나지 못하였음을 나타내고 있다.

무릇 선악에 서로 경도되어 이기고자 하는 것은 신묘한 본성의 체(性
體)가 하나인 줄을 깨닫지 못했기 때문이다. 단지 허황되고 망령되게

---

163 천제闡提: 일천제一闡提의 준말이다. 단선근斷善根·신불구족信不具足의 뜻으로,
   곧 성불할 가능성이 없는 지극히 어리석고 극악무도한 중생을 가리킨다.

현상세계(事相)인 잡다한 형상만을 보는 것이다. 실상은 곧 하늘은 검고 땅은 누렇다는 것인데, (그러한) 본성은 바꿀 수는 없다. 무엇을 혐오하고 무엇을 의심할 것이며, 어떤 진리를 (주장하여) 서로 싸우겠는가? 선과 악은 다르지만 동일한 하나의 본성일 뿐이다. 만약 검고 누런 것이 서로 다른 것이라고 한다면, 이는 서로 나눠진 부분의 상(相分)만을 눈으로 보고 인식하는 것에 지나지 않는다. 천지는 다른 것 같지만 동일한 태극일 뿐이다. 역시 곱고(姸) 추한(媸) 영상이 다른 듯하지만 함께 거울 속에 있는 것과 동일한 경우라 할 것이다. 만약에 '같지 않으면서도 같다(不同而同)'는 이치를 깨닫게 된다면 결코 적대시하여 상대를 제거하려는 싸움은 이루어지지 않을 것이다. 만약에 '같으면서도 같지 않다(同而不同)'는 이치를 깨닫는다면 마땅히 번뇌가 없는(無漏) 선한 종자를 닦고 길들여 나가는 것(薰習)으로 악을 고쳐 나가야만 한다.

주역선해 제2권 [上經之二]

(3) ☵☳ 수뢰둔水雷屯

屯은 元亨코 利貞하니 勿用有攸往이오 利建侯하니라.
둔   원형   이정   물용유유왕   이건후

'둔屯'은 크게 형통하고 바르게 함이 이로우니, 가는 바를 두지 말고
제후를 세움이 이롭다.

乾坤始立而剛柔交, 震一索而得男, 爲動, 爲雷. 坎再索而得男, 爲陷,
爲險, 爲雲, 爲雨. 乃萬物始生之時, 出而未申之象也. 始則必亨, 始或
不正, 則終於不正矣, 故元亨而利於正焉. 此元亨利貞, 卽乾坤之元亨
利貞也. 乾坤全體太極, 則屯亦全體太極也. 而或謂乾坤二卦大, 餘卦
小, 不亦惑乎. 夫世旣屯矣, 儻務往以求功, 秖益其亂, 唯隨地建侯,
俾人人各歸其主, 各安其生, 則天下不難平定耳. 楊慈湖曰, 理屯如理

絲, 固自有其緖. 建侯, 其理之緖也. 佛法釋者, 有一劫初成之屯, 有一世初生之屯, 有一事初難之屯, 有一念初動之屯. 初成, 初生, 初難, 姑置勿論, 一念初動之屯, 今當說之. 蓋乾坤二卦, 表妙明明妙之性覺, 性覺必明, 妄爲明覺, 所謂眞如不守自性, 無明初動. 動則必至因明立所而生妄能, 成異立同, 紛然難起, 故名爲屯. 然不因妄動, 何有修德, 故曰, 無明動而種智生, 妄想興而涅槃現. 此所以元亨而利貞也. 但一念初生, 旣爲流轉根本, 故勿用有所往. 有所往, 則是順無明而背法性矣. 惟利卽於此處用智慧深觀察之, 名爲建侯. 若以智慧觀察. 則知念無生相, 而當下得太平矣. 觀心妙訣, 孰過於此.

건곤乾坤이 비로소 세워짐으로써 강함과 부드러움이 서로 교류한다. '진(震, ☳)'은 강유剛柔가 한 번 교류하여(一索) 장남을 얻은 것으로, '움직임(動)'이 되고 '우레(雷)'가 된다. '감(坎, ☵)'은 재차 교류하여(再索, 二索) 중남中男을 얻은 것으로, '빠짐(陷)'·'험함(險)'·'구름(雲)'·'비(雨)'가 된다. 바로 만물이 처음 시작할 때에 나왔으므로 아직 펴지(완전히 성장하지) 못한 형상이다. 처음 시작하는 것은 반드시 형통하지만, 시작됨이 혹시 바르지 못하면 바르지 못한 것으로 끝마치게 된다. 그러므로 '크게 형통하여 바르게 함이 이롭다'고 하는 것이다. 이러한 '원형이정元亨利貞'은 바로 건곤의 원형이정이다.

건곤이 전체의 태극이라면 '둔屯' 또한 전체의 태극이다. 어떤 사람은 건곤의 두 괘는 큰 것이요 나머지 괘들은 작은 것이라고 말하지만, 이 또한 미혹한 견해가 아니겠는가? 무릇 세상이 이미 혼란한(屯) 시대인데 만일 힘써 나가서 공명을 구하고자 한다면 단지 어지러움만을 더할 뿐이다. 오직 처지에 따라 후견인(侯: 대리인)을 내세우고 사람들로 하여금 본래의 처지로 돌아가게 하여 각기 그 삶을 편안하게 해준다면 천하가 어지럽지 않고 평화롭고 안정될 것이다.

양자호楊慈湖[164]가 말하기를 "둔(屯: 어지러움)을 다스리는 것은 마치

---

164 양자호楊慈湖: 남송의 심학자 양간(楊簡, 1141~1226)을 말한다. 양간의 자는 경중敬仲, 호는 자호慈湖로 절동浙東 자계慈溪 출신이다. 자호慈湖라는 이름의 전각을 세우고 머물러 살았기 때문에 세인들이 자호선생이라 불렀다. 원섭袁燮·서린舒璘·심환沈煥 등과 함께 육구연(陸九淵, 象山. 1139~1192)에게서 심학心學을 공부하였다. 네 사람이 동향인데다가 모두 용강甬江 유역의 사명산四明山 기슭에 거처한 까닭에 후대의 사람들은 그들을 '용강 4선생', 혹은 '사명 4선생'이라고 불렀다. 이들 네 사람은 육구연의 심학을 착실히 천명하여 그의 심학이 남송에서 큰 영향력을 떨치게 하였고, 그들 자신도 남송 학술계에서 뚜렷한 위치를 차지하게 되었다. 그의 역易에 대한 관점은 주로 마음을 중시하여 무사무위無事無爲와 적연부동寂然不動의 본심을 강조하였고, '만법유심萬物唯心'·'만물유아萬物唯我'라고 하는 유심주의의 관점을 견지하였다. 역학 면에 있어서 양간은 정호(程顥, 明道先生. 1032~1085)와 육구연의 역학을 발전시켰다. 정호는 「계사상전」 제5장에서 언급하고 있는 "생하고 생하는 것을 역이라 한다(生生之謂易)"를 인덕과 지성의 경지로 해석하여, 천지의 도와 음양 변역의 법칙이 인심을 떠나지 않는다고 보아 객관법칙 대신에 개인의식을 내세웠다. 육구연은 이러한 정호의 관점을 발전시켜 역리와 인심이 둘일 수 없으며, 효와 의가 곧 내 마음의 이理이고, 시蓍와 덕이 곧 성인의 마음이라고 하여, 『주역』이란 본심을 보존하여 이를 밝히는(存心明理) 책이라고 주장하였다. 양간은 바로 이러한 정호와 육구연의 관점을 이어받아 발전시켰던 것이다. 이러한 양간의 역학에 관련한 저서로는 『양씨역전楊氏易傳』 20권과 『기역己易』 1권이 전해지는데, 『양씨역전』은 1권에서 19권까지는 경문을 전역銓譯하고 마지막 20권에는 역학을 총론하였다. 또한 불교의 이치로 역을 풀이하여 이단이라는 비난을 받았다. 불교의 이치로 역을 해석하고 심학으로써 역을 강론한 것은 이러한 양간의 『양씨역전』에서 비롯되었다고 볼 수 있다. 『주역선해』에서 양간의 역설이 인용되고 있는 곳은 수뢰둔괘,

실타래를 푸는 것과 같아서 본래가 스스로 그 해결의 단서를 가지고
있다. '제후를 세운다(建侯)'는 것은 그 다스림(둔을 해결하는)의 단서가
된다'라고 하였다.

불법으로 해석하면, 일겁一劫[165]이 처음 이루어질 때의 '둔屯'이 있고,
일세一世가 처음 생겨날 때의 '둔'이 있으며, 한 가지 일을 처음 어렵게
시작할 때의 '둔'이 있고, 한 생각이 처음 일어날 때의 '둔'이 있을
수 있다. 이러한 '초성初成의 둔', '초생初生의 둔', '초난初難의 둔'에
대해서는 잠시 논하지 않고 '한 생각이 처음 일어날 때의 둔(一念初動之
屯)'만을 지금 마땅히 논하고자 한다.

대개 건곤乾坤의 두 괘는 신묘하면서도 밝고(妙明) 밝으면서도 신묘
(明妙)한 깨달음의 성품(性覺)을 나타낸다. 성각性覺은 반드시 밝은
것이지만 망령되게 명각明覺[166]이 된 것은 이른바 진여가 스스로의

풍천소축괘, 지뢰복괘, 택지취괘 등 모두 네 곳이다. 지욱이 양자호의 이름을
빌려 인용하고 있는 대부분의 인용문을 살펴보면 『양씨역전』의 원문을 그대로
발췌하고 있는 것은 아니다. 단지 『양씨역전』에서 설하고 있는 역설의 의미만을
취하여 괘효의 뜻을 해석하는 데 있어 보완적인 해설을 덧붙이고 있을 뿐이다.

165 '겁劫'은 산스크리트어 kalpa의 음사로, 대시大時·장시長時·분별시분分別時分이
라 번역된다. 인도에서의 가장 긴 시간단위로 지극히 긴 시간, 무한의 시간,
도저히 헤아릴 수 없는 무한히 긴 시간을 말한다. 둘레 사방 40리 되는 바위
위에 백 년마다 한 번씩 하늘에서 선녀가 내려와 그 위에서 춤을 추는데, 그때
선녀의 얇은 옷으로 스쳐서 그 바위가 다 닳아 없어져도 1겁이 안 되고, 사방
40리나 되는 성안에 겨자씨를 가득 채우고 백 년마다 하늘 새가 날아와서
그 씨앗을 1알씩 물고 하늘로 올라가서 그 겨자씨가 다 없어져도 1겁이 안
된다고 한다.

166 명각明覺: 깨달아야 할 성품, 본성은 곧 본래 청정무구한 성품이지만, 번뇌

본성을 지키지 못해 무명이 처음으로 움직였기 때문이다. 움직이게 되면 반드시 밝음(明)을 바탕으로 객체(所)가 세워져서 망령된 주체(妄能)가 생겨나는 데까지 이르게 된다. '다르다'는 생각이 이루어지고(成異), '같다'라는 관념이 세워져서(立同) 분연히 어지러움이 일어나기 때문에 '둔屯'이라고 부르는 것이다. 그러나 망령된 움직임을 인연하지 않고 어찌 덕을 닦을 수 있겠는가? 그러므로 '무명심이 동하므로 지혜의 종자가 생겨나고, 망상이 흥기하므로 열반이 드러나게 된다'고 하는 것이다. 이러한 이치가 바로 '크게 형통해서(元亨) 바르게 함이 이롭다(利貞)'라는 뜻이다.

하지만 한 생각이 처음 생겨남(一念初生)은 이미 윤회의 근본이 되는 것이라 할 수 있다. 그러므로 '가는 바를 두지 말라(勿用有攸往)'고 한 것이니, 가는 바가 있게 되면 이는 곧 어리석은 마음을 수순하여 진리의 본성(法性)을 등지는 결과를 낳기 때문이다. 오직 이로운 것은 곧 이러한 처지에 지혜를 써서 그러한 이치를 깊이 관찰하는 것뿐이니, 이를 '제후를 세운다(建侯)'라고 한 것이다. 만약 지혜로써 관찰하게 되면 곧 생각이 일어나는데 일정한 모양(生相)이 없음을 알게 되어 바로 눈앞에서 태평함을 얻게 될 것이다. 이것이 마음을 비춰보는 비결이라 할 수 있으니, 어느 것인들 이러한 이치에서 벗어날 수 있겠는가?

망상으로 오염되어 그 청정성을 잃어버린 성품을 의미한다. 명각은 『수능엄경』(정종분正宗分)의 "성각은 반드시 밝음이건만(性覺必明), 부질없이 밝힐 각을 삼는다(妄爲明覺)"라는 내용을 인용한 것이다.

象曰 屯은 剛柔ㅣ 始交而難生하며 動乎險中하니 大亨貞은 雷
단왈 둔   강유   시교이난생   동호험중   대형정 뇌

雨之動이 滿盈일새라. 天造草昧에는 宜建侯ㅣ요 而不寧이니라.
우 지 동   만 영   천 조 초 매   의 건 후   이 불 녕

「단전」에서 이르길 '둔屯'은 강剛과 유柔가 처음 사귀어 어렵게 나오는
것이며, 험한 가운데 움직이는 것이다. '크게 형통하고 바르다(大亨貞)'
는 것은 우레와 비의 움직임이 가득하기 때문이다. 하늘의 험난한
창조의 과정에서는(草昧) 마땅히 제후를 내세워야 하지만, 편안하지는
못하다.

乾坤立而剛柔交, 一索得震爲雷, 再索得坎爲雨, 非難生乎. 由動故大
亨, 由在險中故宜貞. 夫雷雨之動, 本天地所以生成萬物, 然方其盈滿
交作時, 則天運尙自草難昧暝. 諸侯之建, 本聖王所以安撫萬民, 然方
其初建, 又豈可遽謂貼哉. 佛法釋者, 無明初動爲剛, 因明所立爲柔.
旣有能所, 便爲三種相續之因, 是難生也. 然此一念妄動, 旣是流轉初
門, 又卽還減關竅, 惟視其所動何如耳. 當此際也, 三細方生, 六粗頓
具, 故爲雷雨滿盈天造草昧之象, 宜急以妙觀察智重重推簡, 不可坐
在滅相無明窠臼之中. 蓋凡做功夫人, 若見雜念暫時不起, 便妄認爲
得力, 不知滅是生窟宅, 故不可守此境界, 還須推破之也.

건곤乾坤이 설립되므로 강과 유가 서로 교류하게 되는데, 한 번 교류하
여(一索) '진(震, ☳)'을 얻어 우레가 되었고, 재차 교류하여(再索)
'감(坎, ☵)'을 얻어 비가 되었으니 어찌 어려운 탄생이 아니겠는가!
움직임을 말미암은 까닭에 크게 형통한 것이요, 험한 가운데 빠져

있는 까닭에 바르게 함이 마땅한 것이다. 무릇 우레와 비의 움직임은 본래 천지가 만물을 창조해 내는 까닭이다. 그러나 바야흐로 그 가득 채우고 교류하여 창조해 낼 때에는 곧 천운도 오히려 스스로가 혼란해하고(草亂) 어두울 수밖에(昧瞑) 없다. 제후를 세운다 함은 본래 성왕聖王이 만민을 편안하게 살게 하고자 하는(慰撫) 이유에서다. 그렇지만 바야흐로 처음 제후를 내세웠다고 해서 또한 어찌 성급히 편안해졌다고 말할 수 있겠는가?

불법으로 해석하면, 무명이 처음 동한 것이 '강剛'이 되고, 명明을 바탕으로 하여 객체(所)가 세워진 것이 유柔가 된다. 이미 주체(能)와 객체(所)가 존재하게 되므로 곧 삼종상속三種相續[167]의 원인이 되니, 이러한 것을 바로 '난생難生'이라 한다.

그러나 이 한 생각의 망령된 움직임이 곧 생사유전이 처음 시작되는 문이다. 또다시 곧바로 해탈(還滅)로 들어가는 관문(關竅)은 오직 그 동하는 바가 무엇인가를 보는 것뿐이다. 이러한 경우에 있어서 삼세三細가 바야흐로 생겨나고 육조六粗[168]가 한순간 갖추어지게 된다. 그러므로

---

167 삼종상속三種相續: 중생의 업에 따라 국토와 세계를 이루는 세계상속世界相續, 오온(五蘊: 곧 몸과 마음을 이루고 있는 색色·수受·상想·행行·식識)의 화합으로 중생이 존재하게 되는 중생상속衆生相續, 선악의 업인에 따라 고락의 과보가 이루어지는 업과상속業果相續을 가리킨다.

168 삼세육조三世六粗: '삼세육추三細六麤'라고도 하며 『대승기승론』에서 언급되고 있는 용어이다. 중생이 갖게 되는 3가지 미세한 죄와 6가지 거친 죄란 뜻으로, 사람이 그 청정한 본성을 벗어나 마음이 타락의 길을 가는 유전流轉의 과정을 인과관계로 설명한다. '삼세'는 ① 무명업상(無明業相: 진여가 무명으로 인해 처음으로 작용하기 시작하는 것), ② 능견상(能見相: 생멸의 근본원인, 즉 무명

우레와 비가 충만하여 천지가 창조해 내는 초매草昧의 형상이 되는
것이다. 마땅히 성급히 묘관찰지妙觀察智[169]로써 거듭거듭 미루어 살펴
서 가히 멸상滅相[170]인 무명의 어둠 속에 주저앉아 있어서는 안 된다.
대개 무릇 공부를 하는 사람들이 잡념이 잠시나마 일어나지 않는 것을
보고 곧 깨달음을 얻었다(得力)고 오인하지만, 생각이 소멸한 상태가
바로 삶의 어두운 굴속인줄은 알지 못한다. 그러므로 가히 이러한
경계를 지키려 하지 말고 오히려 미루어 그 경계를 타파해야만 한다.

象曰 雲雷] 屯이니 君子] 以하야 經綸하나니라.
상 왈 운 뢰   둔   군 자   이   경 륜

「상전」에 이르길 구름(水, ☵)과 우레(雷, ☳)가 '둔屯'이니, 군자가
이로써 경륜해 나간다.

때문에 나타나는 주관), ③경계상(境界相: 주관과 동시에 나타나는 객관)을
말하고, '육추'는 ①지상(智相: 객관적 대상인 경계에 대한 가지가지 분별이
생기는 모습), ②상속상(相續相: 분별하는 마음이 지속되어짐), ③집취상(執取
相: 좋고 나쁨에 대한 주관적 가치판단에 따른 집착단계, ④계명자상(計名字相:
허황된 망상을 개념화시켜 실제 있는 양 착각하여 그것에 이름을 붙이고 또한
거기에 집착하는 잘못된 마음가짐의 모습), ⑤기업상(起業相: 이름에 집착하여
여러 가지 악을 행동으로 옮기는 단계), ⑥업계고상(業繫苦相: 악의 행위로
말미암아 그에 따르는 인과로 여러 가지 괴로움을 받게 되는 모습) 등을 말한다.
169 묘관찰지妙觀察智: 모든 것을 다 알고 중생의 근기를 알아서 그에 맞게 적절히
   법을 설하여 여러 가지 의심을 끊게 하는 수승한 지혜.
170 멸상滅相: 생주이멸生住異滅하는 마음을 의지적으로 일어나지 못하게 누르고
   있을 뿐, 아직은 불생불멸하는 진여자성을 깨닫지 못한 채 잠시 생각이 일어나지
   않는 고요함에 안주하여 머물러 있는 모습

在器界, 則有雲雷以生草木, 在君子, 則有經綸以自新新民. 約新民論
經綸, 古人言之詳矣. 約自新論經綸者, 竪觀此心不在過現未來, 出入
無時, 名爲經. 橫觀此心不在內外中間, 莫知其鄕, 名爲綸也. 佛法釋
者, 迷於妙明明妙眞性, 一念無明動相卽爲雷, 所現晦昧境界之相卽
爲雲, 從此便有三種相續, 名之爲屯. 然善修圓頓止觀者, 只須就路還
家. 當知一念動相卽了因智慧性, 其境界相卽緣因福德性, 於此緣了
二因, 竪論三止三觀名經, 橫論十界百界千如名綸也. 此是第一觀不
思議境.

현상세계(器界)에 있어서는 곧 구름과 우뢰가 있음으로써 초목이 자라
나게 된다. 군자에 있어서는 경륜經綸함이 있음으로써 자신을 새롭게
하고 백성을 새롭게 만든다. 백성을 새롭게 하는 경륜을 논하는 것으로
요약한다면 이미 옛사람들이 상세하게 말한 바 있다. 자신을 새롭게
한다는 것(自新)만을 예로 들어 경륜을 논한다면 세로로는 이 마음이
과거·현재·미래에도 있지 않아서 출입하는 데 시간에 구애됨 없이(無
時) 자재함을 관하는 것을 '경經'이라 하고, 가로로는 이 마음이 안과
밖, 중간에도 있지 않아서 그 마음이 일어나 어디로 향하는 바(鄕)를
알 수 없음을 관하는 것을 '륜綸'이라 한다.

　불법으로 해석한다면, 묘명妙明하고 명묘明妙[171]한 참된 성품이 미혹

---

[171] 『수능엄경首楞嚴經』(정종분正宗分)에서 '성각묘명性覺妙明, 본각명묘本覺明妙'라
　는 언구가 교설되고 있다. '性覺'이나 '本覺'은 본래 비슷한 의미이지만, '성각'은
　우리들의 본 성품인 불성이 본래 깨달음의 성품이라는 측면에서 부르는 용어이
　고, '본각'은 이러한 깨달음의 성품인 불성은 본래 깨달음을 구족하고 있는
　성품이지 닦아서 인위적으로 이루어지는 성품이 아니라는 측면에서 부르는

해져서 한 생각의 무명심이 일어난 현상을 곧 우뢰라고 할 수 있으며, 이렇게 나타난 미혹한 경계의 상이 곧 구름이라 할 수 있다. 이러한 것을 좇아서 곧 세 가지 상속(三種相續)이 있게 됨을 '둔屯'이라 부르는 것이다. 그러나 원돈지관圓頓止觀[172]을 잘 닦는 수행자만이 길을 나서 고향집을 찾아 돌아갈 수 있다.[173] 마땅히 한 생각이 움직여서 생겨난 현상(一念動相)이 바로 근본적인 원인(了因)으로서의 지혜의 본성(智慧性)이고, 또한 그 경계로 드러난 현상이 곧 간접적인 원인(緣因)으로서의 복덕의 성품(福德性)인 줄을 깨달아야만 한다. 이러한 두 가지 연인緣因과 요인了因[174]에 있어서 세로로는 삼지三止·삼관三觀[175]을 논

용어이다. '妙明'과 '明妙' 또한 비슷한 의미이지만 '妙'는 본성의 체를 가리키고 '明'은 본성의 작용을 가리키는 바, '묘명'은 성각 자체에서 작용이 생겨날 수 있음을 강조한 용어이고, '명묘'는 작용을 거두어 다시 본체로 되돌아가야 한다는 측면을 강조한 용어라 할 수 있다.

172 '지(止: 定, 사마타 Samatha)'는 산란한 생각들을 그친다는 뜻이고, '관(觀: 慧, 위빠사나 vipasyana)'은 제법의 이치를 관조한다는 뜻이다. 중국의 천태 지의(智顗, 538~597)대사는 부처님의 일대교一代教를 설법 내용에 따라 장교藏教·통교通教·별교別教·원교圓教의 사교四教로 교판教判하였는데, 수행법인 지관도 사교에 따라 구별하여 장교·통교·별교의 지관을 상대지관相對止觀이라 하였고, 원교의 지관을 절대지관絶對止觀 또는 원돈지관圓頓止觀이라고 하였다. 원돈지관이란 곧 원교의 실상을 마음으로 관하여 실증하는 지관을 말한다.

173 취로환가就路還家: 곧 생사윤회의 길을 거슬러 지관止觀을 균등히 닦아 무명을 단절하고 본래의 청정한 불성을 깨달아 진성을 회복하는 것.

174 『법화경』(방편품)에서는 불성(佛性: 진여, 자성)을 세 가지 인因으로 구별하는 삼인불성三因佛性을 교설하고 있는데, 바로 '정인불성正因佛性', '요인불성了因佛性', '연인불성緣因佛性'이다. 정인불성은 모든 중생이 모두 근본적으로 구족하고 있는 일체의 삿된 것을 여읜 중정中正한 진리본성 그 자체를 말하고, 요인불성은

하는 것을 '경經'이라 부르며, 가로로는 십계十界·백계百界·천여千如[176]

이러한 진여의 이치를 깨닫게 됨으로써 드러나는 지혜 또는 정인불성을 각지覺知하는 지혜의 작용을 의미하며, 연인불성은 요인(了因: 지혜)을 도와 정인正因을 개발하는 것을 의미한다. 이러한 세 가지 내용의 불성의 관계를 정리하면, 연인은 요인을 돕고 요인은 정인을 나타내며 정인은 수승한 인연(勝緣)을 일으킨다는 것이다. 세 가지 불성이 서로 원만하게 영향을 주고받으며 혼연일체가 되어 모든 생명체에 구족되고 있다는 교설이다.

175 삼지삼관三止三觀: 천태종의 교리를 조직하는 기본적인 사상 기반은 '중도실상론中道實相論', 곧 '삼제원융론三諦圓融論'에 있다고 할 수 있다. 삼제원융에 있어 '삼제三諦'는 곧 모든 현상과 존재에는 불변한 실체가 존재하고 있지 않음을 뜻하는 '공제空諦', 따라서 모든 현상과 존재는 인연의 일시적인 가합假合에 의한 존재임을 가리키는 '가제假諦', 그리고 공空과 가假의 어느 것에도 치우치지 않고 중도를 이루고 있음을 뜻하는 '중제中諦'를 가리킨다. 삼제원융은 바로 이러한 공·가·중이 개별적 혹은 독립적으로 홀로 존재하는 것이 아니라, 서로 하나의 원융한 모습으로 존재하고 있음을 뜻한다. 법계의 모든 존재와 현상이 이렇듯 삼제원융한 모습으로 존재하고 있다고 한다면, 이를 관찰하여 깨달음을 이루어 나가는 수행에 있어서도 이를 바르게 관찰하는 것이 필요하다. 천태에 있어 이러한 삼제원융한 존재의 실상을 바르게 관찰하는 수행법으로 제시하고 있는 교설이 바로 '삼관三觀'이다. 삼관은 삼제의 원융한 존재의 실상을 세 가지 측면에서 관찰하는 것으로, 곧 모든 존재는 고정불변한 실체가 없음을 관찰하는 '공관空觀', 따라서 모든 존재는 인연에 의한 가합으로 일시적인 존재임을 관찰하는 '가관假觀', 그리고 존재의 공과 가의 어느 면에도 치우치지 않고 존재의 실상을 있는 그대로 여실히 관찰하는 '중관中觀'을 말한다. 또한 '삼지三止'는 삼관에 상대하여 마음을 제어하고 가라앉히는 세 가지 지행止行을 말하는 것으로, 곧 체진지體眞止, 방편수연지方便隨緣止, 식이변분별지息二邊分別止를 가리킨다. '체진지'는 모든 존재가 공성임을 관찰하는 공관에 머물러 진여를 체득하는 것, '방편수연지'는 모든 존재는 본 실상에 있어서는 공이지만 그때그때의 인因과 연緣이 만나서 가법假法으로 현존함을 관찰하는 가관에 머물러 그 어떤 경계나 세상일을 경험하게 되더라도 그것이 오직 연에 따라 일시적으로

를 논하는 것을 '륜綸'이라 한다. 이것이 곧 제일의 헤아릴 수 없는

이루어지는 것임을 알아 마음을 편안하게 다스리는 것, '식이변분별지'는 공과 가의 어느 한쪽에만 치우치는 분별심을 그치고 중도에 머물러 마음을 다스려 나가는 것을 의미한다.

176 십계十界·백계百界·천여千如: 천태 지의대사의 『마하지관摩訶止觀』에서는 '일념 삼천一念三千'의 교설이 설해지고 있다. 불교에 있어 '일념一念'은 아주 짧은 시간단위로 마음의 작용인 '한 생각'이라는 뜻으로 쓰이고 있다. 일념삼천은 바로 이러한 한 생각 속에 삼천의 세계가 갖춰져 있다는 뜻으로, 여기서 '삼천'은 곧 '십계十界', '십계호구十界互具', '십여시十如是', '삼세간三世間' 등으로 구성된 우주법계를 의미한다. 이를 구체적으로 설명하면, '십계'는 윤회하는 6도 세계인 지옥·아귀·축생·아수라·인간·천상세계와 성인의 경지인 성문·연각·보살·불 세계를 말하며, '십계호구'는 이러한 십계 하나하나의 세계가 또다시 다른 9계를 포섭하고 있음을 가리킨다. 따라서 십계는 결국 백법계가 된다는 것이다. 또한 '십여시'는 법계의 근본실상을 설명하는 교설로, ①현상적으로 나타난 모든 현상을 가리키는 여시상如是相, ②모든 법에 구비된 내적인 본성을 뜻하는 여시성如是性, ③여기에 주체가 있음을 말하는 여시체如是體, ④제법이 역용力用 을 지니고 있음을 가리키는 여시력如是力, ⑤이러한 역용이 작용하여 여러 가지 업을 짓게 됨을 말하는 여시작如是作, ⑥여기에는 근본적인 원인과 보조적 인 원인이 있게 되는데 근본적인 원인을 가리키는 여시인如是因, ⑦보조적인 원인을 가리키는 여시연如是緣, ⑧그러한 원인을 바탕으로 결과가 나타나게 됨을 뜻하는 여시과如是果, ⑨과보를 뜻하는 여시보如是報, ⑩십여시의 상相부 터 보報까지 모두가 평등함을 뜻하는 여시본말구경如是本末究竟 등을 가리킨다. 이러한 십여시가 백법계 속에 각각 모두 구비되어 있으므로 천법계가 된다는 것이다. 또한 '삼세간'은 중생들의 생물적 세계를 뜻하는 '중생세간衆生世間', 그들이 살아가는 환경의 국토를 뜻하는 '국토세간國土世間', 이러한 두 세간은 결국 색色·수受·상想·행行·식識의 오온五蘊 작용에 지나지 않음을 가리키는 '오온세간五蘊世間'을 가리킨다. 결과적으로 삼천세간은 이러한 삼세간을 천법 계에 곱하여 이루어지는 세계이다. 결론적으로 일념삼천은 이렇듯 십법계가 서로 구족하여 백법계가 되고, 백법계가 십여시를 갖추어 천법계가 되며, 천법계

경계를 관하는 것(第一觀不思議境)이라 할 수 있다.

初九는 **磐桓**이니 **利居貞**하며 **利建侯**하나니라.
초 구   반 환   이 거 정   이 건 후

초구는 머뭇거림(磐桓)이니, 바른 데에 거처하는 것이 이로우며 제후를
내세움이 이롭다.

有君德而無君位, 故磐桓而利居貞. 其德既盛, 可爲民牧, 故利建侯以
濟屯也. 佛法釋者, 一念初動, 一動便覺, 不隨動轉, 名爲磐桓. 所謂不
遠之復, 乃善於修證者也. 由其正慧爲主, 故如頓悟法門.

군자가 덕은 갖추고 있지만 아직 군자의 지위를 얻지 못한 까닭으로
'반환하여 바른 데에 거처함이 이롭다(磐桓利居貞)'고 한다. 그렇지만
그 덕을 이미 성대하게 갖추어 백성을 길러낼 수 있기 때문에 능력
있는 인물을 앞세움으로써 어려움(屯)을 구제할 수 있어 이롭다는
것이다.

  불법으로 해석하면, 한 생각이 처음 일어난 것이다. 한 번 움직여
일어난 생각을 곧 번뇌라고 깨달아 알아차리는 것이며, 이미 일어난
생각을 따라서 또 다른 생각으로 옮겨가지 않는 것을 이름하여 '반환磐
桓'이라고 한다. 이른바 '머지않아 회복한다(不遠之復)'[177]는 것은 바로

    가 삼세간을 구비하여 삼천세계가 성립되는데, 이러한 삼천세계가 일상생활에
    서 간단없이 생각을 일으키는 우리들의 한 생각 속에 내재되어 있음을 말한다.
177 머지않아 회복한다(不遠之復): 지뢰복괘 초구에 대해 「상전」에서 표현되고
    있는 내용이다.

수행과 깨달음을 훌륭하게 수행하는 사람이라 할 수 있다. 그것은 바른 지혜를 주인(主處)으로 삼기 때문에 한순간 문득 깨닫는 돈오법문 頓悟法門과 같다.

象曰 雖磐桓이나 志行正也ㅣ며 以貴下賤하니 大得民也로다.
상왈 수반환　　지행정야　　이귀하천　　대득민야

「상전」에 이르길 비록 머뭇거리고 있지만 뜻은 바른 것을 행하며, 귀함으로써 천한 곳으로 낮추니 크게 백성을 얻게 된다.

磐桓不進, 似無意於救世. 然斯世決非强往求功者所能救, 則居貞乃所以行正耳. 世之屯也, 由上下之情隔絶. 今能以貴下賤, 故雖不希望爲侯, 而大得民心, 不得不建之矣. 佛法釋者, 不隨生死流, 乃其隨順法性流而行於正者也. 雖復頓悟法性之貴, 又能不廢事功之賤, 所謂以中道妙觀徧入因緣事境, 故正助法門並得成就, 而大得民.

머뭇거리면서(磐桓) 나아가지 못하는 것이 마치 세상을 구하는 데 뜻이 없어서 그런 것처럼 보일 수 있다. 그러나 이 세상은 결코 억지로 나아가서 공명을 구하고자 하는 자가 구할 수 있는 것이 아니라면, 바른 데에 거처하는 것만이 바로 행위의 올바름이 될 뿐이다. 세상의 혼란함(屯)은 위와 아래(임금과 백성, 혹은 지배층과 피지배층)의 뜻이 벌어지고 단절된 것에서 비롯된 것이라 할 수 있다. 지금 능히 귀한 곳에서 천한 곳으로 내려온 이유는 비록 제후가 되기를 희망하지는 않았지만, 크게 백성의 민심을 얻음으로 인해서 부득이 제후로 옹립될 수밖에 없게 된 것이다.

불법으로 해석하면, 생사의 유전(流轉: 생사윤회)을 따르지 않고 바로 그러한 진리본성(法性)의 흐름을 수순하여 정법을 실천하는 것이라 할 수 있다. 비록 거듭 진리본성의 귀함을 문득 깨달았다고 하더라도, 또한 능히 세상을 구제하기 위해 자신을 낮추는 행(事功之賤: 중생구제를 위한 보살행)을 저버려서는 안 된다. 이른바 중도의 신묘한 관법(中道妙觀)으로써 인연에 따라 펼쳐지는 세상일에 동참하는 경계라 할 수 있다. 그렇게 함으로써 정행正行과 조행助行[178]의 법문을 아울러 성취하여 크게 백성을 얻는 것(제도하는 것)이다.

六二는 屯如邅如하며 乘馬班如하니 匪寇ㅣ면 婚媾리니 女子ㅣ
육이   둔 여 전 여   승 마 반 여   비 구   혼 구   여 자

貞하야 不字라가 十年에야 乃字ㅣ로다.
정   부 자   십 년   내 자

육이는 곤란한 듯 머뭇거리는 듯하며, 말을 탔다가 내려 서성거리니, 도적이 아니면 청혼해 올 것이다. 여자가 곧아서 시집가지 않다가 십년 만에야 시집가는 것이다.

---

178 정행正行과 조행助行: 의미상으로 볼 때 여기서 표현되고 있는 '정행'은 깨달음의 성취를 위한 지관수행과 같은 상구보리의 수행을, '조행'은 깨달음을 구하는 상구보리의 수행에만 머물러 있지 않고 중생의 제도를 위해 세상에 적극적으로 나서는 육바라밀과 같은 하화중생의 보살행을 의미한다고 볼 수 있다. 이 두 가지 실천수행을 통해서만이 수행자로서 완전한 인격형성과 진리의 깨달음을 성취할 수 있기 때문이다. 이는 결과적으로 나도 이롭고 남도 이롭게 하는 수승한 행위가 되기 때문에 중생들로부터 믿음과 존경을 얻게 되는 것이다.

柔德中正, 上應九五, 乃乘初九得民之侯, 遭如班如而不能進也. 初本
非寇, 而二視之則以爲寇矣, 吾與寇爲婚媾哉. 寧守貞而不字, 至於十
年之久, 乃能字於正應耳. 吳幼淸曰, 二三四在坤爲數十, 過坤十數,
則逢五正應而許嫁矣. 佛法釋者, 此如從次第禪門修證功夫, 蓋以六
居二, 本是中正定法, 但不能頓超, 必備歷觀練熏修諸禪方見佛性, 故
爲十年乃字.

유순한 덕으로 중정하고 위로는 구오와 상응[179]하고 있지만, 바로 초구
의 백성을 얻은 제후를 올라타고 있는 까닭으로 머뭇거리며(遭如)
말에서 내려 서성거리며(班如) 나아가지 못하고 있다. 초구는 본래
도적이 아니지만 육이가 그를 보기에 도적처럼 보는 것이다. 어찌
도적과 더불어 혼사를 치룰 수 있겠는가? 차라리 바른 정조를 지키며
혼사를 미루다가 십년의 오랜 세월을 기다림에 이르러서 이에 능히
바르게 상응하여 시집가는 것이다.

　　오유청吳幼淸[180]이 말하길 "(수뢰둔괘의) 육이, 육삼, 육사는 (小成八卦
의) 곤(坤, ☷)에 해당되고, 수로는 10(十: 中央土 5, 10)이 된다. 10년을
지나게 되면 바로 바르게 상응하고 있는 구오를 만나서 결혼을 허락하게
되는 것이다"라고 하였다.

---

179 상응(應): 『주역』에서 응應은 육효 중에서 초효와 4효, 2효와 5효, 3효와 상효가
　　상응하는 것을 말한다. 이때 음양이면 서로 끌어당기는데 이를 정응正應이라
　　하고, 음양이 아니면 서로 배척하는데 이를 불응不應이라 한다.

180 오유청吳幼淸: 원元나라 때의 학자 오징(吳澄, 1249~1337)을 말한다. 자는 유청,
　　호는 초려草廬이다. 오경五經을 교정하였으며, 선학禪學에 심취한 것으로 유명
　　하다.

불법으로 해석하면, 이것은 선禪을 닦아나가는 순서를 좇아서 수행하고 증득하는 공부와 같다. 대개 여섯 효 중에서 이효의 위치는 본래 중정한 자리임이 정해져 있다. 하지만 한순간 초탈하지 못한다면, 반드시 관선觀禪·연선練禪·훈선薰禪·수선修禪[181] 등의 모든 선을 두루 닦아야만 바야흐로 불성을 깨달을 수 있다. 그러므로 '십년 만에야 시집간다(十年乃字)'라는 의미가 되는 것이다.

象曰六二之難은 乘剛也 ㅣ오 十年乃字는 反常也 ㅣ라.
상 왈 육 이 지 난　　 승 강 야　　 십 년 내 자　　 반 상 야

「상전」에 이르길 육이의 어려움은 강剛을 올라탔기 때문이다. '십년 만에 시집간다(十年乃字)'라고 하는 것은 떳떳함(常道)으로 돌아온다는 뜻이다.

乘剛故自成難, 非初九難之也. 數窮時極, 乃反於常, 明其不失女子之 貞. 佛法釋者, 乘剛卽是煩惱障重, 故非次第修諸禪, 不足以斷惑而反 歸法性之常.

강剛을 올라탔기 때문에 스스로가 어려움을 만들어 낸 것이지, 초구가 그를 어렵게 만든 것이 아니다. 수가 궁극에 이르고(數窮) 때가 극진해

---

181 관연훈수觀練薰修: 깨달음의 경지에 이르는 네 단계의 선정수행. 대상을 명료하게 관조하여 탐·진·치 삼독심에서 벗어나는 관선觀禪, 청정한 지혜로써 모든 번뇌 망상을 점차 다스려 나가는 연선練禪, 모든 선정을 몸과 마음에 익숙하게 스며들게 하고 성숙시켜 걸림 없는 경지에 이르는 훈선薰禪, 모든 경지를 자유자재로 드나드는 수선修禪을 말한다.

지면(時極) 이내 떳떳함으로 되돌아오게 된다. 그것은 여자가 정조를 잃지 않음을 밝히고 있는 것이다.

불법으로 해석하면, '강을 올라탔다(乘剛)'는 것은 곧 번뇌의 장애가 무겁다는 뜻이다. 그러므로 차례대로 모든 선禪을 깊이 수행하지 않으면 미혹(번뇌)을 끊어 진리본성(法性)의 떳떳함으로 되돌아오지 못한다.

六三은 卽鹿无虞라 惟入于林中이니 君子ㅣ 幾하야 不如舍ㅣ니
육삼   즉록무우   유입우임중   군자 기   불여사

往하면 吝하리라.
왕   인

육삼은 사슴 사냥을 나아가는데 몰이꾼이 없다. 오직 숲 가운데로 들어가는 것이니, 군자가 기미를 알아채고 그만두는 것만 같지 못하다. 가면 인색해진다.

欲取天下, 須得賢才, 譬如逐鹿須借虞人. 六三自旣不中不正, 又無應與. 以此濟屯, 屯不可濟, 徒取羞耳. 佛法釋者, 欲修禪定, 須假智慧. 自無正智, 又無明師良友, 瞎鍊盲修, 則墮坑落塹不待言矣. 君子知幾, 寧捨蒲團之功, 訪求知識爲妙. 若自信自恃, 一味盲往, 必爲無聞比丘, 反招墮落之吝.

천하를 얻고자 하면 모름지기 현명함과 재능을 갖춘 인재를 얻어야만 한다. 비유하자면 사슴 사냥을 나아감에 모름지기 몰이꾼의 도움을 빌려야만 하는 것과 같다. 육삼은 스스로가 이미 중정하지 못하고,

또 더불어 바르게 대응하는 상대도 없다(상응하는 대상인 상육이 같은 음효이므로). 이러한 이유로 어려움(屯)을 해결하고자 하여도 어려움을 해결할 수가 없으며, 다만 수치심만을 얻게 될 뿐이다.

불법으로 해석하면, 선정을 닦고자 하면 반드시 지혜의 힘을 빌려야만 한다. 자신에게 바른 지혜도 없고, 또한 눈 밝은 스승(明師)과 어진 도반(良友)이 없으면 눈먼 장님이 수행하는 것과 같아서 곧 구렁텅이에 떨어지고 개천에 빠지게 됨은 더 이상 말할 필요가 없다. 군자라면 기미를 알아서 차라리 방석에 앉아 좌선하는 수고로움을 버리고 선지식을 찾아 나서는 것이 묘책이 될 것이다. 만약 자신만을 믿고 스스로를 과신하여 한결같이 눈먼 자의 수행(盲修)을 고집하여 나간다면 반드시 무문비구無聞比丘[182]가 되어 도리어 타락하여 인색함을 초래하게 될 것이다.

象曰 卽鹿无虞는 以從禽也ㅣ오 君子舍之는 往하면 吝窮也ㅣ라.
상왈 즉록무우   이종금야   군자사지   왕   인궁야

「상전」에 이르길 '사슴 사냥을 나아가는데 몰이꾼이 없다(卽鹿无虞)'는 것은 새를 쫓는다는 뜻이고, '군자가 그만둔다(君子舍之)'는 것은 가면 인색해지고 곤궁해지기 때문이다.

堯舜揖讓, 固是有天下而不與, 湯武征誅, 亦是萬不得已, 爲救斯民, 非富天下. 今六三不中不正, 居下之上, 假言濟屯, 實貪富貴, 故曰以

---

[182] 선정수행에만 집착하여 교학을 배우지 않고 선지식의 가르침마저 아무것도 들으려 하지 않는 비구.

從禽也. 從禽已非聖賢安世之心, 況無應與, 安得不吝且窮哉. 佛法釋者, 貪著味禪, 名爲從禽, 本無菩提大志願故.

요임금과 순임금이 예를 다하면서 왕위를 서로 양보한 것(揖讓)은 진실로 천하를 소유했지만 사적으로 간여하지 않으려는 것이었다. 또한 탕왕과 무왕의 정벌도 어쩔 수 없이 이러한 백성을 구해내고자 한 것이었지, 천하를 소유해 부를 얻고자 한 것이 아니었다. 지금 육삼은 중정하지도 못하면서 하괘의 맨 위에 위치하고 있다. 어려움(屯)을 구제한다고 거짓으로 말하고 있지만, 실제로는 부귀를 탐하고 있는 것이다. 그러므로 '새를 쫓는다(以從禽)'고 한 것이다. 새를 쫓음은 이미 성현처럼 세상을 편안하게 하고자 하는 마음가짐이 아니다. 하물며 더불어 상응하는 상대도 없으니 어찌 인색하고 궁핍하지 않을 수 있겠는가?

불법으로 해석하면, 참선하는 맛에만 탐착하는 것을 이름하여 '새를 쫓는다(從禽)'고 한다. 본디 진리(菩提)를 얻고자 하는 큰 뜻의 원력이 없기 때문이다.

六四는 **乘馬班如**ㅣ니 **求婚媾**하야 **往**하면 **吉**하야 **无不利**하니라.
육사 승마반여 구혼구 왕 길 무불리

육사는 말을 탔다가 내리니, 결혼을 구하여 가면 길하여 이롭지 않음이 없다.

柔而得正, 居坎之下, 近於九五, 進退不能自決, 故乘馬而班如也. 夫

五雖君位, 不能以貴下賤. 方屯其膏. 初九得民於下, 實我正應, 奈何
不急往乎. 故以吉無不利策之. 佛法釋者, 六四正而不中, 以此定法而
修, 則其路迂遠難進, 惟求初九之明師良友以往, 則吉無不利矣.

유순하면서 바름을 얻었고 감괘(坎卦, ☵)의 아래(초효)에 위치하고
있으며, 구오와 근접하고 있지만 능히 진퇴를 스스로 결정하지 못하는
까닭에 '말을 탔다가 내려 서성거리는 것(乘馬而班如)'이다. 무릇 구오
는 비록 군자의 지위에 있으나 귀하여 천한 데로 내려가지 못하기
때문에 바야흐로 은택(膏澤)을 베푸는 데 어려움을 겪고 있다. 초구는
아래에 있으면서 백성을 얻고 있기 때문에 진실로 나(육사)와 바르게
상응할 수 있는 상대이다. 어찌 급히 찾아가지 않을 수 있겠는가?
그러므로 말을 몰아 육사를 찾아가는 것(策之)이 '길하여 이롭지 않음이
없다(吉無不利)'고 하는 것이다.

　불법으로 해석하면, 육사는 바르지만 중도를 지키지 못한 채 이처럼
선정의 법(定法)만을 좇아서 수행하고 있다. 그의 수행길이 굽고 멀어서
수행을 향상시켜 나가기 어려울 수밖에 없다. 오직 초구初九의 눈
밝은 스승(明師: 明眼宗師)과 훌륭한 도반(良友)을 찾아 나서야 길하여
이롭다.

象曰 求而往은 明也ㅣ라.
상 왈 구 이 왕 　 명 야

「상전」에 이르길 구하여 가는 것은 현명한 것이다.

佛法釋者, 不恃禪定功夫, 而求智慧師友, 此眞有決擇之明者也.

불법으로 해석하면, 선정의 공부만을 의지하지 말고 지혜로운 눈 밝은 스승과 도반을 찾아야만 한다. 이렇게 수행하는 것이야말로 진실로 바른 길을 선택할 줄 아는 수행자이다.

九五는 屯其膏니 小貞이면 吉하고 大貞이면 凶하리라.
구 오   둔 기 고   소 정   길   대 정   흉

구오는 그 은택을 베풀기 어렵다(屯其膏). 조금 바르게 하고자 하면 길하지만 크게 바르게 하고자 고집하면 흉하다.

屯難之世, 惟以貴下賤, 乃能得民. 今尊居正位, 專應六二, 膏澤何由普及乎. 夫小者患不貞一, 大者患不廣博. 故在二則吉, 在五則凶也. 佛法釋者, 中正之慧固可斷惑, 由其早取正位, 則墮聲聞辟支佛地, 所以四弘膏澤不復能下於民. 在小乘則速出生死而吉, 在大乘則違遠菩提而凶.

어지러운 세상에서는 오로지 귀한 곳에서 천한 곳으로 내려가 백성을 얻을 수 있어야(구제해야)만 한다. 지금 높고 바르게만 자리하여 오로지 육이六二에게만 상응하고 있으니, 은택이 어찌 널리 베풀어질 수 있겠는가? 무릇 소인은 한 가지가 바르지 않음을 걱정하지만, 대인은 넓고 광대하지 못함을 근심해야 한다. 그러므로 이효에 있어서는 길하고 오효에 있어서는 흉하다고 하는 것이다.

　불법으로 해석하면, 중정中正한 지혜만이 진실로 미혹을 끊을 수

있다. 그러한 이유로 말미암아 일찍이 바른 지위(正位: 지혜수행)만을 취하고자 한다면 곧 성문승과 벽지불과 같은 소승의 경지에 떨어지게 된다. 그런 까닭에 네 가지 큰 서원(四弘誓願)[183]의 풍족한 은택(膏澤)이 거듭 백성에게까지 미칠 수 없게 되는 것이다. 소승에 있어서는 곧 생사를 속히 벗어날 수 있어 길하다고 할 수 있지만, 대승에 있어서는 곧 궁극적인 보살의 깨달음(菩提)으로부터 어긋나고 멀어져서 흉한 것이다.

象曰 屯其膏는 施ㅣ 未光也ㅣ라.
상 왈 둔 기 고   시   미 광 야

「상전」에 이르길 '그 은택을 베풀기 어렵다(屯其膏)'는 것은 베푸는 것이 빛나지 못하기 때문이다.

非無小施, 特不合於大道耳.

작은 베풂이 없지는 않지만, 특별히 대도(보살도)에 규합하지 못할 뿐이다.

---

183 사홍서원四弘誓願: 대승불교에서는 정각의 깨달음을 성취하고자 불·법·승 삼보에 귀의하여 수행하는 모든 부처님의 제자들은 누구나 공통적으로 상구보리上求菩提, 하화중생下化衆生을 근본내용으로 하는 네 가지 큰 서원(四弘誓願)을 세워야 한다고 가르친다. 곧 ①중생무변서원도(衆生無邊誓願度: 중생이 끝이 없지만 맹세코 모두 구제하겠습니다), ②번뇌무진서원단(煩惱無盡誓願斷: 번뇌가 끝이 없지만 맹세코 다 끊겠습니다), ③법문무량서원학(法門無量誓願學: 법문이 무량하지만 맹세코 다 배우겠습니다), ④불도무상서원성(佛道無上誓願成: 불도가 위없지만 맹세코 다 성취하겠습니다)이다.

上六은 乘馬班如하야 泣血漣如로다.
상 육　　승 마 반 여　　읍 혈 연 여

상육은 말을 탔다가 내려서 서성거리며 피눈물을 흘린다.

以陰居陰, 處險之上, 當屯之終. 三非其應, 五不足歸. 而初九又甚相遠, 進退無據, 將安歸哉. 佛法釋者, 一味修於禪定, 而無慧以濟之, 雖高居三界之頂, 不免窮空轉輪之殃, 決不斷惑出生死, 故乘馬班如. 八萬大劫, 仍落空亡, 故泣血漣如.

음효로써 음의 자리에 위치하고 있으며, 험한 곳(險: 坎卦, ☵)의 맨 위에 있으며 둔괘의 맨 끝에 당도해 있다. 삼효가 그와 상응하지 못하고(같은 음효이므로 정응正應이 아닌 불응), 오효에게 돌아갈 수도 없는 처지이다. 초구와는 또한 서로 너무 멀리 떨어져 있어 오도 가도 못하는 처지이니 장차 어디로 돌아갈 수 있겠는가?

　불법으로 해석하면, 오로지 한결같이 선정만을 닦고 지혜로써 중생을 구제함이 없는 것이다. 비록 드높은 삼계의 정상에서 머문다고 하여도 군색한(窮空) 윤회의 재앙을 면하지는 못한다. 결코 미혹을 끊어 생사를 벗어나지 못하는 것이다. 그러므로 '말을 탔다가 내려서 서성거린다(乘馬班如)'고 한다. 헤아릴 수 없는 무량한 세월(八萬大劫)을 이로 인하여 헛되이 죽음을 반복하는 세계(空亡)에 떨어지게 되므로 '피눈물을 흘린다(泣血漣如)'고 하는 것이다.

象曰 泣血漣如어니 何可長也리오.
상 왈　읍 혈 연 여　　하 가 장 야

「상전」에 이르길 '피눈물을 흘린다(泣血漣如)'고 하였으니, 어찌 오래갈
수 있겠는가!

佛法釋者, 八萬大劫, 究竟亦是無常.

불법으로 해석하면, 헤아릴 수 없는 무량한 세월도 결국은 역시 무상한
것이다.

(4) ䷃ 산수몽山水蒙

蒙은 亨하니 匪我ㅣ 童蒙이라. 童蒙이 求我ㅣ니 初筮어든 告하고
몽　형　　비아　동몽　　동몽　구아　　초서　　곡

再三이면 瀆이라. 瀆則不告이니 利貞하니라.
재삼　　독　　독즉불곡　　이정

'몽蒙'은 형통하니 내가 동몽童蒙을 구하는 것이 아니다. 동몽이 나를
구한 것이니, 처음 점치거든 알려 주고 두세 번 하면 모독하는 것이다.
모독하게 되면 곧 알려 주지 않는 것이니, 바르게 함이 이롭다.

再索得坎, 旣爲險爲水. 三索得艮, 復爲止爲山. 遇險而止, 水涵於山,
皆蒙昧未開發之象也. 蒙雖有蔽於物, 物豈能蔽性哉, 故亨. 但發蒙之
道, 不可以我求蒙, 必待童蒙求我. 求者誠, 則告之必達, 求者瀆, 則告
者亦瀆矣. 瀆豈發蒙之正耶. 不憤不啓, 不悱不發, 孔子眞善於訓蒙者
也. 佛法釋者, 夫心不動則已, 動必有險, 遇險必止, 止則有反本還源
之機, 夢所以有亨道也. 蒙而欲亨, 須賴明師良友, 故凡爲師友者, 雖
念念以敎育成就爲懷, 然須待其求我, 方成機感. 又必初筮則告, 方顯
法之尊重. 其所以告之者, 又必契理契機而貞, 然後可使人人爲聖爲
佛矣.

거듭 교류(再索)하여 감(坎, ☵)을 얻었다는 것은 이미 험함과 물을
상징한다. 세 번의 교류를 통해(三索) 간(艮, ☶)을 얻었다는 것은

다시 그침과 산을 상징한다. 험함을 만나서 멈추고, 물이 산을 적시는 것은 모두 몽매하여 일깨우지 못한 형상이다. 몽매하기 때문에 비록 사물의 이치에 어두울 수는 있지만(蔽), 사물이 어찌 성품을 능히 덮어 가릴 수 있겠는가? 그러므로 '형통하다(亨)'고 한다.

단지 몽매함을 일깨우는 도리는 내(스승)가 찾아나서는 것이 아니라, 반드시 동몽(童蒙: 학생)이 스승을 찾아오기를 기다려야만 한다. 가르침을 구하는 학생이 진실하다면 가르쳐서 반드시 일깨워 주어야 하지만, 배움을 구하는 자가 해이한데도(瀆: 성실하지 못함) 가르쳐 준다면 스승 또한 교육을 더럽히는 결과(瀆)가 된다. 잘못된 교육(瀆)으로 어찌 학생을 바르게 교육시킬 수 있겠는가? "분발하여 노력하지 않으면 가르쳐 주지 않고, 마음속으로 배우지 못함을 애태워하지 않으면 일깨워 주지 않는다(不憤不啓 不悱不發)"[184]고 말씀한 공자는 참으로 훌륭한 교육자라 할 수 있다.

불법으로 해석하면, 무릇 마음이 동하지 않으면 곧 안정되어 있지만(已), 움직이게 되면 반드시 험난함이 있게 된다. 험난함을 만나게 되면 반드시 멈출 수밖에 없고(止), 멈추게 되면 다시 근원으로 돌아오게 되는 계기가 있게 된다. 몽蒙괘에 형통한 도가 있다고 하는 것은 이런 이유 때문이다.

몽매한 자(蒙: 수행자)가 형통하고자 하면 모름지기 눈 밝은 스승과 훌륭한 도반을 의지하여만 한다. 그러므로 무릇 스승과 도반이 된 사람은 비록 항상 교육을 성취시키고자 하는 생각을 간직하고 있다고

---

184 『논어』「술이述而」편에 나온다.

하더라도, 반드시 그가 스승과 도반에게 가르침을 구하기를 기다려서
바야흐로 마음속으로 가르침을 받아들일 수 있도록 성숙시켜야만 한
다. 또 한편으로 반드시 처음으로 가르침을 구하면(筮) 일깨워 주어
바야흐로 진리의 존중함을 깨닫도록 해야만 한다. 그 가르침의 내용
또한 이치에 계합하고 배우는 자의 근기에 적합한 올바른 내용이어야
한다. 그런 연후에야 모든 사람이 성인이 되고 부처가 되게 할 수
있다.

象曰 蒙은 山下有險 險而止ㅣ 蒙이라. 蒙亨은 以亨行이니 時中
단 왈 몽   산 하 유 험 험 이 지   몽   몽 형   이 형 행   시 중
也ㅣ오 匪我求童蒙童蒙求我는 志應也ㅣ오 初筮告은 以剛中也
야   비 아 구 동 몽 동 몽 구 아   지 응 야   초 서 고   이 강 중 야
ㅣ오 再三瀆瀆則不告은 瀆蒙也ㄹ새니 蒙以養正이 聖功也ㅣ라.
      재 삼 독 독 즉 불 곡   독 몽 야   몽 이 양 정   성 공 야

「단전」에 이르길 '몽蒙'은 산 아래에 험한 것이 있고, 험해서 그치는
것이 몽이다. '몽이 형통하다(蒙亨)'고 하는 것은 형통함으로써 행하려는
것이니, 때에 맞추어 적절하게 하는 것(時中)이다. '내가 동몽을 구하는
것이 아니라, 동몽이 나를 구하는 것이다(匪我求童蒙童蒙求我)'라고 하
는 것은 뜻이 상응하는 것이다. '처음 접치면 알려 준다(初筮告)'고
하는 것은 강건한 중덕을 가졌기 때문이다. '두세 번 물으면 모독하는
것이고, 모독하면 곧 알려 주지 않는다(再三瀆瀆則不告)'고 하는 것은
몽매함을 더럽히기 때문이다. 몽매함을 바르게 양성하는 것은 성인의
공이다.

山下有險, 卽是遇險而止, 故名爲蒙. 蒙之所以可亨者, 由有能亨人之
師, 善以時中行教故也. 雖有善教, 必待童蒙求我者, 彼有感通之志然
後可應, 如水淸方可印月也. 初筮卽告者以剛而得中, 故應不失機也.
瀆則不告者, 非是恐其瀆我, 正恐瀆蒙而有損無益也. 及其蒙時, 卽以
正道養之, 此聖人教化之功, 令彼亦得成聖者也.

산 아래에 험함이 있다는 것은 곧 험한 것을 만나게 되면 그치게 된다는
뜻이다. 그러므로 '몽蒙'이라 이름한다. '몽'을 가히 형통하다고 하는
이유는 사람을 형통하게 할 수 있는 스승이 있음으로 말미암아 훌륭하게
때맞춰(時中) 가르침을 베풀어 줄 수 있기 때문이다. 비록 훌륭한
가르침이 있지만 반드시 배우는 학생(童蒙)이 스승(我)에게 찾아와
배우기를 기다려야만 하는 것은 학생이 서로 교감하여 통하고자 하는
의지가 있은 후에야 응할 수 있기 때문이다. 마치 물이 청정해야만
바야흐로 달을 실제 모습처럼 비추는 것(印月)과 같은 이치라 할 수
있다.

'처음 점치면 알려 준다(初筮卽告)'는 것은 강건하면서도 중도를
얻었기 때문이다. 그러므로 서로 응하는 계기를 잃지 않게 되는 것이다.
'모독하면 곧 알려 주지 않는다(瀆卽不告)'라고 하는 것은 곧 그가 스승을
하찮게 여기는 것이 두려워서 그러는 것이 아니라, 학생(蒙)을 잘못
가르쳐서(瀆) 손해만 입히고 이로움을 주지 못할까 두려워서 그렇게
하는 것이다. 그렇게 교육을 시킬 때는 곧 바른 도로써 그를 양육시켜야
만 한다. 이러한 성인의 교화 공덕은 저 배우는 자들로 하여금 또한
성인이 되게끔 하려는 것이다.

象曰 山下出泉이 **蒙**이니 **君子** l **以**하야 **果行**하며 **育德**하나니라.
상 왈 산 하 출 천 　 몽 　 군 자 　 이 　 　 과 행 　 육 덕

「상전」에 이르길 산(山, ☶) 아래 샘(水, ☵)이 솟아나는 것이 '몽蒙'이니, 군자가 이로써 과감하게 도를 실천하며 덕을 길러내는 것이다.

溪潤不能留, 故爲果行之象. 盈科而後進, 故爲育德之象. 自旣果行育德, 便可爲師作範矣. 佛法釋者, 此依不思議境而發眞正菩提心也. 菩提之心不可沮壞, 如泉之必行. 四弘廣被, 如泉之潤物.

산에서 흐르는 계곡물은 머물러 있지 않는다. 그러므로 과단성 있게 행동하는 형상이 된다. 가득 찬 이후에 넘쳐서 나아가기 때문에 덕을 기르는 형상이기도 하다. 스스로가 이미 과단성 있게 실천하여 덕을 길렀다면, 곧 스승이 되고 타인의 규범이 될 수 있다.

불법으로 해석하면, 이것은 불가사의한 경계를 바탕으로 생겨나는 참되고 바른 보리심(菩提心: 깨달음을 바탕으로 한 진리의 마음, 지혜작용)이라 할 수 있다. 보리의 마음은 가로막을 수도 훼손시킬 수도 없는 것이어서, 마치 샘물이 끊임없이 솟는 것과 같다. 네 가지 큰 서원(四弘誓願)으로 중생을 널리 제도하는 것은 마치 샘물이 만물을 윤택하게 적셔주는 것과 같다.

初六은 **發蒙**호대 **利用刑人**하야 **用說**[185]**姪梏**이니 **以往**이면 **吝**하리라.
초 육 　 발 몽 　 이 용 형 인 　 용 탈 질 곡 　 이 왕 　 인

---

[185] 說: 여기서는 '제거하다, 벗기다'의 의미로 '탈'이라고 읽는다.

초육은 몽매함을 깨우치되(發蒙), 사람에게 형벌을 사용하더라도 질곡
桎梏을 벗겨주는 것이 이롭다. 형벌로써만 해나가면 인색하게 된다.

以九二上九二陽爲師道, 以餘四陰爻爲弟子. 初六以陰居下, 厥蒙雖
甚, 而居陽位, 又近九二, 故有可發之機. 夫蒙昧旣甚, 須用折伏法門,
故利用刑人, 所謂撲作敎刑也. 然旣說桎梏之後, 當差愧懲艾而不出,
若據有所往, 則吝矣.

구이·상구의 두 양효로써 스승의 도로 삼고, 나머지 네 음효로써 제자로
삼는다. 초육은 음으로써 아래에 위치하여 몽매함이 비록 심하지만
양의 자리에 있고 또한 구이와 가까이하고 있는 까닭에 발전할 수
있는 기회가 있다. 무릇 몽매함이 깊을 때에는 모름지기 설득시키고
절복시키는 진리의 가르침을 사용해야만 한다. 그러므로 '사람에게
형벌을 사용한다(利用刑人)'라고 하는 것이니, 이른바 회초리를 들어서
죄인을 교화시키는 것을 말한다. 그렇지만 이미 형틀을 벗겨낸 이후에
는 마땅히 부끄러움을 알게끔 하는 것으로써 징계를 하여 나가지 못하게
해야만 한다. 만약 급하게 나가게 하면 곧 인색해지기 때문이다.

象曰 利用刑人은 以正法也니라.
상 왈 이 용 형 인　　이 정 법 야

「상전」에 이르길 '사람에게 형벌을 사용한다(利用刑人)'는 것은 법도를
바르게 세우려는 것이다.

以正法撲作教刑, 豈瞋打之謂哉.

정법의 회초리로써 죄인을 교화하는 것이니, 어찌 성내며 때리는 것을 말하는 것이겠는가?

九二는 **包蒙**이면 **吉**하고 **納婦**ㅣ면 **吉**하리니 **子**ㅣ **克家**ㅣ로다.
구 이　　포 몽　　길　　　납 부　　길　　　자　극 가

구이는 몽蒙을 포용하면 길하고 지어미를 받아들이면 길하다. 자식이 집을 다스리는 것이다.

以九居二, 知及之, 仁能守之, 師之德也. 蘇眉山曰, 童蒙若無能爲, 然容之則足爲助, 拒之則所喪多矣. 明不可以無蒙, 猶子不可以無婦. 子而無婦, 不能家矣. 佛法釋者, 定慧平等, 自利已成, 故可以包容覆育群蒙而吉. 以此敎授群蒙修行妙定, 名納婦吉, 定能生慧, 慧能紹隆佛種, 爲子克家. 婦是定, 子是慧也.

양효(九陽)로써 이효의 자리에 위치하고 있다. 지식으로는 학생(동몽)을 지도할 만하며, 인자함으로는 능히 학생을 지켜줄 수 있는 스승의 덕을 갖추고 있다.

소미산(소식)은 말하길 "동몽은 할 수 있는 게 없을 것 같지만, 받아들여 가르치면 충분히 도움을 줄 수 있고, 물리쳐 내버려두면 다분히 못쓰게 된다. 동몽이 없을 수 없는 것은, 마치 남자에게 아내가 없을 수 없는 것과 같음을 밝힌 것이다. 남자에게 아내가 없다면 가정을 이룰 수 없다"라고 하였다.

불법으로 해석하면, 선정과 지혜를 평등하게 닦아서 이미 자신과 남을 이롭게 할 수 있게 되었으므로 뭇 동몽(群蒙: 어리석은 중생)을 포용하고 감싸 안아서 훈육할 수 있어 길하다고 하는 것이다. 이로써 어리석은 중생들을 가르쳐서 신묘한 선정을 수행하게끔 하는 것을 '지어미를 받아들이면 길하다(納婦吉)'고 한 것이다. 선정이 능히 지혜를 생기게 하고 지혜가 능히 불성의 종자를 계승하여 융성하게 하는 것이 '자식이 집을 다스린다(子克家)'는 의미가 된다. '지어미(婦)'는 곧 선정이라 할 수 있고, '자식(子)'은 곧 지혜라 할 수 있다.

象曰 子克家는 剛柔ㅣ 接也니라.
상왈 자극가 강유 접야

「상전」에 이르길 '자식이 집을 다스린다(子克家)'는 것은 강剛과 유柔가 만나는 것이다.

明納婦而云子克家者, 以定必發慧, 慧必與定平等, 而非偏也.

'지어미를 받아들임(納婦)'을 밝혀서 '자식이 집을 다스린다(子克家)'고 말한 것은 선정은 반드시 지혜를 일으키고 지혜는 반드시 선정과 더불어 평등하여 치우치지 않기 때문이다.

六三은 勿用取女ㅣ니 見金夫하고 不有躬하니 无攸利하니라.
육삼 물용취녀 견금부 불유궁 무유리

육삼은 여자를 취하지 말아야 하니, 돈 있는 사내를 보고 몸을 두지 못하니 이로울 바가 없다.

以陰居陽, 不中不正, 乃駁雜之質, 宜從上九正應處, 求其擊蒙之大鉗
錘, 方可治病. 今貪九二之包容慈攝, 殆如女見金夫而失節者乎. 佛法
釋者, 不中不正, 則定慧俱劣. 而居陽位, 又是好弄小聰明者. 且在坎
體之上, 機械已深, 若使更修禪定, 必於禪中發起利使邪見. 利使一
發, 則善根斷盡矣. 佛法釋者, 不中不正, 則定慧俱劣. 而居陽位, 又是
好弄小聰明者. 且在坎體之上, 機械已深, 若使更修禪定, 必於禪中發
起利使邪見. 利使一發, 則善根斷盡矣.

음효로써 양효의 자리에 위치하고 있다. 중도와 바른 자리를 벗어나(不
中不正) 순수하지 못한 기질이다. 마땅히 상구의 바르게 상응(正應)하는
곳을 좇아가야 하고, 그 어리석음을 깨부술 수 있는 큰 칼과 망치(鉗錘)를
구해야 한다. 그러면 바야흐로 병을 치유할 수 있다. (하지만) 지금
구이의 모든 것을 포용하고 자비로써 받아들이는 것만을 탐내는 것은
마치 여자가 돈 많은 졸부(金夫: 구이를 가리킴)를 보고 정조를 잃어버리
는 것과 같은 경우가 아니겠는가?

불법으로 해석하면, '중도를 벗어나고 바른 자리를 벗어남(不中不
正)'은 선정과 지혜가 함께 저열함을 의미한다. 그리고 양의 자리에
위치하고 있으므로 또한 작은 알음알이만을 희롱하며 즐기고 있는
수행자라 할 수 있다. 또한 감(坎, ☵)의 맨 위에 위치하고 있어서
마음이 이미 깊이 병든 상태(機械已深)라 할 수 있다. 만약 선정을
다시금 수행하게 한다면 반드시 선정을 닦는 과정 중에 이사利使[186]의

---

186 이사利使: 불교에서는 인간의 마음과 정신을 어지럽게 하고 잘못된 삶을 살게
하는 열 가지 근본번뇌를 '십사十使'라고 부르고 있다. 여기서 '使'는 사람의

삿된 견해(邪見: 곧 날카로운 근본번뇌)가 일어나게 될 것이다. 날카로운 번뇌가 한 번 일어나게 되면 곧 착한 성품의 뿌리(善根)가 모두 단절된다.

象曰 勿用取女는 行不順也니라.
상왈 물용취녀　행불순야

「상전」에 이르길 '여자를 취하지 말라(勿用取女)'고 하는 것은 행실이 순하지 않기 때문이다.

行不順, 故須惡辣鉗錘以鍛鍊之, 不可使其修定.

행위가 불순하기 때문에 모름지기 매서운 경책의 도구(鉗錘)로써 단련시켜야만 한다. 그로 하여금 선정을 닦게 하는 것은 불가하다.

마음을 마음대로 부린다는 의미로, 곧 번뇌의 다른 명칭이다. 바로 ① 탐(貪: 욕심), ② 진(瞋: 성냄), ③ 치(癡: 어리석음), ④ 만(慢: 거만), ⑤ 의(疑: 의심), ⑥ 유신견(有身見: 불변한 나와 나의 것이 있다고 집착하는 견해), ⑦ 변집견(邊執見: 有와 無, 斷과 常과 같이 편벽된 두 극단에 집착하는 견해), ⑧ 사견(邪見: 인과의 이치를 부정하는 견해), ⑨ 견취견(見取見: 잘못된 것을 진실이라고 착각하고 집착하는 견해), ⑩ 계금취견(戒禁取見: 잘못된 계율이나 금지 조항을 깨달음에 이르는 바른 길이라고 집착하는 견해)이다. 이 중에서 ① 탐貪부터 ⑤ 치癡까지의 다섯 번뇌를 이치를 추구하는 성질이 아니어서 활동이 느리고 둔한 번뇌라는 의미에서 '오둔사五鈍使'라고 하고 ⑥ 유신견부터 ⑩ 계금취견까지의 다섯 번뇌를 이치를 추구하는 성질이 강해서 그 활동이 예리하고 빠르다는 의미에서 '오리사五利使'라고 부른다.

六四는 困蒙이니 吝토다.
육 사 곤 몽　　인

육사는 곤궁한 몽蒙이니 인색하다.

陰爻皆蒙象也. 初可發, 三可擊, 五可包, 惟四絶無明師良友, 則終於蒙而已, 可恥孰甚焉.

음효는 모두 몽蒙의 형상이다. 초효는 몽이 시작될 수 있는 자리(發蒙)이고, 삼효는 몽을 다스릴 수 있는 자리며, 오효는 몽을 포용하는 자리이다. 오직 사효 자리만이 훌륭한 스승과 좋은 벗이 모두 단절된 위치로, 어리석음(蒙)으로 그냥 끝나는 위치라 할 수 있다. 가히 수치스러움이 이보다 더할 수가 있겠는가?

象曰 困蒙之吝은 獨遠實也 l 라.
상 왈 곤 몽 지 린　 독 원 실 야

「상전」에 이르길 '곤궁한 몽의 인색함(困蒙之吝)'은 홀로 실상에서 멀어짐이다.

非實德之師友遠我, 我自獨遠於師友耳, 師友且奈之何哉.

진실한 덕을 갖춘 스승과 벗이 나(육사)를 멀리하는 것이 아니라, 내 스스로가 홀로 스승과 벗을 멀리하는 것뿐이다. 스승과 벗인들 또한 그를 어찌 할 수 있겠는가?

六五는 童蒙이니 吉하니라.
육 오　　동 몽　　　길

육오는 어린 몽蒙이니 길하다.

以六居五, 雖大而不失其赤子之心, 故爲童蒙而吉. 蓋上親上九之嚴
師, 下應九二之良友故也. 蘇眉山曰, 六五之位尊矣, 恐其不安於童蒙
之分, 而子強於明, 故教之曰童蒙吉.

음효(六)로써 양의 자리(五)에 위치하여 비록 대인이라고 하더라도
어린 아기(赤子)의 마음을 잃지 않고 있다. 그러므로 동몽童蒙이 되어
길하다고 한다. 대개 위로는 상구의 엄한 스승과 가까이하고 있고,
아래로는 구이의 훌륭한 벗과 상응하고 있기 때문이다.

　　소미산은 "육오는 지위가 존귀하다. 그 동몽의 신분이 편치 못함을
두려워하여서 스스로 깨우치고자 애쓴다. 그러므로 그를 교육시킴을
'동몽이 길하다(童蒙吉)'라고 말한다"라고 하였다.

象曰 童蒙之吉은 順以巽也글새라.
상 왈　동 몽 지 길　　순 이 손 야

「상전」에 이르길 '동몽의 길함(童蒙之吉)'은 순하고 공손하기 때문이다.

學道之法, 順則能入, 設行不順, 則入道無從矣.

진리를 배우는 방법은 진리를 수순하면 곧 진리에 들어갈 수 있지만,
만약 행이 수순하지 않으면 진리에 들어갈 방법이 없다.

上九는 擊蒙이니 不利爲寇ㅣ오 利禦寇하니라.
상구 격몽   불리위구   이어구

상구는 몽擊을 침이니, 도적이 됨이 이롭지 않고 도적을 막음이 이롭다.

陽居陰位, 剛而不過, 能以定慧之力, 擊破蒙昧之關者也. 然訓蒙之
道, 原無實法繫綴於人, 所謂但有去翳法, 別無與明法. 若欲以我法授
設, 則是爲寇, 若應病與藥, 爲其解粘去縛, 則是禦寇.

양이 음의 자리에 있으니 강하지만 지나치지는 않는다. 능히 선정과
지혜의 힘으로써 몽매함의 관문을 격파하는 것이다. 그렇지만 훈몽訓蒙
의 도는 본래 실상의 진리를 사람들에게 매여 줄 수 있는 것(繫綴)은
아니다. 이른바 단지 눈병(翳)을 치료해 줄 수 있는 방법은 있을 수
있으나, 특별히 눈을 밝게 해줄 방법은 없는 것이다. 만일 자기 방식(我
法)대로만 가르침을 베풀고자 한다면 이는 곧 도적(寇)이 되는 것이다.
그렇지만 만약 의사가 병에 따라 약을 처방해 주듯(應病與藥), 그 얽매인
번뇌를 제거해 준다면 이것이야말로 도적을 막는 방법이라 할 수 있다.

象曰 利用禦寇는 上下ㅣ 順也ㅣ라.
상왈 이용어구   상하   순야

「상전」에 이르길 '도적을 막음이 이롭다는 것(利用禦寇)'은 위와 아래가
순함이다.

無實法繫綴於人, 則三根普接, 契理契機, 故上下皆順.

실상의 진리를 사람들에게 매여 줄 수 없다면, 중생의 타고난 각기 다른 근기(三根)[187]에 따라 널리 중생을 제도하여 진리에도 계합하게 하고 근기에도 계합하게 해야 한다. 그러므로 상하가 모두 따른다고 한다.

---

187 삼근三根: 여기서 '근根'은 참된 실상의 진리를 배우고 닦아 깨달을 수 있는 타고난 차별적 자질을 의미하는 '근기根機'를 가리킨다. '삼근'은 곧 중생의 각기 다르게 타고난 자질과 성향을 크게 상근기·중근기·하근기의 세 근기로 나눔을 가리킨다.

(5) ䷄ 수천수水天需

需는 有孚하야 光亨코 貞吉하니 利涉大川하니라.
수　유부　　　광형　정길　　　이섭대천

'수需'는 믿음이 있어서 빛나며 형통하고 바르게 하여 길하니, 큰 내를 건넘이 이롭다.

養蒙之法, 不可欲速, 類彼助苗, 故必需其時節因緣. 時節若到, 其理自彰. 但貴因眞果正, 故有孚則光亨而貞吉也. 始雖云需, 究竟能度生死大川, 登於大般涅槃彼岸矣.

어리석음을 일깨우는 방법은 급하게 서둘러서는 안 된다. 마치 저 어린 묘목이 잘 자라도록 도와주는 것(助苗)과 같다. 그러므로 반드시 그 시절의 인연을 기다려야만 하는 것이다. 시절의 인연이 도래하면 그 이치가 저절로 드러나게 된다. 다만 원인이 참되면 결과도 좋아 존귀할 수 있다. 그러므로 믿음이 있으면 곧 빛나며 형통하고 바르게 하여 길하다고 하는 것이다. 처음에는 비록 '기다린다(需)'라고 말하지만, 구경에는 생사의 큰 바다를 건너서 대열반의 피안에 오를 수 있게 된다.

彖曰 需는 須也ㅣ니 險이 在前也ㅣ니 剛健而不陷하니 其義ㅣ 不
단왈　수　수야　　　험　재전야　　　강건이불함　　　기　의　불

困窮矣라. 需有孚光亨貞吉은 位乎天位하야 以正中也ㅣ오 利
곤 궁 의   수 유 부 광 형 정 길   위 호 천 위   이 정 중 야   이

涉大川은 往有功也ㅣ라.
섭 대 천   왕 유 공 야

「단전」에 이르길 '수需'는 기다림이니, 험한 것이 앞에 있으니 굳세고
튼튼히 하여 빠지지 않게 하니 그 뜻이 곤궁하지 않다. '수需는 빛나며
형통하고 바르게 하여 길하다(需有孚光亨貞吉)'는 것은 하늘의 지위에
자리해서 바르고 가운데이기 때문이고, '큰 내를 건넘이 이롭다(利涉大
川)'는 것은 가면 공이 있다는 것이다.

險在前而知須, 乃是剛健之德, 不妄動以自陷耳. 坎何嘗拒乾哉. 且坎
得乾之中爻, 與乾合德, 今九五位乎天位, 素與乾孚則乾之利涉, 往必
有功, 可無疑矣. 佛法釋者, 譬如五百由旬險難惡道, 名險在前. 智慧
之力, 不被煩惱所陷, 故終能度脫, 而不困窮. 坎中一陽, 本卽乾體,
喩煩惱險道之性本如來藏, 以此不生不滅之性爲本修因, 則從始至
終, 無非稱性天行之位. 從正因性, 中中流入菩婆若海, 故利涉大川.
從凡至聖而有功也.

험한 것이 앞에 있어서 기다릴 줄 아는 것은 바로 강건함의 덕이니,
망동함으로써 스스로 험한 곳에 빠지지 않을 뿐이다. '물(坎, ☵)'이
어찌 감히 하늘(乾, ☰)에 항거할 수 있겠는가! 또한 감(坎, ☵)괘는
건(乾, ☰)괘의 가운데 효(中爻)를 얻어서 건괘와 더불어 덕을 합하고
있다. 지금 구오는 천자의 지위에 자리하고 있다. 본디 건괘와 더불어
믿음을 함께하고 있기 때문에 곧 건乾의 '큰 내를 건넘이 이롭다(利涉大

川)'는 것이고, 가게 되면 반드시 공덕이 있음은 의심할 여지가 없는
것이다.

불법으로 해석하면, 비유하자면 마치 오백 유순由旬[188]의 험난한
악도를 이름하여 '험난함이 앞에 있다(險在前)'고 한다. 지혜의 힘으로
번뇌의 험난함에 빠지지 않기 때문에 마침내 해탈하여 '곤궁하지 않다
(不困窮)'라고 한다.

감(坎, ☵)괘의 가운데 일양一陽은 본래 곧 건체乾體라 할 수 있다.
비유하자면 도를 장애하는 번뇌의 성품(煩惱險道之性: 탐·진·치 삼독에
가려진 중생의 성품)이 본래는 여래장인 것과 같다. 이러한 불생불멸한
성품(여래장)을 근본적인 수행의 근원으로 삼게 되면 곧 처음부터
끝까지 불성에 계합한 천행의 지위(天行之位)를 누릴 수 있게 된다.
불성(正因性)을 좇아서 진리의 본성으로 흘러 흘러가다가(中中流) 부
처님의 위없는 깨달음의 바다(菩婆若海: 一切種智)[189]로 들어가는 것이

---

188 '유순由旬'은 고대 인도에서 거리를 재던 단위이다. 소달구지가 하루에 갈 수
   있는 거리로서, 80리인 대유순, 60리인 중유순, 40리인 소유순의 세 가지가
   있다. '오백 유순五百由旬'이라는 말은 『법화경』(화성유품化城喩品)에서 표현되
   고 있다. 많은 사람들이 인도자를 따라 보배가 있는 곳(寶所)을 찾아 나섰는데,
   그 거리가 오백 유순이라는 것이다. 보소를 일승一乘의 깨달음이라 보면, 오백
   유순은 단순한 거리가 아닌 다른 뜻을 지닌다고 보아야 하는데, 이것에 여러
   설이 있으나 천태 지의대사에 의하면 삼계三界의 과보를 300유순, 유여토有餘土
   를 400유순, 실보토實報土를 500유순이라 한다고 했다. 또 입공관入空觀을 300유
   순, 입가관入假觀을 400유순, 입중관入中觀을 500유순이라 해석하기도 했다.
189 '살바야菩婆若' 또는 '살바야해菩婆若海'는 인도 산스크리트어 'sarva-jña'의 음사
   로, 곧 부처님의 수승한 지혜인 '일체지一切智', 혹은 '일체종지一切種智'를 의미
   한다.

다. 그러므로 '큰 내를 건넘이 이롭다(利涉大川)'고 하고, 범부로부터
성인에 이르게 되어 '공덕이 있다(有功)'고 하는 것이다.

象曰 雲上於天이 需니 君子 ㅣ 以하야 飮食宴樂하나니라.
<small>상 왈 운 상 어 천   수   군 자   이   음 식 연 락</small>

「상전」에 이르길 구름(水, ☵)이 하늘(天, ☰)로 오르는 것이 '수需'니,
군자가 이를 본받아 마시고 먹으며 잔치를 벌여 즐긴다.

果行育德之後, 更無餘事, 但飮食宴樂, 任夫運行雨施而已. 佛法釋
者, 助道行行爲飮, 正道慧行爲食, 以稱性所起緣了二因莊嚴一性, 如
雲上於天之象. 全性起修, 全修在性, 不籍劬勞肯綮修證, 故名宴樂.
此是善巧安心止觀, 止觀不二, 如飮食調適.

과감성 있게 도를 실천하여 덕을 기른 후에는 다시 특별히 할 일이
없다. 다만 마시고 먹으며 잔치를 즐기면서 구름이 모이고 비가 내리기
를 기다릴 뿐이다.

　불법으로 해석하면, 깨달음의 성취를 돕는 보조적인 실천수행인
모든 수행 하나하나(助道行行)가 '음飮'이 되고, 깨달음의 성취를 위한
직접적인 실천수행인 지혜수행(正道慧行)[190]이 '식食'이 된다. 불성(正

---

190 조도행행助道行行과 정도혜행正道慧行: 여기서 '도道'는 '능히 통한다'는 뜻이다.
　　정도正道와 조도助道의 이 두 가지가 서로 도와 능히 열반으로 통하여 이르게
　　하므로 '도道'라고 이름한다. 정도라는 것은 37도품十七道品과 삼해탈문三解脫門
　　등을 실제로 관찰하여 이치를 반연攀緣하는 지혜의 행(緣理慧行)이며, 조도는
　　그 외 모든 대치법代置法과 선정 등을 말한다. 즉 번뇌를 직접적으로 타파하는

因佛性)에 계합하여 일어나는 바의 연인불성(緣因佛性: 요인불성을 도와 본 불성의 당체인 정인불성正因佛性을 개발하는 모든 수행)과 요인불성(了因佛性: 진여의 이치를 깨닫게 됨으로써 드러나는 지혜작용)의 두 가지 인因으로써 하나의 성품(正因佛性)을 장엄하는 것은 마치 '구름이 하늘로 오르는(雲上於天)' 형상과 같다. 전체의 성품(全性: 불성)에 의지하여 수행이 일어나고(全性起修), 모든 수행은 불성에 내재되어 있기(全修在性) 때문에 수고롭게 노력하고(劬勞) 핵심(肯綮)을 닦아야 얻어지는 것이 아니다. 그러므로 '잔치를 벌여 즐긴다(宴樂)'고 부르는 것이다. 이것이 바로 '선교안심지관善巧安心止觀'[191]이라 할 수 있다. 선정수행(止)과 지혜수행(觀)은 둘이 아니니, 마치 음식을 조화롭고 알맞게 고루 먹어야 하는 것과 같다.

初九는 需于郊 l 라. 利用恒이니 无咎 l 리라.
초구　　수우교　　　이용항　　　무구

지혜수행을 '정도', 그러한 지혜를 얻기 위하여 행하는 온갖 보조적인 수행과 선정 등을 통틀어 '조도'라고 한다. 하지만 이러한 의미 이외에 불교의 각 종파에 따라 정도와 조도를 다르게 해석하고 있는 경우도 있다.

191 선교안심지관善巧安心止觀: 교안지관巧安止觀이라고도 한다. 천태종에서는 해탈성불의 경지에 이르기 위한 열 가지 관법인 '십승관법十乘觀法'을 교설하고 있고 있다. 바로 ①관부사의경觀不思議境, ②기자비심起慈悲心, ③교안지관巧安止觀, ④파법편破法遍, ⑤식통색識通塞, ⑥수도품修道品, ⑦대치조개大治助開, ⑧지차위知次位, ⑨능안인能安忍, ⑩무법애無法愛 등이다. '선교안심지관'은 세 번째 관법인 교안지관으로서 마음을 고요하게 하고(止), 지혜로써 상대되는 경계를 자세히 통찰(觀)함으로써 마음이 항상 법성에 머물러 평정함을 얻는 지관행법이다.

초구는 들에서 기다림이다. 항상함이 이로우니 허물이 없을 것이다.

溫陵郭氏云, 此如顔子之需. 佛法釋者, 理則位中, 不足以言需. 名字
位中, 且宜恒以聞熏之力, 資其慧性, 未與煩惱魔軍相戰也.

온릉의 곽씨[192]가 말하길 "이것은 안자(顔子, B.C. 512~490)의 기다림[193]

---

[192] 온릉곽씨溫陵郭氏: 지욱은 그의 자서전에서 자신이 지금의 복건성에 있는 온릉에
서 머물고 있을 당시 곽씨라는 사람이 『역易』에 대해 물어와 이를 계기로
『주역』을 해석하게 되었다고 밝힌 바 있다. 하지만 곽씨라는 사람이 구체적으로
누구를 지칭하고 있는 지는 분명하지 않다. 단지 우리는 그가 『주역』에 대해
지욱에게 물어왔다는 것과 『선해』여러 곳에서 지욱이 그가 한 말을 전고典故로
재인용하고 있다는 사실에서, 그가 『주역』에 대해 상당한 식견을 이미 갖추고
있었던 당시의 현존 인물이었을 것이라 짐작할 수 있을 뿐이다.

[193] 수需괘 초구는 외괘 감수(坎水, ☵)에서 가장 먼 위치에 있고, 양이 양의 자리에
있어 잘못 경솔하게 움직일 염려가 있다. 그러므로 물에서 멀리 떨어진 들에서
기다리되 그 항구성을 잃지 말고 여유 있게 기다려야만 하는 처지이다. 그래야
마침내 이로움이 있게 되고 허물은 없게 되기 때문이다. 이러한 뜻을 표현하고
있는 초구 효사를 지욱은 곽씨의 말을 빌려 '안자의 기다림(顔子之需)'과 같다고
하였다. 안자는 공자보다 30세나 어렸지만 공자의 제자 중에 공자로부터 가장
칭송을 받던 제자이다. 그는 아주 어려운 환경에서 고생스럽게 공부하였고,
비록 학습 조건은 아주 간고艱苦하였지만, 오히려 이를 안빈낙도의 삶으로
승화시킬 줄 알았다. 새벽부터 밤늦게까지 시와 예를 배우고 학업에 정진하였으
며, 스승의 가르침을 반복적으로 학습하여 하나를 들으면 열을 알 정도였다.
이러한 안자에 대해서 공자는 『논어』제6편 「옹야雍也」편에서 "어질다, 안회여!
한 그릇의 밥과 한 표주박의 음료로 누추한 시골에 있는 것을 딴 사람들은
그 근심을 견뎌내지 못하는데, 안회는 그 즐거움을 바꾸지 않으니, 어질다,
안회여(賢哉回也. 一簞食一瓢飮, 在陋巷, 人不堪其憂, 回也不改其樂, 賢哉回也.)!"
라는 말로 안자에 대한 칭찬의 감정을 드러내고 있다. 공자의 이 같은 언급처럼

과 같다"고 하였다. 불법으로 해석하면, 이즉위理卽位[194] 중에서는 '기다
림(需)'을 말할 수 없다. 명자위名字位[195] 중에서는 또한 마땅히 항상
듣고 익히는 지혜의 힘으로써 그 지혜본성을 도와야 하고 번뇌의 마군과
서로 싸워서는 안 된다.

象曰 需于郊는 不犯難行也ㅣ오 利用恒无咎는 未失常也니라.
상 왈 수 우 교　불 범 난 행 야　　이 용 항 무 구　미 실 상 야

「상전」에 이르길 '들에서 기다림(需于郊)'은 어려움을 범하지 않고 행함
이요, '항상함이 이로우니 허물이 없을 것이다(利用恒无咎)'라는 것은
떳떳함을 잃지 않는 것이다.

───────────

간고한 생활환경 속에서도 예와 성실함을 지켰고 학문을 좋아하여 게으름
없이 자신을 닦고 실력을 쌓았지만, 세상에 나아가 미처 그 뜻을 펼치지 못하고
32세의 젊은 나이로 죽음을 맞이한 안자의 삶이야말로 바로 '들판에서 때를
기다리고 항상함을 지킨다'는 초구의 뜻에 잘 부합한다고 보인다. 지욱이 초구의
뜻을 곽씨의 언급을 빌어 안자에 비유한 것은 바로 이러한 의미일 것이다.

194 이즉위理卽位: '육즉六卽' 중에서 첫 번째 수행의 계위. 일체 중생은 누구나가
　　불성(理)을 구족하고 있으며, 이러한 불성(性相)은 부처님이 있든 없든 간에
　　항상 존재하고 있음을 말한다. 곧 모든 중생은 근원적인 측면에서 모두 부처님과
　　같은 불성의 존재이지만, 단지 미혹한 중생들은 이러한 이치를 깨닫지 못하고
　　그냥 그대로 중생의 모습에 머물러 있는 단계를 의미한다.

195 명자위名字位: '육즉' 중에서 두 번째 수행의 계위. 자기 자신이 본래 부처의
　　성상을 갖추고 있음을 알고 선지식을 따라 부처의 경전을 배우고 삼제三諦의
　　원융한 묘리를 듣고 봄으로써 삼라만상의 일체가 불법임을 아는 경지를 가리
　　킨다.

九二는 需于沙니 小有言하나 終吉하리라.
구 이　수 우 사　　소 유 언　　종 길

구이는 모래밭에서 기다림이다. 조금 말이 있으나 마침내 길할 것이다.

郭氏云, 此如孔子之需. 佛法釋者, 觀行位中, 旣已伏惑, 則魔軍動矣, 故小有言.

곽씨가 말하길 "이것은 공자의 기다림과 같다"[196]고 하였다. 불법으로 해석하면, 관행위觀行位[197] 중에서 이미 미혹을 다스려 항복시키고 나면 번뇌의 마군이 일어난다. 그러므로 '조금 말이 있다(小有言)'고 하는 것이다.

---

196 수需괘 구이는 양이 비록 음의 자리에 위치하고 있으나 내괘에서 중을 얻어(得中) 중도를 잘 지키고 있는 상황이다. 하지만 외괘의 험한 감수(坎水, ☵)에 가까운 모래에서 기다리는 처지라 조금은 위태로울 수 있어 조심하라는 말을 조금 듣게 된다. 내호괘內互卦인 태택(兌澤, ☱)은 입(口), 말하는 것(說), 작은 것(小) 이 되므로 '소유언小有言'의 뜻이 나온다. 그러나 내괘에서 중도를 잘 지킴으로써 마침내 길함을 얻게 된다. 지욱은 이러한 구이의 뜻을 곽씨의 말을 빌려 공자의 기다림에 비유하고 있다. 아마도 정치적으로 혼란하고 어려운 시대였던 춘추시 대에 인의, 예, 효제, 충서를 도덕적 이상과 치국 사상으로 내세워 그 어느 통치 세력에도 치우치지 않고 중도를 굳건히 지켰고, 또한 그 같은 이상의 가치를 실현시키기 위해 천하를 주유하며 때를 기다렸던 공자의 이력에 잘 부합하고 있다고 이해했던 것 같다.

197 관행위觀行位: '육즉' 중에서 세 번째 수행의 계위. 관행즉은 불법을 머리로 이해하는 지식의 단계(名字卽)를 벗어나 자신의 마음을 직접 관조하여 이치와 지혜가 상응(理慧相應)하게 됨으로써 행하는 바가 말하는 바와 같고 말하는 바가 행하는 바와 같게 되는 경지에 도달함을 의미한다.

象曰 需于沙는 衍으로 在中也ㅣ니 雖小有言하나 以吉로 終也ㅣ
상왈　수우사　연　재중야　　수소유언　　이길　종야
니라.

「상전」에 이르길 '모래밭에서 기다린다(需于沙)'는 것은 너그러움으로
가운데 있으니, 비록 조금 말이 있으나 길함으로 마칠 것이다.

九三은 需于泥니 致寇至리라.
구삼　수우니　치구지

구삼은 진흙 밭에서 기다림이니, 도적이 오게 됨을 이룬다.

郭氏云, 此如周公之需. 佛法釋者, 相似位中, 將渡生死大河, 故有以
致魔軍之來而後降之.

곽씨가 말하길 "이것은 주공의 기다림[198]과 같다"고 하였다. 불법으로

---

198 구삼은 양이 양의 자리에 바르게 있지만 중에서 벗어나 있고(不中), 바로 앞에
외괘의 험한 물이 있어 마치 진흙 밭에서 기다리고 있는 형상이다. 그런데
이러한 도적(坎水)을 앞에 둔 위험한 상황은 누가 시켜서 그렇게 된 것이 아니라
스스로가 그러한 처지를 만든 결과(致寇至)이다. 지욱은 이러한 구삼의 뜻을
역시 곽씨의 표현을 빌려 주공의 기다림에 비유하고 있다. 주공은 주나라 문왕의
셋째 아들이며 은나라 폭군 주왕을 정벌하여 새롭게 주왕조를 세운 무왕의
동생이기도 하다. 무왕이 주왕조를 세우고 3년 만에 세상을 떠나자 그의 아들
성왕成王을 도와 왕조를 섭정하며 대봉건제를 실시하여 주왕실의 수비를 공고히
하고, 예악과 법도를 제정하여 주왕실 특유의 제도문물을 창시하는 등 주왕조의
기초를 확립하는 데 기여하였다. 한편으로 주왕의 동생 무경武庚과 자신의
동생인 관숙管叔, 채숙蔡叔 등이 결탁하여 반란을 일으키자 충신인 소공召公과
함께 몸소 반란 진압에 앞장서서 평정하기도 하였다. 이 같은 주공의 공적은

해석하면, 상사위相似位[199] 중에서 장차 생사의 대해를 건너고자 하는 것이다. 그러므로 마군이 오는 것을 기다린 이후에 항복받는 것이다.

象曰 需于泥는 災在外也ㅣ라. 自我致寇하니 敬愼이면 不敗也ㅣ
상 왈 수 우 니 재 재 외 야   자 아 치 구   경 신   불 패 야
리라.

「상전」에 이르길 '진흙 밭에서 기다림(需于泥)'은 재앙이 밖에 있음이다. 나로 말미암아 도적을 이르게 하니, 공경하고 삼가면 패하지 않을 것이다.

災旣在外, 故主人不迷, 客不得便, 但以願力使其來戰, 以顯降魔道成之力. 而三觀之功, 敬而且愼, 決無敗也.

재앙이 이미 밖에 있어도 주인이 미혹하지 않으면 객(客塵煩惱)이 침범할 기회를 얻지 못한다. 단지 원력의 힘으로써 그로 하여금 와서 싸우게 하여야 한다. 그렇게 함으로써 마군을 항복하게 하고 도를 이루는 힘을 드러내는 것이다. 세 가지 관법(三觀: 空觀, 假觀, 中觀)의 공력을 통해 공경하고 또 신중히 하면 결코 패하는 일이 없다.

새롭게 건설한 신흥왕조의 지배체제를 굳건히 하여 백성의 안녕과 복리를 위한 자발적인 행동에 기인한 것이었다. 지욱이 수괘 구삼의 뜻을 주공의 기다림에 비유한 것은 바로 이러한 주공의 이력을 염두에 둔 것이라 이해된다.

199 상사위相似位: '육즉' 중에서 네 번째 수행의 계위. 상사즉은 마음의 관조를 통해 미혹을 제거하여 안·이·비·설·신·의 등 여섯 감각기관(六根)이 청정하게 됨으로써, 궁극적인 깨달음의 경지에 거의 비슷하게 접근해 감을 의미한다.

六四는 需于血이니 出自穴이로다.
육 사   수 우 혈   출 자 혈

육사는 피에서 기다림이니, 구멍으로부터 나온다.

郭氏云, 此如文王之需. 佛法釋者, 魔軍敗衄, 超然從三界穴出, 而成
正覺矣.

곽씨가 말하길 "이것은 문왕의 기다림[200]과 같다"고 하였다.

불법으로 해석하면, 마군(번뇌마장)을 패배시켜 초연하게 삼계(욕
계·색계·무색계)의 어두운 동굴(穴: 생사를 반복하는 어두운 윤회의 세계)
로부터 벗어나 정각을 이루는 것을 의미한다.

---

200 육사는 외괘의 첫 번째 자리로 감수(坎水, ☵)의 험난함에 빠진 형상이다.
　　감괘에서 '감위혈坎爲血'이라 하여 '혈血'의 의미가 파생되고, 내호괘 태택(兌澤,
　　☱)에서 '태위구兌爲口'라 하여 '혈穴'의 의미가 파생된다. 하지만 외호괘가 이화
　　(離火, ☲)로 밝게 판단한다는 의미가 파생되므로 험한 구멍으로부터 벗어나게
　　된다. 이러한 뜻을 나타내는 육사를 지욱은 곽씨의 말을 빌려 문왕의 기다림에
　　비유하고 있다. 주나라 문왕은 상나라 말기 폭군인 주왕 때에 서백西伯에 책봉되
　　었는데, 어진 사람을 예로써 대하고 사람들에게 널리 덕을 베풀어 민심을
　　크게 얻었다. 이로 인해 주왕의 미움을 받게 되어 지금의 하남성 탕음현 서북에
　　위치한 유리(羑里: 감옥)에 감금되었고, 이 시기에 팔괘를 깊이 연구하여 64효를
　　만들어 괘명과 괘사를 지었다. 가신들이 주왕에게 많은 선물과 미녀들을 상납하
　　여 풀려나게 된 문왕은 이후 강상(薑商, 혹은 여상, 강태공이라고도 불림)이라는
　　현인을 얻어 상商의 선진문화를 수용하고 군사력을 키워 주변세력을 복속·병합
　　시키면서 그 세력을 확대해 나갔으며, 결국에는 상나라 통치 구역의 대부분을
　　차지하였다.

象曰 需于血은 順以聽也ㅣ라.
상 왈 수 우 혈 순 이 청 야

「상전」에 이르길 '피에서 기다린다(需于血)'는 것은 순하게 듣는 것이다.

未嘗用力降魔, 止是慈心三昧之力, 魔軍自退, 而菩提自成耳.

일찍이 힘으로써 마군을 항복시키는 것이 아니라, 단지 이 자심삼매慈心三昧[201]의 힘으로 마군(번뇌마장)이 스스로 물러나게끔 하면 깨달음(菩提)이 저절로 이루어질 뿐이다.

九五는 需于酒食이니 貞코 吉하니라.
구 오 수 우 주 식 정 길

구오는 술과 음식에서 기다리니 바르고 길하다.

郭氏云, 此如帝堯館甥之需. 佛法釋者, 魔界如卽佛界如, 惟以定慧力莊嚴而道衆生, 故爲需於酒食.

곽씨가 말하길 "이것은 천자인 요임금이 생질을 관사에서 기다림[202]과

---

201 자심삼매慈心三昧: 미움, 원망, 시기, 질투, 분노, 성냄과 같은 진심嗔心 등의 불선한 번뇌를 다스려 항상 모든 존재에 대해 자비로운 자애심을 일으켜 마음을 평정하게 지니는 것.

202 구오는 외괘에서 중을 얻고(得中) 양이 양 자리에 바르게 있어(正位) 중정中正한 자리이다. 한편으로 구오는 임금의 자리이므로 수괘 구오는 임금이 중정한 모습으로 바르게 기다리고 있는 모습이다. 외괘 감수(坎水, ☵)에서 술과 음식의 의미가 파생되는데, 술과 음식에서 기다린다는 것은 곧 백성들이 잘 먹고 잘 살기 위한 정치를 하면서 기다린다는 의미이다. 임금이 중정한 덕으로 바르게

같다"고 하였다.

불법으로 해석하면, 마군의 경계가 여여如如[203]하다면 곧 부처의 경계도 여여함이니, 오직 선정과 지혜의 힘으로써 장엄해서 중생을

정치를 펼쳐 나가며 백성의 풍족한 생활이 이루어지기를 기다리니 당연히 길할 수밖에 없다. 지욱은 이러한 뜻을 담아내고 있는 구오를 요순의 전고에 비유하고 있다. 원래 '관생館甥'이라는 말은 『맹자』의 「만장장구하萬章章句下」편 에서 "순임금이 위로 올라가 요임금을 알현하니, 요임금이 사위인 순을 부궁(貳 室)에 머물게 하시고, 또한 순에게 음식을 얻어먹어 손님과 주인이 번갈아 대접하니, 이것은 천자로서 필부를 벗한 것이다. 아랫사람이 윗사람을 존경하는 것은 귀한 사람을 귀하게 여기는 것이고, 윗사람이 아랫사람을 존경함은 어진 사람을 존경하는 것이다. 귀한 사람을 귀하게 여기는 것이나 어진 사람을 존경하 는 것은 그 뜻이 하나이다(舜尙見帝, 帝館甥於貳室, 亦饗舜, 迭爲賓主. 是天子而友 匹夫也. 用下敬上, 謂之貴貴, 用上敬下, 謂之尊賢. 貴貴尊賢, 其義一也.)"라는 내용 으로 표현되고 있는 말이다. 요임금이 순의 덕망을 높이 평가하여 그에게 제왕의 자리를 선양하고자 하였으나, 순이 거절하자 딸을 시집보내 사위로 삼고, 또한 친히 곁으로 불러들여 필부인 순을 극진히 대접하며 순이 선양을 허락하는 때를 기다렸다는 함축적 뜻을 담고 있는 내용이다. 지욱이 임금의 자리인 구오를 설명하면서 요순과 관련한 이 같은 고사를 인용한 것은 바로 구오 효사의 뜻이 이러한 제위의 선양과 관련한 고사와 잘 부합하고 있음을 염두에 둔 것이라 보인다.

203 불교에서의 '여如'는 단순히 같다는 뜻이라기보다는 '진리와 통한다' 내지는 '진리에 위배되지 않는다'는 뜻으로 많이 쓰인다. 부처님을 다른 말로 '여래如來' 라고 하는데 이는 '여여如如하게 오신 분' 또는 '여여한 세계에서 오신 분', '진리의 세상에서 오신 분' 등으로 번역된다. 여기서 '여여하다'는 뜻은 진리의 세계 그 자체를 지칭한다. 다른 말로 번역하자면 '법답게' 정도가 될 것이다. 불교에서 '여여하다'라고 할 때 그 뜻은 '꼭 그렇다', '바로 그것이다'라는 의미로 활용된다. 비슷한 말로 '여법如法하다'라는 말도 있는데, 이는 부처님 진리의 법에 맞게 위의를 갖춰 언행을 실천하며 생활한다는 뜻이다.

제도해야만 한다. 그러므로 '술과 음식을 즐기면서 기다린다(需於酒食)' 는 의미가 된다.

象曰 酒食貞吉은 **以中正也**니라.
상 왈 주 식 정 길   이 중 정 야

「상전」에 이르길 '술과 음식에서 기다려 바르고 길하다(酒食貞吉)'는 것은 증정하기 때문이다.

上六은 **入于穴**이니 **有不速之客三人**이 **來**하리니 **敬之**하면 **終吉**
상 육   입 우 혈   유 불 속 지 객 삼 인   래   경 지   종 길
하리라.

상육은 구멍에 들어감이니, 청하지 않은 손님 세 사람이 올 것이니 공경하면 마침내 길하다.

郭氏曰, 此如仁傑結交五虎. 佛法釋者, 不惟入佛境界, 亦可入魔境界, 還來三界, 廣度衆生. 觀三界依正因果諸法, 無不現現成成, 卽是一心三觀, 故常爲三界不請之友, 而三界衆生, 有敬之者, 必終吉也.

곽씨가 말하길 "이것은 영웅호걸이 오호五虎와 서로 결의하여 사귀는 것(結交)[204]과 같다"고 하였다.

---

[204] 상육은 음이 음 자리에 있어 '구멍(穴)'의 의미가 파생되고, 상육이 양으로 변하면 외괘가 손풍(巽風, ☴)이 되니 '들어간다(巽入也)'는 의미가 파생된다. 또한 내괘 건천(乾天, ☰)의 양효 셋에서 청하지 않은 손님의 의미가 생겨난다. 상육은 정치적으로 보면 현실 정치를 벗어나 모든 것을 정리하고 자연으로

불법으로 해석하면, 오직 부처님의 경계에 들어갈 뿐만 아니라, 또한 마군의 경계에도 들어갈 수 있어서 다시 삼계로 돌아와 널리 중생들을 제도함을 의미한다. 삼계의 의정依正,[205] 인과의 모든 진리가 드러나고 이루어지지 않는 것이 없음을 관조할 수 있다면 이것이 곧 '일심삼관一心三觀'[206]이라 할 수 있다. 그러므로 언제나 삼계의 초청하지 않은 벗이 되는 것이니, 삼계의 중생들 중에서 공경하는 자들이 있게 되어 반드시 마침내 길한 것이다.

돌아가(入於穴) 홀로 유유자적하게 세월을 보내는 자리이다. 이러한 자리에서 뜻밖에 현실 정치에서 실권을 가진 세 사람(내괘의 강한 세 양효)이 찾아오니, 그들과 대적하기보다는 도리어 정성으로 공경함으로써 마침내 길하게 된다. 지욱은 상육의 이 같은 의미를 곽씨의 표현을 빌려 영웅호걸(仁傑)이 오호五虎와 결교함과 같다고 하였다. 그런데 지욱은 상육의 뜻에 비유하고 있는 '인걸지결교오호仁傑之結交五虎'가 구체적으로 어떠한 내용의 고사를 염두에 둔 비유인지 더 이상의 설명을 생략하고 있다. 따라서 '인걸지결교오호'라는 표현에서 '인걸仁傑'은 당나라 측천무후가 집권하여 사용한 연호인 무주武周 시대의 유명한 재상인 적인걸(狄仁傑, 607~700)을 지칭하고 '결교오호結交五虎'는 또한 그와 관련한 고사를 말하는 것인지, 아니면 『삼국지』에 등장하고 있는 '오호대장군五虎大將軍'이라 불리는 맹기(孟起: 마초馬超), 관우關羽, 장비張飛, 황충黃忠, 조운趙雲 등과 그들이 모시고 따랐던 당시의 군주들과의 결교를 염두에 둔 표현인 것인지 애매한데, 우리는 단지 추측만 할 수 있을 뿐이다.

205 의정依正: 의보依報와 정보正報를 말한다. 의보는 우리들의 심신에 따라 차별적으로 존재하는 국토·가옥·의복·식물 등의 무정물無情物을 말하고, 정보는 과거에 지은 업인業因에 따라 나타나는 과보, 혹은 부처님이나 중생들의 몸(有情物) 등을 의미한다.

206 일심삼관一心三觀: 모든 법을 공관空觀, 가관假觀, 중관中觀의 세 가지 측면에서 관찰하되(三觀) 실상에 있어서는 그 모든 것이 오직 하나의 마음(一心)임을 관찰하는 것.

象曰 不速之客來敬之終吉은 雖不當位나 夫大失也ㅣ라.
상왈 불속지객래경지종길   수불당위   부대실야

「상전」에 이르길 '청하지 않은 손님 셋이 오리니(不速之客來) 공경하면 마침내 길하다(敬之終吉)'는 것은 비록 자리가 마땅하지 않지만 크게 잃지는 않는다.

旣同流三界, 雖不當佛祖之位, 而隨類可以度生. 設衆生有不知而不敬者, 亦與遠作得度因緣, 而夫大失也.

이미 삼계에서 살아가는 중생의 무리와 함께했다면(同流), 비록 부처와 조사의 지위에는 적합하지 못하다고 하더라도 중생의 무리에 따라서 중생들을 제도할 수 있어야 한다. 만약 중생들이 알지 못하여 공경하지 않는 자들이 있더라도 또한 그들과 더불어서 멀리 제도될 수 있는 인연을 짓게 되어 '크게 잃지는 않는다(夫大失也)'고 하는 것이다.

(6) ䷅ 천수송天水訟

訟은 有孚ㅣ나 窒하야 惕하니 中은 吉코 終은 凶하니 利見大人이
오 不利涉大川하니라.

'송訟'은 믿음을 두나 막혀서 두려우니, 가운데 함은 길하고 마침까지
함은 흉하니, 대인을 봄이 이롭고 큰 내를 건넘은 이롭지 않다.

天在上而水就下, 上下之情不通, 所以成訟. 然坎本得乾中爻以爲體,
則跡雖違, 而性未嘗非一也. 惕中則復性而吉. 終訟則違性而凶. 利見
大人, 所以復性也, 不利涉大川, 誠其逐流而違性也. 佛法釋者, 夫善
養蒙之道, 以圓頓止觀需之而已. 若煩惱習强, 不能無自訟之功. 訟
者, 懺悔克責, 改過遷善之謂也. 有信心而被煩惱惡業所障窒, 當以慚
愧自惕其中而吉. 若悔之不已, 無善方便, 則成悔蓋而終凶. 宜見大
人, 以決擇開發斷除疑悔, 不利涉於煩惱生死大川, 而終致陷沒也.

하늘은 위에 있고 물은 아래로 흘러 상하의 뜻이 서로 통하지 않기
때문에 송사의 상을 이루고 있다. 그렇지만 감(坎, ☵)괘가 본래 건(乾,
☰)괘의 중효를 얻음으로써 체를 이루고 있기에 행동은 비록 어긋나
지만 본성은 일찍이 하나이다. 두려워하고 중도를 지킨다면 본성을 회복
하여 길하게 되지만, 끝가지 송사를 벌이면 본성에 어긋나서 흉하게

된다. '대인을 봄이 이롭다(利見大人)'는 것은 본성을 회복하기 때문이고, '큰 내를 건넘은 이롭지 않다(不利涉大川)'는 것은 그 흐름(流: 중정한 본성을 벗어난 삿되고 불선한 번뇌의 마음)을 좇음으로써 본성을 등지게 됨을 경계한 것이다.

불법으로 해석하면, 무릇 몽(蒙: 어리석은 중생)을 훌륭하게 교육하는 방법은 원돈지관圓頓止觀[207]으로써 수행하게 하는 것(需)뿐이다. 만일 번뇌의 습성이 강하다면 능히 스스로 '송사訟事'하는 노력도 필요하다. '송訟'은 참회하고 (자기를) 억누르고 자책하여 개과천선함을 말한다. 신심은 있어도 번뇌와 악업의 장애와 막힘이 있다면 마땅히 참회하고 부끄러워함으로써 스스로 그 마음(中)을 두려워하기에 길하다.

만약 참회만 계속할 뿐, 훌륭한 방편의 실천수행이 없다면 곧 번뇌(悔蓋)[208]가 성장하게 되어 마침내 흉하다. 마땅히 훌륭한 스승(大人)을 친견함으로써 번뇌와 선악을 바르게 구별할 줄 알고(決擇) 지혜를 개발하여 의혹과 번뇌를 제거해야만 한다. 스승의 가르침 없이 번뇌의 마음으로 생사윤회하는 사바세계의 괴로움의 바다(大川)를 혼자서 건너고자(涉) 한다면 이롭지 못하여 마침내 생사윤회의 괴로운 바다에

---

207 원돈지관圓頓止觀: 천태종에서는 지관을 수행함에 있어 '삼종지관三種止觀'이라 하여 세 가지 지관법을 교설하는데, 곧 점차지관漸次止觀·부정지관不定止觀·원돈지관圓頓止觀 등이다. 원돈지관은 정해진 일정한 수행의 순서나 절차를 거치지 않고 처음부터 곧바로 있는 그대로의 제법실상諸法實相의 이치를 관조觀照하여 한순간에 궁극적인 깨달음에 도달함을 의미한다.

208 회개悔蓋: '도회개悼悔蓋'의 줄임말이다. '개蓋'는 '덮개'란 뜻으로 곧 번뇌를 의미한다. '도회개'는 청정한 불성을 장애하여 몸과 마음을 산란하게 동요시켜 자꾸만 후회하게 하는 번뇌를 가리킨다.

빠지게 될 것(致陷沒)이다.

象曰 訟은 **上剛下險**하야 **險而健**이 訟이라. **訟有孚窒惕中吉**은
단왈 송 상강하험   험이건 송   송유부질척중길

剛來而得中也 ㅣ오 **終凶**은 **訟不可成也** ㅣ오 **利見大人**은 **尚中正**
강래이득중야   종흉 송불가성야   이견대인   상중정

也 ㅣ오 **不利涉大川**은 **入于淵也** ㅣ라.
야   불리섭대천   입우연야

「단전」에 이르길 '송訟'은 위는 강하고 아래는 험해서, 험하면서 굳건함
이 '송訟'이다. '믿음을 두나 막혀서 두려우니, 가운데 함이 길하다(訟有孚
窒惕中吉)'는 것은 강剛이 와서 중을 얻음이요, '마침내 흉하다(終凶)'는
것은 송사는 가히 이루지 못할 것이요, '대인을 봄이 이롭다(利見大人)'는
것은 중정을 숭상함이요, '큰 내를 건넘은 이롭지 않다(不利涉大川)'는
것은 연못에 들어감이다.

剛而無險, 則不必自訟, 險而無剛, 則不能自訟. 今處煩惱險惡窟中,
而慧性勇健, 所以有自訟改過之心也. 所謂有孚窒惕中吉者, 以剛德
來復於無過之體, 僅取滅罪卽止, 不過悔以成蓋也. 所謂終吉者, 悔箭
入心, 則成大失, 故不可使其成也. 所謂利見大人者, 中正之德, 有以
決疑而出罪也. 所謂不利涉大川者, 心垢未淨, 而入生死海中, 必至墮
落而不出也. 約觀心者, 修慧行, 名見大人, 修禪定, 名涉大川. 需約無
過之人, 故可習定. 訟約有過之人, 習定則發魔事也.

강건하지만 험난함이 없으면 반드시 스스로가 송사를 일으키지는 않을
것이다. 험난하지만 강건하지 못하다면 스스로가 송사를 일으킬 수

없다.[209] 지금 번뇌의 험악한 동굴 속에 처하여 있지만 지혜의 성품이 용맹하고 강건하기 때문에 스스로 번뇌의 마음을 다스리고(訟) 허물을 고쳐서 새롭게 본성을 회복하고자 하는 마음을 가질 수 있는 것이다.

이른바 '믿음을 두나 막혀서 두려우니, 가운데 함은 길하다(訟有孚窒 惕中吉)'는 것은 강건한 덕으로써 와서 허물없는 본체(불성)를 회복함을 말한다. 다만 참회는 죄업을 소멸시키는 것으로 그쳐야지, 참회만을 지나치게 계속하여 참회가 도리어 또 다른 번뇌(蓋)를 이루게 해서는 안 된다. 이른바 '마침내 흉하다(終凶)'는 것은 지나친 참회의 뉘우침은 도리어 마음에 상처를 입게 하여(悔箭入心) 곧 큰 손실(大失)[210]을 가져 오기 때문에 그렇게 해서는 안 된다는 말이다. 이른바 '대인을 봄이 이롭다(利見大人)'는 것은 중정한 덕(곧 불성을 바탕으로 작용하는 밝은 지혜작용)으로써 번뇌의혹을 결단하여 죄업에서 벗어날 수 있음을 말한다. '큰 내를 건넘은 이롭지 못하다(不利涉大川)'는 것은 마음의

---

209 여기서 '강剛'은 지혜, '험險'은 번뇌를 표현하고 있다. 곧 지혜가 강하여 번뇌가 일어나지 않는다면 반드시 스스로 참회하며 번뇌를 다스리고자 노력(訟)하지 않아도 되지만, 번뇌가 일어나는데 그것을 알아차려 다스릴 지혜조차 약하다면 스스로가 참회하고 번뇌를 다스리려는(訟) 생각도 일으키지 못한다는 의미이다.

210 여기서 '큰 손실(大失)'은 곧 수행의 근본 목적인 정각의 성취를 위한 깨달음의 목표를 잃어버림을 비유하고 있다. 지욱은 '송訟'의 의미를 불교적인 관점에서 잘못을 참회하고 (자기를) 억누르고 자책하여 개과천선하는 의미로 재해석하고 있다. 그런데 그러한 참회의 행위(訟)는 단지 자신의 죄업과 불선한 마음을 선한 마음으로 고쳐나가는 것에 있어서는 효과적이지만, 이를 통해 수행의 근본 목적인 깨달음은 성취할 수 없다. 따라서 참회를 어느 정도 실천하여 죄업을 소멸하고 불선한 마음을 다스렸다면, 본 수행인 지관의 수행을 닦아나가야 된다. 지욱은 지금 이를 표현하고 있다.

때가 깨끗하지 못한 상태로 생사의 바다 가운데 들어가게 되면 반드시 삼악도에 빠져서 헤어나지 못하게 됨을 말하는 것이다.

마음을 통찰하는 수행으로 보면, 지혜의 행을 닦는 것을 일러 '대인을 본다(見大人)'고 하고, 선정을 닦는 것을 '큰 내를 건넌다(涉大川)'고 한다. '수需'는 허물이 없는 사람과 같으므로 선정을 닦을 수 있지만, '송訟'은 허물이 있는 사람과 같아서 선정을 닦게 되면 곧 번뇌마장이 생기게 된다.

象曰 天與水ㅣ 違行이 訟이니 君子ㅣ 以하야 作事謀始하나니라.
상 왈 천 여 수   위 행   송   군 자   이   작 사 모 시

「상전」에 이르길 하늘(乾, ☰)과 물(水, ☵)이 어긋나게 행함이 '송訟'이니, 군자가 이로써 일을 도모함에 처음을 잘 꾀하여야 한다.

天亦太極, 水亦太極, 性本無違天. 天一生水 亦未嘗違. 而今隨虛妄相, 則一上一下, 其行相違, 所謂意欲潔, 而偏染者也. 只因介爾一念 不能愼始, 致使從性所起煩惱, 其習漸强而違於性, 故君子必愼其獨, 謹於一事一念之始, 而不使其滋延難治, 夫是之謂善於自訟者也. 佛法釋者, 是破法偏, 謂四性簡責, 知本無生.

하늘이 태극이면 물도 태극이다. 본성은 본래 하늘과 어긋나지 않기 때문이다. 하늘에서 처음 물이 생겨나는 것도 또한 일찍이 어긋나는 것이 아니다. 지금 허망한 상을 좇아서 하나(乾天, ☰)는 위로 향하고 있고 하나(坎水, ☵)는 아래로 향하고 있으니, 그 행이 서로 어긋남이

다. 이른바 뜻은 결백하고자 하면서도 반대로 오염되는 것과 같은 이치라 할 수 있다. 다만 한순간(介爾)에 일어나는 일념一念이 능히 신중하지 못함을 시초로 하여 본성을 좇아 번뇌가 생겨나게 하고, 그 번뇌의 습성이 점점 강하게 되어서 결국은 본성을 위배하게 되는 데까지 이르게 되는 것이다. 그러므로 군자는 반드시 그 홀로 있을 때에 신중하게 처신하여 한 가지 일과 한 가지 생각에 있어서도 처음부터 근신해야 하며, 그러한 허물들이 자라나서(滋延) 다스림을 어렵게 하지 않도록 해야만 한다. 무릇 이것을 일러 스스로 송사를 잘 하는 것이라 할 수 있다.

불법으로 해석하면, 이는 '파법편破法徧'²¹¹으로 네 가지 번뇌의 성품(四性)²¹²을 분명하게 따져 규명해 보면 그러한 미혹들이 본래 생겨남이 없음을 깨닫게 됨(知無生)²¹³을 말한다.

---

211 '파법편破法徧'은 천태종에서 가르치고 있는 해탈의 경지에 이르기 위한 열 가지 관법인 '십승관법十乘觀法' 가운데 네 번째 관법이다. 이 관법은 곧 공空·가假·중中의 삼관三觀을 일심으로 실천해서 신견身見, 변견邊見 등과 같이 그릇된 이치로 분별하여 일으키는 번뇌인 견혹見惑, 탐욕과 진에瞋恚 등과 같은 번뇌를 의미하는 사혹思惑, 보살이 무수히 많은 법문을 모두 다 알지 못하여 중생을 구제하는 데 장애가 되는 번뇌를 지칭하는 진사혹塵沙惑, 밝은 지혜가 없는 어리석음 그 자체를 의미하는 무명혹無明惑 등의 삿된 견해와 번뇌를 한꺼번에 끊어버리는 관법이다.

212 사성四性: 파법편의 관법으로 타파해야 할 대상이 되는 견혹見惑·사혹思惑·진사혹塵沙惑·무명혹無明惑의 네 가지 성질의 번뇌를 가리킨다.

213 지무생知無生: 인간이 일으키는 모든 번뇌와 미혹은 사실 그 실체가 없는 무상한 것이다. 인간의 여섯 가지 감각기관(六根: 눈眼·귀耳·코鼻·혀舌·몸身·마음意)을 통해서 그 상대가 되는 여섯 가지 밖의 경계(六境: 형상色·소리聲·냄새香·맛味

初六은 不永所事 l 면 所有言하나 終吉이리라.
초 육   불 영 소 사   소 유 언   종 길

초육은 일(송사)을 길게 하지 않으면 조금 말이 있으나 마침내 길하다.

大凡善貴剛進, 惡宜柔退. 初六柔退, 故爲惡未成, 改悔亦易, 不過所
有言而已. 此如佛法中作法懺也.

대체로 선은 강건하게 나아감을 귀하게 여기고 악은 부드럽게 물러남을
마땅하게 여긴다. 초육은 음이 물러나는 상이다. 까닭에 악을 아직
이루지 못한 것이니 잘못을 고쳐 참회하는 것 역시 쉽다. 조금 허물의
말이 있을 따름이다. 이것은 불법에 있어서 작법참회(作法懺)[214]와 같은

·감촉觸·마음의 대상法)를 접촉함으로써 한순간 일어났다 사라지고 마는 것이
바로 번뇌이고 미혹이다. 이는 불성이라고 하는 마음의 본성의 측면에서 보면,
마치 바다에서 바람에 따라 한순간 일어났다 사라지는 파도와 같은 것이라
볼 수 있다. 한순간 일어났던 파도는 바람이 그치면 흔적 없이 사라지지만
바다는 여전히 그 자리에서 여여하게 존재하듯이, 인간이 대성을 접촉함으로써
불성을 의지해 일어났던 번뇌와 미혹 또한 그 실체가 없고 무상한 것이기에
어느 순간 흔적 없이 사라지고 말지만 본성인 불성은 영원히 그 자리에 여여하게
존재하고 있는 것이다. 일어났다 사라져버린 파도의 흔적을 바다에서 또다시
찾을 수 없듯이, 불성의 근본 자리에서 보면 번뇌와 미혹 또한 생겨났다 사라지면
그 흔적을 두 번 다시 찾을 수 없다. 불성의 근본 자리에서 보면 모든 번뇌와
미혹의 생사의 흔적을 확인할 수 없는 것이다. 지욱이 표현하고 있는 '지무생知無
生'의 뜻은 바로 이러한 이치를 깨닫는 것을 의미한다고 볼 수 있다.

214 작법참회(作法懺): 참회는 그릇되게 지은 자신의 허물과 잘못을 뉘우쳐 다시는
범하지 않고자 서원을 세우고 실천하는 종교적 정화의 행위이다. 불교에서는
'삼종참회법三種懺悔法'이라 하여 세 가지 내용의 참회법을 실천한다. 바로 ①작
법참(作法懺: 불전佛前이나 법사를 향하여 지은 바 허물을 발로發露하여 참회하

것이라 할 수 있다.

象曰 不永所事는 訟不可長也ㅣ니 雖小有言이나 其辯이 明也ㅣ라.
상왈 불영소사 송불가장야   수소유언   기변   명야

「상전」에 이르길 '일을 길게 하지 않는다(不永所事)'는 것은 송사를
오래하지 못하는 것이니, 비록 조금 말이 있으나 그 분별함이 밝은
것이다.

九二는 不克訟이니 歸而逋하야 其邑人이 三百戶ㅣ면 无眚하리라.
구이 불극송   귀이포   기읍인   삼백호   무생

구이는 송사를 이기지 못하니, 돌아가 도망하여 그 마을사람이 300호면
재앙이 없을 것이다.

剛而不正, 不能自克以至於訟. 然犯過旣重, 何能無損, 但可逋逃, 處
於卑約, 庶免災耳. 此如佛法中比丘犯戒, 退作與學沙彌者也.

강건하지만 바르지 못하여 능히 스스로 이겨내지 못하고 송사에까지
이르게 되었다. 그러나 범한 허물이 이미 중하니 어찌 손해가 없을
수 있겠는가? 단지 도망하여 낮은 곳에 숨으면 겨우 재앙을 면할
수 있을 뿐이다. 이는 불법에 있어서 비구가 계율을 파계하게 되면
물러나서 더불어 다시 사미(沙彌: 비구계를 받아 정식 출가승이 되기

는 것), ②취상참(取相懺: 고요한 정심定心으로 참회의 생각을 일으켜 부처님께
서 이마를 어루만지는 것과 같은 상서로운 상을 감득感得하는 것), ③무생참(無生
懺: 참된 진리를 관조하여 단정히 앉아서 불생불멸의 이치를 관찰하는 것)이다.

이전의 예비 승려)의 가르침을 배우는 것과 같다.

象曰 不克訟하야 歸逋竄也ㅣ니 自下訟上이 患至ㅣ 掇也ㅣ리라.
상 왈 불 극 송   귀 포 찬 야   자 하 송 상   환 지   철 야

「상전」에 이르길 송사를 이기지 못해서 돌아가 도망해서 숨으니, 아래
에서부터 위를 송사함이 근심에 이르게 됨을 취하는 것이다.

佛法釋者, 自旣犯戒而居下流, 欲以小小懺悔而復上位, 罪必不滅, 且
亂法門矣.

불법으로 해석하면, 스스로 이미 계율을 범하여 낮은 사미의 무리와
함께 거처하면서 소소한 참회만을 하면서 다시 상위인 비구의 지위를
회복하고자 욕심내는 것이다. 하지만 이러한 행위는 죄를 반드시 소멸
시키지도 못할 뿐만 아니라, 도리어 불법을 어지럽히는 것에 지나지
않는다.

六三은 食舊德하야 貞하면 厲하나 終吉이리니 或從王事하야 无成
육 삼   식 구 덕   정   려   종 길   혹 종 왕 사   무 성
이로다.

육삼은 옛 덕을 먹어서 바르게 하면, 위태로우나 마침내 길할 것이니,
혹 왕의 일을 좇아서 이룸은 없다.

六三陰柔, 不敢爲惡, 但謹守常規, 小心翼翼, 故得終吉. 然是硜硜之
士, 恐不足以成大事也.

육삼은 음으로 유약하여 감히 악을 행하지는 못한다. 다만 일상의 규칙을 지키면서 삼가고 조심할(小心翼翼)[215] 뿐이다. 그러므로 마침내 길하다. 그러나 이러한 사람은 옹졸한(硜硜) 선비로서 아마도 큰일을 이루기엔 부족하다.

象曰 食舊德하니 **從上**이라도 **吉也**ㅣ리라.
상왈 식구덕　　종상　　길야

「상전」에 이르길 옛 덕을 먹으니 위를 좋더라도 길할 것이다.

自立則不能, 附人則仍吉, 所謂倚松之葛, 上聳千尋也. 佛法釋者, 雖非大乘法門, 若開權顯實, 則彼所行亦卽是菩薩道, 故必從上乘圓頓之解方吉.

자립은 불가능하므로 다른 사람에게 기대는 것이 좋다. 이른바 소나무에 의지한 칡덩굴이 위를 향해 천길 높이(千尋)로 솟아 오를 수 있는 것과 같다.

　불법으로 해석하면, 비록 대승의 법문은 아니지만 만약 방편을 열어 진실을 드러낸다고 한다면(開權顯實)[216] 저들의 소행 역시 보살도라

---

215 '소심익익小心翼翼'은 마음을 작게 하고 공경한다는 뜻으로, 대단히 조심하고 삼간다는 말이다. 『시경』「대아大雅」'증민蒸民'편에 나오는 "중산보의 덕은 훌륭하고도 법도가 있네(仲山甫之德柔嘉維則), 훌륭한 거동에 훌륭한 모습이요 조심하고 공경하며(令儀令色小心翼翼), 옛 교훈을 본받으며 위의에 힘쓰고(古訓是式威儀是力), 천자를 따르며 밝게 명령을 펴 드리네(天子是若明命使賦)"라는 시에서 유래한다.

216 개권현실開權顯實: '권權'은 방편, 수단을 의미하는 것으로 권교권지權巧權智를

할 수 있을 것이다. 그러므로 반드시 상승上乘인 원돈의 가르침(圓頓之
解)[217]을 따라야만 바야흐로 길하다.

九四는 **不克訟**이라 **復卽命**하야 **渝**하야 **安貞**하면 **吉**하리라.
구 사　　불 극 송　　복 즉 명　　유　　안 정　　길

구사는 송사를 이기지 못한다. 돌아와 명에 나아가 변해서 편안하고
바르게 하면 길할 것이다.

九四亦是不正之剛, 故不能自克以至於訟. 然居乾體, 則改悔力强, 故
能復歸無過, 而悟性命淵微之體, 是則反常合道, 猶佛法中因取相懺,
而悟無生者也.

구사 또한 자리가 바르지 못한 강건한 양효이다. 그러므로 스스로를
다스리지 못해 송사에 이르게 되었다. 그러나 건괘의 체에 거처하므로
고치고 뉘우치는 힘이 강하다. 그러므로 능히 허물이 없는 곳으로

뜻하고, '실實'은 진실실지眞實實智를 뜻한다. 개권현실은 곧 '방편임을 밝히고
진실을 드러낸다'는 의미로, 지의가 『법화현의法華玄義』에서 『법화경』 28품
가운데 앞의 14품의 요지로서 제시한 말이다. 세존이 삼승(三乘: 성문·연각·보
살)에 대한 여러 가르침을 설하였지만, 그것은 모두 일승으로 이끌어 들이기
위한 방편(權)에 지나지 않는다는 뜻이다. 세존이 원교의 가르침인 『법화경』을
설하기 이전에는 방편을 진실인 듯 설하고 방편을 방편이라 밝히지 않았지만,
『법화경』을 설하면서 비로소 삼승은 일시적인 방편의 가르침일 뿐이고, 오직
일승만이 진실한 가르침임을 밝혔다는 뜻(顯示一乘)을 나타낸다.

217 원돈지해圓頓之解: 천태종에서 말하는 삼종지관三種止觀, 곧 점차지관漸次止觀·
　　부정지관不定止觀·원돈지관圓頓止觀 중에서 원돈지관과 같은 의미이다.

회복하여 돌아가 성명의 깊고 미묘한 본성(體)을 깨달을 수 있다. 이는 곧 평상으로 돌아가 도와 합하는 것이라 할 수 있다. 불법에 있어서는 취상참회(取相懺)[218]를 실천하여 무생법인無生法忍[219]을 깨닫는 것에 비유할 수 있다.

象曰 復卽命渝安貞은 不失也ㅣ라.
상왈 부즉명투안정 불실야

「상전」에 이르길 '돌아와 명에 나아가 변해서 편안하고 바르다(復卽命渝安貞)'는 것은 잃지 않는 것이다.

九五는 訟에 元吉이라.
구오 송 원길

구오는 송사에 크게 길하다.

剛健中正, 有不善未嘗不知, 知之未嘗復行, 乃至小罪, 恒懷大懼而不敢犯, 大善而吉之道也. 佛法則性業遮業, 三千八萬, 無不淸淨者矣.

강건하고 중정하여 불선한 것이 있으면 일찍이 모두 깨닫는다. 불선한

---

218 취상참회(取相懺): 삼종참회법三種懺悔法의 하나. 고요한 정심定心으로 참회의 생각을 일으켜 부처님께서 이마를 어루만지는 것과 같은 상서로운 상을 감득感得하는 것.

219 무생법인無生法忍: 『대지도론大智道論』에서 "무생법인이라는 것은 생성과 소멸이 없는 모든 법의 실상 중에서 그 바른 도리를 믿고 받아들여 통달하고, 걸림이 없고 물러나지 않는 것으로, 이를 무생인이라 한다(無生法忍者, 於無生滅諸法實相中, 信受通達, 無礙不退, 是名無生忍.)"라고 설명하고 있다.

것을 다 알기에 다시 범하려 하지 않는다. 따라서 작은 죄를 짓는 것도 크게 두려워하는 마음을 품어 감히 범하지 않는 것이다. 크게 선해서 길한 도라 할 수 있다.

불법으로는 곧 성업性業과 차업遮業[220]의 삼천 (위의와) 팔만(의 미세한 업)이 모두 청정해지는 것이다.

象曰 訟元吉은 **以中正也**ㅣ라.
상 왈 송 원 길   이 중 정 야

「상전」에 이르길 '송사에 크게 길하다(訟元吉)'고 하는 것은 가운데이고 바르기 때문이다.

上九는 **或錫之鞶帶**라도 **終朝三褫之**리라.
상 구   혹 석 지 반 대   종 조 삼 치 지

상구는 반대鞶帶[221]를 주더라도, 아침(朝會)이 미치는 동안 세 번 빼앗길 것이다.

過極之剛, 不中不正, 數數犯過, 數數改悔. 就改悔處, 薄有慚愧之衣,

---

220 성업性業은 성죄性罪라고도 하며, 곧 성품이 불선하여 짓게 되는 죄업으로 살생·도둑질·사음 등과 같은 비교적 무거운 죄업을 말한다. 이에 비해 차업遮業은 차죄遮罪라고도 하며, 다른 사람에게 피해를 주거나 수행공동체의 질서와 화합을 깨는 언행을 미리 방지하기 위해서 세존이 제정하신 계율을 어김으로써 짓게 되는 죄업을 말하며, 불음주계를 어기는 것과 같은 비교적 가벼운 죄업이 이에 해당된다.

221 반대鞶帶: 천자가 공이 있는 사람에게 상으로 주는 허리에 두르는 큰 관대.

猶如鑿帶, 就屢犯處, 更無一日淸淨, 猶如三褫也.

지나치게 극해진 강(양효)은 가운데 자리하지도 못하고 바르지도 못하다. 자주 과실을 범하면 거듭 뉘우쳐 고쳐야 한다. 뉘우쳐 고쳐야 하는 곳으로 나아가는데 참회하고 부끄러워하는 옷이 너무 얇으니 오히려 반대鑿帶를 두른 것과 같다.²²² 누차 죄업을 반복해 지으므로 다시 하루라도 청정한 날이 없다. 비유하자면 '세 번 빼앗긴다(三褫)'라는 뜻과 같다.

象曰 以訟受服이 亦不足敬也ㅣ라.
상 왈 이 송 수 복   역 부 족 경 야

「상전」에 이르길 송사로써 항복을 받음이 또한 족히 공경할 만한 일이 아니다.

有過而改, 名爲慚愧. 已不若無過之足敬矣. 又何必至三褫而後爲恥哉. 此甚誡人不可輒犯過也.

허물이 있으면 고치는 것을 '참괴慚愧'라 부른다. 하지만 이미 허물이

---

222 잘못이 있으면 참회하고 뉘우침은 당연한 행위이다. 그런데 한 번의 잘못이 있으면 한 번 참회하는 것으로 다시는 같은 죄를 반복해서 짓지 않아야 한다. 그런데 너무 쉽게 죄를 반복해서 짓고, 또 그 잘못에 대해 남에게 보여 주기 위한 형식적인 참회를 반복한다면 이는 진정으로 마음속에서 우러나오는 바르고 신중한 참회의 모습이라 할 수 없을 것이다. '참회하고 부끄러워하는 옷이 너무 얇다'라는 표현은 바로 이러한 의미를 나타내고 있다. 이는 마치 상으로 받은 반대를 자랑삼아 허리에 두르고 여기저기 다니는 것과 같은 가벼운 모습이라 할 수 있을 것이다.

없어 존경을 받는 것만 못하다. 또한 어찌 반드시 세 번씩이나 빼앗기는
데 이르고 난 뒤에야 부끄러워하겠는가! 이것은 사람들이 번번이 같은
허물을 저지르지 못하게 깊이 경책한 것이다

(7) ䷆ 지수사地水師

師는 貞이니 丈人이라야 吉코 无咎하리라.
<small>사　　정　　　장인　　　　길　　무구</small>

‘사師’는 바름이니, 장인이라야 길하고 허물이 없을 것이다.

夫能自訟, 則不至於相訟矣. 相訟而不得其平則亂, 亂則必至於用師. 勢之不得不然, 亦撥亂之正道也. 但兵凶戰危, 非老成有德之丈人, 何以行之. 佛法釋者, 蒙而無過, 則需以養之, 蒙而有過, 則訟以改之. 但衆生煩惱過患無量, 故對破法門, 亦復無量, 無量對破之法, 名之爲師, 亦必以正治邪也. 然須深知藥病因緣, 應病與藥, 猶如老將, 善知方略, 善知通塞, 方可吉而無咎. 不然, 法不逗機, 藥不治病, 未有不反爲害者也.

무릇 능히 스스로를 반성하고 단속할 수 있다면(自訟) 남과 서로 송사를 하는 데까지 이르지 않을 것이다. 서로 송사를 하게 되면 그 공정함을 얻지 못하여 어지럽게 된다. 어지러워지면 반드시 군대(師)를 쓰는 데까지 이르게 된다. 형세가 그렇게 하지 않으면 안 되게 된 것이니, 또한 어지러움을 다스리는 바른 방법이라 할 수 있다. 다만 군대는 흉하고 전쟁은 위험한 것으로, 노숙하고 덕이 있는 대장부가 아니라면 어찌 그것을 행사할 수 있겠는가?

불법으로 해석하면, 어리석더라도(蒙) 허물이 없으면 그냥 수행하면서(需) 성장해가면 되지만, 어리석으면서도 허물마저 있으면 참회함으로써(訟) 고쳐나가야 한다. 다만 중생의 허물과 번뇌(過患)는 무량하다. 그러므로 상대하여 타파하는 법문도 또한 무량하다. 상대하여 타파시키는 법문을 '師'라고 하는 것이니, 또한 반드시 바름으로써 삿됨을 다스려야만 한다. 그러나 모름지기 병이 생기게 된 인연을 깊이 알아서 병에 따라 약을 처방해 주어야 한다. 이는 마치 덕 높은 노련한 장수가 일을 헤쳐 나갈 방도와 계략을 잘 알고 통하는 것(通)과 막히는 것(塞)[223]을 잘 알기 때문에 바야흐로 길하여 허물이 없는 것과 같다. 그렇지 못하다면 가르침이 중생의 근기를 맞추지 못하고 약으로 병을 치료하지 못해 도리어 해가 될 수밖에 없다.

象曰 師는 衆也ㅣ오 貞은 正也ㅣ니 能以衆正하면 可以王矣리라.
단 왈 사 중 야 정 정 야 능 이 중 정 가 이 왕 의

剛中而應하고 行險而順하니 以此毒天下而民이 從之하니 吉코
강 중 이 응 행 험 이 순 이 차 독 천 하 이 민 종 지 길

又何咎矣리오.
우 하 구 의

「단전」에 이르길 '師'는 무리요 '정貞'은 바름이니, 능히 무리를 바르게 하면 가히 왕이 될 수 있을 것이다. 강한 것이 가운데 해서 응하고

---

223 지통색知通塞은 곧 '식통색識通塞'과 같은 의미로 '통함과 막힘을 잘 안다'는 뜻이다. 이는 곧 마음의 본성을 깨닫기 위한 천태의 십승관법 가운데 다섯 번째 수행관법을 의미한다. 수행에 있어 진리에 통하는 것과 그것의 체득을 방해하는 것을 확연하게 식별하는 수행관법이다.

험함을 행하여도 순하게 하니, 이로써 천하를 수고롭게 하여도 백성이 따르니 길하고 또 무슨 허물이 있겠는가!

用衆以正, 謂六五專任九二爲將, 統禦群陰, 此王者之道也. 兵者不得 已而用之, 猶藥治病, 故名爲毒天下. 佛法釋者, 師是衆多法門, 貞是 出世正印也. 能以衆多法門, 正無量邪惑, 則自利利他, 可以爲法王而 統治法界矣. 剛中則定慧莊嚴, 隨感而應, 雖行於生死險道, 而未嘗不 順涅槃. 以此圓頓妙藥, 如毒鼓毒乳, 毒於天下, 而九界之民皆悉從之 吉, 又何咎矣.

무리를 바르게 쓴다는 것은 육오가 구이를 장수로 삼아 전권을 일임해서 모든 음陰을 통솔하고 제어하는 것을 말한다. 이는 제왕의 도이다. 군사라는 것은 부득이한 경우에만 사용해야 한다. 비유하자면 약으로 병을 치료하는 것과 같다. 그러므로 이름하여 '천하를 혹독하게 한다(毒 天下)'고 하는 것이다.

　불법으로 해석하면, '사師'는 중생을 위한 많은 법문이고, '정貞'은 세상을 벗어나게 하는 바른 진리(正印)이다. 능히 많은 법문으로써 무량한 삿된 어리석음을 바르게 다스리는 것이 곧 나도 이롭게 하고 남도 이롭게 하는 것이며, 진리의 왕(法王)이 되어 법계를 다스릴 수 있는 것이다. '강건하고 중정하다(剛中)'는 것은 곧 선정과 지혜를 함께 갖춘 것(莊嚴)이다. 느낌에 따라 대응하면서(隨感而應)[224] 비록

---

224 수감이응隨感而應: 곧 중생들의 요구하는 바람에 따라 그에 걸맞게 적절히 보살행을 실천하는 것.

생사윤회의 험난한 길을 가더라도 일찍이 열반을 따르지 않음이 없다.
이러한 원돈圓頓의 신묘한 약으로써 독을 바른 북(毒鼓)과 독을 탄
우유(毒乳)와 같이 천하를 혹독하게 하지만 생사를 윤회하는 아홉
중생세계(九界)의 백성들이 모두 그를 따르게 된다.[225] 오직 길할 뿐,
또다시 무슨 허물이 되겠는가?

象曰 地中有水ㅣ 師ㅣ니 君子ㅣ 以하야 容民畜衆하나니라.
상왈 지중유수 사 군자 이 용민휵중

「상전」에 이르길 땅(地, ☷) 속에 물(水, ☵)이 있음이 '사師'니 군자가
이로써 백성을 포용하고 무리를 기르는 것이다.

地中有水, 水載地也. 君子之德猶如水, 故能容陰民而畜坤衆. 容民卽
所以畜衆, 未有戕民以養兵者也. 爲君將者奈何弗深思哉. 佛法釋者,
一切諸法中, 悉有安樂性, 亦悉具對治法, 如地中有水之象. 故君子了
知八萬四千塵勞門, 卽是八萬四千法門, 而不執一法, 不廢一法也. 此
是善識通塞, 如撫之則卽民卽兵, 失之則爲賊爲寇.

---

225 '독고毒鼓'는 독을 바른 북, '독유毒乳'는 독을 탄 우유로, 독고의 북소리를 듣거나
독유를 마시는 사람은 당연히 목숨을 잃게 된다고 한다. 이러한 독고와 독유는
탐·진·치 삼독심과 중생의 사악邪惡을 타파하는 불법을 비유적으로 이르는
말이다. 위 문장의 뜻은 '원돈圓頓'의 수승한 가르침이 세상 사람들에게 있어서는
마치 독고나 독유처럼 잠시 세상을 혹독하게 하는 것처럼 보일 수 있지만,
결과적으로는 중생의 삼독심을 다스리고 사악함을 깨부수어 정법을 깨닫게
하는 선약善藥의 역할을 하게 됨으로써 중생들이 당연히 받아들이고 따르게
된다는 의미이다.

'땅속에 물이 있다(地中有水)'는 뜻은 물(水, ☵)이 땅(地, ☷)을 싣고 있다는 의미이다. 군자의 덕은 물에 비유할 수 있다. 그러므로 능히 음에 비유되는 백성(陰民)을 포용하여 곤에 비유되는 민중(坤衆)을 양육할 수 있는 것이다. '백성을 포용한다(容民)'는 것은 곧 민중을 양육한다는 뜻이다. 백성을 죽이기 위해 군사를 양성한 사람은 없었다. 임금이나 장수가 된 자가 어찌 깊이 생각하지 않을 수 있겠는가?

불법으로 해석하면, 일체의 모든 법 가운데에는 모두 안락한 본성을 소유하고 있다. 또한 모두 번뇌와 사악함을 상대하여 다스릴 수 있는 법(對治法)도 갖추고 있다. 마치 땅속에 물이 있는 형상과 같다. 그러므로 군자는 8만 4천 가지 번뇌의 문(塵勞門)[226]이 곧 8만 4천 가지의 법문임을 확연히 깨달아서 한 가지 법에 집착하지도 않고 한 가지

---

226 8만 4천 가지 번뇌의 문(塵勞門): 불교에서는 '번뇌가 곧 보리(煩惱卽菩提)'라는 말을 사용한다. 이는 청정한 본성과 그러한 본성에서 일으키는 때 묻은 번뇌가 결국에는 둘이 아닌 하나의 성품이라는 뜻으로, 마치 바다와 파도가 하나의 성품인 것과 같은 이치라는 것이다. 본성은 곧 번뇌를 통해 드러나고 번뇌는 곧 본성에 근원하여 일어나는 것이기에, 결국 이 둘은 하나의 성품에 지나지 않는다는 이치가 바로 '번뇌가 곧 보리'라는 표현이다. '진로塵勞'는 불교에서 번뇌와 같은 의미로 사용한다. 8만 4천 가지의 진로(번뇌)가 곧 8만 4천 가지의 법문이라는 지욱의 표현은 바로 이러한 이치를 밝히고 있다. 이러한 번뇌와 진리가 둘이 아닌 하나라는 관점에서 보면, 그 어떤 한 법만을 정법이라 하여 집착하거나, 반대로 어떤 한 법만을 사법이라 하여 버리고자 하는 분별의 마음과 차별의 마음을 일으키지 않게 된다. 이러한 이치를 깨달은 수행자(군자)는 결과적으로 시처時處에 따라 자유롭게 적절히 대응하며 정사를 분별하지 않고 모든 중생을 차별 없이 포용하여 나도 이롭고 남도 이롭게 하는 보살행을 실천할 수 있게 된다는 것이다.

법도 버리지 않는다. 이것이 바로 통함과 막힘을 잘 아는 것이니, 만약에 백성들을 애호한다면 곧 백성들이 바로 병사가 될 수 있지만, 잃게 되면 곧 도적과 원수가 되는 것이다.

初六은 **師出以律**이니 **否** ㅣ면 **臧**이라도 **凶**하니라.
초 육　　사 출 이 율　　부　　장　　흉

초육은 군사가 출정하는 데 법률로써 해야 하니, 그렇게 하지 않으면 비록 착하더라도 흉하다.

大司馬九伐之法名之爲律. 師出苟不以律, 縱令徼幸成功, 然其利近, 其禍遠. 其獲小, 其喪大, 故凶. 孟子所謂一戰勝齊遂有南陽然且不可也. 佛法釋者, 初機對治之法, 無過大小乘律, 若違律制, 則身口意皆悉不善而凶矣.

대사마大司馬 구벌지법九伐之法[227]을 '율律'이라 한다. 군사가 출정함에 있어 진실로 규율로써 하지 않으면 비록 요행히 성공을 거둔다고 해도 그 이로움은 근처만 미칠 정도로 보잘 것 없고, 그 화는 멀리 미치게 되며, 그 얻는 것은 작고, 그 잃는 것은 크다. 그러므로 '흉하다(凶)'고 한다. 맹자는 이른바 "한 번 싸워서 제齊나라를 이겨 마침내 남양南陽을 얻을지라도 그러나 옳지 않다"[228]고 하였다.

---

227 '대사마'는 주나라 때의 관직명이며, '구벌지법'은 대사마가 제후들의 영토를 공정히 다스리는 아홉 가지 율법을 말한다. 『주례周禮』「하관대사마夏官大司馬」 조에 언급되고 있다.

228 "일전승제一戰勝齊 수유남양遂有南陽 연차불가然且不可." 『맹자』「고자장구하告

불법으로 해석하면, 초심자(初機)를 상대하여 다스리는 방법은 대승과 소승의 규율을 벗어나지 않는다. 만약 계율(律制)을 어긴다면 곧 몸과 입과 뜻이 모두 다 선하지 못하게 되어 흉하다.

象曰 師出以律이니 **失律**하면 **凶也**ㅣ리라.
상 왈 사 출 이 율   실 률   흉 야

「상전」에 이르길 군사가 출정하는 데 법률로써 해야 하니 법률을 잃으면 흉할 것이다.

九二는 **在師**하야 **中**할새 **吉**코 **无咎**하니 **王三錫命**이로다.
구 이   재 사   중   길   무 구   왕 삼 석 명

구이는 군사에 있어 가운데 하기 때문에 길하고 허물이 없으니, 왕이 세 번 명을 주도다.

以大將才德, 膺賢主專任, 故但有吉而無咎也. 陳旻昭曰, 九二以一陽, 而五陰皆爲所用, 不幾爲權臣乎, 故曰在師中吉, 以見在朝則不可也. 佛法釋者, 有定之慧, 徧用一切法門自治治他, 故吉且無咎, 而法王授記之矣.

대장의 재주와 덕(구이)으로 인해 현명한 군주(육오)가 전적으로 (대장에게) 임무를 맡긴다. 그러므로 단지 길하여 허물이 없다고 한다. 진민소는 "구이는 하나의 양으로써 다섯 음을 모두 활용하고 있으니,

---

子章句下」편에서 언급되고 있는 내용이다.

거의 권위 있는 신하라 하지 않을 수 있겠는가? 그러므로 '군사에 있어 가운데 하기 때문에 길하다(在師中吉)'고 한다. 조정에만 머물러 있으면 옳지 않음을 나타낸 것이다"[229]라고 하였다.

불법으로 해석하면, 선정이 있는 지혜로써 일체의 법문을 두루 활용하여 나와 남을 함께 다스리는 것이다. 그러므로 길하고 또한 허물도 없으니 부처님(法王)의 수기授記[230]를 받는 것이다.

象曰 在師中吉은 承天寵也ㅣ오 王三錫命은 懷萬邦也ㅣ라.
상왈 재사중길 승천총야 왕삼석명 회만방야

「상전」에 이르길 '군사에 있어 가운데 하기 때문에 길하다(在師中吉)'는 것은 천자의 총애를 받드는 것이고, '왕이 세 번 명을 준다(王三錫命)'는 것은 만방을 품는 것이다.

自古未有無主於內, 而大將能立功於外者. 九二之吉, 承六五之寵故也. 爲天下得人者謂之仁, 故三錫命於賢將, 卽所以懷萬邦. 佛法釋

---

[229] 사괘에서 구이는 육효 가운데 유일한 양효로서 내괘에서 가운데 자리하고 있다. 양효로서 강건하고 또한 내괘에서 가운데 자리하고 있으니 구이는 재덕을 겸비한 장수라 할 수 있다. 구이와 대응하고 있는 육오인 임금은 이러한 구이에게 전쟁을 이끌 수 있도록 군사에 대한 전권을 일임하는 은덕을 내리고 있다. 이러한 구오가 밖으로 적진을 향해 나가 전쟁에 임하지 않고 연약한 문신들만 있는 조정 안에 머물러 있는 것은 옳지 않다는 표현이다.

[230] 수기授記: 부처님께서 그 제자들에게 수행하여 얻은 깨달음의 결과로써 언제 어디서 반드시 부처가 되리라고 예언을 내리는 것을 의미한다. 지욱은 '왕삼석명 王三錫命'의 뜻을 부처님이 보살도를 실천하는 보살승에게 어느 시기에 반드시 부처가 될 것임을 예언하는 수기를 내리고 있다는 의미로 해석하고 있는 것이다.

者, 承天行而爲聖行, 梵行等, 所謂一心中五行, 故爲法王所寵, 而授記, 以廣化萬邦也.

예로부터 조정 안에 군주가 없는 상태에서 대장이 능히 조정 밖에서 공을 세운 자는 없었다. 구이(대장)가 길하다고 하는 것은 육오(임금)의 총애를 받았기 때문이다. 천하를 위하여 사람을 얻은 자를 어질다(仁)고 한다. 그러므로 현명한 장수에게 세 번 명을 내리는 것은, 그렇게 함으로써 만방을 품고자 하는 이유에서다.

불법으로 해석하면, 천행을 이어받은 성행聖行과 범행梵行 등을 실천하는 것이 이른바 한마음 속에서 행해지는 다섯 가지 행(五行)²³¹이라 한다. 그러므로 부처님의 총애로 수기를 받고 만방을 널리 교화하는 것이다.

六三은 師或輿尸면 凶하리라.
육삼   사 혹 여 시   흉

육삼은 군사가 혹 여럿이 주장하면(師或輿尸)²³² 흉할 것이다.

---

231 다섯 가지 행(五行): 『열반경』에서 설해지고 있는 보살의 다섯 가지 실천수행을 가리킨다. 곧 계율과 선정과 지혜를 닦는 성행聖行, 청정한 마음으로 자비를 베풀어 중생에게 즐거움을 주고 괴로움을 덜어 주는 범행梵行, 자연의 이치에 순종하여 이치에 적합한 묘행을 닦는 천행天行, 지혜가 얕은 이들을 교화하기 위해 그들이 행하는 작은 선행을 같이 실천하는 영아행嬰兒行, 평등심에서 중생과 마찬가지로 자신도 번뇌와 괴로움의 병이 있음을 드러내 보이는 병행病行 등을 말한다.

232 '여시輿尸'를 해석함에 있어 일반적으로 두 가지 뜻으로 해석하는 경우가 있다. 하나는 '수레에 시체를 가득 싣고 돌아온다'라는 의미로 해석하는 경우이고

不中不正, 才弱志剛, 每戰必敗, 不言可知. 佛法釋者, 不知四悉因緣,
而妄用對治, 反致損傷自他慧命.

가운데 하지도 못하고 바르지도 않으며, 재주는 빈약하면서 뜻만 강하
다. 매번 싸울 때마다 반드시 패하는 것은 말하지 않아도 알 수 있다.
　불법으로 해석하면, 4실단四悉檀의 인연을 알지도 못하면서 헛되이
치료법(對治法)을 써서 도리어 자신과 남의 지혜의 생명(慧命)을 함께
손상시키는 것이라 할 수 있다.

象曰 師或輿尸면 大无功也ㅣ리라.
상왈 사혹여시 대무공야

「상전」에 이르길 '군사가 혹 여럿이 주장한다'는 것은 큰 공이 없다는
것이다.

六四는 師左次ㅣ니 无咎ㅣ로다.
육사 사좌차 무구

육사는 군사가 진영으로 물러남이니 허물이 없다.

雖柔弱, 而得正, 不敢行險徼倖以自取敗, 故无咎也. 佛法釋者, 此如
宣律師不敢妄號大乘.

다른 하나는 '여럿이 주장한다(衆主)'라는 의미로 해석하는 경우이다. 전자는
주로 주자·왕필 등의 해석이고, 후자는 정이천과 우리나라 근세 『주역』의 대가인
이야산李也山과 그의 제자 대산大山 김석진金碩鎭 등의 해석이다. 여기서는
후자의 견해에 따라 해석하였다.

비록 유약하지만 바름을 얻어서 감히 요행을 바라면서 험한 곳으로 나아가 스스로 패배를 자초하지는 않는다. 그러므로 '허물이 없다(无咎)'고 한다.

불법으로 해석하면, 이것은 계율만을 선양하고자 하는 율사가 감히 망령되게 대승이라 주장하지 못함과 같다.[233]

象曰 左次无咎는 未失常也ㅣ라.
상왈 좌차무구 미실상야

「상전」에 이르길 '진영으로 물러나므로 허물이 없다(左次无咎)'고 하는

---

233 대승불교는 불법에 대한 깨달음을 통해 나와 남을 함께 이롭게 하고자 하는 자리이타自利利他를 기본적인 수행이념으로 삼는다. 곧 위로는 진리를 구하고 (上求菩提) 아래로는 중생을 교화함(下化衆生)을 근본적인 가치로 내세우고 있는 것이다. 따라서 대승불교의 수행자인 보살은 이러한 이념을 실천하기 위해 개인적 해탈을 위한 수행과 대중의 교화를 위한 대사회적인 자비행을 동시에 실천해야 한다. 이는 마치 사람이 두 발로 걷고 새가 두 날개로 나는 것과 같다고 할 수 있다. 만약에 수행자가 두 가지 실천이념 중에서 어느 한 부분에만 집착해 있다면 이는 온전한 대승의 수행자라 할 수 없을 것이다. 지욱은 사괘를 불교적인 관점에서 재해석하면서 육사의 신분을 계율만을 강조하여 실천하고 있는 율사律師에 비교하고 있다. 지욱이 보기에 율사는 비록 부처님께서 제정하신 계율을 철저하게 지킴으로써 혼자만의 청정한 삶을 살아가며 죄업은 짓지 않고 있지만, 중생세계로 다시 나아가 중생교화를 위한 적극적인 보살행은 외면하고 있는 것으로 보고 있는 것 같다. 지욱은 계율에만 집착하여 개인적인 수행에만 매달려 살아가는 율사의 처신이 비록 음효로서 음위에 자리하여 바름은 얻고 있지만, 강하지 못한 음이기에 적극적으로 전쟁터에 나가지 못하고 한 발 물러나 있는 육사의 처신과 서로 비슷한 처지라고 이해하고 있는 것이다.

것은 떳떳함을 잃지 않는 것이다.

六五는 田有禽이어든 利執言하니 无咎ㅣ라. 長子ㅣ 帥師ㅣ니 弟
육 오   전유금   이집언   무구   장자 솔사   제

子ㅣ 輿尸하면 貞이라도 凶하리라.
자   여시   정   흉

육오는 밭에 새가 있거든 잡으라고 말하는 것이 이로우니, 허물이
없을 것이다. 장자가 군사를 거느리니, 제자가 여럿이 주장하면 바르게
하더라도 흉하다.

柔中之主, 當此用師之時, 仗義執言, 以討有罪, 固無過也. 但恐其多
疑, 而不專任九二之長子, 故誡以弟子輿尸, 雖正亦凶. 佛法釋者, 田
中有禽, 妨害良禾, 喩心有煩惱, 妨害道芽也. 利執言者, 宜看經敎以
照了之也. 然看經之法, 依義不依語, 依了義不依不了義, 依智不依
識. 若能深求經中義理, 隨文入觀, 則如長子帥師. 若但著文字, 不依
實義, 則如弟子輿屍, 雖貞亦凶. 此如今時敎家使不當也.

유약한 외괘에서 가운데 자리하고 있는 임금(육오)은 이렇듯 군대를
사용할 때를 당하면 정의를 받들어(仗義) 명령(執言)을 내려 죄 있는
자들을 토벌하도록 해야 진실로 허물이 없다. 다만 그가 의심이 많아
구이의 장자에게 전적으로 병권을 맡기지 말까 하고 두려하고 있다.
그러므로 아랫사람들이 여럿이 주장하면 비록 바르더라도 또한 흉하게
된다고 훈계하고 있는 것이다.[234]

234 육오는 연약한 음효로서 임금의 자리인 외괘의 가운데(陽位)에 자리하고 있다.

불법으로 해석하면, 밭 가운데에 새가 있으면 잘 익은 벼를 못 쓰게 망가뜨린다. 비유하자면 마음에 번뇌가 있어 도의 싹을 방해하는 것과 같다. '잡으라고 말하는 것이 이롭다(利執言)'는 것은 마땅히 경전의 가르침을 공부함으로써 마음을 살피어(返照) 깨닫는 것을 의미한다. 그러나 경전을 보는 방법은 가르침의 뜻에 의지해야 하고 언어에만 의지해서는 안 된다. 핵심적인 가르침(了義)만을 의지하고 그렇지 못한 가르침(不了義)은 의지하지 말아야 한다. 지혜만을 의지하고 알음알이(識)는 의지하지 말아야 한다. 만약 경전 속의 뜻과 이치를 깊이 탐구하여 글을 따라 관觀에 들어갈 수 있다면 곧 '장자가 군대를 통솔하는 것(長子帥師)'과 같은 뜻이 될 것이다. 만약 단지 문자에만 집착하여 참된 뜻에 의지하지 않으면 '아랫사람들이 여럿이 주장하는 것(弟子輿屍)'과 같아서 비록 곧고 바르더라도 또한 흉할 수밖에 없다. 이것은 요즘의 교가(敎家)[235]들이 부당한 것과 같다.

그런 까닭에 강건한 덕을 갖추고 있는 구이의 대장(長子)에게 대신 정의를 받들어 전쟁에 나가 싸우도록 명령(執言)을 내려야 허물이 없다. 그런데 연약한 임금이라 대장에게 병권을 전적으로 맡기기를 두려워하고 있다. 이런 상황에 대장을 따라야 할 졸병(弟子)들이 대장에게 전권을 맡기기를 주저하고 있는 유약한 임금의 눈치를 살피며 제멋대로 떠들며 행동하게 되면(輿尸) 아무리 바른 명분을 앞세운 전쟁이라 해도 해로울 수밖에 없게 된다는 것이다.

235 교가敎家: 곧 지욱이 살던 명나라 말기의 불교의 여러 종파를 가리킨다. 화엄종, 정토종, 선종, 율종 등 당시에 성행하던 모든 종파가 자신들의 종파적 가르침만이 수승하고 바른 수행임을 경쟁적으로 강조하고 주장하며 다투던 폐단을 지적하고 있는 내용이다.

象曰 長子帥師는 以中行也ㅣ오. 弟子輿尸는 使不當也ㅣ라.
상왈 장자솔사　 이중행야　　 제자여시　 사부당야

「상전」에 이르길 '장자가 군사를 거느린다(長子帥師)'는 것은 중으로써 행하는 것이고, '제자가 여럿이 주장한다(弟子輿尸)'는 것은 부림이 마땅하지 않은 것이다.

上六은 大君이 有命이니 開國承家에 小人勿用이니라.
상육　 대군　 유명　　 개국승가　 소인물용

상육은 대군이 명을 두니, 나라를 열고 가문을 이음에 소인은 쓰지 말라.

方師之始, 卽以失律凶爲誡矣. 今師終定功, 又誡小人勿用, 夫小人必徼倖以取功者耳. 蘇氏云, 聖人用師, 其始不求苟勝, 故其終可以正功. 佛法釋者, 正當用對治時, 或順治, 或逆治, 於通起塞, 卽塞成通, 事非一槪. 今對治功畢, 入第一義悉檀. 將欲開國承家, 設大小兩乘敎法以化衆生. 止用善法, 不用惡法, 儻不簡邪存正, 簡愛見, 而示三印一印, 則佛法與外道幾無辨矣.

바야흐로 전쟁을 시작할 때에는 곧 규율을 잃음으로써 흉하게 된다는 것을 훈계로 삼았다. 지금 전쟁이 마칠 무렵에는 공로가 결정되는 것이니, 또다시 소인을 쓰지 말라는 것으로 훈계하였다. 무릇 소인은 반드시 요행으로써 공로를 취하려는 자들이다. 소씨(蘇氏: 소동파)는 "성인이 군사를 쓸 때, 그 초기에는 구차히 승리하기를 구하지 않는다. 그러므로 그 마침을 올바른 공로로써 한다"라고 하였다.[236]

불법으로 해석하면, 바로 마땅히 병(번뇌, 중생의 병)을 다스릴 때에 혹은 순리에 따라 다스리고, 혹은 거슬러 다스리며, 통하는 것에서 막힘을 일으키고, 막힘을 바탕으로 하여 통함을 성취하는 것이니, 다스리는 일은 하나의 개념에만 국한된 것이 아니다. 지금 다스림의 공로를 끝마치고 제일의실단(第一義悉檀: 불교의 궁극적인 진리)에 들어가 장차 새로 나라를 세우고 가업을 이어가고자(開國承家)[237]하여 대승과 소승의 두 교법을 시설함으로써 중생을 교화하고자 한다면, 다만 선법만을 활용하고 악법은 사용해서는 안 된다. 만일 사법을 분별하여 정법을 지키지 못하고, 애견愛見[238]을 분별해서 삼인과三印과 일인一印[239]을 보여 주지 못한다면 곧 불법과 외도의 구별이 거의 없게 될 것이다.[240]

---

236 소동파가 지은 『동파역전東坡易傳』의 사괘 상육 괘사에 대한 해석에서 언급되고 있다.

237 여기서 지욱이 말하는 '개국승가開國承家'의 의미는 본 문장의 본래의 의미를 벗어나, 천태사상에 입각하여 불국토를 이루고 중생의 교화라는 불교의 가업을 계승함을 의미한다.

238 애견愛見: '애愛'는 어떠한 사물과 현상에 강하게 매달리거나 집착하는 것, '견見'은 잘못된 이론이나 견해에 빠져 있는 것으로, 둘 다 바른 깨달음을 방해하는 그릇된 번뇌와 삿된 견해를 가리킨다.

239 삼인三印과 일인一印: '인印'은 곧 진리, 혹은 진리의 특성을 의미한다. '삼인三印'은 불교의 교의가 가지는 다른 종교사상과의 차별적인 세 가지 특징을 말하는 것으로, 곧 제행무상諸行無常·제법무아諸法無我·열반적정涅槃寂靜의 삼법인三法印을 가리킨다. '일인一印'은 곧 대승불교에서 가르치는 제법실상인諸法實相印을 가리킨다.

240 지욱은 사괘 상육 효사의 뜻을 해석하면서 위와 같이 천태교설인 '식통색識通塞'의 교설을 원용하여 수행자가 중생의 병을 치유하여 바른 진리로 이끌어 들이기

象曰 大君有命은 以正功也ㅣ오 小人勿用은 必亂邦也ㄹ새라.
상왈 대군유명 이정공야   소인물용   필란방야

「상전」에 이르길 '대군이 명을 둔다(大君有命)는 것'은 공을 바르게
하는 것이고, '소인을 쓰지 말라(小人勿用)'는 것은 반드시 나라를 어지럽
게 만들기 때문이다.

위해서는 때와 상황에 따라 절적한 방편의 교설을 베풀고 정법과 사법, 선법과
악법을 잘 구별할 것을 밝히고 있다. 상육 효사 '대군유명大君有命'의 의미를
수행자가 중생의 병을 다스려 교화하는 것에, '개국승가開國承家'의 의미를 불교
의 궁극적 진리(第一義悉檀)를 깨달아 불국토를 이루고 부처님의 혜명慧命을
계승하는 것에, '소인물룡小人勿用'의 의미를 사법과 악법을 버리고 정법과 선법
을 펼치는 것에 비유하고 있는 것이다.

(8) ䷇ 수지비水地比

比는 吉하니 原筮호대 元永貞이면 无咎ㅣ리라. 不寧이어야 方來니
비 길 원서 원영정 무구 불녕 방래

後ㅣ면 夫ㅣ라도 凶이리라.
후 부 흉

'비比'는 길하니, 처음 점을 하되[241] 원元하고 영永하고 정貞하면 허물이
없을 것이다. 편안하지 못하여 바야흐로 오니, 뒤에라면 대장부라도
흉할 것이다.

用師旣畢, 踐天位而天下歸之, 名比. 比未有不吉者也. 然聖人用師之
初心, 但爲救民於水火, 非貪天下之富貴. 今功成衆服, 原須細自筮
審, 果與元初心相合而永貞, 乃無咎耳. 夫如是, 則萬國歸化, 而不寧
方來. 彼負固不服者, 但自取其凶矣. 佛法釋者, 善用對破法門, 則成
佛作祖, 九界歸依, 名比. 又觀心釋者, 旣知對破通塞, 要須道品調適,
七科三十七品相屬, 相連名比. 仍須觀所修行, 要與不生不滅本性相
應, 名原筮元永貞, 無咎. 所謂圓四念處, 全修在性者也. 一切正勤根
力等, 無不次第相從, 名不寧方來, 一切愛見煩惱, 不順正法門者, 則

---

241 '원서原筮'에 대한 해석은 정자와 주자가 조금 다르다. 정자는 실제 시초점이나
거북점을 치는 것이 아니라 근원에서 신중히 살펴서 결정해야 한다는 의미로
보았고, 주자는 '원原'을 다시, 거듭, 재차의 뜻으로 풀이해 두 번 점을 친다는
의미로 보았다. 본서에서는 글자 그대로 보고 '처음 점을 하되'라고 번역하였다.

永被摧壞而凶矣.

전쟁(用師)을 이미 끝마치고 천자의 자리에 오르니, 천하 사람들이 그에게 돌아오는 것을 '비比'라고 한다. 비는 길하지 않음이 없다. 그러나 성인이 군대를 쓰는 초심은 다만 백성을 물과 불의 재난에서 구제하기 위한 것이지, 천하의 부귀를 탐내서 한 것이 아니다. 이제 공이 이루어지고 백성이 복종하니, 재차 모름지기 세밀히 스스로 반성하고 살펴서(筮審)[242] 과연 원래 품었던 초심과 더불어 서로 합일되어야만 항구하게 곧아서 이에 허물이 없을 것이다. 무릇 이같이 하면 만국(제후국)이 귀화하여 오게 될 것이니, '편안하지 못하여 바야흐로 온다(不寧方來)'라는 의미이다. 저들(제후국) 중에 군건함만을 믿고 복종하지 않는 자들은 다만 스스로 그 흉함을 자초하게 될 것이다.

불법으로 해석하면, 번뇌를 상대하여 타파하는 법문(對破法門)을 잘 쓰면 부처를 이루고 조사가 되어 생사윤회하는 모든 세계(九界)의 중생들이 귀의하게 된다. 이를 '비比'라 한다. 또한 마음을 관찰하는 것으로 해석하면, 이미 미혹을 상대하여 타파하는 데 통하고 막히는 법을 알아서 모름지기 도의 품계에 따라 적절하게 맞춰서 닦아나가야만 한다. 일곱 가지 조목(七科)으로 이루어진 37품三十七品[243]이 서로 상속

---

242 여기서 '서심筮審'은 점을 쳐서 살핀다는 의미보다는 정성스럽게 괘를 뽑아 점을 치듯 그렇게 정성스럽게 스스로를 살펴 반성한다는 의미로 보는 것이 더 타당할 것 같다. 이는 정자의 '원서原筮'에 대한 해석과도 상통한다.

243 37조도품三十七助道品: 37보리도법三十七菩提道法이라고도 하는데, 깨달음을 얻기 위해서 수행하는 서른 일곱 가지의 수행법을 말한다. 곧 ① 사념처四念處, ② 사정근四正勤, ③ 사여의족四如意足, ④ 오근五根, ⑤ 오력五力, ⑥ 칠각지七覺支,

되고 서로 연관되어 있는 것을 '비比'라 부른다. 거듭 모름지기 수행하는

---

⑦팔정도八正道 등 일곱 가지 조목이다. 이를 구체적으로 설명하면 ①사념처는 몸(身)·느낌(受)·마음(心)·법(法) 등 네 가지 대상에 마음을 집중하여 알아차리는 수행법으로, 곧 몸은 부정한 것으로 통찰하는 신념처身念處, 느낌은 괴로움이라고 통찰하는 수념처受念處, 마음은 무상한 것으로 통찰하는 심념처心念處, 모든 법이 무아無我임을 통찰하는 법념처法念處 등을 가리킨다. ②사정근은 모든 악을 끊고 선을 키우기 위해서 정진하는 네 가지 실천수행으로, 곧 아직 생기지 않은 악을 끊기 위하여 정진하는 율의단律儀斷, 이미 생긴 악을 끊기 위해 정진하는 단단斷斷, 아직 나타나지 않은 선을 나타내기 위해 노력하는 수호단隨護斷, 이미 생긴 선을 더욱 양성시켜 나가기 위해 노력하는 수단修斷 등을 가리킨다. ③사여의족은 사신족四神足이라고도 하며 애써 노력하지 않아도 수행이 뜻과 같이 이루어지는 것으로, 곧 사념처이다. 사정근을 닦는 힘에 의하여 구도의 욕구가 강해져 공부하고 싶은 대로 수행이 되는 욕신족欲神足, 정진하여 나아가는 힘이 저절로 강해져서 물러감이 없이 계속 수행이 이루어지는 정진신족精進神足, 지혜로써 알아차림이 간단없이 계속 유지되는 염신족念神足, 사유(선정)가 장애 없이 마음대로 잘 이루어지는 사유신족四惟神足 등을 가리킨다. ④오근은 불법 가운데 도의 뿌리를 깊이 내려 번뇌에 흔들리지 않도록 하는 다섯 가지 수행법을 말하는 것으로, 곧 불·법·승 삼보에 대한 믿음이 굳게 뿌리내려 어떠한 경우에도 신심이 흔들리지 않는 신근信根, 정진함에 있어서 결코 물러섬이 없는 데 뿌리를 두는 정진근精進根, 항상 바른 알아차림(正念)에 뿌리를 내리는 염근念根, 항상 마음을 선정에 뿌리내려 머무는 정근定根, 항상 몸과 느낌과 마음과 법에 대해 통찰의 뿌리를 내리고 있는 혜근慧根 등을 가리킨다. ⑤오력은 오근을 바탕으로 자연적으로 성취하게 되는 다섯 가지 수행의 힘으로, 곧 불·법·승 삼보에 대한 굳건한 믿음의 힘인 신력信力, 감각적 욕망과 번뇌의 유혹에서 벗어나 오직 수행에만 집중하여 전력하게 되는 진력進力, 항상 바른 알아차림이 저절로 지속되는 염력念力, 언제나 선정을 자유롭게 지속할 수 있게 되는 정력定力, 네 가지 통찰대상(身·受·心·法)에 대한 지혜의 알아차림이 지속되는 혜력慧力 등을 가리킨다. ⑥칠각지는 열반으로 이끌어주는 수행을 통해 드러나게 되는 일곱 가지 깨달음의 요소로, 곧 지혜로써

바가 긴요히 나지도 않고 멸하지도 않는 본성과 더불어 서로 상응하는
것임을 통찰해야 한다. 이를 '처음 점을 하되 원하고 항구하고 바르면(原
筮元永貞) 허물이 없을 것이다(無咎)'라고 하는 것이다. 이른바 사념처
四念處를 원만히 닦아야 하는데 모든 수행은 불성에 구족해 있기 때문이
다. 일체의 정(正: 팔정도)·근(勤: 사정근)·근(根: 오근)·역(力: 오력)
등이 순서대로 서로 상종하지 않음이 없음을 일러 '편안하지 못하여
바야흐로 온다(不寧方來)'라고 한다. 모든 애착과 삿된 견해의 번뇌에
물들어 있으면서도 정법의 가르침을 따르지 않는 자는 곧 영원히 번뇌에

네 가지 관찰대상(身·受·心·法)에 대해 바르게 알아차리는 염각지念覺支, 사법
과 정법, 선과 악을 바르게 분별하여 아는 택법각지擇法覺支, 수행에만 한마음으
로 정진하게 되는 정진각지精進覺支, 수행을 통해 마음에서 저절로 얻어지는
기쁨과 환희인 희각지喜覺支, 몸과 마음이 경쾌해지고 편안해지는 경안각지輕安
覺支, 수행을 통해 얻어지는 마음의 평화와 평정인 사각지捨覺支, 마음이 번뇌에
흔들리지 않고 고요하게 집중되는 정각지定覺支 등이다. ⑦팔정도는 열반의
성취를 위해 닦아 나가는 여덟 가지 바른 수행실천으로, 곧 세존께서 가르치신
존재의 괴로움(苦), 괴로움을 불러일으키는 원인(集: 무명과 갈애), 괴로움의
소멸(滅: 열반), 열반에 이르는 수행의 길(道: 팔정도) 등 네 가지 성스러운
진리(四聖諦)를 바르게 알고 이해하는 정견正見, 탐욕스런 마음, 어리석은 마음,
성내는 마음에서 벗어나 항상 무탐無貪, 무진無瞋, 무치無癡의 마음으로 바르게
사유하는 정사유正思惟, 거짓말, 욕하는 말, 모략하는 말, 도리에 어긋난 말을
하지 않고 항상 바른 진리의 바른 언어를 사용하는 정어正語, 악업을 단절하고
몸과 입과 마음으로 선업을 실천하는 정업正業, 떳떳한 직업을 의지해 정당한
방법으로 의식주를 구하는 정명正命, 항상 이미 존재하는 나쁜 마음을 없애기
위해 노력하고, 아직 존재하지 않는 악은 마음이 생기지 않도록 노력하며,
아직 존재하지 선한 마음이 생기도록 노력하고, 이미 존재하는 선한 마음은
더욱 증대되도록 노력하는 정정진正精進, 번뇌의 마음을 다스려 항상 고요히
바른 선정을 닦는 정정正定 등을 가리킨다.

꺾이고 파괴되어 흉해질 수밖에 없다.

象曰 比는 吉也ㅣ며 比는 輔也ㅣ니 下ㅣ 順從也ㅣ라. 原筮元永貞
단왈비 길야 비 보야   하 순종야   원서원영정

无咎는 以剛中也ㅣ오 不寧方來는 上下ㅣ 應也ㅣ오 後夫凶은 其
무구 이강중야   불녕방래 상하 응야   후부흉 기

道ㅣ 窮也ㅣ라.
도 궁야

「단전」에 이르길 비比는 길하며 비比는 돕는 것이니, 아래가 순하게 좇는 것이다. '처음 점을 하되 원元하고 영永하고 정貞하면 허물이 없다(原筮元永貞无咎)'는 것은 강剛으로 가운데 함이요, '편안하지 못하여 바야흐로 온다(不寧方來)'는 것은 위와 아래가 응함이요, '뒤에라면 대장부라도 흉하다(後夫凶)'는 것은 그 도가 궁한 것이다.

比則必吉, 故非衍文, 餘皆可知. 佛法釋者, 約人, 則九界爲下, 順從佛界爲輔. 約法, 則行行爲下, 順從慧行爲輔. 剛中, 故能全性起修, 全修在性. 上下應者, 約人, 則十界同稟道化. 約法, 則七科皆會圓慧也. 其道窮者, 約人, 則魔外不順佛化而墮落. 約法, 則愛見不順正法而被簡也.

'비比'는 반드시 길하다. 그러므로 잘못 덧붙여진 글(衍文)이 아니니, 나머지는 모두 알 수 있다.

불법으로 해석하면, 보통사람으로 요약하면, 생사윤회하는 모든 세계(九界)가 '아래(下: 坤地, ☷)'가 되고, 부처의 세계(佛界: 깨달음의 세계)를 순종하는 것이 '도움(輔: 九五)'이 된다.

불법으로 요약하면, 모든 수행 하나하나(行行)가 '아래(下)'가 되고, 혜행(慧行: 觀法, 반야바라밀, 위빠사나)을 순종하는 것이 '도움(輔)'이 된다. (구오, 곧 불성은) 강건하고 가운데 하기 때문에 능히 온전한 성품에서 수행이 일어나고(全性起修), 온전한 수행은 성품에 내재하고 있다(全修在性).[244]

'아래와 위가 서로 응한다(上下應)'는 것은, 보통사람으로 요약하면, 십계의 모든 중생이 함께 불법의 교화를 받는 것이다. 불법으로 요약하면, 칠과(七科: 37도품)가 모두 원만한 지혜(圓慧: 깨달음)에 회귀會歸되는 것이다.

'그 도가 궁하다(其道窮)'는 것은, 보통사람으로 요약하면, 마귀와 외도들이 부처의 교화를 따르지 않아서 타락하는 것이요, 불법으로 요약하면, 그릇된 애욕과 삿된 견해(愛見)로 바른 법(正法: 불법, 진리의 가르침)을 따르지 않아서 교화를 받지 못하는 것(被簡: 간택을 입음, 곧 교화를 받지 못하고 가려내어져 버려짐)이다.

象曰 地上有水ㅣ가 **比**니 **先王**이 **以**하야 **建萬國**하고 **親諸侯**하니라.
상왈 지상유수 비 선왕 이 건만국 친제후

「상전」에 이르길 땅(地, ☷) 위에 물(水, ☵)이 있음이 '비比'니, 선왕이 이로써 만국을 세우고 제후들과 친함이니라.

---

244 불성(性)과 수행(修)이 둘이 아닌 하나라는 관점(性修不二)은 지욱이 역을 선해하면서 일관되게 표현하고 있는 주장이다. 여기서도 이러한 관점을 주장하고 있다.

建萬國親諸侯, 卽所謂開國承家者也. 佛法釋者, 地如境諦, 水如觀
慧. 地如寂光, 水如三土差別, 皆比之象也. 約化他, 則建三土刹網,
令諸菩薩轉相傳化. 約觀心, 則立陰界入等一切境, 以爲發起觀慧之
地, 觀慧名諸侯也. 此是道品調適, 謂七科三十七品相比無間.

'만국을 세우고 제후들과 친하다(建萬國親諸侯)'는 것은 곧 나라를 열고
가업을 계승하는 것을 말한다.

불법으로 해석하면, 땅은 경계(인식)대상의 세계(境諦)와 같고 물은
관조하는 지혜와 같다. 땅은 적광寂光²⁴⁵과 같고 물은 삼토三土²⁴⁶의
차별과 같아서 모두 '비比'의 형상이다. 다른 사람을 교화하는 것으로
요약하면, 삼토라는 세계의 그물(刹網)을 세워서 모든 보살(대승의
이념을 실천 수행하는 모든 수행승)로 하여금 변화의 모습을 드러내어
불법을 전하고 중생을 교화시키도록 하는 것(轉相傳化)²⁴⁷이다.

마음을 통찰하는 것으로 요약하면, 곧 오음五陰, 십팔계十八界, 육입
六入²⁴⁸ 등의 일체 경계를 세워서 통찰의 지혜(觀慧)를 일으키는 터전으

---

245 적광寂光: 탐貪·진瞋·치癡 삼독심의 번뇌를 끊고 적정寂靜한 열반의 자리에서
   발현되는 진지광명眞智光明.

246 삼토三土: 세 종류의 불토(三佛淨土)를 가리키는 것으로, 법성토(法性土: 法性,
   法身), 보토(報土: 受用, 報身), 화토(化土: 變化, 化身)를 가리킨다.

247 전상전화轉相傳化: '전상轉相'은 보살이 중생들을 제도하기 위해 각기 다른 중생들
   의 근기와 처지에 맞춰 변화의 모습을 드러내는 것이고, '전화傳化'는 중생들을
   상대로 불법을 전하여 교화하는 것을 의미한다.

248 '오음五陰'은 오온五蘊과 같은 뜻으로, 인간의 몸과 마음을 구성하는 다섯 가지
   범주의 요소를 말한다. 곧 몸(色), 느낌(受), 인식작용(想), 의지작용(行), 마음(識)
   을 뜻한다. '십팔계十八界'는 인간이 갖추고 있는 여섯 가지 감각기관인 육근〔六

로 삼는 것으로, 통찰의 지혜를 '제후諸侯'라 부른다. 이렇게 하는 것이
37도품을 조화롭게 닦아 나가는 것이니, 칠과로 구성된 37조도품은
서로 도와 빈틈이 없다.

初六은 有孚比之라야 无咎ㅣ리니 有孚ㅣ 盈缶ㅣ면 終에 來有他
초 육　유부비지　무구　　유부　영부　종　래유타

吉하리라.
길

초육은 믿음을 두고 도와야 허물이 없을 것이니, 믿음을 둠이 질그릇에
가득하면 마침내 다른 길함이 있어 올 것이다.

柔順之民, 率先歸附, 有孚而無咎矣. 下賤之位, 雖如缶器, 而居陽位,
有君子之德焉. 故爲有孚盈缶, 將來必得徵庸, 有他吉也. 約佛法者,
初六如人道, 六二如欲天, 六三如魔天, 六四如禪天, 九五如佛爲法
王, 上六如無想及非非想天. 今人道易趣菩提, 故有他吉. 約觀心者,
初六如藏敎法門, 六二如通敎法門, 六三如愛見法門, 六四如別敎法
門, 九五如圓敎眞正法門, 上六如撥無因果邪空法門. 今藏敎正因緣
境, 開之卽是妙諦, 故有他吉.

根: 눈(眼), 귀(耳), 코(鼻), 혀(舌), 몸(身), 생각(意)]과 이러한 육근의 인식대상이
되는 밖의 여섯 가지 경계인 육경[六境: 형상(色), 소리(聲), 냄새(香), 맛(味),
감촉(觸), 의식 내용(法)], 그리고 이러한 육근과 육경이 서로 접촉하여 일으키는
여섯 가지 인식작용인 육식(六識: 안식眼識, 이식耳識, 비식鼻識, 설식舌識, 신식身
識, 의식意識)을 모두 합친 인식을 성립시키는 열여덟 가지 요소를 말한다.
'육입六入'은 밖의 경계(六境)를 받아들이는 여섯 가지 감각기관인 육근의 또
다른 표현이다.

(초육은) 유순한 백성이므로 먼저 솔선해서 돌아와 따르니 믿음이
있어 허물이 없다는 것이다. 아래의 천한 자리라서 비록 질그릇과
같지만 양 자리에 위치하여 군자의 덕이 있다. 그러므로 '믿음을 둠이
질그릇에 가득하다(有孚盈缶)'고 한다. 장래에 반드시 부름을 받아
등용될 수 있어 '다른 길함이 있다(有他吉)'고 한다.

불법으로 요약하면, 초육은 인도人道, 육이는 욕천欲天[249], 육삼은
마천魔天,[250] 육사는 선천禪天과 같고 구오는 부처님과 같아서 법왕이
되며, 상육은 무상천無想天부터 비비상천非非想天까지의 세계[251]와 같

---

249 욕천欲天: 욕계의 여섯 하늘(六欲天)을 가리키는 것으로, 사왕천四王天·도리천
忉利天·야마천夜摩天·도솔천兜率天·화락천化樂天·타화자재천他化自在天을 말
한다.

250 마천魔天: 욕천 가운데 맨 위에 위치하고 있는 타화자재천他化自在天의 또 다른
표현이다.

251 불교에서는 중생이 생사유전生死流轉하는 미망의 세계를 크게 3단계로 나누어
교설하는데, 곧 ① 욕계欲界·② 색계色界·③ 무색계無色界 등의 삼계이다. 이러
한 삼계는 중생들이 자신이 지은 업인業因에 따라 윤회하면서 존재하는 세계이므
로 삼유三有라고도 하고, 괴로운 곳이기 때문에 고계苦界, 괴로움이 바다처럼
끝이 없기 때문에 고해苦海라고도 한다. ① 욕계: 삼계 가운데 가장 아래에
있으며 성욕·식욕·수면욕 등의 3가지 욕망을 가진 생물들이 사는 곳이다.
윤회 가운데 있는 여섯 가지 존재 모습 중 지옥·아귀·축생·아수라·인간 등
다섯 가지와 사왕천·도리천·야마천·도솔천·화락천·타화자재천의 육욕천이
여기에 속한다. ② 색계: 욕계의 위에 있는 세계로서 천인天人이 거주하는 곳을
말한다. 이 세계에 거주하는 중생들은 음욕을 떠나 더럽고 거친 색법에는 집착하
지 않으나 청정하고 미세한 색법에 묶여 있으므로 색계라 한다. 즉 물질적인
것은 있어도 감관의 욕망을 떠난 청정한 세계로 남녀의 구별이 없다. 사선천四禪
天·사정려처四定慮處라고도 한다. ③ 무색계: 물질세계를 초월한 세계로서 물질
을 싫어하며 벗어나고자 하여 사무색정四無色定을 닦은 사람이 죽은 뒤에 태어나

다. 이제 인도人道에서 깨달음으로 쉽게 나아가므로 '다른 길함이 있다
(有他吉)'고 하는 것이다.

마음을 관찰하는 것으로 요약하면, 초육은 장교藏敎의 법문, 육이는
통교通敎의 법문, 육삼은 애견愛見의 법문,[252] 육사는 별교別敎의 법문과
같고, 구오는 원교圓敎의 참되고 바른 법문과 같으며, 상육은 인과를
무시하는 사공邪空의 법문[253]과 같다.[254] 이제 장교의 바른 인연의 경계로

는 천계天界를 말한다. 물질적 존재나 처소가 없기 때문에 공간의 개념을 초월한
다. 그러나 과보果報의 우열에 따라서 공무변처空無邊處·식무변처識無邊處·
무소유처無所有處·비상비비상처非想非非想處의 네 가지로 나뉜다. 사무색천四
無色天·사무색처四無色處라고도 한다. 이렇듯 중생들의 세계를 총칭하는 삼계는
여러 세계로 분류되고 각각 수명이나 고통의 정도가 다르나 윤회의 과정에
있는 고해라는 점에서 같다고 할 수 있다.

252 애견법문愛見法門: '애견'은 존재에 대한 탐욕의 애착과 존재의 실상을 바르게
알지 못하는 삿된 견해를 의미한다. '애견법문'은 이러한 애견에서 완전히 벗어나
지 못한 채, 중생이 본래 실체가 없는 공한 존재임을 바르게 깨닫지 못하고
오직 중생에 대한 자비심만을 앞세워 중생들에게 교화의 법문을 설하는 것을
의미한다.

253 사공법문邪空法門: 존재의 세 가지 원융한 모습(三諦: 空諦·假諦·中諦)을 알지
못하고, 오직 존재의 공한 모습(空諦)에만 집착하여 허무적인 생각으로 인과를
무시하는 등의 교설을 가르치는 것.

254 천태지의는 부처님의 가르침을 그 시기와 형식, 그리고 내용에 따라 '오시팔교五
時八敎'로 분류하였다. 이것이 천태종에서 부처님의 교설을 해석하는 교상판석
의 내용이다. '오시'는 부처님의 설법을 그 시기와 순서에 따라 분류한 것으로,
곧 세존이 깨달음을 성취한 직후 21일간 『화엄경』을 설했다고 하는 화엄시華嚴
時, 화엄시 이후 12년간 녹야원에서 『아함경』을 설했다고 하는 아함시(阿含時:
혹은 鹿苑時), 녹원시 이후 8년간 『유마경』·『사익경』·『승만경』 등의 대승경전
을 설했다고 하는 방등시方等時, 방등시 이후 22년간 여러 『반야경』을 설했다고

깨우쳐 주니 곧 미묘한 진리라고 할 수 있다. 그러므로 '다른 길함이

하는 반야시般若時, 반야시 이후 8년간 『법화경』을 설하고 다시 입멸 직전
1일 밤낮 사이에 『열반경』을 설했다고 하는 법화열반시法華涅槃時를 가리킨다.
천태종에서는 이러한 오시 중에서 마지막 법화열반시가 가장 근기가 수승한
최상승을 위한 가르침임을 주장한다. '팔교八敎'는 부처님의 교설을 그 교화방식
과 내용에 따라 화의사교化儀四敎와 화법사교化法四敎로 분류한 것을 가리킨다.
화의사교는 ① 돈교頓敎·② 점교漸敎·③ 비밀교秘密敎·④ 부정교不定敎 등을 말
하는데, 여기서 '화의化儀'는 불교가 중생을 교화하는 데 있어서 사용하는 의식과
방법을 의미한다. ① 돈교는 근기가 수승한 자를 대상으로 처음부터 로 부처님이
체득한 깨달음을 그대로 설한 내용을 말하는데, 화엄시가 여기에 해당한다.
② 점교는 근기가 비교적 아둔한 중생을 교화하기 위해서 비교적 이해하기
쉬운 가르침에서 점차적으로 어려운 내용의 가르침으로 나아가는 가르침으로,
곧 아함시·방등시·반야시의 3시가 여기에 해당한다. ③ 비밀교는 설법을 듣는
이들 간에 서로 알지도 못하게 근기에 따라 각기 달리 이해와 이익을 얻게
하는 가르침이다. ④ 부정교는 부처님이 같은 내용의 교설을 설하지만 듣는
사람의 능력에 따라 이해하여 각자 다른 이익을 얻게 하는 가르침을 말한다.
비밀교와 부정교의 공통점은 같은 자리에 앉아 법을 들으면서도 듣는 방법이
다른 것(同聽異聞)이라고 한다면, 차이점은 비밀교는 상호간에 법을 듣는 이익이
다르다는 것을 알지 못하는 것(人法俱不知)이고, 부정교는 상호간에 법을 듣는
이익이 서로 다르다는 것을 알고 있는 경우(人知法不知)라는 점이다. 이러한
차이에서 말한다면, 비밀교는 비밀부정교(秘密不定敎)라 할 수 있고, 부정교는
현로부정교顯露不定敎라 할 수 있다. 이에 대하여 앞의 돈·점의 두 교는 공개된
교법이라는 점에서 현로정교顯露定敎라 할 수 있을 것이다. 이렇듯 화의사교가
부처님이 설법한 방법에 대한 구분이라고 한다면, 화법사교는 교설의 내용에
관한 네 가지 분류로, 곧 ① 장교藏敎·② 통교通敎·③ 별교別敎·④ 원교圓敎를
가리킨다. ① 장교는 삼장교三藏敎라고도 부르는데, 경·율·론 삼장에 대한 가르
침을 말하며 소승에 대한 가르침이라 할 수 있다. ② 통교는 성문·연각·보살에게
공통되는 가르침을 말하며, 여기서 '통通'은 통동通同·통입通入·공통共通 등의
의미를 담고 있다. 대승에 들어가는 초입의 법문으로써 주로 공에 대한 이치를

있다(有他吉)'고 하는 것이다.

象曰 比之初六은 有他吉也ㅣ니라.
상왈 비지초육　유타길야

「상전」에 이르길 비比의 초육은 다른 데에서 길함이 있는 것이다.

六二는 比之自內니 貞하야 吉토다.
육 이　비지자내　정　길

육이는 돕는 데 안으로부터 하니, 바르게 해서 길하다.

柔順中正之臣, 上應陽剛中正之君, 中心比之, 故正而吉也. 佛法釋
者, 欲天有福, 亦復有慧, 但須內修深定, 又通敎界內巧度, 與圓敎全
事卽理相同, 但須以內通外.

유순하면서도 중정한 신하(육이)가 위로 양의 강건하고 중정한 임금(구
오)과 상응하고 있어 마음속으로 깊이 친(比)하고 있다. 그러므로

설하고 있다. ③별교는 오로지 보살승만을 대상으로 설한 대승의 가르침을
말하며, 여기서 '별別'은 장교, 통교, 원교와 다르다는 의미를 나타낸다. ④원교는
보살승 중에서도 최상근기의 보살만을 위한 가르침을 말한다. 여기서 '원圓'은
원교圓妙·원만圓滿의 의미로, 부처님 교설 중에서 가장 완전하고 원만한 교설이
라는 의미를 담고 있다. 주로 중도실상에 대한 법문을 설하며, 천태종에서는
『법화경』만이 여기에 해당하는 경전임을 주장한다. 지의는 이러한 화법사교
중에서 앞의 세 가르침은 모두 원교의 도리를 깨닫게 하기 위한 방편의 가르침(權
敎)에 지나지 않으며, 오직 원교만이 부처님의 궁극적인 불지견佛知見에 대한
참다운 가르침(實敎)임을 밝히고 있다.

바르고 길하다.

불법으로 해석하면, 욕천欲天은 복도 있고 또다시 지혜도 있으므로 다만 모름지기 내면적으로 깊이 선정을 닦아야 한다. 또한 통교通教의 욕계, 색계, 무색계(界內)를 정교하게 건너게 하는 가르침(巧度)[255]과 원교의 모든 현상세계가 곧 본체(全事卽理)라고 하는 가르침은 더불어 서로 동일하다. 다만 모름지기 안(소승의 가르침인 장교와 같은 낮은 단계의 가르침)에서 밖(원교와 같은 대승의 높은 가르침)으로 통해야 한다.[256]

---

255 천태지의는 부처님의 가르침을 '화법사교化法四教'라고 하여 불법을 그 교설의 내용에 따라 ①장교藏教·②통교通教·③별교別教·④원교圓教 네 가지로 분류 하였다. 이 중에서 통교는 공통의 교법이라는 뜻으로, 앞의 장교(소승교)에도 통하고 뒤의 별교(오직 보살승에 대한 특별한 가르침)와 원교에도 통하며 또 성문, 연각, 보살의 삼승에 공통되는 교리이다. 즉 대승과 소승에 공통되는 교리이다. 장교가 사물의 생멸을 분석적으로 관찰하는 데 비해 통교는 사물 그대로에 합치하여 전체적으로 공이라고 본다. 바꿔 말하면, 사물의 당체 그대로 공이라고 하여 '당체즉공當體卽空'의 이치를 깨닫도록 하는 것이다. 체공관體空觀 또는 즉공관卽空觀이라고도 불린다. 생멸에 관해서는 생을 고집하지도 멸을 고집하지도 않는다. 생과 멸을 초월한다는 의미에서 무생무멸無生無滅이며, 간략하게 무생관無生觀이라 지칭된다. 앞의 장교를 진리로 인도하는 방법이 졸렬하다고 비하하여 졸도관拙度觀이라고 부르는 반면에, 통교는 진리로 인도하는 방법이 정교하다는 의미로 교도관巧度觀이라고 지칭된다. 대승의 경전 가운데 특히 『반야경』이 통교를 대표한다.

256 여기서 지욱은 육이를 통교에, 육이와 상응하고 있는 구오를 원교에 대비시켜 육이의 효사를 불교적인 관점에서 설명하고 있다. 통교와 원교는 비록 각기 다른 가르침으로 이해할 수 있지만, 두 교를 비롯한 모든 가르침이 모두 무명을 타파하여 궁극적인 깨달음의 진리를 성취하고자 하는 목적에 있어서는 서로 동일하다고 할 수 있다. 따라서 지욱은 천태종에서 부처님의 교법을 비록 그

象曰 比之自內는 不自失也 l 라.
상왈 비지자내 부자실야

「상전」에 이르길 '돕는 데 안으로부터 한다(比之自內)'고 하는 것은
스스로 잃지 않는 것이다.

六三은 比之匪人이라.
육삼 비지비인

육삼은 돕는 데 사람도 아니다.

不中不正, 居下之上, 又無陽剛師友以諫諍之, 故曰比之匪人. 佛法釋
者, 魔波旬無一念之善, 又愛見決不與佛法相應.

가운데 하지도 못하고 바르지도 못하면서 하괘에서 맨 위에 위치하고
있다. (상응하고 있는 상육이 음효인 까닭에) 또한 양효의 강건한
스승이나 벗이 잘못을 지적하여 고쳐 주지도 않는다. 그러므로 '돕는
데 사람도 아니다(比之匪人)'라고 하는 것이다.

    불법으로 해석하면, 일념의 선한 마음도 없는 마왕 파순[257]이라 할

    내용에 따라 장교·통교·별교·원교 등으로 나누고 있지만, 그러한 가르침은
결코 별개의 가르침이 아니라 서로 하나로 어우러져 상통하고 있음을 말한다.
따라서 수행자는 각기 그 근기에 따라 낮은 단계의 가르침에서 점차 높은
단계의 가르침으로 수행을 실천할 것을 요구하고 있다. '안에서 밖으로 통한다(以
內通外)'는 표현은 바로 이러한 의미를 나타내고 있다.

[257] 마왕魔王인 파순波旬은 욕계의 정상에 있는 타화자재천他化自在天의 우두머리
왕이다. 부처님이 성도하기 직전, 부처님의 성도를 방해하기 위해 많은 군사를
거느리고 온갖 신통력을 동원하여 공격했으나 결국은 그 뜻을 이루지 못했다고

수 있으며, 또한 애착하는 마음과 삿된 견해로 인해 결단코 불법과 더불어 서로 응하지도 못하는 것이라 할 수 있다.

象曰 比之匪人이 不亦傷乎아.
상 왈 비 지 비 인   불 역 상 호

「상전」에 이르길 '돕는 데 사람도 아니다(比之匪人)'라는 것은 또한 상하지 않겠는가?

六四는 外比之하니 貞하야 吉토다.
육 사   외 비 지   정   길

육사는 밖으로 도우니 바르게 하여 길하다.

柔而得正, 近於聖君, 吉之道也. 但非其應, 故名外比, 誡之以貞. 佛法釋者, 色界具諸禪定, 但須發菩提心, 外修一切差別智門, 又別敎爲界外拙度, 宜以圓融正觀接之.

유순하면서 바름을 얻었으며, 성스러운 임금(구오)과 가까이 위치하여 길한 도이다. 다만 구오와 정응正應하지 못하기 때문에 '밖으로 돕는다(外比)'고 하는 것이다. 바른 처신을 훈계하고 있다.

한다. 부처님이 만약 성도를 하게 되면 수많은 중생을 제도하게 될 것이고, 그렇게 되면 자신의 국토에 있는 모든 중생이 깨달음을 얻게 되어 욕계인 자신의 국토가 텅 비게 될 것을 염려했기 때문이라는 것이다. 이러한 의미를 살려 불교에서는 깨달음을 방해하는 온갖 삿된 번뇌 망상과 불법을 방해하고 파괴시키고자 하는 외부의 모든 극악한 세력을 상징적으로 비유해서 부르기도 한다.

불법으로 해석하면, 색계는 모든 선정(四禪定)을 갖추고 있으므로 다만 보리심을 일으켜 밖으로 일체의 차별을 아는 지혜(差別智)[258]의 법문을 닦아야만 한다. 또한 별교別教[259]는 교외(界外)의 졸렬한 가르침이기 때문에 마땅히 원융한 바른 관법으로써 수행을 이어가야만 한다.[260]

象曰 外比於賢은 以從上也 ㅣ라.
상 왈 　 외 비 어 현 　 　 이 종 상 야

「상전」에 이르길 밖으로 어진 이를 돕는 것은 위를 좇는 것이다.

九五旣有賢德, 又居君位, 四外比之, 理所當然, 亦分所當然矣.

구오는 이미 어진 덕을 갖추고 있고 또한 임금의 자리에 위치하고

---

258 차별지差別智: 현상계의 여러 가지 차별상差別相의 이치를 환히 아는 부처나 보살의 지혜를 가리키는 것으로, '여량지如量智'라고도 부른다.

259 별교는 앞의 장교와 통교, 뒤의 원교와도 구별되기 때문에 별교라고 이름한다. 오로지 보살만을 대상으로 삼은 것으로서 이 점이 이승二乘과 같지 않으며 대승에서 설한 특별한 가르침이다. 교리로서는 공空으로부터 가假로 나아가며 현실의 한량없는 모습에 대한 자유자재의 대응을 설한다. 그리하여 다시 중中을 향해 나아가는 것이다. 그런데 별교에 있어서 공, 가, 중은 점차적이고 단계를 낮춘 것으로서 원융상즉에까지 이르지 못한다. 중은 공, 가에 대해 특별한 것이고 목적적이다. 그런 의미에서 단중但中이라고 평해진다. 이러한 점에서도 별교라고 지칭되는 것이다. 대표적인 경전으로 『화엄경』을 들 수 있다.

260 '계외界外'의 본래 의미는 생사윤회를 반복하는 삼계(三界: 욕계·색계·무색계)를 벗어난 깨달음의 세계를 의미한다. 별교가 비록 삼계를 벗어나게 하는 교계의 가르침이지만, 그 인도하는 방법이 아직은 졸렬하기 때문에 그보다 더 수승한 가르침인 원교의 바른 관법을 계속해서 닦아나가야 한다는 주장이다.

있다. 육사가 밖에서 이러한 구오를 돕고자 하는 것은 이치로나 또는
본분으로나 당연한 일이다.

九五는 **顯比**니 **王用三驅**에 **失前禽**하며 **邑人不誡**니 **吉**토다.
구 오   현 비   왕 용 삼 구   실 전 금   읍 인 불 계   길

구오는 나타나게 도우니, 왕이 세 군데로 모는 것을 씀에 앞의 새를
잃으며, 읍 사람이 경계하지 않으니 길하다.

陽剛中正, 爲天下之共主, 故名顯比. 而聖人初無意於要結人心也. 如
成湯於四面之網解其三面, 任彼禽獸驅走, 雖失前禽, 邑人亦知王意
而不警誡. 此所謂有天下而不與, 吉之道也. 佛法釋者, 法王出世, 如
杲日當空, 名顯比. 三輪施化, 又初中後三語誘度, 又令種熟脫三世得
益, 名王用三驅. 於無緣人善用大捨三昧, 卽諸佛弟子, 亦不强化無緣
之人, 名失前禽, 邑人不誡. 觀心釋者, 實慧開發, 如赫日麗天, 名顯
比. 一心三觀, 又轉接會前三教, 名王用三驅. 覺意三昧, 隨起隨觀,
不怕念起, 只怕覺遲, 一覺則歸於正念, 不以前念之非介懷, 名失前
禽, 邑人不誡.

양효로서 강건하고 중정하여 천하를 다스릴 천자가 되었기 때문에
'나타나게(현명하게) 돕는다(顯比)'고 한다. 성인은 처음부터 인심을
구하여 얻고자 하는 뜻은 없었다. 성탕成湯[261]임금이 4면으로 된 그물에

---

261 이름은 이履·천을天乙·태을太乙이고, 자는 탕湯이다. 명신 이윤伊尹의 도움으로
학정을 일삼던 하나라 걸왕傑王을 물리치고 상나라를 세워 13년간 통치했던
인물이다. 『사기』에 그에 관한 기록이 전해지고 있는데, 그는 덕으로써 나라를

서 3면을 풀어서 저 새와 짐승들이 달아나도록 방치하니, 비록 앞의 짐승들은 놓치게 되었지만 고을 사람들은 또한 왕의 뜻을 알아서 경계하지 않았던 것²⁶²과 같다. 이것이 이른바 '천하를 소유하였지만 관여하지 않는다(有天下而不與)'²⁶³는 뜻이니, 길한 도이다.

불법으로 해석하면, 부처님(法王)이 세상에 출현하시니, 마치 밝은

다스리고 생명을 소중히 여겨 크게 민심을 얻었으며, 또한 언제나 스스로를 반성하여 나라에 혹 변고가 생기더라도 그 이유를 자기의 부덕함에서 먼저 찾으려 했다고 한다.

262 탕왕이 실천했다고 하는 삼구법三驅法에 대한 설명이다. 탕왕이 어느 날 사냥을 나갔는데, 어떤 사람이 사방에 그물을 쳐 놓고 신에게 하늘에서 내리고 땅에서 솟아나오며, 또는 사방에서 오는 짐승은 자신의 그물에 걸리게 해달라고 비는 소리를 들었다. 탕왕은 그 소리를 듣고 깊이 우려하며 곧 세 방향의 그물은 모두 거두고 나머지 한쪽 방향으로만 사냥감을 몰아가도록 하였고, 당연히 한쪽 방향으로 몰려든 짐승들만 사냥함으로써 세 방향으로 풀려난 다른 사냥감들은 그대로 도망가도록 방치하였다는 것이다. 이러한 고사에서 비롯된 것이 바로 삼구법이다. 탕왕이 이렇듯 삼구법을 실천한 이유는 크게 두 가지 의도가 있었기 때문이라는 것이다. 하나는 한 번에 짐승들을 남김없이 모두 사냥하여 그 씨를 말리는 것을 방지하여 짐승들이 계속해서 번식할 수 있도록 배려했기 때문이고, 다른 하나는 달아난 사냥감들을 일반 백성들이 눈치 안 보고 맘 놓고 사냥할 수 있도록 은덕을 베풀기 위함이라는 것이다. 탕왕의 이러한 의도가 담긴 삼구법은 본래의 그 의미를 넓혀 정치에서도 백성을 법으로 다스리되, 백성들의 눈·코·귀·입을 모두 구속하고 통제하는 강압정치를 버리고, 불만을 토로할 수 있도록 언로를 활짝 열어 주어 백성들이 편안할 수 있도록 덕을 베풀어야 한다는 덕치의 의미로 쓰이기도 한다.

263 『논어』 「태백泰伯」편에서 "공자께서 말씀하셨다. 우뚝하구나! 순임금과 우임금은 천하를 소유하고도 간여하지 않으셨도다(子曰, 巍巍乎, 舜禹之有天下也, 而不與焉.)"라는 내용으로 언급되고 있다.

해가 허공에 뜨는 것과 같으므로 '나타나게 돕는다(顯比)'고 한다. 몸과 입과 마음의 세 가지 행(三輪)으로 자비를 베풀어 교화하시고, 또한 처음도 훌륭하고 중간도 훌륭하고 끝도 훌륭한 가르침(三語)[264]으로 이끌어 제도하신다. 또한 (중생으로) 하여금 세 가지 이익(三益: 種·熟·脫)으로 삼세(三世: 과거·현재·미래)에 걸쳐서 이익을 얻게 하시니, '왕이 세 군데로 모는 것을 쓴다(王用三驅)'라는 의미이다. 불법에 인연이 없는 사람에게는 크게 대사삼매大捨三昧[265]의 경지를 잘 활용하

---

264 부처님의 가르침은 결코 허황되지 않은, 누구나 와서 듣고 보고 확인할 수 있는 보편적인 가르침을 위주로 한다. 따라서 처음에 들어도 훌륭하고(初善) 중간에 들어도 훌륭하고(中善) 나중에 들어도 훌륭한(後善), 처음과 중간과 끝이 서로 모순되거나 틀리지 않는 하나로 일관된 훌륭한 가르침이라 할 수 있다. 부처님이 비록 중생들의 각기 다른 근기에 따라 다양한 방편의 가르침을 설하지만, 그 모든 가르침은 오로지 중생들의 탐·진·치 삼독을 단절시켜 열반의 깨달음으로 인도하기 위한 원력에서다. '삼어'는 중생의 근기를 감안하여 시처에 따라 설하는 부처님의 가르침 일체가 처음부터 끝까지 모두 훌륭한 가르침임을 가리킨다. 세존이 성도 이후 처음으로 제자들과 전법을 떠나면서 설했던 "나는 하늘나라의 올가미와 인간세계의 올가미, 그 모든 올가미에서 벗어났다. 수행승들이여, 그대들도 하늘나라의 올가미와 인간세계의 올가미, 그 모든 올가미에서 벗어났다. 많은 사람들의 이익을 위하여, 많은 사람들의 안락을 위하여, 세상을 불쌍히 여겨 하늘사람과 인간의 이익과 안락을 위하여 길을 떠나라. 둘이서 같은 길로 가지 마라. 수행승들이여, 처음도 훌륭하고 가운데도 훌륭하고 마지막도 훌륭한 내용이 풍부하고 형식이 완성된 가르침을 펴라. 오로지 깨끗하고 청정한 삶을 드러내라. 더러움에 덜 물든 사람도 있다. 그들은 가르침을 듣지 못했기 때문에 버려지고 있지만 가르침을 들으면 알 수 있을 것이다. 수행승들이여, 나도 역시 가르침을 펴기 위해서 우루벨라의 쎄나니 마을로 가겠다(『올가미경』, 상윳따니까야 S4.1.5, 전재성 역)"라는 내용의 붓다의 말씀은 '삼어'의 의미를 분명하게 말해 준다.

면서도 모든 부처님 제자들 중에서 또한 인연이 없는 사람들을 억지로
교화시키려 하지 않는 것을 '앞의 새를 잃으며(失前禽), 읍 사람이
경계하지 않는다(邑人不誡)'라고 한다.

마음을 통찰하는 것으로 해석하면, 참된 지혜를 열어 발휘하는 것이
마치 붉게 빛나는 태양이 하늘에 걸려 있는 것과 같으므로 '나타나게
돕는다(顯比)'고 한다. 일심삼관一心三觀하고 또한 앞의 장교藏敎, 통교
通敎, 별교別敎 등 삼교三敎를 하나로 회통하여(接會) 굴리는 것을 '왕이
세 군데로 모는 것을 쓴다(王用三驅)'라고 한다. 각의삼매覺意三昧[266]로

---

265 대사삼매大捨三昧는 곧 보살의 마음인 사무량심四無量心 가운데 사무량심捨無量
心을 말한다. 보살이 중생의 교화를 위해 일으켜야 하는 네 가지 무량한 마음을
뜻하는 사무량심은 사무량四無量·사등심四等心·사범주四梵住·사범당四梵堂이
라고도 한다. '무량'이라는 말에는 무량한 중생을 대상으로 하며 무량한 복을
가져온다는 의미도 있다. 보살이 중생에게 한없는 즐거움을 주고 고통과 미혹을
없애 주기 위해 자慈·비悲·희喜·사捨의 네 가지 무량한 마음을 일으키는 것을
말한다. ①자무량심慈無量心 : 선한 중생을 대상으로 한 마음가짐으로써 번뇌로
괴로워하는 중생들에게 즐거움을 주는 것이다. ②비무량심悲無量心 : 악한 중생
을 보고 슬퍼하여 그들의 괴로움을 없애 주려는 마음이다. ③희무량심喜無量
心 : 청정한 수행을 닦는 중생을 보고 기뻐하고 격려하는 마음이다. 처음에는
친근한 사람에 대해 희무량심을 내고 점차로 다른 사람에게 널리 미치도록
한다. ④사무량심捨無量心 : 모든 중생을 평등하게 보아 자타自他·애증愛憎·원
친怨親의 차별을 없앤 마음으로, 처음에는 자신과 아무런 관계가 없는 사람으로
부터 시작해 점차로 친한 사람과 미운 사람에 대해 이 마음을 일으키도록
한다. 차별과 분별을 떠난 마음이기에 평정심, 평등심이기도 하다. 이러한
사무량심은 보살도菩薩道를 행할 때 갖추어야 할 기본적인 마음가짐으로 자비심
을 보다 구체적으로 확대시킨 것이다.

266 각의삼매覺意三昧: 천태종에서 수행하는 사종삼매(四種三昧: 염불삼매念佛三昧·
반주삼매般舟三昧·각의삼매覺意三昧·일행삼매一行三昧) 가운데 하나이다. '비

번뇌가 일어나는 것에 따라(隨起) 알아차림을 이어가게 되면(隨觀)²⁶⁷ 번뇌가 일어남을 두려워하지는 않고, 다만 알아차림이 늦는 것을 두려워할 뿐이다. 한 번의 알아차림으로 곧바로 바른 생각으로 되돌아가게 되어 앞에 일어났던 번뇌가 마음에 남아 있지 않게 되는 것²⁶⁸을 '앞의 새를 잃으며(失前禽), 읍 사람이 경계하지 않으니 길하다(邑人不誡)'고 한다.

행비좌삼매非行非坐三昧', '수자의삼매'隨自意三昧'라고도 한다. 때와 장소, 그리고 앉고 누움의 자세에 구애됨이 없이 언제 어디서나 마음을 집중하여 자신의 몸과 느낌과 마음과 법에 대해 알아차림의 수행을 이어가는 수행관법이다.

267 수기수관隨起隨觀: 번뇌의 생각이 일어나면, 일어나는 순간 그 일어난 마음에 대한 알아차림을 의미한다. 예컨대 자신의 마음에서 불현듯 다른 사람을 미워하는 번뇌의 마음이 일어났다면, "아 내가 지금 미움의 번뇌를 일으켰구나!"라고 바로 알아차리는 것이다. 앞에 일어난 번뇌의 마음은 뒤에 일으키는 알아차림의 지혜로 인해 바로 다스려지는 것이다.

268 깊이 있게 관찰해 보면, 우리의 마음은 한순간에 하나의 마음만을 일으킨다는 것을 알 수 있다. 한 번에 두 마음을 동시에 일으키지 못한다는 의미이다. 수행자가 한순간 어떤 대상을 접촉하여 번뇌의 마음을 일으켰다면, 곧바로 일어난 그 번뇌의 마음을 지혜로 바르게 알아차릴 수 있어야 한다. 마음은 한순간에 하나의 마음만을 일으킬 수 있기 때문에 앞에 일으켰던 번뇌의 마음은 뒤에 일으키는 지혜를 바탕으로 한 알아차리는 마음으로 인해 한순간 사라져버리고 만다. 번뇌는 자신의 의지에 상관없이 대상과 접촉함으로써 불현듯 일어나는 것이지만, 수행자는 의지적인 알아차림이라는 지혜의 통찰로 그 번뇌에 이끌려가지 않고 그 번뇌로부터 벗어날 수 있는 것이다. "한 번의 알아차림으로 곧바로 바른 생각으로 되돌아가게 되어(一覺則歸於正念) 앞에 일어났던 번뇌가 마음에 남아 있지 않게 된다(不以前念之非介懷)"는 지욱의 표현은 바로 이러한 이치를 말한다.

象曰 顯比之吉은 位正中也ㅣ오 舍逆取順이 失前禽也ㅣ오 邑
상왈 현비지길   위정중야   사역취순   실전금야   읍

人不誡는 上使ㅣ 中也ㄹ새라.
인불계   상사   중야

「상전」에 이르길 '나타나게 도와 길함'은 자리가 바르고 가운데 하기 때문이고, 거스르는 것은 버리고 순한 것을 취함이 '앞의 새를 잃음'이요, '읍 사람이 경계하지 않음(邑人不誡)'은 위에서 부림이 가운데 하기 때문이다.

上六은 比之无首ㅣ니 凶하니라.
상육   비지무수   흉

상육은 돕는 데 머리가 없으니 흉하다.

陰柔無德, 反據聖主之上, 衆叛親離, 不足以爲人首矣. 佛法釋者, 窮空輪轉, 不能見佛聞法. 假饒八萬劫, 不免落空亡. 觀心釋者, 豁達空, 撥因果, 自謂毘盧頂上行, 悟得威音王那畔又那畔, 實不與眞實宗乘相應, 業識茫茫, 無本可據, 生死到來, 便如落湯螃蟹也.

음효로서 유약하고 덕도 없으면서 도리어 성스러운 군주의 위에 웅거하고 있다. 대중들이 배반하고 친한 이들이 떠나가서 남의 우두머리가 되기에 부족하다.

불법으로 해석하면, 공空의 이치를 깊이 탐구하였지만 윤회를 벗어나지 못하였고, 능히 부처님을 친견하여 법문도 듣지 못하였다. 설사 만겁의 세월을 더 보낸다고 하더라도 공망(空亡: 제법이 공해서 실체가 없다는 공견空見에만 집착하는 그릇된 생각)에 떨어지는 것을 면치 못

한다.

마음을 통찰하는 것으로 해석하면, 공空의 이치를 확연하게 깨달았다고 하면서 인과법을 무시하고, 스스로 '비로자나불의 정수리를 밟고 지나가(毘盧頂上行)'[269] 위음왕 이전의 사람(威音王那畔)과 또 본래면목(那畔)[270]을 깨달았다고 말하는 것이다. 하지만 진실로 진실한 대승불교의 가르침(眞實宗乘)과는 더불어 서로 응하지 못한다. 업식業識[271]만이 아득하여 가히 기댈 만한 근본이 없으니, 생사문제가 도래하면 문득 펄펄 끓는 물에 떨어진 방게(螃蟹)와 같은 꼴이다.

---

269 비로자나불毘盧遮那佛은 범어 '바이로차나vairocana'의 음역으로, 변조遍照·광명변조光明遍照·변일체처遍一切處·일日이라 번역된다. 우주의 근원적 본체, 진리 그 자체(眞如實相)를 의인화시켜 부를 때 비로자나불, 혹은 법신불法身佛이라 부른다. '비로정상행毘盧頂上行'이라는 말은 이러한 법신불의 정수를 밟고 지나간다는 말로, 곧 깨달음을 통해 부처를 초월하여 자유자재한 경지를 성취하고 또한 그러한 경지에서 노닌다는 의미이다. 선종에서 화두를 타파하여 얻게 되는 깨달음의 초월적 경지를서 표현할 때 주로 사용되는 용어이다.

270 위음왕威音王은 곧 『법화경』 권6 「상불경보살품常不輕菩薩品」에서 표현되는, 한량없는 과거세에 존재했다고 전해지는 최초의 부처인 위음왕여래威陰王如來를 말한다. 이 부처 이전에는 다른 부처가 없었다고 하여, 그 시작을 알 수 없는 무량한 과거세의 시간을 뜻한다. 선종에서는 이러한 뜻을 살려 '천지가 나눠지기 이전(天地未分前)', 혹은 '부모의 태 속에 들기 이전(父母未生前), 또는 '천지가 창조되기 이전(空劫以前)'의 본래면목, 주인공, 참나, 진실상 등을 표현할 때 '위음왕나반인威陰王那畔人(위음왕 이전의 사람)'이라고 달리 표현하기도 한다.

271 업식業識: 숙업宿業에 의해 감득된 심식心識을 의미한다. 선악의 업에 의해 초래된 과보로서의 식으로, 곧 범부의 마음을 가리킨다. 12인연 중의 식을 의미하기도 하고, 또한 미혹의 세계에서 윤회함으로써 일어나는 의식 작용을 의미하기도 한다.

象曰 比之无首│ 无所終也│니라.
상왈 비지무수 무소종야

「상전」에 이르길 '돕는 데 머리가 없다(比之无首)'는 것은 미칠 바가 없는 것이다.

從屯至此六卦, 皆有坎焉. 坎得乾之中爻, 蓋中道妙慧也, 其德爲陷爲險. 夫煩惱大海, 與薩婆若海, 豈眞有二性哉. 且從古及今, 無不生於憂患, 死於安樂, 故四諦以苦居初, 佛稱八苦爲師. 苦則悚惕而不安, 悚惕不安, 則煩惱海動, 而種智現前矣. 聖人序卦之旨, 不亦甚深也與.

수뢰둔(水雷屯, ䷂)으로부터 여기까지 여섯(둔屯·몽蒙·수需·송訟·사師·비比)괘는 모두 감(坎, ☵)괘가 들어가 있다. 감괘는 건(乾, ☰)의 가운데 효를 얻은 것으로, 대개 중도의 오묘한 지혜를 상징한다. 그 덕은 빠짐(陷), 험함(險)이 된다. 대저 번뇌의 큰 바다와 부처님이 깨달으신 무량한 지혜(薩婆若海: 一切種智)가 어찌 진실로 두 성품이 있을 수 있겠는가! 또한 예로부터 지금에 이르기까지 우환에서 살고 안락에서 죽지 않는 자가 없었다.[272] 그러므로 성스러운 네 가지 진리(四諦)[273] 가운데 괴로움의 진리(苦諦)를 맨 처음에 둔 것이다. 부처님은

---

272 '생어우환生於憂患, 사어안락死於安樂'은 『맹자』「고자장구하告子章句下」편에서 표현되고 있다. 어려운 상황은 사람을 분발하게 하여 삶을 더욱 단련시키지만, 안락한 환경에 처하면 잘못 타락하고 나태하기 쉬워 삶을 망치게 할 수 있음을 경계하는 가르침이다.

273 사제四諦: 곧 네 가지 성스러운 진리인 사성제四聖諦를 가리킨다. 이 사성제의 진리는 불교의 가장 핵심적인 교리로서 여타의 모든 부처님의 교설은 바로 이러한 사성제의 가르침에 포함된다고 해도 지나치지 않다. 사성제는 부처님께

여덟 가지 괴로움(八苦)이 스승이 된다고 하셨다. 괴로우면 곧 두렵고

서 깨달음을 성취하신 이후 최초로 다섯 비구(五比丘)를 상대로 설하신 진리의
가르침으로, 곧 ① 고성제(苦聖諦, dubkha)·② 집성제(集聖諦, samudaya)·③
멸성제(滅聖諦, nirodha)·④ 도성제(道聖諦, mārga)의 네 가지 진리를 말한다.
여기서 '제(諦, satya)'는 진리·진실의 의미이며, 그러한 진리가 신성(arya)하고
참된 것이라 하여 사성제·사진제四眞諦라고 부르는 것이다. 이러한 사성제는
불교의 교설에 있어 미혹의 세계와 깨달음의 세계의 인·과를 설명하는 가장
기본적이고 핵심적인 교리 체계라 할 수 있다. ①고성제는 곧 현실세계에서의
우리의 실상을 나타내는 것으로, 어리석은 중생의 생존은 결과적으로 괴로움이
라고 보는 관점의 진리이다. 부처님은 인생의 고에 대해『잡아함경』에서 "비구들
이여, 이것이 고의 성제(苦聖諦)이다. 마땅히 알라. 태어남은 고이다. 늙음은
고이다. 병듦은 고이다. 죽음은 고이다. 미운 사람과 만나는 것도 고요(怨憎會苦),
사랑하는 사람과 헤어지는 것도 고요(愛別離苦), 욕심나는 것을 얻지 못하는
것도 고이다(所求不得苦). 통틀어 말한다면 이 인생은 바로 고 그 자체이다(五陰
盛苦)"라고 교설하고 있다. 이러한 부처님의 고성제에 대한 말씀은 중생의
인생이 괴로움(苦)일 수밖에 없는 이유는 큰 관점에서 보면 바로 생로병사生老病
死의 4고와 애별리고·원증회고·소구부득고·오음성고 등의 8고가 있기 때문이
라는 것이다. 어찌 보면 이러한 고성제는 불교가 곧 종교로서의 첫 출발점이
되는 가장 근본적이고 핵심적인 교리라고 해도 과언이 아니다. 왜냐하면 불교교
설의 궁극적 목적이 바로 모든 중생을 현실세계의 고통으로부터 벗어나게끔
하고, 나아가 깨달음을 통해 진리의 즐거움을 얻게끔 하는 것(離苦得樂)이기
때문이다. 이는 곧 불교가 중생의 고를 여의게 하고 진리의 깨달음을 통해
참된 행복을 얻게끔 하고 나아가 궁극적으로는 생사윤회를 완전히 벗어나는
것을 제일의 종교적 가치와 당위로 삼는다는 것을 의미한다. 현실적인 중생의
삶이 괴롭다면(果), 그러한 괴로움을 초래하게 되는 어떠한 원인(因)이 반드시
있을 것이다. ②집성제는 바로 그러한 괴로움의 원인을 나타내는 진리이다.
'집(集, samudaya)'은 원래 '불러 모으다'라는 의미를 가지고 있지만 여기에서는
집기集起, 곧 결합하여 일어난다는 뜻을 나타낸다. 괴로움의 원인이 어느 한
가지뿐만 아니라 여러 가지 원인이 상호 연기하여 발생하고 있음을 나타내는

편안하지 못하며, 두렵고 편안하지 못하게 되면 번뇌의 바다는 출렁이

표현이다. 그렇다면 중생의 삶을 고통스럽게 만드는 근원적인 고의 원인은 무엇일까? 부처님은 고의 근본 원인을 바로 '갈애(渴愛, tanha)'라고 진단하신다. 이에 대해 『대념처경大念處經』에서는 "다시 비구들이여, 괴로움의 일어남의 성스런 진리란 무엇인가? 그것은 새롭게 태어남을 일으키는 갈애이다. 쾌락과 탐욕을 동반하고 항상 새로운 기쁨을 지금 여기저기서 찾으니, 이른바 감각적 욕망에 대한 갈애(慾愛), 존재에 대한 갈애(有愛), 그리고 비존재에 대한 갈애(無有愛)이다"라고 교설하고 있다. 갈애는 글자 의미 그대로 애욕에 대한 목마름을 뜻한다. 마치 사막에서의 타는 목마름처럼 물질적, 정신적 대상에 대한 만족을 모르는 우리의 애욕과 애착이 바로 갈애이다. 부처님은 이러한 갈애를 크게 세 종류로 설명하고 있다. 바로 욕애慾愛·유애有愛·무유애無有愛이다. 첫 번째 욕애는 감각적 욕망에 대한 집착을 의미한다. 이러한 욕애는 우리의 여섯 가지 감각기관(六根)이 밖의 경계를 접하여 일으키는 여러 가지 욕망의 갈애를 가리킨다. 대표적인 예로 재물욕·성욕·식욕·명예욕·수면욕 등과 같은 다섯 가지 욕망(五慾)을 들 수 있다. 두 번째 유애는 존재에 대한 집착을 의미한다. 인간은 누구나가 영원히 살 수 있기를 희망한다. 비록 현생의 이 육체는 죽어 없어지더라도 영혼만이라도 다른 저 세상에 다시 태어나 영원히 영속하기를 바란다. 이러한 인간의 집착의 욕구가 바로 유애이다. 유애는 곧 인간의 영혼은 변하거나 단절되지 않고 영원히 지속된다고 하는 상견常見에서 일으키는 갈애라 할 수 있다. 우리는 이러한 유애로 인해 사후에 있어서도 극락이니 천당이니 하면서 현세보다 더 좋은 세계에 태어나기를 희망하는 것이다. 세 번째 무유애는 존재하고 싶지 않은 갈애를 의미한다. 우리는 현세의 삶이 너무 괴롭거나 힘들면 그만 삶을 포기하고 죽기를 희망하면서 죽으면 모든 것이 끝날 것이라는 생각을 가지게 되는 경우가 있다. 이렇듯 죽음을 통해 모든 것이 단절되고 끝나기를 바라는 갈애가 곧 무유애이다. 이러한 무유애는 곧 죽음으로써 모든 것이 끝난다고 하는 단견斷見에서 일으키는 갈애라고 할 수 있다. 그렇다면 우리가 이러한 세 가지 갈애의 욕구를 일으키는 근원적인 이유는 무엇일까? 불교에서는 그 근원적 원인은 다름 아닌 존재의 실상에 대한 인간의 어리석음과 무지, 곧 무명(無明, Avidta) 때문임을 교설한다. 무명은 진여眞如·광명·원만한 깨달음

게 되고 (그러한 번뇌의 고해苦海에서 벗어나기 위한 노력으로) 부처님의 수승한 지혜(種智: 一切種智)가 드러나게 되는 것이다. 성인이 괘를 순차적으로 배열한(序卦) 뜻이 또한 매우 심오하지 않은가!

(圓覺)과 같은 것에 반대되는 개념이다. 즉 진리를 알지 못하는 어리석은 상태에 놓여 있음을 말하는데, 곧 현상의 차별적인 여러 모습에 집착하여 현실세계의 온갖 번뇌와 망상의 근본이 되는 것을 말한다. 설명한 바와 같이 갈애의 세 가지 내용인 욕애·유애·무유애의 바탕에는 우리들의 유신견有身見·상견常見·단견斷見이라고 하는 삿된 견해(邪見)가 자리 잡고 있음을 알 수 있다. 그런데 이러한 사견의 근저에는 또다시 존재의 참된 실상과 이치를 모르는 근본적 번뇌인 이러한 무명이 자리하고 있다는 것이다. 우리는 결과적으로 이러한 무명 때문에 고통을 불러일으키는 갈애를 일으키게 되는 것이다. 사성제의 세 번째 진리인 ③멸성제는 우리 인생의 괴로움의 원인이 되는 갈애가 남김없이 소멸된 경지를 말하는 진리이며, 곧 불교 수행의 궁극적 목적인 열반(涅槃, nirvāṇa)에 도달함을 의미한다. 이러한 멸성제에 대해 『상윳따 니까야, 초전법륜경』에서는 "비구들이여, 이것이 괴로움의 소멸의 성스러운 진리(苦滅聖諦)이다. 그것은 바로 그러한 갈애가 남김없이 빛바래어 소멸함·버림·놓아버림·벗어남·집착 없음이다"라고 그 내용을 교설하고 있다. 여기서 표현되고 있는 '남김없이'·'빛바래어'·'소멸함' 등은 모두 열반의 동의어들이다. 열반을 얻으면 자연적으로 갈애는 남김없이 빛바래고 소멸하기 때문이다. 열반에 이르는 방법과 실천, 이것이 바로 사성제의 마지막 진리인 ④도성제의 진리이다. 부처님은 열반에 이르기 위해서 실천해야 될 수행으로 다름 아닌 팔정도(八正道: 八支聖道)라고 하는 여덟 가지 바른 도의 실천을 가르치신다. 『상윳따 니까야 초전법륜경』에서는 이러한 팔정도에 대해 "비구들이여, 이것이 괴로움의 소멸로 인도하는 도 닦음의 성스러운 진리(苦滅道聖諦)이다. 그것은 바로 여덟 가지 구성요소를 가진 성스러운 도(八支聖道)이니, 즉 바른 견해(正見)·바른 사유(正思惟)·바른 말(正語)·바른 행위(正業)·바른 생계(正命)·바른 정진(正精進)·바른 마음챙김(正念, 싸띠 sati)·바른 삼매(正定)이다"라고 그 내용을 교설하고 있다.

(9) ䷈ 풍천소축風天小畜

小畜은 亨하니 密雲不雨는 自我西郊일새니라.
소축 형 밀운불우 자아서교

'소축小畜'은 형통하니 구름이 빽빽하되 비가 오지 않는 것은, 내가
서쪽 들(西郊)로부터 하기 때문이다.

畜阻滯也, 又讀如蓄, 養也. 遇阻滯之境, 不怨不尤, 惟自養以消之,
故亨. 然不可求速效也. 約世法, 則如垂衣裳而天下治, 有苗弗格. 約
佛法, 則如大集會中魔王未順. 約觀心, 則如道品調適之後, 無始事障
偏强, 阻滯觀慧, 不能克證. 然聖人禦世, 不忌頑民. 如來化度, 不嫌魔
侶, 觀心勝進, 豈畏夗障. 譬諸拳石, 不礙車輪. 又譬鐘擊則鳴, 刀磨則
利. 豬揩金山, 益其光彩. 霜雪相加, 松柏增秀, 故亨也. 然當此時雖不
足畏, 亦不可輕於取功, 須如密雲不雨自我西郊, 直俟陰陽之和而後
雨耳. 蓋凡雲起於東者易雨, 起於西者難雨. 今不貴取功之易, 而貴奏
效之遲也. 楊慈湖曰, 畜有包畜之義, 故雲畜君何尤. 此卦六四以柔得
近君之位, 而上下諸陽皆應之, 是以小畜大, 以臣畜君, 故曰小畜, 其
理亦通. 其六爻皆約臣畜君, 說亦妙. 陳旻昭曰, 小畜者, 以臣畜君,
如文王之畜紂也. 亨者, 冀紂改過自新, 望之之辭也. 密雲不雨自我西
郊者, 言祇因自我西郊故不能雨, 怨己之德不能格君, 乃自責之辭, 猶
所雲, 臣罪當誅, 天王聖明也. 六四則是出羑裏時, 九五則是三分天下

有二以服事殷之時, 上九則是武王伐紂之時, 故施已行而旣雨. 然以
臣伐君, 冒萬古不韙之名, 故曰君子征凶.

'축畜'은 막히고 지체된다는 의미이다. 또 읽는 소리가 '축蓄'과 같아서
양육한다는 의미도 있다. 막히고 지체되는 경우를 만나도 원망하거나
비난하지 않으며 오직 스스로를 기르면서 그것을 해소시킨다. 그러므
로 '형통하다(亨)'고 한다. 그러나 너무 빨리 효과를 기대해서는 안
된다. 세상의 이치로 본다면, 곧 의상을 드리우고 천하를 다스릴 때에
묘족이 복종하지 않은 경우와 같다.[274]

　불법으로 요약하면, 불법이 설해지는 큰 법회 중에 마왕이 순종하지

---

[274] '수의상이천하치垂衣裳而天下治'라는 표현은 원래 「계사하전」 제2장에서 언급되
고 있는 "황제와 요임금과 순임금이 의상을 드리우고 천하를 다스리니, 대개
건곤에서 취한 것이다(黃帝堯舜, 垂衣裳而天下治, 蓋取諸乾坤.)"라는 연구에서
인용한 것으로 보인다. 이 뜻은 황제와 요임금과 순임금이 백성을 다스리고
교화함에 있어 이간易簡의 법칙으로써 만물을 무위이치無爲而治하는 저 천지를
본받아 임금의 옷을 입고 가만히 있어도 그 덕화에 의해 천하가 저절로 다스려졌
다는 의미이다. '유묘불격有苗弗格'이라는 표현 역시 『상서』의 「대우모」편에
실린 "황제(순임금)가 문덕을 크게 펴고 방패와 깃(有羽)을 들고 두 섬돌 사이에서
춤을 추니, 70일 만에 묘족이 복속하였다"라는 표현에서 인용하고 있는데,
이는 순임금이 복속을 거부하는 묘족(有苗弗率)을 무력으로 다스리지 않고
덕으로 교화시켜 복속시켰다는 의미이다. 지욱은 바로 이러한 뜻을 표현하고
있는 두 인용 연구를 빌려 소축괘 괘사의 뜻을 새롭게 해석하고 있다. '소축'의
의미를 요순이 처음 문명을 일으켜 조금씩 발전시켜 나가는 형통한 시대(小畜亨)
로, '밀운불우密雲不雨'의 뜻을 이러한 시대에 요순이 덕화로써 천하를 다스리지
만 유독 묘족만이 교화되기를 거부해(有苗弗格) 천하가 완전히 다스려지지
못하는 지체(阻滯)된 상황으로 이해하고 있는 것이다. 괘사의 뜻을 문왕과
연계시켜 풀이하던 기존의 해석과는 다른 새로운 관점의 해석이라 할 수 있다.

않는 것과 같다. 마음을 통찰하는 것으로 요약하면, 37조도품에 순응하여 조화롭게 잘 닦은 이후에도 시작을 알 수 없는 탐욕과 성냄과 어리석음의 번뇌(事障)[275]가 지나치게 강하여 통찰의 지혜를 방해하고 지체시켜서 능히 깨달음을 증득하지 못하게 하는 것과 같다.

그러나 성인은 세상을 다스림에 있어 완고한 백성도 꺼리지 않고, 여래께서는 교화하고 제도하시는 데 있어서 마귀의 무리도 싫어하지 않는다. 마음을 통찰하며 번뇌와 싸워 이겨 나아감에 있어서도 어찌 오래된 장애(夙障)를 두려워하겠는가? 비유컨대 모든 조약돌이 수레바퀴가 굴러가는 것을 막지 못하는 것과 같고, 또 비유하건대 종을 치면 소리가 울려 퍼지는 것과 같고, 칼을 갈면 예리해지는 것과 같으며, 돼지가 금을 채석하는 광산에 몸을 문지르면 그 광채가 더해지고, 서리와 이슬이 서로 더해짐에 소나무와 잣나무를 더욱 빼어나게 만드는 것과 같다. 그러므로 '형통하다(亨)'고 하는 것이다.

그러나 이러한 시기를 맞이함에 있어 비록 두려워할 것은 없지만, 또한 성공을 이루려고 가볍게 행동해서도 안 된다. 모름지기 '구름이 빽빽하되 비가 오지 않는 것은 내(육사)가 서쪽 들로부터 하기 때문이다(密雲不雨 自我西郊)'라는 것과 같이, 바로 음양의 조화를 기다리다 보면 이후에 비가 내릴 수 있기 때문이다. 무릇 구름이 동쪽에서 일어난 것은 비가 내리기 쉽지만, 서쪽에서 일어난 것은 비가 내리기 쉽지

---

275 불교에서는 수행과 깨달음을 방해하는 두 가지 장애(二障)가 있음을 교설한다. 곧 이장理障과 사장事障이다. 이장은 바른 견해가 일어나는 것을 방해하는 삿된 견해와 번뇌를 가리키고, 사장은 생사윤회를 되풀이하게 만드는 탐貪·진瞋·치癡 삼독심의 번뇌를 가리킨다.

않다. 지금 공을 이루기 쉬운 것은 귀하게 여기지 말고, 효과가 늦게 나타남을 귀하게 여길 것을 표현하고 있다.

양자호楊慈湖[276]는 말하길 "축畜은 포용해서 양육한다는 뜻이다. 그러므로 '군자를 양육함이 무슨 허물이겠는가(畜君何尤)!'[277]라고 했다. 이 괘는 육사가 유순함으로써 임금의 자리에 가까이 위치하여 상하의 모든 양陽이 모두 그와 상응하고 있다. 이는 작은 것으로써 큰 것을 양육하고, 신하로써 임금을 양육하고 있는 것이다. 그러므로 '소축小畜'이라 한다. 그 이치는 또한 통하는 것이다. 그 여섯 효가 모두 신하가 임금을 양육하는 것으로 예를 들어 설명하고 있는 것도 또한 미묘하다"라고 하였다.

진민소는 말하길 "소축小畜은 신하가 군주를 양육하는 것이다. 마치 문왕이 주紂를 모신 것과 같다. '형亨'이라는 말은 주왕이 잘못을 고쳐 스스로 새롭게 되기를 기대하여 그렇게 되기를 소망해서 한 말이다. '밀운불우密雲不雨, 자아서교自我西郊'라고 하는 것은 다만 내가 서쪽 들로부터 하기 때문에 비가 내릴 수 없음을 말하는 것이다. 자신의 덕으로 능히 임금을 바로잡지 못하는 것을 원망하여 이에 스스로 책망하

---

276 양간(楊簡, 1141~1226): 호는 자호慈湖, 자는 경중敬仲, 절강성 자계慈溪 사람. 육상산(陸象山, 육구연)을 만나 그의 제자가 되었다. 인간이 올바른 본심으로 되돌아가기 위해서는 모든 물욕을 제거해야 한다고 주장하였으며, 50여 년 동안 지방 관리로서 여러 가지 정책을 입안하는 한편 그는 정호程顥와 육구연의 역학을 발전시켜 마음을 위주로 하여 『주역』에 담긴 뜻을 풀이하였으며 육구연의 학문을 보급시켰다. 저서도 많았으나 현존하는 것이 없으며, 그가 죽은 후 그의 구가舊家에 자호서원慈湖書院이 세워졌다.

277 『맹자』「양혜왕장구하梁惠王章句下」편에서 언급되고 있는 내용이다.

는 말이다. 이른바 '신하의 죄는 마땅히 처벌받아야 마땅하지만(臣罪當誅) 천왕은 거룩하고 현명하다(天王聖明)'[278]고 하는 것과 같다. 육사는 곧 문왕이 유리(羑里: 감옥)에서 벗어나던 때이고, 구오는 문왕이 천하의 3분의 2를 얻고도 은나라를 섬겼던 때이며, 상구는 무왕이 주왕을 징벌할 때이다. 그러므로 시혜(施)가 이미 행해져서 비가 이미 내렸다는 의미이다. 그러나 신하로서 임금을 징벌하였으니, 만고에 옳지 못하다는 오명을 뒤집어쓰게 되었다. 그러므로 군자가 징벌을 하면 흉하다고 한 것이다"라고 하였다.

象曰 小畜은 柔ㅣ 得位而上下ㅣ 應之할새 曰小畜이라. 健而巽
단 왈 소 축 유 득 위 이 상 하 응 지 왈 소 축   건 이 손

하며 剛中而志行하야 乃亨하니라. 密雲不雨는 尚往也ㅣ오 自我
   강 중 이 지 행   내 형   밀 운 불 우 상 왕 야   자 아

西郊는 施未行也ㅣ라.
서 교   시 미 행 야

「단전」에 이르길 '소축小畜'은 유柔가 제자리를 얻어 위와 아래가 응하기 때문에 '소축'이라 한다. 굳건하고 겸손하며, 강한 것이 가운데 하고 뜻이 행해져서 이에 형통하다. '구름이 빽빽하되 비가 오지 않는다(密雲不雨)'는 것은 오히려 가는 것이고, '내가 서쪽 들로부터 한다(自我西郊)'는 것은 베풂이 행해지지 않는 것이다.

既畜矣, 而云小者, 以在我之柔德既正, 又有上下之剛應之, 所以一切外難不足擾我鎭定剛決之德, 反藉此以小自養也. 健則無物慾之邪,

---

[278] 『서경』「태서상泰誓上」편에서 언급되고 있는 표현이다.

巽則無躁動之失, 剛中則慧與定俱, 故其志得行而亨也. 雲雖密而尙
往, 則修德不妨益進, 自西郊而施未行, 則取效不可欲速.

이미 쌓았는데 작다고 말하는 것은 나(육사)의 유순한 덕이 이미 바르게
자리하고 있으면서 또한 아래와 위의 양효들과 응하고 있기 때문이다.
까닭에 모든 외부의 어려움들이 나의 진정鎭定하고 강결剛決한 덕을
어지럽히지 못하고 도리어 이로 말미암아 조금이나마 스스로를 양육시
켜 나갈 수 있다. '건健'은 곧 물욕의 삿됨이 없음을, '손巽'은 곧 조급하게
움직이는 실수가 없음을 의미한다. '강중剛中'은 지혜와 선정을 모두
구족하고 있다는 의미이다. 그러므로 그 뜻이 행해져서 형통할 수
있는 것이다. 구름이 비록 짙어졌지만 오히려 나간다면, 덕을 닦아
더욱더 발전시켜 갈 수 있을 것이다.[279] 서교西郊로부터 베풂이 행해지지
않는데 효과를 급하게 얻고자 해서는 안 된다.

象曰 風行天上이 小畜이니 君子ㅣ 以하야 懿文德하나이라.
상 왈 풍 행 천 상   소 축   군 자   이   의 문 덕

「상전」에 이르길 바람(風, ☴)이 하늘(天, ☰) 위에 행하는 것이 '소축小
畜'이니, 군자가 이를 본받아 문덕을 아름답게 한다.

---

[279] 수행이 깊어질수록 도를 방해하려는 번뇌마장은 더욱더 기승을 부린다. 이럴수
록 그러한 번뇌마장에 유혹되어 좌절하지 말고 더욱더 수행을 향상시켜 나가야
만 마침내 성불의 종착점에 도달할 수 있다. 지욱은 '밀운密雲'의 의미를 도를
방해하는 번뇌마장에 비유하며, 번뇌마장이 기승을 부릴수록 더욱 수행정진을
계속할 것을 말하고 있는 것이다.

鼓萬物者, 莫妙於風, 懿文德, 猶所謂遠人不服, 則修文德以來之. 舞
干羽於兩階, 而有苗格, 卽是其驗. 故曰君子之德風也. 觀心, 則偏用
事六度等對治助開, 名懿文德.

만물을 고동鼓動시키는 것은 바람보다 오묘한 것이 없다. '문명과 덕을
아름답게 한다(懿文德)'는 것은 이른바 먼 곳에 사는 사람이 복종해
오지 않으면 나의 문덕文德을 아름답게 함으로써 그들 스스로가 찾아오
도록 만드는 것을 의미한다. '순임금이 양 섬돌 사이에서 방패와 깃을
들고 춤추었더니 묘족이 스스로 복종하여 왔다'고 하는 말이 곧 이러한
경우의 예라 할 수 있다. 그러므로 '군자의 덕은 바람이다(君子之德
風)'[280]라고 하는 것이다.

　마음을 통찰하는 것으로 보면, 일상적으로 두루 육바라밀(六度:
보시·지계·인욕·정진·선정·지혜) 등을 닦음으로써 번뇌를 다스려 깨달
음을 성취해 나가는 것(對治助開)[281]을 '문덕을 아름답게 한다(懿文德)'
고 한다.

初九는 **復**이 **自道** | 어니 **何其咎** | 리오 **吉**하니라.
　초구　복　자도　　하기구　길

---

280 『논어』「안연顔淵」편에서 언급되고 있는 내용이다. "군자의 덕은 바람과 같고(君
　子之德風) 소인의 덕은 풀과 같다(小人之德草). 바람이 풀 위에 불면(草上之風)
　풀은 반드시 쓰러진다(必偃)."

281 대치조개對治助開: 천태종에서 교설하고 있는 10종의 관법(十乘觀法) 가운데
　일곱 번째 관법으로, 오정심관(五停心觀: 부정관不淨觀·자비관慈悲觀·인연관因
　緣觀·계분별관界分別觀·수식관數息觀)이나 육바라밀 등을 두루 수행하여 그
　도움으로 번뇌를 다스려 깨달음을 성취해 나가는 관법이다.

초구는 회복함이 도로부터 하니, 어찌 그 허물이겠는가? 길하다.

象曰 復自道는 其義吉也ㅣ라.
상왈 복자도 기의길야

「상전」에 이르길 '회복함이 도로부터 한다(復自道)'는 것은 그 뜻이 길하기 때문이다.

九二는 牽復이니 吉하니라.
구이 견복 길

구이는 이끌어서 회복하니 길하다.

象曰 牽復은 在中이라 亦不自失也ㅣ라.
상왈 견복 재중 역부자실야

「상전」에 이르길 '이끌어서 회복한다(牽復)'는 것은 가운데 있기 때문이다. 또한 스스로 잃지 않는 것이다.

九三은 輿說輻이며 夫妻反目이로다.
구삼 여탈복 부처반목

구삼은 수레의 바퀴살이 벗겨지며 남편과 아내가 반목한다.

象曰 夫妻反目은 不能正室也ㅣ라.
상왈 부처반목 불능정실야

「상전」에 이르길 '남편과 아내가 반목한다(夫妻反目)'는 것은 능히 집안을 바르게 하지 못하는 것이다.

六四는 有孚ㅣ면 血去코 惕出하야 无咎ㅣ니라.
육사　유부　　혈거　척출　　무구

육사는 믿음을 두면 피가 사라져 가고 두려운 데서 나와서 허물이
없을 것이다.

象曰 有孚惕出은 上合志也ㅣ라.
상왈 유부척출　　상합지야

「상전」에 이르길 믿음을 두어 두려운 데서 나옴은 위와 뜻이 합해서
이다.

九五는 有孚ㅣ라 攣如하야 富以其鄰이로다.
구오　유부　　연여　　부이기린

구오는 믿음을 둔다. 이끌어서 부유함을 그 이웃으로써 (함께)한다.

象曰 有孚攣如는 不獨富也ㅣ라.
상왈 유부연여　　부독부야

「상전」에 이르길 '믿음을 두고 이끈다(有孚攣如)'는 것은 혼자서 부유하
려고 하지 않는 것이다.

上九는 旣雨旣處는 尙德하야 載니 婦ㅣ 貞이면 厲하리라. 月幾望
상구　기우기처　상덕　　재　부　정　　　려　　　　월기망

이니 君子ㅣ 征이면 凶하리라.
　　군자　정　　흉

상구는 이미 비가 오고 이미 그침은 덕을 숭상하여 가득하니, 아내가

곧게만 하면 위태할 것이다. 달이 거의 보름(幾望)²⁸²이니 군자가 가면 흉할 것이다.

象曰 旣雨旣處는 德이 積載也ㅣ오. 君子征凶은 有所疑也ㅣ니라.
상 왈 기 우 기 처　　덕　적 재 야　　군 자 정 흉　유 소 의 야

「상전」에 이르길 '이미 비가 오고 이미 그친다(旣雨旣處)'는 것은 덕이 쌓여서 가득함이고, '군자가 가면 흉하다(君子征凶)'는 것은 의심할 바가 있기 때문이다.

時當小畜, 六爻皆有修文德以來遠人之任者也. 初九剛而得正, 克己復禮, 天下歸之, 故吉. 九二剛中, 與初同復, 故亦得吉. 九三過剛不中, 恃力服人, 人偏不服, 故輿說輻而不能行. 尚不可以齊家, 況可服遠人乎. 六四柔而得正, 能用上賢以成其功, 故惕出而無咎. 九五陽剛中正, 化被無疆, 故能富以其鄰. 上九剛而不過, 又居小畜之終, 如密雲之久而旣雨, 遠近皆得安處太平, 此乃懿尚文德, 至於積滿, 故能如此. 然在彼臣婦, 宜守貞而時時自危, 不可恃君有優容之德而失其分. 世道至此, 如月幾望, 可謂圓滿無缺矣. 其在君子, 更不宜窮兵黷武以取凶也. 佛法觀心釋者, 修正道時, 或有事障力强, 須用對治助開. 雖用助開, 仍以正道觀慧爲主. 初九正智力强, 故事障不能爲害, 而復自道. 九二定慧得中, 故能化彼事障反爲我助而不自失. 九三恃其乾慧, 故爲事障所礙, 而定慧兩傷. 六四善用正定以發巧慧, 故血去而惕出. 九五中正妙慧, 體障卽德, 故能富以其鄰. 上九定慧平等, 故事障釋然

解脫, 如旣雨旣處而修德有功. 夫事障因對助而排脫, 必有一番輕安
境界現前, 名之爲婦. 而此輕安不可味著, 味著則生上慢, 自謂上同極
聖, 爲月幾望. 若信此以往, 則反成大妄語之凶矣, 可不戒乎.

시절이 '소축小畜'에 해당되니 여섯 효가 모두 문덕文德을 닦음으로써
멀리 있는 사람을 오게 해야 하는 임무가 있다. 초구는 강건하며 바름을
얻었다. 자신의 사사로움을 극복하고 예를 회복해가는 것이니, 천하
사람들이 그에게 돌아온다. 그러므로 길하다. 구이는 강건하며 가운데
자리하고 있다. 초효와 더불어 같이 회복한다. 그러므로 또한 길함을
얻었다. 구삼은 지나치게 강하고 가운데 자리하지도 못하여 자기 힘만
믿고 남을 복종시키려 하지만 사람들이 복종하지 않는다. 그러므로
수레의 바퀴살이 빠지게 되어(輿說輻) 갈 수가 없다. 오히려 자기
집안도 다스릴 수 없는데 하물며 먼 곳에 있는 사람들을 복종시킬
수 있겠는가? 육사는 유순하면서도 바름을 얻었으니, 능히 위에 자리한
어진 임금(구오)을 도와 그 공을 이룬다. 그러므로 두려움에서 벗어나
허물이 없다. 구오는 양효로 강건하고 중정하므로 교화의 베풂이 무량
하다. 그러므로 부유함을 그 이웃들과 함께할 수 있다. 상구는 강건하나
지나치지 않다. 또한 '소축'의 마지막에 위치하고 있으니, 마치 구름이
빽빽하게 모여 있다가 시간이 오래 경과되어 이미 비가 내린 상태와
같다. 먼 곳이나 가까운 곳에 있는 사람들이 모두 편안한 곳에서 태평함
을 얻은 것이다. 이것이야말로 바로 문덕을 아름답게 하고 숭상하여
쌓음이 가득함에 이르게 된 것이다. 그러므로 능히 이와 같이 할 수
있다. 그러나 저 신하와 부인에 있어서는 마땅히 곧고 바름을 지켜서

때마다 스스로를 위태롭다고 여겨야 한다. 임금의 넉넉히 포용하는 덕이 있음을 믿고 그 본분을 잃어버리는 것은 옳지 않기 때문이다. 세상의 도리가 여기에까지 이르게 되면, 거의 보름달(月幾望)같이 원만하여 부족함이 없다고 할 수 있다. 그 군자에 있어서 다시 무력을 남용하며 전쟁을 일삼음으로써(窮兵黷武)[283] 흉하게 되는 것은 옳지 못하다.

불법의 마음을 통찰하는 것으로 해석하면, 바른 도를 닦을 때에 혹 사장(事障: 탐심·진심·치심의 삼독심)의 힘이 강하면 모름지기 대치 조개(對治助開: 육바라밀과 오종심관을 닦아 번뇌를 다스려 깨달음을 성취해 가는 것)의 관법을 활용해야만 한다. 비록 조개助開의 관법을 활용하여 닦아 나가더라도 거듭 바른 수행법인 통찰의 지혜(觀慧: 반야, 위빠사나)를 위주로 닦아야 한다.

초구는 바른 지혜의 힘이 강력하다. 그러므로 사장事障의 번뇌가 능히 해를 끼칠 수 없으므로 '회복함이 도로부터 한다(復自道)'고 한다. 구이는 선정과 지혜를 균등하게 성취한 것(得中)이다. 그러므로 능히 저 사장의 번뇌를 다스려 도리어 나에게 도움이 될 수 있으므로 '스스로 잃지 않는다(不自失)'고 한다. 구삼은 메마른 지혜(乾慧)[284]를 의지하기 때문에 사장의 번뇌가 장애가 되어 선정과 지혜가 모두 손상되는 것이다. 육사는 바른 선정을 잘 활용하여 교묘한 지혜(巧慧)[285]를 발휘한다.

---

283 『삼국지』권58 「오서吳書, 육손전陸遜傳」에서 표현되고 있다.

284 건혜乾慧: 진리를 통찰하는 지혜는 있지만, 아직 선정의 물에 윤택하지 못한 메마른 지혜를 의미한다.

285 교혜巧慧: 세간의 즐거움과 선정, 지혜의 즐거움의 득실과 경중을 바르게 헤아리

그러므로 '피가 사라져 가고(血去) 두려운 데서 나온다(惕出)'고 한다. 구오는 중정하면서도 신묘한 지혜가 있어 장애가 곧 덕임을 체득한다. 그러므로 능히 '부유함을 그 이웃으로써 한다(富以其鄰)'고 한다. 상구 는 선정과 지혜가 평등하다. 그러므로 사장의 번뇌에서 자유롭게 해탈 함이 마치 '이미 비가 오고 이미 그친다(旣雨旣處)'는 것처럼 덕을 닦아 공덕이 있는 것과 같다.

무릇 사장의 번뇌를 대치조개對治助開의 관법을 닦음으로써 번뇌를 물리쳐서 벗어나게 되면, 반드시 한번쯤 가볍고 편안한 경계(輕安)가 드러나게 된다. 이러한 경계를 '부婦'라고 한다. 이러한 경안輕安의 경계에 탐착해서는 안 된다. 탐착하면 잘난 체하고 교만한 마음(上慢)을 일으켜서 스스로 위로 부처(極聖)와 같다고 말하게 되어 '달이 거의 보름달(月幾望)'이라는 의미가 될 것이다. 만약 이러한 경계를 믿고 나간다면 도리어 큰 망언의 흉을 만들어 내는 것이니, 가히 경계해야 하지 않겠는가?

는 교묘한 지혜를 의미한다. 세간의 즐거움은 즐거움이 적고 괴로움이 많으며, 거짓되고 허망한 것이며 실다움이 없는 것이다. 따라서 이것은 손실이며 경박한 것임을 통찰하고, 나아가 선정과 지혜의 즐거움은 무루無漏이고 무위無爲이며 고요하고 한가하여 영원히 나고 죽음을 벗어나게 하는 진리임을 바르게 통찰하 는 지혜이다.

(10) ䷉ 천택리天澤履

履虎尾라도 不咥人이라 亨하니라.
이 호 미　　　부 질 인　　　형

호랑이 꼬리를 밟더라도 사람을 물지 않는다. 형통하다.

約世道, 則頑民旣格, 上下定而爲履. 以說應乾, 故不咥人. 約佛法,
則魔王歸順, 化道行而可履, 以慈攝暴, 故不咥人. 約觀心, 則對治之
後, 須明識次位, 而成眞造實履. 觀心卽佛, 如履虎尾, 不起上慢, 如不
咥人亨也.

세상의 이치로 요약하면, 완고한 백성이 이미 바르게 교화되어 위와
아래가 안정된 것을 '이履'라 한다. 그럼으로써 기쁘게 하늘의 뜻에
순응하므로 '사람을 물지 않는다(不咥人)'고 한다.

　불법으로 요약하면, 곧 마왕이 귀의하여 순종하고, 교화의 도가
행해져서 불법이 베풀어질 수 있게 된 것(履)이다. 자비로써 난폭함을
포섭하기 때문에 '사람을 물지 않는다'고 한다.

　마음을 관조하는 것으로 요약하면, 대치법對治法으로 번뇌를 다스린
다음에는 모름지기 수행의 단계적 계위(次位)를 분명하게 알아서 참된
깨달음의 결실을 창조해 낼 수 있는 수행(履)을 이루어야 한다. 마음이
곧 부처임을 통찰하는 것은 마치 '호랑이 꼬리를 밟는 것(履虎尾)'과

같으며, 교만한 마음을 일으키지 않음은 '사람을 물지 않으니 형통하다
(不咥人亨)'는 뜻과 같다.

象曰 履는 柔履剛也ㅣ니 說而應乎乾이라 是以履虎尾不咥人亨
단왈 리 유리강야 열이응호건 시이이호미부질인형

이라. 剛中正으로 履帝位하야 而不疚ㅣ면 光明也ㅣ라.
강중정 이제위 이불구 광명야

「단전」에 이르길 '이(리)履는 유柔가 강剛에 밟힘이니, 기쁨으로 하늘에
응한다. 이로써 호랑이 꼬리를 밟아도 사람을 물지 않으니 형통하다.
강건하고 중정함으로 황제의 자리를 밟아 병폐가 없으면 광명하다.

履之道莫善於柔, 柔能勝剛, 弱能勝强, 故善履者, 雖履虎尾, 亦不咥
人. 不善履者, 雖履平地, 猶傷其足. 此卦以說應乾, 說卽柔順之謂.
臣有柔順之德, 乃能使彼剛健之主. 中正光明, 履帝位而不疚. 否則不
免於夬履貞厲矣. 佛法釋者, 以定發慧, 以修合性. 以始覺而欲上契本
覺, 以凡學聖, 皆名爲柔履剛. 得法喜名說, 悟理性名應乾, 不起上慢,
進趣正位, 則能以修合性, 處於法王尊位如九五也.

이행履行의 도는 부드러움보다 더 좋은 것은 없다. 부드러움은 강함을
능히 이기며, 약한 것은 능히 강한 것을 이긴다. 그러므로 잘 이행해가는
자는 비록 호랑이 꼬리를 밟게 되더라도(履虎尾) 또한 '사람을 물지
않는 것(不咥人)'이다. 잘못 이행해가는 자는 비록 평지를 걸어가더라
도 오히려 그 다리를 상하게 된다.

　이 괘(천택리)는 기쁨(說: 兌, ☱)으로써 하늘(乾: 天, ☰)에 응하는

괘이다. 기쁘다는 것은 곧 유순하게 따른다는 말이다. 신하에게 유순한 덕이 있어 이에 능히 저 강건한 임금으로 하여금 중정하고 광명하게 제왕의 지위를 이행하도록 하여 병폐를 낳지 않게끔 하는 것이다. 그렇지 않으면 결단해서 이행해 나감이 아무리 바르더라도 위태로울 수밖에 없다.

불법으로 해석하면, 선정으로써 지혜를 발휘하는 것, 수행으로써 본성에 합하는 것, 시각始覺으로써 위로 본각本覺[286]에 계합하고자 하는 것, 범부중생으로서 성인의 가르침을 배우는 것 등이 모두 '유순함이 강함에 밟힌다(柔履剛)'는 의미이다. 진리를 배우고 깨달음으로써 얻게 되는 희열(法喜)을 '기쁨(說)'이라 하고, 이성(理性: 불성)을 깨닫는 것을 '건에 응한다(應乾)'고 한다. 아만심(上慢)을 일으키지 않고 바른 자리(正位: 궁극적인 깨달음의 자리)로 닦아 나아가면 능히 수행으로써 불성에 계합할 수 있다. 진리의 왕인 부처님 같은 존귀한 자리에 자리하게 되니, 마치 구오(天帝)와 같다.

象曰 上天下澤이 履니 君子ㅣ 以하야 辯上下하야 定民志하나니라.
상 왈 상 천 하 택 이 군 자 이 변 상 하 정 민 지

「상전」에 이르길 위는 하늘(乾, ☰)이고 아래는 못(澤, ☱)이 履이니, 군자가 이를 본받아 위아래를 분별하여 백성의 뜻을 정한다.

---

286 시각始覺과 본각本覺: 『대승기신론』에서 설해지고 있는 교설. 본각은 중생의 근원적인 본성은 본래 깨달음의 각성覺性임을 가리키고, 시각은 이러한 각성의 본성을 수행을 통해 점차 깨닫기 시작함을 가리킨다. 그러나 본각은 시각을 통해 드러나고, 시각은 본각을 근원으로 해서 시작되기에 본각과 시각은 결국 하나의 각이라고 한다.

佛法釋者, 深知卽而常六, 道不浪階, 是爲辯上下定民志.

불법으로 해석하면, 깨달음과 하나 되기 위해서는 항상 여섯 수행의 계위가 있음(卽而常六)[287]을 깊이 알아서 도를 닦음에 함부로 수행의 계위를 어기지 않아야 한다. 이것이 바로 '위아래를 분별하여 백성의 뜻을 정한다(辯上下定民志)'는 의미이다.

初九은 素履로 往하면 无咎ㅣ리라.
초 구   소 리   왕   무 구

초구는 본래대로 밟아 나아가면 허물이 없을 것이다.

象曰 素履之往은 獨行願也ㅣ라.
상 왈 소 리 지 왕   독 행 원 야

「상전」에 이르길 '본래대로 밟아 나아감'은 홀로 원하는 것을 행하는 것이다.

---

287 즉이상육卽而常六: 천태사상을 정립한 지의대사는 원교의 가르침을 의지해 불법을 수행하여 깨달음을 증득해 가는 수행의 계위를 크게 여섯 종류로 분류하여 설명하고 있는데, 이것이 바로 '육즉六卽'이다. 육즉은 곧 이즉理卽, 명자즉名字卽, 관행즉觀行卽, 상사즉相似卽, 분증즉分證卽, 구경즉究竟卽을 말하며, 여기서 '육六'은 여섯 가지 수행의 차서를 나타내는 것으로, 곧 수행을 통하여 증득하는 지혜의 심천을 의미한다. 또한 '즉卽'은 떨어지지 않는다는 의미로, 진리에 상즉相卽하여 그것과 일체가 됨을 말한다. '즉이상육'은 이러한 수행의 계위가 항상 서로 하나로 연관되어 있다는 표현이다. 따라서 이러한 수행의 계위를 함부로 어겨서는 안 된다는 것(道不浪階)이다.

此如伯夷叔齊之履. 佛法釋者, 以正慧力, 深知無位次之位次, 以此而
往, 則不起上慢矣.

이것은 백이와 숙제의 이력과 같다.[288] 불법으로 해석하면, 바른 지혜의
힘으로써 계위 없는 계위(無位次之位次)[289]를 깊이 알고서 이로써 수행

---

288 초구는 예禮를 상징하는 이괘가 시작되는 첫 부분이다. 예의 시작은 소박한
　　본성을 지켜 그 본성을 잃지 않고 살아가는 데서 비롯된다고 할 수 있다.
　　소박하게 그 본성을 지켜 분수와 처지를 알고 살아가면 허물이 있을 수 없다.
　　이러한 초구에 대해서 지욱은 백이와 숙제의 이력과 같다고 풀이하고 있다.
　　백이와 숙제는 원래 고죽국(孤竹國: 지금의 하북성 노룡현) 왕의 아들이다.
　　왕이 형 백이에게 왕위를 물려주려 하자 백이가 이를 거절하고 고죽국을 떠나자,
　　동생인 숙제 또한 왕이 되기 싫다며 조국을 떠나 모습을 감춰버렸다. 그들은
　　이후 문왕이 살아 있을 때 주나라에 와서 살고 있었는데, 문왕이 죽고 그의
　　아들 무왕이 폭군 주왕을 토벌하려고 출정하자, 그들은 그의 앞을 가로 막고
　　상중에 전쟁을 치르고자 하는 것과, 비록 주왕이 폭군임은 분명하지만 신하가
　　주군을 정벌하는 것은 예의에 어긋나는 일로 군사를 거두어 돌아갈 것을 간곡히
　　간언하였다. 하지만 이들의 간언에 무왕이 노하여 그들을 죽이려 하자 무왕을
　　보좌하던 강태공의 만류로 이들 두 형제는 죽음을 피해 수양산(首陽山: 지금의
　　산서성 영제현 서남쪽)으로 들어가 곡기를 끊고 마침내 자살을 선택하려 했다.
　　이후 이들의 행적은 중국 역사에 있어 충절을 굳게 지켜 두 임금을 섬기지
　　않았던 대표적인 의인으로 추앙되며 『사기』와 『맹자』를 비롯한 여러 문헌에서
　　언급되었다. 지욱은 이괘 초구를 해석하면서 이러한 이력을 가지고 있는 백이와
　　숙제의 전고를 대비시켜 초구의 뜻을 유가의 예의와 융합시켜 새롭게 해석하고
　　있다. 지욱은 백이와 숙제가 비록 세상물정에 어두운 인물들일 수는 있지만,
　　인간으로서의 기본적인 예의를 강조하며 그 소박한 본성과 절개를 지키며
　　살고자 했던 태도가 초구의 뜻과 잘 부합하고 있는 것으로 인식했던 것으로
　　보인다.
289 계위 없는 계위(無位次之位次): 수행의 차서와 계위는 본래 불변하게 정해져

해 나가면 아만심을 일으키지 않게 된다.

九二는 **履道** ㅣ **坦坦**하니 **幽人**이라야 **貞**코 **吉**하리라.
구 이 이 도 탄 탄 유 인 정 길

구이는 밟는 도가 탄탄하니, 그윽한 사람이라야 바르게 하고 길할
것이다.

象曰 幽人貞吉은 **中不自亂也** ㅣ라.
상 왈 유 인 정 길 중 부 자 란 야

「상전」에 이르길 '그윽한 사람이 바르게 해서 길하다(幽人貞吉)'는 것은
가운데 해서 스스로 어지럽지 않기 때문이다.

此如柳下惠蘧伯玉之履. 佛法釋者, 中道定慧, 進趣佛果, 而不自滿
足. 潛修密證, 不求人知, 故吉.

이것은 유하혜와 거백옥의 이력과 같다.[290] 불법으로 해석하면, 중도의

있는 것은 아니다. 단지 불법을 닦는 수행자의 근기와 지혜의 심천深淺에 따라
가변적으로 정해 놓은 것뿐이다. 이러한 이치를 지혜로 깨닫는다면 낮은 단계의
수행을 닦는다고 하여 자신을 낮춰 비하심을 일으키지도 않고, 높은 단계의
수행을 닦는다고 해서 자신을 높여 아만심을 일으키지도 않는다. 단지 자신의
근기와 지혜에 적합한 수행의 계위를 선택하여 정진해 나갈 뿐이다. '계위
없는 계위'는 바로 이러한 이치를 표현한 내용이다.

290 구이는 비록 양이 음의 자리에 있어 음양의 상응은 이루지 못하고 있지만,
내괘의 중을 얻어 예를 지켜 나가는 데 있어서는 중도를 지켜 탄탄한 처지이다.
그런데 바로 위에 위치하고 있는 음효 육삼에 마음을 빼앗겨 잘못 예를 잃어버릴
염려가 있다. 까닭에 성인은 유인幽人, 곧 깊은 산속에서 도를 닦는 사람처럼

선정과 지혜로 불과(佛果: 깨달음을 통해 부처의 경지를 얻는 것)를 성취하

바르게 처신해야 길하다고 경계하고 있는 것이다. 지욱은 이러한 뜻을 담고 있는 이괘 구이를 해석하면서 춘추시대 노나라 대부였던 유하혜와 역시 춘추시대 위나라의 대부였던 거백옥을 대비시켜 그 뜻을 새롭게 해석하고 있다. 유하혜柳下惠는 춘추시대 노魯나라의 대부大夫로서 본명은 전획展獲이다. '유하柳下'는 그가 살던 식읍食邑이고 '혜惠'는 시호이다. 죄인을 다스리는 사법관(士師)의 벼슬을 지내면서 세 번씩이나 쫓겨나기도 했으나 능숙한 변설과 밝은 예절로 이름이 높아 공자로부터 칭송을 받았고, 정도를 지켜 임금을 섬기고 진정한 조화를 이룬 사람이라 평가되어 맹자에 의해 이윤, 백이, 공자와 함께 4대 성인으로 추앙되기도 하였다. 『논어』「미자微子」편에서는 이러한 유하혜에 대해서 "유하혜가 사법관이 되어 세 차례나 쫓겨나자 어떤 사람이 말하기를, 당신은 다른 나라로 갈 수 없었습니까? 말하기를, 곧은 도리로 사람을 섬기자면 어디에 간들 세 차례쯤은 쫓겨나지 않겠소? 정도를 굽혀서 사람을 섬길진대 하필이면 부모의 나라를 떠나야 한단 말이오?(柳下惠爲士師, 三黜. 人曰, 子未可以去乎. 曰, 直道而事人, 焉往而不三黜, 枉道而事人, 何必去父母之邦.)"라고 표현하고 있다. 『맹자』「공손추장구상公孫醜章句上」편에서도 "유하혜는 더러운 임금을 섬기는 것을 부끄럽게 생각하지 않았고, 작은 벼슬도 사양하지 않았으며, 벼슬에 나아가서는 자기의 현명함을 숨기지 않았고, 반드시 그 도로써 했으며, 버림을 받아도 원망하지 않았고, 곤궁해도 민망하게 여기지 않았다. 그러므로 말하기를 '너는 너고 나는 나다. 비록 내 곁에서 어깨를 드러내고 몸을 드러낸들 네가 어찌 나를 더럽힐 수 있겠는가?'라고 하였다. 그러므로 유유히 (쫓겨나 서민들과) 더불어 같이 하면서도 자기를 잃어버리지 않았다. 붙잡아 멈추게 하면 멈췄는데, 붙잡아 멈추게 하면 멈추는 자 역시 굳이 떠나려 하지 않았다(柳下惠不羞汚君, 不卑小官, 進不隱賢, 必以其道, 遺佚而不怨, 阨窮而不憫. 故曰, 爾爲爾, 我爲我. 雖袒裼裸裎於我側, 爾焉能浼我哉. 故由由然與之偕而不自失焉. 援而止之而止, 援而止之而止者, 是亦不屑去已.)"라고 표현하고 있다. 어떠한 역경 속에서도 끝끝내 바른 도(直道)를 지키고자 했던 유하혜의 현명한 처신을 칭송하고 있는 내용들이라 할 수 있다.

거백옥蘧伯玉은 춘추시대 위衛나라의 대부로서 본명이 원瑗이고 자가 백옥伯玉

기 위해 나아가지만 스스로 만족하지 못한다. 은둔하여 밀행密行²⁹¹을 닦으며 깨달음을 구하지만 남들이 알아주기를 바라지는 않는다. 그러므로 '길하다(吉)'고 한다.

이다. 위헌공衛獻公 18년(B.C. 559)에 위헌공이 그의 신하에 의해 쫓겨나자 그도 난을 피해 다른 나라로 피신하였다가 후에 다시 위나라로 돌아와 위상공衛殤公, 위양공衛襄公 등을 모시며 어진 이름을 얻게 되었다. 이러한 거백옥에 대해 『논어』「헌문憲問」편에서는 "거백옥이 사자使者를 공자께 보내는데, 공자께서 그와 더불어 앉아 물어보시기를 '그분(거백옥)께서는 무엇을 하고 계신가?'라고 하자 사자가 대답하기를 '그분께서는 과실을 적게 하려고 애쓰나 아직 충분하지는 못합니다.'라고 하였다. 사자가 물러가자 공자께서 말씀하시기를 '사자로다! 사자여'(蘧伯玉, 使人於孔子, 孔子與之坐而問焉曰, 夫子何爲. 對曰, 夫子欲寡其過而未能也. 使者出, 子曰, 使乎使乎.)"라고 표현하고 있다. 위나라 대부인 거백옥이 사자를 공자에게 보내어 안부를 전하자 공자가 다시 사자에게 거백옥의 근황을 묻고, 이에 사자가 다시 거백옥의 근황을 답하자 공자가 사자의 말하는 태도를 칭찬하는 내용이다. 공자가 이렇듯 사자를 칭찬하고 있는 것은 사자가 주인의 근황을 전하는 말투와 태도를 보고 그 주인의 고매한 인품을 미루어 알 수 있기 때문이다. 공자의 사자에 대한 칭찬은 곧 그를 보낸 거백옥에 대한 칭찬과 마찬가지이다. 또한 『논어』「위령공衛靈公」편에서는 "군자로다! 거백옥이여. 나라에 도가 있을 때에는 벼슬을 하고, 나라에 도가 없으면 곧 거두어 속에 감추어 두는구나(君子哉. 蘧伯玉, 邦有道則仕, 邦無道則可卷而懷之)"라고도 표현하고 있다. 공자가 거백옥의 인품을 직접 칭찬하는 내용이라 할 수 있다. 공자가 당시에 살아 있는 인물을 군자로 표현하고 있는 예는 극히 드문 일인데, 이처럼 거백옥을 군자라고 표현하고 있는 것은 그만큼 거백옥의 인물됨이 훌륭했기 때문이라 짐작된다. 지욱이 이괘 이효의 뜻을 유하혜와 거백옥에 대비시키고 있는 것은 바로 이들의 부귀공명을 좇지 않는 현명하고 고매한 처신을 염두에 둔 것이라 이해된다.

291 밀행密行: 드러내지 않고 몰래 일상적으로 계율을 철저히 지키고 인욕과 자비를 실천하며 깨달음을 위해 수행하는 것을 말한다.

六三은 **眇能視**며 **跛能履**라. **履虎尾**하야 **咥人**이니 **凶**하고 **武人**이
육삼　　묘능시　　파능리　　이호미　　질인　　흉　　　무인

爲于大君이로다.
위우대군

육삼은 애꾸눈이 능히 보며 절름발이가 능히 밟는다. 호랑이 꼬리를
밟아서 사람을 무니 흉하고, 무인이 대군이 된다.

象曰 眇能視는 **不足以有明也**ㅣ오 **跛能履**는 **不足以與行也**ㅣ오
상왈　묘능시　　부족이유명야　　　파능리　　부족이여행야

咥人之凶은 **位不當也**ㅣ오 **武人爲于大君**은 **志剛也**ㅣ라.
질인지흉　　위부당야　　　무인위우대군　　지강야

「상전」에 이르길 '애꾸눈이 능히 본다(眇能視)'는 것은 족히 밝음이
있지 못한 것이고, '절름발이가 능히 밟는다(跛能履)'는 것은 족히 더불어
행하지 못하는 것이며, '사람을 무니 흉하다(咥人之凶)'는 것은 자리가
마땅하지 않은 것이고, '무인이 대군이 된다(武人爲於大君)'는 것은 뜻이
강한 것이다.

此如項羽董卓之履. 佛法釋者, 知性德, 而不知修德, 如眇其一目, 尚
慧行, 而不尚行行, 如跛其一足. 自謂能視, 而實不見正法身也. 自謂
能履, 而實不能到彼岸也. 高談佛性, 反被佛性二字所害. 本是鹵莽武
人, 妄稱祖師, 其不至於墮地獄者鮮矣. 問, 六三爲悅之主, 象辭讚其
應乾而亨, 爻胡貶之甚也. 答, 象約兌之全體而言, 爻約六三不與初二
相合, 自信自任而言.

이것은 항우와 동탁의 이력과 같다.[292] 불법으로 해석하면, 불성의

덕(性德)만을 알고 수행의 덕(修德)을 알지 못한다면 마치 한쪽 눈만

---

292 육삼은 음이 양의 자리에 있어 부당하고 또한 중을 지나친 자리이다. 그런
까닭에 애꾸눈처럼 밝게 보지 못하고 절름발이처럼 제대로 걷지 못해 사나운
호랑이 꼬리를 밟는 위태로운 상황으로 자신의 본분을 잃고 부당한 짓을 하고
있는 처지와 같다. 내호괘 이화(離火, ☲)에서 밝게 보는 눈의 상이 나오는데,
내괘의 맨 위에 있어 밝음이 손상되어 제대로 보지 못하는 묘시眇視의 의미가
파생되고, 외호괘 손풍(巽風, ☴)은 다리의 상(巽爲股)인데, 태괘에서 '훼절된다
(爲毁折)'는 상이 더해져 절름발이라는 의미가 파생되고 있다. 이렇듯 애꾸눈처
럼 제대로 보지도, 절름발이처럼 제대로 걷지도 못하는 처지이면서 욕심만을
내세워 나서고자 하니 당연이 호랑이 꼬리를 밟아 호랑이가 도리어 사람을
무는 것처럼 흉할 수밖에 없다. 육삼의 내호괘 이화離火는 창과 군사의 상(離爲戈
兵)으로 무인의 의미가 파생되는데, 육삼 무인은 자기 분수를 모르고 권력에
대한 욕심이 지나쳐 대군, 즉 황제가 되고자 과욕을 부리다가 도리어 화를
당하는 모습으로 상징한다.

지욱은 이러한 의미를 담아내고 있는 육삼의 뜻을 초나라 항우와 한나라 말기
동탁에 비유하고 있다.

항우(項羽, B.C. 233~202)는 진秦나라 말기 하상(下相: 지금의 강소성 숙천
서남) 출신으로 이름은 적籍, 자는 우羽이다. 숙부 항량項梁과 함께 진나라에
대항하여 거병하였고, 기원전 206년 초나라의 의제義帝를 죽이고 제위를 찬탈하
였다. 진나라를 멸망시킨 뒤 서초패왕西楚霸王으로 칭했으나 유방과 천하를
놓고 치열하게 싸우다 해하(垓下: 지금의 안휘성 영벽 동남)에서 31세의 나이로
자결하여 생을 마친 인물이다.

한편, 동탁(董卓, 139~192)은 임조(臨洮: 지금의 감숙성) 출신으로 후한 말기의
무장이며 자는 중영仲潁이다. 처음 강족羌族 추장을 회유하여 세력을 길렀고,
189년 영제靈帝의 외척 하진何進이 국정을 좌지우지하던 환관들을 토벌하고자
나서자 이에 호응하여 군사를 거느리고 낙양에 입성하였다. 동탁은 이후 대권을
손에 쥐고 헌제獻帝를 옹립하여 정권을 마음대로 휘둘렀으나, 원소袁紹를 맹주로
한 동탁 토벌군이 조직되자 낙양을 소각하고 장안으로 천도하였다. 이후 후한
황실을 배경으로 폭정을 일삼다가 사도司徒 왕윤王允의 모략에 걸려 부장 여포에

있는 애꾸눈과 같고, 지혜의 행(慧行: 관법수행)만을 숭상하고 여타의
다른 실천수행(行行: 자비를 실천하는 보살행)을 숭상하지 않는다면
마치 한쪽 다리만 있는 절름발이와 같다. 스스로 잘 볼 수 있다고
말하지만 실제로는 바른 법신을 보지 못하고, 스스로 잘 수행한다고
말하지만 진실로 저 열반(彼岸)에 도달하지 못하는 것이다. 고상하게
불성을 담론하지만 도리어 불성이란 두 글자를 욕되게 하는 것이다.
본래 이는 경솔하고 무책임한 무인武人이 망령되이 자칭 조사라고
부르는 것과 같다. 그러한 사람들 중에서 지옥에 떨어지지 않는 자는
드물다.

묻기를, 육삼은 태(兌, ☱)괘의 주효가 되므로 단사에서는 육삼이
건(乾, ☰)괘에 상응하여 형통하다고 찬탄했는데, 효사에서는 어찌
폄하함이 심한가? 대답하기를, 단사는 내괘 태괘의 전체를 요약하여
말한 것이고, 효사는 육삼이 초효·이효와 더불어 서로 합하지 못하고
자신하고 자임함을 예를 들어 말한 것이다.

九四는 履虎尾니 愬愬이면 終吉이리라.
구 사   이 호 미   삭 삭   종 길

구사는 호랑이 꼬리를 밟으니, 조심하고 조심하면 마침내 길하리라.

의해 살해되어 생을 마감한 인물이다. 이러한 항우와 동탁은 중국역사에 있어
거친 성격과 분수를 모르고 무력만을 앞세워 대권을 꿈꿨던 어리석고 포악한
인물의 상징적인 대명사로 지칭되고 있다. 지욱이 이괘 육삼의 뜻을 항우와
동탁에 비유하고 있는 것은 그들이 바로 이러한 이력을 가진 인물들이기 때문이
라 여겨진다. 그들의 분수를 모르고 현명하지 못한 과욕의 처신이 육삼 효사의
내용과 일치하는 것으로 보았던 것이다.

象曰 愬愬終吉은 志行也 | 라.
상 왈 삭삭종길 　지행야

「상전」에 이르길 '조심하고 조심하면 마침내 길하다(愬愬終吉)'는 것은
뜻이 행해지는 것이다.

此如周公吐握勤勞之履. 佛法釋者, 定慧相濟, 雖未卽證中道, 然有進
而無退矣.

이것은 주공이 현사賢士를 얻으려고 애쓰던 때(吐握勤勞)의 이력과
같다.[293] 불법으로 해석하면, 선정과 지혜가 서로 균등해지고(相濟),

---

[293] 구사는 내괘를 지나쳐 외괘의 첫 자리이고, 양이 음 자리에 있어 편치 않은
상황이다. 더군다나 내괘인 태괘는 호랑이를 상징하는데(西方白虎), 구사는
내괘 바로 위에 있으니 호랑이 꼬리를 밟고 있는 위태로운 형상이기도 하다.
그러나 외괘 건체乾體에 위치하고 있어 조심하고 또 조심하면 마침내 길할
수 있다. 이러한 구사의 처지를 사람에 비유하면 바로 위 구오(임금)를 모시는
내직 신하에 해당된다. 임금을 모시는 내직 신하는 한순간 잘못 처신하면 모든
책임을 뒤집어쓰고 목이 달아날 수 있는 위태로운 자리(履虎尾)이기도 하다.
하지만 신하로서 자신의 분수를 알고 조심해서 바르게 처신하면 길한 자리이기
도 하다.
지욱은 이러한 뜻을 담아내고 있는 구사의 뜻을 주공의 '토악근로吐握勤勞'에
비유하고 있다. '토악근로'란 말은 『한시외전韓詩外傳』에서 주공과 관련하여
언급되고 있는 "나는 한 번 씻을 때 세 번 머리를 거머쥐고(一沐三握髮), 한
번 먹을 때 세 번 음식을 뱉었다(一飯三吐哺)"라는 고사에서 인용하고 있는
듯하다. 이 말은 주공이 자기를 찾는 이가 있으면 머리를 감거나 밥을 먹다가도
멈추고 황급히 나가서 손님을 영접하였다는 뜻으로, 곧 주공이 섭정을 하면서
천하의 훌륭한 인재를 모으고 놓치지 않으려 애썼던 지극한 노력을 의미한다.
이러한 주공의 고사와 관련하여 『문선文選』의 「악부樂府」에는 "주공은 미천한

비록 중도를 증득하지는 못했지만 나아감만 있고 물러남은 없는 경지
(不退轉의 경지)이다.

九五는 **夬履**니 **貞**이라도 **厲**하리라.
구오 쾌 리 정 려

구오는 결단해서 밟음이니, 바르더라도 위태로울 것이다.

象曰 夬履貞厲는 **位正當也**ㅣ 릴새라.
상왈 쾌 리 정 려 위 정 당 야

「상전」에 이르길 '결단해서 밟음이니 바르더라도 위태하다(夬履貞厲)'
는 것은 자리가 정당하기 때문이다.

此如湯武反身之履, 亦如堯舜危微允執之履. 或云, 此是誠辭, 恐其爲
漢武也. 須虛心以應柔悅之臣, 乃不疚而光明耳. 佛法釋者, 剛健中

집에서도 몸을 낮추고(周公下白屋), 먹은 것을 뱉어내며 제대로 먹지 못했네(吐哺
不及餐), 한 번 감을 때 세 번 머리를 움켜쥐니(一沐三握髮), 후세에 성현이라
부르네(後世稱聖賢)"라는 내용의 시 한 수가 실려 전해지고 있다. 주공이 무왕의
뒤를 이어 왕이 된 어린 성왕을 대신하여 섭정을 펼치면서 나라에 필요한
능력 있는 인물들을 모으기 위해 겸허히 자신을 낮추며 애쓰던 일을 표현하고
있는 시구라 할 수 있다. 공자는 이러한 주공의 처신을 깊이 신뢰하여 그를
성인으로 숭상하며 언제나 그리워했는데, 『논어』에서는 이와 관련하여 "공자께
서 말씀 하시기를, 내가 심히 노쇠했구나! 이토록 오랫동안 내 다시 꿈에서조차
주공을 뵙지 못하는구나(子曰, 甚矣. 吾衰也久矣. 吾不復夢見周公.)"라고 표현하
고 있다. 지욱이 주공을 구사의 뜻에 대비시키고 있는 것은 바로 이러한 주공의
현명한 처신과 관련한 고사를 염두에 둔 것이라 이해된다.

正, 決定證於佛性, 從此增道損生, 出沒化物, 不取涅槃以自安穩矣.

이것은 탕왕과 무왕이 몸을 반성하던 이력과 같으며, 또한 순임금이 '위미윤집危微允執'하던 이력과 같다. 어떤 자는 이것을 경책하는 말로, 그 한무제처럼 되는 것을 두려워한 것이라고 한다. 모름지기 마음을 비움으로써 유순하게 기뻐하는 신하를 대응해야만 이에 불편함이 없이 광명할 수 있을 뿐이다.[294]

---

294 구오는 양이 외괘에서 중을 얻어 중정한 자리로, 곧 사람에 대비하면 임금의 자리이다. 임금은 나라의 수장으로서 모든 정치를 밝게 판단하여 결단(夬履)하는 자리이다. 하지만 최고의 통치자로서 바르게 처신한다고 해도 언제나 권력에 대한 도전을 막아내고 나라의 모든 일을 궁극적으로 책임지고 이끌어가야 하는 위태로운 자리(貞厲)이기도 하다. 지욱은 이러한 구오의 뜻을 상나라 탕왕과 주나라 무왕, 그리고 요순의 '위미윤집危微允執'에 대비시켜 해석하고 있다.

탕왕湯王은 이름은 이리履·천을天乙·태을太乙이고, 자는 탕湯 혹은 성탕成湯이라고도 한다. 명신 이윤伊尹의 도움으로 학정을 일삼던 하나라 걸왕傑王을 물리치고 상(商: 은殷)나라를 세워 13년간 통치했던 인물이다. 『사기』에 그에 관한 기록이 전해지고 있는데, 그는 덕으로 나라를 다스리고 생명을 소중히 여겨 크게 민심을 얻었으며, 또한 언제나 스스로를 반성하여 나라에 혹 변고가 생기더라도 그 이유를 자기의 부덕함에서 먼저 찾으려 했다고 한다. 이렇듯 항상 스스로의 부덕함을 반성하고자 했던 탕왕의 성품을 잘 표현해 주고 있는 내용이 바로 『논어』「요왈堯曰」편의 "짐이 지은 죄는 만방의 여러 백성에게 있는 것이 아니다. 만방의 여러 백성이 지은 죄는 오로지 짐에게 그 죄가 있는 것이다(朕躬有罪, 無以萬方. 萬方有罪, 罪在朕躬.)"라는 표현과 『대학』에서 말하고 있는 "탕왕의 대야에 새겨져 있기를, 진실로 하루가 새롭거든 나날이 새롭게 하고 또 날로 새롭게 하라(湯之盤銘曰, 苟日新, 日日新, 又日新.)"라는 경구이다.

주나라 무왕武王은 성이 희姬, 이름이 발發, 시호가 무왕으로 강상姜尚, 주공周公, 소공召公 등의 도움을 받아 선친 문왕의 뜻을 이어 폭군 주왕을 정벌하고 서주를

불법으로 해석하면, 강건하고 중정하여 반드시 불성을 깨달아 이로

세운 인물이다. 호경(鎬京: 지금의 협서성 서안)에 도읍을 정하여 문왕의 의지를
받들어 문물을 정비하고 덕으로써 나라를 다스려 흐트러진 민심을 수습하여
주왕조의 기초를 다졌다. 하지만 역성혁명을 성공시켜 새로운 왕조를 세운
무왕은 구왕조(殷)의 부활을 꿈꾸는 추종세력의 움직임과 은나라 통치에 미련을
가진 백성들의 민심에 신경 쓰지 않을 수 없었다. 이러한 상황 하에서 무왕은
항상 스스로를 경계하고자 자신이 앉는 의자의 네 모퉁이에 글을 새겨 언제나
자신을 경책하였다고 한다. 이것이 바로 퇴계 이황이 여러 성현들의 명銘,
잠箴, 찬贊을 모아서 만든『고경중마방古鏡重磨方』에 실려 전해지는 '석사단명席
四端銘'의 "편안하고 즐거울 때에도 반드시 공경하고 후회하는 일이 없도록
해라. 한 번 돌아서고 한 번 몸을 기울일 적에도 이를 기억하지 않을 수 없으니,
은나라 거울이 멀리 있지 않다. 그대가 대신하고자 하는 바를 보라(安樂必敬,
無行可悔, 一反一側不可不志, 殷鑑不遠, 視爾所代)"라는 내용이다. 비록 은나라의
폭군 주왕을 몰아내고 새로운 주왕조를 건국하였지만 아직도 구왕조의 추종세력
은 잔존해 있고, 백성들 또한 은나라의 통치에 미련을 완전히 버리지 못한
상황에서 스스로 안일함에 빠짐을 경책하고, 바른 정치에 대한 신념을 다지고자
하는 의지를 나타내고 있는 내용이라 할 수 있다.

지욱이 이괘 구오 효사의 뜻을 탕왕과 무왕에 대비시키고 있는 것은 바로
이들의 이력이 구오 효사의 뜻에 잘 부합하고 있음을 염두에 둔 것이라 할
수 있다. 또한 지욱은 구오 효사의 뜻을 요순의 '위미윤집'이라는 뜻에 비유하고
있는데, 이 말은『서경』의「대우모」편에서 순임금이 우임금에게 제위를 선양하
면서 언급하고 있는 "하늘의 역수가 너에게 있으니, 그대는 마침내 임금이
되리라. 인심은 위태롭고 도심은 희미할 뿐이니, 정일精一하게 진실로 그 중도를
지켜 나가야만 한다. 근거 없는 말을 듣지 말며, 토론되지 않은 계책은 쓰지
말라. 가히 사랑받을 자는 임금이 아니던가? 가히 두려워해야 할 사람은 백성이
아니던가? 백성은 임금이 아니면 누구를 떠받들 것인가? 임금은 백성이 아니면
더불어 나라를 지켜줄 사람이 없을 것이니 공경해야만 한다. 제위에 있음을
신중하게 여겨야 하며, 백성이 바라는 바를 공경히 닦아 나가야만 하는 것이다.
온 세상이 곤궁해지면 하늘의 복록이 영원히 단절되게 될 것이다(天之曆數在汝

부터 도는 증장시키고 생사윤회는 줄여나가는 것이다. 나고 죽을 때마다 만물을 교화하며 열반에만 집착하여 혼자만의 안온함(安穩: 열반의 즐거움, 涅槃樂)을 누리려고 하지 않는 것이다.

上九는 **視履**하야 **考祥**호대 **其旋**이면 **元吉**이니라.
상구   시리   고상   기선   원길

상구는 밟아온 것을 보아서 상서로움을 상고하되, 상서로움이 돌아오면 크게 길할 것이다.

象曰 元吉在上이 **大有慶也**ㅣ니라.
상왈 원길재상   대유경야

「상전」에 이르길 크게 길함이 위에 있음은 큰 경사가 있는 것이다.

躳, 汝終陟元後. 人心惟危, 道心惟微. 惟精惟一, 允執厥中. 無稽之言勿聽, 弗詢之謀勿庸. 可愛非君, 可畏非民. 衆非元後, 何載. 後非衆, 罔與守邦. 欽哉. 愼乃有位, 敬脩其可願. 四海困窮, 天祿永終.)"라는 내용과 『논어』의 「요왈」편에서 요임금이 순임금에게 역시 제위를 선양하면서 언급하고 있는 "아아 너 순아! 하늘의 역수가 너의 몸에 있으니, 진실로 그 중을 잡도록 하라. 사해가 곤궁해지면 천록이 영원히 끊어질 것이다(咨爾舜, 天之曆數在爾躳, 允執厥中. 四海困窮, 天祿永終.)"라는 내용에서 인용하고 있는 듯하다. 두 내용 모두 제위를 선양하면서 제위에 오르는 후임자가 천명을 받들어 백성의 넉넉한 삶을 위해 중도를 지켜 선정을 베풀고 스스로를 바르게 다스려야 함을 가르치고 있는 내용이라 할 수 있다.

지욱이 이렇듯 요순이 제위를 선양하면서 한 경책의 경구를 인용하여 구오에 대비시키고 있는 것은 임금의 어려운 처신을 밝히고 있는 이괘 구오의 '쾌리정려 夬履貞厲'라는 뜻과 잘 부합하고 있기 때문이라 판단된다.

此如堯舜旣薦舜禹於天, 舜禹攝政, 堯舜端拱無爲之履. 佛法釋者, 果徹因源, 萬善圓滿, 復吾本有之性, 稱吾發覺初心, 故大吉也.

이것은 요임금이 순을, 순임금이 우를 하늘에 천거하여 순임금과 우임금이 섭정함으로써 요임금과 순임금이 단정히 앉아 두 손을 맞잡고 무위의 정치를 하던 이력과 같다.[295]

불법으로 해석하면, 결과(果)는 철저하게 원인(因)에 기인한다. 온갖 선법이 원만해지고, 내가 본래 구족하고 있는 본성(불성)을 회복하여 내가 처음 깨달음을 얻고자 발심했던 초심과 부합되게 되었다. 그러므로 크게 길한 것이다.

---

[295] 상구는 이괘의 마지막으로, 밟아온 이력을 최종 점검하는 자리라 할 수 있다. 그동안 살아온 삶의 이력, 혹은 실천해 온 정치적, 사회적 공과를 자세히 상고해서 상서로운 일이 많았다면 크게 길한 것은 당연한 결과가 될 것이다. 정치권력이라는 측면에서 보면 상구는 최고 권력의 실권을 후임자(구오)에게 물려주고 한 걸음 물러나 한가히 지난날의 정치적 공과를 반성하고 점검하며, 뒤에서 남은 역량을 후임자를 돕는 데 보태는 처지라 할 수 있다. 지욱은 이러한 뜻을 표현하고 있는 구오를 요임금이 순임금을 제위에 천거하고, 또 순임금이 우임금을 제위에 천거하여 순임금과 우임금이 정식으로 제위에 오르기 이전에 잠시 섭정함으로써 요순이 편안히 정치력을 발휘하던 이력에 비유하고 있는 것이다. 지욱은 역시 상구의 뜻이 요순이 권력의 최고점에서 한 걸음 뒤로 물러나 후임자의 섭정을 통해 천하를 자연스럽게 다스리던(無爲之治) 이력과 잘 부합하고 있는 것으로 보고 있는 것이라 이해된다.

주역선해 제3권 [上經之三]

(11) ䷊ 지천태地天泰

泰는 小ㅣ 往코 大ㅣ 來하니 吉하야 亨하니라.
태 소 왕 대 래 길 형

'태泰'는 작은 것이 가고, 큰 것이 오니 길하여 형통하다.

夫爲下者, 每難於上達, 而爲上者, 每難於下交. 今小往而達於上, 大來而交於下, 此所以爲泰而吉亨也. 約世道, 則上下分定之後, 情得相通, 而天下泰寧. 約佛法, 則化道已行, 而法門通泰. 約觀心, 則深明六卽, 不起上慢, 而修證可期. 又是安忍强軟二魔, 則魔退而道亨也. 强軟二魔不能爲患是小往, 忍力成就是大來.

대저 아래에 있는 자가 매번 위에 도달하기도 어렵고, 위에 있는 자가 매양 아래에 있는 자와 교류하기도 어렵다. 이제 작은 것(陰爻, 坤,

☷)이 가서 위에 도달하고, 큰 것(陽爻. 乾. ☰)이 와서 아래와 사귀니 이것이 태평(泰)하게 되어 '길하여 형통하다(吉亨)'고 하는 것이다.

세상의 도리로 요약하면, 위와 아래의 본분이 정해진 이후에 뜻이 서로 통하게 되어 천하가 태평해진 것이다. 불법으로 요약하면, 교화의 도가 이미 행해져 진리의 가르침(法門)이 널리 통용되어 태평해진 것이다. 마음을 관조하는 것으로 요약하면, 여섯 단계의 수행계위(六即)가 있음을 깊이 깨달아서 아만심을 일으키지 않으므로 수행을 통한 깨달음(修證)을 기약할 수 있게 된 것이다. 또 이것은 강하거나 유약한 두 종류의 번뇌(强軟二魔)[296]를 평정한 마음으로 참아내는 것(安忍)[297]으로, 곧 번뇌를 퇴치함으로써 도가 형통해지는 것이다. 강연强軟의 두 번뇌를 능히 근심하지 않게 되는 것을 '작은 것이 간다(小往)'고 하고, 인욕의 힘을 성취한 것을 '큰 것이 온다(大來)'고 한다.

---

296 강연이마强軟二魔: '마魔'는 깨달음을 위한 수행과 마음의 평정과 지혜를 방해하는 내외적인 번뇌와 역경을 의미한다. '강연이마强軟二魔'는 내적인 번뇌와 외적인 번뇌 두 종류의 번뇌를 가리킨다. 내적인 번뇌는 수행을 장애하는 힘이 비교적 강력하므로 강마强魔라 할 수 있으며 내적인 탐심·진심·치심과 같은 삼독심의 번뇌, 업장, 아만심, 삿된 견해 등의 번뇌를 가리킨다. 또한 외적인 번뇌는 수행을 장애하는 힘이 비교적 미약하므로 연마軟魔라 할 수 있으며, 명리에 대한 욕망, 이런저런 가족들과의 인연으로 인해 수행을 방해받는 장애 등을 가리킨다.

297 안인安忍: 천태종에서 교설하고 있는 십승관법 가운데 아홉 번째 관법인 '능안인能安忍' 관법을 가리킨다. 내외와 강연强軟의 두 가지 번뇌의 장애를 상대하여 능히 안인절제安忍節制하는 관법이다.

象曰 泰는 小往大來吉亨은 則是天地ㅣ 交而萬物이 通也ㅣ며
단왈 태 소왕대래길형 즉시천지 교이만물 통야

上下ㅣ 交而其志ㅣ 同也ㅣ라. 內陽而外陰하며 內健而外順하며
상하 교이기지 동야   내양이외음   내건이외순

內君子而外小人하니 君子道ㅣ 長하고 小人道ㅣ 消也ㅣ라.
내군자이외소인   군자도 장   소인도 소야

「단전」에 이르길 '작은 것이 가고, 큰 것이 오니 길하여 형통하다(小往大
來吉亨)'는 것은 곧 천지가 사귀어 만물이 통하며, 위와 아래가 사귀어
그 뜻이 같음이다. 양은 안이고 음은 밖이며, 안으로 강건하고 밖으로는
유순하며, 안으로는 군자요 밖으로는 소인이니, 군자의 도는 자라나고
소인의 도는 사라지는 것이다.

約四時則如春, 天地之氣交, 而萬物咸通. 約世道如初治, 上下之情
交, 而志同爲善. 約體質, 則內陽而外陰, 陽剛爲主. 約德性, 則內健而
外順, 無私合理. 約取捨, 則內君子而外小人, 見賢思齊, 見惡自省.
故君子道長, 則六爻皆有君子之道. 小人道消, 則六爻皆有保泰防否
之功也. 佛法釋者, 若得小往大來, 則性德之天, 與修德之地相交, 而
萬行俱通也. 向上玄悟, 與向下操履相交, 而解行不分作兩橛也. 內具
陽剛之德, 而外示陰柔之忍. 內具健行不息之力, 而外有隨順世間方
便. 內合佛道之君子, 而外同流於九界之小人, 能化九界俱成佛界, 故
君子道長, 而小人道消也.

사계절로 요약하면, 곧 봄과 같아서 천지의 기운이 교류하여 만물이
모두 소통되는 것이다. 세상 도리로 요약하면, 초기의 다스림과 같아서
위아래 사람이 마음을 교류하므로 의지가 같아져서 선정善政이 실현되

는 것이다. 체질적인 면으로 요약하면, 안은 양이요 밖은 음이니, 양의 강건함이 주가 되는 것이다. 덕성으로 요약하면, 안은 강건하고 밖은 유순하니, 사사로움이 없이 이치와 합해지는 것이다. 가지고 버리는 것으로 요약하면, 안은 군자요 밖은 소인이니, 현명한 이를 보면 같아지기를 생각하고 악인을 보면 스스로 돌이켜 반성하는 것이다. 그러므로 군자의 도가 성장한다는 측면에서는 곧 여섯 효 모두에 군자의 도가 있다. 소인의 도가 사라진다는 측면에서는 여섯 효 모두에 태평함을 보존하고 막히어 통하지 못함을 막아내는 공적이 있다.

불법으로 해석하면, 만약 '작은 것이 가고 큰 것이 옴(小往大來)'을 얻는다면 성덕性德인 하늘과 수덕修德인 땅이 서로 교류하여 만행이 함께 펼쳐지는 것이다.[298] 위로는 현묘한 깨달음과 아래로는 실천해야 할 보살행이 함께 서로 교류하여 깨달음과 보살행이 두 방향(兩橛)으로 따로 나눠져서는 안 된다.[299] 안으로 양효의 강건한 덕을 갖추고 있고,

---

298 '작은 것(小)'은 본성(性德, 天)의 청정성을 가리고 더럽히는 모든 번뇌마장을, '큰 것(大)'은 모든 중생이 본래 구족하고 있는 성덕(性德: 불성, 天)을 의미한다. 따라서 '작은 것이 물러가고 큰 것이 온다(小往大來)'는 것은 작은 것으로 비유된 모든 번뇌마장을 수행(修德, 地)을 통해 모두 제거하여 본래의 청정한 본성인 성덕을 회복하는 것을 의미한다. 수행을 통해 번뇌의 마장을 물리치고(小往) 본성을 회복하여(大來) 본성과 수행이 하나로 계합하게 됨으로써(相交) 온갖 선행을 구족하여 중생의 교화를 위해 베풀어지게 된다(萬行俱通)는 설명이다.

299 '향상현오向上玄悟'는 곧 위로 깨달음을 구한다는 '상구보리上求菩提'와 같은 의미이고, '향하조리向下操履'는 아래로 중생을 제도한다는 '하화중생下化衆生'과 같은 의미이다. 상구보리와 하화중생은 함께 하나로 수행되어야 할 대승불교의 실천이념이다. 위로 깨달음을 구하는 상구보리의 해행解行과 아래로 중생을 교화 제도하는 하화중생의 행행行行은 사람이 마치 두 발로 걷듯 반드시 둘이

밖으로 음효의 유순한 인내력을 드러내고 있다. 안으로 강건하게 쉬지 않는 힘을 갖추고 있고, 밖으로 세간을 수순하는 방편을 소유하고 있는 것이다. 안으로는 군자에 비유되는 불도와 합일하고, 밖으로는 모든 윤회의 세계(九界)에서 소인에 비유되는 중생들과 함께 유전한다. 모든 중생의 세계를 교화하여 모두 깨달음의 세계(佛界)를 이룰 수 있게 하는 것이다. 그러므로 '군자의 도는 성장하고(君子道長)', '소인의 도는 소멸된다(小人道消)'고 한다.

象曰 天地交ㅣ 泰니 后ㅣ 以하야 財成天地之道하며 輔相天地
상왈 천지교   태   후   이   재성천지지도   보상천지

之宜하야 以左右民하나니라.
지의   이좌우민

「상전」에 이르길 하늘(天, ☰)과 땅(地, ☷)이 교류함이 '태泰'니, 후(后: 제왕)가 이로써 천지의 도를 재단하여 이루며, 천지의 마땅함을 도움으로써 백성을 좌우하는 것이다.

佛法釋者, 天地之道, 卽性具定慧. 天地之宜, 卽定慧有適用之宜. 財成輔相, 卽以修褌性也. 左右民者, 不被强軟二魔所壞, 則能用此二魔爲侍者也.

불법으로 해석하면, '천지의 도(天地之道)'는 곧 불성이 구족하고 있는 선정과 지혜를 의미하고, '천지의 마땅함(天地之宜)'은 곧 선정과 지혜가 적절하게 쓰이는 마땅함이 있음을 의미한다. '재단하여 이루고(財

아닌 하나로 실천되어야 할 수행덕목이다. 지욱은 이를 표현하고 있다.

成), 마땅함을 돕는다(輔相)'는 것은 곧 수행으로 불성을 돕는다는 것이고,[300] '백성을 좌우한다(左右民)'는 것은 강하거나 약한 두 종류의 번뇌마장(强軟二魔)에 장애를 받지 않음으로써 곧 이러한 두 종류의 번뇌마장을 마음대로 다스려 거느릴 수 있게 됨을 의미한다.

初九는 拔茅茹ㅣ라. 以其彙로 征이니 吉하니라.
초구 발모여   이기휘 정 길

초구는 띠 뿌리를 뽑음이다. 그 무리로써 가니 길하다.

象曰 拔茅征吉은 志在外也ㅣ라.
상왈 발모정길   지재외야

「상전」에 이르길 띠 뿌리를 뽑아 가서 길함은 뜻이 밖에 있는 것이다.

陽剛之德, 當泰之初, 豈應終其身於下位哉. 連彼同類以進, 志不在於身家, 故可保天下之終泰矣.

양강陽剛한 덕이 태괘의 초기에 해당되니 어찌 마땅히 낮은 지위에서 그 몸을 끝마치겠는가! 저 같은 동료들과 연합하여 나아가니 뜻이 자신과 집안에만 머물러 있지 않기 때문이다. 그러므로 천하를 마침내 태평하게 보존할 수 있는 것이다.

---

300 수행을 통해 객진번뇌客塵煩惱에 의해 그 본래의 청정성이 가려져 있던 본성의 지혜작용을 온전히 드러나게 돕는다는 표현이다.

九二는 包荒하며 用馮河하며 不遐遺하며 朋亡하면 得尚于中行
구 이 포 황   용 빙 하   불 하 유   붕 망   득 상 우 중 행

하리라.

구이는 거친 것을 싸며, 하수河水를 건넘을 쓰며, 먼 것을 버리지 않으며,
붕당朋黨을 없애면 중도를 행함에 합함을 얻을 것이다.

象曰 包荒得尚于中行은 以光大也ㅣ라.
상 왈 포 황 득 상 우 중 행   이 광 대 야

「상전」에 이르길 '거친 것을 싸며 중도를 행함에 합함을 얻는다(包荒得尚
于中行)'는 것은 빛나고 큰 것이다.

剛中而應六五, 此得時行道之賢臣也, 故宜休休有容, 荒而無用者包
之, 有才能馮河者用之, 遐者亦不遺之, 勿但以二陽爲朋, 乃得尚合六
五中正之道而光大耳.

강건하고 가운데 자리하여 육오와 상응하고 있다. 이는 때를 얻어
도를 실천하는 어진 신하이다. 그러므로 마땅히 넉넉한(休休) 포용력이
있어서 거칠고 쓸모없는 자들도 포용하고, 재능이 있어서 능히 하수河水
를 건널 만한 용단이 있는 자들도 등용하고, 멀리 있는 자들 또한
빠뜨리지 않는 것이다. 단지 두 양(초구, 구삼)만을 벗으로 삼지 않는다
면, 육오의 중정한 도를 숭상하여 합할 수 있어 빛나고 위대할 뿐이다.

九三은 无平不陂며 无往不復이니 艱貞이면 无咎하야 勿恤이라도
구 삼   무 평 불 피   무 왕 불 복   간 정   무 구   물 휼

其孚 ㅣ**라 于食**애 **有福**하리라.
기 부   우 식   유 복

구삼은 평평해서 기울어지지 않음이 없으며, 가서 돌아오지 않음이
없으니, 어렵게 하고 바르게 하면 허물이 없어서, 근심하지 않더라도
그것이 미덥다. 먹는 데 복이 있을 것이다.

象曰 无往不復은 **天地際也**ㅣ라.
상 왈 무 왕 불 복   천 지 제 야

「상전」에 이르길 '가서 돌아오지 않음이 없다(无往不復)'는 것은 천지가
사귀는 것이다.

世固未有久泰而不否者, 顧所以持之者何如耳. 九三剛正, 故能艱貞
而有福, 挽迴此天地之際.

세상에 진실로 영구히 태평하고 막히지 않는 것이란 없다. 태평한
세상을 지켜 나가는 자가 어떻게 처신해야 하는지를 되돌아 살펴볼
따름이다. 구삼은 강건하고 바르다. 그러므로 능히 어렵게 여기고
바르게 하면 복록이 있다. 이는 하늘과 땅의 사귐을 회복하는 이치
이다.[301]

---

301 구삼은 내괘에서 외괘로 넘어가는 자리다. 태평한 세상이 언제까지 지속될
수는 없다. 태평한 세상이 다시 기울어질 날이 오고(無平不陂), 나라를 어지럽힐
소인들이 세력을 키워 되돌아올 수도 있는 것(無往不復)이다. 천지가 사귐(天地
際)으로써 계절이 변화하고 순환하는 이치와 같다. 구삼이 이러한 세상의 이치를
깨달아 세상의 변화와 소인들의 재집권을 미리 염려하여 어렵게 여기고 바르게
분수를 지켜 살면 허물은 없게 되는 것(艱貞無咎)이다. 난세가 왔다가 이를

六四는 翩翩히 不富以其鄰하야 不戒以孚로다.
육사　편편　　불부이기린　　불계이부

육사는 나는 듯이 부富하려 하지 않고 그 이웃으로써 하여, 경계하지 아니해도 미덥다.

象曰 翩翩不富는 皆失實也ㅣ오 不戒以孚는 中心願也ㅣ라.
상왈 편편불부　개실실야　　불계이부　　중심원야

「상전」에 이르길 '나는 듯이 부유하려 하지 않는다(翩翩不富)'는 것은 모두 실질을 잃음이요, '경계하지 않아도 미덥다(不戒以孚)'는 것은 중심으로 원하는 것이다.

柔正之德, 處泰已過中之時, 雖無致治眞實才力, 而賴有同志以防禍亂, 則不約而相信, 故猶可保持此泰也. 兪玉吾曰, 泰之時, 三陰陽皆應, 上下交而志同, 不獨二五也. 乾之初爻, 卽拔茅連茹以上交. 四爲坤之初爻, 亦翩然連類而下交, 三交乎上, 旣勿恤其孚, 故四交於下, 亦不戒以孚. 上下一心, 陰陽調和, 此大道爲公之盛, 所以爲泰. 季彭己曰, 失實, 言三陰從陽而不爲主也. 陽實則能爲主, 陰虛則但順承乎陽而已, 不有其富之義也. 中心願者, 言其出於本心也,

유순하고 바른 덕으로 태평함이 이미 반 이상을 지난 시기에 처해 있다. 비록 정치를 지극히 할 수 있을 정도의 실력 있는 재주와 능력은 없지만, 뜻을 같이 하려는 사람들이 있어 재난과 어지러워짐을 막아낼

극복하여 태평한 세상을 이루고, 태평한 세상이 기울어 다시 어지러운 세상으로 바뀌는 것, 이는 바로 천지가 사람을 회복하는 이치와 같다는 것이다.

수 있다. 곧 약속하지 않아도 서로 믿는 것이다. 그러므로 오히려
이러한 태평한 세상을 보존하고 지켜낼 수 있다.

유옥오兪玉吾[302]는 말하길 "태泰의 때에 세 양陽과 세 음陰이 모두
상응하여 상하가 교류하여 뜻을 함께하고 있다. 유독 구이와 육오만
그러한 것은 아니다. 건(乾, ☰)의 초효는 곧 띠를 뽑으면 뿌리도
같이 뽑혀 나오듯(拔茅連茹)이 위와 교류하고 있다. 육사는 곤(坤,
☷)의 초효로 역시 나는 듯이 동류와 더불어 아래와 교류한다. 구삼은
위와 교류함에 이미 '근심하지 않아도 미덥다(勿恤其孚)'고 했다. 그러
므로 육사가 아래와 교류할 때에 또한 경계하지 않아도 믿는다고 한
것이다. 상하가 한마음이고 음양이 조화로운 것이다. 이것은 대도大道
가 공적으로 융성한 것이다. 까닭에 '태泰'가 된다"라고 하였다.

계팽기季彭己[303]는 말하길 "실질을 잃는다고 하는 것은 세 음(三陰)이
양에 순종하므로 주체가 되지 못함을 말한다. 양은 실하기 때문에
곧 능히 주체가 될 수 있고, 음은 허하기 때문에 곧 다만 양에 순종하여
받들 수밖에 없을 뿐이다. 그것이 '불부不富'의 뜻이다. '중심으로 원한다

---

302 유옥오兪玉吾는 곧 원대의 도교역학을 발전시킨 대표적인 인물 가운데 한 사람인
유염(兪琰, 1258~1314)을 가리킨다. 유염은 평강平江 오현(吳縣: 강소성 소주)
출신으로, 자는 옥오玉吾, 자호는 금양자金陽子·임옥산인林屋山人·석윤도인石潤
道人이다. 주희의 역학사상을 계승하였고, 상수역과 의리역의 합일을 주장하였
다. 전해지는 역학서로 『주역집설周易集說』·『독역거요讀易擧要』·『주역참동계
발휘周易參同契發揮』·『역외별전易外別傳』·『역도찬요易圖纂要』등이 있다.(마명
춘 외, 『주역철학사』, 예문서원, 1994, 557~558쪽 참조)
303 명대의 인물로 추정되지만, 그 인적사항에 대해서는 자세한 자료를 찾을 수
없다.

(中心願)'는 것은 그러한 행동이 본심에서 우러나옴을 말한다"라고
하였다.

六五는 **帝乙歸妹**니 **以祉**며 **元吉**이리라.
육 오   제 을 귀 매   이 지   원 길

육오는 제을이 누이동생을 시집보냄이니, 복이 되며 크게 길할 것이다.

象曰 以祉元吉은 **中以行願也**] 라.
상 왈 이 지 원 길   중 이 행 원 야

「상전」에 이르길 '복이 되며 크게 길하다(以祉元吉)'는 것은 중도로써
원함을 행하기 때문이다.

柔中居尊, 下應九二, 虛心用賢, 而不以君道自專, 如帝乙歸妹, 盡其
婦道而順乎夫子. 夫如是, 則賢人樂爲之用, 而泰可永保矣.

유순하게 가운데 자리하여 존귀하게 거처하며 아래로 구이와 상응하고
있다. 마음을 비우고 어진 사람들을 등용하여 임금의 도리로써 자기
마음대로 전횡하지 않는다. 제을(帝乙: 은나라 말기의 임금)이 누이동생
을 지방 제후(주 문왕)에게 시집보내면서 그 아내의 도리를 다하여
지아비에게 순종하게 한 경우와 같다. 무릇 이와 같이 하면 어진 사람들
이 등용되는 것을 기쁘게 생각하여 태평함을 영원히 보존할 수 있게
되는 것이다.

上六은 **城復于隍**이라. **勿用師**ㅣ오 **自邑告命**이니 **貞**이라도 **吝**하리라.
상 육   성 복 우 황   물 용 사   자 읍 고 명   정   인

상육은 성이 터에 돌아온다. 군사를 쓰지 말고 읍으로부터 명을 알리니,
바르게 하더라도 인색하다.

象曰 城復于隍은 **其命**이 **亂也**ㅣ라.
상 왈 성 복 우 황   기 명   난 야

「상전」에 이르길 '성이 터에 돌아온다(城復于隍)'는 것은 그 명이 어지러
운 것이다.

泰極必否, 時勢固然. 陰柔又無撥亂之才, 故誡以勿復用師. 上旣失
權, 下必擅命, 故有自邑告命者, 邑非出命之所, 而今妄自出命, 亦可
羞矣. 然上六祇是無才, 而以陰居陰, 仍得其正, 非是全無德也. 但遇
此時勢, 故命亂而出自邑人耳. 約佛法釋六爻者, 夫欲安忍强軟二魔,
須藉定慧之力. 初九剛正, 故內魔旣降, 外魔亦伏, 似拔茅而連彙. 九
二剛中, 故外魔旣化, 內魔不起, 尙中行而光大. 九三過剛, 故須艱貞,
方得無咎. 以其本是正慧, 必能取定, 故爲天地相際. 六四正定孚於正
慧, 故雖不富而能以鄰, 知魔無實, 則魔反爲吾侍而如鄰. 六五定有其
慧, 故能卽魔界爲佛界. 具足福慧二種莊嚴, 如帝乙歸妹而有祉元吉.
上六守其劣定, 故魔發而成亂.

태평함이 극에 다다르면 반드시 비색해지는 것은 시세가 진실로 그러한
까닭이다. 음효로서 유약하니 또한 어지러움을 다스릴 재주가 없다.
그러므로 다시 군사를 쓰지 말라(전쟁을 일으키지 말라)고 경계한 것이

다. 윗사람이 이미 권력을 잃게 되면 아랫사람이 반드시 명을 제 맘대로 하려고 한다. 그러므로 읍에서부터 명령을 내리려 하고 있다. 읍은 명령이 나오는 곳이 아닌데 지금 망령되이 스스로 명령을 내리니, 또한 가히 부끄러운 짓이다. 그러나 상육이 단지 재주는 없지만 음효로서 음 자리에 위치하여 거듭 그 바름을 얻고 있다. 이는 완전히 덕이 없는 것만은 아니다. 다만 이런 시세를 만났기 때문에 명령이 어지러워져서 읍 사람들에게 명을 내리게 된 것뿐이다.

불법으로 요약해서 육효를 해석하면, 대저 강하거나 약한 두 종류의 번뇌마장(强軟二魔)을 편안히 이겨내고자 한다면 모름지기 선정과 지혜의 힘에 도움을 받아야만 한다.

초구는 강건하고 바르다. 그러므로 내면적인 번뇌마장(탐·진·치 삼독심을 비롯한 삿된 견해 등)에게 이미 항복을 받았으므로 외적인 번뇌마장(명리에 탐욕과 권속 등에 대한 애착) 또한 항복 받게 되는 것이다. 마치 띠를 뽑으면 연달아 모든 뿌리가 같이 뽑혀지는 것과 같다. 구이는 강건하고 가운데에 자리하고 있다. 그러므로 외적인 번뇌마장은 이미 교화되었고 내면적인 번뇌마장도 일어나지 않게 되었다. 중도의 실천을 숭상하게 된 것이니 빛나고 위대하다. 구삼은 지나치게 강하다. 그러므로 모름지기 어렵게 여기고 바르게 하여야 비로소 허물이 없게 된다. 그 본래 바른 지혜를 바탕으로 해서 반드시 선정을 얻을 수 있다. 그러므로 천지가 서로 사귄다고 하는 것이다. 육사는 바른 선정은 바른 지혜를 의지해서 얻어짐을 의미한다. 그러므로 비록 부유하지 않지만 능히 이웃과 함께한다고 한다. 번뇌마장이 실체가 없음을 깨닫게 되면 번뇌마장이 도리어 나의 시종이 되어서 이웃처럼

될 것이다. 육오는 선정과 그 지혜를 함께 갖추고 있다. 그러므로
능히 번뇌마장의 경계가 곧 부처의 경계가 될 수 있는 것이다. 복과
지혜의 두 종류의 장엄을 함께 갖추고 있다. 마치 제을이 누이동생을
시집보내니 복이 있어 크게 길하다고 하는 것과 같다. 상육은 그 열등한
선정만을 지키고 있는 모습이라 할 수 있다. 그러므로 번뇌마장이
일어나 어지러운 것이다.

(12) ䷋ 천지비天地否

否之匪人이니 不利君子貞하니 大往小來니라.
비 지 비 인   불 리 군 자 정   대 왕 소 래

'비否'가 사람이 아니니, 군자의 바름이 이롭지 않으니, 큰 것이 가고
작은 것이 온다.

約世道, 則承平日久. 君民逸德, 而氣運衰頹. 約佛法, 則化道流行,
出家者多, 而有漏法起. 約觀心, 則安忍二魔之後, 得相似證, 每每起
於似道法愛而不前進. 若起法愛, 則非出世正忍正智法門, 故爲匪人,
而不利君子貞. 以其背大乘道, 退墮權小境界故也.

세상 이치로 요약하면, 태평한 날들이 오랫동안 지속되다 보니 임금과
백성들이 덕을 잃고 기운이 쇠퇴해진 것이다.

불법으로 요약하면, 교화의 도가 유행함으로써 출가자가 많아지니
유루법有漏法[304]이 일어난 것이다. 마음을 관찰하는 것으로 요약하면,

---

304 '유루有漏'는 산스크리트 '사스라바sāsrava'를 번역한 말이다. 번뇌가 없다는
무루無漏에 상대되는 말이다. 여기서 '루漏'는 누설漏泄이란 말로 곧 번뇌를
의미한다. 육근(六根: 눈, 귀, 코, 혀, 몸의 다섯 가지 감각기관과 마음)으로부터
새어나오며, 더러움에 물들어 있다는 뜻으로 유염有染·유염오有染汚라 하고,
말다툼이 많다는 뜻에서 유쟁有諍이라고도 한다. 잘못된 견해를 내는 곳이라는
뜻도 있어 견처見處라고도 부른다. 여러 용어가 이 말에서 파생하는데, 번뇌가
있는 육체를 유루신有漏身, 번뇌가 있는 경계를 유루의 길이라고 한다. 세속을

강하거나 약한 두 번뇌마장을 편안히 참아낸 뒤에 상사증相似證[305]의 경지를 성취하였지만 매번 깨달음에 유사한 경지(似道)의 진리에 애착심을 일으켜서 앞으로 더 이상 나아가지 못하는 것이다.

만약 법에 대한 애착의 마음(法愛)을 일으키게 되면 곧 궁극적인 열반의 깨달음과 바른 지혜(正忍正智)[306]의 법문은 아니게 된다. 그러므

대상으로 하여 일어난 지혜는 유루지有漏智, 범부가 일으키는 선은 유루선有漏善이라 부른다. 또 번뇌에 싸여 미혹의 세계에 떠다니는 것을 유루법有漏法이라 하고, 모든 번뇌로부터 벗어나 해탈의 자유를 얻는 경지를 무루법無漏法이라 한다. 부처님은 이러한 유루법과 무루법에 대해 『잡아함경』제2권, 「누무루법경漏無漏法經」에서 다음과 같이 설하신다. "이와 같이 나는 들었다. 어느 때 부처님께서 바라내국의 선인이 살던 녹야원에 계셨다. 그때 세존께서 모든 비구에게 말씀하셨다. 내가 이제 유루법과 무루법을 설명하리라. 만일 색에 대해 번뇌(漏)가 있어 그것을 취한다면 그 색은 능히 사랑하고 성내는 마음을 일으킨다. 수受·상想·행行도 마찬가지이며, 그 식에 대해 번뇌가 있어 그것을 취한다면 그 식은 능히 사랑하고 성내는 마음을 일으키나니, 이것을 유루법이라 하느니라. 어떤 것을 무루법이라 하는가? 존재하는 모든 색에 대해 번뇌가 없어서 그것을 받아들이지 않는다면 그 색은 과거에 속한 것이건 미래에 속한 것이건 현재에 속한 것이건, 그 색은 사랑하고 성내는 마음을 일으키지 못한다. 수·상·행도 마찬가지이며, 식에 대해 번뇌가 없어서 그것을 받아들이지 않는다면 그 식은 과거에 속한 것이건 미래에 속한 것이건 현재에 속한 것이건, 사랑하거나 성내는 마음을 일으키지 못하니, 이것을 무루법이라 하느니라.'"

지욱의 '유루법이 일어났다(有漏法起)'는 표현은 불법이 성행함으로써 불법을 찾는 출가자들이 많아져서 도리어 불법이 어지럽게 되었다는 의미이다.

305 천태종에서 교설하고 있는 여섯 가지 수행계위(六卽) 가운데 네 번째 계위이다. '상사즉'은 마음의 관조를 통해 미혹을 제거하여 눈(眼)·귀(耳)·코(鼻)·혀(舌)·몸(身)·마음(意) 등 여섯 감각기관(六根)이 청정하게 됨으로써 궁극적인 깨달음의 경지에 거의 비슷하게 접근해 감을 의미한다. 아직 궁극적인 열반에 이르지 못한 미완의 깨달음의 경지라 할 수 있다.

로 '사람이 아니고(匪人)', '군자의 바름이 이롭지 않다(不利君子貞)'고 한다. 대승의 진리를 등지고 권교權教[307]인 소승의 경계로 퇴보하여 떨어지기 때문이다.

象曰 否之匪人不利君子貞大往小來는 **則是天地** | **不交而萬**
단왈 비지비인불리군자정대왕소래   즉시천지   불교이만

物이 **不通也** | 며 **上下** | **不交而天下** | **无邦也** | 라. **內陰而外**
물   불통야   상하   불교이천하   무방야   내음이외

陽하며 **內柔而外剛**하며 **內小人而外君子**하니 **小人道** | **長**하고
양   내유이외강   내소인이외군자   소인도   장

君子道 | **消也** | 라.
군자도   소야

「단전」에 이르길 '비좀가 사람이 아니니(否之匪人), 군자의 바름이 이롭

---

306 정인정지正忍正智: 여기서 '인忍'은 곧 불생불멸한 궁극적인 깨달음의 경지인 '무생법인無生法忍'을 가리키고, '지智'는 그러한 무생법인의 적멸한 깨달음을 바탕으로 저절로 드러나게 되는 반야의 지혜를 가리킨다.

307 천태지의는 부처님의 가르침을 그 시기와 형식, 그리고 내용에 따라 '오시팔교五時八教'로 분류하였다. '오시'는 부처님의 설법을 그 시기와 순서에 따라 분류한 것으로 화엄시華嚴時·아함시(阿含時: 鹿苑時)·방등시方等時·반야시般若時·법화열반시法華涅槃時를 가리킨다. '팔교'는 돈교頓教·점교漸教·비밀교秘密教·부정교不定教 등을 내용으로 하는 화의사교化儀四教와 장교藏教·통교通教·별교別教·원교圓教 등을 내용으로 하는 화법사교化法四教를 가리킨다. 지의는 이러한 화법사교 중에서 앞의 세 가르침은 모두 『법화경』의 가르침인 원교의 도리를 깨닫게 하기 위한 방편의 가르침인 권교權教에 지나지 않으며, 오직 원교만이 부처님의 궁극적인 불지견佛知見에 대한 참다운 가르침인 실교實教임을 주장한다. 이러한 주장에서 나온 말이 바로 '개권현실開權顯實'이라는 말이다. 곧 '권교의 가르침을 열어 실교의 가르침을 드러낸다'는 것이다.

지 않으며(不利君子貞), 큰 것이 가고 작은 것이 온다(大往小來)'는 것은
천지가 사귀지 못해서 만물이 통하지 않으며, 위와 아래가 사귀지
못해서 천하에 나라가 없는 것이다. 음이 안에 하고 양이 밖에 하며,
유가 안에 하고 강이 밖에 하며, 소인이 안에 하고 군자가 밖에 하니,
소인의 도가 자라나고 군자의 도가 사라지는 것이다.

佛法釋者, 若起似道法愛, 則修德不合性德之天, 而萬行俱不通也. 向
上不與向下合一, 而不能從寂光垂三土之邦國也. 內證陰柔順忍, 而
置陽剛佛性於分外. 內同二乘之小人, 而置佛果君子於分外, 自不成
佛, 不能化他成佛, 故小人道長, 君子道消也. 強輭二魔, 人每畏懼,
故泰傳極慶快之辭以安慰之, 令無退怯, 順道法愛, 人每貪戀, 故否傳
極嗟歎之辭以警策之, 令無取著.

불법으로 해석하면, 만약 깨달음에 거의 비슷해진 경지(似道)를 참된
깨달음의 진리라고 애착하는 마음(法愛)을 일으킨다면 수행의 덕(修
德: 坤德)이 본성의 덕(性德: 佛性, 乾德)인 하늘과 합해지지 못해서
온갖 수행실천(萬行)이 함께 유통되지 못하게 된다. 위로 향함과 아래로
향함이 더불어 하나로 합일하지 못해서 적광토寂光土를 좇아 삼토三土
의 우방국으로 드리울 수 없는 것이다.[308]

---

308 천태종에서는 네 종류의 국토를 교설하고 있다. 바로 ①적광토寂光土, ②실보토
實報土, ③방편토方便土, ④동거토同居土 등을 내용으로 하는 사종불토四種佛土
이다. ①적광토는 상적광토常寂光土의 약칭으로, 적정상주寂靜常住인 진리와
지혜가 일치된 깨달은 자가 거주하는 세계로 곧 법신불法身佛의 세계를 가리킨
다. ②실보토는 실무장애토實無障礙土의 약칭으로, 중도의 이치를 증득한 자가

내면적으로 음의 유순한 깨달음(선정)만을 증득하고 양의 강건한
불성(지혜)은 깨달음의 경계 밖으로 방치한다. 안으로 이승(二乘: 성문
승과 연각승)의 소인들과 함께하고 불과佛果인 군자는 경계 밖으로
내버린다. 자신이 성불하지 못하면 남도 교화하여 부처를 이루게 할
수 없다. 그러므로 '소인의 도는 자라나고(小人道長) 군자의 도는 사라
진다(君子道消)'고 한다. 강하거나 약한 두 종류의 번뇌마장(强軟二魔)
을 사람들은 매번 두려워한다. 그러므로 태泰괘의 「단전」에서는 지극
히 경쾌한 말씀으로 위로하여 편안케 하고 두려워하여 물러나지 않게
하였다. 불법을 수행하면서 법에 대한 애착(法愛)을 사람들은 매번
탐내고 연모한다. 그러므로 비否괘 「단전」에서는 지극히 탄식하는
말씀으로 경책하여 집착하지 않게 한 것이다.

象曰 天地不交ㅣ 否이니 君子ㅣ 以하야 儉德辟難하야 不可榮以
상왈 천지불교 비 군자 이 검덕피난 불가영이

가서 태어나는 정토이다. ③방편토는 방편유여토方便有餘土라고도 하며 성문이
나 연각으로 수행의 과果를 얻는 사람이나 십지十地 이전 사람들이 가서 태어나는
삼계 밖의 정토를 말한다. 이들은 모두 방편으로 공관空觀을 닦아서 견혹見惑·사
혹思惑을 끊었으나 아직 중도관中道觀을 닦지 못하였으므로 무명의 번뇌를
끝까지 끊지 못하였기에 방편유여토라고 한다. ④동거토는 범성동거토凡聖同居
土의 약칭으로, 범부와 성인이 함께 사는 삼계 안에 있는 세계를 말한다. 여기에는
동거예토(同居穢土: 사바세계와 같은 국토)와 동거정토(同居淨土: 서방극락세계
와 같은 국토)의 두 가지 국토가 있다. '적광토를 좇아서 삼토의 우방국으로
드리울 수 없다'는 표현은 모든 수행자가 열반을 성취하여 궁극적인 깨달음의
세계인 적광토에 태어남을 최종적인 수행의 목적으로 지향하지 않고, 각기
차별적인 낮은 깨달음의 경지에 머물러 안주하고 있음을 비유한 표현이다.

祿이니라.
록

「상전」에 이르길 하늘(天, ☰)과 땅(地, ☷)이 사귀지 못함이 '비否'이니, 군자가 이를 본받아 덕을 검소하게 하고 어려움을 피해서, 가히 녹을 받는 것으로써 영화를 누리지 않는다.

佛法釋者, 觀此順道法愛, 猶如險坑之難, 而不取其味, 是謂不可榮以 祿也.

불법으로 해석하면, 이렇듯 깨달음에 유사한 경지(順道)를 참된 진리라 고 애착(法愛)하는 것을 오히려 마치 험한 구덩이에 빠진 난관과 같이 여기고, 그러한 애착의 단맛에 집착하지 말아야 한다. 이를 일러 '가히 녹을 받는 것으로써 영화를 누리지 않는다(不可榮以祿)'고 한다.

初六은 拔茅茹ㅣ라. 以其彙로 貞이니 吉하야 亨하니라.
초 육   발 모 여   이 기 휘   정   길   형

초육은 띠 뿌리를 뽑는 것이다. 그 무리로써 바르게 하니 길해서 형통 하다.

象曰 拔茅貞吉은 志在君也ㅣ라.
상 왈 발 모 정 길   지 재 군 야

「상전」에 이르길 띠를 뽑아 바르게 하여 길함은 뜻이 임금에 있는 것이다.

六爻皆有救否之任, 皆論救否之方, 不可以下三爻爲匪人也. 初六柔
順而居陽位, 且有同志可以相濟, 故拔茅連彙而吉亨. 但時當否初, 尤
宜思患豫防, 故誡以貞也.

여섯 효 모두에게 비색함(否)을 구원해야 할 임무가 있다. 모두가
비색함을 구원할 방안을 논의하면서 아래의 세 효(坤地, ☷)를 사람
같지 않다고 여기는 것은 옳지 않다. 초육은 유순하면서 양의 자리에
위치하고 있으며, 또한 뜻을 같이 하는 동료들(육이와 육삼)이 있어
서로 도움을 주고자 한다. 그러므로 띠를 뽑으면 무리끼리 서로 연결되
어 있어 길하고 형통하다고 한다. 다만 시절이 비색함의 초기에 해당하
니, 우환을 헤아려 예방하는 것이 더욱 마땅하다. 그러므로 바르게
해야 한다는 것으로써 경계하고 있다.

六二는 包承이니 小人은 吉코 大人은 否ㅣ니 亨이라.
육 이 포 승   소 인 길 대 인 비   형

육이는 포용하여 계승하니, 소인은 길하지만 대인은 비색하니 형통
하다.

象曰 大人否亨은 不亂群也ㅣ라.
상 왈 대인비형   불란군야

「상전」에 이르길 '대인은 비색하니 형통하다(大人否亨)'는 것은 무리를
어지럽히지 않기 때문이다.

柔順中正, 上應九五陽剛中正之君, 惟以仁慈培植人心, 挽回天運, 故

小人得其包承而吉. 然在六二大人分中, 見天下之未平, 心猶否塞不安, 不安乃可以致亨, 而非小人所能亂矣.

유순하고 중정하여 위로 구오의 양강陽剛하고 중정한 임금과 상응하고 있다. (구오 임금은) 오로지 어질고 자애로움으로써 백성의 마음을 북돋워 기르며, 천운을 회복하여 만회시키고자 한다. 그러므로 소인(육이)은 구오 임금을 포용하여 받들어 모셔야 길할 수 있다. 그렇지만 육이가 대인의 입장(大人分中)에서 천하의 평안하지 못함을 보면 마음이 오히려 비색해져서 불안할 수밖에 없다. 불안한 마음은 도리어 형통함에 이를 수 있는 계기가 되니, 소인들도 능히 어지럽힐 수 없다.

六三은 **包** ㅣ **羞** ㅣ 로다.
육삼 포 수

육삼은 감싼 것이 부끄럽다.

象曰 包羞는 **位不當也**ㄹ새라.
상왈 포수 위부당야

「상전」에 이르길 '감싼 것이 부끄럽다(包羞)'는 것은 자리가 마땅하지 않기 때문이다.

以陰居陽在下之上, 內剛外柔, 苟可以救否者, 無不爲之. 豈顧小名小節. 諺云, 包羞忍恥是男兒, 時位使然, 何損於坤順之德哉. 易因曰, 此正處否之法. 所謂唾面自乾, 襁裘縱博者也.

음으로써 양의 자리에 위치하여 하괘(☷)의 맨 위에 있다. 안으로는
강하고 밖으로는 유순하여 진실로 비색함을 구원할 수 있는 자이니,
하지 못할 것이 없다. 어찌 작은 명예나 작은 절개만을 돌아보겠는가?
전해 내려오는 말에 "분함을 참고 욕됨을 견뎌내는 것이 대장부이다(包
羞忍恥是男兒)"[309]라고 하였다. 시절과 지위가 그렇게 하도록 하는 것이
니, 어찌 곤坤의 유순한 덕을 손상시키는 것이겠는가!

　『역인易因』[310]에서 말하기를 "이것은 비색해진 시절에 바르게 처신하
는 방법이다. 이른바 '얼굴에 침을 뱉더라도 저절로 마르기 마련이고(唾
面自乾),[311] 털가죽 옷을 빼앗으면 던져주고 간다(褫裘縱博)'는 것이다"
라고 하였다.

309　당나라 시인 두목杜牧이 초패왕楚覇王 항우가 유방의 군대에 의해서 포위되자
　　31세의 나이로 자결함을 안타까워하는 마음에서 지었다는 「제오강정題烏江亭」
　　이라는 시 "승패는 병가도 기약할 수 없으니(勝敗兵家不可期), 분함을 참고
　　욕됨을 견디는 것이 사나이라(包羞忍恥是男兒). 강동의 자제 중에는 준재가
　　많았으나(江東子弟俊才多), 흙먼지 날리며 돌아오는 날을 알 수 없구나(捲土重來
　　未可知)"에서 표현되고 있다.

310　『역인易因』은 곧 이지(李贄, 1527~1602. 호는 탁오卓吾. 명말 양명학 좌파에
　　속하는 사상가)가 지은 『구정역인九正易因』을 가리킨다. 위 내용은 『역인』 「상
　　경」 제2권에서 언급되고 있다.

311　중국 원나라의 증선지曾先之가 지은 『십팔사략十八史略』 중 「당서唐書」에서
　　표현되고 있는 고사이다. 만약 어떤 사람이 화가 나서 자신에게 침을 뱉더라도
　　바로 그 자리에서 침을 닦아버린다면 상대의 기분을 더욱 상하게 할 수 있기
　　때문에 침을 닦지 말고 그냥 마르도록 놔두라는 뜻으로, 자신을 철저히 낮춰
　　모욕을 인내하고 극복해 냄을 비유하고 있다.

九四는 **有命**이면 **无咎**하야 **疇**ㅣ **離祉**리라.
구 사   유 명   무 구   주   리 지

구사는 명을 두면 허물이 없어서, 동무(무리)가 복을 받게 될 것(離祉)
이다.

象曰 有命无咎는 **志行也**ㅣ라.
상 왈 유 명 무 구   지 행 야

「상전」에 이르길 '명을 두면 허물이 없다(有命无咎)'는 것은 뜻이 행해지
는 것이다.

剛而不正, 以居上位, 宜有咎也. 但當否極泰來之時, 又得疇類共離於
祉, 故救否之志得行. 離者, 附麗也.

강건하지만 바르지 못하고, 그러면서도 윗자리(외괘)에 거처하니 마땅
히 허물이 있을 수 있다. 하지만 비색함이 지극해져 태평함이 도래할
시절을 맞이하였으니, 또한 동료들(구오, 상구)과 함께 복지사회를
이루려고 하는 것(疇離祉)이다. 그러므로 비색함을 구원하고자 하는
뜻을 실천할 수 있다. '리離'는 '부려(附麗: 덧붙이다, 더하다, 붙다)'라는
의미이다.

九五는 **休否**라. **大人**의 **吉**이니 **其亡其亡**이라야 **繫于苞桑**이리라.
구 오   휴 비   대 인   길   기 망 기 망   계 우 포 상

구오는 비색한 것을 쉬게 한다. 대인의 길함이니 그 망할까 망할까
하여 우묵한 뽕나무에 맬 것이다.

象曰 大人之吉은 位ㅣ 正當也ㅣ 릴새라.
상 왈 대 인 지 길   위   정 당 야

「상전」에 이르길 '대인의 길함(大人之吉)'은 자리가 바르고 정당하기 때문이다.

陽剛中正, 居於君位, 下應柔順中正之臣, 故可以休否而吉. 然患每伏 於未然, 亂每生於所忽, 故必念念安不忘危. 存不忘亡, 治不忘亂, 如 繫物於苞桑之上, 使其堅不可拔, 此非大人, 其孰能之.

양으로 강건하고 중정하며 임금의 자리에 거처하고 있으며, 아래로 유순하고 중정한 신하(육이)와 상응하고 있다. 그럼으로써 비색함을 쉽게 할 수 있어 길하다. 그러나 우환은 매번 아직 일어나지 않은 상황에 잠복되어 있을 수 있고, 어지러움은 매번 소홀히 하는 것에서 생겨날 수 있다. 그러므로 반드시 생각 생각에 편안할 때 위태해질 것을 잊지 말아야 하고, 보존하여 있을 때 망해 없어질 것을 잊지 말아야 하며, 잘 다스려질 때에 난세의 어지러움을 잊지 말아야 하는 것이다. 마치 물건을 뽕나무 뿌리 위에 묶어 두면 그 견고함을 뽑아낼 수 없는 것과 같다.[312] 이러한 일을 대인이 아니라면 그 누가 할 수 있겠는가?

---

312 뽕나무 뿌리는 매우 질긴 뿌리이다. 그렇듯 단단한 뽕나무 뿌리 위에 그 무엇인가 를 붙들어 맨다는 것은 어떠한 일에 대한 자신의 생각과 의지를 굳건하게 다진다는 의미이고, 또한 어떠한 현실의 상황과 처지를 계속해서 단단히 지속하 고 보존해 나가겠다는 각오와 다짐을 비유하는 것이다.

上九는 **傾否**니 **先否**코 **後喜**로다.
상구　경비　선비　후회

상구는 비색한 것이 기울어짐이니, 먼저는 비색하고 뒤에는 기뻐한다.

象曰 否終則傾하나니 **何可長也**ㅣ리오.
상왈 비종즉경　　　　하가장야

「상전」에 이르길 비색함이 마치면 곧 기울어지니, 어찌 가히 오래
가겠는가!

剛不中正, 居卦之外, 先有否也. 但否終則傾, 決無長否之理, 故得後
有喜耳. 佛法釋者, 順道法愛, 非陽剛智德不能拔之. 初六法愛未深,
而居陽位. 若能從此一拔, 則一切俱拔, 故勉以貞則吉亨. 勸其志在於
君, 君卽指法身實證也. 六二法愛漸深, 故小人則吉, 大人正宜於此作
否塞想, 乃得進道而亨. 六三法愛最深, 又具小慧, 妄認似道爲眞, 故
名包羞. 九四剛而不正, 雖暫起法愛, 終能自拔而志行. 九五剛健中
正, 故直入正位而吉, 然尙有四十一品無明未斷, 所以位位皆不肯住,
名其亡其亡. 從此心心流入薩婆若海, 證念不退, 名繫於苞桑, 上九陽
居陰位, 始亦未免法愛, 後則智慧力强, 故能傾之.

강건하지만 중정하지 못하고, 괘의 바깥쪽에 거처하여 먼저는 비색함
이 있었다. 다만 비색함을 마치면 기울어지게 된다. 결코 비색함이
장구하게 지속되는 이치는 없기 때문이다. 그러므로 뒤에는 기쁨이
있을 뿐이다.

　불법으로 해석하면, 도를 수순하여 수행해 가다가(順道) 일으키는

진리에 대해 애착(法愛)은 양강陽剛한 지혜로운 덕이 아니면 뽑아버릴
수 없다. 초육은 법에 대한 애착이 깊지 않고, 양의 자리에 거처하고
있다. 만약 능히 이를 좇아 한 번 뽑으면 모든 번뇌가 함께 뽑혀진다.
그러므로 힘써 바르게 하면 길하고 형통하다고 한다. 그 뜻을 임금에게
두라고 권하는 것은 임금이 곧 법신을 실증(實證: 곧 궁극적으로 성불을
성취하는 것)하는 것을 가리키기 때문이다. 육이는 법에 대한 애착이
점점 깊어진다. 그러므로 소인이면 길하다고 할 수 있지만, 대인이면
바로 여기에서 비색하다는 생각을 해야 마땅하다. 그래야만 도를 계속
닦아 나아갈 수 있어서 형통할 수 있다. 육삼은 법에 대한 애착이
가장 깊고, 또한 작은 지혜만을 소유하여 깨달음에 거의 비슷해진
경지(似道)를 참된 깨달음의 궁극적인 진리라고 망령되이 인식한다.
그러므로 '감싼 것이 부끄럽다(包羞)'고 한다. 구사는 강건하지만 바르
지 못하여 비록 잠시나마 법에 대한 애착의 마음을 일으켰지만, 마침내
능히 스스로 뽑아내버리고 뜻을 행하는 것이다. 구오는 강건하고 중정
하다. 그러므로 곧바로 궁극적인 깨달음의 올바른 자리에 들어가서
길하다. 그러나 오히려 41품의 무명[313]을 다 단절하지는 못하였다.
각 수행의 계위 하나 하나에 머물러 안주해 있는 것을 즐거워하지 않는
까닭에 '그 망할까 그 망할까 한다(其亡其亡)'라고 한 것이다. 이러한
마음과 마음을 좇아서 보살의 지혜의 바다(반야지혜)로 흘러 들어가
진리를 성취하려는 생각에서 물러나지 않음을 '뽕나무 뿌리에 묶어둔다

---

313 천태종에서 원교의 가르침을 닦아나가는 데 있어서 끊어야 할 41가지 무명의
　　번뇌를 가리킨다. 곧 10주住·10행行·10회향廻向·10지地·묘각妙覺 등의 수행계
　　위마다 끊어야 할 41가지 무명번뇌를 의미한다.

(繫於苞桑)'라고 하는 것이다. 구오는 양이 음의 자리에 거처하여 처음
에는 역시 법에 대한 애착에 빠질 수밖에 없었지만 나중에는 지혜의
힘이 강해졌다. 그러므로 능히 법에 대한 애착으로부터 벗어날 수
있게(傾) 된 것이다.

(13) ䷌ 천화동인天火同人

同人于野ㅣ면 亨하리니 利涉大川이며 利君子의 貞하니라.
동인우야　　형　　　　이섭대천　　　이군자　정

사람과 같이함을 들에서 하면 형통할 것이니, 큰 내를 건넘이 이로우며,
군자의 바름이 이롭다.

約世道, 則傾否必與人同心協力. 約佛法, 則因犯結制之後, 同法者同
受持. 約觀心, 則旣離順道法愛, 初入同生性, 上合諸佛慈力, 下同衆
生悲仰, 故曰同人. 蘇眉山曰, 野者, 無求之地. 立於無求之地, 則凡從
我者皆誠同也. 彼非誠同, 而能從我於野哉. 同人而不得其誠同, 可謂
同人乎. 故天與火同人. 物之能同於天者蓋寡矣. 天非同於物, 非求不
同於物也. 立乎上, 而能同者自至焉. 其不能者不至也. 至者非我援
之, 不至者非我拒之. 不拒不援, 是以得其誠同, 而可以涉川也. 苟不
得其誠同, 與之居安則合, 與之涉川則潰矣. 觀心釋者, 野是三界之
外, 又寂光無障礙境也, 旣出生死, 宜還涉生死大川以度衆生, 惟以佛
知佛見示悟衆生, 名爲利君子貞.

세상 도리로 요약하면, 비색한 세상이 기울어지면 반드시 다른 사람들
과 마음을 같이하여 협력해야만 한다.

　불법으로 요약하면, 죄를 범함으로 인해서 제재하는 계율이 만들어

졌다면, 불법을 함께 닦아나가는 법우法友들 모두가 함께 계율을 지켜 나가야 한다. 마음을 통찰하는 것으로 요약하면, 도를 수순하여 수행해 가다가(順道) 일으키는 진리에 대해 애착(法愛)에서 벗어나면 처음으로 동생성同生性[314]에 들어가서 위로는 모든 부처님의 자비력에 합하고 아래로는 중생들의 슬픔과 갈망(悲仰)에 함께해야 한다. 그러므로 '사람들과 함께한다(同人)'고 하는 것이다.

소미산은 말하기를 "들(野)이라는 것은 구할 것이 없는 땅이다. 구할 것이 없는 땅에 서 있다면 무릇 나를 따르는 사람들 모두는 진실로 함께할 수 있는 사람들이다. 저들이 진실로 함께할 수 있는 사람이 아니라면 능히 들에서 나를 따르겠는가? 사람들과 함께하면서도 그 진실함을 함께 얻지 못하면서 '동인'이라고 말할 수 있겠는가? 그러므로 하늘과 불을 '동인'이라고 하는 것이다.[315] 능히 하늘과 동화될 수 있는 사물은 대체적으로 적다. 하늘은 사물과 함께하려고 하지도 않고, 사물과 함께하지 않으려고 하지도 않는다. 위에서 존립하여 있으면 능히 함께하려는 자는 스스로 이르고, 그렇게 할 수 없는 자는 이르지

---

314 '동생성同生性'은 부처와 똑같이 불성을 드러내어 사용한다는 것으로, 곧 원교의 10주住 계위 중에 초주初住 이상의 보살이 일분一分의 무명을 파괴하면 일분의 불성이 드러나 작용함을 가리킨다. 동생성에 들어간다는 말은 곧 불성을 바탕으로 지혜의 작용을 일으킨다는 의미이다.

315 『흠정사고전서欽定四庫全書』(경부經部)에 실려 있는 「동파역전東坡易傳」에는 '天與火同人'이라는 표현 대신에 '天與人同'이라고 표현되어 있다. 지욱이 동파의 글을 임의적으로 바꾼 것인지, 아니면 당시에 지욱이 열람한 「동파역전」이 지욱이 표현하고 있는 '天與火同人'으로 표현되어 있었던 것인지, 그 자세한 내용은 알 수 없다.

못할 뿐이다. 이르는 자를 내가(하늘) 도와주는 것도 아니고, 이르지 못하는 자를 내가(하늘) 거부하는 것도 아니다. 거부하지도 않고 도와주지도 않음으로써 진실로 함께하여 내를 건널 수 있는 것이다. 만일 그 진실로 함께할 수 없다면, 그들과 더불어 편안함에 안주하여 하나가 될 수는 있겠지만, 더불어 내를 건너게 된다면 빠져죽게 될 것이다"라고 하였다.

마음을 관조하는 것으로 해석하면, '들(野)'은 바로 삼계를 벗어난 세계(열반의 세계)이다. 또 번뇌의 장애가 없는 고요한 빛의 경지(寂光: 반야의 세계)이다. 이미 생사윤회를 벗어났으니 마땅히 생사의 세계로 다시 되돌아 건너와서 중생을 제도해야만 한다. 오직 부처의 깨달음과 지혜(佛知佛見)로써 중생들에게 드러내 보여 주고 깨닫게 해야 하는 것이니, 이를 '군자의 바름이 이롭다(利君子貞)'고 한다.

象曰 同人은 柔ㅣ 得位하며 得中而應乎乾할새 曰同人이라.(蘇眉
단왈 동인 유 득위 득중이응호건 왈동인

山曰: 此專言二) 同人曰 同人于野亨(蘇眉山曰: 此言五也)하고 利涉大
동인왈 동인우야형 이섭대

川은 乾行也ㅣ오 文明以健하고 中正而應이 君子正也ㅣ니 唯君
천 건행야 문명이건 중정이응 군자정야 유군

子ㅣ아 爲能通天下之志하나니라.
자 위능통천하지지

「단전」에 이르길 '동인同人'은 유柔가 위를 얻으며 중을 얻어서 하늘에 응하기 때문에 '동인'이라 한다. (소미산은 "이것은 오로지 이효를 말한다"고 하였다) 「동인」에서 말하길 '사람과 같이 함을 들에서 하면 형통하고(소미산은 "이것은 오로지 오효를 말한다"고 하였다), 큰 내를 건넘이 이롭다는 것은 강건하게 행함이요, 문명함으로 굳건하게 하고 중정해서 응함이 군자의 바름이니, 오직 군자여야 능히 천하의 뜻을 통할 수 있다'라고 하였다.

觀心釋者, 本在凡夫. 未證法身, 名之爲柔. 今得入正位, 得證中道, 遂與諸佛法身乾健之體相應, 故曰同人, 此直以同證佛性爲同人也. 旣證佛體, 必行佛德以度衆生, 名爲乾行. 文明以健, 中正而應, 如日月麗天, 淸水則影自印現, 乃君子之正也. 惟君子已斷無明, 得法身中道. 應本具二十五王三昧, 故能通天下之志, 而下合一切衆生, 與諸衆生同悲仰耳.

마음을 통찰하는 것으로 해석하면, 본래 불성이 범부에게 내재되어 있지만 법신을 증득하지 못했기 때문에 '유(柔, 육이)'라 한다. 이제 바른 자리(육이, 正覺의 자리)에 들어가서 중도를 체득하여 마침내 모든 부처님 법신의 강건한 본체(구오)와 상응하므로 '동인同人'이라고 한다. 이는 바로 불성을 함께 증득한다는 측면에서 '동인'을 해석한 것이다.

   이미 부처의 본체를 증득했다면 반드시 부처의 덕을 행하여 중생을 제도하는 것을 '굳건하게 행한다(乾行)'고 한다. 문명함으로써 굳건하며 중정하게 응하는 것이 마치 해와 달이 하늘에 걸려 있는 것과 같고, 물이 맑으면 그림자가 저절로 그대로 비춰져서 드러나는 것과 같다. 바로 군자의 바름인 것이다. 오직 군자만이 이미 무명을 끊고 법신의

중도를 얻어서 마땅히 본래 구족하고 있는 25가지 왕삼매王三昧[316]와

응할 수 있다. 그러므로 능히 천하의 뜻을 통하여 아래로 일체 중생과

하나 되어 모든 중생과 더불어 슬픔과 갈망(悲仰)을 함께한다고 한다.

象曰 天與火ㅣ 同人이니 **君子ㅣ 以**하야 **類族**으로 **辨物**하나니라.
상왈 천여화 동인 군자 이 유족 변물

「상전」에 이르길 하늘(天, ☰)과 불(火, ☲)이 '동인同人'이니, 군자가

이를 본받아 족속을 분류하고 사물을 분별한다.

不有其異, 安顯其同, 使異者不失其爲異, 則同乃得安於大同矣. 佛法
釋者, 如天之與火, 同而不同, 不同而同. 十法界各有其族, 各爲一物,
而惟是一心, 一心具足十界, 十界互具, 便有百界千如之異, 而百界千
如究竟元只一心. 此同而不同 不同而同之極致也.

그 다름이 있지 않다면 어찌 그 같음을 드러낼 수 있겠는가? 다른

것으로 하여금 그 다름을 잃지 않게 한다면 같이 하더라도 크게 하나

되어(大同) 편안함을 얻을 수 있다.

　불법으로 해석하면, 하늘과 불은 같으면서도 다르고, 다르면서도

같다. 십법계十法界에도 각각 그 족속族屬이 있어서, 각각의 세계를

---

316 '이십오왕삼매二十五王三昧'는 곧 『능엄경』에서 설하고 있는 '이십오원통二十五圓
　通'을 말한다. 이는 25가지의 방편수단으로 원통한 깨달음의 삼매를 얻는다는
　뜻이다. 원통은 원만, 통달, 또는 주변周遍, 융통이란 뜻으로 진여의 묘경妙境을
　원만하게 통달하고 융통 무애한 깨달음의 경지에 이르러 수능엄정首楞嚴定을
　얻은 것을 가리킨다.

개별적인 하나의 세계(一物)라고 할 수도 있지만, 이는 오직 한마음(一心)의 세계일 뿐이다. 한마음에 십계가 구족되어 있으며 십계가 서로의 세계를 구족하고 있으니, 문득 백계천여百界千如의 다름이 있다고 하더라도 백계천여가 궁극적인 경지에서는 근원적으로 단지 한마음일 뿐이다. 이것이 같으면서도 다르고, 다르면서도 같은 지극한 이치이다.

初九는 **同人于門**이니 **无咎**ㅣ리라.
초구　동인우문　무구

초구는 사람과 같이 함을 문에서 하니 허물이 없을 것이다.

象曰 出門同人을 **又誰咎也**ㅣ리오.
상왈　출문동인　우수구야

「상전」에 이르길 문을 나가서 사람과 같이 하는 것을 또 누가 허물하겠는가?

同人之道, 宜公而不宜私. 初九剛正, 上無繫應, 出門則可以至於野矣, 故無咎.

동인의 도리는 공적으로 해야 마땅하고 사적으로 하는 것은 옳지 못하다. 초구는 강건하고 바르지만 위로 얽매여 응하는 상대가 없으므로 문을 나서면 곧 들에 이를 수 있다. 그러므로 '허물이 없다(無咎)'고 하는 것이다.

六二는 同人于宗이니 吝토다.
육이　　동인우종　　　인

육이는 동인을 종친에서 하니 인색하다.

象曰 同人于宗이 吝道也ㅣ라.
상왈 동인우종　　인도야

「상전」에 이르길 '동인을 종친에서 하는 것(同人於宗)'은 인색한 도이다.

六二得位得中以應乎乾, 卦之所以爲同人者也. 然以陰柔不能遠達,
恐其近昵於初九九三之宗, 則吝矣.

육이는 자리도 바르고 중을 얻어서 건(乾, ☰)괘에 응하고 있다. 괘를
'동인'이라고 한 것은 이 때문이다. 그러나 음효로써 유약하여 멀리
도달할 수 없다. 만약 초구와 구삼의 종족들만 가까이 친하게 되면
곧 인색해진다.

九三은 伏戎于莽하고 升其高陵하야 三歲不興이로다.
구삼　복융우망　　　승기고릉　　　삼세불흥

구삼은 군사를 숲에 매복시키고 그 높은 언덕에 올라 3년을 일어나지
못한다.

象曰 伏戎于莽은 敵剛也ㅣ오 三歲不興이어니 安行也ㅣ리오.
상왈 복융우망　적강야　　　삼세불흥　　　　안행야

「상전」에 이르길 '군사를 숲에 매복시킨다(伏戎于莽)'는 것은 적이 강하

기 때문이고, '3년을 일어나지 못하니(三歲不興)' 어찌 행할 수 있겠는가?

夫二應於五, 非九三所得强同也. 三乃妄冀其同, 故伏戎以邀之, 升高陵以伺之. 然九五陽剛中正, 名義俱順, 豈九三非理之剛所能敵哉. 其卽指三, 高陵指五, 五遠於三, 如高陵也.

무릇 육이가 구오와 상응하고 있으므로 구삼이 강압적으로 함께할 수는 없다. 구삼이 이 때문에 망령되이 육이와 함께하기를 바란다. 그러므로 구오를 공격하고자 군사를 매복시켜서 높은 언덕에 올라 상황을 살피고 있는 것이다. 그러나 구오는 양효로 강건하고 중정하여 명성과 의리를 함께 갖추고 있다. 어찌 구삼같이 이치를 저버린 자가 강함만으로 대적할 수 있겠는가? '기其'는 곧 구삼을 가리키고, '높은 언덕(高陵)'은 구오를 가리킨다. 구오가 구삼보다 멀리 있음이 마치 높은 언덕과 같다.

九四는 **乘其墉**호대 **弗克攻**이니 **吉**하니라.
구 사   승 기 용   불 극 공   길

구사는 그 담에 오르되 능히 치지 않으니 길하다.

象曰 乘其墉은 **義弗克也**ㅣ오 **其吉**은 **則困而反則也**ㅣ라.
상 왈 승 기 용   의 불 극 야   기 길   즉 곤 이 반 칙 야

「상전」에 이르길 '그 담에 오른다(乘其墉)'는 것은 의리가 이기지 못하는 것이고, 그가 '길하다(吉)'는 것은 곧 곤해서 법칙에 돌아오기 때문이다.

離象爲墉, 四亦妄冀同於六二, 故欲乘九三之墉以下攻之. 但以義揆, 知必取困, 故能反則而弗攻耳.

이(離, ☲)괘의 상이 담장(墉)이 된다. 구사 또한 망령되이 육이와 함께하기를 바란다. 그러므로 구삼이라는 담장에 올라타서 아래(육이)를 공략하고자 하는 것이다. 다만 의로움으로써 헤아려보고 반드시 어려움에 처하게 될 것을 안다. 그러므로 원칙을 돌이켜서 공략하지 않는 것이다.

九五는 **同人**이 **先號咷而後笑** ㅣ니 **大師克**이라야 **相遇**로다.
구 오   동 인   선 호 조 이 후 소   대 사 극   상 우

구오는 사람과 같이 함이 먼저는 부르짖어 울고 뒤에는 웃으니, 큰 군사로 이겨야 서로 만난다.

象曰 同人之先은 **以中直也** ㅣ오 **大師相遇**는 **言相剋也** ㅣ라.
상 왈 동 인 지 선   이 중 직 야   대 사 상 우   언 상 극 야

「상전」에 이르길 동인의 먼저 함은 가운데 하고 곧기 때문이고, 큰 군사로 서로 만남은 서로 이김을 말한다.

六二陰柔中正, 爲離之主. 應於九五, 此所謂不同而同, 乃其誠同者也. 誠同而爲三四所隔, 能弗號咷而用大師相克哉. 中故與二相契, 而不疑其跡. 直, 故號咷用師而不以爲諱. 鄭孩如曰, 大師之克, 非克三四也. 克吾心之三四也. 私意一起於中, 君子隔九閽矣. 甚矣, 克己之難也. 非用大師, 其將能乎. 楊誠齋曰, 師莫大於君心, 而兵革爲小.

육이가 음효로 유약하고 중정하여 이괘의 주효가 되어 구오와 바르게 응하고 있다. 이것이 이른바 다르면서도 함께하는 것이니, 이에 그(구 오)가 진실로 함께할 수 있는 자이다. 진실로 함께하려 하지만 구삼과 구사가 가로막고 있으니, 능히 부르짖고 울부짖으며 큰 군대로 서로 이겨야만 하는 것이 아니겠는가! 가운데 하기 때문에 육이와 더불어 서로 합하더라도 그 자취를 의심하지 않는다. 곧기 때문에 부르짖고 울부짖으며 군대를 쓰더라도 거리낌이 없는 것이다.

정해여鄭孩如[317]가 말하기를 "큰 군대로 이긴다고 하는 것은 구삼과 구사를 이긴다는 뜻이 아니다. 내 마음속의 구삼과 구사를 이긴다는 뜻이다. 사사로운 뜻이 마음속에서 한 번 일어나면 군자에게 아홉 번의 장애하는 문이 있게 된다. 심하구나, 극기의 어려움이여! 큰 군대를 쓰지 않으면 그 장차 어찌 해낼 수 있겠는가?"라고 하였다.

양성재楊誠齋[318]는 "군대는 임금의 마음보다 큰 것이 없고, 무기는

---

317 정해여鄭孩如: 생몰년 미상. 명나라 때 유학자. 이름은 유악維嶽이며 해여는 자이다. 복건성 진강晉江 사람. 6권으로 된 『온릉정해여관정와사서지신일록溫陵 鄭孩如觀靜窩四書知新日錄』을 남겼다.

318 양성재楊誠齋: 남송 초기의 유명한 시인이며 철학자인 양만리(楊萬裏, 1124~ 1206)를 가리킨다. 성재誠齋는 그의 호이고, 지금의 강서성에 해당하는 길주吉州 길수吉水 출신이다. 그가 남긴 저서로 『성제역전誠齋易傳』・『용언庸言』・『천문대 해天問對解』 등이 전해지고 있으며, 남송대의 의리학파의 대표적인 인물 가운데 한 사람으로 꼽힌다. 역학에 있어 양만리는 주로 정이의 『이천역전』의 사상을 발휘하였고, 상수학파와 도서圖書파의 역설에 대해선 반대의 입장을 천명하였 다. 양만리는 『주역』을 인식하고 해석하는 방법에 있어서 크게 두 가지 특징을 보여 주고 있다. 하나는 『주역』이 인간사의 변화법칙을 강론한 책이라고 인식하 여 『주역』의 연구 목적은 인간사의 득실과 사회의 흥망 변화의 법칙을 밝히는

사소한 것이다"라고 하였다.

上九는 **同人于郊** | 니 **无悔**니라.
　상 구　　　동 인 우 교　　　무 회

상구는 동인을 들에서 함이니, 뉘우침이 없다.

象曰 同人于郊는 **志未得也** | 라.
　상 왈　동 인 우 교　　　지 미 득 야

「상전」에 이르길 '동인을 들에서 한다(同人于郊)'는 것은 뜻을 얻지
못했기 때문이다.

蘇眉山曰, 無所苟同, 故無悔. 莫與共立, 故志未得. 觀心釋者, 六爻皆
重明欲證同人之功夫也. 夫欲證入同人法性, 須藉定慧之力, 又復不
可以有心求, 不可以無心得, 所謂時節若到, 其理自彰. 此修心者勿忘
勿助之要訣也. 初九正慧現前, 不勞功力, 便能出生死門. 六二雖有正
定, 慧力太微, 未免被禪所牽, 不出三界舊宗. 九三偏用其慧, 雖云得
正, 而居離之上, 毫無定水所資, 故如升於高陵, 而爲頂墮菩薩, 三歲
不興. 九四定慧均調, 始雖有期必之心, 後乃知期必之不能合道, 卒以
無心契入而吉. 九五剛健中正, 而定力不足, 雖見佛性, 而不了了, 所

데 있음을 강조한 점이고, 다른 하나는 『주역』을 해석하는 데 있어서 역사적
사실을 인용하여 경문의 함축적인 뜻을 밝혀내어 진퇴·존망·치란治亂의 이치를
제시하고 있는 점이다. 『주역선해』에서 양만리의 역설이 인용되고 있는 곳은
여기 단 한 곳뿐이다. 지욱이 인용하고 있는 이러한 양만리의 역설 역시 심학의
관점에서 괘효의 뜻을 해석하고 있는 특징을 보여 준다.

以先須具修衆行, 積集菩提資糧, 藉萬善之力, 而後開發正道. 蓋是直
緣中道佛性, 以爲迥出二諦之外, 所以先號咷而後笑也. 上九定慧雖
復平等, 而居乾體之上, 僅取涅槃空證, 不能入廛垂手, 故志未得.

소미산이 말하길 "구차히 함께하고자 하는 바가 없으므로 뉘우침도
없다. 함께 더불어 세울 것이 없으므로 뜻을 얻지 못한다"라고 하였다.

마음을 통찰하는 것으로 해석하면, 여섯 효가 모두 동인(同人: 佛性)
을 증득하고자 하는 공부에 대해서 거듭 밝힌 것이다. 무릇 동인이라는
진리의 본성(法性)을 깨닫고자 한다면 모름지기 선정과 지혜의 힘을
빌려야만 한다. 또다시 유심有心으로도 구할 수 없는 것이며, 무심無心
으로도 얻을 수 없는 것이다. 이른바 시절인연이 도래하면 그 이치가
저절로 빛나게 되는 것이다. 이는 마음을 닦는 자가 잊지도 말고 조장하
지도 말아야 하는(勿忘勿助)[319] 요결이다.

초구는 바른 지혜가 앞에 드러나서 수고롭게 공부의 힘을 의지하지
않아도 문득 생사윤회의 문을 벗어나는 것이다. 육이는 비록 바른
선정이지만 지혜의 힘이 극히 미약하여 선정삼매에 이끌려서 삼계라는
오래된 틀(舊宗)을 벗어나지 못하는 것이다. 구삼은 그 지혜를 편중되게
사용하여 비록 바른 자리를 얻었다고는 말할 수 있지만, 이(離, ☲)괘
위에 위치하고 있다. 터럭만큼도 선정이라는 감로수(定水)의 도움을
받지 못하고 있으므로, 마치 높은 언덕에 올라 정타보살頂墮菩薩[320]이

---

319 『맹자』 「공손추장구상公孫丑章句上」편의 "必有事焉而勿正, 心勿忘, 勿助長也"에
　　서 인용하고 있다.

320 '정타頂墮'는 정위頂位에서 떨어진다(墮)는 뜻으로, 정퇴頂退라고도 한다. 성문聲
　　聞의 사선근위四善根位 가운데 제이정第二頂 선근위善根位로부터 물러나 악도에

되어 3년간이나 일어나지 못하는 것과 같은 처지이다. 구사는 선정과 지혜가 균등하게 조화를 이루어서 처음에는 오직 기필코 이루겠다는 마음이 있었지만, 나중에는 그러한 마음으로는 이룰 수 없음을 알고 도에 합일하여 마침내 무심으로써 계합해 들어가 길하게 된다. 구오는 강건하고 중정하지만 선정의 힘이 부족하여 비록 불성을 보았다고 해도 완전한 깨달음을 이루지는 못하였다. 까닭에 먼저 반드시 많은 다양한 수행을 함께 실천하여 진리(菩提)를 깨달을 수 있는 자량을 축적하고, 많은 선근공덕을 이룬 뒤에야 정도를 개발해야만 한다. 대개 직접 중도의 불성을 인연함으로써 출세간적인 진리(眞諦)와 세속적인 진리(俗諦)라는 이제(二諦)의 바깥으로 멀리 벗어날 수 있게 되는 것이다. 그러므로 '먼저는 울부짖지만 나중에는 웃게 된다(先號眺而後笑)'고 한다. 상구는 선정과 지혜가 비록 공평하지만, 건체(乾體, ☰)의 위에 위치하여 겨우 열반의 공한 도리만을 얻었을 뿐, 세속(塵)에 들어가 중생구제의 손길을 펴지 못하는 것이다. 그러므로 뜻을 얻지 못하였다고 한다.

떨어짐을 말한다. 천태종의 지의는 보살이 십신十信의 상사위相似位에 도달하면 견見·사思라는 두 가지 미혹(二惑)을 영원히 끊게 되어 삼악도에 떨어지는 일이 없게 되는데, 이러한 상사위에 집착하여 다시 수행정진하지 않아 십주위十住位에 진입하지 못하고 나가지도 물러나지도 못하는 것을 정타라고 하였다. 정타보살은 바로 이러한 경우에 처한 보살을 지칭한다.

(14) ䷍ 화천대유火天大有

大有는 元亨하니라.
대유　　원형

'대유大有'는 크게 형통하다.

約世道, 則同心傾否之後, 富有四海. 約佛法, 則結戒說戒之後, 化道
大行. 約觀心, 則證入同體法性之後, 功德智慧以自莊嚴, 皆元亨之
道也.

세상의 도리로 요약하면, 마음을 함께하여 막힌 세상을 기울어지게
한 뒤에야 온 천하(四海之內)가 풍요롭게 된다. 불법으로 요약하면,
계율을 제정하고 계율을 가르친 뒤에야 교화의 도가 크게 행해지는
것이다. 마음을 관조하는 것으로 요약하면, 동체법성同體法性[321]을 증득
한 뒤에는 공덕과 지혜가 저절로 장엄되는 것이니, 모두 크고 형통한
도이다.

象曰 大有는 柔ㅣ 得尊位하고 大中而上下ㅣ 應之할새 曰大有니
단왈 대유　유　득존위　　대중이상하　응지　　왈대유

其德이 剛健而文明하고 應乎天而時行이라 是以元亨하니라.
기덕　강건이문명　　응호천이시행　　시이원형

---

321 동체법성同體法性: 모든 중생이 누구나가 보편적으로 소유하고 있다는 진리본성
인 불성을 가리킨다.

「단전」에 이르길 '대유大有'는 부드러운 것이 존귀한 자리를 얻고 크게 가운데 하여 위와 아래가 응하기 때문에 '대유'라고 한다. 그 덕이 강건해서 문명하고 하늘에 응하여 때맞춰 행한다. 이로써 크게 형통하다.

佛法釋者, 從凡夫地直入佛果尊位, 證於統一切法之中道, 而十界皆應順之, 名爲大有. 剛健文明, 聖行梵行皆已成也. 應乎天而時行, 證一心中五行, 以天行爲體, 而起嬰兒行病行之用也.

불법으로 해석하면, 범부의 경계(凡夫地)를 좇아서 불과(佛果: 열반의 경지)의 존귀한 자리로 곧바로 들어가 모든 진리를 통섭하고 있는 중도를 증득하니, 십계가 모두 응하여 따르는 것을 '대유大有'라 한다. '강건하고 문명하다(剛健文明)'는 것은 이미 성행聖行과 범행梵行을 모두 성취하였음을 의미한다. '하늘에 응하여 때맞춰 행한다(應乎天而時行)'는 것은 한마음 속에 오행五行[322]을 증득하여 천행天行을 근본으로 삼아서 영아행嬰兒行과 병행病行의 작용을 일으키는 것을 의미한다.

象曰 火在天上이 大有니 君子ㅣ 以하야 遏惡揚善하야 順天休命하나니라.
상왈 화재천상 대유 군자 이 알악양선 순천휴명

「상전」에 이르길 불(火, ☲)이 하늘(天, ☰) 위에 있는 것이 '대유大有'이니 군자가 이로써 악한 것을 막고 선한 것을 드날려서 하늘의 아름다운

---

[322] 오행五行: 중천건괘 「문언전」, '元之爲言也'에 대한 주석을 보라.

명을 따른다.

佛法釋者, 修惡須斷盡, 修善須滿足, 方是隨順法性第一義天之休命
也. 休命者, 十界皆是性具性造, 但九界爲咎, 佛界爲休. 九界爲逆,
佛界爲順.

불법으로 해석하면, 악을 다스리는 경우에는 모름지기 완전히 끊어
없애야 하며, 선을 닦을 경우에는 모름지기 만족하게 닦아야 바야흐로
법성法性인 제일의천第一義天의 아름다운 명(休命)을 수순한다고 할
수 있다. '휴명休命'은 십계가 모두 성구性具[323]하고 성조性造[324]함을 말한
다. 단지 구계는 허물(咎)이 되고, 불계는 아름다움(休)이 되며, 구계는
거역함(逆)이 되고 불계는 수순함(順)이 된다.

初九는 无交害ㅣ니 匪咎나 艱則无咎ㅣ리라.
초 구　　무 교 해　　비 구　　간 즉 무 구

---

323 성구性具: 천태종의 교리로 중생의 성품(性) 가운데 일체 세간의 염법染法과
　　일체 출세간의 정법淨法이 모두 갖추어져 있다(具)는 것이다. 이 성구설로부터
　　일념삼천一念三千과 삼제원융三諦圓融의 설이 나온다. 일념삼천은 한순간의
　　생각인 일념 가운데 삼천의 세계가 갖추어져 있다는 것이고, 삼제원융은 만법의
　　실상을 표현하는 공空·가假·중中의 삼제가 개별적으로 독립된 것이 아니고
　　서로 원융하게 한마음 안에 갖추어져 있다는 것이다. 그리고 이렇게 원융하게
　　관하는 것을 일심삼관一心三觀이라 한다.
324 성조性造: 일념삼천一念三千의 실상이 이치적, 본체적으로 갖추어져 있는 것을
　　이구理具라 하고, 이것이 현실적, 구체적으로 드러나는 것을 사조事造라고 한다.
　　여기서의 성조는 이구와 사조를 함께 말한 것으로 보인다.

초구는 해로운 것을 사귐이 없으니 허물이 아니나, 어렵게 하면 허물이 없을 것이다.

象曰 大有初九는 无交害也ㅣ라.
상왈 대유초구 무교해야

「상전」에 이르길 대유의 초구는 해로운 것을 사귐이 없는 것이다.

夫有大者, 患其多交而致害也, 艱則終亦如初矣.

무릇 많이 소유한 자는 그 교류가 많아지면 해로움이 이르게 될 수 있음을 걱정해야 한다. 어렵게 여긴다면 끝마침 또한 처음과 같을 것이다.

九二는 大車以載ㅣ니 有攸往하야 无咎ㅣ리라.
구이 대거이재 유유왕 무구

구이는 큰 수레로써 실음이니, 갈 바를 두면 허물이 없을 것이다.

象曰 大車以載는 積中不敗也ㅣ라.
상왈 대거이재 적중불패야

「상전」에 이르길 '큰 수레로써 싣는다(大車以載)'는 것은 가운데 쌓아서 패하지 않는 것이다.

大車, 謂六五虛而能容也. 雖有能容之聖君, 然非九二積中之賢臣以應之, 何能無敗.

'큰 수레'는 육오(임군)가 마음이 넓어서(虛) 능히 포용할 수 있음을 말한다. 비록 포용할 수 있는 성군이 있다고 하더라도 구이와 같은 중용의 도를 쌓은 현명한 신하가 대응해 주지 않으면 어찌 능히 패배가 없겠는가?

九三은 **公用亨**³²⁵**于天子** l 니 **小人**은 **弗克**이니라.
구 삼　공 용 형　우 천 자　　소 인　불 극

구삼은 공(公: 지방제후)이 천자에게 바침(享獻)이니, 소인은 할 수 없다.

象曰 公用亨于天子는 **小人**은 **害也** l 리라.
상 왈 공 용 형 우 천 자　　소 인　해 야

「상전」에 이르길 '공公이 천자에게 바친다(公用亨于天子)'는 것은 소인이 해롭게 된다는 것이다.

剛正而居大臣之位, 可通於聖君矣, 豈小人所能哉.

강건하고 바르며 대신의 지위에 자리함으로써 성스러운 임금과 통할 수 있다. 어찌 소인이 능히 할 수 있는 일이겠는가?

---

325 여기서 형亨자는 정자의 『이천역전伊川易傳』에는 "반드시 천자에게 형통하도록 써야 한다(必有亨通乎天子)"고 하여 형통이란 의미로 해석했고, 주자의 『주역본의』에서는 "형은 『춘추전』에 향享자로 썼으니 조공 드린다는 말이다. 옛날에는 형통할 형자와 향헌할 향자와 삶을 팽자를 모두 형자로 썼다(亨春秋傳作享 謂朝獻也 古者 亨通之亨 享獻之享 烹飪之烹 皆作亨字)"고 하여 헌향하다(바치다)란 의미로 해석했다. 하지만 두 주석서에서의 내용적 의미는 거의 같다.

九四는 **匪其彭**이면 **无咎**] 리라.
구 사 　 비 기 팽 　 　 무 구

구사는 그 성대하지 않으면 허물이 없을 것이다.

象曰 匪其彭无咎는 **明辯晢也**] 라.
상 왈 비 기 팽 무 구 　 　 명 변 제 야

「상전」에 이르길 '그 성대하지 않으면 허물이 없다(匪其彭无咎)'는 것은
밝게 분별하는 지혜가 있기 때문이다.

彭, 盛也, 壯也. 九四剛而不過, 又居離體, 明辯晰而匪彭, 可以事聖
君矣.

'방彭'은 성대하고 강건하다는 뜻이다. 구사가 강건하면서도 지나치지
않고, 또한 이(離, ☲)괘의 본체에 자리하고 있으므로 밝게 분별하는
지혜가 있지만 성대하지는 않다. 성스러운 임금을 섬길 수는 있다.

六五는 **厥孚**] **交如**] 니 **威如**] 면 **吉**하리라.
육 오 　 궐 부 　 교 여 　 　 위 여 　 　 길

육오는 그 미덥게 사귀니, 위엄이 있어야 길하다.

象曰 厥孚交如는 **信以發志也**] 오 **威如之吉**은 **易而无備也**] 새라.
상 왈 궐 부 교 여 　 신 이 발 지 야 　 　 위 여 지 길 　 이 이 무 비 야

「상전」에 이르길 '그 미덥게 사귄다(厥孚交如)'는 것은 믿음으로써 뜻을
발휘한다는 것이고, '위엄이 있어야 길하다(威如之吉)'는 것은 쉽게 여겨

위엄을 갖추지 못한다는 것이다.

柔中居尊, 專信九二, 而天下信之. 不怒而民威於鈇鉞, 不俟安排造作
以爲威也. 蘇眉山曰, 以其無備, 知其有餘也. 夫備生於不足, 不足之
形現於外, 則威削.

음효로서 가운데에 존엄하게 자리하고 있으면서 전적으로 구이를 신임
하니, 천하 백성들도 그를 믿는다. 화내지 않아도 백성들이 부월鈇鉞[326]
만큼이나 두려워하므로 안배하고 조작하는 것으로써 위엄을 삼지는
않는다.

　소미산이 말하길 "그가 '갖춤이 없다(無備)'는 것으로 그의 여유로움
을 알 수 있다. 무릇 갖춤은 부족한 데서 생겨나는데 부족하다는 형태가
밖으로 드러나게 되면 위엄이 삭감되게 된다"고 하였다.

上九는 **自天祐之**라 **吉无不利**로다.
　상구　　자천우지　　길무불리

상구는 하늘로부터 돕는다. 길하여 이롭지 않음이 없다.

象曰 大有上吉은 **自天祐也**ㅣ라.
　상왈 대유상길　　자천우야

「상전」에 이르길 대유괘 상구의 길함은 하늘로부터 돕기 때문이다.

―――――――――――

326 부월은 작은 도끼와 큰 도끼를 의미한다. 장군이 출정할 때에 천자가 생살권生殺權
　을 맡기면서 주었던 일종의 신표이다.

蘇眉山曰, 曰祐, 曰吉, 曰無不利, 其爲福也多矣, 而終不言其所以致福之由, 豈眞無說也哉. 蓋其所以致福者, 遠矣. 孔子曰, 天之所助者順也, 人之所助者信也. 履信思乎順, 又以尙賢也, 是以自天祐之吉無不利. 信也, 順也, 尙賢也, 此三者, 皆六五之德也. 易而無備, 六五之順也. 厥孚交如, 六五之信也. 群陽歸之, 六五之尙賢也. 上九特履之爾, 我之能履者, 能順且信, 又以尙賢, 則天人之助將安歸哉, 故曰聖人無功, 神人無名. 約佛法釋六爻, 又有二義, 一約果後垂化, 二約秉教進修. 一約果後垂化者, 初九垂形四惡趣中, 而不染四趣煩惱, 但是大悲, 與民同患, 故無交害而恒艱. 九二垂形人道, 能以大乘廣度一切, 故有攸往而不敗. 九三現行天道, 不染諸天欲樂, 及與禪定, 故非小人所能. 設小人而入天趣, 未有不被欲樂禪定所害者也. 九四現二乘相, 故匪其彭, 不與二乘同取涅槃偏證, 故明辯晰, 言有大乘智慧辯才也. 六五現菩薩相, 應攝受者而攝受之, 故厥孚交如. 應折伏者而折伏之, 故威如吉. 信以發志, 是接引善根衆生. 易而無備, 是折伏惡機衆生也. 上九現如來形, 故自天祐之吉無不利, 所謂依第一義天, 亦現爲天人師也. 二約秉教進修者, 初九秉增上戒學, 故不與煩惱相交. 九二秉增上心學, 故於禪中具一切法而不敗. 九三秉增上慧學, 故能亨於天子. 然此慧學, 坐斷凡聖情解, 掃空蕩有, 每爲惡取空者之所藉口, 所以毫釐有差, 天地懸隔. 小人弗克用之, 用則反爲大害. 九四秉通教法, 但是大乘初門, 故匪其彭. 雖與二乘同觀無生, 而不與二乘同證, 故明辯晰. 六五秉別教法. 仰信中道, 故厥孚交如. 別修緣了, 故威如而吉. 上九秉圓教法, 全性起修, 全修在性, 故自天祐之吉無不利.

소미산이 말하길 "돕는다(祐), 길하다(吉), 이롭지 않음이 없다(無不
利)고 말하는 것은 그 복됨이 많다는 것이지만, 그 복에 이르게 된
이유는 끝끝내 말하지 않았으니 어찌 진실로 말할 것이 없었기 때문이겠
는가? 생각하건대 그 복을 초래하게 된 까닭이 멀리 있기 때문일
것이다. 공자가 이르기를 '하늘의 도움을 받는 사람은 순응하기 때문이
고, 사람들의 도움을 받는 사람은 신뢰가 있기 때문이다. 신뢰를 실천하
고 순응하기를 생각하며, 다시 현명한 이를 숭상한다. 이런 까닭에
하늘이 도와서 길하고 이롭지 않음이 없는 것이다'[327]라고 하였다.
믿는 것(信也), 순응하는 것(順也), 현자를 숭상하는 것(尙賢) 이 세
가지는 모두 육오의 덕이다. 쉽게 여겨서 대비함이 없는 것은 육오의
순응함 때문이고, 그 신뢰로써 교류하는 것은 육오의 믿음 때문이고,
여러 양陽이 그(육오)에게 귀의하는 것은 육오가 현자들을 숭상하기
때문이다. 상구는 특별히 실천해 갈 뿐이다. 내가 능히 실천해 가는
것이 능히 순응하고, 또다시 미덥게 하고, 또 현자를 숭상하는 것이라면
하늘과 사람들의 도움이 장차 어디로 돌아가겠는가? 그러므로 '성인은
공이 없고(聖人無功), 신인은 이름이 없다(神人無名)'[328]고 말한다'라고
하였다.

불법으로 요약하여 여섯 효를 해석하면, 또한 두 가지 뜻이 있다.
첫 번째는 깨달음을 이룬 후에 몸을 세상에 드러내어 중생을 교화하는
측면이고, 두 번째는 교법을 의지하여 수행하는 측면이다.

첫 번째로 깨달음을 이룬 이후에 몸을 드러내어 교화하는 것(垂化)에

---

327 「계사상전」 제12장에서 언급되고 있다.

328 『장자』 「소요유逍遙遊」편에서 표현되고 있다.

있어, 초구는 네 가지 악도의 세계(四惡趣: 지옥·아귀·축생·아수라)에
형체를 드러내어 교화를 편다고 하더라도 그러한 사악취의 번뇌에
물들지 않는다. 단지 큰 자비심으로 백성과 더불어 환난을 함께하는
것이다. 그러므로 '해로움에 사귐이 없으며(無交害)', 항상 '어렵게
여긴다(艱)'고 한다. 구이는 인간세상에 몸을 현신하여 능히 대승의
가르침으로써 일체 중생을 널리 제도하는 것이다. 그러므로 갈 바를
두어도(대승의 길을 실천해 가더라도) 실패하지 않는다. 구삼은 천도(天
道: 하늘세계)에 몸을 나투어 보살행을 실천하더라도 모든 하늘세계의
감각적 욕망의 즐거움(欲樂)과 선정의 즐거움에 오염되지 않는 것이다.
그러므로 소인이 능히 실천할 수 있는 경계가 아니다. 만약 소인으로서
하늘세계(天趣)에 태어나면 감각적 욕망의 즐거움과 선정의 즐거움에
빠져드는 해로움을 면할 수 없게 된다. 구사는 이승(二乘: 성문승·연각
승)의 모습을 드러내는 것이다. 그러므로 '그가 성대(盛大: 대승을 상징
함)하지 않다(匪其彭)'고 한다. 이승과 더불어 열반만을 추구하는 편벽
된 깨달음(偏證)을 함께 증득하고자 하지는 않는 것이다. 그러므로
'밝게 분별하는 지혜이다(明辯晰)'라고 하니, 대승의 지혜와 변재를
갖추고 있음을 말하는 것이다. 구오는 보살의 모습으로 나투는 것이다.
마땅히 관대한 마음으로 포용하여 받아들여야 할(攝受) 자들을 섭수하
는 까닭에 '그 미덥게 사귄다(厥孚交如)'고 하는 것이며, 마땅히 굴복(折
伏)시켜야 할 자들을 굴복시키는 까닭에 '위엄이 있으면 길하다(威如
吉)'라고 하는 것이다. '믿음으로써 뜻을 발한다(信以發志)'는 것은 선한
근기를 가진 중생들을 불법으로 가르쳐 인도하는 것(接引)이고, '쉽게
여겨 위엄을 갖추지 못한다(易而無備)'는 것은 악한 성품의 근기를

가진 중생들을 굴복시키는 것이다.[329] 상구는 여래의 형상을 드러내는
것이다. 그러므로 '하늘로부터 도움을 받아서 길하여 이롭지 않음이
없다(自天祐之吉無不利)'고 한다. 이른바 모든 번뇌를 소멸한 부처의
지혜(第一義天)[330]에 의지하는 것이며, 또한 하늘과 인간세상의 스승이
됨을 나타내는 것이다.

　두 번째로 교법을 의지하여 수행하는 것으로 요약할 수 있다. 초구는
뛰어난 계율의 공부(增上戒學)[331]를 의지해서 수행하는 것이다. 그러므

---

329 지욱은 구오를 상구보리, 하화중생의 대승의 이념을 적극적으로 실천하는 보살승
　에 비유하고 있다. 이러한 보살은 중생을 제도함에 있어 중생들의 선악에 물든
　차별적인 근기에 따라 섭수하여 받아들이기도 하고, 절복시켜 물리치기도 하면
　서 자유자재로 보살행을 실천해 나간다. 선한 근기의 중생들은 직접 인도하여
　불법을 가르쳐 제도하고, 악한 근기의 중생들은 보살의 지혜와 자비의 힘으로
　굴복시켜 악한 마음을 버리고 선한 마음을 갖도록 또한 교화시키는 것이다.
　'이이무비易而無備'를 '절복악기중생折伏惡機衆生'이라고 해석한 것은 곧 보살이
　지혜와 자비라는 힘만으로 특별한 위엄을 갖추지 않고도 악한 중생들을 쉽게
　절복시킨다는 것을 비유한 표현이라 할 수 있다.

330 '제일의천第一義天'은 곧 열반에 이른 부처를 뜻하는 말로, 모든 번뇌를 소멸한
　최고의 지혜라는 의미의 '제일의지第一義智'라는 말과 같은 뜻으로 사용된다.

331 부처님은 계·정·혜라고 하는 뛰어난(增上) 세 가지 공부(三學)에 대해 「삼학경三
　學經」에서 이렇게 설하고 있다. "세 가지 공부가 있다. 어떤 것이 셋인가?
　이른바 뛰어난 계율의 공부(增上戒學)와 뛰어난 마음의 공부(增上意學)와 뛰어난
　지혜의 공부(增上慧學)이다. 어떤 것이 뛰어난 계율의 공부인가? 만일 비구가
　계율의 바라제목차에 머물러 위엄 있는 태도와 행동을 갖추어, 조그만 죄를
　보고도 두려움이 생겨 계율을 받아 지니고 공부한다면 이것을 뛰어난 계율의
　공부라고 한다. 어떤 것이 뛰어난 마음의 공부인가? 만일 비구가 모든 악하고
　착하지 않은 법을 떠나 거친 생각과 미세한 생각은 있지만 욕계의 악을 떠난
　기쁨과 즐거움이 생기는 초선初禪에 완전히 머무르고 나아가 제4선에 완전히

로 번뇌와 더불어 서로 사귀지 않게 된다. 구이는 뛰어난 마음의 공부(增
上意學)를 의지해서 수행하는 것이라 할 수 있다. 그러므로 선정 가운데
모든 법을 갖추고 있어서 실패하지 않게 된다. 구삼은 뛰어난 지혜의
공부(增上慧學)를 의지해서 수행하는 것이다. 그러므로 능히 천자에게
향헌享獻할 수 있는 것이다.[332] 그러나 이러한 지혜의 배움은 범부와
성인의 정해(情解: 다만 알음알이의 피상적인 이해)를 단번에 그대로
끊어버리고(坐斷), 공空도 쓸어버리고 유有도 씻어버리는 것이지만,
매번 공을 잘못 이해하는 자(惡取空)[333]들의 입에 올리기 좋아하는
핑계거리가 되기도 한다. 털끝만큼의 차이라도 생기면 하늘과 땅만큼
차이가 생길 수 있기 때문에 소인은 능히 사용할 수 없다. 쓴다면
도리어 큰 해가 될 뿐이다. 구사는 통교通敎[334]의 가르침을 의지하는

머무른다면 이것을 뛰어난 마음의 공부라고 한다. 어떤 것이 뛰어난 지혜의
공부인가? 만일 비구가 '이것은 괴로움의 거룩한 진리(苦聖諦)'라고 참되게
알고 '이것은 괴로움의 원인이라는 거룩한 진리(苦集聖諦)', '이것은 괴로움의
없어짐이라는 거룩한 진리(苦滅聖諦)', '이것은 괴로움을 없애는 길의 거룩한
진리(苦滅道跡聖諦)'라고 참되게 알면 이것을 뛰어난 지혜의 공부라고 한다.(有
三學 何等爲三, 謂增上戒學, 增上意學, 增上慧學. 何等爲增上戒學, 若比丘住於戒
波羅提木叉 具足威儀, 行處, 見微細罪則生怖畏 受持學戒 是名增上戒學. 何等爲增上
意學, 若比丘離諸惡不善法 有覺, 有觀 離生喜, 樂, 初禪具足住, 乃至第四禪具足住
是名增上意學. 何等爲增上慧學, 若比丘此苦聖諦如實知, 此苦集聖諦, 此苦滅聖諦,
此苦滅道跡聖諦如實知, 是名增上慧學.)"(『북전北傳』,『잡아함경』제30권 832경)
[332] 지욱의 표현에서 '천자'는 곧 불성을 말하고, '향헌'은 깨달음을 의미한다. 따라서
'천자에게 향헌한다'는 표현은 곧 불성을 깨달아 열반을 성취함을 의미한다.
[333] '벽취공僻取空'이라고도 한다. 만유가 실재한다는 사상을 고집하는 이에게 그
잘못된 소견을 없애기 위하여 공하다고 가르치면, 그것을 공무空無하다는 뜻으
로 잘못 이해하여 불교의 본뜻을 왜곡하여 받아들이는 것을 가리킨다.

것으로, 단지 대승의 초입에 들어가는 문이라 할 수 있다. 그러므로 '그 성대하지는 않다(匪其彭)'고 한다. 비록 이승(성문승·연각승)과 더불어 무생(無生: 열반)[335]의 진리를 닦아 나가더라도 이승과 더불어 동등한 깨달음을 증득하는 것은 아니다. 까닭에 '밝게 분별하는 지혜(明辯晰)'라고 한다. 육오는 별교別教[336]를 의지하는 것으로, 중도를 실천하는 것이다. 그러므로 '그 미덥게 사귄다(厥孚交如)'고 한다. 연인緣因과 요인了因[337]을 별도로 닦아가기 때문에 '위엄이 있어 길하다(威如而吉)'고 하는 것이다. 상구는 원교圓教[338]의 가르침을 의지하는 것이다. 온전한 성품(불성)에서 모든 수행을 일으키고, 모든 수행은 온전한 불성에

---

334 통교通教: 천태종에서 부처님의 교설을 오시팔교로 해석함에 있어, 성문·연각·보살에게 공통으로 해당되는 가르침을 말하며, 주로 대승초입의 법문으로서 공空에 대한 이치를 설하고 있다.

335 무생無生: 불교에 있어 '무생'은 크게 두 가지 뜻으로 해석된다. 하나는 모든 현상은 변화하는 여러 요소들이 인연에 따라 일시적으로 생주이멸生住異滅하는 것에 불과할 뿐 실제적으로는 생기는 것이 없음을 의미하고, 다른 하나는 번뇌나 미혹이 일어나지 않는 열반의 경지 그 자체를 의미한다.

336 별교別教: 천태종에서 부처님의 교설을 오시팔교로 해석함에 있어, 보살만을 위한 대승의 가르침을 의미하며, 여기서 '별別'은 이러한 별교의 가르침이 다른 소승·성문·연각의 가르침과 다름을 뜻한다.

337 연인緣因과 요인了因: 연인불성緣因佛性과 요인불성了因佛性을 가리킨다. 천태종에서는 불성을 연인불성(지혜를 일으키는 인연이 되는 모든 선행)·요인불성(이치에 비추어 나타나는 지혜)·정인불성(正因佛性: 모든 진리의 이치가 본래 갖춰져 있음) 등 크게 세 가지로 분류하여 설명하고 있다.

338 '원圓'은 원묘圓妙·원만圓滿의 의미로, 부처님 교설 중에서 가장 완전하고 원만한 교설이라는 의미를 담고 있다. 주로 중도실상中道實相에 대한 법문을 설하며, 천태종에서는 『법화경』만이 여기에 해당하는 경전임을 주장한다.

내재되어 있는 것이다. 그러므로 '하늘로부터 돕는지라 길하여 이롭지 않음이 없다(自天祐之吉無不利)'고 하는 것이다.

(15) ䷎ 지산겸地山謙

謙은 亨하니 君子ㅣ 有終이니라.
겸　　형　　　　　　군 자　　유 종

'겸謙'은 형통하니 군자가 마침이 있다.

約世道, 則地平天成, 不自滿假. 約佛化, 則法道大行之後, 仍等視衆
生, 先意問訊, 不輕一切. 約觀心, 則圓滿菩提, 歸無所得. 凡此皆亨道
也, 君子以此而終如其始, 可謂果徹因源矣.

세상의 이치로 요약하면, 땅을 다스려 하늘의 뜻을 이루었지만(地平天
成)[339] 스스로 자만(滿假)하지 않는 것이다. 부처님의 교화로 요약하면,
불법(法道)을 크게 깨달은 후에도 거듭 중생들을 평등하게 보고, 먼저
안부를 물으며 일체를 가볍게 여기지 않는 것이다. 마음을 관조하는
것으로 요약하면, 원만한 깨달음의 진리(菩提)는 본래 얻을 것이 없는
곳으로 되돌아가는 것이라 할 수 있다.[340] 무릇 이것은 모두 형통한
도이다. 군자는 이것(謙, 겸손함)으로써 끝마침을 그 처음과 한결같이

---

339 지평천성地平天成: 『우서虞書』「대우모大禹謨」편 8장에서 언급되고 있다

340 불교에서 진리의 깨침은 본래 자신이 구족하고 있는 청정무구한 불성의 진리를
발견하는 것에 지나지 않는다. 밖에서 그 무엇을 발견하는 것이 아니라, 이미
자기 자신에게 갖춰져 있는 진리본체를 발견하는 것이기에 결과적으로 진리에
대한 깨침은 얻을 것이 없는 본래의 성품으로 되돌아가는 것이라 할 수 있다.

하니, 결과와 원인을 하나로 꿰뚫었다고 말할 수 있다.

象曰 謙亨은 天道ㅣ 下濟而光明하고 地道ㅣ 卑而上行이라. 天
단왈 겸형   천도   하제이광명   지도   비이상행   천

道는 虧盈而益謙하고 地道는 變盈而流謙하고 鬼神은 害盈而福
도 휴영이익겸   지도   변영이유겸   귀신   해영이복

謙하고 人道는 惡盈而好謙하나니 謙은 尊而光하고 卑而不可踰
겸   인도   오영이호겸   겸   존이광   비이불가유

ㅣ니 君子之終也ㅣ라.
    군자지종야

「단전」에 이르길 '겸이 형통하다(謙亨)'고 하는 것은 하늘의 도가 아래로
내려서 광명하고, 땅의 도는 낮은 데서 위로 행하기 때문이다. 하늘의
도는 가득한 것을 덜어서 겸손한 데에 더하고, 땅의 도는 가득한 것을
변하게 하여 겸손한 데로 흐르게 하며, 귀신은 가득한 것을 해롭게
하고 겸손함에는 복을 주며, 사람의 도는 가득한 것을 미워하고 겸손한
것을 좋아하니, '겸謙'은 높아도 빛나고 낮아도 가히 넘지 못하니 군자의
마침이다.

儒則文王視民如傷, 堯舜其猶病諸. 佛則十種不可盡, 我願不可盡, 衆
生度盡, 方證菩提. 地獄未空, 不取滅度. 所以世出世法, 從來無有盈
滿之日. 苟有盈滿之心, 則天虧之, 地變之, 鬼神害之, 人惡之矣. 以此
謙德現形十界, 則示居佛位之尊, 固有光. 縱示居地獄之卑, 亦無人能
踰勝之也. 吳幼淸曰, 謙者, 尊崇他人以居己上, 而己亦光顯, 卑抑自
己以居人下, 而人亦不可踰越之, 此君子之所以有終也.

유교의 입장에서 보면, 문왕이 백성 보기를 상해를 입은 사람같이 하고,[341] 요순도 오히려 부족하게 여긴다는 것이다.[342]

불교의 입장에서는 보면, 열 가지 발원(十種)[343]이 끝이 없으므로 나의 원력도 끝이 없다는 것이고, 중생의 교화를 다 끝마쳐야 비로소 보리(진리의 깨달음)를 증득한다는 것이며, 지옥을 텅 비우지 않으면 멸도(滅度: 열반)를 성취하지 않겠다는 것이다. 까닭에 세간법과 출세간법[344]은 본래부터 가득 찬 날이 없었다.[345] 만약 가득 찼다는 마음을

---

341 『맹자』「이루하離婁下」편에서 표현되고 있다.

342 『논어』「옹야雍也」편에서 표현되고 있다.

343 『화엄경』「십지품十地品」에서 설해지고 있는 '십무진구十無盡句'를 가리킨다. 보살이 수행하는 계위階位 중 10지의 첫 번째 계위인 환희지보살歡喜地菩薩이 광대무변한 본원本願을 낼 때에, 이 원을 이루기 위하여 세운 10구의 다함이 없는 법을 말한다. 곧 ① 중생계무진衆生界無盡 ② 세계무진世界無盡 ③ 허공계무진虛空界無盡 ④ 법계무진法界無盡 ⑤ 열반계무진涅槃界無盡 ⑥ 불출현계무진佛出現界無盡 ⑦ 여래지계무진如來智界無盡 ⑧ 심소연무진心所緣無盡 ⑨ 불지소입경계무진佛智所入境界無盡 ⑩ 세간전법전지전무진世間轉法轉智轉無盡 등이다.

344 세간법과 출세간법: 세간법은 '유루법有漏法'이라고도 한다. 오염되고 인위적(有爲)이고 생멸이 있고 참되지 못하고(不實) 변화하여 무상無常한 진리를 현상적인 진리를 말한다. 이에 비해 출세간법은 '무루법無漏法'이라고도 한다. 원만청정圓滿淸淨하고 자연적(無爲)이고 불생불멸하고, 영원불변한 본원적인 진리(常住法)를 말한다.

345 불교에서 말하는 십계十界는 영원불변하게 한 모습으로 고정된 세계도 아니고, 또한 완전무결하게 완성된 세계도 아니다. 십계는 단지 중생들의 차별적인 마음과 선악의 행위에 따라 임의적으로 나누어진 현상적인 세계일 뿐이다. 예컨대 비록 괴로움만이 가득한 지옥의 세계라 하더라도 그 지옥에 사는 중생들이 자신들이 지은 모든 무거운 죄업을 깊이 참회하고 선한 마음으로 선업을 쌓는다면 지옥의 세계는 곧 사라지고 보다 나은 새로운 세계로 변화하게 될

먹으면 하늘이 이지러지게 하고 땅이 변하게 하고 귀신이 해롭게 하고 사람이 미워할 것이다. 이러한 겸손의 덕으로써 시방세계에 몸을 드러내야 한다. 부처님의 지위에서 존귀한 모습을 드러낸다면 진실로 영광이 있을 것이고, 설혹 지옥에서 비천한 모습으로 몸을 현신한다고 하더라도 또한 사람들이 뛰어넘어 이겨내지 못할 것이다.

오유청吳幼淸[346]이 말하길 "겸謙은 타인을 존숭해서 자기보다 위에 자리하게 해도 자기도 또한 빛나게 되고, 자기를 낮춰서 다른 사람의 아래에 자리하더라도 남들이 또한 타넘으려 하지 않는 것이다. 이야말

＿＿＿＿＿＿＿＿＿

것이다. 반대로 비록 즐거움이 가득한 천상의 세계라고 하더라도 거기에 사는 천인들이 만족을 모르고 무한한 탐욕심을 일으켜 온갖 불선한 행위만을 일삼는다면 천상은 곧 괴로움이 가득한 지옥으로 변화하게 될 것이다. 이처럼 십계는 오직 중생들의 차별적인 마음과 행위에 의해서 임의적으로 형성된 생사윤회의 현상세계일 뿐이다. 부처와 중생 또한 마찬가지이다. 중생이 깨달으면 부처요, 부처가 미혹하면 중생이 된다. 본래 중생과 부처가 따로 불변하게 정해져 있는 것이 아니다. 부처는 영원히 부처이고, 중생은 영원히 중생이라고 한다면 불법에 대한 배움도 수행도 교화도 필요 없을 것이다. 진리에 있어서도 마찬가지이다. 현상적인 법과 본체적인 법은 비록 다른 법으로 보이지만, 결과적으로는 둘이면서 하나의 법이고 하나이면서 두 법이다. 영원히 완성된 법, 불변한 법, 고정된 법은 있을 수 없는 것이다. 비록 세간법과 출세간법을 따로 분류하지만, 그 법 역시 고정된 법은 아니다. 세간법과 출세간법이 '본래부터 가득 찬 날이 없었다(從來無有盈滿之日)'는 표현은 바로 이러한 이치를 담아내고 있다. 인연에 따라 수시변역隨時變易하는 공한 법을 영원불변한 법으로 인식하여 그 법에 집착하고 애착하는 것에서 중생들의 탐·진·치 삼독심과 망념이 일어나고, 아상과 분별심과 차별의식이 생겨나는 것이다.

346 오유청吳幼淸: 송말원초의 학자인 오징(吳澄, 1249~1333)을 말한다. 유청幼淸은 그의 자이다. 무주(撫州: 현재 강서성 중부에 속함) 숭인崇仁 출신이며, 원나라 (1271~1368)가 세워진 뒤에 벼슬하여 한림학사翰林學士에까지 이르렀다.

로 군자가 유종이 있는 연유이다"라고 하였다.

象曰 地中有山이 **謙**이니 **君子** l **以**하야 **裒多益寡**하야 **稱物平施**
상왈 지중유산 겸 군자 이 부다익과 칭물평시

하나니라.

「상전」에 이르길 땅(地, ☷) 가운데 산(山, ☶)이 있음이 '겸謙'이니, 군자가 이를 본받아 많은 것을 덜어 적은 데에 더하며, 사물을 저울질하여 공평하게 베푼다.

山過乎高, 故多者裒之, 地過乎卑, 故寡者益之. 趣得其平, 皆所以爲謙也. 佛法釋者, 裒佛果無邊功德之山, 以益衆生之地, 了知大地衆生皆具佛果功德山王, 稱物機宜, 而平等施以佛樂, 不令一人獨得滅度.

산은 지나치게 높기 때문에 많은 부분을 덜어내는(裒: 덜어낼 부) 것이고, 땅은 지나치게 낮기 때문에 적은 부분을 더해 주는 것이다. 취향趣向하는 것이 그 평균을 얻음이 모두 '겸謙'이 되는 이유이다.

불법으로 해석한다면, 부처님이 성취한 한량없는 공덕의 산을 덜어냄으로써 중생이라고 하는 땅을 이롭게 해주는 것이다. 대지에 사는 중생이 모두 깨달음(佛果)이라고 하는 공덕의 산왕山王을 이미 갖추고 있음을 깨닫고, 중생들의 근기와 자질을 헤아려 평등하게 불법의 즐거움을 베풀어야 한다. 유독 특정한 한 사람만이 깨달음(滅度)을 얻게 해서는 안 되는 것이다.

初六은 謙謙君子ㅣ니 用涉大川이라도 吉하니라.
초 육　　겸 겸 군 자　　　용 섭 대 천　　　길

초육은 겸손하고 겸손한 군자이니, 큰 내를 건너더라도 길하다.

象曰 謙謙君子는 卑以自牧也ㅣ라.
상 왈　겸 겸 군 자　　비 이 자 목 야

「상전」에 이르길 '겸손하고 겸손한 군자(謙謙君子)'는 낮춤으로써 스스
로를 기른다.

蘇眉山曰, 此最處下, 是謙之過也. 是道也, 無所用之, 用於涉川而已.
有大難, 不深自屈折, 則不足以致其用. 牧者, 養之以待用云爾.

소미산이 말하길 "초육은 맨 아래에 처해 있다. 이는 겸손함이 지나친
것이라 할 수 있다. 이(초육) 도는 쓸 곳이 없어 내를 건너는 데 쓰일
뿐이다. 큰 어려움이 있을 경우 깊숙이 자신을 굽히지 않는다면 그
쓰임을 초래하지 못할 것이다. '목牧'이란 양육하여 쓰일 때를 기다린다
는 뜻이다"라고 하였다.

六二는 鳴謙이니 貞코 吉하니라.
육 이　　명 겸　　　정　길

육이는 겸손함을 울리니, 바르게 하면 길하다.

象曰 鳴謙貞吉은 中心得也ㅣ라.
상 왈　명 겸 정 길　　중 심 득 야

「상전」에 이르길 '겸손함을 울리니, 바르게 하면 길하다(鳴謙貞吉)'는 것은 중심을 얻은 것이다.

蘇眉山曰, 謙之所以爲謙者, 三也. 其謙也以勞, 故聞其風被其澤者, 莫不相從於謙. 六二其鄰也, 上六其配也, 故皆和之而鳴於謙. 而六二又以陰處內卦之中, 雖微九三, 其有不謙乎. 故曰鳴謙貞吉, 鳴以言其和於三, 貞以見其出於性也.

소미산이 말하길 "겸괘가 겸謙이 되는 까닭은 삼효 때문이다. 그가 겸손한 것은 노력했기 때문으로, 그 소문을 듣고 그 은택을 입은 자는 겸손함에 서로 따르지 않음이 없다. 육이는 그 이웃이고, 상육은 그 짝이다. 그러므로 모두가 화답하면서 겸손하게 호응(鳴)한다. 육이는 또한 음으로서 내괘의 가운데 위치(得中)하고 있어 비록 구삼이 미천하게 생각할지라도 그가 겸손하지 않을 수 있겠는가? 그러므로 '겸손함을 울리니, 바르게 하면 길하다(鳴謙貞吉)'고 하는 것이다. '울린다(鳴)'는 것은 그가 삼효에 화답함을 말하고, '바르다(貞)'는 것은 그것(화답함)이 본 성품에서 나온 것임을 나타낸다"고 하였다.

九三은 勞謙이니 君子ㅣ 有終이니 吉하니라.
구삼 노겸 군자 유종 길

구삼은 수고로워도 겸손하니, 군자가 마침이 있으니 길하다.

象曰 勞謙君子는 萬民의 服也ㅣ라.
상왈 노겸군자 만민 복야

「상전」에 이르길 '수고로워도 겸손한 군자(勞謙君子)'는 모든 백성이
복종하는 것이다.

蘇眉山曰, 勞, 功也. 艮之制在三, 而三親以艮下坤, 其謙至矣. 勞而不
伐, 有功而不德, 是得謙之全者也, 故象曰君子有終, 而三亦云.

소미산이 말하길 "노勞는 공로가 있다는 의미이다. 간(艮, ☶)괘를
만드는 것은 구삼효에 달려 있다. 구삼이 몸소 간괘로써 땅보다 아래
하니 그 겸손함이 지극한 것이다. 수고로웠지만 자랑하지 않고, 공로가
있지만 덕으로 삼지 않으니 이것이야말로 겸손의 온전함을 이룬 것이
다. 그러므로 「단전」에서 '군자가 마침이 있다(君子有終)'고 말하고,
삼효에서 다시 말한 것이다"라고 하였다.

六四는 无不利撝謙이니라.
육 사   무 불 리 휘 겸

육사는 겸손함을 발휘함(撝謙)[347]이니 이롭지 않음이 없다.

象曰 无不利撝謙은 不違則也ㅣ라.
상 왈 무 불 리 휘 겸   불 위 칙 야

---

347 정자는 『이천역전伊川易傳』에서 '휘撝'에 대해 "휘撝는 베풀어 펴는 상이니,
　　사람의 엄지손가락과 같은 것이다. 움직이고 쉬며, 나아가고 물러남에 반드시
　　겸손함을 베푸는 것이니, 두려움이 많은 지위에 있고 또한 어진 신하의 위에
　　있기 때문이다(撝 施布之象 如人手之撝也, 動息進退 必施其謙 蓋居多懼之地 又在
　　賢臣之上故也.)"라고 설명하고 있다.

「상전」에 이르길 '겸손함을 발휘함이니 이롭지 않음이 없다(无不利撝謙)'는 것은 법칙에 어긋나지 않는다는 것이다.

雖居九三勞謙之上, 而柔順得正, 故無不利而爲撝謙. 夫以謙撝謙, 此眞不違其則者也.

비록 수고로웠으면서도 겸손해하는 구삼의 위에 자리하고 있지만, 유순하고 바름을 얻고 있다. 그러므로 이롭지 않음이 없어서 겸손함을 발휘하는 것이다. 무릇 겸손함으로써 겸손함을 발휘하니, 이것이야말로 진실로 그 원칙을 어기지 않는 것이다.

六五는 不富以其鄰이니 利用侵伐이니 无不利하리라.
육 오 불부이기린 이용침벌 무불리

육오는 부유하려 하지 않고 그 이웃으로써 하니, 침벌함을 씀이 이로우니, 이롭지 않음이 없을 것이다.

象曰 利用侵伐은 征不服也ㅣ라.
상왈 이용침벌 정불복야

「상전」에 이르길 '침벌함을 씀이 이롭다(利用侵伐)'는 것은 복종하지 않는 자를 정벌하는 것이다.

蘇眉山曰, 直者, 曲之矯也. 謙者, 驕之反也, 皆非德之至也. 故兩直不相容, 兩謙不相使. 九三以勞謙, 而上下皆謙以應之, 內則鳴謙, 外則撝謙, 其甚者則謙謙, 相追於無窮, 相益不已, 則所謂裒多益寡, 稱物

平施者, 將使誰爲之. 若夫六五則不然, 以爲謙乎, 則所據者剛也. 以
爲驕乎, 則所處者中也. 惟不可得而謂之謙, 不可得而謂之驕, 故五謙
莫不爲之使也. 求其所以能使此五謙者, 而無所有, 故曰不富以其鄰.
至於侵伐而不害爲謙, 故曰利用侵伐. 莫不爲之用者, 故曰無不利. 溝
益曰, 征不服正是裒多名謙.

소미산이 말하길 "직直은 굽은 것을 바로잡는 것이고, 겸謙은 교만함의
반대 의미이지만 모두 덕의 지극함은 아니다. 그러므로 두 개의 곧음은
서로를 용납하지 못하며, 두 개의 겸손은 서로를 부리지 못한다. 구삼은
겸손한 공로가 있기 때문에 상하가 모두 겸손으로써 그에게 호응한다.
안에서는 육이가 겸손으로 호응하고, 밖에서는 육사가 겸손함을 발휘
하며, 그 심히 겸손한 자(초육)는 겸손하고도 겸손하다. 서로를 추구하
기를 끝없이 하고, 서로를 이익 되게 하기를 끝없이 하는 것이다.

그렇다면 이른바 '많은 것을 덜어서 적은 데에 보태고(裒多益寡),
사물을 저울질하여 공평하게 베푼다(稱物平施)'는 겸의 뜻을 장차 누가
실천할 수 있겠는가? 무릇 육오 같은 경우는 그렇지 못하다. 겸손하다고
여긴다면 의거하고 있는 자리가 강건하고, 교만하다고 여긴다면 거처
하고 있는 자리가 알맞다(中). 오직 겸손하다고 부를 수도 없고 교만하
다고 부를 수도 없는 것이다. 이렇기 때문에 다섯 효의 겸손을 부리지
못할 이유가 없다. 이야말로 다섯 효의 겸손한 자를 부릴 수 있는
이유를 찾아보아도 찾을 수 없는 것이다. 그러므로 '부유하려 하지
않고 그 이웃으로써 한다(不富以其鄰)'고 한다. 정벌하더라도 겸손함에
는 해가 되지 않기 때문에 '침벌함(침입하여 치다)을 씀이 이롭다(利用侵

伐)'고 말한다. 쓰지 못할 자가 없는 까닭에 '이롭지 않음이 없다(無不利)'고 말한다"라고 하였다.

우익(藕益: 지욱)은 "'복종하지 않는 자를 정벌한다(征不服)'는 것은 바로 많은 것을 덜어낸다(裒多)는 뜻으로, 이를 겸謙이라 한다"라고 말한다.

上六은 鳴謙이니 利用行師하야 征邑國이니라.
상육　명겸　　　이용행사　　정읍국

상육은 우는 '겸謙'이니, 군사를 행하여 읍국을 정벌함[348]이 이롭다.

象曰 鳴謙은 志未得也ㅣ니 可用行師하야 征邑國也ㅣ라.
상왈 명겸　　지미득야　　가용행사　　정읍국야

「상전」에 이르길 '우는 겸(鳴謙)'은 뜻을 얻지 못한 것이니, 가히 군사를 행하여 읍국을 정벌하는 것이다.

蘇眉山曰, 鳴謙一也. 六二自得於心, 而上六志未得者, 以其所居非安於謙者也. 特以其配之勞謙而强應焉, 貌謙而實不至, 則所服者寡矣, 故雖有邑國, 而猶叛之. 夫實雖不足, 而名在於謙, 則叛者不利. 叛者不利, 則征者利矣. 佛法釋此六爻者, 亦約二義. 一約佛果八相, 二約內外四衆. 一約佛果八相者, 初六卽示現降神入胎, 及初生相, 久證無

정자의 『이천역전』에서는 '행사行師'와 '정읍국征邑國'에 대해 다음과 같이 설명하고 있다. "읍국은 자기의 사사로운 소유이고, 행사는 강한 무력을 쓰라는 말이다. '읍국을 친다'는 것은 자기의 사사로움을 다스리라는 말이다.(邑國, 己之私有, 行師 謂用剛武, 征邑國 謂自治其私.)"

生, 復示更生, 故爲卑以自牧. 六二卽示現出家, 久度生死, 自言爲生死故出家, 是爲鳴謙. 九三卽示現降魔成道, 久超魔界, 證大菩提, 而爲衆生現此勞事, 使觀者心服. 六四卽示現三七思惟, 久已鑒機, 而不違設化儀則. 六五卽示現轉大法輪, 本無實法, 皆是善巧權現, 故爲不富. 能令十方諸佛同爲證明, 故爲以鄰. 破衆生三惑, 令歸順於性具三德, 故爲利用侵伐. 上六卽示現滅度, 以衆生機盡, 應火雲亡, 爲志未得, 卽以滅度而作佛事, 令諸衆生未種善根者得種, 已種者熟, 已熟者脫, 爲征邑國也. 二約內外四衆者, 初六是沙彌小衆, 故爲卑以自牧. 六二是守法比丘衆, 故爲鳴謙貞吉. 九三是弘法比丘, 宰任玄綱, 故爲勞謙君子. 六四是外護人中優婆塞等, 故恆謙讓一切出家大小乘衆而爲撝謙, 乃不違則. 六五是護法欲界諸天, 故能摧邪以顯正, 而征不服. 上六是色無色天, 雖亦護正摧邪, 而禪定中無瞋恚相, 不能作大折伏法門, 故志未得.

소미산이 말하길 "겸손으로 호응하는 것은 한 가지이지만, 육이는 마음에서 스스로 우러난 것이고, 상육은 뜻을 아직 얻지 못한 자이기 때문에 그 머무는 자리가 겸손하기에는 편안하지 않다. 단지 그 짝(구삼)이 수고롭되 겸손하기 때문에 억지로 호응하는 것이니, 모습은 겸손하지만 실질은 이에 미치지 못하여 복종하는 자가 적다. 그러므로 비록 읍국이 있더라도 오히려 배반하는 것이다. 무릇 실질은 비록 부족하지만 겸손이라는 이름을 가지고 있으므로 배반하는 자가 불리하다. 배반하는 자가 불리하면 정벌하는 자는 이로운 것이다"라고 하였다.

불법으로 이 여섯 효를 해석하면, 또한 두 가지 뜻으로 요약할 수

있다. 첫째는 불과(佛果: 성불, 열반의 성취)의 팔상八相으로 요약하는
것이고, 둘째는 내외의 사부대중으로 요약하는 것이다.

첫째로 불과의 팔상으로 요약하면, 초육은 곧 부처님이 강신降神하여
모태에 들고, 아울러 처음으로 세상에 태어나는 탄생상誕生相을 나타내
보이는 것이라 할 수 있다. 지극히 먼 과거에 태어남이 없는 진리를
체득하였음에도 불구하고 다시 태어남을 거듭 보이신 것이다.[349] 그러
므로 '낮춤으로써 스스로를 기른다(卑以自牧)'는 의미가 된다. 육이는
곧 출가상出家相을 드러내 보인 것이라 할 수 있다. 지극히 먼 과거에
이미 생사윤회의 바다를 건넜음에도 불구하고, 스스로 생사를 벗어나
기 위해 출가한다고 말씀하셨다. 이는 곧 '겸손함을 울린다(鳴謙)'는
의미가 된다. 구삼은 곧 마장을 항복하게 한 항마상降魔相과 도를
성취한 성도상成道相을 드러내 보인 것이라 할 수 있다. 지극히 먼
과거에 마장의 경계(魔界)를 초탈하고 큰 진리의 깨달음(大菩提)을
증득하였음에도 불구하고 중생들을 위하여 이렇듯 수고로운 일을 드러
내 보임으로써 보는 자들로 하여금 마음으로 복종하게 한 것이다.
육사는 곧 21일간 사유함을 드러내 보인 것이라 할 수 있다.[350] 지극히

---

349 부처님이 이미 깨달음을 증득하여 생사윤회를 벗어났음에도 불구하고, 하늘세계
   인 도솔천에 안주하지 않고 중생의 구제를 위해서 대비심으로 크나큰 원력을
   세워 다시 사바세계에 몸을 헌신하게 되었다는 표현이다.

350 석가모니불은 출가하여 6년 만에 진리를 깨달아 부처가 된 직후, 중생들에게
   자신이 깨달은 바의 진리를 교설할 것에 대해 21일 동안 망설이며 사유했다고
   전해진다. 자신이 깨달은 바의 진리가 감각적 욕망을 좇아 사는 일반 중생들이
   쉽게 이해하고 받아들이기 어려운 수승한 진리임을 스스로 알았기 때문이다.
   하지만 21일간의 사유 끝에 천상세계의 천신들이 내려와 대자대비심으로 중생

먼 과거에 이미 중생들의 근기에 따라(鑑機) 교화의 의례와 법칙을
세우시는 데 어긋남이 없었던 것이다. 육오는 곧 큰 진리의 수레(大法輪)
를 세상에 굴리는 전법상轉法相을 드러내 보인 것이라 할 수 있다.
본래 실상의 법(實法)은 없는 것이지만, 모두 훌륭하고 교묘한 방편으로
나타낸 것이다.[351] 그러므로 '부유하려 하지 않다(不富)'라는 의미가
된다. 능히 시방세계의 모든 부처님이 함께 증명한다. 그러므로 '이웃으
로써(以鄰)' 한다는 의미가 된다. 중생의 세 가지 미혹(三惑)[352]을 타파하
여 본 성품에 갖추어진 세 가지 덕(三德)[353]으로 되돌아와 수순해야만
한다. 그러므로 '침벌함을 씀이 이롭다(利用侵伐)'는 의미가 된다. 상육
은 곧 열반의 모습(滅度)을 드러내 보인 것이라 할 수 있다. 중생들의

을 위해 설법해 줄 것을 거듭 권청勸請하는 것을 계기로 마침내 중생들을 위해
교화 설법할 것을 결심했다는 것이다.

[351] 불법은 따로 정해져 있는 것이 아니다. 단지 모든 중생에게 본래 구족해 있는
자신의 근본 성품인 불성을 깨달음으로써 부처가 되고 열반의 경지에 도달하는
것이다. 따로 정해져 있는 고정된 실상의 법(實法)이 없다는 말은 바로 이러한
의미이다. 까닭에 부처님이 중생을 교화하고 제도함에 있어서도 특별히 가르치
고 전해 줄 법이 따로 있을 수 없다. 부처님은 단지 훌륭하고 교묘한 방편으로
중생들이 의지해 사는 탐진치 삼독심과 같은 미혹의 마음을 일깨워 중생들이
본래 구족해 있는 청정한 진리본성인 불성을 깨닫게 하고, 또한 그러한 불성의
지혜에 의지해 바른 삶을 살게끔 인도하는 것뿐이다. 지옥의 표현은 바로 이러한
이치를 설명하고 있다.

[352] 삼혹三惑: 도를 닦는 데 장애가 되는 세 가지 큰 번뇌로, 곧 참된 진리를 알지
못하는 삿된 견해와 생각을 가리키는 견사혹見思惑, 보살이 중생을 교화하는
과정에서 일으키는 티끌처럼 많은 번뇌를 가리키는 진사혹塵沙惑, 생사윤회의
근원적인 번뇌로 작용하는 어리석음을 가리키는 무명혹無明惑 등을 말한다.

[353] 삼덕三德: 열반에 갖춰진 법신·반야·해탈의 세 가지 덕상을 가리킨다.

근기가 다했기 때문에 응하는 불(應火: 부처)도 사라진다고 하는 것이
니, '뜻을 얻지 못한다(志未得)'는 의미가 된다. 곧 열반의 모습을 보이는
것으로써 부처님이 할 일을 마치시니, 모든 중생으로 하여금 선근(善根:
불성의 씨앗)을 심지 못한 자는 선근을 심게 하고, 이미 선근을 심은
자는 더욱 숙성하게 하며, 이미 숙성한 자는 해탈하게 하시니, '읍국을
정벌한다(征邑國)'는 의미가 된다.

둘째로 내외의 사부대중으로 요약하면, 초육은 사미들의 작은 무리
들이라 할 수 있다. 그러므로 '낮춤으로써 스스로를 기른다(卑以自牧)'
는 의미가 된다. 육이는 불법을 지키는 비구의 무리들이라 할 수 있다.
그러므로 '겸손함을 울리니, 바르게 하고 길하다(鳴謙貞吉)'는 의미가
된다. 구삼은 불법을 멀리 전법하는 비구들이라 할 수 있다. 현묘한
불법의 강요(綱要: 玄綱)를 주재하여 전법하는 책무를 맡았으므로
'수고로워도 겸손한 군자(勞謙君子)'의 의미가 된다. 육사는 밖에서
불법을 수호하는 신도 가운데 우바새[354] 등을 가리키는 것이라 할 수

---

354 우바새: 불교에서 남성 재가신자를 우바새(優婆塞, upasaka), 여성 재가신자를
　　우바이(優婆夷, upāsikā)라고 한다. 원래 출가 교단의 성원이 아닌 불교 신자를
　　통칭하는 말이지만, 오늘날 동남아시아에서는 재가 신자 가운데에서도 특별한
　　서원을 세우고 매주 휴일마다 절에 다니는 독실한 불교 신자를 가리키는 말로
　　주로 쓰이고 있다. 불교는 인도에서 시작된 이래 사람들을 받아들임에 있어서
　　남녀, 종족, 사회적 계급·신분 등의 차별을 두지 않았다. 누구든 오로지 삼보三寶
　　곧 부처(佛), 부처의 가르침(法), 부처를 따르는 신자들의 공동체(僧) 등을 인정하
　　기만 하면 불교 신자가 된다. 불교의 재가 신자는 살생하지 말 것, 훔치지
　　말 것, 음행을 하지 말 것, 거짓말하지 말 것, 술 마시지 말 것 등의 다섯
　　가지 계율을 지키고 보시를 함으로써 출가 공동체에 도움을 주는 것이 기본
　　역할이다. 동남아시아의 상좌부불교 전통에서는 종교적인 길에 있어 재가자와

있다. 그러므로 일체의 출가승인 대승과 소승의 대중들에게 항상 겸양
하므로 '겸손함을 발휘하고(撝謙)' '원칙을 어기지 않는다(不違則)'는
의미가 된다. 육오는 불법을 수호하는 욕계의 여러 천신들이라 할
수 있다. 그러므로 능히 그릇된 사법邪法을 굴복시키고 정법을 드러냄
으로써 '복종하지 않는 자를 정벌한다(征不服)'는 의미가 된다. 상육은
색계의 하늘과 무색계의 하늘사람들이라 할 수 있다. 비록 이들 또한
정법을 수호하고 사법을 굴복시킬 수는 있지만 선정에 들어 있어 화를
내지 않는 상이다. 능히 부처님의 가르침으로 (사법을 따르는 무리들
을) 크게 굴복시킬 수는 없는 까닭에 '뜻을 얻지 못한다(志未得)'는
의미가 된다.

출가자를 구분하여 대개 정신적인 해탈, 곧 열반의 성취는 오로지 세속적 생활을
포기하고 출가해야만 가능한 것으로 생각하고 있다. 티베트와 동아시아의 대승
불교 전통에서는 그와는 달리 결혼하여 가정을 가지면서도 훌륭한 정신적
지도자가 다소 있음을 인정하고 있다.

(16) ䷏ 뇌지예雷地豫

豫는 利建侯行師하니라.
예 이 건 후 행 사

'예豫'는 제후를 세우며 군사를 행함이 이롭다.

約世道, 則聖德之君, 以謙臨民, 而上下胥悅. 約佛化, 則道法流行,
而人天胥慶. 約觀心, 則證無相法, 受無相之法樂也. 世道旣豫, 不可
忘於文事武備, 故宜建侯以宣德化. 行師以備不虞. 道法旣行, 不可失
於訓導警策, 故宜建侯以主道化. 行師以防弊端. 自證法喜, 不可不行
化導, 故宜建侯以攝受衆生, 行師以折伏衆生也. 又慧行如建侯, 行行
如行師. 又生善如建侯, 滅惡如行師. 初得法喜樂者, 皆應爲之.

세상의 도리로 요약하면, 곧 성스러운 덕을 갖춘 임금이 겸손함으로써
백성들과 함께하여 상하가 서로 기뻐하는 것이다.

　붓다의 교화로 요약하면, 도법(道法: 불법)이 유행하여 사람과 하늘
이 서로 경사스러워하는 것이다. 마음을 관찰하는 것으로 요약하면,
무상법(無相法: 心法, 佛性)을 깨달아 무상無相의 진리의 즐거움(法樂)
을 받는 것이다.

　세상의 도리가 이미 행복한 시대가 되었다고 하더라도, 학문과 국방
의 방비를 잊어서는 안 된다. 그러므로 마땅히 제후를 세움으로써(建侯)

덕화를 펼치게 하고, 군사를 행함으로써(行師) 예상치 못한 환난을
대비해야만 하는 것이다.

도법이 이미 유행했다고 하더라도 가르쳐서 이끌고 경책하는 것을
상실해서는 안 된다. 그러므로 제후를 세움(建侯)으로써 도법으로
교화하는 임무를 주관하게 하고, 군사를 행함(行師)으로써 어지러운
폐단을 막도록 해야만 한다. 스스로 불법의 희열을 증득하였다면 중생
을 교화하여 인도하는 보살행을 실천하지 않으면 안 된다. 그러므로
마땅히 제후를 세움으로써(建侯) 중생들을 섭수하여 받아들이고, 군사
를 행함으로써 중생들의 미혹함을 굴복시켜야만 한다. 또한 지혜는
'제후를 세움(建侯)'과 같고, 모든 불법을 닦음(行行)은 '군사를 행함(行
師)'과 같다. 또한 선을 생성해 내는 것은 '제후를 세움(建侯)'과 같고,
악을 소멸시키는 것은 '군사를 행함(行師)'과 같다. 처음으로 진리를
깨달아 진리의 즐거움을 얻은 자들은 모두 마땅히 그와 같이 실천해야만
한다.

象曰 豫는 剛應而志行하고 順以動이 豫라. 豫順以動故로 天地
단왈 예 강응이지행 순이동 예 예순이동고 천지

도 如之온 而況建侯行師乎여. 天地ㅣ 以順動이라 故로 日月이
여지 이황건후행사호 천지 이순동 고 일월

不過而四時ㅣ 不忒하고 聖人이 以順動이라 則刑罰이 淸而民이
불과이사시 불특 성인 이순동 즉형벌 청이민

服하니 豫之時義ㅣ 大矣哉라.
복 예지시의 대의재

「단전」에 이르길 '예豫'는 강한 것이 응해서 뜻이 행하고 순함으로써

움직임이 예豫이다. 예豫가 순함으로써 움직이니, 천지도 이와 같은데 하물며 제후를 세우고 군사를 행함에 있어서이겠는가! 천지가 순함으로 써 움직이므로 일월이 지나치지 않으며 사시가 어긋나지 않고, 성인이 순함으로써 움직이므로 곧 형벌이 맑아서 백성이 복종하나니, 예豫의 때와 뜻이 크다!

順以動, 雖豫之德, 實所以明保豫之道也. 夫六十四卦皆時耳, 時必有 義, 義則必大, 何獨豫爲然哉. 豫則易於怠忽, 故特言之. 佛法釋者, 惟順以動, 故動而恆順, 所謂稱性所起之修, 全修還在性也, 時義豈不 大哉.

순함으로써 움직이는 것이 비록 예豫괘의 덕목이지만, 실제는 즐거움 을 보존하는 방법을 밝히고 있다. 무릇 64괘는 모두 때가 있으며, 때에는 반드시 의로움이 있다. 의로움은 곧 반드시 커야만 하는 것이니, 어찌 유독 '예豫'만 그러하겠는가! 즐겁기만 하면 게으르고 소홀하기 쉽다. 그러므로 특별히 그러한 의미를 말한 것이다.

불법으로 해석하면, 오직 수순함으로써 움직이기 때문에 움직이되 항상 수순할 수 있는 것이다. 이른바 불성에 부합(稱性)해서 일으키는 수행이요, 온전한 수행은 또한 불성에 있다는 의미이다. 때와 뜻이 어찌 크지 않겠는가![355]

---

355 지욱은 예괘 「단전」에서 표현되고 있는 '순順'과 '동動'의 의미를 불교적인 관점에 서 재해석하고 있음을 알 수 있다. '순'을 불성을 수순하는 것으로, '동'을 불성을 의지해서 일으키는 수행으로 재해석하고 있는 것이다.

象曰 雷出地奮이 豫니 先王이 以하야 作樂崇德하야 殷薦之上
상왈 뇌출지분   예 선왕 이   작악숭덕   은천지상

帝하야 以配祖考하니라.
제   이배조고

「상전」에 이르길 우레(雷, ☳)가 땅(地, ☷)에서 나와 떨치는 것이
'예豫'이니, 선왕이 이를 본받아서 음악을 만들고 덕을 숭상하여, 성대히
상제께 올림으로써 조상을 배향配享한다.

佛法釋者, 作樂, 如經所謂梵唄詠歌自然敷奏也. 崇德, 以修嚴性也.
殷薦上帝, 卽名本源自性爲上帝. 祖考, 謂過去諸佛也.

불법으로 해석하면, '음악을 만든다(作樂)'는 의미는 경전에서 말하고
있는 '범패의 노래(詠歌)가 자연스럽게 울려 퍼진다(敷奏)'는 뜻과 같
다.[356] '덕을 높인다(崇德)'는 뜻은 닦음으로써 불성을 장엄히 하는 것을
의미한다. '성대히 상제께 올린다(殷薦上帝)'는 말에 있어 '상제上帝'는
곧 본원적인 자성을 말하며, '조고祖考'는 과거 세상의 모든 부처님을
가리키는 말이다.

初六은 鳴豫ㅣ이니 凶하니라.
초육   명예   흉

초육은 즐거움이 울리니 흉하다.

---

356 범패영가梵唄詠歌 자연부주自然敷奏: 『수능엄경』 제6권에서 표현되고 있는 내용
   이다.

象曰 初六鳴豫는 志窮하야 **凶也**ㅣ라.
상왈 초육명예 지궁 흉야

「상전」에 이르길 초육의 '명예鳴豫'는 뜻이 궁해서 흉하다.

夫盛極必衰, 樂極必苦, 豫不可以不慎也. 故六爻多設警策之辭, 亦卽象中建侯行師之旨耳. 初六上和九四而爲豫, 自無實德, 志在恃人而已, 能弗窮乎.

무릇 융성함이 지극해지면 반드시 쇠퇴하고, 즐거움이 지극해지면 반드시 괴롭게 되니, '즐거움(豫)'을 삼가지 않으면 안 된다. 그러므로 여섯 효에 경책하는 말씀을 많이 시설하고 있는 것이다. 역시 「단전」의 말씀 중에 '제후를 세우고 군사를 행한다(建侯行師)'는 말씀도 같은 뜻이다. 초육은 위에 있는 구사와 화합하는 것으로 즐거움(豫)을 삼고 있지만, 자신에겐 참다운 덕도 없이 뜻이 남을 믿는 데 있을 뿐이다. 능히 궁색하지 않을 수 있겠는가?

六二는 **介于石**이라 **不終日**이니 **貞코 吉**하니라.
육이 개우석 부종일 정 길

육이는 절개가 돌과 같다. 날을 마치지 않으니 바르고 길하다.

象曰 不終日貞吉은 **以中正也**ㅣ라.
상왈 부종일정길 이중정야

「상전」에 이르길 '날을 마치지 않으니 바르고 길하다(不終日貞吉)'는 것은 중정하기 때문이다.

蘇眉山曰, 以陰居陰, 而處二陰之間, 晦之極, 靜之至也. 以晦觀明, 以靜觀動, 則凡吉凶禍福之至, 如長短黑白陳於吾前, 是以動靜如此 之果也. 介於石, 果於靜也, 不終日, 果於動也, 是故孔子以爲知機也.

소미산이 말하길 "음효로써 음 자리에 위치하고 두 음(초육과 육삼)의 사이에 처해 있으니, 어두움의 극치이고 고요함이 지극한 것이다. 어두 움으로써 밝음을 통찰하고 고요함으로써 움직임을 통찰하면 무릇 길흉 화복이 이르게 되는 것을 장단과 흑백이 내 눈앞에 펼쳐지는 것처럼 명확하게 알 수 있다. 이러한 까닭에 움직여야 할 때와 고요히 머물러야 할 때를 이와 같이 과감하게 판단할 수 있는 것이다. '절개가 돌과 같다(介於石)'는 것은 고요함에서 결단하는 것이고, '날을 마치지 않는다 (不終日)'는 것은 움직임에서 결단하는 것이다. 그러므로 공자는 이것 을 '기미를 안다(知機)'라고 여겼다"[357]라고 하였다.

---

357 「계사하전」 제5장에서 "공자가 이르기를, 기미를 아는 것은 신神일 것이다. 군자가 윗사람과 사귐에 아첨하지 않고 아랫사람과 사귐에 함부로 하지 않으니, 그 기미를 아는 것이다. '기미(幾)'라는 것은 움직임이 은미함이니, 길한 것이 먼저 나타나는 것이다. 군자는 기미를 보고 일어나서 날을 마치기를 기다리지 않는다. 『역易』에 말하기를 '절개가 돌이라. 날을 마치지 않으니 바르고 길하다' 라고 하였으니, 절개가 돌과 같은데 어찌 종일토록 기다리겠는가? 판단해서 가히 아는 것이다. 군자가 미미한 것도 알고, 드러난 것도 알며, 부드러운 것도 알고 강한 것도 아니, 만인이 우러러보는 것이다(子曰 知幾其神乎. 君子上交 不諂, 下交不瀆, 其知幾乎. 幾者, 動之微, 吉之先見者也. 君子見幾而作, 不俟終日. 易曰 介於石, 不終日, 貞吉. 介如石焉, 寧用終日. 斷可識矣. 君子知微知彰知柔知剛, 萬夫之望.)"라고 표현하고 있다.

六三은 盱豫ㅣ라. 悔며 遲하야도 有悔리라.
육 삼　우 예　　　회　지　　　유 회

육삼은 쳐다보면 즐거워한다. 뉘우치며 더디게 하여도 뉘우침이 있을 것이다.

象曰 盱豫有悔는 位不當也ㄹ새라.
상 왈　우 예 유 회　　위 부 당 야

「상전」에 이르길 '쳐다보면서 즐거워하여 뉘우침이 있다(盱豫有悔)'는 것은 자리가 부당하기 때문이다.

六三亦無實德, 上視四以爲豫, 急改悔之可也. 若遲, 則有悔矣. 夫視人者豈能久哉.

육삼 또한 참다운 덕이 없이 위로 구사를 보는 것으로만 즐거움을 삼으니, 빨리 고쳐서 뉘우침이 옳다. 만약 늦으면 후회가 있게 된다. 무릇 다른 사람만을 바라보는 자가 어찌 오래갈 수 있겠는가?

九四는 由豫ㅣ라 大有得이니 勿疑면 朋이 盍簪하리라.
구 사　우 예　대 유 득　　물 의　봉　　합 잠

육사는 말미암아 즐거워한다. 크게 얻음이 있으니, 의심하지 않으면 벗(모든 음효)이 비녀를 합할 것(盍簪)[358]이다.

---

358 정자의 『이천역전』에서는 '簪'에 대해 "잠簪은 모으는 것이니, 잠簪자를 '비녀 잠'이라고 한 것은 머리를 모은다는 뜻을 취한 것이다(簪 聚也. 簪之名簪 取聚髮也.)"라고 해석하고 있다.

象曰 由豫大有得은 **志大行也**ㅣ라.
상왈 유예대유득　지대행야

「상전」에 이르길 '말미암아 즐거워하고, 크게 얻음이 있다(由豫大有得)'
는 것은 뜻이 크게 행해지는 것이다.

爲豫之主, 故名由豫. 夫初與三與六, 皆由我而爲豫矣. 二五各守其
貞, 愼勿疑之. 不疑, 則吾朋益固結也.

예豫괘의 주효가 된다. 그러므로 '말미암아 즐거워한다(由豫)'고 하였
다. 무릇 초육, 육삼, 상육이 모두 나(구사)로 말미암아 즐거워한다.
육이와 육오는 각각 그 바름을 지키고 있다. 삼가 하여 의심하지 말아야
하니, 의심하지 않으면 나의 벗들이 더욱 단단히 결속하게 될 것이다.

六五는 **貞**호대 **疾**하나 **恒不死**ㅣ로다.
육오　정　질　　항불사

육오는 바르게 하되 병이 들지만 항구하여 죽지는 않는다.

象曰 六五貞疾은 **乘剛也**ㅣ오 **恒不死**는 **中未亡也**ㅣ라.
상왈 육오정질　승강야　　항불사　중미망야

「상전」에 이르길 육오가 '바르게 하나 병이 드는 것(貞疾)'은 강(剛,
구사)을 타고 있기 때문이고, '항구하여 죽지는 않는다(恒不死)'는 것은
중中이 없어지지 않기 때문이다.

二五皆得中, 故皆不溺於豫而爲貞也. 但二遠於四, 又得其正, 故動靜

不失其宜. 五乘九四之剛, 又不得正, 安得不成疾乎. 然猶愈於中喪其
守, 而外求豫者也.

육이, 육오는 모두 중을 얻었다. 그러므로 모두 즐거움에 빠지지 않고
바르다. 단지 육이가 구사에서 멀리 떨어져 있지만, 또한 바르기 때문에
움직이거나 고요한 경우에 있어 그 마땅함을 잃지 않는다. 육오는
구사의 양효를 올라타고 있으며, 또한 바름을 얻지 못하였으니 어찌
병이 생기지 않을 수 있겠는가? 그렇지만 오히려 마음속에 그 절개(守)
를 잃어버리고 밖에서 즐거움을 구하려고 하는 자보다는 낫다.

上六은 冥豫니 成하나 有渝ㅣ면 无咎ㅣ리라.
<ruby>上<rt>상</rt></ruby> <ruby>六<rt>육</rt></ruby> <ruby>冥<rt>명</rt></ruby><ruby>豫<rt>예</rt></ruby> <ruby>成<rt>성</rt></ruby> <ruby>有<rt>유</rt></ruby><ruby>渝<rt>유</rt></ruby> <ruby>无<rt>무</rt></ruby><ruby>咎<rt>구</rt></ruby>

상육은 즐거움에 어두워졌으니, 성취함이 있으나 변함이 있으면 허물이
없을 것이다.

象曰 冥豫在上이어니 何可長也ㅣ리오.
<ruby>象<rt>상</rt></ruby><ruby>曰<rt>왈</rt></ruby> <ruby>冥<rt>명</rt></ruby><ruby>豫<rt>예</rt></ruby><ruby>在<rt>재</rt></ruby><ruby>上<rt>상</rt></ruby> <ruby>何<rt>하</rt></ruby><ruby>可<rt>가</rt></ruby><ruby>長<rt>장</rt></ruby><ruby>也<rt>야</rt></ruby>

「상전」에 이르길 '즐거움에 어두워짐(冥豫)'이 위에 있으니 어찌 오래갈
수 있겠는가?

豫至於冥, 時當息矣. 勢至於成, 必應變矣. 因其變而通之, 因其冥而
息之, 庶可以免咎耳. 佛法釋者, 九四爲代佛揚化之人, 餘皆法門弟子
也. 初六不中不正, 恃大人福庇, 而忘修證之功, 故凶. 六二柔順中正,
能於介爾心中, 徹悟事造理具兩重三千, 其理決定不可變易, 頓悟頓

觀, 不俟終日之久, 此善於修心, 得其眞正法門者也, 故吉. 六三亦不
中正, 但以近於嚴師, 故雖盱豫, 而稍知改悔, 但無決斷勇猛之心, 故
誡以悔遲則必有悔. 九四爲卦之主, 定慧和平, 自利利他, 法皆成就,
故朋堅信而志大行. 六五柔質不正, 反居明師良友之上, 可謂病入膏
肓, 故名貞疾. 但以居中, 則一點信心猶在, 善根不斷, 故恆不死. 上六
柔而得正, 處豫之終, 未免沈空取證, 但本有願力, 亦不畢竟入於涅
槃, 終能迴小向大, 而有渝無咎. 死水不藏龍, 故曰何可長也. 若約位
象人者, 初六是破戒僧, 六二是菩薩聖僧, 六三是凡夫僧, 九四是紹祖
位人, 六五是生年上座, 上六是法性上座也.

'즐거움(豫)'이 어두움에 이르렀으니, 때가 휴식기에 접어든 것이다.
형세가 완성단계에 이르면 반드시 변화할 수밖에 없다. 그러한 변화를
원인으로 통하게 되며, 그러한 어둠을 원인으로 휴식하게 되니, 겨우
허물을 면할 수 있게 되는 것이다.

불법으로 해석하면, 구사는 부처님을 대신하여 교화를 펼치는 사람
이라 할 수 있다. 나머지는 모두 법문을 듣는 제자들이라 할 수 있다.

초육은 중도 얻지 못하고 바르지도 않아 대인(부처)의 복에만 매달려
믿고 있는 자라 할 수 있다. 수행하여 깨달음을 증득하고자 하는 노고를
잊어버리고 있으니 흉하다. 육이는 유순하고 중정하다. 한순간(介
爾)[359]의 마음속에 사조事造와 이구理具의 두 가지로 거듭된 삼천세계(兩

---

[359] '개이介爾'는 극히 약소한 것을 나타내는 불교 용어이다. '개介'는 '소小', '이爾'는
어조사이다. 불교에서는 한 찰나에 일어나는 마음을 '개이의 일념(介爾之一念)'
또는 '개이의 마음(介爾之心)'이라고 부른다.

重三千)를 갖추고 있고,[360] 그러한 이치는 결코 변하여 바뀔 수 없음을 철저히 깨닫는다. 문득 깨닫고 문득 관조하니, 날을 마칠 때까지 오래 기다리지 않는다. 이 사람은 마음 닦는 공부(修心)를 잘 수행하여 그 진정한 법문을 얻은 자라 할 수 있다. 그러므로 길하다. 육삼 또한 중정하지는 않지만 다만 엄격한 스승과 가까이 있다. 그러므로 비록 쳐다보면서 즐거워하지만(盱豫), 조금은 고치고 뉘우칠 줄 안다. 다만 결단하고 용맹한 마음은 없다. 그러므로 '뉘우침이 늦어지면(悔遲)' 반드시 '후회가 있게 된다(有悔)'고 훈계하였다. 구사는 이 괘의 주효가 된다. 선정과 지혜가 조화롭고 균등하여 자신도 이롭고 남도 이롭게 하는 불법을 모두 성취하였다. 그러므로 벗들이 굳게 믿어주니 뜻을 크게 행할 수 있는 것이다. 육오는 유약한 기질로 바르지도 못하면서

---

360 '사조事造'는 곧 인연에 따라 차별적으로 드러나는 모든 현상세계를, '이구理具'는 그러한 현상세계를 드러나게끔 하는 여실한 본성(如實本性)을 가리키는 불교 용어로, 주로 천태종에서 사용하고 있다. '사조'는 변조變造·사용事用·수기修起· 수덕修德·수구修具라고도 하며, '이구'는 본구本具·이조理造·성구性具·성덕性德 이라고도 부른다. 천태종에서는 한순간에 일으키는 마음속에 삼천 가지의 법이 갖춰져 있다고 하는 일념삼천설一念三千說을 주장한다. 또한 이구의 본성에는 만법이 원만하게 갖춰져 있다고 하는 이구삼천理具三千, 이조삼천理造三千, 성구 삼천性具三千 등의 설을 주장한다. 이렇듯 본성에 갖춰진 삼천 가지의 만법을 바탕으로 하여 인연에 따라 삼라만상의 차별적인 현상세계가 드러나게 되는데, 천태종에서는 이를 사조삼천事造三千, 사용삼천事用三千, 변조삼천變造三千, 수 구삼천修具三千 설이라고 한다. 천태종에서는 이러한 이구와 사조의 삼천을 합하여 하나로 부를 경우 이사삼천事理三千, 양중삼천兩重三千, 양종삼천兩種三千 이라고 한다. 그런데 천태종에서는 또한 하나하나의 만법은 본래 삼천 가지의 모든 법을 원만하게 갖추고 있고, 이구와 사조가 비록 이름은 다르지만 본래 하나의 이치임을 주장하고 있다.

도리어 눈 밝은 스승과 훌륭한 도반들의 윗자리에 거처하니, 가히 병이 치유할 수 없는 지경(膏肓)에까지 들어갔다고 할 수 있다. 그러므로 '바르게 하여도 병이 든다(貞疾)'고 하였다. 다만 가운데 자리에 거처함으로써 곧 한 점 믿는 마음이 오히려 남아 있어 선근이 단절되지는 않았다. 그러므로 '항상 죽지는 않는다(恒不死)'고 한다. 상육은 유약하면서 바름을 얻었으나 예豫의 종착점에 처해 있다. 공의 이치에 빠져 있으면서 깨달음을 얻었다고 주장하는 경우(沈空取證)라 할 수 있다. 다만 본래 원력이 있어서 또한 마침내 (혼자만) 열반에 들어가지 않고, 마침내 소승의 마음을 돌이켜 대승을 지향하기 때문에 '변함이 있으면 허물이 없다(有渝無咎)'고 한 것이다. 죽은 물에는 용이 잠겨 있을 수가 없다. 그러므로 '어찌 오래 하겠는가(何可長)?'라고 하였다.

만약 자리에 적합한 형상의 사람으로 요약하면, 초육은 파계한 수행자이고, 육이는 성스러운 보살승이며, 육삼은 범부와 같은 수행자이고, 구사는 조사의 지위를 이은 수행자이며, 육오는 생년상좌生年上座이고, 상육은 법성상좌法性上座[361]이다.

---

361 '상좌上座'는 일반적으로 출가한 지 오래되어 모임에서 맨 윗자리에 앉는 비구, 혹은 수행 기간이 길고 덕이 높은 수행자를 가리킨다. 『아비달마집이문족론阿毘達磨集異門足論』 제4권에서는 세 가지 상좌에 대해 언급하고 있는데, 바로 생년상좌, 세속상좌, 법성상좌 등이다. 생년상좌는 나이가 많은 어른이나 늙은이를, 세속상좌는 세속에서 부와 권력과 명예를 얻는 불법을 잘 아는 사람을, 법성상좌는 법랍이 비교적 높고 덕과 지혜를 갖추고 아라한과를 증득한 상좌를 가리킨다.

(17) ䷐ 택뢰수澤雷隨

隨는 元亨하니 利貞이라 无咎ㅣ리라.
　수　　원형　　　이정　　　　무구

'수隨'는 크게 형통하니 바름이 이롭다. 허물이 없을 것이다.

約世道, 則上下相悅, 必相隨順. 約佛化, 則人天胥悅, 受化者多. 約觀
心, 則旣得法喜, 便能隨順諸法實相, 皆元亨之道也. 然必利於貞. 乃
得無咎. 不然, 將爲蠱矣.

세상의 이치로 보면, 곧 위아래가 서로 기뻐함은 반드시 서로 수순하기
때문이다. 부처의 교화라는 측면에서 보면, 사람과 하늘이 서로 기뻐하
는 것은 교화를 받는 중생이 많기 때문이다. 마음을 통찰하는 것으로
보면, 이미 진리의 즐거움을 얻음으로써 문득 제법의 참다운 실상(諸法
實相)을 수순할 수 있게 된 것이니, 모두 크게 형통(元亨)한 도라 할
수 있다. 그러나 반드시 바르게 해야만 이롭고 허물이 없다. 그렇지
않으면 장차 좀먹고 썩은 상태(蠱)[362]가 될 것이다.

---

362 고蠱: '고蠱'는 벌레에 의해 좀먹고 썩는다는 의미로, 곧 부패하고 타락함을
　　의미한다. 64괘 중에서 수괘 다음에 이어지는 괘(산풍고)이기도 하다. 고괘는
　　외괘 간산(艮山, ☶)과 내괘 손풍(巽風, ☴)으로 이루어진 괘로, 산 아래에서
　　바람이 불어와 산에 단풍이 들고 낙엽이 지는 괘상에서 좀먹고 썩는다는 의미가
　　파생되고 있다. 지욱은 이러한 고의 의미를 제법실상, 곧 본성(佛性)과 정법의

象曰 隨는 剛來而下柔하고 動而說이 隨ㅣ니 大亨코 貞하야 无咎
단왈수 강래이하유   동이열   수   대형 정 무구

하야 而天下ㅣ 隨時하나니 隨時之義ㅣ 大矣哉라.
이천하   수시   수시지의   대의재

「단전」에 이르길 '수隨'는 강한 것이 와서 유柔의 아래에 하고, 움직이고
기뻐함이 '수隨'이다. 크게 형통하고 바르게 해서 허물이 없어서 천하가
때를 따르니, '수隨'의 때와 뜻이 크다.

震爲剛, 兌爲柔. 今震反居兌下, 故名剛來下柔也. 內動外悅, 與時偕
行, 故爲天下隨時, 猶儒者所謂時習時中, 亦佛法中所謂時節若到, 其
理自彰. 機感相合, 名爲一時, 故隨時之義稱大.

진(震, ☳)괘는 굳세고, 태(兌, ☱)괘는 유약하다. 지금 진괘가 도리어
태괘의 아래에 거처하므로 '강이 와서 유의 아래에 한다(剛來下柔)'고
한다. 안으로 움직이고 밖으로 기뻐하며 때와 더불어 함께 행해진다.
그러므로 천하가 때를 따르는 것이 유가에서 말하고 있는 '때때로
익히고(時習)', '때에 맞게 중도를 행한다(時中)'는 말과 같다. 또한
불법에서 말하고 있는 '시절이 만일 도래하면(時節若到) 그 이치가
저절로 드러난다(其理自彰)'[363]는 말과 같다. 근기와 감응이 서로 합해짐

진리를 바르게 실천하지 않음으로써 또다시 빠지게 되는 무명한 중생세계에
비유하고 있는 것이다.

[363] 남송 시대의 고승 대혜종고(大慧宗杲, 1089~1163)의 『대혜보각선사서大慧普覺禪
師書』(※우리나라 불교에서는 일명 『서장書狀』이라고 부른다)에서 "백장선사가
이르시되, 불성의 뜻을 알고자 하면 마땅히 시절인연을 관찰해야 한다. 시절이
만약 이르게 되면 그 이치가 스스로 드러난다(百丈云, 欲識佛性義, 當觀時節因緣,

(機感相合)을 일시一時라고 한다. 그러므로 '때를 따르는 뜻(隨時之義)' 을 크다고 하는 것이다.

象曰 澤中有雷ㅣ 隨ㅣ니 君子ㅣ 以하야 嚮晦入宴息하나니라.
상왈 택중유뢰 수 군자 이 향회입연식

「상전」에 이르길 못(澤, ☱) 가운에 우레(雷, ☳)가 있는 것이 '수隨'이니, 군자가 이로써 그믐을 향하여 들어가서 잔치하고 쉰다.

觀心釋者. 旣合本源自性, 上同往古諸佛, 則必冥乎三德祕藏而入大涅槃也.

마음을 통찰하는 것으로 해석하면, 이미 본원인 자성에 계합하여 위로는 지난 옛적의 모든 부처님과 동등하게 됨으로써 곧바로 삼덕비장三德祕藏[364]에 그윽하게 합하여 대열반에 들어갈 수 있게 된 것이다.

初九는 官有渝ㅣ니 貞하면 吉하니 出門交ㅣ면 有功하리라.
초구 관유유 정 길 출문교 유공

초육은 관직에 변함이 있으니, 바르게 하면 길하니, 문을 나가 사귀면 공이 있을 것이다.

象曰 官有渝에 從正이면 吉也ㅣ니 出門交有功은 不失也ㅣ라.
상왈 관유유 종정 길야 출문교유공 불실야

時節若至, 其理自彰.)"라는 내용으로 언급되고 있다.

364 삼덕비장三德祕藏: 진여본성에 비밀스럽게 갖춰져 있는 법신덕·반야덕·해탈덕의 세 가지 덕을 가리킨다.

「상전」에 이르길 '관직에 변함이 있으니(官有渝)' 바른 것을 좇아야 길하다. '문을 나가 사귀면 공이 있다(出門交有功)'는 것은 자기 자신의 본분을 잃지 않는 것이다.

官者, 物之正主. 九五爲六二正主, 則六二乃官物也. 而陰柔不能遠達, 乃變其節以隨初. 初宜守正, 不受其隨則吉. 蓋交六二於門內, 則得二而失五, 不如交九五於門外. 雖失二而有功, 君子以爲不失也.

'관官'은 사물의 바른 주재자이다. 구오가 육이의 바른 주재자라고 한다면, 육이는 관리되는 사물이라 할 수 있다. 육이는 음효로서 유약하여 멀리 구오에까지 다가갈 수 없어서 그 절개를 바꿔 초구를 따르고자 한다. 하지만 초구는 마땅히 올바름을 지켜야 하고, 그(육이)가 따르고자 하는 것을 받아들이지 않아야만 길할 수 있다. 대개 문안에서 육이와 교제하면 곧 육이를 얻을 수는 있지만 구오를 잃게 되니, 문밖에서 구오를 사귀는 것만 같지 못하다. 비록 육이를 잃게 되더라도 공은 있게 되는 것이니, 군자는 이로써 바른 본분을 지키게 된다.

六二는 係小子ㅣ면 失丈夫하리라.
육이   계소자   실장부

육이는 소자(小子: 초구)에게 얽매이면 장부(丈夫: 구오)를 잃을 것이다.

象曰 係小子면 弗兼與也ㅣ라.
상왈 계소자   불겸여야

「상전」에 이르길 소자에게 얽매이게 되면(係小子) 아울러 (구오와)

더불어 하지 못한다.

係初必失五, 安有兩全者哉. 所以爲二誡也.

초구에 얽매이면 반드시 구오를 잃게 된다. 어찌 둘 모두와 온전히 함께할 수 있겠는가? 까닭에 육이를 경책하고 있다.

六三은 **係丈夫**하고 **失小子**하니 **隨**에 **有求**를 **得**하나 **利居貞**하니라.
육삼 계장부 실소자 수 유구 득 이거정

육삼은 장부(丈夫: 구사)에 얽매이고 소자(小子: 초구)를 잃으니 따름에 구함이 있음을 얻으나, 바른 데 거함이 이롭다.

象曰 係丈夫는 **志舍下也**ㅣ라.
상왈 계장부 지사하야

「상전」에 이르길 '장부(구사)에 얽매인다(係丈夫)'는 것은 뜻이 아래(소자, 초구)를 버리는 것이다.

四爲丈夫, 初爲小子. 三近於四, 而遠於初, 然皆非正應也. 但從上則順, 係近則固, 故周公誡以居貞, 而孔子贊其志.

구사는 장부가 되고 초구는 소자가 된다. 육삼은 구사와 가까이 있고 초구와는 멀리 떨어져 있다. 그러나 모두가 바르게 응하는 것도 아니다. 다만 위를 따르면 순조롭지만 가까운 것에 얽매이면 곤궁(固)해진다.

그러므로 주공은 바르게 거처할 것을 훈계하였고, 공자는 그 뜻을
칭찬하였다.

九四는 **隨**에 **有獲**이면 **貞**이라도 **凶**하니 **有孚**코 **在道**코 **以明**이면
구 사　　수　　유 획　　정　　　　흉　　　유 부　　재 도　　이 명

何咎ㅣ리오.
하 구

구사는 따름에 얻음이 있으면 바르더라도 흉하니, 믿음을 두고 도에
있고 밝음으로 하면 무슨 허물이 있겠는가?

象曰 隨有獲은 **其義**ㅣ **凶也**ㅣ오 **有孚在道**는 **明功也**ㅣ라.
상 왈　수 유 획　기 의　　흉 야　　　유 부 재 도　　명 공 야

「상전」에 이르길 '따름에 얻음이 있다(隨有獲)'는 것은 그 뜻이 흉한
것이고, '믿음을 두고 도에 있다(有孚在道)'는 것은 공功을 밝게 하는
것이다.

六二欲往隨九五, 必歷四而後至, 四固可以獲之, 獲則得罪於五而凶
矣. 惟深信隨之正道, 則心跡可明而無咎, 亦且同初九之有功也.

육이가 구오에게 가서 따르고자 하면 반드시 구사를 거친 이후에야
이를 수 있다. 구사가 진실로 육이를 자기사람으로 만들 수는 있지만
(獲), 얻게 된다면 구오에게 죄를 범하게 되어 흉하다. 오직 '수隨'의
바른 도리를 깊게 믿으면 마음의 자취(心跡)가 밝아져서 허물이 없게
될 것이다. 역시 초구가 공이 있는 것처럼 또한 공이 있게 된다.

九五는 孚于嘉 ㅣ니 吉하리라.
구 오 부 우 가 길

구오는 아름다운 데(육이)에 미더우니 길하다.

象曰 孚于嘉吉은 位正中也ㄹ새라.
상 왈 부 우 가 길 위 정 중 야

「상전」에 이르길 '아름다운 데에 미더우니 길하다(孚于嘉吉)'는 것은
자리가 바르게 가운데 하기 때문이다.

六二陰柔中正, 五之嘉偶也, 近於初而歷於四, 跡甚可疑. 九五陽剛中
正, 深信而不疑之, 得二之心, 亦得初與四之心而吉矣.

육이는 음효로 유약하고 중정하여 구오의 아름다운 배필이지만 초구와
는 가까이하고 있고, 구사를 거쳐야만 하니 자취가 매우 의심스럽다.
구오는 양효로 강건하고 중정하여 깊이 믿어 의심하지 않아 육이의
마음을 얻게 된다. 또한 초구와 구사의 마음도 얻게 되어 길한 것이다.

上六은 拘係之오 乃從維之니 王用亨于西山이로다.
상 육 구 계 지 내 종 유 지   왕 용 형 우 서 산

상육은 잡아서 매고 이에 좇아 얽으니, 왕이 서산에서 형통하다.

象曰 拘係之는 上窮也ㅣ라.
상 왈 구 계 지 상 궁 야

「상전」에 이르길 '잡아서 맨다(拘係之)'는 것은 위에서 궁하기 때문이다.

陰柔得正, 居隨之極. 專信九五, 而固結不解者也, 故可亨於神明, 然窮極而不足以有爲矣.

음효로서 유순하고 바름을 얻었지만, 수隨괘의 맨 끝에 위치하고 있다. 전적으로 구오에게만 믿음을 두고 굳게 결속하여 떨어지지 않으려는 자라 할 수 있다. 그러므로 신명에게 제사를 지내지만, 궁극에 처해 있는 상황이라 할 수 있는 일이 별로 없다.

佛法釋者, 三陽皆爲物所隨, 故明隨機之義. 三陰皆隨順乎陽, 故明隨師之道. 初九剛正居下, 始似不欲利生者, 故必有渝乃吉, 出乃爲有功. 九四剛而不正, 又居上位, 雖膺弘法之任, 有似夾帶名利之心, 故有獲而貞凶. 惟須篤信出世正道, 則心事終可明白. 九五剛健中正, 自利利他, 故孚於嘉而吉. 六二柔順中正, 而無慧力. 未免棄大取小. 六三不中不正而有慧力, 則能棄小從大. 然雖云棄小從大, 豈可藐視小簡而不居貞哉. 上六陰柔得正, 亦無慧力, 專修禪悅以自娛, 乃必窮之道也. 惟以此篤信之力, 迴向西方, 則萬修萬人去耳.

불법으로 해석하면, 세 양효는 모두 중생(物)이 따르는 대상이 된다. 그러므로 중생의 근기를 따르는 뜻(隨機之義)을 밝히고 있다. 세 음효는 모두 양(스승)을 수순하고 있다. 그러므로 스승을 따르는 도리(隨師之道)를 밝히고 있다.

초구는 강건하고 바르며 맨 아랫자리에 위치하고 있다. 처음에 중생을 이롭게 하고자 노력하지 않는 수행자와 비슷하다고 할 수 있다. 그러므로 반드시 자세를 변화시켜야(有渝) 길할 수 있고, 밖으로 나가서

(보살행을 실천해야만) 공덕이 있게 된다. 구사는 강건하지만 바르지 못하고, 또한 윗자리에 거처하고 있다. 비록 불법을 널리 전법할 임무를 감당하고 있지만, 명리를 얻고자 하는 마음을 숨기고 있는(夾帶) 수행자와 비슷하다. 그러므로 (명리를) 얻게 되면 바르게 한다고 해도 흉할 수밖에 없다(貞凶). 오직 모름지기 윤회의 세계를 벗어나게 하는 정법의 진리(出世正道)를 돈독히 믿어야만 마음(心事)이 마침내 지혜롭고 청정해질 수 있는 것이다. 구오는 강건하고 중정하여 자신도 이롭고 남도 이롭게 한다. 그러므로 아름다운 데(嘉)[365]에 믿음을 두고 있어 길한 것이다.

육이는 유순하고 중정하나 지혜의 힘이 없으니, 큰 것(대승)을 버리고 작은 것(소승)을 취하고자 하는 것이다. 육삼은 가운데 하지도 못하고 바르지도 못하지만 지혜의 힘이 있으니, 곧 작은 것(소승)을 버리고 큰 것을 추종할 수 있다. 그러나 비록 작은 것을 버리고 큰 것을 추종한다고 말하지만, 어찌 소간小簡[366]이라 얕잡아보고(藐視) 바름에 거처하지 않겠는가? 상육은 음효로서 유순하고 바름을 얻었지만, 또한 지혜의 힘이 없어서 오로지 선정의 즐거움(禪悅)을 닦는 것으로써 스스로 즐거워하고 있다. 이는 반드시 궁색해지는 도라 할 수 있다. 오직 이 독실하게 믿는 힘으로써 서방세계에 왕생하고자 한다면(迴向西

---

365 지욱은 '가嘉'의 의미를 상구보리上求菩提와 하화중생下化衆生을 근본적인 실천이념으로 내세우며, 자리이타自利利他의 가치를 지향하는 대승의 가르침에 비유하여 재해석하고 있는 듯이 보인다.

366 '소간小簡'은 본래 좁고 작은 편지지를 가리키는 것이지만, 여기서 지욱이 표현하고 있는 '소간'은 소승의 가르침을 은유한 표현이라 볼 수 있다. 대승의 가르침을 따른다고 해서 소승의 가르침을 경시해서는 안 된다는 의미인 것이다.

方), 만인이 수행하여 만인이 왕생하게 될 것이다.[367]

---

[367] 불교에서 '회향廻向'은 '회전취향廻轉趣向'의 줄인 말로, 자기가 수행하여 닦은 모든 크고 작은 선근공덕善根功德을 다른 중생이나 또는 자신의 불과(佛果: 깨달음)로 돌려 함께하는 것을 말한다. 이러한 회향에 대해 중국 수나라 혜원(慧遠, 523~592)이 지은 『대승의장大乘義章』에서는 크게 세 가지의 회향(廻向三處)을 설명하고 있다. 곧 자기가 지은 선근공덕을 다른 중생에게 그 공덕의 이익을 돌려주고자 하는 중생회향衆生廻向, 자기가 지은 온갖 선근을 회향하여 깨달음의 덕(果德)을 성취하려는 보리회향菩提廻向, 자기가 지은 선근공덕으로 무위적정無爲寂靜한 열반을 성취하려는 실제회향實際廻向 등이다. 지욱이 표현하고 있는 '회향서방廻向西方'은 아미타불이 주불主佛로 계신 서방정토 극락세계에 왕생하는 것을 수행의 궁극적인 목적으로 삼는 것을 의미한다. 누구나가 쉽게 실천할 수 있는 아미타불을 칭명하는 염불수행을 닦으면 곧 누구나가 사방정토 극락세계에 왕생하게 된다(萬修萬人去)는 것이 지욱의 설명인 것이다.

(18) ䷑ 산풍고山風蠱

蠱는 元亨하니 利涉大川이니 先甲三日하며 後甲三日[368]이니라.
고　　원형　　　이섭대천　　　선갑삼일　　　　후갑삼일

---

368 선갑삼일先甲三日, 후갑삼일後甲三日: 십간十干 중에서 갑을 중심으로 먼저 삼일
과 갑을 중심으로 뒤로 삼일을 의미하는 말이다. 갑을 중심으로 먼저 삼일은
신辛인데(辛壬癸甲), 신은 신新에서 따온 말로 새롭게 이룬다는 뜻이다. 갑을
중심으로 뒤로 삼일은 정丁인데(甲乙丙丁), 정은 정녕丁寧하다는 뜻이다. 정자의
『이천역전』에서는 '선갑삼일先甲三日, 후갑삼일後甲三日'에 대해서 다음과 같이
말한다. "갑은 수의 머리이고 일의 시작이니, 때의 갑을甲乙과 갑제甲第, 갑령甲令
같은 것은 다 머리 또는 일의 단서를 말한 것이다. '고蠱'를 다스리는 도는
마땅히 앞뒤로 3일씩 생각해야 하니, 근원의 앞과 뒤를 헤아리는 것은 폐단을
구원하고 오래할 수 있는 도리가 되는 것이다. '갑으로 먼저 하라'는 것은 이보다
먼저라는 말이니 좀먹게 된 까닭을 헤아리는 것이고, '갑으로 뒤에 하라'는
것은 이보다 뒤라는 말이니 장차 그렇게 될 것을 생각하라는 것이다. 하루
이틀 해서 사흘까지 이름은 근심이 깊고 헤아림이 멂을 말한 것이다. 그러한
까닭을 추구하면 구원할 수 있는 도리를 알고, 장차 그렇게 될 것을 생각하면
방비할 수 있는 방법을 알게 될 것이다. 잘 구원하면 앞에 저지른 폐단을
개혁할 수 있고, 잘 방비하면 뒤에 생기는 이로움을 오래하게 할 수 있다.
이것이 옛날의 성왕이 천하를 새롭게 하고 후세에 가르침을 보인 까닭이다.(甲,
數之首 事之始也 如辰之甲乙. 甲第 甲令 皆謂首也 事之端也. 治蠱之道 當思慮其先後
三日 蓋推原先後 爲救弊可久之道. 先甲謂先於此 究其所以然也. 後甲謂後於此 慮其
將然也. 一日二日至於三日 言慮之深 推之遠也. 究其所以然 則知救之之道, 慮其將然
則知備之之方. 善救則前弊可革 善備則後利可久 此古之聖王所以新天下而垂後世
也. 後之治蠱者 不明聖人先甲後甲之誡 慮淺而事近 故勞於救世而亂不革 功未及成
而弊已生矣. 甲者事之首 庚者變更之首. 制作政敎之類 則云甲 擧其首也. 發號施令之

'고蠱'는 크게 형통하니, 큰 내를 건넘이 이로우니, 갑甲에서 먼저 삼일을
하며, 갑에서 뒤에 삼일을 한다.

蠱者, 器久不用而蟲生, 人久宴溺而疾生, 天下久安無爲而弊生之謂
也. 約世道, 則君臣悅隨, 而無違弼吁咈之風, 故成弊. 約佛法, 則天人
胥悅擧世隨化, 必有邪因出家者, 貪圖利養, 混入緇林, 故成弊. 約觀
心究竟隨者, 則示現病行而爲蠱. 約觀心初得小隨順者, 旣未斷惑. 或
起順道法愛, 或於禪中發起夙習而爲蠱. 然治旣爲亂階, 亂亦可以致
治, 故有元亨之理. 但非發大勇猛如涉大川, 決不足以救弊而起衰也,
故須先甲三日以自新, 後甲三日以丁寧, 方可挽回積弊, 而終保其善
圖耳.

'고蠱'라는 것은 그릇을 오랫동안 사용하지 않으면 벌레가 생기고,
사람이 오랫동안 쾌락에 빠져 있으면 질병이 생기고, 천하도 오래도록
평안하여 할 일이 없어지면 폐단이 생기는 것을 의미한다.[369] 세간의
도리로 요약하면, 임금과 신하가 즐겁게 따르기만 하니 위필違弼하고
우불吁咈[370]하는 풍조가 사라지므로 잘못된 폐단이 생겨나게 된 것이다.

事 則云庚 庚猶更也 有所更變也.)"

[369] 이상의 문장은 소동파의『동파역전東坡易傳』에서 표현되고 있는 문장과 비슷하
다. 아마도『동파역전』의 문장을 그대로 옮겨온 것이라 이해된다.

[370] 위필우불違弼吁咈: 임금과 신하가 정사를 논함에 있어 '위違'는 임금의 잘못된
정사에 대해 그렇지 않다고 어기어 반대하는 것, '필弼'은 임금의 바른 정사를
도와 보필하는 것, '우불吁咈'은 임금에게 틀린 것은 틀렸다 하며 기탄없이
의견을 개진하는 것을 의미한다.

불법으로 요약하면, 하늘과 사람이 서로 기뻐하며 온 세상이 교화를 따르다 보면, 반드시 삿된 이유로 출가하는 자들이 있게 마련이다. 이양(利養: 재물)을 얻으려는 욕심(貪圖)으로 승가(緇林)에 섞여 들어오는 것이다. 그러므로 폐단이 생겨난다. 마음을 통찰하여 궁극적인 깨달음의 경지를 수순하는 수행자를 예를 든다면, 궁극적인 열반의 경지를 얻고자 수행하는 보살(究竟隨者)이 병행病行[371]을 드러내 보이는 것을 '고蠱'라 한다. 마음을 관조하는 것으로 요약하면, 처음에 소승의 가르침을 수순하는 수행자가 이미 미혹을 끊지 못하거나, 수행하는 과정에서 법에 대한 애착을 일으키거나(順道法愛),[372] 참선하는 과정 중에 과거세부터 익혀온 번뇌의 습기(夙習)가 일어나는 것을 '고蠱'라 한다.

그러나 다스림은 이미 어지러움이 되는 실마리(階)가 되고, 어지러움은 또한 가히 다스려짐으로 이어지게 된다. 그러므로 '크게 형통(元亨)'한 이치가 있다고 하는 것이다. 다만 큰 용맹심을 내어 '큰 내를 건너는 것(涉大川)'과 같이 하지 않는다면 결코 폐단을 구제하여(救弊) 쇠락해짐을 일으켜 세우지 못할 것이다.[373] 그러므로 모름지기 갑에서

---

371 병행病行: 궁극적인 열반의 성취를 목적으로 수행하는 보살승이 괴로워하는 인간과 같이 고통이나 병을 보여 주며 중생을 제도하는 실천수행을 말한다. 성행聖行, 범행梵行, 천행天行, 영아행嬰兒行과 더불어 보살이 자기의 해탈과 남의 교화를 위하여 닦는 다섯 가지의 수행(五行) 가운데 하나이다.

372 순도법애順道法愛: 선정을 닦아 나가는 과정 중에 어떠한 미완의 깨달음의 경계가 나타나면, 그러한 경계가 궁극적인 완성된 깨달음의 경계인줄 잘못 알고 집착하여 매달리는 것을 말한다.

373 지욱의 이러한 표현은 '고蠱'의 의미를 지욱이 살던 명말 당시의 불교종단의

먼저 삼일(先甲三日) 동안 스스로를 새롭게(新) 해야 하고, '갑에서 뒤로 삼일(後甲三日)을 진실하고 분명하게 해야만(丁寧) 바야흐로 쌓인 폐단을 만회할 수 있어 마침내 그 선한 의도를 유지해 나갈 수 있다.

象曰 蠱는 剛上而柔下하고 巽而止ㅣ 蠱ㅣ라. 蠱ㅣ 元亨하야 而
단왈 고   강상이유하   손이지   고   고 원형   이

天下ㅣ 治也ㅣ오 利涉大川은 往有事也ㅣ오 先甲三日後甲三日
천하   치야   이섭대천   왕유사야   선갑삼일후갑삼일

은 終則有始ㅣ 天行也ㅣ라.
종즉유시   천행야

「단전」에 이르길 '고蠱'는 강剛이 올라가고 유柔가 내려와서 겸손하여 그치는 것이다. '고蠱'가 크게 형통해서 천하가 다스려짐이다. '큰 내를 건너는 것이 이롭다(利涉大川)'는 것은 가서 일을 두는 것이며, '갑에서 먼저 삼일을 하며 갑에서 뒤에 삼일을 한다(先甲三日後甲三日)'는 것은

타락한 폐단을 은유하여 설명하고 있는 것이라 볼 수 있다. 중국에 불교가 처음 전해진 이후로 많은 발전과 성장이 있어왔지만, 명말에 이르러 승단이 타락하고 불교가 쇠퇴해지는 폐단에 생기게 된 것이 '고蠱'의 의미에 잘 부합되기 때문이다. 앞 문장에서 이미 지욱은 "하늘과 사람이 서로 기뻐하며 온 세상이 교화를 따르다 보면, 반드시 삿된 이유로 출가하는 자들이 있게 마련이다. 이양利養을 얻으려는 욕심(貪圖)으로 승가(緇林)에 섞여 들어오는 것이다. 그러므로 폐단이 생겨난다"라고 언급한 바 있으니, 명말의 불교가 드러내고 있는 폐단을 표현하고 있는 것이다. 지욱은 이러한 명말의 불교 현실을 혁파하기 위해서는 큰 내를 건너는 것과 같이 큰 용맹심을 일으켜 불교의 폐단을 척결하고(救弊) 쇠퇴해가는 불교를 다시 일으켜 부흥시켜야(起衰) 한다고 역설하고 있는 것이다.

마치면 곧 비롯함이 있음이 하늘의 행함이라는 것이다.

艮剛在上, 止於上而無下濟之光. 巽柔在下, 安於下而無上行之德. 上
下互相偸安, 惟以目前無事爲快, 曾不知遠憂之漸釀也. 惟知此積弊
之漸, 則能設拯救之方, 而天下可治. 然豈當袖手無爲, 而聽其治哉.
必須往有事如涉大川, 又必體天行之有終有始, 然後可耳. 世法佛法,
垂化觀心, 無不皆然.

강한 간(艮, ☶)괘는 위에 자리하고 있으면서 위(상구보리를 위한 수행)
에만 머물고 있어 아래(중생세계)로 내려가 중생을 제도하려는 자비광
명이 없다. 유순한 손(巽, ☴)괘는 아래에 있으면서 아래(중생의 삶)에
만 안주하여 위로 행하려는(상구보리의 수행을 닦고자 하는) 덕이 없다.
위아래가 서로 서로 일시적인 안일만을 탐하며(偸安), 오로지 눈앞에
아무런 일이 없는 것만을 즐거움으로 삼고 있다. 일찍이 멀리서 근심거
리가 점차 무르익어 다가오는 것을 알지 못하는 것이다. 오직 이렇듯
축적된 폐단이 점진적으로 형성되었다는 것을 안다면, 능히 구제할
방안을 마련하여(設) 천하를 가히 다스려야만 한다. 그러니 어찌 마땅
히 팔짱만 끼고서 아무 하는 일 없이 세상이 다스려진다는 소식을
들으려고 하겠는가! 반드시 가서 일(蠱의 폐단을 개혁하는 일)을 실천하
기를 큰 내를 건너는 것(涉大川)과 같은 자세로 해야만 한다. 또 한편으
로 이러한 일은 반드시 하늘의 운행(天行)은 끝이 있으므로 시작도
있다는 이치를 체득한 이후에야 실천 가능할 뿐이다. 세상의 이치,
불법, 교화를 통한 중생의 교화, 마음을 닦는 것 등에 있어서 모두

그렇지 않음이 없다.

象曰 山下有風이 **蠱**ㅣ니 **君子**ㅣ **以**하야 **振民**하며 **育德**하나니라.
상왈 산하유풍　고　　군자　이　　　진민　　육덕

「상전」에 이르길 산(山, ☶)아래 바람(風, ☴)이 있는 것이 '고蠱'이니,
군자가 이로써 백성을 진작시키며 덕을 기른다.

振民如風, 育德如山. 非育德, 不足以振民. 非振民, 不足以育德. 上求
下化, 悲智雙運之謂也.

백성을 고무 진작시키는 것은 바람과 같고 덕을 기르는 것은 산과
같다. 덕을 길러 주지 않으면 백성을 고무 진작시키기에 부족하고,
백성을 고무 진작시키지 못하면 덕을 기르기에 부족하다. 위로 보리(깨
달음, 열반)를 구하고, 아래로 중생을 교화함은 자비와 지혜가 짝을
이루어 운행함을 말한다.

初六은 **幹父之蠱**ㅣ니 **有子**ㅣ면 **考**ㅣ **无咎**하리니 **属**하여야 **終吉**이
초육　간부지고　　유자　　고　무구　　　려　　　종길
리라.

초육은 아비의 고(蠱: 事)를 주장(幹)함이니, 자식이 있으면 죽은 아비가
허물이 없을 것이니, 위태롭게 여겨야 마침내 길하다.

象曰 幹父之蠱는 **意承考也**ㅣ라.
상왈 간부지고　　의승고야

「상전」에 이르길 '아비의 고蠱를 주장함(幹父之蠱)'은 뜻이 죽은 아비를 잇는 것이다.

蠱非一日之故, 必歷世而後見, 故諸爻皆以父子言之. 初六居蠱之始, 壞猶未深, 如有賢子, 則考可免咎也. 然必惕厲, 乃得終吉. 而幹蠱之道, 但可以意承考, 不可承考之事.

'고蠱'의 폐단은 하루아침에 연유한 것이 아니다. 반드시 세대를 거친 후에야 드러난 것이다. 그러므로 모든 효에서 다 부모와 자식을 예로 들어 언급하고 있다. 초육은 고괘의 맨 처음에 거처하여 붕괴됨이 오히려 깊지 않다. 만약 어진 자식이 있다면 죽은 아버지는 허물을 면할 수 있다. 그러나 반드시 두려워하고 위태롭게 여겨야 마침내 길하게 된다. 아버지의 고(蠱: 일, 事)를 바로잡는 방법은 다만 죽은 아버지를 뜻을 계승해야 하고, 죽은 아버지의 일(蠱)을 계승해서는 안 된다.

九二는 **幹母之蠱** l 니 **不可貞**이니라.
구 이　　간 모 지 고　　　불 가 정

구이는 어미의 고蠱를 주장함이니, 가히 곧게 하지만은 못한다.

象曰 幹母之蠱는 **得中道也** l 라.
상 왈　간 모 지 고　　　득 중 도 야

「상전」에 이르길 '어미의 고蠱를 주장함(幹母之蠱)'은 중도를 얻음이라.

蘇眉山曰, 陰性安無事而惡有爲, 故母之蠱幹之尤難. 正之則傷愛, 不
正則傷義, 非九二不能任也. 二以陽居陰, 有剛之實, 而無剛之跡, 可
以免矣.

소미산이 말하길 "음의 성품은 무사함에 안주하여 행위 하는 것을
싫어한다. 그러므로 어머니의 일(蠱)을 바로잡기가 더욱 어렵다. 바로
잡으려고 하면 사랑을 해치고, 바로잡지 못하면 의로움을 손상시키기
때문이다. 구이가 아니면 능히 감당할 수 없다. 이효는 양으로 음
자리에 머물러 강한 실다움은 있지만 강한 행동을 사용하지 않기 때문에
영향을 받지 않을 수 있다"라고 하였다.[374]

九三은 **幹父之蠱**ㅣ니 **小有悔**나 **无大咎**ㅣ리라.
구 삼　　간 부 지 고　　소 유 회　　무 대 구

구삼은 아비의 고蠱를 주장함이니, 조금 후회가 있으나 크게 허물은
없다.

---

374 『동파역전』의 원래 문장은 "음의 성품은 무사함에 안주하여 행위 하는 것을
싫어한다. 그러므로 고蠱가 깊어져 이것을 바로잡기가 더욱 어려우니, 어머니에
게 기탁한 것이다. 이것을 바로잡으려 하면 사랑을 해치고 바로잡지 못하면
의로움을 손상시키기 때문에 지극히 어려운 것이다. 구이가 아니면 그 누가
이것을 능히 감당할 수 있겠는가? 그러므로 이효에게 맡기는 것이다. 이효는
양이면서 음의 자리에 머물러 강한 실다움은 있지만 지나친 행동을 사용하지
않기 때문에 영향을 받지 않을 수 있다(陰之爲性 安無事而惡有爲 是以爲蠱之深,
而幹之尤難者 寄之母也. 正之則傷愛 不正則傷義 以是爲至難也 非九二其孰能任之,
故責之二也. 二以陽居陰 有剛之實 而無用剛之跡 可以免矣.)"라는 내용이다. 지욱
은 필요한 문장 일부만을 각색하여 옮겨온 것이다.

象曰 幹父之蠱는 終无咎也 | 니라.
상왈 간부지고 　종무구야

「상전」에 이르길 '아비의 고蠱를 주장함(幹父之蠱)'은 마침내 허물이 없는 것이다.

蘇眉山曰, 九三之德與二無異, 特不知所以用之. 二用之以陰, 而三用 之以陽, 故小有悔而無大咎.

소미산이 말하길 "구삼의 덕은 구이와 더불어 다름이 없다. 특별히 그것을 사용할 방법을 알지 못할 뿐이다. 구이는 음으로써 작용하고, 구삼은 양으로써 작용하기 때문에 약간의 후회가 있을 수 있지만(小有 悔) 큰 허물은 없다(無大咎)"라고 하였다.

六四는 裕父之蠱 | 니 往하면 見吝하리라.
육사 　유부지고 　왕 　견린

육사는 아비의 고蠱를 여유롭게 함이니, 가면 인색함을 보게 될 것이다.

象曰 裕父之蠱는 往앤 未得也 | 라.
상왈 유부지고 　왕 미득야

「상전」에 이르길 '아비의 고蠱를 여유롭게 함(裕父之蠱)'은 가면 얻지 못함이다.

陰柔無德, 故能益父之蠱. 裕, 益也.

음효로서 유약하고 덕이 없다. 그러므로 아버지의 잘못을 더 보탤 수 있다. '유裕'[375]는 더한다는 뜻이다.

六五는 幹父之蠱 ㅣ니 用譽리라.
육 오 간 부 지 고   용 예

육오는 아버지의 일(蠱)을 주장하니, 명예로울 것이다.

象曰 幹父用譽는 承以德也ㅣ라.
상 왈 간 부 용 예   승 이 덕 야

「상전」에 이르길 '아버지의 일을 주장해서 명예로운 것(幹父用譽)'은
덕으로써 계승하기 때문이다.

柔中得位, 善於幹蠱, 此以中興之德而承先緒者也.

음의 유순함이 가운데 자리를 얻어서 훌륭하게 고蠱를 주관한다. 이는
중흥시키는 덕으로써 선조의 유업(先緒)을 계승하는 것이다.

---

375 유裕: 정자의 『이천역전』에서는 "육사가 음으로서 음 자리에 거처하니 유순한
    재질이고, 거처함이 바름을 얻었기 때문에 너그럽게 아버지의 일을 처리함이
    된다(四以陰居陰 柔順之才也 所處得正 故爲寬裕以處其父事者也.)"고 해석하여
    '유裕'를 '너그럽다'의 의미로 해석하고 있고, 주자의 『주역본의』에서도 "음으로
    서 음 자리에 거처해서 할 수 있는 능력이 없으니, 너그럽게 일을 다스리는
    상이다(以陰居陰 不能有爲 裕以治蠱之象也.)"라고 하여 역시 '裕'를 '너그럽다'의
    의미로 해석하고 있다. 이에 비해 소동파의 『동파역전』에서는 "육사가 거처하는
    곳은 이효와 다름이 없으나 그가 덕이 없기 때문에 아버지의 병을 더할 뿐이다.
    '유裕'는 더한다는 말이다(六四之所居 與二無以異也 而無其德 斯益其疾而已. 裕,
    益也.)"라고 달리 해석하고 있다. 지욱 또한 이러한 소동파의 해석을 따르고
    있는 것 같다.

上九는 不事王侯하고 高尙其事ㅣ로다.
상구   불사왕후   고상기사

상구는 왕과 제후를 섬기지 않고, 그 일을 높이 숭상한다.

象曰 不事王侯는 志可則也ㅣ라.
상왈 불사왕후   지가칙야

「상전」에 이르길 '왕과 제후를 섬기지 않는다(不事王侯)'는 것은 뜻이
가히 본받을 만한 것이다.

下五爻皆在事內, 如同室有鬪, 故以父子明之. 上爻獨在事外, 如鄕鄰
有鬪, 故以王侯言之. 尙志卽是士之實事, 可則卽是廉頑起懦高節, 卽
所以挽回斯世之蠱者也. 統論六爻, 約世道, 則初如賢士, 二如文臣,
三如賢將, 四如便嬖近臣, 五如賢王, 六如夷齊之類. 約佛化, 則下三
爻如外護, 上三爻如內護. 初六柔居下位, 竭檀施之力以承順三寶者
也. 九二剛中, 以慈心法門屛翰正法者也. 九三過剛, 兼威折之用, 護
持佛敎者也. 六四柔正, 但能自守, 不能訓導於人. 六五柔中, 善能化
導一切. 上九行頭陀遠離行, 似無意於化人. 然佛法全賴此人以作榜
樣, 故志可則也. 約觀心, 則初六本是定勝, 爲父之蠱, 但居陽位, 則仍
有慧子, 而無咎. 然必精厲一番, 方使慧與定等而終吉. 九二本是慧
勝, 爲母之蠱. 但居陰位, 則仍有定. 然所以取定者, 爲欲助慧而已,
豈可終守此定哉. 九三過剛不中, 慧反成蠱, 故小有悔. 然出世救弊之
要, 終藉慧力, 故無大咎. 六四過於柔弱, 不能發慧. 以此而往, 未免隨
味禪生上慢, 所以可羞. 六五柔而得中, 定有其慧, 必能見道. 上九慧

有其定, 頓入無功用道, 故爲不事王侯而高尙其事之象, 所謂佛祖位中留不住者, 故志可則.

아래의 다섯 효 모두는 사건(事) 속에 있으니, 마치 같은 집안에서 싸우고 있는 것과 같다. 그러므로 부모와 자식으로써 설명하고 있다. 상효는 홀로 사건 밖에 있으니 마을의 이웃집에서 싸우고 있는 것과 같다. 그러므로 왕과 제후로써 말하였다. 뜻을 숭상함은 곧 선비의 진실한 처사이다. '본받을 만하다(可則)'는 것은 곧 이것이 완고한 사람을 청렴하게 하고(廉頑) 나약한 사람을 일으키게 하는(起懦)[376] 높은 절조이기 때문이다. 이 세상의 고蠱를 만회할 수 있는 연유라 할 수 있다.

　여섯 효를 종합하여 논한다. 세간의 도리로 요약하면, 초육은 어진 선비와 같고, 구이는 문신과 같으며, 구삼은 현명한 장군과 같다. 육사는 총애 받는 근신近臣과 같고, 육오는 어진 임금과 같으며, 상구는 백이숙제와 같다.

---

376 『맹자』「진심장구하盡心章句下」편에서 "맹자께서 말씀하시기를, 성인은 백세의 스승이니 백이와 유하혜가 이것이다. 그러므로 백이의 풍도(소문)를 들은 자는 완부(頑夫: 욕심 많은 지아비)가 청렴해지며 나부(懦夫: 나약한 지아비)가 뜻을 세움이 있고, 유하혜의 풍도를 들은 자는 박부(薄夫: 야박한 지아비)가 후해지며 비부(鄙夫: 비루한 지아비)가 너그러워지니, 백 년 전에 분발하면 백 년 후에 듣는 자가 흥기하지 아니할 리 없으니, 성인이 아니고서 능히 이와 같겠느냐? 하물며 가까이에서 훈도(薰陶: 가르침)한 자에 있어서랴!(孟子曰, 聖人, 百世之師也, 伯夷, 柳下惠是也. 故聞伯夷之風者, 頑夫廉, 懦夫有立志, 聞柳下惠之風者, 薄夫敦, 鄙夫寬. 奮乎百世之上. 百世之下, 聞者莫不興起也. 非聖人而能若是乎, 而況於親炙之者乎.)"라는 내용으로 언급되고 있다.

불법의 교화로써 요약하면, 아래의 세 효는 밖에서 불법을 보호하는 자와 같고, 위의 세 효는 안에서 호법하는 자와 같다. 초육은 음효로서 아랫자리에 거처하여 있는 힘을 다해 보시(布施: 檀施)를 실천하여 삼보(三寶: 佛·法·僧)를 계승하여 수순하는 자이다. 구이는 강중剛中하여 자비의 법문으로써 정법을 외호하고 지켜 나가는(屛翰)[377] 자이다. 구삼은 지나치게 강하여 위엄과 절복시키는 힘을 병행하여 불교를 보호하고 지켜 나가는 자이다. 육사는 유정柔正하여 자신만을 지킬 뿐, 다른 사람을 교화하여 인도할 수는 없다. 육오는 유순하고 가운데 자리하여 일체 중생을 훌륭하게 교화하여 인도할 수 있다. 상구는 두타원리행頭陀遠離行을 행하니[378] 남을 교화하는 데에는 뜻이 없는

---

377 병한屛翰: '병屛'은 병풍을, '한翰'은 기둥을 뜻한다. 따라서 '병한'은 병풍과 기둥이 된다는 말로, 불법을 외호하고 지켜 나간다는 의미이다.

378 두타행(頭陀行, Dhuta): '두타頭陀'는 닦고 털고 버린다는 뜻이다. 의식주에 대한 탐착을 버려서 심신을 닦는 것을 뜻한다. 두타수행에는 12항의 생활규범이 있는데, 이것을 12두타행이라고 한다. ①인가를 멀리한 조용한 곳에 머무는 것, ②항상 걸식하는 것, ③빈부를 가리지 않고 차례로 걸식하는 것, ④하루에 한 끼만을 공양하는 것, ⑤절도를 지켜 과식하지 않는 것, ⑥오후에는 먹지 않는 것, ⑦헌 누더기 옷만을 입는 것, ⑧세 벌의 옷만을 가지는 것, ⑨묘지에 머물러 수행하는 것, ⑩나무 밑에 머물러 수행하는 것, ⑪자리를 깔지 않고 빈 땅에 앉는 것, ⑫항상 앉아 수행하고 눕지 않는 것 등이다. 이러한 두타행은 부처님 당시의 인도 수행승들의 생활규범이었지만, 후세에 와서 두타는 산과 들을 다니며 고생을 견디며 행각 수행하는 뜻으로 쓰이게 되었다. 우리나라에서도 고행하며 행각 수행하는 뜻으로 쓰이고 있다. 부처님의 10대 제자 가운데 가섭 존자는 가장 모범적으로 두타수행을 한 자로 꼽힌다. 지욱이 표현하고 있는 '두타원리행頭陀遠離行'은 사람이 많이 사는 번잡한 곳을 벗어나 깊은 산에서 두타행을 실천하는 것을 의미한다.

사람이라 할 수 있다. 그러나 불법은 온전히 이런 사람의 노력에 힘입어 근본(榜樣)을 유지할 수 있다. 그러므로 '뜻이 가히 본받을 만하다(志可 則)'고 한다.

마음을 통찰하는 것으로 요약하면, 초육은 본시 선정이 지나친(勝) 것이니, 아버지(慧, 지혜)의 '고蠱'라 할 수 있다. 다만 양 자리에 거처하여 여전히 지혜로운 자식(慧子: 智慧種子)이 있어 허물이 없다. 그렇지만 반드시 정미롭게 닦고 위태롭게 여기면서 한결같이 닦아야 바야흐로 지혜와 선정이 균등해져서 마침내 길할 수 있다. 구이는 본시 지혜가 지나친 것이니, 어머니의 '고蠱'라 할 수 있다. 다만 음 자리에 거처하니 여전히 선정이 작용하고 있다. 그러나 선정을 닦는 이유는 지혜의 개발을 돕고자 하는 이유 때문이다. 어찌 끝까지 이러한 선정만을 닦고자 하는 것이겠는가? 구삼은 지나치게 강하면서 가운데 하지도 못하니 지혜가 도리어 '고蠱'가 되는 상황이다. 그러므로 약간의 후회가 있을 수밖에 없다. 그러나 세상을 벗어나고 폐단을 구제하려는 목적(出世救弊之要: 곧 상구보리하고 하화중생하려는 목적)을 이루려면 마침내 지혜의 힘에 의지할 수밖에 없다. 그러므로 '큰 허물은 없다(無大咎)'고 한다. 육사는 유약함(선정)이 지나쳐서 지혜를 능히 발현해 내지 못한다. 이런 상태로 계속 닦아 나아가다 보면 선정의 맛에만 탐착하여 아상(上慢: 스스로 완성된 깨달음을 얻었다고 착각함)을 드러내게 될 수밖에 없다. 수치스러움이 되는 까닭이다. 구오는 유순하면서 가운데 자리하고 있다. 선정에서 지혜가 드러나고 있다고 할 수 있으니, 반드시 능히 성불(見道)하게 될 것이다. 상구는 지혜 속에서 선정이 작용하고 있는 것이라 할 수 있다. 문득 힘쓸 것 없는 도(無功用道)[379]에 들어간다.

그러므로 '왕이나 제후를 섬기지 않고 그 일을 높이 숭상한다(高尙其事)'
는 형상이 된다. 이른바 부처나 조사의 지위에도 머물러 상주하지
않는 것이다. 그러므로 '뜻이 가히 본받을 만하다(志可則)'고 하는 것
이다.

---

379 무공용도無功用道: 『화엄경』 등에서는 보살의 수행의 계위를 십신十信·십주十住·
십행十行·십회향十廻向·십지十地·정등각正等覺·묘각妙覺 등 52계위로 분류하
여 교설하고 있다. 이 가운데 '십지'는 41위부터 50위까지의 수행계위를 말하는
것으로, 곧 ① 환희지(歡喜地: 십대원을 세움) ② 이구지(離垢地: 십선도를 행함)
③ 발광지(發光地: 무상·고·무아 등을 관찰함) ④ 염혜지(焰慧地: 37칠조도품을
닦음) ⑤ 난승지(難勝地: 사성제를 닦음) ⑥ 현전지(現前地: 십이연기를 관함)
⑦ 원행지(遠行地: 10바라밀을 닦음) ⑧ 부동지(不動地: 무생법인을 얻음) ⑨ 선
혜지(善慧地: 四無礙智를 얻음) ⑩ 법운지(法雲地: 大法雨를 베풂) 등을 가리킨다.
이 중에서 초지부터 7지까지는 수행의 노력(功用)이 필요하므로 '공용지功用地'
라 하고, 8지 이상은 의도적인 수행의 노력이 없어도 저절로 수행이 향상되어
궁극적인 불지에 이르게 된다 하여 '무공용지無功用地'라 한다. 지욱이 표현하고
있는 '무공용도無功用道' 역시 이러한 수행의 경지를 말한다.

(19) ䷒ 지택림地澤臨

臨은 元亨코 利貞하니 至于八月하얀 有凶하리라.
림　원형　리정　　지우팔월　　유흉

'임臨'은 크게 형통하고 바름이 이로우니, 8월에 이르러서는 흉함이
있을 것이다.

約世道, 則幹蠱之後, 可以臨民. 約佛法, 則弊端既革, 化道復行. 約觀
心, 則去其禪病, 進斷諸惑, 故元亨也. 世法, 佛法, 觀心之法, 始終須
利於貞. 若乘勢而不知返, 直至八月, 則盛極必衰, 決有凶矣. 八月爲
遯, 與臨相反, 謂不宜任其至於相反, 而不早爲防閑也.

세간의 도리로 요약하면, '고蠱'를 바로잡은 이후에야 백성을 다스릴
수 있다. 불법으로 요약하면, 폐단이 이미 혁신되어 교화의 도가 다시
행해지는 것이라 할 수 있다. 마음을 관조하는 것으로 요약하면, 참선의
병폐를 제거하고 나아가 모든 미혹을 끊어버린 것이다. 그러므로 '크게
형통하다(元亨)'고 한다. 세간의 법이나, 불법이나, 마음을 관조하는
법이나, 처음부터 끝까지 모름지기 바르게 해야만 이롭다. 만약 세력에
만 편승해서 돌이킬 줄 모르다가 곧바로 8월(8개월째)에 이르러 융성함
이 지극해지면 반드시 쇠퇴해진다. 반드시 흉함이 있게 되는 것이다.
8월은 천산돈(天山遯, ䷠)괘가 되니[380] 지택림(地澤臨, ䷒)괘와 더불어

서로 반대가 된다.[381] 마땅히 서로 반대가 되는 상황에까지 이르게 되는 것을 방임해서 방비하지 않음을 말하고 있는 것이다.

괘명	태泰	대장大壯	쾌夬	건乾	구姤	돈遯	비否	관觀	박剝	곤坤	복復	임臨
월	1	2	3	4	5	6	7	8	9	10	11	12
괘	☷☰	☳☰	☱☰	☰☰	☰☴	☰☶	☰☷	☴☷	☶☷	☷☷	☷☳	☷☱
地支	인寅	묘卯	진辰	사巳	오午	미未	신申	유酉	술戌	해亥	자子	축丑

12월괘의 음양소장陰陽消長 관계

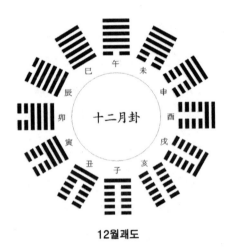

12월괘도

---

380 임괘 괘사에서 언급되고 있는 '8월八月'은 크게 두 가지 설이 있다. 하나는 한 양이 처음 생기기 시작하는(一陽始生) 11월인 복復월로터 시작하여 여덟 번째 월인 돈遯월을 가리키는 설, 다른 하나는 정월인 태泰월로부터 시작하여 여덟 번째 월인 관觀월을 가리키는 설 등이다. 이 중에서 지욱은 첫 번째 설을 따르고 있는 듯하다.

381 임괘는 지뢰복괘에서 시작된 하나의 양이 두 양으로 점점 커가는 상황이고, 천산돈괘는 천풍구괘에서 시작된 하나의 음이 두 음으로 점점 커가는 상황이다.

彖曰 臨은 剛浸而長하며 說而順하고 剛中而應하야 大亨以正하
_{단왈 림} _{강침이장} _{열이순} _{강중이응} _{대형이정}

니 天之道也ㅣ라. 至于八月有凶은 消不久也ㅣ라.
_{천지도야} _{지우팔월유흉} _{소불구야}

「단전」에 이르길 '임臨'은 강剛이 점점 자라나는 것이다. 기뻐하고 순하
며, 강이 가운데 하고 응해서 크게 형통하고 바르니, 하늘의 도이다.
'8월에 이르러서는 흉함이 있다(至于八月有凶)'는 것은 사라져서 오래하
지 못하는 것이다.

剛浸而長, 故名爲臨. 說而順, 剛中而應, 故爲大亨以正. 與乾之元亨
利貞同道, 此乃性德之本然也. 若一任其至於八月, 而不早爲防閑, 則
必有凶. 以有長有消, 乃自然之勢, 惟以修合性者, 乃能禦天道, 而不
被天道所消長耳.

강(剛, 陽)이 점차적으로 자라나므로 '임臨'이라 한다. 기뻐하고(兌澤,
☱) 순하며(坤地, ☷), 강건하고 가운데 하여(구이) 육오와 서로 상응
하니 '크게 형통하고 바르다(大亨以正)'고 한다. 중천건괘의 '원元·형
亨·이利·정貞'과 더불어 같은 도라 할 수 있다. 이것은 바로 본성의
덕이 본래 그러하기 때문이다. 만약 8월에 이르도록 내버려 두고 방비하
지 않으면 반드시 흉할 수밖에 없다. 성장함이 있으면 소멸함도 있는
것은 바로 자연의 형세가 그러하기 때문이다. 오직 수행함으로써 불성
과 계합하는 자(열반의 깨달음을 성취하는 자)만이 이에 하늘의 도를
다스릴 수 있어 하늘의 도인 소멸시키고 성장시키는 영향에서 벗어날

수 있을 뿐이다.[382]

象曰 澤上有地ㅣ 臨이니 君子ㅣ 以하야 敎思ㅣ 无窮하며 容保民
이 无疆하나니라.

「상전」에 이르길 못(澤, ☱) 위에 땅(地, ☷)이 있는 것이 '임臨'이니,
군자가 이를 본받아 가르치는 생각이 다함이 없으며, 백성을 포용해서
보호함이 다함이 없다.

澤, 謂四大海也. 地以載物, 海以載地, 此無窮之容保也. 佛法釋者,
敎思無窮, 猶如澤, 故爲三界大師. 容保無疆猶如地, 故爲四生慈父.

못은 4개의 큰 바다를 말한다.[383] 땅은 만물을 싣고 있고 바다는 땅을
싣고 있다. 이러한 것을 다함이 없이 포용하여 보호한다고 하는 뜻이다.

---

382 곧 수행을 통해 완전한 열반의 깨달음을 성취함으로써 자연의 이치인 생로병사를
반복하는 윤회에서 벗어나게 된다는 의미이다.

383 사대해四大海: 인도의 우주관을 일부 수용한 불교는 우주의 중심에 수미산이란
우주의 산을 설정하고 있다. 이 산의 높이는 상상초월이다. 해발로 따져서
8만 유순由旬, 수면 아래로 역시 8만 유순이니 모두 16만 유순의 높이이다. 대개
1 유순이 10킬로미터이니까 수미산의 높이는 80만 킬로미터에 달한다. 그리고
이러한 수미산을 중심으로 네 주洲가 자리 잡고 있다고 한다. 동쪽에는 동승신주
東勝身洲, 서쪽에는 서우화주西牛貨洲, 남쪽에는 남섬부주南贍部洲, 북쪽에는
북구로주北俱盧洲가 있다는 것이다. 이 중에서 우리가 살고 있는 세계가 바로
남섬부주라고 한다. 또한 수미산 주위는 네 개의 큰 바다(四大海)가 둘러싸고
있다고 한다. '사대해'는 바로 이를 가리키고 있다.

불법으로 해석하면, 중생을 교화시키겠다는 생각이 무궁함이 마치
못과 같음을 가리킨다. 그러므로 삼계의 큰 스승이 된다고 한다. 끝없이
포용하여 보호하고자 하는 것이 마치 땅과 같다. 그러므로 사생四生[384]의
자비로운 부모가 된다고 한다.

初九는 **咸臨**이니 **貞**하야 **吉**하니라.
　　초 구　　함 림　　정　　길

초구는 느껴서 임하니,[385] 바르게 해서 길하다.

象曰 咸臨貞吉은 **志行正也**ㅣ라.
　상 왈 함 림 정 길　　지 행 정 야

「상전」에 이르길 '느껴서 임하니 길하다(咸臨貞吉)'는 것은 뜻이 바름을
행하기 때문이다.

約世道, 則幹蠱貴剛勇, 臨民貴仁柔. 約佛法, 則除弊宜威折, 化導宜
慈攝. 約觀心, 則去惡宜用慧力, 入理宜用定力. 初九剛浸而長, 故爲

---

384 육도六道의 유정들이 출생하는 모습을 네 가지로 분류한 것을 '사생四生'이라
　　한다. 곧 어미의 배를 빌려서 태로 출생하는 사람이나 소와 같은 태생胎生,
　　껍질로 된 알을 깨고 출생하는 닭이나 오리와 같은 난생卵生, 어둡고 물기
　　있는 습한 곳에서 화합化合되어 출생하는 모기나 파리와 같은 습생濕生, 부모의
　　인연 없이 홀연히 자연 변화되어 천상과 지옥 등에 태어나는 화생化生 등이다.
385 함림咸臨: 정자의 『이천역전』에서는 '함咸'에 대해 "함咸은 느끼는 것이다. 양이
　　자라는 때에 음에게 감동하는 것이다. 육사가 초구에 응하여 느끼는 것이니,
　　다른 괘에 비해 서로 응함이 더욱 중요한 것이다(咸 感也. 陽長之時 感動於陰.
　　四應於初 感之者也. 比他卦相應尤重.)"라고 해석하고 있다.

咸臨. 恐其任剛過進, 故誡以貞則吉.

세간의 도로 요약하면, 병폐(蠱)를 바로잡는 데에는 강건한 용기를 귀하게 여기지만, 백성을 다스리는 경우에 있어서는 어짊과 부드러움을 귀하게 여겨야만 한다.

불법으로 요약하면, 폐단을 제거하려면 마땅히 위엄으로 절복시켜야만 하고, 교화하여 제도하는 데 있어서는 마땅히 자비로써 포용해 이끌어 들여야(攝受) 한다. 마음을 관조하는 것으로 요약하면, 악을 제거하려면 마땅히 지혜의 힘을 사용해야 하고, 이치를 깨닫기 위해서는 선정의 힘을 사용해야만 한다.

초구는 강(剛, 陽)이 점차적으로 자라나는 것이다. 그러므로 '느껴서 임함(咸臨)'이 된다. 그 강함만을 자임하여 지나치게 나아가고자 하는 것을 염려하는 까닭에 바르게 하면 길하다고 훈계하였다.

九二는 **咸臨**이니 **吉**하야 **无不利**하리라.
_{구 이　함 림　길　　무 불 리}

구이는 느껴서 임함이니, 길해서 이롭지 않음이 없다.

象曰 咸臨吉无不利는 **未順命也**] 라.
_{상 왈　함 림 길 무 불 리　미 순 명 야}

「상전」에 이르길 '느껴서 임함이니, 길해서 이롭지 않음이 없다(咸臨吉无不利)'는 것은 명에 순종하지만은 않는 것이다.

二亦居陽剛浸長之勢, 然此時尙宜靜守, 不宜乘勢取進, 故必吉乃無不

利, 若非吉便有不利矣. 蓋乘勢取進, 則未順於大亨以正之天命故也.

구이 또한 양강陽剛함이 점차적으로 자라나는 형세에 위치하고 있다. 그렇지만 이러한 시기에는 오히려 마땅히 조용히 지키고 있어야 한다. 세력에 편승해서 나아가고자 하는 것은 옳지 않다. 그러므로 반드시 길하여 이롭지 않음이 없다고 하였다. 만약 길하지 않다면 곧바로 이롭지 않음이 있게 된다. 대개 세력에 편승해서 전진해 간다면 이는 '바르게 해야 크게 형통하다(大亨以正)'는 천명에 순응하지 않았기 때문이다.

六三은 甘臨이라 无攸利하니 旣憂之라 无咎ㅣ리라.
육삼 감림 무유리 기우지 무구

육삼은 달게 임한다. 이로울 바가 없으니, 이미 근심하는지라 허물이 없을 것이다.

象曰 甘臨은 位不當也ㅣ오 旣憂之하니 咎不長也ㅣ리라.
상왈 감림 위부당야 기우지 구부장야

「상전」에 이르길 '달게 임한다(甘臨)'는 것은 자리가 마땅하지 않은 것이고, '이미 근심한다(旣憂之)'는 것은 허물이 오래가지 않는 것이다.

柔而志剛, 味著取進, 以臨爲甘, 而不知其無所利也. 然旣有柔德, 又有慧性, 必能反觀憂改, 則無咎矣.

유약하지만 뜻이 강건하여[386] 권세의 단맛에 탐착해 나아가고자 한다.

임臨하는 것으로써 즐거움(甘)을 삼고 있으니, 이로운 바가 없음을
알지 못한다. 그러나 이미 부드러운 덕(柔德: 陰爻)이 있고 또 지혜의
성품(慧性: 陽位)을 소유하고 있으니, 반드시 돌이켜 살펴보고 근심되
는 것을 고칠 수 있기 때문에 '허물이 없다(無咎)'고 한다.

六四는 **至臨**이니 **无咎**하니라.
육 사　　지 림　　　무 구

육사는 지극하게 임하니, 허물이 없다.

象曰 至臨无咎는 **位當也**ㄹ새라.
상 왈 지 림 무 구　　위 당 야

「상전」에 이르길 '지극하게 임하니, 허물이 없다(至臨无咎)'는 것은 자리
가 마땅하기 때문이다.

佛法釋者, 以正定而應初九之正慧, 故爲至臨.

불법으로 해석하면, 바른 선정으로써 초구의 바른 지혜에 응하는 것이
라 할 수 있다. 그러므로 '지극하게 임함(至臨)'이 된다.

六五는 **知臨**이니 **大君之宜**니 **吉**하니라.
육 오　　지 림　　　대 군 지 의　　길

육오는 지혜롭게 임하니, 대군의 마땅함이니 길하다.

---

386 유이지강柔而志剛: 육삼이 양의 자리에 음으로 있어 유약한 듯하지만, 강한
　　양위에 자리하여 굳센 뜻을 내포하고 있음을 표현하고 있다.

象曰 大君之宜는 行中之謂也ㅣ라.
상 왈 대 군 지 의　　행 중 지 위 야

「상전」에 이르길 '대군의 마땅함(大君之宜)'이란 중도를 행하는 것을 말한다.

佛法釋者, 有慧之定, 而應九二有定之慧, 此所謂王三昧也. 中道統一切法, 名爲大君之宜.

불법으로 해석하면, 지혜를 바탕으로 한 선정(有慧之定)이 구이의 선정을 바탕으로 한 지혜(有定之慧)와 상응하는 것이다. 이것이 이른바 삼매 가운데 왕(王三昧)이다. 중도는 일체의 법을 통솔하므로 '대군의 마땅함(大君之宜)'이라고 한다.

上六은 敦臨이니 吉하야 无咎하니라.
상 육　　돈 림　　길　　무 구

상육은 돈독하게 임하니, 길해서 허물이 없다.

象曰 敦臨之吉은 志在內也ㅣ라.
상 왈 돈 림 지 길　　지 재 내 야

「상전」에 이르길 '돈독하게 임하니, 길하다'고 하는 것은 뜻이 안에 있기 때문이다.

柔順得正, 居臨之終. 如聖靈在天, 默祐子孫臣民者矣. 佛法釋者, 妙定旣深, 自發眞慧, 了知心外無法, 不於心外別求一法, 故爲志在內而

志無咎.

유순하며 바름을 얻어서 임臨괘의 마지막에 거처하고 있다. 하늘에 있는 성령(聖靈: 하느님)이 묵묵히 자손과 신하와 백성을 돕는 것과 같다.

불법으로 해석하면, 오묘한 선정이 이미 깊어져서 저절로 참된 지혜가 발현되는 것이다. 마음 밖에 법이 없음을 깨달아 마음 밖에서 특별히 한 법이라도 구하려고 하지 않는다. 그러므로 뜻이 안에 있게 되어 뜻에 허물이 없는 것이다.

(20) ䷓ 풍지관風地觀

觀은 盥而不薦이면 有孚하야 顒若하리라.
관   관 이 불 천   유 부   옹 약

'관觀'은 세수하고 천신(薦神: 제사를 올림)하지 않으면, 믿음을 두어서
우러러볼 것이다.

約世道, 則以德臨民, 爲民之所瞻仰. 約佛法, 則正化利物, 擧世之所
歸憑. 約觀心, 則進修斷惑, 必假妙觀也. 但使吾之精神意志, 常如盥
而不薦之時, 則世法佛法, 自利利他, 皆有孚而顯然, 可尊仰矣.

세상의 이치로 본다면, 덕으로써 백성들에게 임하니 백성들이 우러러
공경하는 것이다. 불법으로 요약하면, 바르게 교화하여 만물을 이롭게
하니 온 세상 사람들이 돌아와서 의지하는 것이다. 마음을 관조하는
것으로 요약하면, 미혹을 끊어버리고자 수행을 실천해 나가다 보면
반드시 오묘한 깨달음(妙觀)에 이르게 되는 것이다.[387] 다만 나의 정신과

---

[387] '필격묘관必假妙觀'이라는 표현에 있어 '격假'은 거짓 가假나 빌 가假가 아니라
'이른다'의 뜻인 '지至'의 의미로 해석한다. 풍화가인괘 구오괘사의 "왕이 국가에
이르니(王假有家), 근심하지 않아도 길할 것이다(勿恤吉)"라는 표현에 있어서의
'격假'의 의미와 같다. 주자의 『주역본의』에서도 "격假은 이른다(至)는 뜻이다.
예를 들어 '태묘에 이른다'에서의 격假의 뜻과 같다(假至也. 如假於太廟之假)"라
고 설명하고 있다.

의지를 항상 세수하고 제사 올리지 않았을 때와 같이 한다면[388] 세상 법이나 불법에 있어서나 자신도 이롭고 남도 이롭게 함에 모두 다 믿음이 있게 되어 우러러 높이 존경받게 될 것이다.

象曰 大觀으로 在上하야 順而巽하고 中正으로 以觀天下 l 니 觀
단왈 대관   재상   순이손   중정   이관천하   관

盥而不薦有孚顒若은 下 l 觀而化也 l 라. 觀天之神道而四時
관이불천유부옹약   하   관이화야   관천지신도이사시

l 不忒하니 聖人이 以神道設教而天下 l 服矣니라.
불특   성인   이신도설교이천하   복의

「단전」에 이르길 크게 봄으로 위에 있어서 순해서 겸손하고 중정으로 천하를 보는 것이니, '관觀은 세수하고 천신하지 않으면, 믿음을 두어서 우러러본다(觀盥而不薦有孚顒若)'는 것은 아래가 보아서 화化하는 것이다. 하늘의 신비한 도를 봄에 사계절이 어긋나지 않으니, 성인이 신비한 도로써 가르침을 베풂에 천하가 복종한다.

陽剛在上, 示天下以中正之德. 順而不逆, 巽而不忤, 故如祭之盥手未 薦物時, 孚誠積於中, 而形於外, 不言而人自喩之也. 聖而不可知之之 謂神, 天何言哉, 四時行焉, 不可測知, 故名神道. 聖人設爲綱常禮樂

---

388 관이불천盥而不薦: '관盥'은 몸을 씻는다는 의미로, 하늘에 제사를 올리기 전에 목욕재계를 통한 몸과 마음의 정화를 말한다. '불천不薦'은 그렇게 씻어낸 몸과 마음이 움직이지 않는다는 의미로, 제사를 올리기 직전의 부동의 자세를 말한다. 몸과 마음을 깨끗이 정화하여 어떤 외풍에도 움직이지 않는 것, 이것이 '관이불천 盥而不薦'의 의미이다. 지욱이 표현하고 있는 '盥而不薦之時'는 몸과 마음을 정화하여 제사지내기 직전의 몸과 마음의 긴장과 엄숙한 때를 나타내고 있다.

之教, 民皆由之, 而莫知其所以然, 獨非神道乎哉. 神者, 誠也. 誠者,
孚也. 孚者, 人之心也. 人心本順本巽本中本正, 以心印心, 所以不假
薦物而自服矣. 佛法釋, 大觀者, 絶待妙觀也, 在上者, 高超九界也.
順者, 不與性相違也. 巽者, 偏於九界一切諸法也. 中者, 不墮生死涅
槃二邊也. 正者, 雙照二諦, 無減缺也. 以觀天下者, 十界所朝宗也.
世法則臣民爲下, 佛法則九界爲下, 觀心則一切助道法門等爲下. 天
之神道卽是性德, 性德具有常樂我淨四德而不忒. 以神道設敎, 卽爲
稱性圓敎, 故十界同歸服也.

양(陽, 구오)의 강건함이 위에 있어 천하에 중정한 덕으로써 드러내
보인다. 온순하여 거스르지 않고 겸손하여 거역하지 않는다. 그러므로
제사에서 손을 씻고 제물을 올리지 않았을 때에 믿음과 정성이 마음속에
쌓여 밖으로 드러난다. 말하지 않아도 사람들이 저절로 깨닫는 것과
같다. 성스러워 가히 알 수 없는 그 무엇을 '신神'이라 한다. 하늘이
무슨 말을 하겠는가(天何言哉)! 사계절이 행해질 뿐이니(四時行焉),[389]
헤아려서 알 수 없는 까닭에 '신도神道'라고 한다.

성인이 삼강(三綱: 君爲臣綱・父爲子綱・夫爲婦綱)과 오상(五常: 君臣
有義・父子有親・夫婦有別・長幼有序・朋友有信)과 예와 음악의 가르침을
만들어 베푸시니, 백성들이 모두 배우고 따르면서도 그것이 시설施設된
이유를 알지 못한다. 어찌 신도神道라 하지 않을 수가 있겠는가!

---

389 천하언재天何言哉 사시행언四時行焉: 『논어』「양화陽貨」편 제17장 19절에 "공자
께서 말씀하시길, 하늘이 무슨 말을 하더냐? 사계절이 바뀌고 만물이 계절에
따라 자라지만 하늘이 무슨 말을 하더냐?(子曰, 天何言哉, 四時行焉 百物生焉.)"라
는 내용의 일부를 옮겨온 것으로 보인다.

신은 정성이고, 정성은 믿음이며, 믿음은 사람의 마음이다. 사람의
마음은 본래 순하고, 겸손하며, 본래 중정하다. 마음으로 마음을 인가
하는 것(以心印心)이니, 제물을 제사지내는 것에 의지하지 않아도 저절
로 감복하게 된다.

불법으로 해석하면, '크게 본다는 것(大觀)'은 상대가 끊어진 오묘한
깨달음(妙觀)이다.[390] '위에 있다(在上)'는 것은 중생세계(九界)에서 높
이 초탈함을 가리킨다. '순하다(順)'는 것은 불성과 더불어 서로 어긋나
지 않음을 말한다. '겸손하다(巽)'는 것은 구계의 일체 모든 법에 두루한
다는 뜻이다. '가운데 한다(中)'는 것은 생사와 열반의 두 가지 차별적
경계에 떨어지지 않는다는 의미이다. '바르다(正)'는 것은 두 가지
진리의 세계(二諦: 眞諦와 俗諦)를 함께 통찰하여 빠뜨림(減缺)이 없는
것이다. '천하를 본다(以觀天下)'는 것은 십계가 모두 불법으로 모여드
는 것(朝宗)이다.[391]

---

390 묘관妙觀: '묘妙'는 불가사의한 지혜의 힘이 자재함을, '관觀'은 모든 법을 바르게
   두루 통찰함을 가리킨다. 곧 탐·진·치 삼독심으로부터 완전히 벗어나 몸과
   마음과 밖의 모든 경계와 중생의 근기를 밝게 통찰할 수 있는 부처님의 지혜를
   말한다.
391 지욱은 '대관大觀'의 뜻을 불교 수행의 궁극적인 깨달음의 경지인 '묘관妙觀'의
   의미로 해석하고 있다. 따라서 지욱은 이러한 깨달음의 경지를 성취함으로써
   구계에서 초탈하여 고결하게 존재하게 되고(在上), 마음이 불성과 계합하여
   진리에 어긋나지 않게 되며(順), 그러면서도 구계에 겸손하게 나투어 중생들과
   함께할 수 있고(巽), 열반과 생사의 세계 중에서 어느 한 세계에만 집착하지
   않고 중도를 지켜 자재할 수 있으며(中), 깨달음의 세계와 미혹의 세계를 함께
   통찰할 수 있게 된다(正)고 말하고 있다. 그렇게 됨으로써 결과적으로 십계의
   모든 세계가 그러한 대승불교의 깨달음의 경지와 그러한 깨달음을 성취한

세상의 이치로 보면 신하와 백성이 아래가 되고, 불법으로 보면 모든 중생세계가 아래가 된다. 마음을 관찰하는 것으로 보면 일체의 모든 보조적인 수행관법(助道)[392]의 법문 등이 아래가 된다. '하늘의 신비한 도(神道)'는 곧 불성의 덕을 가리킨다. 불성의 덕은 상常·락樂·아我·정淨의 네 가지 덕[393]을 모두 갖추고 있어서 어긋나지 않는 것(不忒)이다. 신비한 도로써 가르침을 펴는 것이야말로 곧 불성에 계합하는 원교圓敎의 가르침이라 할 수 있다. 그러므로 십계가 모두 귀의하여 감복하는 것이다.

인천의 스승이신 부처님에게 하나로 모여들고 우러러 예배하게 된다(朝宗: 以觀天下)는 것이다. 관괘 단사 '대관'의 뜻을 불교의 궁극적인 깨달음인 '묘관'에 비유하여 불교적인 관점에서 재해석하고 있는 것이다 .

392 조도助道: 오정심관五停心觀과 육바라밀행 등을 가리킨다. 오정심관은 인도 초기불교의 수행관법으로서, 물질과 육체에 대한 탐욕·음욕과 애욕이 많은 사람들(多貪衆生)이 주로 닦는 모든 존재의 부정한 측면을 관찰하는 부정관不淨觀, 마음에 성내는 진심이 많은 사람들(多嗔衆生)이 주로 닦는 모든 존재에 대해 무량한 자비심을 일으키는 자비관慈悲觀, 존재의 인연과 인과의 이치를 모르는 어리석은 사람(多癡衆生)이 모든 존재의 인과관계와 인연을 관하여 존재의 실상을 바르게 관찰하는 인연관因緣觀, 몸과 마음에 대한 애착과 집착이 강한 사람들(著我衆生)이 주로 닦는 색·수·상·행·식의 5온으로 이루어진 몸과 마음에 고정된 실체가 없음을 통찰하는 분별관分別觀, 마음이 산란하여 어지러운 사람들(散亂衆生)이 주로 닦는 자신의 호흡을 관찰하여 마음이 안정과 평안을 이루려는 수식관數息觀 등을 가리킨다.

393 보통 '열반사덕涅槃四德'이라고 한다. 열반을 성취함으로써 본래 불성에 갖춰진 영원하고, 즐겁고, 참된 자아가 있고, 청정한 덕이 드러남을 가리킨다.

象曰 風行地上이 **觀**이니 **先王**이 **以**하야 **省方觀民**하야 **設教**하나라.
상왈 풍행지상 관 선왕 이 성방관민 설교

「상전」에 이르길 바람(風, ☴)이 땅(地, ☷) 위에 행함이 '관觀'이니 선왕이 이를 본받아 방소를 살피고 백성을 관찰하여 가르침을 베푼다.

佛法釋者, 古佛省四土之方, 觀十界之民, 設八教之網以羅之, 如風行地上, 無不周徧也.

불법으로 해석하면, 과거세에 출현한 여러 부처님(古佛)이 네 국토(四土)[394]의 지방을 살피시는 것이다. 십계의 백성을 관찰하여 팔교八教[395]의 가르침(網)을 베풂으로써 그들을 제도하심이(羅之) 마치 바람이 땅 위를 행하며 두루하지 않음이 없는 것과 같다.

初六은 **童觀**이니 **小人**은 **无咎**ㅣ오 **君子**는 **吝**이리라.
초육 동관 소인 무구 군자 인

초육은 어린아이의 봄(童觀)이니, 소인은 허물이 없고 군자는 인색하다.

---

394 사토四土: 천태종에서는 네 종류의 국토를 교설하고 있다. 바로 ①적광토寂光土, ②실보토實報土, ③방편토方便土, ④동거토同居土이다. 자세한 내용은 비否괘 단사에 대한 주를 참조.

395 팔교八教: 천태지의는 부처님의 가르침을 그 시기와 형식, 그리고 내용에 따라 '오시팔교'로 분류하였다. 이것이 이른바 천태종의 부처님의 교설을 해석하는 교상판석의 내용이다. 이 중에서 '팔교'는 부처님의 교설을 그 교화방식과 내용에 따라 분류한 것으로, 곧 돈교頓教·점교漸教·비밀교秘密教·부정교不定教를 내용으로 하는 화의사교化儀四教와 장교藏教·통교通教·별교別教·원교圓教를 내용으로 하는 화법사교化法四教를 말한다.

象曰 初六童觀은 小人道也 | 라.
상 왈 초 육 동 관   소 인 도 야

「상전」에 이르길 '초육의 동관(初六童觀)'은 소인의 도이다.

陰柔居下, 不能遠觀, 故如童幼之無知也. 小人如童幼, 則不爲惡, 君
子如童幼, 則無以治國平天下矣.

음효로서 유순하고 아래에 거처하여 능히 멀리 볼 수 없다. 그러므로
어린아이처럼 지각(배움)이 없는 것과 같다. 소인이 어린아이 같은
관점을 갖는 것은 나쁘다고 할 수 없지만, 군자가 어린아이 같은 소견을
갖는다면 나라를 다스림으로써 천하를 태평하게 할 수 없다.

六二는 闚觀이니 利女貞하니라.
육 이   규 관   이 여 정

육이는 엿보는 것(闚觀)이니, 여자의 바름이 이롭다.

象曰 闚觀女貞이 亦可醜也 | 니라.
상 왈 규 관 여 정   역 가 추 야

「상전」에 이르길 '엿보는 것이니, 여자의 바름이 이롭다(闚觀女貞)'는
것은 또한 추한 것이다.

柔順中正以應九五, 女之正位乎內, 從內而觀者也. 士則醜矣.

유순하고 중정하여 구오와 상응한다. 여자가 집안에서 바르게 자리하
면서 안에서 밖을 보는 것이라 할 수 있다. 선비라면 추한 짓이다.

六三은 **觀我生**하야 **進退**로다.
육삼 관아생 진퇴

육삼은 나의 삶(자신의 삶, 처지)을 관찰하여 나아가며 물러나는 것이다.

象曰 **觀我生進退**하니 **未失道也**ㅣ라.
상왈 관아생진퇴 미실도야

「상전」에 이르길 '나의 삶을 관찰하여 나아가며 물러난다(觀我生進退)'
는 것은 도를 잃지 않는 것이다.

進以行道, 退以修道, 能觀我生, 則進退咸不失道.

공직에 진출해서는 도를 행하고 물러나서는 도를 닦는다. 나의 삶을
능히 관찰한다면 나아가고 물러남에 모두 도를 잃지 않을 것이다.

六四는 **觀國之光**이니 **利用賓于王**하니라.
육사 관국지광 이용빈우왕

육사는 나라의 빛을 봄이니, 왕에게 손님으로서 대접받는 것이 이롭다.

象曰 **觀國之光**은 **尙賓也**ㅣ라.
상왈 관국지광 상빈야

「상전」에 이르길 '나라의 빛을 본다(觀國之光)'는 것은 손님을 숭상하는
것이다.

柔而得正, 密邇聖君, 無忝賓師之任矣.

유순하면서 바름을 얻어서 성스러운 임금을 밀접하게 보좌하고 있다.
빈사(賓師: 제후에게 정치적인 조언을 해주며 손님으로써 대접 받는 고위관
료)의 임무를 더럽힘이 없어야 한다.

九五는 **觀我生**이니 **君子** ㅣ면 **无咎** ㅣ리라.
구 오　　관 아 생　　군 자　　　무 구

구오는 나의 삶을 관찰하는 것이니, 군자면 허물이 없다.

象曰 觀我生은 **觀民也** ㅣ라.
상 왈　관 아 생　　관 민 야

「상전」에 이르길 '나의 삶을 관찰한다(觀我生)'는 것은 백성을 보는
것이다.

修己以敬, 萬方有罪, 罪在朕躬, 此君子之道也.

스스로를 공손한 마음으로써 수양한다. 만방(나라)에 죄가 있다면
그 죄는 임금 자신에게 있다고 여긴다.[396] 이렇게 처신하는 것이 군자의

---

396 『논어』「요왈堯曰」편에서 다음과 같이 말한다. "요임금이 말씀하셨다. '아아,
　그대 순이여! 하늘의 역수가 그대 몸에 와 있으니, 진실로 중정함을 꼭 지켜야만
　한다. 온 세상이 곤궁해지면 하늘의 봉록도 영원히 끊어질 것이다.' 순임금도
　우임금에게 임금 자리를 물려주며 같은 훈계를 하였다. 탕왕이 말씀하셨다.
　'저 소자 이履가 감히 검은 황소를 제물로 올리며, 감히 위대하신 하느님께
　밝게 아뢰는 바입니다. 죄 있는 자는 함부로 용서하지 않고, 하느님의 신하는
　훌륭함을 덮어 두지 않을 것이며, 하느님의 마음을 통한 살피심을 따를 뿐입니다.
　제 몸에 죄가 있다면 만방의 백성과는 상관이 없는 것이오나, 만방의 백성에게

도이다.

上九는 **觀其生**이니 **君子**ㅣ면 **无咎**ㅣ리라.
상 구　　 관 기 생　　　 군 자　　　 무 구

상구는 그 삶을 관찰할지니, 군자면 허물이 없을 것이다.

象曰 觀其生은 **志未平也**ㅣ라.
상 왈 관 기 생　　 지 미 평 야

「상전」에 이르길 '그 삶을 관찰한다(觀其生)'는 것은 뜻이 평안하지
못한 것이다.

處師保之位, 天下誰不觀之, 非君子能無咎乎. 旣爲天下人所觀, 則其
爲觀於天下之心, 亦自不能稍懈, 故志未平. 約佛法釋六爻者, 初是外
道, 爲童觀, 有邪慧故. 二是凡夫, 爲闚觀, 耽味禪故. 三是藏敎之機,
進爲事度, 退爲二乘. 四是通敎大乘初門, 可以接入別圓, 故利用賓於
王. 五是圓敎之機, 故觀我卽是觀民, 所謂心佛衆生三無差別. 上是別
敎之機, 以中道出二諦外, 眞如高居果頭, 不達平等法性, 故志未平.
又約觀心釋六爻者, 初是理卽, 如童無所知. 二是名字卽, 如女無實
慧. 三是觀行卽, 但觀自心. 四是相似卽, 鄰於眞位. 五是分證卽, 自利
利他. 六是究竟卽, 不取涅槃. 徧觀法界衆生, 示現病行, 及嬰兒行.

죄가 있다면 그 죄는 제 자신에게 책임이 있사옵니다.(堯曰, 咨, 爾舜! 天之曆數在爾
躬, 允執其中. 四海困窮, 天祿永終. 舜亦以命禹. 曰, 予小子履, 敢用玄牡, 敢昭告於皇
皇后帝. 有罪不敢赦, 帝臣不蔽 簡在帝心. 朕躬有罪, 無以萬方. 萬方有罪, 罪在朕躬.)"

스승의 역할을 담당하는(師保) 자리에 위치하고 있으니 천하에 누가
그를 우러러보지 않을 것이며, 군자가 아니라면 어찌 허물이 없을
수 있겠는가? 이미 천하 사람들이 바라보는 처지가 되었으니, 그러한
천하 사람들의 마음을 살펴서 또한 스스로 조금의 게으름도 피워서는
안 된다. 그러므로 '뜻이 평안하지 못하다(志未平)'고 한다.

불법으로 요약하여 육효를 해석하면, 초효는 외도外道로 '어린아이
의 관(童觀)'이 된다. 삿된 지혜를 소유하고 있기 때문이다. 육이는
범부로 '엿보는 관(闚觀)'이 된다. 선정의 맛에만 빠져 있기 때문이다.
육삼은 장교를 배우는(機) 수행자라 할 수 있다. 나아가면 사도事度[397]가
되고 물러나면 이승(二乘: 성문승·연각승)이 되기 때문이다. 육사는
통교의 대승에 들어가는 첫 번째 문(初門)이라 할 수 있다. 별교와
원교에 근접해 들어갈 수 있기 때문이다. 그러므로 '왕에게 손님으로
가더라도 이롭다(利用賓於王)'고 한다. 구오는 원교를 배우는 수행자라
할 수 있다. 그러므로 나를 보는 것(觀我)이 곧 백성을 본다(觀民)는
것이니, 이른바 '마음과 부처와 중생의 셋은 차별이 없다(心佛衆生三無
差別)'[398]는 뜻이다. 상구는 별교를 닦는 수행자라 할 수 있다. 중도를
닦음으로써 이제(二諦: 眞諦·俗諦)를 차별하는 경계에서는 벗어났지
만, 진여(眞如: 깨달음의 마음)가 궁극적인 깨달음의 경지(果頭: 佛果)보

---

[397] 사도事度: 악도의 괴로움을 벗어나기 위해 오계와 십선법十善法 등을 수지함을
말한다. 이것은 유위有爲의 사상事相이므로 '사事'라 하고, 이를 통해 삼악도를
도탈度脫하는 까닭에 '도度'라 부른다.

[398] 『육십화엄경六十華嚴經』 권10 「명법품明法品」(『대정장大正藏』 9, 465하)에서
언급되고 있다.

다 높이 머물고 있어 평등한 법의 성품은 통달하지 못한 것이라 할 수 있다. 그러므로 '뜻이 평안하지 못하다(志未平)'고 한다.

또한 마음을 관찰하는 것으로 여섯 효를 해석하여 요약하면, 초효는 이에 이즉理卽의 경계로, 마치 여자가 참된 지혜가 없는 것과 같다. 삼효는 관행즉觀行卽의 경계로, 다만 자신의 마음만을 통찰하는 것이다. 사효는 상사즉相似卽의 경계로, 참된 자리(眞位: 열반위, 구오)와 가까이 있다. 오효는 분증즉分證卽의 경계로, 자신도 이롭고 타인도 이롭게 한다. 상효는 구경즉究竟卽의 경계로, 열반에만 머물러 있지 않고 법계의 중생을 두루 관찰하여 병행病行과 영아행嬰兒行을 드러내는 것이다.

주역선해 제4권 [上經之四]

(21) ䷔ 화뢰서합火雷噬嗑

噬嗑은 **亨**하니 **利用獄**하니라.
서합 　 형 　 리용옥

'서합噬嗑'은 형통하니, 옥(獄: 형벌)을 씀이 이롭다.

約世道, 則大觀在上, 萬國朝宗, 有不順者, 噬而嗑之. 舜伐有苗, 禹戮
防風之類是也. 約佛法, 則僧輪光顯之時, 有犯戒者治之. 約觀心, 則
妙觀現前, 隨其所發煩惱業病魔禪慢見等境, 卽以妙觀治之, 皆所謂
亨而利用獄也.

세상의 이치로 요약하면, 크게 살펴서 천자의 자리에 올라 있으니,
온 세상이 그에게 모여드는 것(朝宗)이다. 따르지 않는 자가 있으면
단죄하여(噬) 그들이 따르도록 한다(嗑). 순임금이 묘족을 치고[399] 우임

금이 방풍防風의 무리를 죽인 것[400] 등이 이러한 예라 할 수 있다.

불법으로 요약한다면, 곧 승가의 청정한 가풍이 밝게 빛나서 구현되는 시기에 파계하는 자가 있으면 다스리는 것이다. 마음을 관조하는 것으로 요약하면, 신묘한 관찰이 눈앞에 드러나면 그에 따라 발생하는 번뇌업煩惱業, 병마病魔, 선만견禪慢見[401] 등의 경계를 신묘한 관찰로써

---

399 『순자』「의병義兵」편에 "인자의 군대는 주둔한 곳에서 신과 같이 공경을 받고, 그들이 지나는 곳은 교화되어 마치 적당한 때에 비가 내리는 것과 같아서 기뻐하지 않음이 없다. 이로써 요임금은 환두를 정벌하고, 순임금은 유묘를 정벌하고, 우임금은 공공을 정벌하고, 탕왕은 유하를 정벌하고, 문왕은 숭을 정벌하고, 무왕은 주를 정벌하였는데, 이러한 네 사람의 제후와 두 사람의 왕은 모두 인의로써 병사를 일으켜 천하에 행동한 것이다(仁者之兵 所存者神 所過者化 若時雨之降 莫不說喜. 是以堯伐驩兜 舜伐有苗 禹伐共工 湯伐有夏 文王伐崇 武王伐紂 此四帝兩王 皆以仁義之兵, 行於天下也.)"라는 내용이 언급되고 있다.

400 '방풍防風'은 고대 중국의 작은 부족의 추장 이름이다. 『한비자』「식사飾邪」편에 "우임금이 회계산상에서 제후들을 모아놓고 조회할 적에 방풍씨가 늦게 도착하자 우임금이 그를 참하였다(朝諸侯之君會稽之上 防風氏後至 而禹斬之.)"라는 내용이 언급되고 있다.

401 '번뇌업煩惱業'은 탐·진·치 삼독심과 같은 번뇌의 마음으로 선악의 업을 행하면 인과의 이치에 따라 그에 대한 결과의 업(業: 果報)이 나타남을 의미한다. 그러한 번뇌의 업은 행위 이후 바로 나타날 수도 있고, 생을 바꿔 다음 생에 나타날 수도 있으며, 그렇지 않으면 여러 생을 거쳐 나타날 수도 있다. 자신이 지은 번뇌의 업은 반드시 나타나게 마련인데, 특히 깨달음의 경계가 깊어갈수록 그동안 잠복해 있던 번뇌의 업이 한꺼번에 나타나 수행을 방해하는 경우가 많다. '병마病魔'는 수행 중에 얻게 되는 몸과 마음의 병을 가리킨다. 이러한 병은 수행을 방해하는 마군과 같다는 뜻에서 병마라고 부르며, 역시 수행의 경계가 깊어질수록 병마가 발생하는 경우가 많다. '선만견禪慢見'은 선정수행이 깊어짐에 따라 특정한 깨달음의 경계가 나타나면, 그러한 경계를 완전한 열반의 깨달음으로 착각하여 자신이 잘났음을 내세워 남을 깔보고 그릇된 견해를

다스리는 것이다. 모두가 「단전」에서 말하고 있는 '형통하니(亨), 옥을 씀이 이롭다(利用獄)'는 의미이다.

象曰 頤中有物일새 曰噬嗑이니 噬嗑하야 而亨하니라. 剛柔ㅣ 分
단 왈 이 중 유 물   왈 서 합   서 합   이 형   강 유 분

하고 動而明하고 雷電이 合而章하고 柔得中而上行하니 雖不當
     동 이 명   뇌 전 합 이 장   유 득 중 이 상 행   수 부 당

位나 利用獄也ㅣ니라.
위   이 용 옥 야

「단전」에 이르길 턱 속에 물건이 있기 때문에 '서합噬嗑'이라고 하니, 씹어서 합하여 형통하다. 강剛과 유柔가 나뉘고, 움직여서 밝고, 우레와 번개가 합하여 빛나고, 유柔가 중을 얻어 위로 행하니 비록 자리는 마땅하지 않으나 옥을 씀이 이롭다.

王道以正法養天下, 佛法以正教養僧伽, 觀心以妙慧養法身, 皆頤之象也. 頑民梗化而須治, 比丘破戒而須治, 止觀境發而須觀, 皆有物之象也. 剛柔分, 則定慧平等, 動而明, 則振作而智照不昏. 雷電合而章, 則說默互資. 雷如說法, 電如入定放光也. 二五皆柔, 故柔得中, 卽中道妙定也. 上行者, 震有奮發之象, 離有麗天之象, 雖不當位者. 六五以陰居陽, 如未入菩薩正位之象, 然觀行中定慧得所, 故於所發之境,

---

주장하는 것을 말한다. 선가禪家에서는 '도고마성道高魔盛'이라는 말을 쓴다. 수행의 경계가 깊어질수록 깨달음을 방해하는 마가 성해진다는 뜻이다. 지욱이 표현하고 있는 번뇌업, 병마, 선만견 등이 바로 도고마성의 경계가 나타남을 가리킨다.

善用不思議觀以治之也.

왕도는 바른 법으로써 천하를 양육하고, 불법은 바른 가르침으로써 승가(僧伽: 사부대중의 모든 불자)를 양육시키며, 마음을 닦는 것(觀心)에 있어서는 신묘한 지혜로써 법신을 양육시키는 것 등이 모두 턱(頤: 養)의 상이다. 완고한 백성이 교화를 방해하면(梗化) 반드시 다스려야 하고, 비구도 파계하면 반드시 다스려야만 하며, 지관止觀을 수행하다 경계가 나타나면 반드시 통찰하는 것 등이 모두 턱 속에 음식물이 있는 형상과 같다.

'강유가 나눠진다(剛柔分)'는 것은 곧 선정과 지혜가 균등한 것을 의미하며, '움직여서 밝다(動而明)'는 것은 곧 지혜를 일으켜서(振作) 지혜로 관조하므로 혼미하지 않음을 의미한다. '우레와 번개가 합하여 빛난다(雷電合而章)'는 것은 곧 설법과 침묵이 서로를 돕는 것으로, 우레(雷)는 설법하는 것과 같고 번개(電)는 선정에 들어 지혜가 방광하는 것과 같다.

이효, 오효는 모두 유(柔, 음효)하다. 그러므로 '유가 중을 얻었다(柔得中)'고 하는 것이니, 곧 중도의 신묘한 선정이다. '위로 행한다(上行)'는 것은 진(震, ☳)괘는 분발하는 형상이 있고, 이(離, ☲)괘는 하늘에서 빛나는 형상(麗天)이 있음을 의미한다. '비록 자리가 마땅하지 못하다(雖不當位)'는 것은 육오가 음효로서 양 자리에 위치하고 있는 것으로, 보살의 바른 자리에 들어가지 못한 형상과 같다. 그러나 관법수행을 닦아가는 가운데 선정과 지혜가 자리를 잡아 알맞게 닦아지게 된다(得所). 그러므로 일어나는 경계를 불사의관(不思議觀)을 잘 써서 다스릴

수 있는 것이다.[402]

象曰 雷電이 噬嗑이니 先王이 以하야 明罰勅法하니라.
상 왈 뇌 전 서 합 선 왕 이 명 벌 칙 법

「상전」에 이르길 우레(雷, ☳)와 번개(電, ☲)가 '서합噬嗑'이니, 선왕이
이를 본받아 벌을 밝히고 법령을 공포한다.

明罰卽所以勅法, 如破境卽所以顯德也.

형벌을 명확하게 하는 것은 곧 법을 공포하는 원리이다. 마치 번뇌마장
의 경계를 타파함으로써 곧 불성의 덕이 드러나는 것과 같다.

初九는 屨校하야 滅趾니 无咎하니라.
초 구 구 교 멸 지 무 구

초구는 형틀을 신겨서 발을 못 쓰게 만드니 허물이 없다.

---

402 지욱은 육오가 음효로 양위에 자리하여 위가 부당함을 불교적인 관점으로
보살이 아직 바른 정위(正位: 궁극적인 깨달음)에 이르지 못한 처지에 비유해서
설명하고 있다. 음은 선정(定, 止), 양은 지혜(觀, 慧)에 비유한다면 선정과
지혜가 아직 균등하게 제자리를 잡지 못한 상황인 것이다. 그러나 수행을 계속하
다 보면 선정과 지혜가 균등하게 제자리를 잡게 되어(得所) 제법의 실상을
바르게 통찰하는 불사의 관법으로 수행 중에 나타나는 모든 미혹한 번뇌 망상을
잘 다스리게 되어 마침내 정위를 얻어 궁극적인 깨달음을 성취할 수 있음을
말하고 있다. 한편으로 「단전」의 '옥을 씀이 이롭다(利用獄)'라는 뜻은 불사의관
을 써서 수행 중에 일어나는 번뇌 망상의 경계를 바르게 다스리는 것에 비유하고
있음을 알 수 있다.

象曰 屨校滅趾는 不行也ㅣ라.
상왈 구교멸지 불행야

「상전」에 이르길 '형틀을 신겨서 발을 못 쓰게 만든다(屨校滅趾)'는 것은 행하지 못하게 함이다.

夫噬嗑者, 不論世法佛法, 自噬噬他, 皆須制之於早, 不可醿至於深. 又須得剛克柔克之宜, 不可重輕失準. 今初九在卦之下, 其過未深, 以陽居陽, 又得其正, 故但如屨校滅趾, 卽能懲惡不行而无咎也. 滅趾, 謂校掩其趾.

무릇 '서합噬嗑'이라는 것은 세속의 법과 불법을 논할 것 없이 스스로를 제재(自噬)하거나 남을 제재(噬他)하는 것으로, 모두 잘못을 조기에 제재해서 잘못됨이 익숙해져(醿) 깊어지지 않도록 하는 것이다. 또한 모름지기 강함(강한 벌로)으로 극복하게 할지, 부드러움(약한 벌로)으로 극복하게 할지를 마땅히 따져서 무겁고 가벼운 다스림의 준칙을 잃어버려서는 안 된다.

　지금 초구는 괘의 맨 아래에 있어 그 허물이 깊지 않다. 양효로써 양 자리에 있고 또한 그 바름을 얻고 있다. 그러므로 다만 발에 형틀을 채워 발을 못 쓰게 하는 것(屨校滅趾)이니, 악행을 징계하여 다시 짓지 못하게 하므로 허물이 없게 되는 것이다. '발가락을 못 쓰게 한다(滅趾)'는 것은 형틀이 그 발가락을 가린 것을 말한다.

六二는 噬膚호대 滅鼻니 无咎하니라.
육이 서부 멸비 무구

육이는 살을 씹되 코를 멸하니, 허물이 없다.

象曰 噬膚滅鼻는 乘剛也ㅣ새라.
상 왈 서부멸비   승강야

「상전」에 이르길 '살을 씹되 코를 멸한다(噬膚滅鼻)'는 것은 강剛을
올라탔기 때문이다.

陰柔中正, 其過易改, 故如噬膚. 下乘初九之剛, 故如滅鼻, 滅鼻, 謂膚
掩其鼻.

음효로서 유약하지만 중정하여 그 허물을 쉽게 바로잡을 수 있다.
그러므로 '살을 씹는 것(噬膚)'과 같다. 아래 초구인 강剛을 올라타고
있으므로 '코를 멸하는 것(滅鼻)'과 같다. '코를 멸하는 것(滅鼻)'은
살이 그 코를 가린 것을 말한다.

六三은 噬腊肉하다가 遇毒이니 小吝이나 无咎ㅣ리라.
육삼   서석육   우독   소린   무구

육삼은 마른 고기를 씹다가 독을 만났으니, 조금 인색하나 허물은
없을 것이다.

象曰 遇毒은 位不當也ㅣ새라.
상 왈 우독   위부당야

「상전」에 이르길 '독을 만난다(遇毒)'는 것은 자리가 마땅하지 않기
때문이다.

在下之上, 過漸深矣. 以陰居陽, 又有邪慧, 如毒, 吝可知也. 然當噬嗑之時, 決不至於怙終, 故得無咎.

하괘의 맨 위에 있어 허물이 점차 심해진 처지이다. 음효로써 양 자리에 거처하고 또한 삿된 지혜를 가지고 있는 것이 마치 독을 품고 있는 것과 같다. 인색함을 알 수 있다. 그러나 '서합噬嗑'의 때를 맞이하여 결코 이전의 허물을 뉘우치지 않고 다시 죄를 범하는 데까지(怙終)는 이르지는 않는다. 그러므로 허물이 없는 것(無咎)이다.

九四는 噬乾胏하야 得金矢니 利艱貞하니 吉하리라.
구 사 서 간 치   득 금 시   이 간 정   길

구사는 마른 고기를 씹다가 금과 화살을 얻으니, 어렵고 바르게 함이 이로우니 길할 것이다.

象曰 利艱貞吉은 未光也ㅣ라.
상 왈 이 간 정 길   미 광 야

「상전」에 이르길 '어렵고 바르게 해야 이롭고 길하다(利艱貞吉)'는 것은 빛나지 못하는 것이다.

田獵射獸, 矢鋒入骨而未拔出. 今噬乾胏時, 方乃得之, 亦可畏矣. 此喩積過已久也, 然剛而不過, 必能自克, 故利於艱貞則吉.

사냥을 나가서 화살을 쏘아 짐승을 잡았으나, 화살촉이 뼈에 박혀 뽑아내지 못한다. 이제 마른 고기(乾胏)를 씹다가 바야흐로 뼈에 박힌

화살촉을 얻게 되었으니 또한 두려운 것이다. 이것은 허물이 축적된
시기가 이미 오래되었음을 비유한다. 그러나 강하지만 너무 지나치지
않아서 반드시 스스로 극복해 낼 수 있다. 그러므로 어렵게 하고 바르게
하면 이롭게 되어 길하다고 한다.

六五는 **噬乾肉**하야 **得黃金**이니 **貞厲**ㅣ면 **无咎**ㅣ리라.
육 오　　서 간 육　　득 황 금　　　정 려　　　무 구

육오는 마른 고기를 씹어서 황금을 얻으니, 바르게 하고 위태롭게
여기면 허물이 없을 것이다.

象曰 貞厲无咎는 **得當也**ㅣ릴새라.
상 왈　정 려 무 구　　득 당 야

「상전」에 이르길 '바르게 하고 위태롭게 여기면 허물이 없다(貞厲无咎)'
는 것은 마땅함을 얻었기 때문이다.

柔雖如肉, 而過成已久, 如肉已乾矣. 賴有中德可貴, 如得黃金. 守此
中德之貞, 兢兢惕厲, 庶可復於無過耳.

부드럽기가 비록 육포와 같지만, 허물이 이루어진 지가 이미 오래되어
마치 고기가 이미 마른 것과 같다. 치우치지 않은 덕(中德)이 있어
다행히 존귀함을 유지할 수 있는 것이 마치 '황금을 얻음(得黃金)'과
같다. 이러한 중덕의 올바름을 지켜가며 조심하고 주의하면서 두렵게
여기면 대체적으로 허물이 없는 상황을 회복할 수 있다.

上九는 何校하야 滅耳니 凶토다.
상구　하교　멸이　흉

상구는 형틀을 메어서(何: 荷) 귀를 멸하니 흉하다.

象曰 何校滅耳는 聰不明也ㄹ새라.
상왈 하교멸이　총불명야

「상전」에 이르길 '형틀을 메어서 귀를 멸한다(何校滅耳)'는 것은 총명함
이 밝지 못하기 때문이다.

過惡旣盈, 不可復救, 如荷厚枷, 掩滅其耳. 蓋由聰聽不明, 不知悔過
遷善, 以至此也. 觀心釋者, 初九境界一發, 卽以正慧治之, 如滅趾而
令其不行. 六二境發未深, 卽以正定治之, 所噬雖不堅硬, 未免打失巴
鼻. 六三境發漸甚, 定慧又不純正, 未免爲境擾亂, 但不至於墮落. 九
四境發夾雜善惡, 定慧亦不純正, 縱得小小法利, 未證深法. 六五純發
善境, 所得法利亦大, 然猶未入正位, 仍須貞厲乃得無咎. 上九境發極
深, 似有定慧, 實則不中不正, 反取邪事而作聖解, 永墮無聞之禍也.

죄와 허물(過惡)이 이미 가득 차서 다시 구제할 수 없다. 마치 무거운
형틀을 메어서 그 귀를 가려서 없는 것처럼 보이는 것과 같다. 대개
귀담아 듣는 것(聰聽)이 밝지 못했기 때문에 허물을 뉘우쳐서 선으로
발전해 감을 알지 못해 이러한 지경에까지 이르게 된 것이다.

　마음을 통찰하는 것으로 해석하면, 초구는 삿된 경계가 한 번 나타나
면 바로 바른 지혜로써 다스려야 한다. 마치 발가락을 없애서 그로
하여금 행하지 못하게 하는 것과 같다. 육이는 삿된 경계가 나타나더라

도 깊지 않으므로 곧 바른 선정으로써 다스리는 것이다. 씹는 것(샷된 경계)이 비록 견고하지는 않지만 본질(巴鼻)⁴⁰³을 잃을 수도 있다. 육삼 은 샷된 경계가 나타남이 점점 심해져서 선정과 지혜가 또한 순수하고 바르지 못해 경계가 요란스러운 것이다. 하지만 타락하는 데까지는 이르지 않는다. 구사는 선악의 경계가 뒤섞여 나타나고 선정과 지혜 또한 순정하지 못해 소소한 깨달음의 이득(法利)은 얻지만 깊은 깨달음 은 증득하지 못한다. 육오는 순수하게 선한 경계가 드러나니, 얻는 깨달음 또한 크다. 그렇지만 오히려 바른 자리(正位: 궁극적인 깨달음의 경지)에는 들어가지 못했기 때문에 반드시 바르게 하고 조심해야만 허물이 없다. 상구는 지극히 깊은 경계가 나타나므로 선정과 지혜가 있는 것 같지만, 사실은 중도도 아니고 바르지도 않아서 도리어 샷된 일(邪事: 샷된 경계)에 매달리어 성스러운 이해(聖解: 궁극적인 열반의 깨달음)라 집착한다. 영원히 바른 가르침을 듣지 못하는 불행한 경지에 떨어지고 만다.

---

403 '파비巴鼻'는 본래 코끝을 뜻하지만, 선가에서는 곧 본질, 근원, 본말 등을 표현할 때 사용된다. 사람의 몸이 이루어질 때, 호흡하는 코가 제일 먼저 만들어진다는 말에서 그 의미를 차용해서 사용하는 것이다. 그러나 지욱이 여기서 표현하고 있는 '파비'는 내용상으로 보아 '지혜'를 비유한 것이라 이해된다. 지욱이 일반적 으로 음효를 선정(定)에, 양효를 지혜(觀)에 비유하여 역을 선해하고 있다는 점에서, 음효인 육이(定)가 양 자리(觀)에 위치하여 깊지 않은 샷된 경계를 선정의 힘으로만 다스리고자 하다 보면 잘못하여 본질적인 지혜를 상실할 수 있기 때문이다.

(22) ䷕ 산화비山火賁

賁는 亨하니 小利有攸往하니라.

비　　형　　　소 리 유 유 왕

'비賁'는 형통하니, 가는 바를 둠이 조금 이롭다.

約世道, 則所噬旣嗑之後, 偃武修文. 約佛法, 則治罰惡僧之後, 增設
規約. 約觀心, 則境發觀成之後, 定慧莊嚴, 凡此皆亨道也. 然世法佛
法, 當此之時, 皆不必大有作爲, 但須小加整飭而已.

세상의 이치로 요약하면, 곧 폐단을 다스려(噬) 이미 문제를 해결한(嗑)
이후에는 무력을 버리고 문명을 닦는 것이다. 불법으로 요약하면,
죄업을 범한 승려는 벌로 다스린 이후에 규약을 증설하는 것이다.
마음을 관조하는 것으로 요약하면, 드러난 경계를 통찰할 수 있게
된 이후에는 선정과 지혜로 장엄해야(賁, 꾸며야) 하니, 무릇 모두
형통한 도이다. 그러나 세상의 법이든 불법이든 이러한 때를 맞이해서
는 모두 크게 인위적인 행위를 할 필요는 없다. 단지 조금의 정연한
마무리만이 필요할 뿐이다.

象曰 賁亨은 柔ㅣ來而文剛故로 亨하고 分剛하야 上而文柔故로

단 왈 비 형　　유 래 이 문 강 고　　형　　　분 강　　　상 이 문 유 고

小利有攸往하니 天文也ㅣ오 文明以止하니 人文也ㅣ니 觀乎天

소 리 유 유 왕　　천 문 야　　　문 명 이 지　　　인 문 야　　　관 호 천

文하야 **以察時變**하며 **觀乎人文**하야 **以化成天下**하나니라.
　문　　　이 찰 시 변　　　관 호 인 문　　　이 화 성 천 하

「단전」에 이르길 '비가 형통하다(賁亨)'는 것은 유柔가 와서 강剛을
빛나게(文) 하는 까닭으로 형통하고, 강을 나누어 유를 빛나게 하는
까닭에 가는 바를 둠이 조금 이로우니 천문이요, 문명해서 그치니
인문이니, 천문을 관찰하여 때의 변화를 살피며, 인문을 관찰하여
천하를 교화하여 이룬다.

賁則必亨, 以其下卦本乾, 而六二以柔來文之, 則是質有其文, 亦是慧
有其定, 故亨也. 上卦本坤, 而上九分剛以文之, 則是文有其質, 亦是
定有其慧, 故小利有攸往也. 文質互資, 定慧相濟, 性德固然, 非屬强
設, 名爲天文. 體其有定之慧, 寂而常照, 爲文明. 體其有慧之定, 照而
常寂, 爲止. 是謂以修合性, 名爲人文. 性德則具造十界, 故觀之可察
時變. 修德則十界全歸一心, 故觀之可化成天下.

'비賁'괘가 반드시 형통한 것은 그 하괘(☰)가 본래 건(乾, ☰)괘이기
때문이다. 육이가 유순하게 와서 문채를 이루었다고 하지만, 이는
본바탕(質: 乾, ☰)에 그러한 문채가 본래 내재해 있었던 것이라고
할 수 있다. 또한 이것은 지혜에 그러한 선정이 내재해 있는 것이라고도
할 수 있다. 그러므로 '형통하다(亨)'고 하는 것이다.

　상괘(☷)는 본래 곤(坤, ☷)괘이다. 상구의 강건함이 나누어져서
문채를 이루었다고 하지만, 이는 문채가 그 본바탕(質: 坤, ☷)에
내재해 있었던 것이라고 할 수 있다. 또한 이것은 선정에 그러한 지혜가
내재해 있는 것이라고도 할 수 있다. 그러므로 '가는 바를 둠이 조금

이롭다(小利有攸往)'고 한다.[404]

문채와 본질(文質)이 서로 간에 바탕이 되고, 선정과 지혜가 서로를 돕는 것은 본성과 덕이 본래 그러하기 때문이다. 강제적으로 만들어서 그렇게 되는 것이 아니므로 '천문天文'이라고 부른다. 그렇듯 선정에 내재해 있는 지혜를 체득하여 고요하면서도 항상 비춰보는 것(寂而常 照)이 '문명文明'이고, 그렇듯 지혜에 내재해 있는 선정을 체득하여 비춰보면서도 항상 고요한 것(照而常寂)이 '그침(止)'이다. 이러한 경지 를 일러 닦음으로써 본성에 합한다고 하는 것이며, '인문人文'이라고

---

404 '비賁'괘는 삼음삼양三陰三陽괘로 그 체는 지천태(地天泰, ䷊)괘에 있다. '비'괘는 바로 이러한 지천태괘의 구이와 상육이 서로 자리를 바꿔서 이루어진 괘이다. 곧 상육의 음유陰柔가 내괘의 가운데로 와서 초효와 삼효의 강剛을 잘 꾸며주기에 형통한 것이고, 내괘의 구이의 강이 위의 상효 자리로 올라가 음유陰柔를 꾸며주 기에 외괘가 간산(艮山, ☶)이 되니 가는 바를 두면 조금 이롭다고 하는 것이다. 지욱은 이러한 비괘를 설명하면서 아름답게 꾸민다는 의미의 '문文'의 뜻을 새로운 관점에서 재해석하고 있음을 알 수 있다. 꾸밈(文)이 외부의 어떠한 작용에 의해 이루어지기보다는 이미 본바탕에 그러한 꾸밈의 요소가 내재해 있기 때문에 일정한 변화의 작용이 가해짐으로써 저절로 꾸밈이 드러난다는 해석인 것이다. 아름답게 꾸민다는 뜻을 가지고 있는 비괘의 체를 이루고 있는 지천태괘의 내괘 건괘와 외괘 곤괘에 이미 본질적으로 꾸밈(文)이 바탕으로 하고 있었기에 비괘의 꾸밈이 있을 수 있다는 표현이다. 지욱은 한편으로 꾸밈의 뜻을 선정과 지혜의 관계를 예로 들어 해석하고 있다. 순양純陽의 건괘를 지혜에, 순음純陰의 곤괘를 선정에 대비시켜 순양인 지혜에 이미 순음인 선정이 내재되어 있고, 반대로 순음인 선정에도 순양인 지혜가 이미 내재해 있다는 것이다. 지혜를 꾸미는 것(文)이 선정이고, 선정을 꾸미는 것(文)이 지혜라고 한다면, 선정과 지혜는 따로 따로 개별적으로 떨어져 존재하는 것이 아니라, 서로가 서로를 꾸미고 서로가 서로의 바탕을 이루는 상의상관적相依相關的인 관계의 둘이면서 하나의 존재라는 해석이다.

부르는 것이다. 본성의 덕(性德: 佛性)은 곧 십계를 구족하고 있다.
그러므로 관찰하여 때의 변화를 볼 수 있는 것이다. 닦음의 덕(修德:
行德)은 곧 십계가 전적으로 한마음(一心)에 회귀하는 것이다. 그러므
로 일심을 관찰하여 천하를 교화시킬 수 있는 것이다.[405]

象曰 山下有火ㅣ 賁니 君子ㅣ 以하야 明庶政호대 无敢折獄하나
상왈 산하유화   비 군자 이   명서정   무감절옥

니라.

「상전」에 이르길 산(山, ☶) 아래에 불(火, ☲)이 있는 것이 '비賁'니,
군자가 이를 본받아 여러 정사를 밝히되 함부로 옥사를 판단함이 없게
한다.

---

405 지욱은 '문文'과 '질質', '정定'과 '혜慧'가 별개의 것이 아니라, 서로가 서로의
바탕이 되고 서로가 서로를 돕는 하나이면서 둘이고, 둘이면서 하나인 상보적
관계임을 거듭 밝히고 있다. 지욱은 이러한 이치가 바로 비괘 「단전」에서
표현되고 있는 '천문天文'의 뜻이라는 것이다. 또한 이러한 이치를 바탕으로
선정 속에서 드러나는 지혜를 '문명文明'의 뜻으로, 선정과 지혜를 함께 닦아
본성에 계합하는 것을 '인문人文'의 뜻으로 해석하고 있다. 나아가 본성에는
이미 십계라고 하는 모든 우주법계의 세계가 내재되어 있는 까닭에 이러한
본성을 바르게 통찰함으로써 세상이 변화를 볼 수 있다고 말하고 있다. 이
또한 「단전」에서 표현되고 있는 '천문을 관찰하여 때의 변화를 살핀다(觀乎天文,
以察時變)'는 뜻을 불교적인 관점에서 재해석하고 있는 것이다. 또한 지욱은
본성을 깨닫기 위한 수행(修德)이 결국은 십계가 전적으로 한마음에서 비롯된
세계임을 깨닫기 위한 것이며, 이러한 이치를 통찰함으로써 천하의 교화를
이룰 수 있다고 말하고 있다. 「단전」에서 표현되고 있는 '문을 관찰하여 천하를
교화하여 이룬다(觀乎人文, 以化成天下)'는 뜻 역시 불교적인 관점에서 이같이
재해석하고 있는 것이다.

賁非折獄之時也, 庶政苟明, 則可以使民無訟矣. 佛法釋者, 山下有火, 外止內明, 故於三千性相之庶政, 一一明之, 了知一切法正, 一切法邪, 終不妄於其中判斷一是一非, 而生取捨情見, 如無敢折獄也.

'비賁'는 옥사를 처결할 때가 아니다. 모든 정치를 진실로 밝게 한다면 백성들로 하여금 송사가 없게 할 수 있다. 불법으로 해석하면, 산 아래에 불이 있다는 것은 외적으로 번뇌와 망상을 그치고 내면적으로 지혜가 밝은 것이다. 그러므로 삼천성상三千性相의 여러 정사들을 하나하나 밝게 헤아려 모든 정법(正)과 모든 사법(邪)을 깨달아서, 마침내 어리석게도 그 가운데 하나하나의 시비를 판단하여 취하고 버리는 감정적인 견해를 드러내지 말아야 한다. '함부로 옥사를 판단함이 없다(無敢折獄)'는 뜻과 같다.

初九는 賁其趾니 舍車而徒ㅣ로다.
초 구 비 기 지 사 거 이 도

초구는 그 발꿈치를 꾸미는 것이니, 수레를 버리고 걸어간다.

象曰 舍車而徒는 義弗乘也ㅣ라.
상 왈 사 거 이 도 의 불 승 야

「상전」에 이르길 '수레를 버리고 걷는다(舍車而徒)'는 것은 의리상 타지 않는 것이다.

卦雖以剛柔相文, 得名爲賁, 而實非有事於矯飾也. 故六爻皆取本色自賁, 而終極於白賁, 正猶詩所謂素以爲絢. 蓋天下之眞色, 固莫有勝

於白者. 今初九抱德隱居, 晚食以當肉, 安步以當車, 乃以義自賁者也.

괘가 비록 강유剛柔가 서로를 꾸밈(相文)으로써 '비賁'라는 괘명을 얻었
지만, 실제로 가식적으로 꾸미는 것만을 일삼고 있는 것은 아니다.
그런 까닭에 여섯 효가 모두 본색으로 자신을 꾸미면서 마침내 하얀
꾸밈(白賁)에 다다르게 된다. 바로 『시경』에서 말하고 있는 '흰 바탕에
채색을 한 것 같네(素以爲絢)'라는 표현과 같다. 대개 천하의 참된
색은 진실로 흰색보다 수승한 것이 없다. 지금 초구는 덕을 갖추고
은거하여 배고플 때 먹는 것을 고기를 먹는 것처럼 여기고, 편안하게
걸으면서 수레를 탄 것처럼 여긴다. 바로 의로움으로써 스스로를 꾸미
는 사람이라 할 수 있다.[406]

---

406 비賁괘 초구는 비괘에서 맨 아래에 위치하고 있으니 사람의 신체에 비유하면
발꿈치를 꾸미는 상이다. 내괘가 이화(離火, ☲)로 속이 비어 있는 수레의
상이 나온다. 초구는 육사와 정응正應 관계를 이루고 있는데, 바로 위에 위치하고
있는 음효인 육이에 잠시나마 함께하고자 하는 꾸밈의 마음이 없을 수 없다.
하지만 마음을 돌이켜 의리를 지키고자 수레(육이)를 버리고 멀리 있는 육사에게
걸어가게 되는 것이다.

지욱은 이러한 비괘 초구의 뜻을 해석하면서 『시경』의 '소이위현素以爲絢'이라는
시구를 인용하고 있다. '소이위현素以爲絢'이라는 시구는 사실 현재 전해지는
『시경』에서는 찾아볼 수 없다. 단지 이 시구를 인용하고 있는 『논어』「팔일八佾」
편에서 찾아볼 수 있는데, 「팔일」편에서는 "자하가 묻기를, (『시경』에) '방긋
웃는 웃음에 입술이 더욱 곱고, 아름다운 눈동자에 눈매가 더욱 고우니, 마치
흰 바탕에 채색을 한 것 같구나'라고 말한 것은 무슨 뜻입니까? 공자께서
말씀하시기를, 그림을 그리는 데 있어서 흰 바탕이 있은 뒤에 채색을 하여
아름답게 됨을 말하는 것이니라. 말하기를, 덕을 갖춘 후에 예가 따른다는
말씀 입니까? 공자께서 말씀하시기를, 나를 일깨워 주는 사람은 바로 상(商:
자하)이로구나. 비로소 너와 더불어 시를 논할 만하구나(子夏問曰, 巧笑倩兮,

六二는 賁其須ㅣ로다.
육이   비기수

육이는 그 수염을 꾸미는 것이다.

象曰 賁其須는 與上興也ㅣ라.
상왈 비기수   여상흥야

「상전」에 이르길 '그 수염을 꾸민다(賁其須)'는 것은 위와 더불어 흥하는
것이다.

柔順中正, 虛心以取益乎上下之賢, 乃以師友自賁者也.

유순하고 중정하여, 마음을 비움으로써 상하(초구와 구삼)의 현명한
사람에게서 이익을 취한다. 스승과 벗으로써 스스로를 꾸미는 자라
할 수 있다.

美目盼兮, 素以爲絢兮. 何謂也. 子曰, 繪事後素. 曰, 禮後乎. 子曰, 起予者, 商也.
始可與言詩已矣.)"라고 언급되고 있다. 여기서 자하가 묻고 있는 핵심적인 시구
의 뜻은 바로 '소이위현素以爲絢'이라는 부분이다. 자하의 질문에 대한 공자의
뜻풀이가 바로 '회사후소繪事後素'이다. 곧 그림을 그려 아름답게 채색하기 위해
서는 흰 바탕이 우선 마련되어야 한다는 것으로, 이는 바로 양심의 덕성(素:
흰 바탕)을 먼저 갖추고 나서 예라고 하는 행동과 형식(絢: 채색)이 표현되어야
함을 비유하고 있는 내용이다. 지욱은 바로 이러한 함의를 담고 있는 『시경』의
'소이위현'이라는 뜻을 취해 비괘 초효가 본래 간직하고 있는 본색(德性)을
잃지 않고 '사거이도舍車而徒'하는 의로움으로써 자신을 꾸미고 있다고 풀이하고
있는 것이다.

九三은 賁如ㅣ 濡如하니 永貞하면 吉하리라.
구삼　비여　유여　　영정　　길

구삼은 꾸밈이 젖은 듯하니, 오래도록 바르게 하면 길하다.

象曰 永貞之吉은 終莫之陵也ㅣ니라.
상왈 영정지길　　종막지릉야

「상전」에 이르길 '오래도록 바르게 하면 길하다(永貞之吉)'는 것은 마침내 능멸하지 못하는 것이다.

剛正而居明體之上, 足以潤及於六二六四, 而使之同爲聖賢, 乃以師道自賁者也.

강건하고 바르며 밝은 본체(離火, ☲)의 맨 위에 거처하여 윤택함이 육이와 육사에게까지 영향을 끼치기에 충분하여 그들도 함께 성현이 되게끔 한다. 이에 스승의 도로써 스스로를 꾸미는 자라 할 수 있다.

六四는 賁如ㅣ 皤如하며 白馬ㅣ 翰如하니 匪寇ㅣ면 婚媾ㅣ니라.
육사　비여　파여　　백마　한여　　비구　　혼구

육사는 꾸밈이 희며, 흰말이 나는 듯하니, 도둑이 아니면 청혼할 것이다.

象曰 六四는 當位疑也ㅣ니 匪寇婚媾는 終无尤也ㅣ라.
상왈 육사　당위의야　　비구혼구　　종무우야

「상전」에 이르길 육사는 마땅한 자리를 의심하는 것이니, '도둑이 아니면 청혼한다(匪寇婚媾)'는 것은 마침내 허물이 없는 것이다.

柔而得正, 知白賁之可貴, 故求賢無厭倦心. 近則親乎九三, 俯則應乎
初九, 仰則宗乎上九, 無一非我明師良友. 卽六二六五, 亦皆我同德相
輔之朋. 見賢思齊, 見不賢而自省, 安有寇哉. 蓋由居上卦之下, 則是
上而能下, 不敢自信自專, 乃以虛心自賁者也.

유순하면서 바름을 얻고 있으니, 소박하게 꾸밈(白賁)을 귀중하게
여길 줄 안다. 그러므로 어진 자를 찾는 데 있어 싫어하거나 게으른
마음이 없다. 가까이는 구삼과 친하고, 아래로는 초구와 상응하며,
우러러서는 상구를 모시고 있다. 한 사람도 나의 눈 밝은 스승과 훌륭한
도반이 아님이 없다. 육이와 육오 또한 모두 나와 덕을 함께하며 서로를
돕는 벗이다. 어진 이를 보면 가지런하기를 생각하고, 어질지 못한
이를 보면 스스로를 성찰하니 어찌 도둑이 있을 수 있겠는가? 대개
상괘(☶)의 맨 아래에 거처하므로 위에 있지만 아래에 있는 것이라
할 수 있으니, 감히 자신만을 믿고 스스로를 전적으로 내세우지 못한다.
이에 마음을 비움으로써 스스로를 꾸미는 자라 할 수 있다.

六五는 **賁于丘園**이니 **束帛**이 **戔戔**이면 **吝**하나 **終吉**이리라.
육오　　비우구원　　　속백　　전전　　　인　　종길

육오는 동산에 꾸밈이니, 비단 묶음이 작으면 인색하지만 마침내 길할
것이다.

象曰 六五之吉은 **有喜也**ㅣ라.
상왈 육오지길　　유희야

「상전」에 이르길 육오의 길함은 기쁨이 있는 것이다.

柔中而有陽剛之志, 能知道德之樂, 而不以勢位自驕. 視天位之尊與
丘園等, 如大禹之菲飮食, 惡衣服, 卑宮室, 爲束帛戔戔吝惜之象. 實
則吾無間然而終吉, 蓋以盛德自賁者也.

유순하면서 가운데 자리하여 양으로서 강건한 뜻을 소유하고 있다.
능히 도덕의 즐거움을 알기 때문에 세력이나 지위를 내세워 스스로
교만하지 않는다. 천자의 존귀함을 언덕의 동산처럼 보니, 마치 위대한
우임금이 보잘 것 없는 음식을 먹고 거친 의복을 입으며 누추한 집에서
살던 처지와 같다.[407] '비단 묶음이 작아서 인색하다(束帛戔戔吝)'는
아끼는 형상인 것이다. 실상은 내가 비난을 받을 만한 결점(間然)이
없으므로 마침내 길할 수 있다. 대개 융성한 덕으로써 스스로를 꾸미는
자라 할 수 있다.

上九는 白賁니 无咎ㅣ리라.
상 구   백 비   무 구

상구는 희게 꾸미는 것이니 허물이 없을 것이다.

象曰 白賁无咎는 上得志也ㅣ라.
상 왈 백 비 무 구   상 득 지 야

---

407 『논어』 「태백泰伯」편에 "공자께서 말씀하시기를, 우임금에 대해서 나는 빈틈을
찾지 못했다. 음식은 소박하게 드시면서 (제사에는) 귀신에게 섬김을 지극히
하고, 옷은 검소하게 입으면서도 폐슬과 면류관은 지극히 아름답게 하였다.
궁실은 비천하게 하면서도 치수의 사업에는 온힘을 다했다. 우임금에 대해
나는 비난할 것이 없다(子曰, 禹는 吾無間然矣. 菲飮食 而致孝乎鬼神, 惡衣服 而致美
乎黻冕, 卑宮室 而盡力乎溝洫, 禹는 吾無間 然矣.)"라는 내용이 언급되고 있다.

「상전」에 이르길 '희게 꾸미니 허물이 없다(白賁无咎)'는 것은 위에서 뜻을 얻기 때문이다.

以剛居艮止之極, 又在卦終, 而居陰位, 則非過剛. 年彌高, 德彌邵, 純淨無疵, 如武公之盛德至善以自賁者也. 佛法釋者, 初九以施自賁, 六二以戒自賁, 九三以忍自賁, 六四以進自賁, 六五以定自賁, 上九以慧自賁. 又初九爲理賁, 不以性德濫修德故. 六二爲名字賁, 從此發心向上故. 九三爲觀行賁, 不可暫忘故. 六四爲相似賁, 不住法愛故. 六五爲分證賁, 於三諦不漏失故. 上九爲究竟賁, 復於本性, 無纖瑕故.

강건함으로써 간(艮, ☶)괘가 그치는 마지막 끝에 거처하고 있다. 또한 비賁괘가 끝나는 자리에 있지만 음의 자리에 위치하여 지나치게 강하지는 않다. 나이가 들수록(年彌高) 덕은 더욱 높아져서(德彌邵)[408] 순수하고 깨끗해 결점이 없는 것과 같다. 마치 무공武公의 융성한 덕과 지극한 선으로써 스스로를 꾸미는 것과 같다.

불법으로 해석하면, 초구는 보시로써 스스로를 꾸미는 것이고, 육이는 계율로써 스스로를 꾸미는 것이며, 구삼은 인욕으로써 스스로를

---

408 연미고이덕미소年彌高而德彌邵: 주희의 『논어집주論語集註』「계씨季氏」편에 나오는 "공자께서 말씀하시기를, 군자에게는 세 가지 삼가야 할 것이 있다. 어릴 때에는 혈기가 안정되지 못했기 때문에 여색을 삼가야 한다. 장년이 되어서는 혈기가 바야흐로 강해지기 때문에 싸움을 삼가야 한다. 나이가 들어 늙어서는 혈기가 이미 쇠하였으니 탐욕을 삼가야 한다(孔子曰, 君子有三戒, 少之時, 血氣未定, 戒之在色. 及其壯也, 血氣方剛, 戒之在鬪. 及其老也 血氣旣衰, 戒之在得.)"라는 내용에 대한 범씨範氏의 주에서 언급되고 있다.

꾸미는 것이다. 육사는 정진으로써 스스로를 꾸미는 것이고, 육오는 선정으로써 스스로를 꾸미는 것이며, 상구는 지혜로써 스스로를 꾸미는 것이다.[409]

또한 초구는 이즉理卽의 꾸밈이라 할 수 있으니, 성덕性德으로써 수덕修德을 등한시하지 않기 때문이다.[410] 육이는 명자즉名字卽의 꾸밈이라 할 수 있으니, 이로부터 신심을 일으켜 깨달음(上)을 지향하기 때문이다. 구삼은 관행즉觀行卽의 꾸밈이라 할 수 있으니, 잠시도 관조觀照의 수행을 잊지 않기 때문이다. 육사는 상사즉相似卽의 꾸밈이라 할 수 있으니, 진리에 대한 애착에 머물지 않기 때문이다. 육오는 분증즉分證卽의 꾸밈이라 할 수 있으니, 삼제(三諦: 空·假·中)에 대한 통찰을 잃어버리지 않기 때문이다. 상구는 구경즉究竟卽의 꾸밈이라 할 수 있으니, 본성에 회귀하여 실낱 같은 번뇌의 티끌도 없기 때문이다.[411]

---

409 꾸민다는 뜻을 가지고 있는 비賁괘의 육효를 대승불교의 보살의 수행덕목인 육바라밀(六波羅蜜: 보시·지계·인욕·정진·선정·반야)에 대비시켜 불교적인 관점에서 재해석하고 있다.

410 육즉론에 있어 '이즉理卽'은 모든 중생이 본래 청정하고 밝게 빛나는 진리본성인 불성을 구족하고 있음을 의미한다. 그러나 아무리 그러한 진리본성인 불성을 가지고 있다고 하여도 그것은 어디까지나 잠재되어 있는 본성에 지나지 않는다. 그러한 본성을 밖으로 드러내어 그 본래의 청정성과 밝음의 작용을 이끌어 내기 위해서는 의도적인 수행의 노력이 필요하다. 곧 불성을 바탕으로 한 수행의 덕을 쌓아야 한다는 의미이다. 비괘 초구에 대한 지욱의 표현은 바로 이러한 뜻을 말하고 있다. 모든 중생이 불성을 소유하고 있다는 것에만 만족하여 그 불성의 작용을 이끌어 내고자 하는 수행을 게을리 해서는 안 된다는 지적이다.

411 비賁괘의 육효를 천태 교리인 육즉론에 대비시켜 불교적인 관점에서 재해석하고 있음을 알 수 있다.

(23) ䷖ 산지박山地剝

剝은 **不利有攸往**하니라.
박　　불 리 유 유 왕

'박剝'은 가는 바를 둠이 이롭지 않다.

象曰 剝은 剝也ㅣ니 柔ㅣ 變剛也ㅣ니 不利有攸往은 小人이 長也ㄹ
단왈 박　박야　유 변강야　　불리유유왕　소인　장야

새라. 順而止之는 觀象也ㅣ니 君子ㅣ 尚消息盈虛ㅣ 天行也ㅣ라.
　　순 이 지 지　관 상 야　군 자　상 소 식 영 허　천 행 야

「단전」에 이르길 '박剝'은 깎는 것이니 유柔가 강剛을 변하게 함이니, '가는 바를 둠이 이롭지 않다(不利有攸往)'는 것은 소인이 자라나기 때문이다. 순하여 그침은 상象을 봄이니, 군자가 사라지고 자라고 차고 비움을 숭상하는 것이 하늘의 운행이다.

約世道, 則偃武修文之後, 人情侈樂, 國家元氣必從此剝. 約佛法, 則規約繁興之後, 眞修必從此剝. 約觀心有二義, 一約得邊, 則定慧莊嚴之後, 皮膚脫盡, 眞實獨存, 名之爲剝. 一約失邊, 則世間相似定慧, 能發世間辯才文彩, 而於眞修之要反受剝矣. 約得別是一途, 今且約失而論, 則世出世法皆不利有攸往. 所謂不利有攸往者, 非謂坐聽其剝, 正示挽回之妙用也. 往必受剝, 不往則順而止之, 所以挽回其消息盈虛之數, 而合於天行也.

세상의 이치로 요약하면, 무력을 멈추고 문명을 닦은 이후에는 사람의 감정이 사치와 향락에 빠지게 되어 국가의 원기도 필연적으로 이를 좇아 쇠퇴해지는 것(剝)이다.

불법으로 요약하면, 규약(規約: 대중의 언행을 규제하는 대중청규)이 번잡하게 많아지게 된 이후에는 참된 수행은 반드시 이로 인해 쇠퇴해지게 마련이다. 마음을 관찰하는 것으로 요약하면, 두 가지 뜻이 있다. 첫째, 성취한다는 측면에서 보면 선정과 지혜로 장엄한 후에는 겉껍질(皮膚: 본성을 가리고 있던 모든 번뇌 망상)에서 완전히 벗어나 참된 실상만이 홀로 존재하게 됨을 '박剝'이라 할 수 있다. 둘째, 버린다는 측면에서 보면 세간에 있어서도 선정과 지혜와 비슷한 경지가 있어 세간의 언변과 문채를 드러낼 수는 있지만, 참된 수행의 길(要路)을 도리어 상실하게 되는 것(受剝)이다.

성취한다는 측면(剝의 상황이 긍정적인 측면)에 있어서는 특별한 하나의 방법(선정과 지혜를 완성하여 불성의 실상을 온전히 드러내는 것)이라고도 할 수 있지만, 지금 상실한다는 측면에서 논한다면 세간법이든 출세간법이든 모두 가는 바를 둠이 이롭지 않다고 할 수 있다. 이른바 '가는 바를 둠이 이롭지 않다(不利有攸往)'는 것은 그 어려운 상황(剝)을 앉아서 가만히 듣고만 있으라는 말이 아니라, 바르게 (剝의 상황을) 만회하는 오묘한 용법을 일러 주는 것이다. 가게 되면 반드시 어려운 상황에 맞이할 수밖에 없기에 가지 말고 곧 순하게 멈춰 있어야 한다는 것이다. 그렇게 함으로써 소멸되고 자라고 차고 비우는 이치(數)를 만회하여 하늘의 운행에 합할 수 있기 때문이다.

象曰 山附於地ㅣ 剝이니 上이 以하야 厚下하야 安宅하나니라.
상왈 산부어지 박 상 이 후하 안댁

「상전」에 이르길 산(山, ☶)이 땅(地, ☷)에 붙어 있는 것이 '박剝'이니, 상上이 이를 본받아 아래를 두텁게 하여 집을 편안하게 한다.

山附於地, 所謂得乎丘民而爲天子也. 百姓足, 君孰與不足, 故厚下乃可安宅, 此救剝之妙策也. 觀心釋者, 向上事, 須從脚跟下會取, 正是此意. 六爻約世道, 則朝野無非陰柔小人, 惟一君子高居塵外. 約佛化, 則在家出家, 皆以名利相糜, 惟一聖賢遠在蘭若. 約觀心, 則修善斷盡, 惟一性善從來不斷.

산이 땅에 붙어 있다는 것은 이른바 '백성의 마음(丘民)을 얻어서 천자가 된다(得乎丘民而爲天子)'[412]는 말이다. 백성이 만족하면 임금은 그 누구와 더불어 만족하지 않겠는가? 그러므로 아래(백성, ☷)를 후덕하게 해야만 집(宅: 국가)을 편안하게 할 수 있다. 이것이야말로 국가의 난관(剝)을 구제하는 오묘한 계책이라 할 수 있다.

마음을 관찰하는 것으로 해석하면, 위로 향하는 일(向上事)은 모름지기 발꿈치로부터 좇아서 깨닫게 된다(會取)는 것이 바로 이러한 뜻이다.[413]

---

412 『맹자』「진심장구하盡心章句下」편 제14장에서 표현되고 있다. "그러므로 백성의 마음을 얻어 천자가 되고, 천자의 신임을 얻어 제후가 되며, 제후의 신임을 얻어 대부가 되는 것이다(是故 得乎丘民而爲天子 得乎天子爲諸侯 得乎諸侯爲大夫)."

413 '향상사向上事'는 부처의 길을 향해 위로 나아가는 일, 곧 깨달음, 성불, 돈오頓悟의

여섯 효를 세간의 도리로 요약하면, 조정과 재야에 음유陰柔한 소인들(음효인 초육에서부터 육오까지)뿐이고, 오직 한 군자(상구)만이 오염된 세상을 벗어나 고고하게 사는 것이라 할 수 있다.

불법의 교화로 요약하면, 재가자나 출가자나 모두 명예와 이익에서로 얽매어 살지만, 오직 한 성현만이 멀리 한적한 수행처(암자, 蘭若)에서 살고 있는 것이라 할 수 있다. 마음을 관찰하는 것으로 요약하면, 선을 닦는 것을 모두 포기했어도(곧 선을 포기하고 온갖 악행을 일삼아도) 오직 하나의 불성에 내재된 근원적인 하나의 선(一性善)만은 단절되지 않는 것이라 할 수 있다.

初六은 剝床以足이니 蔑貞이라 凶토다.
초 육　박 상 이 족　　멸 정　　흉

초육은 평상을 깎는데 다리로써 하는 것이니, 바름을 없앰이라 흉하다.

象曰 剝床以足은 以滅下也ㅣ라.
상 왈　박 상 이 족　　이 멸 하 야

─────────

뜻을 가리킨다. 또한 '각근하脚跟下'라는 말은 자기 자신의 발꿈치를 보라는 뜻이다. 이 말은 선가에서 주로 사용하는 언어로, 곧 지금 이 순간 자기 자신의 내면의 마음을 잘 살피라는 말과 같다. 따라서 깨달음을 추구하는 일(向上事)은 밖을 향해 애써 그 무엇을 추구하는 것이 아니라, 자기 자신의 내면의 마음을 깊이 관조함으로써 이루어진다고 볼 수 있다. 지욱의 표현은 바로 이러한 의미를 나타내고 있다. 박괘 단사의 '上以厚下, 安宅'이라는 말을 불교적인 관점에서 깨달음(山, ☶)과 그를 위한 마음(地, ☷)의 통찰에 비유하여 재해석하고 있는 것이다.

「상전」이르길 '평상을 깎는데 다리로써 한다(剝床以足)'는 것은 아래를 멸하기 때문이다.

床者, 所以棲身, 剝床則身無所棲矣. 初在最下, 故如剝足. 於世法爲惡民, 於佛法爲惡伽藍民, 於觀心爲剝損戒足也. 別約得者, 是剝去四惡趣因. 然設無四惡趣, 則大悲無所緣境, 故誡以蔑貞凶.

평상은 몸을 쉬는 곳으로, 평상을 깎아내면 몸은 쉴 곳이 없어진다. 초효는 가장 아래에 있다. 그러므로 '다리를 깎는 것(剝足)'과 같다. 세간의 법에 있어서 악한 백성이 되고, 불법에 있어서는 악한 재가신자(伽藍民)가 된다.

  마음을 닦는 데 있어서는 계율(戒足)을 파계하고 손상시키는 것이라 할 수 있다. 특별히 성취한다는 측면에서 보면, 이러한 '깎음(剝)'은 사악취(四惡趣: 지옥·아귀·축생·아수라)의 원인을 제거하는 것이다. 그러나 만약 사악취의 세계를 없앤다면 대비의 마음을 일으킬 수 있는 인연대상의 경계도 사라져버리게 될 것이다.[414] 그러므로 '바름을 없애니 흉하다(蔑貞凶)'는 것으로써 경계하고 있다.

---

414 괴로움이 가득한 사악취의 세계는 무명과 갈애를 원인으로 많은 악업을 쌓은 중생들이 태어나는 악도의 세계이다. '상구보리 하화중생'이라고 하는 대승불교의 기본적 가치 실현을 위해 수행하는 보살은 언제 어디에서나 대자대비심으로 이러한 세계에 태어난 중생의 제도를 위해 노력해야 한다. 그런데 만약 이러한 세계가 사라진다면 보살의 처지에선 대비심을 일으켜 구제할 상대가 없어지는 것이라 할 수 있다. 대비심을 일으키는 것은 그러한 대비심을 불러일으키는 상대적 경계대상이 있어야 가능한 일이기 때문이다. 지옥의 표현은 바로 이러한 이치를 나타내고 있다.

六二는 **剝床以辨**이니 **蔑貞**이라 **凶**토다.
육 이   박상이변   멸정   흉

육이는 평상을 깎는데 언저리로써 함이니, 바름을 없앰이라 흉하다.

象曰 剝床以辨은 **未有與也**일새라.
상 왈 박상이변   미유여야

「상전」에 이르길 '평상을 깎는데 언저리로써 한다(剝床以辨)'는 것은
더불어 하지 않기 때문이다.

於世法爲惡臣, 於佛法爲惡檀越, 於觀心爲剝損禪定. 無定, 則散亂不
能辨理, 故未有與. 別約得者, 是剝去人天散善, 然設無人天散善, 則
無以攝化衆生, 故亦誡以蔑貞凶.

세상의 이치로는 나쁜 신하가 되고, 불법으로는 나쁜 재가신도(檀越:
施主者)가 되며, 마음을 닦는 것으로는 선정이 부족한 것(剝損)이 된다.
선정이 없으면 마음이 산란해져서 이치를 바르게 분별할 수 없다.
그러므로 '더불어 하지 않는다(未有與)'고 한다. 특별히 성취한다는
측면에서 보면, 인간세계나 천상계에서 산선散善을 포기하는 것이라
할 수 있다. 그러나 만약 인간세계나 천상세계에서 산선이 없다면,
중생을 섭수攝受하여 교화시킬 방법이 없을 것이다.[415] 그러므로 또한

---

415 '산선散善'은 '정선定善'의 상대적인 말로, 곧 산란한 마음으로 짓는 선행을 가리킨
   다. 선정과 지혜를 닦아 궁극적인 열반의 깨달음을 성취하는 것이 불교수행의
   기본목적이다. 하지만 불교에서는 미혹한 중생이 무엇보다 먼저 악행을 멈추고
   선업을 실천하게끔 하려는 교화목적으로 중생들에게 우선적으로 산란한 마음속

'바름을 없애니 흉하다(蔑貞凶)'는 말로써 경계하고 있다.

六三은 剝之无咎ㅣ니라.
육삼　　박지무구

육삼은 깎음에 허물이 없다.

象曰 剝之无咎는 失上下也ㄹ새라.
상왈　박지무구　　실상하야

「상전」에 이르길 '깎음에 허물이 없다(剝之无咎)'는 것은 위와 아래를 잃기 때문이다.

於世法, 爲混跡小人之君子. 於佛法, 爲有正見之外護. 於觀心, 爲剝損智慧. 剝慧則不著於慧, 故能因敗致功, 坐斷兩頭而失上下. 又別約

──────────────

에서도 선업의 공덕을 쌓을 것(散善)을 강조하여 교설한다. 특히 인천人天의 세계에 태어나기 위해서는 무엇보다 선업의 공덕을 많이 쌓아야 함을 방편적으로 가르친다. 그러나 불교 교화의 최종 목적은 모든 중생이 참된 깨달음을 통해 인천을 비롯한 모든 생사윤회의 세계에서 벗어나게끔 하는 것이다. 따라서 인천의 중생들에게 단순히 선업의 공덕을 쌓는 것에서 벗어나 지관止觀을 닦는 것과 같은 좀 더 수승한 수행의 실천을 다시 가르치는 것이다. 이러한 측면에서 지욱은 박괘 육이의 효사를 불교수행의 관점에서 재해석하면서 육이는 인천의 중생이 선업의 공덕행(散善)을 버리는 것(剝去)이라고 풀이하고 있는 것이다. 그렇지만 만약 인천의 중생들에게 선업의 공덕행을 가르치지 않고 수승한 불법의 수행만을 강조하여 교설한다면 그 누구도 쉽게 불법에 귀의하여 수행을 실천하게끔 교화할 수 없을 것이다. 중생에 대한 교화의 어려움이 바로 여기에 있는 것이다. 중생의 근기와 때에 맞춰 방편과 정법을 적절히 활용해야 되는 것이다.

得者, 是剝去色無色界味禪暗定, 故得無咎.

세상의 이치로는 소인들 속에 섞여 있는 군자가 된다. 불법으로는
바른 견해를 가진 불법을 외호하는 신도가 된다. 마음을 닦는 것으로는
선정이 지나쳐서 지혜가 부족한 것(剝損)이 된다. 육삼은 지혜가 부족하
면서도 지혜에만 집착하지 않는 자다. 그러므로 실패로 인해서 공을
이룰 수 있다.[416] 그는 앉아서 선정과 지혜에 집착하는 것을 끊어버리기
(坐斷兩頭) 때문에 '위아래를 잃는다(失上下)'고 한다.[417] 또한 특별히
성취한다는 측면에서 보면, 이것은 색계와 무색계에서 선정의 즐거움

---

[416] 지욱은 역을 선해하면서 일관되게 음효를 선정(定, 止)에, 양효를 지혜(慧,
觀)에 대비시켜 해석하고 있음을 알 수 있다. 따라서 내괘의 맨 위에 위치하고
있는 육삼은 너무 선정수행에만 집착하여 도리어 지혜의 닦음을 손상시키는
수행자(剝損智慧)에 비유된다. 그런데 이러한 육삼은 비록 선정수행이 지나친
건 사실이지만, 역설적으로 오직 지혜만을 닦고자 하는 지혜수행에 대한 집착에
서는 벗어난 상태라 할 수 있다. 따라서 충분히 닦은 선정을 바탕으로 해서
부족한 지혜를 닦기만 한다면 언제든지 선정과 지혜가 균형을 이룬 궁극적인
깨달음의 경지에 도달할 수 있는 수행자이기도 하다. '실패로 인해서 공을
이룰 수 있다(能因敗致功)'는 지욱의 표현은 바로 이러한 의미를 설명하고 있는
것이다.

[417] '좌단양두坐斷兩頭'는 유무·장단·선악·시비·능소能所·미오迷悟·범성凡聖·인
과 등과 같은 이분법적이고 대립적이며 상대적인 관점과 사고, 혹은 그러한
견해에 대한 집착에서 벗어남을 뜻하는 선가에서 주로 사용하는 용어이다.
결과적으로 깨달음을 통해 그 모든 것(諸法)을 하나이면서 둘이고(一而二),
둘이면서 하나(二而一)라는 원융무애圓融無礙한 관점으로 봐야 한다는 것이다.
지욱이 표현하고 있는 '坐斷兩頭而失上下'는 육삼이 선정과 지혜, 그 어느
쪽에도 집착하지 않기 때문에(坐斷兩頭) 육삼 「상전」에서 언급하고 있는 '상하를
잃는다(失上下)'는 의미에 부합된다는 표현이다.

(味禪)과 지혜가 없는 어두운 선정(暗定)에서 벗어남(剝去)을 의미한
다. 그러므로 '허물이 없다(無咎)'고 한다.

六四는 剝床以⁴¹⁸膚 ㅣ니 凶하니라.
육 사 박 상 이 부   흉

육사는 상을 깎아 살에 이르렀으니 흉하다.

象曰 剝床以膚는 切近災也 ㅣ라.
상 왈 박 상 이 부   절 근 재 야

「상전」에 이르길 '상을 깎아 살에 이르렀음(剝床以膚)'은 재앙이 절박하
게 가깝기 때문이다.

下卦如床, 上卦如身. 今剝及身膚, 不可救矣. 於世法爲惡宰輔. 於佛
法爲惡比丘. 於觀心爲剝無一切因果. 別約得者, 是剝去二乘入眞法
門. 然設無眞諦, 則無以出生死而不染世間過患, 故誡以切近於災, 所
謂毫釐有差, 天地懸隔也.

하괘(☷)는 평상과 같고 상괘(☶)는 사람의 몸과 같다. 이제 '깎음(剝)'
이 몸의 살갗에까지 미쳤으니 구제할 수 없게 된 것이다. 세상의 이치로
는 나쁜 재상이나 보좌관이 되고, 불법으로는 나쁜 비구가 된다. 마음을
닦는 것으로는 모든 인과설을 부정하는 것(剝無)이 된다. 특별히 성취한
다는 측면에서 보면, 이것은 이승(二乘: 성문승과 연각승)이 참된 법문

---

418 여기서 이以는 이르다(及)라는 뜻이다.(김경방·여소강, 『주역전해』, 심산, 2013,
    438쪽 참조)

(眞法門: 열반)에 들어간다는 것을 부정하는 것(剝去)이다. 그러나 만약 진제(眞諦: 진여, 열반, 깨달음의 세계)가 없다면, 생사를 벗어남으로써 세상의 허물과 근심에 물들지 않을 수가 없게 될 것이다. 그러므로 재앙에 절박하게 가까워졌다는 것으로 경계하고 있다.[419] 이른바 '털끝만큼의 차이가 있으면 하늘과 땅만큼 현격한 차이가 생기게 되는 것(毫釐有差 天地懸隔)'[420]이다.

---

[419] 대승의 근본이념은 상구보리 하화중생이다. 곧 위로는 진리(깨달음, 성불)를 추구하고 아래로는 중생을 제도한다는 의미이다. 깨달음의 필요성은 자기 자신의 구제뿐만 아니라 다른 모든 중생의 교화를 위해서다. 그런데 대승의 이념을 따르는 수행자가 상구보리에만 매달려 하화중생의 교화를 외면한다면 이는 참된 대승의 수행자라 할 수 없을 것이다. 참된 수행자는 상구보리를 완성하면 반드시 다시 중생세계로 되돌아와서 중생의 교화를 위해 헌신해야 한다. 중생들 역시도 자신이 증득한 깨달음의 세계로 인도해야 하기 때문이다. 이러한 측면에서 대승불교에서는 대승수행자(보살)가 만약 깨달음을 얻었다고 하더라도 그러한 깨달음의 세계(眞諦)에만 머물러 있지 말고 다시 생사윤회의 세계로 되돌아가 중생교화를 위한 원력의 삶을 살 것을 강조한다. 깨달음을 통해 비록 생사윤회의 세계(俗諦)에서 벗어났지만, 중생교화를 위해 일부러 생사윤회의 세계에 새롭게 태어나서 중생의 교화에 앞장서야 한다는 뜻이다. 지옥의 표현은 바로 이러한 의미를 담아내고 있다. 분명히 깨달음의 세계가 있기에 그러한 세계에 도달하기 위해서 대승의 수행을 실천하고, 그러한 세계를 경함으로써 다시 중생세계로 되돌아와 그들의 허물과 어려움(過患)을 함께하며(染), 교화를 실천해야 한다는 의미이다. 대승수행자가 깨달음을 이루고 나서 다시 중생세계로 되돌아와 중생교화를 위해 새로운 교화의 삶을 살아야 한다는 것을 육삼 「상전」에서 표현하고 있는 '재앙이 절박하게 가까워졌다(切近災)'는 말로 일깨우고 있다는 말이다.

[420] 승찬대사가 지은 『신심명』에서 "지극한 도는 어렵지 않나니(至道無難), 오직 간택함을 꺼려할 뿐이다(唯嫌揀擇). 다만 미워하고 사랑하지만 않는다면(但莫憎愛) 통연히 명백하리라(洞然明白). 털끝만치라도 차이가 있으면(毫釐有差) 하늘

六五는 貫魚하야 以宮人寵이면 无不利리라.
육오 관어   이궁인총   무불리

육오는 고기를 꿰어서 궁인의 총애로써 하면 이롭지 않음이 없다.

象曰 以宮人寵은 終无尤也] 리라.
상왈 이궁인총   종무우야

「상전」에 이르길 '궁인의 총애로써 한다(以宮人寵)'는 것은 마침내 허물이 없는 것이다.

於世法, 爲柔君以在君位, 又居陽而得中, 能師事上九高賢, 挽回天下之亂, 如文王之師呂尙. 於佛法, 爲福德比丘作叢林主, 率衆僧以師事聖賢. 於觀心, 爲卽修惡以達性惡. 性惡融通, 任運攝得佛地性善功德, 故無不利. 又別約得者, 從空入假, 剝二邊以歸中道, 故須達中道統一切法, 如貫魚以宮人寵, 使法法皆成摩訶衍道, 則無不利.

세상의 이치로는 유약한 임금이 임금의 자리에 있는 것이다. 또 한편으로는 양의 자리에 거처하면서 중을 얻고 있기 때문에 상구의 높고 어진 사람을 스승을 모셔 천하의 어지러움을 만회할 수 있다. 마치 문왕이 여상(呂尙: 太公望)을 스승으로 모신 것과 같다.[421]

과 땅만큼 어긋나나니(天地懸隔), 도가 앞에 나타나길 바라거든(欲得現前) 따름과 거스름을 두지 말라(莫存順逆)"라는 내용으로 언급되고 있다.

421 전해 내려오는 설에 의하면, 주周나라 문왕文王이 하루는 사냥을 나갔다가 위수渭水에서 낚시질을 하고 있는 한 노인을 만나게 되었는데, 그의 행색은 남루하기 짝이 없었다고 한다. 그러나 문왕은 그 노인과 이야기하고는 그의 세상 돌아가는 이치를 꿰고 있는 탁월한 식견에 감탄하였는데, 그 노인이

불법으로는 복덕을 갖춘 비구가 총림(叢林: 선원, 강원, 율원, 염불원 등이 모두 갖춰진 큰 本寺)의 주지가 되어 많은 승려대중을 통솔하며 성현(부처님)을 스승으로 모시는 것이라 할 수 있다. 마음을 닦는 것으로는 후천적으로 행하는 악행(修惡)을 통해 성품이 악함(性惡)을 깨달음으로써 악한 성품(性惡)에 융통(融通: 거침이 없어 통하여 막힘이 없는 것)하여 걸림이 없이(任運)⁴²² 불지佛地의 성선공덕性善功德을 통섭하여 깨닫는 것이다. 그러므로 '이롭지 않음이 없다(無不利)'고 한다.

또한 특별히 성취한다는 측면에서는 공관空觀으로 좇아 가관假觀에 들어갔다가 다시 두 관법(二邊: 空觀·假觀)을 타파하여 중도(中道: 中觀)로 돌아가는 것이다. 그러므로 중도를 깨달아 모든 법을 통합한다. '고기를 꿰어서 궁인의 총애로써 한다(貫魚以宮人寵)'는 뜻과 같다. 모든 법(法法)이 모두 마하연(摩訶衍: 大乘)의 도를 이루게 하니, 곧 '이롭지 않음이 없는 것(無不利)'이다.

上九는 **碩果不食**이니 **君子**는 **得輿**하고 **小人**은 **剝廬**ㅣ리라.
상구　　석과불식　　군자　　득여　　소인　　박려

상구는 큰 과일은 먹지 않음이니, 군자는 수레를 얻고 소인은 집을

바로 강태공 여상呂尚이었다는 것이다. 문왕은 여상을 스승으로 모시고, 선군先君인 아버지 태공太公이 바라던 주나라를 일으켜 줄 만한 인물이라는 뜻에서 태공망太公望이라고 높여 불렀다고 한다.

422 임운任運: 물이나 달처럼 언제 어디서나 자연 그대로에 맡길 뿐 아무런 작위 없이 무애자재無礙自在한 활동을 선가에서는 '임운무작任運無作의 묘용'이라고 한다. '임운'은 곧 어떤 것에도 집착하지 않고 걸림이 없이 자유롭게 활동할 수 있는 성인의 경지를 가리키는 말이다.

깎을 것이다.

象曰 君子得輿는 民所載也ㅣ오 小人剝廬는 終不可用也ㅣ라.
상왈 군자득여 민소재야 소인박려 종불가용야

「상전」에 이르길 '군자는 수레를 얻는다(君子得輿)'는 것은 백성을 싣는 것이고, 소인은 집을 깎는다(小人剝廬)'는 것은 마침내 가히 쓰지 못하는 것이다.

於世法爲事外高賢, 如呂尙箕子之類. 於佛法爲出世高流, 人間福田. 於觀心爲性善終不可剝, 故如碩果不食. 君子悟之以成道, 小人恃之而生濫聖之慢者也. 別約得者, 亦指性德從來不變不壞, 能悟性德, 則當下滿足一切佛法, 故君子得輿. 執性廢修, 則墮落惡趣, 故小人剝廬.

세상의 이치에 있어서는 세상일에서 벗어난 고매하고 현명한 사람이 된다. 여상(呂尙: 강태공)과 기자(箕子: 상나라 종실, 주紂왕의 숙부)의 무리와 같다. 불법에 있어서는 세상을 벗어나 높은 깨달음의 경지(高流)를 성취하여 중생들의 복전福田[423]이 되신 분들이다. 마음을 관찰하는 측면에 있어서는 선한 성품(性善)은 마침내 파괴시킬 수 없다. 그러므로 '큰 과일은 먹지 않는다(碩果不食)'는 의미와 같다. 군자는 그러한 이치를 깨달아서 도를 성취하지만, 소인은 그러한 이치만을 믿고서 성인인 듯 오만하게 행동하는 것이다.

　특별히 성취한다는 측면에 있어서는 또한 본성의 덕(性德)은 본래로

423　복전福田: 중생들의 존경과 귀의의 대상이 되어 보시와 공양을 받음으로써 그들로 하여금 복을 짓게 하여 복을 심는 밭의 역할을 하는 것.

불변하고 파손되지 않음을 가리킨다. 본성의 덕을 깨닫게 되면 바로 그 자리에서 일체의 불법이 원만히 구족해진다. 그러므로 '군자는 수레를 얻는다(君子得輿)'고 한다. 불성을 구족하고 있다는 것에만 집착하여 수행을 포기하면 악도(惡道: 惡趣. 지옥·아귀·축생)에 떨어지게 된다. 그러므로 '소인은 집을 깎는다(小人剝廬)'고 한다.

(24) ䷗ 지뢰복地雷復

復은 **亨**하니 **出入**에 **无疾**하야 **朋來**라아 **无咎**ㅣ니라. **反復其道**하야
복　　형　　　출입　　무질　　　붕래　　　　무구　　　　　반복기도

七日에 **來復**하니 **利有攸往**이니라.
칠일　　래복　　　이유유왕

'복復'은 형통하니 나고 들어옴에 병이 없어서 벗이 와야 허물이 없을
것이다. 그 도를 반복해서 7일에 와서 회복하니,[424] 갈 바를 둠이 이롭다.

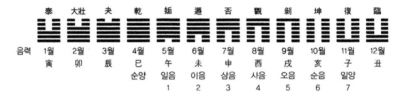

12월괘와 칠일래복[425]

---

[424] 복괘는 상괘가 곤지(坤地, ☷), 하괘가 진뢰(震雷, ☳)로 이루어진 괘로 그
괘명처럼 '회복한다'라는 괘의를 담고 있다. 다섯 음 아래에 하나의 양이 회복되
기 시작하니 자연 형통하여 나가고 들어오는 데 장애가 없다. 하지만 아직
양의 기운보다 음의 기운이 강한 상태이다. 따라서 같은 양이 와야 허물이
없음을 경계하고 있다. 천도의 운행은 사시의 변화를 통해 이루어지는데 그
주기는 7일이 된다. 12월괘의 변화로 보면 양으로 가득한 중천건괘(䷀, 4월)가
천풍구괘(䷫, 5월)에서 음의 기운이 처음으로 자라나기 시작해서 천산둔괘(䷠,
6월), 천지비괘(䷋, 7월), 풍지관괘(䷓, 8월), 산지박괘(䷖, 9월)를 거쳐 순음純
陰으로 꽉 채워진 중지곤괘(䷁, 10월)에 이르게 되고, 다시 지뢰복괘(䷗, 11월)
에 이르러서 또다시 양의 기운이 자라나기 시작하는 주기가 7이 되는 것(反復其
道)이다.

約世道, 則衰剝之後, 必有明主中興而爲復. 約佛化, 則淪替之後, 必有聖賢應現, 重振作之而爲復. 約觀心又二義, 一者承上卦約失言之, 剝而必復, 如平旦之氣, 好惡與人相近, 又如調達得無根信也. 二者承上卦約得言之, 剝是蕩一切情執, 復是立一切法體也. 若依第三觀, 則從假入空名剝, 從空入假名復. 若一心三觀. 則以修脗性名剝. 稱性垂化名復. 復則必亨. 陽剛之德爲主. 故出入可以無疾. 以善化惡. 故朋來可以無咎. 一復便當使之永復. 故反複其道. 至於七日之久, 則有始有終, 可以自利利他而有攸往也.

세상의 이치로 요약하면, 쇠퇴의 시기(衰剝) 뒤에는 반드시 현명한 군주의 중흥의 노력이 있어 회복하게 된다.

불교의 교화로 요약하면, 불법이 점차 쇠퇴하여 침체에 빠진(淪替) 이후에는 반드시 성현이 중생의 바람에 응하여 나타나서 거듭 불법을 진작시켜 회복시킨다. 마음을 통찰하는 것으로 요약하면, 역시 두 가지 뜻이 있다. 첫째, 상괘(剝卦)를 이어서 잃는다는 측면에서 요약해서 말하면, 깎이면 반드시 회복하는 것(본성의 선함을 잠시 잃었다가 다시 그 선한 본성을 회복하는 것)은 '밝고 맑은 기운(平旦之氣)에 좋아하고 미워하는 것이 사람과 더불어 서로 가깝다(好惡與人相近)'는 것과 같다.[426] 또한 조달調達이 무근신無根信을 얻음과 같다.[427] 둘째, 상괘를

---

425 신성수 저, 『주역통해』, 도서출판대학서림, 2005, 323쪽 인용.

426 '평단지기平旦之氣, 호오여인상근好惡與人相近'이라는 표현은 『맹자』 「고자장구상告子章句上」 제8장에서 언급되고 있는 내용이다. 주희는 『사서집주四書集註』에서 "평단지기平旦之氣는 사물과 접하지 않았을 때의 청명한 기운을 이른다. '호오여인상근好惡與人相近'은 사람의 마음이 서로 한 가지로 같음을 말한다(平旦

이어서 성취하는 것으로 요약해 말하면, '박剝'이란 일체 마음의 집착(情執)을 타파하여 없애는 것이고 '복復'이란 모든 불법의 체계(法體)를 바르게 세우는 것이다.

만약 제삼관(第三觀: 空·假·中)의 측면에서 본다면, 곧 가假를 좇아서 공空에 들어가는 것을 '박剝'이라 하고, 공을 좇아서 가에 들어가는 것을 '복復'이라 한다. 만약 일심삼관一心三觀의 측면에서 본다면, 바로 수행으로써 본성(불성)에 부합하는 것을 '박剝'이라 하고, 본성에 부합하여 중생을 교화함을 '복復'이라 한다. 회복하게 되면 반드시 형통하다. 양강陽剛한 덕(불성)이 주체가 되므로 출입하는 데 병이 없게 되는 것이다. 선으로써 악을 교화하므로 벗이 오더라도 허물이 없다. 한

之氣, 謂未與物接之時淸明之氣也. 好惡與人相近, 言得人心之所同然也.)"라고 풀이하고 있다. 지욱은 이러한 맹자의 표현을 인용하여 선한 본성을 잃었다(剝)가 다시 회복하는 것(復)은 누구나가 보편적으로 가지고 있는 본원적인 본성의 작용임을 표현하고 있다.

427 조달調達은 곧 석가모니불의 사촌동생으로 출가하여 석가모니불의 제자가 된 제바달다를 가리킨다. 나중에 부처님을 시기하고 질투하여 몇 번이나 부처님을 시해하려 시도하였지만 결국 실패하고 말았다. 그 죄업으로 마침내 산채로 지옥에 떨어졌다고 전해진다. '무근신無根信'은 중생이 처음에 부처를 믿는 마음이 없었지만 나중에 부처의 교화로 신심을 새롭게 일으키는 것을 말한다. 지욱이 부처를 죽이려 했던 극악한 제바달다를 회복한다는 의미를 나타내는 복괘에 대비시켜 해석하고 있는 것은 비록 그가 잠시나마 불선한 마음을 일으켜 부처를 죽이려 시도하다가 지옥에 떨어졌지만, 그 내면에 남아 있는 선한 본성은 영원히 사라지지 않아 그 언제인가 참회의 마음을 일으킴으로써 다시 회복할 수 있음을 말하고자 하는 것이라 볼 수 있다. 선한 본성은 단절되지 않고 영원히 이어진다는 뜻으로, 깎인다는 의미의 박剝괘 다음에 이어지는 복괘에 이렇듯 제바달다를 대비시켜 그러한 뜻을 표현하고 있는 것이다.

번 회복하게 되면 마땅히 그것으로 하여금 영원한 회복이 되도록 해야
하므로 '그 도를 회복한다(反復其道)'고 한다. 7일 만에 영구함에 이르게
된다는 것은 곧 시작이 있으면 끝이 있다는 의미로, 나도 이롭게 하고
남도 이롭게 할 수 있음으로써 '가는 바를 둠이 이롭다(有攸往)'고
한다.[428]

---

[428] 지욱은 삼제원융설을 인용해 박괘와 복괘의 괘의를 불교적인 관점에서 설명하고
있다. 삼제원융설은 천태종에 있어 존재와 현상의 속성을 관찰하는 교설이라
할 수 있다. 세상의 모든 존재와 현상은 바로 공제(空諦: 불변한 실체가 존재하지
않음)·가제(假諦: 일시적인 가합에 의해 존재함)·중제(中諦: 공과 가, 어느 것에
도 치우치지 않고 중도를 이루어 존재함)라는 세 가지 속성을 가지고 있으며,
이러한 속성을 가진 존재와 현상은 개별적으로 따로 드러나는 것이 아니라,
서로 하나의 원융한 모습으로 존재하고 있음을 말하고 있는 교설이 바로 삼제원
융설이다. 이러한 삼제원융설의 관점에서 보면 박괘는 가假를 좇아서 공空에
들어가는 것(從假入空)이고, 복괘는 이와는 반대로 공을 좇아서 가에 들어가는
것(從空入假)이라고 지욱은 표현하고 있다. 박괘는 외괘 간산(艮山, ☶)과 내괘
곤지(坤地, ☷)로 이루어진 괘로, 괘명인 '박剝'은 '깎다'라는 의미를 나타낸다.
'깎다'라는 의미는 또 다른 말로 부서지고 헤지고 소멸됨을 의미하는 것이기도
하다. 지욱이 박괘를 '종가입공從假入空'이라고 표현하고 있는 것은 바로 이러한
박괘의 괘의를 염두에 둔 표현이라 할 수 있다. 곧 현상적으로는 존재하고
있지만 점차적으로 소멸되어 공으로 돌아가는 모습을 나타내고 있다는 의미인
것이다. 반대로 지욱은 복괘를 '종공입가從空入假'라고 표현하고 있다. 소멸됐던
것(空)이 다시 회복하여 현상적으로 존재하게 되는 모습(假)이라는 의미이다.
또한 지욱은 천태의 일심삼관론一心三觀論을 인용하여 박괘와 복괘의 뜻을
다른 측면에서 해석하고 있다. 일심삼관론은 삼제원융한 존재의 실상을 바르게
관찰하는 수행법으로, 곧 모든 존재와 현상을 공관空觀·가관假觀·중관中觀의
세 가지 측면에서 관찰함을 말한다. 지욱은 이러한 일심삼관론을 인용하여
박괘는 수행을 통해 본성에 완전히 부합하는 것(以修吻性)이라고 해석하고
있다. 여기서 '수행'의 의미는 곧 일심삼관을 통한 존재의 실상을 관하는 것이라

象曰 復亨은 剛反이니 動而以順行이라 是以出入无疾朋來无咎
단왈 복형　강반　　동이이순행　　　시이출입무질붕래무구

ㅣ니라. 反復其道七日來復은 天行也ㅣ오 利有攸往은 剛長也ㄹ
　　　반복기도칠일래복　천행야　　　이유유왕　강장야

새니 復에 其見天地之心乎ㄴ뎌.
　　　복　기견천지지심호

「단전」에 이르길 '복復'이 형통함은 강강剛이 돌아옴이니, 음직이되 순함
으로써 행한다. 이로써 '나고 들어옴에 병이 없어서 벗이 와야 허물이
없다(出入无疾朋來无咎)'고 하는 것이다. '그 도를 반복해서 7일에 와서
회복한다(反復其道七日來復)'는 것은 하늘의 행함이고, '가는 바를 둠이
이롭다(利有攸往)'는 것은 강강剛이 자라기 때문이니, 돌아옴에 그 천지의
마음을 볼 것이다.

觀心釋者, 佛性名爲天地之心, 雖闡提終不能斷, 但被惡所覆而不能
自見耳. 苦海無邊, 回頭是岸, 一念菩提心, 能動無邊生死大海. 復之
所以得亨者, 以剛德稱性而發, 遂有逆反生死之勢故也. 此菩提心一
動, 則是順修, 依此行去, 則出入皆無疾, 朋來皆無咎矣. 然必反復其

할 수 있고, '본성에 완전히 부합하는 것(吻性)'은 곧 일심삼관의 수행을 통한
본성의 깨침을 의미하는 것이라 할 수 있다. 지욱의 이 같은 표현은 박괘의
상구 일양一陽을 일심삼관의 수행을 통한 완전한 깨달음의 경지로 보고 있는
특징적인 표현이라 할 수 있다. 또한 복괘는 본성에 부합하여 중생을 교화하는
것(稱性垂化)이라고 표현하고 있다. 복괘의 초구 일양을 깨달음을 증득한 박괘의
상구 일양이 혼자만의 열반락涅槃樂에 머물지 않고 중생교화를 위해 다시 중생
곁으로 되돌아온 것으로 보고 있는 관점의 표현이라 할 수 있다. 지욱은 이렇듯
삼제원융론과 일심삼관론을 원용한 박괘와 복괘의 뜻을 수행과 깨달음이라고
하는 수증론修證論의 관점에서 해석하고 있음을 알 수 있다.

道七日來復者, 體天行之健而爲自强不息之功, 當如是也. 充此一念
菩提之心, 則便利有攸往. 以剛雖至微, 而增長之勢已自不可禦也, 故
從此可以見吾本具之佛性矣. 又出謂從空出假, 入謂從假入空, 旣順
中道法性, 則不住生死, 不住涅槃, 而能遊戲於生死涅槃, 故無疾也.
朋謂九界性相, 開九界之性相, 咸成佛界性相. 故無咎也.

마음을 관하는 것으로 해석하면, 불성은 천지의 마음이라 부를 수
있다. 비록 천제[429]라고 하더라도 마침내 단절시키지 못하는 것이며,
다만 악에 덮여서 스스로 볼 수 없을 뿐이다. 고해(苦海: 중생들이
사는 괴로움이 가득한 사바세계)가 끝닿은 데가 없다고 하지만, 머리를
돌이켜보면 바로 피안(彼岸: 진리의 세계, 열반의 경지)의 세계이다.

한 생각의 보리심(菩提心: 진여, 불성, 진리를 추구하는 마음)이 무변한
생사의 대해를 움직이게 한다. 그것을 회복하는 까닭에 형통함을 얻게
된다는 것은, 강건한 덕으로써 본성에 계합하여 지혜를 일으켜 마침내
생사를 거슬러갈 수 있는 힘을 소유할 수 있기 때문이다. 이러한 보리심
이 한번 움직이게 되면 곧 수행은 순조롭게 된다. 이러한 수행을 의지해
나가게 되면 출입하는 데 아무런 병이 없게 되어 벗이 찾아오더라도
허물이 없는 것이다. 그러나 '반드시 그 도를 반복해서 7일에 와서
회복한다(必反復其道七日來復)'는 것은 천행天行의 강건함을 체득하여
자강불식自强不息의 공덕을 이루는 것이 마땅히 이와 같기 때문이다.
이러한 일념 보리심을 확충해 나가는 것을 곧 '갈 바를 둠이 이롭다(利有

---

429 천제闡提: 일천제一闡提의 준말이다. 단선근斷善根·신불구족信不具足의 뜻으로,
곧 성불할 가능성이 없는 지극히 어리석고 극악무도한 중생을 가리킨다.

攸往)'고 한다. 강건함이 비록 지극히 미약하지만 증장해 나가는 힘은 이미 자기 자신도 막을 수 없다. 그러므로 이것을 좇아서 내가 본래 구족하고 있는 불성을 깨달을 수 있는 것이다.

또한 '출出'은 공空을 좇아서 가假로부터 벗어남을 말하고, '입入'은 가假를 좇아서 공空에 들어감을 말한다. 이미 중도의 법성을 수순하게 되면 생사에도 머물지 않고 열반에도 머물지 않게 되어 생사와 열반에 자유롭게 노닐 수 있게 된다. 그러므로 '병이 없다(無疾)'고 한다. '붕朋'은 모든 중생세계(九界)의 성상性相을 말한다. 구계의 성상을 열어 모두 불계佛界의 성상을 이루게 하므로 '허물이 없다(無咎)'고 하는 것이다.[430]

---

430 본 『선해』에서 지욱은 불성을 천지의 고유한 마음에 비유하고, 복괘의 괘의를 이러한 천지의 마음인 불성을 회복하는 것으로 재해석하고 있다. 또한 이러한 불성을 회복하는 과정을 불교에 있어 수행의 과정에 비유하고 불성의 회복을 통해 결과적으로 『주역』에서 말하는 '형통함(亨)'을 성취하게 된다고 말하고 있다. 나아가 지욱은 이러한 본래 구족한 불성, 곧 중도법성을 수순하여 삶을 살게 되면 생사와 열반, 그 어느 한쪽에도 머물지 않게 되어 생사와 열반에 상관없이 어느 곳에서도 자유롭게 노닐며 살게 되는데, 이러한 경지가 바로 복괘에서 말하는 '무질無疾'의 뜻에 해당한다고 정의하고 있다. 지욱은 또한 '붕래무구朋來無咎'를 해석하면서 '붕朋'의 뜻을 구계의 성상性相에 비유하고, '무구無咎'의 뜻을 이러한 구계의 성상(性相: 朋)을 개발시켜 부처의 성상을 이루게 하는 것으로 재해석하고 있다. 지욱의 이러한 관점의 해석은 복괘의 괘의를 해석하면서 대승불교의 불성, 일념보리심, 피안, 공, 중도법성, 열반 등과 같은 교설을 종합적으로 원용하여 괘효의 의미를 불교적으로 재해석하고 있음을 알 수 있다.

象曰 雷在地中이 復이니 先王이 以하야 至日에 閉關하야 商旅ㅣ
상왈 뇌재지중 복 선왕 이 지일 폐관 상려

不行하며 後不省方하나라.
불행 후불성방

「상전」에 이르길 우레(雷, ☳)가 땅(地, ☷)속에 있는 것이 '복復'이니,
선왕이 이를 본받아서 동짓날에 관문을 닫아서 상인과 나그네가 다니지
않으며, 임금이 지방을 순행하지 않는다.

楊慈湖曰, 舜禹十有一月朔巡狩. 但於冬至日則不行耳. 觀心釋者, 復
雖有剛長之勢, 而利有攸往, 然必靜以養其機. 故觀行卽佛之先王, 旣
大悟藏性之至日, 必關閉六根, 脫粘內伏, 暫止六度萬行商旅之事, 但
觀現前一念之心, 而未可徧歷陰界入等諸境以省觀也.

양자호[431]는 "순임금과 우임금은 11월 초하루에는 순행하였지만, 다만
동짓날에는 순행하지 않았다"라고 하였다.[432]

　마음을 관찰하는 것으로 해석하면, '복復'은 비록 강剛이 자라나는
기세가 있어 '가는 바를 둠이 이롭다(利有攸往)'고는 하지만, 그러나
반드시 고요히 함으로써 그 기미를 길러야만 한다.[433] 그러므로 '선왕先
王'에 비유될 수 있는 관행즉불(觀行卽佛: 육즉의 하나로 곧 마음의 관찰하
는 수행단계)의 수행을 통해 이미 감춰진 본성(藏性: 如來藏性)의 불성
(至日)을 크게 깨달았다면, 반드시 육근(六根: 곧 눈·귀·코·혀·몸·마음

---

431 양자호에 대해서는 각주 164 참조 바람.

432 양자호의 저서 『양씨역전楊氏易傳』에서 언급되고 있다.

433 곧 선정을 닦음으로써 지혜의 기틀을 길러야 된다는 의미이다.

등의 여섯 감각기관)을 철저히 단속하여 집착에서 벗어나 안으로 마음의
번뇌를 다스려야만 한다(脫粘內伏).⁴³⁴ 잠시 장사치와 나그네(商旅)에
비유될 수 있는 육도만행⁴³⁵의 보살행도 잠시 멈춰야만 한다. 다만
눈앞에 나타나는 일념의 마음만을 관찰해야만 하는 것이다. 5음陰,
18계界, 6입入 등의 모든 경계 등을 대상으로 두루 관찰해서는 안
된다.⁴³⁶

初九는 不遠復이라 无祇悔니 元吉하니라.
초 구 불 원 복 무 지 회 원 길

초구는 머지않아 회복하는 것이다. 뉘우침에 이르지 않으니 크게 길
하다.

象曰 不遠之復은 以修身也 l 라.
상 왈 불 원 지 복 이 수 신 야

---

434 『능엄경』 제4권에서 "하나의 근(육근 가운데 어느 하나)을 선택하여 집착에서
   벗어나 안으로 마음의 번뇌를 다스려 원래의 참된 모습으로 돌아가면 본래의
   밝은 빛이 드러날 것이다. 밝은 성품이 드러나 밝아지면 나머지 오근도 마땅히
   집착에서 벗어나 원만히 해탈할 것이다(隨拔一根, 脫黏內伏, 伏歸元眞, 發本明耀,
   諸餘五黏, 應拔圓脫.)"라는 내용으로 설해지고 있다.

435 육도만행六度萬行: 대승불교의 수행자가 여섯 가지 바라밀(육바라밀: 보시·지계
   ·인욕·정진·선정·반야)을 완전하게 수행하는 것.

436 '음陰'은 곧 색色·수受·상想·행行·식識의 오온을, '계界'는 육근(六根: 안·이·비·
   설·신·의), 육경(六境: 색·성·향·미·촉·법), 육식(六識: 안식·이식·비식·설식
   ·신식·의식) 등을 합한 18계를, '입入'은 대상을 접촉하여 받아들이는 여섯
   가지 감각기관인 육근, 혹은 그 작용을 가리킨다.

「상전」에 이르길 '머지않아 회복한다'는 것은 몸을 닦기 때문이다.

此如顔子. 約佛法者, 正慧了了, 頓見佛性, 頓具諸行, 所以元吉, 如圓教初住. 又約六度, 卽是般若正道.

이는 안자(顔子: 顔回, B.C. 521~490)와 같다. 불법으로 요약하면, 바른 지혜가 명료해져서 문득 불성을 깨닫고 문득 모든 행이 갖춰지는 것이라 할 수 있다. 그렇기 때문에 '크게 길하다(元吉)'고 한다. 마치 원교圓敎의 초주初住[437]와 같다. 또한 육바라밀로 요약하면, 곧 반야정도(般若正道: 반야바라밀)를 가리킨다.

六二는 休復이니 吉하니라.
육 이   휴 복   길

육이는 아름답게 회복하는 것이니, 길하다.

象曰 休復之吉은 以下仁也ㅣ라.
상 왈 휴 복 지 길   이 하 인 야

「상전」에 이르길 아름답게 회복해서 길하다는 것은 아래가 어질기 때문이다.

此如曾子. 約佛法者, 正定得中, 鄰眞近聖, 如圓敎十信. 又約六度,

---

437 원교초주圓敎初住: 보살이 수행하는 계위인 52위 중 제11위에서 제20위까지의 수행계위를 십주十住라 하는데, 원교초주는 이러한 십주의 초주인 발심주發心住를 가리킨다.

卽是正定與慧相連.

이는 증자(曾子: 曾參, B.C 505~434)와 같다. 불법으로 해석하면, 바른 선정이 중도를 얻어 진리와 이웃하여 성인의 경지에 가까이 이른 것이다. 원교의 십신十信[438]과 같다. 또한 육바라밀로 요약하면, 이는 바른 선정이 지혜(초구)와 더불어 서로 이어져 있는 것이다.

六三은 頻復이니 厲하나 无咎ㅣ리라.
육 삼　빈 복　　려　　무 구

육삼은 자주 회복함이니 위태하나 허물은 없다.

象曰 頻復之厲는 義无咎也ㅣ니라.
상 왈　빈 복 지 려　　의 무 구 야

「상전」에 이르길 자주 회복해서 위태롭다는 것은 의리가 허물이 없는 것이다.

此如子路. 約佛法者, 有定有慧, 而不中正, 故須先空次假後中, 名爲頻復, 勤勞修證而得無咎. 又約六度, 卽是精進, 勤策相續.

이는 자로子路와 같다. 불법으로 요약하면, 선정도 있고 지혜도 있으나 중정하지 못하다. 그러므로 모름지기 먼저 공관空觀을 닦고 가관假觀를

---

438 십신十信: 보살이 수행하는 계위 52위 중 처음의 10위로, 부처님의 교법을 믿어 의심이 없는 단계의 수행지위를 가리킨다. 곧 신심信心·염심念心·정진심精進心·혜심慧心·정심定心·불퇴심不退心·호법심護法心·회향심廻向心·계심戒心·원심願心을 말한다.

닦은 이후에 중관中觀을 닦아야 하니, '자주 회복한다(頻復)'라고 부르는 이유이다. 부지런히 수고롭게 수행하여 깨달음을 증득하게 되므로 허물이 없다. 또한 육바라밀로 요약하면, 이는 정진바라밀이니 부지런히 경책하면서 계속 정진하는 것이다.

六四는 中行호대 獨復이로다.
육사 중행 독복

육사는 중으로 행하되 홀로 회복하는 것이다.

象曰 中行獨復은 以從道也ㅣ라.
상왈 중행독복 이종도야

「상전」에 이르길 '중으로 행하되 홀로 회복한다(中行獨復)'는 것은 도를 따르기 때문이다.

此如蘧伯玉. 約佛法者, 正定而與初應, 如通教利根, 接入於圓. 又約六度, 卽是忍辱, 由與初應, 則生法二忍, 便成第一義忍.

이는 거백옥蘧伯玉과 같다. 불법으로 요약하면, 바른 선정이 초효(지혜)와 더불어 상응하니 마치 통교通教의 수승한 근기의 수행자가 원교圓教[439]의 가르침에 입문하는 것이라 할 수 있다. 또한 육바라밀로 요약하

---

439 천태종에서는 부처님의 가르침을 그 내용에 따라 크게 네 가지로 분류하고 있다. 바로 장교藏教, 통교通教, 별교別教, 원교圓教를 내용으로 한 화법사교化法四教이다. 통교는 성문·연각·보살에게 공통적으로 적용되는 가르침이라는 뜻으로, 주로 공에 대한 이치를 가르치고 있다. 또한 원교는 보살승 중에서도 최상근

면, 곧 인욕바라밀이다. 초구(지혜바라밀)와 상응함으로 말미암아 곧
생인生忍과 법인法忍의 두 가지 인욕을 통해 한순간 제일의인第一義忍을
성취하는 것이다.[440]

六五는 **敦復**이니 **无悔**하니라.
육 오   돈 복   무 회

육오는 두텁게 회복하는 것이니, 후회가 없다.

象曰 敦復无悔는 **中以自考也** ㅣ라.
상 왈 돈 복 무 회   중 이 자 고 야

「상전」에 이르길 '두텁게 회복하니 후회가 없다(敦復无悔)'는 것은 중中
으로써 스스로 살피는 것이다.

此如周宣, 漢文, 宋仁. 約佛法者, 定慧調均, 亦且得中. 但與陽太遠,
故必斷惑證眞之後, 俟開顯而會入圓位, 如藏通二乘. 又約六度, 卽是

기의 보살만을 대상으로 설해지는 부처님 가르침 중에서 가장 수승하고 원만한
가르침을 뜻한다. 주로 중도실상에 대한 법문을 설한다.

440 '생법이인生法二忍'은 곧 '중생인衆生忍'과 '무생법인無生法忍'을 가리킨다. 중생인
은 보살이 다른 중생들에게 온갖 해로움을 받더라도 성내지 않고 괴롭게 여기지
않으며, 조금도 원수 갚을 마음을 일으키지 않고 참고 견디는 인욕행을 뜻하며,
무생법인은 불생불멸하는 진여법성을 인지認知하고, 거기에 안주하여 탐·진·치
삼독심과 같은 번뇌의 미혹한 마음과 불선한 온갖 동요의 마음을 일으키지
않음을 뜻한다. 또한 '제일의인第一義忍'은 가장 수승하고 으뜸가는 인욕행이라
는 뜻으로, 중생인과 무생법인을 통해 중도실상의 진리를 깨달아 불법에 안주하
여 모든 것을 능히 참고 이겨냄을 말한다.

持戒. 雖遠於初, 但自考三業無失, 自然合理而得無悔.

이는 주나라 선왕宣王, 한나라 문제文帝, 송나라 인종仁宗과 같다. 불법으로 요약하면, 선정과 지혜가 조화롭게 균등하고, 또한 중中을 얻은 것이라 할 수 있다. 다만 양(陽: 초구, 지혜)과 더불어 너무 멀리 떨어져 있다. 그러므로 반드시 미혹을 끊고 진리본성을 깨달은 이후에야 지혜의 안목이 열려(開顯) 모든 방편의 가르침에서 벗어나(會入) 부처의 지위(圓位)에 들어갈 수 있는 것이다. 마치 장교와 통교의 이승과 같다고 할 수 있다.

또한 육바라밀로 요약하면, 곧 지계바라밀이다. 비록 초구(지혜)와 멀리 있다 해도 다만 스스로 삼업(三業: 신업·구업·의업)에 허물이 없는지를 성찰하게 되면 자연히 이치(불성)에 부합하여 후회가 없게 된다.

上六은 **迷復**이라 **凶**하니 **有災眚**하야 **用行師**ㅣ면 **終有大敗**하고 **以其國**이면 **君**이 **凶**하야 **至于十年**히 **不克征**하리라.

상육은 아득히 회복하는 것이다. 흉하니 재앙이 있어서 군사를 써 행하면 마침내는 크게 패함이 있고, 그 나라로써 하면 임금이 흉해서 10년에 이르기까지 능히 정벌하지 못한다.

象曰 迷復之凶은 **反君道也**ㅣ새라.

「상전」에 이르길 아득히 회복해서 흉하다고 하는 것은 임금의 도(육오)
에 위배되기 때문이다.

此如王安石方孝孺等, 生今反古, 名爲迷復, 非昏迷不復之謂. 約佛法
者, 不中不正, 恃世間小定小慧, 以爲極則, 因復成迷, 故不惟凶, 且有
災眚. 若以此設化敎人, 必大敗法門, 損如來之正法, 至於十年而弗克
征. 以其似佛法而實非佛法, 反於圓頓大乘之君道, 如今世高談圓頓
向上者是也. 又約六度, 卽是布施, 而遠於智慧. 著相, 著果報, 起慢,
起愛, 亦能起見, 故雖是善因, 反招惡果, 良由不達佛法之君道故耳.

이는 왕안석[441]과 방효유[442] 등과 같다. 오늘날에 태어난 자가 옛 도에

----

441 왕안석(王安石, 1021~1086): 북송의 철학가, 정치가, 문학가이며, 당송팔대가의
한 사람이다. 지금의 강서성 무주 임천 출신으로, 자는 개보介甫, 호는 반산半山이
다. 세상 사람들은 왕형공王荊公이라고도 불렀다. 일찍이 진사에 급제하여 지방
관리가 되었고, 송의 신종 때에는 두 번이나 재상을 지냈다. 그는 1069~76년에
신법新法이라는 혁신정책을 단행하였다. 왕안석은 당시에 실용주의적인 경향이
강한 남부 출신의 신법당新法黨에 속해 있었다. 이들은 북부 출신의 대토지를
소유한 보수적인 구법당舊法黨과 대립하였다. 1058년 왕안석은 송의 인종仁宗에
게 「만언서萬言書」를 올렸다. 이 글은 후에 그가 시행하게 될 정책과 그의
정치이론의 기초를 서술한 것이었지만, 당시에는 이러한 제안이 실행에 옮겨지
지 못했다. 그 내용은 주로 관료제에 초점을 맞추고 자신의 직무에 필요한
기술을 갖춘 유능한 관리들을 육성·선발할 것을 주장하는 것이었다. 1067년(또
는 1068년) 신종神宗 즉위 후에는 한림학사翰林學士가 되어 황제의 신뢰를 얻었
다. 1069년 참지정사參知政事가 되어 다양한 내용의 개혁정책을 실행에 옮겼다.
하지만 일부 개혁조처에 대한 대중적인 불만이 높아가고 심한 기근까지 겹치자,
왕안석에 반대하는 보수파의 입지가 강화되었다. 그는 결국 내외의 압력에
밀려 1074년에 물러날 수밖에 없었다. 다음해 다시 재상이 되었지만 황제로부터

어긋나게 행하니, '아득히 회복한다(迷復)'고 한다. 혼미해서 회복하지

전권을 위임받지는 못했다. 이와 같은 좌절을 경험한데다 아들까지 죽자 의욕을 잃고 1076년 말 재상에서 물러났다. 개혁의 기본골격은 신종이 살아 있는 동안은 그대로 유지되었지만, 1085년(또는 1086년) 신종이 죽자 신법은 적의에 찬 개혁반대파들에 의해 폐지되었다. 그 후 몇십 년 간 신·구법당의 당쟁이 이어지는 가운데 신법은 1093~1125년에 완화된 형태로 부활되기도 했다. 왕안석은 강한 신념을 가진 사람이었으나, 때로는 다른 사람의 의견을 무시하기도 하여 자신의 행동과 그 행동의 동기에 대해 오해나 공격을 받기 일쑤였다. 고위관리들은 그에게 협력하지 않았으며, 하급관료들은 무능력하고 비양심적이어서 왕안석과 그의 정책들은 결국 반발을 살 수밖에 없었다. 은퇴한 후에 그는 어원 연구에 관한 저술 및 학문을 계속하며 조용한 여생을 보냈다. 유교경전의 실용적인 응용을 중시한 왕안석은 『시경』·『서경』·『주례』를 독창적으로 해석하여 이를 '신의新義'라 부르고 과거시험의 기본서로 채택하고자 했다. 이에 대해 보수파들은 매우 놀랐다. 그러나 후대에 당송팔대가로 꼽힌 그의 문장력은 동료와 적 모두에게 인정을 받았다. 유려한 시문들, 특히 선종禪宗의 분위기가 느껴지기도 하는 만년의 작품들은 높이 평가받고 있다. 중국에 통일제국이 세워진 이래 전례 없는 규모로 단행된 왕안석의 개혁은 비록 항상 기대했던 결과를 낳은 것은 아니었지만 백성들의 도덕적인 수준을 향상시키고 그들에게 물질적인 풍요를 가져다주며, 나아가서는 국가를 부강하게 만드는 데 목표를 두고 있었다고 볼 수 있다. 그러나 왕안석과 그의 개혁은 일부를 제외하고는 20세기까지도 비방의 대상이 되었다.

442 방효유(方孝孺, 1357~1402): 자는 희직希直·희고希古, 호는 손지遜志·정학正學이다. 절강성浙江省 영해현(寧海縣 : 지금의 象山縣) 사람이다. 어려서부터 독서를 좋아하였고 13세에 고문古文을 지었다고 하는데 문풍이 한유韓愈와 비슷하다고 하여 '소한유'라고도 불렸다. 대대로 관료를 배출한 집안의 자제로 10세 때 당대의 석학인 송렴宋濂에게 배우고 그 문하에서 제1인자라는 칭송을 받았다. 처음 홍무연간(洪武年間: 1368~98)에 주원장朱元璋에게 두 번이나 추천되었지만 받아들여지지 않다가 혜제惠帝 때 기용되어 한림원翰林院 시강侍講에 임명되었다. 이어 시강학사(侍講學士: 후에 문학박사)에 추천되어 국정에 간여하게 되었

못함을 말하는 것이 아니다.

불법으로 요약하면, 중도도 지키지 못하고 바르지도 않으면서 세간의 작은 선정과 작은 지혜에 의지해서 부처의 깨달음(極則)이라고 여기는 것이다. 회복이 아득할 수밖에 없는 이유이다. 그러므로 흉할뿐만 아니라 또한 재앙도 있을 수밖에 없다. 만약 이러한 경계로써 교화에 나서 사람들을 가르치고자 한다면 반드시 크게 법문을 무너뜨리고(敗) 여래의 정법을 손상시켜서 10년의 세월이 지나더라도 능히 극복하여 되돌릴 수(克征) 없을 것이다. 그것은 불법과 비슷하지만 실제로는 불법이 아니기 때문에 원돈(圓頓: 원교의 한순간 문득 깨달음에 이르게 하는 진리)인 대승의 궁극적인 가르침(君道)과도 어긋난다. 마치 지금 세상(지욱이 살던 당시의 불교)에서 원돈의 깨달음에 대해 고상하게 담론만 하고 있는 자들이 바로 이러한 경우라 할 수 있다.

또한 육바라밀로 요약하면, 곧 보시바라밀이라 할 수 있다. 지혜에서 멀어졌기에 상(相: 보시를 실천한다는 자랑의 마음)과 과보(果報: 보시의 공덕으로 좋은 결과를 얻는 것)에 집착하고, 자신을 내세우는 아만심(慢)

다. 연왕燕王 주체(朱棣: 永樂帝)가 거병하여 제위를 찬탈하고, 방효유에게 등극의 조서를 작성하라고 강요하였다. 그러나 방효유는 그의 명령을 거절하였고 이로 인해 영락제는 그를 책형(磔刑: 사지를 찢어 죽이는 형벌)에 처하고 처자를 비롯하여 일족 800여 명을 살해하였다. 방효유의 학문은 송학宋學을 계승하였다. 유명한 산문가이기도 한 그의 문장은 간결하고 뜻이 확실하였다. 또 그는 생각을 솔직하게 서술하였다. 문풍이 호방하고 웅건하여 당시 사람들이 즐겨 암송하였다. 영락제 시대에는 그의 문집을 들고 다니는 것만으로도 사형에 처해졌다고 한다. 저서에 『손지재집遜志齋集』 24권, 『방정학선생집方正學先生集』이 있다. 시호는 문정文正이다.

과 대상에 집착하는 애착심(愛)을 일으키며, 또한 능히 삿된 견해(邪見)를 일으킨다. 그러므로 비록 이것(보시바라밀)이 선업을 쌓은 원인이 되기는 하지만, 도리어 나쁜 과보를 초래할 수도 있다. 진실로 불법의 궁극적인 진리(君道)를 통달하지 못했기 때문이다.

(25) ䷘ 천뢰무망天雷无妄

无妄은 元亨하고 利貞하니 其匪正이면 有眚하릴새 不利有攸往하
무 망　원 형　　이 정　　기 비 정　　유생　　　　불 리 유 유 왕
니라.

'무망无妄'은 크게 형통하고 바르게 함이 이로우니, 그 바르지 않으면
재앙이 있기 때문에 갈 바를 둠이 이롭지 않다.

約世道, 則中興之治, 合於天道而无妄. 約佛法, 則中興之化, 同於正法
而无妄. 約觀心, 則復其本性, 眞窮惑盡而无妄, 皆元亨而利於正者也.
然世出世法, 自利利他, 皆須深自省察. 不可夾一念之邪, 不可有一言
一行之眚, 儻內匪正而外有眚, 則決不可行矣, 聖人持滿之戒如此.

세상의 이치로 요약하면, 중흥의 다스림이 천도天道에 합하여 망령됨이
없는 것(无妄)이다. 불법으로 요약하면, 불법을 중흥시켜 대중을 교화
하는 것이 정법에 어긋나지 않으므로 망령됨이 없는 것이다.

　마음을 통찰하는 것으로 요약하면, 그 본성을 회복하여 참된 성품(불
성)을 궁구하면 미혹이 모두 사라져서 망령됨이 없게 되는 것(无妄)이
다. 모두 크게 형통하고 바르게 됨으로써 이롭다. 그러나 세간법이든
출세법이든 자신도 이롭고 남도 이롭게 하기 위해서는 모두 깊이 스스로
를 성찰해야만 한다. (그렇게 실천하면) 일념의 삿된 마음이 생겨날

틈이 없고, 한마디 말과 하나의 행동에 있어서도 재앙이 있을 수 없게
된다. 만약 안으로 바르지 못해서 밖으로 재앙이 있게 된다면 결코
해서는 안 되는 것이다. 성인이 지만持滿[443]을 경계하심이 이와 같다.

象曰 无妄은 剛이 自外來而爲主於內하니 動而健하고 剛中而應
단왈 무망　강　자외래이위주어내　동이건　강중이응

하야 大亨以正하니 天之命也ㅣ라. 其匪正有眚不利有攸往은 无
대형이정　천지명야　기비정유생불리유유왕　무

妄之往이 何之矣리오. 天命不祐를 行矣哉아.
망지왕　하지의　천명불우　행의재

「단전」에 이르길 '무망无妄'은 강剛이 밖으로부터 와서 안을 주장하니,
움직여 굳건하고 강이 가운데 하여 (육이와) 응해서 크게 형통하고

---

[443] 『사기』「월왕구천세가越王勾踐世家」편에서 '지만持滿'이 표현되고 있다. 본래의
뜻은 활시위를 당길 만큼 당긴 그대로 화살을 놓지 않는 것을 말하며, 큰일을
도모하기 위해 긴장을 풀지 않고 마음 가득 포부를 가지고 있는 것을 비유하는
말이다. 월越나라 수도 회계會稽가 오왕吳王 부차夫差에게 포위되자, 월나라
상장군上將軍인 범려范蠡가 월왕 구천勾踐에게 한 말 가운데 '지만持滿'이란 말이
나온다. '지만'은 '영만盈滿'이라고도 하는데, 이것을 인생의 교훈으로 삼는다면
만반의 준비를 갖추고 때를 기다린다는 교훈이 된다. 풍선을 터뜨리지 않으려면
공기가 가득 찬 상태에서 불기를 그쳐야 한다. 이런 상태를 '지만지도持滿之道'라
고 한다. 세상에 어떤 물건이든 가득 차고도 엎어지지 않는 것은 없다는 뜻이다.
또한 『공자가어孔子家語』에도 같은 표현이 나온다. "하늘의 도는 이루면 반드시
변하게 한다. 무릇 가득함을 유지하면서 항구한 것은 일찍이 없었다(天道成而必
變 凡持滿而能久者 未嘗有也.)"라는 내용이다. 지욱이 『선해』에서 이러한 표현을
인용해서 쓰고 있는 것은 바로 마음에 삿된 욕심이 없다는 '무망'괘의 괘의를
나타내고자 한 것이라 볼 수 있다. 마음의 욕심을 청정하게 비워야 결과적으로
재앙을 면할 수 있고, 크게 길할 수 있음을 강조하고 있는 것이다.

바르니 하늘의 명이다. '그 바르지 않으면 재앙이 있기 때문에 갈 바를
둠이 이롭지 않다(其匪正有眚不利有攸往)'는 것은 '무망'의 감이 어디를
갈 수 있겠는가? 천명이 돕지 않는 것을 행할 수 있겠는가?

震之初爻, 全攬乾德爲體, 故曰自外來爲主於內也. 性德雖人人本具,
然在迷情, 反爲分外, 今從性起修, 了知性德是我固有, 故名爲主於
內. 夫旣稱性起修, 必須事事隨順法性, 儻三業未純, 縱有妙悟, 不可
自利利他. 旣不合於性德, 則十方諸佛不護念之, 安能有所行哉.

진(震, ☳)괘의 초효는 건(乾, ☰)괘의 덕을 온전히 받아들여 체로
삼고 있다. 그러므로 '밖으로부터 와서 안에서 주장한다(自外來爲主於
內)'고 한다. 불성의 덕(性德)은 비록 사람마다 본래 모두 구족하고
있지만, 미혹한 마음(迷情)이 있게 되어 도리어 밖으로 분리되게 된
것이다. 이제 불성을 좇아 닦음을 일으켜서 성덕性德이 본래 나에게
구족되어 있음을 깨닫는 것이다. 그러므로 '안에서 주장한다(主於內)'
고 한다. 무릇 불성에 계합하여 닦음을 일으키려면 반드시 모든 일에
있어 진리의 성품(法性)을 수순해야만 한다. 만약 삼업三業이 순수하지
못하면 비록 오묘한 깨달음을 얻었다고 하더라도 자신과 남을 함께
이롭게 하지 못한다. 이미 불성의 덕(性德)에 계합하지 못했다면 시방세
계의 모든 부처님이 그를 보호해주지 않을 것이다. 어찌 능히 행할
수 있겠는가?

象曰 天下雷行하야 物與无妄하니 先王이 以하야 茂對時하야 育
상왈 천하뇌행   물여무망   선왕 이   무대시   육

萬物하니라.
만 물

「상전」에 이르길 하늘(天, ☰) 아래 우레(雷, ☳)가 행해서 사물마다 무망(无妄: 청정한 본원적인 천성)을 주니, 선왕이 이를 본받아 성하게 때를 대해서 만물을 양육한다.

佛法釋者, 師子奮迅, 三世益物, 名茂對時. 番番種熟脫, 使三草二木 任運增長而歸一實, 名育萬物.

불법으로 해석하면, 부처님(師子)이 용맹스러운 사자같이 떨쳐 일어나 삼세(三世: 과거·현재·미래)의 중생들을 이롭게 하심을 '성하게 때를 대한다(茂對時)'고 한다. 모든 중생에게 불성의 씨앗을 심고 성숙시키며 해탈하게 하여 삼초(三草: 小草인 人天, 中草인 성문과 연각, 上草인 장교의 보살)와 이목(二木: 小樹인 통교의 보살, 大樹인 별교의 보살)으로 하여금 저절로(任運) 자라나게 해서 하나의 열매(一實: 궁극적으로 본성을 깨달아 부처의 경지를 이루는 것)로 돌아가게 하는 것을 '만물을 양육한다(育萬物)'고 하는 것이다.

初九는 无妄이니 往에 吉하리라.
초 구   무 망   왕   길

초구는 망령됨이 없으니, 나아감에 길하다.

象曰 无妄之往은 得志也ㅣ리라.
상 왈 무 망 지 왕   득 지 야

「상전」에 이르길 무망의 나아감은 뜻을 얻을 것이다.

象云无妄之往何之矣, 乃指匪正有眚, 出於无妄而往於妄也. 此云无妄往吉, 乃依此眞誠无妄而往應一切事也, 所以得志而吉.

「단전」에서 '무망의 감이 어디를 갈 수 있겠는가(无妄之往何之矣)?'라고 말한 것은 바르게 하지 않으면 재앙이 있기 때문에 무망에서 벗어나 망령된 곳(미혹된 마음)으로 가는 것을 지적한 것이다. 이러한 '망령됨이 없으니 나아감에 길하다(无妄往吉)'고 하는 말은 진실한 무망을 의지해서 마땅히 모든 일에 나아가 대응한다는 뜻이다. 까닭에 뜻을 얻어서 길할 수 있는 것이다.

六二는 不耕하야 穫하며 不菑하야 畬ㅣ니 則利有攸往하니라.
육이 불경 확 불치 여 즉이유유왕

육이는 밭을 경작하지 않았는데도 수확하며, 1년 밭을 경작하지 않았는데도 3년 밭갈이 되니, 곧 가는 바를 둠이 이롭다.

象曰 不耕穫은 未富也ㅣ라.
상왈 불경확 미부야

「상전」에 이르길 '밭을 경작하지 않았는데도 수확한다(不耕穫)'는 것은 부富하려고 하는 것이 아니다.

田一歲曰菑, 三歲曰畬. 世未有不耕而穫, 不菑而畬者. 夫不耕不菑. 此絶無望於穫畬者也. 然能穫能畬, 此何以致之乎. 孔子云, 隱居以求

其志, 行義以達其道. 又云, 耕也餒在其中矣. 學也, 祿在其中矣. 六二
以陰柔中正, 上應九五陽剛中正之君, 惟以求志達道爲心, 而毫不以
富貴利祿爲念, 乃利有攸往而不變其塞耳.

1년 간 묵힌 밭을 '치菑'라 하고, 3년 간 묵힌 밭을 '여畬'라 한다. 세상에
경작을 하지 않고도 수확하며, 한 해 동안 개간한 밭이 삼 년 묵은
밭이 되는 경우는 있을 수 없다. 대저 밭을 갈지도 않고 일 년도 묵히지
않는, 이러한 경우에 있어서는 절대로 삼 년 묵은 밭을 얻기를 바랄
수 없다. 그러나 능히 거두고 능히 삼 년 묵은 옥토의 밭이 된다고
하였으니, 이는 어떤 이치인가? 공자께서 말씀하시기를 '은거하면서
자기의 뜻을 추구하고, 의를 행함으로써 도를 달성한다.'[444]고 하셨으
며, 또한 '농사를 지어도 그 가운데 굶주림이 있을 수 있으나, 학문에
힘쓰면 그 가운데 녹祿을 얻을 수도 있다.'[445]고도 하셨다.

　육이는 음으로 부드러우면서도 중정하므로 위로 구오인 양강陽剛하
면서도 중정한 군자와 상응하고 있다. 오직 도를 통달하고자 하는
뜻으로써 본마음을 삼을 뿐, 터럭만큼도 부귀와 이록利祿을 생각하지
않는다. 바로 갈 바를 둠이 이롭지만 그 어려울 때의 지조를 지켜
변하지 않을 뿐이다.

六三은 无妄之災니 或繫之牛하나 行人之得이 邑人之災로다.
육 삼　　무 망 지 재　　혹 계 지 우　　　행 인 지 득　　읍 인 지 재

---

444 『논어』 제16편 「계씨季氏」편 제11장에서 언급되고 있다.
445 『논어』 제15편 「위영공衛靈公」편 제31장에서 언급되고 있다.

육삼은 무망의 재앙이니, 혹 소를 매어 놓았지만 지나가던 사람이 얻음이 마을 사람들의 재앙이다.

象曰 行人得牛ㅣ 邑人災也ㅣ라.
상왈 행인득우   읍인재야

「상전」에 이르길 '지나가던 사람이 소를 얻는다(行人得牛)'는 것은 마을 사람들의 재앙이다.

不中不正, 居震之上, 此執无妄之理而成災者也. 夫行人得牛, 何乃執理而求償於邑人, 豈非禍及無辜者乎. 吳幼淸曰, 无妄之善有三, 剛也, 當位也, 無應也. 剛者, 實也, 當位者, 正也, 無應者, 無私累也. 諸爻或有其三, 或有其二, 或有其一. 初九三皆全, 其最善也. 九五九四有其二, 九五剛而中正, 九四剛而無應, 是其次也. 六二上九有其一, 六二中正, 上九剛實, 是又其次也. 唯六三於三者咸無焉, 而亦得爲无妄, 何也. 下比中正之六二, 上比剛實無私之九四, 譬如有人, 在己雖無一善, 而上有嚴師, 下有良友, 親近切磨, 夾持薰染, 亦不至於爲惡, 上六三之所以亦得爲无妄也. 陳旻昭曰, 世固有忠臣孝子, 遇不得已之時勢, 竟冒不忠不孝之名, 而萬古不能自白者. 因災而息其欲自陳白之妄心, 是爲无妄之災. 如繫牛於邑, 而行人得之, 彼行人決不可查考, 而邑人決無以自白. 惟有吞聲忍氣, 陪償其牛而已, 忠臣孝子之蒙怨者, 亦復如是.

가운데 하지도 못하고 바르지도 않으면서 진(震, ☳)의 윗자리에 거처하고 있다. 이것은 무망의 이치에만 집착해서 재앙을 이룬 것이다. 대저 지나가던 사람이 소를 얻으면 어떻게 이치에만 집착하여 마을 사람들에게 배상을 요구할 수 있겠는가? 어찌 재앙이 허물이 없는(無 眚) 사람에게까지 미치지 않을 수 있겠는가!⁴⁴⁶

오유청(吳澄, 1249~1333)이 말하길 "무망에는 세 가지 좋은 것이 있는데 강건함, 자리의 정당함, 응함이 없는 것 등이다. 강건함은 진실한 것이고, 자리의 정당함은 바른 것이며, 응함이 없는 것은 사사로 이 연루됨(私累)이 없다는 것이다. 모든 효에는 그중에서 혹은 세 가지가 다 있거나, 그중에서 혹은 두 가지만 있거나, 그중에서 혹은 한 가지만 있는 경우가 있다.

초구는 세 가지 모두를 온전히 갖추고 있어서 가장 훌륭하다. 구오와

---

446 육삼은 양의 자리에 음이 자리하고 있어 부당하고 중도 얻지 못한 처지이다. 이는 바른 도를 잃고 지극히 망령된 상태라 할 수 있다. 당연히 재앙이 있을 수밖에 없다. 이러한 육삼의 처지와 상황을 지욱은 무망의 이치에만 집착하여 재앙을 당하게 된 경우로 해석하고 있다. 무망은 곧 하늘로부터 부여받은 청정한 진리본성을 의미한다. 그러나 하늘로부터 부여받은 청정한 본성을 온전히 지켜내어 무망의 본성을 그대로 유지하기 위해서는 언제나 자신의 마음을 바르게 살피고 청정히 닦는 의지적인 수행의 노력이 필요하다. 그런데 지욱은 육삼이 이러한 무망의 본성을 가지고 있다는 이치에만 집착하여 후천적인 성찰과 닦음의 실천을 포기하고 불선한 행위를 통해 스스로 재앙을 초래하고 있다고 보고 있는 것이다. 이러한 육삼의 처신은 곧 자기 자신의 온전한 정신을 잃어버린 것에서 기인한다. 마치 지나가던 사람이 소(정신)를 훔쳐가버리듯, 자신의 정신을 잃어버렸기 때문에 재앙을 초래하는 불선한 행위를 하는 것이다. 그럼에도 불구하고 육삼은 모든 재앙의 원인을 자신에게서 찾지 않고 외부의 다른 사람에게서 찾고자 한다. 이는 결과적으로 남(마음 사람)에게까지 피해를 입히는 결과를 낳게 되는 것이다.

구사는 그중에서 두 가지만 있다. 구오는 강건하고 중정하며, 구사는 강건하고 응함이 없어 그(초구) 다음이다. 육이와 상구는 그중에서 한 가지만 있다. 육이는 중정하고, 상구는 강건하고 진실하여 또한 그(구오와 구사) 다음이다. 오직 육삼만이 세 가지가 모두 없으면서도 또한 무망을 얻게 된 것은 무슨 이유 때문인가? 아래로 중정한 육이와 서로 이웃하고(相比) 있고, 위로는 강건하고 진실해서 사사로움이 없는 구사와 서로 이웃하고 있기 때문이다. 비유하자면 마치 어떤 사람이 자기에게는 비록 한 가지의 선함도 없지만 위로 엄한 스승이 있고 아래로 좋은 벗이 있어서 친근하게 절차탁마하고, 곁에서 함께하며(夾持) 스승과 벗의 훌륭함을 배우고 익혀서(薰染) 또한 악하게 되지 않는 것과 같다. 이는 육삼이 또한 무망을 얻게 된 이유라 할 수 있다"[447]라고 하였다.

진민소는 말하길 "세상에는 진실로 충신과 효자가 부득이한 시세를 만나 마침내 불충하고 불효하는 사람이라는 오명을 뒤집어쓰고 만고에 스스로 고백할 수 없는 사람들이 있다. 재앙으로 인하여 그 스스로 진술하여 고백하고자 하는 망령된 마음마저 쉬니 이것이 '무망함의 재앙(无妄之災)'이 된다. 만약 마을에 소를 묶어 두었는데 행인이 훔쳐 가게 되면 저 행인을 결코 조사하여 신문할 수도 없고 마을 사람들도 결코 스스로 고백할 수 없으니, 오직 하고 싶은 말을 삼키고(呑聲) 화나는 마음을 참아서(忍氣) 그 소 값을 배상할 따름이다. 충신과 효자 중에서도 원망을 뒤집어쓴 사람들이 또다시 이와 같다"라고 하

---

447 『흠정사고전서欽定四庫全書』에 실려 있는 오유청의 저서 『역찬언易纂言』에서 언급되고 있다.

였다.

九四는 **可貞**이니 **无咎**ㅣ리라.
구 사　가 정　　무 구

구사는 가히 바르게 함이니, 허물이 없을 것이다.

象曰 可貞无咎는 **固有之也**ㄹ새라.
상 왈 가 정 무 구　　고 유 지 야

「상전」에 이르길 '가히 바르게 해서 허물이 없다(可貞无咎)'는 것은 굳게 두기 때문이다.

以陽居陰, 不好剛以自任, 蓋其德性然也.

양효로써 음의 자리에 거처하고 있으니 강건하다고 스스로 자임하기를 좋아하지 않는다. 대개 그 덕성이 그러하기 때문이다.

九五는 **无妄之疾**은 **勿藥**이면 **有喜**리라.
구 오　무 망 지 질　물 약　　유 희

구오는 무망의 병은 약을 쓰지 않으면 기쁨이 있을 것이다.

象曰 无妄之藥은 **不可試也**니라.
상 왈 무 망 지 약　불 가 시 야

「상전」에 이르길 무망의 약은 가히 시험하지 못한다.

剛健中正, 此无妄之至者也. 夫立身於無過之地者, 未免責人太過, 所謂執藥反成病矣, 故勿藥而有喜. 蓋以己律人, 則天下孰能從之.

강건하고 중정하니, 이는 무망의 지극함에 이른 자라 할 수 있다. 대저 허물 없는 바탕에 몸을 세운 자(곧 무망한 본성을 깨달아 높은 영성을 얻은 자)는 남의 큰 허물에 대해 질책하는 것을 좋아한다. 이른바 약에 집착하다가 도리어 병을 이루는 것이다. 그러므로 '약을 쓰지 않으면 기쁨이 있다(勿藥而有喜)'고 하는 것이다. 대개 자신을 내세움으로써 남을 규제하려고 하면 천하에 누가 그를 따르고자 하겠는가?

上九는 无妄에 行이면 **有眚**하야 **无攸利**하니라.
상구 무망 행 유생 무유리

상구는 무망에 행하면 재앙이 있어 이로울 바가 없다.

象曰 无妄之行은 **窮之災也**ㅣ라.
상왈 무망지행 궁지재야

「상전」에 이르길 무망의 행함은 궁해서 재앙이다.

以陽居陰, 雖非過剛, 而居无妄之極, 則是守常而不知變通者也. 旣無善權方便, 其何以行之哉. 佛法釋者, 六爻皆悟无妄之理而爲修證者也. 初九正慧直進, 故現生克果而得志. 六二正定治習, 故須於禪法不取不證, 則可以借路還家. 六三不中不正, 雖有小小定慧能開示人, 令其得道得果, 如行人得牛, 而自己反成減損, 久滯凡地, 如邑人之災. 九四慧而有定, 自利有餘, 乃是達其性具定慧, 非是修而後有. 九五剛

健中正, 自利已圓, 爲衆生故, 示現病行, 豈更須對治之藥, 卽初心修
觀亦復如是. 一切境界無非性德, 體障卽德, 無可對治也. 上九不中不
正, 恃性德而不事修德, 躬行多眚, 何利之有. 蓋由一味高談向上, 以
至於窮, 故成災也.

양효로써 음의 자리에 위치하고 있다. 비록 지나치게 강한 것은 아니지
만 무망괘의 극한 곳에 거처하고 있다. 이는 곧 항구함만을 지키면서
변통을 알지 못하는 자라 할 수 있다. 이미 훌륭한 방편(善權方便)이
없는데 그 무엇으로써 행할 수 있겠는가?

　불법으로 해석하면, 여섯 효 모두가 무망(无妄: 佛性)의 이치를 깨닫
고 수행을 통해 깨달음을 성취하는 것이라 할 수 있다. 초구는 바른
지혜로 곧바로 닦아나가는 것이다. 그러므로 현생에서 깨달음을 성취
하여(克果) 뜻을 이룬다. 육이는 바른 선정을 통해 업습을 다스리는
것이다. 그러므로 모름지기 선법禪法에서 취하지도 증득하지도 않으면
서 길(선정)을 빌려 집(깨달음)에 돌아갈 수 있다.[448] 육삼은 가운데

---

[448] 육이는 내괘에서 중정한 자리에 있고 외괘의 구오와 잘 응하고 있다. 지욱은
　　이러한 육이를 바른 선정으로써 과거부터 익혀왔던 불선한 업을 다스리고
　　있는 수행자의 경계로 해석하고 있다. 여기서 습은 곧 미혹의 번뇌를 가리킨다.
　　육이가 바른 선정을 통해 미혹의 번뇌를 다스리고 있다는 의미이다. 선정을
　　닦음은 지혜를 얻어 궁극적인 깨달음을 이루기 위함이다. 까닭에 선정을 닦음에
　　있어 선정에만 집착해서도 안 되고, 선정을 버리고 무조건 지혜만을 얻으려고
　　해서도 안 된다. 바른 선정에 비유된 육이는 이러한 이치를 잘 알기에 선정(禪法)
　　을 닦으면서 선정만을 취하려고도 하지 않고(不取), 선정을 버리고 무조건
　　지혜만을 구하려고도 하지 않는 것(不證)이다. 다만 바른 선정을 의지해 계속
　　닦아가다 보면 저절로 지혜가 드러나서 궁극적인 깨달음을 성취할 수 있게

하지도 못하고 바르지도 않다. 비록 자잘한 선정과 지혜가 있어서 능히 다른 사람들을 깨우쳐(開示人) 그들로 하여금 도과를 얻게 하려고 하지만, 마치 '길 가던 사람이 소를 훔쳐간다(行人得牛)'는 것처럼 자기에게는 도리어 손해가 될 뿐이다. 평범한 경지(凡地: 小小定慧)에 오래 정체해 있는 것이 마치 '마을 사람들의 재앙과 같다(邑人之災)'고 할 수 있다. 구사는 지혜가 선정 속에 내재해 있는 것으로, 스스로를 이롭게 하기에 충분하여 바로 그 본성에 선정과 지혜가 본래 구족해 있음을 깨닫게 된다. 이는 닦음으로써 나중에 얻게 된 것이 아니다. 구오는 강건하고 중정하여 자신을 이롭게 함이 이미 원만해진 것이다. 중생의 연고(故: 곧 중생의 괴로움과 병고)를 구제하기 위하여 대비의 보살행(病行)을 드러내 실천하는 것(示現)이니, 어찌 다시 상대적인 치료(對治)의 약을 구하겠는가? 곧 초심자가 관법(觀, 지혜)을 닦음도 또한 이와 같다. 일체의 경계가 성덕性德이 아님이 없으니, 본체(무망, 불성)에 장애가 생기는 것도 덕성일 뿐이다. 가히 상대하여 치료할 것이 없다. 상구는 가운데 하지도 못하고 바르지도 않다. 성덕만을 믿고서 닦음의 덕(修德)을 실천하지 않으니 자신의 행위로 인해 많은 재앙이 있을 뿐, 무슨 이로움이 있겠는가? 대개 부처의 깨달음(向上)을 고상하게 담론하는 한 가지 맛에만 빠져 있으니 궁색해진다. 그러므로 재앙이 있는 것이다.

되는 것(借路還家)이다.

(26) ䷙ 산천대축山天大畜

大畜은 **利貞**하니 **不家食**하면 **吉**하니 **利涉大川**하나라.
대축　이정　　불가식　길　　　이섭대천

'대축大畜'은 바르게 하는 것이 이로우니, 집에서 먹지 않으면[449] 길하고 큰 내를 건넘이 이롭다.

畜, 蓄積也, 蓄積其无妄之道以養育天下者也. 約世道, 則中興之主, 復於无妄之道, 而厚蓄國家元氣. 約佛化, 則四依大士, 復其正法之統, 而深養法門龍象. 約觀心, 則從迷得悟, 復於无妄之性, 而廣積菩提資糧, 皆所謂大畜也. 世出世法, 弘化進修, 皆必以正爲利, 以物我同養爲公, 以歷境練心爲要, 故不家食吉, 而利涉大川也.

'축畜'은 축적蓄積의 뜻이다. 그 무망의 도를 축적해서 천하를 양육하는 것이다. 세상의 도로 요약하면, 나라를 중흥하는 임금이 무망의 도를

---

449 '대축大畜'은 글자 그대로 크게 쌓는다는 뜻이다. 그런데 크게 쌓는다는 것은 한 개인의 영달을 구하는 것에 머무는 것이 아니라, 보다 큰 가치인 나라와 대중의 이익을 위한 자기헌신의 공익적, 사회적 실천이라 할 수 있다. 그러나 이러한 '대축'의 뜻을 실현하기 위해서는 집안에만 머물러 혼자만의 이익을 위해 살아서는 안 된다. 집안을 벗어나 좀 더 큰 가치실현을 위해 공익적, 사회적인 활동을 실천해야 하는 것이다. 집안에만 머물러 사는 것이 '가식家食'의 의미라 한다면, 집안을 벗어나 공익적 삶을 실현하는 것을 '불가식不家食'의 의미라 할 수 있다.

회복시켜 국가의 원기를 두텁게 쌓는 것이다. 부처의 교화로 요약하면, 사의대사四依大士[450]가 그 정법의 정통을 회복시켜 승가교단(法門)에 덕 높은 선지식(龍象)[451]을 많이 길러냄을 뜻한다. 마음을 관찰하는 것으로 요약하면, 미혹을 좇아서 깨달음을 얻어 망령됨이 없는 불성을 회복하여 보리(菩提: 깨달음)를 이룰 수 있는 여러 가지 선근 공덕(資糧)을 쌓아가는 것이 모두 이른바 '대축大畜'의 뜻이다. 세간법이든 출세간법이든 널리 대중을 교화하고 닦아 나가는 데 있어 모두 반드시 바름으로써 이로움을 삼고, 상대와 나를 함께 성장시키는 것으로써 공익을 삼고, 경계를 마주하여 마음을 닦는 것으로써 요체를 삼아야 한다. 그러므로 집에서 먹지 않으면 길해서(不家食吉) 큰 내를 건넘이 이롭다(利涉大川)고 한다.

象曰 大畜은 剛健코 篤實코 輝光하야 日新其德이니 剛上而尚
단왈 대축   강건   독실   휘광   일신기덕   강상이상

賢하고 能止健이 大正也ㅣ라 不家食吉은 養賢也ㅣ오 利涉大川
현   능지건   대정야   불가식길   양현야   이섭대천

은 應乎天也ㅣ라.
  응호천야

---

450 사의대사四依大士: 사의보살四依菩薩이라고도 한다. 진리의 깨달음을 추구하는 수행자가 믿고 의지할 만한 대상이 되는 네 사람의 선지식을 가리킨다. 곧 ①세간을 벗어난 출세간의 범부(出世凡夫) ②초과初果를 얻은 수다원須陀洹, 제2과를 얻은 사다함斯陀含 ③제3과를 이룬 아나함阿那含 ④제4과를 얻은 아라한阿羅漢 등이다.

451 불교에서 '용상龍象'은 일반적으로 덕 높은 스님을 가리킨다. 위력이 매우 높은 동물의 왕이라 할 수 있는 용(龍)과 코끼리(象)를 비유해서 부르는 용어이다.

「단전」에 이르길 '대축大畜'은 강건하고 독실하고 빛나서 날로 그 덕을 새롭게 함이니, 강강剛이 올라가서 어진 이를 승상하고, 능히 굳건함을 그치게 하니 크게 바르다. '집에서 먹지 않아서 길하다(不家食吉)'는 것은 어진 이를 기르는 것이고, '큰 내를 건너는 것이 이롭다(利涉大川)'는 것은 하늘에 응하는 것이다.

乾之剛健, 艮之篤實, 皆有輝光之義焉. 以此日新其德, 則蓄積深厚廣大, 故名大畜. 然所謂利貞不家食吉利涉大川者, 非是性外別立修德, 乃稱性所起之修, 全修在性者也. 試觀乾德之剛, 上行居卦之終, 而六五能尊尙之, 且卦體外止內健, 豈非本性大正之道乎. 六五以柔中之德, 上則養賢師以風天下, 下則養賢士以儲國用, 豈非不家食吉之正道乎. 且以柔中之德, 應九二天德之剛, 剛柔相濟, 何遠不通, 豈非利涉大川之正道乎.

건(乾, ☰)괘의 강건함과 간(艮, ☶)괘의 독실함에는 모두 빛난다는 뜻이 있다. 이로써 날마다 그 덕을 새롭게 하면 쌓음이 깊이 두텁고 광대해진다. 그러므로 '대축大畜'이라고 한다. 그러나 이른바 '바름이 이롭고(利貞), 집에서 먹지 않으면 길하며(不家食吉), 큰 내를 건넘이 이롭다(利涉大川)'는 것은 불성을 벗어나 별도로 닦음의 덕을 세우라는 것이 아니고, 바로 불성에 계합하여 수행을 일으키는 것이고, 온전한 수행은 불성에 내재해 있다는 의미이다.

시험적으로 살펴보면, 건덕(乾德, ☰)의 강건함이 위로 올라가 상괘(艮, ☶)의 끝에 자리하고 있다. 육오가 그를 능히 존경하고 숭상하고 있는 것이다. 또한 괘의 본체가 밖에서 그치고 안에서 강건하니, 어찌 본성의 크게 바른 도가 아니겠는가? 육오가 유순하고 중정한 덕으로써 위로는 어진 스승(賢師: 상구)을 봉양해서 천하를 감화시키고, 아래로는 어진 인재(賢士: 초구, 구이, 구삼)를 길러서 나라를 위해 일할 수 있도록 준비해 두고 있다. 어찌 '집에서 먹지 않아서 길하다(不家食吉)'고 하는 바른 도가 아니겠는가? 또한 유순하고 중정한 덕으로써 하늘의 덕을 지닌 강건한 구이와 상응하여 강剛과 유柔가 서로를 돕는 것(相齊)이니, 어떻게 멀리까지 통하지 않을 수 있겠으며, 어찌 '큰 내를 건넘이 이롭다(利涉大川)'는 바른 도가 아니겠는가?

象曰 天在山中이 大畜이니 君子ㅣ 以하야 多識前言往行하야 以
상왈 천재산중 대축 군자 이 다식전언왕행 이

畜其德하나니라.
축 기 덕

「상전」에 이르길 하늘(天, ☰)이 산(山, ☶) 속에 있는 것이 '대축大畜'이니, 군자가 이를 본받아서 이전의 말과 지나간 행실을 많이 알아서 그 덕을 쌓는다.

一山之中具有天之全體, 一念心中具攝十世古今. 攬五時八敎之前言, 該六度萬德之往行, 以成我自心之德, 以此自畜, 卽以此畜天下矣. 吳幼淸曰, 識, 謂記之於心. 德大於前言往行, 猶天之大於山也. 以外之所聞所見, 而涵養其中至大之德. 猶山在外, 而藏畜至大之天於中也. 前言往行, 象山中寶藏之多, 德象天之大.

하나의 산중에는 하늘 전체가 갖추어져 있고, 일념의 마음 가운데에는 십세의 고금이 융섭되어 있다. 오시팔교五時八敎의 이전 말씀(前言: 부처님 가르침)을 배우고, 육바라밀과 만 가지 덕행의 지나간 행실을 갖춤으로써 내 자신의 마음의 덕을 이루어야만 한다. 이렇게 스스로를 쌓아나가게 되면, 이로써 천하를 교화(畜)할 수 있게 된다.

오유청吳幼淸이 말하길 "식識은 마음속에 기억함을 말한다. 덕(性德) 은 지나간 말과 행실보다 더 크다. 마치 하늘이 산보다 더 큰 것과 같다. 밖에서 듣고 본 것으로써 그 내면(中, 性)에 지대한 덕을 함양하는 것은 마치 산(山, 艮, ☶)이 밖에 있으면서 안으로는 지대한 하늘을 감춰서 쌓아두고 있는 것과 같다. '이전의 말과 지나간 행실(前言往行)' 은 산중에 감춰진 보물이 많다는 것을 형상화한 것이고, 덕은 하늘의 위대함을 형상화한 것이다"라고 하였다.

初九는 有厲리니 利已니라.
초구　유려　이이

초구는 위태로움이 있을 것이니, 그침이 이롭다.

象曰 有厲利已는 不犯災也ㅣ라.
상왈 유려이이　불범재야

「상전」에 이르길 '위태로움이 있으니 그침이 이롭다(有厲利已)'는 것은 재앙을 범하지 않은 것이다.

六爻皆具剛健篤實輝光之義, 而自新新民者也. 初九陽剛在下, 正宜

隱居求志, 故有惕厲之功. 而先利自己, 己利旣成, 任運可以利人. 若
己躬下事未辦, 而先欲度人, 則犯災矣.

여섯 효가 모두 강건하고 독실하게 빛나는 뜻을 갖추고 있어서 자신도
새롭게 하고 백성도 새롭게 하는 자들이다. 초구는 양효로 강건하게
아래에 자리하고 있으니, 바르게 은거하여 뜻을 구하는 것이 마땅하다.
그러므로 두려워하고 위태롭게 여긴 공덕이 있게 되어 우선적으로
자기를 이롭게 할 수 있다. 자신의 이로움을 성취하게 되니 자연적으로
(任運) 남까지 이롭게 할 수 있는 것이다. 만약 자신도 몸소 당면한
일을 판단하지 못하면서 먼저 남을 제도하고자 한다면 이것이야말로
곧 '재앙을 범하는 것(犯災)'이다.

九二는 **輿說輹**이로다.
구 이   여 탈 복

구이는 수레에서 복토(輹)[452]를 빼버리는 것이다.

象日 輿說輹은 **中**이라 **无尤也**ㅣ라.
상 왈 여 탈 복   중   무 우 야

「상전」에 이르길 '수레에서 복토를 빼버린다(輿說輹)'는 것은 가운데
자리하므로 허물이 없는 것이다.

剛而得中, 專修定慧, 似無意於得時行道者. 然自利正是利他之本, 故

---

452 복토(輹): 수레의 바탕 밑에 장치하여 수레 본체와 굴대를 연결하여 고정시키는
   역할을 하는 나무를 뜻한다.

中無尤.

강건하면서도 중도를 얻어 오로지 선정과 지혜를 닦을 뿐, 시절인연을
만나(得時) 보살도를 행하는 데 뜻이 없는 수행자와 비슷하다. 그렇지만
자신을 이롭게 하는 것이 바로 남을 이롭게 하는 근본이라 할 수 있다.
그러므로 '가운데 함으로 허물이 없다(中無尤)'고 하는 것이다.

九三은 **良馬逐**이니 **利艱貞**하니 **曰閑輿衞**면 **利有攸往**하리라.
구 삼   양 마 축   이 간 정   왈 한 여 위   이 유 유 왕

구삼은 좋은 말을 타고 쫓아가는 것이니, 어렵게 여기고 바르게 함이
이로우며, 날마다 수레를 모는 법과 호위하는 법(輿衞)을 익히면 나아가
는 바를 둠이 이롭다.

象曰 利有攸往은 **上**이 **合志也**ㄹ새라.
상 왈 이 유 유 왕   상   합 지 야

「상전」에 이르길 '나아가는 바를 둠이 이롭다(利有攸往)'는 것은 위(상구)
에서 뜻을 합하기 때문이다.

剛而得正, 居乾之上, 不患不能度生也, 患其欲速喜進, 失於防閑耳,
故必利於艱貞. 閑其輿衞, 乃利攸往, 亦以上有六四之良友, 六五之賢
君, 上九之明師, 與之合志, 必能互相警勵, 故可往也.

강건하며 바름을 얻어 건괘의 맨 위에 위치하니 중생을 제도할 수
없음을 근심하지 않는다. 지체하지 않고 기쁘게 교화에 나서고자 하는

데 장애로 막히게 되어 실패하지 않을지 근심할 뿐이다. 그러므로 반드시 어렵게 여기고 바르게 함이 이롭다. 수레 모는 법과 호위하는 기술을 익혔다면 바로 나아가는 것이 이롭다. 더욱더 위로 육사의 훌륭한 벗과 육오의 어진 임금과 상구의 눈 밝은 스승이 있으니, 그들과 더불어 뜻을 합하면 반드시 서로를 격려해 줄 수 있다. 그러므로 나설 수 있는 것이다.

六四는 **童牛之牿**이니 **元吉**하니라.
육 사　　동 우 지 곡　　　원 길

육사는 송아지의 빗장이니 크게 길하다.

象曰 六四元吉은 **有喜也**ㅣ라.
상 왈 육 사 원 길　　유 희 야

「상전」에 이르길 육사가 크게 길한 것은 기쁨이 있기 때문이다.

柔而得正, 下則應初九剛正之良友, 親九三剛正之畏友. 上則近六五柔中之聖君, 過端未形, 而潛消默化, 如童牛未角, 先施以牿, 更無牴觸之患. 以此自養, 以此爲天下式, 大善而吉, 悅而且樂者矣.

유순하면서 바름을 얻었으니, 아래로는 초구의 강건하고 바른 좋은 벗과 상응하며 구삼의 강건하고 바른 경외하는 벗과 친밀하고, 위로 육오의 유순하고 중정한 성스러운 임금을 가까이 하고 있다. 허물의 실마리가 아직 형성되지 않았기에 한순간 소멸시켜 감화시킬 수 있다(潛消默化). 마치 송아지가 뿔이 나지 않은 상태에서 먼저 빗장을 설치하면 다시는 뿔에 받히는(牴觸) 근심이 없어지는 것과 같다. 이로써 스스로를 기르고, 이로써 천하의 법식을 삼는다면 크게 선하고 길하며 기쁘고 또한 즐거울 것이다.

六五는 豶豕之牙ㅣ니 吉하니라.
육오 분시지아 길

육오는 거세한 돼지의 어금니이니 길하다.

象曰 六五之吉은 有慶也ㅣ라.
상왈 육오지길 유경야

「상전」에 이르길 육오의 길함은 경사가 있는 것이다.

豶, 犗也, 犗則不暴, 而牙仍堅利也. 柔得中位, 尊上賢而應下乾, 性德旣無偏頗, 所周足又復周足, 自利成就, 可以君臨天下. 擧天下之善惡衆庶, 無不入吾陶冶, 故如豶豕之牙.

'분豶'은 거세(犗: 去勢)의 의미이다. 거세하면 난폭하지 않고, 어금니는 거듭 견고하고 날카로워진다. 유순한 음효로서 가운데 자리를 얻어 위로는 현자를 존숭하고 아래로는 건(乾: 구이의 강건한 양효)과 상응하고 있다. 본성의 덕이 이미 치우침이 없어졌으니 성장해 나아가기에 또다시 두루 부족함이 없다. 자신을 이롭게 함(인격적인 완성)을 이미 성취하였으니 천하에 군림할 수 있는 것이다. 모든 천하의 선하기도 하고 악하기도 한 뭇 백성들을 나(육오)의 교화(陶冶) 속에 받아들이지 않음이 없다. 그러므로 '거세한 돼지의 어금니(豶豕之牙)'와 같다고 할 수 있다.

上九는 何天之衢ㅣ오 亨하니라.
상구 하 천 지 구   형

상구는 어느 하늘의 거리인가! 형통하다.

象曰 何天之衢는 道大行也ㅣ라.
상 왈 하 천 지 구   도 대 행 야

「상전」에 이르길 '어느 하늘의 거리인가(何天之衢)!'라는 것은 도가 크게 행하는 것이다.

以剛柔相濟之德, 當聖君師保之任. 隱居所求之志, 至此大行無壅, 蓋不啻行於天衢也.

강강(剛)과 유유(柔)가 서로를 돕는 덕으로써 성군의 스승의 책임을 감당하고 있다. 은거하면서 추구하는 바의 뜻이 이에 이르러 크게 행해져서 막힘이 없다. 대개 단지 하늘의 막힘없는 길(天衢)만을 행하는 것이 아니다.

(27) ䷚ 산뢰이山雷頤

頤는 貞하면 吉하니 觀頤하며 自求口實이니라.
이　　정　　길　　관이　　자구구실

'이頤'는 바르게 하면 길하니, 양육하는 것을 보며 스스로 입의 실함을
구한다.

約世道, 則畜德以養天下. 約佛化, 則畜德以利群生. 約觀心, 則菩提
資糧旣積, 而長養聖胎也. 自利利他, 皆正則吉, 皆須視從來聖賢之所
爲頤者何如, 皆須自視其所以爲口實者何如.

세상의 이치로 본다면, 덕을 쌓음으로써 천하를 양육하는 것이다.
부처님의 교화로 요약하면, 덕을 쌓음으로써 뭇 생명들을 이롭게 하는
것이다. 마음을 관찰하는 것으로 요약하면, 깨달음(菩提)에 이르기
위한 온갖 선근공덕(資糧)을 이미 축적하여 불성의 씨앗(聖胎)을 오래
도록 기르는 것이다. 자신도 이롭고 남도 이롭게 하는 데 있어 모든
수행을 바르게 하면 길하다. 자리이타의 모든 수행에 있어 모름지기
이제까지 성현들이 닦아온 것(頤: 길러온 것)이 무엇인지를 살펴봐야
하며, 모름지기 자신이 그 실천해야 내용(口實)이 무엇인지를 스스로
살펴볼 수 있어야 한다.

象曰 頤貞吉은 養正則吉也ㅣ니 觀頤는 觀其所養也ㅣ오 自求
단왈 이정길   양정즉길야   관이   관기소양야   자구

口實은 觀其自養也ㅣ라. 天地ㅣ 養萬物하며 聖人이 養賢하야 以
구실   관기자양야   천지   양만물   성인   양현   이

及萬民하나니 頤之時ㅣ 大矣哉라.
급만민   이지시   대의재

「단전」에 이르길 '이頤는 바르게 하면 길하다(頤貞吉)'는 것은 양육을
바르게 하면 길하다는 것이고, '양육하는 것을 본다(觀頤)'는 것은 그
길러지는 바를 보는 것이며, '스스로 입의 실함을 구한다(自求口實)'는
것은 그 스스로 양육을 보는 것이다. 천지는 만물을 양육하며 성인도
어진 이를 길러서 만민에게 미치니 양육하는 때가 크다.

養正則吉, 明養而非正, 正而不養, 皆非吉道也. 不觀聖賢之所養, 則
無以取法思齊, 不觀自養之口實, 則無以匹休媲美. 且如天地全體太
極之德以自養, 卽能普養萬物. 聖人養賢, 輔成己德, 卽可以及萬民,
誰謂養正之外別有利人之方. 故正自養時, 卽全具位育功能而稱大也.

'양육을 바르게 하면 길하다(養正則吉)'는 것은 양성하되 바르지 못하거
나, 바르기만 하고 양성하려고 하지 않는 것 등이 모두 길한 도가
아님을 밝힌 것이다. 성현의 양성하는 바를 살피지 않으면 본받음으로
써 가지런하게 되기를 생각할 수 없으며, 스스로를 성장시키는 실천적
내용(口實)을 살펴보지 못하면 도를 성취하여 본성에 배합할 수 없다(匹
休媲美).[453] 또한 천지가 전체적인 태극의 덕으로 스스로를 양성함으로

___

453 필휴비미匹休媲美: '필匹'과 '비媲'는 모두 배필, 짝을 의미하고, '휴休'와 '미美'는
   모두 아름답다는 의미를 나타낸다. 따라서 '필휴비미'는 '아름답게 배필한다'는

써 곧 만물을 널리 양육시킬 수 있는 것처럼, 성인도 어진 이를 양성함으로써 자신의 덕을 보완적으로 성취하여 곧 만민에게 영향을 끼칠 수 있게 한다. 누가 양육을 바르게 하는 것 외에 특별히 남을 이롭게 하는 방법이 있다고 말할 수 있겠는가? 그러므로 바르게 스스로를 기르는 때에 곧 자리(位)와 양육(育)의 공능이 온전히 갖춰지기 때문에[454] '크다(大)'고 하는 것이다.

象曰 山下有雷ㅣ 頤니 君子ㅣ 以하야 愼言語하며 節飮食하나니라.
상 왈 산 하 유 뢰   이   군 자   이   신 언 어   절 음 식

「상전」에 이르길 산(山, 艮, ☶) 아래에 우레(雷, ☳)가 있음이 '이頤'이니, 군자가 이를 본받아 언어를 삼가며 음식을 조절한다.

言語飮食, 皆動之象也. 愼之節之, 不失其止也, 故知養正莫善於知止.

언어와 음식은 모두 움직임의 형상이다. 언어를 삼가고 음식을 조절한다는 것은 그 그쳐야 할 때를 잃지 않는 것이다. 그러므로 양육을 바르게 하는 데 있어 그쳐야 할 때를 아는 것보다 더 훌륭한 것이 없음을 알아야만 한다.

의미로 곧 도에 배합하는 것, 본성에 계합하여 하나가 되는 것을 뜻한다.
454 '위位와 육育'은 『중용』 「수장首章」편에서 "중中이란 천하의 큰 뿌리이고, 화和란 천하의 어디를 가나 통하는 도리이다. 중과 화를 이루면 하늘과 땅이 제자리에 위치하고 만물이 제대로 길러진다(中也者, 天下之大本也, 和也者, 天下之達道也. 致中和, 天地位焉, 萬物育焉.)"라는 내용으로 언급되고 있다.

初九는 **舍爾靈龜**하고 **觀我**하야 **朵頤**하니 **凶**하니라.
초 구　사 이 령 귀　　관 아　　타 이　　흉

초구는 너(초구)의 신령한 거북을 버리고 나(육사)를 보고서 턱을 움직이
니 흉하다.

象曰 觀我朵頤하니 **亦不足貴也**│로다.
상 왈 관 아 타 이　　역 부 족 귀 야

「상전」에 이르길 '나를 보고서 턱을 움직인다(觀我朵頤)'고 하니 또한
족히 귀하지 못하다.

陽剛爲自養養他之具, 知止爲自養養他之貞. 初九陽剛足以自養, 如
靈龜服氣, 可不求食. 而居動體, 上應六四, 觀彼口實, 反爲朵頤, 失其
貴而凶矣. 此如躁進之君子, 於佛法中, 則如乾慧外凡, 不宜利物.

양효로서 강건하기에 자신도 기르고 남도 기를 수 있는 능력을 구비하고
있고, 그칠 줄 알기에 자신도 기르고 남도 기르는 데 있어 정도를
지켜 나갈 수 있다. 초구가 양효로서 강건하여 충분히 스스로를 기를
수 있는 것이, 마치 신령스런 거북이가 기운만 먹기에 다른 음식을
구하지 않는 것과 같다. 움직이는 본체(震, ☳)에 위치하여 위로 육사와
상응하면서 저(육사) 입의 실다움(口實)을 보고 도리어 턱을 벌리니
귀함을 잃어서 흉하다고 하는 것이다. 이는 마치 조급하게 나아가고자
하는 군자와 같다. 불법에 있어서는 건혜乾慧를 얻은 외범外凡[455]과

---

455 '건혜乾慧'는 '마른 지혜'라는 뜻으로, 아직 완전한 진제眞諦·법성法性의 이치를
　　깨닫지 못한 미완의 지혜를 가리킨다. 또한 '외범外凡'은 근본불교에서는 성자의

같아서 중생을 이롭게 하는 데 적합하지 못하다.

六二는 **顚頤**라 **拂經**이니 **于丘**에 **頤**하야 **征**하면 **凶**하리라.
육 이　　전 이　　불 경　　우 구　　이　　　　정　　흉

육이는 엎어져서 기른다. 법도를 거스르니, 언덕(상구)에 기름을 구해서 가면 흉하다.

象曰 六二征凶은 **行**이 **失類也**ㅣ라.
상 왈 육 이 정 흉　　행　　실 류 야

「상전」에 이르길 육이가 가면 흉하다는 것은 행하면 무리를 잃기 때문이다.

以上養下, 乃理之常. 六二陰柔, 反藉初九之養, 拂其經矣. 又居動體, 恐或不肯自安, 將求頤於六五之丘, 五雖與二爲應, 然亦陰柔, 不能自養, 何能養人, 征則徒得凶耳. 兩陰無相濟之功, 故爲失類. 此如無用之庸臣. 於佛法中, 則如時證盲禪, 進退失措.

위에서 아래를 양육하는 것이 바로 이치의 떳떳함이다. 육이는 음효로 유약하여 도리어 초구의 양육에 의지하려고 하니, 그 정도에 어긋난 것이다. 또한 움직이는 본체(震, ☳)에 위치하니, 혹여 스스로 안주하려고 하지 않고 장차 육오의 언덕에 기대어 양육해 주기를 바라지

_____

경지인 견도見道 이전의 5정심停心·별상념처別相念處·총상념처總相念處 등의 관법을 닦는 수행의 계위를 가리키고, 대승불교에서는 보살의 수행계위인 52위 가운데 처음인 10신위信位를 가리킨다.

않을까 염려된다. 육오가 비록 육이와 더불어 상응하지만 또한 음효로 유약하여 능히 스스로를 기를 수 없는데, 어찌 능히 남을 기를 수가 있겠는가! 나아가면 한갓 흉하게 될 뿐이다. 두 음(육이, 육오)은 서로를 구제할 수 있는 공덕이 없다. 그러므로 '무리를 잃는다(失類)'는 의미가 된다. 이는 마치 쓸모없는 용렬한 신하와 같다고 할 수 있다.

불법에 있어서는 곧 한때 불법을 바르게 알지 못하는 어리석은 마음으로 깨달음을 구하는 선정수행(盲禪)에 매달려서 나아가고 물러날 때를 알지 못하는 것과 같다.

六三은 拂頤貞이라 凶하야 十年勿用이라 无攸利하니라.
육삼 불이정 흉 십년물용 무유리

육삼은 기르는 데 바름을 거스른다. 흉해서 십년이라도 쓰지 못한다. 이로울 바가 없다.

象曰 十年勿用은 道ㅣ 大悖也ㅣ라.
상왈 십년물용 도 대패야

「상전」에 이르길 '십년이라도 쓰지 못한다(十年勿用)'는 것은 도가 크게 어긋난 것이다.

陰柔不能自養, 又不中正, 以居動極, 拂於頤矣. 雖有上九正應, 何能救之 終於無用而已. 此如邪僻之宰官, 於佛法中, 則如六群亂衆, 大失軌範.

음효로 유약하여 스스로도 기를 수 없다. 또한 중정하지도 못하면서 움직임(震, ☳)의 끝에 위치하니 양육의 도에 어긋난다. 비록 상구와 바르게 응하고 있지만, 누가 그를 구제해 줄 수 있겠는가? 마침내 쓸모없이 끝날 뿐이다. 이는 마치 삿되고 편벽된 벼슬아치와 같다. 불법에 있어서는 여섯 무리가 대중을 어지럽힌 것(六群亂衆)[456]과 같다. 크게 법도를 잃은 것이다.

六四는 顚頤나 吉하니 虎視耽耽하며 其欲逐逐하면 无咎ㅣ리라.
육사　전이　길　　호시탐탐　　기욕축축　　무구

육사는 엎드려 기르나 길하니, 호랑이가 보는 것이 노려보는 듯하며, 그 하고자 함을 쫓고 쫓으면 허물이 없을 것이다.

象曰 顚頤之吉은 上施ㅣ光也ㄹ새라.
상왈　전이지길　　상시　광야

「상전」에 이르길 엎드려 기르는 데 길하다는 것은 위에서 베풂이 빛나기 때문이다.

陰柔得正, 而居止體, 雖無養具, 得養之貞者也. 下應初九, 賴其養以自養養人, 此如休休有容之大臣, 吉之道也. 初方觀我而朵頤, 我隨其視之耽耽, 欲之逐逐, 以禮而優待之, 在初則不足貴, 在我則養賢以及萬民, 可謂上施光矣. 於佛法中, 則如賢良營事, 善爲外護.

---

456 육군난중六群亂衆: 부처님 당시에 제자 중에서 악행을 일삼던 여섯 명의 비구를 총칭하는 말. 난다(難陀, nanda), 발난다(跋難陀, upananda), 가류다이(迦留陀夷, kālodāyin), 천나(闡那, chanda), 아설가(阿說迦: 馬宿, aśvaka), 불나발(弗那跋: 滿宿, punarvasu) 등을 가리킨다.

음효로서 유순하고 바름을 얻어 그치는 몸체(艮, ☶)에 위치하고 있다. 비록 양육할 수 있는 힘은 없지만 양육의 바름은 얻은 자이다. 아래로 초구와 상응하여 그(초구)의 양육에 도움을 받음으로써 자신도 성장시키고 남도 양육한다. 이는 마치 너그러운 마음으로(休休) 포용력이 있는 대신과 같아서 길한 도이다.

초구가 바야흐로 나를 보고서 입을 벌리니, 나(육사)는 그(초구)의 간절한(耽耽) 시선에 따라 욕망하는 것을 살피고 살펴서(逐逐) 예로써 우대한다. (이러한 나의 처신이) 초효에 있어서는 족히 귀하지 못하지만 나에게 있어서는 어진 이(초구)를 양육함으로써 만백성에게 영향을 미치게 하니, '위에서 베풂이 빛난다(上施光)'고 말할 수 있다.

불법에 있어서는 어질고 선량한 신도가 일(事: 佛事, 교화사업)을 경영하여 훌륭하게 승가를 외호하는 것과 같다.

六五는 拂經이나 居貞하면 吉하려니와 不可涉大川이니라.
육 오   불 경   거 정   길   불 가 섭 대 천

육오는 법을 거스르나 바른 데 거하면 길하지만 큰 내를 건널 수는 없다.

象曰 居貞之吉은 順以從上也ㄹ새라.
상 왈 거 정 지 길   순 이 종 상 야

「상전」에 이르길 바른 데 거처해서 길함은 순함으로써 위를 따르기 때문이다.

陰柔無養人之具, 空居君位, 故名拂經. 居止之中, 順從上九, 此亦養賢以及萬民, 爲得其正者也. 但可處常, 不可處變, 宜守成, 不宜創業耳, 此如虛己之賢君. 於佛法中, 則如柔和同行, 互相勉勗.

음효로서 유약하여 남을 기를 능력(具)도 없이 헛되이 임금 자리를 차지하고 있다. 그러므로 '법을 거스른다(拂經)'고 한다. 그침(止: 艮, ☶)의 한가운데에 자리하여 상구를 유순히 따른다. 이는 또한 어진 이를 길러서 만백성에게 영향을 미치게 하는 것이니, 그가 바름을 얻는 자라 할 수 있다. 다만 현재 상황을 지켜야 하며, 변화를 도모해서는 안 된다. 이미 이룬 것을 지키는 것이 마땅하고 새롭게 창업하는 것은 옳지 못하기 때문이다. 이는 마치 자신을 비운 어진 임금과 같다고 할 수 있다. 불법에 있어서는 유순하게 화합하여 함께 수행하면서 서로 간에 도움을 주고받는 것과 같다.

上九는 由頤니 厲하면 吉하니 利涉大川하니라.
상구 유이 려 길 이섭대천

상구는 말미암아 길러지니, 위태롭게 하면 길하니 큰 내를 건넘이 이롭다.

象曰 由頤厲吉은 大有慶也ㅣ라.
상왈 유이려길 대유경야

「상전」에 이르길 '말미암아 길러지므로 위태롭게 하면 길하다(由頤厲吉)'는 것은 크게 경사가 있는 것이다.

以陽剛居止極, 卦之所以爲頤者此也. 此如望隆之師保, 可以拯濟天
下者矣. 於佛法中, 則如證道敎授, 宰任玄綱.

양효로써 강건하고 그침(止, ☶)의 마지막에 위치하고 있다. 괘의
뜻이 '이頤(기르다)'가 되는 이유는 바로 이 때문이다. 이는 마치 명망이
융성한 임금의 스승(師保)이 천하를 구제할 수 있는 것과 같다. 불법에
있어서는 깨달음을 증득한 교수가 불법의 심오한 교의(玄綱)를 맡아
가르치는 것과 같다.

(28) ䷛ 택풍대과澤風大過

大過는 棟이 撓[457] ㅣ니 利有攸往하야 亨하니라.
대 과 동 요   이 유 유 왕   형

'대과大過'는 기둥이 흔들리니, 갈 바를 둠이 이로워서 형통하다.

約世道, 則賢君以道養天下, 而治平日久. 約佛化, 則四依以道化群
生, 而佛法大行. 約觀心, 則功夫勝進而將破無明也. 夫治平旣久, 則
亂階必萌, 所宜防微杜漸. 化道旣盛, 則有漏易生, 所宜陳規立矩. 功
夫旣進, 則無明將破, 所宜善巧用心也.

세상의 이치로 요약하면, 현명한 임금이 도로써 천하를 길러서 다스려
지고 평화로운 날이 오래 지속되는 것이다. 부처의 교화로 요약하면,
사의보살四依菩薩[458]이 불법으로써 모든 중생을 교화하여 불법이 크게
행해지는 것이다. 마음을 관찰하는 것으로 요약하면, 공부가 수승하게
발전해가므로 어리석음을 타파할 수 있게 된 것이다.

　대저 다스려서 태평함이 이미 오래 지속되면 어지러움이 단계적으로
반드시 싹튼다. 마땅히 미약할 때 예방해서 미연에 방지해야만 한다(防
微杜漸).

---

457 다른 판본에는 橈(흔들릴 요)로 된 것도 있다. 하지만 그 의미는 같다.
458 산천대축괘 단象의 주 참조.

교화의 도가 이미 성행하게 되면 이를 방해하는 마장(有漏)이 생겨나기 쉽다. 마땅히 대중의 청규를 널리 실천하고 새롭게 법도를 세워야만 하는 것이다. 공부가 이미 진척되면 무명을 타파시킬 수 있다. 마땅히 마음을 잘 다스려야만 한다.

象曰 大過는 大者ㅣ 過也ㅣ오 棟撓는 本末이 弱也ㅣ라. 剛過而
단왈 대과   대자   과야   동요   본말 약야   강과이

中하고 巽而說行이라. 利有攸往하야 乃亨하니 大過之時ㅣ 大矣
중   손이열행   이유유왕   내형   대과지시   대의

哉라.
재

「단전」에 이르길 '대과大過'는 큰 것이 지나침이요, '기둥이 흔들린다(棟撓)'는 것은 근본(本, 초육)과 끝(末, 상육)이 약한 것이다. 강剛이 지나치되 가운데 자리하고, 겸손(巽, ☴)하고 기쁨(說: 悅, ☱)으로 행하는 것이다. 가는 바를 둠이 이로워서 이에 형통하니, 대과의 때가 크다.

大者旣過, 所以必當思患豫防. 初上皆弱, 所以剛中, 不宜恃勢令撓. 剛雖過而得中. 又以巽順而悅行之, 所以猶有挽回匡濟之術, 乃得亨也. 永保無虞亦在此時, 盛極忽衰亦在此時, 其關係豈不大哉.

위대한 시대가 이미 지나갔다. 까닭에 반드시 마땅히 환란이 생길 것을 헤아려서 미리 방비해야 한다. 초육과 상육이 모두 약하다. 까닭에 강건하고 가운데 자리하고 있는 구이와 구오가 세력만을 믿고서 제압하려고(撓) 하는 것은 옳지 못하다. 양효들이 비록 지나치지만 중도를 얻고 있고, 또한 손순(巽順, ☴)함으로써 기쁘게(悅, ☱) 행하고 있다.

까닭에 오히려 잘못을 만회하여 바로잡아 구제할 수 있는 방법이 있어
형통할 수 있다. 길이 보존하여 근심이 없게 하는 것도 또한 이러한
때(大過의 시대)에 있으며, 융성함이 극성해지면 문득 쇠퇴해지는 것도
또한 이러한 때에 있다. 그 관계가 어찌 크지 않겠는가?

象曰 澤滅木이 大過ㅣ니 君子ㅣ 以하야 獨立不懼하며 遯世无悶
상왈 택멸목 대과 군자 이 독립불구 돈세무민
하나니라.

「상전」에 이르길 못(澤, ☱)이 나무(木, ☴)를 멸하는 것이 '대과大過'이
니, 군자가 이를 본받아 홀로 서도 두려워하지 않으며, 세상을 멀리해도
번민하지 않는다.

澤本養木, 而反滅木, 大過之象也. 惟以獨立不懼遯世無悶之力持之,
庶學有本而養有素, 可以砥柱中流耳.

못(澤, ☱)은 본래 나무를 길러 주는 것이지만, 도리어 나무를 죽게도
하니 '대과大過'의 형상이다. 오직 '홀로 서 있어도 두려워하지 않고(獨立
不懼), 세상을 은둔해 있어도 번민하지 않는(遯世無悶)' 힘으로써 그러
한 상황을 극복해 나가야 한다. 대체적으로 학문에는 근본이 있어야
하고 양육에는 소박함(素: '정성'으로도 해석함)이 있어야 중류지주中流
砥柱[459]의 인물이 될 수 있다.

---

459 중류지주中流砥柱: '중류'는 중국의 산하를 도도히 흐르는 황하黃河를, '지주'는
   그 가운데 위치하고 있는 산 이름이다. 따라서 '중류지주'는 역경 속에서도
   좌절하지 않고 난국을 극복해 나가는 핵심적인 역할을 하는 역량을 가진 인물을

初六은 藉用白茅ㅣ니 无咎하니라.
초육 자용백모 무구

초육은 자리를 까는 데 흰 띠풀을 쓰니, 허물이 없다.

象曰 藉用白茅는 柔在下也ㅣ라.
상왈 자용백모 유재하야

「상전」에 이르길 '자리를 까는 데 흰 띠풀을 쓴다(藉用白茅)'는 것은 부드러운 것이 아래에 있기 때문이다.

世法佛法, 當大過時, 皆以剛柔相濟爲得, 過剛過柔爲失. 今初六以柔居巽體之下, 而在陽位, 無功名富貴以累其心, 唯庸德庸言下學上達以爲其務者也. 約佛法者, 定有其慧, 兼以戒德精嚴, 故無咎.

세상의 이치든 불법이든 '대과大過'의 시절에 당면해서는 모두 강剛과 유柔가 서로를 도우는 것으로써 이득을 얻을 수 있지만, 지나치게 강하거나 지나치게 유약하면 손실을 입게 된다. 지금 초육은 유순하게 손(巽, ☴)괘의 본체 아래에 위치하고 있지만, 양의 자리에 위치하고 있다. 부귀공명에 그 마음을 얽매이지 말고 오직 평상적인 덕을 실천하고(庸德) 평상적인 말을 삼가며(庸言)[460] 아래에서 배워서 위로 통달

비유한다.

[460] 『중용』 제13장에서 "평상적인 덕을 행하며 평상적인 말을 삼가고, 부족함이 있으면 감히 힘쓰지 않을 수 없으며, 남는 바가 있으면 그것을 다하지 아니할 수가 없다. 말은 행동을 돌아보아야 하고 행동은 항상 말을 되돌아보아야 한다. 군자가 어찌 부지런히 행하지 않겠는가!(庸德之行, 庸言之謹, 有所不足, 不敢不勉, 有餘, 不敢盡, 言顧行, 行顧言, 君子胡不慥慥爾.)"라는 내용으로 '용덕庸德'과 '용언

하는 것(下學上達)[461]으로써 그 임무로 삼아야만 하는 자라 할 수 있다.

　불법으로 요약하면, 선정 속에 그 지혜가 내재해 있고, 겸하여 계를 실천하는 덕으로써 세밀하게 장엄(莊嚴: 아름답게 가꾸는 것)하는 것이다. 그러므로 '허물이 없다(无咎)'고 한다.

九二는 **枯楊**이 **生稊**하며 **老夫**ㅣ **得其女妻**ㅣ니 **无不利**하니라.
　구이　　고양　생제　　노부　득기여처　　　무불리

구이는 마른 버드나무에 새싹이 생기며, 늙은 사내가 그 아내를 얻음이니, 이롭지 않음이 없다.

象曰 老夫女妻는 **過以相與也**ㅣ라.
　상왈　노부여처　　과이상여야

「상전」에 이르길 늙은 사내와 아내(老夫女妻)는 지나침으로써 서로 더불어 사는 것이다.

剛而得中, 又居陰位, 陽得陰助, 如枯楊生稊, 老夫女妻之象, 蓋過於下賢者也. 約佛法者, 慧與定俱, 如先見道, 後修事禪, 故無不利.

강건하면서 중도를 얻었으며, 또한 음의 자리에 위치하여 양이 음의

　庸言'에 대해 표현하고 있다.

461 『논어』 「헌문憲問」편 제38장에서 "하늘을 원망하지 않고, 사람을 허물하지 않으며, 아래서 배워 위로 통달하니, 나를 아는 것은 하늘뿐이다(不怨天, 不尤人, 下學而上達, 知我者, 其天乎.)"라는 내용으로 '하학상달下學上達'이 표현되고 있다. 여기서 '하학이상달下學而上達'은 인간이 행해야 할 도리를 배우면서 오묘한 천리를 통달하는 것을 의미한다.

도움을 얻고 있다. 마치 '마른 버드나무에 새싹이 돋고(枯楊生稊)', '늙은 사내가 아내를 얻은(老夫女妻)' 형상과 같다. 대략 아래에 있는 현자를 찾아간다(過)는 의미라 할 수 있다.

불법으로 요약하면, 지혜와 선정을 갖추었으니, 먼저 본성을 깨닫고(見道) 난 후에 번뇌를 다스려 나가는 선정수행(事禪)을 닦는 것이라 할 수 있다. 그러므로 '이롭지 않음이 없다(無不利)'고 한다.

九三은 棟이 撓ㅣ니 凶하니라.
구 삼   동   요   흉

구삼은 기둥이 흔들리니 흉하다.

象曰 棟撓之凶은 不可以有輔也ㄹ새라.
상 왈 동 요 지 흉   불 가 이 유 보 야

「상전」에 이르길 기둥이 흔들려서 흉하다는 것은 가히 도움이 없기 때문이다.

過剛不中, 任其剛愎, 以此自修, 則德必敗, 以此治世, 則亂必生, 故棟撓而凶. 約佛法者, 純用邪慧, 故不可有輔.

지나치게 강건하고 중도를 벗어났으니, 그 심성이 완고하고 고집이 세다(剛愎)고 할 수 있다. 이러한 심성으로써 스스로를 닦으면 덕은 반드시 무너지고, 이러한 심성으로써 세상을 다스리면 어지러움이 반드시 생겨나게 된다. 그러므로 기둥이 흔들려서 흉하다고 하는 것이다.

불법으로 요약하면, 순전히 삿된 지혜만 쓰는 것이라 할 수 있다. 그러므로 누구도 도움을 줄 수 없는 것이다.

九四는 **棟隆**이니 **吉**커니와 **有它**ㅣ면 **吝**하리라.
구 사　동 륭　길　　유 타　인

구사는 기둥이 높아져서 길하지만, 다른 것을 두면 인색하다.

象曰 棟隆之吉은 **不撓乎下也**ㄹ새라.
상 왈 동 륭 지 길　불 요 호 하 야

「상전」에 이르길 기둥이 높아져서 길다는 것은 아래에서 흔들리지 않기 때문이다.

剛而不過, 足以自立立人, 但居悅體, 恐其好大喜功而不安守, 故誡以有它則吝. 約佛法者, 亦是慧與定俱, 但恐夾雜名利之心, 則自利利他未必究竟, 故誡以有它則吝.

강건하지만 지나치지 않아서 충분히 자신도 입신立身할 수 있고 남도 성공시킬 수 있다. 다만 태(兌, 悅, ☱)괘의 본체에 위치하고 있으므로 큰일을 하여 공을 세우기를 좋아하여(好大喜功) 본분을 지켜내지 못할까 두렵다. 그러므로 다른 것(好大喜功)을 두면 인색해진다는 말로 경계하였다.

불법으로 해석하면, 역시 선정과 지혜를 함께 갖추고 있다. 다만 명예와 이익을 구하는 마음을 가지게 되면 자신도 이롭고 남도 이롭게 함으로써 성취하는 구경(究竟: 열반, 성불)에 이르지 못할까 염려된다.

그러므로 다른 것(名利之心)을 두면 인색해진다는 것으로 경계하였다.

九五는 **枯楊**이 **生華**하며 **老婦** ㅣ **得其士夫** ㅣ니 **无咎** ㅣ나 **无譽**리라.
구오　고양　생화　노부　득기사부　무구　무예

구오는 마른 버드나무가 꽃(상육)을 피우며, 늙은 지어미가 그 젊은 사내(구오)를 얻음이니, 허물도 없지만 명예도 없다.

象曰 枯楊生華 ㅣ **何可久也** ㅣ며 **老婦士夫** ㅣ **亦可醜也** ㅣ로다.
상왈 고양생화　하가구야　노부사부　역가추야

「상전」에 이르길 '마른 버드나무가 꽃을 피움(枯楊生華)'이 어찌 가히 오래갈 수 있으며, '늙은 지어미가 젊은 사내를 얻음(老婦士夫)'은 또한 가히 추하다.

雖云陽剛中正, 然在大過之時, 則是恃其聰明才智者也. 享成平之樂, 不知民事艱難, 且不知下用賢臣, 惟與上六陰柔無用之老臣相得, 何能久哉. 約佛法者, 慧力太過, 無禪定以持之, 何能發生勝果.

비록 양효로서 강건하고 중정하다고 말할 수는 있지만, 그러나 '대과大過'의 시기에 있어서는 그 총명과 재주와 지혜만을 믿고 있는 자라 할 수 있다. 태평성세의 즐거움만을 향유하다가 백성의 삶이 몹시 고달프고 어려운 것(艱難)을 알지 못한다. 또한 아래로 어진 신하를 쓸 줄 모르고, 오로지 상육인 음효의 유약한 쓸모없는 늙은 신하와 더불어 서로 의기투합하여 놀고 있다. 어찌 능히 오래갈 수 있겠는가?
　불법으로 요약하면, 지혜의 힘이 너무 과한데도 선정으로써 보완하지 못하는 것이라 할 수 있다. 어찌 능히 승과(勝果: 궁극적인 깨달음, 성불)를 성취할 수 있겠는가!

上六은 **過涉滅頂**이라 **凶**하나 **无咎**하니라.

상 육   과 섭 멸 정   흉   무 구

상육은 지나치게 건너다 이마를 멸함이니, 흉하나 허물은 없다.

象曰 過涉之凶은 **不可咎也**ㅣ니라.

상 왈 과 섭 지 흉   불 가 구 야

「상전」에 이르길 지나치게 건너다 흉함은 가히 허물하지 못한다.

居過極之地, 惟有柔正之德, 而無濟難之才, 故不免於凶, 而實非其咎也. 約佛法者, 正定無慧, 終爲頂墮.

지나침이 끝나는 자리에 위치하고 있다. 오직 유순하고 바른 덕만을 소유하고 있을 뿐, 어려움을 구제할 수 있는 재주는 없다. 그렇지만 흉함을 극복해 내지 못하는 것은 진실로 그의 허물이 아니다.

불법으로 요약하면, 바른 선정에 지혜가 없는 것으로, 마침내 정타頂墮보살[462]이 될 뿐이다.

---

462 '정타頂墮'는 수행을 잘하여 공부를 마칠 수 있는 정상(성불의 경지) 가까이 근접해 갔다가 그 경계에 집착하여 더 이상 수행을 발전시키지 못하고 공부에서 추락하는 것을 말한다.

(29) ䷜ 중수감重水坎

習坎은 **有孚**하야 **維心亨**이니 **行**하면 **有尙**이리라.
습 감　유 부　　유 심 형　　행　　유 상

'습감(習坎: 거듭 험함)'은 믿음이 있어서 오직 마음이 형통하니, 행하면
숭상함이 있을 것이다.

約世道, 則太平久而放逸生, 放逸生而患難洊至. 約佛法, 則從化多而
有漏起, 有漏起而魔事必作. 約觀心, 則慧力勝而夙習動, 夙習動而境
發必强, 皆習坎之象也. 然世出世法, 不患有重逫之險難, 但患無出險
之良圖, 誠能如此卦之中實有孚, 深信一切境界皆唯心所現, 則亨而
行有尙矣, 又何險之不可濟哉.

세상의 이치로 요약하면, 태평함이 오래 지속되다 보면 방종하고 나태
함이 생겨나서 근심거리와 어려운 일들이 연이어 발생하게 된다. 불법
으로 요약하면, 교화를 따르는 자가 많아지면 어리석은 마음(有漏)들이
생겨나서 교화와 수행을 방해하는 일(魔事)들이 반드시 일어난다.
마음을 관찰하는 것으로 요약하면, 지혜의 힘이 수승해지면 지난 세월
동안 익혀 왔던 불선한 숙업(夙習: 宿業)이 발동하게 되며, 숙업이
발동하게 되면 수행을 방해하는 온갖 삿된 경계가 반드시 더욱 강하게
일어난다. 모두 '습감習坎'의 형상이라 할 수 있다.

그러나 세간의 법이든 출세간의 법이든 거듭 겹쳐오는 험난함을 근심하지 말고, 다만 험난한 상황을 벗어날 좋은 방도가 없음을 걱정해야 한다. 진실로 능히 이 괘 가운데에 진실한 믿음(중을 얻고 있는 강건한 구이와 구오)이 있는 것처럼, 일체 경계가 모두 오직 마음이 만들어낸 것임을 깊이 믿어야 한다. (그러한 믿음의 마음을 가지게 되면) 곧 형통하여 계속 실천해 가다 보면 남들에게까지 숭상을 받게 되는 것이다. 또한 어떤 험난한 일인들 해결할 수 없겠는가?

象曰 習坎은 **重險也**ㅣ니 **水**ㅣ **流而不盈**하며 **行險而不失其信**이니 **維心亨**은 **乃以剛中也**ㅣ오 **行有尙**은 **往有功也**ㅣ라. **天險**은 **不可升也**ㅣ오 **地險**은 **山川丘陵也**ㅣ니 **王公**이 **設險**하야 **以守其國**하나니 **險之時用**이 **大矣哉**라.

「단전」에 이르길 '습감習坎'은 거듭 험한 것이니, 물이 흘러서 차지 않으며 험함에 행해도 그 믿음을 잃지 않으니, '오직 마음이 형통하다(維心亨)'고 함은 이에 강剛으로써 중을 하기 때문이고, '행하면 숭상함이 있다(行有尙)'고 함은 가서 공이 있음이다. 하늘의 험함은 가히 오르지 못함이요, 땅의 험함은 산과 내천과 구릉이니, 천자와 제후가 험함을 설치하여 이로써 나라를 지키는 것이니, 험함의 때와 쓰임이 크다.

善觀心者, 每卽塞以成通. 夫習坎雖云重險, 然流而不盈, 潮不失限,

何非吾人修道之要術. 所貴深信維心之亨, 猶如坎卦之剛中一般, 則以此而往, 必有功矣. 且險之名雖似不美, 而險之義實未嘗不美. 天不可升, 天非險乎. 山川丘陵, 地不險乎. 城池之險以守其國, 王公何嘗不用險乎. 惟在吾人善用險, 而不爲險所用, 則以此治世, 以此出世, 以此觀心, 無不可矣.

마음을 잘 통찰하는 수행자는 매번 막힘을 의지해서 통함을 이룬다. 대저 '습감習坎'은 비록 '거듭 험하다(重險)'고 말하지만, 그러나 흐르면서도 가득 차 넘치지 않고, 조수潮水는 시한을 어기지 않는다.[463] 어찌 우리와 같은 수행자들이 배워야 할 중요한 이치가 아니겠는가? 귀중한 것은 오직 마음만이 형통하다는 것을 깊이 믿는 것이다. 마치 감(坎, ☵)괘의 강건함이 가운데 하고 있는 것(剛中: 구이, 구오)과 같은 일반적인 이치라 할 수 있다.

  이러한 이치로써 실천해 나아가면 반드시 성과가 있다. 또한 '험하다(險)'는 명칭이 비록 아름답지 않는 듯하지만, '험하다'는 뜻은 진실로 일찍이 아름답지 않음이 없다. 하늘을 오를 수 없다는 것이 하늘의 험함이 아니겠으며, 산과 내와 구릉이 있는 것이 땅의 험함이 아니겠는가! 성곽을 쌓고 연못을 파서 험한 지형지물로써(城池之險) 그 나라를 수호하였으니, 왕공王公들이 어찌 일찍이 험함을 이용하지 않았다고 할 수 있겠는가? 오직 우리들이 험난한 상황을 잘 활용하여 험난한 상황에 이용되지 않을 수만 있다면 이로써 세상을 다스리고, 이로써

---

463 해와 달, 특히 달의 인력에 의하여 주기적으로 바다면의 높이가 높아졌다 낮아졌다 하는 현상이 그 때를 어기지 않고 일정한 주기로 이루어진다는 표현.

세간의 벗어나 수행하며, 이로써 마음을 관찰하여 이루지 못할 것이
없다.

象曰 水ㅣ 洊至ㅣ 習坎이니 君子ㅣ 以하야 常德行하며 習教事하
상 왈 수　　천 지　　습 감　　군 자　　이　　　상 덕 행　　　습 교 사
나니라.

「상전」에 이르길 물(水: 坎, ☵)이 거듭 이르는 것이 '습감習坎'이니,
군자가 이를 본받아 덕행을 떳떳하게 하며 가르치는 일을 익힌다.

常德行, 卽學而不厭也. 習教事, 卽誨人不倦也. 習坎之象, 乃萬古聖
賢心法, 奚險之可畏哉. 此正合台宗善識通塞, 卽塞成通之法, 亦是巧
用性惡法門.

'덕행을 떳떳하게 행한다(常德行)'는 것은 곧 배우는 것을 싫어하지
않는다는 뜻이다. '가르치는 일을 익힌다(習教事)'는 것은 곧 다른 사람
을 가르치는 일에 게으르지 않는다는 뜻이다. '습감習坎'의 상은 바로
오랜 세월 동안 이어져 온(萬古) 성현의 심법인이다. 어찌 험난함을
두려워만 하겠는가? 이는 바로 천태종의 '통함(通)'과 '막힘(塞)'을
잘 알아서 막힘을 근원해서 통함을 성취한다는 가르침에 부합된다.[464]
또한 성악性惡의 법문을 교묘히 활용하는 것이기도 하다.[465]

---

[464] 천태종에 있어 '식통색識通塞'의 의미는 '통함과 막힘을 잘 안다'라는 뜻으로,
마음의 본성을 깨닫기 위한 천태의 열 가지 수행법인 십승관법 가운데 다섯
번째 관법에 해당하는 수행관법을 의미한다. 수행에 있어 진리에 통하는 것과
그것의 체득을 방해하는 것을 확연하게 식별하는 수행관법이라 할 수 있다.

初六은 習坎에 入于坎窞이니 凶하니라.
초 육　 습 감　 입 우 감 담　　 흉

초육은 '습감習坎'에 구덩이에 들어감이니, 흉하다.

象曰 習坎入坎은 失道ㅣ라 凶也ㅣ라.
상 왈　 습 감 입 감　 실 도　　 흉 야

「상전」에 이르길 '거듭 험함에 구덩이에 들어간다(習坎入坎)'는 것은
도를 잃는다는 것으로, 흉하다.

在險之時, 不論自利利他, 唯貴有孚而定慧相濟. 今初六以陰居下, 毫
無孚信之德, 乃泪沒於惡習而不能自出者也.

험한 시절에 있어서는 나와 남을 이롭게 하는 것을 논하지 말고, 오직
믿음을 가지고 선정과 지혜를 균등하게 닦는 것만이 중요하다. 지금
초육이 음효로써 맨 아래에 자리하고 있으니, 믿음의 덕이 터럭만큼도
없다고 볼 수 있다. 바로 나쁜 습관에 빠져서 능히 스스로 벗어나지

---

465 대승불교에 있어 '성性'은 곧 법계의 본래적 성품(法界性)을 말한다. 이것은
　　사람에게 있어서 진여법성眞如法性인 불성이 된다. 천태종에서는 이러한 불성론
　　을 발전시켜 불성에 우주법계의 모든 진리와 세계와 선악이 본래적으로 구족되
　　어 있다고 보는 '성구설性具說', 혹은 '성구성악설性具善惡說'을 주장한다. 당연히
　　성구설의 특징은 모든 존재가 모두 선한 불성을 소유하고 있다고 하는 기존의
　　'개유불성론皆有佛性論'과는 달리 악법 또한 이 본성에 구족되어 있음을 주장하는
　　것이라 할 수 있다. 불성론에 있어서 기존의 모든 종파들은 불성의 지순지정至純
　　至淨하고 진선진미盡善盡美한 불성론이지만, 성구설은 이와는 달리 현실적 삶에
　　있어서 선악이 교차하여 발생하는 중생의 현실성을 담아내고 있다는 점에서
　　천태종만의 개성 있는 불성론이라 볼 수 있다.

못하는 수행자이다.

九二는 **坎**에 **有險**하나 **求**를 **小得**하리라.
구 이 감 유 험 구 소 득

구이는 구덩이(坎)에 험함이 있으나, 구하는 것을 조금 얻는다.

象曰 求小得은 **未出中也**길새라.
상 왈 구 소 득 미 출 중 야

「상전」에 이르길 '구하는 것을 조금 얻는다(求小得)'는 것은 가운데에서 벗어나지 않기 때문이다.

剛中有孚, 但居下卦, 則夙習尙深. 未能頓達聖境, 僅可小得而已.

강건하면서 가운데 자리하고 있어 믿음이 있다. 다만 하괘(☵)에 위치하여 지난 세월 동안 익혀 왔던 불선한 숙업의 습기(夙習)가 여전히 깊다. 문득 깨달음을 성취하여 성인의 경지에 단숨에 도달할 수 없으니, 겨우 조금의 수행 성과만을 얻을 수 있을 뿐이다.

六三은 **來之**애 **坎坎**하며 **險**애 **且枕**하야 **入于坎窞**이니 **勿用**이니라.
육 삼 래 지 감 감 험 차 침 입 우 감 담 물 용

육삼은 오고 감에 구덩이와 구덩이며, 험한 데에 또 배개 베고 누워서 구덩이에 들어가는 것이니, 쓰지 말라.

象曰 來之坎坎은 **終无功也**ㅣ리라.
상 왈 래 지 감 감 종 무 공 야

「상전」에 이르길 '오고 감에 구덩이와 구덩이다(來之坎坎)'라는 것은 마침내 공이 없는 것이다.

不中不正, 柔而志剛, 自謂出險, 不知前險之正來, 此如邪見增上慢人, 故終無功.

가운데 자리하지도 못하고 바르지도 못하며, 유약하면서 뜻만 강하다. 스스로 험함에서 벗어났다고 말하면서도 앞으로 험함이 바로 다가오는 것은 알지 못한다. 이는 마치 삿된 견해로 깨달음을 얻었다고 자신을 내세우는 사람(增上慢人)과 같다. 그러므로 '마침내 공이 없다(終無功)'고 한다.

六四는 樽酒와 簋貳를 用缶하고 納約自牖 ㅣ면 終无咎하리라.
육사 준주 궤이 용부 납약자유 종무구

육사는 동이 술과 대그릇 둘을 질그릇에 쓰고, 간략하게 드리되 바라지(창문)로부터 하면 마침내 허물이 없다.

象日 樽酒簋貳는 剛柔際也ㄹ새라.
상왈 준주궤이 강유제야

「상전」에 이르길 '동이 술과 대그릇 둘(樽酒簋貳)'은 강(剛: 구오)과 유(柔: 육사)가 만나기 때문이다.

柔而得正, 與九五之中正剛德相與, 所謂因定發慧, 正出險之妙道也. 正觀如酒, 助道如簋, 誠樸如缶, 方便道如牖, 從此可發眞而無咎矣.

유순하면서 바름을 얻었으며, 구오의 중정하고 강건한 덕과 더불어 서로 만나고 있다. 이른바 '선정으로 인해서 지혜가 생긴다(因定發 慧)'[466]는 의미이니, 바로 험함에서 벗어나는 오묘한 길이라 할 수 있다. 바르게 통찰하는 것은 마치 술과 같고, 보조적인 수행의 실천(助道)은 대그릇(제기)과 같으며, 성실하고 소박함은 질그릇과 같고, 방편의 도는 바라지(창문)와 같다. 이러한 뜻을 좇아서 불성을 발현시켜 나가면 허물이 없다.

九五는 **坎不盈**이니 **祇旣平**하면 **无咎**ㅣ리라.
구 오   감 불 영   지 기 평   무 구

구오는 구덩이가 차지 않으니, 이미 평평한 데 이르면 허물이 없다.

象曰 坎不盈은 **中**이 **未大也**ㅣ라.
상 왈 감 불 영   중   미 대 야

「상전」에 이르길 '구덩이가 차지 않는다(坎不盈)'는 것은 중中이 크지 못하기 때문이다.

陽剛中正, 已得出世眞慧現前, 如坎之不盈, 而風恬浪靜也. 但初破無 明, 餘惑未盡, 故中未大, 此勉其速趣極聖而已.

---

[466] 인정발혜因定發慧: 『능엄경』에 "마음을 거두어 단속하는 것이 계이니, 계로 인해서 선정이 생기고, 선정을 바탕으로 지혜가 생긴다. 이것이 곧 '세 가지 번뇌가 없는 배움'이라고 이름한다(攝心爲戒, 因戒生定, 因定發慧 是則名爲三無漏 學.)"라는 내용으로 설해지고 있다.

양효로서 강건하고 중정하여, 이미 출세간의 참된 지혜가 눈앞에 드러
난 것이다. 마치 구덩이에 차지 않으므로(곧 번뇌가 다스려져 마음이
평정해짐), 바람은 조용하고 물결도 고요한 것과 같다. 다만 처음으로
어리석음을 타파하였지만, 여전히 미혹한 마음을 다 소멸시키지 못하고
있다. 그러므로 '중이 크지 못하다(中未大)'고 하는 것이다. 이러한 경우
에 있어서는 속히 부처의 경지(極聖)를 성취하고자 애써 수행해야만
한다.

上六은 繫用徽纆하야 寘于叢棘하야 三歲라도 不得이니 凶하니라.
상 육　　계 용 휘 묵　　　치 우 총 극　　　삼 세　　부 득　　　흉

상육은 묶는 데 휘묵徽纆[467]을 써서 가시덤불(감옥)에 두어 3년이 지나도
얻지 못하니, 흉하다.

象曰 上六失道는 凶三歲也ㅣ리라.
상 왈 상 육 실 도　　흉 삼 세 야

「상전」에 이르길 상육이 도를 잃음은 흉함이 3년일 것이다.

陰居險極, 有定無慧, 如凡外癡定, 極至非想, 終不脫三界繫縛, 而見
取旣深, 猶如寘於叢棘, 永不得免離也.

음효로서 험함의 맨 끝에 자리하고 있으니, 선정만 있고 지혜가 없는
것이라 할 수 있다. 마치 범부와 외도의 어리석은 선정과 같아서 마침내

---

467 '휘徽'는 두 겹으로 꼰 노끈을, '묵纆'은 세 겹으로 꼰 노끈을 가리키는 것으로,
　　'휘묵'은 곧 죄인을 포박할 때 사용하는 포승줄을 의미한다.

비상천非想天[468]에 도달할 수는 있지만, 결국은 삼계의 속박(윤회)에서 벗어나지는 못한다. 그릇된 견해에 집착하는 생각(見取)[469]이 이미 깊어 졌으니, 마치 '가시덤불에 갇힌 것(寘於叢棘)'처럼 영원히 벗어날 수 없다.

---

468 비상천非想天: 원래 명칭은 '비상비비상천非想非非想天'이다. 삼계(三界: 欲界·色 界·無色界) 가운데 무색계의 넷째 하늘로, 하늘세계 중에서 가장 위에 있는 세계이다.

469 견취見取: 그릇된 견해를 바른 견해로 간주하여 그러한 견해에 집착하는 것을 가리킨다. '견취견見取見'이라고도 하며, 아견我見·변견邊見·사견邪見과 더불어 네 가지 잘못된 견해(四取) 가운데 하나이다.

(30) ䷝ 중화리重火離

離는 利貞하니 亨하니 畜⁴⁷⁰牝牛하면 吉하리라.
　리　이정　　형　　흑 빈 우　　　길

'리離'는 바르게 함이 이로우니, 형통하니, 암소를 기르면 길할 것이다.

火性無我, 麗附草木而後可見, 故名爲離. 約世道, 則重險之時, 必麗
正法以禦世. 約佛法, 則魔擾之時, 必麗正教以除邪. 約觀心, 則境發
之時, 必麗正觀以銷陰, 故皆利貞則亨也. 牝牛柔順而多力, 又能生育
犢子, 喻正定能生妙慧.

불의 성품은 고유한 자아가 없기 때문에 초목에 불이 붙은 이후에야
볼 수 있다. 그러므로 '리(離: 붙다, 걸리다〔麗〕)'라고 부른다. 세상의
이치로 요약하면, 험한 상황이 거듭 이어질 때에는 반드시 정법에
의지해서(麗) 세상을 다스려야 한다.

　불법으로 요약하면, 삿된 무리가 정법을 방해하고 파괴하고자 할
때(魔擾之時)는 반드시 정법에 의지해서 삿됨을 제거해야만 한다. 마음
을 관찰하는 것으로 요약하면, 경계가 일어날 때에는 반드시 바른
통찰에 의지해서 잠재된 번뇌를 소멸시켜야 한다. 그러므로 모두 바르

---

470 畜은 가축 축(chù)과 기를 흑(xù)의 두 가지로 발음된다. 여기서는 '기르다'는
　　의미이므로 '흑'으로 발음한다.

게 하면 형통할 수 있다. '암소(牝牛)'는 유순하고 힘이 세며, 또한 송아지를 낳아서 기를 수 있다는 것은 바른 선정에서 오묘한 지혜가 생겨남을 비유한 말이다.

象曰 離는 麗也ㅣ니 日月이 麗乎天하며 百穀草木이 麗乎土하니
단왈 리 리야　　 일월　 이호천　　 백곡초목　　 이호토

重明으로 以麗乎正하야 乃化成天下하나니라. 柔ㅣ 麗乎中正故
중명　　 이리호정　　 내화성천하　　 유　 이호중정고

로 亨하니 是以畜牝牛吉也ㅣ라.
형　　 시이휵빈우길야

「단전」에 이르길 '리離'는 걸림이니, 해와 달이 하늘에 걸려 있으며 온갖 곡식과 풀과 나무가 땅에 걸려 있으니, 거듭 밝음으로써 바른 데 걸려 천하를 교화하여 이룬다. 부드러운 것이 중정한 데에 걸린 까닭에 형통하니, 이로써 암소를 기르면 길하다.

如日月必麗天, 如百穀草木必麗土, 吾人重明智慧. 亦必麗乎性德之正, 則自利旣成, 便可以化天下矣. 夫智慧光明, 必依禪定而發, 禪定又依理性而成. 今六五六二, 麗乎中正之位, 故有亨道, 如牝牛能生智慧犢子而吉也. 吳幼淸曰, 上卦爲重明, 下卦三爻皆麗乎正.

해와 달이 필연적으로 하늘에 떠(麗, 걸려) 있는 것과 같고, 온갖 곡식과 초목이 반드시 땅에서 생장하는 것(麗)과 같이 우리들의 거듭 밝은 지혜 또한 반드시 본성(性德, 불성)의 바름에서 빛난다. (그러한 본성을 깨달아) 자신을 이롭게 하는 수행을 이미 완성함으로써 곧 천하를 교화할 수 있다. 대저 지혜광명은 반드시 선정에 의지해서 발현하고,

선정 또한 이성(理性: 불성)에 의지해서 성취된다. 지금 육오와 육이는 중정한 자리에 위치하고(麗) 있다. 그러므로 형통한 도가 있다고 한다. 마치 암소가 능히 지혜라는 송아지를 낳아서 길한 것과 같다.

오유청吳幼淸은 "상괘는 거듭 밝음이 되고 하괘의 세 효는 모두 바름에 걸려 있다"라고 하였다.

象曰 明兩이 作離하니 大人이 以하야 繼明하야 照于四方하나니라.
상 왈 명 량 작 리 대 인 이 계 명 조 우 사 방

「상전」에 이르길 밝은 것(☲) 두 개로 리離괘가 만들어졌으니, 대인이 이를 본받아 밝음을 이어서 사방에 비춘다.

明而又明, 相續不息, 自旣克明其德, 便足以照四方矣.

밝고 또 밝음이 서로 이어져서 쉬지 않게 되면, 스스로 이미 그 덕(불성)을 분명하게 깨닫게 되어 문득 온 사방을 비출 수 있게 된다.[471]

初九는 履ㅣ錯然하니 敬之면 无咎ㅣ리라.
초 구 리 착 연 경 지 무 구

---

[471] 중화리괘는 하괘도 밝음을 상징하는 '이(離, ☲)'괘이고, 상괘도 밝음을 상징하는 '이(離, ☲)'로 이루어진 괘(明兩作離)이다. 이는 마치 하늘에 해와 달이 있고, 사람의 얼굴에 두 눈이 있는 것에 비유될 수 있다. 지욱은 이러한 이치를 설명하고 있는 중화리괘의 「상전」의 뜻을 불교적인 관점에서 재해석하면서 '명양明兩'의 뜻을 지혜가 단절되지 않고 계속 이어지는 수행의 경지로 해석하고 있다. 밝음을 상징하는 지혜가 단절되지 않고 계속 이어지다 보면 마침내 본래 구족하고 있는 불성을 분명하게 깨닫게 되고(克明其德), 그럼으로써 사방의 중생들을 제도할 수 있게 된다(照四方)는 것이다.

초구는 밟는 것이 섞이니, 공경하면 허물이 없을 것이다.

象曰 履錯之敬은 **以辟咎也**] 라.
상 왈 이 착 지 경　이 피 구 야

「상전」에 이르길 밟는 것이 섞이니 공경하는 것은 허물을 피하는 것
이다.

用觀之始, 雖有正慧, 而行履未純, 故常若錯然之象. 惟兢兢業業, 不
敢自安, 則德日進而習日除, 可辟咎矣. 豈俟咎之生而後除哉.

마음을 통찰하는 관법수행을 처음 시작할 때에는 비록 바른 지혜가
있다고 하더라도 수행(行履)이 아직 순수하지 못하다고 할 수 있다.
그러므로 항상 번뇌와 지혜가 뒤섞여 있는 모습(錯然之象)과 같다.
오로지 항상 조심하고 공경하며 삼가해서(兢兢業業), 감히 스스로 안일
하지 않도록 해야 한다. 그렇게 하면 덕은 날로 발전해 가고 나쁜
업습은 날로 제거되어 허물을 피할 수 있게 된다. 어찌 허물이 생기고
난 이후에 제거하려고 하겠는가?

六二는 **黃離**니 **元吉**하니라.
육 이　황 리　원 길

육이는 누런 걸림이니 크게 길하다.

象曰 黃離元吉은 **得中道也**] 라.
상 왈 황 리 원 길　득 중 도 야

「상전」에 이르길 '누런 걸림이니 크게 길하다(黃離元吉)'는 것은 중도를 얻었기 때문이다.

中正妙定, 稱性所成, 以此照一切法, 使一切法皆成中道, 乃絶待圓融 之妙止也.

중정하고 오묘한 선정은 불성에 계합해서 이루어진 것이다. 이러한 선정으로써 모든 법을 관조하면 일체의 법이 모두 중도를 이루게 된다.[472] 바로 상대적 경계가 끊어진 원융한 묘지(妙止: 오묘한 선정)라 할 수 있다.

九三은 日昃之離니 不鼓缶而歌ㅣ면 則大耋之嗟ㅣ라 凶하리라.
구 삼　　일 측 지 리　　불 고 부 이 가　　　즉 대 질 지 차　　　흉

구삼은 해가 기울어져 걸림이니, 장구(缶)를 두드리면서 노래하지 않으면 큰 팔십 노인이 슬퍼함이라, 흉하다.

象曰 日昃之離ㅣ 何可久也ㅣ리오.
상 왈　일 측 지 리　　하 가 구 야

「상전」에 이르길 '해가 기울어져 걸린다(日昃之離)'고 하였으니 어찌 가히 오래가겠는가?

---

472 중정하고 오묘한 선정(中正妙定)은 마음의 동요를 일으키는 번뇌를 다스림으로써 불성이 온전히 드러남으로 이루어진다. 이러한 선정을 의지해서 안과 밖의 모든 대상(一切法)을 통찰하면 그 모든 법을 분별과 차별을 떠나 치우침 없이 중도적 관점에서 받아들일 수 있다는 표현이다.

過用其慧而無定以濟之, 有時歡喜太甚, 則鼓缶而歌. 有時憂慮太切,
則大耋之嗟. 悲歡亂其衷曲, 乾慧不能自持, 其退失也必矣.

지나치게 그 지혜만 쓰고 선정으로써 균형을 이루지 못하고 있다.
어떤 때는 너무 지나치게 환희심으로 기뻐함이 마치 장구를 두들기며
노래를 부르는 것처럼 하고, 어떤 때는 너무 지나치게 근심 걱정함이
마치 팔십 노인(大耋)이 슬퍼하는 것처럼 한다. 슬퍼하고 기뻐하는
마음은 그 본성(衷曲)[473]을 어지럽게 한다. 선정이 결여된 마른 지혜(乾
慧)로는 스스로 본성을 지켜 수행을 지속해 갈 수 없기 때문에 그는
필연적으로 수행에서 물러날 수밖에 없다.

九四는 突如其來如ㅣ라 焚如ㅣ니 死如ㅣ며 棄如ㅣ니라.
구 사 돌 여 기 래 여   분 여   사 여   기 여

구사는 돌연히 그가 온다. 불사르니 죽이며 버린다.

象曰 突如其來如는 无所容也ㅣ니라.
상 왈 돌 여 기 래 여   무 소 용 야

「상전」에 이르길 '돌연히 그가 온다(突如其來如)'는 것은 용납할 바가
없다.

雖似有慧有定, 而實不中不正, 不能調適道品. 故時或精進, 則失於太
速, 而突如其來如. 時或懈怠, 則置諸罔覺, 而焚如死如棄如也. 夫進

---

473 '충곡衷曲'은 내심, 충정, 속마음 등의 뜻을 나타낸다. 여기서는 본마음, 곧
   자신의 내면적 불성을 가리킨다.

銳者退必速, 其來旣突, 則決無所容矣. 又何俟於焚死棄, 而後知其非
善終之道哉.

비록 지혜도 있고 선정도 있는 듯하지만, 실제로는 중도도 얻지 못하고
바르지도 못해서 수행법(道品: 37조도품)을 조화롭게 닦아 나갈 수
없다. 그러므로 이러한 때에 만약 정진하려고 하면 너무 급하게 서두르
다가 실패하게 된다. '돌연히 그것이 온다(突如其來如)'는 의미이다.
이러한 때에 만약 게으르기까지 하면 깨닫고자 하는 마음마저 포기하게
된다. '불사르니 죽이며 버린다(焚如死如棄如)'는 의미이다.

　대저 (깨달음을 얻고자) 너무 급하게 서두르는 수행자는 수행에서
물러나는 것도 반드시 빠르다. 그렇듯 수행에서 물러나고자 하는 마음
이 이미 갑작스럽게 찾아오더라도(其來旣突) 결코 (그러한 退屈心을)
용납해서는 안 된다. 또한 어찌 불사르고 죽이고 버리고 난 이후에야
그것이 훌륭하게 유종의 미를 거두는 도가 아님을 알겠는가?[474]

---

474 지욱은 외괘에서 가운데 하지도 못하고 양효로써 음위에 자리하여 바르지도
　　못한(不中不正) 구사를 선정과 지혜를 갖추고 있는 듯하지만, 실제로는 중도도
　　얻지 못하고 불법에 대한 바른 이해도 갖추지 못한 수행자에 비유하고 있다.
　　이렇듯 중도도 알지 못하고 불법에 대한 바른 이해도 부족한 수행자는 불교의
　　수행법을 제대로 조화롭게 닦아나갈 수 없다. 까닭에 어떤 때는 깨달음을 얻기
　　위해 조급한 마음으로 수행을 급히 서두르다가 수행의 결과가 빨리 나타나지
　　않으면 돌연히 스스로 수행을 포기도 하고, 어떤 때는 게으른 마음을 일으켜
　　아예 깨달음을 얻고자 하는 구도심마저 버리기까지 한다. 지욱은 이렇듯 그릇된
　　수행자의 처신을 구사의 효사에 대비하고 있는 것이다. 바른 수행의 실천은
　　너무 조급히 서둘러서도 안 되고, 그렇다고 너무 안일하여 게을러서도 안 된다.
　　마치 거문고의 줄을 고르듯이 중도를 지켜 적절히 수행을 지속해야만 궁극적인
　　깨달음의 성과를 얻을 수 있는 것이다. 지욱은 이러한 이치를 알지 못하고

六五는 出涕沱若하며 戚嗟若이니 吉하리라.
육 오 출 체 타 약   척 차 약   길

육오는 눈물 나옴이 물 흐르는 듯하며, 슬퍼하고 탄식하는 듯하니, 길할 것이다.

象曰 六五之吉은 離王公也일새라.
상 왈 육 오 지 길   이 왕 공 야

「상전」에 이르길 육오의 길함은 왕공에 걸려 있기 때문이다.

得中之定, 能發實慧, 進德固無疑矣. 然堯舜其猶病諸, 文王望道未見, 伯玉寡過未能, 孔子聖仁豈敢, 從來聖賢之學皆如是也.

중도를 얻은 선정이라야 참된 지혜를 발휘할 수 있으니, 덕을 쌓아 나가는 데 있어 진실로 의심할 여지가 없다. 그렇지만 요순도 그렇게 하기에 오히려 어렵게 여겼고,[475] 문왕은 도를 바라보기를 한 번도 보지 못한 듯이 여겼으며,[476] 거백옥은 허물을 적게 하려 했지만 능하지 못했다고 생각했고,[477] 공자는 성인과 인자를 어찌 감히 자처하겠는

중도를 벗어난 수행자를 구사 「상전」의 내용을 인용하여 거듭 경책하고 있다.

[475] 『논어』 「헌문憲問」편에 "공자께서 말씀하시길, '자신을 닦아 백성을 편안하게 해주는 것이다. 자신을 닦아 백성을 편안하게 해주는 것은 요임금과 순임금도 오히려 어렵게 여기셨다'(日, 修己以安百姓. 修己以安百姓, 堯舜其猶病諸.)"라는 내용이 언급되고 있다.

[476] 『맹자』 「이루하離婁下」편에 "문왕은 백성 보기를 다친 사람 같이 하였고, 도를 바라기를 그것을 아직 보지 못한 듯이 하였다(文王, 視民如傷, 望道而未之見.)"라는 내용이 언급되고 있다.

가?[478]라고 하였다. 예로부터 성현의 배움이 모두 이와 같았다.

上九는 王用出征이면 有嘉ㅣ니 折首코 獲匪其醜ㅣ면 无咎ㅣ리라.
상구 왕용출정 유가 절수 획비기추 무구

상구는 왕이 나아가 정벌하면 아름다움이 있으니, 머리를 절단하고
얻는 것이 그 무리가 아니면 허물이 없을 것이다.

象曰 王用出征은 以正邦也ㅣ라.
상왈 왕용출정 이정방야

「상전」에 이르길 '왕이 나아가 정벌한다(王用出征)'는 것은 나라를 바로
잡는 것이다.

剛而不過, 又居明極, 自利已成, 化他有術, 人自歸慕而折首, 非有醜
惡而須伐也. 身正則邦正, 邦正, 則六合歸心, 重譯奉命矣, 是之謂王

---

477 『논어』「헌문」편에 "공자께서 그와 함께 앉아서 거백옥에 대해 묻기를, '부자는
어떠한가?'라고 하자, 대답하기를 '부자께서는 허물을 적게 하고자 하지만 능하
지 못하십니다'라고 하였다. 사자가 나가자 공자께서 '사자로다, 사자로다'라고
하셨다(孔子與之坐而問焉曰, 夫子何爲. 對曰, 夫子欲寡其過而未能也. 使者出, 子
曰, 使乎使乎.)"라는 내용이 언급되고 있다.

478 『논어』「술이述而」편에 "공자께서 말씀하시기를, '성과 인으로 말하면 내 어찌
감히 자처할 수 있겠는가? 그러나 행하기를 싫어하지 않으며, 남을 가르치기를
게을리 하지 않는 것으로 말하면 그렇다고 말할 수 있을 뿐이다.' 공서화가
말하였다. '바로 이것이 저희 제자들이 배울 수 없는 점입니다(曰子, 若聖與仁,
則吾豈敢. 抑爲之不厭, 誨人不倦, 則可謂云爾已矣. 公西華曰. 正唯弟子不能學也.)"
라는 내용이 언급되고 있다.

用出征, 豈以奮武揚威爲出征哉.

강건하지만 지나치지 않고, 또한 밝음의 끝에 자리하고 있다. 자신을 이롭게 하는 깨달음을 이미 성취하였고, 타인을 교화할 수 있는 술법 (術: 法力)도 갖추고 있다. 사람들이 스스로 귀의하고 존경하여 머리를 숙이도록 한다는 것이지, 추악함이 있어서 모름지기 정벌해야 한다는 뜻이 아니다.

몸이 바르면 나라가 바르고, 나라가 바르면 온 세상 사람들이 진심으로 복종할 것이며, 머나먼 이방의 족속(重譯)[479]들이 명을 받들게 될 것이다. 이러한 경우를 '왕이 나아가 정벌한다(王用出征)'고 한다. 어찌 무력을 사용하고 위엄을 보이는 것만을 '출정出征'이라고 하겠는가?

---

[479] '중역重譯'은 원래 글자 의미 그대로 여러 차례 거듭 번역한다는 뜻이다. 중앙에서 멀리 떨어진 변방에 위치한 이민족 국가들은 자기만의 고유한 언어를 사용한다. 따라서 그들과 소통하기 위해서는 여러 차례 번역의 과정을 거쳐 소통할 수밖에 없었다. '중역'은 그러한 의미에서 외방 민족을 가리키는 뜻으로 사용하기도 하니, 여기서는 후자의 의미로 쓰인다.

周易禪解

주역하경 下經

주역 하경

31. 택산함(澤山咸)	32. 뇌풍항(雷風恒)	33. 천산돈(天山遯)	34. 뇌천대장(雷天大壯)	35. 화지진(火地晉)
36. 지화명이(地火明夷)	37. 풍화가인(風火家人)	38. 화택규(火澤睽)	39. 수산건(水山蹇)	40. 뇌수해(雷水解)
41. 산택손(山澤損)	42. 풍뢰익(風雷益)	43. 택천쾌(澤天夬)	44. 천풍구(天風姤)	45. 택지취(澤地萃)
46. 지풍승(地風升)	47. 택수곤(澤水困)	48. 수풍정(水風井)	49. 택화혁(澤火革)	50. 화풍정(火風鼎)
51. 중뢰진(重雷震)	52. 중산간(重山艮)	53. 풍산점(風山漸)	54. 뇌택귀매(雷澤歸妹)	55. 뇌화풍(雷火豐)
56. 화산려(火山旅)	57. 중풍손(重風巽)	58. 중택태(重澤兌)	59. 풍수환(風水渙)	60. 수택절(水澤節)
61. 풍택중부(風澤中孚)	62. 뇌산소과(雷山小過)	63. 수화기제(水火旣濟)	64. 화수미제(火水未濟)	

주역선해 제5권 [下經之一]

上經始乾坤而終坎離, 乃天地日月之象, 又寂照定慧之德也, 是約性
德之始終. 下經始咸恒而終既濟未濟, 乃感應窮通之象, 又機敎相叩,
三世益物之象也. 是約修德之始終. 又上經始於乾坤之性德, 終於坎
離之修德, 爲自行因果具足. 下經始於咸恒之機敎, 終於既濟未濟之
無窮, 爲化他能所具足. 此二篇之大旨也.

상경은 중천건(重天乾 ䷀)·중지곤(重地坤 ䷁)괘에서 시작하여 중수감
(重水坎 ䷜)·중화리(重火離 ䷝)괘에서 끝마치니, 바로 천지와 일월의
상象이다. 또한 고요함과 비춤·선정과 지혜의 덕이기도 하다. 이것을
요약하면, 성덕性德의 시작과 끝이라 할 수 있다. 하경은 택산감(澤山咸
䷞)·뇌풍항(雷風恒 ䷟)괘에서 시작하여 수화기제(水火既濟 ䷾)·화수
미제(火水未濟 ䷿)괘에서 끝마치니, 바로 감응感應과 궁통窮通의 상이
다. 또한 중생의 근기와 부처님(혹은 성인)의 가르침이 서로 하나로

상응(機敎相叩)[480]하여 과거·현재·미래의 만물을 이롭게 하는 상이기도 하다. 이를 요약하면, 수덕修德의 시작과 끝이라 할 수 있을 것이다. 또한 상경은 중천건·중지곤괘의 성덕에서 시작하여 중수감·중화리괘의 수덕修德에서 끝마침으로 스스로 수행하는 인과의 가르침 모두를 갖추고 있으며, 하경은 택산함·뇌풍항괘의 기교機敎에서 시작하여 수화기제·화수미제괘의 무궁한 것에서 끝마침으로 교화의 주체와 대상(能所)이 모두 갖추어져 있다. 이것이 상경과 하경 두 편의 큰 뜻이다.

---

480 기교상고機敎相叩: '기機'는 곧 '근기根機'의 줄임말이다. 불교에서 '근기'는 중생들의 마음, 곧 부처님의 가르침을 이해하고 받아들이는 차별적인 중생들의 마음의 능력과 자질을 가리킨다. '교敎'는 곧 부처님의 중생에 대한 교화의 가르침(法, 담마, Dhamma)을 가리킨다. 또한 '고叩'는 두드린다는 뜻으로, 마치 북을 두드리면 소리가 울려나오듯이 서로의 마음에 영향을 끼쳐 감응을 불러일으킴을 뜻한다. 따라서 '기교상고'는 교화의 대상인 중생과 교화를 베푸는 부처님의 마음이 서로 감응하여 하나로 상통함을 가리킨다.

(31) ䷞ 택산함澤山咸

咸은 **亨**하니 **利貞**하니 **取女** ㅣ면 **吉**하리라.
함　　형　　　이 정　　　취 녀　　　길

'함咸'은 형통하니 올바름이 이로우니, 여자를 얻으면 길할 것이다.

艮得乾之上爻而爲少男, 如初心有定之慧, 慧不失定者也. 兌得坤之
上爻而爲少女, 如初心有慧之定, 定不失慧者也. 互爲能所, 互爲感
應, 故名爲咸. 約世道, 則上下之相交. 約佛法, 則衆生諸佛之相叩.
約觀心, 則境智之相發. 夫有感應, 必有所通. 但感之與應皆必以正,
如世之取女, 必以其禮, 則正而吉矣.

간(艮, ☶)괘는 건(乾, ☰)괘의 상효를 얻어 소남(少男: 막내아들)이
된다. 마치 처음 마음에 선정을 바탕으로 해서 지혜가 생겨나는 것과
같아서, 지혜가 선정을 잃지 않는 것이라 할 수 있다. 태(兌, ☱)괘는
곤(坤, ☷)괘의 상효를 얻어 소녀(少女, 막내딸)가 된다. 마치 처음
마음에 지혜를 바탕으로 해서 선정이 생겨나는 것과 같아서, 선정이
지혜를 잃지 않는 것이라 할 수 있다. 서로 주체와 대상이 되고, 서로
느끼고 응함으로 '함咸'이라고 한다.

　세상의 도로 요약하면, 윗사람과 아랫사람이 서로 교류하는 것을
의미한다. 불법으로 요약하면, 중생과 모든 부처가 서로를 감응시켜

하나 됨을 의미한다. 마음을 관찰하는 것으로 요약하면, 외적인 경계는 지혜를 바탕해서 생겨나고, 내적인 지혜 또한 경계를 의지해서 생겨남을 가리킨다.[481] 대저 감응이 있으면 반드시 통하는 바가 있다. 다만 느끼는 것과 더불어 응하는 것이 반드시 바름으로써 해야만 한다. 마치 세상에서 여자를 선택하는 데 있어 반드시 그 예禮를 기준해서 판단하는 것과 같다. 올바르면 길하기 때문이다.

象曰 咸은 感也ㅣ니 柔上而剛下하야 二氣ㅣ 感應以相與하야 止
단왈 함   감야   유상이강하   이기 감응이상여   지

而說하고 男下女ㅣ라 是以亨利貞取女吉也ㅣ니라. 天地ㅣ 感而
이열   남하녀   시이형이정취녀길야   천지   감이

萬物이 化生하고 聖人이 感人心而天下ㅣ 和平하나니 觀其所感
만물   화생   성인   감인심이천하   화평   관기소감

而天地萬物之情을 可見矣리라.
이천지만물지정   가견의

「단전」에 이르길 '함咸'은 느낌이니, 유柔가 올라가고 강剛이 내려와

---

481 불교에서는 인간이 인식하는 밖의 경계는 내적인 마음이 비춰내는 그림자에 불과하다고 가르친다. 이러한 이치를 '심외무법心外無法', '심외무경心外無境'이라고 한다. 마음이 거울이라면 밖의 대상은 그 거울에 비춰진 그림자라는 것이다. 따라서 거울의 상태에 따라서 대상이 달리 비춰지듯이, 마음의 상태에 따라 경계대상도 다른 모습으로 비춰질 수밖에 없다고 본다. 그런데 마음이 밖의 경계대상을 비춰내기도 하지만, 반대로 마음에 비춰진 경계대상을 바르게 통찰(觀照)하는 수행을 통해 내적인 마음의 지혜를 키워나갈 수도 있다. 밖의 경계대상과 내적인 지혜(마음)가 별개가 아니라, 서로 하나로 어우러져 상의상관적相依相關的인 관계를 맺고 있는 것이다. 지욱의 표현은 바로 이러한 의미를 나타내고 있다.

두 기운이 느끼며 응함으로써 서로 더불어 그치고 기뻐하고, 남자가 여자에 아래 하였다. 이로써 '형통하니 바르게 함이 이롭고 여자를 얻으면 길하다(亨利貞取女吉)'고 하는 것이다. 천지가 느껴서 만물이 변화하여 생겨나고, 성인이 사람의 마음을 느껴서 천하가 화평하니, 그 느끼는 바를 보아 천지만물의 실정을 가히 볼 수 있는 것이다.

咸何以爲感哉. 下卦坤體之柔, 上於六而成兌, 上卦乾體之剛, 下於三而成艮, 乃天地之二氣感應以相與也. 又艮止而兌說, 以男而下女, 此感應之正, 所以吉也. 約佛法者, 艮爲生, 兌爲佛, 衆生感佛旣專, 則佛說法應之. 約觀心者, 艮爲觀, 兌爲境, 觀智硏境旣專, 則境諦開發而得悅矣. 世出世法, 皆以感而成事, 故可以見天地萬物之情.

'함咸'이 어떻게 '느낌(感)'이 되는가? 하괘 곤체(坤體, ☷)의 유(柔, 음효)가 상육으로 올라가서 태(兌澤, ☱)괘를 이루고, 상괘 건체(乾體, ☰)의 강(剛, 양효)이 구삼으로 내려와서 간(艮山, ☶)괘를 이룬다. 바로 하늘과 땅의 두 기운이 감응하여 서로 함께하는 것이다. 또한 간괘는 그치는 것이고, 태괘는 기뻐하는 것이다. 남자가 여자의 아래에 자리하고 있으니 이것이야말로 바르게 감응하는 것으로, 길한 이유가 된다.

불법으로 요약하면, 간艮은 중생이요 태兌는 부처라 할 수 있다. 중생이 부처를 한결같이 믿고 귀의하면(感) 부처가 그에 응하여 법을 설하는 것이다. 마음을 관찰하는 것으로 요약하면, 간괘는 통찰하는 것이고, 태괘는 통찰의 대상이 된다. 통찰의 지혜로 경계대상을 깊이 통찰하는 것을 전일하게 실천하다 보면 경계에 대한 깨달음(境諦)이 열려서 기쁨을 얻게 되는 것이다. 세간법이든 출세간법이든 모두 느끼는 것(感)으로써 일이 성취된다. 그러므로 '천지 만물의 실정(見天地萬物之情)'을 볼 수 있다고 한다.

象曰 山上有澤이 咸이니 君子ㅣ 以하야 虛로 受人하나니라.
상 왈 산 상 유 택 함 군 자 이 허 수 인

「상전」에 이르길 산(山, ☶) 위에 연못(澤, ☱)이 있는 것이 '함咸'이니, 군자가 이를 본받아 비움으로 사람을 받아들인다.

천지비괘 육삼과 상구의 '柔上而剛下'   →   택산함

慢如高山, 法水不停, 今山上有澤, 豈非以其虛而能受哉.

자신이 잘났다는 아만심(我慢心)이 산처럼 높다면 진리의 샘물(法水)이 고일 수 없다. 이제 산꼭대기에 연못이 있으니, 어찌 그 자신을 비움으로써 능히 받아들이는 것이 아니겠는가?

初六은 咸其拇ㅣ라.
초 육 함 기 무

초육은 그 엄지발가락에서 느낀다.

象曰 咸其拇는 志在外也ㅣ라.
상 왈 함 기 무 지 재 외 야

「상전」에 이르길 '그 엄지발가락에서 느낀다(咸其拇)'는 것은 뜻이 밖에 있는 것이다.

咸雖感而遂通, 須不違其寂然不動之體, 又須善識時位之宜. 儻因感 而搖其主宰, 則反失能應之本矣. 大槪感應之道, 互爲能所. 然下三爻 旣居止體, 且在下位, 故皆不宜妄應於他. 上三爻旣居悅體, 且在上 位, 故皆宜善應於物. 今初六以陰居下, 而爲九四所感, 未免脚指先 動. 夫用行舍藏原無定局, 時止則止, 時行則行, 行得其當則吉, 不得 其當則凶, 故未可判定是非, 卽所謂志在外者亦自不同. 若志在天下, 不顧身家, 則吉. 若志在利名, 不顧心性, 則可羞矣.

'함咸'은 비록 느껴서 마침내 통하는 것이지만, 모름지기 그 고요히 움직이지 않는 본체를 어기지 않아야만 한다. 또한 모름지기 때와 자리의 마땅함을 잘 인식해야 한다. 만약 느끼는 것으로 인하여 그 주재자(본성)를 흔들게 되면 도리어 능히 응하는 본질을 상실하게 되기 때문이다. 대개 감응하는 도는 서로 간에 주체(能)와 상대적 대상(所)이 된다. 그러나 하괘의 세 효는 이미 그침의 본체(艮山, ☶)에 위치하고 있고, 또한 아래에 자리하고 있다. 그러므로 모두 다른 것에 망령되이 응하는 것은 옳지 못하다. 상괘의 세 효는 이미 기쁨의 본체(兌澤, ☱)에 위치하고 있고, 또한 위에 자리하고 있다. 그러므로 모두 사물에 잘 응하는 것이 마땅하다.

지금 초육은 음효로써 아래에 위치하여 구사가 느끼는 대상이 된다. 발가락이 먼저 움직일 수밖에 없는 것이다. 대저 등용해 주면 도를 실천하고 버려지면 은둔하는 것(用行舍藏)[482]은 원래 정해진 형국이 없다. 멈출 때를 알아서 그치고 행할 때를 알아서 행하는 것뿐이다. 실천하는 것이 그 정당성을 얻으면 길하고, 그 정당성을 상실하면 흉한 것이다. 그러므로 옳고 그름을 확정지어 판단할 수는 없다. 곧 이른바 '뜻이 밖에 있다(志在外)'는 것 역시 당연히 같지 않다. 만약 뜻을 천하를 구제하는 데에 두고 개인적인 일신과 가문을 돌아보지 않는다면 길하지만, 만약 뜻을 개인적인 이익과 명예에 두고 마음마저 돌아보지 않는다면 수치스러울 수밖에 없는 것이다.

六二는 咸其腓면 凶하니 居하면 吉하리라.
육 이 함 기 비 흉 거 길

육이는 그 장딴지에서 느끼면 흉하니, 그쳐 있으면 길하다.

象曰 雖凶居吉은 順하면 不害也ㅣ라.
상 왈 수 흉 거 길 순 불 해 야

「상전」에 이르길 비록 흉하나 머무르면 길한 것은, 순하면 해롭지 않기 때문이다.

陰柔中正, 而爲九五所感, 儵躁妄欲進則凶, 惟安居自守則吉. 蓋安居自守, 乃順乎柔中之道而不害也.

---

482 용행사장用行舍藏:『논어』「술이」편에 "공자께서 말씀하시길, 나를 인정하여 써 주면 도를 천하에 행하고, 버리고 써 주지 않으면 도를 내 몸에 간직하여 은둔하는 태도는, 오직 나와 네가 할 수 있을 뿐이다(子謂顏淵曰, 用之則行, 舍之則藏, 唯我與爾有是夫.)"라는 내용이 언급되고 있다.

음효로서 유순하고 중정하며, 구오가 느끼는 상대가 된다. 만일 조급하
게 헛되이 나아가고자 한다면 흉할 수밖에 없다. 오직 편안히 거처하며
스스로를 지켜야만 길하다. 대체적으로 편안히 거처하며 스스로를
지켜야 유순하게 중도를 수순하여 해롭지 않을 수 있다.

九三은 **咸其股** ㅣ라. **執其隨** ㅣ니 **往**하면 **吝**하리라.
구삼 함기고   집기수   왕   인

구삼은 그 넓적다리에서 느낀다. 그 따름을 잡으니, 가면 인색할 것이다.

象曰 咸其股는 **亦不處也** ㅣ니 **志在隨人**하니 **所執**이 **下也** ㅣ라.
상왈 함기고   역불처야   지재수인   소집   하야

「상전」에 이르길 '그 넓적다리에서 느낀다(咸其股)'는 것은 또한 그치지
못하니, 뜻이 따르는 사람에게 있으니, 잡은 바가 아래이다.

以剛正居止極, 而爲上六所感. 未免亟亟以利生爲務, 不知欲利他者,
先須自利成就. 若一被順境所牽, 則頓失生平所養, 亦可羞也.

양효로써 바르고 그침(艮, ☶)의 끝에 위치하여 상육이 느끼는 상대가
된다. 서둘러서(亟亟) 중생을 이롭게 하는 것을 책임으로 여기고 있다.
남을 이롭게 하고자 하는 자는 먼저 자기 자신의 진리에 대한 깨달음(自
利)을 완성해야 함을 모르고 있는 것이다. 만약 한 번이라도 경계를
마주하여 이끌리게 되면 한순간에 평소에 닦아 왔던 모든 것을 상실하게
된다. 역시 부끄러울 수밖에 없다.[483]

九四는 貞이면 吉하야 悔ㅣ 亡하리니 憧憧往來면 朋從爾思ㅣ리라.
구 사 정 길 회 망 동 동 왕 래 붕 종 이 사

구사는 바르게 하면 길해서 뉘우침이 없어질 것이니, 자주자주 왕래하
면 벗이 네 뜻을 좇을 것이다.

象曰 貞吉悔亡은 未感害也ㅣ오 憧憧往來는 未光大也ㅣ라.
상 왈 정 길 회 망 미 감 해 야 동 동 왕 래 미 광 대 야

「상전」에 이르길 '바르게 하면 길해서 뉘우침이 없어진다(貞吉悔亡)'는
것은 느껴서 해롭지 않은 것이고, '자주자주 왕래한다(憧憧往來)'는 것은
빛나고 큰 것은 아니다.

剛而不過, 定慧齊平, 得感應之正道, 故吉而悔亡. 見其己心他心, 互
含互攝, 有憧憧往來之象. 旣以心爲感應之本, 則凡有血氣莫不尊親,
有朋從爾思之象. 惟其得感應之正, 雖終日感而不違其寂然不動之
體, 故未感害也. 惟其悟一心之往來, 雖知本自何思何慮, 而還須精義
入神以致用, 利用安身以崇德, 窮神知化以深造於不可知之域, 故未

---

483 함괘 구삼은 양효로써 양 자리에 바르게 위치하고 있다. 하지만 하괘의 마지막
자리에 위치하고 있어 성급히 외괘의 상육과 감응하고자 서두르는 형국이다.
지욱은 이러한 구삼의 처지를 아직 수행을 통해 자신의 깨달음(自利)을 완성하지
못한 처지에서 성급하게 중생의 교화(利他)에 나서고자 하는 수행자에 비유하고
있다. 하지만 이러한 수행자는 온전한 깨달음을 완성하지 못했기에 어느 특별한
경계를 마주하게 되면 그러한 경계를 바르게 통찰하여 극복하지 못하고 도리어
경계에 이끌릴 수밖에 없다. 당연히 평소에 닦아 왔던 수행의 결과마저 한순간에
상실하게 되는 것이다. 지욱은 바로 이러한 수행자를 구삼의 처지에 비교하여
경책하고 있는 것이다.

肯遽以現前所證爲光大也.

강건하지만 지나치지 않다. 선정과 지혜가 가지런하게 균형을 이루고 있으니, 감응의 바른 도를 얻었다고 할 수 있다. 그러므로 길해서 후회가 없다. 그렇듯 자기 마음과 타인의 마음이 서로를 받아들이고 서로를 거두어들이는 것에서 '자주자주 오고 가는(憧憧往來)' 상이 있음을 발견할 수 있다. 이미 마음으로써 감응의 근본을 삼았다면 무릇 혈기 있는 사람들이 존경하고 친애하지 않음이 없다.[484] '벗이 네 뜻을 좇는다(朋從爾思)'라는 상이 있게 되는 이유이다.

오직 그 같은 감응의 바름을 얻고 있으므로 비록 날을 마치도록 감응하여도 그 고요히 움직이지 않는 본체(본성)를 그르치지 않는다. 그러므로 '느껴서 해롭지 않다(未感害)'고 한다. 오로지 한마음이 오고 가는 것임을 깨닫게 되면 비로소 본래 자신이 무엇을 생각하고 무엇을 염려하고 있는 줄을 알 수는 있다. 또다시 뜻을 정미롭게 닦아서 신의 경지에까지 들어감으로써 쓰임을 이룰 수 있어야 한다.[485] 쓰임을 이롭

---

484 『중용』 제31장에 "이러한 이유로 명성이 중국에 넘쳐나 야만의 지역에까지 베풀어지게 된다. 배와 수레의 이르는 곳, 사람의 힘이 통하는 곳, 하늘이 덮여 있는 곳, 땅 위에 실려 있는 곳, 해와 달이 비치는 곳, 서리 이슬이 내리는 곳의 무릇 혈기를 지닌 자들은 높이고 친애하지 않음이 없다. 그러므로 일컬어 '하늘에 짝한다'고 한다(是以聲名, 洋溢乎中國, 施及蠻貊. 舟車所至, 人力所通, 天之所覆, 地之所載, 日月所照, 霜露所隊, 凡有血氣者, 莫不尊親. 故曰, 配天.)"라는 내용으로 언급되고 있다.

485 지욱은 육사를 선정과 지혜를 균등하게 갖추어 궁극적인 진리의 깨달음에 가까이 다가간 수행자에 비유하고 있음을 알 수 있다. 이러한 경지에 이른 수행자는 모든 것이 마음에서 비롯되는 것(一心之往來)임을 이미 깨달았다고

게 하여 몸을 편안하게 하는 것은 덕을 숭상하기 때문이다. 신을 궁구하
여 변화의 이치를 깨달음으로써 깊이 알 수 없는 경지에까지 나아가야만
하는 것이다.⁴⁸⁶ 까닭에 갑자기 눈앞에 나타난 깨달음의 경계로써 '빛나

할 수 있다. 따라서 본인 스스로가 어떤 생각을 일으키고 어떤 염려를 하고
있는지, 현재 자신의 마음에서 일어나는 모든 마음의 작용을 바르게 통찰할
수 있는 것(知本自何思何慮)이다. 그런데 지욱은 이러한 경지에 머물지 말고
한 걸음 더 나아가 궁극적인 깨달음의 경지에까지 이르러야 된다고 지적하고
있다. "또다시 뜻을 정미롭게 닦아서 신의 경지에까지 들어감으로써 쓰임을
이루어야만 한다"는 표현이 바로 그것이다. '뜻을 정미롭게 닦는다(精義)'는
것은 곧 선정과 지혜가 균등해진 경계에 머물지 말고 본성(불성)을 깊이 있게
탐구하기 위해 좀 더 세밀한 수행을 닦으라는 뜻이고, '신의 경지에까지 들어간다
(入神)'는 것은 곧 궁극적인 깨달음인 열반의 경지에 들어가야 한다는 의미이며,
'쓰임을 이루어야만 한다(致用)'는 것은 그럼으로써 자리이타를 성취하여 중생을
교화할 수 있는 완성된 인격을 갖추라는 의미인 것이다.

486 '쓰임을 이롭게 한다(利用)'는 것은 곧 마음의 번뇌를 다스려 청정한 진리본성의
작용을 드러낸다는 의미이고, '몸을 편안하게 한다(安身)'는 것은 그럼으로써
몸과 마음이 그 어떤 경계대상에도 구속되지 않고 자유자재한 해탈의 경지에
노닐 수 있게 된다는 의미이며, '덕을 숭상한다(崇德)'는 것은 곧 열반을 성취함으
로써 얻게 되는 열반사덕(涅槃四德:常·樂·我·淨)을 숭상한다는 의미이다. 또한
'신을 궁구한다(窮神)'는 것은 곧 진리본성인 불성을 깊이 탐구한다는 의미이고,
'변화의 이치를 깨닫는다(知化)'는 것은 그렇게 함으로써 그러한 불성에 바탕해서
일어나는 모든 마음의 변화작용을 알 수 있다는 의미이며, '심오한 알 수 없는
경지에까지 나아가야 한다(深造於不可知之域)'는 것은 그러한 수행의 노력을
통해 마침내 궁극적인 열반의 경지를 성취해야 한다는 의미이다. 그런데 이러한
지욱의 표현들은 「계사하전」 제5장에서 언급되고 있는, "뜻을 정미롭게 하여
신의 경지에 드는 것은 쓰임을 이루기 위해서다. 쓰임을 이롭게 하여 몸을
이롭게 함은 덕을 숭상하기 때문이다. 이것을 지나치는 부분은 누구도 알지
못함이니, 신을 궁구하여 변화를 깨닫는 것이 덕을 성대하게 하는 것이다(精義入

고 크다(光大: 궁극적인 진리의 깨달음)'고 생각해서는 안 된다.

九五는 **咸其脢**니 **无悔**리라.
구 오　　함 기 매　　무 회

구오는 그 등심에서 느끼니, 뉘우침이 없을 것이다.

象曰 咸其脢는 **志末也**] 라.
상 왈 함 기 매　　지 말 야

「상전」에 이르길 '그 등심에서 느낀다(咸其脢)'는 것은 뜻이 끝에 있기 때문이다.

陽剛中正而居悅體, 如艮其背不獲其身, 行其庭不見其人之象, 乃允 合於寂然不動, 感而遂通之妙, 故得毫無過失可悔. 而善始善終, 證於 究竟, 名爲志末. 末, 猶終也.

양효로서 강건하고 중정하며, 기쁨의 본체(兌, ☱)에 위치하고 있다. 마치 '그 등에 그쳐 그 몸을 얻지 못하고(艮其背不獲其身) 뜰에 나아가도 그 사람을 보지 못한다(行其庭不見其人)'는 형상과 같다.[487] 바로 고요하

神, 以致用也, 利用安身, 以崇德也, 過此以往, 未之或知也, 窮神知化, 德之盛也.)"라 는 내용을 불교적인 관점에서 재인용하고 있음을 알 수 있다.

[487] 중산간(重山艮, ䷳)괘 괘사를 인용하고 있다. 중산간괘는 내괘와 외괘가 모두 '그친다'는 의미를 가진 간산(艮山, ☶)으로 이루어진 괘다. 안과 밖으로 모든 움직임을 그치고 있으니, 사람에 비유하면 곧 외적으로는 모든 어지러운 일을 쉬고 내적으로는 모든 번잡한 번뇌를 다스려 몸과 마음의 평정을 이루고 있음을 상징한다고 볼 수 있다. 이러한 중산간괘에 대한 괘사가 바로 지금 지욱이

여 움직이지 않다가 감응하여 마침내 통하는 신묘함에 부합하고 있는 것이다.[488] 그러므로 터럭만큼도 후회할 허물이 없으니, 시작도 훌륭하고 끝마침도 훌륭하여 궁극적인 진리의 깨달음을 증득할 수 있는 것이니, '뜻이 끝에 있다(志末)'고 하는 의미이다. '말末'은 곧 '종終'의 뜻과 같다.

上六은 咸其輔頰舌이라.
상 육　　함 기 보 협 설

상육은 그 볼과 뺨과 혀에서 느낀다.

인용하고 있는 내용이다. 인체에 있어 감각적 욕심을 불러일으키는 모든 감각기관은 신체 앞에 자리하고 있다. 이러한 뜻에서 간괘 괘사의 '그 등에 그친다(艮其背)'는 것은 등에는 아무런 욕심을 불러일으키는 감각기관이 없다는 말로, 곧 욕심이 없음을 의미하고, '그 몸을 얻지 못한다(不獲其身)'는 것은 그렇듯 욕심이 없음으로써 몸에 대한 모든 감각적 욕망에서 벗어난 몰아沒我의 경지를 얻음을 의미한다. 또한 '그 뜰에 행하여도 그 사람을 보지 못한다(行其庭不見其人)'는 것은 정원을 거닐면서도 다른 사람이 눈에 들어오지 않는다는 말로, 곧 밖의 경계대상에 대해서도 유혹되거나 끄달리지 않는 마음의 부동심을 의미한다. 결과적으로 간괘 괘사는 내적으로는 모든 욕심에서 벗어나 몰아의 경지를 이루고, 외적으로는 부동심으로 밖의 모든 경계대상에 대해서 유혹되거나 끄달리지 않는 적연부동한 해탈의 경지를 표현하고 있다고 할 수 있다. 지금 지욱은 이러한 간괘 괘사의 뜻을 취해 함咸괘 구오의 뜻을 불교적인 관점에서 재해석하고 있는 것이다.

488 「계사상전」제10장에서 언급되고 있는 "역은 생각함도 없으며 행위함도 없다. 고요히 움직이지 않다가 감응하여 드디어 천하의 연고에 통한다. 천하의 지극한 신묘함이 아니면 그 누가 능히 이에 참여할 수 있겠는가!(易無思也, 無爲也, 寂然不動, 感而遂通天下之故, 非天下之至神, 其孰能與於此)"라는 내용을 인용하고 있다.

象曰 咸其輔頰舌은 滕口說也 ㅣ라.
상왈 함기보협설 등구설야

「상전」에 이르길 '그 볼과 뺨과 혀에서 느낀다(咸其輔頰舌)'는 것은 구설에 오르는 것이다.

柔而得正爲兌之主. 內依止德, 外宣四辯, 爲咸其輔頰舌之象. 說法無盡, 誨人不倦, 故曰滕口說也. 然初之咸拇, 上之咸舌, 皆不言吉凶者, 以初心初步, 有邪有正, 事非一槪, 說法利生, 亦有邪有正, 轍非一途故也. 觀於彖辭亨及利貞之誡, 則思過半矣.

유순하면서 바름을 얻은 태괘의 주효이다. 안으로는 그침의 덕에 의지하고, 밖으로는 사변四辯[489]을 베푸니, '그 볼과 뺨과 혀에서 느낀다(咸其輔頰舌)'는 형상이 된다. 설법이 다함이 없으며, 남을 가르침에 싫증을 내지 않는다. 그러므로 '입의 기쁨(만족감)에 오른다(滕口說)'고 한다. 그러나 초효의 엄지발가락에 느끼는 것이나 상효의 혀에서 느끼는 것이나, 모두 길흉을 말하지 않는 것은 초심자나 초보자에게는 삿됨도 있고 바름도 있을 수 있어서, 느끼는 일을 하나의 개념으로만 단정할 수 없기 때문이다. 중생을 이롭게 하려는 목적으로 불법을 설하는

---

[489] 사변四辯: 사무애변四無礙辯의 약칭이다. 사무애지四無礙智, 사무애해四無礙解라고도 한다. 마음의 측면에서는 '지智', '해解'라고 하고, 입의 측면에서는 '변辯'이라고 한다. 곧 ①법무애변(法無礙辯: 온갖 교법에 통달한 것), ②의무애변(義無礙辯: 온갖 교법의 요의를 아는 것), ③사무애변(辭無礙辯: 여러 가지 말을 알아 통달하지 못함이 없는 것), ④낙설무애변(樂說無礙辯: 온갖 교법을 알아 모든 중생이 듣기 좋아하는 것) 등을 가리킨다.

데 있어서도 또한 사법(邪: 邪法, 權道)을 설하기도 하고 정법을 설하기
도 하는 것은, 법(轍: 法轍)을 설하는 데 있어 한 가지 방법만이 있는
것이 아니기 때문이다. 함咸괘 단사의 '형통하니, 바르게 해야 이롭다'고
경계한 가르침을 살펴보면 능히 짐작할 수 있을 것(思過半)[490]이다.

---

490 사과반思過半: 생각이 반을 넘는다는 말로, 곧 '깨닫는 바가 이미 많다', '능히
  짐작할 수 있다'는 뜻으로 쓰인다.

(32) ䷟ 뇌풍항雷風恒

恒은 **亨**하야 **无咎**하니 **利貞**하니 **利有攸往**하니라.
항　　형　　무구　　　이정　　　　이유유왕

'항恒'은 형통해서 허물이 없으니 바르게 함이 이로우니, 갈 바를 둠이
이롭다.

夫感應之機, 不可一息有差, 而感應之理, 則亙古不變者也. 依常然之
理而爲感應, 故澤山得名爲咸. 依逗機之妙而論常理, 故雷風得名爲
恒. 澤山名咸, 則常卽無常. 雷風名恒, 則無常卽常. 又咸是澤山, 則無
常本常. 恒是雷風, 則常本無常. 二鳥雙遊之喩, 於此亦可悟矣. 理旣
有常, 常則必亨, 亦必無咎. 但常非一定死執之常, 須知有體有用, 體
則非常非無常, 用則雙照常與無常. 悟非常非無常之體, 名爲利貞, 起
能常能無常之用, 名利有攸往也.

대저 감응하는 작용(機: 기틀, 기미)은 한순간도 어긋남이 없고, 감응의
이치는 영원히 변하지 않는다. 한결같은 이치에 의지하여 감응하므로
못(澤, ☱)과 산(山, ☶)을 '함咸'이라고 부르게 된 것이고, 서로 간에
잘 부합하는(逗機)[491] 오묘함에 의지하여 불변한 이치를 논할 수 있으므

---

491 두기逗機: 불교에서는 중생들이 부처님의 설법을 받아들일 수 있는 근기(根機:
　　자질, 능력)에 따라 부처님이 설법하는 것을 '수기설법隨機說法'이라 부른다.
　　또한 그러한 가르침에 중생의 근기가 딱 맞아 떨어져 적합한 것을 '두기'라고

로 우레(雷, ☳)와 바람(風, ☴)을 '항恒'이라고 부르게 된 것이다. 못과 산을 '함咸'이라고 부르는 것은 곧 항상함(常)이 곧 무상함(無常)임을 밝힌 것이다. 우레와 바람을 '항恒'이라고 부르는 것은 곧 무상한 것(無常)이 항상한 것(常)임을 밝힌 것이다. 또한 '함咸'이 바로 못과 산이라고 한다면, 무상함은 항상함에 근본한다고 할 수 있다. '항恒'이 바로 우레와 바람이라고 한다면, 항상함은 무상함에 근원한다고 할 수 있다. '두 마리 새가 쌍으로 노닌다'는 비유를 이러한 이치에서 또한 깨달을 수 있는 것이다.

이치에 이미 항상함이 있다면 항상함은 반드시 형통하며 또한 반드시 허물이 없다. 다만 항상함은 일정하게 고정되어 불변한(死執) 항상함이 아니니, 모름지기 본체와 작용이 있음을 알아야만 한다. 본체는 곧 항상함도 아니고 무상함도 아니며, 본체의 작용은 곧 항상함과 무상함을 모두 비춘다고 할 수 있다. 항상함도 아니요 무상함도 아닌 본체를 깨닫는 것을 '바르게 함이 이롭다(利貞)'고 한다. 능히 항상할 수 있고 능히 무상할 수 있는 작용을 일으키는 것을 '가는 바를 둠이 이롭다(利有攸往)'고 한다.

象曰 恒은 久也ㅣ니 剛上而柔下하고 雷風이 相與하고 巽而動하
단왈 항 구야   강상이유하   뇌풍 상여   손이동

한다. 또한 중생의 기기機機가 가르침을 감수感受하는 기감機感과 부처님이 근기에 응하는 불응佛應을 합하여 감응感應이라 한다. 또한 기기와 응應을 병칭해서 기응機應이라도 하며, 부처님이 시대와 근기에 따라 적절하게 중생을 교화하는 것은 '당기익물當機益物이라 하기도 한다.

고 剛柔ㅣ 皆應이 恒이니 恒亨无咎利貞은 久於其道也ㅣ니 天地
　　강유　　개응　항　　　항형무구이정　　　구어기도야　　　천지

之道ㅣ 恒久而不已也ㅣ니라. 利有攸往은 終則有始也ㄹ새니라.
지도　　항구이불이야　　　이유유왕　　　종즉유시야

日月이 得天而能久照하며 四時ㅣ 變化而能久成하며 聖人이 久
일월　　득천이능구조　　　사시　　변화이능구성　　　성인　구

於其道而天下ㅣ 化成하나니 觀其所恒而天地萬物之情을 可見
어기도이천하　　화성　　　　관기소항이천지만물지정　　　가견

矣리라.
의

「단전」에 이르길 '항恒'은 오래함이니, 강剛이 올라가고 유柔는 내려와
서 우레와 바람이 서로 더불어 하고, 겸손해서 움직이고, 강과 유가
모두 응함이 '항恒'이니, '항이 형통해서 허물이 없어서 바르게 함이
이롭다(恒亨无咎利貞)'는 것은 그 도에 오래함이니, 하늘과 땅의 도가
항구하여 그치지 않는다. '가는 바를 둠이 이롭다(利有攸往)'는 것은
마치면 곧 시작이 있기 때문이다. 해와 달이 하늘을 얻어서 능히 오래
비추며, 사시가 변화해서 능히 오래 이루며, 성인이 그 도에 오래해서
천하가 교화되어 이루니, 그 항구한 바를 보면 천지와 만물의 실정을
가히 볼 수 있을 것이다.

恒何以名久, 以其道之可久也. 震體本坤, 則剛上而主之. 巽體本乾,
則柔下而主之, 此剛柔相濟之常道也. 雷以動之, 風以鼓之, 此造物生
成之常道也. 巽於其內, 動於其外, 此人事物理之常道也. 剛柔相應,
此安立對待之常道也. 久於其道, 卽名爲貞, 便可亨而無咎, 天地之道
亦若是而已矣. 始旣必終, 終亦必始. 始終相代故非常, 始終相續故非

斷, 非斷非常, 故常與無常二義俱成. 天地則有成住壞空, 日月則有晝夜出沒, 四時則有乘除代謝, 聖道則有始終體用, 皆常與無常二義雙存. 而體則非常非無常, 强名爲恒者也.

'항恒'을 왜 항구하다고 하는가? 그 도가 항구할 수 있기 때문이다. 진(震, ☳)괘의 본체는 본래 곤(坤, ☷)괘로, 곧 강剛이 올라가서 주효가 된 것이다. 손(巽, ☴)괘의 본체는 본래 건(乾, ☰)괘로, 곧 유柔가 내려와서 주효가 된 것이다. 이것이 강과 유가 서로를 돕는 항구불변한 도(常道)이다.

　우레는 움직이고 바람은 고무시키니, 이것이야말로 만물을 창조해서 생성해 내는 항구불변한 도라 할 수 있다. 그 안으로 겸손하고 그 밖으로 움직이는 것, 이것이 바로 인사人事와 물리物理의 항구불변한 도이다. 강과 유가 서로 응하니, 이것이 상대를 마주하여 서로를 편안하게 존립시키는 항구불변한 도이다. 그러한 도에 오래하는 것을 곧 '바르다(貞)'고 한다. 문득 가히 형통하여 허물이 없으니, 천지의 도가 또한 이와 같을 뿐이다.

　시작이 있으면 반드시 마침이 있고, 마침이 있으면 또한 반드시 시작이 있다. 시작과 마침은 서로 교대하는 것으로, 항상 하지 못하다. 시작과 마침은 서로 계속 이어지는 것으로, 단절되는 것도 아니다. 까닭에 '상常'과 '무상無常'의 두 가지 뜻이 함께 이루어진다. 하늘과 땅에는 곧 만물을 생성해 내고(成), 머물러 존속시키고(住), 파괴시키고(壞) 비우는(空) 작용이 있고, 해와 달에는 곧 낮과 밤의 출몰작용이 있으며, 사계절엔 곧 흥하고 망하는(乘除) 교대작용(代謝)이 있고,

성인의 도에도 곧 시작과 마침, 본체와 작용이 있다. 모두가 항상과 무상의 두 가지 뜻이 쌍으로 존재하는 것이다. 본체는 곧 항상함도 아니요 무상함도 아니지만, 굳이 이름하여 '항恒'이라고 하는 것이다.

지천태괘 초구와 육사의
'剛上而柔下'　　　　　　　　뇌풍항

象曰 雷風이 恒이니 君子ㅣ 以하야 立不易方하나니라.
상 왈 뇌 풍　　 항　　 군 자　 이　　　 입 불 역 방

「상전」에 이르길 우레(雷, ☳)와 바람(風, ☴)이 항구함(恒)이니, 군자가 이를 본받아 서서 방소를 바꾸지 않는다.

方者, 至定而至變, 至變而至定者也. 東看則西, 南觀成北, 不亦變乎. 南決非北, 東決非西, 不亦定乎. 立不易方, 亦立於至變至定, 至定至變之道而已.

'방方'이라는 것은 지극히 고정되어 있으면서도 지극히 변화하고, 지극히 변화하면서도 지극히 고정되어 있다. 동쪽에서 보면 서쪽이 되고, 남쪽에서 보면 북쪽이 되니, 또한 변화하는 것이 아니겠는가? 남쪽은 결코 북쪽이 아니며, 동쪽은 결코 서쪽이 아니니, 또한 고정된 것이 아니겠는가? '서서 방소를 바꾸지 않는다(立不易方)'는 의미는 또한 지극히 변화하지만 지극히 고정되어 있고, 지극히 고정되어 있지만 지극히 변화하는 도에 존립한다는 뜻이다.

初六은 浚恒이라 貞하야 凶하니 无攸利하니라.
초 육　준 항　　정　　흉　　무 유 리

초육은 항구함을 판다. 고집해서 흉하니 이로운 바가 없다.

象曰 浚恒之凶은 始에 求深也일새라.
상 왈 준 항 지 흉　　시　　구 심 야

「상전」에 이르길 항구함을 파서 흉하다는 것은 비롯함에 깊은 것을 구하기 때문이다.

夫居咸者, 每患無主靜之操持, 而居恒者, 每患無變通之學問. 今初六以陰居下, 知死守而不知變通, 求之愈深, 愈失亨貞攸往之利, 故凶.

대저 '함(咸: 느낌, 감응)'의 상황에 처한 자는 매번 마음을 고요히 관리하지 못함을 근심해야 하고, '항(恒, 항구함)'의 상황에 처한 자는 매번 변통의 학문이 없음을 근심해야 한다.[492] 지금 초육이 음효로써

---

492 '함咸'괘는 서로 소통하고, 서로 교류하고, 서로 느끼는 상황을 나타내고 있다. 이러한 처지에서 교류와 느낌을 좇다보면 잘못하여 마음이 너무 들뜰 수 있고, 감각적 욕망에 맹목적으로 유혹될 수도 있다. 따라서 이러한 처지일수록 밖으로 향한 마음을 내면으로 거둬들여 스스로 감각적 욕망을 절제하고 스스로 번뇌의 마음을 다스려 항상 마음을 고요함에 머물게 하는 주정主靜의 노력이 필요하다. 한편으로 항恒괘는 어떠한 상황을 계속 유지하여 항구함을 지켜 나가는 처지를 나타내고 있다. 그런데 이러한 처지에서 오지 현재의 항구함만을 존속시키려고 한다면 새로운 변화에 능동적으로 대처하지 못해서 도리어 항구함마저도 지켜 나가지 못하고 낙후될 위험성마저 있다. 항구함을 계속해서 유지시켜 나가기 위해서는 반대로 변화의 상황에 적절히 능동적으로 대처할 수 있는 변통의 배움과 처신이 필요한 것이다. 지욱의 표현은 바로 이러한 의미를 언급하

아래에 거처하니 죽자고 지킬 줄만 알았지 변통할 줄을 모르고 있다. 구함(구사에 대한 영원한 사랑, 구사에 대한 믿음)이 더욱 깊을수록 '형통하고(亨), 바르며(貞), 가는 바를 둠이 이로운 것(攸往之利)'을 더욱 잃게 될 뿐이다. 그러므로 흉한 것이다.

九二는 悔ㅣ 亡하리라.
구 이 회 망

구이는 뉘우침이 없어질 것이다.

象曰 九二悔亡은 能久中也ㅣ라.
상 왈 구 이 회 망   능 구 중 야

「상전」에 이르길 '구이는 뉘우침이 없어질 것'은 능히 중에 오래하기 때문이다.

以剛居柔, 且在中位, 不偏不倚, 無適無莫, 乃久於中道, 非固執不通之恒, 故悔亡也.

양효로써 유순한 음의 자리에 거처하고, 또한 내괘의 가운데 자리에 있다. 어느 한쪽으로도 치우치지도 않고, 가하지도 않고 불가하지도 않다.[493] 이에 중도에 오래 할 수 있으니, 고집불통의 항구함이 아니다.

고 있는 것이다.

[493] 『논어』 「이인里人」편에 "공자께서 말씀하시길, 군자는 천하의 일에 있어서 오로지 주장함도 없으며, 그렇게 하지 않는다는 것도 없어서, 오로지 의리를 따를 뿐이다(子曰, 君子之於天下也, 無適也, 無莫也, 義之與比.)"라는 표현이 있다.

그러므로 '후회가 없다(悔亡)'고 한다.

九三은 **不恒其德**이라 **或承之羞** l 니 **貞**이라도 **吝**이리라.
구 삼　　불 항 기 덕　　　혹 승 지 수　　　정　　　　　인

구삼은 그 덕에 항상 하지 않음이다. 혹 부끄러움을 이으니, 고집하면
인색하다.

象曰 不恒其德하니 **无所容也** l 로다.
상 왈　불 항 기 덕　　　　무 소 용 야

「상전」에 이르길 '그 덕에 항상 하지 않는다(不恒其德)'는 것은 용납할
바가 없기 때문이다.

過剛不中, 以應上六, 未免宜久而不肯久, 正與初六相反. 然過猶不
及, 且陽剛而反不恒, 尤可羞矣. 張愼甫曰, 三之不恒, 藉口圓融變通
而失之者也.

지나치게 강건하고 중中도 얻지 못한 상태에서 위로 상육과 응하고
있다. 마땅히 항구하고자 하지만 항구함을 오래 지속해 갈 수 없으니,
바로 초육과 서로 반대되는 처지라 할 수 있다. 그렇듯 지나침은 오히려
부족함과 같고, 더욱더 양효로 강건하기까지 하니 도리어 항구하지
못해 더욱 부끄러울 수밖에 없다. 장신보張愼甫[494]는 말하길 "구삼이
항구하지 못한 것은 변통에 원용함을 핑계로(藉口) 항구한 덕을 잃어버

───────────────

　　여기서 '적適'은 '가可', '막莫'은 '불가不可'의 뜻으로 해석한다.
494 명대의 인물로 추정할 뿐, 정확한 생졸연대와 인적사항을 찾을 수 없다.

렸기 때문이다"라고 하였다.

九四는 **田无禽**이라.
구 사　　전 무 금

구사는 밭에 새가 없는 것이다.

象曰 久非其位어니 **安得禽也**ㅣ리오.
상 왈　구 비 기 위　　　안 득 금 야

「상전」에 이르길 그 자리가 아닌데 오래 하니, 어찌 새를 잡을 수
있겠는가?

四爲震主, 恒於動者也. 動非可久之位, 安能得禽, 蓋靜方能有獲耳.

구사는 진(震, ☳)괘의 주효가 되며, 움직임에 항구하고자 하는 자다.
움직임은 가히 오래 할 수 있는 자리가 아니니, 어찌 능히 새를 잡을
수 있겠는가? 대개 고요히 지키고 있어야 바야흐로 잡을 수 있는
것이다.[495]

六五는 **恒其德**이면 **貞**하니 **婦人**은 **吉**코 **夫子**는 **凶**하니라.
육 오　　항 기 덕　　　정　　부 인　　길　　부 자　　흉

---

[495] 진(震, ☳)괘는 움직임(動)을 괘상으로 하고 있다. 이러한 진괘의 주효인 구사는
한곳에 조용히 머물러 있기 보다는 그 본성을 좇아 계속해서 움직이고자 한다.
새를 잡으려면 한곳에 새 잡을 덫을 놓고 조용히 머물며 새가 가 잡히기를
기다려야 하는데, 구사는 그 성격상 그러지 못하고 계속 움직이고자 한다.
당연히 새도 잡지 못하고 수치스러울 수밖에 없는 것이다.

육오는 그 덕에 항상 하면 바르니, 부인은 길하고 부자(夫子: 남편)는 흉하다.

象曰 婦人은 **貞吉**하니 **從一而終也**ㄹ새오 **夫子**는 **制義**어늘 **從婦**
상왈 부인   정길   종일이종야   부자   제의   종부

하면 **凶也**ㅣ라.
흉야

「상전」에 이르길 부인은 바르게 하여야 길하니 하나를 좇아서 마치기 때문이요, 남편은 의를 마름하거늘(制義)[496] 부인을 좇으면 흉하다.

柔中而應九二之賢, 似得恒之正者. 然大君宰化導之權, 乃絶無變通闔闢之用, 不幾爲婦道乎.

유순한 음효로 가운데 자리하여 구이의 현자와 상응하고 있다. 항구함의 정도를 얻은 자라 할 수 있다. 그러나 위대한 임금이 교화하고 제도하는 권능을 주재하는 데 있어 절대적으로 열고 닫는 응용의 변통이 없다면, 거의 아녀자의 도에 가깝다고 할 수 있지 않겠는가?

上六은 **振恒**이니 **凶**하니라.
상육   진항   흉

상육은 항상함을 떨치니 흉하다.

---

496 여기서 '제의制義'는 한 가정의 남편, 아버지, 가장으로서 지켜야 될 법도를 지킴을 가리킨다.

象曰 振恒在上하니 大无功也ㅣ로다.
상 왈 진 항 재 상   대 무 공 야

「상전」에 이르길 항상함을 떨침이 위에 있으니 크게 공이 없다.

陰居動極, 志大而才小, 位尊而德薄, 且下應九三不恒之友, 其何以濟
天下哉. 王安石方孝孺似之.

음효로서 움직이는 진(震, ☳)괘의 맨 마지막에 자리하고 있다. 뜻은
크지만 재주가 작으며, 지위는 높지만 덕이 부족하다. 또한 아래로
구삼의 항구하지 못한 벗과 상응하니, 그가 어떻게 천하를 구제할
수 있겠는가? 왕안석(王安石, 1021~1086)과 방효유(方孝孺, 1357~1402)
등이 이와 비슷하다고 할 수 있다.[497]

---

[497] 지뢰복괘 상육에 대한 주 참조.

(33) ䷠ 천산돈天山遯

遯은 亨하니 小利貞하니라.
돈　　형　　　소 리 정

'돈遯'은 형통하니 바르게 하면 조금 이롭다.

夫世間之道, 久則必變而後通, 進則必退而後久. 此卦剛而能止, 是不
以進爲進, 而正以退爲進者也, 故亨. 然說一退字, 便有似於自利之小
道矣. 若充此小道, 不幾失立人達人之弘規乎, 故誡以小利貞. 言雖示
同小道, 而終利於大人之貞也.

대저 세상의 도는 오래되면 반드시 변화하고, 변화한 후에는 통하게
되며, 나아가면 반드시 물러나게 되고, 물러난 뒤에야 항구할 수 있다.
이 '돈遯'괘는 강건하지만 능히 그친다. 이는 나아감으로써 진보로
삼지 않고 정히 물러나는 것으로써 진보를 삼는 것이다. 그러므로
'형통하다(亨)'고 한다. 그러나 하나의 물러난다는 '퇴退'자만 놓고 설명
한다면, 문득 자신만을 이롭게 하는 소인의 도(小道)로 해석될 수도
있다. 만약 이 작은 도의 뜻만을 확충시켜 나가면, 다른 사람을 먼저
세우고 다른 사람을 먼저 달성하게 하는 폭넓은 가치규범을 거의 상실하
게 될 수도 있다. 그러므로 '바르게 하면 조금 이롭다(小利貞)'고 함으로
써 경계하고 있는 것이다. 비록 작은 도의 의미와 동일한 것처럼 보이지

만, 마침내는 대인의 바름이 이롭다는 것을 말하고 있는 것이다.[498]

---

[498] 돈괘는 외괘 건천(乾天 ☰)과 내괘 간산(艮山 ☶)으로 이루어진 괘로, 괘명인 '돈遯'은 '은둔하다, 도망하다'의 뜻을 가진다. 소인에 해당하는 내괘의 두 음(陰: 초육, 육이)이 실권을 가지고 세상을 어지럽히니 군자에 해당하는 양(陽: 구삼)들이 잠시 어지러운 세상을 피해 은둔하는 양상이다. 그렇지만 이는 소인의 도가 득세하여 잠시 대인의 도가 물러가는 것일 뿐, 아주 형통함을 잃게 되는 것은 아니다. 때에 따라 나가고 물러남을 자유자재로 하는 것이 군자의 진정한 도이기 때문이다.

지욱은 이러한 의미를 담아내고 있는 돈괘의 괘사를 해석하면서 먼저 "대저 세상의 도는 오래되면 반드시 변하고, 변한 후에는 통하게 된다. 나아가면 반드시 물러나게 되고, 물러난 뒤에야 항구할 수 있게 된다"고 하여 '물러나고 은둔하다'고 하는 돈괘의 괘의를 풀이하고 있다. 사실 지욱의 이러한 표현은 「계사하전」 제2장에서 언급하고 있는 "역은 궁하면 변하고, 변하면 통하며, 통하면 곧 항구하게 된다(易, 窮則變, 變則通, 通則久)"라는 표현을 빌린 것이다. 변통이라고 하는 역리를 인용하여 돈괘의 괘의를 풀이하고 있는 것이다. 지욱은 또한 돈괘가 형통하다는 뜻을 "이 괘는 강건지만 능히 그치는 것이니(此卦剛而能止), 이는 나아감으로써 진보로 삼지 않고(是不以進爲進) 정히 물러나는 것으로써 진보를 삼는 것이라 할 수 있다(而正以退爲進者也). 그러므로 형통하다(故亨)"라고 풀이하고 있다. 비록 강건한 능력을 갖추고 있지만 때와 형세에 따라 진퇴를 자유롭게 할 줄 아는 까닭에 형통하다는 의미의 해석이다. 군자가 때에 따라 현명하게 대처하는 진퇴의 처신을 말하고 있는 것이다. 또한 괘사의 '소리정小利貞'의 의미를 풀이하면서 "그러나 하나의 '퇴退'자만 놓고 설명한다면, 문득 자신만을 이롭게 하는 소도小道인 것처럼 해석될 수도 있다. 만약 이 소도의 뜻만을 확충시켜 나가면, 다른 사람을 먼저 세우고(立人) 다른 사람을 먼저 달성하게 하는(達人) 폭넓은 가치규범을 잃게 될 것이다. 그러므로 '바르게 하면 조금 이롭다(小利貞)'고 함으로써 경계하고 있다"라고 풀이하고 있다. 돈괘가 물러나고 은둔한다고 하는 괘의를 가지는 까닭에 이것이 결국 자기 자신만의 이익을 위해 물러난다고 하는 소인의 도(小道)로 잘못 해석될 수도 있음을 지적하고, 나아가 이러한 소도의 의미만을 강조하여 그 뜻을 해석하는

彖曰 遯亨은 **遯而亨也** ㅣ나 **剛當位而應**이라 **與時行也** ㅣ니라. **小**
단 왈 돈 형   돈 이 형 야   강 당 위 이 응   여 시 행 야   소

利貞은 **浸而長也**ㄹ새니 **遯之時義** ㅣ **大矣哉**라.
리 정   침 이 장 야   돈 지 시 의   대 의 재

「단전」에 이르길 '돈이 형통하다(遯亨)'는 것은 물러나서 형통한 것이나,
강한 것이 자리에 마땅해서 응하며, 때로 더불어 행하는 것이다. '바르게
하면 조금 이롭다(小利貞)'는 것은 점차 길러지기 때문이니, 돈(물러남)
의 때와 뜻이 크다.

尺蠖尙屈而後申, 龍蛇亦蟄而後震, 君子之學, 欲自利利他者, 豈不以
遯而得亨哉. 且九五剛當其位, 以應六二之賢, 乃與時偕行之道, 所以
亨也. 所言小利貞者, 慮其陰柔自守之志, 漸漸浸而長也. 夫善遯者,
則退正所以爲進, 不善遯者, 則退竟終於不進矣, 所關顧不大哉.

데 집착하면 결과적으로 다른 사람을 먼저 세우고(立人), 다른 사람을 먼저
통달하게 하는(達人) 군자의 대도를 잃게 될 수 있음을 경계하는 표현이라
할 수 있다. 그런데 여기서 지욱이 인용하고 있는 '입인立人'과 '달인達人'이라는
표현은 『논어』 「옹야雍也」편에서 언급되고 있는 "대저 어진 사람은 자기가
서고 싶으면 남을 먼저 서게 하고, 자기가 달성하고자 하면 남을 먼저 달성하게
한다(夫仁者, 己欲立而立人, 己欲達而達人)"라는 표현을 빌린 것으로 보인다.
마지막으로 지욱은 돈괘에서 말하는 '소리정小利貞'의 본뜻에 대해 "비록 소도의
의미와 동일한 것처럼 보이지만, 마침내는 대인의 바름이 이롭다는 것을 말한다"
라고 결론내리고 있다. 돈괘의 괘의가 물러남을 의미하기 때문에 '소리정'이라고
표현하고는 있지만, 이는 어디까지나 대의를 위해 다시 앞으로 나아가기 위한
일시적인 물러남일 뿐이며, 그런 까닭에 돈괘에서 말하는 '소리정'의 참뜻은
궁극적으로 나와 남을 함께 이롭게 하는 대인의 도를 말하고자 하는 표현이라는
뜻이다.

자벌레(尺蠖)도 오히려 굽히고 나서 펴고, 용과 뱀 또한 칩거한 이후에 떨치고 움직인다. 군자의 배움은 자신도 이롭고 남도 이롭게 하고자 하는 것으로, 어찌 은둔한다고 해서 형통함을 얻지 못하겠는가! 더욱이 구오가 강건하게 그 자리에 임하여 육이의 현자와 상응하고 있으니, 바로 때에 맞춰 함께 행할 수 있는 도이다. 형통할 수밖에 없는 이유이다. 말한 바의 '바르게 하면 조금 이롭다(小利貞)'는 것은 그 유약한 음(陰: 소인)이 스스로를 지키겠다는 뜻이 점차적으로 침투해서 성장하는 것을 염려한다는 의미이다. 대저 (물러날 때를 알아) 잘 물러나는 자는 곧 물러남이 바로 진보해 가는 계기가 될 수 있지만, 잘 물러나지 못하는 자는 곧 물러남이 더 이상 진보하지 못하는 결과로 끝마치게 된다. 연관된 의미를 돌아보면 크지 않겠는가?

象曰 天下有山이 遯이니 君子ㅣ 以하야 遠小人호되 不惡而嚴하
상왈 천하유산 돈 군자 이 원소인 불악이엄
나니라.

「상전」에 이르길 하늘(天, 乾, ☰) 아래 산(山, 艮, ☶)이 있는 것이 '돈遯'이니, 군자가 이를 본받아 소인을 멀리하되 악하게 하지 않고 엄하게 한다.

外健內止, 未嘗有意於遠小人, 而小人自不能媚也. 以小人爲用, 故不惡, 小不能擅權, 故而嚴. 約聖學者, 天君爲主, 百骸聽命, 耳目口腹之慾不能爲亂也.

밖으로는 강건하면서(健: 乾天, ☰) 안으로는 고요히 머물고(止: 艮山, ☶) 있다. 일찍이 소인을 멀리하는 데 뜻을 두고 있지 않지만, 소인 스스로가 능히 아첨하지 못하는 것이다. 소인으로써 쓰임(用)을 삼고 있는 까닭에 '악하게 하지 않는다(不惡)'고 한다. 소인이 능히 권세를 마음대로 하지 못하기 때문에 '엄하게 한다(而嚴)'고 한다. 성학(聖學: 마음을 닦는 공부)으로 요약한다면 본성(天君, 佛性)이 주인이 되는 것이니, 온몸으로 명을 듣게 되면(百骸聽命)[499] 감각적 욕망(耳目口腹之慾)이 능히 마음을 어지럽히지 못하게 된다.

初六은 遯尾라 厲하니 勿用有攸往이니라.
초 육 돈 미 려 물 용 유 유 왕

초육은 도망하는 데 꼬리이다. 위태하니 가는 바를 두지 마라.

象曰 遯尾之厲는 不往이면 何災也 ㅣ리오.
상 왈 돈 미 지 려 불 왕 하 재 야

「상전」에 이르길 '도망하는 꼬리(遯尾)'의 위태로움은 나아가지 않으면 무슨 재앙이 있겠는가?

處遯之時, 須隨其德位以爲進退, 方不失亨貞之道. 今初六陰柔居下, 才位俱卑, 惟固守爲宜, 不可妄往以取災也, 此如樂正裘牧仲.

은둔할 수밖에 없는 처지에 놓여 있을 때에는 모름지기 덕의 자리에

---

499 백해청명百骸聽命: 청정무구한 진리본성의 마음을 수순하는 것.

따라서 진퇴를 결정해야만 바야흐로 형통하고 바른 도를 잃지 않게
된다. 지금 초육은 음효로서 유약하고 하괘(艮山, ☶)의 맨 아래에
자리하고 있다. 재주와 지위가 모두 낮으므로 오로지 자리를 굳게
지키고 있는 것이 마땅하다. 헛되이 나아가서 재앙을 초래할 이유가
없다. 이러한 처지는 마치 악정구樂正裘와 목중牧仲[500]과 같다.

六二는 執之用黃牛之革이라. 莫之勝說이니라.
육 이   집 지 용 황 우 지 혁   막 지 승 설

육이는 잡는 데 황소의 가죽을 쓴다. 이겨 말하지(말로 다하지) 못한다.

象曰 執用黃牛는 固志也ㅣ라.
상 왈 집 용 황 우   고 지 야

「상전」에 이르길 '잡는 데 황소의 가죽을 쓴다(執用黃牛)'는 것은 뜻을
굳게 하는 것이다.

柔順中正, 非榮名利祿之所能牽. 上應九五剛健中正之君以行其志,

---

500 『맹자』「만장하萬章下」편에 "만장이 이르기를, '감히 벗을 사귀는 도리에 관해서
여쭈어보겠습니다' 하고 말씀드리자, 맹자께서 말씀하시기를, '나이 많은 것을
개의치 않고, 존귀한 세도를 개의치 않고, 형제의 힘을 개의치 않고서 벗을
사귄다. 벗을 사귀는 것이란 그 사람의 덕을 벗으로 사귀는 것이므로 사익에
개재시키는 것이 있어서는 안 된다. 맹헌자는 백승의 집안 사람이었는데 벗
다섯 사람이 있었다. 악정구와 목중, 그 나머지 세 사람은 내가 잊어버렸다(萬章,
問曰敢問友, 孟子曰, 不挾長, 不挾貴, 不挾兄弟而友. 友也者, 友其德也, 不可以有挾
也. 孟獻子, 百乘之家也. 有友五人焉. 樂正裘, 牧仲, 其三人, 則予忘之矣.)'"라는
내용이 언급되고 있다.

國有道, 不變塞焉, 故象以執用黃牛之革. 此如伊尹.

유순하고 중정하여 영화로운 명예와 이로운 벼슬자리에 이끌리지 않는다. 위로 구오의 강건하고 중정한 임금에 응하여 그 뜻을 실천한다. 나라에 도가 있으니, 궁색했을 때의 지조를 바꾸지 않는다.[501] 그러므로 '잡는 데 황소의 가죽을 쓴다'는 것으로써 형상화하였다. 이것은 마치 이윤伊尹[502]과 같다고 할 수 있다.

---

501 『중용』 제10장에서 "나라에 도가 있으면 궁색함을 변치 아니하니 강하도다. 꿋꿋함이여! 나라에 도가 없으면 죽게 되더라도 변치 아니하니 강하도다. 꿋꿋함이여!(國有道, 不變塞焉, 强哉矯. 國無道, 至死不變 强哉矯.)"라는 내용으로 언급되고 있다.

502 이윤伊尹: 중국 은殷 왕조 초기의 전설적인 재상. 이름은 이伊이고 윤尹은 관직명이다. 일설에는 '지摯'라는 이름도 있다. 가노家奴 출신으로 원래는 유신씨有莘氏의 딸이 시집갈 때 딸려간 몸종이었다고 전해진다. 이후 은나라의 탕왕湯王에게 불려가서 재상이 되어 하夏의 걸왕桀王을 토벌함으로써 은이 천하를 평정하는데 공헌했다. 나중에 탕왕을 뒤이은 외병外丙·중임中壬 두 왕에게서도 벼슬을 했으며, 그 뒤 태갑太甲의 재상이 되었다. 그러나 태갑이 포학하여 탕왕의 법을 어겨 그를 동궁桐宮으로 추방하고 이윤이 직접 정치를 했다. 3년 뒤 태갑이 과오를 뉘우치자 정권을 태갑에게 되돌려주고 그를 보좌했으며, 뒤이어 태갑의 아들 옥정沃丁 밑에서도 벼슬을 했다. 일설에는 중임이 죽은 뒤 태갑이 뒤를 이었는데, 이윤이 왕위를 찬탈하고 태갑을 내쫓았다가 7년 뒤 태갑이 비밀리에 돌아와 그를 죽였다고도 한다. 후세에 주공周公, 제齊의 관중管仲 등과 함께 명신으로 불렸으나, 전국시대에는 여러 가지 전설이 덧붙여져 변질되어 확실한 얘기는 알 수 없다. 다만 그에 관한 기록이 갑골문자甲骨文字에서도 보이므로 은나라와의 관계가 매우 오래되었음을 알 수 있다. 또 그는 비와 곡식의 풍흉豊凶을 꿰뚫어보는 힘이 있었으며, 왕에게 재앙을 내리거나 병을 일으킬 수 있는 힘을 가지고 있었다고 한다.

九三은 **係遯**이라 **有疾**하야 **厲**하니 **畜臣妾**애는 **吉**하니라.
구 삼　계 돈　유 질　려　흑 신 첩　길

구삼은 물러나는 데 매인다. 병이 있어 위태하니 신하와 첩을 양육함에
는 길하다.

象曰 係遯之厲는 **有疾**하야 **憊也** ㅣ오 **畜臣妾吉**은 **不可大事也** ㅣ
상 왈 계 돈 지 려　유 질　비 야　　흑 신 첩 길　불 가 대 사 야

니라.

「상전」에 이르길 물러나는 데 매여서 위태로움은 병이 있어 고달픈
것이고, '신하와 첩(초육, 육이)을 길러 길하다(畜臣妾吉)'는 것은 가히
큰일은 못하는 것이다.

剛而得正, 可以有爲, 而居止極, 則未免爲遯之一字所係, 此絶人忘世
之道, 君子之疾也. 然雖不能大有所爲, 亦須厲勉其精神以畜臣妾則
吉, 所謂不能治國, 亦且齊家以爲天下風可也. 丈人現二子於子路, 亦
是此意, 但無援天下之大手段耳.

강건하고 바름을 얻었으므로 움직여 실천할 수 있는 능력이 있지만,
그침(止: 艮山, ☶)의 맨 끝에 자리하고 있다. '돈遯'이라는 한 글자의
의미에 얽매일 수밖에 없는 처지이다. 이것은 사람과의 인연을 끊고
세상을 잊는 도라 할 수 있으나, 군자의 괴로움(疾)이라고도 할 수
있다. 그러나 비록 큰일을 할 수는 없지만, 또한 모름지기 그 정신의
힘을 다 기울여서 신하와 첩을 양육함으로써 길할 수 있다. 이른바
능히 나라를 다스릴 수 없다면, 또한 집안을 바르게 다스려 세상의

미풍을 아름답게 하는 것이 옳다는 의미이다. 장인丈人이 두 아들을 자로子路에게 보게 한 것도 또한 이러한 뜻이라고 할 수 있다.[503] 다만 천하를 구원할 큰 수단이 없기 때문이다.

九四는 **好遯**이니 **君子**는 **吉**코 **小人**은 **否**하니라.
구 사　　호 돈　　군 자　　길　소 인　　비

구사는 좋아도 물러나니, 군자는 길하고 소인은 그렇지 않다.

象曰 君子는 **好遯**하고 **小人**은 **否也**ㅣ라.
상 왈 군 자　　호 돈　　소 인　　비 야

「상전」에 이르길 군자는 좋아도 물러나지만, 소인은 그렇게 하지 못하는 것이다.

---

503 『논어』 「미자微子」편에 "자로가 공자를 따라가다가 뒤처지게 되었는데, 길에서 지팡이에 삼태기를 멘 노인을 만났다. 자로가 묻기를 '당신은 우리 선생님을 보셨습니까?' 하니, 노인이 말하기를 '사지를 부지런히 움직이지도 않고 오곡도 분별하지도 못하는 사람을 어찌 선생이라고 하시오' 하고는 지팡이를 꽂아 놓고는 그대로 김을 매었다. 자로가 두 손을 모으고 서 있으니, 노인은 자로를 자기 집에서 하룻밤 머물게 하고, 닭을 잡고 기장밥을 지어 먹이며, 그의 두 아들을 보게 하였다. 이튿날 자로가 떠나와서 공자에게 아뢰니, 공자가 말하기를 '은자로구나!' 하고는, 자로를 시켜 돌아가 그를 만나게 하였다. 그러나 다시 갔을 때는 그가 떠나고 없었다(子路從而後 遇丈人 以杖荷蓧. 子路問曰, 子見夫子 乎. 丈人曰, 四體不勤, 五穀不分, 孰爲夫子, 植其杖而芸. 子路拱而 立, 止子路宿 殺雞爲黍而食之 見其二子焉. 明日 子路行 以告. 子曰, 隱者也. 使子路返見之 至則行 矣.)"라는 내용으로 장인과 그 두 아들에 대한 이야기가 표현되고 있다.

以剛居柔, 上輔九五, 下應初六. 承天子之德, 撫天下之民, 休休有容, 君子之吉道, 非小人所能學也. 此如衛武公.

강건한 양효로써 음 자리에 자리하여 위로는 구오를 돕고, 아래로 초육과 상응하고 있다. 천자의 덕을 이어서 천하의 백성들을 어루만져 살피니 아름다운 관용이 있는 군자의 길한 도이다. 이러한 것은 소인이 능히 배울 수 있는 것이 아니다. 이는 마치 위무공衛武公[504]과 같다고 할 수 있다.

九五는 **嘉遯**이니 **貞**하면 **吉**하리라.
구 오   가 돈   정   길

구오는 아름답게 물러나니 바르게 해서 길하다.

象曰 嘉遯貞吉은 **以正志也**ㅣ라.
상 왈 가 돈 정 길   이 정 지 야

「상전」에 이르길 '아름답게 물러나니 바르게 해서 길하다(嘉遯貞吉)'는 것은 뜻을 바르게 하기 때문이다.

剛健中正, 下應六二陰柔中正之賢. 當此遯時, 雖有英明神武作略, 不自露其才華, 遯之嘉美, 貞而且吉者也. 此如湯王.

---

504 위무공(衛武公, B.C. 852~758): 춘추시대의 위衛나라 위리후衛釐侯의 아들로 이름은 화和이다. 형 위공백衛共伯을 죽이고 권력을 잡았다. 위무공 42년 견융犬 戎이 주나라 유幽왕을 살해하자 출병하여 주나라를 도와 견융을 평정하는 공을 세웠다. 이에 주왕이 명을 내려 공작이 되었으며, 이후 55년간 재위했다고 한다.

강건하고 중정하다. 아래로 육이인 음으로서 유순하고 중정한 현자와 상응하고 있다. 이러한 물러남의 시기를 맞이하여 비록 슬기롭고 총명하며, 대단히 뛰어난 계략을 갖추고 있어도 스스로 그 뛰어난 재주를 드러내지 않는다. 물러남의 아름다움이라고 할 수 있으니, 바르고 또한 길하다. 이는 마치 탕왕湯王[505]과 같다.

上九는 **肥遯**이니 **无不利**하니라.
상구 비돈 무불리

상구는 살찌게(여유롭게) 물러나니, 이롭지 않음이 없다.

象曰 肥遯无不利는 **无所疑也**]라.
상 왈 비돈무불리 무소의야

「상전」에 이르길 '살찌게 물러나서 이롭지 않음이 없다(肥遯无不利)'는 것은 의심할 바가 없다.

剛而不過, 尊居師保之位, 望隆於天下, 而不自伐其德, 故爲肥遯而無不利, 此如太公.

강건하지만 지나치지 않고, 스승의 자리에 존귀하게 거처하고 있다. 명망을 천하에 떨치지만 스스로 그 덕망을 자랑하지는 않는다. 그러므로 여유롭게 물러나서 이롭지 않음이 없다고 한다. 이는 마치 강태공과 같다고 할 수 있다.

---

505 천택리괘 구오에 대한 주 참조.

(34) ䷡ 뇌천대장雷天大壯

大壯은 **利貞**하니라.
대 장　　이 정

'대장大壯'은 바르게 함이 이롭다.

夫退養之功愈密, 則精神道德益壯. 然大者旣壯, 不患不能致用, 特患
恃才德而妄動耳. 利貞之誡, 深爲持盈處滿者設也.

대저 물러나서(退: 邅) 기르는 공력이 더욱 정밀해지면 정신과 도덕도
한층 더 융성해진다. 그러나 훌륭한 덕을 갖춘 사람(大者: 陽爻, 덕망과
치세의 능력을 갖춘 군자)은 이미 충분한 능력을 갖추고 있어도 등용되어
쓰이지 못함을 근심하지는 않는다. 다만 재주와 덕만을 믿고서 헛되이
움직이는 것을 근심할 뿐이다. '바르게 함이 이롭다(利貞)'는 훈계는
심히 가득 찬 것을 굳건히 지키는 것에 만족해하고 있는(持盈處滿)[506]

---

506 지영처만持盈處滿: '지영持盈'은 가득 채운 것을 계속하여 지켜 나가고자 하는
　　욕심의 마음을 뜻한다. 『도덕경』 제9장에서 "넘치도록 가득 채우는 것보다
　　적당할 때 멈추는 것이 좋다. 너무 날카롭게 벼리고 갈면 쉬 무디어진다. 금과
　　옥이 집에 가득하면 이를 지키기 어렵고, 부귀를 얻어 교만해지면 스스로 재앙을
　　초래한다. 일이 이루어지면 몸은 물러나는 것이 하늘의 도이다(持而盈之, 不如基
　　已, 膵而銳之, 不可長保. 金玉滿堂, 幕之能守, 富貴而驕, 自遺其咎, 功遂身退, 天之
　　道.)"라는 내용으로 표현되고 있다. '처만處滿' 역시 가득 찬 데에 머물러 안주함을
　　뜻한다. 당나라 진지앙陳之仰의 좌우명에 "가득 찬 데에선 늘 넘칠까 겁내고,

자들을 위한 가르침이라 할 수 있다.

象曰 大壯은 **大者ㅣ 壯也ㅣ**니 **剛以動故**로 **壯**하니 **大壯利貞**은
단왈 대장 대자 장야 강이동고 장 대장이정

大者ㅣ 正也ㅣ니 **正大而天地之情**을 **可見矣**리라.
대자 정야 정대이천지지정 가견의

「단전」에 이르길 '대장大壯'은 큰 것이 씩씩함이니, 강건함으로써 움직이는 까닭에 씩씩하니, '대장은 바르게 함이 이롭다(大壯利貞)'는 것은 큰 것이 바름이니, 바르고 크게 해서 천지의 뜻을 가히 볼 수 있는 것이다.

夫人一體之中, 有大者, 有小者, 從其大體爲大人, 從其小體爲小人. 今言大壯, 乃是大者壯也. 剛則非情慾所能撓, 動則非舊習所能囿, 所以壯也. 言利貞者, 以大者本自正也, 不正何以稱大. 故正大而天地之情可見矣. 約佛法者, 天地卽表理智, 亦表定慧.

대저 모든 사람들 중에는 훌륭한 사람도 있을 수 있고 소인배들도 있을 수 있다. 그 중에서 훌륭한 사람을 따르면 훌륭한 사람이 되고, 소인배를 추종하면 소인배가 되는 것이다. 지금 '대장大壯'이라고 말함에 있어 바로 훌륭한 자를 '장하다(壯)'고 한다. 강건하면 사사로운 욕망에 흔들리지 않을 수 있고, 떨쳐 일어나 활동하더라도 낡은 구습에 구속되지 않을 수 있다. 그런 까닭에 '장하다(壯)'고 한다. '바르게

높은 데에선 본디 무너질까를 염려한다(處滿常懼溢, 居高本慮傾)"라는 내용으로 표현되고 있다.

함이 이롭다(利貞)'고 하는 것은 훌륭한 자는 본래 스스로 바르기 때문이
다. 바르지 못한 자를 어떻게 훌륭하다고 할 수 있겠는가? 그러므로
정대正大함 속에서 천지의 실정을 볼 수 있는 것이다.

불법으로 요약하면, '천지天地'는 곧 이치와 지혜를 표현한 것이며,
또한 선정과 지혜를 표현한 것이다.

象曰 雷在天上이 大壯이니 君子ㅣ 以하야 非禮弗履하나니라.
상 왈 뇌재천상   대장   군자   이   비례불리

「상전」에 이르길 우레(雷, ☳)가 하늘(乾, ☰)위에 있음이 '대장大壯'이
니, 군자가 이를 본받아 예가 아니면 밟지 않는다.

非禮弗履, 正佛法中所謂悲體戒雷震也.

'예가 아니면 밟지 않는다(非禮弗履)'는 것은 바로 불법에서 말하고
있는 바 '대비심은 몸이 되고 계는 우레가 된다(悲體戒雷震)'507는 의미라
할 수 있다.

初九는 壯于趾니 征하면 凶이 有孚ㅣ리라.
초구   장우지   정   흉   유부

초구는 발꿈치에 씩씩함이니, 나아가면 흉할 것임을 믿어야 한다.

---

507 『법화경』「관세음보살보문품」에 "널리 세상을 밝게 관조하시니, 자비는 체가
되고 계행은 우레가 되고, 인자한 마음은 신묘한 큰 구름이 되어, 감로의 법비를
뿌려주어서 번뇌의 뜨거운 불꽃을 소멸하니라(普明照世間, 悲體戒雷震, 慈意妙大
雲, 澍甘露法雨, 滅除煩惱燄.)"라는 내용으로 표현되고 있다.

象曰 壯于趾하니 其孚窮也ㅣ로다.
상 왈 장 우 지 　 기 부 궁 야

「상전」에 이르길 '발꿈치에 씩씩하다(壯於趾)' 하니 그 궁색함을 믿어야
한다.

雖云大者必正, 須知正者乃大. 若恃其大以爲正, 正便成邪, 恃其壯以
爲大, 大必不久, 恃其正以爲壯, 壯必有衰. 洪範所以有高明柔克之
訓, 正爲此耳. 今初九過剛不中, 故往則必凶, 以其自信自恃, 乃必窮
之道也.

비록 큰 것이 반드시 바르다고 말하지만, 모름지기 바른 것이 바로
크다는 것도 알아야만 한다. 만약 그 큰 것만을 믿고서 바르다고 주장한
다면 바름이 문득 삿됨이 될 수도 있고, 그 씩씩함만을 믿고서 크다고
여긴다면 큰 것마저 반드시 오래 지속할 수 없게 될 것이며, 그 바름만을
믿고서 씩씩하다고 생각한다면 씩씩함마저 반드시 쇠약해질 것이다.
『홍범』에서 '부드러움으로 이기는 것은 높이고 밝혀주는 것이다(高明
柔克)'[508]라는 교훈이 있는 까닭은 바로 이러한 이치를 표현한 것뿐이다.

---

508 『서경』「홍범」편에서 「홍범구주洪範九疇」의 여섯 번째 범주로 다음과 같이
언급되고 있다. "여섯 번째로, 세 가지 덕은 첫째는 바르고 곧은 정직(正直)이고,
둘째는 강함으로 이기는 것이요(剛克), 세 번째는 부드러움으로 이기는 것(柔克)
이다. 평화롭고 안락한 것(平康)이 바르고 곧은 특징이고, 강하여 남을 따르지
않는 것이 강함으로 이기는 특징이며, 남과 화합하고 친하게 지내는 것이 부드러
움으로 이기는 특징이다. 강함으로 이기는 것은 억눌러 들어가게 하고, 부드러움
으로 이기는 것은 높이고 밝혀주어야 한다.(六, 三德, 一曰正直 二曰剛克 三曰柔
克. 平康正直 彊不友剛克 內友柔克 沈漸剛克 高明柔克.)"

지금 초구는 지나치게 강하여 중도에서 벗어나 있다. 그러므로 나아가 게 되면 반드시 흉할 수밖에 없다. 때문에 그가 자신만을 믿고 의지하는 것은 반드시 궁색해지는 길이다.

九二는 貞하야 吉하리라.
구 이 정 길

구이는 바르게 해서 길하다.

象曰 九二貞吉은 以中也ㅣ라.
상 왈 구 이 정 길 이 중 야

「상전」에 이르길 '구이는 바르게 해서 길함'은 중中으로 하기 때문이다.

陽居陰位, 剛而不過, 又得其中, 得中卽得正矣.

양이 음 자리에 위치하여 강건하지만 지나치지는 않고, 또한 중도를 얻고 있다. 중도를 얻었다는 것은 곧 바름을 얻는 것이다.

九三은 小人은 用壯이요 君子는 用罔이니 貞이라도 厲하니 羝羊이
구 삼 소 인 용 장 군 자 용 망 정 려 저 양

觸藩하야 羸其角이로다.
촉 번 이 기 각

구삼은 소인은 씩씩함을 쓰고 군자는 없는 것(用罔: 강성함을 함부로 쓰지 않는 것)을 쓰니, 바르게 한다 해도 위태하리니, 숫양이 울타리를 받아 그 뿔이 걸린다.[509]

象曰 小人은 用壯이오 君子는 罔也ㅣ라.
상 왈 소 인 용 장 군 자 망 야

「상전」에 이르길 소인은 씩씩함을 쓰고, 군자는 없음을 쓴다.

雖本君子, 但好剛任壯, 未免同於衵金革蹈白刃暴虎馮河之小人, 適足取困而已, 何能決斯世之藩哉. 若眞是君子, 則勢雖壯盛, 而不自恃, 慊然似罔也已.

비록 본디 군자라고 하더라도 단지 강한 힘만을 좋아하고 힘 있는 직책만을 맡고자 한다면, 철갑옷을 입고서 시퍼런 칼날을 밟고, 범을 맨손으로 때려잡고 황하를 도보로 건너고자 하는 어리석은 소인과 같다. 어려운 상황을 초래할 수밖에 없는 것이다. 어찌 이 세상의 난관(藩)을 해결할 수 있겠는가? 만약 참된 군자라면 세력이 비록 왕성하더라도 스스로 자랑하여 드러내지 않고, 겸연히 없는 듯이 한다.

九四는 貞하면 吉하야 悔ㅣ 亡하리니 藩決不羸하며 壯于大輿之
구 사 정 길 회 망 번 결 불 리 장 우 대 여 지

輹이로다.
복

구사는 바르게 하면 길하여 후회가 없어질 것이니, 울타리가 터져서

---

509 구삼이 변하면 태상절(兌上絕, ☱)괘가 된다. 『설괘전』에 보면 태상절괘는 염소라고 하였다. 까닭에 '양羊'자가 나오고 있다. 강한 자리에 강한 양이 있으니 이는 곧 숫염소(羝羊)를 상징한다. 양쪽에 뿔이 난(☱) 형상의 숫염소가 자신의 힘만 믿고 날뛰다가 구삼 앞에 막혀 있는 구사의 울타리에 걸려 화를 당하게 되는 것이다.

걸리지 않으며, 큰 수레의 바퀴살(輹)이 씩씩함이다.

象曰 藩決不羸는 尚往也ㄹ새라.
상왈 번결불리 상왕야

「상전」에 이르길 '울타리가 터져서 걸리지 않는다(藩決不羸)'는 것은 가는 것을 숭상하기 때문이다.

陽居陰位, 以柔濟剛, 得大壯之貞者, 所以削平禍亂而不損其神. 以此運載天下, 無往而不得也.

양효로 음의 자리에 있다. 부드러움으로써 강함을 구제하니, 대장大壯의 바름을 얻었다고 할 수 있다. 까닭에 재앙과 어지러움을 평정하면서도 그 정신을 손상시키지 않는다. 이로써 천하를 운영해 간다면 나아가서 얻지 못할 것이 없다.

六五는 喪羊于易나 无悔리라.
육오 상양우이 무회

육오는 양을 쉬운 데(쉽게) 잃으면 뉘우침이 없을 것이다.

象曰 喪羊于易는 位不當也ㄹ새라.
상왈 상양우이 위부당야

「상전」에 이르길 '양을 쉬운 데 잃는다(喪羊於易)'는 것은 자리가 마땅하지 않기 때문이다.

柔而得中, 故絶無剛壯喜觸之態而無悔也. 位不當, 猶所謂有天下而
不與.

유순하면서도 중도를 얻었다. 그러므로 절대로 강건하고 씩씩함을
내세워 부딪치기를 좋아하는 태도가 없으니 후회할 일도 없다. '자리가
마땅하지 않다(位不當)'는 것은 이른바 '천하를 소유하고도 관여하지
않는다(有天下而不與)'[510]는 의미와 같다.

上六은 羝羊이 觸藩하야 不能退하며 不能遂하야 无攸利니 艱則
상 육 　 저 양 　 촉 번 　 불 능 퇴 　 불 능 수 　 무 유 리 　 간 즉
吉하리라.
길

상육은 숫양이 울타리를 받아서, 능히 물러나지도 못하며 능히 나아
가지도 못해서 이로운 바가 없으니, 어렵게 하면 길할 것이다.

象曰 不能退不能遂는 不詳也ㅣ오 艱則吉은 咎不長也ㅣ새라
상 왈 불 능 퇴 불 능 수 　 불 상 야 　 간 즉 길 　 구 부 장 야

「상전」에 이르길 '능히 물러나지도 못하며 능히 나아가지도 못한다(不能

---

510 『맹자』「등문공상藤文公上-4」편에 "공자께서 말씀하시기를, '크구나, 요임금의
　 군주다움이여! 오직 하늘만이 광대하거늘 요임금이 이것을 본받았으니, 광대하
　 여 백성들이 형용할 수가 없도다. 군주답다, 순임금이여! 높고 커서 천하를
　 소유하고도 관여하지 않았다'라고 하셨으니, 요임금과 순임금이 천하를 다스림
　 에 있어 어찌 그 마음을 쓰는 일이 없었겠는가마는, 또한 밭가는 일에는 (마음을)
　 쓰지 않았다(孔子曰, 大哉, 堯之爲君. 惟天爲大, 惟堯則之, 蕩蕩乎民無能名焉.
　 君哉, 舜也. 巍巍乎, 有天下而不與焉, 堯舜之治天下, 豈無所用心哉, 亦不用於耕耳.)"
　 라는 내용으로 언급되고 있다.

退不能遂)'는 것은 헤아리지 못함이요, '어렵게 하면 길하다(難則吉)'는 것은 허물이 오래가지 않기 때문이다.

質位俱柔, 但有壯名, 而無壯義, 故無攸利. 然善用柔者, 正不必慕大壯之虛名. 惟艱守其柔克之道, 則柔能勝剛, 反得吉矣, 此勸其不能遂則須退也.

자질과 자리가 모두 유약하다. 다만 씩씩하다는 이름만 있을 뿐, 씩씩하다는 뜻을 갖추고 있지 못하다. 그러므로 '이로운 바가 없다(無攸利)'고 한다. 그렇지만 부드러움을 잘 활용할 줄 아는 자는 대장이라는 헛된 이름을 반드시 좋아하지 않는다. 오직 어렵더라도 부드러움으로 다스리는 도를 지켜 나간다면, 부드러움이 능히 강함을 이겨내어 도리어 좋은 결과를 얻을 수 있다. 이것이 그 나아갈 수 없는 처지라면 모름지기 물러나야 한다고 권유하는 이유이다.

(35) ䷢ 화지진火地晉

晉은 康侯를 用錫馬蕃庶하고 晝日三接이로다.
진　강후　용석마번서　　주일삼접

'진晉'은 (백성을) 편안하게 하는 제후에게 말을 많이 하사하고, 하루에
(임금을) 세 번 만난다.

大壯而能貞, 則可進於自利利他之域矣. 當此平康之世, 賢侯得寵於
聖君. 錫馬蕃庶, 錫之厚也. 晝日三接, 接之勤也. 觀心釋者, 妙觀察智
爲康侯, 增長稱性功德爲錫馬蕃庶, 證見法身理體爲晝日三接.

크게 씩씩하면서도 바르게 하면 자신도 이롭고 남도 이롭게 하는 경지로
발전해 갈 수 있다. 이러한 태평한 세상을 맞이하면 현명한 제후는
훌륭한 임금에게서 은총을 받게 된다. '말을 많이 하사한다(錫馬蕃庶)'
는 것은 후하게 하사한다는 의미이다. '하루에 세 번 만난다(晝日三接)'
는 것은 대접을 부지런히 한다는 의미이다.

　마음을 관찰하는 것으로 해석하면, 묘관찰지妙觀察智[511]가 '평안하게

---

511 묘관찰지妙觀察智: 유식불교에서 말하는 여래가 소유한 네 가지 지혜(四智:
成所作智·妙觀察智·平等性智·大圓鏡智) 가운데 하나이다. 불과를 얻음으로 중
생의 마음인 8식(八識: 意·身·舌·鼻·耳·眼識·末那識·阿賴耶識)이 변하여 얻어
지는 무루(無漏: 열반)의 지혜를 말한다. ① 성소작지成所作智: 제5신식을 전환하
여 얻어지는 지혜로, 5관(五官: 눈·귀·코·혀·몸)의 대상에 대하여 자재하게

하는 제후(康侯)'의 의미가 되고, 불성에 부합하여 공덕이 성장해 가는 것은 '말을 많이 하사한다(錫馬蕃庶)'는 뜻이 되며, 법신의 진리 당체當體를 깨닫는 것은 '하루에 세 번 만난다(晝日三接)'는 의미가 된다.

象曰 晉은 進也ㅣ니 明出地上하야 順而麗乎大明하고 柔進而上
단왈 진 진야 명출지상 순이이호대명 유진이상

行이라. 是以康侯用錫馬蕃庶晝日三接也ㅣ라.
행 시 이 강 후 용 석 마 번 서 주 일 삼 접 야

「단전」에 이르길 '진晉'은 나아가는 것이니, 밝은 것이 땅 위에 나와서 순해서 크게 밝은 데에 걸리고, 유柔가 나아가 위로 행하는 것이다. 이로써 '편안하게 하는 제후에게 말을 많이 주고, 하루에 세 번을 만난다(康侯用錫馬蕃庶晝日三接)'고 하는 것이다.

明若未出, 不名平康之晉時. 不順不麗, 不名晉世之賢侯. 不柔不進, 不得錫接之蕃數. 蓋六五之柔卽坤全體, 坤與合德, 故進而上行以麗之也. 觀心釋者, 根本實智光明, 破無明住地而出, 故云明出地上. 定

되며, 중생의 이익을 위하여 여러 가지 불가사의한 동작과 사업을 하는 지혜를 가리킨다. 이는 변화신變化神의 지혜이다. ②묘관찰지妙觀察智: 제6의식을 전환하여 얻어지는 지혜로 모든 대상을 직접 접촉하지 않고 관찰하여, 모든 의심을 끊고 자유자재로 설법하는 지혜를 가리킨다. 이는 수용신受容身의 지혜이다. ③평등성지平等性智: 제7말나식을 전환하여 얻어지는 지혜로, 일체의 평등성을 깨닫고 대자비심과 상응하는 지혜이다. 이는 수용신의 지혜이다. ④대원경지大圓鏡智: 제8아뢰야식을 전환하여 얻어지는 지혜로, 크고 둥근 거울이 만물을 비추는 것과 같이 일체의 사물의 참모습을 비추는 지혜를 가리킨다. 그 본체는 부동이며 다른 세 지혜의 근본이 된다. 이는 자성신自性身의 지혜이다.

與慧俱, 止觀不二, 故云順而麗乎大明. 無明實性卽佛性, 無明轉, 卽變爲明, 故柔進而上行. 是以功德智慧重重增勝也.

만약 밝음(明: 현명한 군주)이 출현하지 않았다면 태평한 '진晉'의 시대라 할 수 없을 것이다. 유순하지도 못하고 밝지도 못하다면 진晉의 세상에 있어 어진 제후라고 부르지 못할 것이다. 유순하지도 못하고 나아가지도 못한다면 하사와 만남을 자주 할 수 없게 된다. 대개 육오의 유순함은 곧 곤(坤, ☷)괘의 온전한 본체로, 곤과 덕을 부합하고 있다. 그러므로 나아가 위로 행함으로써 걸린다(麗: 밝게 빛난다)고 하는 것이다.

마음을 관찰하는 것으로 해석하면, 근본적인 참된 지혜(根本實智: 반야)가 빛나서 밝아지면 무명의 자리를 타파하여 불성이 드러나게 된다. 그러므로 '밝은 것이 땅 위로 나온다(明出地上.)'고 한다. 선정과 지혜가 갖춰지면 그침과 관조가 하나가 된다. 그러므로 '순해서 크게 밝은 데에 걸린다(順而麗乎大明)'고 한다. 무명의 참된 성품이 곧 불성이다. 무명을 전환시키면 곧 변화하여 밝음(明: 불성)이 된다. 그러므로 '유柔가 나아가 위로 행한다(柔進而上行)'고 한다. 이로써 공덕과 지혜가 거듭 거듭 성장하고 수승해지는 것이다.

象曰 明出地上이 晉이니 君子ㅣ 以하야 自昭明德하나니라.
상 왈 명 출 지 상   진   군 자   이   자 소 명 덕

「상전」에 이르길 밝음(離, ☲)이 땅(坤, ☷) 위로 나오는 것이 '진晉'이니, 군자가 이를 본받아 스스로 밝은 덕을 밝힌다.

本覺之性名爲明德, 始覺之功名之爲昭, 心外無法名之爲自. 自昭明
德, 則新民止至善在其中矣.

본각(本覺: 불성, 진여)의 성품을 이름하여 '밝은 덕(明德)'이라 하고,
시각(始覺: 수행을 통하여 본각을 깨달아 가는 것)의 수행을 이름하여
'밝힌다(昭)'고 한다. 마음 밖에 법이 없음을 이름하여 '자신(自)'이라고
한다. 마음의 밝은 덕(明德: 불성)을 밝히게 되면 백성을 새롭게 하고
지극한 선에 머무르게 될 수 있는 것이 그(불성의 깨달음) 가운데 있는
것이다.

初六은 晉如摧如에 貞이면 吉하고 罔孚ㅣ라도 裕ㅣ면 无咎ㅣ리라.
초 육 진 여 최 여 정 길   망 부   유 무 구

초육은 나아가는 듯 꺾이는 듯함에 바르게 하면 길하고, 믿음이 없더라
도 넉넉하게 하면 허물이 없다.

象曰 晉如摧如는 獨行正也ㅣ오 裕无咎는 未受命也ㅣ닐새라.
상 왈 진 여 최 여 독 행 정 야   유 무 구   미 수 명 야

「상전」에 이르길 '나아가는 듯, 꺾이는 듯하다(晉如摧如)'는 것은 홀로
바름을 행하는 것이요, '넉넉하게 하면 허물이 없다(裕无咎)'는 것은
아직 명을 받지 못했기 때문이다.

晉之六爻, 皆應自昭明德以新民者也. 而時位不同, 所養亦異, 故吉凶
悔吝分焉. 初六以陰居陽, 定有其慧, 且居順體, 故可進而晉如. 然在
卦下, 又與鼫鼠爲應, 非我良朋, 則斷不宜欲速, 故有阻而摧如. 夫晉

與摧皆外境耳, 何與於我. 但當守正則吉, 縱令一時不足取信, 惟寬裕
以待之, 終無咎矣. 言獨行正者, 自信自肯不求人知之意. 言未受命
者, 猶孟子所謂命也有性焉, 君子不謂命也之意.

진晉괘의 여섯 효 모두는 마땅히 스스로 밝은 덕을 밝힘으로써 백성을
새롭게 하는 것이지만, 때와 지위가 같지 않으므로 양육하는 바가
또한 다를 수밖에 없다. 그러므로 길함, 흉함, 후회함, 인색함(吉凶悔
吝) 등으로 나눈다.

초육은 음으로써 양 자리에 거처하고 있다. 선정에 그 지혜가 있는
것이며, 또한 유순한 본체(坤地, ☷)에 자리하고 있는 것이다. 그러므로
전진할 수 있어 '나아가는 듯(晉如)'하다고 한다. 그러나 괘의 맨 아래에
자리하고 있고, 또한 다람쥐(鼫鼠: 구사)[512]와 서로 응하고 있다. 나(초
구)의 좋은 벗이라 할 수 없으니, 결코 빨리 나아가고자 하는 것은
옳지 못하다. 그러므로 장애가 있어서 '꺾이는 듯(摧如: 물러나는 듯)'하
다고 한다.

대저 나아감과 물러감은 모두 바깥 경계일 뿐이니, 어찌 나(초육)와
관련이 있겠는가? 다만 마땅히 올바름을 지켜 나가면 길하다. 비록
일시적으로 믿음을 얻기에 부족하더라도 오직 너그러운 마음으로 여유

---

512 석서鼫鼠: 진괘는 나아감(進)을 상징하고 있다. 내괘의 초육, 육이, 육삼 또한
모두 밝은 세상에서 상행하고 있다. 이러한 세 음효의 상행을 보고 구사는
혹시 자기를 해치기 위해서 오는 것이 아닌가 하고 다람쥐(鼫鼠)처럼 의심한다.
구사가 변하면 산괘(☶, 艮爲石爲鼠: 鼫鼠)가 되어 쥐의 상이 파생된다. 위로는
밝은 육오의 임금을 두려워하고, 아래로는 세 음이 올라오는 것을 의심하고
있으니, 이는 바로 의심 많은 다람쥐의 형상이라 할 수 있다.

롭게 기다린다면 마침내 허물이 없다. '홀로 바른 것을 행한다(獨行正)'
고 말한 것은 스스로를 믿고 스스로 자긍심을 가져서 남이 알아주기를
바라지 않는다는 뜻이다. '명을 받지 않는다(未受命)'고 말하는 것은
맹자의 이른바 "명이지만, 본성이 있으니 군자는 명이라고만 말하지
않는다(命也有性焉, 君子不謂命也)"[513]고 한 뜻과 같다.

六二는 晉如ㅣ 愁如ㅣ나 貞이면 吉하리니 受茲介福于其王母ㅣ리라.
육 이　　진 여　　수 여　　정　　길　　　　수 자 개 복 우 기 왕 모

육이는 나아가는 듯 근심하는 듯하나 바르게 하면 길할 것이니, 이
큰 복을 그 왕모로부터 받을 것이다.

象曰 受茲介福은 以中正也ㅣ라.
상 왈　수 자 개 복　　이 중 정 야

「상전」에 이르길 '이 큰 복을 받는다(受茲介福)'는 것은 중정하기 때문
이다.

柔順中正, 自昭明德, 常切望道未見之愁, 正而且吉者也. 上與六五王
母合德,　錫以本分應得之福, 故名介福. 縱令貴極人臣, 非分外也.

---

513 『맹자』「진심장구하盡心章句下」편 제24장에서 "인仁이 부자 간에 행해지는 것과
　　의義가 군신 간에 행해지는 것과 예禮가 주빈主賓 사이에 행해지는 것과 지智가
　　현자에서 행해지는 것과 성인이 천도를 행하는 것은 명命이다. 그러나 그것은
　　본성으로 가지고 있는 것이므로, 군자는 이것을 명命이라고만 하지 않는다(仁之
　　於父子也, 義之於君臣也, 禮之於賓主也, 智之於賢者也, 聖人之於天道也, 命也, 有性
　　焉. 君子不謂命也.)"라는 내용으로 언급되고 있다.

유순하고 중정하여 스스로 밝은 덕을 밝히며, 항상 간절히 도를 추구하기를 한 번도 보지 못한 듯이 근심하는 자세를 지니고 있다. 바르고 또한 훌륭한 자라 할 수 있다. 위로 육오인 왕모와 더불어 덕을 합하고 있으니, 본분에 따라 마땅히 받을 만한 복을 하사받고 있다. 그러므로 '큰 복(介福)'이라 한다. 비록 신하의 신분으로 귀하게 극진히 대접받는다고 하더라도 분수에 넘치는 일은 아니다.

六三은 衆允이라 悔ㅣ 亡하니라.
육삼 중윤 회 망

육삼은 무리(초육, 육이)가 믿는다. 후회가 없다.

象曰 衆允之志는 上行也ㅣ라.
상왈 중윤지지 상행야

「상전」에 이르길 '무리가 믿는다'는 뜻은 위로 올라가고자 하기 때문이다.

以陰居陽, 定有其慧. 當晉之時, 而在順體之上. 初六所謂罔孚者, 裕養至此, 衆皆允之, 而悔亡矣. 隱居以求其志, 行義以達其道, 故曰志上行也.

음효로써 양 자리에 위치하여 마치 선정 속에 지혜가 있는 것과 같다. 마땅히 진晉의 시대를 맞이하여 수순하는 괘체(坤, ☷)의 맨 위에 자리하고 있다. 초육에서 이른바 '믿지 못한다(罔孚)'고 한 것이 풍족하게 길러져서 여기에 이르게 되었다. 무리(초육, 육이)가 모두 그를 인정해 주니 '후회가 없다(悔亡)'고 한다. 은둔해 살아감으로써 그 뜻을 구하고, 의를 실천함으로써 그 도를 달성시키고 있는 것이다. 그러므로 '뜻이 위로 행한다(志上行)'고 말한다.

九四는 **晉如**ㅣ **鼫鼠**ㅣ니 **貞**이면 **厲**하리라.
구사　　진여　　석서　　　정　　려

구사는 나아가는 것이 다람쥐와 같으니, 바르게 해도 위태롭다.

象曰 鼫鼠貞厲는 **位不當也**ㅣ릴새라.
상왈 석서정려　　위부당야

「상전」에 이르길 '다람쥐와 같으니, 바르게 해도 위태롭다(鼫鼠貞厲)'는 것은 자리가 마땅하지 않기 때문이다.

君子之自昭明德也, 外宜晦而內宜明, 故闇然而日章. 以九居四, 則外剛而內柔, 外明而內晦者也. 如鼫鼠, 能飛不能過屋, 能緣不能窮木, 能遊不能渡穀, 能穴不能掩身, 能走不能先人, 不亦危乎. 蒲益子曰, 予昔初入閩中, 見有鬻白兔者, 人爭以百金買之. 未幾, 生育甚多, 其價漸減至一錢許. 好事者殺而烹之, 臭不可食, 遂無人買. 博古者云, 此非白兔, 乃鼫鼠耳. 噫, 本以賤鼠, 謬膺白兔之名, 無德居高位者, 蓋類此矣.

군자가 스스로 밝은 덕을 밝힘에 있어 외적으로는 마땅히 어둡게 하고, 내적으로는 마땅히 밝게 해야 한다. 그렇게 함으로서 '은은하되 날로 드러날 수 있는 것(闇然而日章)'[514]이다. 양효(九)로써 음 자리(四)에 거처하니 밖으로는 강건하고 안으로는 유약하며, 밖으로는 밝지만 내면적으로는 어두운 자라 할 수 있다. 마치 다람쥐와 같아서 날아보지만 옥상을 넘지 못하고, 나무를 타보지만 꼭대기까지 올라가지 못하고, 헤엄쳐보지만 계곡을 건너지는 못하고, 구덩이를 파지만 자신의 몸조차도 숨기지 못하고, 달아나보지만 사람을 앞지르지 못한다. 또한 위태롭지 않겠는가?

우익자(지욱)가 말한다. 내가 예전에 처음으로 민중(閩中: 지금의 福建省 浙江)에 들어가서 흰 토끼를 파는 사람을 보았는데, 사람들이 다투어서 백금(비싼 값)으로 샀다. 얼마 지나지 않아서 새끼들을 낳아 기르니 숫자가 매우 많아져서 그 값이 점차로 일전(一錢: 헐값)까지 떨어졌다. 토끼고기를 좋아하는 사람들이 죽여서 삶으니 냄새가 나서 먹을 수가 없었다. 마침내 사는 사람들도 없게 되었다. 옛 물건에 해박한 사람이 "이것은 흰 토끼가 아니고 바로 날다람쥐다"라고 하였다. 애석하게도 본래 보잘 것 없는 쥐에 불과한데 흰 토끼라는 이름으로 잘못 받아들여진 것이다. 덕이 없으면서도 높은 지위에 머물고 있는 자들도 대개 이런 종류의 사람들이라 할 수 있다.

六五는 悔ㅣ 亡하란대 失得을 勿恤이니 往에 吉하야 无不利리라.
　육 오　회　망　　　실 득　물 휼　왕　 길　　무 불 리

육오는 후회가 없을진대 잃고 얻음을 근심하지 말 것이니, 나아감에

---

514 『중용』 제33장에서 "그러므로 군자의 도는 어두운 듯하지만 날로 빛나고, 소인의 도는 선명하되 날로 없어진다(故, 君子之道, 闇然而日章, 小人之道, 的然而日亡.)"라는 내용으로 언급되고 있다.

길하여 이롭지 않음이 없다.

象曰 失得勿恤은 **往有慶也**ㅣ리라.
상 왈 실 득 물 휼　왕 유 경 야

「상전」에 이르길 '잃고 얻음을 근심하지 말라(失得勿恤)'는 것은 나아가
면 경사가 있기 때문이다.

以六居五, 定有其慧. 又爲離明之主, 得中道而處天位, 正所謂自新新
民, 無所不用其極者也. 雖俯乘鼫鼠之九四, 仰承晉角之上九, 而與坤
順合德, 故往接三陰, 同成順麗大明之治, 則吉無不利. 擧世皆蒙其福
慶矣, 又何失得之可恤哉.

음효(六)로써 양 자리(五)에 자리하니 선정을 바탕해서 그 지혜가
있는 것이라 할 수 있다. 또한 밝은 이(離, ☲)괘의 주효가 되니,
중도를 얻어 천자의 지위에 거처하고 있는 것이다. 바로 이른바 '자신을
새롭게 하고 백성을 새롭게 함에 그 극진함을 쓰지 못함이 없다(自新新
民, 無所不用其極)'[515]고 하는 자이다. 비록 바로 아래로는 날다람쥐와
같은 구사를 올라타고 있고 바로 위로는 뿔에까지 나아간 상구를 받들고
있지만, 곤(坤, ☷)괘의 유순함과 더불어 덕을 합하고 있다. 그러므로
나아가서 세 음들과 회합해서 함께 유순하게 큰 밝음의 정치를 실천해
낼 수 있어 '길하여 이롭지 않음이 없다(吉無不利)'고 하는 것이다.
온 세상이 모두 그 복되고 경사스러운 통치의 혜택을 받을 수 있는

---

[515] 『대학』「전문傳文」전2장에서 언급되고 있는 내용이다.

것이니, 또한 어찌 잃고 얻음을 걱정할 필요가 있겠는가!

上九는 晉其角이니 維用伐邑이면 厲하나 吉코 无咎ㅣ어니와 貞엔
상구　진기각　　유용벌읍　　려　 길　무구　　　　정

吝하니라.
인

상구는 그 뿔에 나아감이니, 오직 읍을 정벌하는 데 쓰면 위태로우나
길하고 허물이 없지만, 바름에는 인색하다.

象曰 維用伐邑은 道未光也ㅣ늬새라.
상왈 유용벌읍　 도미광야

「상전」에 이르길 '오직 읍을 정벌하는 데 쓴다(維用伐邑)'는 것은 도가
빛나지 못하기 때문이다.

上九亦外剛而內柔, 外明而內晦者也. 而居晉極, 則如獸之角矣. 以角
觸人則凶, 維用以自治, 如伐邑然, 則厲吉而無咎. 然不能自治於早,
至此時而方自治, 雖得其正, 不亦吝與. 四十五十而無聞焉, 斯亦不足
畏也已, 故曰道未光也.

상구 역시 밖으로는 강건하지만 내면적으로는 유순하다. 외적으로는
밝지만 내적으로는 어두운 자라 할 수 있다. 진晉괘의 맨 끝에 위치하니
마치 짐승의 뿔과 같다. 뿔로써 사람을 들이받으면 흉하다. 오직 스스로
를 다스려 나가기를 마치 고을을 정벌하듯이 하면, 위태로우나 길하여
허물이 없게 되는 것이다. 그렇지만 조기에 스스로를 다스리지 못하고

이때에 이르러서야 비로소 스스로를 다스리고자 하니, 비록 그 바름을
얻었다고 하더라도 또한 인색할 수밖에 없다. 사오십이 되어서도 이름
을 떨치지 못하면 이 또한 두려워할 것은 없다.[516] 그러므로 '도가 빛나지
못한다(道未光)'고 말한 것이다.

---

516 『논어』「자한子罕」편 22장에서 "공자께서 말씀하시기를, 후진들은 두려워할
　　만하다. 어찌 후진들이 우리들만 못하다고 하겠는가? (그러나) 사오십이 되어서
　　도 이름을 떨치지 못하면 이 또한 두려할 것이 없다(子曰, 後生可畏, 焉知來者之不
　　如今也. 四十五十而無聞焉, 斯亦不足畏也已.)"라는 내용으로 언급되고 있다.

(36) ䷣ 지화명이地火明夷

明夷는 利艱貞하니라.
명이   이간정

'명이明夷'는 어려운 데서 바르게 함이 이롭다.

知進而不知退, 則必有傷. 夷者, 傷也. 明入地中, 其光不耀, 知艱貞之
爲利, 乃所謂用晦而明, 合於文王箕子之德矣.

전진할 줄만 알고 물러날 줄 모르면 반드시 손상을 입게 된다. '이夷'는
손상된다는 뜻이다. 밝음이 땅 속에 들어가 그 빛이 발휘되지 못하고
있는 것이다. 어려움 속에서도 바르게 하면 이롭다는 것을 알면, 이른바
'그믐을 써서(자신을 낮춰 어리석은 듯, 모자란 듯 처신함) 밝혔던(用晦而
明)' 문왕과 기자箕子의 덕에 부합할 수 있다.

象曰 明入地中이 明夷니 內文明而外柔順하야 以蒙大難이니 文
단왈 명입지중   명이   내문명이외유순   이몽대난   문

王이 以之하니라. 利艱貞은 晦其明也ㅣ라 內難而能正其志니 箕
왕   이지   이간정   회기명야   내난이능정기지   기

子ㅣ 以之하니라.
자   이지

「단전」에 이르길 밝은 것이 땅 속에 들어감이 '명이明夷'니 안으로는
문명하고 밖으로는 유순해서 큰 어려움을 무릅쓰니, 문왕이 그렇게

했다. '어려운 데서 바르게 함이 이롭다(利艱貞)'는 것은 그 밝은 것을 그믐으로 하는 것이다. 안으로 어려우면서 능히 그 뜻을 바르게 함이니, 기자가 그렇게 했다.

文明柔順, 雖通指一卦之德, 意在六二. 內難正志, 專指六五. 艱貞晦明, 則文王箕子所同也. 觀心釋者, 煩惱惡業, 病患魔事, 上慢邪見, 無非圓頓止觀所行妙境.

문명하고 유순하다는 것은 비록 한 괘의 덕을 통틀어서 제시한 것이지만, 괘가 나타내고자 하는 뜻은 육이(문왕)에게 있다. 안으로 어려워도 뜻을 바르게 해야 한다고 하는 것은 오로지 육오(기자)를 가리킨다. 바르게 하는 것이 이롭고, 밝음을 어둡게 한다는 것은 문왕(육이)과 기자 모두에게 해당된다.

마음을 관찰하는 것으로 해석하면, 번뇌와 악업, 질병과 마사(魔事: 수행을 방해하는 모든 삿된 경계와 일), 그릇되게 깨달음을 얻었다고 생각하는 자만심(上慢)과 삿된 견해 등이 모두 선정(止)과 지혜(觀)수행을 통해 원만하게 한순간 깨닫게 되는 오묘한 경계라 할 수 있다.

象曰 明入地中이 明夷니 君子ㅣ 以하야 莅衆애 用晦而明하나니라.
상왈 명입지중 명이 군자 이 이중 용회이명

「상전」에 이르길 밝은 것(離, ☲)이 땅(坤, ☷) 가운데 들어감이 '명이明夷'이니, 군자가 이를 본받아 대중들에게 임함에 그믐을 써서 밝힌다.

甯武子之愚不可及, 兵法之以逸待勞, 以靜制動, 以闇伺明, 皆明夷之

用也. 聖學則闇然而日章.

영무자衛武子[517]가 어리석은 듯 행동함은 그 누구도 따를 수 없었다. 병법의 '한가히 쉬다가 피로에 지친 적과 싸우고(以逸待勞)', '고요함으로써 움직임을 제어하고(以靜制動)', '어둠으로써 밝음을 살핀다(以闇伺明)'는 것 등이 모두 '명이明夷'의 용법이라 할 수 있다. 성인의 가르침은 어두운 듯하지만 날이 갈수록 찬연히 빛나게 한다.

初九는 明夷于飛애 垂其翼이니 君子于行애 三日不食하야 有攸
초구   명이우비   수기익   군자우행   삼일불식   유유

往에 主人이 有言이로다.
왕   주인   유언

초구는 날고자 하는데 밝음이 상함에 그 날개를 드리우니, 군자가 가는데 사흘을 먹지 않아서, 가는 바를 둠에 주인이 말함이 있다.[518]

---

517 영무자衛武子: 위衛나라의 대부였던 영유衛愈를 가리킨다. 무武는 시호이다. 『논어』「공야장公冶長」편에 "공자께서 말하기를, 영무자는 나라에 도가 있을 때는 지혜롭고 나라에 도가 없을 때는 어리석었으니, 그 지혜를 따를 수 있으나 그 어리석음은 따를 수 없다(子曰, 衛武子, 邦有道, 則知, 邦無道, 則愚. 其知可及也, 其愚不可及也.)"라는 내용으로 언급되고 있다.

518 명이괘 초구는 내괘 이화(離火, ☲)의 맨 아래에 자리하고 있다. 초구가 변하면 간산(艮山, ☶)이 되어 위로 날아오르고자 하지만 날수 없는 처지(垂其翼)이다. 명이는 밝음이 상하는 시대이니, 날지 못한다는 것은 벼슬길에 나가지 못함을 비유한다. 시대의 어지러움을 피해 은둔하고 있는 형상인 것이다. 초구의 이러한 처지를 초구와 상응하고 있는 육사(무왕)는 안타까이 여기 도와 달라는 말(主人有言)만을 할 뿐이다. 시대상황으로 보면 은나라 말기의 상황을 나타내고 있다. 은나라가 천하를 다스리는 당시, 제후국인 주周의 무왕은 천자인 은나라 폭군 주紂왕을 정벌하고자 하였다. 이때 백이와 숙제가 무왕에게 신하로써 임금을

象曰 君子于行은 義不食也ㅣ라.
상왈 군자우행 의 불 식 야

「상전」에 이르길 '군자가 간다(君子於行)'는 것은 의리로 먹지 않는다는
뜻이다.

此如太公伯夷之避紂也. 先垂其翼, 則不露其飛之形, 及行之速, 則三
日而不遑食, 蓋義當遠遯, 不欲主人知之而有言耳.

이것은 태공과 백이가 은나라 폭군 주紂임금을 피한 것과 같다. 먼저
'그 날개를 드리운다(垂其翼)'는 것은 곧 그 날려는 모습(주군을 피해
은둔하려는 생각)을 드러내지 않는다는 의미이다. 빨리 움직여야 하는
상황에서는 사흘간 먹을 겨를이 없다. 대개 의義로 보면 멀리 은둔하는
것이 마땅하지만, 주인(紂王)이 이들의 생각을 알아채서 말리는 말을
듣게 되는 것을 바라지 않을 따름이다.

六二는 明夷에 夷于左股ㅣ니 用拯馬ㅣ 壯하면 吉하리라.
육 이   명 이   이 우 좌 고   용 증 마   장   길

육이는 밝음이 상함에 왼쪽 다리를 상함이니, 구원하는 말이 건장하면
길할 것이다.[519]

칠 수 없다고 간언하며 혁명에의 동참을 거부하자 무왕의 측근이 이들을 죽이려
하였지만, 현신인 태공망太公望이 이들이 의인이라 말려 살려 보냈다. 마침내
천하가 주나라의 소유로 바뀌자 백이와 숙제는 은나라에 대한 의를 내세워
주나라의 벼슬살이는 할 수 없다(義不食)고 하며 수양산으로 숨어들어가(君子於
行) 산나물을 캐먹으며 여생을 마쳤다고 한다. 명이괘 초구는 바로 이러한
시대상황을 효사로 담아내고 있는 것이다.

象曰 六二之吉은 順以則也일새라.
상 왈 육 이 지 길 순 이 칙 야

「상전」에 이르길 육이의 길함은 유순함으로써 법칙대로 하기 때문이다.

文明中正之德. 當此明夷之時, 雖左股業已受傷, 猶往拯救, 唯馬壯故
吉耳. 羑裏旣囚之後, 仍率三分天下之二以服事殷, 順而不忤, 誠萬古
人臣之則也.

문명하고 중정한 덕(육이)이 밝음이 상한 시대를 맞이하고 있다. 비록
왼쪽다리가 이미(業已) 손상을 입었지만 오히려 나가서 세상을 구제해
야 할 처지이다. 오직 말(馬)이 건장한 까닭에 길할 따름이다. 문왕은
유리옥에 이미 갇힌 뒤에 천하의 3분의 2를 복종시켰음에도 은나라를
섬기면서 유순하게 따르며 거스르지 않았다. 진실로 만고의 신하된
법칙이라 할 수 있다.

九三은 明夷于南狩하야 得其大首ㅣ니 不可疾貞이니라.
구 삼 명 이 우 남 수 득 기 대 수 불 가 질 정

---

519 은말 주초의 시대적 상황으로 보면 육이는 문왕에 해당한다. 밝음이 상한
시대상황(明夷)에서 문왕은 유리옥에 갇혀 있는 처지이다. 좌는 물러남(退)을,
우는 나아감(進)을 뜻하는 것으로, '이어좌고夷於左股'는 곧 문왕이 다쳐서 세상에
나갈 수 없는 처지로 유리옥에 갇혀 있음을 비유한다. 문왕이 이렇듯 다쳐
움직일 수 없는 처지에, 이를 구원해 줄 사람은 다름 아닌 문왕의 아들인
구삼의 무왕이다. 무왕이 강한 무력으로 은의 폭군 주왕을 징벌하여 문왕을
구원해 주면 길하게 된다는 것(用拯馬壯, 吉)이다. 주역에서 건양乾陽은 말(乾爲
馬)을, 곤음坤陰은 소(坤爲牛)를 상징한다. 육이가 변하면 건(乾, ☰)이 되어
건장한 말(乾爲良馬)의 상이 파생된다.

구삼은 밝음이 상함에 남쪽으로 사냥하여 그 큰 우두머리를 얻으니, 빨리 바르게 할 수 없다.

象曰 南狩之志를 乃大得也l로다.
상 왈 남 수 지 지 내 대 득 야

「상전」에 이르길 남쪽으로 사냥하는 뜻을 이에 크게 얻는다.

以剛居剛, 在離之上, 夜盡將旦之時也, 正與上六闇主爲應. 如武王伐紂, 得其大惡之首. 然以臣伐君, 事不可疾, 當持之以貞耳. 象云南狩之志, 猶孟子所云有伊尹之志則可, 無伊尹之志則簒也, 辭義懍然.

강효剛爻로써 강(剛: 양의 자리)에 자리하여 이(離, ☲)괘의 맨 위에 위치하고 있으니, 밤이 다하여 장차 날이 밝아오는 때다. 바로 상육인 어둠의 주인(闇主)과 더불어 상응하고 있다. 마치 무왕이 주왕을 토벌하여 그 큰 악행을 저지르는 우두머리를 포획하는 때와 같다. 그렇지만 신하로써 임금을 토벌하는 것이므로 일을 성급히 서둘러 처리해서는 안 되고, 반드시 올바름(貞: 정의)을 지켜 나가야만 한다. 「상전」에서 말하고 있는 '남쪽으로 사냥하는 뜻(南狩之志)'은 맹자가 말한 바 '이윤伊尹과 같은 뜻이 있으면 괜찮지만, 이윤과 같은 뜻이 없으면 찬탈하는 것과 같다'[520]는 말과 같다. 말씀의 뜻이 삼가 조심스럽다.

---

[520] 구삼은 양이 양 자리에 있어 매우 강한 상태인데, 밝음을 상하게 하는 주체인 상육과 응하고 있다. 은말 주초의 시대상황으로 보면 구삼은 무력을 행사하여 폭군 주를 정벌하려는 무왕, 상육은 은나라 마지막 왕으로 폭정을 일삼는 주왕, 곧 효사에 언급되는 큰 우두머리(大首)에 해당한다. 괘에서는 방위를 볼 때

앞을 남이라 하고 뒤를 북이라 하는데 육사, 육오, 상육은 모두 남쪽에 해당된다. 이러한 의미에서 '남수'의 뜻이 파생하는데, '밝음이 상함에 남쪽으로 사냥하여 (明夷於南狩), 그 큰 우두머리를 얻는다(得其大首)'는 표현은 바로 무왕이 폭군 주를 정벌하기 위해 남쪽으로 가서 주를 포획하는 것을 나타낸다. 그러나 천자가 아무리 포악한 임금이라 해도 신하가 천자를 정벌하는 것은 대내외적으로 뚜렷한 명분과 떳떳한 도의가 뒤따라야만 한다. 따라서 그러한 대사는 백성들의 지지를 얻고 천리에 순응하여 치밀하면서도 서서히 이루어져야 하는 것이다. '빨리 바르게 할 수 없다(不可疾貞)'는 표현은 바로 이러한 이치를 설명하고 있다.

지욱은 이러한 뜻을 담아내고 있는 명이괘 구삼을 해석하면서 「상전」의 '남수지지南狩之志'의 뜻을 『맹자』의 「진심장구상盡心章句上」편에 실려 있는 '이윤伊尹과 같은 뜻이 있으면 괜찮지만, 이윤과 같은 뜻이 없으면 찬탈하는 것과 같다(有伊尹之志則可, 無伊尹之志則簒也)'라는 경구에 대비시켜 설명하고 있다. 지욱이 인용하고 있는 '이윤의 뜻(伊尹之志)'을 이해하기 위해서는 지욱이 생략한 앞의 문장을 이해할 필요가 있다. 지욱이 생략한 『맹자』에 실려 있는 앞의 문장은 바로 "공손추가 말하기를, 이윤은 '나는 (의를) 따르지 않음을 견디지 못한다'고 말하며, 태갑(太甲: 태갑은 상나라 탕왕의 적손으로, 탕왕의 뒤를 이어 왕위에 오른 임금이다. 하지만 방종하고 무도하여 현신 이윤이 동桐이란 곳으로 추방하였다가 추방된 지 3년 만에 잘못을 크게 뉘우치고 반성하자 다시 왕위에 복귀시켰다고 한다)을 동궁桐宮에서 쫓아내자 백성들이 크게 기뻐하였고, 태갑이 어질게 되어 또다시 돌아오게 되자 백성이 대단히 기뻐하였습니다. 어진 자가 신하가 되어 그 임금이 어질지 못하면 진실로 쫓아내도 되는 것입니까?(公孫醜曰, 伊尹曰, 予不狎於不順, 放太甲於桐, 民太悅, 太甲賢, 又反之, 民太悅. 賢者之爲臣也, 其君不賢則固可放與.)"라는 문장이다. 이와 같은 공손추의 물음에 맹자가 답한 부분이 바로 '유이윤지지즉가有伊尹之志則可, 무이윤지지즉찬야無伊尹之志則簒也'라는 내용이다. 이러한 앞뒤 문장을 연계시켜 해석하면 '이윤의 뜻'이란 곧 사사로운 욕심에서 벗어나 오직 나라를 바르게 세우기 위한 목적으로 어질지 못한 임금을 추방할 수밖에 없었던 어진 신하의 의로움과 충성심을 뜻하는

六四는 入于左腹이니 獲明夷之心을 于出門庭이로다.
육 사   입 우 좌 복   획 명 이 지 심   우 출 문 정

육사는 왼쪽 배에 들어가서 밝음을 상하게 한 사람의 마음을 얻어서
문밖 뜰에 나서도다.[521]

象曰 入于左腹은 獲心意也ㅣ라.
상 왈   입 우 좌 복   획 심 의 야

「상전」에 이르길 '왼쪽 배에 들어간다(入於左腹)'는 것은 마음과 뜻을
얻는 것이다.

已居坤體, 入暗地矣. 柔而得正, 稍遠於上, 故猶可獲明夷之心而出門
庭. 如微子抱祭器以行遁, 但出門庭, 遯於荒野, 非歸周也.

이미 곤(坤, ☷)체에 위치하게 되었으니 어두운 땅에 들어선 것이다.
유순하면서 바름을 얻었고 상육과는 조금 멀리 떨어져 있다. 그러므로
오히려 밝음을 상하게 한 사람(상육, 주왕)의 마음을 얻을 수 있어

─────────────

것이라 할 수 있다.

521 입어좌복入於左腹: 건(乾, ☰)은 머리를 상징하고(乾爲首), 곤(坤, ☷)은 배를
    상징한다(坤爲腹). 육사가 변하면 진(震, ☳)괘가 되는데, 진은 후천팔괘 방위로
    동쪽(東方: 좌측, 左)이 되므로 '좌복左腹'의 의미가 파생된다. '좌복'은 곧 뱃속과
    같이 깊은 곳을 의미한다. 은말 주초의 시대상황으로 보면, '입어좌복'은 주왕의
    서형庶兄인 미자微子에 해당하는 육사가 주왕에 비유되는 상육의 신임을 얻어(獲
    明夷之心) 심복의 역할을 하고 있음을 표현한다. 육사가 명이의 밝음이 상하는
    시대에 있어 상육(주왕)의 심복 역할을 하고 있으면서 주왕의 폭정을 말려보지
    만, 듣지 않자 은나라의 신주神主를 훔쳐 상육의 품을 벗어나고자 한다는 것(於出
    門庭)이다.

문밖 뜰을 벗어날 수 있다. 마치 미자微子가 제기(祭器: 신주단지)를 안고 가서 숨어버린 것과 같다. 다만 문밖 뜰을 벗어나 거친 들판으로 숨은 것일 뿐, 주나라로 귀순한 것은 아니다.

六五는 **箕子之明夷**니 **利貞**하나라.
육 오　기 자 지 명 이　이 정

육오는 기자箕子의 밝음이 상한 것이니, 바르게 함이 이롭다.[522]

象曰 箕子之貞은 **明不可息也**ㅣ라.
상 왈 기 자 지 정　명 불 가 식 야

「상전」에 이르길 기자의 바름은 밝음을 가히 쉬지 않기 때문이다.[523]

迫近暗君, 身已辱矣. 外柔內剛, 居得其中. 用晦而明. 明照萬古. 洪範九疇之燈誰能息之.

어리석은 임금(상육인 주왕)과 절박하게 가까이하고 있으니, 몸은 이미

---

[522] 일반적으로 오효는 왕의 자리가 되지만, 밝음이 상한다는 명이괘에서는 밝음을 상하게 하는 주체인 상효 바로 밑에 있는 주紂왕의 가족에 비유된다. 육오는 외괘의 가운데 자리하여 중도를 얻고 있지만, 폭군인 주왕의 바로 아래에 자리하고 있기 때문에 기자와 같이 스스로가 지닌 밝은 덕을 내세우지 못하고, 어리석은 듯 자신을 낮추며(箕子之明夷) 바르게 처신할 수밖에 없는 처지(利貞)인 것이다.

[523] 육오에 비유되고 있는 기자箕子가 비록 폭군이 주왕 아래에서 있으면서 살아남기 위해서 어쩔 수 없이 어리석은 듯, 부족한 듯 행동하면서 바름을 지키고 있는 것(箕子之貞)은 그 내면에 있어서는 밝은 지혜와 덕을 한시도 쉬지 않고 간직하고 있었기 때문이라는 것(明不可息)이다.

치욕스럽게 되었다고 할 수 있다. 밖으로는 유약한 듯하지만, 내면적으로는 강건하다. 그 중도를 얻어 거처하고 있으니 그믐(晦: 어리석은 듯 행동함)을 써서 밝게 처신하여 현명함이 만고에 빛난다고 볼 수 있다. 홍범구주洪範九疇[524]의 등불을 감히 누가 능히 꺼버릴 수 있겠는가?

上六은 不明하야 晦니 初登于天하고 後入于地로다.
상 육   불 명   회   초 등 우 천   후 입 우 지

상육은 밝지 않아서 그믐이니, 처음에는 하늘(천자)에 오르고 뒤에는 땅에 들어간다.

---

524 홍범구주洪範九疇: 중국 하夏나라 우禹왕이 남겼다는 정치 이념이다. 홍범洪範은 대법大法을 말하고, 구주九疇는 9개 조條를 말하는 것으로, 즉 9개 조항의 큰 법이라는 뜻이다. 우왕이 홍수를 다스릴 때 하늘로부터 받은 낙서洛書를 보고 만들었다고 한다. 주나라 무왕이 기자에게 선정의 방안을 물었을 때 기자가 이 홍범구주로써 교시하였다고 한다. 『서경』「주서周書」홍범편에 수록되어 있다. 9조목은 오행(五行: 水・火・木・金・土)・오사(五事: 외모〔貌〕, 말〔言〕, 보는 것〔視〕, 듣는 것〔聽〕, 생각하는 것〔思〕)・팔정(八政: 양식관리〔食〕, 재정주관〔貨〕, 제사관리〔祀〕, 땅을 다스리는 것〔司空〕, 백성교육〔司徒〕, 범죄단속〔司寇〕, 손님대접〔賓〕, 양병〔師〕)・오기(五紀: 해〔歲〕, 달〔月〕, 날〔日〕, 별〔星辰〕, 역수曆數의 계산)・황극(皇極: 王道, 임금의 법도로 임금이 정치의 법을 세우는 것)・삼덕(三德: 正直, 剛克, 柔克)・계의(稽疑: 복蔔과 서筮의 점을 치는 사람을 임명하고 그들에게 점을 치게 하는 것)・서징(庶徵: 비〔雨〕, 맑음〔陽〕, 따뜻함〔燠〕, 추움〔寒〕, 바람〔風〕의 時, 곧 계절의 변화를 지칭) 및 오복(五福: 壽, 富, 康寧, 攸好德, 考終命)과 육극(六極: 횡사요절〔凶短折〕, 질병〔疾〕, 근심〔憂〕, 빈곤〔貧〕, 흉악〔惡〕, 약함〔弱〕) 등이다.

象曰 初登于天은 照四國也ㅣ오 後入于地는 失則也ㅣ라.
상왈 초등우천 조사국야 후입우지 실칙야

「상전」에 이르길 '처음에는 하늘에 오른다(初登於天)'는 것은 사방의 나라(천하)를 비추는 것이고, '뒤에는 땅에 들어간다(後入於地)'는 것은 법도를 잃었기 때문이다.

以陰居陰, 處夷之極, 初稱天子, 後成獨夫者也. 蓋下五爻皆明而示晦, 故能用晦而明. 此則不明而晦, 故失則而終入地耳.

음효로써 음 자리에 자리하고 명이괘의 맨 끝에 거처하고 있다. 처음에는 천자라 불리다가 후에는 외로운 필부가 되었다. 대체적으로 아래 다섯 효들은 모두 현명함에도 불구하고 어리석음을 드러내 보이고 있다. 그러므로 능히 어둠을 써서 밝힐 수 있었지만, 이 상육만은 곧 현명하지 못하고 어리석을 뿐이다. 그러므로 천자의 지위를 잃고서 마침내 땅(대중) 속으로 들어갈 수밖에 없었다.

(37) ䷤ 풍화가인風火家人

家人은 **利女貞**하니라.
가 인　　이 여 정

‘가인家人’은 여자가 바르게 함이 이롭다.

欲救天下之傷, 莫若反求於家庭. 欲正家庭之化, 莫若致嚴於女貞. 牝雞之晨, 維家之索, 不可以不誠也. 佛法釋者, 觀行被魔事所擾, 當念唯心. 唯心爲佛法之家, 仍須以定資慧, 以福助智, 以修顯性, 名利女貞.

천하의 근심걱정(傷: 明夷)을 치유하고자 한다면 도리어 가정에서부터 해결방안을 찾아야 한다. 가정을 바르게 교화하고자 한다면 여자의 올바름을 지극히 엄하게 지켜야 한다. 암탉이 새벽에 울면 오직 집안이 망하게 되니,[525] 경계해야만 한다.

　불법으로 해석하면, 마음을 닦는 수행에 있어 수행을 방해하는 모든 삿된 경계와 일(魔事)들이 마음을 어지럽게 하면, (그러한 마사가) 마땅히 오직 마음에서 일어나는 것임을 바르게 알아차려야(念)[526] 한다.

---

[525] 『서경書經』「주서周書」〈목서牧誓〉편에 “왕이 말하기를, 암탉은 새벽에 울지 않는다. 암탉이 새벽에 울면 집안이 망한다(王曰, 古人有言曰, 牝雞無晨, 牝雞之晨, 惟家之索.)”라는 내용이 언급되고 있다.

[526] 여기서 ‘念’은 팔정도의 정념正念을 의미한다. 정념은 몸과 마음에서 일어나는 모든 것을 객관적인 대상으로 하여 바르게 알아차림(싸띠, sati)을 뜻한다.

오직 마음(唯心)뿐임을 가르치는 것이 불법의 가풍이다. 때문에 모름지기 선정으로써 지혜를 증장시켜 나가고, 복을 닦는 것으로써 지혜를 도우며, 수행으로써 불성을 드러내는 것을 '여자의 바름이 이롭다(利女貞)'고 한다.

象曰 家人은 女ㅣ 正位乎內하고 男이 正位乎外하니 男女正이
단왈 가인 여 정위호내 남 정위호외 남녀정

天地之大義也ㅣ라. 家人이 有嚴君焉하니 父母之謂也ㅣ라. 父
천지지대의야 가인 유엄군언 부모지위야 부

父子子兄兄弟弟夫夫婦婦而家道正하리니 正家而天下ㅣ 定矣
부부자자형형제제부부부부이가도정 정가이천하 정의

리라.

「단전」에 이르길 '가인家人'은 여자가 안에서 자리를 바르게 하고 남자가 밖에서 자리를 바르게 하니, 남녀가 바르게 함이 천지의 큰 뜻이다. '가인家人'에 엄한 임금이 있으니 부모를 말한다. 아비는 아비답게, 자식은 자식답게, 형은 형답게, 동생은 동생답게, 남편은 남편답게, 아내는 아내답게 하여야 집안의 도가 바르게 될 것이니, 집안을 바르게 하면 천하가 안정될 것이다.

佛法釋者, 禪定持心, 則內冥法體. 智慧了境, 則外施化用. 修德之定

마음을 닦는 수행과정 중에 나타나는 모든 삿된 경계와 마음의 어지러움 역시 자신의 마음에서 일으키는 일시적인 번뇌에 지나지 않는다. 까닭에 그러한 삿된 번뇌의 마사魔事가 일어나면 그러한 마사에 이끌려 생각을 확산시켜 나가지 말고, 그것이 번뇌인 줄을 바로 바르게 알아차려야만 그러한 마사에서 벗어날 수 있는 것이다.

慧平正, 本乎性德之寂照不二也. 在因名男女, 在果名父母. 旣證果
德, 十界歸仰, 故名嚴君. 性修不濫, 名父父子子, 眞俗並照, 名兄兄弟
弟. 福慧互資, 名夫夫婦婦, 一世界淸淨故, 十方世界皆悉淸淨, 名正
家而天下定也.

불법으로 해석하면, 선정으로 마음을 지켜 나가면 내적으로 법체(法體:
진리본성, 불성, 여래장, 일심)와 그윽하게 부합할 수 있다. 지혜로 경계
를 깨달으면 외적으로 교화의 작용을 실천할 수 있다. 수행을 통해
이루어내는 덕(修德)으로 선정과 지혜가 균등하고 바르게 되는 것은
본성에 고유하게 갖추어져 있는 덕(性德)의 고요함과 밝음이 둘이
아닌 것에 근원한다.[527] 원인(因: 性德)에 있어서는 남녀(밝음明과 고요
함寂)라 하고, 결과(果: 修德)에 있어서는 부모(지혜와 선정)라 한다.
이미 과덕(果德: 선정과 지혜)을 성취하면 시방세계의 모든 중생들이
귀의하여 우러러보게 된다. 그러므로 '엄한 임금(嚴君)'이라고 한다.
성덕性德과 수덕修德이 혼탁하게 섞이지 않음을 '아비는 아비답고 자식
은 자식답다(父父子子)'고 한다. 출세간적인 진리의 세계(眞諦: 體,
本性, 眞理世界, 깨달음의 경지)와 세속적인 진리(俗諦: 用, 心所, 現像世
界, 無明한 마음)를 아울러 비춤을 '형은 형답고 아우는 아우답다(兄兄弟

---

527 수행을 통해 선정과 지혜를 성취하는 것, 이것이 바로 수덕修德이다. 그런데
  수행을 통해 성취하는 선정과 지혜는 밖에서 별도로 얻는 것이 아니라 이미
  내면에 고유하게 갖추고 있는 고요함(寂)과 밝음(明)의 성품(性德)을 의지해서
  발현되는 것뿐이다. 결과적으로 수덕을 통해서 성덕이 드러나고, 성덕을 의지해
  수덕이 이루어지는 것이다. 수덕과 성덕이 둘이 아닌(不二), 하나(一)임을 말하고
  있다.

弟)'고 한다. 복과 지혜가 서로 도우는 것을 '남편은 남편답고 아내는 아내답다(名夫夫婦婦)'고 한다. 한 세계(一世界: 一心)가 청정해진 까닭으로 시방세계가 모두 다 청정해지는 것을 '집안을 바르게 하면 천하가 안정된다(正家而天下定)'고 하는 것이다.

象曰 風自火出이 **家人**이니 **君子**ㅣ **以**하야 **言有物而行有恒**하나니라.

「상전」에 이르길 바람(風, ☴)이 불(火, ☲)로부터 나오는 것이 '가인家人'이니, 군자가 이를 본받아 말에 실질이 있고, 행동에 항상함이 있게 한다.

火因風鼓, 而今風自火出, 猶家以德化, 而今德從家播也. 有物則非無實之言, 有恒則非設飾之行, 所以能刑於寡妻, 至於兄弟, 以禦於家邦耳. 佛法亦然, 律儀淸淨, 則可以攝善攝生矣.

불은 바람으로 인하여 고동쳐 타오른다. 지금 '바람이 불로부터 나온다 (風自火出)'는 것은 집안은 덕으로써 다스려져야 하는데, 지금 덕이 집안으로부터 전파되고 있다는 의미이다. 실질이 있다면 진실이 없는 말이 아니며, 항상함이 있다면 가식적인 행동이 아니다. 까닭에 '자기 아내에게 모범을 보여 바로잡고(刑於寡妻), 형제들도 바르게 하고(至於兄弟), 그렇게 함으로써 나라를 다스릴 수 있는 것(以禦於家邦)'[528]이다.

---

528 원래 『시경』에서 표현되고 있는 말로, 『맹자』 「양혜왕상」편에서 인용되고 있다.

불법도 역시 그러하다. 계율을 지켜 몸과 마음이 청정해지면 선업을 실천할 수 있고, 중생도 구제할 수 있게 되는 것이다.

初九는 **閑有家**ㅣ면 **悔**ㅣ **亡**하니라.
초 구　　한 유 가　　회　　망

초구는 집안에 있어서 익히면[529] 후회가 없을 것이다.

象曰 閑有家는 **志未變也**ㅣ라.
상 왈 한 유 가　　지 미 변 야

「상전」에 이르길 '집안에 있어서 익힌다(閑有家)'는 것은 뜻이 변하지 않는 것이다.

以剛正居有家之初, 卽言有物行有恒以閑之, 則可保其終不變矣. 佛法釋者, 卽是增上戒學.

강건하고 바름으로써 집안의 처음(초효)에 자리하고 있다. 그러한즉 말을 하는 데 있어서는 실다움이 있어야 하고, 행동하는 데 있어서는 항상함이 있어야만 집안의 법도를 지켜서 마침내 변치 않는 자신의 뜻을 지켜 나갈 수 있다.

불법으로 해석하면, 곧 계율에 대한 배움을 더욱더 심화시켜 나간다는 의미이다.

---

529 집안에 있어서 익히면(閑有家): 여기서 한閑은 '막다'라는 뜻도 있고 '익히다'라는 뜻도 있다. 따라서 '집안에 있어서 막으면(방지하면)'으로 해석해도 된다. 그래서 위 문장은 집안에 있으면서 방지하고 익힌다는 다중적 의미로 해석한다.

六二는 **无攸遂**ㅣ오 **在中饋**면 **貞吉**하리라.
육 이　무 유 수　　재 중 궤　정 길

육이는 이루는 바가 없고, 집안에서 음식을 지으면(中饋)[530] 바르게
해서 길할 것이다.

象曰 六二之吉은 **順以巽也**ㄹ새라.
상 왈 육 이 지 길　순 이 손 야

「상전」에 이르길 육이의 길함은 순해서 공손하기 때문이다.

陰柔中正, 而爲內卦之主, 故每事不敢自專自遂, 唯供其中饋之職而
已. 佛法釋者, 卽是增上定學.

음효로서 유순하고 중정하여 내괘의 주효가 된다. 그러므로 매사 감히
스스로 마음대로 하거나 스스로 나서서 이루려고 하지 않고, 오직
그 집안일의 직분에만 힘쓸 뿐이다.

불법으로 해석하면, 바로 선정에 대한 배움을 더욱더 깊이 향상시켜
가는 것이다.

九三은 **家人**이 **嗃嗃**하니 **悔厲**ㅣ나 **吉**하니 **婦子**ㅣ **嘻嘻**면 **終吝**하
구 삼　가 인　학 학　회 려　길　부 자　희 희　종 린

---

530 중궤中饋: 가인괘의 육이는 음효로 내괘에서 음의 자리에 바르게 위치하고
　있다. 사람으로 보면 집안에서 살림을 맡아 제사를 받들고 가도를 실현하며
　바른 행실을 지켜 나가는 맏며느리라 할 수 있다. '중궤'는 '먹이다', '식사'
　등의 뜻이 있다. 따라서 여기서는 유순하고 공손한 육이의 맏며느리가 집안에서
　음식을 만드는 것, 그 음식, 부인, 아내 등을 비유하고 있다.

리라.

구삼은 집 사람(시어머니)이 너무 엄숙하게 하니, 위태로움에 뉘우치나 길하니, 아내와 자식이 히히덕거리면 마침내 인색할 것이다.[531]

象曰 家人嗃嗃은 未失也ㅣ오 婦子嘻嘻는 失家節也ㅣ라.
상왈 가인학학   미실야   부자희희   실가절야

「상전」에 이르길 '집 사람이 너무 엄숙하게 한다(家人嗃嗃)'는 것은 (家道를) 잃지 않는 것이고, '아내와 자식이 희희덕거린다(婦子嘻嘻)'는 것은 집안의 예절을 잃는 것이다.

過剛不中, 似失於嚴厲者. 然以治家正道觀之, 則未失而仍吉, 儻畏其 悔厲, 而從事於嘻嘻, 始似相安, 終以失家節而取吝矣. 佛法釋者, 卽 是增上慧學.

지나치게 강건하고 중도도 얻지 못하니, 엄하게 다스리는 것이 집안을 위태롭게 만드는 것처럼 보일 수 있다. 그렇지만 집안을 다스리는 바른 도라는 관점에서 보면 가도를 잃은 것이 아니라 오히려 집안을

---

531 가인괘의 육삼은 초효의 딸과 이효의 며느리를 집안에서 훈육시키는 시어머니(家人)에 해당한다. 시어머니는 집안에서 딸과 며느리에게 때로는 큰소리를 치면서 (嗃嗃) 단속하는 역할을 한다. 까닭에 간혹 이로 인해 딸과 며느리와 갈등을 일으켜 후회하는 일도 생기지만(悔厲), 그렇게 하는 것이 마침내 집안을 평화롭게 하는 결과를 낳는다(吉). 하지만 이러한 시어머니의 역할을 소홀히 해서 딸과 며느리와 희희덕거리며(嘻嘻) 바르게 훈육시키지 못하면 결과적으로 가정의 질서와 법도를 잃어버려 가정이 바로 설 수 없게 된다는 것이다(終吝).

바르게 이끌어 가는 것이 된다. 만일 그 후회하거나 잘못될까 두려워하여 회희덕거리는 것만을 좋아한다면, 처음에는 서로 편안한 듯 보이지만 끝내는 집안의 법도를 모두 잃게 되어 나쁘다.

불법으로 해석하면, 곧 지혜에 대한 배움을 더욱더 심화시켜 나가는 것이라 할 수 있다.

六四는 **富家**ㅣ니 **大吉**하리라.
육사　부가　　대길

육사는 집을 부유하게 하니, 크게 길하다.

象曰 富家大吉은 **順在位也**ㅣ릴새라.
상왈 부가대길　　순 재 위 야

「상전」에 이르길 '집을 부유하게 하니 크게 길하다(富家大吉)'는 것은 유순함이 자리에 있기 때문이다.

陰柔得正, 爲巽之主, 所謂生財有大道者也. 佛法釋者, 卽緣因善心發, 富有萬德, 名爲解脫.

음효로서 유순하고 바름을 얻어서 손(巽, ☴)괘의 주효가 된다. 이른바 '재물을 생산하는 데 큰 도리가 있다(生財有大道)'[532]는 의미이다. 불법

---

[532] 『대학』 「전전10장」에서 "재물을 생산하는 데는 큰 도리가 있다. 생산하는 사람은 많고 먹는 사람이 적으며, 만드는 것을 신속하게 하고 사용하는 것을 천천히 하면 재물이 항상 풍족한 것이다(生財有大道, 生之者衆, 食 之者寡, 爲之者疾, 用之者舒, 則財恒足矣.)"라는 내용으로 표현되고 있다.

으로 해석하면, 연인緣因불성[533]을 바탕으로 하여 선한 마음을 일으켜 풍족하게 만덕을 갖추는 것을 해탈이라 한다.

九五는 **王假有家**ㅣ니 **勿恤**하야 **吉**하리라.
구 오 　왕 격 유 가 　　물 흘 　길

구오는 왕이 집안을 지극히 하니, 근심하지 않아도 길하다.

象曰 王假有家는 **交相愛也**ㅣ라.
상 왈 　왕 격 유 가 　　교 상 애 야

「상전」에 이르길 '왕이 집안을 지극히 한다(王假有家)'는 것은 서로 사랑하는 것이다.

假, 大也. 書云不自滿假, 詩云假以溢我, 又曰假哉皇考, 皆取大義.

---

[533] 연인緣因불성: 『법화경』을 소의경전으로 삼고 있는 천태종에서는 불성을 세 가지 측면에서 설명하고 있는데, 바로 정인불성正因佛性, 요인불성了因佛性, 연인불성緣因佛性을 내용으로 하는 '삼인불성론三因佛性論'이다. 정인불성은 일체 중생이 본래로 갖추고 있는 부처님의 성품, 곧 불성, 법성, 진여를 말하며 중도의 진리인 중제中諦를 가리키고, 요인불성은 법성法性, 진여眞如의 이치를 비추어 나타내는 지혜를 말하며 가제假諦를 가리킨다. 또한 연인불성은 요인了因을 연緣으로 하여 정인을 개발해나가는 모든 선행을 말하며 공제空諦를 가리킨다. 천태종에서는 정인불성의 이심(理心, 體로서의 근본마음 자리)이 펼쳐져 법신덕法身德을 드러내고, 요인불성의 혜심(慧心: 用으로서의 지혜의 작용)이 펼쳐져 반야덕般若德을 드러내고, 연인불성으로서의 선심善心이 펼쳐져 해탈덕解脫德을 드러낸다고 본다. 지욱은 가인괘의 구사를 연인불성을 바탕한 해탈의 덕에, 구오를 정인불성을 바탕한 법신의 덕에, 상구를 요인불성을 바탕한 반야의 덕에 대비하고 있다.

九五陽剛中正, 而居天位, 以六合爲一家者也. 大道爲公, 何憂恤哉.
樂民之樂者, 民亦樂其樂, 故交相愛. 佛法釋者, 正因理心發, 性修交
徹. 顯法身德.

'가假'는 크다는 뜻이다. 『서경』에서는 '자만하거나 뽐내지 않는다'라고
하였고, 『시경』에서는 '큰 은혜를 우리에게 내리신다'고 하였으며,
또한 '위대하도다. 문왕이시여!'라고 하였는데, 모두 크다는 뜻을 취하
고 있다.[534] 구오는 양효로 강건하고 중정하며 천자의 지위에 자리하고
있다. 천지사방(六合)을 한 집안으로 여기는 자다. 대도는 공평무사함

---

[534] 가인괘의 구오는 양효陽爻, 양위陽位로 위정位正하고 외괘의 중정한 가운데에
자리하여 강건중정剛健中正의 큰 덕을 소유하고 있다. 한 집안으로 보면 듬직한
가장이지만, 나라로 보면 나라를 다스리는 임금이다. 이러한 구오의 임금이
내괘의 유순중정柔順中正한 덕을 갖추고 있는 아내인 육이와 상응하여 집안을
잘 다스리니(王假有家), 자연 근심할 것이 없어 길하다(勿恤吉)는 것이다. 한편
'가유가假有家'의 뜻을 해석하는 데 있어서는 왕이 곧 국가와 한 가정을 다스리듯
잘 다스린다(善治)는 의미로 '有家'를 국가로 해석하는 경우도 있다. 지욱은
이러한 가인괘 구오를 해석하면서 먼저 '假'의 뜻을 '크다'는 의미의 '大'의 뜻으로
풀이하고 그 전거를 『서경』의 경구를 인용하고 있다. 일반적으로 '假'의 뜻을
해석함에 있어 보통 정자와 주자의 '가는 지극함이다(假至也)'라는 풀이를 취하고
있다. 그런데 지욱은 이와는 달리 '假'의 뜻을 '크다(大)'는 의미로 해석하면서
그 전거를 『상서』「우서」〈대우모〉편에서 언급되고 있는 '부자만가不自滿假'라는
언구와 『시경』「주송周頌」〈유천지명維天之命〉 1장에서 언급되고 있는 '가이일
아假以溢我', 그리고 「주송」〈옹雝〉편에 나오는 '가재황고假哉皇考' 언구를 인용하
고 있는 것이다. 지욱의 이 같은 의견을 따른다면, 가인괘 구오의 해석은 "구오는
왕이 집을 크게 둠이니, 근심하지 않아도 길하니라"라고 해야 한다. 지욱이
이러한 풀이의 타당성을 보충적으로 설명하고 있는 것이 바로 뒤에 이어지는
내용이다.

이니, 무엇을 근심하겠는가? 백성의 즐거움을 함께 즐거워하는 자는 백성들도 또한 그의 기쁨을 함께 기뻐할 것이다. 그러므로 '서로가 사랑한다(交相愛)'고 한다.

불법으로 해석하면, 정인正因불성을 바탕하여 이심(理心: 佛性, 眞如, 一心)을 일으켜 본성(性德)과 수행(修德)이 서로 상통해져 법신의 덕을 드러내는 것이다.

上九는 **有孚**코 **威如** ㅣ면 **終吉**하리라.
　상　구　유　부　　위　여　　　종　길

상구는 믿음을 두고 위엄으로 하면 마침내 길하다.

象曰 威如之吉은 **反身之謂也** ㅣ라.
　상　왈　위　여　지　길　　반　신　지　위　야

「상전」에 이르길 위엄으로 하면 길하다는 것은 몸을 반성함을 말한다.

剛而不過, 居巽之上. 卦之終, 其德可信, 故不猛而威如, 所謂其儀不忒, 正是四國者也. 佛法釋者, 了因慧心發, 稱理尊重, 名般若德.

강건하면서도 지나치지 않고, 손괘의 맨 위에 자리하고 있다. 가인괘의 종착점이니 그 덕이 믿을 만하다. 그러므로 사납게 하지 않아도 위엄이 있는 것이니, 이른바 그 거동이 어긋나지 않아 이 사방의 나라(온 천하)를 바로잡는 자이다.

불법으로 해석하면, 요인了因불성을 바탕으로 지혜의 마음을 일으켜서 불성의 존중함에 부합하는 것을 반야의 덕이라 한다.

睽는 小事는 吉하리라.
규　소　사　길

'규睽'는 작은 일은 길 하다.

夫善修身以齊家者, 則六合可爲一家. 苟齊之不得其道, 則一家之中
睽隔生焉. 如火與澤, 同在天地之間, 而上下情異. 又如二女, 同一父
母所生, 而志不同行, 是豈可以成大事乎. 姑任其火作火用, 澤作澤
用, 中女適張, 小女適李可耳. 觀心者, 亦復如是, 出世禪定, 世間禪
定, 一上一下, 所趣各自不同, 圓融之解未開, 僅可取小證也.

대체적으로 몸을 잘 수양함으로써 집안을 잘 다스리는 자는 곧 천하를
한 집안으로 다스릴 수 있다. 진실로 다스리는 데 있어 그 도를 얻지
못하면, 한집안이 어긋나고 간격이 생겨난다. 마치 불과 못이 함께
천지의 사이에 있지만 위아래의 정情이 다른 것과 같고, 또한 두 딸이
한 부모에게서 태어났지만 뜻이 다른 것과 같다. 어떻게 큰일을 이룰
수 있겠는가? 그저 그 불은 불로만 작용하고 연못은 연못으로만 작용하
며, 둘째딸은 장 씨에게 시집보내고 막내딸은 이 씨에게 시집보낼
수 있을 뿐이다.

　마음을 통찰하는 수행 또한 이와 같다. 출세간의 선정과 세간의

선정이 하나는 위를 향하고 하나는 아래를 향하여, 나아가고자 하는
방향이 각자 달라서 원융한 해탈의 깨달음을 이루지 못하니, 겨우
작은 깨달음만을 이루게 된다.

象曰 睽는 火動而上하고 澤動而下하며 二女ㅣ 同居하나 其志ㅣ
不同行하니라. 說而麗乎明하고 柔ㅣ 進而上行하야 得中而應乎
剛이라 是以小事吉이니라. 天地ㅣ 睽而其事ㅣ 同也ㅣ며 男女ㅣ
睽而其志ㅣ 通也ㅣ며 萬物이 睽而其事ㅣ 類也ㅣ니 睽之時用이
大矣哉라.

「단전」에 이르길 '규睽'는 불이 움직여서 위로 오르고, 못은 움직여서
내려가며, 두 여자가 한 곳에 거처하나 그 뜻이 한가지로 행하지 않는다.
기뻐해서 밝음에 걸리고, 유柔가 나아가 위로 행해서 중을 얻어서
강剛에 응한다. 이로써 작은 일은 길하다. 천지가 어긋나도 그 일이
같으며, 남녀가 어긋나도 그 뜻이 통하며, 만물이 어긋나도 그 일이
같으니, '규睽'의 때와 씀이 크다.

火澤因動, 則上下勢睽, 靜則未始上下也. 二女因行, 則其志不同, 居
則未始不同也, 故曰吉凶悔吝生乎動. 雖然, 世豈能有靜而無動, 有居
而無行哉. 今此卦以兌說而附麗乎離明, 六五又以柔爲離主, 進而上
行, 且得中位, 下應九二之剛, 是以小事可獲吉也. 此亦文王曲就人情

被睽所局而言之耳. 若充此睽之理性, 以盡睽之時用, 則天地睽而其
事同, 男女睽而其志通, 萬物睽而其事類, 有何一法不攝於睽, 有何一
法不從睽出哉. 蓋於同起睽, 則其吉小, 於睽得同, 則其用大也. 佛法
釋者, 寂照一體, 名天地睽而其事同. 止觀雙行, 名男女睽而其志通.
萬行不出正助二行, 二行不離性具, 如萬物不出陰陽二爻, 二爻不離
太極, 名萬物睽而其事類.

불과 못은 움직이는 성질로 인하여 하나는 올라가고자 하고 하나는
내려가고자 하기 때문에 형세가 어긋날 수밖에 없다. 고요하여 움직이
지 않는다면 처음부터 올라가고 내려가지 않을 것이다. 두 여자가
행함(집을 떠나 시집가는 것)으로 인하여 그 뜻이 다른 것이니, 한 가정에
머물러만 산다면 처음부터 뜻이 다르지 않을 것이다. 그러므로 길흉과
뉘우침과 인색함이 모두 움직임에서 생겨난다고 말하는 것이다.[535]
비록 그렇기는 하지만 세상에 어찌 능히 고요함만 있고 움직임이 없을
수 있으며, 머물러만 있고 행동함이 없을 수 있겠는가?

　이제 이 규睽괘는 태(兌, ☱)괘의 기쁨으로써 이(離, ☲)괘의 밝음에
붙어 걸려 있다. 육오는 또한 유순한 음효로써 이(離, ☲)괘의 주효로
자리하고 있다. 나아가서 위로 행하고 또한 가운데 자리를 얻고 있으면
서 아래로 구이의 강건함과 상응하고 있다. 때문에 작은 일은 이룰
수 있어 길하다고 하는 것이다. 이는 또한 문왕이 간곡하게 백성들의
사정을 살펴주다가 규睽의 시국을 초래하게 되었음을 말한다.[536]

---

535 「계사하전」에서 "길함과 흉함, 뉘우침과 인색함이라는 것은 움직임에서 생겨난
　다(吉凶悔吝者, 生乎動者也.)"라는 내용으로 표현되고 있다.

만약 이 어긋남(睽)의 이성(理性: 이치, 진리)을 확충시켜 어긋남의 때와 쓰임을 다할 수만 있다면 천지가 어긋나도 그 하는 일은 같게 되고, 남녀가 어긋나도 그 뜻은 통할 수 있으며, 만물이 어긋나도 그 일은 같게 될 것이다. 어떤 하나의 법인들 어긋남의 진리에 포섭되지 않을 수 있으며, 어떤 하나의 법인들 어긋남의 진리를 따르지 않을 수 있겠는가! 대체적으로 함께하는 상황에서 어긋남이 생기게 되면 그에 따른 길함은 작을 수밖에 없지만, 어긋남의 상황에서도 함께할 수 있으면 그 작용은 크다고 할 수 있다.

불법으로 해석하면, 고요함과 비춤이 하나의 몸체인 것을 '천지가 어긋났어도 그 일은 같다(天地睽而其事同)'고 하고, 지관止觀을 쌍으로 행하는 것을 '남녀가 어긋났어도 그 뜻은 통한다(男女睽而其志通)'고 한다. 만행萬行은 정행正行과 조행助行[537]을 벗어나지 않으며, 이러한 두 가지 수행은 본성을 여의지 않는다. 만법이 음양이라고 하는 두 효를 벗어나지 않고, 음양의 두 효는 태극을 여의지 않는 것과 같은

---

536 주나라 문왕은 모든 성군들이 그러하듯이, 천성이 인자하고 백성을 사랑하기를 내 몸 같이 하였다고 한다. 그로 인해서 은나라 말기 폭군 주왕에게 실망한 선비들과 폭정 때문에 살기 힘들어진 백성들이 문왕이 다스리는 주나라로 구름 같이 모여들었다. 이러한 주 문왕의 인기를 두려워한 폭군 주왕은 마침내 신하들의 모함을 받아들여 문왕을 유리옥에 가두어 유배시켜 버렸다. 위의 지욱의 표현은 이러한 문왕과 관련한 고사를 규睽괘의 단사에 대비하여 언급하고 있는 내용이다.

537 정행正行은 팔정도나 육바라밀 등을 실천수행거나 경전을 독송하는 등의 수행을 말하며, 조행助行은 그 외에 불보살께 예배, 공양하거나 중생을 위해 선업善業을 쌓는 등의 보조적인 수행을 말한다.

이치를 '만물이 어긋났어도 그 일은 같다(萬物睽而其事類)'고 한다.

象曰 上火下澤이 睽ㅣ니 君子ㅣ 以하야 同而異하나니라.
상왈　상화하택　규　　군자　이　　동이이

「상전」에 이르길 위에는 불(火, ☲), 아래는 못(澤, ☱)이 '규睽'이니, 군자가 이를 본받아 같으면서도 다르게 한다.

離得坤之中爻, 澤得坤之上爻, 其性同也. 火則炎上, 澤則潤下, 其相異也. 觀相元妄, 則相異而性亦似異矣. 觀性元眞, 則性同而相亦本同矣. 惟君子知其以同而異, 故不以異而昧同也. 知異本同, 故六而常卽, 不生退屈. 知同而異, 故卽而常六, 不生上慢. 知異本同, 故冥契眞源. 知同而異, 故云興萬行. 知異本同, 故上無佛道可成, 下無衆生可度. 知同而異, 故恒莊嚴淨土, 敎化諸衆生. 知異本同, 故生死及涅槃, 二俱不可得. 知同而異, 故或遊戲生死, 或示現涅槃.

이(離, ☲)괘는 곤(坤, ☷)괘의 중효를 얻었고, 택(澤, ☱)괘는 곤괘의 상효를 얻었으니, 그 본성은 똑같다. 불은 위로 타오르고 못은 아래로 흐르는 것은 그 모양만이 다를 뿐이다. 본디 허망한 현상적인 모양만을 본다면, 모양이 다르면 본성도 또한 다른 것처럼 보일 수 있다. 근원적으로 참된 본성을 통찰하면 본성이 같으므로 모양 또한 동일하다는 것을 알 수 있다. 오로지 군자만이 그렇듯 같으면서도 다름의 진리를 안다. 그러므로 다름으로써 같다는 진리에 어둡지 않을 수 있는 것이다.

　현상적으로는 다르지만 근원적으로는 동일한 것임을 알기 때문에

여섯 단계의 수행의 계위(六: 六卽)⁵³⁸가 항상 하나의 관계로 이어져
있음을 깨달아 수행에서 물러나고자 하는 마음(退屈)을 내지 않는다.
같지만 다르다는 것을 알기 때문에 근원적으로는 하나의 관계로 이어져
있지만 현상적으로는 여섯 단계의 수행의 차별이 있게 된다는 것을
깨달아 자만심(上慢)을 내지 않는다. 다르지만 근원적으로는 같음을
알기 때문에 그윽하게 참된 진리의 근원에 계합할 수 있다. 같지만
다르다는 이치를 알기 때문에 헤아릴 수 없는 보살행(萬行)을 구름처럼
일으켜 실천할 수 있다. 다르지만 근원적으로는 같음을 알기 때문에
위로는 성취해야 할 불법도 없고, 아래로는 제도해야 할 중생도 없다.

---

538 내용상으로 볼 때 여기서 표현되고 있는 '六'은 천태종에서 원교의 깨달음을
증득하기 위해 닦아나가는 여섯 단계의 수행계위, 곧 '육즉(六卽: 理卽·名字卽·觀
行卽·相似卽·分證卽·究竟卽)'을 가리키는 것으로 이해된다. 수행자의 차별적인
근기와 수행 정도에 따라 비록 여섯 단계로 수행의 계위를 나누지만, 그러한
수행의 계위는 단지 임시적인 분류일 뿐, 누구나가 본래적으로 구족해 있는
근원적인 성품인 불성을 의지해 수행하고 또한 그러한 불성에 계합하여 깨달음
을 완성한다는 점에서 모든 수행이 언제나 하나로 연결된다는 것(六而常一)이다.
까닭에 이러한 이치를 아는 수행자는 비록 수행의 진전이 느리고 깨달음의
성과가 빨리 나타나지 않는다고 해서 중간에 수행을 포기하거나 물러나고자
하는 퇴굴의 마음을 일으키지 않는다(不生退屈). 비록 수행의 계위가 다르지만
이는 어디까지나 임시적이고 표면적인 차서次序에 불과하다는 점을 잘 알기
때문이다. 그렇지만 한편으로 불성을 의지해 깨달음을 이루고자 하는 수행자의
근기와 수행의 정도에 따른 차별적인 수행의 계위 또한 분명히 존재할 수밖에
없다(卽而常六). 이러한 이치를 아는 수행자는 설령 자신이 다른 수행자보다
먼저 깨달음을 얻었다고 해서 그를 자랑하여 자만심을 일으키지 않는다(不生上
慢). 불성을 소유한 모든 수행자들 또한 그 어느 순간에 자신들의 성품을 깨달아
궁극적으로 부처를 완성할 것임을 잘 알기 때문이다.

같지만 다르다는 이치를 알기 때문에 항상 깨끗한 국토를 이루고,
모든 중생들을 기교화하기 위해 노력한다. 다르지만 근원적으로는
같음을 알기 때문에 생사와 열반의 두 가지 모두 얻을 것이 없다(不可
得). 같지만 다르다는 이치를 알기 때문에 어떤 때는 생사의 세계에
노닐다가 어떤 때는 열반을 드러내 보인다.

初九는 悔ㅣ 亡하니 喪馬하고 勿逐하야도 自復이니 見惡人하면 无
초구 회 망 상마 물축 자부 견악인 무

咎ㅣ리라.
구

초구는 후회가 없으니 말을 잃고 쫓지 않아도 스스로 돌아오니, 악한
사람을 만나면 허물이 없을 것이다.

象曰 見惡人은 以辟咎也ㅣ라.
상왈 견악인 이피구야

「상전」에 이르길 '악한 사람을 만난다(見惡人)'는 것은 허물을 피할
수 있기 때문이다.

剛正無應, 居睽之初, 信此以往, 則無過而悔亡矣. 縱令喪馬, 不必逐
之, 馬當自復, 勸其勿以得失亂吾神也. 縱遇惡人, 不妨見之, 可以無
咎, 勸其勿以善惡二吾心也. 如孔子見季康子見南子見陽貨等, 皆所
以辟咎耳, 豈眞有所利之也哉. 蓋凡得失之念稍重, 善惡之心太明, 則
同者必異, 異者必不可同, 惟率其剛正之天德, 則得失泯, 善惡融, 雖
居睽世而悔亡矣.

강건하고 바르지만 상응하지 못하고 '규睽'괘의 초효에 자리하고 있다. 이러한 처지를 믿고 나아가더라도 허물과 후회는 없다. 비록 가령 말을 잃게 되더라도 반드시 쫓을 필요는 없다. 말이 마땅히 스스로 돌아오기 때문이다. 얻고 잃는 것으로 인해 나의 정신을 어지럽히지 말라는 권유이다. 비록 악인을 만나더라도 그를 만나는 것을 꺼려하지 말아야 한다. '허물이 없다(無咎)'는 이유는 그렇듯 선과 악으로써 나의 마음을 둘로 분별하지 말라는 권유이다. 공자께서 계강자季康子, 남자南子, 양화陽貨 등을 만난 것[539]과 같으니, 모두 허물을 피하고자

---

[539] 계강자, 남자, 양화 등은 심성과 언행이 바르고 선하지 못한 상징적 인물들로, 모두 『논어』에서 언급되고 있다. 계강자는 춘추시대의 노魯나라의 정경正卿이다. 그는 첩의 아들로 태어났지만 본처의 아들을 죽이고 가계의 뒤를 이어받았다. 그는 정경으로 있으면서 전횡과 주구誅求를 일삼아 국왕보다 더 많은 부를 축척했다고 전해지는 인물이다. 스스로 부정한 방법으로 도둑의 행위를 일삼았던 것이다. 이러한 계강자에 대해 『논어』「안연顏淵」편 제19장에서는 "계강자가 도둑이 많음을 근심하여 그 대책을 공자에게 묻자, 공자께서 대답하셨다. 진실로 당신 자신이 탐내지 아니하면, 상을 준다고 해도 백성들은 도둑질을 하지 않을 것입니다(季康子, 患盜, 問於孔子, 孔子 對曰, 苟子之不欲, 雖賞之, 不竊.)"라는 내용이 표현되고 있다. 욕심 많은 탐관오리의 계강자를 공자가 일깨우고 있는 내용이다. 다음으로 남자는 위魏나라 영공의 부인으로, 음란한 행위로 인해 음탕한 여자로 소문난 여자였다. 이러한 여인이 공자와의 만남을 청하자 공자가 그를 만나고자 하였다. 제자들이 공자의 위신이 떨어짐을 염려하여 모두 말렸지만, 공자를 이를 무시하고 그를 만나고 왔다. 이에 대해 『논어』「옹야雍也」편 제26장에서 "공자가 남자를 만나보고 오자, 자로가 기뻐하지 않았다. 그러자 공자가 맹세하며 말했다. '내가 잘못된 짓을 하였다면 하늘이 나를 버리시리라. 하늘이 나를 버리시리라'(子見南子, 子路不說, 夫子矢之曰, 予所否者, 天厭之, 天厭之.)"라는 내용으로 표현되고 있다. 마지막으로 양화는 계씨(季氏: 노나라 군주를 위협했던 삼환三桓 가운데 가장 세력이 컸던 계손씨季孫氏를 말함)의

하는 이유일 뿐이다. 어찌 진실로 이로운 바가 있어서 그렇게 하였겠
는가?

대개 무릇 얻고 잃음에 대한 생각에 조금이라도 중심을 두면 선악을
분별하는 마음이 더욱 뚜렷해져서 같은 것은 반드시 다르게 보고,
다른 것은 반드시 같은 것으로 보지 못한다.[540] 오직 그 강건하고 바른

가신으로 이름이 호虎이다. 일찍이 계환자季桓子를 가두고 나라의 정사를 전횡하
였다. 그는 공자로 하여금 찾아와서 자기를 만나게 하려고 하였지만 공자는
그의 속내를 알고 가지 않았다. 이에 양화는 당시의 예법으로 대부大夫가 누군가
에게 선물을 하게 되면 그러한 선물을 받는 당사자도 반드시 답례를 해야
하는 것을 이용하여 공자가 집에 없는 틈을 엿보고서 삶은 돼지를 선물하였다.
공자로 하여금 사례하러 오게 한 뒤 공자를 만나려던 속내였다. 공자는 고민하다
가 양화가 없는 틈을 타 답례를 하고 나오는 길에서 그와 우연히 마주쳐 만나게
되었다고 한다. 이에 대해『논어』「양화陽貨」편 제1장에서 "양화가 공자를
만나고자 하였으나, 공자께서 만나주지 않으시자, 양화가 공자에게 삶은 돼지를
선물로 보내주니, 공자께서도 그가 없는 틈을 타 사례하러 가시다가 길에서
마주치셨다(陽貨欲見孔子, 孔子不見, 歸孔子豚, 孔子時其亡(無)也而往拜之, 遇諸
塗.)"라는 내용으로 표현되고 있다. 지욱은 초구에서 표현되고 있는 '견악인見惡
人'의 의미를 공자가 만나기 싫어했지만 부득이 만날 수밖에 없었던 이러한
대표적인 세 인물을 예를 들어 설명하고 있는 것이다.

540 규괘는 불과 물이 서로 달리 행하는 데서 '어긋난다(睽)'는 의미가 파생되고
있다. 규괘 초구(백성)는 구사(대신)와 상응해야 하는데, 구사 역시 양효로
음양 상응이 되지 못하는 상황이다. 하지만 어긋남의 상황을 해결하기 위해서는
부득이 같은 양효인 구사와도 만나야만 하는 입장이다. 초구가 구사를 만나러
감에 있어 부득이 악한 사람을 만나야 하는 경우가 생긴다. 바로 육삼이 그
대상이다. 대체적으로 음은 악, 양은 선으로 보는 관점에서 육삼을 악인으로
보는 것이다. 만약 초구가 득실과 선악만을 따져 육삼과의 만남을 꺼려하여
아예 구사를 만나려 나서지 않는다면 어긋남의 상황을 해결할 수 없게 되는
것이다. 지욱은 이러한 초구의 처지를 설명하면서 득실과 선악에 대한 분별의

하늘의 덕을 따른다면 얻고 잃음에 대한 분별이 사라지고, 선악이
하나로 융화되어 비록 어긋난 세상에 살게 되더라도 후회가 없게 되는
것이다.

九二는 **遇主于巷**하면 **无咎** ㅣ리라.
구 이　　우 주 우 항　　무 구

구이는 주인을 거리에서 만나면 허물이 없을 것이다.

象曰 遇主于巷이 **未失道也** ㅣ라.
상 왈　우 주 우 항　　미 실 도 야

「상전」에 이르길 '주인(임금)을 거리에서 만남(遇主於巷)'은 도를 잃지
않는 것이다.

剛而得中, 上應六五柔中之主. 而當此睽時, 近與六三相鄰, 五必疑其
遇三而舍己也, 故須委曲明其心事, 如遇主於巷焉. 夫君臣相遇, 萬古
常道, 豈以於巷而謂之失哉.

강건하면서 중을 얻어 위로 육오의 유순하면서 중을 얻고 있는 임금과

생각을 버릴 것을 가르치고 있다. 지욱은 모든 존재는 본성에 있어서는 동일한
본성을 지니고 있으며, 단지 그 드러난 겉모습만이 현상적으로 다를 뿐임을
주장한다. 그런데 선악과 득실에 대한 분별의 생각에 집착하게 되면 결과적으로
같은 성품의 동일성은 보지 못하고 오로지 겉모습의 다름에만 매달려 어긋남의
상황을 해결할 수 없게 된다는 것이다. "같은 것은 반드시 다르게 보고(同者必異),
다른 것은 반드시 같은 것으로 보지 못한다(異者必不可同)"라는 표현은 바로
이를 경계하고 있는 내용이다.

상응하고 있다. 이렇듯 어긋남의 시절을 맞이함에 있어서 육삼과 더불어 가까이 서로 이웃하고 있으니, 육오가 반드시 그(구이)가 육삼과 만나서 자기(육오)를 배반하지 않을까 의심한다. 그러므로 모름지기 간곡하게 그 마음의 일을 밝히기를 골목길에서 군주를 만나듯이 은밀하게 해야 하는 것이다. 대저 임금(육오)과 신하(구이)가 서로 만나는 것은 만고의 떳떳한 도리이니, 어찌 골목길에서 만난다고 하여 떳떳한 도를 잃는 행위라고 말할 수 있겠는가!

六三은 見輿曳코 其牛ㅣ 掣ㅣ며 其人이 天且劓니 无初코 有終이
육삼 견여예 기우 체 기인 천차의 무초 유종

리라.

육삼은 수레를 끌고 그 소를 당기며 그 사람이 하늘하고(머리를 깎이고) 또 코 베임을 보니, 처음은 없고 마침은 있을 것이다.

象曰 見輿曳는 位不當也ㅣ오 无初有終은 遇剛也ㄹ새라.
상왈 견여예 위부당야 무초유종 우강야

「상전」에 이르길 '수레를 끄는 것을 본다(見輿曳)'는 것은 자리가 마땅치 않은 것이고, '처음은 없고 마침은 있다(无初有終)'는 것은 강剛을 만나기 때문이다.

本與上九爲應, 而當睽之時, 不中不正, 陷於九二九四兩陽之間, 其跡有可疑者. 夫二自遇主於巷, 四亦自遇元夫, 何嘗有意汙我. 我無中正之德, 而自疑焉, 故妄見其輿若曳, 其牛若掣, 而不敢往從上九, 且自

謂我之爲人, 必當被上九之天所劓, 不得通其貞潔之情, 如此, 則無初矣. 但睽極必合, 心跡終必自明, 賴遇上九之剛, 後說弧以待之, 故有終也.

본래 상구와 더불어 상응하고 있지만 어긋남의 시절을 맞이하여 중도도 얻지 못하고 바르지도 못하다. 구이와 구사의 두 양효 사이에 빠져 있는 상황이니, 그 자취를 의심하는 자가 있을 수 있다. 무릇 구이가 자진해서 골목길에서 임금을 만나고, 구사가 또한 자진해서 원부(元夫: 착한 지아비, 초구)를 만나는 것이 어찌 일찍이 나(육삼)를 욕되게 하려는 다른 뜻이 있었기 때문이겠는가? 내가 중정한 덕이 없어서 스스로 의심하는 것이다. 그러므로 헛되이 그(구이)가 수레를 뒤에서 끌어당기는 것처럼, 그(구사)가 소를 가로막는 것처럼 보고서 감히 나아가 상구를 따르지 못하는 것이다. 또한 스스로 '나는 처지로는 반드시 마땅히 하늘같은 상구에게 코를 베이는 형벌을 받아서 그의 정결한 마음과 상통할 수 없다'고 말한다. 이와 같기 때문에 '처음은 없다(無初)'고 한다. 다만 어긋남이 극진해지면 반드시 합해지게 되는 것이니, 마음이 마침내 반드시 저절로 지혜로워져서 강건한 상구가 나중에는 활을 놓고 그를 기다려주는 것을 만날 수 있게 된다. 그러므로 '마침이 있다(有終)'고 한다.

九四는 睽孤하야 遇元夫하야 交孚ㅣ니 厲하나 无咎ㅣ리라.
구사 규고 우원부 교부 려 무구

구사는 어긋남에 외로워서 원부(元夫: 지아비)를 만나 미덥게 사귀니,

위태로우나 허물은 없을 것이다.

象曰 交孚无咎는 志行也 ㅣ 리라.
_{상 왈 교 부 무 구   지 행 야}

「상전」에 이르길 미덥게 사귀어 허물이 없음은 뜻이 행해지는 것이다.

睽必有應, 乃可相濟. 二與五應, 三與上應, 四獨無應者也, 故名睽孤.
然初九剛正在下, 可以濟睽. 當此之時, 同德相信, 互相砥礪, 可以行
其濟睽之志而無咎矣. 蓋君子深知以同而異, 故陰與陽異而相應亦
可, 陽與陽同而相孚亦可耳.

어긋나는 상황에 있어서는 반드시 서로 응할 수 있는 상대가 있어야
서로 도울 수가 있다. 구이와 육오가 서로 응하고 육삼과 상구가 서로
응하고 있지만, 구사만이 홀로 응할 수 없다. 그러므로 '어긋남에 외롭다
(睽孤)'고 한다. 그러나 초구가 강건하고 바르게 아래에 자리하고 있으
니, 어긋남을 해결할 수는 있다. 이러한 시기를 맞이하여 같은 덕(陽爻)
끼리 서로 믿고 서로서로 고무 격려하면 그 어긋남을 해결하고자 하는
뜻을 행할 수 있기 때문에 '허물이 없다(無咎)'고 한다.

　대개 군자는 같음으로써 다르다는 이치를 깊이 안다. 그러므로 음과
양이 다르기 때문에 서로 응할 수 있음도 또한 가능하고, 양과 양이
같기 때문에 서로 믿을 수 있음도 또한 가능하다는 사실을 안다.

六五는 悔亡하니 厥宗이 噬膚ㅣ면 往에 何咎ㅣ리오.
_{육 오   회 망   궐 종   서 부   왕   하 구}

육오는 뉘우침이 없어지니 그 종당(宗黨: 구이)이 살을 씹으면 나아감에 무슨 허물이겠는가?

象曰 厥宗噬膚는 往有慶也ㅣ리라.
상 왈 궐 종 서 부   왕 유 경 야

「상전」에 이르길 '종당이 살을 씹음(厥宗噬膚)'은 가서 경사가 있을 것이다.

六五乃九二之主也. 陰柔不正, 反疑二之遇於三焉. 以其居中, 則猜忌未深, 終與二合, 故得悔亡. 聖人又恐其躊躕未決也, 故明目張膽而告之曰, 厥宗上九, 已說弧以待六三, 其相合如噬膚矣. 爾往從九二於巷, 有何咎哉. 孔子更爲之鼓舞曰, 不惟無咎, 且君臣相合, 睽終得濟而有慶也.

육오는 바로 구이의 주군이다. 음효로서 나약하고 바르지 못해 도리어 구이가 육삼과 만날 것을 의심한다. 그렇지만 외괘의 가운데에 자리하고 있어 의심하고 시기함이 심하지는 않아서 마침내 구이와 합할 수 있다. 그러므로 후회가 없게 되는 것이다. 성인은 또한 그가 주저하여 결단하지 못할 것을 염려하고 있다. 까닭에 두려워하지 않고 용기를 내도록 하기 위해(明目張膽) 그에게 일러 말하기를 '종당인 상구가 이미 활을 내려놓고 육삼을 기다리니, 그들이 서로가 합하기를 마치 살을 씹듯이 한다.[541] 그대(육오)가 나아가 골목길에서 구이를 만나는데

---

[541] 육오 효사의 '살을 씹는다(噬膚)'는 표현은 어떠한 일이 손쉽게 잘 이루어지고 풀린다는 의미를 나타내고 있다. 뼈를 씹으면 딱딱해서 잘 씹히지 않지만,

무슨 허물이 있겠는가?'라고 하였다. 공자도 다시 그를 위해 고무시키면서 말하기를 '허물이 없을 뿐만 아니라 또한 임금과 신하가 서로 합심하는 것이니, 어긋남의 상황이 마침내 해결되어 경사가 있게 된다'라고 하였다.

上九는 睽孤하야 見豕負塗와 載鬼一車ㅣ라. 先張之弧ㅣ라가 後
　상구　규고　　견시부도　　재귀일거　　　선장지호　　　　후

說之弧하야 匪寇ㅣ라 婚媾ㅣ니 往遇雨하면 則吉하리라.
탈지호　　비구　　혼구　　왕우우　　　즉길

상구는 어긋남에 외로워서 돼지가 진흙을 짊어진 것과 귀신이 한 수레만큼 실려 있는 것을 본다. 먼저 활을 쏘려다가 나중에는 활을 벗겨서, 도적질이 아니라 혼인을 하자는 것이니, 가서 비를 만나면 길할 것이다.

象曰 遇雨之吉은 群疑ㅣ亡也ㅣ라.
상왈　우우지길　　군의　망야

「상전」에 이르길 비를 만나 길함은 모든 의심이 없어지는 것이다.

上九與六三相應, 本非孤也. 睽而未合, 則有似乎孤矣. 三本不與二四相染, 而其跡似汙, 故見豕負塗也. 二四各自有遇, 本無心於染三, 而

부드러운 살을 씹으면 쉽게 잘 씹힌다. 이러한 것에서 '서부噬膚'는 곧 '잘 먹힌다', '잘 먹혀 들어간다'라는 의미를 나타낸다. '서부噬膚'는 결과적으로 어떠한 일이나 문제가 잘 해결되고 풀린다는 뜻으로 쓰이게 되는 것이다. 육오 효사는 바로 '서부'라는 표현을 통해 어긋나는 어려운 상황 하에서 육오가 구이를 만남이 어려운 듯 보이지만, 육오가 구이를 만나러 감에 구이가 순순히 응해서 살을 씹듯 쉽게 일이 잘 해결됨을 은유적으로 표현하고 있다.

虛妄生疑, 故載鬼一車也. 先則甚疑, 故張弧而欲射之, 後疑稍緩, 故
說弧而往視之, 逮見其果非與寇結爲婚媾, 於是釋然如雲旣雨而吉
矣. 旣不疑三, 亦不疑二與四, 故群疑亡. 統論六爻, 惟初九剛正最善
濟睽, 餘皆不得其正, 故必相合乃有濟也. 佛法釋者, 惟根本正慧, 能
達以同而異, 故卽異而恒同. 否則必待定慧相資, 止觀雙運, 乃能捨異
生性入同生性耳.

상구는 육삼과 더불어 서로 응하니 본래 외롭지는 않다. 어긋나는
상황에서 합해지지 못하면 외로운 것처럼 보일 수 있다. 육삼이 본래
구이, 구사와 사귀여 서로를 유혹하는 관계는 아니지만, 그 처지가
마치 오염된 것처럼 보일 뿐이다. 그러므로 '돼지가 진흙을 짊어진
것처럼 본다(見豕負塗)'고 한다. 구이와 구사는 각자 만날 대상이 있어
서 본래부터 육삼의 유혹에 마음이 없었는데, 상구가 헛되이 의심을
일으켰던 것이다. 그러므로 '귀신을 한 수레 실은 것처럼 본다(載鬼一
車)'고 하였다. 처음에는 의심이 심했기 때문에 그에게 활을 쏘고자
하였지만, 나중에는 의심이 점차 사라졌기 때문에 활을 내려놓고 나아
가서 보게 되었다. 그가 과연 도둑(구이, 구사)들과 더불어 혼인을
맺으려는 것이 아님을 확인할 수 있었다. 이에 그의 마음이 개운해짐이,
마치 구름이 이미 비를 뿌리는 것 같으므로 '길하다(吉)'고 하였다.
이미 육삼을 의심하지 않게 되었고, 또한 구이와 구사도 의심하지
않게 되었기 때문에 '뭇 의심들이 없어진다(群疑亡)'고 한 것이다.

여섯 효를 통합적으로 논해 보면 오직 초구만이 강건하고 바르므로
어긋남의 상황(睽)을 가장 훌륭하게 해결할 수 있다. 나머지는 모두

그 바름을 얻지 못한 까닭에 반드시 서로 합심해야만 어긋남의 상황을 해결할 수 있다.

불법으로 해석하면, 오직 근본적으로 구족하고 있는 바른 지혜(根本 正慧)에 의해서만이 같으면서도 다른 성품(불성)을 깨달을 수 있다. 그러므로 다름에 나아가도 항상 같을 수 있는 것이다.[542] 그렇지 못하면 반드시 선정(定)과 지혜(慧)가 서로를 돕고 그침(止)과 관조(觀)가 한가지로 운행되는 경지에 다다른 후에야 능히 번뇌의 마음(異生性)에 서 벗어나 불성(同生性)을 회복할 수 있는 것이다.

---

542 지욱은 불과 물이 서로 어긋나는 상황을 나타내고 있는 화택규괘를 불교적인 관점에서 불성과 번뇌, 부처와 중생이라고 하는 같으면서도 다르고, 다르면서도 같은 이치에 비유해서 설명하고 있음을 알 수 있다. 부처와 중생, 부처의 마음과 중생의 마음은 불과 물처럼 엄연히 다른 것 같지만, 근본적인 마음자리에서 보면 근원적으로 진리성품인 불성(※주역의 관점에서는 곧 '太極'이라 할 수 있을 것이다)을 소유하고 있다는 측면에서는 전혀 차별이 없다. 단지 그러한 불성을 깨닫고 깨닫지 못한 차별이 있을 수 있을 뿐이다. 지욱이 표현하고 있는 '다름(異)'은 곧 중생의 차별적인 모습과 번뇌의 마음을 의미하고, '같음(同)' 은 그러한 중생의 차별적인 모습과 번뇌의 마음이 결과적으로는 부처나 중생이 모두 평등하게 구족해 있는 불성을 바탕하고 있음을 의미한다. 대승불교, 특히 선불교에서는 중생이 곧 부처요, 번뇌가 곧 불성임을 깨달을 것을 강조한다. 하나(一, 同)이면서 둘(二, 異)이고, 둘이면서 하나인 불이(不二: 佛性, 太極)의 진리를 깨달으라는 것이다. 그런데 불성을 깨닫기 위해서는 지금 현재 드러난 중생의 차별적 모습과 번뇌의 마음을 바르게 이해하고 관조하는 데서 출발할 수밖에 없다. 곧 차별적인 중생과 그 중생이 일으키는 번뇌의 마음(異)을 없애고 부정하는 것이 아니라, 도리어 그것을 의지해 그렇듯 차별적인 모습과 마음을 드러내는 근원적인 불성(同)을 깨달을 수 있다는 의미인 것이다. 위의 지욱의 표현은 바로 이러한 의미를 설명하고 있는 것이라 이해된다.

(39) ䷦ 수산건水山蹇

蹇은 利西南하고 不利東北하며 利見大人하니 貞이면 吉하리라.
건　　이서남　　　불리동북　　　이견대인　　　정　　길

'건蹇'은 서남이 이롭고 동북이 이롭지 않으며 대인을 만나봄이 이로우니, 바르게 하면 길할 것이다.

大凡乖異不合, 則所行必多阻難. 然正當阻難時, 豈無拯難良策哉. 往西南, 則說也, 順也, 明也, 拯難之要道也. 往東北, 則止也, 險也, 益其蹇而已矣. 惟大人能濟蹇, 惟正道能出蹇, 蹇故可以動心忍性, 增益其所不能而吉.

대체적으로 서로 어긋나서 이견이 생겼는데도 서로 통합하지 못하면 실천하고자 하는 바가 반드시 많은 어려움에 봉착하게 된다. 그렇지만 바야흐로 어려운 시기에 봉착하여 어찌 어려움을 극복해 낼 수 있는 훌륭한 방책이 없겠는가? 서남쪽으로 가면 기쁨이 있고 순조롭고 밝아지니, 어려움에서 벗어날 수 있는 중요한 길이다. 동북쪽으로 가면 멈춰야 되고 험난하니, 그 난관이 더 심할 따름이다. 오직 대인이라야 능히 난관을 구제해 낼 수 있고, 오직 정도를 따라야만 난관에서 벗어날 수 있다. 난관을 만남으로 인해 '마음을 흔들고 본성을 가혹하게 해서(動心忍性) 그가 하지 못하는 것을 잘할 수 있게 성장시켜 이로울 수 있기 때문에(增益其所不能)'[543] 길한 것이다.

象曰 蹇은 難也ㅣ니 險在前也ㅣ니 見險而能止하니 知矣哉라.
단왈 건 난야 험재전야 견험이능지 지의재

蹇利西南은 往得中也ㅣ오 不利東北은 其道ㅣ 窮也ㅣ오 利見大
건이서남 왕득중야 불리동북 기도 궁야 이견대

人은 往有功也ㅣ오 當位貞吉은 以正邦也ㅣ니 蹇之時用이 大矣
인 왕유공야 당위정길 이정방야 건지시용 대의

哉라.
재

「단전」에 이르길 '건蹇'은 어려운 것이니 험함이 앞에 있으니, 험함을
보고 능히 그치니 지혜롭다. '건은 서남이 이롭다(蹇利西南)'는 것은
가서 중을 얻음이요, '동북은 이롭지 않다(不利東北)'는 것은 그 도가
궁한 것이고, '대인을 봄이 이롭다(利見大人)'는 것은 나아가서 공이
있음이요, 자리가 마땅해서 바르게 해서 길함은 나라를 바르게 하는

---

543 『맹자』「고자장구하告子章句下」편에서 "순임금은 밭 가운데서 나왔고, 부열은
  공사판에서 등용되었고, 교격은 물고기, 소금장수 가운데서 등용되었고, 관중은
  선비에서 등용되었고, 손숙오는 바닷가에서 등용되었고, 백리해는 저자거리에
  서 등용되었다. 그러므로 하늘이 장차 사람에게 큰 임무를 맡기려 할 때에는
  반드시 먼저 그 마음과 뜻을 괴롭게 하고, 그 뼈와 살을 수고롭게 만들고,
  그 몸과 피부를 굶주리게 하며, 그 몸을 궁핍하게 만든다. 행위 함에 그 하는
  바를 어그러뜨리고 혼란시키는 것은, 마음을 흔들고 본성을 가혹하게 해서
  그가 하지 못하는 것을 잘할 수 있게 성장시켜 이롭게 하려는 것이다(孟子曰,
  舜發於畎畝之中, 傅說擧於版築之間, 膠鬲擧 於魚鹽之中, 管夷吾擧於士, 孫叔敖擧於
  海, 百裏奚擧於市. 故天將降大任於是人也, 必先苦其心志, 勞其筋骨, 餓其體膚, 窮乏
  其身行, 拂亂其所爲. 是故, 動心忍性, 增益其所不能.)"라는 내용으로 표현되고
  있다.

것이니, 건蹇의 때와 쓰임이 크다.

愚者汨於情慾之私, 雖有不測之險臨其前, 盲無見也, 況能止哉. 能止, 不惟不陷於險, 從此必求出險之良策矣, 安得非智. 本以東北之坎艮, 往就西南之離兌與坤, 故剛柔相濟而得其中. 若守此東北, 則終於險, 終於止而已矣. 惟九五陽剛中正, 當大人之位, 以拯邦國之蹇, 故往見之者, 必有拯蹇之功. 然爻中獨上六明利見大人餘不言者, 見大人亦待其時, 時止則止, 時行則行. 蹇之時用, 卽全體大易之時用也. 六十四卦皆爾, 每於人所忽者一提醒之雲爾.

어리석은 자는 개인적 욕망의 사사로움에 빠져 비록 헤아리지 못할 정도의 험난함이 눈앞에 이르게 되더라도 눈이 멀어서 알아보지 못하니, 하물며 멈출 수 있겠는가? 능히 멈출 수 있으면 험함에 빠지지 않을 뿐 아니라, 이를 좇아서 반드시 위험에서 벗어날 좋은 방안도 구할 수 있다. 어찌 지혜롭다고 하지 않을 수 있겠는가? 동북쪽의 감(坎, ☵)방, 간(艮, ☶)방을 기준으로 하여 서남쪽의 이(離, ☲)방, 태(兌, ☱)방과 더불어 곤(坤, ☷)방으로 나아가면 강剛과 유柔가 서로를 도와서 그 중中을 얻을 수 있다. 만약에 이 동북방만을 고수하고자 한다면 험난함에 봉착하여 멈출 수밖에 없는 상황에서 종말을 맞이하게 될 뿐이다. 오직 양효로 강건하고 중정한 구오만이 대인의 자리가 마땅하여 나라의 어려움을 구원할 수 있다. 그러므로 가서 그를 만나는 자는 반드시 어려움을 구원하는 공로가 있다. 그러나 효 가운데서 유독 상육에서만 '대인을 봄이 이롭다(利見大人)'고 밝히고 나머지 효에 있어서는 언급하지 않은 것은 대인을 만나보는 것 또한 그 때를 기다려 야 함을 나타낸 것이다. 그쳐야 할 때이면 그치고 나가야 할 때이면 나가야 하는 것이니, 험난함의 때와 쓰임이 곧 전체적인 대역(大易: 모든 괘)의 때와 쓰임이라 할 수 있을 것이다. 64괘가 모두 그러하지만 매번 사람이 소홀히 여기기 때문에 한 번 더 각성하도록 말한 것이다.

象曰 山上有水ㅣ 蹇이니 君子ㅣ 以하야 反身修德하나니라.
상왈 산상유수　 건　　 군자 이　　　 반신수덕

「상전」에 이르길 산(山, ☶) 위에 물(水, ☵)이 있음이 '건蹇'이니, 군자가 이를 본받아 몸을 돌이키고 덕을 닦는다.

山本毓泉, 宜涵而不宜汎. 今水流於上, 使人不能厝足, 此乃山有缺陷, 非水之過也. 君子知一切險難境界, 惟吾心自造自現, 故不敢怨天尤人, 但反身以修其德. 如治山者, 培其缺陷, 則水歸澗壑, 而不復橫流矣.

산은 본래 샘물을 생성해 내지만, 적당히 적셔주는 것이 좋지, 넘쳐서 범람하는 것은 좋지 못하다. 이제 물이 위에서 흘러내려 사람으로 하여금 발길이 닿지 못하게 한다. 이것은 산에 결함이 있는 것으로, 물의 허물 때문은 아니다.

　군자는 일체의 험난한 경계가 오직 자신의 마음 스스로가 창조하여 자연스럽게 나타난 것임을 안다. 그러므로 감히 하늘을 원망하거나 다른 사람을 탓하지 않는다. 다만 자신을 돌이킴으로써 그 덕을 닦는다.

마치 산을 관리하는 사람이 그 나무가 부족한 곳에 나무를 심어 물길을 골짜기로 되돌려서 물이 다시 다른 곳으로 범람하지 않도록 하는 것과 같다.

初六은 往하면 蹇코 來하면 譽리라.
초 육 왕   건   래   예

초육은 가면 어렵고 오면 명예로울 것이다.

象曰 往蹇來譽는 宜待也 ㅣ니라.
상왈 왕건래예 의 대 야

「상전」에 이르길 '가면 어렵고 오면 명예롭다(往蹇來譽)'는 것은 마땅히 기다리는 것이다.

蹇以見險能止爲知, 故諸爻皆誡其往而許其來, 來即反身修德之謂也. 初六見險卽止, 知機而不犯難, 其反身修德功夫最早, 故可得譽. 夫豈逡巡畏縮也哉, 理宜修德以待時耳.

험난한 상황(蹇)에 있어서는 위험을 보게 되면 능히 그치는 것이 지혜로움이다. 그러므로 모든 효가 모두 그 나아감을 경계하고 그 되돌아옴을 용납하는 것이다. '되돌아온다(來)'는 것은 곧 자신을 반성하여 덕을 닦는 것을 말한다. 초육은 험함을 보고서 능히 그치고, 기미를 보고서 험함을 범하지 않으며, 그 자신을 반성하여 덕을 닦는 공부를 가장 빨리 할 수 있다. 그러므로 명예로울 수 있는 것이다. 대저 어찌 머뭇거리고 빙빙 돌며 두렵고 위축되어서 그렇게 하는 것이겠는가? 이치적으로

도 마땅히 덕을 닦음으로써 때를 기다려야만 한다.

六二는 王臣蹇蹇이 匪躬之故ㅣ라.
육 이 　 왕 신 건 건 　 비 궁 지 고

육이는 왕과 신하가 어렵고 어려움이 몸의 연고가 아니다.

象曰 王臣蹇蹇은 終无尤也ㅣ리라.
상 왈 　 왕 신 건 건 　 종 무 우 야

「상전」에 이르길 '왕(구오)과 신하(육이)가 어렵고 어려움(王臣蹇蹇)'은
마침내 허물이 없을 것이다.

陰柔中正, 反躬無怍, 而上應九五陽剛中正之君, 方居險地, 安得不蹇
其蹇以相從事. 然諸爻皆以能止爲知, 而此獨不然者, 正所謂事君能
致其身, 公爾忘私, 故雖似冒險, 終無尤也. 易讀曰, 匪躬正本反身來,
平日能反身以體蹇, 纔能臨時匪躬以濟蹇.

음효로서 유순하고 중정하여 몸소 돌이켜봐도 부끄러울 것이 없다.
위로 구오 양효인 강건하고 중정한 임금과 상응하고 있지만, 바야흐로
험난한 처지에 놓여 있으니 어찌 그 험난함을 어려운 상황으로만 받아들
임으로써 서로 마음을 다해 함께하지 않을 수 있겠는가? 그렇지만
모든 효는 다 능히 그침으로써 지혜롭다고 할 수 있지만, 이 육이만
홀로 그렇지 않은 것은 바로 이른바 '임금을 섬김에 능히 그 몸을
바친다(事君能致其身)'[544]는 의미이니, 공적인 일을 위해 사적인 것을
잊는 것이다. 그러므로 비록 모험을 하는 것 같지만 마침내 허물이

없다. 『역독易讀』에서는 "자신의 몸을 돌보지 않는 것(匪躬)은 바로 자신의 몸을 돌이켜 반성하는 데서 비롯된다. 평소에 능히 자신에게 되돌리려는 태도로써 험난함을 체득하게 되면 어려운 시기를 맞이해서 자신의 몸을 돌보지 않고 험난함을 힘써 해결할 수 있다"라고 말하고 있다.

九三은 **往**하면 **蹇**코 **來**하면 **反**이리라.
구 삼   왕   건   래   반

구삼은 가면 어렵고 오면 되돌아올 것이다.

象曰 往蹇來反은 **內** | **喜之也**ㄹ새라.
상 왈 왕 건 래 반   내   희 지 야

「상전」에 이르길 '가면 어렵고 오면 되돌아온다(往蹇來反)'는 것은 안에서 기뻐하기 때문이다.

九三爲艮之主, 剛而得正, 見險能止者也. 旣知往則必蹇, 故來而反身修德, 則內二爻無不喜之.

구삼은 간(艮, ☶)괘의 주효가 되며, 강건하고 바르게 자리하고 있으므

---

544 『논어』「학이學而」편에서 "자하가 말하기를, 어진 사람을 어질게 여기되 색을 좋아하는 마음과 바꾸듯이 하며, 부모를 섬기되 능히 그 힘을 다하며, 임금을 섬기되 능히 그 몸을 바치며, 붕우와 더불어 사귀되 말함에 성실함이 있으면 비록 배우지 못한 자라 말을 하여도 나는 반드시 그를 배운 사람이라 말할 것이다(子夏曰, 賢賢, 易色, 事父母能竭其力, 事君能致其身, 與朋友交言而有信, 雖曰未學吾必位之學矣.)"라는 내용으로 언급되고 있다.

로 험함을 보고서 능히 멈추는 자이다. 이미 나아가면 반드시 어려워질 것임을 알기 때문에 돌아와서 자신을 반성하며 덕을 닦는다. 내괘의 두 효(초육, 육이)가 그를 기뻐하지 않음이 없다.

六四는 往하면 蹇코 來하면 連이리라.
　　　육 사　왕　건　래　연

육사는 가면 어렵고 오면 이어질 것이다.

象曰 往蹇來連은 當位ㅣ 實也릴새라.
　상 왈　왕 건 래 연　당 위　실 야

「상전」에 이르길 '가면 어렵고 오면 이어진다(往蹇來連)'는 것은 해당되는 자리가 실하기 때문이다.

已入坎體, 其蹇甚矣. 然設能來而反身修德, 則猶可連於艮之三爻而獲止也. 陰本不實, 故來連於當位而實之九三也.

이미 감(坎, ☵)괘의 본체에 들어섰기 때문에 그 험난함이 심화되었다. 그러나 만약 능히 돌아와서 자신을 반성하며 덕을 닦는다면 오히려 간(艮, ☶)괘의 세 효와 이어져서(連: 도움을 받아) 그침을 이룰 수 있다. 음효는 본래 실답지 못하다. 그러므로 돌아와서 합당한 자기 자리에서 실다운 구삼과 함께해야만 한다.

九五는 大蹇애 朋來로다.
　구 오　대 건　붕 래

구오는 크게 어려움에 벗이 온다.

象曰 大蹇朋來는 以中節也ㅣ라.
상왈 대건붕래 이중절야

「상전」에 이르길 '크게 어려움에 벗이 온다(大蹇朋來)'는 것은 중도로
절도 있게 하기 때문이다.

居坎之中, 蹇之大者也. 剛健中正, 六二應之, 故得朋來共濟大蹇. 然
非朋之能來助我, 實由我之中道足爲拯蹇節則, 故上下諸爻皆取節則
於我耳. 釋迦出五濁世, 得無上菩提, 爲一切衆生說難信法, 其眞能爲
甚難希有之事者乎.

감(坎, ☵)괘의 가운데에 자리하고 있기 때문에 험난함이 심각한 자라
할 수 있다. 강건하고 중정하며, 육이가 그와 상응하기 때문에 벗이
와서 큰 어려움을 함께 해결할 수 있다. 그러나 벗이 와서 나(구오)를
도와주는 것이 아니라, 실제로는 내가 중도를 지키는 것으로 험난함을
구제해 낼 수 있는 절도 있는 원칙으로 삼고 있기 때문이다. 그러므로
위아래의 모든 효들이 모두 나에 대한 절도 있는 원칙을 따르는 것이다.
　석가모니 붓다께서는 다섯 가지 탁한 세상(五濁世)[545]에 출현하시어

---

545 오탁세五濁世는 곧 '오탁악세'를 말한다. 부처님의 정법이 점차 쇠퇴해지는
　　말세에 접어들면서 나타나게 되는 사회적, 정신적인 다섯 가지 혼탁한 세상을
　　의미한다. 『비화경悲華經』, 『아미타경』을 비롯한 여러 대승경론에서 언급되고
　　있다. 곧 ① 겁탁(劫濁: 시대가 사악하고 전쟁, 기근, 악성전염병 등으로 인해
　　한 시각도 편안하고 즐겁게 지내지 못하는 사회악이 범람하는 시대), ② 견탁(見

위없는 깨달음을 얻고 나서 일체 중생을 위하여 믿기 어려운 법을 말씀하셨다. 그것은 참으로 능히 매우 어렵고 드문 경우의 일이 아니겠는가?

上六은 **往**하면 **蹇**코 **來**하면 **碩**이라 **吉**하리니 **利見大人**하나니라.
상 육　왕　건　래　석　길　　이 견 대 인

상육은 가면 어렵고 오면 크다. 길할 것이니, 대인을 봄이 이롭다.

象日 往蹇來碩은 **志在內也**ㅣ오 **利見大人**은 **以從貴也**ㅣ라.
상 왈 왕 건 래 석　지 재 내 야　　이 견 대 인　　이 종 귀 야

「상전」에 이르길 '가면 어렵고 오면 크다(往蹇來碩)'는 것은 뜻이 안에 있는 것이고, '대인을 봄이 이롭다(利見大人)'는 것은 귀함을 좇는 것이다.

陰柔居險極, 豈可更有所往, 亦惟來而反身修德則碩吉耳. 碩者, 實也, 大也. 吉之所以能實大者, 以利見九五大人故也. 君子求諸己, 故志在內則吉. 輔世長民莫如德, 故利見爲從貴. 此指天爵爲貴, 非徒以人爵也. 須跋陀羅最後見佛得度, 其碩吉之謂乎.

濁: 악한 사상과 견해를 가진 자들이 세력을 얻고 올바른 생각을 가진 사람들이 힘을 잃은 사상과 가치가 타락하고 혼란한 시대), ③번뇌탁(煩惱濁: 자신의 것은 아끼고 남의 것을 탐내는 등 권세와 명예를 탐내는 저열한 무리들이 넘쳐나는 세상), ④중생탁(衆生濁: 사람들의 자질이 극도로 저하되어 견탁과 번뇌탁에 물들어 있는 세상), ⑤명탁(命濁: 수탁(壽濁)이라고도 하며, 인간의 수명이 점차 짧아져 가는 세상) 등을 말한다.

음효로서 유약하고 험난함의 마지막 자리에 위치하고 있으니, 어찌
다시 나아갈 곳이 있겠는가? 역시 오로지 되돌아와서 자신을 반성하며
덕을 닦으면 크게 길할 수 있을 뿐이다. '석碩'은 실하고, 크다는 뜻이다.
상육의 길함(吉)이 능히 실답고 클 수 있는 이유는 구오의 대인을
만나서 이롭기 때문이다. 군자는 자기에게서 구하므로 뜻이 안에 있으
면 길하다고 한다. 세상을 돕고 백성을 기르는 것은 덕만 한 것이
없다. 그러므로 '만나봄이 이롭다(利見)'는 것은 귀함(德)을 좇음이 된다.
이것은 하늘이 내려준 벼슬(天爵: 곧 덕을 닦아 덕행을 실천하는 것)이
귀하다는 것을 가리키는 것으로, 한갓 인간세상의 벼슬(人爵)을 가리키
는 것이 아니다.[546]

수발다라Subhadra[547]가 최후 마지막 제자로 부처님을 친견하여 깨달
음을 얻은 것도 그 '크게 길하다(碩吉)'는 의미라 말할 수 있다.

---

[546] 『맹자』「고자상告子上」편에서 "맹자께서 말씀하셨다. 천작天爵이라는 하늘이
내리는 벼슬이 있고 인작人爵이라는 사람이 주는 벼슬도 있다. 인仁·의義·충忠·
신信하여 선을 즐거워하는 것을 게을리 하지 않는다면 하늘이 내린 벼슬(天爵)이
다. 공경과 대부는 사람이 준 벼슬(人爵)이다. 옛날 사람들은 천작을 닦으면
그로 말미암아 인작이 따랐다. 요즘 사람들은 천작을 닦아서 인작을 구한다.
이미 인작을 얻고 나면 천작을 버린다. 곧 미혹이 심하다 하겠다. 마침내는
그것마저 잃어버리고 말 것이다(孟子曰, 有天爵者, 有人爵者, 仁義忠信, 樂善不倦,
此天爵也. 公卿大夫, 此人爵也. 古之人, 修其天爵, 而人爵從之, 今之人, 修其天爵,
以要人爵, 既得人爵, 而棄其天爵, 則惑之甚者也. 終亦必亡而已矣.)"라는 내용으로
언급되고 있다.
[547] 수발다라: 외도 출신으로, 붓다가 열반하기 직전 찾아와 가르침을 받고 붓다의
마지막 제자가 된 사람이다. 산스크리트어로 'Subhadra'는 선현先賢이라는 뜻이
며, 한역으로는 '수발타라須跋陀羅'라고 한다.

(40) ䷧ 뇌수해雷水解

解는 利西南하니 无所往이라. 其來復이 吉하니 有攸往이어든 夙
해   이서남   무소왕   기래복   길   유유왕   숙

하면 吉하니라.
     길

'해解'는 서남쪽이 이로우니 갈 곳이 없다. 그 와서 회복함이 길하니,
갈 곳이 있거든 빨리 하면 길하다.

世間之局, 未有久蹇窒而不釋散者. 方其欲解, 則貴剛柔相濟, 故利西
南. 及其旣解, 則大局已定, 更何所往, 唯來復於常道而已. 設有所往,
皆當審之於早, 不審輒往, 凶且隨之, 寧得吉乎. 此如良將用兵, 祇期
歸順, 良醫用藥, 祇期病除, 觀心修證, 祇期復性, 別無一法可取著也.

세상의 형국은 오랫동안 어렵고 막히기만 하고 풀어져 흩어지지 않는
것은 없다. 바야흐로 그것(蹇, 난국)을 해결하고자 하는 데 있어서는
강剛과 유柔가 서로를 돕는 것이 중요하다. 그러므로 '서남쪽이 이롭다
(利西南)'고 한다. 그것이 이미 해결되었다면 대세가 정해진 것이니,
다시 어디로 가겠는가? 오직 일상의 도리로 되돌아와서 회복할 따름
이다.

  만약 나서야 될 이유가 있다면 모두 마땅히 조기에 살펴야만 한다.
살피지 않고 바로 나아가면 흉함이 또한 뒤따르게 되니, 어찌 길할

수 있겠는가? 이것은 마치 훌륭한 장군이 군사를 씀에 있어 다만 병사들이 복종하여 따르기를 기다리고, 훌륭한 의사가 약을 씀에 다만 환자의 병이 낫기를 기다리고, 마음을 통찰하여 깨달음을 목적으로 수행하는 데 있어 다만 불성을 회복하기를 기다리는 것과 같다. 특별히 한 법도 집착할 만한 것이 없다.

象曰 解는 險以動이니 動而免乎險이 解라. 解利西南은 往得衆
단왈 해 험이동 동이면호험 해 해이서남 왕득중

也ㅣ오 其來復吉은 乃得中也ㅣ오 有攸往夙吉은 往有功也ㅣ라.
야 기래복길 내득중야 유유왕숙길 왕유공야

天地ㅣ 解而雷雨ㅣ 作하고 雷雨ㅣ 作而百果草木이 皆甲坼하나
천지 해이뇌우 작 뇌우 작이백과초목 개갑탁

니 解之時ㅣ 大矣哉라.
해지시 대의재

「단전」에 이르길 '해解'는 험해서 써 동함이니, 움직여 험함에서 벗어나는 것이 '해'다. '해는 서남이 이롭다(解利西南)'는 것은 나아가면 무리를 얻음이요, '그 와서 회복함이 길하다(其來復吉)'는 것은 이에 중을 얻음이요, '갈 곳이 있거든 빨리 하면 이롭다(有攸往夙吉)'는 것은 나아가면 공이 있음이다. 천지가 풀리니 우레와 비가 일어나고, 우레와 비가 일어남에 백과초목이 모두 활짝 개화되어 나오니, '해'의 때가 크다.

險在前則宜止, 險在下, 則可動以免之, 此皆時節因緣之道, 不可得而强也. 西南爲坤, 故往則得衆, 來復東北, 不過於柔, 故乃得其中. 早鑒事機, 故往可有功. 如天地之雷雨作, 亦因夙得其時, 故百果草木皆甲

拆耳. 觀心釋者, 兼修禪定, 爲利西南, 萬行顯發, 爲往得衆, 不捨正
觀, 名爲來復. 證於法身, 爲乃得中. 有攸往而利生, 必須夙能鑒機則
吉, 說法不虛, 爲往有功, 性修融合, 爲天地解. 悲體戒雷震, 澍甘露法
雨, 則世出世果, 三草二木, 各得以時生長熟脫, 非佛菩薩何能用此解
之時哉.

험함이 앞에 있으면 멈춰야 하고, 험함이 아래에 있으면 움직여서
벗어나야 한다. 이것은 모두 시절인연에 따른 도리이기 때문에 억지로
할 수 있는 것이 아니다. 서남쪽은 곤(坤, ☷)방이 되기 때문에 나아가면
무리를 얻게 된다. 동북쪽으로 되돌아와서 회복하는 것은 유약한 행위
에 불과할 수도 있지만, 그렇게 함으로써 바로 그 중中을 얻을 수
있다. 일찍이 일의 기미를 살폈기 때문에 나아가면 공이 있게 된다.
만약 하늘과 땅 사이에 우레와 비가 일어난다면 역시 일찍이 그 때를
얻었기 때문이다. 모든 과일과 초목도 모두 활짝 싹틔운다.

　마음을 닦는 것으로 해석하면, 선정을 겸해서 닦는 것을 '서남쪽이
이롭다(利西南)'고 하고, 만행의 보살행을 닦아 실현해 내는 것을 '나아
가서 무리를 얻는다(往得衆)'고 하며, 바른 통찰의 수행을 버리지 않는
것을 '되돌아와서 회복한다(來復)'고 부르며, 법신을 증득하는 것을
'중을 얻는다(得中)'고 한다. 나아갈 바가 있어(곧 중생을 구제하고자
하는 원력이 있어) 중생을 이롭게 하고자 한다면 반드시 일찍이 중생의
근기를 살펴서 해야만 길할 수 있고, 법을 설하는 것도 헛되지 않아
'나아감에 공이 있게 되는 것(往有功)'이다.

　본성의 덕(性德)과 수행의 덕(修德)이 융합하여 하나가 됨을 '천지가

풀린다(天地解)'고 한다. 자비를 본체로 삼고 계율을 우레와 천둥으로 삼아서 감로의 법우로 적시면(澍甘露法雨: 곧 깨달음을 증득하여 청정한 몸과 마음으로 진리를 설하여 중생을 제도하여 이롭게 하면) 세간의 과보와 출세간의 과보[548]와 삼초三草와 이목二木[549]이 각각 때에 맞춰 생성, 성장, 성숙, 해탈함을 얻게 될 것이다. 불보살이 아니면 누가 능히 이러한 '해解'의 때를 활용할 수 있겠는가?

象曰 雷雨作이 解니 君子 ㅣ 以하야 赦過宥罪하나니라.
상 왈 뇌 우 작   해   군 자   이   사 과 유 죄

「상전」에 이르길 우레(雷, ☳)와 비(水, ☵)가 일어나는 것이 '해解'니, 군자가 이를 본받아 허물을 용서하고 죄를 사면해 준다.

誤犯之過, 則直赦之, 令其自新. 輕重諸罪, 亦寬宥之, 令得末減. 佛法釋者, 卽作法取相無生三種懺法, 令人決疑出罪. 又觀心釋者, 卽是端坐念實相, 銷滅衆罪也.

실수로 지지른 과오면 곧바로 용서하여 하여금 스스로 잘못을 뉘우치도록 해야 한다. 가볍고 무거운 모든 죄에 대해서도 역시 너그럽게 용서하여 마침내 가장 가볍게 다스려야 한다(末減).

---

548 세간의 과보(世間果)는 중생들이 몸과 입과 마음의 세 가지 업(三業)으로 쌓게 되는 선인선과善因善果 악인악과惡因惡果의 과보를 말하며, 출세간의 과보(出世間果)는 마음을 닦는 수행을 통해 탐貪·진瞋·치癡 삼독심을 완전히 제거하여 얻게 되는 열반의 깨달음을 말한다.

549 중천건괘 「단전」의 '首出庶物, 萬國咸寧'에 대한 주석 참조.

불법으로 해석하면, 곧 작법참회와 취상참회와 무생참회의 세 가지 참회법[550]으로 사람들로 하여금 의혹을 끊게 하여 죄에서 벗어나게 하는 것이다. 또 마음을 통찰하는 것으로 해석하면, 곧 이에 단정히 앉아 실상을 알아차려(念實相) 모든 죄업을 소멸시키는 것이다.

初六은 无咎하니라.
초 육　　무 구

초육은 허물이 없다.

象曰 剛柔之際라 義无咎也ㅣ니라.
상 왈　강 유 지 제　　의 무 구 야

「상전」에 이르길 강剛과 유柔가 서로 사귀는 것이다. 뜻에 허물은 없다.

解則陰陽和矣, 而以六居初, 上應九四, 適當其際, 故義無咎.

'해解'는 곧 음양이 조화를 이루는 것이다. 음효(六)로써 초효에 자리하며 위로 구사와 상응하니, 당연히 그 사귐이 적절하다. 그러므로 '뜻에 허물이 없다(義無咎)'고 하는 것이다.

---

550 삼종참법三種懺法: 죄악을 참회하는 세 가지 방법. 곧 ① 작법참(作法懺: 규정된 작법에 따라 부처님 앞에서 하는 참법), ② 취상참(取相懺: 선정에 들어 참회의 생각을 하면서 불보살이 와서 정수리를 만져줌과 같은 서상瑞相 얻기를 바라는 참회법. 그리하여 성죄性罪, 차죄遮罪 등을 멸하는 참법), ③ 무생참(無生懺: 마음을 바로 하고 단정히 앉아 무생무멸無生無滅의 실상을 관하여 무명 번뇌를 끊는 참법) 등이다.

九二는 **田獲三狐**하야 **得黃矢**니 **貞**하면 **吉**토다.
구 이　전 획 삼 호　　　득 황 시　정　　　길

구이는 사냥해서 세 마리의 여우를 잡아 누런 화살을 얻으니, 바르게
해서 길하다.

象曰 九二貞吉은 **得中道也**ㄹ새라.
상 왈 구 이 정 길　　 득 중 도 야

「상전」에 이르길 구이가 바르게 해서 길함은 중도를 얻었기 때문이다.

以剛中而上應六五, 本自無可狐疑. 六三不中不正, 意欲乘我, 象如三
狐. 我田獵而獲除之, 得與六五柔中相合, 此正而吉者也. 黃爲中色,
矢喩直道, 得其中直之道, 故除疑而應乎貞矣.

강건하고 가운데 자리하고 있으면서 위로 육오와 상응하고 있으니,
본래 스스로 의심(狐疑)을 살 만한 것이 없다. 육삼은 가운데 자리하지
도 못하고 자리가 바르지도 못하면서 나(구이)를 올라타고자 하는
뜻만을 품고 있으니, 효상爻象이 마치 '세 마리의 여우(三狐)'와 같다.
내가 사냥을 해서 그를 잡아 제거하여 유순하면서 가운데 자리하고
있는 육오와 더불어 상응하여 합하는 것이다. 이것이 바르게 해서(正:
貞) 길한 것이다. 황색은 중앙의 색, 화살은 곧은 도를 비유한다.
그러한 중용의 곧은 도를 얻었으므로 의심을 제거하고 바름에 상응할
수 있다.

六三은 **負且乘**이라. **致寇至**니 **貞**이라도 **吝**이리라.
육삼 부차승 치구지 정 인

육삼은 짊어지고 또 탄다. 도둑이 이르게 하였으니 바르게 하여도
인색하다.

象曰 負且乘이 **亦可醜也**며 **自我致戎**이어니 **又誰咎也**리오.
상왈 부차승 역가추야 자아치융 우수구야

「상전」에 이르길 '짊어지고 또 타는 것(負且乘)'이 또한 추한 것이며,
나로부터 도적이 이르게 하였으니 또 누구의 허물이라 하겠는가?

陰柔不中不正, 自無應與, 上思負四, 下欲乘二, 不知其非道也. 是故
二以爲狐而田之, 四以爲拇而解之, 五以爲小人而退之, 上以爲隼而
射之, 不亦至可羞乎.

음효로서 유약하고 중정하지도 못하니, 자신과 더불어 응할 상대가
없다. 위로는 구사를 짊어질 것을 생각하고 아래로는 구이를 올라타려
고 하니, 그것이 도리가 아님을 알지 못한다. 이러한 이유로 구이는
여우라 여겨서 그를 사냥하고, 구사는 엄지발가락이라 여겨 풀어버리
며, 육오는 소인이라 여겨 물리치고, 상육은 새매로 여겨서 쏘아버린다.
또한 가히 수치스러움에 이를 수밖에 없지 않겠는가?

九四는 **解而拇**면 **朋至**하야 **斯孚**리라.
구사 해이무 붕지 사부

구사는 너의 엄지발가락에서 풀면 벗이 이르러 이에 미더울 것이다.

象曰 解而拇는 未當位也ㄹ새라.
상왈 해이무 미당위야

「상전」에 이르길 '너의 엄지발가락에서 푼다(解而拇)'는 것은 자리가
마땅하지 않기 때문이다.

三在四下, 欲負於四, 故四以三爲拇. 四未當位, 不如九二剛中, 故二
自能田獲三狐以從五, 四必待二之至, 始信拇之宜解也. 二與四皆陽
類, 故名爲朋.

육삼은 구사의 아래에 있기 때문에 구사를 짊어지고자 한다. 그렇기
때문에 구사는 육삼을 엄지발가락처럼 여긴다. 구사는 자리가 마땅하
지 않아 강건하면서 가운데 자리하고 있는 구이만 같지 못하다. 그러므
로 구이는 스스로 능히 육삼의 여우를 사냥하여 잡고 육오를 따른다.
구사는 반드시 구이가 오기를 기다려야만 비로소 엄지발가락(拇: 육삼)
을 마땅히 풀어버릴 수 있음을 믿는다. 구이와 구사는 모두 양陽의
무리들이다. 그러므로 벗이라고 부르는 것이다.

六五는 君子ㅣ 維有解ㅣ면 **吉**하니 **有孚于小人**이리라.
육오 군자 유유해 길 유부우소인

육오는 군자가 오직 풀림이 있으면 길하니, 소인에게 믿음이 있을
것이다.

象曰 君子有解는 小人의 退也ㅣ라.
상왈 군자유해 소인 퇴야

「상전」에 이르길 '군자가 풀림이 있다(君子有解)'는 것은 소인의 물러남이다.

五與二爲正應, 而三且思乘二, 則五不能無疑於二矣. 賴九二之君子,
剛而得中, 決能解去六三, 上從於我而吉. 但觀六三之退, 則信九二之
有解矣.

육오는 구이와 더불어 바른 상응의 대상이지만, 육삼 역시 구이에
올라타기를 생각하고 있기 때문에 육오는 구이에 대해서 의심을 할
수밖에 없다. 구이인 군자가 강건하면서 가운데 중을 얻고 있으니,
결단코 육삼을 풀어 제거하여 위로 나(육오)에게 순종하므로 길하다.
다만 육삼이 물러나는 것을 보고 나서 구이에 대한 의심이 해소되어
신뢰하는 것이다.

上六은 公用射隼于高墉之上하야 獲之니 无不利로다.
상 육 공 용 석 준 우 고 용 지 상   획 지   무 불 리

상육은 공(公: 제후, 임금)이 높은 담 위의 새매를 쏘아 잡으니, 이롭지
않음이 없다.

象曰 公用射隼은 以解悖也ㅣ라.
상 왈 공 용 석 준   이 해 패 야

「상전」에 이르길 '공이 새매를 쏘아 잡는다(公用射隼)'는 것은 어그러짐
을 푸는 것이다.

隼高飛而善摯, 以喩負且乘之六三也. 當解之時, 人人樂爲君子, 獨六
三悖理飛摯. 二雖田之, 四雖解之, 以皆各有正應, 不同上六之在局
外. 又陽與陰情必相得, 故或以爲狐, 或以爲拇, 不如上六之絶無情
係, 直以爲隼, 且居卦終, 則公侯之位也. 柔而得正, 則藏器於身, 待時
而動者也, 故獲之而無不利. 觀心釋六爻者, 六三卽所治之惑, 餘五爻
皆能治之法也. 初以有慧之定, 上應九四有定之慧, 惑不能累, 故無
咎. 九二以中道慧, 上應六五中道之定, 而六三以世間小定小慧, 乘其
未證, 竊思亂之, 故必獵退狐疑, 乃得中直正道. 六三依於世禪, 資於
世智, 起慢起見, 妄擬佛祖, 故爲正道之所對治. 九四有定之慧固能治
惑, 以被六三見慢所負, 且未達中道, 故必待九二中道之慧, 始能解此
體內之惑. 六五以中道定, 下應九二中道之慧. 慧能斷惑, 則定乃契理
矣. 上六以出世正定, 對治世禪世智邪慢邪見, 故無不利.

새매(隼)는 높이 날면서 먹이를 잘 잡는 새로, 짊어지려 하고 또 올라타
려고 하는 육삼을 비유한다. '解'의 시대를 맞이하여 사람들마다
기꺼이 군자가 되려고 하지만, 육삼 혼자만이 이치를 어기고 날아서
잡으려고(도리를 벗어나 이권을 챙겨 출세하려고 함) 하는 것이다. 구이가
비록 육삼을 사냥하고, 구사가 비록 육삼을 풀어버림으로써 모두가
각각 바르게 상응하고 있어도 다른 상황에 놓여 있는 상육(같은 음효인
육삼과 응하고 있는)과는 다르다. 또 한편으로 양과 음은 정이 반드시
서로 통한다. 그러므로 혹자(구이)는 여우라 생각하고, 혹자(구사)는
엄지발가락이라고 여기는 것이다. 상육만이 절대로 감정에 얽매이지
않고 곧바로 새매로 여기는 것과는 다르다. 또한 상육은 괘의 맨 끝에

자리하니, 곧 공후公侯의 지위이다. 음효로 바름을 얻었으니, 몸에
무기를 숨기고 있다가 때를 기다려서 움직이는 자이다. 그러므로 육삼
을 잡을 수 있어 이롭지 않음이 없는 것이다.

마음을 통찰하는 측면에서 여섯 효를 해석하면, 육삼은 곧 다스려야
할 번뇌이며, 나머지 다섯 효 모두는 미혹의 번뇌를 다스릴 수 있는
법이다. 초효는 지혜를 갖춘 선정으로써 위로 구사인 선정을 갖춘
지혜와 상응하며 미혹에 얽매이지 않으므로 허물이 없다. 구이는 중도
의 지혜로써 위로 육오인 중도의 선정과 상응하고 있다. 육삼은 세간의
작은 선정과 작은 지혜로서 그 깨달음을 얻지 못했음에도 깨달았다고
착각하여(乘其未證) 혼자만의 생각으로 마음을 어지럽히고 있다(竊思
亂之). 그러므로 반드시 그릇되게 사량 분별하는 미혹(狐疑)을 사냥하
듯 타파해서 물리쳐야만 중도의 곧고 바른 도를 얻을 수 있다. 육삼은
세간의 선(世禪)[551]에 의지하여 세속적 지혜를 밑천 삼아 교만한 마음과
삿된 견해를 일으켜 망령되이 자신을 불조佛祖의 깨달음에 견주어
비교한다. 그러므로 바른 도로 상대하여 다스려야 할 대상이 된다.
구사는 선정을 갖춘 지혜로 진실로 미혹을 다스릴 수는 있지만, 육삼의
삿된 견해와 교만함의 방해를 받고 있고, 또한 중도에 도달하지 못하였
기 때문에 반드시 중도를 갖추고 있는 구이의 지혜를 기다려야(의지해야
만) 비로소 몸속 깊숙한 미혹에서 벗어날 수 있다. 육오는 중도를
갖춘 선정으로써 아래로 중도를 갖춘 구이의 지혜와 상응하고 있다.

---

551 세선世禪: 진리에 대한 궁극적인 깨달음보다는 인과를 무시하며 오로지 심신의
   건강과 유위有爲의 공덕만을 위해 닦는 범부의 선으로, 곧 외도선外道禪이나
   범부선凡夫禪을 말한다.

지혜로 능히 미혹을 끊어버린다면 선정이 바로 이치(불성)에 부합할
수 있다. 상육은 출세간의 올바른 선정으로써 세간의 선과 세속적
지혜, 삿된 교만심과 삿된 견해를 상대하여 다스릴 수 있다. 그러므로
이롭지 않음이 없는 것이다.

(41) ䷨ 산택손山澤損

損은 有孚ㅣ면 元吉코 无咎코 可貞이라. 利有攸往하니 曷之用이
　　손　유부　　　원길　무구　　가정　　　　　이유유왕　　　갈지용

리오. 二簋ㅣ 可用享이니라.
　　이궤　　가용향

'손損'은 믿음을 두면 크게 선하고 길하고 허물이 없어서 가히 바르게
한다. 가는 바를 둠이 이로우니, 어디에 쓸 것인가? 두 개의 대그릇에
가히 제사지낸다.

難旣解矣, 相安於無事, 必將剝民以奉君, 此世道之損也. 惑旣治矣,
從此增道損生, 此觀心言損也. 且以世道言之, 凡爲上者, 必其勞而不
怨, 欲而不貪, 眞足以取信於民, 則雖損之而元吉無咎. 凡爲下者, 必
以可貞之事益上, 勿貢諛, 勿獻異, 勿開勞民傷財種種弊端, 則利有攸
往. 蓋下事上, 猶人事天地鬼神祖宗也. 享以其誠, 不以其物, 雖二簋
便可用享, 豈以多物爲敬哉. 觀心者, 信佛界卽九界, 故元吉無咎. 知
九界卽佛界, 故不動九界而利往佛界, 不壞二諦而享於中道也.

어려움이 이미 해결되어 서로가 어려운 일 없이 편안하게 지낼 수
있게 되었다면 반드시 백성에게서 깎아내어서(剝: 세금을 징수함) 임금
(나라)을 봉양해야 한다. 이것이 세상의 도인 '손(損: 덜어냄)'의 이치이
다. 미혹한 번뇌를 이미 다스렸다면 이를 좇아서 도를 더욱 증장시켜

나가고 생사윤회의 원인인 무명과 갈애를 덜어나갈 수 있게 된다(增道損生). 이것은 마음을 닦는 측면에서의 '손(損: 덜어냄)'의 의미이다.

또 세상의 도로써 말하면 무릇 윗사람(임금)이 된 자가 반드시 그 수고롭게 하면서도 원망을 사지 않고(勞而不怨), 하고자 하면서도 탐하지 않는다면(欲而不貪)[552] 진실로 충분히 백성에게서 믿음을 얻을 수 있다. 비록 덜게 되더라도 크게 길하여 허물이 없는 것이다. 무릇 아랫사람(정치관료)은 반드시 가히 올바른 일로써 윗사람(임금)을 이롭게 할지언정 아첨으로 조공하지 말고, 괴이한 것(괴이한 물건이나 지방 특산물)을 올리지 말며, 백성을 수고롭게 하고 재물을 손상시킬 수 있는 각종의 폐단을 임금에게 개진하지 말아야 곧 가는 바를 둠이 이로울 수 있다(利有攸往).

대개 아랫사람이 윗사람을 섬김은 사람이 천지의 귀신과 조상의 종묘를 섬기는 것과 같다. 제사를 올리는 것은 그 정성으로써 하는 것이지, 그 제물로써 하는 것이 아니다. 다만 두 그릇의 제기로도 충분히 제사 드릴 수 있는데, 어찌 많은 제물을 올리는 것만이 공경이라 하겠는가?

마음을 관찰하는 것으로 보면, 부처의 세계(佛界)가 곧 생사윤회의 세계(九界)임을 믿으면 크게 길하여 허물이 없다. 생사윤회의 세계가

---

552 『논어』「요왈堯曰」편에 "공자가 이르기를, 정치하는 사람이 백성에게 혜택을 베풀되 재화를 허비하지 않으며, 백성에게 일을 시키되 원망을 사지 않으며, 하고 싶은 일(仁)을 베풀되 탐내지 않으며, 안락하게 임하되 교만하지 않으며, 위엄으로 임하되 사납지 않아야 한다(子曰, 君子惠而不費 勞而不怨 欲而不貪 泰而不驕 威 而不猛.)"라는 내용으로 언급되고 있다.

곧 부처의 세계임을 깨닫게 되면 생사윤회의 세계에 마음을 빼앗기지 않고 부처의 세계로 나아갈 수 있어 이롭다. 두 진리의 세계(二諦: 眞諦와 俗諦, 智慧와 無明, 佛界와 九界)를 무너뜨리지 않고 중도를 향유할 수 있는 것이다.

象曰 損은 損下益上하야 其道ㅣ 上行이니 損而有孚ㅣ면 元吉无
단왈 손 손하익상   기도   상행   손이유부   원길무

咎可貞利有攸往이니 曷之用二簋可用享은 二簋ㅣ 應有時며 損
구가정이유유왕   갈지용이궤가용향   이궤 응유시   손

剛益柔ㅣ 有時ㅣ니 損益盈虛를 與時偕行이니라.
강익유   유시   손익영허   여시해행

「단전」에 이르길 '손損'은 아래를 덜어서 위에 더하여 그 도가 위로 행함이니, 더는 데 믿음을 두면 '크게 선하고 길하고 허물이 없어서 가히 바르게 한다. 가는 바를 둠이 이롭다(元吉无咎可貞利有攸往)'는 것이니, '어디에 쓸 것인가? 두 개의 대그릇에 가히 제사지낸다(曷之用二簋可用享)'는 것은 두 개의 대그릇이 마땅히 때가 있으며, 강剛을 덜어서 유柔에 더함이 때가 있으니, 덜고 더하고 차고 비는 것을 때에 따라 함께 행하는 것이다.

下濟爲益, 上行爲損, 此聖賢觀於天下萬世不易之道而立此名也. 上必有孚, 乃可損下而元吉無咎. 下必可貞, 乃利有攸往以益上. 雖二簋亦可用享, 蓋不過各論其時, 但貴與時偕行而已.

아래를 구제해 주는 것은 '익益'이 되고, 위로 행해지는 것은 '손損'이 된다. 이것은 성현이 천하 만세토록 바뀌지 않는 도를 관찰하고서

이러한 이름을 지으신 것이다. 윗사람(임금)은 반드시 미더움이 있어야
만 '아래를 덜어낼 수 있어(損下)' 크게 길하여 허물이 없고, 아랫사람(정
치관료)은 반드시 올곧아야만 갈 바를 둠이 이로워서(관료가 되어 백성의
이익을 위해 일할 수 있어) '위를 더해 줄 수 있는 것(益上)'이다. 비록
두 대그릇으로도 역시 제사드리는 데 쓰일 수 있다는 말은 대체적으로
각각 그 시기를 논하는 것에 불과하지만, 다만 때와 더불어 실천하는
것을 중요하게 여긴다는 의미일 뿐이다.

象曰 山下有澤이 **損**이니 **君子** ㅣ **以**하야 **懲忿窒欲**하나니라.
상 왈 산 하 유 택　　손　　　군 자　 이　　　　징 분 질 욕

「상전」에 이르길 산(山, ☶) 아래에 못(澤, ☱)이 있는 것이 '손損'이니,
군자가 이를 본받아 성냄을 징계하고 욕심을 막아낸다.

山下有澤, 則山必日損. 君子以爲吾心之當損者莫若忿欲, 故懲忿則
如摧山, 窒欲則如塡壑, 俾復於平地而後已也.

산 아래에 못이 있으면 산은 반드시 날마다 덜어진다. 군자는 자기
마음에서 마땅히 덜어내야 할 것은 성냄과 욕심만 한 것이 없다고
생각한다. 그러므로 성내는 마음을 다스리기를(懲忿) 곧 산을 누르듯이
하고, 욕심을 막기를 곧 웅덩이를 메우듯이 하여, 하여금 평지처럼
(마음을 청정하고 반듯하게) 회복한 이후에 그칠 뿐이다.

初九는 **已事** ㅣ어든 **遄往**이라아 **无咎** ㅣ리니 **酌損之**니라.
초 구　　 이 사　　　 천 왕　　　 무 구　　　 작 손 지

초구는 일을 마치면 빨리 가야 허물이 없을 것이니, 참작하여 덜어야
한다.

象曰 已事遄往은 尚合志也일새라.
상왈 이사천왕   상합지야

「상전」에 이르길 '일을 마치면 빨리 간다(已事遄往)'는 것은 위와 뜻이
합하기 때문이다.

初與四爲正應, 宜損我以益四者也. 四方陰柔有疾, 故宜已我之事, 而
速往益之, 則得無咎. 然以剛益柔, 但使斟酌得中可耳, 勿令過也. 以
剛正而應柔正, 故往則合志.

초효는 사효와 바르게 상응하고 있으므로 마땅히 나의 것을 덜어서
사효에게 보태주어야 한다. 육사는 바야흐로 음효로서 유약하고 질병이
있기 때문에 마땅히 내가 일을 마치면 빨리 가서 보태주어야 허물이
없다. 그러나 강(剛, 초구)으로써 유(柔, 육사)를 도와줄 경우에는 다만
그 적당함(中)을 고려하는 것이 좋다. 넘치게 해서는 안 되는 것이다.
강건한 양효로써 바른 자리에 있는 초구가 유순한 음효로써 바른 자리에
있는 육사와 상응하기 때문에, 가면 곧 뜻을 합할 수 있는 것이다.

九二는 利貞코 征이면 凶하니 弗損이라아 益之리라.
구이   이정 정   흉   불손   익지

구이는 바르게 하는 것이 이롭고 가면 흉하니, 덜지 않아야 더할 수
있다.

象曰 九二利貞은 中以爲志也ㅣ라.
상 왈 구 이 이 정　중 이 위 지 야

「상전」에 이르길 구이가 바르게 함이 이롭다는 것은 중中으로써 뜻을
삼기 때문이다.

九二剛中而不過剛, 六五柔中而不過柔, 各守其貞可矣, 又何須更往
益之, 以成過猶不及之凶哉. 弗損而益, 其益乃大, 故五有或益以十朋
之龜者.

구이는 강건하면서도 중도를 얻어 지나치게 강하지 않고, 육오도 유순
하지만 중도를 얻어 지나치게 유순하지 않다. 각각 그 올바름을 지키는
것이 옳으니, 또한 어찌 모름지기 다시 나아가서 더해줌으로써 '지나침
은 오히려 부족함만 못하다(過猶不及)'는 흉함을 이루겠는가? 덜지
않고서도 이익이 되는 것, 그것이야말로 큰 이익이라 할 수 있다.
그러므로 오효 효사에 혹 '열 벗의 거북(十朋之龜)'으로 이익이 있다고
하는 것이다.

六三은 三人行앤 則損一人코 一人行앤 則得其友ㅣ로다.
육 삼　삼 인 행　즉 손 일 인　일 인 행　즉 득 기 우

육삼은 세 사람이 가는 데는 곧 한 사람을 덜고, 한 사람이 가는 데는
곧 그 벗을 얻는다.

象曰 一人行은 三이면 則疑也ㅣ리라.
상 왈 일 인 행　삼　즉 의 야

「상전」에 이르길 '한 사람이 간다(一人行)'는 것은 셋이면 곧 의심하기 때문이다.

六三與下二爻, 皆損下以益上者也. 初二仍陽, 三獨變而爲陰, 三人行損一人矣. 今以一陰上行而益上九, 在我固爲國爾亡家, 而上九陽剛, 反能以弗損之益益我, 不亦得其友乎. 所以凡事宜專一也.

육삼과 아래의 두 효(초구, 구이)는 모두 아래를 덜어서 위를 더해 주는 자이다. 초구와 구이는 모두 양효이지만 육삼만이 홀로 변하여 음효가 되었다. '세 사람이 가는 데 한 사람을 던다(三人行損一人)'는 의미이다. 지금 하나의 음(육삼)이 위로 올라가서 상구를 더해 주고 있다. 나(육삼)의 입장에서는 진실로 나라를 위해 집안을 잊은 행위이지만, 양효로 강건한 상구가 도리어 덜지 않은 이익으로 나를 도와주니, 또한 그 벗을 얻은 것이 아니겠는가! 까닭에 모든 일을 마땅히 전일하게 해야만 한다.

六四는 **損其疾**호되 **使遄**이면 **有喜**하야 **无咎** ㅣ 리라.
육 사 　손 기 질 　　사 천 　　유 희 　　무 구

육사는 그 병을 덜되 빨리하게 하면 기쁨이 있어서 허물이 없다.

象曰 損其疾하니 **亦可喜也** ㅣ 로다.
상 왈 손 기 질 　　역 가 희 야

「상전」에 이르길 '그 병을 던다(損其疾)' 하니 또한 가히 기쁘다.

陰柔不中, 疾也. 初九已遄來益我, 我但資初九以自損其疾, 則初有喜
而我無咎矣. 遄指初九.

음효로서 유약하고 중을 얻지 못한 것이 병이다. 초구가 일을 끝내면
빨리 와서 나(육사)를 더해 줄 것이다. 나는 다만 초구에게 도움을
받아서 스스로 그 병을 덜어낸다면 초구에게는 기쁨이 있고 나는 허물이
없게 되는 것이다. '빨리한다(遄)'는 것은 초구를 가리킨다.

六五는 **或益之**면 **十朋之**라. **龜**도 **弗克違**하리니 **元吉**하니라.
육 오　　혹 익 지　　십 붕 지　　귀　　불 극 위　　　원 길

육오는 혹 더하면 열 벗이다. 거북도(거북점을 치더라도) 능히 어기지
못할 것이니 크게 길하다.

象曰 六五元吉은 **自上祐也**ㅣ라.
상 왈 육 오 원 길　　자 상 우 야

「상전」에 이르길 육오가 크게 길한 것은 위로부터 돕기 때문이다.

柔中虛己以應九二, 九二守貞, 弗以有形之物益之, 故能使天下歸心,
罔不來益以重寶也. 蓋人君能虛心用賢, 則合於上天, 而自上祐之矣.

유순하면서 중을 얻어 자기를 비움으로써 구이와 상응하고 있다. 구이
는 바름은 지키지만 유형의 물질로 그를 도와주지는 못한다. 그러므로
능히 천하의 민심이 그(육오, 임금)에게 돌아오게 하니, (결과적으로
모든 백성이 임금을) 찾아와 귀중한 보배로써 도와주는 결과가 된다.

대개 임금이 능히 마음을 비우고 어진 사람을 등용해서 쓰면 하늘의 뜻에 부합하여 하늘로부터 도움을 받게 되는 것이다.

上九는 **弗損**코 **益之**면 **无咎**코 **貞吉**하니 **利有攸往**이니 **得臣**이 **无**
상구　불손　익지　무구　정길　　이유유왕　　득신　무

家 ㅣ리라.
가

상구는 덜지 말고 더하면 허물이 없고 바르게 하여 길하니, 가는 바를 둠이 이롭다. 신하를 얻음이 집이(경계가) 없다.

象曰 弗損益之는 **大得志也** ㅣ라.
상왈　불손익지　　대득지야

「상전」에 이르길 '덜지 말고 더한다(弗損益之)'는 것은 크게 뜻을 얻는 것이다.

上九受六三之益極矣. 苟不有以報之, 三雖無怨, 人必不服, 安能無咎, 安能貞吉, 安能利有攸往. 然欲益三, 正不必損我也. 蓋三之爲臣, 固所謂國爾亡家者, 但深鑒其一人獨行之誠, 則大得其志, 而三以爲得友矣, 是謂弗損益之.

상구는 육삼의 극진한 도움을 받았다. 진실로 그에게 보답하지 않는다면 육삼이 비록 원망은 않더라도 사람들은 필연코 복종하지 않게 될 것이다. 어찌 허물이 없을 것이며, 어찌 바르고 길할 것이며, 어찌 뜻을 펴는 데 있어 이로울 수 있겠는가? 그렇지만 육삼에게 보답하고자 한다고 해서 바로 나(상구)를 덜어낼 필요는 없다. 대개 육삼은 신하가 되니, 진실로 이른바 '나라만을 생각할 뿐, 집안을 잊은 자이다(國爾亡 家).'[553] 다만 그 한 사람이 홀로 행하는 정성을 깊이 살핀다면 크게 그(육삼)의 뜻을 얻어서 육삼과 벗이 될 수 있을 것이다. 이것이 '덜지 말고 더한다(弗損益之)'는 말이다.

---

[553] 『한서漢書』「가의전賈誼傳」에 "곧 신하된 자는 임금만을 위할 뿐 자신을 잊은 자이며, 나라만을 위할 뿐 집안을 잊은 자이며, 공익만을 위할 뿐 사적인 이익을 잊은 자이며, 이익을 좇아 나가지도 않고 손해가 된다고 해서 도망가지도 않는다. 오직 의로움만을 마음에 간직할 뿐이다(則爲人臣者, 主耳忘身 國耳忘家 公耳忘私 利不苟就 害不苟去 唯義所在.)"라는 내용으로 언급되고 있다.

(42) ䷩ 풍뢰익風雷益

益은 利有攸往하며 利涉大川하니라.
익   이유유왕   이섭대천

'익益'은 가는 바를 둠이 이로우며, 큰 내를 건너는 것이 이롭다.

損而有孚, 則與時偕行, 可以致益, 此世間盈虛消息之理也. 增道損
生, 則日進於自利利他之域, 此觀心成益也. 攸往以處常, 涉川以處
變, 苟得其益之道, 則無不利矣.

덜어내는 경우에는 믿음이 있어야 때와 더불어 행해서 이익을 얻을
수 있다. 이것이 세상의 차고 비우고 성장하고 소멸하는 이치이다.
도를 더욱 증장시켜 생사윤회의 원인인 무명과 갈애를 덜어나간다면
(增道損生) 나날이 자신도 이롭고 남도 이롭게 할 수 있는 깨달음의
경계로 발전해 갈 수 있다. 이것이야말로 마음을 닦는 데 있어 이익을
성취하는 것이라 할 수 있다. 가고자 하는 바로써 항상함에 거처하고,
내를 건넘으로써 변화에 거처하여[554] 진실로 그 '익益'의 도를 얻으면
이롭지 않음이 없는 것이다.

---

554 곧 이루고자 하는 큰 방향의 목적과 이상의 가치를 위해 일상의 삶을 살고(攸往以
處常), 그러한 목적과 가치의 성취를 위해 자신 앞에 놓인 고난을 무릅쓰고
적극적으로 실천의 행동에 나서야 된다(涉川以處變)는 의미이다.

象曰 益은 損上益下하니 民說无疆이오 自上下下하니 其道ㅣ大
단왈 익   손상익하   민열무강   자상하하   기도 대

光이라. 利有攸往은 中正하야 有慶이오 利涉大川은 木道ㅣ乃行
광   이유유왕 중정   유경   이섭대천   목도 내행

이라. 益은 動而巽하야 日進无疆하며 天施地生하야 其益이 无方
익   동이손   일진무강   천시지생   기익 무방

하니 凡益之道ㅣ與時偕行하나니라.
범익지도   여시해행

「단전」에 이르길 '익益'은 위를 덜어 아래에 더해 주는 것이니 백성의
기뻐함이 끝이 없음이요, 위로부터 아래로 내리니 그 도가 크게 빛난다.
'가는 바를 둠이 이롭다(利有攸往)'는 것은 가운데 하고 바르게 하여
경사가 있는 것이고, '큰 내를 건너는 것이 이롭다(利涉大川)'는 것은
목도木道가 이에 행하는 것이다. '익益'은 움직이고 겸손해서 날로 나아
감이 지경(끝)이 없으며, 하늘이 베풀고 땅이 낳아서 그 더함이 방소가
없으니, 무릇 '익益'의 도가 때와 더불어 함께 행한다.

中正, 指九五六二言之. 震巽皆屬木, 故其道可涉川. 天施, 故坤得其
初爻而爲震. 地生, 故乾得其初爻而爲巽. 然不止於震巽而已, 擧凡坎
離艮兌等, 無非天施地生之益, 故其益無方, 而與時偕行也. 益卽全體
乾坤, 全體太極, 全體易道, 其餘六十三卦無不皆然. 聖人姑擧一隅,
令人自得之耳. 佛法釋者, 損佛界之上, 以益九界之下. 損己利人, 故
民說無疆. 本高跡下, 故自上下下, 而其道大光. 天行, 聖行, 名爲中
正. 梵行起於嬰病二行, 名爲木道乃行. 放光現瑞以動之, 四辯說法以
巽之. 開圓解以顯性德名爲天施, 立圓行以成修德名爲地生. 種而熟,
熟而脫, 番番四悉, 名爲與時偕行.

'중정中正'은 구오와 육이를 가리켜서 한 말이다. 우레(震, ☳)와 바람 (巽, ☴)은 모두 목木에 해당한다. 그러므로 그 도(木道)[555]로 내를 건널 수 있는 것이다. 하늘이 베푸는 까닭으로 곤(坤, ☷)괘가 그 초효(하늘 괘인 乾☰괘의 초효)를 얻어서 우레(震, ☳)괘가 되었다. 땅이 생하는 까닭으로 건(乾, ☰)괘가 그 초효(땅 괘인 坤☷괘의 초효)를 얻어서 바람(巽, ☴)괘가 되었다. 그렇지만 진괘와 손괘에만 그치는 것은 아니다. 예를 들면 무릇 감(坎, ☵), 이(離, ☲), 간(艮, ☶), 태(兌, ☱)괘 등이 하늘이 베풀고 땅이 낳는 이익이 아님이 없다. 그러므로 그 이로움은 방소가 없고 때와 더불어 행해진다는 것이다. 익益괘는 곧 전체적인 건괘와 곤괘이며, 전체적인 태극이며, 전체적인 역易의 도이다. 그 나머지 63괘 모두도 그렇지 않음이 없다. 성인이 짐짓 하나의 예만을 특정하여 사람들로 하여금 스스로 깨닫게 한 것뿐이다.

불법으로 해석하면, 불계의 위를 덜어서 모든 중생세계(九界)의 아래를 더해 주는 것이라 할 수 있다. 자기를 덜어서(헌신하여) 남을 이롭게 하는 까닭으로 '백성의 기뻐함이 끝이 없다(民說無疆)'고 한다. 부처님이 중생의 제도를 위해서 보살의 몸을 드러내는(本高跡下)[556]

---

555 옛날에는 바다와 강을 건너기 위해서는 나무로 만든 목선을 이용하였다. 풍뢰익 괘는 하괘의 진(震, ☳)괘는 동방목으로 양목陽木에 해당하고, 상괘의 손(巽, ☴)괘도 동방목으로 음목陰木에 해당한다. 음목의 나무로 배를 만들고 양목의 나무로 노를 깎아 물 위에서 노를 저어 바람을 따라 흘러가는 것이 바로 '木道'를 의미한다.

556 본고적하本高跡下: 천태종에서는 본적이문本跡二門의 고하를 논하는 사구四句를 세우고 있다. 곧 ①본고적하本高跡下, ②본하적고本下跡高, ③본적구고本跡俱高,

까닭으로 '위로부터 아래로 내려가서(自上下下), 그 도가 크게 빛난다
(其道大光)'고 한다. 천행天行과 성행聖行을 '중정中正'이라고 하고, 범행
梵行이 영아행嬰兒行과 병행病行[557]의 두 가지 행에서 비롯되는 것을
'목도木道가 이에 행해진다(木道乃行)'고 하는 것이다. 자비와 지혜의
광명으로 중생계를 비추시고 상서로운 보살의 모습을 드러내는 것으로
써(放光現瑞) 중생을 제도하고(震, ☳), 네 가지 뛰어난 변재(四辯)[558]로
설법함으로써 겸손하게 중생들을 교화하며(巽, ☴), 원만한 이해를
열어서 중생들의 불성의 덕을 드러나게끔 하는 것을 '하늘이 베푼다(天
施)'고 한다. 원만한 보살행을 세움으로써 닦음(수행)의 덕을 성취하게
하는 것을 '땅이 낳는다(地生)'고 하며, 부처의 씨앗을 심어 성숙시키고
성숙시켜 해탈을 이루게 하기 위해 매번 네 가지 교화의 방법(四悉:
四悉壇, catvāra siddhāntā)을 실천하시는 것을 '때와 더불어 행한다(與時
偕行)'고 하는 것이다.

象日 風雷ㅣ益이니 君子ㅣ 以하야 見善則遷하고 有過則改하나니라.
상 왈 풍 뢰 익 군 자 이 견 선 즉 천 유 과 즉 개

④ 본적구하本跡俱下가 그것이다. '본고적하'는 부처님이 중생의 제도를 위해서
보살의 몸을 시현示現하는 것이고, '본하적고'는 보살이 본래의 불신佛身을 시현
하는 것이다. 또한 '본적구고'는 부처님이 불신을 드러내는 것이고, '본적구하'는
초지初地의 보살이 초지의 상相을 드러내는 것을 말한다. 지욱이 여기서 표현하
고 있는 '본고적하' 역시 이미 깨달음의 세계에 든 부처님이 생사윤회의 세계인
중생계에 몸을 시현함을 의미한다.

557 중천건괘 「문언전」, '亢之爲言也'에 대한 주석 참조.
558 택산함괘 상육에 대한 주석 참조.

「상전」에 이르길 바람(風, ☴)과 우레(雷, ☳)가 '익益'이니, 군자가
이를 본받아 착한 것을 보면 옮기고 허물이 있으면 고친다.

風以鼓之, 遷善之速也. 雷以動之, 改過之勇也. 陸庸成曰, 風之入也
最微, 故片善不遺, 纖過必剔. 雷之發也最迅, 故遷無齟念, 改無停機.

바람으로써 고무시킨다는 것은 신속하게 선함으로 옮겨 가라는 의미이
고, 우레로써 움직인다는 것은 용감하게 허물을 고치라는 의미이다.

　육용성陸庸成[559]은 말하기를 "바람은 가장 미세한 곳까지 스며든다.
그러므로 작은 선행도 빠뜨리지 않고, 작은 허물도 반드시 척결한다.
우레의 울림은 가장 빠르므로 옮겨 감에 아무런 망설임이 없고, 고치는
데 있어 한순간의 머뭇거림도 없다"라고 하였다.

初九는 利用爲大作이니 元吉이라아 无咎ㅣ리라.
초구　　이용위대작　　원길　　무구

초구는 크게 짓는 것이 이로우니, 크게 길하여야 허물이 없을 것이다.

象曰 元吉无咎는 下ㅣ 不厚事也ㄹ새라.
상왈 원길무구　하　불후사야

「상전」에 이르길 '크게 길하여야 허물이 없다(元吉无咎)'는 것은 아래가

---

559 육용성陸庸成: 생몰연대 미상. 명대의 역학가로, 원래 이름은 진기振奇, 자는
　　용성庸成이며 전당(錢塘: 지금의 浙江省 杭州) 출신이다. 저서로 『역개易芥』가
　　있는데, 『사고전서』에 그 목록이 기재되어 있다. 『주역선해』에 그의 역석易釋이
　　있는 곳은 본 익괘 단 한 곳뿐이다.

두터운 일을 못하기 때문이다.

居益之初, 受上益最厚者也. 以下位受此厚益, 可安然無所事乎. 然剛
正而爲震主, 必能大作以致元吉, 則無咎矣. 蘇眉山曰, 益之初九, 損
之上九, 皆正受益者也. 彼自損而專益我, 將以厚責我也, 我必有以塞
之, 故損上九利有攸往, 益初九利用大作. 然上之有爲也其勢易, 有功
則其利倍, 有罪則其責薄. 下之有爲也其勢難, 有功則利歸於上, 有罪
則先受其責, 故元吉而後無咎, 以所居者非厚事之地也.

익益괘의 초효에 자리하여 위의 도움을 가장 후하게 받는 자이다.
아래 자리에 있으면서 이렇듯 후한 도움을 받으니 가히 편안하여 할일이
없지 않겠는가! 그렇지만 강건하고 바르게 자리하고 있으면서 진(震,
☳)괘의 주효가 되니, 반드시 크게 지음으로써 크게 길할 수 있어
허물이 없다고 한다.

　소미산이 말하길 "익益괘의 초구와 손損괘의 상구는 모두 바르게
도움을 받은 자들이다. 저들이 덜어내서 오직 나(익괘의 초구, 손괘의
상구)만을 도와주니, 장차 내가 풍족해지게 되면 도리어 나를 책망하게
될 것이다. 나는 반드시 방비책을 세워두고 있어야 한다. 그러므로
손괘 상구에서는 '가는 바를 둠이 이롭다(利有攸往)'고 하였고, 익괘의
초구에서는 '크게 짓는 것이 이롭다(利用大作)'고 한 것이다. 그러나
위에서 실천함이 있으면 그 형세는 쉽고, 공로가 있으면 그 이로움은
배가 되고, 죄가 있으면 그 책임은 가벼울 수 있다. 아래에서 실천하게
되면 그 형세는 어렵고, 공로가 있으면 이익은 윗사람에게 돌아가고,

죄가 있으면 먼저 그 책임을 질 수밖에 없다. 그러므로 크게 길한 이후에야 허물이 없다는 것이다. 자리하고 있는 곳이 큰일(厚事)을 할 수 있는 처지가 아니다"라고 하였다.

六二는 或益之면 十朋之라. 龜도 弗克違나 永貞이면 吉하니 王
육 이 혹 익 지 십 붕 지 귀 불 극 위 영 정 길 왕

用享于帝라도 吉하리라.
용 향 우 제 길

육이는 혹 더하면 열 벗이다. 거북(점)도 능히 어기지 않으나 영원토록 바르게 하면 길하니, 왕이 상제께 제사지내더라도 길할 것이다.

象曰 或益之는 自外來也] 라.
상 왈 혹 익 지 자 외 래 야

「상전」에 이르길 '혹 더한다(或益之)'는 것은 밖으로부터 오는 것이다.

陰柔中正, 以受九五陽剛中正之益. 惠我以心, 而不惠我以物, 故能使天下歸心, 罔不來益我以重寶也. 爲臣則永貞吉, 不可因天祐人助而異其心, 爲王則用享於帝吉, 自新新民而其命維新. 象曰, 自外來者, 明其非心所期, 以本無計功謀利之私故也.

음효로서 유약하지만 중정하여 양효로 강건하고 중정한 구오의 도움(益, 신임)을 받고 있다. 나(육이)에게 마음으로 혜택을 베푸는 것이지, 물질로써 나에게 혜택을 주는 것은 아니다. 그러므로 능히 천하 사람들로 하여금 진정 마음으로 복종하게 하는 것이다. (결과적으로) 귀중한

보배를 가지고 와서 나를 이익 되게 하는 것이라 할 수 있다. 신하가 되었다면 항구하게 바르게 하는 것이 길하다. 하늘이 돕고 사람이 돕는 상황에 따라 그 마음을 달리하는 것은 옳지 않다. 왕이 되었다면 상제에게 제사를 올리는 것이 길하다. 자신도 새로워지고 백성을 새롭게 하여야 그 천명이 오로지 새로워지기 때문이다. 「상전」에서 말하는 '밖으로부터 온다(自外來)'는 것은 그 마음으로 대가를 기대하지 않음으로써 본래 공로를 계획하고 이익을 도모하고자 하는 사사로움이 없음을 밝힌 것이다.

六三은 益之用凶事앤 无咎ㅣ어니와 有孚中行이라야 告公用圭리라.
육 삼 익 지 용 흉 사 무 구   유 부 중 행   고 공 용 규

육삼은 더함을 흉한 일에 쓰는 것은 허물이 없지만, 믿음을 두고 중도로 행하여야 공公에게 고하여 규(圭: 신임장)를 쓸 것이다.

象曰 益用凶事는 固有之也ㅣ라.
상 왈 익 용 흉 사 고 유 지 야

「상전」에 이르길 더함을 흉한 일에 쓰는 것(益用凶事)은 굳게 두기 때문이다.

不中不正, 居下之上, 而受上九之擊. 其擊我也, 正所以益我也. 知凶事之眞能益我, 則無咎矣. 位雖不中, 而有孚則爲中行, 可以告公用圭. 公指上九, 圭以通信, 信通則圭仍還公, 不取公之物益我, 但取公之擊以益我耳. 恒人每以凶事爲非益, 故聖人特明凶事之益固有之,

能信凶之爲益, 則不凶矣.

가운데 하지도 못하고 자리도 바르지 못하면서 하괘의 맨 윗자리에
거처하고 있다. 상구의 다스림을 받지만, 그가 나를 다스리는 것은
바로 나를 이롭게 하고자 하기 때문이다. '흉한 일(凶事: 擊我)'이 진실로
능히 나를 이롭게 하는 것임을 안다면 허물이 없다. 자리가 비록 중도를
얻지는 못했지만 믿음이 있다면 중도를 행하는 것으로, 공公에게 고하
여 규圭를 활용할 수 있다. '공公'은 상구를 가리키고 '규圭'로 믿음을
서로 통하는 것이다. 믿고 통하게 되면 규圭를 바로 공에게 되돌려주어
야 한다. 공의 물건(圭: 신임장)이 나를 이롭게 하는 것에 매달리지
말고, 다만 공의 다스림으로써 내가 이롭게 되는 것에 만족해야만
한다. 항상 사람들은 매번 흉한 일은 이익이 되지 않는다고 생각한다.
그러므로 성인(周公)께서 흉한 일의 이익이 진실로 존재함을 특별히
밝히셨다. 흉함이 이익이 될 수 있음을 믿는다면 곧 흉하지 않을 수
있는 것이다.

六四는 中行이면 告公從하리니 利用爲依며 遷國이니라.
육사   중행   고공종   이용위의   천국

육사는 중도를 행하면 공公에 고하여 좇게 할 것이니, 의지하며 나라를
옮기는 것이 이롭다.

象曰 告公從은 以益志也ㅣ라.
상왈 고공종   이익지야

「상전」에 이르길 '공에게 고하여 좇게 하는 것(告公從)'은 (백성에게)

더하려는 뜻이다.

六四與上二爻, 皆損上以益下者也. 五上仍陽, 四獨變而爲陰, 是直以
身殉民, 豈非遷國之象, 豈非中行之道乎. 初爻旣受我益, 剛而得正,
有大公之心, 方將利用大作以報我, 我卽以之爲依可矣. 由其志在益
民, 故民皆以公心從之.

육사는 위의 두 효(구오, 상구)와 더불어 모두 위를 덜어서 아래를
더해 주는 자들이다. 구오와 상구는 모두 양효이지만 육사만 홀로
변하여 음효가 되었다. 이것이야말로 바로 몸으로써 백성에게 목숨을
바치는 것이라 할 수 있다. 어찌 나라를 옮길 형상이 아니며, 어찌
중도로 행하는 도가 아니겠는가? 초효는 이미 나(육사)의 도움 받아서
강건하고 바르게 되었다. 훌륭한 제후의 마음에는 바야흐로 장차 (백성
들이) 크게 지어서 나에게 보답하는 것이 이롭다고 생각해야 한다.
나는 곧 그(초구, 백성)를 의지해야만 한다. 그의 뜻이 백성을 이롭게
하는 것에 있기 때문에 백성들이 모두 공공의 마음을 따르는 것이다.

九五는 **有孚惠心**이라. **勿問**하야도 **元吉**하니 **有孚**하야 **惠我德**하리라.
구 오 유부혜심 물문 원길 유부 혜아덕

구오는 믿음을 두어 마음을 은혜롭게 한다. 묻지 않아도 크게 길하니,
믿음을 두어 나의 덕을 은혜롭게 여길 것이다.

象曰 有孚惠心이라 **勿問之矣**며 **惠我德**이 **大得志也**ㅣ라.
상왈 유부혜심 물문지의 혜아덕 대득지야

「상전」에 이르길 믿음을 두고 마음을 은혜롭게 하니 물을 것도 없으며, 나의 덕을 은혜롭게 여김이 크게 뜻을 얻는 것이다.

陽剛中正, 應於六二, 眞實以益下爲心者也. 惠之以心, 則惠而不費, 天下咸被其澤, 其元吉何必問哉. 故能感六二永貞之吉, 大得其志, 而還報我以好德也.

양효로서 강건하고 중정하며 육이와 상응하면서 진실로 아래를 이롭게 하는 데 마음을 다하는 자이다. 은혜를 베풂에 있어 마음을 다하면 은혜를 베풂이 헛되지 않아 천하 사람들이 모두 다 그(구오)의 은택을 입게 된다. 그 크게 길함을 물을 필요가 있겠는가? 그러므로 육이가 변함없이 바르게 하는 것이 길하다는 것을 느낄 수 있는 것이다. 크게 그 뜻을 얻게 되어 오히려 훌륭한 덕으로써 나(구오)에게 보은하는 것이다.

上九는 莫益之라. 或擊之리니 立心勿恒이니 凶하니라.
상구 막익지 혹격지 입심물항 흉.

상구는 더하는 사람이 없다. 혹 칠 것이니, 마음을 세움이 항상 하지 못하니 흉하다.

象曰 莫益之는 偏辭也ㅣ오 或擊之는 自外來也ㅣ라.
상왈 막익지 편사야 혹격지 자외래야

「상전」에 이르길 '더하는 사람이 없다(莫益之)'는 것은 편벽하다는 말이요, '혹 친다(或擊之)'는 것은 밖으로부터 오는 것이다.

上九本宜損己以益六三者也, 因六三不中不正, 故不與其益而反擊
之. 三固得其凶事鉗錘之益, 然在上九, 豈可恒以此立心哉. 以此立
心, 則擧凡在下者, 皆亦莫益於我, 而或擊於我矣, 故誡以立心勿恒,
恒則必凶. 上九不中不正, 不仁而在高位元, 但思益我, 不料擊我, 思
益而不得益, 故曰偏辭, 不料擊而得擊, 故曰自外來也.

상구는 본래 마땅히 자기 것을 덜어서 육삼에게 더해 주어야 하는
자이다. 육삼이 중도를 얻지 못하고 바르게 자리하지도 못했기 때문에
그를 도와주지 않고 도리어 그를 다스리고자 한다. 육삼은 진실로
그 흉한 일(상구의 다스림)로 인해 자신을 단련(鉗錘)하는 이익을 얻었
다. 그러나 상구에 있어서 어찌 항상 이것(육삼을 바르게 다스리는 것)에
만 마음의 중심을 세우겠는가? 이것에만 마음의 중심을 두면 대체로
무릇 아래에 자리한 자들 모두는 역시 나(상구)를 돕지 않고 나를
공격하게 될 것이다. 그러므로 마음을 세우되 항구하게 하지 말라고
경계하였으니, 항구하게 하면 반드시 흉하게 되기 때문이다. 상구는
중도도 얻지 못하고 바르지도 못하며, 어질지도 않으면서 고위직에
우두머리로 있다. 다만 자신만이 이롭게 되기를 생각하고 자신을 공격
할 것이란 생각은 하지 못하고 있는 것이다. 이익만을 생각하지만
이익을 얻지 못하므로 '편벽하다는 말(偏辭)'이라고 한다. 공격 받을
것을 헤아리지 못하면서 공격을 받게 되었으므로 '밖으로부터 온다(自
外來)'고 한 것이다.

주역선해 제6권 [下經之二]

(43) ䷪ 택천쾌澤天夬

夬는 揚于王庭이니 **孚號有厲** ㅣ니라. **告自邑**이오 **不利卽戎**이며
쾌   양우왕정   부호유려   고자읍   불리즉융

利有攸往하리라.
이유유왕

'쾌夬'는 왕의 뜰에서 드날림이니, 미덥게 부르짖되(호소하되) 위태롭게
여긴다. 읍邑으로부터 고하는 것이요, 군사에 나아가는 것이 이롭지
않으며, 가는 바를 둠이 이롭다.

約世道, 則民說無疆, 坐享豐樂, 而所行必決. 約佛法, 則損己利他,
化功歸己, 決當進斷餘惑, 證極果也. 夫世間豈容有陽而無陰, 有男而
無女, 有君子而無小人, 然陰居陽上, 女占男先, 小人據於君子之上,

則必將共決去之, 必將至王庭以揚之, 必將相約相信而聲明其罪以號
之, 凡此皆有屬之道也. 吾謂宜反身修德而告自邑, 不宜以力爭而卽
戎, 但使以德往化, 則無不利矣. 佛法釋者, 體惑法界, 卽惑成智, 名告
自邑, 敵對相除, 名爲卽戎.

세상의 이치로 요약하면, 백성들이 끝없이 향락에 빠져 앉아 놀면서
풍요로움 속에 향락만을 즐기고자 한다면 그러한 행위를 반드시 결단
(決: 제재)해야만 한다. 불법으로 요약하면, 자신을 희생하여 남을
이롭게 하여 교화의 공덕이 자신에게 되돌아오게 되더라도 결단코
남은 미혹을 끊고 궁극적인 깨달음(極果: 성불)의 증득을 위해 수행을
발전시켜 나가야만 한다.

　대저 세상에 어찌 양만 있고 음이 없으며, 남자만 있고 여자가 없으며,
군자만 있고 소인이 없는 것을 용납할 수 있겠는가? 그렇지만 음이
양의 윗자리에 자리하고, 여자가 남자 앞에 나서고, 소인이 군자 위에서
세력을 떨치고 있다면 반드시 함께 결단하여 그들을 제거해야 할 것이
다. (잘못을 결단하는 데 있어) 반드시 왕의 뜰(공개된 왕궁의 안,
왕의 집무실)에서 죄목을 밝혀야 할 것이며, 반드시 상호간의 약속과
서로 간의 신뢰를 바탕으로 그 죄를 성토하여 밝힘으로써 죄의 처벌을
호소(號)해야 하는 것이다. 무릇 이것은 모두 위태로움이 있을 수
있는 도이다.

　나(지욱)는 마땅히 먼저 자신을 돌이켜 덕을 닦아서 '읍으로부터
고하는 것(告自邑)'이 옳다고 말하고 싶다. 마땅히 힘으로써 싸우려
군사를 일으키지는 말아야 한다. 다만 덕으로써 나아가서 교화시킨다

면 이롭지 않음이 없다.

불법으로 해석하면, 미혹이 바로 진리의 세계(法界)임을 체득해서 미혹을 상대하여 지혜를 성취할 수 있는 것을 '읍으로부터 고한다(告自邑)'고 한다. 미혹의 번뇌를 상대하여 제거하는 것을 '전쟁에 나아간다(卽戎)'고 하는 것이다.

象曰 夬는 決也ㅣ니 剛決柔也ㅣ니 健而說하고 決而和하니라. 揚
단왈 쾌 결야 강결유야 건이열 결이화 양

于王庭은 柔ㅣ 乘五剛也ㅣ오 孚號有厲는 其危ㅣ 乃光也ㅣ오 告
우왕정 유 승오강야 부호유려 기위 내광야 고

自邑不利卽戎은 所尙이 乃窮也ㅣ오 利有攸往은 剛長이 乃終也
자읍불리즉융 소상 내궁야 이유유왕 강장 내종야

ㅣ리라.

「단전」에 이르길 '쾌夬'는 결단하는 것이니, 강剛이 유柔를 결단함이요, 굳세면서 기뻐하고 결단해서 화합하는 것이다. '왕의 뜰에서 드날린다(揚於王庭)'는 것은 유柔가 다섯 강剛을 타는 것이요, '미덥게 부르짖되 위태롭게 여긴다(孚號有厲)'는 것은 그 위태함이 이에 빛남이요, '읍으로부터 고하고, 군사에 나아가는 것이 이롭지 않다(告自邑不利卽戎)'는 것은 숭상하는 바가 이에 궁색하게 되는 것이요, '가는 바를 둠이 이롭다(利有攸往)'는 것은 강한 것이 자라서 이에 마치는 것이다.

健而說, 決而和, 正明應以德化, 不應以力爭也. 知危則光, 尙力則窮. 利有攸往, 則以德化小人, 小人皆爲君子, 而剛長乃終也.

'굳세면서 기뻐하고(健而說), 결단해서 화합한다(決而和)'는 것은 바로

마땅히 덕으로써 교화하고 마땅히 힘으로써 싸우지 않아야 됨을 밝힌
것이다. 위태롭게 여길 줄 알면 빛날 수 있지만, 힘만을 숭상하게
되면 궁색해질 수밖에 없다. '가는 바를 둠이 이롭다(利有攸往)'는 것은
곧 덕으로써 소인을 교화하여 소인들이 모두 군자가 될 수 있도록
하기 때문이다. 강강(剛)이 성장해 가는 것도 이로써 끝마치게 된다.

象曰 澤上於天이 夬니 君子ㅣ 以하야 施祿及下하며 居德하야 則
상왈 택상어천 쾌 군자 이 시록급하 거덕 칙

忌하나니라.
기

「상전」에 이르길 못(澤, ☱)이 하늘(天, ☰)에 오르는 것이 '쾌夬'니,
군자가 이를 본받아 녹을 베풀어 아래에 미치게 하며, 덕에 거하여
꺼려하는 것을 법칙으로 삼는다.[560]

祿宜施, 德宜居, 祿不施則恩枯, 德不居則本喪. 又以此施祿, 則及下
而可以化人. 以此居德, 則自滿而爲人所忌.

---

[560] '거덕칙기居德則忌'에 대해 정자의 『이천역전』에서는 "그 터지고 무너지는 상을
관찰하여, 덕에 거하여 금기사항을 법제화 한 것(居德則忌)이다. '덕에 거한다(居
德)'는 것은 그 덕에 편안히 처한다는 말이고, '칙則'은 약속이고 '기忌'는 막는다는
의미이다. 막고 금하는 사항을 약속하여 세운다는 말이다. 막고 금하는 것이
있으면 무너지고 흐트러지는 것이 없게 될 것이다. 왕필이 '금기사항을 밝힌다(明
忌)'고 하였으니, 또한 통한다(觀其決潰之象 則以居德則忌. 居德謂安處其德則約
也. 忌防也. 謂約立防禁 有防禁則無潰散也. 王弼, 作明忌, 亦通.)"라고 풀이하고
있다. 본서에는 이러한 정자의 해석을 따른다.

(나라를 다스리고 백성을 교화함에 있어) 녹을 마땅히 베풀어야 하고, 덕을 마땅히 기본으로 삼아야 한다. 녹이 베풀어지지 않으면 은혜가 메말라버리고, 덕을 기본으로 삼지 않으면 통치의 근본을 잃게 된다. 또한 이것(곧 택천쾌의 괘상을 본받음)으로써 녹을 베풀면 아래에까지 영향을 미치게 되어 사람들을 교화할 수 있고, 이것으로써 덕에 머물면 저절로 만족하게 되어 사람들이 나쁜 일들을 꺼려하게 된다.[561]

初九는 **壯于前趾**니 **往**하야 **不勝**이면 **爲咎**ㅣ리라.
초구 장우전지 왕 불승 위구

초구는 앞 발가락에 장함이니, 가서 이기지 못하면 허물이 될 것이다.

象曰 不勝而往이 **咎也**ㅣ라.
상왈 불승이왕 구야

「상전」에 이르길 이기지 못하면서도 가는 것이 허물이다.

---

[561] 지욱은 위의 「상전」을 선해하면서 나라를 다스리고 백성을 교화하는 나라의 통치자에게 택천쾌의 괘상을 본받아 두 가지 실천사항을 주문하고 있음을 알 수 있다. 하나는 정치 관료에게 일한 만큼 적절한 봉록을 줌으로써 그들이 열심히 일하도록 하여 그 결과로 백성들에게까지 선정의 결과가 미치게 하는 것이고, 다른 하나는 통치자 스스로가 무력에 의한 강압적 통치가 아닌, 덕치로써 나라를 통치함으로써 백성들 스스로가 통치에 대한 만족을 얻게 하여 백성들이 나쁜 범죄를 저지르지 않도록 해야 한다는 내용이다. 임금은 정치 관료에게 적절한 대가를 베풀어 그들이 백성을 착취하지 못하도록 만들고, 덕치로써 나라를 다스려 백성들이 덕치에 순종하여 스스로 나쁜 범죄를 범하지 않도록 만들라는 주문인 것이다.

重剛不中, 不宜進, 而壯於進步, 徒自折耳, 何能勝哉.

거듭 강건하고 중도를 얻지 못했으므로 마땅히 나서지 말아야 한다. 씩씩하게 나서다 보면 헛되이 스스로 좌절할 수밖에 없다. 어찌 이길 수 있겠는가?

九二는 惕號ㅣ니 莫夜에 有戎이라도 勿恤이로다.
구 이 척 호   막 야 유 융   물 휼

구이는 두려워하면서 부르짖음이니, 날 저문 밤에 군사가 있을지라도 근심하지 말라.

象曰 有戎勿恤은 得中道也ㅣᆯ새라.
상 왈 유 융 물 휼   득 중 도 야

「상전」에 이르길 '군사가 있을지라도 근심하지 말라(有戎勿恤)'는 것은 중도를 얻었기 때문이다.

剛而得中, 知懼知警, 居德旣周, 則有戎可無患矣.

강건하면서 중도를 얻었으므로 두려워할 줄 알고 경계할 줄 안다. 덕치德治의 영향이 이미 두루 베풀어졌다면 적군의 침략이 있다고 하더라도 근심할 필요가 없다.

九三은 壯于頄하야 有凶이라 君子ㅣ 夬夬면 獨行遇雨[562]하야 若
구 삼 장 우 구   유 흉   군 자   쾌 쾌   독 행 우 우   약

---

562 君子夬夬 獨行遇雨: 이 문장에 대해 정자(『伊川易傳』)는 효사가 섞이고 바뀌었다

濡有慍이나 **无咎**ㅣ리라.
유 유 온   무 구

구삼은 광대뼈에 씩씩함이니 흉함이 있는지라, 군자가 결단할 것을
결단하면 홀로 행하여 비를 만나 젖은 듯해서 성냄이 있으나 허물은
없다.

象曰 君子는 **夬夬**라 **終无咎也**ㅣ니라.
상 왈 군 자   쾌 쾌   종 무 구 야

「상전」에 이르길 군자는 결단할 것을 결단하기 때문에 마침내 허물이
없다.

過剛不中, 怒且悻悻然現於其面. 太剛必折, 有凶道也. 君子於此, 何
不自夬其夬. 舍上下四陽, 而獨行其與上六應之正理, 則以德相化, 陰
陽相和, 庶遇雨而若濡. 雖彼群陽不知我心, 不諒我跡, 或有慍者, 然
化小人之道必應如此, 終無咎也. 言夬夬者, 群陽以決去小人爲夬, 今
吾以決不同彼群陽爲夬夬也.

지나치게 강건하고 중도도 얻지 못하였다. 분노한 채 또한 화난 모습
그대로(悻悻然)를 그 얼굴 표정에 드러내고 있다. 너무 강하면 반드시
꺾이게 되니, 흉한 도가 있게 된다. 군자가 이러한 경우에 있어 어찌

고 하면서 "獨行遇雨 君子夬夬(홀로 행하여 비를 만나니, 군자는 결단할 것을
결단한다)"로 바꾸어 해석해야 한다고 주장하였다. 이에 상당수의 유통본들은
정자의 견해에 따라 경문의 순서를 바꾸기도 하였다. 그러나 지욱은 주자(『周易
本義』)와 마찬가지로 원래의 주역 문장을 그대로 사용하였다.

스스로 그 결단할 것을 결단하지 않겠는가?

위아래의 네 양(四陽: 초구, 구이, 구사, 구오)들을 버리고 홀로 나가서 그 상육과 더불어 바른 이치로 상응하고자 한다. 덕으로써 서로 교화하고 음양으로 서로 화합하니 대체로 비를 맞아 젖는 듯이 한다. 비록 저 뭇 양(群陽: 초구, 구이, 구사, 구오)들이 나의 마음을 알지 못하고, 나의 행위를 이해하지 못해 혹여 성내는 자가 있을 수 있다. 그렇지만 소인을 교화시키는 도는 반드시 이와 같이 대응해야 마침내 허물이 없다. '결단할 것을 결단한다(夬夬)'고 말한 것은 뭇 양들은 소인을 결단하여 제거하는 것을 결단이라고 생각하지만, 지금 나(구삼)는 결코 저 양들과는 다른 내용으로써 결단할 것을 결단하고 있는 것이다.[563]

九四는 **臀无膚**ㅣ며 **其行次且**ㅣ니 **牽羊**하면 **悔**ㅣ **亡**하련마는 **聞言**
구사   둔무부   기행자저   견양   회   망   문언

하야도 **不信**하리로다.
불신

구사는 엉덩이에 살이 없으며 그 행함이 머뭇거리니, 양을 이끌면

---

563 쾌夬괘에 있어 단 하나의 음효인 상육은 나머지 모든 양효들이 척결하고 결단해야 할 삿된 대상이 된다. 까닭에 다른 양효들은 오직 양효의 강함만을 내세워 힘으로써 음효인 상육을 결단하고자 한다. 하지만 다섯 양효 중에서 유일하게 음효인 상육과 상응하고 있는 구삼만은 다른 양효들과 달리 정응正應하는 이치를 좇아 상육을 강한 힘으로써 결단하려고 하지 않고, 도리어 덕으로써 교화시키고 음양의 조화를 통해 서로 간에 화합을 모색하고자 한다. 다른 양들과 상육을 결단하는 방법과 내용이 다른 것이다. 구삼에 대한 지욱의 선해는 바로 이러한 내용을 설명하고 있는 것이다.

후회가 없지만은, 말을 듣더라도 믿지 않을 것이다.

象曰 其行次且는 位不當也ㅣ오 聞言不信은 聰不明也ㅣ라.
상 왈 기 행 자 저 위 부 당 야 문 언 불 신 총 불 명 야

「상전」에 이르길 '그 행함이 머뭇거린다(其行次且)'는 것은 자리가 마땅치 않기 때문이요, '말을 듣더라도 믿지 않는다(聞言不信)'는 것은 귀 밝음이 밝지 않기 때문이다.

九四以下爻爲臀, 下爻純剛無柔, 如有骨無膚. 臀旣無膚, 行必次且不前. 若讓彼羊在前, 而隨其後, 則羊仍屬我所牽, 便可悔亡. 但以剛不中正, 聞此善言, 決不相信也. 羊, 指上六, 爲兌之主, 四宜牽之, 不宜決之, 亦不宜與之爭前後也.

구사는 아래의 효들로써 엉덩이로 삼고 있는 형상이다. 아래 효들은 순강純剛하여 유약함이 없는 것이 마치 뼈만 있고 살이 없는 것과 같다. 엉덩이에 이미 살이 없는 처지이니, 행함에 있어 필연적으로 머뭇거리게 되고 앞서 나가지 못한다. 만약 저 양들에게 앞서기를 양보하고 그들의 뒤를 따른다면 양처럼 내가 이끌고 가는 것이라 할 수 있으니,[564] 곧 후회가 없게 될 것이다. 다만 굳세지만 중정하지

---

[564] 양들은 매우 고집이 센 속성을 가지고 있다. 까닭에 양을 모는 데 있어 앞에서 아무리 잡아당겨도 안 되고 뒤에서 때려가며 몰고 가려고 해도 안 된다. 이러한 양의 속성 때문에 양을 모는 목동은 힘으로 억지로 몰고 가려고 하지 않고 양 한 마리만 앞세워서 뒤에서 살살 몰아가면서 나머지 양들이 순순히 앞의 양을 따라가게끔 만든다. 구상에 대한 지욱의 선해는 바로 목동이 이러한 양의

못하기 때문에 이러한 좋은 말을 들어도 결단코 서로 믿으려 하지
않는다. 양羊은 상육을 가리키며 태(兌, ☱)괘의 주효이다. 구사는
마땅히 상육을 뒤따라가야지 제거하려고 해서는 안 된다. 또한 그와
더불어 앞뒤를 다투는 것은 옳지 않다.

九五는 **莧陸夬夬**면 **中行**에 **无咎** l 리라.
구 오   현 륙 쾌 쾌   중 행   무 구

구오는 현륙(莧陸: 쇠비름)을 결단하고 결단하면 중中을 행함에 허물이
없다.

象曰 中行无咎 l 나 **中未光也** l 라.
상 왈 중 행 무 구   중 미 광 야

「상전」에 이르길 '중을 행함에 허물이 없음(中行无咎)'이나, 중이 빛나지
못한다.

上六柔脆如莧, 而在五剛之上, 如莧在陸, 人人得踐踏之, 嗟嗟, 彼獨
非坤德乎. 彼獨非太極全體所成, 還具太極全體者乎. 是宜夬彼群陽
所夬而護養之, 乃爲中行之道, 可無咎耳. 然在夬時, 終不免以君子小
人二其心, 未肯忘於大同, 故曰中未光也. 聖人於復, 則諄諄以保護微
陽. 於夬則諄諄以保護殘陰, 陰陽豈可偏廢哉.

속성을 알아 양들을 몰아가는 것처럼, 양효로써 자리가 정당하지 못한 처지인
구사 자신이 앞장서서 억지로 상육을 결단하려 앞장서지 말고, 다른 순강한
양陽들을 앞세우고 자신은 뒤에서 다른 양들을 따라가면 그것이 도리어 자신이
다른 양들을 이끌고 가는 것이 될 수 있음을 설명하고 있다.

상육은 부드럽고 유약하여 쇠비름처럼 다섯 강건한 양효의 위에 자리하고 있다. 마치 땅 위에 있는 쇠비름을 사람마다 밟고 다니는 것과 같다. 아! 저 상육이야말로 홀로 대지의 덕(坤德, ☷)이 아니겠는가? 저 상육이야말로 홀로 태극 전체가 생성해 낸 것이 아니며, 또한 태극 전체를 구족하고 있는 것이 아니겠는가? 이렇기 때문에 구오는 마땅히 저 모든 양陽들이 결단하려고 하는 것을 결단해서(초구, 구이, 구삼, 구사 등이 상육을 결단하려는 생각과 행위를 저지시킴) 그(상육)를 보호하고 양육시켜야 한다. 이렇게 하는 것이야말로 중도를 실천하는 도가 되니, 허물이 없게 된다. 그러나 결단해야만 하는 시국에 있어서는 결국 군자와 소인으로써 그 마음을 두 가지로 분별할 수밖에 없지만,[565] 기꺼이 대동단결의 필요성은 잊지 않고 있다. 그러므로 '중이 빛나지 못한다(中未光)'라고 하는 것이다. 성인께서 지뢰복(地雷復, ䷗)괘에 있어서는 미약한 양陽을 보호해야 한다고 간곡하게 타일렀고, 택천쾌 (澤天夬 ䷪)괘에 있어서는 쇠잔한 음陰을 보호해야 한다고 간곡하게 타일렀다. 음과 양을 어찌 한쪽으로만 치우치게 여겨 없애버릴 수 있겠는가?

上六은 **无號** ㅣ니 **終有凶**하리라.
상 육　무 호　종 유 흉

상육은 호소할 데가 없으니, 마침내 흉함이 있다.

---

565 시국의 난국을 해결(夬: 결단)하기 위해서는 어쩔 수 없이 아군과 적군, 군자와 소인, 정의와 불의를 분별하여 대처할 수밖에 없다는 표현이다.

象曰 无號之凶은 **終不可長也** l 니라.
상 왈 무 호 지 흉　　종 불 가 장 야

「상전」에 이르길 호소할 데가 없어서 흉함은 마침내 오래할 수 없다.

下之五爻, 聖人所以勸誡群陽者至矣. 以六居上, 雖得其正, 而陰柔才
弱, 不能惕號以自周備, 故終不可長, 不若反乎下以爲姤耳.

아래의 다섯 양효들에 대해서 성인께서는 뭇 양陽들에게 바른 도를
권고하고 삿된 행을 경계하심이 지극하였다. 상육은 쾌夬괘의 맨 윗자
리에 자리하고 있다. 비록 그가 바른 자리에 위치하고 있기는 하지만,
음효로서 유약하고 세력이 빈약하여 두려움을 호소하면서 스스로를
지켜낼 방도를 두루 갖추고 있지 못하다. 그러므로 마침내 장구하게
자리를 보존할 수 없는 것이니, 돌이켜서 아래로 내려가 천풍구(天風姤,
☴)괘가 되는 것만 같지 못하다.

(44) ䷫ 천풍구天風姤

姤는 女壯이니 勿用取女ㅣ니라.
구　　여장　　물용취녀

'구姤'는 여자가 장함이니 여자를 취하지 말라.

約世道, 則決之於意中者, 必將遇之於意外. 約佛法, 則決斷餘惑而上
同諸佛者, 必巧用性惡而下遇衆生. 又約究竟, 則夬是無間道, 姤是解
脫道. 約初心, 則夬是乾慧, 姤是理水也. 以無號之一陰, 忽反於下而
得其所安, 勢必漸壯, 故九二宜包而有之, 不宜使賓取之. 佛法釋者,
在佛爲性惡法門, 在衆生不了, 則爲修惡, 九二行菩薩道, 自可示同修
惡, 不令餘人作惡. 又解脫道, 一得永得, 名女壯, 無所取著, 名勿用取
女, 理水亦爾.

세상의 이치로 요약하면, 마음으로 결단해버린 것이라고 하더라도
반드시 뜻밖에 만날 수 있다.[566] 불법으로 요약하면, 남은 미혹한 번뇌를

---

566 마음으로 원하지 않은 것을 자신의 의지와 관계없이 뜻밖에 만나게 됨을 의미한
다. 천풍구괘는 택천쾌에서 양陽들이 상육을 결단하려 하자 상육이 양들을
피해 다시 천풍구괘의 초효로 내려가 자리한 것이라 할 수 있다. 천풍구괘의
초육을 제외한 나머지 양들은 초육이 자신들이 원하지 않던 불청객이라 할
수 있다. 자신들이 몰아내고자 했던 음陰이 다시 자신들의 아래에 자리하여
점차적으로 성장을 도모하는 것이니, 당연히 마음으로 원하지 않는 대상을
뜻밖에 만나게 된 것이다. 지욱의 표현은 바로 이러한 천풍구괘의 형상을 세상의

단절해버리고 위로 모든 부처님과 같이 동등한 깨달음의 경지에 도달한
자는 반드시 성악性惡을 교묘히 활용하여 아래의 중생들과 교류하여야
한다.567

또한 지극한 깨달음의 경지로 요약하면, 쾌夬괘는 바로 무간도無間道
라 할 수 있고, 구姤괘는 바로 해탈도解脫道568라 할 수 있다. 깨달음을

이치에 비유해서 설명하고 있다.

567 대승불교는 보살불교를 지향한다. 보살불교란 위로는 진리를 구하고 아래로는
중생을 교화함을 의미한다. 번뇌를 제거하여 부처님이 깨달으신 궁극적인 열반
의 경지를 얻었다면 그러한 열반의 경지에 머물러 혼자만의 열반락涅槃樂에
머물고자 해서는 안 된다. 다시금 중생세계로 내려가 중생들과 함께 호흡하며
그들의 근기와 처한 여건에 따라 적절히 방편을 베풀어 그들을 효과적으로
제도해야 하는 것이다. 그러기 위해서는 때에 따라 다양한 방편, 다양한 처세,
다양한 형상을 드러낼 수밖에 없다. 예컨대, 경우에 따라 강도를 제도하기
위해서는 강도의 몸과 처신을, 이교도를 제도하기 위해서는 이교도의 몸과
형상을 드러낼 수 있어야 한다는 의미이다. 천태종에서는 불성에는 선과 악의
성품이 공존하고 있음을 교설한다. 이른바 '성구성악설性具性惡說'의 주장이
그것이다. 중생의 성품에는 선과 악 어느 한 가지 성품만이 온전히 존재하는
것이 아니라, 때에 따라 선한 성품으로도 악한 성품으로도 드러난다는 교설이다.
보살은 비록 깨달음을 통해 온전한 선의 성품(불성)을 완성하였다고 하더라도
중생의 교화를 위해 때로는 방편을 베풀어 악한 성품을 거짓으로 드러낼 수도
있어야 한다. 보살이 선한 성품만을 주장하여 혼자만의 청정성을 주장한다면,
결코 탐욕과 온갖 번뇌 망상에 휩쓸려 사는 중생들과 하나 되어 그들을 효과적으
로 제도하거나 교류하여 함께할 수 없기 때문이다. 지욱의 표현은 바로 이러한
내용을 설명하고 있다.

568 해탈도: 대승불교에서는 '四道'라 하여 번뇌를 끊고 열반을 성취하기 위해서
닦는 네 가지 단계의 수행도를 교설하고 있다. 바로 ①가행도加行道, ②무간도無
間道, ③해탈도解脫道, ④승진도勝進道 등이다. 가행도는 번뇌를 끊으려고 힘을
더하여 열심히 수행하는 단계를, 무간도는 마음에서 일어나는 번뇌를 즉시

위해 신심을 일으킨 초심의 관점에서 요약하면, 쾌괘는 바로 선정이 결여된 마른 지혜(乾慧)요, 구괘는 바로 물처럼 막힘없이 작용하는 불성(理水)이라 할 수 있다.[569]

호소할 데가 없었던 하나의 음(陰, 상육)이 홀연히 아래에 되돌아와서 그 편안함을 얻게 되었으니, 형세가 반드시 점차적으로 성대해질 것이다. 그러므로 구괘의 구이는 마땅히 초육을 포용하여 함께해야 하며, 그를 손님으로만 대접하는 것은 옳지 못하다.

불법으로 해석하면, 부처에 있어서는 성악性惡의 법문이 되지만 중생의 깨닫지 못한 경지에 있어서는 곧 수악(修惡: 악한 행위, 惡業)이 된다. 구괘의 구이는 보살도를 행하며 스스로 중생들과 함께 악행(修惡)

바르게 알아차려 번뇌를 끊어가는 단계의 도를, 해탈도는 탐·진·치 삼독심 등에서 벗어나 마음과 경계에 걸림이 없는 해탈의 경지를 얻는 단계의 도를, 승진도는 해탈을 한 뒤에 다시 수행을 지속하여 정혜定慧를 더욱 완성하여 궁극적인 깨달음의 경지에 이르는 도를 가리킨다.

569 여기서 '이수理水'는 곧 불성의 불변한 작용을 비유하고 있는 것으로 이해된다. 모든 중생이 근원적으로 소유하고 있는 불성은 영원히 소멸되지 않는 참된 진리성품이다. 이러한 성품은 부처만이 소유하고 있는 것이 아니라 모든 중생이 차별 없이 모두 소유하고 있는 근원성이다. 단지 부처와 성인은 이러한 불성을 드러내어 성스러운 삶을 살 뿐이고, 범부중생은 이러한 불성을 잃어버리고 온갖 번뇌 망상에 의지하여 중생의 나쁜 행업을 실천하면서 살 뿐이다. 쾌괘에서 나쁜 행업으로 쫓겨난(夬) 상육은 구괘의 초육으로 다시 되돌아왔다. 비록 죄업을 지어 쫓겨 왔지만, 초육의 마음에도 악한 성품만이 있는 것이 아니라 청정하고 참된 불성은 온전히 작용하고 있다. 그렇기에 그들을 제도하여 바르게 다스리면 바르고 새로운 사람이 될 수 있는 가능성이 있는 것이다. 지욱이 구괘를 '이수'라고 표현하고 있는 것은 바로 이러한 초육을 염두에 둔 표현이라 이해된다.

을 보여줌으로써 여타의 중생들로 하여금 악업을 짓게 하지 않게 만든
다.[570] 또한 해탈도는 한번 얻게 되면 영원히 얻게 되는 것을 '여자가
장하다(女壯)'고 하고, 대상과 경계에 집착하지 않는 것을 '여자를
취하지 말라(勿用取女)'고 하는 것이니, 물처럼 막힘없이 작용하는
불성(理水)도 또한 그러하다.

象曰 姤는 遇也ㅣ니 柔遇剛也ㅣ라. 勿用取女는 不可與長也ㅣㄹ새
단왈 구　　우야　　　유우강야　　　물용취녀　　불가여장야

라. 天地相遇하니 品物이 咸章也ㅣ오 剛遇中正하니 天下에 大行
천지상우　　품물　함장야　　　강우중정　　　천하　　대행

也ㅣ니 姤之時義ㅣ 大矣哉라.
야　　구지시의　　대의재

「단전」에 이르길 '구姤'는 만남이니, 유柔가 강剛을 만나는 것이다.
'여자를 취하지 말라(勿用取女)'는 것은 가히 더불어 오래가지 못하기
때문이다. 하늘과 땅이 서로 만나서 각각의 사물마다 모두 빛남이요,
강한 것이 중정함을 만나니 천하에 크게 행함이니, '구姤'의 때와 뜻이
크다.

---

570 지욱은 구괘의 구이를 보살행을 실천하는 대승보살로 이해하고 있는 듯하다.
쾌괘에서 결단되어 쫓겨난 구괘의 초육은 악업을 행하며 살아가는 범부중생에
비유되고 있다. 지욱은 보살인 구이가 이러한 초육을 저버리지 않고 포용하여
함께하고자 하는 것으로 이해하고 있는 것이다. 이는 결국 구이가 일부러 범부의
악업을 행함으로써 그러한 결과로 받게 되는 인과의 괴로움을 여타의 범부들에
게 경계로 보여 주고자 하는 목적 때문이라는 것이다. 모든 중생들이 악업을
행하지 않고 선업을 실천하도록 하고자 하는 자비심에서 비롯된 보살의 원력행
이라는 해석이다.

不曰剛遇柔而曰柔遇剛者, 柔爲政也. 佛法釋者, 剛是性德, 柔是修德, 以修顯性名柔遇剛. 剛是妙觀, 柔是妙止, 從止起觀, 名柔遇剛. 剛是智慧, 柔是禪定, 因定發慧, 名柔遇剛. 修本無加於性, 止亦不可偏勝, 定亦不可偏多, 故曰不可與長也. 天地相遇, 天得地之初爻而爲巽, 撓萬物者莫疾乎風, 齊乎巽, 而萬物潔齊, 故曰品物咸章也. 九二之剛, 下遇初六, 上遇九五之中正, 在世法中, 則爲大臣得君以撫民. 在佛法中, 則爲智慧稱性以成福, 故曰天下大行也.

강剛이 유柔를 만난다고 말하지 않고 '유가 강을 만난다(柔遇剛)'고 말하는 것은 유가 법규가 되기 때문이다.

불법으로 해석하면, 강은 바로 성덕性德이고 유는 바로 수덕修德이다. 수행을 통해 불성을 드러내는 것을 '유가 강을 만난다(柔遇剛)'고 한다. 강은 바로 신묘한 통찰(妙觀: 慧)이고, 유는 바로 신묘한 선정(妙止: 定)이다. 그침(止: 선정)을 좇아서 통찰을 일으키는 것을 '유가 강을 만난다(柔遇剛)'고 하는 것이다. 강은 바로 지혜이고 유는 곧 선정이다. 선정을 바탕으로 해서 지혜가 발휘됨을 유가 강을 만난다고 한다. 닦는다고 하지만 본디 불성에 더할 것이 없으니, 번뇌를 알아차려 그치는 수행(止) 또한 치우치게 많이 닦을 필요가 없고, 선정(定) 역시 지나치게 많이 닦을 필요가 없다. 그러므로 '가히 더불어 오래갈 수 없다(不可與長)'고 말하는 것이다.

'하늘과 땅이 서로 만난다(天地相遇)'는 것은 하늘(天, ☰)이 땅(地, ☷)의 초효를 얻어서 손(巽, ☴)괘가 됨을 의미한다. 만물을 요동시키는 것은 바람보다 빠른 것이 없다. 손괘에서 가지런해지므로 만물이 깨끗하고 가지런해진다. 그러므로 '사물마다 모두 빛난다(品物咸章也)' 고 말한다. 구이의 강건함이 아래로 초육을 만나고 위로 구오의 중정함을 만나니, 세상의 법칙에 있어서는 대신이 임금(구오)의 뜻을 얻어서 백성(초육)을 살피는 형상이다.

불법에 있어서는 곧 지혜가 불성에 계합하여 복을 성취하는 것을 의미한다.[571] 그러므로 '천하에 크게 행해진다(天下大行也)'고 말한다.

象曰 天下有風이 姤ㅣ니 后ㅣ 以하야 施命誥四方하나니라.
<small>상 왈 천 하 유 풍　구　　후　이　　시 명 고 사 방</small>

「상전」에 이르길 하늘(乾, ☰) 아래 바람(風, ☴)이 있는 것이 '구姤'니, 임금이 이를 본받아 명命을 베풀어 사방에 알린다.

剝乎上者反乎下, 名之曰復. 性德也, 觀慧也, 不可卽致用也, 故如雷在地中, 而後不省方. 夬乎上者反乎下, 名之曰姤. 修德也, 止定也, 卽可以取效也, 故如天下有風而後施命誥. 復以見天地之心, 姤以見時義之大. 復卽乾知大始, 姤卽坤作成物. 復卽金聲, 姤卽玉振. 復卽智巧, 姤卽聖力, 而腐儒以抑陰戒小人釋之, 不亦陋乎.

위에서 깎인 것(박剝, ☶)이 아래로 되돌아온 것을 복(復, ☳)이라 부른다. 불성의 덕(性德)이고 진리를 통찰하는 지혜(觀慧)이지만 곧바로 사용할 수는 없다. 그러므로 마치 '우레가 땅속에 있는 것과 같아서(雷

---

571 곧 불성을 바탕하여 일으킨 지혜로 회광반조回光返照하여 불성의 실상을 깨달아 궁극적인 깨달음을 완성함을 의미한다.

在地中)' '임금이 지방을 살피러 다니지 않는다(後不省方)'고 하는 것이다.[572] 위에서 결단된 것(쾌夬, ䷪)이 아래로 되돌아온 것을 구(姤, ䷫)라 한다. 수행의 덕(修德)이고 번뇌를 그치는 선정(止定)이라 할 수 있으니, 곧바로 활용하여 효험을 얻을 수 있다. 그러므로 마치 하늘 아래 바람이 있는 것과 같아서(天下有風) 임금이 명을 고하여 베푼다(後施命誥)고 한다.

복괘에서는 천지의 마음을 살펴야 하고, 구괘에서는 때와 뜻이 큼을 볼 수 있어야 한다. 복괘는 크게 시작하는 것을 주장(주관)하고, 구괘는 만물을 작성한다. 복괘는 곧 쇳소리라 할 수 있고 구괘는 곧 옥소리라 할 수 있다. 복괘는 곧 지혜의 기교라 할 수 있고, 구괘는 곧 성인의 힘이라 할 수 있다.[573] 어리석은 유생들이 음은 억압해야 하고, 소인은 경계해야 된다고만 해석하고 있으니, 역시 좁은 소견의 해석이 아니겠는가![574]

---

572 지뢰복괘 「상전」에서 표현되고 있다.

573 『맹자』 「만장하萬章下」편의 "공자는 (소리를) 모아서 크게 이루신 분이다. 모아서 크게 이루었다는 것은 (음악을) 종(쇳)소리로 시작해서 경쇠(옥)소리로 마친다는 뜻이다. 종소리를 울리는 것은 시작의 이치이고 옥소리를 울림은 끝마침의 이치이다. 조리條理를 시작하는 것은 지혜의 일이고, 조리를 마치는 것은 성인의 일이다. 지혜는 비유하면 기교라 할 수 있고, 성인은 비유하면 힘이라 할 수 있다. 백 보 밖에서 활을 쏘는 경우에 있어서 그것이 이르는 것은 너의 힘이지만, 그 맞추는 것은 너의 힘이 아니다(孔子之謂集大成, 集大成也者, 金聲而玉 振之也. 金聲也者, 始條理也. 玉振之也者, 終條理也. 始條理者, 智之事也. 終條理者, 聖之事 也.. 智 譬則巧也 ; 聖 譬則力也. 由射於百步之外也 其至 爾力也 ; 其中 非爾力也.)" 라는 내용에서 인용하고 있다.

574 일반적으로 양과 음을 해석함에 있어 양은 군자, 정의 등으로 해석하고, 음은

初六은 繫于金柅면 貞이 吉코 有攸往이면 見凶하리니 羸豕ㅣ 孚
초육 계 우 금 니 정 길 유 유 왕 견 흉 이 시 부

蹢躅하니라.
척 촉

초육은 쇠말뚝에 매면 바르게 함이 길하고, 가는 바를 두면 흉함을
볼 것이니, 마른 돼지가 믿고 뛴다.

象曰 繫于金柅는 柔道ㅣ 牽也글새라.
상 왈 계 우 금 니 유 도 견 야

「상전」에 이르길 '쇠말뚝에 맨다(繫於金柅)'는 것은 소인의 도(柔道)를
견제하기 때문이다.

無君子莫治野人, 無野人莫養君子, 此世法之必應互相繫屬者也. 無
性不能起修, 無修不能顯性, 非智不禪, 非禪不智, 此佛法之必應互相
繫屬者也. 一陰始生於下, 得九二金柅以繫之, 此貞吉之道也. 不繫則
有攸往, 往則見凶, 如羸豕必能蹢躅, 由不早爲調禦故耳. 柔道宜與剛
德相牽, 則互相與有成矣.

소인, 불의 등으로 해석하는 경우가 많다. 예를 들면 택천쾌에서는 모든 양들이
상육의 음 하나를 삿된 소인으로 간주하여 결단해야 하는 대상으로 해석하고
있으며, 천풍구에서는 초육을 소인으로 간주하고 그러한 소인을 가까이해서는
안 될 대상으로 해석하는 경우가 그렇다. 지욱은 이러한 일반적인 관점의 해석을
지뢰복괘와 천풍구괘를 예로 들어 불교적인 관점에서 재해석하며 비판하고
있는 것이다. 음을 단순히 소인, 경계대상, 삿된 것으로 해석하는 것은 어리석은
유생들의 비루한 관점의 해석이라는 비판이다.

군자가 없으면 야인을 다스릴 수 없고, 야인이 없으면 군자를 길러낼
수 없다. 이러한 세상의 이치는 필연적으로 마땅히 상호간에 계속
연계되어 있다. 본성이 없으면 수행을 일으킬 수 없고, 닦음이 없으면
본성이 드러나지 않는다. 지혜가 아니면 선이 아니며, 선이 아니면
지혜가 아닌 것이다. 이것은 불법에 있어 반드시 응당 상호간에 계속
이어지는(매여 있는) 것이라 할 수 있다.[575]

---

575 천풍구괘는 외괘 건천(乾天, ☰)과 내괘 손풍(巽風, ☴)으로 이루어진 괘로,
괘명인 '구姤'는 만난다는 의미의 해후邂逅와 같은 뜻으로서 곧 기약하지 않고
우연히 만난다(遇)는 의미를 나타낸다. 순양純陽으로 이루어진 중천건 괘를
지나 맨 아래에서 초효의 음을 다시 만나는 것이다. 구괘에서 초효는 음이
처음으로 자라나는 것으로, 분별없이 날뛰는 야인(野人: 소인)에 비유할 수
있다. 이러한 초효의 분별없는 행동을 제어시킬 수 있는 것은 바로 단단한
쇠말뚝(구이)에 단단히 붙들어 매어 함부로 날뛰지 못하게 제어시키는 것(繫於金
柅)이다. 그렇게 바르게 하면 길할 수 있지만(貞吉), 만약 그렇지 못하여 제멋대로
날뛰게 방치해 두면 흉할 수밖에 없다(有攸往見凶). 이는 마치 마른 돼지, 곧
굶주리고 성질 급한 돼지가 소리 지르며 날뛰는 것(羸豕孚蹢躅)과 같아 결국
혼란을 야기시키고 화를 낳게 된다. 초육은 바로 이러한 의미를 나타내고 있다.
지욱은 이러한 구괘의 초효를 해석하면서 초효에 비유된 야인과 구이인 군자의
관계를 "군자가 없으면 야인을 다스릴 수 없고, 야인이 없으면 군자를 길러낼
수 없다. 이것은 세상 이치상 반드시 응당 상호간에 계속 이어지는 것이라
할 수 있다"라고 설명하면서 야인과 군자의 관계를 서로 분리할 수 없는 상호
보완적이고 협조적인 관계이며, 이러한 것은 세상에서 계속적으로 이어지는
일상적인 이치임을 말하고 있다. 또한 지욱은 이러한 이치를 불교적인 관점으로
재해석하며 중국의 동진東晉 여산혜원(廬山慧遠, 334~416)선사의 선지불리禪智
不離 사상을 적용시켜 본성과 닦음, 선과 지혜의 관계 또한 서로 분리될 수
없는 상호 보완적이며 협조적인 것이며, 이는 불법에 있어 상호간에 계속 이어지
는 일상적인 이치임을 밝히고 있다.

하나의 음陰이 아래에서 처음으로 생겨나 쇠말뚝과 같은 구이를
만나 자신을 묶으니 이것은 바르고 길한 도이다. 매어두지 않으면
가는 바가 있게 되고, 가면 흉함을 당할 수밖에 없다. 마치 마른 돼지가
필연적으로 날뛰는 것과 같이 일찍부터 제어하여 다스리지 않았기
때문이다. 유약한 도(柔道: 소인의 도)는 마땅히 강건한 덕과 더불어
서로 견제되어야 곧 상호간에 더불어 성취함이 있다.

九二는 **包有魚**ㅣ면 **无咎**하리니 **不利賓**하나라.
구 이　　포 유 어　　　무 구　　　　불 리 빈

구이는 꾸러미에 고기가 있으면 허물이 없을 것이니, 손님에게는 이롭
지 않다.

象曰 包有魚는 **義不及賓也**ㅣ라.
상 왈 포 유 어　　의 불 급 빈 야

「상전」에 이르길 '꾸러미에 고기가 있다(包有魚)'는 것은 의리가 손님에
게 미치지 못하는 것이다.

修顯性, 則性有修, 定發慧, 則慧有定. 性修交成, 定慧平等, 無咎之道
也. 但可內自證知, 豈可擧似他人, 世法亦爾, 吾民吾子, 豈可令他人
分治哉.

수행을 통해 불성이 드러나면 불성에는 수행의 공덕이 내재하게 된다.
선정을 통해 지혜가 발휘되면 지혜에는 선정이 내재하게 된다. 불성과
닦음이 서로를 이루게 하고 선정과 지혜가 평등해지니 허물이 없는

도이다. 다만 안으로 스스로 증득하여 깨달아야만 하는 것이니, 어찌 가히 남들에게 드러내어서 보여줄 수 있겠는가? 세상의 법도 또한 이러하니, 내 백성과 내 자식을 어찌 다른 사람으로 하여금 나누어 다스리게 할 수 있겠는가?

九三은 **臀无膚** ㅣ나 **其行**은 **次且**니 **厲**하면 **无大咎** ㅣ리라.
구삼 둔무부 기행 자저 려 무대구

구삼은 볼기에 살이 없으나 그 행함은 머뭇거리니, 위태하게 여기면 큰 허물은 없을 것이다.

象曰 其行次且는 **行未牽也** ㅣ라.
상왈 기행자저 행미견야

「상전」에 이르길 '그 행함이 머뭇거린다(其行次且)'는 것은 행함을 견제하지 못하는 것이다.

二近於初, 故包有魚. 三遠於初, 故臀無膚, 無膚則行必次且矣. 然雖厲而無大咎者, 以與初六同居巽體, 但行未與柔道相牽合耳.

구이는 초육과 가장 가까이 자리하고 있기 때문에 '꾸러미에 고기가 있다(包有魚)'고 하는 것이고, 구삼은 초육과 좀 멀리 떨어져 자리하고 있기 때문에 '볼기에 살이 없다(臀無膚)'고 하는 것이니, 살이 없으면 가는 데 있어 필연적으로 머뭇거릴 수밖에 없다. 그러나 비록 위태롭기는 하지만 큰 허물이 없는 것은 초육과 더불어 손(巽, ☴)의 몸체에 함께 동거하고 있기 때문이다. 다만 행하는 것이 유도(柔道: 초육)와 더불어 서로 이끌어서 합하지 못할 뿐이다.

九四는 **包无魚**ㅣ니 **起凶**하리라.
구사   포 무 어   기 흉

구사는 꾸러미에 고기가 없으니, 흉함이 일어날 것이다.

象曰 无魚之凶은 **遠民也**ㅣ새라.
상 왈 무 어 지 흉   원 민 야

「상전」에 이르길 고기가 없어서 흉하다는 것은 백성을 멀리했기 때문이다.

剛不中正, 執性而廢修, 恃慧而棄定, 猶世宰輔, 居上而遠民也. 方其高談理性, 正逞狂慧, 不知其爲凶, 臨命終時, 地獄相現, 則悔無所及, 猶包中無魚, 起水而後知之.

강건하지만 중정하지는 못하다. 불성에만 집착하여 수행을 포기하고, 지혜만을 믿고서 선정수행을 그만둔 것이라 할 수 있다. 세상에서 재상이 윗자리에 있으면서 백성을 멀리하는 것과 같다. 바야흐로 이성만을 고상하게 담론하면서 다만 광혜(狂慧)[576]만을 즐기고, 그것이 흉이 됨을 깨닫지 못하는 것이다. 죽음에 이르러서 지옥의 영상이 나타나면 후회해도 돌이킬 수 없다. 마치 꾸러미 속에 고기가 없다는 것을 고기를 건지고(起水) 난 후에 알게 되는 것과 같다.

---

576 수행을 실천하여 깨달음을 몸소 체득하기보다는 단지 문자에만 집착하여 머리로만 이해하고 입으로만 담론하는 어리석은 자들의 지혜를 의미한다.

九五는 **以杞包瓜**ㅣ니 **含章**이면 **有隕自天**이리라.
구 오　이 기 포 과　　함 장　　유 운 자 천

구오는 박달나무로써 오이를 싸는 것이니, 빛나는 것을 머금으면 하늘로부터 떨어짐이 있을 것이다.

象曰 九五含章은 **中正也**ㅣ오 **有隕自天**은 **志不舍命也**ㄹ새라.
상 왈 구 오 함 장　중 정 야　　유 운 자 천　　지 불 사 명 야

「상전」에 이르길 구오가 '빛나는 것을 머금는다(含章)'는 것은 중정함이요, '하늘로부터 떨어짐이 있다(有隕自天)'는 것은 뜻이 명을 버리지 않았기 때문이다.

枸杞枝軟而長, 以此包瓜, 則其蔓交繫而不可解, 此九二與初六相遇之象也. 九五爲姤之主, 乃高居於上, 遠不相及. 但以剛健中正, 則性德久熏成種, 將欲發煥, 故名含章. 由其志不舍命, 不肯自暴自棄, 故初六雖不相遇, 必有自天隕墜以遇我者矣. 發得本有, 名爲自天, 無心契合, 名爲有隕. 又九二如大臣, 能有初六之民, 與民固結. 九五如聖君, 能用九二之賢臣, 故名含章. 旣有九二, 則並九二所遇初六之民而有之矣, 民與之, 卽天與之, 故云有隕自天.

구기자나무의 가지는 연약하고 길다. 이것으로 참외를 감싸면 그 넝쿨이 서로 얽어매서 풀리지 않는다. 이것은 구이와 초육이 서로 만나는 형상을 의미한다. 구오는 구姤괘의 주효가 되지만, 위에서 높이 자리하고 있기 때문에 멀리 떨어져서 서로 미치지 못한다. 다만 강건하고 중정하기 때문에 성덕性德이 오랫동안 훈습하여 종자를 성장시켰으니

장차 빛을 발휘할 것이다. 그러므로 '빛나는 것을 머금었다(含章)'고
한다. 그 뜻이 명을 저버리지 않았기 때문에 기꺼이 스스로 포기하려
하지 않는다. 그러므로 초육과 비록 서로 만나지는 못하지만 반드시
하늘로부터 베풂이 있어(隕墜) 내(구오)가 만날 수 있는 것이다.

　본래 구족하고 있는 것(본성, 성덕, 불성)을 발휘하는 것을 '하늘로부
터(自天)'라고 부르고, 무심히 (그러한 본성과) 계합하는 것을 '떨어짐
이 있다(有隕)'고 한다. 또한 구이는 대신과 같아서 초육과 같은 백성들
이 있어 백성과 더불어 진실로 결합할 수 있다. 구오는 성군과 같아서
구이의 어진 신하를 등용할 수 있다. 그러므로 '빛나는 것을 머금었다(含
章)'고 한다. 이미 구이를 등용하여 얻게 되면 구이와 결합하고 있는
초육의 백성들을 아울러서 얻게 되는 것이다. 백성들이 그와 더불어
함께하는 것이야말로 곧 하늘이 그와 더불어 함께하는 것이라 할 수
있다. 그러므로 '하늘로부터 떨어짐이 있다(有隕自天)'고 말한다.

上九는 **姤其角**이라 **吝**하니 **无咎**ㅣ리라.
상구　구기각　　인　　무구

상구는 그 뿔에 만남이다. 인색하니 허물할 데가 없다.

象曰 姤其角은 **上窮**하야 **吝也**ㅣ라.
상왈 구기각　상궁　　인야

「상전」에 이르길 '그 뿔에서 만난다(姤其角)'는 것은 위에서 궁색하여
인색한 것이다.

居姤之終, 不與柔遇, 名姤其角. 此如二乘偏眞空慧, 但免無魚之凶, 不無焦芽敗種之吝也.

구姤괘의 맨 마지막에 끝에 자리하여 유(柔, 초육)와 더불어 만나지 못하기 때문에 '그 뿔에서 만난다(姤其角)'고 한다. 이것은 이승(二乘: 小乘)의 편진공혜偏眞空慧⁵⁷⁷와 같다. 다만 고기가 없는 흉은 면할 수 있지만, 불에 타 싹을 틔울 수 없는 종자가 되는 인색함이 없지 않을 것(焦芽敗種)⁵⁷⁸이다.

---

577 편진공혜偏眞空慧: 대승불교에서는 소승불교를 비판함에 있어 소승은 불변한 자아가 없다는 아공我空에만 집착하여 공하면서도 오묘하게 작용하는 불성의 작용이 있다는 '진공묘유眞空妙有'와 그러한 불성에 의해 수시변역隨時變易하며 신묘한 작용을 드러내는 연기의 실상을 바르게 이해하지 못했다고 지적한다. '편진공혜'는 바로 이러한 아공에 집착한 소승의 지혜를 비판하는 내용의 용어이다.

578 초아패종焦芽敗種: 역시 대승이 소승을 비판하면서 사용하는 용어이다. 소승이 자아가 비었다는 아공我空을 주장하는 것은 불변한 자아가 없는 것 같으면서도 오묘하게 작용하는 불성의 실상을 알지 못하는 어리석음에 지나지 않기 때문에, 그러한 주장은 결국 불성의 싹을 태워 없애는 결과를 낳게 된다는 비판이다.

(45) ䷒ 택지취澤地萃

萃는 (亨)王假有廟ㅣ니 利見大人하니 亨하니 利貞하니라. 用大
췌   형 왕격유묘   이견대인   형   이정   용대

牲이 吉하니 利有攸往하니라.
생 길   이유유왕

'취萃'는 (형통하니) 왕이 사당을 둠에 지극히 하니, 대인을 봄이 이롭고
형통하니, 바르게 함이 이롭다. 큰 희생을 쓰는 것이 길하니 갈 바를
둠이 이롭다.

相遇則相聚, 世出世之常也, 聚安有不亨者哉. 幽明之情萃, 故有廟可
假, 上下之情萃, 故大人可見. 用大牲以假有廟, 利攸往以見大人, 皆
順乎時義之所當然, 所謂貞也.

서로 만나다 보면(遇: 姤) 서로 간에 모이게 되는 것(聚: 萃)은 세상이나
출세간이나 일상적인 일(常道)이니, 모이는 일이 어찌 형통한 일이
아니겠는가! 죽은 자(幽: 조상)와 산자(明: 후손)의 뜻을 취합할 수
있기 때문에 사당을 세우고 정성으로 조상을 모셔야 하는 것이고, 위로
위정자와 아래로 백성들의 마음을 모을 수 있기 때문에 대인을 만나야
하는 것이다. 큰 제물로써 사당에 정성을 다 바치고, 갈 바를 둠이
이롭기 때문에 대인을 만나야 한다는 것은 모두 때와 뜻이 당연히 그렇게
해야 하는 이치를 따르는 것이다. 이른바 '바르다(貞)'는 의미이다.

象曰 萃는 聚也ㅣ니 順以說하고 剛中而應이라 故로 聚也ㅣ니라.
단왈 취 취야 순이열 강중이응 고 취야

王假有廟는 致孝享也ㅣ오 利見大人亨은 聚以正也ㄹ새오 用大
왕격유묘 치효향야 이견대인형 취이정야 용대

牲吉利有攸往은 順天命也ㅣ니 觀其所聚而天地萬物之情을 可
생길이유유왕 순천명야 관기소취이천지만물지정 가

見矣리라.
견 의

「단전」에 이르길 '취萃'는 모으는 것이니, 순함으로써 기뻐하고 강한 것이 가운데서 응하는 것이다. 그러므로 모인다. '왕이 사당을 둠에 지극히 한다(王假有廟)'는 것은 효성으로 제사를 지내는 것이고, '대인을 봄이 이롭고 형통하다(利見大人亨)'는 것은 모으는 데 바름으로써 하기 때문이요, '큰 희생을 쓰는 것이 길하고 갈 바를 둠이 이롭다(用大牲吉利有攸往)'는 것은 천명을 따르는 것이니, 그 모으는 바를 보아서 천지만물의 실정을 볼 수 있다.

同一致孝享耳, 有時云二簋可用, 有時云樽酒簋貳, 今則云用大牲吉. 同一見大人耳, 有時云不利涉川, 有時云往蹇來碩, 今則云利有攸往, 夫豈有私意於其間哉. 宜儉則儉, 宜豐則豐, 可往則往, 可來則來, 皆所以順天命而觀物情耳.

효성으로 제사를 모시는 것은 동일할 뿐인데, 어떤 때에는 '두 개의 대그릇으로 가히 쓸 수 있다(二簋可用: 損괘 단사)'고 말하고, 어떤 때에는 '동이 술과 대그릇 두 개(樽酒簋貳: 坎괘 육사)'라고 말하고, 지금은 '큰 희생을 쓰는 것이 길하다(用大牲吉)'고 말하고 있다. 대인을 만나본다는 것은 동일할 뿐인데, 어떤 때는 '내를 건넘이 이롭지 않다(不利涉川: 訟괘 단사)'고 말하고, 어떤 때는 '가면 어렵고 오면 크다(往蹇來碩: 蹇괘 상육)'고 말하고, 지금은 '갈 바를 둠이 이롭다(利有攸往)'고 말하니, 대저 어찌 사사로운 뜻이 그 사이에 있어서 그렇게 말하겠는가? 검소하게 하는 것이 마땅하면 검소하게 하고, 풍요롭게 하는 것이 마땅하면 풍요롭게 하는 것이며, 갈 수 있으면 가고 올 수 있으면 오는 것이니, 모두가 천명을 따르면서 만물의 실정을 관찰하는 것뿐이다.

象曰 澤上於地ㅣ 萃니 君子ㅣ 以하야 除戎器하야 戒不虞하나니라.
상왈 택상어지 췌 군자 이 제융기 계불우

「상전」에 이르길 못(澤, ☱)이 땅(地, ☷)보다 위에 있는 것이 '췌萃'니, 군자가 이를 본받아서 병기를 손질하고 헤아리지 못함을 경계한다.

楊慈湖曰, 澤所以能潴水而高上於地者, 以有坊也. 民所以得安居而聚者, 不可無武備也. 除治戎器, 戒備不虞, 皆大易之道也. 蒍益子曰, 約佛法, 則毗尼內禁. 約觀心, 則密咒治習.

양자호(楊簡, 1141~1225)가 말하길 "연못이 능히 웅덩이에 물을 저장하면서도 땅보다 높은 곳에 있을 수 있는 이유는 제방이 있기 때문이다. 백성들이 편안하게 모여 살 수 있는 것은 국방의 대비가 있기 때문이다. 병기를 수리해 두고 헤아리지 못한 것(예상치 못한 환난)을 경계하고 대비함은 모두 훌륭한 역易의 도이다"라고 하였다.

우익자(蕅益子, 지욱)는 말하길 "불법으로 요약하면, 비니(毗尼: vinaya, 律藏, 승가생활의 禁律과 行持를 기술한 것)의 내부적인 금계禁戒이다. 마음을 관찰하는 것으로 요약하면, 비밀스러운 다라니(密咒, Mantra)로 나쁜 업의 습관을 다스리는 것이다"라고 하였다.

初六은 有孚ㅣ나 不終이면 乃亂乃萃하릴새 若號하면 一握爲笑ㅣ하리니 勿恤코 往하면 无咎ㅣ리라.

초육은 믿음을 두고 있으나 끝까지 하지 않으면 이에 어지럽고 이에 모이기 때문에, 만약 호소하듯 하면 조금 비웃을 것이니, 근심하지 말고 나아가면 허물이 없을 것이다.

象曰 乃亂乃萃는 其志亂也ㄹ새라.

「상전」에 이르길 '이에 어지럽고 이에 모인다(乃亂乃萃)'는 것은 그 뜻이 어지럽기 때문이다.

當萃之時, 未有不志於萃者也. 二陽爲受萃之主, 而四陰萃之. 初與四爲正應, 本可信也. 不中不正, 故不能終其信, 而乃亂乃萃焉. 乃亂故若號, 乃萃故一握爲笑, 言其號笑夾雜而爲一握也. 然旣是正應, 何所疑恤, 不若往從爲無咎耳. 志亂故號笑夾雜, 明相應之理未嘗亂也.

마땅히 모여야 할 때에 모이는 것에 뜻을 두지 않는 자는 없다. 두 양효(구사, 구오)가 모임을 받아들이는 주체가 되고, 네 음효가 그에 따라 모이는 것이다. 초육과 구사는 바르게 상응하는 상대가 되므로 본래 믿을 수 있는 관계이다. (그러나) 가운데 하지도 못하고 바르게 자리하지도 못하기 때문에 그 믿음을 끝까지 지켜 나가지 못해서 '어지럽기도 하고 모이기도 한다(乃亂乃萃)'고 한 것이다. 어지럽기 때문에 호소하는 듯하고, 모이기 때문에 조금 비웃게 되는 것이다. 그 호소하는 자와 비웃는 자들이 뒤섞여서 하나(一握)가 되었음을 말한다. 그러나 이미 이것은 바르게 상응하는 관계이니, 무엇을 의심하고 근심하겠는가? 나아가서 구사를 따르기만 하면 허물이 없다. 초육의 뜻이 어지럽기 때문에 호소하는 자(구사)와 비웃는 자들(육이, 육삼)이 뒤섞이게 된 것으로, 상응하는 이치가 일찍이 어지럽지 않음을 밝히고 있다.

六二는 引하면 吉하야 无咎하리니 孚乃利用禴이리라.
육 이　인　　길　　무구　　　부 내 이 용 약

육이는 이끌어주면 길하여 허물이 없을 것이니, 믿어서 이에 간략히 제사 올리는 것이 이롭다.

象曰 引吉无咎는 中하야 未變也ㄹ새라.
상 왈 인길무구　중　　　미 변 야

「상전」에 이르길 '이끌어주면 길하여 허물이 없다(引吉无咎)'는 것은 가운데 해서 변하지 않기 때문이다.

柔順中正, 上應九五陽剛中正之君, 本無可疑者也. 乃初六與六三皆

往萃於九四, 我居二者之間, 設不自引而出, 何以取信於九五乎. 苟引
出而得其信, 則不必用大牲, 而用禴亦利矣. 舍二陰而獨從所應, 故如
用禴, 其物甚薄, 但由二有中德, 故不變所守以隨兩陰耳.

유순하고 중정하며, 위로 구오의 양강하고 중정한 임금과 상응하고
있어 본래 의심할 것이 없다. 이에 초육과 육삼은 모두 구사에게 가서
모이지만, 육이는 둘 사이(초육과 육삼 사이)에 거처하기 때문에, 만약
스스로를 인도하여 벗어나지 않는다면 어찌 구오에게 믿음을 얻을
수 있겠는가? 진실로 인도하여 벗어나서 그 믿음을 얻게 된다면 반드시
큰 희생을 쓸 필요 없이 간략하게 제사를 지내는 것 또한 이롭다.
육이는 두 음들을 버리고 홀로 상응하는 상대를 따르므로 여름에 제사를
지내는 것(用禴)[579]처럼 그 제물이 크게 많지 않아도 된다. 다만 육이는
중용의 덕을 갖추고 있기 때문에 수절하는 마음을 바꿔 두 음들을
따르지 않아야 한다.

六三은 萃如嗟如ㅣ라 无攸利하니 往하면 无咎ㅣ어니와 小吝하니라.
　　　　　육 삼　　취 여 차 여　　무 유 리　　　왕　　　무 구　　　　　소 린

육삼은 모이는데 탄식한다. 이로운 바가 없으니, 나아가면 허물은
없지만 조금은 인색하다.

---

579 용약用禴: 여름에 제사(禴)를 지내는 것(用)을 의미한다. 여름에는 아직 햇과일을
　　수확하지 못하고, 무더운 계절이라 제사음식이 쉽게 상할 수 있기 때문에 비교적
　　간단한 음식만을 준비하여 소박하게 제사를 지내는 경우가 많다. '약禴'은 이렇듯
　　간단한 음식만을 준비하여 제사지내는 것을 의미한다.

象曰 往无咎는 **上**이 **巽也**ㄹ새라.
상 왈 왕 무 구   상   손 야

「상전」에 이르길 '나아가면 허물이 없다(往无咎)'는 것은 위(상육)가 겸손하기 때문이다.

上無應與, 志欲萃而無從, 故嗟如而無所利. 然當萃之時, 往從九四, 亦可無咎. 但非正應故得小吝, 而九四則巽以受之矣.

위로 상응하여 함께할 대상이 없으니, 마음으로는 모이고자 하지만 따를 상대가 없는 경우이다. 그러므로 탄식하여 이로운 바가 없다고 한다. 그렇지만 마땅히 모이는 때에 있어 나아가 구사를 따르게 되면 또한 허물이 없게 된다. 단지 바르게 상응하는 관계가 아니기 때문에 조금은 인색할 수밖에 없지만, 구사는 곧 겸손하게 받아준다.

九四는 **大吉**이라아 **无咎**ㅣ리라.
구 사   대 길   무 구

구사는 크게 길하여야 허물이 없다.

象曰 大吉无咎는 **位不當也**ㄹ새라.
상 왈 대 길 무 구   위 부 당 야

「상전」에 이르길 '크게 길하여야 허물이 없다(大吉无咎)'는 것은 자리가 마땅하지 않기 때문이다.

當萃之時, 初六應之, 六三歸之, 不幾以臣擬君乎. 故必大吉乃得無

咎, 如伊尹周公之終盡臣道可也.

마땅히 모이는 때에 초육도 응해 오고 육삼도 의지해 오니, 신하로써 거의 임금에 비교될 정도의 위세라 할 수 있지 않겠는가? 그러므로 반드시 크게 길해야만 이에 허물이 없을 것이니,[580] 이윤伊尹과 주공周公이 종신토록 신하의 도리를 다한 것처럼 해야 한다.

九五는 **萃有位**코 **无咎**하나 **匪孚** l 어든 **元永貞**이면 **悔** l **亡**하리라.
구 오　 취 유 위　무 구　　비 부　　원 영 정　　회　망

구오는 모으는 데 지위가 있고 허물이 없으나, 믿지 않거든 선하고(元), 항구하게 하고(永), 바르게 하면(貞) 후회가 없을 것이다.

象曰 萃有位는 **志未光也** l 릴새라.
상 왈　취 유 위　　지 미 광 야

「상전」에 이르길 '모으는 데 지위가 있다(萃有位)'는 것은 뜻이 빛나지 않기 때문이다.

---

580 구사는 임금인 구오를 바로 밑에서 모시는 최측근 신하라 할 수 있다. 임금에게 올리는 모든 재화가 결국은 신하인 구사를 통해서 임금에게 상납될 수밖에 없다. 그런데 신하인 구사가 잘못 샷된 마음을 먹게 되면, 임금에게 상납될 재화를 사적으로 착취할 수 있게 된다. 더군다나 구사는 양이 음 자리에 있어 자리가 마땅하지 못하기 때문에 그럴 개연성이 더욱 충분하다. 까닭에 구사 효사에서는 '크게 길하여야 허물이 없다(大吉無咎)'고 경계하고 있다. 이는 구사가 샷된 욕심에서 벗어나서 자신에게 주어지는 녹봉祿俸만을 크게 길한 것으로 만족하게 생각해야 허물이 없게 된다는 의미이다.

陽剛中正, 以天位而受萃者也. 然惟二實應之, 上實附之, 而初與三已
萃於九四矣, 僅可無咎. 若能忘吾位以任九四, 聽彼二陰之匪孚我, 而
元萃於四者永貞弗改, 則九四旣爲吾臣, 二陰何一非吾民也, 故得悔
亡. 設但恃其位以爲萃, 則志未光矣.

양효로서 강건하고 중정하며, 천자의 지위에 있으면서 모이는 것을
받아들이는 자다. 그렇지만 오직 육이만이 진실하게 그와 상응하고,
상육만이 그를 추종할 뿐이다. 초육과 육삼은 이미 구사와 단합하였으
니, 겨우 허물을 면할 수 있다. 만약 자신의 지위를 잊어버리고 구사에게
(권한을) 위임하여 저 두 음들(초육과 육삼)이 자신(구오)을 믿지 않고
원래부터 구사와 함께하면서(萃) 항구하게 지조를 바꾸지 않는 자들이
라는 것을 인정한다면 구사가 이미 자신의 신하가 된 상태이니, 두
음들 중에 어찌 하나라도 자신의 백성이 아니겠는가! 그러므로 '후회가
없다(悔亡)'고 한다. 만약 단지 그 지위만을 믿고서 모이는 것이라고
여긴다면 '뜻이 빛나지 않게 되는 것(志未光)'이다.

上六은 齎咨涕洟니 无咎ㅣ리라.
상육　　재자체이　　무구

상육은 탄식하며 눈물을 흘리는 것이니, 허물할 데가 없다.

象曰 齎咨涕洟는 未安上也ㅣ라.
상왈　재자체이　　미안상야

「상전」에 이르길 '탄식하며 눈물을 흘리는 것(齎咨涕洟)'은 위에서 편안
하지 못하기 때문이다.

以陰居陰, 而在上位, 心不自安, 故齎咨涕洟. 以附悅於九五, 得無咎也.

음효로써 음 자리에 거처하지만 맨 윗자리에 있으니 마음이 저절로 편안하지 않다. 그러므로 '탄식하며 눈물을 흘리는 것(齎咨涕洟)'이다. 그러나 구오를 기뻐하며 따르기(附悅) 때문에 허물은 면할 수 있다.

(46) ䷭ 지풍승地風升

升은 元亨하니 用見大人호대 勿恤코 南征하면 吉하리라.
승　　원형　　용견대인　　물휼　　남정　　길

'승升'은 크게 형통하니, 대인을 보되 근심하지 말고 남쪽으로 가면
길하다.

氣聚而上升, 如木之升於地, 元亨可知也. 巽順非果於有爲者, 故勸以
用見大人勿恤. 萬物齊乎巽, 而相見乎離, 故南征則吉, 欲其嚮明以行
志也.

기운이 모여서 위로 올라가는 것은 마치 나무가 땅에서 성장해 올라가는
것(升)과 같으므로 '크게 형통함(元亨)'을 알 수 있다. 공손하고 유순하
지만 행동함에 있어선 과감하지 못한 자이다. 그렇기 때문에 '대인을
보되 근심하지 말라(用見大人勿恤)'고 권고하고 있다. 만물은 손(巽,
동남방)방에서 가지런해져서 이(離, 남방)방에서 서로 본다. 그러므로
남쪽으로 가면 길하니, 그 밝음을 지향함으로써 뜻을 실천하고자 하는
것이다.[581]

---

[581] 여기서는 「설괘전」 제5장의 "만물이 진震에서 나오니 진은 동방이다. 손巽에서
　　가지런해지니 손은 동남방이다. 제齊는 만물이 깨끗하고 가지런한 것을 말한다.
　　이離는 밝음이다. 만물이 모두 서로 바라봄이니 남방의 괘이다. 성인이 남쪽을
　　향해 천하의 여론을 청취하고 밝음을 지향하여 다스리니 모두 여기에서 취한

象曰 柔ㅣ 以時升하야 巽而順하고 剛中而應이라 是以大亨하니
단왈 유 이시승 손이순 강중이응 시이대형

라. 用見大人勿恤은 有慶也ㅣ오 南征吉은 志行也ㅣ라.
용견대인물흘 유경야 남정길 지행야

「단전」에 이르길 유柔가 때로 올라가서 겸손하여 순하고, 강剛이 가운데
자리해서 상응하고 있다. 이로써 크게 형통하다. '대인을 보되 근심하지
말라(用見大人勿恤)'는 것은 경사가 있음이요, '남으로 가면 길하다(南征
吉)'는 것은 뜻이 행해지는 것이다.

巽木本柔, 故必以時而升. 木之升固必藉土, 土亦以生木爲功. 今九二
剛中而應六五, 蓋不惟木之志, 亦是土之志也.

손목(巽木: 陰木)은 본래 유약하다. 그러므로 반드시 때(계절)에 맞게
성장한다. 나무의 성장은 진실로 반드시 대지의 도움이 필요하고,
대지도 역시 나무를 자라게 하는 것으로 공덕을 삼는다. 지금 구이는
강건하고 가운데 자리하면서 육오와 서로 응하고 있다. 대체적으로
나무의 의지일 뿐만 아니라, 또한 이것은 흙의 의지인 것이다.

象曰 地中生木이 升이니 君子ㅣ 以하야 順德하야 積小以高大하
상왈 지중생목 승 군자 이 순덕 적소이고대

나니라.

것이다(萬物出乎震, 震東方也. 齊乎巽, 巽東南也, 齊也者, 言萬物之潔齊也. 離也者,
明也, 萬物皆相見, 南方之卦也, 聖人, 南面而聽天下, 嚮明而治, 蓋取諸此也.)"라는
내용을 인용하고 있다.

「상전」에 이르길 땅(地, ☷)속에서 나무(木: 風, ☴)가 자라남이 '승升'이
니, 군자가 이를 본받아서 덕에 수순해서 작은 것을 쌓아 높고 크게
한다.

道體本無大小, 而君子之積德也, 順而致之, 必由小以高大, 譬如合抱
之木始於微芒. 但不可戕伐, 亦不可助長耳.

진리의 본체(道體)는 본래 크고 작음이 없으니, 군자의 덕을 쌓음에
있어서도 그러한 진리를 수순하여 이르게 된다. 반드시 작은 것으로
말미암아 높고 크게 되는 것이니, 비유하자면 아름드리나무도 미약한
털뿌리에서부터 성장이 시작되는 것과 같다. 다만 죽이거나 베어버리
는 것도 바람직스럽지 않지만, 또한 성장을 돕는 것도 옳지 않다.

初六은 允升이니 大吉하리라.
초 육　　　윤 승　　　대 길

초육은 믿어서 오르는 것이니, 크게 길하다.

象曰 允升大吉은 上合志也ㅣ라.
상 왈　윤 승 대 길　　상 합 지 야

「상전」에 이르길 '믿어서 오르므로 크게 길하다(允升大吉)'는 것은 위와
뜻이 합하기 때문이다.

爲巽之主, 上與二陽合志, 故信能升而大吉也.

손(巽, ☴)의 주효가 되어 위로 두 양(二陽: 구이와 구삼)과 더불어 뜻을 합하고 있다. 그러므로 능히 오를 수 있어 크게 길한 것이다.

九二는 孚乃利用禴이니 无咎ㅣ리라.
구 이　　부 내 이 용 약　　　무 구

구이는 믿어서 이에 간략한 제사를 씀이 이로우니, 허물이 없을 것이다.

象曰 九二之孚는 有喜也ㅣ라.
상 왈 구 이 지 부　　유 희 야

「상전」에 이르길 구이의 믿음은 기쁨이 있는 것이다.

升九二之求孚於六五, 以各不得其正, 非如萃六二之孚於九五也. 但萃之六二, 以兩鄰同質, 而不同志, 故中雖未變, 而須引吉. 今升之九二, 以兩鄰異質, 而志相合, 故不惟無咎, 而且有喜.

승升괘의 구이가 육오에게 믿음을 구하는 것은 각자가 그 바름(正位)을 얻지 못했기 때문이다. 췌萃괘의 육이가 구오에게 믿음을 가지는 것과는 다르다. 다만 췌괘의 육이는 두 이웃(초육과 육삼)들과는 질적으로 동일하지만 뜻은 다르기 때문에 중심은 비록 바꾸지 않는다고 하더라도 모름지기 (초육과 육삼을) 이끌어주어야만 길할 수 있다. 지금 승괘의 구이는 양쪽 이웃(초육과 구삼)이 질적으로는 다르지만 뜻만은 서로 합하고 있기 때문에 오직 허물이 없을 뿐만 아니라 또한 기쁨도 있는 것이다.

九三는 **升虛邑**이로다.
구 삼   승 허 읍

구삼은 빈 읍에 오름이다.

象曰 升虛邑은 **无所疑也**] 라.
상 왈   승 허 읍   무 소 의 야

「상전」에 이르길 '빈 읍에 오른다(升虛邑)'는 것은 의심할 것이 없다는 것이다.

以堅剛之木, 上升於柔順之土, 何疑阻哉.

단단하고 강건한 나무로써 위로 유순한 대지로 성장해 가니, 어찌 막힘을 의심하겠는가?

六四는 **王用亨于岐山**이면 **吉**코 **无咎**하리라.
육 사   왕 용 형 우 기 산   길   무 구

육사는 왕(文王)이 기산岐山[582]에서 제사를 지내면 길하고 허물이 없을 것이다.

象曰 王用亨于岐山은 **順事也**] 라.
상 왈   왕 용 형 우 기 산   순 사 야

---

582 기산岐山: 중국 산시성陝西省 서부에 있는 산. 주나라 문왕의 조부인 고공단보古公亶父왕 때 빈(豳: 오늘날 陝西省 邠州 旬邑縣과 彬縣 일대를 가리킴)에서 이곳으로 천도하여 주왕조의 기반을 잡았다고 한다. 문왕 또한 이곳에서 정치를 폈다. 위魏와 촉蜀의 옛 전장戰場인 오장원五丈原과 거리가 가깝다.

「상전」에 이르길 '왕이 기산에서 제사를 지낸다(王用亨於岐山)'는 것은 천명을 순히 섬기는 것이다.

巽之升也爲木, 坤之升也爲山, 而人之升也爲亨於天地山川鬼神, 其事不同, 其所以爲順一也. 方木之升於地, 人但以爲木剋土耳, 不知木升卽是地升, 以離地四微, 別無木四微故, 如太王之去豳而邑於岐, 人但以爲王棄豳耳, 不知邑岐卽是邑豳, 以非捨豳人而別撫岐人故.

손(巽, ☴)괘의 '승升'은 나무가 되고, 곤(坤, ☷)괘의 '승'은 산이 되며, 사람의 '승'은 천지, 산천, 귀신에게 제사를 지내는 것이 된다. 그 일은 다르지만 그 순응하는 이치는 한가지라 할 수 있다. 바야흐로 나무가 땅에서 성장함에 있어 사람들은 단지 나무가 흙을 극한다고 여길 뿐, 나무의 성장이야말로 곧 땅의 성장이라는 것을 알지 못한다. 대지의 사미四微[583]를 떠나서 별도로 나무의 사미가 없기 때문이다. 이는 마치 태왕太王이 빈豳을 떠나 기岐에 읍을 세우자 사람들은 다만 왕이 빈豳의 백성을 버렸다고 여길 뿐, 기岐에 도읍한 것이 곧 빈豳에 도읍한 것인 줄을 알지 못하는 것과 같다. 빈豳 땅의 사람들을 버리고 특별히 기岐 땅의 사람들만 사랑하는 것은 아니기 때문이다.

---

583 사미四微: 사진四塵라고도 한다. 색진(色塵: 빛깔, 형체), 향진(香塵: 향기), 미진(味塵: 맛), 촉진(觸塵: 닿는 느낌)의 네 종류의 극미極微를 말한다. 『성실론成實論』에서는 사진은 색법(色法: 물질)의 구성요소로서 사미에 의해 사대(四大: 地·水·火·風)가 구성되고, 사대에 의해 오근(五根: 眼根·耳根·鼻根·舌根·身根)이 구성된다고 하였다.

六五는 **貞**이라야 **吉**하리니 **升階**로라.
육 오　정　　길　　승계

육오는 바르게 해야 길할 것이니, 섭돌(階: 용상)에 오른다.

象曰 貞吉升階는 **大得志也**ㅣ리라.
상 왈 정길승계　　대득지야

「상전」에 이르길 '바르게 해야 길하니, 섭돌에 오른다(貞吉升階)'는 것은
뜻을 크게 얻는 것이다.

朝有君子, 則聖王之志得, 猶地有喬木, 則成園苑, 故地未有不以升木
爲志者也. 九二剛中, 而五應之, 此明與以可升之道, 猶聖王之設階以
升君子, 但恐其以陰居陽, 不能鑒九二之孚, 故特以貞誡之, 欲其貞於
九二也.

조정에 군자가 있으면 성왕의 뜻을 얻을 수 있다.[584] 비유하자면 대지에
높이 자란 나무가 있으면 수풀동산이 이루어지는 것과 같다. 그러므로
대지는 나무를 성장시키는 것을 뜻으로 삼는 것이다. 구이(신하, 군자)
는 강건하면서 중도를 지키고 있으니 육오(임금, 성왕)가 그와 상응하고
있다. 이는 분명하게 성장할 수 있는 길을 제시해 주는 것이라 할
수 있으니, 성왕이 계단을 설치하여 군자를 오르게 하는 것과 같다.[585]

---

584 곧 덕망을 갖춘 훌륭한 신하를 얻게 되면 훌륭한 성왕이 될 수 있다는 의미이다.
585 구이는 양효로서 강건하고 내괘의 가운데 자리하여 중도를 지키고 있는 신하라
　　할 수 있다. 이러한 구이와 상응하고 있는 육오는 외괘에서 중도를 얻어 왕위에
　　자리하고 있지만 음으로써 유약하다. 따라서 구이와 같은 강건하면서도 중도를

다만 그(육오, 임금)가 음효로써 양의 자리에 위치하고 있으니 구이(신하, 군자)의 믿음(임금과 나라에 대한 충성심)을 자세히 살피지 못할까 염려된다. 그러므로 특별히 '바르게 하라(貞)'는 것으로써 훈계하여 그가 구이에 대한 신뢰의 마음을 변치 않도록(貞) 하려는 것이다.

上六은 冥升이니 利于不息之貞하니라.
상 육   명 승   이 우 불 식 지 정

상육은 오르는 데 어두운 것이니, 쉬지 않고 바르게 해야 이롭다.

象曰 冥升在上하니 消不富也ㅣ로다.
상 왈 명 승 재 상   소 불 부 야

「상전」에 이르길 오르는 데 어둠이 위에 있으니, 사라져 부유하지 못하다.

升至於冥, 可以息矣, 而有不息之貞, 則宜冥而益升, 此所謂天爵也. 修其天爵, 則匹夫不爲貧賤, 而不富可消矣.

올라가다가 어둠(冥: 마지막 종착점)에 이르게 되었다면 쉬는 것이 옳은 일인데, '쉬지 않는 바름(不息之貞)'이 있어야 한다고 하는 뜻은 곧 마땅히 어둡게 되었더라도 더욱 성장해 올라가라는 의미이다. 이는

실천할 수 있는 어진 신하가 반드시 필요하다. 따라서 임금인 육오는 신하인 구이를 자신을 보필할 수 있도록 벼슬을 내리고 바르게 이끌어주어야 하는 것이다. 구이는 육오로 인해 성장할 수 있고, 육오는 구이로 인해 어진 정사를 펼칠 수 있기 때문이다.

천작天爵을 말하는 것이다. 천작을 닦으면 보통 사람들도 가난해지지 않고 부유하게 될 수 있다.[586]

---

586 승괘의 상육은 멈춤 없이 성장해 올라가는 데만 욕심을 부리다가 마침내 막다른 처지에 이르게 된 경우라 할 수 있다. '명승冥升'은 바로 이러한 상육의 처지에 대한 비유이다. 이러한 처지에 놓인 상육에게 필요한 일은 어두워진 자신의 처지에 실망하거나 좌절하지 말고, 새롭게 부지런히 몸과 마음을 닦고 바른 행위를 실천하는 일이다. '이어불식지정利於不息之貞'의 효사는 바로 이러한 의미를 담아내고 있다. 지욱은 이러한 상육의 효사를 선해함에 있어 '불식지정不息之貞'의 뜻을 천작天爵을 닦는 것으로 해석하고 있다. 천작은 하늘이 내려준 벼슬이라는 뜻으로, 곧 인간이 타고난 천성적인 덕성을 의미한다. 아무리 악한 사람이라도 타고난 그 본성에는 인의예지仁義禮智를 담고 있고, 아무리 어리석은 사람이라도 밝게 빛나는 진리불성을 갖추고 있다는 것이 바로 천작의 뜻이다. 상육은 올라가고자 하는 욕심 때문에 어려운(冥) 처지에 놓여 있다. 지욱은 이러한 상육에게 어려운 처지에 이르게 되었다고 주저앉지 말고 욕심에서 벗어나 자신의 진리본성, 곧 천작을 닦을 것을 요구하고 있는 것이다. 욕심을 버리고 본성의 마음(천작)을 닦는 것이야말로 어려운 처지에서 벗어나는 길이며, 필부와 같은 하찮은 사람들도 마음의 가난에서 벗어나 진정으로 부유해질 수 있는 길이라는 설명이다.

(47) ䷮ 택수곤澤水困

困은 亨코 貞하니 大人이라 吉코 无咎하니 有言이면 不信하리라.
곤　형　정　　대인　　길　무구　　유언　　　불신

'곤困'은 형통하고 바르니, 대인이라야 길하고 허물이 없으니, 말이
있으면 믿지 않을 것이다.

升而不已必困, 此盈虛消息之常也. 困心衡慮, 實所以致亨, 然不以正
道持之, 不以大人處之, 何能吉無咎哉. 設無躬行實德, 而但有空言,
決不足以取信矣.

올라가기를 그치지 않으면 반드시 어려운 처지에 놓이게 된다. 이것은
차고 비우고 소멸하는 자연의 불변한 이치이다. 곤궁해지면 번민하면
서 이리저리 깊이 헤아려 숙고해야만 실로 형통해질 수 있는 방안을
찾을 수 있다. 그러나 올바른 방법을 지켜 나가지 않고 대인의 자세로
처신하지 않는다면 어찌 길하고 허물이 없을 수 있겠는가? 만약 몸소
실다운 덕을 실천함이 없이 다만 공허한 말만을 앞세운다면 결코 신뢰를
얻을 수 없다.

象曰 困은 剛揜也ㅣ니 險以說하야 困而不失其所亨하니 其惟君
단왈 곤　강엄야　　험이열　　곤이불실기소형　　　기유군

子乎인뎌. 貞大人吉은 以剛中也ㅣ오 有言不信은 尚口ㅣ乃窮
자호　　정대인길　이강중야　　유언불신　상구　내궁

也ㅣ라.
야

「단전」에 이르길 '곤困'은 강剛이 (柔에게) 가려짐이니, 험하되 기뻐하며 곤궁하되 그 형통한 바를 잃지 않으니, 그 오직 군자여! '바르게 해서 대인이라야 길하다(貞大人吉)'는 것은 강剛이 가운데 자리하기 때문이 고, '말이 있어도 믿지 않는다(有言不信)'는 것은 입을 숭상하면 곧 곤궁해지기 때문이다.

坎剛在下, 而爲兌柔所揜. 剛旣被揜, 水漏澤枯, 困之象也. 處險而說, 素患難行乎患難, 遯世無悶, 不改其樂, 非君子其孰能之. 九二九五, 皆以剛而得中, 此大人之貞, 吉之道也. 苟不守此貞, 而徒尙口, 適足 以取窮而已矣.

감(坎, ☵)괘의 강(剛, 군자)이 아래에 자리하고 있으니, 태(兌, ☱)괘 의 유(柔, 소인)에게 가려지는 것이라 할 수 있다. 강剛이 이미 가려지게 되었다는 것은 물이 새어나가 못이 말라버린 곤궁(困)한 형상을 의미한 다. 험한 상황에 처해 있으면서도 기뻐하고, 환난에 처하게 되면 환난의 상황에 걸맞게 행동하고,[587] 세상을 벗어나 살면서도 번민하지 않고,[588]

---

587 『중용』 제14장에서 "군자는 그 자리에 따라 행하고 그 밖의 것에 대해서는 원하지 않는다. 부귀에 처하여서는 부귀를 행하고, 빈천에 처해서는 빈천을 행하며, 이적(夷狄, 오랑캐)에 처하여서는 이적을 행하고, 환난에 처하여서는 환난을 행하는 것이니, 군자가 들어가 자득(自得: 스스로 처한 상황에 만족해하며 중용의 정신과 평정의 마음을 잃지 않는 것)하지 못하는 것이 없다(君子 素其位而 行, 不願乎其外. 素富貴, 行乎富貴, 素貧賤, 行乎貧賤, 素夷狄, 行乎夷狄, 素患難, 行乎患難, 君子, 無入而不自得焉.)"라는 내용으로 언급되고 있다.

그것을 즐거움으로 여기는 것[589]이야말로 군자가 아니라면 그 누가
할 수 있는 일이겠는가? 구이와 구오는 모두 강건한 양효로써 중도를
지키고 있다. 이것이야말로 대인의 올바름으로 길한 도이다. 만일
이러한 올바름을 지키지 않고 헛되이 말만을 앞세운다면 다만 궁색해질
따름이다.

象曰 澤无水 l 困이니 君子 l 以하야 致命遂志하나니라.
상 왈 택 무 수 곤   군 자 이   치 명 수 지

「상전」에 이르길 못(澤, ☱)에 물(水, ☵)이 없는 것이 '곤困'이니, 군자가
이를 본받아 목숨을 다하여 뜻을 이룬다.

水在澤下, 澤中無水, 枯槁窮困, 此已定之命也. 君子致之而已, 豈容
作意而不順受. 剛中故處險能說, 此在我之志也. 君子則心遂之, 豈因
顚沛而或稍違.

물(水, ☵)이 못(澤, ☱) 아래에 있으니, 못 속에는 물이 없어 마르고

---

589 『논어』 「옹야雍也」편의 "어질구나, 안회여! 한 그릇의 밥과 한 바가지의 물로
   누추한 골목에서 살면 사람들은 그 근심을 견디지 못하거늘, 안회는 그것을
   즐거움으로 하니 어질구나, 안회여!(賢哉, 回也. 一簞食, 一瓢飮, 在陋巷, 人不堪其
   憂, 回也, 不改其樂, 賢哉, 回也.)"라는 내용과 『맹자』 「이루하離婁下」편의 "안자는
   난세에 누추한 골목에서 거처하며 한 그릇의 밥과 한 바가지의 물로 살았는데,
   사람들은 그 근심을 견디지 못하지만 안회는 그것을 즐거움으로 여겼으니,
   공자가 그를 현자라 불렀다(顏子, 當亂世, 居於陋巷, 一簞食, 一瓢飮, 人不堪其憂,
   顏子, 不改其樂, 孔子, 賢之.)"라는 내용으로 언급되고 있다.

곤궁해진 상황이다. 이것은 이미 정해진 운명이다. 군자는 그러한 상황에 정성을 다해 대처할 뿐이니, 어찌 자기 멋대로 생각하며 수순하여 받아들이지 않을 수 있겠는가? 강건하면서도 중도를 실천하기 때문에 험한 처지에 놓여 있어도 기뻐할 수 있는 것이니, 이것은 나의 뜻에 달려 있는 것이다. 군자는 곧 마음으로 이루는 것이니, 어찌 엎어지고 넘어지는 어려움 때문에 혹여 조금이라고 (자신에 주어진 시세와 천명을) 어길 수 있겠는가?

初六은 臀困于株木이라. 入于幽谷하야 三歲라도 不覿이로다.
초 육　둔 곤 우 주 목　입 우 유 곡　삼 세　부 적

초육은 엉덩이가 그루터기 나무에 곤궁함이다. 깊은 계곡으로 들어가서 3년이 되더라도 보지 못한다.

象曰 入于幽谷은 幽不明也ㅣ라.
상 왈 입 우 유 곡　유 불 명 야

「상전」에 이르길 '깊은 계곡으로 들어간다(入於幽谷)'는 것은 어두워서 밝지 않은 것이다.

六爻皆處困者也, 惟剛中大人能不失其所亨. 初六居下, 臀之象也. 上應九四之株木, 正當困時, 不能相庇, 而陰居險初, 則如入於幽谷, 三歲不能相見矣.

여섯 효가 모두 어려운 처지에 놓여 있지만, 오직 강건하고 중도를 행하는 대인만이 그 형통한 바를 잃지 않는다. 초육은 맨 아래에 자리하고 있으니 엉덩이의 형상이다. 위로 구사의 그루터기 나무와 상응하고 있지만, 마침 곤궁한 시기를 맞이하여 서로를 도와주지 못하고 있다. 음효로서 험함(☵)의 초효에 자리하여 곧 깊은 계곡에 들어가는 것과 같다. 3년이 지나더라도 서로 만나보지 못하는 것이다.

九二는 困于酒食이나 **朱紱**이 **方來**하리니 **利用亨祀** ㅣ니 **征**이면
구 이   곤 우 주 식   주 불   방 래   이 용 형 사   정

凶하니 **无咎** ㅣ니라.
흉   무 구

구이는 술과 음식에 곤궁하지만 임금(朱紱)이 바야흐로 올 것이니, 제사를 올림이 이로우며, 가면 흉하니 허물할 데가 없다.

象曰 困于酒食은 **中**이라 **有慶也** ㅣ리라.
상 왈 곤 우 주 식   중   유 경 야

「상전」에 이르길 '주식에 곤궁하다(困於酒食)'는 것은 가운데(中) 자리해서 경사가 있는 것이다.

當困之時, 能以剛中自養, 故名困於酒食. 九五陽剛中正之君, 必將以朱紱錫我, 使我同濟時困, 我但當默然以誠應之, 如亨祀然. 若遽往則必有凶, 而志在救時, 仍無咎也. 中有慶卽是貞大人吉, 此如伊尹就湯. 紱, 蔽膝也.

곤궁한 시기를 맞이해도 강건하고 중도를 실천함으로써 스스로를 성장시킬 수 있다. 그러므로 '술과 음식에 곤란하다(困於酒食)'고 한다.

구오는 양효로 강건하고 중정한 임금이기 때문에 반드시 장차 주발朱
紱⁵⁹⁰을 나(구이)에게 하사함으로써 나와 더불어 시국의 곤궁함을 구제
하려고 시도할 것이다. 나는 다만 마땅히 묵묵히 성심을 다해 그와
대응하기를 제사를 지내듯이 해야 한다. 만약 조급하게 (벼슬을 구하
러) 나선다면 반드시 흉이 있을 수 있지만, 뜻이 시국의 어려움을
구제하고자 하는 데 있기 때문에 허물은 없다. '중中이니 경사가 있다(中
有慶)'는 것은 올바른 대인만이 길할 수 있다는 의미이다. 이것은 이윤伊
尹이 탕湯임금에게 나아간 것과 같다. '불紱'은 무릎을 가리는 것을
가리킨다.

六三은 困于石하며 據于蒺藜ㅣ라. 入于其宮이라도 不見其妻ㅣ
육 삼　　곤 우 석　　거 우 질 려　　　입 우 기 궁　　　불 견 기 처

니 凶토다.
　　흉

육삼은 돌에 곤란하며 가시덤불에 웅거하는 것이다. 그 집에 들어가더
라도 그 아내를 보지 못하니 흉하다.

象曰 據于蒺藜는 乘剛也ㄹ새오. 入于其宮不見其妻는 不祥也
상 왈　거 우 질 려　　승 강 야　　　입 우 기 궁 불 견 기 처　　　불 상 야

ㅣ라.

---

590 주발朱紱: 임금이 예복을 입을 때 무릎 아래를 가리는 용도로 차용하던 패슬佩膝을
　　가리킨다. 이에 비해 신하가 무릎을 가리는 패슬을 '적불赤紱'이라고 한다. '朱'는
　　붉은색의 정색正色으로 곧 임금을 뜻하고, '赤'은 붉은색의 간색間色으로 곧
　　신하를 뜻한다.

「상전」에 이르길 '가시덤불에 응거한다(據於蒺藜)'는 것은 강강을 올라 탔기 때문이요, '그 집에 들어가더라도 그 아내를 보지 못하니 흉하다(入 於其宮不見其妻)'는 것은 상서롭지 못한 것이다.

陰柔不中不正, 居於二陽之間, 四如石, 二如蒺藜, 上六不與相應, 故 入其宮而不見其妻, 由無禎祥之德, 所以自取其凶.

음효로서 유약한데 가운데 자리하지도 못하고 바르지도 않으면서 두 양효 사이에 거처하고 있다. 구사는 돌과 같고 구이는 가시덤불과 같다. 상육과 더불어 서로 상응하지도 못한다. 그러므로 '그 집에 들어가 도 그 아내를 보지 못한다(入於其宮不見其妻)'고 한다. 상서로운 덕이 없기 때문에 스스로가 그러한 흉을 얻게 된 것이다.

九四는 來徐徐는 困于金車ㄹ새니 吝하나 有終이리라.
구 사   래 서 서   곤 우 금 거   인   유 종

구사는 오는 것이 더딘 것은 쇠수레에 곤란하기 때문이니, 인색하나 마침이 있다.

象曰 來徐徐는 志在下也ㅣ니 雖不當位나 有與也ㅣ니라.
상 왈 래 서 서   지 재 하 야   수 부 당 위   유 여 야

「상전」에 이르길 '오는 것이 더디다(來徐徐)'는 것은 뜻이 아래에 있는 것이니, 비록 자리가 마땅치 않지만 더불어 함께할 수 있다.

夫處困而亨, 非剛中者不能也. 九四正在困時, 猶不能忘情於初六, 而

來徐徐, 旣志在初六, 豈惟不與九二合德, 反困於九二之金車而吝矣.
然九二剛中, 必能與我同濟時困, 不因我不當位而遂棄我, 故可有終.

대저 곤란한 경우에 처해 있어도 형통할 수 있으려면 강건하고 중도를
실천하는 자가 아니면 가능하지 못하다. 구사는 바로 곤란한 시국에
처해 있지만 오히려 초육에 대한 정을 잊지 않고 있으니, (초육이)
천천히 오는 것을 기다린다(來徐徐). 이미 구사의 뜻이 초육에게 있다고
한다면 어찌 오직 구이와 더불어 덕을 합하지도 않으면서 도리어 구이의
금수레 때문에 인색하다고 할 수 있겠는가? 그렇지만 구이는 강건하고
중도를 실천하는 자이니, 반드시 나(구사)와 더불어 함께 시국의 어려움
을 구제하려고 할 것이다.[591] 내가 정당하게 바른 자리에 있지 못함을

---

[591] 초육과 구사는 음과 양으로서 서로 바르게 상응하는 정응관계이다. 그런데
초육이 구사와 상응하려고 하는데 구오와 음양 상응을 이루지 못하고 있는
구이가 바로 위에 있으면서 초육과 구사의 정응을 방해하고 있다. 구사 효사
'곤어금거困於金車'라는 표현에서 '금거'는 바로 구이를 가리킨다. 이러한 구이의
방해로 초육은 구이를 더디게 찾아갈 수밖에 없다. 효사의 '래서서來徐徐'라는
표현은 바로 이를 가리킨다. 구이의 방해로 초육이 구사를 늦게 찾게 된다는
뜻이다. 비록 구이의 방해로 초육이 구사를 늦게 찾게 된다고 하더라도, 구사와
초육은 음양 상응하여 정응관계를 이루고 있으니, 초육 또한 구이의 유혹에
넘어가지 않고 어려움을 극복하여 마침내 구사와 구이는 상응하게 된다. 효사의
'유종有終'이라는 표현은 바로 이러한 의미를 나타낸다. 그런데 지욱은 초육이
구사와의 만남을 방해했던 구이 역시 음陰을 찾는 마음에서 잠시 초육을 유혹하
며 앞길을 방해했지만, 그 역시 강건하고 중도를 지키는 인물이기에 어려운
시기에 마음을 바꿔 구오 임금을 최측근에서 보필하는 구사를 도와 시국의
어려움을 함께 해결하게 된다고 선해하고 있다. 효사 '유종'의 뜻을 구이와
연계시켜 새롭게 해석하고 있는 내용이다.

이유로 마침내 나를 저버리지는 않는다. 그러므로 가히 '마침이 있다(有終)'고 하는 것이다.

九五는 **劓刖**이니 **困于赤紱**하나 **乃徐有說**하리니 **利用祭祀**ㅣ니라.
구 오　　의 월　　곤 우 적 불　　내 서 유 열　　　　이 용 제 사

구오는 코를 베이고 발꿈치를 베이는 것이니, 적불(赤紱: 구이, 신하)에 곤란하나 이에 서서히 기쁨이 있을 것이니, 제사를 지냄이 이롭다.

象曰 劓刖은 **志未得也**ㅣ오 **乃徐有說**은 **以中直也**ㅣ오 **利用祭**
상 왈　의 월　　지 미 득 야　　　　내 서 유 열　　이 중 직 야　　　　이 용 제

祀는 **受福也**ㅣ리라.
사　　수 복 야

「상전」에 이르길 '코를 베인다(劓刖)'는 것은 뜻을 얻지 못했기 때문이요, '이에 서서히 기쁨이 있다(乃徐有說)'는 것은 가운데 자리하고 곧기 때문이요, '제사를 지냄이 이롭다(利用祭祀)'는 것은 복을 받기 때문이다.

九五陽剛中正, 居於尊位, 視天下如一身者也. 上六困於葛藟, 如劓我之鼻. 初六困於株木, 如刖我之足. 我方賴九二同行濟困, 猶如赤紱, 而彼方困於酒食, 則是我困於赤紱也. 然九二中直, 必徐應我而有悅, 我當竭誠以感之, 如祭祀然, 庶可以受福矣.

구오는 양효로서 강건하고 중정하며 임금의 지위에 자리하니, 천하를 자신의 몸과 같이 여기는 자이다. 상육은 칡덩굴(葛藟)에 곤란한 상황이니 나(구오)의 코를 베인 것과 같고, 초육은 그루터기 나무(株木)에

곤란한 상황이니 나의 발꿈치를 베인 것과 같다. 나는 바야흐로 구이의 도움을 받아 어려움의 구제를 함께 실천해야 하기 때문에 비유하여 '적불(赤紱: 구이, 신하)'과 같다고 한다. 구이가 바야흐로 '술과 음식에 곤란한 것(困於酒食)'은 곧 내가 적불赤紱에 곤란한 것과 같다. 그러나 구이가 중도를 행하며 바르게 처신하기 때문에 반드시 서서히 나에게 응해 와서 기쁨이 있게 된다. 나도 마땅히 정성을 다하여 그를 감화시키기를 마치 제사를 지내듯이 한다면 복을 받을 수 있는 것이다.

上六은 **困于葛藟**와 **于臲卼**이니 **曰動悔**라하야 **有悔**면 **征**하야 **吉**
상 육   곤 우 갈 류   우 얼 올   왈 동 회   유 회   정   길

하리라.

상육은 칡덩굴과 위태로운 곳에 곤란한 것이니, 말하기를 '움직이면 후회한다(動悔)'고 하면서 뉘우침이 있으면 가서 길할 것이다.

象曰 困于葛藟는 **未當也** l 오 **動悔有悔**는 **吉行也** l 라.
상 왈 곤 우 갈 류   미 당 야   동 회 유 회   길 행 야

「상전」에 이르길 '칡덩굴과 위태로운 곳에 곤란하다(困於葛藟)'는 것은 마땅하지 않기 때문이요, '움직이면 후회하고 뉘우침이 있다(動悔有悔)'는 것은 길하게 행하는 것이다.

處困之極, 可以動而行矣. 陰柔才弱, 疑慮未當, 猶牽纏而不自安, 懼其動而有悔, 而每自退悔也, 故聖人直以征吉決之.

곤란한 상황의 맨 마지막에 위치하고 있어도 움직여 나갈 수는 있다.

음효로서 유약하고 재주가 빈약하여 의심과 근심만 하니 합당하지
못하다. 마치 묶여서 이끌려가서 스스로 편안하지 못한 것과 같다.
그는 움직이면 후회가 있을 것을 두려워하여 매번 스스로 물러나서
후회만 하고 있다. 그러므로 성인께서 곧바로 '나아가면 길하다(征吉)'고
확정적으로 말씀하신 것이다.

井은 改邑호되 不改井이니 无喪无得하며 往來ㅣ 井井하나니 汔
정 개읍   불개정   무상무득   왕래   정정   흘

至亦未繘井이니 羸其瓶이면 凶하니라.
지역미귤정   이기병   흉

'정井'은 고을은 고치되 우물은 고치지 못하니, 잃을 것도 없고 얻는
것도 없으며, 오가는 사람들이 샘물을 길어 먹고 먹나니(井井), 거의
이르러 또 우물에 닿지 못하니, 그 두레박을 깨면 흉하다.

夫井者, 居其所而遷者也. 知井之居所而遷, 則知困之窮而通矣, 故次
困而明井. 邑可改, 井不可改, 可改則有喪有得, 旣不可改, 何喪何得.
食水者往, 未食者來, 人有往來, 井何往來. 下瓶將及於水曰汔至, 得
水收繩未盡曰未繘井, 繘井則有功, 未繘羸其瓶則凶, 此皆人之得喪,
非井之得喪也. 知井無得喪, 則知性德六而常卽, 知人有得喪, 則知修
德卽而常六, 故曰井德之地也, 又曰井以辯義.

대저 '우물(井)'은 그 장소에 그대로 있으면서 (떠올려진 물이) 옮겨지
는 것이다. 우물이 그 자리에 그대로 있으면서도 옮겨진다는 것을
안다면 곤궁함이 막바지에 이르게 되면 통할 수 있다는 것도 알 수
있다. 그러므로 곤困괘 다음에 정井괘를 밝힌 것이다. 고을은 옮길
수 있지만 우물은 옮길 수 없다. 옮길 수 있다면 잃기도 하고 얻기도

하겠지만, 이미 옮길 수 없는 것이라면 어찌 잃고 얻음이 있을 수 있겠는가?

물은 마신 사람은 가고 마시지 못한 자는 오는 것이니, 사람만이 오고감이 있지 우물이 어찌 오고가겠는가? 두레박을 내려서 물에 거의 닿게 된 것을 '거의 이른다(汔至)'고 하고, 물을 길어 올리는 두레박줄이 짧아 물에 닿지 못하는 것을 '우물에 닿지 못한다(未繘井)'고 한다. 두레박줄이 물에 닿게 되면 물을 얻는 결과가 있지만, 두레박줄이 우물에 닿지 못하고 그 두레박마저 깨져버리면 흉할 수밖에 없다. 이는 모두 사람들만의 득실이지, 우물의 득실은 아니다.

우물이 얻고 잃음이 없다는 것을 안다면 성덕性德이 여섯으로 나눠지면서도 항상 본성을 의지하고 있음(性德六而常卽)을 알 수 있고, 사람에게만 얻고 잃음이 있다는 것을 안다면 수덕修德이 불성을 의지해 있으면서도 항상 여섯으로 나눠지게 됨(修德卽而常六)을 알 수 있다.[592] 그러므

---

592 우물의 특성은 항상 그 자리에 머물러 있다는 사실이다. 그러한 우물에서 샘솟는 물은 사람들이 길어간다고 해서 줄어들거나 가만히 놔둔다고 해서 흘러넘치지 않는다. 언제나 항상 넘치지도 줄어들지도 않으면서 쉼 없이 샘물을 솟아나게 해 모든 사람들을 이롭게 한다. 사람들은 단지 이러한 우물을 필요에 따라 왕래하면서 길어다 먹을 뿐이다. 지욱은 이러한 우물의 특성을 천태종의 교의인 육즉론六卽論에 대비시켜 선해하고 있음을 알 수 있다. 천태종에서는 수행의 계위階位를 크게 6단계로 나누고 있다. 바로 (1)이즉理卽 (2)명자즉名字卽 (4)상사즉相似卽 (5)분진즉分眞卽 (6)구경즉究竟卽이다. 그런데 천태종에서는 비록 이렇듯 어리석음과 깨달음(迷悟)의 단계를 편의상 여섯 단계로 나누고 있지만, 이러한 차별적인 계위는 모두 불성을 근원하고 있다고 이해한다. 어느 수행의 계위에 머물러 있든지 간에 마음은 항상 본원적인 성품인 불성을 떠나지 않는다고 보는 것이다. 지욱은 천태교의인 이러한 육즉론을 우물의 특성과

로 '우물은 덕의 대지이다(井德之地)'라고 한 것이며, 또한 '우물로써 의로움을 판별한다(井以辯義)'고 한 것이다.[593]

象曰 巽乎水而上水ㅣ 井이니 井은 養而不窮也하니라. 改邑不
단 왈 손 호 수 이 상 수　　정　　정 은 양 이 불 궁 야　　　　개 읍 불

改井은 乃以剛中也ㅣ오 汔至亦未繘井은 未有功也ㅣ오 羸其瓶
개 정　　내 이 강 중 야　　흘 지 역 미 귤 정　　미 유 공 야　　이 기 병

이라 是以凶也ㅣ라.
　　　시 이 흉 야

「단전」에 이르길 물에 들어가서 물을 퍼 올리는 것이 '정井'이니, 우물은 길러서 궁하지 않는 것이다. '고을은 고치되 우물은 고치지 못한다(改邑 不改井)'는 것은 곧 강건하게 가운데 자리하기 때문이요, '거의 이름에 또 우물에 닿지 못한다(汔至亦未繘井)'는 것은 아직 공功이 있지 못하기

연계시켜 '성덕육이상즉性德六而常卽', '수덕즉이상육修德卽而常六'이라는 표현
으로 설명하고 있는 것이다. '성덕육이상즉'이라는 말은 우물을 사람들이 두레박
으로 퍼 올려 각자 자신의 그릇의 크기대로 담아 가지만 우물 그 자체에는
득실의 변화가 없듯이, 수행에 있어 진리를 이해하고 체득하는 정도에 따라
비록 여섯 단계의 차별적인 계위를 말하지만 본성의 측면에서 보면 그 모든
수행의 계위에 관계없이 모든 중생은 항상 근본적인 진리본성(佛性, 性德)을
갖추고 있다는 표현이다. 불성이라는 근원적인 본성(性德)의 측면에서 보면
중생, 부처, 소인, 군자 등이 모두 차별이 없지만, 본성을 의지해 일으키는
어리석음(迷)과 깨달음(悟)의 차별적인 마음이라는 측면(修德)에서 보면 중생은
중생이고 부처는 부처이며, 소인은 소인이고 군자는 군자일 수밖에 없다. '수덕
즉이상육'이라는 말은 바로 이러한 측면의 의미를 담은 표현이다. 비록 본성이라
는 측면에서는 모두가 항상 성덕을 갖추고 있지만(常卽), 현상적인 측면에서
있어서는 엄연히 차별적일 수밖에 없다(常六)는 표현인 것이다.

593 「계사전하」제7장에서 언급되고 있다.

때문이요, '그 두레박을 깨버린다(羸其甁)'는 것은 이로써 흉한 것이다.

水輪含地, 故鑿地者無不得水, 喩如來藏性具一切陰界入等, 故觀陰
界入者無不得悟藏性, 但貴以妙止觀力深入而顯發之. 藏性一顯, 自
養養他更無窮盡也. 困之貞大人吉, 曰以剛中. 今改邑不改井, 亦曰乃
以剛中. 困似專指修德, 其實發明全修在性, 今似專指性德, 其實要人
全性起修, 故隨明未有功而羸甁則凶, 其重修德甚矣.

수륜水輪[594]이 땅을 감싸고 있기 때문에 땅을 파는 사람은 물을 얻게
된다. 비유하자면 여래장성(如來藏性: 불성)이 일체의 음陰·계界·입
入[595] 등을 구족하고 있는 것과 같다. 그러므로 음·계·입을 통찰하는
자는 여래장성을 깨닫지 못하는 자가 없는 것이다. 다만 신묘한 지관止
觀의 힘으로써 깊이 수행해 들어가 그것을 발현해 내는 것이 중요할

---

594 수륜水輪: 수륜은 불교의 우주론에서 언급되고 있는 삼륜三輪 가운데 하나이다.
　　불교의 우주론에서는 세상의 중심에 수미산이 존재하는데 이 수미산을 세
　　가지 원통형의 층(三輪)이 떠받치고 있다고 한다. 예컨대 맨 위층은 금륜金輪이,
　　중간층은 수륜이, 맨 아래층은 풍륜風輪이 받치고 있다는 것이다.
595 음陰·계界·입入: 오음(五陰, 五蘊)·십팔계十八界·십이입十二入 등을 말한다. 오
　　음은 인간의 심신을 구성하고 있는 다섯 가지 구성요소(色·受·想·行·識)를
　　말하고, 십팔계는 인간의 여섯 가지 감각기관(六根: 眼·耳·鼻·舌·身·意)과 그러
　　한 감각기관을 상대하는 밖의 여섯 가지 경계(六境: 色·聲·香·味·觸·法), 그리고
　　그러한 감각기관이 밖의 경계를 받아들여 인식하게 되는 여섯 가지 인식(六識:
　　眼識·耳識·鼻識·舌識·識身·意識)을 가리키며, 십이입은 육근과 육경을 가리킨
　　다. 결과적으로 이 모두는 불교에 있어 심신의 나와 밖의 경계(물질세계),
　　그리고 내가 밖의 경계를 접촉하여 얻게 되는 인식 내용을 총칭하는 표현이라
　　할 수 있다.

뿐이다. 여래장성이 한번 드러나게 되면 나와 남을 이롭게 양육함이
무궁무진하게 된다.

택수곤(澤水困, ䷮)괘에서는 '바르게 해서 대인이라야 길하다(貞大
人吉)는 것은 강으로써 가운데 자리하기 때문이다(以剛中)'라고 하였는
데, 지금 (정괘의 단사에서) '고을은 고칠 수 있지만 우물은 고치지
못한다(改邑不改井)'는 것 역시 '강으로써 가운데 자리하기 때문이다(乃
以剛中)'라고 말하고 있다. 곤困괘에서는 전적으로 수덕修德을 가리키
는 듯하지만, 그 진실은 모든 닦음이 본성에 있음(全修在性)을 드러내
밝히고 있다. 지금 (정괘의 단사에서) 성덕性德만 전적으로 가리키는
듯하지만, 그 사실은 사람에게 전적으로 본성에서 닦음을 일으킬 것(全
性在修)을 요구하고 있다. 그러므로 '공功이 있지 않고, 그 두레박을
깨면 흉하다'는 것을 통해 (이러한 이치를) 밝히고 있는 것이니, 그
수덕修德을 매우 중요하게 여기고 있는 것이다.

象曰 木上有水ㅣ 井이니 君子ㅣ 以하야 勞民勸相하나니라.
상왈 목상유수 정 군자 이 노민권상

「상전」에 이르길 나무(風, ☴) 위에 물(水, ☵)이 있는 것이 '정井'이니,
군자가 이를 본받아서 백성을 위로하고 돕기를 권장한다.

夫擔水惠人, 則所及者寡, 鑿井任汲, 則所潤者多, 擔水者有作善, 鑿井
者無作善也. 君子之慰勞於民也, 則勸其交相爲養焉, 故養而不窮矣.

무릇 물을 길어다가 남에게 베풀면 미치는 영향이 적지만, 우물을

파서 마음대로 길어가게 하면 많은 윤택함을 줄 수 있다. 물을 길어다가 주는 것은 의도적인 선의 실천(有作善)이라고 할 수 있지만, 우물을 파놓는 것은 대가를 바라지 않는 선의 실천(無作善)인 것이다. 군자가 백성을 위로하는 경우에는 그들이 서로가 서로를 양육할 수 있기를 권장한다. 그러므로 양육함에 끝이 없는 것이다.

初六은 井泥不食이라 舊井애 无禽이로다.
초육   정니불식   구정   무금

초육은 우물이 진흙이라 먹지 못한다. 오래된 우물에 새가 없다.

象曰 井泥不食은 下也ㅣ새요 舊井无禽은 時舍也ㅣ라.
상왈 정니불식   하야   구정무금   시사야

「상전」에 이르길 '우물이 진흙이라 먹지 못한다(井泥不食)'는 것은 아래에 있기 때문이요, '오래된 우물에 새가 없다(舊井无禽)'는 것은 때에 버려짐이다.

井之六爻, 三陰爲井, 三陽爲泉, 初居最下, 故象如泥, 不惟人不食之, 禽亦不顧之矣. 理卽佛也.

정井괘의 여섯 효 가운데 세 음효(초육, 육사, 상육)는 우물 그 자체가 되고, 세 양효(구이, 구삼, 구오)는 우물에서 솟아나는 샘물이 된다. 초효는 맨 밑에 자리하고 있기 때문에 형상이 진흙과 같다. 사람이 먹지 못할 뿐만 아니라, 새들도 또한 돌아보지 않는다. 이즉불(理卽佛: 단지 불성을 구족하고 있는 중생)에 해당한다고 할 수 있다.

九二는 **井穀**이라. **射鮒**ㅣ오 **甕敝漏**ㅣ로다.
구 이 　　정곡　　　석부　　　옹폐루

구이는 우물이 골짜기이다. 붕어가 쏘고 독이 깨져서 새는 것이다.

象曰 井穀射鮒는 **无與也**ㄹ새라.
상왈 정곡석부　　무여야

「상전」에 이르길 '우물이 골짜기이니 붕어가 쏜다(井穀射鮒)'는 것은
더불어 할 상대가 없기 때문이다.

在下之中, 故爲井穀. 有泉可以射鮒, 而上無應與, 如甕旣敝漏, 不能
相汲也. 魚之至小者名鮒, 蓋指初六, 此是名字卽佛, 薄有聞熏, 未成
法器.

하괘(☴)의 가운데에 자리하고 있기 때문에 '정곡井穀'이 된다. 샘물은
있지만 붕어가 겨우 놀기에 적합할 뿐이다. 위로 상응하여 더불어
할 상대가 없는 것이 마치 두레박이 이미 파손되어 물이 새버리는
것과 같아서 서로를 이끌어주지 못한다. 물고기 중에서 가장 작은
물고기를 '부鮒'라 하는데, 대략 초육을 가리킨다. 이것은 바로 명자즉불
(名字卽佛: 겨우 불교의 기초적인 교리를 듣고 이해하는 단계)이라 할
수 있다. 얕은 법문의 들음은 있지만 아직 진리의 그릇(法器)을 이루지
못한 자라 할 수 있다.

九三은 **井渫不食**하야 **爲我心惻**하야 **可用汲**이니 **王明**하면 **並受**
구삼　정설불식　　위아심측　　　가용급　　　왕명　　　병수

其福하리라.
기 복

구삼은 우물이 깨끗하지만 먹지 못해서 내 마음이 슬프게 되었으니, 가히 물을 길을 만하니, 왕이 밝으면 아울러 그 복을 받을 것이다.

象曰 井渫不食은 行을 惻也ㅣ오 求王明은 受福也ㅣ라.
상왈 정설불식 행 측야 구왕명 수복야

「상전」에 이르길 '물이 깨끗하지만 먹지 못한다(井渫不食)'는 것은 행함을 슬퍼하는 것이고, 왕이 밝기를 구하는 것은 복을 받는 것이다.

以陽居陽, 其泉潔矣, 猶居下卦, 不爲人食, 是可惻也. 上六應之, 故可用汲. 蓋王旣明而用賢, 則賢者之福非止獨受而已. 此是觀行卽佛, 圓伏五住故井渫, 未證理水故不食, 宜求諸佛加被, 則可自利利他也.

양효로써 양 자리에 위치하여 그 물은 깨끗하지만, 오히려 아래 괘에 자리하여 사람들이 길어서 마시지 않으므로 슬퍼한다. 상육이 그를 상응해 주기 때문에 '길어서 쓸 수 있게 된다(可用汲)'고 한다. 대체적으로 왕이 이미 현명하여 어진 사람을 등용해서 쓴다면 현자의 복은 혼자만의 복에 그치지 않게 된다. 이것은 바로 관행즉불(觀行卽佛: 부처님의 법에 의지하여 자신의 몸과 말과 마음에 대한 바른 통찰의 수행을 실천해 가는 단계)에 해당하는 것으로, 오주五住[596]를 원만하게 항복받았

---

596 오주五住: '오주지혹五住地惑'의 준말로 중생을 삼계(三界: 욕계·색계·무색계)에 묶어두는 다섯 가지 번뇌를 가리킨다. 곧 삼계의 견혹見惑인 ①견일처주지혹見一處住地惑, 욕계의 사혹思惑인 ②욕애주지혹欲愛住地惑, 색계의 사혹인 ③색애

으므로 '우물이 깨끗하다(井渫)'고 한다. 진리의 물(理水: 성불, 열반)을
아직 깨닫지 못했기 때문에 '먹지 못한다(不食)'고 하는 것이니, 마땅히
모든 부처님의 가피를 구하게 되면 자신과 다른 중생들 모두가 이로울
수 있다.

六四는 **井甃** ㅣ면 **无咎** ㅣ리라.
육 사　　정 추　　무 구

육사는 우물을 치면(甃: 청소하고 정비하는 것) 허물이 없다.

象曰 井甃无咎는 **修井也**ㅣ라.
상 왈　정 추 무 구　　수 정 야

「상전」에 이르길 '우물을 치면 허물이 없다(井甃无咎)'는 것은 우물을
수리하기 때문이다.

甃者, 以甎石包砌其傍, 所以禦汙而潔泉者也, 故曰修井. 此是相似卽
佛, 從思慧入修慧, 禦二邊之汙, 而潔中道之泉.

'추甃'는 벽돌(甎石)로 안을 쌓고 그 바깥을 섬돌로 겹쳐 쌓음으로써
혼탁한 물을 정화시켜 물을 깨끗이 하는 것이다. 그러므로 우물을
'수리한다(修井)'고 하였다. 이것은 바로 상사즉불(相似卽佛: 거의 부처
의 깨달음에 비슷하게 근접해진 수행의 경지)에 해당하는 것으로, 사혜思慧
로부터 벗어나 수혜修慧로 발전해 들어가는 것을 의미한다.[597] 두 변(二

주지혹色愛住地惑, 무색계의 사혹인 ④ 유애주지혹有愛住地惑, 삼계의 무명인
⑤ 무명주지혹無明住地惑 등을 말한다.

邊: 유와 무의 양극단에 집착하는 삿된 견해)에 집착하는 혼탁한 마음을 끊어서 중도의 샘물(中道之泉: 유와 무의 양극단에 집착하는 삿된 견해를 벗어나 正見을 갖춰 바른 止觀의 수행을 실천하는 것)을 청결하게 하는 것이다.

九五는 **井冽寒泉食**이로다.
구 오　　　 정 렬 한 천 식

구오는 우물이 맑아 시원한 샘물을 먹는다.

象日 寒泉之食은 **中正也**일새라.
상 왈 한 천 지 식　　 중 정 야

「상전」에 이르길 시원한 샘물을 먹는다는 것은 가운데 자리하고 바르기 때문이다.

陽剛中正, 泉之至潔而洌然者也. 功及於物, 故得食之, 此是分證卽佛, 中道理水, 自利利他.

양효로서 강건하고 중정하니, 우물이 지극히 맑고 시원한 것이라 할 수 있다. 공덕이 만물에 미치게 되었기 때문에 먹을 수 있게 된 것이다.

---

597 불교에서는 문혜聞慧·사혜思慧·수혜修慧를 내용으로 하는 세 가지 지혜(三慧)를 교설한다. 문혜는 어떠한 진리의 가르침을 듣고 배워서 이해하는 가장 낮은 단계의 지혜를 말하고, 사혜는 이러한 문혜를 벗어나 듣고 배운 것을 본인이 직접 심도 있게 사유하고 연구하여 얻게 되는 중간 단계의 지혜를 말하며, 수혜는 이러한 사혜를 벗어나 본인이 직접 듣고 배운 것을 몸소 수행하여 체험적으로 얻는 높은 단계의 지혜를 가리킨다.

이것은 바로 분증즉불(分證卽佛: 보살의 수행계위인 52위 중에서 初住로부터 점차 等覺의 경지에 이른 보살의 계위)에 해당하는 것으로, 중도이수(中道理水: 정견에 의지하여 수행함으로써 탐·진·치 삼독심에서 벗어나 부처의 지혜와 자비를 완성한 깨달음의 경지)로 나와 남을 모두 이롭게 하는 것이다.

上六은 **井收勿幕**고 **有孚** | 라. **元吉**이니라.
상 육   정 수 물 막   유 부   원 길

상육은 우물을 거두어서 덮지 말고 믿음을 둔다. 크게 길하다.

象曰 元吉在上이 **大成也** | 라.
상 왈 원 길 재 상   대 성 야

「상전」에 이르길 크게 길한 것은 위에 있기 때문이니, 크게 이룬다.

以陰居上, 如井之收. 收, 卽井欄, 常露之而勿幕, 衆皆汲之, 而所養無窮矣. 此是究竟卽佛, 功德滿足, 盡未來際恒潤衆生.

음효로써 맨 위에 자리하니 마치 우물의 '수收'와 같다. '수收'는 곧 우물의 난간으로, 언제나 노출시켜서 뚜껑을 덮지 않아야 대중들이 모두 길어서 마실 수 있어 양육함이 끝이 없는 것이다. 이는 바로 구경즉불(究竟卽佛: 궁극적인 열반의 경지를 성취하여 부처가 되는 것)에 해당한다. 공덕을 원만하게 완성하여 미래의 세계가 다 끝날 때까지(未來際: 영원히) 중생들을 이롭게 할 수 있는 것이다.

革은 已日이라야 乃孚하리니 元亨코 利貞하야 悔ㅣ 亡하니라.
혁   이일   내부   원형 이정   회 망

'혁革'은 이미 날이 되어야(때가 되어야) 이에 믿을 것이니, 크게 형통하고
바르게 함이 이로워서 후회가 없다.

夫邑改而井不改者, 言其處也. 井舊, 則無禽而泥, 可弗革乎. 學者以
變化氣質爲先, 猶火之鍛金也. 方其煆也, 金必苦之, 旣煆成器, 而後
信火之功也. 此革之道, 卽乾坤之道, 大亨以正者也. 未信故有悔, 已
孚則悔亡矣.

무릇 마을을 옮길 수는 있어도 우물은 옮길 수 없다는 것은 그 장소를
말하는 것이다. 우물이 오래되어 낡아 못쓰게 되면 날짐승도 찾지
않고 물도 오염되는 것이니, 새롭게 고치지 않을 수 있겠는가? 학문하는
사람은 기질(氣質: 타고난 기품과 성품)을 변화시키는 것을 가장 우선적
인 가치로 삼아야 한다. 비유하자면 불로 쇠를 단련하는 것과 같다.
바야흐로 그 쇠를 담금질함에 있어 쇠는 필연적으로 고통스럽지만,
담금질을 통해 그릇이 완성된 이후에는 불의 공로를 믿게 된다. 이것이
야말로 개혁의 도이면서 하늘과 땅의 도라 할 수 있으니, 크게 형통하고
바른 이치이다. (이러한 이치를) 믿지 않기 때문에 뉘우침이 있게

되는 것이니, 이미 믿음이 있다면 뉘우칠 일도 없는 것이다.

象曰 革은 水火ㅣ 相息하며 二女ㅣ 同居호대 其志不相得이 曰
단왈 혁 수화   상식   이녀   동거   기지불상득   왈

革이라. 已日乃孚는 革而信之라. 文明以說하야 大亨以正하니
혁   이일내부 혁이신지   문명이열   대형이정

革而當할새 其悔ㅣ 乃亡하니라. 天地ㅣ 革而四時ㅣ 成하며 湯武
혁이당   기회 내망   천지   혁이사시   성   탕무

ㅣ 革命하야 順乎天而應乎人하니 革之時ㅣ 大矣哉라.
  혁명   순호천이응호인   혁지시   대의재

「단전」에 이르길 '혁革'은 물과 불이 서로 쉬게 하며, 두 여자가 함께 거처하되 그 뜻을 서로 얻지 못하는 것을 '혁革'이라 한다. '이미 때가 되어야 믿는다(已日乃孚)'는 것은 고쳐서 믿게 하는 것이다. 문명하고 기뻐하여 크게 형통하고 바르니, 고쳐서 마땅하기 때문에 그 뉘우침이 없어진다. 천지가 바뀌어서 사시가 이루어지는 것이며, 탕왕과 무왕이 혁명을 해서 하늘에 순종하고 백성에게 응하니, '혁革'의 때가 크다.

革而信之, 明未革則人不信也. 革而當, 乃使人信, 其悔乃亡, 明不當則 悔不亡也. 須如天地之革時, 湯武之革命, 方可取信於人耳, 革何容易.

'고쳐서 믿는다(革而信之)'는 것은 개혁을 하지 않으면 사람들이 믿지 않는다는 것을 밝힌 것이다. '고쳐서 마땅하다(革而當)'는 것은 바로 사람들로 하여금 신뢰를 갖게 해야만 그 뉘우침이 없게 되고, 정당하지 않으면 후회가 있을 수밖에 없다는 것을 밝힌 것이다. 모름지기 하늘과 땅이 때를 바꾸고 탕왕과 무왕이 혁명을 하는 것처럼, 바야흐로 사람들

에게 믿음을 줄 수 있어야 한다. 혁명을 어찌 쉽게 할 수 있겠는가?

象曰 澤中有火ㅣ 革이니 君子ㅣ 以하야 治曆明時하나니라.
상왈 택중유화 혁 군자 이 치력명시

「상전」에 이르길 못(澤, ☱) 속에 불(火, ☲)이 있는 것이 '혁革'이니, 군자가 이를 본받아 책력冊曆을 다스리고 때를 밝힌다.

時無實法, 依於色心, 分位假立, 心無形像, 依色表見. 色有共相及不共相, 共相之在上者爲日月星宿, 因日月星宿周行於天, 據其所歷之度, 以明春夏秋冬之時. 春則萬物皆春, 乃至冬則萬物皆冬, 故知時惟心現, 無在而無所不在, 猶如火性無我, 亦無在而無所不在. 雖澤中亦自有之, 彼大海中火光常起, 卽其驗也.

때는 실제적인 법칙이 없다. 형상(色: 물질, 형상, 육체)과 마음(心: 정신, 진리, 이치)을 의지해서 자리(사계절, 12절기, 오전과 오후, 낮과 밤, 24시간)를 나누어 임시방편으로 성립시킨 것이다.

　마음은 형상이 없기 때문에 물질에 의지해서 표현될 수밖에 없다. 물질은 공통적인 상과 공통적이지 않는(개체적인 특성을 가진 상) 상이 있다. 공통적인 상으로 위에 있는 것은 해와 달과 별들이다. 해와 달과 별들이 하늘을 두루 운행하는 것을 바탕으로 그 운행하는 바의 도수度數를 기준으로 삼아 봄, 여름, 가을, 겨울의 때를 밝혔다. 봄이 되면 만물이 다 봄이 되는 것이고, 겨울에 이르게 되면 만물이 다 겨울이 되는 것이다. 그러므로 때라는 것은 오직 마음의 표현일 뿐이라

는 것을 알아야만 한다. (火, 즉 마음, 정신, 천지자연의 근원적인
이치가) 존재하지 않으면서도 존재하지 않는 곳이 없음이 마치 불의
본성에 고정된 실체(我)가 없는 것과 같다. 또한 존재하지 않으면서도
존재하지 않는 곳이 없는 것이 비록 연못 속이라 하더라도 또한 자연스
럽게 존재하고 있다. 저 큰 바다 가운데에서 불빛(火光: 태양)이 항상
솟아나는 것이 그 증거가 될 수 있을 것이다.[598]

初九는 鞏用黃牛之革이니라.
초 구   공 용 황 우 지 혁

초구는 굳게 누런 소의 가죽을 쓴다.

象曰 鞏用黃牛는 不可以有爲也ㄹ새라.
상 왈 공 용 황 우   불 가 이 유 위 야

「상전」에 이르길 '누런 소의 가죽을 쓴다'는 것은 행동의 실천(爲)이
있어서는 안 되기 때문이다.[599]

離爲能革, 兌爲所革, 而初九居下, 上無應與, 此不可以有爲者也. 但

---

[598] 지옥의 표현으로 볼 때, 지옥은 불(火, ☰)을 형상(色)의 바탕을 이루고 있는
마음, 정신, 천지자연의 근원적인 이치로 표현하고 있는 듯하다. 이러한 마음,
정신, 이치는 비록 고정된 형상을 갖추고 있지는 않지만, 모든 존재의 근원으로써
존재하지 않는 곳은 없는 무소부재의 존재임을 밝히고 있는 것이다.

[599] 혁괘의 초구는 하괘의 맨 아래에 자리하고 있어 혁명의 때라고 하더라도 아직
섣불리 나서면 안 되는 연약한 처지이다. 단지 질긴 황소의 가죽(黃牛之革)처럼
맘속에 혁명의 뜻만을 공고히 지키면서 때를 기다려야 하는 처지인 것이다.

用黃牛之革以自鞏固可耳.

불(離, ☲)은 개혁의 주체가 되고 연못(兌, ☱)은 개혁의 대상이 된다. 초구는 맨 아래에 자리하는 데다 위로 더불어 응할 수 있는 상대가 없다. 이 때문에 행동하여 움직여서는 안 되는 자이다. 다만 황소의 가죽을 사용하는 것처럼 스스로를 견고히 지키는 것만이 옳을 뿐이다.

六二는 己日이어야 乃革之니 征이면 吉하야 无咎하리라.
육 이　이 일　　　내 혁 지　정　길　　무 구

육이는 이미 날이 되어야 이에 고치니, 가면 길하여 허물이 없다.

象曰 己日革之는 行有嘉也ㅣ라.
상 왈　이 일 혁 지　　행 유 가 야

「상전」에 이르길 '이미 날이 되어 개혁한다(己日革之)'는 것은 행함에 아름다움이 있기 때문이다.

陰柔中正, 爲離之主, 得革物之全能者也. 革必己日乃孚, 而上應九五, 是其嘉配, 故征吉而無咎.

음효로서 유순하고 중정하여 이(離, ☲)괘의 주효가 된다. 사물의 개혁을 온전히 할 수 있는 능력을 얻은 자라 할 수 있다. 개혁은 반드시 개혁할 때가 되어서 해야만 개혁에 대한 믿음을 갖게 된다. 위로 구오와 상응하고 있으니, 구오야말로 육이의 아름다운 짝이라 할 수 있다. 그러므로 가면 길하여 허물이 없다고 한다.

九三은 征이면 凶하니 貞厲할지니 革言이 三就면 有孚ㅣ리라.
구 삼   정   흉   정 려   혁 언   삼 취   유 부

구삼은 가면 흉하니, 바르게 하고 위태하게 할 것이니, 고친다는 말이
세 번 나오면 미더움이 있을 것이다.

象曰 革言三就어니 又何之矣리오.
상 왈 혁 언 삼 취   우 하 지 의

「상전」에 이르길 고친다는 말이 세 번 나왔으니, 또 어디로 가겠는가?

過剛不中, 而應上六, 上六陰柔得正, 乃君子而如文豹者也, 何容更以
剛燥革之. 征則必凶, 雖得其貞, 亦仍危厲. 但可自革以相順從, 其言
至於三就, 庶亦可以取信也.

지나치게 강건하고 가운데 자리하지도 못하면서 상육과 응하고 있다.
상육이 음효로서 유약하지만 바르게 자리하고 있으니, 바로 군자로서
표범(文豹)과 같은 자라 할 수 있다. 어찌 또다시 강건함만을 믿고서
조급하게 개혁하려는 것을 용납하겠는가? 개혁에 나서면 반드시 흉하
다. 비록 그가 개혁의 정당성을 얻었다 하더라도 또한 여전히 위태로운
것이다. 다만 스스로를 개혁함으로써 서로 순조롭게 따를 수 있게
된다. 그 말이 세 번 논의함에 이르러서야 거의 또한 믿음을 얻을
수 있을 것이다.[600]

---

600 혁괘의 구삼은 비록 양효로서 강건하지만 중도를 얻지 못하였고, 그와 상응하는
   구오 역시 양효로 음양의 정응도 이루지 못한 상태이다. 하지만 구삼과 상응하는
   구오는 양이 양 자리에 바르게 있고, 왜괘에서 중도를 얻고 있으니 어질고

九四는 **悔亡**하니 **有孚**ㅣ면 **改命**하야 **吉**하리라.
구 사 회 망   유 부   개 명 길

구사는 뉘우침이 없어지니, 믿음을 두면 명命을 고쳐서 길할 것이다.

象曰 改命之吉은 **信志也**ㄹ새라.
상 왈 개 명 지 길   신 지 야

「상전」에 이르길 '명을 고쳐서 길한 것'은 뜻을 믿어주기 때문이다.

兌金之質, 本待煆以成器, 而九四無應於下, 則無肯成我者, 悔可知
也. 但剛而不過, 又附近於離體之上, 其志可信, 故悔亡而有孚, 可以
改其所秉之定命, 而日進於自利利他之域矣.

태금(兌金, ☱)의 성질은 본래 담금질을 통해 그릇으로 만들어진다.
구사는 아래와 상응할 수 없어 내(구사)가 그릇을 이루지 못하는 것이
니, 뉘우침을 알 수 있다. 다만 강건하지만 지나치지 않고 또한 이(離,
☲)괘 본체의 맨 위에 가까이 자리하고 있어 그 혁명에 대한 뜻만은
믿을 수 있다. 그러므로 뉘우침이 없어지고 혁명에 대한 믿음이 있다.

현명한 임금이라 할 수 있다. 이런 처지에서 구삼이 자신의 강건한 힘만을
믿고 성급하게 혁명에 나서게 되면 실패하게 되어 흉할 수밖에 없다. 다만
자신의 처지를 감안하여 조심스럽게 정도를 지키며 구오의 지도하에 그와
뜻을 맞춰 혁명에 나서야만 하는 것이다. 구삼이 상응하는 임금인 구오와 혁명에
대한 충분한 논의와 여론수렴이 이루어진 이후에야 서로 믿음을 갖고 혁명에
나서야 성공할 수 있는 것이다. 지욱이 표현하고 있는 '그 말이 세 번 논의함에
이르러서야(其言至於三就)'라는 표현은 바로 구삼과 구오가 혁명에 대한 충분한
논의와 여론수렴이 이루어짐을 나타내고 있다.

그가 처해진 운명을 바꿔서 날로 자신도 이롭고 남도 이롭게 하는 혁명의 영역으로 나갈 수 있는 것이다.

九五는 **大人**이 **虎變**이니 **未占**애 **有孚**ㅣ니라.
구오　　대인　　호변　　미점　　유부

구오는 대인이 범으로 변하듯이 하니, 점을 치지 않아도 믿음이 있다.

象曰 大人虎變은 **其文**이 **炳也**ㅣ라.
상왈 대인호변　　기문　　병야

「상전」에 이르길 '대인이 범으로 변하듯이 한다(大人虎變)'는 것은 그 무늬가 빛나는 것이다.

以陽剛中正之大人, 又得六二陰柔中正之應, 以輔助之, 故如虎之神變. 炳乎有文, 不待占而足以取信於天下也.

양효로써 강건하고 중정한 대인이다. 또한 음효로써 유순하고 중정한 육이가 상응하여 그를 보좌하여 돕는다. 그러므로 호랑이가 신비스럽게 변해서 빛나는 무늬가 있는 것과 같다. 점치기를 기다릴 필요 없이 충분히 천하 사람들로부터 믿음을 얻을 수 있는 것이다.

上六은 **君子**는 **豹變**이오 **小人**은 **革面**이니 **征**이면 **凶**코 **居貞**이면
상육　　군자　　표변　　　소인　　혁면　　정　　흉　　거정

吉하리라.
길

상육은 군자는 표범으로 변하고, 소인은 얼굴만을 고치니, 가면 흉하고 바른 데 거하면 길하다.

象曰 君子豹變은 其文이 蔚也ㅣ오 小人革面은 順以從君也ㅣ라.
상왈 군자표변 기문 위야   소인혁면   순이종군야

「상전」에 이르길 '군자는 표범으로 변하다(君子豹變)'는 것은 그 무늬가 성한 것이고, '소인은 얼굴만 고친다(小人革面)'는 것은 순해서 임금을 따르는 것이다.

豹亦生而有文者也, 但待時而變現耳. 九三剛燥小人, 旣見其變, 亦革言三就以相順從. 然僅革面, 未始革心, 君子正不必深求也. 若欲令心革而往征之, 未免得凶, 惟居貞以默化之則吉.

표범 역시 태어나면서부터 무늬가 있는 동물이다. 다만 때를 기다려서 변화의 모습을 드러낼 뿐이다. 강건하지만 조급한 구삼 소인이 이미 그(상육) 변화의 모습을 보고, 또한 '개혁의 말이 세 번 나아감(革言三就: 개혁의 여론이 형성됨)'으로써 서로 순종해 온다. 그러나 겨우 표면적인 개혁만 하려 하고 처음부터 마음을 개혁하려고 하지 않기에 군자(상육)는 다만 반드시 깊이 있는 개혁을 요구하지 않아야 한다. 만약 육삼에게 마음의 개혁을 요구하며 가서 그를 다스리고자 한다면 흉함을 면하지 못한다. 오직 바른 도를 지키며 묵묵히 교화한다면 길할 수 있다.

(50) ䷱ 화풍정火風鼎

鼎은 元(吉)亨하니라.
정　　원　길　형

'정鼎'은 크게 (길하여) 형통하다.

革物者莫若鼎, 此陶賢鑄聖烹佛鍊祖之器也, 安得不元吉而亨哉.

만물을 개혁하는 것은 솥만 한 것이 없다. 이것이야말로 현인을 빚어내
고 성인을 주조해내며, 부처를 삶아내고 조사를 단련해내는 그릇이라
할 수 있다. 어찌 크게 길하여 형통하지 않을 수 있겠는가?

象曰 鼎은 象也ㅣ니 以木巽火ㅣ 亨飪也ㅣ니 聖人이 亨하야 以享
단왈 정　상야　　　이목손화　　팽임야　　　성인　팽　　　이향

上帝하고 而大亨하야 以養聖賢하니라. 巽而耳目이 聰明하며 柔
상제　　이대팽　　　이양성현　　　손이이목　총명　　　유

進而上行하고 得中而應乎剛이라. 是以元亨하니라.
진이상행　　　득중이응호강　　　시이원형

「단전」에 이르길 '정鼎'은 형상이니, 나무로써 불을 들여서(지펴서) 밥을
지으니 성인이 삶아서 상제께 제사 올리고, 크게 삶아서 성현을 기른다.
공손하고 귀와 눈이 총명하며, 유(柔, 육오)가 나아가 위로 행하고 중中을
얻어서 강剛에 상응하는 것이다. 이로써 크게 형통하다.

初陰爲足, 二三四陽爲腹, 五陰爲耳, 上陽爲鉉, 非鼎象乎. 以木巽火
而亨飪, 非鼎用乎. 勿謂鼎之道小, 聖人亨以享上帝, 亦此鼎耳. 卽大
亨以養天下聖賢, 亦此鼎耳, 何必離事別求理哉. 且以卦德言之, 內則
巽順, 外則離而耳目聰明. 六五以柔爲離之主, 進而上行, 得中位而應
九二之剛, 此豈非聖賢佛祖自陶自鑄自烹自鍊之道, 其元亨也宜矣.

초효 음은 다리가 되고 이효, 삼효, 사효 양은 배가 되며, 오효 음은
솥의 귀가 되고, 상효 양은 솥의 고리가 되니, 정鼎의 형상이 아니겠는
가? 나무로 불을 지펴서 밥을 짓는 것이니, 정鼎의 용도가 아니겠는가?
정鼎의 도가 하찮다고 말하지 말라. 성인이 제물을 삶아서 상제께
제사 올리는 것 또한 이 정鼎의 도일 뿐이며, 곧 크게 삶아서[601] 천하의
성인과 현인들을 길러내는 것도 또한 이 정鼎의 도일 뿐이다. 어찌
반드시 사물을 떠나 달리 이치를 구하겠는가?

　또한 괘의 덕으로써 말한다면, 내괘는 손(巽, ☴)괘로 유순함을
의미하고, 외괘는 이(離, ☲)괘로 귀와 눈이 총명함을 의미한다. 육오
는 유순한 음효로써 이괘의 주효가 된다. 나아가 위로 행하여 외괘의
중中의 자리를 얻어서 내괘의 강건한 구이와 상응하고 있다.[602] 이야말

---

601 대형大亨: 천하의 인재를 교육시켜 그들이 국민과 나라를 위해 일할 수 있는
　　훌륭한 인재로 길러내는 것.

602 대산 김석진 선생은 정鼎괘는 본래 중풍손(巽, ☴)괘에서 온 것으로 설명하고
　　있다. 손괘의 「대상전」에 '명을 거듭해서 행한다'는 뜻으로 '신명행사申命行事'라
　　는 표현이 나오는데, 이는 곧 바람 따라 나라의 명이 행해지고 풍속, 풍습이
　　새롭게 달라진다는 의미이며, 이러한 의미는 곧 솥 속에서 음식이 삶아져서
　　새로운 음식이 만들어져 나온다는 정괘의 의미와 상통한다는 설명이다. 까닭에
　　손괘의 육사 음이 구오 자리로 올라가 가운데 자리하고(進而上行), 구오는 다시

로 어찌 성현과 부처와 조사가 스스로 빚고, 주조하고, 삶고, 단련해
내는 정鼎의 도가 아니겠는가?[603] 그렇듯 '크게 형통하다(元亨)'는 말은
옳은 말이다.

象曰 木上有火ㅣ 鼎이니 君子ㅣ 以하야 正位하야 凝命하나니라.
상 왈 목 상 유 화 정 군 자 이 정 위 응 명

「상전」에 이르길 나무(木, ☴) 위에 불(火, ☲)이 있는 것이 '정鼎'이니,
군자가 이를 본받아서 자리를 바르게 하여 명命을 엉기게 한다(이룬다).

鼎者, 國之重寶, 君位之所寄也. 得其道以正其位, 則命可凝. 德不稱
位, 則命去而鼎隨去矣. 約象明之, 德如木, 命如火, 有木則有火, 木盡
則火亡, 有德以正其位則命凝, 德亡則命亡, 故曰惟命不於常也.

육사 자리로 내려감으로서 정괘가 된다는 것이다. 이렇듯 정괘에서 가운데
자리하게 된 육오는 외괘에서 중을 얻어 내괘의 구이와 잘 상응하게 되었다(得中
而應乎剛)는 해석이다.(대산 김석진, 『대산주역강의 2』, 한길사, 2001, 365쪽
참조)

603 지욱은 솥의 형상을 상징하고 밥을 삶아 지어낸다는 의미를 나타내고 있는
정鼎괘에서 사람이 몸과 마음을 수련하여 새롭게 거듭 인격적 완성을 이뤄내는
변화의 의미를 읽어내고 있다. 쌀이 밥이 되기 위해서는 솥에 들어가 불로
삶아져야 한다. 불에 들어가 삶아지는 인고와 자기혁신의 통과의례가 없으면
쌀은 결코 밥으로 새롭게 태어날 수 없다. 마찬가지로 사람 역시도 스스로의
몸과 마음을 닦는 인고의 수행을 갖지 않으면 어리석고 욕심 많은 소아에서
벗어나 훌륭한 성현과 부처와 조사로 새롭게 태어날 수 없다는 것이다. 솥을
상징하는 정괘에서 인간의 발전적 성장과 그러한 성장을 통해 대중에게 덕을
베풀어 이롭게 하는 이타행을 실천하는 성현과 불조의 모습을 읽어내고 있는
것이다.

'정鼎'이라는 것은 국가의 귀중한 보배로, 임금의 지위가 좌우된다. 그 솥의 도를 체득해서 그 임금의 자리를 바르게 하면 곧 천명을 이룰 수 있지만, 덕이 자리에 적합하지 못하면 천명은 사라지고 솥도 따라서 사라져버리는 것이다.[604]

괘상으로 요약해서 설명하면, 덕은 나무와 같고 명은 불과 같다고 할 수 있다. 나무가 있으면 불이 있게 되고, 나무가 다 타버리면 불도 꺼져버린다. 덕이 있어서 그 자리를 바르게 할 수 있다면 천명을 이룰 수 있지만, 덕이 없다면 천명도 사라진다. 그러므로 '오직 천명은 영원한 것이 아니다(惟命不於常)'라고 말했다.[605]

---

604 정鼎은 중국 고대의 청동으로 만든 그릇을 가리킨다. 솥의 발이 세 개이고, 귀가 두 개인 모양을 하고 있으며, 통상적으로 정미로운 문양으로 장식하고, 솥의 맨 위 테두리에 후천 팔괘를 새겨 넣기도 하였다. 최초의 정은 일종의 음식을 삶아내는 도구로만 이용되었지만, 후대에 접어들면서 상제에게 제사를 올리는 신성한 예기禮器로 이용되거나 국가(정권)의 군주와 대신을 상징하는 증표로 이용되기도 하였다. 괘의 상으로 보면 정은 나무(風, ☴)가 아래에 있고, 불(火, ☲)이 위에 있는 형국이다. 나무는 땅에서 나와 커가는 것이니 곤坤을 의미하고, 불은 나무를 태워 하늘로 올라가서 구름이 되니, 곧 건乾을 의미한다. 즉 세 개의 다리는 땅, 혹은 임금, 신하, 백성을 상징하고 두 개의 귀는 하늘을 상징한다. 따라서 정은 삼재三才인 하늘, 땅, 사람이 합쳐진 모양을 나타내는 것이다. 이런 상징성으로 인해 고대에는 하늘에서 내려와 사람을 다스리는 임금의 자리를 바로 솥에 비유했고, 중국의 하나라 우禹왕은 아홉 개 주州의 금속을 모아 솥 9개를 만들어서 제왕의 전승의 보물로 삼도록 하였다. 임금에게 하늘과 땅의 기운이 서려 있듯이 정에도 하늘과 땅의 기운이 서려 있다고 생각한 것이다.

605 『대학(傳 11장)』에서 언급되고 있다.

初六은 鼎이 顚趾나 利出否하니 得妾하면 以其子无咎ㅣ리라.
초 육 정 전 지 이 출 비 득 첩 이 기 자 무 구

초육은 솥이 발은 엎어졌으나 비색한 것을 쏟아냄(더러운 것을 깨끗하게
비워냄)이 이롭고, 첩을 얻으면 그 자식으로써 허물이 없어진다.[606]

象曰 鼎顚趾나 未悖也ㅣ오 利出否는 以從貴也ㅣ라.
상 왈 정 전 지 미 패 야 이 출 비 이 종 귀 야

「상전」에 이르길 '솥이 발은 엎어졌으나(鼎顚趾)'는 어긋나지 않는 것이
고, '비색한 것을 쏟아내었다(利出否)'는 것은 귀함을 따르는 것이다.[607]

初爲鼎趾, 應四故顚, 然及其未烹物而顚之, 舊積否惡從此可出矣. 顚
趾如得妾, 出否如得子, 母以子貴, 因其子而知得妾之未悖, 因出否而

---

606 정괘의 초육은 솥의 발에 해당한다. 이는 마치 새롭게 밥을 짓기 위해서 빈
솥을 엎어놓은 것(鼎顚趾)이라 할 수 있다. 새롭게 밥을 짓기 위해서는 솥에
담겨 있는 기존의 것을 깨끗하게 비우고(利出否) 새 쌀을 넣고(得妾) 불을 지펴서
삶으면 잘 익은 새로운 밥이 나오게 되는 것(以其子)이다.

607 괘효의 관계로 보면, 구사의 양효가 초육을 첩으로 얻는 것으로 볼 수 있다.
구사의 첩妾으로 가는 초육은 더러운 것을 씻어내고 비우기 위해 솥을 뒤집어
발을 거꾸로 쳐드는 것(鼎顚趾)처럼, 몸과 마음을 청결히 한다. 그러나 초육이
구사에게 첩으로 가는 것은 법도에 어긋나는 것이 아니라(未悖也), 단지 구사를
남편으로 맞이하여 자식을 낳아 가업을 잇게 하기 위함이다. 한편 발을 거꾸로
쳐든다는 것은 곧 손(巽, ☴)괘가 뒤집혀서 태(兌, ☱, 소녀, 첩)괘가 된다는
의미로, 여기에서 '첩妾'의 의미가 파생된다. 또한 초육이 변하면 건(乾, ☰,
父)괘가 되니 구사의 아버지와 초육의 첩이 자식을 낳고 그 자식이 귀하게
성장하여 대를 잇게 된다는 것이다. 귀한 구사를 남편으로 맞이한 첩 자신도
자신이 낳은 자식으로 인해 귀하게 되는 것(以從貴也)이다.

知顚趾之有功也.

초효는 솥의 발꿈치가 되어 구사와 상응하기 때문에 '엎는다(顚)'는 의미가 파생된다. 그러나 그 삶지 않은 음식물이 솥을 엎음으로 해서 오랫동안 쌓여 있던 더럽고 오염된 음식들을 비워낼 수 있는 것이다. 솥의 발꿈치(顚趾)는 '첩을 얻는다(得妾)'는 의미와 같고, '비색한 것을 쏟아낸다(出否)'는 것은 '자식을 얻는다(得子)'는 의미와 같다. 어미는 자식으로 인해 귀하게 된다. 그 귀하게 된 자식으로 인해서 첩을 얻는 것이 어긋난 법도가 아니라는 것을 알 수 있듯이, 더러운 것을 비워낼 수 있기 때문에 솥의 발꿈치가 엎어짐에 따른 공덕이 있게 됨을 알 수 있다.

九二는 **鼎有實**이나 **我仇** 〡 **有疾**하니 **不我能卽**이면 **吉**하리라.
구 이 정 유 실   아 구   유 질   불 아 능 즉   길

구이는 솔에 실물實物이 있으나, 나의 원수(짝)가 병이 있으니, 내게 능히 나아가지 못하게 하면 길하다.

象曰 鼎有實이나 **愼所之也** 〡니 **我仇有疾**은 **終无尤也** 〡리라.
상 왈 정 유 실   신 소 지 야   아 구 유 질   종 무 우 야

「상전」에 이르길 '솥에 실물이 있으나(鼎有實)' 가는 것을 신중하게 하니, '나의 원수가 병이 있다(我仇有疾)'는 것은 마침내 허물이 없는 것이다.

二當鼎腹之下分, 陽剛故爲有實. 上應黃耳金鉉之六五, 能護守之, 初

雖顚趾而有疾, 終不害及我也. 然在二, 則宜愼所之矣.

이효는 솥의 아랫부분 배에 해당하며, 양효로 강건하기 때문에 실물(實物: 珍羞, 값비싼 음식물, 쌀)이 담겨 있는 형상이 된다. 위로 누런 솥귀와 솥 쇠고리(黃耳金鉉)[608]인 육오에 상응하면서 그를 능히 보호하여 지켜낸다. 초효가 비록 솥발을 엎어서 병이 있다고 하더라도 마침내 해가 나에게까지 미치지는 않는다. 그러나 이효에 있어서는 마땅히 나가는 것을 신중히 해야만 한다.[609]

九三은 鼎耳ㅣ 革하야 其行이 塞하야 雉膏를 不食하나 方雨하야
구 삼   정 이   혁   기 행   색   치 고   불 식   방 우

虧悔ㅣ 終吉이리라.
휴 회   종 길

구삼은 솥의 귀가 바뀌어서 그 행함이 막혀 꿩의 기름을 먹지 못하나, 바야흐로 비가 와서 후회가 사라지니 마침내 길하다.

---

608 정괘에서 구이와 상응하고 있는 육오는 외괘에서 가운데 자리하고 있다(得中). 중앙은 땅으로 토색이니 '황이黃耳'가 파생되고, 육오가 변하면 건(乾, ☰, 陽金)괘가 되어 '금현金鉉'이 파생된다.

609 정괘의 음효인 초육은 육오와 상응하고 있는 바로 위에 있는 양효인 구이에게 마음을 빼앗겨 병이 들었다. 구이 효사 '아구유질我仇有疾'은 이를 표현한다. 이러한 초효의 유혹에 실물을 담고 있는(鼎有實) 구이가 넘어가면 자기와 정응관계인 육오에게 갈 수 없다. 따라서 구이는 자신의 행동을 신중히 해서 초효의 유혹을 뿌리치고 정응 대상인 육오를 찾아가야만 한다. 「상전」의 '신소지야愼所之也'는 이를 나타낸다. 행동을 신중히 하여 초육을 찾지 않아야 길할 수 있는 것(不我能即吉)이며, 마침내 허물 또한 없게 된다는 것(終無尤也)이다.

象曰 鼎耳革은 失其義也ㄹ새라.
상 왈 정 이 혁   실 기 의 야

「상전」에 이르길 '솥의 귀가 바뀌었다(鼎耳革)'는 것은 그 뜻을 잃었기 때문이다.

三當鼎腹之中分, 其實腴美, 有雉膏可食矣. 上無應與, 如鼎方革耳而不可行者焉. 賴六五柔中之黃耳, 貫上九剛而不過之玉鉉, 方將擧二以及三. 如陰陽之和而得雨, 則可以虧悔而終吉矣. 懷道而不思致用, 故失其義, 猶所云不仕無義, 激之使及時行道也.

구삼은 솥의 가운데 복부에 해당하니, 그 실물이 살찌고 기름져서 꿩의 기름을 먹을 수 있게 된 것이라 할 수 있다. 위로 상응하여 함께할 상대가 없으니, 마치 솥이 바야흐로 귀가 변하여(革耳)[610] 행할 수

---

610 '이혁耳革'의 뜻은 크게 세 가지로 풀이할 수 있다. 하나는 육오가 솥귀(鼎耳)는 곧 구오인 임금의 자리를 가리키기 때문에 '귀가 바뀌었다(耳革)'는 것은 곧 혁명을 통해 임금이 새롭게 바뀌었다는 의미이고, 다른 하나는 솥의 본래 용도인 밥을 짓는다는 뜻에서 보면 구삼은 밥이 어느 정도 익은 상태이기 때문에 '이혁'은 솥귀가 손댈 수 없을 정도로 뜨겁게 달아올랐다는 의미이다. 마지막 하나는 솥귀가 파손되어 잡을 수 없게 되었다는 의미이다. 첫 번째 의미로 보면 구삼 효사 '그 행함이 막혀 꿩의 기름을 먹지 못한다(其行塞, 雉膏不食)'는 뜻은 혁명을 통해 새롭게 임금의 자리에 오른 육오(鼎耳革)가 상구와 음양의 상응이 되지 않는 구삼의 능력을 알아보지 못해서 그들 등용해 쓰지 않기 때문에 구삼이 벼슬의 녹(雉膏)을 받지 못한다(不食)는 뜻으로 해석되고, 두 번째 의미로 보면 솥귀가 한참 끓어서 뜨겁게 달아오른 상태로(鼎耳革) 솥귀를 만질 수 없으며(其行塞), 구삼은 내괘에서 외괘로 넘어가는 단계이기 때문에 밥이 설익어서 먹을 수 없다(雉膏不食)는 뜻으로 해석된다. 세 번째 의미로

없는 것과 같다. 유순하면서 중도를 얻고 있는 누런 솥귀의 육오는 상구의 강건하지만 지나치지 않은 옥고리를 꿰고(貫: 등용하고) 있음에 힘입어서 바야흐로 구이, 구삼까지도 등용하려고 한다. 마치 음양의 조화로 '비가 내리는 것(得雨)' 것과 같이 곧 후회가 사라지고 마침내 길하다. 도를 펼칠 뜻을 품고 있으면서도 등용될 것을 기대하지 않기 때문에 '그 뜻을 잃었다(失其義)'고 한다. 벼슬길에 나서지 않으면 아무런 의미가 없다는 말로, 구삼을 격려하여 때가 되면 도를 행할 수 있게끔 하려는 뜻이다.[611]

보면 솥귀가 파손되어(鼎耳革) 옮길 수 없어(其行塞) 밥을 먹을 수 없게 되었다(雉膏不食)'는 뜻으로 해석된다.

611 구삼은 양효로 같은 양효인 상구와 음양의 상응을 이루지 못하고 있다. 상구의 효사에서 상구는 솥귀(鼎耳: 육오)에 달린 '옥고리(玉鉉)'로 표현되고 있다. 인사로 보면, 이는 곧 구삼과 상응관계에 있는 상구가 이미 임금인 육오를 정신적으로 보필하고 있는 처지임을 나타낸다. 구삼과 상응하는 상구가 이미 임금인 육오에게 등용되어 임금을 보필하고 있지만, 반대로 상구와 음양의 상응을 이루고 있지 못한 구삼은 육오에게 등용되지 못해서(其行塞) 나라의 봉록을 받지 못하고 있는 처지(雉膏不食)인 것이다. 다행이도 음효로 유순하면서도 중도를 얻고 있는 임금인 육오는 자신과 음양의 상응을 이루고 있는 구이뿐만 아니라 상구의 추천을 받아 구삼까지도 등용하여 나라의 일을 맡기려고 한다. 이는 마치 음양의 조화작용으로 비가 내리게 되듯이, 현명한 임금인 육오를 중심으로 구이, 구삼, 상구의 신하들이 화합을 이루어 나라를 위해 봉사하게 됨을 의미한다. 결국 처음에 등용되지 못했던 구삼 역시도 나중에 등용되어 나라를 위해 자신의 뜻을 펼칠 수 있게 된 것이다. 구삼 효사에 대한 지욱의 선해는 바로 이러한 뜻을 표현하고 있다고 보인다.

九四는 **鼎**이 **折足**하야 **覆公餗**하니 **其形**이 **渥**이라 **凶**토다.
구 사 정 절 족   복 공 속   기 형   악   흉

구사는 솥이 다리가 부러져서 공公의 밥을 엎었으니, 그 얼굴이 젖는 것으로 흉하다.

象曰 覆公餗하니 **信如何也**ㅣ오.
상 왈 복 공 속   신 여 하 야

「상전」에 이르길 '공의 밥을 엎었으니(覆公餗)' 믿음이 어떠하겠는가?

四當鼎腹之上分, 其實旣滿, 而下應初六, 則不勝其重, 足云折矣, 形貌能無赧汗乎. 始也不自知其德薄, 知小力小, 妄據尊位, 而謀大任重, 今一旦不勝其任, 此其所自信者爲如何也.

구사는 솥의 상복부에 해당한다. 그 실물이 이미 가득 찬 상태로 아래의 초육과 상응하니, 곧 그 무게를 감당하지 못해 솥발이 부러졌다고 말한 것이다. 생김새가 능히 얼굴을 붉히며 땀 흘리는 모습이 아니겠는가? 애초부터 스스로 그 덕이 부족하고 지혜가 적으며 힘이 미약한 줄을 알지 못한 채 헛되이 임금(尊位: 육오)을 의지하여 큰일을 도모하려 중책을 맡았다가 이제 하루아침에 그 책임을 감당하지 못하게 되었으니, 이제 육오의 자신에 대한 신뢰가 어떻게 되겠는가?

六五는 **鼎黃耳金鉉**이니 **利貞**하니라.
육 오   정 황 이 금 현   이 정

육오는 솥의 누런 귀와 쇠고리이니 바르게 함이 이롭다.

象曰 鼎黃耳는 中以爲實也 l 라.
상 왈 정 황 이   중 이 위 실 야

「상전」에 이르길 '솥의 누런 귀(鼎黃耳)'라는 것은 중中으로써 실해진 것이다.

五爲鼎耳, 而有中德, 故其色黃. 以虛受實, 故爲金鉉, 鉉卽指上九也. 以鉉貫耳, 以耳擧鼎, 盡天下聖賢而養之, 豈非聖人大亨之正道乎. 然 六五自本無實, 特下應九二之剛中以之爲實, 卽以此而養天下, 所謂 爲天下得人者耳.

육오는 솥귀가 되며, 중용의 덕이 있다. 그러므로 그 빛깔이 누렇다고 한다. 비움으로써 실물을 수용할 수 있기 때문에 '쇠고리(金鉉)'가 되니, 고리는 곧 상구를 가리킨다. 고리로써 솥귀를 꿰고, 솥귀로써 솥을 들어 옮긴다. 모든 천하의 성현들도 그렇듯 길러내는 것이니, 어찌 성인을 크게 삶아내는(양육해 내는) 바른 도가 아니겠는가? 그러나 육오 자체는 본래 실물이 없기 때문에 특별히 아래의 강건하면서도 중도를 지키고 있는 구이와 서로 응하여 그로써 실하게 되는 것이다. 곧 이렇게 함으로써 천하를 기르게 되는 것이니, 이른바 '천하를 위하여 사람을 얻는다(爲天下得人者)'[612]는 뜻일 뿐이다.

上九는 鼎玉鉉이니 大吉하야 无不利니라.
상 구   정 옥 현   대 길   무 불 리

---

[612] 『맹자』 「등문공상藤文公上」편에서 언급되고 있다.

상구는 솥의 옥고리이니, 크게 길해서 이롭지 않음이 없다.

象曰 玉鉉在上은 剛柔ㅣ 節也일새라.
상 왈 옥 현 재 상   강 유   절 야

「상전」에 이르길 옥고리가 위에 있는 것은 강剛과 유柔가 알맞게 조절되었기 때문이다.

上爲鼎鉉, 自六五觀之, 則如金之剛, 自其剛而不過之德言之, 則如玉之潤矣. 金遇猛火則鎔, 玉非火所能壞, 以此擧鼎, 故大吉無不利也.

상구는 솥의 고리가 되니, 육오의 입장에서 보면 쇠의 단단함과 같다. 그렇듯 강건하지만 지나치지 않는 덕이라는 측면에서 말하면 옥의 윤택함과 같다. 쇠는 맹렬한 불을 만나면 녹아버리지만 옥은 불이 파손시키지 못한다. 이러한 옥고로써 솥을 들 수 있기 때문에 '크게 길해서 이롭지 않음이 없다(大吉無不利)'고 하는 것이다.

(51) ䷲ 중뢰진重雷震

震은 亨하니 震來애 虩虩이면 笑言이 啞啞이리니 震驚百裏애 不
진 형 진래 혁혁 소언 액액 진경백리 불

喪匕鬯하나니라.
상 시 창

'진震'은 형통하니, 우레가 옴에 놀라고 놀라면 웃는 소리가 깔깔거리니,
우레가 백리를 놀라게 함에 시창(匕鬯: 祭主, 곧 정성스럽게 제사를 드리는
사람)은 죽지 않는다.

主重器者莫若長子, 長子未有不奮動以出者也, 故震則必亨. 然其亨
也, 必有道以致之. 方其初動而來, 虩虩乎, 如蠅虎之周環顧慮. 仍不
失其和, 而笑言啞啞. 夫惟存於己者既嚴且和, 以此守重器而爲祭主,
縱遇震驚百裏之大變, 能不喪其匕鬯矣. 佛法釋者, 一念初動, 卽以四
性四運而推簡之, 名爲虩虩. 知其無性無生, 名爲笑言啞啞. 煩惱業境
種種魔事橫發, 名爲震驚百裏. 不失定慧方便, 名爲不喪匕鬯也.

귀중한 그릇(重器: 鼎, 祭器)을 주관하는 자로는 맏아들만 한 사람이
없다. 맏아들로서 분발하여 움직여서 나아가지 않는 자는 없다. 그러므
로 '진(震, 長男)'은 반드시 형통한 것이다. 그러나 그렇듯 형통할 수
있는 것은 반드시 도를 갖추고 있어야만 형통함에 이를 수 있다. 바야흐
로 우레가 처음 움직여서 올 때에 놀라고 놀란 듯이 하기를 마치 거미(蠅

虎: 파리 잡는 깡충거미)가 주변의 환경을 두리번거리며 심사숙고하는 것처럼 해야만 한다. 그 평정한 마음을 잃지 않기 때문에 '웃는 소리가 깔깔거린다(笑言啞啞)'고 한다. 무릇 오직 자신에게 이미 엄숙하면서도 또한 평정한 마음을 갖추고 있어야 한다. 이로써 귀중한 그릇을 지켜 제사를 모시는 주관자가 될 수 있는 것이다. 설령 우레가 백리까지 놀라게 하는 듯한 큰 변화를 만나게 되더라도 능히 그 제사를 주관하는 사람만큼은 상하게 하지 못하는 것이다.

불법으로 해석하면, 한 생각이 처음 일어나면 곧 사성四性[613]과 사운四運[614]으로써 헤아려 분별하는 것을 '놀라고 놀란다(虩虩)'고 한다. 그러

---

[613] 사성四性: 마음의 모든 관념작용을 네 가지로 분류한 것으로, 다음과 같다. (1)자성(自性: 감각기관이 스스로 일으키는 관념), (2)타성(他性: 외부의 자극에 의해 생겨나는 관념), (3)공성(共性: 감각기관과 외부의 경계가 하나로 만나 일으키는 관념), (4)무인성(無因性: 아무런 원인 없이 저절로 일어나는 관념). 이러한 사성에 대해서 용수는 그의 『중론中論』에서 "모든 법은 스스로 생하는 것도 아니고, 다른 것으로부터 생하는 것도 아니며, 그 양자에서 함께 생하는 것도 아니고, 아무 원인 없이 생하는 것도 아니다. 그러므로 무생無生임을 알아야 한다(諸法不自生, 亦不從他生, 不共不無因, 是故知無生.)"라는 말로 그 공성空性을 설명하고 있다.

[614] 사운四運: 사운은 천태종에서 마음의 작용을 과거, 현재, 미래에 걸쳐 네 가지 측면에서 조명한 것이다. 마음이 과거와 현재와 미래에 걸쳐 계속하여 운행하며 생멸의 반복을 이어가지만, 그러한 마음에는 실체가 없어 결국 공하고 무상하다는 것을 교설한다. 『마하지관』 권2상에서는 이러한 사운에 대해 "무릇 심식은 형상이 없어서 볼 수 없지만, 만약 사상으로 분별한다면 미념未念, 욕념欲念, 염念, 염이念已로 분류할 수 있다. 미념은 마음이 아직 일어나지 않은 상태를 말하고, 욕념은 마음이 일어나려고 하는 것을 말하며, 염은 바로 경계를 인연하여 일어난 마음이 잠시 머무는 것을 말하고, 염이는 경계를 인연하여 일어났던

한 한 생각(一念)이 자성도 없고 생겨남도 없음을 깨닫는 것을 '웃는
소리가 깔깔거린다(笑言啞啞)'고 한다. 번뇌경煩惱境, 업경業境과 같은
온갖 마음을 어지럽게 하는 일(魔事)[615]들이 제멋대로 일어나는 것을
'우레가 백리를 놀라게 한다(震驚百裏)'고 한다. 선정과 지혜의 방편을
잃지 않는 것을 '시창은 죽지 않는다(不喪匕鬯)'고 한다.

마음이 사라짐을 말한다. 만약 이러한 네 가지 마음의 작용을 깨달아 이해한다면
바로 한 모습(一相)이면서도 모습 없는 상(無相)을 깨닫게 될 것이다(夫無形不可
見, 若四相分別, 謂未念, 念, 念已, 未念名心未起, 欲念名心欲起, 念名正緣境住,
念已名緣境謝.若能了達此四, 卽入無相.)"라고 설명하고 있다.

[615] 『마하지관』에서는 천태종의 열 가지 관법인 10승관법十乘觀法을 닦는 데 있어
그 대상이 되는 열 가지 경계(十境)를 설명하고 있는데, 다음과 같다. (1)음경(陰
境: 色·受·想·行·識의 5음陰 중에서 특히 제5의 식을 관함), (2)번뇌경(煩惱境:
제1관에 따라 과거부터 쌓은 貪·瞋 등의 중혹重惑이 나타나므로 이를 관함),
(3)병환경(病患境: 앞에 2관을 닦음에 의하여 병이 나는 일이 있으므로, 그
병의 근원을 관함), (4)업경(業境: 끝없는 옛적부터 지은 선악의 업상業相이
나타나므로 지관을 방해하지 않도록 이를 관하여 퇴치함), (5)마사경(魔事境:
온마蘊魔·번뇌마·사마死魔·천마天魔 중 천마가 와서 침범하므로 이를 관함),
(6)선정경(禪定境: 마군을 퇴치하려고 선정에 들어가서는 도리어 선미禪味에
탐착하여 속박하게 되므로 이를 관경觀境으로 함), (7)제견경(諸見境: 선정을
관함으로 진리와 비슷한 견해나 법을 듣고 깨달은 듯한 지혜가 생기는 등
사견사해邪見邪解의 여러 가지 미혹이 생김으로 이를 관경으로 함), (8)만경(慢境:
사견사해를 그치고 평정한 마음이 나타나면 이를 깨달은 경지로 잘못 알아
거만한 마음을 내므로 이를 관함), (9)2승경(二乘境: 거만한 마음이 없어지면
다시 공적한 것을 좋아하여 2승심乘心에 떨어지므로 이를 관함), (10)보살경(菩薩
境: 2승심이 없어지면 다시 4교 중 전3인 藏敎·通敎·別敎의 보살심이 생기므로
이를 관하여 지식止息을 요함).

象曰 震은 亨하니 震來虩虩은 恐致福也ㅣ오 笑言啞啞은 後有
단왈 진 형   진래혁혁 공치복야   소언액액   후유

則也ㅣ라. 震驚百裏는 驚遠而懼邇也ㅣ니 出可以守宗廟社稷하
칙야   진경백리   경원이구이야   출가이수종묘사직

야 以爲祭主也ㅣ리라.
이 위 제 주 야

「단전」에 이르길 '진震'은 형통하니, '우레가 옴에 놀라고 놀란다(震來虩
虩)'는 것은 두려워함으로써 복을 이르게 하는 것이고, '웃는 소리가
깔깔거린다(笑言啞啞)'는 것은 뒤에 법칙이 있는 것이다. '우레가 백리를
놀라게 한다(震驚百裏)'는 것은 먼 데서는 놀라게 하고 가까운 데서는
두려워하게 하는 것이니, 나아가서는 종묘와 사직을 지켜서 제주祭主가
되는 것이다.

恐懼乃能致福, 福不可以倖邀, 所謂生於憂患也. 啞啞亦非放逸, 仍不
失其法則也. 惟其養之有素如此, 故雖當驚遠懼邇之變, 人皆退避, 而
偏能出此凝定之神以當之, 可以守宗廟社稷而爲祭主也. 爲祭主, 卽
是不喪匕鬯註脚.

경계하고 두려워하면 복을 이르게 할 수 있다. 복은 요행으로 이르게
할 수 없는 것이니, 이른바 '우환에서 산다(生於憂患)'는 의미이다.[616]
'깔깔거린다(啞啞)'는 의미 역시 나태함(放逸: 곧 향락에 빠져 게으르고
나태한 것)을 나타내는 것이 아니라, 바로 그러한 법칙을 잃지 않음을
뜻한다. 오직 그 자신을 함양하기를 평소에 이와 같이 해야만 한다.

---

616 『맹자』「고자하告子下」편에서 언급되고 있다.

그렇게 해야만 비록 먼 곳을 놀라게 하고 가까운 곳을 두렵게 하는 변고를 당하게 되어 사람들이 모두 도망치고 피하더라도 홀로 이러한 안정되고 고요한(凝定: 安定과 靜止의 의미) 정신을 일으켜 그러한 변고를 감당해 낼 수 있고, 종묘와 사직을 지켜서 제주가 될 수 있는 것이다. 제주가 된다는 것은 곧 '시창은 죽지 않는다(不喪匕鬯)'에 대한 주석이다.

象曰 洊雷ㅣ 震이니 君子ㅣ 以하야 恐懼修省하나니라.
상 왈 천 뢰 진 군 자 이 공 구 수 성

「상전」에 이르길 거듭(洊: 重)한 우레(雷, ☳)가 '진震'이니, 군자가 이를 본받아 두려워하여 닦고 성찰한다.

君子不憂不懼, 豈俟雷洊震而後恐懼修省哉. 恐懼修省, 正指平日不睹不聞愼獨功夫. 平日功夫能使善長惡消, 猶如洊雷能使陽舒陰散也. 惟其恐懼修省慣於平日, 故雖遇洊雷, 亦復不憂不懼矣. 問曰, 孔子迅雷風烈必變, 復云何通. 答曰, 此是與天地合德, 變則同變, 亦非憂懼.

군자는 근심하지 않고 두려워하지 않으니, 어찌 거듭한 우레가 벼락치고 난 이후를 기다려서 두려워하여 닦고 성찰하겠는가? 두려워하여 닦고 성찰한다는 것은 바로 평소에 보이지 않는 곳에서 삼가고, 들리지 않는 곳에서 두려워하여 홀로 있을 때를 삼가는 공부를 말한다.[617]

---

617 『중용』 2~3장에서 "도란 잠시도 떠날 수 없는 것이니, 떠날 수 있다면 도가

일상적인 공부를 통해 선을 자라나게 하고 악을 소멸시켜야 하는
것이니, 마치 거듭하는 우레가 양기를 퍼지게 하고 음기를 흩어지게
하는 것과 같다. 오직 그렇게 두려워하여 닦고 성찰하기를 평소에
습관처럼 하기 때문에 비록 거듭된 우레를 만나더라도 또다시 근심하거
나 두려워하지 않을 수 있는 것이다. 묻는다. 공자께서도 '심한 벼락이
치고 바람이 세차게 불면 반드시 낯빛을 바꾸셨다(迅雷風烈必變)'[618]고
했는데, 다시 어떻게 상통되는가? 답한다. 이는 천지와 더불어 덕을
합하는 것이라 할 수 있다. 천지가 변화하면 (인간 역시도 함께) 변화를
따른다는 뜻이니, 또한 근심하고 두려워할 필요가 없다.

初九는 **震來虩虩**이라야 **後**애 **笑言啞啞**이리니 **吉**하니라.
초구　　진래혁혁　　　　후　　소언액액　　　　길

아니다. 이러한 까닭에 군자는 그 보이지 않는 바를 삼가고, 그 들리지 않는
바를 두려워한다. 숨겨진 곳보다 나타나는 것은 없고, 희미한 것보다 드러나는
것은 없다. 그러므로 군자는 그 홀로 있을 때를 삼간다(道也者, 不可須臾離也,
可離, 非道也. 是故, 君子, 戒愼乎其所不睹, 恐懼乎其所不聞. 莫見乎隱, 莫顯乎微,
故君子愼其獨也.)"라는 내용으로 언급되고 있다.

618 『논어』「향당鄕黨」편에서 "공자께서는 죽은 사람처럼 눕지 않으셨고, 집에
　　계실 때에는 엄숙한 자세를 하지 않으셨으며, 상복을 입은 사람을 보면 비록
　　친근한 사람이라도 변색을 하셨다. 의관을 한 사람이나 장님을 만나시면 비록
　　사석이라고 하더라도 반드시 예의 바르게 대하셨으며, 상복을 입은 사람에게도
　　공경하시었고, 부판(負版: 나라의 지도와 호적)을 짊어진 사람일지라도 경의를
　　표하셨으며, 정성껏 차린 음식을 받으시면 변색을 하시고 일어나셨다. 심한
　　벼락이 치고 바람이 세차게 불어도 반드시 변색을 하셨다(寢不屍 居不容. 見齊衰
　　者 雖狎 必變. 見冕者與瞽者 雖褻 必以貌, 凶服者式之, 式負版者. 有盛饌 必變色而
　　作. 迅雷風烈 必變.)"라는 내용으로 언급되고 있다.

초구는 우레가 옴에 두려워해야만 뒤에 웃음소리가 깔깔거릴 수 있으니, 길하다.

象曰 震來虩虩은 恐致福也ㅣ오 笑言啞啞은 後有則也ㅣ라.
상왈 진래혁혁 공치복야 소언액액 후유칙야

「상전」에 이르길 '우레가 옴에 놀라고 두려워한다(震來虩虩)'는 것은 두려워하여 복을 이르게 하는 것이요, '웃음소리가 깔깔거린다(笑言啞啞)'는 것은 뒤에 법칙이 있기 때문이다.

六爻皆明恐懼修省之道, 而德有優劣, 位有當否, 故吉凶分焉. 初九剛正, 爲震之主, 主器莫若長子, 吉可知矣.

여섯 효 모두가 두려워하여 닦고 성찰하는 도를 밝히고 있지만, 효사에서 밝히는 덕에는 우열의 차별이 있고 자리에는 합당하거나 합당하지 못함이 있다. 그러므로 길함과 흉함이 분별된다. 초구는 강건하고 바르기 때문에 우레패의 주효가 된다. 제기祭器를 주관하는 것은 맏아들만 한 사람이 없으니, 길함을 알 수 있다.

六二는 震來厲ㅣ라. 億喪貝하야 躋于九陵이니 勿逐하면 七日애
육이 진래려 억상패 제우구릉 물축 칠일

得하리라.
득

육이는 우레가 옴에 위태하다. 재물을 잃을 것을 헤아려 구릉에 올라감이니, 쫓지 않으면 7일에 얻을 것이다.

象曰 震來厲는 乘剛也일새라.
상 왈 진 래 려   승 강 야

「상전」에 이르길 '우레가 옴에 위태롭다(震來厲)'는 것은 강강(剛)을 탔기 때문이다.

六二乘初九之剛, 蓋嚴憚切磋之畏友也. 藉此深自惕厲, 以振刷我陰柔懦弱之習, 擧吾平日所謂中正純善多種寶貝盡喪不顧, 直躋於乾健高明之九陵, 勿更留意求逐, 然至於七日, 復其故位, 則中正純善之德仍在矣.

육이는 강건한 초구를 타고 있으니, 대체적으로 보면 두려워하고 삼가고 엄격하고 절차탁마해야 할(嚴憚切磋)[619] 두려운 벗이라 할 수 있다. 이러한 두려운 벗을 의지하여 깊이 스스로 조심하고 두려워하여 자신의 음효로서의 유약한 습관을 떨쳐내고 쇄신해야 한다. 대개 자신이 평소의 이른바 중정하고 순수하고 선한 많은 종류의 보화의 재물을 다 잃게 되어도 뒤돌아보지 않고, 곧바로 강건하고 고명한 높은 언덕(九陵)으로 올라가야 한다. 거듭 재물을 추구하는 데에 미련을 두지 않더라도 7일 후에는 다시 예전의 지위를 회복할 수 있어 중정하고 순선한 덕을 바로 갖출 수 있다.

六三은 震蘇蘇ㅣ니 震行하면 无眚하리라.
육 삼   진 소 소   진 행   무 생

---

619 『논어집주』 「위령공衛靈公」 제15편, 제9장에 대한 주에서 언급되고 있다.

육삼은 우레(震)에 까무러침이니(蘇蘇),[620] 움직여서 가면 재앙이 없을
것이다.

象曰 震蘇蘇는 位不當也ㄹ새라.
상왈 진소소 위부당야

「상전」에 이르길 '우레에 까무러친다(震蘇蘇)'는 것은 자리가 마땅하지
않기 때문이다.

三遠於初, 初之所以驚發我者, 蘇蘇而不切矣. 三當自以震行, 勿因遠
於畏友, 而緩其恐懼修省之功, 則無眚也.

육삼은 초구에서 멀리 떨어져 있다. 초구가 육삼을 놀라게는 하지만,
무서워서 불안해 떨더라도 절박한 상황은 아니다. 육삼은 마땅히 스스
로 우레가 치는 것을 계기로 행동에 나서야 한다. 두려운 벗(초구)이
멀리 있기 때문에 그 두려워하여 닦고 성찰하는 공덕을 게을리 하지(緩:
느슨하게 하다) 않으면 재앙이 없다.

九四는 震이 遂泥라.
구사 진 수 니

구사는 우레(震)가 드디어 진흙에 빠진 것이다.

---

[620] 소소蘇蘇: 벌벌 떠는 모양, 무서워서 불안한 모양, 두려워서 머뭇거리는 모양
등을 뜻한다.

象曰 震遂泥는 未光也ㅣ로다.
상 왈 진 수 니   미 광 야

「상전」에 이르길 '우레가 마침내 진흙에 빠졌다(震遂泥)'는 것은 빛나지
못하는 것이다.

九四亦震主也, 以陽居陰, 復陷四陰之間, 雖似洊至, 遂失其威而入
泥, 豈能如虩虩啞啞之有光哉.

구사 역시 진괘의 주효지만 양효로써 음 자리에 자리하고 있고, 다시
네 음효 사이에 빠져 있는 상황이다. 비록 거듭해서 우레가 울리는
것(洊至) 같지만, 마침내 그 위엄을 잃고 진흙 속에 빠져 들어가는
처지이다. 어찌 놀라서 두려워하다가 깔깔거리며 웃는 것(虩虩啞啞)과
같은 영광이 있겠는가?

六五는 震이 往來ㅣ 厲하니 億하야 无喪有事ㅣ니라.
육 오   진   왕 래   려   억   무 상 유 사

육오는 우레가 가고 옴에 위태로우니, 헤아려서 일이 있는 이는 죽지
않는다.

象曰 震往來厲는 危行也ㅣ오 其事ㅣ 在中하니 大无喪也ㅣ니라.
상 왈 진 왕 래 려   위 행 야   기 사   재 중   대 무 상 야

「상전」에 이르길 '우레가 가고 옴에 위태롭다(震往來厲)'는 것은 위태롭
게 행하는 것이요, 그 일이 가운데 있으니 크게 잃음은 없다.

震六二者惟初九, 故但云來厲. 震六五者, 則初九與九四也. 初震旣
往, 四震復來, 五得藉此以自惕厲, 令所行日進於高明, 故曰危行, 猶
所云邦有道危言危行也. 以六居五, 不過於柔, 又得中道, 故其德甚
多, 而毫無所喪, 但有恐懼修省之事耳.

육이에게 우레(震)는 오직 초구뿐이다. 그러므로 다만 '우레가 오니
위태롭다(來厲)'고 하였다. 육오에게 우레는 곧 초구와 구사이다. 초구
의 우레가 이미 지나가고 나서 구사의 우레가 다시 오는 것이다. 육오는
이러한 상황에 대처하여 스스로 삼가고 두려워하며 행동거지가 날로
고명해질 수 있도록 노력해야 한다. 그러므로 '위태롭게 행한다(危行)'
고 한 것이다. 이른바 '나라에 도가 있으면 높게 말하고, 높게 행한다(邦
有道危言危行)'[621]는 의미와 같다. 6(六, 음효)으로써 5효의 양위에 자리
하니, 너무 유약하지도 않으면서 또한 중도를 얻고 있다. 그러므로
많은 덕을 갖추고 있어 터럭만큼도 잃을 것이 없는 것이다. 단지 두려워
하면서 수양하고 성찰하는 일만이 있을 뿐이다.

上六은 震이 索索하야 視ㅣ 矍矍이니 征이면 凶하니 震不于其躬
이오 于其鄰이면 无咎리니 婚媾는 有言이리라.

상육은 우레가 흩어지고 흩어져서 눈을 두리번거리는 것이니, 가면

---

621 『논어』 「헌문憲問」편에서 "나라에 도가 있으면 높게(危: 정직하게) 말하고 높게
행하며, 나라에 도가 없으면 홀로 정직하게 행하되 말은 공손해야 한다(邦有道危
言危行, 邦無道危行言孫.)"라는 내용으로 언급되고 있다.

흉하니 우레가 그 몸에 아니하고 그 이웃에 하면 허물이 없을 것이니, 혼구(婚媾, 청혼)에 말썽이 있을 것이다.

象曰 震索索은 中未得也 ㄹ새요, **雖凶无咎는 畏鄰戒也** ㄹ새라.
상왈 진삭삭 중미득야 수흉무구 외린계야

「상전」에 이르길 ‘우레가 흩어지고 흩어진다(震索索)’는 것은 중中을 얻지 못했기 때문이요, 비록 흉하지만 허물이 없다는 것은 이웃이 경계함을 두려워하기 때문이다.

初九之剛, 固不足以及我, 九四震亦遂泥, 聲已索索無餘威矣. 而陰柔弱極, 方且視矍矍而惶惑無措, 以此征往, 則中心無主, 神已先亂, 凶可知也. 然震旣不及其身, 止及其鄰, 卽因震鄰而恐懼修省, 亦可無咎. 但禍未至而先防, 乃明哲保身之道. 儻與婚媾商之, 必反以爲迂而有言矣, 君子可弗自勉乎.

초구의 강함(剛: 震, 우레)은 진실로 상육에게까지 미치지는 않는다. 구사의 우레 또한 마침내 ‘진흙에 빠진 우레(遂泥)’이니, 우레가 이미 ‘흩어져 버려(索索)’ 위엄이 남아 있지 않다. 음효로서 지극히 유약하니 바야흐로 또한 놀라 두리번거리며 살피면서 당황하고 의심하며 정신을 차리지 못하고 있다. 이러한 상태로 나서게 되면 마음에 중심이 없기 때문에 정신이 이미 먼저 어지러워지니, 흉함을 알 수 있는 것이다. 그렇지만 우레는 그 자신에게는 아직 미치지 못하고, 단지 그 이웃(육오)에게까지만 영향을 주고 있다. 곧 이웃에 우레가 치고 있는 것을 보고 두려워하며 수양하고 성찰한다면 또한 허물이 없다. 다만 재앙이

닥치지 않았어도 먼저 방비를 하는 것이야말로 바로 명철하게 신상을
보존하는 길이다. 만약 더불어 혼인(婚媾)하기를 모색한다면 반드시
도리어 실수(迂)를 범해 구설이 있게 된다.[622] 군자라면 스스로가 힘써야
하지 않겠는가?

---

[622] 진괘는 모든 효가 음양의 상응을 이루지 못하고 있다. 상육 역시도 내괘의
육삼과 음양의 정응의 관계를 이루고 있지 못하다. 상육에서 표현되는 '혼구婚媾'
는 곧 음양의 상응을 구하는 것을 의미한다. 상육은 음효로서 유약하고, 외괘에서
가운데를 지나쳐 맨 마지막 자리에 있다. 까닭에 우레가 치는 위험한 상황에서
정신을 차리지 못하고 당황하며 자신을 도와줄 강한 양효와의 상응을 구하고자
나설 수도 있다. 다행스러운 것은 아직 우레가 자신에게까지 미치지 못하고
이웃(육오)에만 영향을 끼치고 있다는 점이다. 이러한 상황에서 상육이 할
수 있는 일은 당황하지 말고 정신을 차려 이웃에까지 미친 위험에 대비하며
몸과 마음을 수양하고 성찰하는 근신의 자세이다. 괜히 위험을 피한다고 섣불리
움직이거나 자신을 도와줄 힘 있는 자(양효)를 찾아 나서지 말고 조용히 근신하
며 위험한 상황을 극복해 내야 하는 것이다. 섣불리 움직여 나서면 괜한 구설(有
言: 다툼, 분쟁)의 흉만 있게 될 뿐이다. 지욱의 표현 역시 이를 나타낸다.

(52) ䷳ 중산간重山艮

艮其背면 不獲其身하며 行其庭하야도 不見其人하야 无咎ㅣ리라.
간 기 배　불 획 기 신　　행 기 정　　불 견 기 인　　무 구

그 등에 그치면 그 몸을 얻지 못하며, 그 뜰을 다녀도 그 사람을 보지
못하여 허물이 없을 것이다.

夫動與止, 雖是相對待法, 亦是相連屬法, 又是無實性法, 究竟是無二
體法也. 不動曰止, 不止曰動, 此約相對待言也. 因動有止, 因止有動,
此約相連屬言也. 止其動則爲靜, 止其靜則爲動, 動其止則爲動, 動其
動則爲止, 此約無實性言也. 止卽是動, 故卽寂恒感, 動卽是止, 故卽
感恒寂, 此約無二體言也. 知動止無二體者, 始可與言止矣. 夫人之一
身, 五官備於面, 而五臟司之, 五臟居於腹, 而一背繫之. 然玄黃朱紫
陳於前, 則紛然情起, 若陳於背, 則渾然罔知, 故世人皆以背爲止也.
然背之止也, 縱令五官競騖於情慾, 而仍自寂然. 逮情之動也. 縱復一
背原無所分別, 而畢竟隨往, 故以面從背, 則背止而面亦隨止. 以背從
面, 則面行而背亦隨行, 究竟面之與背, 元非二體, 不可兩判. 今此卦
上下皆艮, 止而又止, 是艮其背者也. 艮背何以能無咎哉. 是必不獲其
身, 行其庭不見其人, 斯無咎耳. 身本非實, 特以情欲錮之, 妄見有身.
今向靜時觀察, 其中堅者屬地, 潤者屬水, 煖者屬火, 動者屬風, 眼耳
鼻舌異其用, 四支頭足異其名, 三百六十骨節, 八萬四千毫竅, 畢竟以

何爲身. 身旣了不可得, 卽使歷涉萬變, 又豈有人相可得哉. 故行其庭
而亦不見其人. 此則止不礙行, 卽行恆止, 故無咎也.

무릇 움직임(動)과 그침(止)은 비록 서로 상대적인 법이지만 또한
서로 연속하는 법이기도 하다. 또한 실체적인 성품이 없는 법이기에
궁극적으로는 두 가지(動과 靜, 止) 모두 고정된 실체가 없는 법이기도
하다. 동하지 않음(不動)을 그친다(止)고 하고, 그치지 않음(不止)을
동한다(動)고 하는데, 이는 상대적인 측면에서 말한 것이다. 동함을
원인으로 그침이 있고 그침을 원인으로 동함이 있게 되는 것인데,
이는 연속한다는 측면에서 말한 것이다. 그 동함이 멈추면 고요함이
되고, 그 고요함이 멈추면 동함이 된다. 그 그침이 동하면 움직임이
되고, 그 움직임이 동하면 멈추게 된다. 이는 고정된 실체의 성품이
없다는 측면에서 말한 것이다. 멈춤이 곧 움직임인 까닭에 고요함을
바탕하여 항상 감응할 수 있고, 움직임이 곧 그침인 까닭에 감응함을
바탕하여 항상 고요할 수 있다. 이는 동정動靜에 두 가지 실체가 없다는
측면에서 말한 것이다. 동정에 두 가지 실체가 없다는 것을 깨닫는
사람이라야 비로소 더불어 그침을 말할 수 있다.

　대저 사람의 일신에 있는 오관(五官: 눈眼·귀耳·코鼻·혀舌·피부身)은
얼굴에 다 갖춰져 있지만 오장(五臟: 심장心·간장肝·폐장肺·비장脾·신
장腎)이 그것을 다스리고, 오장은 뱃속에 위치하고 있지만 하나의
등이 그것들을 붙들어 매고 있다. 그렇지만 온갖 형상(玄黃朱紫)들이
눈앞에 펼쳐져 있으면 분연히 정욕이 일어나고, 만약 등 뒤에 펼쳐
놓으면 아무런 인식의 정욕도 일어나지 않는다. 그런 이유로 세상

사람들은 모두 등(背)으로써 그침의 의미를 삼는 것이다. 그러나 등에서 그치는 경우에 있어서는 비록 오관은 정욕에 경쟁하듯 내달리려 하지만 (그치고자 하기 때문에) 이내 저절로 고요해진다. 정욕이 움직이게 되면 비록 다시 하나의 등은 원래 아무런 분별이 없다고 해도 필경에는 정욕을 따라가게 된다. 그러므로 앞(面)은 등(背)을 따름으로써 등이 멈추면 앞도 또한 따라서 멈추고, 등이 앞을 좇음으로써 앞이 나가면 등도 따라서 좇아가게 된다. 필경에는 원래 앞과 등이 두 몸체가 아니기 때문에 둘로 나누어 판단하기 어려운 것이다.

지금 이 중산간重山艮괘는 상괘와 하괘가 모두 간산(艮山, ☶)으로, 그치고 또 그치는 상이므로 '그 등에 그친다(艮其背)'고 한다. 등에 그치는데 어떻게 능히 '허물이 없다(無咎)'고 하는가? 이는 반드시 '그 몸을 얻지 못하며(不獲其身)', '그 뜰에 행하여도 그 사람을 보지 못하기 때문에(行其庭不見其人)' 허물이 없다고 하는 것뿐이다. 몸은 본래 실체가 없다. 특별하게 정욕으로 쌓여 있는 것을 망령되이 몸이 있다고 보는 것이다. 지금 고요한 때에 관찰해 보면 그(육신) 가운데에 견고한 것은 땅의 요소, 윤택한 것은 물의 요소, 따뜻한 것은 불의 요소, 움직이는 것은 바람의 요소에 해당한다. 눈, 귀, 코, 혀는 각기 그 쓰임새가 다르며, 사지와 머리와 발은 그 명칭이 다르다. 3백 6십 개의 뼈마디와 8만 4천 개의 털구멍인데 궁극적으로 무엇으로써 몸이라고 할 수 있겠는가? 몸이라고 이미 단정 지을 것이 없다고 한다면, 설령 만 번의 변화된 모습으로 거듭 태어난다(歷涉萬變)고 한들, 또한 어찌 사람의 형상만을 얻을 수가 있겠는가? 그러므로 '그 뜰에 행하여도(行其庭)' 또한 '그 사람을 볼 수 없다(不見其人)'고 하는 것이다. 이것은 곧 그침이 행함을 장애하지 않는 것으로, 행함을 바탕으로 하여 항상 그치는 이치라 할 수 있다. 그러므로 '허물이 없다(無咎)'고 한다.

象曰 艮은 止也ㅣ니 時止則止하고 時行則行하야 動靜不失其時
단왈 간 지야 시지즉지 시행즉행 동정불실기시

ㅣ 其道ㅣ 光明이니 艮其(止)背는 止其所也ㄹ새라. 上下ㅣ 敵應
기도 광명 간기지배 지기소야 상하 적응

하야 不相與也ㄹ새 是以不獲其身行其庭不見其人无咎也ㅣ라.
불상여야 시이불획기신행기정불견기인무구야

「단전」에 이르길 '간艮'은 그침이니, 때가 그쳐야 할 때면 그치고 가야 할 때면 가서, 움직이고 고요함이 그 때를 놓치지 않으면 그 도(멈춤의 도)가 찬란히 빛날 것이다. '그 등에 그친다(艮其止)'는 것은 그 마땅한 곳에서 그치기 때문이다. 위와 아래가 적대 관계를 이루어 서로 더불지(왕래하지) 못하기 때문이니, 이로써 '그 몸을 얻지 못하며, 그 뜰을 다녀도 그 사람을 보지 못하여 허물이 없다(不獲其身行其庭不見其人无咎)'고 하는 것이다.

止其行而爲靜, 止其止而爲動, 動靜以時, 無非妙止, 故其道光明也. 止非面牆之止, 所非處所之所, 特以法法本不相知, 法法本不相到, 猶此卦之上下敵應而不相與. 是以覓身了不可得, 雖行其庭, 而亦了無人相可見, 合於光明之道而無咎也.

그 움직임을 멈추면 고요함이 되고, 그 멈춤을 그치면 움직임이 된다. 고요함과 움직임을 때에 맞춰 적합하게 한다면 오묘한 그침이 아님이 없다. 그러므로 '그 그침의 도가 찬란히 빛난다(其道光明)'고 한다.

'지止'는 담장을 마주하여 멈춘다는 뜻의 의미가 아니며, '소所'는 거처한다고 하는 의미의 뜻이 아니다. 다만 법과 법은 본래 서로를 알지 못하고, 법과 법은 본래 서로를 침범하지 않는 것이니,[623] 이 괘의 위와 아래가 적대적 관계를 이루어 서로 더불지 못하는 것과 같다. 이렇기 때문에 몸을 찾아도 찾을 수 없는 것이다. 비록 그 뜰을 다니면서도(行其庭) 또한 마침내 사람이 서로 볼 수 없는 것이니, '찬란히 빛나(光明)'는 도를 깨달아야 허물이 없다.[624]

---

623 불교에서 표현되고 있는 '법法'의 의미는 크게 두 가지로 요약할 수 있다. 하나는 석가모니 붓다가 설한 모든 진리의 가르침을 표현할 때 '법(法: 담마, Dhamma)'이라는 표현을 쓴다. 대표적인 예가 바로 '불법佛法'이라는 표현이 될 것이다. 다른 하나는 정신과 물질의 모든 현상을 '법'으로 표현한다. 대표적인 예가 모든 물질적, 정신적 현상을 지칭하는 '제법諸法'이라는 표현이 될 것이다. 지금 지욱이 표현하고 있는 '법'의 의미는 두 번째 의미의 표현임을 알 수 있다. '법과 법은 본래 서로를 알지 못한다(法法本不相知)'는 뜻은 모든 존재와 현상(法法)은 그 자체로 각기 다른 원인과 조건에 의해서 생멸하는 것이기에, 이는 한 가지 존재와 현상만을 기준해서 다른 존재와 현상을 단정하여 이것이 '무엇이다'라고 주장할 수 없다는 표현이다. 또한 '법과 법은 본래 서로를 침범하지 않는다(法法本不相到)'는 뜻은 모든 존재와 현상은 각자 자기만의 독립적이며 고유한 성질과 존재가치를 지니는 진리적 존재이기 때문에 다른 존재와 현상을 침해하거나 방해하지 않는다는 의미의 표현이다.

624 지욱은 그치고 멈춘다(止)는 의미를 나타내는 간艮괘의 괘상을 진리에 대한 깨달음이라는 측면에서 설명하고 있다. 간괘의 여섯 효 모두는 음양의 정응을 이루지 못하고, 각기 음양이 서로 나뉘어져 적대적 관계(敵應)를 이루고 있다. 음은 음대로, 양은 양대로 모두가 독립적으로 혼자만의 그침에 머물러 그 존재적 특성을 나타내고 있는 것이다. 이러한 간괘의 괘상을 지욱은 '다만 법과 법은 본래 서로를 알지 못하고(特以法法本不相知), 법과 법은 본래 서로를 침범하지 않는다(法法本不相到)'라는 표현으로 불교의 존재론적 관점에서 재해석하고

象曰 兼山이 艮이니 君子ㅣ 以하야 思不出其位하나니라.
상왈 겸산 간 군자 이 사불출기위

「상전」에 이르길 산(山, ☶)이 거듭하고 있는 것이 '간艮'이니, 군자가
이를 본받아서 생각을 그 자리(位)에서 벗어나지 않는다.

兩山並峙, 各安其位者也. 是故草木生之, 禽獸居之, 寶藏興焉, 位位
無非法界故也. 君子於此非不思也, 知離此現前之位, 別無一法可得,
故思不出其位. 不出位而恒思, 則非枯槁寂滅. 思而不出其位, 則非馳
逐紛紜. 恒思則能盡其位之用, 故一切旋乾轉坤事業, 無不從此法界

있다. 불교적인 관점에서 보면 모든 삼라만상은 그 하나하나가 바로 그 어느
것에도 비교할 수 없는 수승한 진리적 존재이다. 그야말로 산은 산(山是山),
물은 물(水是水)로서, 개체적이고 독립적인 평등한 존재가치를 지니고 있는
것이다. 이러한 존재(法)의 실상을 바르게 깨닫기 위해서는 마음에서 일어나는
모든 번뇌 망상을 그치는(艮, 止) 내면적인 통찰과 수행을 실천해야 한다. 이러한
그침의 수행을 떠나 존재의 진리적 실상을 존재 하나의 형상(身)의 분석이나
분별의 인식을 통해 깨닫고자 하거나, 아니면 그를 벗어나 어느 특별한 신적
절대자나 또는 어느 특정한 그 무엇에서 찾고자 한다면 결코 깨달음은 이룰
수 없다. 지욱은 이러한 법에 대한 깨달음의 이치를 '몸에서 찾아도 얻지 못하며
(覓身了不可得), 비록 뜰을 다녀도 또한 마침내 사람이 서로 볼 수 없다(雖行其庭,
而亦了無人相可見)'라는 말로 표현하고 있다. 나아가 지욱은 법에 대한 깨달음은
오직 '광명한 도에 계합하는 것(合於光明之道)'을 통해서만 성취할 수 있음을
말하고 있다. 법에 대한 깨달음은 몸에 있는 것도 아니고 밖에 있는 것도
아니기에 오직 내면적인 탐욕과 번뇌 망상을 그치고(止) 광명한 도인 모든
존재의 근원적인 본성(本性: 佛性, 法性)과 하나 되는 것에서 이루어질 수 있다는
표현인 것이다.

流. 不出則能稱其位之量, 故一切位天育物功能, 無不還歸此法界.

두 개의 산이 나란히 솟아 있으니, 모두가 그 자리에서 편안할 수 있다. 이러한 이유로 풀과 나무가 자라고 짐승들이 살아가며, 풍부하게 보배로운 것들이 매장되어 있다. 모든 존재 하나하나(位位)가 진리의 세계(法界)이기 때문이다. 군자도 이러한 이치를 사유하지 않으면 안 된다. 이렇듯 눈앞에 드러난 자리(位: 法界)를 떠나서 특별히 얻을 만한 한 가지 법도 없기 때문에 '생각을 그 자리에서 벗어나지 않는다(思不出其位)'고 하는 것이다. 자리를 벗어나지 않고 항상 사유한다면 죽어서 쓸모없는(枯槁) 적멸(寂滅: 번뇌가 사라져 평정한 마음의 경지)이 아니며, 사유하되 그 자리를 벗어나지 않으면 마음이 분주하여 어지럽지(馳逐紛紜) 않을 수 있다. 항상 사유하다 보면 그 자리(位: 本性)의 쓰임을 다할 수 있다. 그러므로 일체의 천지를 뒤흔드는 사업(旋乾轉坤事業: 불성, 진리에 대한 깨달음)도 이러한 법계의 흐름(존재의 이치)을 따라야만 한다. 본성을 벗어나지만 않는다면 그 자리의 역량을 깨달을 수 있다. 그러므로 모든 존재(一切位)들은 하늘이 사물을 길러내는 능력을 소유할 수 있게 되어 이러한 진리의 세계로 되돌아갈 수 있는 것이다.

初六은 艮其趾라. 无咎하니 利永貞하니라.
<small>초 육   간 기 지   무 구   이 영 정</small>

초육은 그 발에 그치는 것이다. 허물이 없으니, 영구히 바르게 함이 이롭다.

象曰 艮其趾는 未失正也ㅣ라.
상왈 간기지　미실정야

「상전」에 이르길 '그 발에 그친다(艮其趾)'는 것은 바름을 잃지 않는
것이다.

居艮之下, 其位爲趾. 止之於初, 不令汨於所欲往, 斯固未失正而無咎
矣. 然必利於永貞, 時止則止, 時行則行, 乃獲敦艮之吉耳.

간괘의 맨 아래에 위치하고 있으므로 그 자리가 '발꿈치(趾)'에 해당된
다. 그침이 처음 시작되는 곳이니, 서둘러 나서고자 하지 않기 때문에
진실로 바름을 잃지 않아서 허물이 없다. 그렇지만 반드시 영구히
바르게 처신해야만 이로울 수 있다. 그쳐야 할 때는 그치고, 실천해야
할 시기에는 행동에 나서야 이에 돈독하게 그쳐서 좋은 결과를 얻을
수 있다.

六二는 艮其腓니 不拯其隨ㅣ라. 其心不快로다.
육이　간기비　부증기수　　기심불쾌

육이는 그 장딴지에 그치는 것이니, 그 따르는 이를 구원하지 못한다.
그 마음이 유쾌하지 못하다.

象曰 不拯其隨는 未退聽也ㄹ새라.
상왈 부증기수　미퇴청야

「상전」에 이르길 '그 따르는 이를 구원하지 못한다(不拯其隨)'는 것은
물러나서 듣지 않기 때문이다.

趾也, 腓也, 股也, 皆隨心而爲行止者也. 然趾無力, 不能自專, 又正行時趾元自止. 今六二其位爲腓, 而以陰居陰, 當艮之時, 力能專止而不隨心動, 故曰不拯其隨. 此非動靜不失其時之道, 蓋由未肯謙退, 而聽命於天君, 故令其心不快.

발, 장딴지, 허벅지는 모두 마음을 따라서 움직이거나 멈추는 것들이다. 그러나 발꿈치는 힘이 없어서 제멋대로(自專) 할 수도 없고, 또한 (마음이) 움직일 때에도 발가락만은 원래 혼자만 멈춰 있게 된다. 지금 육이는 그 자리가 '장딴지(腓)'에 해당하고 음효로써 음 자리에 위치하여 멈춰야 할 때를 맞이하여 의지대로 그칠 수 있는 힘이 있어서 마음을 좇아서 움직이려고 하지 않는다. 그러므로 '그 따르는 이를 구원하지 못한다(不拯其隨)'고 한다. 이는 동정動靜에 그 행하고 멈춰야 할 때의 도를 잃을 것이라 할 수 있다. 대개 기꺼이 겸손히 물러나서 마음(天君)의 명령을 들으려 하지 않기 때문에 '그 마음이 유쾌하지 못하다(其心不快)'고 하는 것이다.

九三은 艮其限이라 列其夤이니 厲ㅣ 薰心이로다.
<small>구 삼   간 기 한   열 기 인   려   훈 심</small>

구삼은 그 허리에 그치는 것이다. 그 팔뚝을 벌리니, 위태하여 마음이 찌는 듯하다.

象曰 艮其限이라 危ㅣ 薰心也ㅣ라.
<small>상 왈 간 기 한   위   훈 심 야</small>

「상전」에 이르길 그 허리에 그치기 때문에 위태로움에 마음이 애태운다.

三位在限, 而以剛居剛, 爲艮之主, 則腰膂硬直, 不可屈申者也. 夫上下本自相聯, 猶如夤然, 今分列而不相繫屬, 其危厲不亦薰心矣乎.

삼효의 자리는 허리에 해당하고, 강건한 양효로써 양 자리에 위치하고 있다. 간艮괘의 주효가 되니, 곧 허리와 볼기가 경직되어 굽혔다 폈다 하는 굴신이 자유롭지 못한 것이다. 대저 위와 아래는 본래 자연스럽게 서로 연관되어 있는 것이니, 마치 등뼈(인夤)와 같다. 지금 나뉘어져 서로 연결되어 있지 못한 상태이니, 그 위태로움이 또한 마음을 찌는 듯이 답답한 처지가 아니겠는가?

六四는 **艮其身**이니 **无咎**ㅣ니라.
육사　간기신　　　무구

육사는 그 몸에 그침이니, 허물이 없다.

象曰 艮其身은 **止諸躬也**ㅣ라.
상왈　간기신　　지저궁야

「상전」에 이르길 '그 몸에 그친다(艮其身)'는 것은 몸에 그치는 것이다.

四位在於胸腹, 象云艮其背, 而此直云艮其身, 身止則背不待言矣. 夫千愆萬繆皆由身起, 今陰柔得正, 能止諸躬, 何咎之有. 楊龜山曰, 爻言身象言躬者, 伸爲身, 屈爲躬, 屈伸在我不在物, 兼爻與象, 是屈伸兼用矣.

4효의 자리는 가슴과 배에 해당된다. 「단전」에서 '그 등에 그친다(艮其

背)'고 하였는데, 여기서는 곧바로 '그 몸에 그친다(艮其身)'고 하였으니, 몸에 그쳤다면 등은 더 이상 말할 필요도 없을 것이다. 대저 천 가지 허물과 만 가지 그릇됨이 모두 몸으로 말미암아 일어난다. 이제 음효로서 유순한 육사가 바른 자리를 얻어서 '몸에 그칠 수 있게 되었으니(止諸躬)' 무슨 허물이 있겠는가!

양구산은 말하길 "효사爻辭에서는 '신身'이라 말하고 상전에는 '궁躬'이라 말하는 것은 펴는 것이 '신'이 되고, 구부리는 것이 '궁'이 되기 때문이다. '굴신屈伸'은 자신에게 있지 사물에 있는 것이 아니다. 효爻와 상象을 겸해서 말한다면 이는 굴신의 겸용을 표현한 것이다"라고 하였다.

六五는 艮其輔ㅣ라. 言有序ㅣ니 悔亡하리라.
육오 간기보 언유서 회망

육오는 그 볼에 그침이다. 말에 차례가 있음이니 후회가 없다.

象曰 艮其輔는 以中으로 正也ㅣ라.
상왈 간기보 이중 정야

「상전」에 이르길 '그 볼에 그친다(艮其輔)'는 것은 중中으로써 바른 것이다.

五位在心, 心之聲由輔以宣, 而以陰居陽, 又復得中. 能於言未出口前 豫定其衡, 故言无妄發, 發必有序, 而口過終可免矣.

5효의 자리는 마음에 해당한다. 마음의 소리는 입(輔, 볼때기)으로

말미암아 표현된다. 음효로써 양 자리에 위치하고 있으면서 또다시
중도를 얻고 있다. 말을 입 밖으로 내뱉기 전에 미리 그 균형을 잡고
있는 형상인 것이다. 그러므로 말을 함부로 내뱉지 않고, 말을 하게
되는 경우에 있어서도 반드시 질서가 있어서 입으로 인한 허물을 마침내
면할 수 있다.

上九는 敦艮이니 吉하니라.
상구   돈 간   길

상구는 돈독하게 그침이니, 길하다.

象曰 敦艮之吉은 以厚終也일새라.
상 왈 돈 간 지 길   이 후 종 야

「상전」에 이르길 '돈독하게 그친다(敦艮)'는 것은 후덕함으로써 마치기
때문이다.

爲艮之主, 居卦之終, 可謂止於至善, 無所不用其極者矣. 性德本厚,
而修德能稱性復之, 故曰以厚終也. 震爲長男, 故擧乾之全體大用而
虩於其初. 艮爲少男, 故擧乾之全體大用而敦於其上. 一始一終, 知及
仁守之功備, 非動非靜之體復矣.

간艮괘의 주효로 괘의 맨 마지막에 위치하고 있다. 이른바 '지극한
선에 그쳐서(止於至善)', '그 극極[625]을 쓰지 않는 바가 없는(無所不用其

---

625 기극其極: 인류의 도의 극점이 되는 지선至善의 경지를 가리킨다.

極)'자이다.[626] 본성의 덕(性德)은 본래 후덕하지만 닦음의 덕(修德)을
통해 그러한 성덕에 계합하여 회복할 수 있다. 그럼으로써 '후덕함으로
써 마친다(厚終)'고 한다. 진(震, ☳)괘는 장남이 된다. 그러므로 중천
건重天乾괘의 전체적인 큰 작용을 예로 들어서 그 중뢰진重雷震괘의
초효에서 '두려워한다(虩)'고 하였다. 간艮괘는 소남이 된다. 그러므로
건괘의 전체적인 큰 작용을 예로 들어서 그 중산간의 상효에서 '돈독하
다(敦)'고 하였다. 한 번의 시작이 있으면 한 번의 마침이 있다. 지혜(知)
와 어짊(仁)을 지켜내는 공덕을 갖추게 되는 것이며, 움직이지도 않고
고요하지도 않은 본성을 회복하게 되는 것이다.

---

626 『대학』「經1장」~「傳2장」에 걸쳐 언급되고 있다.

漸은 **女歸**ㅣ**吉**하니 **利貞**이니라.
점　　여귀　길　　이정

'점漸'은 여자가 시집가는 것이 길하니, 바르게 함이 이롭다.

夫敦艮旣非面牆, 則止而不失其行之時矣. 行之以巽, 故名曰漸. 君子
將致身以有爲, 必如女之歸夫, 始終以禮而非苟合, 乃得吉耳. 苟不利
貞, 則躁進固足取辱, 雖漸進亦豈能正人哉. 佛法釋者, 理則頓悟, 乘
悟倂銷, 如震虩而艮敦, 事非頓除, 因次第盡, 如女歸而漸進. 又次第
禪門, 名之爲女, 卽事禪而達實相, 名之爲歸, 以圓解徧修事禪, 名之
爲貞.

대저 '돈독하게 그친다(敦艮)'는 의미가 이미 설명한 담벼락을 마주해서
그친다는 뜻이 아니라고 한다면, 그칠 때 그쳐서 그 행동이 시의적절한
때를 잃지 않는 것을 의미한다고 할 수 있다. 행동할 때에 공손하게
하기 때문에 '점漸'이라고 한다. 군자는 장차 몸과 명예를 임금에게
바침으로써(致身) 행위의 당위성을 삼는 것이니, 필연적으로 여자가
남자에게 시집가는 것과 같다. 처음부터 끝까지 일관되게 예의로써
행동해야 하고 구차하게 영합하려고 하지 않아야 좋은 결과(吉)를
얻을 수 있다. 만일 바르게 행동해서 이로움을 얻으려고 하지 않고,

성급하게 나서고자 한다면 진실로 치욕을 당하게 될 것이다. 비록 점진적으로 행동에 나선다고 하더라도 또한 어찌 다른 사람들을 바르게 이끌 수 있겠는가?

불법으로 해석하면, '이치는 한순간에 깨닫고(理則頓悟), 깨달음을 의지하면 모든 번뇌가 모두 소멸한다(乘悟併銷)'는 뜻은 진震괘에서 놀라다가(虩) 간艮괘에서 돈독하게 그친다(敦) 뜻과 같다. '번뇌 망상을 현실에 있어서는 한순간에 소멸시킬 수 없기에(事非頓除) 차례대로 없애야만 된다(因次第盡)'[627]는 뜻은 여자가 시집가는 데 있어 절차를 지켜 차례대로 나아간다는 뜻과 같다. 또한 차례대로 닦아나가는 선문(次第禪門)[628]을 '여자(女)'라 하고, 사선事禪[629]을 의지해서 실상의 이치

---

627 『능엄경』에서 "아난아, 이 5수음受陰은 다섯 가지 망상으로 이루어진 것이니라. 네가 이제 인계因界의 깊고 얕음을 알고자 하면 색과 공은 색음의 변제요, 접촉과 떠남은 수음이 변제요, 기억하고 잊음은 상음의 변제요, 없어짐과 생겨남은 행음의 변제요, 밝고 고요한 데 들어가 맑고 고요함과 어울리면 식음의 변제로 돌아가느니라. 이 5음은 원래 겹겹이 쌓여서 생겼나는 것이니라. 태어남은 식으로 인하여 있고, 죽는 것은 색으로부터 없어지느니라. 이치로는 단박에 깨닫는 것이니, 깨달음에 의지하면 모두 소멸하지만 현실로는 단박에 제하는 것이 아니므로 차례로 없어지는 것이니라(阿難, 是五受陰, 五妄想成, 汝今欲知因界淺深, 唯色與空, 是色邊際, 唯觸及離, 是受邊際, 唯記與忘, 是想邊際, 唯滅與生, 是行邊際, 湛入合湛, 歸識邊際. 此五陰元, 重疊生起, 生因識有,滅從色除. 理則頓悟, 乘悟併銷, 事非頓除, 因次第盡.)"라는 내용으로 언급되고 있다.

628 원래는 중국의 천태 지의대사가 불교의 수행법에 관해 강설한 내용을 정리한 서명書名을 가리킨다. 『차제선문次第禪門』의 완전한 제목은『석선바라밀차제선문釋禪波羅密次第禪門』이다. 줄여서『선바라밀禪波羅密』,『선문수증禪門修證』,『선문禪門』등으로 불리기도 한다. 지의대사는 선수행의 단계를 (1)세간선世間禪, (2)역세간역출세간선亦世間亦出世間禪, (3)출세간선出世間禪, (4) 비세간비출

를 깨닫는 것을 '귀歸'라 하며, 원만한 이해를 통해 두루두루 사선을
닦는 것을 '정貞'이라 한다.

象曰 漸之進也ㅣ **女歸**의 **吉也**ㅣ라. **進得位**하니 **往有功也**ㅣ오
단왈 점지진야 여귀 길야 진득위 왕유공야

進以正하니 **可以正邦也**ㅣ니 **其位**는 **剛得中也**ㅣ라. **止而巽**할새
진이정 가이정방야 기위 강득중야 지이손

動不窮也ㅣ라.
동불궁야

「단전」에 이르길 '점漸'은 나아감이니 여자가 시집감의 길함이다. 나아
가서 자리를 얻으니 나아가 공이 있고, 나아감에 바름으로써 하니
가히 나라를 바르게 할 것이니, 그 자리는 강剛이 중中을 얻은 것이다.
그치고 공손하기 때문에 움직여서 궁색하지 않다.

進有頓漸, 今明以漸而進, 故如女歸則吉也. 得位則往有功, 儻進不得
位, 則不可往明矣. 以正則可正邦, 儻進不以正, 則不能正邦明矣. 然
此卦何以爲進得位, 則由九五剛得中耳. 何以爲往有功, 則由止而巽
故動不窮耳. 止者動之源, 設無止體, 則一動卽窮, 如溝澮因雨暫盈,
可立待其涸也.

세간非世間非出世間 등의 네 단계로 크게 나누고 있다. 선을 닦아 궁극적인
깨달음의 정각을 이루기 위해서는 이러한 네 단계의 수행계위를 밟아 나가야
된다는 것이다.
629 이치적인 이해에만 머무는 것을 '이선理禪'이라 한다면, 마음을 통찰하여 몸소
선을 닦는 것을 '사선事禪'이라 한다.

전진해 가는 데 있어 한순간 빠르게 전진하거나 점차적으로 전진하는 경우가 있을 수 있는데, 지금은 점차적으로 나아가는 경우를 밝히고 있다. 그러므로 여자가 시집가는 것과 같이 하면 길하다고 하는 것이다. 지위를 얻게 되면 나아가서 공을 세울 수는 있지만 진실로 나아가서 지위를 얻지 못한다면 나아가서는 결코 안 된다. 정의를 바탕으로 한다면 나라를 바르게 다스릴 수 있지만, 진실로 나아감에 정의롭지 못하다면 분명 나라를 바르게 다스릴 수 없다. 그렇다면 이 괘에서 무슨 이유로 '나아가서 자리를 얻는다(進得位)'고 하는가? 곧 구오가 강건하면서 중도를 얻었기 때문이다. 무슨 이유로 '가서 공이 있다(往有功)'고 하는가? 곧 그쳐서 공손하기 때문에 움직임이 궁색하지 않을 수 있기 때문이다. 그친다는 것은 움직임의 근원이다. 만약 그침의 본체(止體)가 없다면 한 번만 움직이면 곧 궁색해질 수밖에 없다. 마치 논도랑에 비가 내리면 잠시 고여 있다가 한순간(立待)[630]에 그것이 말라버리는 것과 같다.

象曰 山上有木이 漸이니 君子ㅣ 以하야 居賢德하야 善俗하나니라.
상왈 산상유목 점 군자 이 거현덕 선속

「상전」에 이르길 산(山, ☶) 위에 나무(木, ☴)가 있는 것이 '점漸'이니, 군자가 이를 본받아서 어진 덕에 머물러 풍속을 선하게 한다.

---

630 입대立待: '서서 기다리다', '서서'라는 의미이다. 여기서는 '잠시 서 있는 짧은 한순간'이라는 의미를 나타내고 있다. 논두렁에 비가 내려서 잠시 촉촉하게 적셔져 있다가 태양 볕에 말라 한순간에 사라져버린다는 의미로 쓰이고 있다.

木在山上, 以漸而長, 觀者不覺, 君子居德亦復如是. 山有喬木, 則山
益高, 俗有居賢德之君子, 則俗益善.

산 위에 있는 나무는 점점 성장하지만 보는 사람은 나무가 성장하는
것을 알지 못한다. 군자가 덕에 머무는 것도 또한 이와 같다. 산에
큰 나무가 있으면 산이 더욱 높아지듯이, 사회에 어진 덕을 갖춘 군자가
살고 있으면 풍속은 더욱 선해지는 것이다.

初六은 鴻漸于干이니 小子ㅣ 厲하야 有言이나 无咎ㅣ니라.
초 육   홍 점 우 간   소 자 려   유 언   무 구

초육은 기러기가 물가에 나아가는 것이니, 소자(小子: 小男, 어린 기러기)
가 위태해서 말은 있으나 허물은 없다.

象曰 小子之厲ㅣ나 義无咎也ㅣ니라.
상 왈 소 자 지 려   의 무 구 야

「상전」에 이르길 소자가 위태롭지만 의리가 허물이 없다.[631]

洪覺山曰, 漸何以象鴻也. 鴻, 水鳥, 木落南翔, 冰泮北徂, 出則有時,
居則有序. 蘇眉山曰, 鴻, 陽鳥而水居, 在水則以得陸爲安, 在陸則以

---

631 점괘의 초효에 자리한 초육은 물가에서 다른 기러기를 따라서 날아오르고자
   하는 어린 기러기(小子)에 해당한다. 맨 뒤에 쳐져서 앞에 날아가는 기러기들을
   좇아서 날고자 하지만 힘이 약한 어린 기러기로서는 위태로운 처지라 할 수
   있다. 당연히 울면서 같이 가기를 호소하며 우는 것(有言)이다. 같이 날기를
   기다려주는 의리 있는 새들의 도움을 받아 물에 빠지지 않고 함께 날아가니
   허물이 없다고 하는 것이다.

得水爲樂者也. 初六陰爻, 如鴻在水, 上無應與, 故爲漸於水涯, 於人則爲小子, 正宜乾乾惕厲, 且宜有言以求人之切磋琢磨, 如鴻在幹, 而哀鳴覓伴, 乃無咎也. 無應本宜有咎, 以當漸初, 而能自厲, 則其義可無咎矣.

홍각산은 말하길 "점漸괘에서 무슨 이유로 기러기를 괘상卦象으로 삼는가? 기러기는 물새다. 낙엽이 지는 가을에는 남쪽으로 날아오고, 얼음이 녹으면 북방으로 날아간다. 때맞춰 떠나가고 질서 있게 둥지를 틀고 살기 때문이다"라고 하였다.

소미산은 말하길 "기러기는 양조陽鳥[632]과에 속하는 새로 물에서 노닐며 산다. 물에서 노닐 때에는 육지에 있는 것처럼 편안해하고, 육지에 머물러 있을 때에는 물에서 노니는 것처럼 즐거워한다. 초육은 음효로 기러기가 물에 있는 것과 같다. 위로 더불어 상응할 상대가 없기 때문에 물가로 점차 나아가는 상이다. 사람에 있어서는 어린아이가 된다. 정히 마땅히 굳세야 하고 두려워하며 조심해야 한다. 또한 마땅히 위태로운 상황에 처해 있기 때문에(有言) 절차탁마할 수 있는 사람을 찾아야만 한다. 기러기가 물가에서 애절하게 울면서 짝을 찾는 것과 같은 처지이기 때문에 '허물이 없다(無咎)'고 한다. 상응할 대상이 없다는 것은 본래 마땅히 허물이 있는 경우라 할 수 있지만, 점괘의

---

632 양조陽鳥: 오리과에 속한 철새를 가리킨다. 몸은 오리와 비슷하나 목이 좀 길고 부리는 밑 부분이 둥글게 불거졌으며 끝으로 갈수록 가늘어지고, 다리는 앞쪽에 있어 걷기에 알맞다. 가을에 우리나라에 와서 겨울을 나고 봄에 시베리아, 사할린, 알래스카 등지의 북쪽으로 날아간다. 쇠기러기, 큰기러기, 회색기러기 등이 있다

초기에 해당하여 능히 스스로 조심하기만 하면 그 뜻에 있어서는 허물
될 것이 없는 것이다"라고 하였다.

六二는 **鴻漸于磐**이라. **飮食**이 **衎衎**하니 **吉**하니라.
육 이　　홍 점 우 반　　　음 식　　간 간　　길

육이는 기러기가 반석에 나아가는 것이다. 마시고 먹는 것이 즐거우니
길하다.

象曰 飮食衎衎은 **不素飽也**ㅣ라.
상 왈　음 식 간 간　　불 소 포 야

「상전」에 이르길 '마시고 먹는 것이 즐겁다(飮食衎衎)'는 것은 공연히
배부르고자 하는 것이 아니다.

二亦在水, 而應九五, 則如漸於磐石, 飮啄皆和樂矣. 養道以待時, 豈
無事而食哉.

이효 또한 물에 노닐면서 구오와 상응하고 있다. 곧 반석에 나아가는
것과 같아서 물 마시고 쪼아 먹는 것이 모두 평화롭고 즐겁다. 도를
함양하면서 때를 기다리는 것이니, 어찌 할 일 없이 먹고 노는 것이겠
는가?

九三은 **鴻漸于陸**이니 **夫征**이면 **不復**하고 **婦孕**이라도 **不育**하야 **凶**
구 삼　　홍 점 우 륙　　부 정　　불 복　　　부 잉　　　불 육　　흉

하니 **利禦寇**하니라.
　　이 어 구

구삼은 기러기가 뭍(육지)에 나아가는 것이니, 지아비가 가면 돌아오지 않고 지어미가 잉태하더라도 기르지 못하여 흉하니, 도적을 막음이 이롭다.

象曰 夫征不復은 離群하야 醜也ㅣ오 婦孕不育은 失其道也ㅣ오
상왈 부정불복   이군   추야   부잉불육   실기도야

利用禦寇는 順相保也ㅣ라.
이용어구   순상보야

「상전」에 이르길 '지아비가 가면 돌아오지 못한다(夫征不復)'는 것은 무리를 떠나서 추한 것이요, '지어미가 잉태해도 기르지 못한다(婦孕不育)'는 것은 그 도를 잃는 것이고, '도적을 막는 것이 이롭다(利用禦寇)'는 것은 순하게 서로 돕는 것이다.

九三陽爻, 如鴻在陸, 上無應與, 則無水矣. 鴻不亂配, 而六四亦無應與, 與三相鄰. 設三征而從四, 則爲離鴻群而可醜. 設四俯而就三, 則爲失其道, 而雖孕亦不敢育, 凶可知已. 夫非配而私相爲配, 以理言之則寇也. 三若守正而禦之, 則在我旣無離群之醜, 在四亦無失道之凶, 乃可順相保耳.

구삼은 양효로서 마치 기러기가 뭍에 있는 것과 같다. 위로 응하여 함께할 상대가 없으니 물이 없는 처지라 할 수 있다. 기러기는 난잡하게 짝짓기를 하지 않는데, 육사도 역시 응하여 함께할 상대가 없다. 구삼과 더불어 서로 이웃하고 있기 때문에 만약 구삼이 가서 육사와 함께하고자 한다면 기러기의 무리를 떠나는 것이 되어 추해질 수밖에 없다. 만약

육사도 내려다보고 구삼에게 간다면 그 도를 잃게 되어 비록 잉태하더라
도 또한 감히 양육할 수 없는 것이니, 충분히 흉함을 알 수 있다. 대저
배필이 아닌 데도 사적으로 서로 배필이 되고자 한다면 이치적으로
도둑이라 말할 수 있다. 구삼이 만약 정당한 자리를 지켜서 육사의
유혹에 이끌리지 않는다면 구삼에 있어서는 이미 무리를 떠나는 추악함
이 없게 되고, 육사에 있어서도 역시 도를 잃는 흉함이 없게 될 것이다.
이렇게 되면 순조롭게 서로를 보호해 주는 결과가 될 수 있다.

六四는 鴻漸于木이니 或得其桷이면 无咎 ㅣ 리라.
육사　홍점우목　　혹득기각　　무구

육사는 기러기가 나무에 나아감이니, 혹 그 평평한 가지를 얻으면
허물이 없다.

象曰 或得其桷은 順以巽也ㄹ새라.
상왈 혹득기각　　순이손야

「상전」에 이르길 '혹 그 평평한 가지를 얻는다(或得其桷)'는 것은 유순해
서 겸손하기 때문이다.

四亦在水, 而乘九三之剛, 不足安身, 如漸於木, 非鴻之所能棲, 以鴻
之趾連, 不能握木故也. 或得其橫而且大有如桷者, 庶幾可以無咎, 意
指上附九五言之. 蓋以陰居陰則順, 爲巽之主則巽, 故可冀其無咎耳.

육사 역시 물에 앉아 있는 경우라 할 수 있지만, 구삼의 강한 양陽을
올라타고 있는 처지라 몸이 편안하지 못하다. 마치 나뭇가지에 올라앉

아 있는 것과 같다. 나무는 기러기가 머물러 서식할 수 있는 곳이
아니다. 기러기의 발가락은 물갈퀴로 연결되어 있어서 나뭇가지를
잡기에 적합하지 않기 때문이다. 혹시 그 가로로 뻗은 가지에 앉거나
또는 대략 서까래 같은 가지에 앉아 있을 수 있으면 허물이 없을 수
있다. 위로 구오를 따르라는 뜻으로 가리켜 한 말이라 할 수 있다.
대체적으로 음효가 음의 자리에 자리하고 있으면 유순하다고 한다.
육사는 손(巽, ☴)괘의 주효가 되므로 '유순하다(巽)'고 하는 것이다.
유순히 해야만 그 허물이 없기를 기대할 수 있다.

九五는 **鴻漸于陵**이니 **婦** | **三歲**를 **不孕**하나 **終莫之勝**이라 **吉**하
구 오 　　 홍 점 우 릉 　　 부 　 삼 세 　 불 잉 　　 종 막 지 승 　　 길

리라.

구오는 기러기가 언덕에 나아가는 것이니, 지어미(婦, 육이)가 3년 동안
잉태하지 못하지만 마침내 (구삼, 육사가 구오를) 이기지 못하기 때문에
길하다.

象曰 終莫之勝吉은 **得所願也** | 라.
상 왈 종 막 지 승 길 　　 득 소 원 야

「상전」에 이르길 '마침내 이기지 못하기 때문에 길하다(終莫之勝吉)'는
것은 원하는 것을 얻었기 때문이다.

五本在陸, 而居尊位, 則如高陵矣. 下應六二之婦, 方飮食衎衎以自
養, 非九三之所能汚, 故三歲不孕, 終莫之勝而吉也. 聖王得名世之

臣, 滿其夢蔔求賢本願, 不亦快乎.

구오는 본래부터 뭍에 있으면서 임금의 자리에 위치하고 있다. 곧 높은 언덕에 있는 것과 같다. 아래로 육이의 부인과 상응하면서 바야흐로 음식을 즐기며 스스로를 성장시키고 있다. 구삼이 오염시킬 수 있는 상대가 아닌 것이다. 그러므로 3년이 지나도록 (육이에게) 잉태시키지 못하지만, 마침내 구삼이 그를 이기지 못하기 때문에 길할 수 있다. 훌륭한 임금이 세상에서 명망 높은 신하를 얻게 된 것은 그가 간절히 현자를 찾던(夢蔔求賢)[633] 본래의 소원을 만족하게 이룬 것이라 할 수 있다. 또한 유쾌하지 않겠는가!

上九는 鴻漸于陸ㅣ니 其羽ㅣ 可用爲儀니 吉하니라.
상구   홍점우규   기우   가용위의   길

상구는 기러기가 하늘(陸: 逵)[634]에 나아감이니, 그 깃이 위의(儀, 모범)를 삼을 만하니 길하다.

象曰 其羽可用爲儀吉은 不可亂也ㄹ새라.
상왈 기우가용위의길   불가란야

「상전」에 이르길 '그 깃이 위의를 삼을 만하니 길하다(其羽可用爲儀吉)'

---

633 몽복구현夢蔔求賢: 은나라 고종이 꿈을 꾸고 나서 재상 부열傅說을 얻고, 주나라 문왕이 점을 쳐서 태공망太公望을 얻게 되었다는 고사에서 비롯된 말로, 간절한 마음으로 어진 신하를 찾는다는 의미의 표현이다.

634 정자程子의 『주역전의周易傳義』와 주자朱子의 『주역본의周易本義』에는 '육陸'의 뜻을 육지의 뜻이 아닌, 사통팔달하는 하늘 길(雲路, 虛空之中)을 뜻하는 '규逵'의 의미로 새겨야 한다고 보았다. 여기서도 그 뜻을 따르고 발음도 '규'로 한다.

는 것은 어지럽지 않기 때문이다.

上亦在陸者也, 但九三爲木落南翔之陸, 入於人中, 故凶. 上九爲冰泮
北歸之陸, 超於天外, 故吉. 所謂鴻飛冥冥, 弋者何慕. 但可遠望其羽,
用爲高人達士之儀則耳. 又凡鴻飛之時, 成配者以次在後, 孤而無侶
者獨在於前. 今上九超然物外, 下無應與, 如世間義夫, 志不可亂, 故
吉也. 以羽爲儀, 則其爲用也大矣, 故曰聖人百世之師.

상구 역시 뭍에 있는 자이다. 다만 구삼은 낙엽이 지면 남쪽으로 날아가
뭍에서 노닐며 산다. 사람들이 사는 세상으로 들어가기 때문에 흉할
수밖에 없다. 상구는 얼음이 녹으면 북쪽으로 날아가 뭍에서 노닐며
산다. 세상 밖(天外)으로 벗어나기 때문에 길하다. 이른바 "기러기가
아득한 곳으로 날아가니(鴻飛冥冥), 주살을 쏘는 자가 어찌 맞출 수
있겠는가(弋者何慕)?"[635]라는 의미가 될 것이다. 다만 그 나는 깃을
멀리서 바라보면서 고고한 사람과 현달한 선비의 위의로 받아들일
수 있을 뿐이다. 또한 무릇 기러기가 날 때에는 짝을 이룬 새는 차례로
뒤에 늘어서서 날고, 외롭게 짝이 없는 새는 홀로 앞에서 난다. 지금
상구는 초연히 세상 밖을 벗어나 있으며, 아래로 상응하여 함께할
상대도 없다. 마치 세상의 의로운 대장부와 같아 뜻이 어지럽지 않기
때문에 '길하다(吉)'고 하는 것이다. 깃으로써 위의威儀로 삼으면 그
쓰임이 클 수 있다.[636] 그러므로 "성인은 100세의 스승이다(聖人百世之

---

635 중국 전한 때 학자이자 문인인 양웅(揚雄, B.C. 53~A.D. 18)이 지은 『법언法言』에
    서 표현되고 있다.

師)"⁶³⁷라고 하는 것이다.

---

636 점漸괘의 상구는 초구부터 날기 시작한 기러기라 마침내 아득히 드높은 하늘까지
날아오른 것(鴻漸放陸)이라 할 수 있다. 그렇듯 번잡한 세상을 초탈하여 하늘에서
자유롭게 노니는 상구의 기러기는 마치 시끄러운 세상을 벗어나 고고하게
살아가는 선비와 현자에 비유될 수 있다. 지욱은 상구의 이러한 의미를 본받아
자신의 위의로 삼으면 옛 성인이 먼 후세에까지 세상의 빛이 되셨듯이, 세상을
위해 큰 기여를 할 수 있음을 표현하고 있는 것이다.

637 『맹자』「진심장구하盡心章句下」편에서 표현되고 있다.

(54) ䷵ 뇌택귀매雷澤歸妹

歸妹는 征하면 凶하니 无攸利하니라.
귀 매　　정　　　흉　　무 유 리

'귀매歸妹'는 나아가면 흉하니, 이로운 바가 없다.

夫漸而進者, 未有不歸其所者也. 以少女而歸長男, 過以相與, 亦旣得
其所歸, 然一歸則當終身守之, 若更他往則凶. 又設以少女用事擅權,
則無所利. 佛法釋者, 修次第禪, 蓋攝世間事定而歸佛法正慧者也. 儻
直用此事定而設化儀, 則必墮於愛見之網而凶. 若耽著此定, 則紆偏
權曲徑而無所利也.

대저 점진적으로 나아가는 자 중에서 그 처소로 돌아가지 못하는 자는
없다. (귀매괘는) 소녀가 장남에게 시집가는 것이다. 집을 떠나서(過)
서로 함께하는 것이니, 역시 이미 그 시집갈 상대를 얻은 것이라 할
수 있다. 그러나 한 번 시집을 가게 되면 마땅히 죽을 때까지 상대와
수절을 지켜야 하며, 만약 또다시 다른 사람에게 시집을 가려 한다면
흉할 수밖에 없다. 또한 만약 소녀로서 가정사를 마음대로(擅權) 하고자
한다면 이롭지 못하다.

　불법으로 해석하면, 순차적으로 선을 닦는 것(修次第禪)이니, 대체
적으로 세간의 일반적인 선정(事定: 어느 한 대상에 마음과 정신을 집중하

여 심신의 건강, 평화, 안정을 추구하는 세속적인 명상)을 모두 포섭해서
불법의 바른 지혜로 회귀시키는 것이라 할 수 있다. 만약 곧바로 이러한
세간의 일반적인 선정을 이용하여 중생의 교화를 실천하고자 하면
반드시 사물에 집착하는 견해의 그물(愛見之網)에 떨어져서 흉할 수밖
에 없다. 만약 이러한 선정(事定)에 탐착하여 방편에만 치우치게 되면
잘못된 길로 빠져들어 이로운 바가 없다.

象曰 歸妹는 天地之大義也ㅣ니 天地不交而萬物이 不興하나니
단 왈 귀 매   천 지 지 대 의 야   천 지 불 교 이 만 물   불 흥

歸妹는 人之終始也ㅣ라. 說以動하야 所歸ㅣ 妹也ㅣ니 征凶은 位
귀 매 인 지 종 시 야   열 이 동   소 귀 매 야   정 흉 위

不當也ㅣ오 无攸利는 柔乘剛也글새라.
부 당 야   무 유 리   유 승 강 야

「단전」에 이르길 '귀매歸妹'는 천지의 큰 의리이니, 천지가 사귀지 않으
면 만물이 흥하지 못하니, '귀매'는 사람의 마침과 시작이다. 기뻐함으로
써 움직여서 시집가는 것이 누이동생이니, '나아가면 흉하다(征凶)'는
것은 자리가 마땅치 않기 때문이요, '이로운 바가 없다(无攸利)'는 것은
유(柔, 陰)가 강(剛, 陽)을 올라탔기 때문이다.

如人有正配而不育, 則必取少女以育子, 此亦天地之大義. 以例國君
用名世爲宰輔, 不妨用小才小德爲百官. 觀心用妙定合妙慧, 不妨用
次第諸禪助神通. 設使天地不交, 則萬物不興, 故歸妹者, 乃人道之以
終而成始者也. 夫如是, 則歸妹何過, 獨恨其以說而動, 則名爲繼嗣,
實在情欲, 如國君名爲群寮, 實在便嬖. 觀心名爲助道, 實在味禪, 故

所歸者名爲妹也. 女捨夫而他適, 臣捨君而他往, 定捨慧而獨行, 則必
得凶, 以卦中陰爻之位皆不當故. 女恃愛而司晨, 臣恃寵而竊柄, 定久
習而耽著, 則無攸利, 以卦中六三之柔, 乘九二初九之剛, 六五上六之
柔, 乘九四之剛故.

만약 사람이 바른 배필이 있음에도 불구하고 자식이 없어 양육할 수
없는 처지라면 반드시 어린 여자를 배필로 맞아들여 자식을 낳아 길러야
한다. 이 역시 천지의 큰 뜻이라 할 수 있다. 예를 들어 국왕이 세상에서
명망 있는 사람을 등용하여 자신을 보필하는 재상으로 삼는다면 하찮은
재주와 덕이 있는 사람들을 등용하여 여러 관리들로 삼아도 국사에
방해가 되지 않는 것과 같다.

　마음을 닦음에 있어 신묘한 선정을 닦아서 신묘한 지혜와 계합하게
되면 순차적으로 닦는 모든 선정이 신통력을 돕는 것을 방해하지 못한
다. 만약 천지가 교류하지 못하면 만물은 흥기하지 못할 것이다. 그러므
로 '귀매歸妹'가 바로 인간 도리의 마침으로써 시작을 이룬다고 하는
것이다. 대저 이와 같은 이치라면 '귀매'가 무슨 허물이 될 수 있겠는가!
유독 염려스러운 것은 그 기쁨(說: 澤, ☱) 때문에 움직이게(動: 雷,
☳) 되면 명분상으로는 후사를 잇는 것이 되지만, 실제로는 (어린
소녀에 대한) 정욕이 내재해 있을 수 있다는 사실이다. 국왕이 명분상으
로는 많은 관료들을 거느리고 있으면서도 실제로는 특별히 총애하는
(便嬖) 신하가 있는 것과 같다.

　마음을 닦음에 있어서 명분상으로는 조도(助道: 37조도품)를 닦아야
한다고 하면서도 실제로는 선정의 맛에만 탐착하는 것이라 할 수 있다.

그런 이유에서 '시집가는 것(所歸)'은 명분상으로는 '누이동생(妹)'이
된다. 여자가 남편을 버리고 다른 남자를 만나거나, 신하가 임금을
버리고 다른 나라로 떠나거나, 선정이 지혜를 버리고 단독으로 행한다
면 반드시 흉함을 만날 수밖에 없는 것이니, 괘 가운데 음효의 자리가
모두 마땅하지 않기 때문이다. 여자가 남편의 사랑만을 믿고 나서서
설치거나(司晨), 신하가 임금의 총애만을 믿고서 권력을 마음대로
휘두르거나(竊柄), 선정만을 오래 닦는 습관에 집착해 있으면 이로운
것이 없으니, 괘 가운데 육삼의 음효가 구이, 초구의 양효를 올라타고
있고, 육오, 상육의 음효가 구사의 양효를 올라탔기 때문이다.

象曰 澤上有雷ㅣ 歸妹니 君子ㅣ 以하야 永終하야 知敝하나니라.
상왈 택상유뢰   귀매 군자 이   영종   지폐

「상전」에 이르길 못(澤, ☱) 위에 우레(雷, ☳)가 있는 것이 '귀매歸妹'이
니, 군자가 이를 본받아 길이 마쳐서 떨어짐(폐단)을 안다.

方雷之動, 必感於澤, 而雷則易息, 澤恒如故, 此豈可爲夫婦恒久之
道, 亦豈君臣相遇之道, 亦豈定慧均平之道乎. 君子之於事也, 未暇問
其所始, 先慮永其所終, 苟以永終爲慮, 則知歸妹之敝矣. 昔有賢達,
年高無子, 誓不取妾, 其妻以爲防己之妒也. 宛轉勸曰, 君勿忌我, 以
致無後. 賢達曰, 吾豈不知卿有賢德哉. 吾年老矣, 設取幼妾, 未必得
子. 吾沒之後, 彼當如何, 是以誓弗爲耳. 其妻猶未深信, 乃密訪一少
艾, 厚價買之, 置酒於房, 誘其夫與之同飲, 抽身出房, 反鎖其門, 賢達
毅然從窓越出, 喩其妻曰, 吾豈以衰穨之身, 汙彼童女, 令彼後半世進

退失措也. 幸速還彼父母, 勿追其價. 於是妻及親友無不歎服, 未幾,
妻忽受胎, 連育三子, 後皆顯達. 噫, 此所謂永終知敝, 以德動天者乎.
聖人於象傳中, 隨順恒情, 則以天地大義許之, 於大象中, 勸修陰德,
則以永終知敝醒之, 知此義者, 亦可治國, 亦可觀心矣.

바야흐로 우레가 치면 반드시 못과 감응하는데, 우레는 곧 쉽게 사라지
지만 못은 항상 예전처럼 그대로 있다. 이 같은 이치가 어떻게 부부의
항구한 도가 될 수 있으며, 또한 어떻게 임금과 신하가 서로 만나는
도가 될 수 있으며, 또한 어떻게 선정과 지혜가 균등해지는 도가 될
수 있는가? 군자는 일을 하는 데 있어 그 시작하는 것을 의심할 겨를
없이 먼저 항구하게 끝마치는 것을 생각해야만 한다. 진실로 끝마침이
항구하기를 생각한다면 '귀매歸妹'의 폐단을 알 수 있을 것이다.

옛날에 현달(賢達: 현명하고 세상 이치에 통달한 사람)이 있었는데
나이가 많아도 자식이 없었지만 첩만은 얻지 않겠다고 맹세하였다.
그의 아내가 자기에 대한 시기질투를[638] 예방하려는 생각으로 은근히
말을 돌려(宛轉) 권하며 "당신은 나를 염려하여 후손이 없게 해서는
안 됩니다"라고 하자, 현달은 "내 어찌 당신(卿)[639]에게 어진 덕이 있음을
모르겠소? 나는 늙었기에 만약 어린 첩을 얻는다고 하더라도 반드시
자식을 얻는다는 보장이 없고, 내가 죽은 후에는 저 어린 첩을 마땅히
어찌하겠소? 이런 이유로 첩을 두지 않기로 맹세했을 뿐이요"라고

---

638 '투妬'는 시샘하다, 질투하다의 뜻이다. 여기서는 현달의 아내가 자식이 없음에도
불구하고 본부인의 자리에 앉아 있는 것을 다른 여자들이 시기하고 시샘한다는
의미를 나타낸다.

639 경卿: 부부간에 상대를 높여 부르는 명칭이다.

하였다. 그의 아내가 오히려 깊이 믿으려 하지 않아 곧 은밀히 한 아리따운 소녀를 찾아가서 후한 몸값을 주고 데려왔다. 방에 술상을 차려놓고 그의 지아비를 꾀어서 함께 술을 마시고는 방에서 몸을 빼서 방을 나와서 그 방문을 잠가 버렸다. 현달은 의연하게 창문을 통해 뛰어넘어 나와서 그의 아내에게 일깨워 주며 "내 어찌 쇠약해가는 몸으로 저 어린 소녀를 욕보여서 저 아이로 하여금 후반의 인생을 자유롭지 못하게(進退失措) 하겠소? 빨리 저 아이를 부모에게 돌려보내고 그에 대한 몸값은 되돌려 받지 않기 바라오"라고 하였다. 이렇게 하자 아내와 친구들이 감복하지 않는 사람이 없었다. 얼마 지나지 않아 아내가 홀연히 임신을 하여 연이어 세 아들을 낳아 길렀는데 뒤에 모두 출세하였다.

아! 이러한 이야기야말로 이른바 '길이 마쳐서 폐단을 안다(永終知敝)'는 의미라 할 수 있으니, 덕으로써 하늘을 감동시킨 것이라 할 수 있다. 성인(공자)께서 「단전」에서 항상 변치 않는 마음을 따르면 천지가 큰 뜻으로서 받아들인다고 하셨고, 「대상전」에서는 음덕(陰德: 남몰래 쌓는 드러나지 않은 덕)을 닦기를 권유하시면서 곧 '길이 마쳐서 폐단을 안다'는 말씀으로 깨우쳐 주신 것이다. 이러한 뜻을 아는 사람이라야 또한 나라를 다스릴 수 있을 것이며, 또한 마음을 닦을 수 있을 것이다.

初九는 歸妹以娣니 跛能履라. 征이면 吉하리라.
초구 귀매이제 파능리 정 길

초구는 누이동생을 시집보냄에 외동서(娣)로써 함이니, 절뚝발이가 능히 밟음이라. 가면 길하다.

象曰 歸妹以娣나 以恒也ㅣ오 跛能履吉은 相承也ㄹ새라.
상 왈 귀 매 이 제 이 항 야   파 능 리 길   상 승 야

「상전」에 이르길 '누이동생을 시집보내는 데 외동서로써 한다(歸妹以
娣)'고 하나 항구하게 해야 하고, '절름발이가 능히 밟아서 길한 것(跛能履
吉)'은 서로 잇기 때문이다.

此卦以下兌爲妹, 以震爲所歸者也. 兌三爻中, 六三爲妹, 而初九九二
從嫁者爲娣. 震三爻中, 九四爲所歸主, 而六五如帝乙之主婚, 上六如
宗廟之受祭. 今初九以剛正之德, 上從六三之妹, 歸於九四, 而爲其
娣, 六三如跛, 待初能履, 故得征吉. 娣之爲德, 貴在能恒, 相承於三,
則三吉而初亦吉矣.

이 괘는 아래 태(兌, ☱)괘를 누이동생으로 삼고, 진(震, ☳)괘를
시집갈 상대로 삼는다. 태괘의 세 효 가운데 육삼은 누이동생이 되고,
초구와 구이는 신부를 따라가는 여자로 '외동서(娣: 한 남자를 섬기는
두 여자 간의 관계)'가 된다. 진괘의 세 효 가운데 구사는 시집가는
상대의 남편이 되고, 육오는 제을帝乙[640]처럼 혼인을 주관하는 혼주이
며, 상육은 예식을 진행하는 종묘와 같다. 지금 초구는 강건하면서도
바른 덕으로써 위로 육삼의 누이를 따라서 구사에게 시집을 가니 외동서
가 된다. 육삼은 절름발이와 같기에 초구를 만나 의지해야 걸을 수

---

640 제을帝乙: 중국 은나라 말기의 29대 임금이다.

있다. 그러므로 가면 길할 수 있다. 외동서가 덕으로 삼아야 할 것은 남편에 대한 존경을 항구하게 하는 데 있다. 육삼과 서로 후사를 이어가면 육삼도 길하고 초구 또한 길할 수 있는 것이다.

九二는 **眇能視**니 **利幽人之貞**하니라.
구 이   묘 능 시   이 유 인 지 정

구이는 소경이 능히 보는 것이니, 은둔한 사람(幽人)의 바름이 이롭다.

象曰 利幽人之貞은 **未變常也**ㅣ라.
상 왈 이 유 인 지 정   미 변 상 야

「상전」에 이르길 '은둔한 사람의 바름(利幽人之貞)'은 떳떳함을 변치 않는 것이다.

以剛中之德, 亦從六三而爲娣. 六三如眇, 待二能視. 夫不自有其明, 而使人獲其視, 非幽人之貞其孰能之, 然亦止是娣德之常耳.

강건하고 중도를 행하는 덕을 갖추고 있으면서도 또한 육삼을 좇아서 외동서가 되었다. 육삼은 애꾸눈과 같으므로 구이를 만나야만 볼 수 있다. 대저 자신이 그렇듯 밝게 볼 수 있는 능력이 없다면 다른 사람의 볼 수 있는 능력을 빌려야만 한다. 은둔한 사람의 바른 처신이 아니라면 그 누가 그렇게 할 수 있겠는가? 그러나 또한 단지 이러한 처신도 외동서가 덕으로 삼아야 할 떳떳함일 뿐이다.

六三은 歸妹以須ㅣ니 反歸以娣니라.
육 삼   귀 매 이 수   반 귀 이 제

육삼은 누이동생을 시집보내는 데 못난 계집으로써 하는 것이니, 도리어 돌아가서 외동서로써 시집가는 것이다.

象曰 歸妹以須는 未當也ㄹ새라.
상 왈 귀 매 이 수   미 당 야

「상전」에 이르길 '누이동생을 시집보내는 데 못난 계집으로써 한다(歸妹以須)'는 것은 마땅치 못하기(位不當, 柔承剛) 때문이다.

爲兌之主, 恐其說之易動也, 故誡之曰, 須待六五之命, 勿令人輕我, 而反重我之娣以歸也. 由位未當, 故誡之.

태(兌, ☱)괘의 주효가 되지만 그 기쁨 때문에 쉽게 행동에 나설 것이 염려된다. 그러므로 경계하여 말하길, 모름지기 육오의 명을 기다려서 사람들로 하여금 자신을 가볍게 생각하지 않도록 해야 하며, 도리어 자신의 누이동생을 귀하게 정실로 시집보내도록 해야만 한다. 자리가 마땅하지 못하기 때문에 경계하는 것이다.

九四는 歸妹愆期니 遲歸ㅣ 有時니라.
구 사 귀 매 건 기   지 귀   유 시

구사는 누이동생을 시집보내는 데 기약을 어기는 것이니, 더디게 시집 감이 때가 있다.

象曰 愆期之志는 有待而行也ㅣ라.
상왈 건기지지   유대이행야

「상전」에 이르길 기약을 어기는 뜻은 기다림을 두어서(시집갈 때를 기다렸다가) 행하는 것이다.

三旣須五命而後歸我, 則我之歸妹不愆期乎. 然雖遲歸, 會須有時, 如 大舜不得父命, 則待帝堯之命而行也.

육삼이 이미 육오의 명을 기다린 후에 나(구사)에게 시집온다고 하더라 도, 내게 시집오는 누이동생이 기약을 어기지 않는 것이라고 할 수 있겠는가? 그렇지만 비록 시집오는 것이 늦어진다고 하더라도 만남에 는 모름지기 때가 있는 것이다. 마치 위대한 순임금이 아버지의 명을 얻지 못하다가 요임금의 명을 기다려서 행동했던 것과 같다.

六五는 帝乙歸妹에 其君之袂ㅣ 不如其娣之袂ㅣ 良하니 月幾
육오   제을귀매   기군지메   불여기제지메   양   월기

望이면 吉하리라.
망   길

육오는 제을帝乙이 누이동생을 시집보내는 것이니, 그 군君의 소매가 그 첩의 소매의 좋은 것만 같지 못하니, 달이 거의 보름이면 길하다.

象曰 帝乙歸妹不如其娣之袂良也는 其位在中하야 以貴行也
상왈 제을귀매불여기제지메양야   기위재중   이귀행야

ㅣ라.

「상전」에 이르길 '제을이 누이동생을 시집보내는 데 그 첩의 소매의 좋은 것만 같지 못하다(帝乙歸妹不如其娣之袂良也)'는 것은 그 자리가 중中에 있어서 귀함으로써 행하는 것이다.

五爲帝乙, 六三爲妹, 亦稱女君. 初九九二爲娣. 以袂而論, 則三不如 初之與二. 以女而論, 則如月幾望而圓滿矣. 夫以帝女之貴, 而能行嫁 於下, 不驕不亢, 豈非吉之道乎.

육오는 제을이고 육삼은 누이동생이 되니, 또한 여군女君이라고 부르는 것이다. 초구와 구이는 첩이 된다. 옷소매로써 논하면 육삼은 초구, 구이만 같지 못하다. 여자로써 논하면 거의 보름달(月幾望: 완전히 보름달이 되기 직전인 14일쯤 되는 달)과 같아서 원만하다. 대저 귀한 왕족의 여자로 낮은 신하의 집(구이)으로 시집을 가려면 교만하지도, 우쭐대지도 말아야 한다. 어찌 길한 처신이 아니겠는가?

上六은 女ㅣ承筐无實이라. 士ㅣ 刲羊无血이니 无攸利하니라.
상 육   여 승 광 무 실   사   규 양 무 혈   무 유 리

상육은 여자가 광주리를 이는 데 실물이 없는 것이다. 선비가 양을 찔러 잡아도 피가 없으니 이로운 바가 없다.

象曰 上六无實은 承虛筐也ㅣ라.
상 왈 상 육 무 실   승 허 광 야

「상전」에 이르길 상육에 실물이 없다는 것은 빈 광주리를 인 것이다.

震爲兌所承之筐, 兌爲震所刲之羊. 三承於六, 筐則無實. 六刲於三, 羊則無血, 故無攸利. 蓋生不積德, 死後無靈, 不能使子孫繁衍. 至於 不獲已而歸妹, 此非女士之過, 皆上六無實之過也. 君子永終知敝, 早 見及於此矣.

진(震, ☳)괘는 태(兌, ☱)괘가 머리에 인 광주리가 되고, 태괘는 진괘가 찌른 양이 된다. 육삼이 이은 상육의 광주리에는 곧 실물이 없고, 상육이 찌른 육삼의 양에서는 피가 나오지 않는다. 그러므로 '이로운 바가 없다(無攸利)'고 한다. 대개 살아생전에 덕을 쌓지 않으면 죽은 후에 영험함이 없기 때문에 자손들이 번영할 수가 없다. 부득이하 게(不獲已) 누이동생을 시집보낼 수밖에 없게 된 것, 이는 여자나 사내의 허물이 아니다. 모두 상육이 실다움이 없는 허물 탓이다. 군자는 '길이 마쳐서 폐단을 안다(永終知敝)'라는 뜻이 일찍이 여기(상육의 효사)에서도 표현되고 있는 것이다.

(55) ䷶ 뇌화풍雷火豐

豐은 亨하니 王이야 假之하나니 勿憂홀전 宜日中이니라.
　　풍　　형　　왕　　격지　　　　　물우　　　의일중

'풍豐'은 형통하니 왕이어야 지극히 하나니, 근심치 말 것이며 마땅히 해가 가운데(한낮) 한다.

家有妻妾則豐, 國有多士則豐, 觀心有事禪助道則豐, 豐則必亨. 然非王不足以致豐, 豐則可憂, 而勿徒憂, 但宜如日之明照萬彙可也.

집안에 처와 첩이 있으면 풍요롭고, 나라에 많은 선비가 있으면 풍요롭다. 마음을 닦음에 있어 선정을 닦고 보조적인 수행을 실천하면 풍요롭다. 풍요롭다면 반드시 형통하다. 그렇지만 군왕이 아니면 풍요롭게 할 수 없다. 풍요로워지면 근심이 생길 수 있으니, 헛되이 근심만

하지 말고 다만 마땅히 태양이 세상만물을 밝게 비추듯이 해야만 한다.

象曰 豐은 大也ㅣ니 明以動이라 故로 豐이니 王假之는 尚大也ㅣ
단왈 풍 대야 명이동 고 풍 왕격지 상대야

오 勿憂宜日中은 宜照天下也ㅣ라. 日中則昃하며 月盈則食하나
물우의일중 의조천하야 일중즉측 월영즉식

니 天地盈虛도 與時消息이온 而況於人乎ㅣ며 況於鬼神乎여.
천지영허 여시소식 이황어인호 황어귀신호

「단전」에 이르길 '풍豐'은 큰 것이니, 밝음으로써 움직인다. 그러므로
풍豐이니 '왕이라야 지극히 한다(王假之)'는 것은 숭상함이 큰 것이요,
'근심하지 말 것이며 마땅히 해가 가운데 한다(勿憂宜日中)'는 것은
마땅히 천하를 비추는 것이다. 해가 중천에 이르면 곧 기울고 달이
차면 곧 이지러진다. 천지의 차고 빔도 때와 더불어 소멸하고 자라나는
데, 하물며 사람이며 하물며 귀신이랴!

明而不動 動不以明, 皆非王者之道, 皆不可以致豐, 故惟王乃能尙大
耳. 所謂勿憂宜日中者, 亦非止之令其不昃, 正宜用其明以照天下, 則
不爲豐所蔽也. 至於昃食盈虛, 雖天地不能違時, 徒憂何益.

현명함에도 행동에 나서지 않고, 행동에 나서지만 현명하지 못한 것은
모두 임금의 도가 아니다. 모두 풍요로움에 이르게 할 수 없기 때문이다.
그러므로 오직 왕만이 대도를 숭상할 수 있을 뿐이다. 이른바 '근심하지
말 것이니 마땅히 해가 가운데 한다(勿憂宜日中)'라는 것은 또한 밝음을
멈추게 해서 그 밝음이 기울지 않게끔 하라는 뜻이 아니다. 정히 마땅히
그 밝음을 이용하여 천하를 비춤으로써 풍요로움이 가려지지 않도록

하라는 뜻이다. 기울고, 이지러지고, 차고, 비워짐에 이르게 되는
것은 비록 천지자연이라 하더라도 때를 어길 수 없는 것이다. 한갓
근심만 하고 있으면 무슨 이익이 있겠는가?

象曰 雷電皆至ㅣ 豐이니 **君子ㅣ 以**하야 **折獄致刑**하나니라.
_{상 왈 뇌전개지 풍 군 자 이 절옥치형}

「상전」에 이르길 우레(雷, ☳)와 번개(電, ☲)가 다 이르는 것이 '풍豐'이
니, 군자가 이를 본받아서 옥(獄: 옥사, 송사)을 판결하고(재판하고) 형벌
을 이르게(집행) 한다.

折獄如電之照, 致刑如雷之威. 天之雷電, 偶一至焉. 常至則物必壞.
君子之用刑獄, 不得已爾, 輕用則民必傷. 天之雷電, 必在盛夏, 君子
之用刑獄, 必於豐樂康阜之時.

재판을 할 경우(折獄)에는 번개가 칠 때의 밝게 비춤과 같이 해야
하고, 형을 집행할 경우(致刑)에는 우레가 칠 때의 위엄처럼 해야만
한다. 하늘에서 치는 우레와 번개는 우연히 한 번씩 친다. 항상 친다면
사물이 반드시 파괴될 수밖에 없을 것이다. 군자가 재판을 하고 형을
집행하는 경우에 있어서도 어쩔 수 없이 부득이한 경우에만 해야 한다.
경솔히 하게 되면 백성들이 반드시 피해를 입게 된다. 하늘의 우레와
번개가 반드시 한여름에만 치듯이, 군자가 재판을 하고 형을 집행하는
데 있어서도 반드시 풍요로워서 즐겁고 안락할 때에 하게 되는 것이다.

初九는 遇其配主호되 雖旬이나 无咎하니 往하면 有尙이리라.
초구　우기배주　　수순　　무구　　왕　　유상

초구는 그 짝이 되는 주인(配主: 구사)을 만나되, 비록 평등하게 하나
허물이 없으니, 가면 숭상함이 있다.

象曰 雖旬无咎ㅣ니 過旬이면 災也ㅣ리라.
상왈 수순무구　　과순　　재야

「상전」에 이르길 '비록 평등하게 하나 허물이 없다(雖旬无咎)'고 하더라
도 평등함이 지나치면 재앙이 된다.

他卦六爻, 每以陰陽相應爲得, 所謂沈潛剛克高明柔克也. 惟豊六爻,
則陽與陽相得, 陰與陰相得, 所謂强弗友剛克, 燮友柔克也. 初九剛
正, 遇九四爲其配主, 互相砥礪, 故雖旬無咎, 而往有尙. 若不速往,
至於過旬, 不免日中則昃而有災矣.

다른 괘의 여섯 효는 매번 음양이 서로 응하는 것으로 소득을 삼는다.
이른바 '깊고 잠긴 것(陰)은 강(剛, 陽)으로 다스리고, 높고 밝은 것(陽)
은 부드러움(柔, 陰)으로 다스려야 한다(沈潛剛克高明柔克)'[641]는 의미
이다. 오직 풍괘의 여섯 효만이 양끼리 서로 소득이 되고, 음끼리
서로 간에 소득이 된다. 이른바 '강하고 따르지 않는 것은 강함으로
이기게 하고, 화합하고 따르는 것은 부드러움으로 이기게 해야 한다(强
弗友剛克, 燮友柔克)'[642]는 의미가 될 것이다. 초구는 강건하고 자리가

---

641 『서경』의 「홍범구주洪範九疇」에서 표현되고 있다.

642 위와 같음.

바르다. 구사를 만나 그를 의지할 수 있는 주인으로 삼아서 서로를
연마(砥礪)한다. 그러므로 비록 평등하지만 허물이 없고, 나아가면
숭상을 받을 수 있는 것이다. 만약 서둘러 나서지 않고 열흘을 넘기게
되면 중천에 떴던 해가 기울어지듯 재앙이 있을 수 있다.

六二는 豐其蔀ㅣ라. 日中見斗ㅣ니 往하면 得疑疾하리니 有孚發
육 이   풍 기 부   일 중 견 두   왕   득 의 질   유 부 발

若하면 吉하리라.
약   길

육이는 그 큰 포장이 풍성한 것이다. 한낮에 북두칠성(見斗)을 보게
되니, 가면 의심의 병(疑疾: 의심하고 질투함)을 얻게 되고, 믿음을 두어
발현하면 길하다.

象曰 有孚發若은 信以發志也ㅣ라.
상 왈 유 부 발 약   신 이 발 지 야

「상전」에 이르길 '믿음을 두고 뜻을 펼쳐간다(有孚發若)'는 것은 (임금
육오가 육이를) 믿어줌으로써 뜻이 발현되는 것이다.

六二爲離之主, 至明者也. 上與六五柔中合德, 可以互相資益, 而六五
爲九四所隔, 如豐其蔀而日中見斗者焉. 夫六五變友, 可以誠感, 而不
可以急應, 故往則反得疑疾, 惟有孚發若則吉. 蓋信以除疑, 發以撤蔀
也. 蔀本無實, 因疑故有, 志發則疑除, 疑除則蔀撤而見九二之日矣.
五本賢君, 故其志可發.

육이는 이(離, ☲)괘의 주효로 지극히 현명한 자이다. 위로 유순하면서
도 중도를 지키고 있는 육오와 더불어 덕을 합하고 있으니, 서로 간에
도움을 주고받을 수 있다. 육오는 구사에 의해 가려져 있는 상태이다.
마치 그 큰 포장으로 짙게 가려져 있어서 한낮에도 북두칠성이 보이는
경우와 같다. 대저 육오는 조화롭고 우애롭기 때문에 정성으로 상대하
면 감응할 수 있지만, 성급하게 상응하려고 하면 안 된다. 그러므로
성급하게 육오에게 가면 도리어 의심의 병폐를 받게 된다. 오직 믿음을
갖고 뜻을 펼쳐 나가야 길할 수 있다. 대개 신뢰를 쌓아야만 의심은
없앨 수 있는 것이니, 노력해서 뜻을 펼쳐 나가다 보면 덮개(蔀: 양효인
구사가 바로 위에 자리하고 있은 음효 육이가 정응관계인 육오와 상응하는
것을 방해함을 비유)도 제거될 수 있다. 덮개도 본래는 실체가 없는
것으로, 육이를 의심하기 때문에 생겨난 것이다. 육이의 뜻이 육오에게
받아들여지게 되면(志發) 육오의 의심도 사라지게 되고, 의심이 제거되
면 덮개도 걷히게 되어 구이의 현명함을 알아보게 된다. 육오는 본래
현명한 군주이다. 그러므로 육이가 그 뜻을 이루어낼 수 있는 것이다.

九三은 **豐其沛**라. **日中見沬**ㅣ오 **折其右肱**이니 **无咎**ㅣ니라.
구 삼 풍 기 패   일 중 견 매   절 기 우 굉   무 구

구삼은 그 깃발(沛)이 풍성함이다. 한낮에 매(沬: 작은 별)를 보는 것이고,
그 오른팔을 끊는 것이니 허물할 데가 없다.

象曰 豐其沛라 **不可大事也**ㅣ오 **折其右肱**이라 **終不可用也**ㅣ라.
상 왈 풍 기 패   불 가 대 사 야   절 기 우 굉   종 불 가 용 야

「상전」에 이르길 그 깃발이 풍대하기 때문에 큰일을 하지 못하고, 그 오른팔이 끊어졌기 때문에 마침내 써먹지도 못한다.

以剛正而居離體, 可以照天下者也. 應於上六, 陰陽交而霈然大雨, 故於日中但見水沫紛飛, 失王假尙大之事, 終不可以有爲矣. 明莫若左, 動莫若右, 上六居震之極, 妄動自傷, 故在九三如折右肱, 此上之咎, 非三咎也.

강건하고 바르면서 이(離, ☲)괘의 본체에 위치하고 있으니, 천하를 비출 수 있는 자이다. 상육과 상응하여 음과 양이 교접하니 큰비가 내린다. 그러므로 한낮인데도 다만 물방울이 어지럽게 흩날리는 것을 본다. 왕이 이루어가는 큰일(大之事: 국가의 풍족함을 계속 유지시켜 나갈 수 있도록 국사를 정의롭게 이끌어 가는 일)에 대한 숭상[643]을 잃어버려 마침내 해야 할 일을 못하는 것이다. 밝음은 왼쪽(左: 陽, 동쪽)만한 것이 없고 움직임은 오른쪽(右: 陰, 서쪽)만한 것이 없다. 상육은 진(震, ☳)괘의 맨 끝에 자리하여 쓸데없이 움직여서 자신을 상하게 한다. 그러므로 구삼에 있어서는 오른쪽 팔이 절단난 것과 같다. 이는 상육의 잘못이지 구삼의 허물이 아니다.

九四는 豐其蔀ㅣ라. 日中見斗ㅣ니 遇其夷主하면 吉하리라.
구 사   풍 기 부   일 중 견 두   우 기 이 주   길

---

643 여기서 '숭상한다(尙)'는 말은 국왕이 풍대한 나라를 계속해서 유지시켜 나가는 것(王假)을 제1의 가치로 삼아 국사를 바르게 이끌어 감에 있어, 그러한 통치에 대한 가치에 동참하여 함께 추종함을 의미한다.

구사는 그 포장이 성대한 것이다. 한낮에 북두칠성을 보는 것이니, 그 평등한 주인을 만나면 길하다.

象曰 豐其蔀는 位不當也ㅣ오 日中見斗는 幽不明也ㅣ오
상왈 풍기부 위부당야   일중견두   유불명야

遇其夷主는 吉行也ㅣ라.
우기이주   길행야

「상전」에 이르길 '그 포장이 성대하다(豐其蔀)'는 것은 자리가 마땅치 않기 때문이고, '한낮에 북두칠성을 본다(日中見斗)'는 것은 어두워서 밝지 못하기 때문이며, '그 평등한 주인을 만난다(遇其夷主)'는 것은 길하게 행동하는 것이다.

以陽剛爲震之主, 興雲蔽日, 故爲豐蔀見斗. 幸遇初九剛正, 如日方升而往有尙, 力能等我而爲夷主, 相與摧散陰霾, 行照天下, 不失豐亨之義, 故吉也. 六二之豐蔀見鬥, 乃指六五被九四所蔽. 今九四則自豐其蔀, 致使日中見鬥, 故以位不當幽不明責之.

양효의 강건함으로써 진(震, ☳)괘의 주효가 된다. 구름을 불러일으켜서 해를 가리기 때문에 큰 포장이 드리워진 것처럼 어두워져(豐蔀) 북두칠성을 보게 되는 것이다. 다행히 강건하고 바른 초구를 만나게 되니, 마치 바야흐로 해가 떠오르는 것과 같아서 행동에 나서면 숭상함을 받을 수 있다. 초구의 힘이 능히 나(구사)와 같으므로 나와 필적할 만한 주인(夷主)이 된다. 서로 더불어서 뿌옇게 덮인 하늘의 흙먼지(陰霾)를 흩어버리고 행동에 나서 천하를 이롭게 비추면 나라를 풍요롭고

형통하게 하려는 뜻을 잃지 않게 되어 길하다. 육이가 큰 포장이 드리워진 것처럼 어두워져 북두칠성을 보게 되는 것은 육오를 구사가 가리고 있기 때문이다. 지금 구사의 경우에 있어서는 곧 스스로가 그렇듯 큰 포장이 드리워진 것처럼 어둡게 만들어 한낮임에도 불구하고 북두칠성이 보이는 데에까지 이르게 하였다. 그러므로 '자리가 정당하지 못하기 때문에(位不當)' '어두워서 밝지 못하다(幽不明)'고 경책하고 있는 것이다.

六五는 **來章**이면 **有慶譽**하야 **吉**하리라.
육 오   래 장   유 경 예   길

육오는 빛남을 오게 하면, 경사와 명예가 있어 길다.

象曰 六五之吉은 **有慶也**ㅣ라.
상 왈 육 오 지 길   유 경 야

「상전」에 이르길 육오의 길함은 경사가 있는 것이다.

柔中居尊, 而六二以信發之, 雖全賴彼離明之德, 亦實由我能來之也. 君臣合德, 天下胥蒙其慶矣.

유순하면서도 중도를 지키며 임금의 존귀한 자리에 있다. 상응하는 육이는 그에 대해 믿음의 마음을 일으킨다. 비록 온전히 저 이(離, ☲)괘의 밝은 덕(육이의 현명함)에 의지할 수밖에 없지만, 또한 실상은 그가 나(육오)를 찾아왔기 때문에 능력을 발휘할 수 있게 되는 것이다. 임금(육오)과 신하(육이)가 서로의 덕을 합하면 천하 사람들이 모두

그러한 경사로운 혜택을 누릴 수 있게 되는 것이다.

上六은 豐其屋하고 蔀其家ㅣ라. 闚其戶하니 闃其无人하야 三歲
라도 不覿이로소니 凶하니라.

상육은 그 집을 풍성하게 하고 그 집을 덮는다. 그 집을 엿보니 고요해서
그 사람이 없어서 3년이 지나도 보지 못하니 흉하다.

象曰 豐其屋은 天際翔也ㅣ오 闚其戶闃其无人은 自藏也ㅣ라.

「상전」에 이르길 '그 집을 풍성하게 한다(豐其屋)'는 것은 하늘 끝까지
오름이요, '그 집을 엿보니 고요해서 그 사람이 없다(闚其戶闃其无人)'는
것은 스스로 감추는 것이다.

以陰居陰, 處震之極, 豐之上, 拒絶離明, 惟恐容光之或照及我也. 故
豐其屋, 則堂高數仞, 飛簷斜桷, 若欲翔於天際者. 蔀其家, 則多設覆
蔽, 深自藏隱, 縱闚戶而闃若無人者. 此乃從闇至闇, 雖至三歲猶不相
覿, 凶何如哉. 三歲言其甚久, 亦以隔於九三, 共三爻故.

음효로써 음 자리에 있고, 진(震, ☳)괘의 마지막 효로써 풍괘의 맨
윗자리에 자리하고 있다. 이(離, ☲)괘의 밝음을 거절한 채 오로지
빛이 새 들어오거나 혹은 빛이 자신을 비추지 않을까 두려워하고 있다.
그러므로 그 집을 성대하게 지었으니(豐其屋), 곧 가옥의 높이는 여러

길(數仞)이고, 처마는 하늘로 날아오를 듯하며, 비스듬한 서까래는 마치 하늘 끝까지 날고자 하는 것처럼 보인다. 그 집을 덮어 가렸으니, 곧 덮어 감추는 덮개를 여러 겹으로 설치하여 깊숙이 자신을 숨기고 있다. 비록 문틈으로 엿보아도 고요하여 마치 사람이 없는 것 같다. 이는 곧 어둠의 정적만이 흐르는 것이다. 비록 삼 년의 세월이 지난다고 하더라도 오히려 서로를 볼 수 없음을 의미하니, 흉함이 어느 정도이겠는가? '삼세三歲'라는 말은 그렇듯 매우 오랜 시간의 경과를 의미하며, 또한 구삼과 떨어져 있는 거리가 모두 세 효(구사, 육오, 상육)이기 때문에 '삼세'라고 한다.

(56) ䷷ 화산려火山旅

旅는 小亨코 旅貞하야 吉하니라.
　려　소형　여정　길

'여旅'는 조금 형통하니, 나그네가 바르게 해서 길하다.

日中則昃, 月盈則食, 故次豐之後明旅也. 豐以尙大, 旅以小亨, 貞豈
有大小哉. 在大則大, 在小則小, 要不失其貞而已. 不失其貞, 則無往
而不吉矣.

해가 중천에 뜨면 곧 기울게 되고, 달도 차면 이지러지게 된다. 그러므로
(64괘의) 차례에 있어 풍豐괘 뒤에 여旅괘를 두어 그러한 의미를 밝히고
있다. 풍괘에서는 '큰 미덕의 숭상함(尙大)'을 밝히고 여旅괘에서는
'작은 형통함(小亨)'을 밝히고 있지만, 바름에 어찌 크고 작음이 있을
수 있겠는가? 큰 경우에 있어서는 크게 처신하고 작은 경우에 있어서는
작게 처신하는 것이니, 중요한 것은 그 바름을 잃지 말아야 하는 것뿐이
다. 그 바름을 잃지 않는다면 가는 길에 길하지 않음이 없다.

象曰 旅小亨은 柔ㅣ 得中乎外而順乎剛하고 止而麗乎明이라.
단왈　여소형　유　득중호외이순호강　　　지이이호명

是以小亨旅貞吉也ㅣ니 旅之時義ㅣ 大矣哉라.
시이소형여정길야　　여지시의　대의재

「단전」에 이르길 '여괘가 조금 형통한 것(旅小亨)'은 유(柔, 陰)가 밖에서 중도를 얻어 강(剛, 陽)에게 순하고, 그치고(止: 山, ☶) 밝은 데(明: 火, ☲) 걸려 있기 때문이다. 이로써 '조금 형통하고 나그네가 바르게 해서 길하다(小亨旅貞吉)'고 하는 것이니, 여旅의 때와 뜻이 크다.

在外故名爲旅, 處旅莫尙於柔, 用柔莫貴於得中, 得中則能順剛, 而天下無難處之境矣. 止故能隨寓而安, 麗明故能見機而作, 此旅之貞, 卽乾之貞, 卽坤之貞, 卽大易之貞也. 從來大聖大賢, 自天子至於庶人, 無不全以乾坤大易之貞而處旅, 無不卽於旅時而具見乾坤大易之貞者, 詎可以造次而忽其時義之大哉. 佛法釋者, 下三土無非旅泊, 千三土中作大佛事, 故時義大. 若以寂光法身視之, 仍名小亨.

밖에 나가 있기 때문에 '여旅'라 부른다. 나그네의 처지에 있어서는 유순하게 처신하는 것보다 더 좋은 처신이 없다. 유순하게 처신함에 있어서는 중도를 지키는 것보다 더 귀한 처신이 없다. 중도를 지키면서 강건한 상대에 순종한다면 하늘 아래에서 살기 어려운 곳은 없다. 멈출 줄 알기 때문에 처지에 따라 편안할 수 있으며(隨寓而安), 지혜에 의지하기(麗明) 때문에 기미를 보고 미리 대책을 세울 수 있는 것(見機而作)이다. 이러한 여旅의 바름은 곧 하늘의 바름이고, 땅의 바름이며, 큰 변화의 바름이다. 지금까지 훌륭한 성현들과 천자로부터 백성에 이르기까지 모두가 건곤乾坤과 대역大易의 바름으로써 여旅의 시대를 살지 않은 사람이 없었다. 여旅의 시국을 맞이하게 되면 천지와 대역의 바름을 모두 깨닫게 되는 것이니, 어찌 잠시라도(造次) 시의(時義:

한 시대가 요구하고 지향하는 중심가치)가 크다는 것을 소홀히 여길 수 있겠는가?

불법으로 해석하면, 아래의 세 국토[644]는 나그네처럼 머물러 사는 세계이지만 이러한 세 국토 속에서 큰 불사(大佛事: 진리의 궁극적인 깨달음을 구하고, 중생을 교화하는 불사)가 이루어진다. 그러므로 '때와 뜻이 크다(時義大)'고 한다. 만약 궁극적인 깨달음의 진리세계인 적광법신(寂光法身: 法身佛)의 관점에서 본다면, 세 국토는 미약하게 형통(小亨)한 세계라고 할 수 있을 것이다.

---

644 하삼토下三土: 천태종에서는 범부와 성인이 사는 세계를 크게 네 곳의 국토(四土)로 나누어 설명하고 있다. 첫 번째 국토는 범성동거토凡聖同居土이다. 이 국토는 범부와 성인이 같이 머무는 국토로, 곧 사바세계와 같이 부정不淨이 충만한 가운데 육도중생과 성인이 동거하는 국토와 서방 극락세계와 같이 청정하게 장엄된 속에서 인간과 성인, 성문과 연각, 부처가 함께 동거하는 국토를 가리킨다. 두 번째 국토는 방편유여토方便有餘土이다. 이 국토는 삼계의 번뇌(見邪惑)를 끊고 생사의 고통을 떠난 사람이 사는 국토로, 성문, 연각, 또는 원교의 초주初住 이전의 보살들이 머무는 국토를 가리킨다. 무명혹이 완전히 끊어지지 않고 남아 있기 때문에 유여有餘라 한다. 세 번째 국토는 실보무장애토實報無障礙土이다. 이 국토는 중도의 이치를 수행하여 보살의 깨달음을 얻은 별교 초지初地 이상과 원교 초주初住 이상의 보살이 머무는 국토로, 진실한 불도수행을 한 결과로 진실한 과보를 감득感得하는 까닭으로 실보實報라 하고, 색色과 심心이 서로 방해하지 않기 때문에 무장애無障礙라 한다. 네 번째 국토는 상적광토常寂光土이다. 이 국토는 진실한 본불(本佛: 법신불 또는 석가모니불)이 머무는 국토로, 근본불인 석가모니 붓다가 본래 항상 머물러 있는 국토이고, 적멸한 해탈의 국토이며, 모든 모습과 법을 비추는 지혜의 광명이 충만한 깨달음의 국토이다. 『법화경』「여래수량품」에서는 지금의 사바세계가 곧 상적광토임을 밝히고 있다.

象曰 山上有火] 旅] 니 君子] 以하야 **明愼用刑**하며 **而不留獄**
상 왈 산 상 유 화　　려　　군 자　 이　　명 신 용 형　　　이 불 류 옥

하나니라.

「상전」에 이르길 산(山, ☶) 위에 불(火, ☲)이 있는 것이 '여旅'니,
군자가 이를 본받아 형벌 쓰는 것을 밝게 삼가며 옥사에 계속 가둬
둠이 없게 한다.

山如亭舍, 火如過客, 君子之省方巡狩也, 法離之明, 法艮之愼, 故刑
可用而獄不可留. 蓋設使留獄不決, 則不惟失離之明, 亦且失艮之愼
矣. 觀心釋者, 念起卽覺, 覺卽推破, 不墮掉悔也.

산(山, ☶)은 정사(亭舍: 경치 좋은 곳에 정자 모양으로 지어 한가히
거처하는 집)와 같고 불(火, ☲)은 스쳐 지나가는 손님과 같다. 군자는
나라를 두루 살피며 순찰함(巡狩)에 있어 이(離, ☲)괘의 밝음을 본받
아야 하고 간(艮, ☶)괘의 신중함을 본받아야 한다. 그렇게 해야만
비로소 형벌로 죄인을 다스릴 수 있고 감옥에 억울하게 갇힌 죄인이
남아 있지 않게 할 수 있다. 대개 만약 감옥에 가둬놓기만 하고 판결을
미룬다면 이(離, ☲)괘의 밝음을 잃어버린 것이며, 또한 간(艮, ☶)괘
의 신중함도 잃어버린 것이라 할 수 있다.

　　마음을 통찰하는 것으로 해석하면, 생각이 일어나면 곧 바르게 알아
차려야 하며(觀: 바르게 알아차림, 正念, sati), 알아차리면 곧 미루어
일어난 번뇌를 타파할 수 있어 선정을 방해하는 홍분과 회한(掉悔)[645]에

---

645 도회掉悔:『반주삼매경般舟三昧經』에서는 선정을 방해하는 다섯 가지 큰 번뇌를

떨어지지 않게 된다.

初六은 **旅瑣瑣**니 **斯其所取災**니라.
초 육　 여 쇄 쇄　 사 기 소 취 재

초육은 나그네가 자질구레하니, 이것이 그 재앙을 취하는 것이다.

象曰 旅瑣瑣는 **志窮**하야 **災也**ㅣ라.
상 왈　여 쇄 쇄　 지 궁　 재 야

「상전」에 이르길 '나그네가 자질구레하다(旅瑣瑣)'는 것은 뜻이 궁색하여 재앙이 되는 것이다.

陰柔在下, 不中不正, 旅而瑣瑣者也. 瑣瑣猶云屑屑, 由無高明遠大之志, 所以自取其災.

음효로서 유약하게 아래에 자리하고 있고, 가운데 자리하지도 못하면서 바르지도 않다. 나그네로서는 자질구레한 자라 할 수 있다. '쇄쇄瑣瑣'는 '설설(屑屑: 사소함, 자질구레함, 미세함)'이라는 의미와 같다. 고명하고 원대한 뜻이 없기 때문에 스스로 그러한 재앙을 불러오게 된 것이다.

六二는 **旅卽次**하야 **懷其資**하고 **得童僕貞**이로다.
육 이　 여 즉 차　 회 기 자　 득 동 복 정

육이는 나그네가 여관에 들어가서 그 노잣돈을 품고(가지고), 어린

말하고 있다. 바로 ①탐욕(貪慾), ②진에(瞋恚: 성냄), ③수면(睡眠), ④도회(掉悔: 흥분과 회한), ⑤의법(疑法: 진리에 대한 의심) 등이다.

종의 바름을 얻음이다.

象曰 得童僕貞은 終无尤也] 리라.
상왈 득동복정   종무우야

「상전」에 이르길 '어린 종의 바름을 얻음(得童僕貞)'은 마침내 허물이 없는 것이다.

當旅之時, 各以在上相近之爻爲次爲處爲巢, 而陰宜依陽, 陽宜附陰. 今六二陰柔中正, 順乎九三之剛, 故爲卽次. 以陰居陰, 而在艮體, 爲懷其資. 下有瑣瑣之初六, 而無二心於我, 爲得童僕貞. 夫卽次懷資猶屬外緣, 得童僕貞則由內德. 有德如是, 可謂旅貞吉矣, 終無尤.

나그네의 시국을 맞이하여 하나하나의 효爻는 위로 서로 가까이 있는 효가 여관(次)이 되고, 거처할 곳이 되고, 둥지가 된다. 음은 마땅히 양에 의지하고 양은 마땅히 음에 의지해야 한다. 지금 음효로서 유순하고 중정한 육이가 강건한 구삼에게 순종하기 때문에 '여관에 들어간다(卽次)'는 의미가 된다. 음효로써 음 자리에 있으니, 간(艮, ☶)괘의 본체에 있어서는 그 노잣돈을 가지고 있다는 의미가 된다. 아래에 보잘 것 없는 초육이 있지만 육이에게는 한마음으로 대하니, '어린 종의 올바름을 얻는다(得童僕貞)'는 의미가 된다. 대저 여관에 들어가고 노잣돈을 가지고 있다는 것은 외부적인 인연에 해당하지만, '어린 종의 바름을 얻는다'는 것은 곧 내적인 덕으로 말미암은 것이다. 덕을 이와 같이 갖추고 있다면 나그네가 바르고 훌륭하다고 말할 수 있다. '마침내 허물이 없다(終無尤)'고 하는 이유이다.

九三은 **旅焚其次**하고 **喪其童僕貞**이니 **厲**하니라.
구 삼   여 분 기 차   상 기 동 복 정   려

구삼은 나그네가 그 여관을 불사르고 그 어린 종의 바름을 잃었으니,
바르게 해도 위태롭다.

象曰 旅焚其次하니 **亦以傷矣**ㅣ오 **以旅與下**하니 **其義**ㅣ **喪也**ㅣ라.
상 왈 여 분 기 차   역 이 상 의   이 려 여 하   기 의   상 야

「상전」에 이르길 '나그네가 그 여관을 불태운다(旅焚其次)'고 했으니
또한 상하고, 나그네로써 아래와 함께하니 그 의리가 상함이다.

三以四爲其次, 而以陽遇陽, 又屬離體, 故焚其次而亦可傷矣. 又復過
剛不中, 處此旅時, 猶不知所以善與其下, 致使童僕離心遠去, 此豈人
之罪也哉.

구삼은 구사로써 그 여관을 삼는데, 양효가 양효를 만났고 또한 이(離,
☲)괘의 본체에 속해 있다. 그러므로 (구삼 양이 구사 양을 만나
양기가 너무 강해져 불이 나는 상황이 전개됨) 그 여관에 불이 난
것이며, 또한 화상을 입게 되는 것이다. 더욱이 구삼은 지나치게 강건하
고 중도를 벗어나 있다. 이렇듯 나그네의 시절에 처해 있으면서 오히려
그 아랫사람들과 더불어 좋게 지낼 방법을 알지 못하여 어린 종들의
마음마저 멀리 떠나버리게 되었다. 이러한 상황이 어찌 다른 사람들의
죄라 할 수 있겠는가?

九四는 **旅于處**하고 **得其資斧**하나 **我心**은 **不快**로다.
구 사　　여 우 처　　득 기 자 부　　아 심　　불 쾌

구사는 나그네가 거처하게 되고(잠시 머물 거처를 얻고) 그 노잣돈(資:
재력)과 도끼(斧: 권력)를 얻었지만 내 마음은 유쾌하지 못하다.

象曰 旅于處는 **未得位也**ㅣ니 **得其資斧**하나 **心未快也**ㅣ라.
상 왈 여 우 처　　미 득 위 야　　득 기 자 부　　심 미 쾌 야

「상전」에 이르길 '나그네가 잠시 머물 거처를 얻었다(旅於處)'는 것은
바른 자리를 얻지 못한 것이니, 그 노잣돈과 도끼를 얻었지만 마음만은
유쾌하지 못하다.

君子行役, 志元不在資斧, 九四近附六五, 聊可處矣. 以陽居陰, 陰爲
資斧, 猶云資糧, 可以致用, 故名資斧. 然五方在旅, 不能卽大用我以
行其志, 故雖獲於處, 而猶未得位也. 旣未得位, 故雖得其資斧, 而於
行道之心仍未快也.

군자가 수고스럽게 노력하는 것(行役)은 그 뜻이 원래부터 노잣돈(資:
富)과 도끼(斧: 權力)를 얻는 데 두었기 때문이 아니다. 구사는 육오를
가까이 의지하고 있기 때문에 부족하나마(聊) 머물 수 있게 되었다.
구사는 양효로써 음 자리에 위치하고 있다. 음은 노잣돈과 도끼의
의미가 되는데 '자량資糧'이라고 말할 때의 의미와 같이 사용할 수
있다. 그러므로 '노잣돈과 도끼(資斧)'라고 하는 것이다. 그러나 육오
(군주)도 바야흐로 여旅의 시대상황에 처해 있다. 곧바로 구사를 큰
지위에 등용함으로써 그 뜻을 실행하게끔 할 수 없는 처지인 것이다.

그러므로 비록 구사가 거처할 곳은 얻었다고 하더라도 오히려 적당한
자리는 얻지 못한 것(未得位)이다. 이미 적당한 자리를 얻지 못했기
때문에 비록 그러한 노잣돈과 도끼를 얻었지만 도를 실천하는 마음에
있어서는 여전히 유쾌하지 못한 것이다.

六五는 **射雉一矢亡**이라. **終以譽命**이리라.
육 오　　사 치 일 시 망　　종 이 예 명

육오는 꿩을 쏘는데 한 개의 화살로 없앤다(다 잡는다). 마침내 명예와
명으로써 할 것이다.

象曰 終以譽命은 **上逮也**ㄹ새라.
상 왈 종 이 예 명　　상 체 야

「상전」에 이르길 '마침내 명예와 명으로써 한다(終以譽命)'는 것은 위에
미치기 때문이다.

此正所謂柔得中乎外, 而順乎剛者也. 虛心以招天下之賢, 以濟吾旅,
如射雉者, 雖或亡其一矢, 終必得雉, 故人譽之, 天命之矣. 蓋以人合
天, 天必祐之, 名爲上逮.

이는 바로 이른바 단사象辭에서 '유柔가 밖에서 중도를 얻어 강에게
수순한다(柔得中乎外而順乎剛)'라는 의미에 해당하는 자이다. 마음을
비우고 천하의 현인들을 초빙함으로써 육오 자신의 나그네와 같은
처지를 구제해야 하는 것이다. 마치 활을 쏘아 꿩을 잡는 것과 같다.
비록 혹여 그 화살 하나를 잃게 되더라도 마침내 반드시 꿩은 잡을

수 있기 때문이다. 그러므로 사람들이 그를 명예롭게 여기고 하늘이 그에게 명을 내리는 것이다. 대개 사람이 하늘의 뜻에 부합함으로서 하늘이 반드시 그를 돕는 것을 '위에 미친다(上逮)'고 한다.

上九는 鳥焚其巢ㅣ니 旅人이 先笑後號咷ㅣ라. 喪牛于易니 凶하
상구　　조분기소　　　여인　　선소후호조　　　상우우이　　흉
니라.

상구는 새가 그 둥지를 불태우니, 나그네가 먼저는 웃지만 나중에는 울부짖는다. 소를 쉽게 잃으니 흉하다.

象曰 以旅在上하니 其義焚也ㅣ오 喪牛于易하니 終莫之聞也ㅣ
상왈　이려재상　　　기의분야　　　상우우이　　　종막지문야
로다.

「상전」에 이르길 나그네로써 위에 있으니 그 의리가 불사르는 것이요, '소를 쉽게 잃는다(喪牛於易)'는 것은 마침내 듣지 못하는 것이다.

處旅莫尙於柔, 今以剛不中正, 而在離極, 更無覆護之者, 如鳥焚其巢矣. 先則以處高爲樂故笑, 後則以焚巢無歸故號咷. 離本有牝牛之德, 乃以任剛傲慢, 不覺喪之, 凶何如哉. 然巢之焚, 由其以旅在上, 乃是高亢加人, 故義能招之, 豈可歸咎於命數. 牛之喪, 由其不知內省, 驕矜自是, 故禍生於所忽, 而終莫之聞, 豈可怨尤於他人.

나그네의 처지로 살아가는 경우에 있어서는 유순하게 처신하는 것보다 좋은 것이 없다. 지금 양효로써 중정하지도 못하면서 이(離, ☲)괘의

맨 끝에 자리하고 있다. 다시 덮어주고 보호해 줄 자가 없음이 마치 '새가 그 둥지를 불태운 것(鳥焚其巢)'과 같은 처지이다. 먼저는 높은 곳에 사는 것을 즐거움으로 삼았기 때문에 웃을 수 있었으나, 나중에는 둥지가 불타버려서 돌아갈 곳이 없어져버렸기 때문에 울부짖게 된 것이다.

이(離, ☲)괘에는 본래 유순한 암소의 덕을 상징하는 뜻이 있다. 상구는 양효의 강건함만을 믿고 오만스럽게 행동하면서 (유순한 암소의 덕마저) 잃어버린 것을 미처 깨닫지 못했으니, 흉함이 어떠하겠는가? 그렇지만 둥지가 불타버리게 된 이유는 그가 나그네의 시국에서 높은 지위에 있으면서 도도하게(高亢) 다른 사람들을 상대했기 때문이다. 정의로움이 그러한 상황을 초래하게 한 것이니, 어찌 허물을 운명(命數)으로만 되돌릴 수 있겠는가? 소(牛: 유순한 암소의 덕, 곧 하늘로부터 부여받은 선한 천성)를 잃게 된 것은 안으로 성찰할 줄 모르고 교만(驕矜)하여 자신만이 옳다고 여겼기 때문이다. 그렇기 때문에 화는 경솔히 행동하는 데서 발생한다고 할 수 있는데, 끝끝내 자신의 잘못에 대한 지적을 귀담아 듣지 않았다. 어찌 다른 사람들을 원망하고 탓할 수 있겠는가?

(57) ䷸ 중풍손重風巽

巽은 小亨하니 利有攸往하며 利見大人하니라.
손   소형   이유유왕   이견대인

'손巽'은 조금 형통하니, 가는 바를 둠이 이로우며 대인을 봄이 이롭다.

善處旅者, 無入而不自得, 不巽則無以自容矣. 巽以一陰入於二陽之
下, 陰有能而順乎陽以致用, 故小亨而利有攸往利見大人也. 觀心釋
者, 增上定學, 宜順於實慧以見理.

나그네의 시국을 잘 적응해서 처신한 자는 어디에 가더라도 스스로
이로움을 얻을 수 있다. 겸손하지 않게 행동하면 자신을 받아주지
않는다. 손巽괘는 하나의 음이 두 양 밑으로 들어가는 형상이다. 음이
능력을 갖추고 양에게 순종함으로써 등용되어 쓰이게 되는 것이다.
그러므로 조금 형통하니, 나아가면 이롭고 대인을 만나서 이롭다고
한다.

　　마음을 통찰하는 것으로 해석하면, 선정수행을 향상시켜 나가려면
마땅히 참다운 지혜에 수순隨順함으로써 존재의 근원적인 이치를 깨달
아야만 한다.

象曰 重巽으로 以申命하나니 剛이 巽乎中正而志行하며 柔ㅣ 皆
단왈 중손   이신명   강   손호중정이지행   유   개

順乎剛이라. 是以小亨하니 利有攸往하며 利見大人하니라.
순 호 강　　　시 이 소 형　　　이 유 유 왕　　　이 견 대 인

「단전」에 이르길 거듭한 손巽으로써 명을 펴는 것이니, 강剛이 중정에 겸손해서 뜻이 행해지며, 유柔가 모두 강에게 순종한다. 이로써 조금 형통하니, 나아가면 이롭고 대인을 봄이 이롭다고 하였다.

君子之在旅也, 得乎丘民而爲天子, 民有能而順乎君, 君則殷勤鄭重,
申吾命以撫綏之. 蓋由剛巽乎中正之德, 故其志得行, 故柔皆順之也.
剛不中正, 則不足以服柔. 柔不順剛, 則亦不得小亨矣. 利有攸往, 利
見大人, 正所以成其小亨. 不往不見, 何以得亨也哉.

군자가 나그네 처지로 있다가 들밭에서 일하는 백성들의 마음을 얻으면 천자가 된다.[646] 능력 있는 백성들이 임금에게 순종하면 임금은 곧 겸손하고 정중하게 자신의 명령을 펴서 백성들을 보살펴주고 편안히 살게 해준다. 대개 강(剛: 구오 임금)은 중정한 덕을 갖추고 있으면서도 겸손하기 때문에 그 뜻이 행해질 수 있다. 그렇기 때문에 음(陰: 초육, 육사, 백성)이 모두 그에게 순종하는 것이다. 강剛이 중정하지 못하면 유柔를 복종시킬 수 없다. 유가 강에 순종하지 않으면 역시 조금의 형통함도 얻을 수 없다. '나아가는 것이 이롭고(利有攸往)', '대인을 봄이 이롭다(利見大人)'는 것은 (그렇게 하는 것이) 바로 조금의 형통함

---

646 『맹자』「진심장구하盡心章句下」편에서 "들밭에서 일하는 백성들의 마음을 얻으면 천자가 되고, 천자의 마음을 얻으면 제후가 되고, 제후의 마음을 얻으면 대부가 된다(得乎丘民而爲天子 得乎天子爲諸侯 得乎諸侯爲大夫.)"라는 내용으로 언급되고 있다.

을 성취할 수 있는 이유가 되기 때문이다. 벼슬길에 나서지도 않고 임금을 친견하려고도 하지 않는다면 어찌 형통함(임금에게 등용되어 관직을 얻고 자기의 능력을 펼침)을 얻을 수 있겠는가?

象曰 隨風이 巽이니 君子ㅣ 以하야 申命行事하나니라.
상왈 수풍 손 군자 이 신명행사

「상전」에 이르길 바람(風, ☴)이 잇따라 부는 것이 '손巽'이니, 군자가 이를 본받아 명을 거듭해서 일을 행한다.

風必相隨繼至, 乃可以鼓萬物. 君子必申明其命, 篤行其事, 乃可以感萬民, 故曰君子之德風.

바람은 반드시 바람과 바람이 서로 계속 잇따라 이어서 불어야 만물을 고취시킬 수 있다. 군자도 반드시 그 명을 거듭 밝혀서 그 일을 돈독히 실천하게끔 해야만 만백성을 감동시킬 수가 있다. 그러므로 '군자의 덕은 바람이다(君子之德風)'[647]라고 하는 것이다.

初六은 進退니 利武人之貞이니라.
초육 진퇴 이무인지정

초육은 나아가고 물러남이니, 무인의 바름이 이롭다.

象曰 進退는 志疑也ㅣ오 利武人之貞은 志治也ㅣ라.
상왈 진퇴 지의야 이무인지정 지치야

---

647 『논어』 「안연顔淵」편에서 언급되고 있다.

「상전」에 이르길 '진퇴進退'는 뜻이 의심스러움이요, '무인의 바름이 이롭다(利武人之貞)'는 것은 뜻이 다스려짐이다.

初六, 巽之主也. 巽主於入, 而陰柔每患多疑, 故或進而且退. 夫天下事本無可疑, 特其志自疑耳. 決之以武人之貞, 則志治而天下事不難治矣. 此所云武人之貞, 即象所云有攸往, 而見大人者也.

초육은 손(巽, ☴)괘의 주효다. 손괘는 들어간다는 의미로 주로 해석하는데, 음은 유약하기 때문에 매번 의심이 많아 근심하고 있다. 그러므로 혹 전진하다가 또다시 물러나는 것이다. 대저 천하의 일은 본래 의심할 만한 것이 없다. 단지 그 자신의 의지를 스스로 의심하고 있는 것뿐이다. 무인처럼 바름으로써 결단하면 뜻이 다스려져서 천하의 일도 어렵지 않게 다스릴 수 있다. 이것이 이른바 '무인의 바름(武人之貞)'이니, 곧 「단전」에서 언급하고 있는 '가는 바를 두고, 대인을 만난다'는 의미일 것이다.

九二는 **巽在牀下**ㅣ니 **用史巫紛若**하면 **吉**코 **无咎**리라.
구 이　　손 재 상 하　　용 사 무 분 약　　길　　무 구

구이는 겸손함이 평상 아래에 있으니, 축사(祝史: 점치는 일을 맡은 사관)나 무당을 씀이 어지러운 듯이 하면[648] 길하고 허물이 없을 것이다.

---

648 구이는 양강陽剛한 효이다. 양강한 효는 일반적으로 순종하려 하지 않는다. 구이와 적대적 대응관계에 있는 구오는 이러한 구오를 의심할 수밖에 없다. 그러므로 구이는 평상 아래에 몸을 굽히듯이 자신의 겸손함을 구오 임금에게 몸소 보이고, 동시에 축사나 무당처럼 사람과 귀신 사이를 소통시키는 자들에게

象曰 紛若之吉은 得中也일새라.
상 왈 분 약 지 길   득 중 야

「상전」에 이르길 어지러운 듯해야 길하다는 것은 중中을 얻었기 때문
이다.

九五陽剛中正, 爲巽之主, 如坐牀上, 則九二巽德之臣, 固宜在牀下
矣. 然以剛中得初六之順, 未免有僭竊之嫌, 故必用史以紀吾所行, 用
巫以達吾誠悃, 紛若不敢稍疏, 乃得中而吉無咎也.

구오는 양효로서 강건하고 중정하며 손(巽, ☴)괘의 주효가 되니,
마치 평상 위에 앉아 있는 것과 같다. 구이는 겸손한 덕을 갖춘 신하라
할 수 있으니, 진실로 마땅히 평상 아래에 있어야 하는 것이다. 그러나
강건한 양효로써 가운데 자리하고 있으면서 초육의 순종을 받고 있기
때문에 임금의 지위를 침탈하는 자가 아닌가 하는 혐의를(僭竊之嫌)
받고 있다. 그러므로 반드시 사관으로 하여금 자신의 행동거지에 대한
내용을 기록하게 하고, 무당으로 하여금 자신의 충성하는 마음(誠悃)을
임금에게 전하는 것을 빈번히 해서(紛若) 감히 조금이라도 소홀히
해서는 안 된다. 그렇기 때문에 중도를 지킴으로 길하여 허물이 없다고
하는 것이다.

九三은 頻巽이니 吝하니라.
구 삼   빈 손   인

부탁하여 빈번하게 자신의 겸손한 뜻을 구오에게 전해야 한다는 것이다.

구삼은 자주 겸손해 하는 것이니, 인색하다.

象曰 頻巽之吝은 **志窮也**라.

상 왈 빈 손 지 린 지 궁 야

「상전」에 이르길 자주 겸손해 해서 인색하다는 것은 뜻이 궁하기 때문이다.

以剛居剛, 非能巽者. 勉强學巽, 時或失之, 蓋志窮則不止於志疑, 疑可治而窮則吝矣.

강건한 양효로써 양강한 자리에 있으니, 겸손할 수 있는 자가 아니다. 애써 겸손함을 배우지만 때때로 잃어버린다. 대개 뜻이 궁색해지면 뜻을 의심받는 것에만 그치지 않는다. 의심은 해결할 수 있게 되지만 뜻이 궁하면 인색(吝: 흉화, 고난, 불이익)해질 수밖에 없다.

六四는 **悔**ㅣ **亡**하니 **田獲三品**이로다.

육 사 회 망 전 획 삼 품

육사는 후회가 없어지니, 사냥해서(田: 佃) 3품의 사냥감[649]을 얻는다.

---

649 삼품三品: 옛날 고대국가에서는 사냥터에서 활을 쏘아 사냥감을 사냥할 때, 짐승의 머리를 쏴서 잡은 것은 제1등품, 배를 쏴서 잡은 것은 제2등품, 다리를 쏴서 잡은 것은 제3등품으로 여겼다고 한다. 머리는 정신을 상징하기 때문에 제1등품은 제사지낼 때 사용하고, 배는 음식을 채우는 것이기에 제2등품은 임금의 수라상에 올리며, 다리를 맞춰 잡은 제3등품은 멀리 외국에서 오는 사절들을 접대하는 데 사용하였다고 한다.

象曰 田獲三品은 有功也ㅣ라.
상왈 전획삼품 유공야

「상전」에 이르길 '사냥해서 3품의 사냥감을 얻었다(田獲三品)'는 것은 공이 있는 것이다.

陰柔得正, 爲巽之主. 順乎九五陽剛中正之君, 此休休有容之大臣, 天下賢才皆樂爲用者也, 故如田獲三品而有功. 三品者, 除九五君位, 餘三陽皆受其羅網矣.

음효로서 유순하고 바른 자리를 얻었으며, 손(巽, ☴)괘의 주효가 된다. 양효로 강건하고 중정한 임금인 구오에게 순종한다. 이 사람이야말로 착하고 너그러우며(休休) 포용력이 있는 훌륭한 신하라 할 수 있다. 천하의 현명하고 재주 있는 모든 사람들을 기꺼이 등용하고자 한다. 그러므로 마치 사냥해서 3등급의 사냥물을 획득한 것처럼 공을 세울 수 있다. '3품三品'은 구오의 임금 자리를 제외한 나머지 모든 세 양효(三陽: 구이, 구삼, 상구)를 임금에게 천거하여 등용하게 하는 것(羅網)[650]을 의미한다.

九五는 貞이면 吉하야 悔ㅣ 亡하야 无不利ㅣ니 无初有終이라. 先
구오 정 길 회 망 무불리 무초유종 선

---

[650] 육사는 비록 음효로 유약하지만, 음 자리에 바르게 있으면서 임금인 구오 바로 아래에서 순종하고 있는 최측근의 신하라 할 수 있다. 따라서 새를 잡아들일 때 사용하는 그물망(羅網)처럼, 천하의 모든 현자와 재주 있는 사람들(여기서는 구이, 구삼, 상구를 가리킴)을 넓은 마음으로 포섭하여(羅網) 나라의 일을 할 수 있도록 임금에게 천거한다는 것이다.

庚三日하며 **後庚三日**이면 **吉**하리라.
경 삼 일　　　후 경 삼 일　　길

구오는 바르게 하면 길해서 뉘우침이 없어서 이롭지 않음이 없으니,
처음은 없고 마침은 있다. 경庚에서 앞서 3일 하며, 경庚에서 뒤로
3일 하면 길하다.

象曰 九五之吉은 **位正中也**ㄹ새라.
상 왈　구 오 지 길　　위 정 중 야

「상전」에 이르길 구오의 길함은 자리가 바르고 가운데 자리하기 때문
이다.

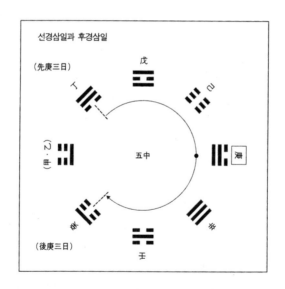

※「**선경삼일, 후경삼일**(先庚三日, 後庚三日)」[651]

雖有其德, 苟無其位, 則不敢變更. 雖有其位, 苟無其德, 則不能變更.
九五蓋德位相稱者也, 故得其巽之貞, 而亦吉, 亦悔亡, 亦無不利. 然
事旣變更, 則是無初, 變更得正, 所以有終. 又必丁寧於未更三日之
先, 且豫揆度於旣更三日之後, 則吉也, 盤庚以之.

비록 그가 덕을 갖추고 있는 사람이라고 하더라도 진실로 그가 임금의
자리에 오르지 못한다면 감히 개혁의 변화를 이끌어 낼 수 없을 것이다.
비록 그가 임금의 자리에 오른다고 하더라도 진실로 그가 덕을 갖춘
인물이 아니라면 개혁의 변화를 실현할 수 없을 것이다. 구오는 대개
알맞게 덕도 갖추었고 임금의 지위에도 올라 있는 자라 할 수 있다.
그러므로 그가 겸손하게 바른 정치를 펼 수 있는 것이며, 또한 훌륭한

---

651 선경삼일, 후경삼일(先庚三日, 後庚三日): 庚은 고蠱괘의 '甲'이나 혁革괘의 '己'
같은 용법으로 날짜를 나타낸다. 甲乙丙丁戊己庚申壬癸의 천간 가운데 戊와
己가 중간인데, 모든 일은 중도를 넘어서면 변화가 일어나게 된다. 따라서
庚은 中을 넘어선 수로서, 옛날 사람들은 '경'을 변화와 후천의 의미를 상징하는
것으로 받아들였다. 구오 효사에서도 새로운 명령을 공포하는 형상으로 삼고
있음을 알 수 있다. '先庚三日'은 경일이 되기 3일 전에 새로운 법령을 공포함을,
'後庚三日'은 경일이 지나고 3일 후에 그 법령을 실행함을 의미하고 있는 것이다.
또 한편으로 '선경삼일'은 곧 천간 중에 여름을 상징하는 丁일에 해당하고,
'후경삼일'은 곧 천간 중에 겨울을 상징하는 癸일에 해당한다. 그런데 丁은
'정녕(叮嚀: 거듭 알리고 당부함)'과 같은 뜻이고, 癸는 '규도(揆度: 헤아림)'의
揆와 같은 뜻이다. 이러한 뜻에서 '선경삼일', '후경삼일'은 변혁의 시기에는
모든 것을 미리 거듭 홍보하고 나중에는 진행상황을 면밀히 살펴야 한다는
의미도 나타낸다. 결과적으로 이렇게 신중하고 엄밀하게 일을 진행하면 상서롭
게(吉) 된다는 것이다.(수산 신성수,『주역통해』, 601쪽 ; 김석진,『대산주역강의
2』, 501쪽에서 도표 인용)

정치적 성과(吉)를 이뤄낼 수 있다. 또한 후회할 일을 미리 예방할 수 있고(悔亡), 또한 이롭기 못한 일을 하지 않을 수 있는 것(無不利)이다. 그러나 어떠한 사항을 이미 개혁하여 변화시켰다면 다시 처음으로 되돌릴 수는 없다(無初). 개혁하여 변화를 이루고자 할 때에는 정당성을 확보해야만 한다. 그렇게 함으로써 유종의 미를 얻을 수 있기 때문이다 (有終). 또 한편으로 반드시 개혁을 시작하기 3일 전부터는 개혁에 대한 계획과 내용을 자세히 거듭해서 알리고 당부해야 되며(丁寧: 叮嚀), 또한 이미 개혁을 마치고 난 3일 후쯤부터는 미리 개혁에 대한 성과를 자세히 헤아리고 점검해야만(揆度) 개혁을 훌륭하게 완성할 수 있다(吉). 반경盤庚왕이 그렇게 실천했던 인물이다.[652]

上九는 **巽在床下**하야 **喪其資斧** l 니 **貞**이라도 **凶**하니라.
상구　　손재상하　　　상기자부　　　정　　　흉

상구는 겸손함이 평상 아래에 있어서 그 노자와 도끼를 잃으니, 고집함

---

652 반경盤庚: 약 기원전 14세기 말에서 기원전 13세기 초에 걸쳐 재위했다. 탕湯왕의 제9대손이자 양갑陽甲의 아우로 양갑의 뒤를 이어 즉위했다. 은나라는 중정仲丁 이후로는 왕위계승을 둘러싼 분쟁으로 인해 정치가 부패하고 오랫동안 난이 끊이지 않았다. 또 자주 자연재해를 당해서 국세가 기울었다. 정치의 영향에서 벗어나고 자연재해를 피하기 위해 반경은 수도를 엄(奄: 지금의 산둥성山東省 취푸曲阜)에서 은(殷: 현재의 허난성河南省 안양安陽 서북)으로 옮겼다. 그리고 정치에 힘쓰고 생산을 늘리고 주변 국가들에 대한 통제력을 강화함으로써 은대 후기의 경제·문화 발전에 새로운 국면을 열었다. 이후 은나라는 8대 12왕에 걸쳐 273년간 수도를 은에 두었다. 그 유적지가 바로 유명한 은허殷墟이다. 이와 관련해 반경에 대한 기록이 『서경』 제3편 「상서尙書」에서 자세히 언급되고 있다.

에 흉하다.

象曰 巽在牀下는 上窮也ㅣ오 喪其資斧는 正乎아 凶也ㅣ라.
상왈 손재상하 상궁야 상기자부 정호 흉야

「상전」에 이르길 '겸손함이 평상 아래에 있다(巽在牀下)'는 것은 위에서
궁색한 것이고, '그 노자와 도끼를 잃었다(喪其資斧)'는 것은 바르게
해도 흉하다는 것이다.

以陽剛居卦上, 擧凡九五九二之能巽者, 皆在我牀下矣. 而我方上窮
而不知, 故初六六四之資斧, 皆爲二五所用, 而不爲我用, 其凶也, 是
其正也, 何所逃乎. 佛法釋六爻者, 初是世間事禪, 有進有退. 二是空
慧, 宜史巫以通實相. 三是乾慧, 不能固守. 四是出世間禪, 多諸功德.
五是中道正慧, 接別入圓, 故無初有終. 上是邪慧, 減絕功德.

양효의 강건함으로써 중풍손괘의 맨 위에 자리하고 있다. 대체로(擧凡)
구오와 구이는 겸손하게 상대해야 할 자들이지만 모두 상구의 평상
아래에 있다. 상구는 바야흐로 맨 위에 자리하고 있기 때문에 그들을
알아보지 못하고 있는 상황이다. 그렇기 때문에 초육과 육사에 비유되
는 노잣돈(資: 富)과 도끼(斧: 權力)는 모두 구이와 구오의 쓰임새가
되지만, 상구가 활용할 수 있는 것은 못 된다. 그가 흉할 수밖에 없는
것, 이것이 그 바른 이치인데 어떻게 피할 수 있겠는가?

불법으로 여섯 효를 해석하면, 초효는 세간에서 닦는 일반적인 명상
수련(世間事禪)이라 할 수 있다. 나아감도 있고 물러남도 있기 때문이

다. 이효는 공의 이치를 관하는 지혜(空慧)라 할 수 있다. 마땅히
사관(史)과 무인(巫)처럼 부지런히 존재의 참된 실상을 통찰해야만
한다. 삼효는 메마른 지혜(乾慧)이다. 청정한 본성을 지킬 수 없기
때문이다. 사효는 세간을 뛰어넘는 선정수행(出世間禪)이라 할 수 있
다. 많은 공덕이 있기 때문이다. 오효는 중도를 실천하는 바른 지혜(中道
正慧)이다. 별교別敎를 닦고 나서 원교圓敎로 들어가기 때문이다. 그러
므로 처음은 없고 마침은 있는 것이다. 상효는 삿된 지혜(邪慧)이다.
수행의 공덕을 소멸시켜 없애기 때문이다.

(58) ䷹ 중택태重澤兌

兌는 **亨**하니 **利貞**하니라.
태　　형　　　이 정

'태兌'는 형통하니 바르게 함이 이롭다.

入則自得, 自得則說, 自得則人亦得之, 人得之則人亦說之矣, 說安得
不亨哉. 然說之不以正, 君子不說, 故利貞焉. 書云, 無拂民以從己之
欲, 罔違道以千百姓之譽.

공손하게 행동하면(入: 巽) 자신에게 이익이 되고, 자신이 이로운
것은 곧 기쁨이다. 공손하게 행동하여 자신이 이로울 수 있다면 다른
사람들 역시 그렇게 행동함으로써 이로울 수 있다. 다른 사람들이
이롭게 되면 남들도 또한 기뻐하게 될 것이다. 기쁨이 어찌 형통한
것이 아니겠는가? 그러나 기쁨을 얻는 데 있어 바르게 행동하지 않았다
면 군자는 기뻐하지 말아야 한다. 그러므로 '바름이 이롭다(利貞)'는
것이다. 『서경』에서는 "백성들의 뜻을 어기면서까지 자신의 욕심을
채우려 하지 말아야 하고, 도에 지나친 일을 하면서까지 백성들에게
명예를 간구하지 말라"[653]고 하였다.

---

653 『서경』「우서禹書」편에서 언급되고 있다.

象曰 兌는 說也ㅣ니 剛中而柔外하야 說以利貞이라. 是以順乎
단왈 태 열야   강중이유외   열이이정   시이순호

天而應乎人하야 說以先民하면 民忘其勞하고 說以犯難하면 民
천이응호인   열이선민   민망기로   열이범난 민

忘其死하나니 說之大ㅣ 民勸矣哉라.
망기사   열지대 민권의재

「단전」에 이르길 '태兌'는 기뻐하는 것이니, 강(剛: 구이, 구오)이 가운데
자리하고 유(柔: 육삼, 상육)가 바깥에 자리해서, 기뻐하는 마음으로써
바르게 함이 이롭다. 이로써 하늘을 따르고 사람에게 응해서, 기뻐함으
로써 백성에게 먼저 하면 백성들이 그 수고로움을 잊고, 기뻐함으로써
어려운 데 범하면 백성이 그 죽음마저 잊나니(무릅쓰나니), 기뻐함의
큰 것이 백성들이 권장할 만하다.

剛中則無情欲偏倚之私, 柔外則無暴戾粗浮之氣, 此說之至正, 天地
同此一德者也. 以此德而先民, 民自忘勞. 以此德而犯難, 民自忘死,
卽此是說之大, 民自勸而胥化於善, 非以我勸民也.

강건하게 중도를 지키고 있으면 욕망에 치우치는 사사로움이 없다.
유순함이 밖으로 드러나면(유순한 마음으로 언행하면) 난폭하고 거칠며
경솔한 기운이 없게 된다. 이것이야말로 기쁨에 있어 지극히 바른
도라 할 수 있다. 천지도 이러한 한 가지 덕으로 동일하다. 이러한
덕으로써 백성보다 먼저 솔선수범하여 행동하면 백성들도 스스로 수고
로움을 잊게 되고, 이러한 덕으로써 어려운 일을 처리해 나가면 백성들
도 스스로 죽음마저 잊는다(죽음마저 두려워하지 않고 솔선수범하여 왕명
에 따르고 나라를 위한 일에 나선다). 곧 이것이 바로 '기뻐함의 큰 것(說之

大: 즐거움·기쁨의 의의)'이라는 의미이다. 백성들이 스스로 서로를 권장하여 선하게 교화되는 것이지 내가(임금, 군자) 백성들에게 권해서 선해지는 것이 아니다.

象曰 麗澤이 **兌**니 **君子**ㅣ **以**하야 **朋友講習**하나니라.
상왈 이택 태 군자 이 붕우강습

「상전」에 이르길 걸린 연못(澤, ☱)⁶⁵⁴이 '태兌'이니, 군자가 이를 본받아서 벗들과 강습한다.

澤相麗則不枯竭, 學有朋則不孤陋. 以文會友, 講也, 以友輔仁, 習也. 講而不習則罔, 習而不講則殆, 講則有言不背於無言, 習則無言證契於有言. 又講則卽無言爲有言, 習則卽有言成無言矣.

연못이 서로 붙어 있으면 물이 고갈되지 않고, 배움에 벗이 있으면 식견이 고루해지지 않는다. 학문으로써 벗을 회합하는 것을 '강講'이라 하고, 벗으로써 인仁을 향상시키는 것을 '습習'이라 한다.⁶⁵⁵ 담론하기만 하고 익히지 않으면 깨달을 수 없고, 익히기만 하고 담론하지 않으면 위태롭게 된다.⁶⁵⁶ 강講은 곧 말로 담론하는 것(談論: 有言)이지만,

654 연못(澤, ☱)이 위아래로 걸려 있는 형상인 중택태重澤兌괘는 내괘도 태택(兌澤, ☱)이고, 외괘 또한 태택(☱)이다. 따라서 안과 밖이 모두 기뻐한다는 의미를 지닌다. 태(兌, ☱)는 기뻐하는 것, 말하는 것, 입을 의미한다. 안팎으로 벗들이 모여 강론하면서 도리를 깨우치고 학업을 익히는 뜻이 파생되는 것이다.
655 『논어』「안연顔淵」편에 "증자가 말하기를, 군자는 학문으로써 벗을 모으고, 벗으로써 인을 향상시켜야 한다(曾子曰, 君子, 以文會友, 以友輔仁.)"라는 내용이 언급되고 있다.

그러한 담론이 무언(無言: 진리, 이치)에 위배되지 않아야 한다. 습襲은 곧 무언을 담론한 바와 같이 닦아서 증명해 내는 것이다. 또한 강講은 무언에 바탕한 담론(有言)이어야 되고, 습은 담론에 근거하여 무언을 성취해 내는 것이다.

初九는 **和兌**니 **吉**하니라.
초 구　화 태　길

초구는 화해서 기뻐하는 것이니 길하다.

象曰 和兌之吉은 **行未疑也**ㄹ새라.
상 왈 화 태 지 길　행 미 의 야

「상전」에 이르길 조화롭게 기뻐해서 길하다는 것은 행하는 데 의심하지 않기 때문이다.

剛正無應, 和而不同, 得兌之貞者也. 無私故未有疑.

강건한 양효로 양 위에 바르게 자리하고 있지만 응할 상대가 없다. 중화를 이루어 부화뇌동하지 않으니, 기뻐함에 있어 바름을 지키는 자다. 사사로움이 없기 때문에 의심을 받지 않는 것이다.

九二는 **孚兌**니 **吉**코 **悔**ㅣ **亡**하니라.
구 이　부 태　길　회　망

구이는 미덥게(진실한 마음으로) 기뻐함이니 길하고 뉘우침이 없어진다.

---

656 『논어』 「위정爲政」편에서 언급되고 있다.

象曰 孚兌之吉은 信志也ㄹ새라.
상 왈 부 태 지 길   신 지 야

「상전」에 이르길 미덥게 기뻐해서 길하다는 것은 뜻을 믿기 때문이다.

剛中則誠內形外, 自信其志, 亦足以取信於天下矣.

강건하게 내괘에서 가운데 자리하고 있기 때문에 내적인 진실함이
밖으로 드러나고 있다. 스스로 그 자신의 뜻을 확고하게 믿고 있으니,
또한 천하 사람들의 믿음을 얻기에 충분하다.

六三은 來兌니 凶하니라.
육 삼   래 태   흉

육삼은 와서 기뻐하는 것이니 흉하다.

象曰 來兌之凶은 位不當也ㄹ새라.
상 왈 래 태 지 흉   위 부 당 야

「상전」에 이르길 와서 기뻐하기 때문에 흉하다는 것은 자리가 마땅하지
못하기(不中, 不正) 때문이다.

六三爲兌之主, 何以凶哉. 乾得坤之上爻而爲兌, 以陽爲體, 以陰爲用
者也. 若內無其體, 徒欲外襲其用, 以來取悅於人, 則亂義必矣, 君子
所以惡夫佞者.

육삼은 태(兌, ☱)괘의 주효가 되는데 어찌 흉하다고 하는가? 태괘는
건(乾, ☰)괘가 곤(坤, ☷)괘의 상효를 얻어서 태괘가 된 것이다.

양으로써 체체(體)를 삼고 음으로써 용용(用)을 삼은 자이다. 만약 내적으로
그 본체가 없이(곧 청정하고 진실한 본성의 마음을 지키고 못하고) 헛되이
밖으로 그 쓰임을 감추고(곧 사적인 이익을 얻으려는 욕심을 숨기고)
남에게 다가가 기쁨을 얻으려고 하는 것은 곧 반드시 의로움을 어지럽히
는 짓이다. 군자가 그 아첨하는 자를 미워할 수밖에 없는 이유이다.

九四는 **商兌未寧**이니 **介疾**이면 **有喜**리라.
구 사　　상 태 미 녕　　개 질　　유 희

구사는 기쁨을 헤아려서 편안하지 못하니, 분별해서 미워하면 기쁨이
있을 것이다.

象曰 九四之喜는 **有慶也**ㅣ라.
상 왈　구 사 지 희　　유 경 야

「상전」에 이르길 구사의 기쁨은 경사가 있는 것이다.

兌不可以不利貞也. 三之來兌, 何足戀惜, 乃不忍絶而商之, 心必未
寧. 惟介然自斷, 速疾勿遲, 則有喜矣. 大臣不爲詔媚所惑, 天下且受
其慶, 不止一身有喜而已.

기쁨을 얻는 데 있어 바르게 하면 이롭지 않음이 없다. 육삼이 구사에게
다가와서 기쁨을 주니 어찌 연모(戀惜)하지 않을 수 있겠는가! 그렇기
때문에 차마 끊지 못하고 이리저리 헤아리는 것(商)이니, 마음이 반드
시 편치만은 않다. 오직 군건한 의지로 스스로 결단하기를 신속히
해서 늦지 않도록 해야만 기쁨이 있다. 대신이 아첨하는 것에 유혹되지

않으면 천하가 또한 그러한 경사를 받게 된다. 한 개인의 기쁨에만
국한되지 않는 것이다.

九五는 **孚于剝**이면 **有厲**ㅣ리라.
구 오   부 우 박   유 려

구오는 깎는데 믿으면 위태함이 있다.

象曰 孚于剝은 **位正當也**ㄹ새라.
상 왈 부 우 박   위 정 당 야

「상전」에 이르길 '깎는데 믿는다(孚于剝)'는 것은 자리가 정당하기 때문
이다.

陽剛中正, 誠內形外之至者也, 故不惟可孚於君子, 亦可孚於剝正之
小人, 使彼改惡從善, 反邪歸正, 而有厲焉. 蓋旣有其德, 又有其位,
故化道如此之盛耳.

양효로서 강건하고 중정하니, 지극히 내적인 진실함이 밖으로 드러나는
자이다. 그러므로 군자에게 신뢰를 받을 수 있을 뿐만 아니라, 또한
바르지 못한(剝正) 소인에게도 신뢰를 받을 수 있다. 그러므로 저 소인으
로 하여금 악을 고쳐서 선을 따르게 하고, 삿됨을 돌이켜서 바름으로
돌아가게 하기 때문에 위태로움이 있을 수 있다. 대개 이미 그 덕을
갖추고 있고, 또한 그 지위가 있기 때문에 교화의 도가 이와 같이
성대한 것이다.

上六은 引兌라.
상육　　인태

상육은 이끌어서 기뻐함이다.

象曰 上六引兌ㅣ 未光也ㅣ라.
상왈 상육인태　미광야

「상전」에 이르길 상육이 이끌어서 기뻐한다는 것은 빛나지 못함이다.

上六亦爲兌主, 然旣無其體, 惟思以悅引人, 則心事亦曖昧矣. 三欲來
四, 上欲引五, 其情態同, 而三不當位故凶, 上猶得正故不言凶.

상육 또한 태괘의 주효이다. 그러나 이미 그 본체를 지키지도 못하면서
오로지 기쁨을 주는 것으로써 남을 끌어들일 것만 생각하고 있다.
마음 쓰임새가 역시 명확하지 못하고 애매모호하다. 육삼은 구사를
유혹하여 오도록 만들고, 상육도 구오를 유혹하여 끌어들이고자 한다.
그 실정은 똑같지만 육삼은 자리가 마땅하지 않기 때문에 흉하다고
했지만, 상육은 오히려 바른 자리를 얻었기 때문에 흉하다고 말하지
않았다.

渙은 亨하니 王假有廟ㅣ며 利涉大川하니 利貞하니라.
환　　형　　　왕 격 유 묘　　　이 섭 대 천　　　이 정

'환渙'은 형통하니, 왕이 사당을 둠에 지극하며 큰 내를 건넘이 이로우니,
바르게 함이 이롭다.

悅而後散之, 謂公其悅於天下, 而不獨樂其樂, 故亨也. 旣能與民同
樂, 則上可以悅祖考, 故王假有廟. 遠可以悅四夷, 故利涉大川, 而悅
不可以不正也, 故誡之以利貞.

기뻐한 이후에 흩어지게 한다는 것은 왕공이 천하 사람들과 그 기쁨을
함께 나누고 혼자만 그러한 즐거움을 즐기지 않음을 말한다. 그러므로
'형통하다(亨)'고 한다. 이미 백성들과 더불어 기쁨을 함께할 수 있다면,
위로는 돌아가신 조상들도 기쁘게 할 수 있다. 그러므로 '왕이 사당을
둠에 지극히 한다(王假有廟)'고 한다. 멀리로는 사방의 변방국가 백성들
도 기쁘게 할 수 있다. 그러므로 '큰 내를 건넘이 이롭다(利涉大川)'고
한다. 기쁨을 얻는 데 있어 바르게 하지 않으면 안 된다. 그러므로
'바르게 함이 이롭다(利貞)'는 말로 경책하고 있는 것이다.

象曰 渙亨은 剛이 來而不窮하고 柔ㅣ 得位乎外而上同할새라.
단 왈 환 형　　강　　래 이 불 궁　　　유　　득 위 호 외 이 상 동

王假有廟는 王乃在中也ㅣ오 利涉大川은 乘木하야 有功也ㅣ라.
왕 격유묘   왕내재중야   이섭대천   승목   유공야

「단전」에 이르길 '환渙'이 형통한 것은 강剛이 와서 궁색하지 않고, 유柔가 밖에서 자리를 얻고 위로 함께하기 때문이다. '왕이 사당을 둠에 지극히 한다(王假有廟)'는 것은 왕이 이에 가운데 하기 때문이요, '큰 내를 건넘이 이롭다(利涉大川)'는 것은 나무를 타서 공로가 있는 것이다.

※657 天地否卦 "剛이 來而不窮 柔ㅣ 得位乎外而上同"   風水渙

九二剛來而不窮, 六四柔得位乎外, 而上順於九五, 此能擴充兌卦剛中柔外之德, 而渙其悅於天下者也, 安得不亨. 又九五居上卦之中, 此王假有廟以悅祖考之象, 乘巽木而涉坎水, 此遠悅四夷, 決定有功之象, 而貞在其中矣.

구이에 강건한 양효가 와서 궁색하지 않고, 육사에 유순한 음효가 밖에서 자리를 얻어 위로 구오에게 순종하고 있다. 이는 능히 태兌괘의 내적으로 강중剛中하면서 외적으로 유순한 덕을 확충시켜서 온 천하에 그 기쁨을 흩어지게 하는 것(渙: 함께 공유함)이다. 어찌 형통하지 않을 수 있겠는가? 또 한편으로 구오가 상괘(☴)의 가운데에 자리하고

---

657 풍수환괘 「단전」에서는 환괘가 천지비天地否괘에서 변화되어 온 것임을 밝히고 있다. 곧 모든 것이 막혀 어지러워진 천지비괘에서 구사 강剛이 내괘 이효 자리로 내려와 궁색하지 않게 되고, 천지비괘의 육이 유柔가 외괘 사효 자리로 올라가 구오, 상구와 함께하기 때문에 환괘가 형통하다는 것이다.(신성수 저, 『주역통해』 613쪽에서 도표 인용)

있다. 이는 임금이 사당에서 조상의 혼령을 지극히 받들어서(王假有廟) 조상을 기쁘게 하는 형상이라 할 수 있다. 손(巽, ☴, 陰木)괘의 나무를 타고 감(坎, ☵, 陽水)괘의 물을 건너는 상이니, 이는 멀리로는 사방 변방국가의 백성들까지 기쁘게 하는 것이다. 반드시 공로가 있는 형상 이니, 올바르게 그 중도를 지키고 있기 때문이다.[658]

象曰 風行水上이 **渙**이니 **先王**이 **以**하야 **享于帝**하며 **立廟**하니라.
상왈 풍행수상 환 선왕 이 향우제 입묘

「상전」에 이르길 바람(風, ☴)이 물(水, ☵) 위에 부는 것이 '환渙'이니, 선왕이 이를 본받아 상제께 제사 올리며 사당을 세운다.

風行水上, 不勞力而波濤普徧, 先王享帝以事天, 立廟以事先, 盡其一 念誠孝, 卽足以感通天下, 恩波亦無不徧矣. 故曰明乎郊社之禮, 禘嘗 之義, 治國其如視諸掌乎.

바람이 물 위에서 부니 노력하지 않아도 파도가 널리 퍼져 나간다. 선왕은 천제께 제사지냄으로써 하늘을 섬기고, 종묘를 세움으로써 선영을 섬기셨다. 그러한 한마음으로 정성과 효도를 다한다면 곧 천하 를 감동시키기에 충분하다. 은혜의 파도가 또한 두루 미치지 않음이 없는 것이다. 그러므로 "교사郊社의 예와 체상禘嘗의 뜻에 밝으면 나라 를 다스리는 것은 마치 그 손바닥을 보는 것 같이 쉽다"라고 하였다.[659]

---

658 곧 임금의 자리에 있는 구오가 양효로서 양 자리에 바르게 있고, 외괘에서 가운데 자리하여 중도를 지키고 있음을 의미한다.

659 『중용』 19장에서 "교郊는 하늘에 제사하는 것이고, 사社는 땅에 제사하는 것이

初六은 用拯호되 馬ㅣ 壯하니 吉하니라.
초 육　 용증　　 마　 장　 길

초육은 구원하되 말(馬: 구이)이 건장하니 길하다.

象曰 初六之吉은 順也ㄹ새라.
상왈 초 육 지 길　　순 야

「상전」에 이르길 초육이 길한 것은 (구이를) 순종하기 때문이다.

初居坎下, 受四之風而用拯, 拯則出水而登陸矣. 坎於馬爲美脊, 今初
六順於九二, 故爲馬壯而吉.

초육은 감(坎, ☵)괘의 맨 아래에 자리하고 있다. 육사 바람의 도움을
받아서 구원될 수 있는데, 초육의 구원은 곧 물에서 벗어나 뭍에 오르는
것이다. 감괘는 말의 아름다운 등줄기에 비유된다. 지금 초육이 양강陽
剛한 구이를 따라 나선다. 그러므로 말(구이)이 건장해서 길하다고
하는 것이다.

九二는 渙에 奔其机면 悔ㅣ 亡하리라.
구 이　 환　 분기궤　 회　 망

구이는 흩어짐(渙)에 그 평상(机: 초육)으로 달려가면 뉘우침이 없을
것이다.

니…… 체禘는 천자의 종묘의 큰 제사이니…… 상嘗은 가을 제사이다(郊, 祭天,
社, 祭地…… 禘, 天子宗廟之大祭…… 嘗, 秋祭也.)"라는 내용으로 언급되고 있다.

象曰 渙奔其机는 得願也ㅣ라.
상왈 환분기궤 득원야

「상전」에 이르길 '그 평상으로 달려가면 뉘우침이 없다(渙奔其机)'는 것은 원하는 것을 얻는 것이다.

此正象傳所謂剛來而不窮者也. 當渙時而來奔據於机, 卓然安處中流, 得其自悅悅他之願, 故悔亡.

이 구이가 바로 「단전」에서 말하고 있는 '강이 와서 궁색하지 않다(剛來而不窮)'고 하는 자이다. 흩어지는 시절을 맞이하여 내려와서(來奔)[660] 평상(机: 초육)에 의지하여 탁월한 모습으로 감(坎, ☵)괘의 흐르는 물 한복판에서 편안히 거처하고 있다. 그 자신도 기쁘고 남들도 기쁘게 할 수 있는 소원을 이룬 것이다. 그러므로 '후회가 없다(悔亡)'고 한다.

六三은 渙애 其躬이 无悔ㅣ리라.
육삼 환 기궁 무회

육삼은 흩어짐(渙)에 그 몸이 뉘우침이 없다.

象曰 渙其躬은 志在外也ㅣㄹ새라.
상왈 환기궁 지재외야

「상전」에 이르길 '흩어짐에 그 몸(渙其躬)'이라는 것은 뜻이 밖에 있기

---

660 내분來奔: '내분'의 본뜻은 다른 나라 사람이 그 나라로부터 도망하여 국경을 넘어옴을 의미한다. 여기서는 천지비괘에서 외괘 구사가 내괘 이효 자리로 내려옴을 가리킨다.

때문이다.

陰居坎體之上, 六四上同上九之風而渙之, 擧體散作波濤以潤於物,
志在外而不在躬, 故無悔也.

육삼은 음효로서 감(坎, ☵)괘 본체의 맨 위에 자리하고 있다. 육사는
위로 상구와 같이 바람을 일으켜 물(坎, ☵)을 흩어지게 하는 역할을
한다. 육삼은 온 힘을 다해(擧體) 파도를 일으켜 만물을 윤택하게
한다. 뜻을 밖의 만물을 이롭게 하는 데 두고, 자신을 이롭게 하는
데 두고 있지 않다. 그러므로 후회가 없는 것이다.

六四는 渙애 其群이라. 元吉이니 渙애 有丘ㅣ 匪夷所思ㅣ리라.
육사 환 기군 원길 환 유구 비이소사

흩어짐(渙)에 그 무리이다. 크게 길하니, 흩어짐에 언덕이 있음이 평범한
이들이 생각할 바가 아니다.

象曰 渙其群元吉은 光大也ㅣ라.
상왈 환기군원길 광대야

「상전」에 이르길 '흩어짐에 그 무리를 지어 크게 길하다(渙其群元吉)'는
것은 빛나고 큰 것이다.

此正象所謂柔得位乎外而上同者也. 陰柔得正, 爲巽之主, 上同九五,
下無應與, 盡渙其群以合於大公, 此則天下一家, 萬物一體, 名雖爲
渙, 而實乃有丘矣. 聖人無己, 無所不已, 光明正大之道, 豈平常思慮

所能及哉.

이 육사가 바로 「단사」에서 말하고 있는 '음효가 밖에서 자리를 얻어서 위로 같이 한다(柔得位乎外而上同)'는 자이다. 음효로 유순하면서도 바르게 자리하고 있으니, 손(巽, ☴)괘의 주효이다. 위로는 구오와 함께하지만 아래로는 더불어 상응할 대상이 없다. 그 무리들을 모두 흩어지게 해서 대공(大公, 구오)에게 모이도록 한다. 이는 곧 천하를 한 집안으로 하고 만물을 한 몸으로 하는 것이다. 이름을 비록 '흩어짐(渙)'이라 하지만 실상은 바로 '언덕처럼 모인다(有丘)'는 뜻이 있다. 성인은 자신을 내세우지 않지만 자기 것으로 하지 않는 바가 없다. 육사가 실천하는 광명정대한 도를 어찌 평소의 일상적인 생각으로 헤아릴 수 있겠는가?

九五는 **渙**애 **汗其大號** ㅣ면 **渙**애 **王居** ㅣ니 **无咎** ㅣ리라.
구오 환 한기대호 환 왕거 무구

구오는 흩어짐(渙)에 그 크게 부르짖음을 땀나듯이 하면(혼신의 힘을 다해서 하면), 흩어짐(渙)에 임금이 거처함이니 허물이 없을 것이다.

象曰 王居无咎는 **正位也** ㅣ라.
상왈 왕거무구 정위야

「상전」에 이르길 '임금이 거처함이니 허물이 없다(王居无咎)'는 것은 자리가 바른 것이다.

發大號以與民同悅, 如汗之發於中, 而浹於四體. 蓋四之渙群, 由五爲

王而居於正位, 四乃得上同之, 是故大號如汗渙於外, 王居正位常在
中, 故無咎也.

구오가 크게 호소해서 백성과 더불어 기쁨을 같이 하고자 한다면,
마치 땀이 몸속에서 흘러나와서 사지를 적시는 것처럼 그렇듯 열심히
해야만 한다. 대개 육사가 무리를 흩어지게 하는 목적은 구오가 군주가
되어 바른 자리에 있기 때문이다. 육사가 이렇듯 위에 있는 구오와
함께하기 때문에 구오도 크게 호소하기를 마치 땀이 몸 밖으로 흩어져
나오듯이 해야 한다. 왕이 바른 자리에서 항상 중도를 실천하고 있기
때문에 '허물이 없다(無咎)'고 하는 것이다.

上九는 渙애 其血이 去하며 逖에 出하면 无咎ㅣ리라.
상 구   환   기 혈   거   적   출   무 구

상구는 흩어짐(渙)에 그 피가 가며, 두려운 데에서 나가면 허물이 없을
것이다.

象曰 渙其血은 遠害也ㅣ라.
상 왈 환 기 혈   원 해 야

「상전」에 이르길 '흩어짐에 그 피(渙其血)'라는 것은 해로움을 멀리하는
것이다.

血者, 坎之象, 逖者, 遠也. 人有大患, 爲其有身, 常情執之, 保爲己躬,
正理觀之, 乃膿血聚, 毒害本耳. 上九用六四之風, 以渙六三之躬, 六
三可謂忘身爲國, 故志在外而無悔. 然非上九爲其遠害, 則六三何能

興利乎. 合六爻言之, 九二如賢良民牧, 承流宣化. 六四如名世大臣, 至公無私. 九五如治世聖王, 與民同樂. 上九如保傅司徒, 敎民除害. 初因此而出險, 旣拔苦必得樂, 故吉. 三因此而忘我, 旣遠害必興利, 故無悔也.

'피血'는 감(坎, ☵)괘의 형상이고, '적逖'은 멀다는 뜻이다. 사람들에게 큰 근심거리가 있게 되는 것은 그 육신을 가지고 있기 때문이다. 언제나 마음이 몸에 집착하여 자기 몸을 보호하고자 한다. 바른 이치로 몸을 통찰해 보면, 몸은 곧 피고름이 모인 것이기에 근본적으로 해로운 것뿐이다.

상구는 육사의 바람을 사용해서 육삼의 몸을 흩어지게 하는 역할을 한다. 육삼이야말로 자신의 몸을 잊고 나라를 위해서 일하는 자라고 말할 수 있다. 그러므로 뜻이 밖에 있어서 후회가 없다고 하였다. 그렇지만 상구가 그렇듯 해로움을 멀리 보내지 않았다면 육삼이 어찌 나라를 위해 이로운 행위를 할 수 있었겠는가?

여섯 효를 전체적으로 설명하면, 구이는 어진 목민관과 같아서 임금의 덕화를 널리 펴서 백성을 교화하는(承流) 자이다. 육사는 세상에서 명망 있는 대신과 같아서 지극히 공평하고 사사로움이 없는 자이다. 구오는 세상을 다스리는 훌륭한 왕과 같아서 백성과 더불어 즐거움을 같이 하는 자이다. 상구는 보부保傅, 사도司徒[661]와 같아서 백성을 가르쳐서 해로움을 제거해 주는 자이다. 초육은 이러한 상구의 도움을

---

661 '보부保傅'는 태자를 모시고 보살피는 벼슬을, '사도司徒'는 중국 주周나라 당시의 호구戶口, 전토田土, 재화, 교육을 맡아보던 벼슬을 가리킨다.

받아서 험한 곳에서 벗어나 이미 괴로움을 제거하였기 때문에 반드시
즐거움을 얻는 자이다. 그러므로 길하다. 육삼은 이러한 상구의 도움을
받아 자신을 잊고, 이미 해로움에서 멀리 벗어났기 때문에 반드시
이로움을 불러일으키는 자이다. 그러므로 후회가 없다.

(60) ䷻ 수택절水澤節

節은 亨하니 苦節은 不可貞이니라.
절　형　　고절　　불가정

'절節'은 형통하니, 쓴 절은 가히 바르지 못하다.

水以風而渙, 以澤而節. 節則不潰不涸, 而可以常潤, 故亨. 夫過於渙
必竭, 故受之以節. 然過於節則苦, 又豈可常守乎.

물은 바람에 의해 흩어지고 연못에 의해 조절된다. 조절되면 넘쳐도
무너지지 않고 부족해도 마르지를 않기 때문에 항상 윤택할 수 있다.
그러므로 형통하다. 대저 흩어짐(渙: 風水渙卦)이 지나치면 반드시
고갈된다. 그러므로 수택절(水澤節)괘로써 이어받았다. 그러나 절제
가 지나치면 괴로운 것이니, 또한 어찌 항상 지킬 수만 있겠는가?

象曰 節亨은 剛柔ㅣ 分而剛得中할새요 苦節不可貞은 其道ㅣ
단왈　절형　강유　　분이강득중　　　　　고절불가정　　기도

窮也ㄹ새라. 說以行險하고 當位以節하고 中正以通하니라. 天地
궁야　　　　　열이행험　　　당위이절　　　중정이통　　　　　천지

節而四時成하나니 節以制度하야 不傷財하며 不害民하나니라.
절이사시성　　　　절이제도　　　불상재　　　불해민

「상전」에 이르길 '절이 형통하다(節亨)'는 것은 강剛과 유柔가 나뉘고
강이 중을 얻었기(剛得中: 구이, 구오) 때문이요, '쓴 절은 가히 바르지

못하다(苦節不可貞: 상육)'는 것은 그 도가 궁하기 때문이다. 기뻐함으로
써 험한 데 행하고, 자리에 마땅하여 절도가 있고, 중정함으로써 통한다.
천지가 절도 있어서 사시가 이루어지니, 절도로써 법도를 만들어 재물
을 손상하지 않도록 하며, 백성을 해롭게 하지 않는다.

※662 地天泰卦 "剛柔ㅣ分而剛得中" → 水澤節

得中則不苦, 苦則窮, 窮則不可以處常. 不苦則說, 說則並可以行險.
惟節而當位, 斯爲中正, 惟中正故通而不窮. 天有四時, 王有制度, 皆
所謂中正以通者也.

중도(中)를 얻으면 괴롭지 않지만 중도를 얻지 못해 괴로우면 궁색해지
고, 궁색하면 떳떳하게 살 수 없다. 괴롭지 않아야 기뻐할 수 있고,
기쁘면 아울러 험한 일도 실현해 낼 수 있다. 오직 절도가 있고 자리가
정당한 것, 이것이 중정中正이다. 오직 중정하기 때문에 소통되어
궁하지 않게 된다. 하늘에는 사계절이 있듯이, 왕이 나라를 통치함에도
제정된 법도가 있다. 모두 이른바 '중정함으로써 통한다(中正以通)'는
의미이다.

象曰 澤上有水ㅣ 節이니 君子ㅣ 以하야 制數度하며 議德行하나
   상왈 택 상 유 수   절   군 자 이   제 수 도   의 덕 행
니라.

「상전」에 이르길 못(澤, ☱) 위에 물(水, ☵)이 있는 것이 '절節'이니,

군자가 이를 본받아 수도(數度: 法度·曆數)를 만들며 덕행을 논의한다.

若冕旒, 若宗廟, 若樂舞, 若階陛, 若蓍龜, 若爵祿等, 皆有其數以爲
度, 制使各得其節, 則無過與不及, 而不奢不儉. 若見君, 若事親, 若接
賓, 若居喪等, 皆根乎德以成行. 議使各當其節, 則無過與不及, 而可
繼可傳, 如澤節水, 稱其大小淺深, 要使不潰不涸而已.

면류관,[663] 종묘의 제례, 음악과 춤, 궁전의 섬돌 갯수, 시초점(蓍)과
거북점(龜), 작위와 봉록 등과 같은 것은 모두 그 정해진 수數로 법도를
삼고 있다. 제정한 법도로 각각 그 절도를 지키게 하면, 지나치거나
부족함이 없게 되어 너무 사치스럽게 하거나 너무 검소하게 하지 않을
수 있다. 임금에 대한 알현, 부모에 대한 효도, 손님의 접대, 초상에
대한 조문 등도 모두 덕에 근본을 두고 행동이 이루어질 수 있도록
논의를 통해서 각각 그 절도에 합당하게 해야만 지나치거나 부족함이
없다. (나아가 그러한 절도 있는 법도를) 계속 계승하여 후대로 이어갈
수 있다. 마치 호수가 물을 알맞게 조절하는 것처럼 해야 한다. 호수는
그 크고 작음과 얕고 깊음에 따라 물을 계량하여 긴요하게 무너지지도
않고 마르지도 않게 한다.

---

663 면류관: 과거에 임금이 정복인 곤룡포를 입을 때 쓰는 관을 말한다. 관 앞에
　　주옥 구슬을 꿴 유旒가 늘어져 있는데, 천자는 백옥주白玉珠 12류, 황태자와
　　친왕은 청주靑珠 9류, 3공 제후는 청옥주 7류, 경대부卿大夫는 흑옥주 5류,
　　3공 이하는 앞에만 유가 있었다.

初九는 **不出戶庭**이면 **无咎** l 리라.
초 구　　불 출 호 정　　　 무 구

초구는 문밖(戶庭)을 나서지 않으면(곧 집밖으로 나가지 않으면) 허물이
없다.

象曰 不出戶庭이나 **知通塞也** l 니라.
상 왈　불 출 호 정　　　지 통 색 야

「상전」에 이르길 '문밖을 나서지 않는다(不出戶庭)'는 것은 통함과 막힘
을 아는 것이다.

節之義亦多矣, 或時節, 或裁節, 或品節, 或名節, 或撙節, 或符節,
或節制, 或節文, 或節限, 或節操. 今且以時節言之, 剛正而居下位,
九二塞於其前, 故順時而止. 不出戶庭, 旣知裁節, 則品節名節皆善
矣. 復以節制言之, 上應六四, 水積尙淺, 故宜塞使不流也.

'절節'의 뜻도 다양하다. '때의 알맞음(時節)', '절도 있는 마름질(裁節)',
'품급과 제한(品節)', '명예와 절조(名節)', '알맞게 절제함(撙節)', '두
개로 쪼개진 신표(符節)',[664] '알맞은 제어(節制)', '예절에 관한 규정(節
文. 혹은 예절에 관한 문장)', '적당한 정도로 제한함(節限)', '절개 있는
지조(節操)' 등이다. 지금 역시 시기의 적절함(時節)이라는 뜻으로
말한다면, 초구는 강건하면서도 바르게 맨 아래 자리에 있지만 구이가
그 앞을 가로막고 있다. 그러므로 때에 순응하여 멈춰 있으면서 문밖을

---

664 부절符節: 돌이나 대나무, 옥 따위로 만든 물건에 글자를 새겨 다른 사람과
　　나눠 가졌다가 나중에 다시 맞추어 증거로 삼는 신표의 물건을 가리킨다.

나서지 않고 있는 것이다. 이미 때에 맞춰 적절하게 행동할 줄(裁節) 안다면, 직급에 맞춰 행동하고(品節) 명예와 절조를 지키는 것(名節)도 훌륭하다고 할 수 있다. 다시 알맞게 절제한다(節制)는 뜻으로 말한다면, 초구는 위로 육사와 상응하기 때문에 저수량이 오히려 얕다고 할 수 있다. 그러므로 마땅히 물을 막아서 흘러내리지 못하게 해야만 한다.

九二는 **不出門庭**이라. **凶**하니라.
구 이   불 출 문 정   흉

구이는 사립문 밖을 나서지 않는 것이라 흉하다.

象曰 不出門庭凶은 **失時** l **極也**l새라.
상 왈 불 출 문 정 흉   실 시   극 야

「상전」에 이르길 '사립문 밖을 나서지 않는 것이라 흉하다(不出門庭凶)'는 것은 때를 잃음이 극심하기 때문이다.

若以時節言之, 旣在可爲之位, 又有剛中之德. 六三已闢其門, 而乃上無應與, 固守小節, 豈非大失. 復以節制言之, 上對九五, 水積漸深, 便宜通之使流, 胡須阻塞以致洪汎, 豈非失時之極.

만약 시기의 적절함(時節)이라는 측면에서 말한다면, 이미 일을 할 수 있는 자리에 있고 또한 강중剛中한 덕도 갖추고 있다. 육삼이 이미 그 문을 열어놓고 있지만 위로 상응할 상대가 없는 게 흠이다. 진실로 작은 예절만을 지키고 있는 처지라 할 수 있으니, 어찌 큰 손실이

아니겠는가? 다시 적절한 제어(節制)라는 의미에서 말한다면, 구오와
함께 물의 저수량을 늘려 호수가 점점 더 깊어지는 상황이다. 곧바로
마땅히 물을 유통시켜 흘러가게 해야만 하는데, 어떻게 모름지기 물을
막아만 놓아 홍수로 흘러넘치게 만드는가? 어찌 시기를 놓치게 된
것이 한계에 이른 것이라 하지 않을 수 있겠는가?

六三은 不節若이면 則嗟若하리니 无咎ㅣ니라.
육 삼　　부 절 약　　　즉 차 약　　　　　무 구

육삼은 절제하지 못할 것 같으면 곧 슬퍼하게 될 것이니, 허물할 데가
없다.

象曰 不節之嗟를 又誰咎也ㅣ리오.
상 왈　부 절 지 차　　　우 수 구 야

「상전」에 이르길 절제하지 못한 슬픔을 또 누구를 탓하겠는가.

若以時節言之, 陰不中正, 居下之上, 又爲悅主, 故始則恣情適意, 而
不知節若. 後則憂患洊至, 而徒有嗟若, 自取其咎, 無可以咎誰也. 復
以節制言之, 上對上六, 水已汎濫, 而澤口不能節之, 徒有嗟若而已,
將誰咎乎.

만약 시기의 적절함(時節)이라는 의미에서 말한다면, 육삼은 음이
양 자리에 있기 때문에 중정하지도 못하고, 하괘의 맨 위에 자리하고
있으며, 또한 태(兌, ☱)괘의 주효이다. 그러므로 처음에는 제 기분에
취해(適意) 마음 내키는 대로 행동하면서(恣情) 절제할 줄 모르다가

나중에는 우환이 거듭해서 이르게 되어 한갓 슬픔만이 남게 된 것이다. 제 스스로가 그러한 허물을 만들었기 때문에 누구를 탓할 수도 없다. 다시 적절한 제어(節制)라는 측면에서 말한다면, 위로 상육과 함께 물이 이미 범람하도록 만들어 호수의 입구만으로는 수량을 조절할 수 없다. 때문에 한갓 탄식만 하고 있는 처지라 할 수 있다. 장차 누구를 탓하겠는가?

六四는 安節이니 亨하니라.
육 사　안 절　　형

육사는 편안한 절제이니 형통하다.

象曰 安節之亨은 承上道也ㅣ라.
상 왈 안 절 지 형　　승 상 도 야

「상전」에 이르길 편안한 절제이기 때문에 형통하다는 것은 위(구오, 임금)의 도를 잇는 것이다.

若以時節言之, 柔而得正, 居大臣位以承聖君, 故爲安節, 所謂太平宰相也. 復以節制言之, 下應初九, 塞而不流, 任九五上六之波及於物, 而我獨享其安, 故亨.

만약 시기의 적절함(時節)이라는 의미에서 말한다면, 육사는 유순한 음효로서 바른 자리를 얻었고, 대신의 관직에 있으면서 훌륭한 임금(聖君, 구오)을 받들고 있다. 그러므로 '편안히 절제한다(安節)'는 뜻이 된다. 이른바 태평한 시절의 재상인 것이다. 다시 적절한 제어(節制)라는 측면에서 말한다면, 아래로 초구와 상응하고 있지만 초구는 막혀서 흐르지 못하고 있다. 구오와 상육이 일으킨 물결이 만물을 적시도록 맡겨두고 육사 혼자만 그 편안함을 누리고 있는 것이다. 그러므로 '형통하다(亨)'고 한다.

九五는 **甘節**이라. **吉**하니 **往**하면 **有尙**하리라.
구 오　　감 절　　길　　왕　　유 상

구오는 즐겁게 절제함이다. 길하니, 나아가면 숭상함이 있을 것이다.

象曰 甘節之吉은 **居位中也**ㄹ새라.
상 왈 감 절 지 길　　거 위 중 야

「상전」에 이르길 즐겁게 절제해서 길하다는 것은 거처하고 있는 자리가 가운데이기 때문이다.

陽剛中正, 居於尊位, 所謂當位以節者也. 無過不及, 故甘而吉. 行之無敵, 故往有尙. 自居位中, 故非失時, 極之九二所能阻礙.

양효로서 강건하고 중정하며 임금의 자리에 거처하고 있다. 「단전」에서 말하고 있는 '자리가 마땅하여 절도가 있는(當位以節)' 자이다. 지나침도 없고 부족하지도 않기 때문에 즐겁게 절제하여 길하다. 나라를 다스려 감에 있어 폐단이 없기 때문에 '나아가면 숭상함이 있다(往有尙)'고 한다. 자신이 중정한 자리에 거처하고 있기 때문에 적절한 시기를 놓친(失時極) 구이가 방해하지도 못한다.

上六은 苦節이니 貞이면 凶코 悔면 亡하리라.
상 육　고 절　정　흉　회　망

상육은 괴로운 절제이니 고집하면(貞)[665] 흉하고 뉘우치면 흉함이 없어
질 것이다.

象曰 苦節貞凶은 其道ㅣ 窮也ㄹ새라.
상왈　고절정흉　기도　궁야

「상전」에 이르길 '괴로운 절제이니 고집하면 흉하다(苦節貞凶)'는 것은
그 도가 궁색해졌기 때문이다.

若以時節言之, 純陰而居節之極, 固守不通, 故其道旣窮, 雖正亦凶.
彼執爲正, 實非正也. 惟悔而改之則不窮, 不窮則凶可亡矣. 復以節制
言之, 水以流下爲其節操, 六三兌口上缺, 不能節制, 故上六盡其流下
之節而不稍畱, 遂至枯竭而爲苦節, 故曰其道窮也.

만약 시기의 적절함(時節)이라는 의미에서 말한다면, 순수한 음으로써
절節괘의 맨 위에 거처하여 고집스럽게 지키기만 하고 소통하지 못하고
있다. 그러므로 그 도가 이미 궁색해졌기 때문에 비록 바르게 한다고
해도 역시 흉할 수밖에 없다. 저 상육이 집착하여 바르다고 여기는
것은 실제적으로는 바른 것이 아니다. 오직 뉘우쳐서 개선하는 것만이
궁색해지지 않는 방법이고, 궁색하지 않는다면 흉함도 없앨 수 있다.
다시 적절하게 제어한다(節制)는 의미에서 말한다면, 물은 아래로

---

665 여기서 '정貞'은 바르다는 의미가 아니고, 자신이 하는 행위가 바르다고 생각하여
　　그 행위를 계속 고집함을 의미한다.

흐르는 것으로써 그 절개 있는 지조節操로 여긴다. 육삼은 태(兌, ☱)괘
의 입에 해당하지만 위에 있는 상육과 음양 상응이 안 되기 때문에
호수의 물을 알맞게 제어하지 못하고 있는 상황이다. 그러므로 상육이
그 아래로 흐르는 물의 절제를 너무 지나치게 해서[666] 호수에 조금의
물도 남아 있지 않아 마침내 물이 고갈되어 '괴로운 절제(苦節)'가
되고 말았다. 그러므로 '그 도가 궁색하다(其道窮)'고 말하는 것이다.

---

[666] '아래로 흐르는 물의 절제를 다한다(盡其流下之節)'는 뜻은 상육이 물이 아래로
흐르는 속성만을 이해하고, 물이 아래로 계속 흐르게 그냥 놔두는 것을 올바른
절제(節)로 여긴다는 의미이다.

(61) ䷼ 풍택중부風澤中孚

中孚는 豚魚ㅣ면 吉하니 利涉大川하고 利貞하니라.
중부 돈어 길 이섭대천 이정

'중부中孚'는 돼지나 물고기까지 믿게 하면 길하니, 큰 내를 건넘이
이롭고 바르게 함이 이롭다.

四時有節, 故萬物信之, 而各獲生成. 數度德行有節, 故天下信之, 而
成其感應. 孚者, 感應契合之謂. 中者, 感應契合之源也. 由中而感,
故由中而應, 如豚魚之拜風, 彼豈有安排布置思議測度也哉. 中孚而
能若豚魚拜風, 則吉矣. 然欲致此道, 則利涉大川, 而又利貞. 蓋不涉
川, 不足以盡天下之至變. 不利貞, 不足以操天下之至恒. 不涉川, 則
不能以境鍊心而致用. 不利貞, 則不能以理融事而立本也.

사계절에는 마디(節: 24절기)가 있다. 그러므로 만물이 그러한 절기를
믿어서(의지해서) 각각 태어나 성장할 수 있는 것이다. 만들어진 수도
(數度: 度數, 法度, 曆數)와 사람의 덕행에도 절도가 있다. 그러므로
천하 사람들이 그것을 믿고서 그에 따라 감응할 수 있는 것이다. '부孚'는
서로 감응하여 하나 되는 것을 말한다. '중中'은 감응하여 서로 하나가
되게끔 하는 근원이다. 이러한 '중'으로 말미암아 감응이 이루어진다.
까닭에 '중'으로 말미암아 감응함이 마치 돼지와 물고기가 바람을 고마

위하는 것(拜風)과 같다. 저들(돼지, 물고기)이 어찌 안배하고 배치하며 생각하고 논의하여 측도測度함이 있겠는가? 마음속에서 우러나는 깊은 신뢰의 믿음을 얻어서(中孚) 돼지나 물고기가 바람을 고마워하는 것처럼 할 수 있다면 상서로울 수 있다.[667] 그러나 이러한 도의 경지에 이르려고 한다면 큰 내를 건너는 것처럼 노력해야 이로울 수 있고, 또한 바르게 해야만 이로울 수 있다. 대개 내를 건너는 것처럼 노력하지 않으면 천하의 지극한 변화를 다할 수 없고(곧 천하의 변화에 능동적으로 대처하여 다스리지 못함), 정도로써 이로움을 얻으려고 하지 않는다면 천하 사람들의 지극한 항구함(항구한 민심)을 붙잡아 둘 수 없다. 내를 건너는 것처럼 노력하지 않으면 경계(境: 번뇌)로써 마음을 다스려서 마음을 바르게 쓰지 못하고, 정도로써 이로움을 얻으려고 하지 않는다면 이치와 일을 융합시켜 근본을 세울 수 없다.

象曰 中孚는 柔在內而剛得中할새니 說而巽할새 孚ㅣ 乃化邦也
단 왈 중 부　유 재 내 이 강 득 중　　열 이 손　　부　내 화 방 야

---

667 미물인 돼지나 물고기가 자연이 일으키는 바람에 대해 고마워하는 것(拜風)은 그들이 인간처럼 어떠한 예의범절과 절도가 있어서가 아니라, 본능적으로 바람이 자신들을 이롭게 한다는 것을 알기 때문이다. 결국 돼지나 물고기가 바람을 고마워하는 것은 어떠한 강요에 의해서가 아니라, 바람에 대한 본능적인 믿음 때문에 자연스럽게 드러나는 행위이다. 지욱은 '중부中孚'도 바로 이러한 믿음임을 설명하고 있다. 깊이 마음속에서 우러나는 진실한 믿음이 바로 '중부'이고, 이러한 '중부'의 믿음을 얻게 되면 돼지와 물고기가 바람을 고마워하듯이, 누구나가 저절로 머리를 숙이고 예의를 표하게 된다는 것이다. 또한 이러한 '중부'의 믿음을 얻었을 때 상서로울 수 있다는 것이다.

ㅣ니라. 豚魚吉은 信及豚魚也ㅣ오 利涉大川은 乘木고 舟虛也ㅣ
　　　　돈어길　　신급돈어야　　　　이섭대천　승목　주허야

오 中孚코 以利貞이면 乃應乎天也ㅣ리라.
　중부　이이정　　내응호천야

「단전」에 이르길 '중부中孚'는 유柔가 안에 있고 강剛이 중을 얻었기
때문이니, 기뻐하고 겸손하기 때문에 믿음이 이에 나라를 교화한다.
'돼지와 물고기가 길하다(豚魚吉)'는 것은 믿음이 돼지나 물고기까지
미침이요, '큰 내를 건넘이 이롭다(利涉大川)'는 것은 나무를 타고 배가
비어 있음이요, 마음속 깊이 믿음이 있고 바르게 해서 이롭다면 이에
하늘이 감응할 것이다.

合全卦而觀之, 二柔在內, 則虛心善順, 毫無暴戾之私. 分上下而觀
之, 兩剛得中, 則篤實眞誠, 毫無情欲之雜. 兌悅則感人以和, 巽順則
入人必洽, 故邦不祈化而自化也. 信及豚魚, 猶言信若豚魚, 蓋人心巧
智多而機械熟, 失無心之感應, 不及豚魚之拜風者多矣. 故必信若豚
魚, 而後可稱中孚也. 巽爲木, 爲舟, 浮於澤上. 內虛而木堅, 故能無物
不載, 無遠不達. 人之柔在內如虛舟, 剛得中如堅木, 斯可歷萬變而無
敗也. 夫中孚卽天下之至貞, 惟利貞乃成中孚, 此豈勉强造作所成, 乃
應乎天然之性德耳. 試觀颶風將作, 豚魚躍波, 魚何心於感風, 風何心
於應魚, 蓋其機則至虛, 其理則至實矣. 吾人現在一念心性亦復如是,
不在內, 不在外, 不在中間, 不在過去, 不在現在, 不在未來, 覓之了不
可得, 可謂至虛. 天非此無以爲覆, 地非此無以爲載, 日月非此無以爲
明, 鬼神非此無以爲靈, 萬物非此無以生育, 聖賢非此無以爲道, 體物

而不可遺, 可謂至實. 夫十方三世之情執本虛, 而心體眞實, 決不可謂
之虛. 天地萬物之理體本實, 而相同幻夢, 決不可謂之實. 是故柔與剛
非二物. 內與中非二處也. 知乎此者, 方可名貞, 方可涉川, 方信及豚
魚而吉矣.

풍택중부괘 전체를 통합적으로 살펴보면, 두 개의 음효(육삼, 육사)가
안에 자리하고 있다. 곧 마음을 비우고 선하게 따르면서 털끝만큼의
포악한 사사로움도 없는 형상이다. 상괘와 하괘로 나누어 살펴보면,
두 개의 양효(구이, 구오)가 내괘와 외괘에서 중을 얻고 있다. 곧 독실하
고 진실하여 털끝만큼의 잡된 욕망도 없는 형상이다. 태(兌, ☱)괘의
기뻐함은 곧 사람들을 감동시켜 조화롭게 하는 것이며, 손(巽, ☴)괘의
유순함은 곧 사람들 속으로 들어가서 반드시 융화하는 것이다. 그러므
로 나라가 교화되기를 바라지 않아도 저절로 교화되는 것이다. '믿음이
돼지와 물고기에게까지 미친다(信及豚魚)'는 것은 돼지나 물고기처럼
믿는다는 말과 같다. 대체적으로 사람들 마음에 교묘한 잔재주와 슬기
(巧智)가 많아져서 기계문명이 발달하면 무심히 감응하는 순수함을
잃게 된다. 돼지나 물고기가 바람을 고마워하는 믿음에도 미치지 못하
는 자가 많은 것이다. 그러므로 반드시 믿음이 돼지나 물고기처럼
순수해야만 '중부'에 부합한다고 할 수 있다.

　손(巽, ☴)괘는 나무와 배를 형상하기 때문에 못 위에 떠다니는
상이다. 내부는 비어 있고 나무는 튼튼하다. 그러므로 싣지 못하는
물건이 없고, 멀리까지 도달하지 못할 곳이 없다. 사람에게 있어 내적인
부드러움(柔在內)은 빈 배와 같고, 마음속 강인함(剛得中)은 단단한

나무와 같다. 이러하다면 온갖 변화를 경험하더라도 실패하지 않을 수 있다. 대저 '중부'는 곧 천하의 지극한 정도라고 할 수 있다. 오직 정도만이 이로울 수 있고, 나아가 '중부'를 성취할 수 있다. 이러한 것을 어떻게 억지로 애써서 인위적으로 조작하여 이룰 수 있는 것이겠는가? 바로 타고난 천연적인 본성의 덕에 순응해서 이룰 수 있을 뿐이다.

예를 들어 살펴보면, 열대 지방에서 발생하는 큰 폭풍우(颶風)가 불어오려고 하면 돼지와 물고기가 일렁이는 파도에 뛰논다고 하는데, 물고기가 무슨 마음으로 바람을 느낀다는 것이며, 바람이 무슨 마음으로 물고기에게 호응해 준다는 말인가? 대개 그 타고난 근기(機: 본성, 천성)는 곧 지극한 비움(至虛)이고, 그 이치는 곧 지극한 참됨인 것이다. 사람들의 지금 일으킨 한 생각 심성 또한 다시 이와 같다. 마음은 안에 있지도 않고, 밖에 있지도 않고, 중간에 있지도 않고, 과거에 있지도 않고, 현재에 있지도 않고, 미래에 있지도 않다. 찾으려고 해도 끝끝내 얻을 수 없기 때문에 '지극한 비움(至虛)'이라고 말할 수 있다. 하늘도 이것(至虛)이 아니면 세상을 덮을 수가 없고, 땅도 이것이 아니면 만물을 실을 수 없다. 해와 달도 이것이 아니면 밝을 수 없고, 귀신도 이것이 아니면 신령할 수 없고, 만물도 이것이 아니면 낳고 기를 수 없다. 성현도 이것이 아니면 도로 삼을 수 없다. 사물의 본체가 되므로 버릴 수 없기 때문에[668] '지극한 참됨(至實)'이라 말한다.

대저 시방삼세[669]의 중생들이 감정에 집착하는 것은 본래 허망한

---

668 『중용』 제16장에서 "보려고 해도 볼 수 없고, 들으려 해도 듣지 못하니, 만물의 체가 되어 있기 때문에 버릴 수 없다(視之而弗見, 聽之而弗聞, 體物而不可遺.)"라는 내용으로 언급되고 있다.

것이지만, (그러한 감정의 욕구를 일으키는) 마음의 본체(心體)는 진실해서 결코 허망한 것이라 말할 수 없다. 천지만물의 이체理體는 본래 실다운 것이지만, (그러한 이체를 바탕으로 드러난) 현상(相)은 환영과 같고 꿈과 같아서 결코 실다운 것이라고 말할 수 없다. 이렇기 때문에 유(柔, 陰)와 강(剛, 陽)은 두 가지 사물이 아니며, 안(內)과 중中도 두 곳이 아니다. 이러한 이치를 깨달은 사람이야말로 비로소 '바르다(貞)'고 할 수 있으며, 내를 건널 수 있다. 바야흐로 믿음이 돼지와 물고기에게까지 미쳐서 상서로울 수 있는 것이다.

象曰 澤上有風이 中孚ㅣ니 君子ㅣ 以하야 議獄하며 緩死하나니라.
상왈 택상유풍 중부 군자 이 의옥 완사

「상전」에 이르길 못(澤, ☱) 위에 바람(風, ☴)이 있는 것이 '중부中孚'이니, 군자가 이를 본받아서 옥사를 의논하고 사형을 완화시킨다.

澤感而風應, 風施而澤受, 隨感隨應, 隨施隨受, 此中孚之至也. 君子知民之爲惡也, 蓋有出於不得已者焉. 如得其情, 則哀矜而勿喜, 故於獄則議之, 功疑惟重, 罪疑惟輕也. 於死則緩之, 與其殺不辜, 寧失不經也. 如此, 則殺一人而天下服, 雖死不怨殺者矣.

---

669 '시방十方'은 동서남북 사방과 건乾·곤坤·간艮·손巽의 사우四隅, 또는 북서·남서·북동·남동의 사유 및 상·하를 아울러 이르는 말이다. 곧 '시방'은 공간적 개념으로 쓰인다. 이에 반해 '삼세三世'는 과거·현재·미래 등 시간의 흐름을 뜻한다. 곧 '삼세'는 일체의 존재가 생멸 변화하는 시간적 개념으로 쓰인다. 결과적으로 '시방삼세'는 헤아릴 수 없는 공간세계인 우주와 그러한 우주에서 생사를 반복하며 살아가는 모든 중생들을 통칭하는 뜻으로 쓰인다.

못이 느끼면 바람이 상응하고, 바람이 베풀면 못은 받아들인다. 느낌에 따라서 상응함이 따르고, 베풂을 따라서 받아들임이 따르는 것, 이것이 야말로 '중부'의 지극함이다. 군자는 백성들이 저지르는 악행들이 대부분 부득이한 사정에서 비롯되는 것임을 안다. 만약 그러한 실정을 안다면 죄를 범한 백성들을 슬퍼하고 불쌍히 여겨야지 기뻐해서는 안 된다. 그러므로 옥사獄事에 대한 논의를 함에 있어 공로가 있는지 의심스러울 때는 공로가 많은 쪽을 택하여 상을 내려야 하고, 죄가 있는지 의심스러울 때는 죄가 가벼운 쪽을 택하여 벌을 내려야 한다.[670] 사형을 함부로 집행해서는 안 되며, 죄 없는 사람을 잘못 죽이는 것보다는 차라리 법을 지키지 않는다는 비난을 받는 것이 낫다.[671] 이와 같이 옥사를 처리한다면 한 사람을 죽이더라도 천하가 모두 복종하게 될 것이며, 비록 사형을 당하게 되더라도 사형을 지시한 자를 원망하지 않게 될 것이다.

初九는 虞하면 吉하니 有他ㅣ면 不燕하리라.
초 구　우　길　유 타　불 연

초구는 헤아리면 길하니, 다름이 있으면 편안하지 못하다.

象曰 初九虞吉은 志未變也ㄹ새라.
상 왈　초 구 우 길　지 미 변 야

「상전」에 이르길 초구가 헤아려서 길하다는 것(初九虞吉)은 뜻이 변하

---

670 『상서』「우서虞書」「대우모大禹謨」편에서 언급되고 있다.
671 『상서』「우서」「대우모」편에서 언급되고 있다.

지 않기 때문이다.

君子戒愼乎其所不覩, 恐懼乎其所不聞, 皆是向一念未生前下手, 卽
本體卽功夫, 卽功夫卽本體, 故能遯世不見知而不悔. 而天地位焉, 萬
物育焉, 所謂闇然而日章者也. 纔起一念, 則名爲他, 則志變而不燕
矣. 小人而無忌憚, 行險徼倖, 皆從此一念構出, 可不虞之於初也哉.
中孚以天地萬物爲公, 若專應六四, 便名有他.

군자가 그 보이지 않는 바를 삼가고, 그 들리지 않는 바를 두려워하는
것[672]은 모두 한 생각이 생겨나기 이전(本性)을 지향해서 공부를 시작해
야 된다는 의미이다. 본체를 바탕하는 것(卽本體: 곧 본성을 의지해서
공부가 이루어지는 것)이 바로 공부요, 공부를 바탕하는 것(卽功夫:
곧 공부를 통해서 본체를 체득해 가는 것)이 곧 본체이다. 그러므로 세상을
은둔해 살면서 사람들이 알아주지 않더라도 후회하지 않을 수 있다.
천지가 제자리를 찾고(天地位焉) 만물이 육성되는 것이니(萬物育
焉),[673] 이른바 '어두운 듯 보이지만 날이 갈수록 빛나는 것(闇然而日
章)'[674]이다. 한 순간 한 생각이 일어나는 것을 곧 '타(他: 번뇌 망상)'라고
부를 수 있는데, 이러한 번뇌(他)를 일으켜 뜻이 변하게 되면(志變:
곧 본성을 잃게 되면) 편안하지 못할 수밖에 없다. 소인이 함부로 행동하
고,[675] 험한 짓을 행하면서 요행을 바라는 것[676]은 모두 이러한 한 생각의

---

672 『중용』 제1장에서 언급되고 있다.

673 위와 같음.

674 『중용』 제33장에서 언급되고 있다.

675 『중용』 제2장에서 언급되고 있다.

번뇌를 좇아 얽혀 생겨나는 것이다. 가히 처음부터 타고난 본성을
지키지(虞)[677] 못했기 때문이 아니겠는가! '중부'는 천지만물에 대해
공평한 마음을 갖는 것이다. 만일 (초구가 자신과 음양 상응하는)
육사하고만 전적으로 상응하려고 한다면 곧 '다름이 있다(有他)'고
할 수 있다.

九二는 鳴鶴이 在陰이어늘 其子ㅣ 和之로다. 我有好爵하야 吾與
구 이　명 학　　재 음　　기 자　화 지　　아 유 호 작　　오 여

爾靡之하노라.
이 미 지

구이는 우는 학이 그늘에 있거늘, 그 새끼가 화답하도다. 나에게 좋은
벼슬이 있어 내 너와 더불어 얽힌다.

象曰 其子和之는 中心願也ㅣ라.
상 왈　기 자 화 지　　중 심 원 야

「상전」에 이르길 '그 새끼가 화답한다(其子和之)'는 것은 마음속에서
깊이 원하는 것이다.

剛得中而居二陰之下, 此正闇然日章者也. 鶴鳴子和, 感應並出於天

---

677 앞뒤 문맥으로 보아 여기서 '우虞'는 '헤아리다'는 의미보다는 '오로지 하다',
　　혹은 '안심하다, 또는 '방비하다'는 의미에 더 가깝다고 보인다. 소인이 본래부터
　　타고난 본성의 청정성을 처음 그대로 지키지 못해 함부로 행동하고 요행을
　　바라면서 욕심을 부린다는 뜻으로 표현되고 있다.

然, 豈有安排勉强, 故曰中心願也. 子無專指, 但取同德相孚之人.

구이는 강건한 양효로 내괘에서 중을 얻어서 두 음효(육삼, 육사) 아래에 자리하고 있다. 이는 바로 어두운 듯 보이지만 날이 갈수록 빛나는 자라 할 수 있다. 학이 울면 새끼가 화답하는 것은 감응이 서로 어울려 (並) 자연스럽게 저절로(天然) 우러나는 것이다. 어찌 준비하고 있다가 마지못해 하는 것(安排勉强)이겠는가? 그러므로 '마음속에서 원한다 (中心願也)'고 말한 것이다. 효사의 '새끼(子)'는 어느 특정한 대상을 가리키는 것이 아니라, 단지 같은 덕으로 서로 믿음을 나누는 사람을 지칭한다고 볼 수 있다.

六三은 **得敵**하야 **或鼓或罷或泣或歌**ㅣ로다.
육 삼   득 적   혹 고 혹 파 혹 읍 혹 가

육삼은 적을 얻어서 혹은 두드리고 혹은 파하고 혹은 울고 혹은 노래하기도 한다.

象曰 **或鼓或罷**는 **位不當也**ㄹ새라.
상 왈 혹 고 혹 파   위 부 당 야

「상전」에 이르길 '혹은 두드리고 혹은 파하는 것(或鼓或罷)'은 자리가 마땅하지 않기 때문이다.

若以卦體合觀, 則三與四皆所謂柔在內者也. 今以諸爻各論, 則六三陰不中正, 爲兌之主. 本應上九而彼方登天獨鳴, 不來相顧, 近得六四, 敵體同類, 故有時欣其所得, 則或鼓, 有時怨其所應, 則或罷. 有時

遙憶上九, 則或泣. 有時且娛六四, 則或歌. 皆由無德, 不能當位故也.

만약 중부괘 전체를 통합해서 살펴보면, 육삼과 육사는 모두 이른바 「단전」의 '유柔가 안에 있다(柔在內)'는 표현에 해당하는 자들이다. 지금 모든 효들을 개별적으로 논해 보면, 음효인 육삼은 중정하지도 못하면서 태(兌, ☱)괘의 주효로 자리하고 있다. 본래는 상구와 상응해야 하지만 상구는 바야흐로 하늘 높이 올라가 홀로 외롭게 울고 있으면서 내려와서 서로 마주하려 하지 않는다. 가까이 자리하고 있는 육사를 만나지만, 같은 음효(同類)로 경쟁상대(敵體)라 할 수 있다. 그러므로 그 육사와의 만남을 어떤 때는 기뻐하면서 북을 두드리기도 하고, 어떤 때는 그와 상응하는 상구를 원망하면서 북 두드리는 것을 멈추기도 한다. 어떤 때는 멀리 하늘에 소요하는 상구를 그리워하면서 울기도 하고, 어떤 때는 또다시 육사와 즐기면서 노래를 부르기도 한다. 모든 것이 덕이 없어서 하는 짓으로, 능히 자리가 마땅하지 못하기 때문이다.

六四는 **月幾望**이니 **馬匹**이 **亡**하면 **无咎**ㅣ리라.
육 사　월 기 망　　마 필　망　　무 구

육사는 달이 거의 보름이니, 말의 짝이 없어지면 허물이 없다.

象曰 馬匹亡은 **絶類**하야 **上也**ㅣ라.
상 왈　마 필 망　절 류　　상 야

「상전」에 이르길 '말의 짝이 없어진다(馬匹亡)'는 것은 무리(類: 초구)를 끊고 위로(구오) 올라가는 것이다.

柔而得正, 陰德之盛者也, 故如月幾望焉. 六三妄欲得我爲匹, 我必亡
其匹, 絕其類, 乃上合於天地萬物爲公之中孚, 而無咎也.

유순한 음효로 바른 자리를 얻고 있으니, 음덕陰德이 성대한 자라
할 수 있다. 그러므로 마치 '달이 거의 보름달에 이른 형상(月幾望)'과
같다. 육삼이 헛되이 육사를 짝으로 삼으려고 하더라도 육사는 반드시
그 짝(육삼)에 대한 생각을 잊어야 한다. 자신과 같은 음효인 육삼과의
인연을 단절하고 바로 위에 있는 천지만물에 대해 공평정대한 중도의
믿음(中孚)을 갖추고 있는 구오와 함께해야 허물이 없다.

九五는 有孚ㅣ 攣如니 无咎ㅣ니라.
_{구 오　유 부　연 여　무 구}

구오는 믿음을 두는 것이 당기는 것 같이 하면(진실한 덕으로 천하의
민심을 사로잡으면) 허물이 없을 것이다.

象曰 有孚攣如는 位正當也ㅣㄹ새라.
_{상 왈 유 부 연 여　위 정 당 야}

「상전」에 이르길 '믿음을 두어 당기는 것 같이 한다(有孚攣如)'는 것은
자리가 마땅하기 때문이다.

陽剛中正, 居於尊位, 德位相稱, 天下信之, 攣如而不可移奪者也. 然
亦止盡中孚之道而已, 豈有加哉. 故但曰無咎, 亦猶圓滿菩提歸無所
得之旨歟.

양효로서 강건하고 중정하게 임금의 자리에 거처하고 있다. 갖추고
있는 덕과 앉아 있는 지위가 알맞게 서로 균형을 이루고 있다. 천하
사람들의 그에 대한 믿음이 하나로 이어진 것과 같아서(譬如) (그에
대한 믿음을) 변하게 하거나 빼앗을 수 없는 자이다. 그렇지만 구오는
역시 단지 '중부'의 도를 최선을 다해 실천하는 것뿐이니, 어찌 다시
보탤 것이 있겠는가? 그렇기 때문에 단지 '허물이 없다(無咎)'고 한
것이다. 또 한편으로 원만한 깨달음(圓滿菩提)은 얻을 것이 없는 곳으로
돌아간다는 뜻과 같다.[678]

上九는 **翰音**이 **登于天**이니 **貞**이라도 **凶**하니라.
상구   한음   등우천   정   흉

상구는 나는 소리가 하늘에 오름이니 고집해서 흉하다.

象曰 翰音登于天이니 **何可長也**ㅣ리오.
상왈 한음등우천   하가장야

「상전」에 이르길 '나는 소리가 하늘에까지 오른다(翰音登於天)'고 하였
으니, 어찌 가히 오래갈 수 있겠는가?

剛不中正, 居巽之上, 卦之終, 自信其好名好高情見, 而不知柔內得中
之道者也. 如雄雞捨其牝而登鳴於屋, 已爲不祥, 況欲登天. 天不可

---

678 원만한 깨달음을 얻는다는 것은 특별한 것이 아니라, 자신이 본래 갖추고
있는 청정한 무형, 무색, 무취의 본성(불성)을 깨달아 그러한 본성과 하나가
되는 것이라는 의미의 표현이다.

登, 人必以爲怪而殺之矣, 何可長也.

양효로서 강건하지만 중도를 지나쳐 중정하지 못하면서 손(巽, ☴)괘의 맨 위에 자리하고 있고, 중부괘의 끝자리를 차지하고 있다. 스스로 그 명성을 좋아하고 높은 지위만을 좋아하는 미혹한 생각(情見)을 믿고서 내적으로 유순하게 중용의 도를 갖춰야 됨을 알지 못하는 자이다. 만약 수탉이 그 암탉을 버리고 지붕 위로 울며 날아오르는 것도 이미 상스럽지 못한 짓인데, 하물며 하늘 위로 날아오르고자 하는 것이겠는가! 하늘에도 오르지 못함은 물론이고 사람들도 반드시 괴이하게 생각하여 죽여 버릴 것이다. 어찌 오래 살 수 있겠는가?

(62) ䷽ 뇌산소과雷山小過

小過는 亨하니 利貞하니 可小事ㅣ오 不可大事ㅣ니 飛鳥遺之音
소과   형   이정   가소사   불가대사   비조유지음

에 不宜上이오 宜下ㅣ면 大吉하리라.
   불의상   의하   대길

'소과小過'는 형통하니 바르게 함이 이롭고, 작은 일은 가능하지만 큰일
은 가능하지 못하다. 나는 새가 소리를 남김에 올라가는 것은 마땅하지
않고, 마땅히 아래로 내려오면 크게 길하다.

君子之制數度議德行也, 使其節如天地四時, 則豚魚亦信之矣, 夫豈
有過也哉. 自其不能應乎天者, 以有他而不燕, 故過或生焉. 然過從求
信而生, 過則小矣. 過生而聖賢爲之補偏救弊, 如行過乎恭, 喪過乎
哀, 用過乎儉之類, 未免矯枉過正, 此亦所謂小過也. 夫求信而成小
過, 其過可改也, 故亨. 矯枉而爲小過, 其過可取也, 故亨. 然必要於得
正而已矣. 貞則小過便成無過, 不貞則小過將成大過. 是故當小過時,
但可爲小事以祈復於無過之地, 不可更爲大事以致釀成不測之虞. 譬
如飛鳥已過, 遺我以音, 不宜上而宜下. 上則音啞而我不得聞, 下則音
揚而我得聞之. 得聞鳥音, 以喩得聞我過而速改焉, 則復於無過之地,
過小, 而吉乃大矣.

군자가 도수(數度: 法度, 曆數)를 제정하고 덕행을 논의함에 있어 그

절도(節)를 천지가 사계절을 운용하는 것처럼 할 수 있다면 돼지나 물고기들도 역시 신뢰하게 될 것이다. 대저 어찌 허물이 있을 수 있겠는가? 군자 스스로가 그러한 하늘의 뜻에 상응하지 못하는 것은 망상을 일으켜 마음이 어지러워져 편안하지 않기 때문이다(有他而不燕).[679] 그러므로 허물이 혹여 생겨나는 것이다. 그러나 허물은 '중부'의 믿음을 추구하다가 발생했기 때문에 그 허물은 적다. 허물이 발생하게 되면 성현들은 그것을 병폐를 고치는 계기로 삼았다(補偏救弊). (작은 허물이 될 수 있는 것들을 예로 든다면) 행동할 때 너무 지나치게 공손히 하고, 문상하면서 지나치게 슬퍼하고, 검소함이 너무 지나친 것과 같은 것들이다. 잘못된 것을 바로잡으려다 도리어 정도를 지나칠 수밖에 없는 것이니,[680] 이 또한 이른바 '소과小過'의 의미가 될 수 있다.

대저 '중부'의 믿음을 추구하다가 약간의 허물을 범하게 되었을 경우, 그러한 허물은 충분히 고칠 수 있다. 그러므로 형통하다(亨). 잘못된 것을 바로잡으려다가 약간의 실수(小過)를 범하게 되는 경우도 그러한 실수는 충분히 감당해 낼 수 있다. 그러므로 형통하다. 그렇지만 반드시 정도를 지키는 것(得正)이 중요할 따름이다. 바르게 정도를 지킨다면 조금의 지나침은 곧 허물될 것이 없다. 부정한 방법에 의지한다면 조금의 지나침도 장차 큰 허물이 되고 만다. 이렇기 때문에 약간의 허물이 있을 때(小過時)에는 다만 작은 일만을 하면서 허물이 없었던 처지를 회복하기를 바라야 된다. 또다시 큰일을 도모해서 뜻밖의 근심

---

679 풍백중부 초구 효사에 대한 선해 참조.

680 교왕과정矯枉過正: 구부러진 것을 바로잡으려다 도리어 정도를 지나치는 것을 의미한다. '과유불급過猶不及'과 비슷한 뜻이다.

을 만들어 내서는(釀成) 안 되는 것이다. 비유하자면 새가 이미 날아가 버리고, 나는 남아서 새가 우는 소리만을 듣게 된다면, 마땅히 높은 곳보다는 낮은 곳에 있어야 하는 것과 같다. 높은 곳에서는 새소리가 울리지 않아(喑啞) 내가 들을 수가 없고, 낮은 곳에서는 새소리가 울려서(喑揚) 내가 들을 수 있기 때문이다. 새소리를 들을 수 있다는 것은 나의 허물에 대한 소리를 듣고 신속하게 허물을 고치는 것을 비유한다. 그렇게 되면 허물이 없었던 처지를 회복할 수 있고, 허물도 적게 되어 상서로운 일만 더욱 증대되는 것이다.

象曰 小過는 小者ㅣ 過而亨也ㅣ니 過以利貞은 與時行也니라.
단왈 소과 소자 과이형야 과이이정 여시행야

柔得中이라 是以小事ㅣ 吉也ㅣ오 剛失位而不中이라 是以不可
유득중 시이소사 길야 강실위이부중 시이불가

大事也ㅣ니라. 有飛鳥之象焉하니라. 飛鳥遺之音不宜上宜下大
대사야 유비조지상언 비조유지음불의상의하대

吉은 上逆而下順也ㄹ새라.
길 상역이하순야

「단전」에 이르길 '소과小過'는 작은 것이 지나쳐서 형통한 것이니, 지나치지만 바르게 함이 이로운 것은 때와 더불어 행하기 때문이다. 유柔가 중中을 얻었으니 이로써 작은 일이 길하고, 강剛이 자리를 잃고 가운데 있지 못하니 이로써 큰일이 가능하지 않다. 나는 새의 형상이 있다. '나는 새가 소리를 남김에 올라가는 것은 마땅하지 않고 마땅히 아래로 내려오면 크게 길하다(飛鳥遺之音不宜上宜下大吉)'는 것은 올라가는 것은 거스르는 것이요, 내려오는 것은 순조롭기 때문이다.

小者卽小事, 小事有過, 故仍不失其亨. 設大者過, 則必利有攸往乃亨
矣. 惟與時行, 故雖過不失其貞. 彖但言貞, 傳特點出時行二字, 正顯
時當有過, 則過乃所以爲貞. 倘不與時行, 雖强欲藏身於無過之地, 亦
不名爲貞也. 且人有剛柔二德, 任大事則宜用剛, 處小事則宜用柔. 今
此卦柔得其中, 得中則能與時行, 故小事吉. 剛失位而不中, 不中則不
能與時行, 故不可以大事. 且卦體中二陽爻如鳥之背, 外各二陰如舒
二翼, 有似飛鳥之象. 鳥若上飛, 則風逆而音啞, 鳥若下飛, 則風順而
音揚也. 錢啓新曰, 大過, 大者過也, 曰剛過而中. 小過, 小者過也,
曰柔得中. 其所謂過, 皆有餘之謂. 大成其大, 如獨立遯世等事. 小成
其小, 如過恭過哀過儉等事. 初不是過剛過柔, 更不是過中. 故大過之
後, 受之以坎離之中, 小過之後, 受之以旣濟未濟之中. 君子以天下與
世論, 須是大過, 以家與身論, 須是小過. 大過以剛大有餘爲用, 剛中
之能事, 小過以柔小有餘爲用, 柔中之能事. 剛中又巽兌二柔之用, 柔
中又震艮二剛之用, 都不是過中之過, 又匪專以坎爲剛中, 離爲柔中,
故隨小大而皆亨.

'소소'는 곧 작은 일이다. 작은 일에는 지나침이 있더라도 그 형통함을
잃지는 않는다. 설사 큰일에 지나침이 있더라도 반드시 계속 실천해야
이로울 수 있으며, 나아가 형통할 수 있다. 오직 때에 맞춰 실행하기
때문에 비록 지나치더라도 그 정도를 잃지 않을 수 있는 것이다. 단사彖
辭에서는 단지 '바름(貞)'만 말했으나, 「단전」에서 특별히 '때맞춰 행한
다(時行)'는 두 글자를 강조해 표현하고 있는 것은 바로 때에 마땅히
지나침이 있을 경우, 곧 지나침(곧 그러한 지나침의 현실에 맞춰 적절히

대응해 나가는 것)이 정도(貞)가 될 수 있음을 나타낸 것이다. 만약 때에 맞춰 적절히 행하지 못한다면, 비록 억지로 허물없는 처지에 몸을 감추려고 해도 역시 바른 처신이라고 할 수 없다. 또 한편으로 사람에겐 강건함과 부드러움의 두 가지 덕이 있다. 큰일을 하는 경우에 있어서는 마땅히 강건함을 써야 하고, 작은 일을 하는 경우에 있어서는 마땅히 부드러움을 써야만 한다.

지금 이 소과괘는 유(柔, 육오)가 그 중심에 자리하고 있다. 부드러움이 가운데 자리하고 있으면 때에 맞춰 적절히 행동할 수 있다. 그러므로 '작은 일은 길하다(小事吉)'고 하는 것이다. 강(剛, 구사)은 바른 자리를 잃었고 가운데 자리하지도 못하고 있다. 중도를 얻지 못하면 때에 적합하게 맞춰 적절히 행동할 수 없다. 그렇기 때문에 '큰일은 불가하다 (不可以大事)'고 한다. 또한 소과괘의 본체 가운데 있는 두 양효(삼효, 사효)는 새의 등줄기와 같고, 밖의 각각의 두 음효(초육, 육이, 육오, 상육)들은 두 날개를 펼친 것과 같아서 날아가는 새의 형상과 비슷함이 있다. 새가 만약 위로 날아오르면 바람을 거슬러서 소리가 들리지 않게 되고, 새가 만약 아래로 날게 되면 바람을 따르기 때문에 소리가 울리게 된다.

전계신錢啓新[681]은 말하길 "대과大過는 큰 것이 지나침이니, 강剛이

---

681 전계신(錢啓新: 1539~1600): 명나라 때 정치가, 사상가. 이름은 일본一本, 자는 국서國瑞, 호는 계신啓新으로, 강소성 상주부常州府 무진武進 사람이다. 동림학원 東林學院에서 학생들을 가르쳤던 까닭에 학자들이 계신선생이라 불렀다. 저서로 『상묘像妙』 6권, 『상상관견像象管見』 9권, 『사성일심록四聖一心錄』 6권 등이 있으며, 모두 『사고전서』에 목록이 기재되어 있다.

지나쳐 가운데 함을 말한다. 소과小過는 작은 것이 지나침이니, 유柔가 중을 얻음을 말한다. 그 이른바 '지나치다(過)'는 것은 모두 여유를 말한다. 큰 것이 그 큰 것을 이룸은 홀로 서고 세상을 은둔하는 등의 일과 같다. 작은 것이 그 작음을 이룸은 지나치게 공손하고(過恭), 지나치게 슬퍼하고(過哀), 지나치게 검약하는(過儉) 등의 일과 같다. 처음부터 지나친 강(過剛)과 지나친 유(過柔)가 아니고, 더욱더 지나친 중(過中)도 아니다. 그러므로 택풍대과(澤風大過, ䷛)괘 다음에 중수감(重水坎, ䷜)괘와 중화리(重火離, ䷝)괘의 중으로써 받는다. 뇌산소과(雷山小過, ䷽)괘 다음에는 수화기제(水火旣濟, ䷾)괘와 화수미제(火水未濟, ䷿)괘의 중으로써 받는다. 군자가 천하로써 세상을 논할 적에는 모름지기 이러한 대과라야 하고, 집과 몸으로써 논할 적엔 모름지기 이러한 소과라야 한다. 대과는 강대함이 남아도는 것을 활용하는 것이니, 강함 속에서 할 수 있는 일이다. 소과는 유소柔小함이 남아도는 것을 활용하는 것이니, 부드러움 속에서 할 수 있는 일이다. 강중剛中은 또한 손(巽, ☴)괘와 태(兌, ☱)괘의 두 유순함의 작용이고, 유중柔中은 또한 진(震, ☳)괘와 간(艮, ☶)괘의 두 강건함의 작용이니, 모두 중도를 지나친(過中) '과過'가 아니다. 또한 오로지 감(坎, ☵)괘로써만 강중剛中을 삼고, 이(離, ☲)괘로서만 유중柔中을 삼는 것도 아니다. 그러므로 작고 큰 것을 따라 모두 형통한 것이다"라고 하였다.

象曰 山上有雷ㅣ 小過ㅣ니 君子ㅣ 以하야 行過乎恭하며 喪過乎哀하며 用過乎儉하나니라.
상왈 산 상 유 뢰　소 과　군 자　이　행 과 호 공　상 과 호 애　용 과 호 검

「상전」에 이르길 산(山, ☶) 위에 우레(雷, ☳)가 있는 것이 '소과小過'니, 군자가 이를 본받아 행실은 공손한 데 지나치며, 초상은 슬퍼하는 데 지나치며, 쓰는 것은 검소한 데 지나친다.

吳草廬曰, 恭以救傲, 哀以救易, 儉以救奢, 救其過以補其不足, 趣於 平而已, 所謂時中也. 項氏曰, 曰行曰喪曰用, 皆見於動, 以象震也. 曰恭曰哀曰儉, 皆當止之節, 以象艮也.

오초려(吳草廬, 1249~1333)는 말하길 "공손함으로써 오만함을 고치고, 불쌍하게 여김으로써 경시하는 태도를 고치며, 검소함으로써 사치하는 태도를 고쳐야 한다. 그 지나침을 고쳐서 그 부족함을 보충해야 공평함에 도달할 수 있다. 이른바 '때에 맞게 절제하여 중용을 지킨다(時中)'[682]는 의미이다"라고 하였다.

항씨項氏[683]는 말하길 "행동(行), 문상(喪), 사용(用)이라 말하는 것은 모두 움직인다는 측면에서 표현한 것으로, 진(震, ☳)괘의 상이다. 공손함(恭), 슬퍼함(哀), 검소함(儉)이라고 말하는 것은 모두 마땅히 그쳐야 할 절도를 의미하는 것으로, 간(艮, ☶)괘의 상이다"라고 하였다.

---

[682] 『중용』제2장에서 "군자의 중용적 삶은 군자로서 때를 잘 알아 그 상황에 가장 적절한 중심을 잡고 사는 것이며, 소인의 반중용적 삶은 소인으로서 시도 때도 모르고 아무런 고민 없이 인생을 막 살아간다(君子之中庸也, 君子而時中, 小人之反中庸也, 小人而無忌憚也.)"라는 내용으로 언급되고 있다.

[683] 항씨項氏: 자세한 생몰연대를 알 수 없다. 단지 명대의 인물로 추정될 뿐이다.

初六은 飛鳥 | 라 以凶이니라.
초 육　비 조　　이 흉

초육은 나는 새이다. 흉하다.

象曰 飛鳥以凶은 不可如何也 | 라.
상 왈　비 조 이 흉　　불 가 여 하 야

「상전」에 이르길 '나는 새이니 흉하다(飛鳥以凶)'는 것은 어찌할 수 없는 것이다.

陰不中正, 上應九四, 宜下而反上者也, 凶決不可救矣.

음효로서 중정하지 못한 처지에서 위로 구사와 상응하고 있다. 마땅히 아래에 머물러 있어야 하지만 도리어 올라가고자 하는 자이다. 흉함을 결코 구제할 수 없다.

六二는 過其祖하야 遇其妣니 不及其君이오 遇其臣이면 无咎 |
육 이　과 기 조　　우 기 비　불 급 기 군　　우 기 신　　무 구
니라.

육이는 그 할아버지(구사, 내직신하)를 지나쳐서 그 할머니(육오, 임금)를 만남이니, 그 임금에 미치지 않고 그 신하를 만나면 허물이 없을 것이다.

象曰 不及其君은 臣不可過也 | 라.
상 왈　불 급 기 군　　신 불 가 과 야

「상전」에 이르길 '그 임금에 미치지 않는다(不及其君)'는 것은 신하가

지나칠 수 없음이다.

設欲上進, 則必過九四之祖, 遇六五之妣. 然兩陰不相應, 而六二陰柔
中正, 居於止體, 故不復上及六五之君. 但遇其九四之臣, 以知九四雖
臣, 而實有德, 決不可過故也. 二與四同功而異位, 故有相遇之理. 太
公避紂而遇文王, 此爻似之.

육이가 만약 위로 올라가고자 한다면 반드시 구사의 할아버지를 지나서
육오의 할머니를 만나야 한다. 그러나 두 음효(육이와 육오)는 서로
상응하지 못하기 때문에 육이는 음효로서 유순하게 중정한 태도로
멈춰 있는 본체(止體, ☶)를 지키고 있어야 한다. 그렇기 때문에 다시
위에 있는 육오의 임금을 찾아가서는 안 되는 것이다. 다만 그 구사의
신하를 만날 수는 있다. 구사가 비록 신하이지만 실질적인 덕이 있고
결코 무시할 수 없는 인물임을 알기 때문이다. 육이와 구사는 공로를
함께 세울 수는 있지만 처해 있는 자리가 다르다. 그러므로 서로 만나야
할 이유가 있는 것이다. 강태공이 폭군 주紂를 피해서 문왕을 만난
경우가 있는데, 이 육이 효가 그러한 경우와 비슷하다.

九三은 弗過防之면 從或戕之라 凶하니라.
구 삼 불 과 방 지   종 혹 장 지   흉

구삼은 지나치게 막지 못하면 좇아서 혹 해롭게 할 것이다. 흉하다.

象曰 從或戕之ㅣ 凶如何也ㅣ오.
상 왈 종 혹 장 지   흉 여 하 야

「상전」에 이르길 '좇아서 혹 해롭게 한다(從或戕之)'고 했으니, 흉함이 어떻겠는가?

重剛不中, 而應上六, 如鳥身不能爲主, 反隨翼而高飛, 旣弗肯過防閑之, 必有從而戕之者矣, 其凶何如.

양효가 양 자리에 있어 거듭 강하기만 하고 가운데 자리하지도 못하면서 상육과 응하고 있다. 마치 새의 몸통은 주체가 되지 못하고, 도리어 날개를 좇아서 높이 날고 있는 처지와 같다. 이미 기꺼이 재앙(過)을 방비하여 막지 못한다면 반드시 좇아와서 죽이는 자가 있을 것이다. 그 흉함이 어떻겠는가?

九四는 **无咎**하니 **弗過**하야 **遇之**니 **往**이면 **厲**ㅣ라. **必戒**며 **勿用永貞**이니라.
구사 무구 불과 우지 왕 려 필계 물용영정

구사는 허물이 없으니, 지나치지 않아서 만나니, 가면 위태롭다. 반드시 경계하며 영구히 고집하지 말라.

象曰 弗過遇之는 **位不當也**ㅣ오 **往厲必戒**는 **終不可長也**ㄹ새라.
상왈 불과우지 위부당야 왕려필계 종불가장야

「상전」에 이르길 '지나치지 않아서 만난다(弗過遇之)'는 것은 자리가 마땅하지 않은 것이고, '가면 위태로우니 반드시 경계하라(往厲必戒)'는 것은 마침내 오래할 수 없기 때문이다.

九三信其剛正, 自以爲無咎者也, 乃弗防而致戕. 九四居位不當, 自知
其有咎者也, 乃周公許其無咎, 何哉. 蓋人惟自見有不足處, 方能過於
省察, 堯舜其猶病諸, 文王望道未見, 孔子五十學易, 伯玉寡過未能,
皆此意耳. 四與初應, 故弗過而遇之, 但使初來聽命於四, 則四爲主而
無咎. 設使四往聽命於初, 則初反爲主. 喜上而不喜下, 初得凶, 而四
亦甚厲矣. 故必戒而勿用, 須是永守其不宜上宜下之貞, 乃可長也.

구삼은 그 자신이 강건하고 바르다는 것을 믿기 때문에 스스로 허물이
없다고 생각하는 자이다. 이 때문에 방비를 하지 않아서 해롭게 되었다.
구사는 처해 있는 자리가 정당하지 못하지만 스스로가 그 허물이 있다는
것을 아는 자이다. 이런데도 주공周公이 그가 허물이 없다고 인정한
것은 무슨 이유인가? 대체적으로 사람은 오직 스스로 부족한 점이
있다는 것을 알아야만 바야흐로 충분한(過) 성찰을 할 수 있다. 요임금
과 순임금도 오히려 부족하게 여기셨고(堯舜其猶病諸),[684] 문왕도 늘
도를 열망하기를 아직 한 번도 보지 못한 사람처럼 했으며(文王望道未
見),[685] 공자도 오십에 주역을 공부하셨고(孔子五十學易),[686] 거백옥도

---

684 『논어』「헌문憲問」편에서 "자로가 군자에 대해 질문했다. 공자가 말씀하셨다.
   '경건함으로 자신을 수양하는 것이다.' (자로가) 물었다. '그와 같이 하기만
   하면 됩니까?' (공자가) 말씀하셨다. '자신을 수양해 사람을 편하게 하는 것이다.'
   (자로가) 물었다. '그와 같이 하기만 하면 됩니까?' (공자가) 말씀하셨다. '자신을
   수양해 백성을 편안하게 해주는 것이다. 자기를 수양해 백성을 편안하게 해주는
   것은 요순도 오히려 부족하게 여기셨다(子路問君子, 子曰, 修己以敬. 曰, 如斯而已
   乎. 曰, 修己以安人. 曰, 如斯而已乎. 曰, 修己以安百姓, 修己以安百姓, 堯舜其猶病
   諸.)"라는 내용으로 언급되고 있다.
685 『맹자』「이루하離婁下」편에서 "문왕은 백성을 보기를 상처 입은 사람 돌보듯

허물을 적게 하고자 했으나 그렇게 하지 못했다고 하였다(伯玉寡過未能).[687] 모두 이러한 의미를 나타내고 있다.

구사는 초구와 상응하고 있기 때문에 무리하지 않고(弗過) 그를 만날 수 있다. 다만 초육으로 하여금 구사에게 와서 명령을 듣도록 해야 구사가 주체가 되어 허물이 없게 된다. 만약 구사가 직접 찾아가서 초육에게 명령을 듣도록 한다면 초육이 도리어 주체가 될 수밖에 없다. 위로 올라가기만(출세하기만)을 좋아하고 낮은 자리에 있기를 싫어한다면 초육도 흉하게 되고 구사 역시도 심히 위태롭게 된다. 그러므로 반드시 경계해야만 하고 그렇게 하지 말아야 한다. 모름지기 그(초구)가 마땅히 위로 올라오지 못하도록 하고 아래에서 바른 처신을 항상 지키고 있도록 해야만 구사도 장구하게 자신의 자리를 지킬 수 있는 것이다.

六五는 密雲不雨는 自我西郊ㅣ니 公이 弋取彼在穴이로다.
육 오   밀 운 불 우   자 아 서 교   공   익 취 피 재 혈

하셨으며, 도를 열망하기를 아직 한 번도 보지 못한 사람처럼 하셨다(文王, 視民如傷, 望道而(如)未之見.)"라는 내용으로 언급되고 있다.

[686] 『논어』「술이述而」편에서 "공자가 말씀하시길, 나에게 몇 년을 더 보태어 쉰 살까지 주역을 공부한다면 큰 허물이 없을 것이다(子曰, 加我數年, 五十而學易, 可以無大過矣.)"라는 내용으로 언급되고 있다.

[687] 『논어』「헌문憲問」편에서 "거백옥이 사람을 공자에게 보내왔다. 공자가 함께 앉아 물어보시기를 '부자(거백옥)께서는 무엇을 하고 계시오?' 사자가 대답하기를 '부자께서는 과실을 적게 하려고 애쓰시지만 아직 충분하지 못하신 듯합니다.' 시자가 물러가자 공자께서 말씀하시기를 '사자로구나, 사자여!(蘧伯玉, 使人於孔子, 孔子與之坐而問焉曰, 夫子何爲. 對曰, 夫子欲寡其過而未能也. 使者出, 子曰, 使乎使乎.)"라는 내용으로 언급되고 있다.

육오는 빽빽한 구름에 비가 내리지 못하는 것은 내가 서쪽 교외로부터 함이니, 공公이 저 구멍에 있는 것을 활을 쏘아 취한다.

象曰 密雲不雨는 已上也일새라.
상 왈 밀 운 불 우 이 상 야

「상전」에 이르길 '구름은 빽빽한데 비가 내리지 않는다(密雲不雨)'는 것은 이미 올라갔기 때문이다.

陰柔不正, 下無應與, 雖爲天下共主, 膏澤不下於民. 如雲自西郊, 雖密不雨者焉. 乃使九四之公, 坐收下位群賢, 如弋彼在穴而不費力, 蓋由六五之已上, 違於不宜上宜下之貞故也. 此如紂不能用太公, 反使文王取之.

육오는 음효로 유약하고 자리도 바르지 않으며, 아래로 상응하여 함께할 자도 없다. 비록 천하 사람들이 함께 모시는 임금이라고는 하지만 혜택(膏澤)을 백성들에게 베풀지 못하고 있다. 마치 구름이 서쪽으로부터 부는 바람(自西郊) 때문에 비록 짙게 구름이 모여 있지만 비가 내리지 않는 상황과 같다. 이 때문에 육오는 구사의 제후로 하여금 자신을 보좌하여 낮은 지위에 있는 모든 어진 자들을 관리하도록 해야만 한다. (이렇게 하는 것은) 마치 저 동굴 속에 숨어 있는 동물을 힘들이지 않고 사냥해서 잡는 것과 같다. 대개 육오는 이미 높은 임금의 지위에 올라 있기 때문에 마땅히 위로 올라가려고 하지 말고, 마땅히 아래로 내려감이 바름을 지키는 것이라는 도리를 어겼다고 할 수 있다. 이것은

마치 은나라 폭군 주紂가 강태공을 등용하지 못하자 도리어 문왕이
등용했던 상황과 같다.

上六은 **弗遇**하야 **過之**니 **飛鳥**ㅣ **離之**라 **凶**하니 **是謂災眚**이라.
<small>상 육　　불 우　　과 지　　비 조　　이 지　흉　　시 위 재 생</small>

상육은 만나지 않고 지나치니, 나는 새가 떠남이라. 흉하니, 이를 '재앙
(災眚)'이라 한다.

象曰 弗遇過之는 **已亢也**ㅣ라.
<small>상 왈　불 우 과 지　　이 항 야</small>

「상전」에 이르길 '만나지 않고 지나친다(弗遇過之)'는 것은 이미 높이
올라간 것이다.

下應九三, 而陰居動體卦極, 方與初六鼓翰奮飛, 故弗遇九三, 而竟過
之. 一切飛鳥皆悉離之, 遺群獨上, 身死羽落而後已. 其凶也, 蓋天擊
之, 故曰災眚. 其災也, 實自取之, 故曰已亢. 桀紂亡國, 亦僅失其不宜
上宜下之貞所致而已, 豈有他哉. 設肯行過乎恭, 喪過乎哀, 用過乎
儉, 何以至此.

아래에 있는 구삼과 상응해야 하는데, 음효로 움직임을 상징하는 본체
괘(震, ☳)의 맨 위에 자리하고 있다. 바야흐로 초육과 함께 날개를
치며 날아올라야(鼓翰奮飛) 하기 때문에 구삼을 만나지 못하고 결국
지나치고 말았다. 일체의 나는 새들이 모두 다 그를 떠나버리고 무리에
서 홀로 위에 남아 있게 된 것이다. 날개가 떨어져 몸이 죽게 된 이후에야

멈출 수밖에 없다. 그가 흉하게 된 것은 대개 하늘의 다스림이라 할 수 있다. 그러므로 '재앙(災眚)'이라고 한 것이다. 그가 재앙을 당하게 된 것은 진실로 스스로가 초래한 것이다. 그러므로 '이미 지나치게 끝까지 올랐다(已亢)'고 말하는 것이다. 걸桀왕과 주紂왕이 나라를 망하게 한 것 역시도 거의 마땅히 위로 올라가려고 하지 말고 마땅히 아래로 내려감이 바름을 지키는 것이라는 이치를 잃어버렸기 때문이다. 어찌 다른 이유가 있겠는가? 만약 기꺼이 행동은 공손함이 좀 지나친 듯 행동하고, 상례는 슬퍼함이 지나친 듯 슬퍼하며, 씀씀이는 좀 지나친 듯 절약했다면 어찌 이러한 지경에까지 이르게 되었겠는가?

(63) ䷾ 수화기제水火旣濟

旣濟는 **亨**이 **小** l 니 **利貞**하니 **初吉**코 **終亂**하니라.
기제　　형　소　　　이정　　　초길　　종란

'기제旣濟'는 형통함이 작으니 바르게 함이 이로우니, 처음은 길하지만 마침은 어지럽다.

君子之於事也, 恭以濟傲, 哀以濟易, 儉以濟奢, 凡事適得其中, 則無
不濟者矣. 無不濟故亨. 不惟在大, 而亦及小, 蓋無所不亨者也. 然安
不忘危, 存不忘亡, 治不忘亂, 乃萬古之正理. 試觀舟不覆於龍門, 而
覆於溝渠, 馬不蹶於羊腸, 而蹶於平地, 豈謂溝渠平地反險於龍門羊
腸哉. 禍每生於不測, 患莫甚於無備故也, 故必利貞以持之. 不然, 方
其初得旣濟, 皆以爲吉, 終必以此致亂, 不可救矣. 如水得火濟而可飮
可用, 然設不爲之防閑, 則火炎而水枯, 水決而火滅, 不反至於兩傷乎.

군자는 일에 있어서 공손함으로써 오만한 태도를 고치고자 하고, 불쌍
히 여김으로써 경시하는 태도를 고치고자 하며, 검소함으로써 사치하
는 태도를 고친다. 범사에 알맞게 그 중도를 지키면 해결되지 않는
일이 없다. 해결되지 않는 일이 없기에 형통하다. 오직 큰일에 있어서
뿐만 아니라, 또한 작은 일에 있어서도 대체적으로 형통하지 않음이
없다. 그러나 편안할 때에도 위태함을 잊지 않고, 존립해 있을 때에도

망할 수 있음을 잊지 않으며, 다스려질 때에도 어지러워질 수 있음을 잊지 않는 것[688]이야말로 만고의 올바른 이치이다.

예를 들어 살펴보면, 배는 심한 급류(龍門)[689]에서는 전복되지 않지만 작은 하천에서도 뒤집어질 수 있으며, 말은 양의 창자처럼 구불구불한 길에서는 넘어지지 않지만 평지에서도 넘어질 수 있다. 어찌 작은 하천과 평지가 심한 급류나 양의 창자처럼 굽은 길보다 도리어 험하다고 말할 수 있겠는가? 재앙은 매번 헤아리지 못하는 것에서 발생하고, 재해는 방비하지 못한 데서 더 심하게 발생한다. 그러므로 반드시 '바르게 함이 이롭다(利貞)'는 가치를 지켜 나가야만 한다. 그렇게 하지 않으면 바야흐로 그 초창기에는 이미 성사될 수 있는 듯하여(旣濟) 모든 것이 길하다고 생각할 수도 있지만, 종말에 이르러서는 반드시 이 때문에 혼란을 초래하여 해결이 어렵게 된다. 마치 물이 불의 도움을 얻어야만 마실 수도 있고 사용할 수 있는 것과 같다. 그렇지만 만약 불을 적절히 조절하지 못한다면(不爲之防閑) 불길이 너무 심해서 물이 증발해버리게 되고 물이 흘러넘치면 불도 꺼져버리게 되는 것이니,

---

688 「계사하전」 제5장에서 "군자는 편안할 때에도 위태로움을 잊지 않고, 존립해 있을 때에도 멸망함을 잊지 않으며, 잘 다스려질 때에도 어지러움을 잊지 않는다. 이러한 이유로 몸이 편안하고 국가를 보존할 수 있다(君子安而不忘危, 存而不忘亡, 治而不忘亂, 是而身安而 國家 可保也.)"라는 내용으로 언급되고 있다.

689 '용문龍門'은 중국 산서성山西省 하진河津의 황하黃河와 분하汾河가 합치는 지점에서 황하의 200킬로미터 상류에 있는데, 양 기슭이 좁고 아주 심한 급류로 인해 배나 물고기가 쉽게 오르지 못한다고 한다. 급류를 거슬러 올라가는 잉어가 여기를 오르면 용이 되어 등천登天한다는 전설로 인해 '등용문登龍門'이라는 말이 여기서 유래하였다.

물과 불이 모두 도리어 손상을 입는 결과라 하지 않을 수 있겠는가?

象曰 旣濟亨은 小者ㅣ 亨也ㅣ니 利貞은 剛柔ㅣ 正而位當也ㄹ새
단왈 기제형   소자   형야   이정   강유   정이위당야

라. 初吉은 柔得中也ㅣ오 終止則亂은 其道ㅣ 窮也ㅣ라.
    초길   유득중야   종지즉란   기도   궁야

「단전」에 이르길 '기제의 형통함(旣濟亨)'은 작은 것(육이)이 형통함이
니, '바르게 함이 이롭다(利貞)'는 것은 강剛과 유柔가 바르게 자리해서
자리가 마땅하기 때문이다. '처음은 길하다(初吉)'는 것은 유(柔, 육이)가
중中을 얻음이요, 마침내 그치게 되면 어지러워진다는 것(구오)은 그
도가 궁함이다.

小者尙亨, 則大者不待言矣. 六十四卦, 惟此卦剛柔皆當其位, 故貞.
六二柔得其中, 爲離之主, 以此濟水, 水方成用, 故初吉. 然設以爲旣
無不濟, 便可終止, 則必致水決火滅火炎水枯之亂, 或任其火燼水竭,
故曰其道窮也.

작은 것이 오히려 형통하다면 큰 것은 말할 필요도 없다. 64괘 가운데
오직 이 기제旣濟괘만이 양효와 음효 모두가 그 자리가 마땅하다.
그러므로 '바르다(貞)'고 한다. 육이는 유순한 음효로 내괘에서 가운데
자리하고 있으면서 이(火, 離, ☲)괘의 주효가 된다. 이러한 이괘의
불로써 물(水, 坎, ☵)을 구제하여 물이 비로소 쓰일 수 있게 한다.
그러므로 '처음은 길하다(初吉)'고 한다. 그러나 만약 해결되지 못할
것이 없다고 생각해서 한순간 막바지에 가서 그만두려고 한다면 반드시

물이 흘러넘쳐서 불마저 꺼져버리고, 불이 너무 성하게 타올라 물마저 증발해버리는 혼란이 있을 수 있다. 혹여 그 불이 완전히 꺼져버리고 물마저 완전히 증발해버릴 수 있기 때문에 '그 도가 궁하다(其道窮也)'고 한 것이다.

象曰 水在火上이 旣濟니 君子ㅣ 以하야 思患而豫防之하나니라.
상왈 수재화상 기제 군자 이 사환이예방지

「상전」에 이르길 물(水, ☵)이 불(火, ☲) 위에 있는 것이 '기제旣濟'니, 군자가 이를 본받아서 우환을 생각하여 미리 예방한다.

方其旣濟, 似未有患, 患必隨至, 故君子深思而豫防, 卽象所謂利貞者也. 說統云, 體火上之水以制火而防其溢, 體水下之火以濟水而防其烈.

바야흐로 그 어떤 일이든 이미 해결이 되고 나면 근심할 것이 없을 것 같지만 우환이 반드시 뒤따라서 생겨날 수 있다. 그러므로 군자는 깊이 생각해서 미리 예방해야만 한다. 곧 「단전」에서 말하고 있는 '바르게 함이 이롭다(利貞)'는 의미이다.

　『설통說統』에서는 "불 위의 물을 근본으로 하면 불을 제어함으로써 물이 끓어서 넘치지 않도록 예방해야 하고, 물 아래의 불을 근본으로 하면 물을 이용함으로써 불이 너무 성하게 타는 것을 예방하여야 한다"고 하였다.

初九는 曳其輪하며 濡其尾면 无咎ㅣ리라.
초구   예기륜   유기미   무구

초구는 그 바퀴를 뒤에서 끌어당기며 그 꼬리를 적시면690 허물이 없다.

象曰 曳其輪은 義无咎也ㅣ니라.
상왈 예기륜   의무구야

「상전」에 이르길 '그 바퀴를 뒤에서 끌어당긴다(曳其輪)'는 것은 뜻에
허물이 없는 것이다.

六爻皆思患豫防之旨也. 旣濟則初已濟矣, 輪猶曳而若欲行, 尾猶濡
而若欲渡, 無事不忘有事, 防之於初, 則不至於終亂, 故義無咎.

여섯 효 모두에 환난을 생각하여 미리 방비해야 한다는 뜻을 담고
있다. 이미 모든 것을 이루었다면(旣濟) 초효도 이미 이룬 처지이다.
수레를 가지 못하도록 당기는데도 만약 계속 가려고 하거나, 꼬리를
물에 적셨는데도 만약 물을 계속 건너려고 시도하는 것은, 일이 없는데
도 일이 있을 경우를 잊지 않는 것(평화로운 시기라도 앞으로 있을 환란에

---

690 유기미濡其尾: 여우는 물을 건너고자 할 때, 물에 뛰어들었다가 물 깊이가 꼬리를
   적실 정도면 건너기를 포기하고, 꼬리가 물에 적시지 않고 쳐들 수 있으면
   자신만만하게 물은 건넌다고 한다. 기제괘의 초구는 맨 처음에 자리하고 있기
   때문에 여우의 꼬리에 비유된다. 모든 일이 성사된 기제괘의 맨 처음에 자리하고
   있는 초구는 더 이상 욕심 부리지 말고 기제의 상황을 지키고 있어야 하는
   처지이다. 까닭에 여우가 꼬리를 물에 적시어 물을 건너기를 포기하듯이, 초구
   또한 자신의 양효로서의 강건함만을 믿고 성급히 나서지 말고 자신의 자리를
   지키고 있어야 한다는 것이다.

미리 대비함)이다. 처음부터 방비를 하게 되면 마침내 어지러움이 생기기 않기 때문이다. 그러므로 '뜻에 허물이 없다(義無咎)'고 하는 것이다.

六二는 婦喪其茀이니 勿逐하면 七日에 得하리라.
육 이 부 상 기 불 물 축 칠 일 득

육이는 지어미가 그 가리개(茀: 포장)를 잃는 것이니, 쫓지 않으면 7일만에 얻을 것이다.

象曰 七日得은 以中道也ㅣ라.
상 왈 칠 일 득 이 중 도 야

「상전」에 이르길 '7일 만에 얻는다(七日得)'는 것은 중도로써 하기 때문이다.

九五陽剛中正而居君位, 二以陰柔中正應之, 必有小人欲爲離間而竊其茀者. 二得中道, 故安然不尋逐之, 惟勿逐乃七日自得, 逐則失中道而弗得矣. 勿逐二字, 卽思患豫防之妙.

구오는 양효로서 강건하면서 중정하게 임금의 지위에 자리하고 있고, 육이는 음효로서 유순하면서 중정하게 그러한 구오와 상응하고 있다. 반드시 소인이 둘 사이를 이간시켜 그 가리개(茀: 구오와 육이 간의 신뢰와 행복)를 훔치고자 하는 자가 있을 수 있다. 육이는 중도를 지키고 있기 때문에 편안히 있으면서 그를 찾아서 쫓으려고 하지 말아야 한다. 오직 쫓지 않아도 7일 만에 저절로 잡을 수 있지만, 쫓게 되면 중도를 잃게 되어 잡을 수 없기 때문이다. '물축勿逐'이라는 두 글자는 곧 환난을 생각해 미리 방비한다는 묘책을 의미한다.

九三은 **高宗**이 **伐鬼方**하야 **三年克之**니 **小人勿用**이니라.
구 삼　고 종　벌 귀 방　삼 년 극 지　소 인 물 용

구삼은 고종이 귀방(鬼方: 북방)을 정벌하여 3년 만에 승리하는 것이니[691]
소인은 쓰지 말아야 한다.

象曰 三年克之는 **憊也**ㅣ라.
상 왈 삼 년 극 지　비 야

「상전」에 이르길 '3년 만에 이긴다(三年克之)'는 것은 힘들게 이겼다는
것이다.

以重剛居明極, 高宗伐鬼方之象也. 然且三年克之, 困憊甚矣. 況剛明
未必如高宗者乎. 況可用小人, 以窮兵黷武, 殃民賊國乎. 奈何不思患
而豫防之也.

거듭 강한 양효로써 밝음(離, ☲)의 맨 끝에 자리하고 있다. 고종이
북방을 정벌하는 형상이라 할 수 있다. 그렇지만 또 한편으로 3년
만에 북방의 오랑캐를 정벌하였으니 고달픔과 피곤함(困憊)이 극심할

---

691 고종은 은나라를 멸망에 이르게 한 폭군 주紂의 바로 윗대 선왕인 무정戊丁을
　가리킨다. 그가 귀방, 곧 북방의 오랑캐가 반란을 일으키자 직접 출병하여
　3년 만에 힘들게 오랑캐의 반란을 진압하여 승리했다는 표현이다. 구삼은 내괘에
　서 외괘로 넘어가는 격변의 자리이다. 평화롭던 기제旣濟의 시기가 저물어
　다시 혼란이 시작되는 미제未濟의 시대로 넘어가는 어려운 상황임을 비유한다.

수밖에 없었다. 하물며 강건하고 현명함이 반드시 고종과 같지 못한
자에 있어서는 어떠하겠는가! 하물며 소인을 등용하여 무력을 남용하
여 전쟁을 일삼아(窮兵黷武) 백성에게 재앙을 입히고 나라를 도적질하
게 만드는 것이겠는가! 어찌 환난을 생각하여 미리 방비하지 않을
수 있겠는가?

六四는 繻애 **有衣袽**코 **終日戒**니라.
_{육 사　　유　유 의 여　　종 일 계}

육사는 새는 데 헤진 옷(걸레)을 두고 종일토록 경계한다.

象曰 終日戒는 **有所疑也** | 라.
_{상 왈 종 일 계　　유 소 의 야}

「상전」에 이르길 '종일토록 경계한다(終日戒)'는 것은 의심할 바가 있는
것이다.

美帛曰繻, 敝絮曰袽, 繻必轉而爲袽, 可無戒乎. 潘雪松云, 四居三之
後, 離明盡而坎月方升時也. 在三已稱日昃之離. 在四何可忘終日之
戒. 蕅益曰, 疑卽是思患豫防之思.

아름다운 비단을 '유繻'라 하고, 누더기 솜옷을 '여袽'라 한다. 비단옷은
반드시 변해서 헤진 헌옷이 되기 때문에 경계할 수밖에 없다. 반설송潘
雪松[692]은 말하길 "육사는 구삼의 뒤에 있으므로 내괘 이화(離火 ☲)의

---

[692] 반사조(潘士藻, 1537~1600): 명나라 때 휘주부徽州府 무원婺源 사람이다. 자는
　　거화去華, 호가 설송雪松이다. 저술로『암연당집闇然堂集』,『세심재독역술洗心齋

밝음이 다하고 외괘 감수(坎水 ☵)의 달이 바야흐로 떠오를 때이다.
중화리(重火離 ☲)괘 구삼 효사에서 이미 '해가 기울어져 걸려 있다(日
昃之離)'고 하였으니, 육사에 있어서 어찌 종일토록 경계하라는 말씀을
잊을 수 있겠는가?"라고 하였다. 우익은 말하길 "의疑는 곧 환난을
생각하여 미리 방비하려는 생각이다"라고 하였다.

九五는 東鄰殺牛ㅣ 不如西鄰之禴祭ㅣ 實受其福이니라.
구 오 동 린 살 우   불 여 서 린 지 약 제   실 수 기 복

구오는 동쪽 이웃에서 소를 잡는 것이, 서쪽 이웃이 간략한 제사로
실제로 그 복을 받는 것만 같지 못하다.[693]

象曰 東鄰殺牛ㅣ 不如西鄰之時也ㅣ니 實受其福은 吉大來也
상 왈 동 린 살 우   불 여 서 린 지 시 야   실 수 기 복   길 대 래 야
ㅣ라.

「상전」에 이르길 '동쪽 이웃의 소를 잡는 것(東鄰殺牛)'은 서쪽 이웃의
때만 같지 못하니, '실제로 그 복을 받는다(實受其福)'는 것은 길함이

讀易述』 등이 있다.

[693] 기제괘 구오 효사는 은말 주초의 주왕와 문왕이 관련된 시대적 상황을 표현하고
있다. 동쪽 이웃(東鄰)은 은나라 주왕(외괘의 구오)을 말하고 서쪽 이웃(西鄰)은
주나라 문왕(내괘의 육이)을 가리킨다. 은나라는 주왕의 폭정으로 인해 멸망해
가는 시기에 놓여 있다면, 주나라는 문왕의 선정으로 인해 새롭게 부흥해 가는
시기라고 할 수 있다. 이러한 시기에 천자국인 은나라가 비록 소를 잡아 나라의
부흥을 위해 제사지내는 것보다, 새롭게 성장의 때를 만난 주나라가 비록 간략히
제사를 지내더라도 오히려 더 많은 복을 받게 된다는 것이다.

크게 오는 것이다.

離東坎西, 下卦盡離明之用以致濟, 猶如殺牛. 九五以坎中剛正之實德而享受之, 曾不費力, 猶如禴祭. 蓋雖有其德, 苟無其時, 不能致此. 雖有其時, 苟無實德, 亦不能致此也. 而思患豫防之旨, 則在以誠, 不以物中見之.

이(離, ☲)괘는 동쪽에 해당하고 감(坎, ☵)괘는 서쪽에 해당한다. 하괘는 이화離火의 밝음(離明)을 모두 소비하여 성장(濟)에 이르렀다. 비유하면 '소를 잡아 제사지내는 것(殺牛)'과 같다. 구오는 감괘의 중심에 자리하면서 강건하고 바른 실다운 덕으로써 (이괘가 이룬 성장의 성과를) 누리고 있다. 일찍이 힘을 소비하지도 않았으니, 비유하면 '간략히 제사지내는 것(禴祭)'과 같다. 대개 비록 강정剛正한 덕을 소유하고 있어도 진실로 그 때를 만나지 못한다면 이러한 상황에 이를 수 없다. 비록 그 때를 만났다고 하더라도 진실로 실다운 덕을 갖추고 있지 못하면 역시 이러한 상황에 이를 수 없다. 환난을 생각하여 미리 방비하라는 뜻은 곧 정성을 다하는 것에 가치를 두라는 말이지, 물질적인 것에서 찾으라는 말이 아니다.

上六은 **濡其首** ㅣ라 **厲**하니라.
상 육　유 기 수　　려

상육은 그 머리를 적신다. 위태하다.

象曰 濡其首厲] 何可久也] 리오.
상왈 유기수려 하가구야

「상전」에 이르길 '그 머리를 적시어 위태하다(濡其首厲)'고 했으니, 어찌
오래할 수 있겠는가?

以陰柔居險之極, 在濟之終, 所謂終止則亂, 不能思患豫防者也. 如渡
水而濡其首, 不亦危乎.

음효로써 유약하고 험함을 상징하는 감(坎, ☵)괘의 맨 위에 자리하고
있으며, 기제괘의 마지막에 도달해 있다. 「단전」에서 말하고 있는 '마침
내 그치면 곧 어지럽게 된다(終止則亂)'는 의미에 해당한다. 환난을
생각하여 미리 방비할 수도 없는 자이다. 마치 물을 건너다가 그 머리를
물에 적시는 것과 같다고 할 수 있으니, 역시 위태롭지 않겠는가?

(64) ䷿ 화수미제火水未濟

未濟는 亨하니 小狐ㅣ 汔濟하야 濡其尾니 无攸利하니라.
미제   형   소호   흘제   유기미   무유리

'미제未濟'는 형통하니, 작은 여우가 거의 건너서 그 꼬리를 적시는
것이니, 이로울 바가 없다.

旣有旣濟, 必有未濟, 以物本不可窮盡故也. 旣有未濟, 必當旣濟, 以
先之旣濟, 原從未濟而濟故也, 是以有亨道焉. 然未濟而欲求濟, 須老
成, 須決斷, 須首尾一致, 倘如小狐之汔濟而濡其尾, 則無所利矣.

이미 '기제(旣濟: 완성)'가 있다면, 반드시 '미제(未濟: 미완성)'도 있다.
사물은 본래 궁극적으로 끝이 없기 때문이다. 이미 '미제'가 있다면
반드시 마땅히 '기제'를 이루어야 한다. 앞선 '기제'는 본래 '미제'를
좇아서 이루어졌기 때문이다. 이런 이유로 미제괘에 형통한 도가 있다
고 한다. 그러나 '미제'의 상황을 해결하려고 한다면 반드시 모름지기
노련함(老成)이 있어야 하고, 결단할 줄 알아야 하며, 처음과 끝이
한결같아야만 한다. 만약 작은 여우가 물을 거의 건너다가 그 꼬리를
적시는 것처럼 하면 이로울 수 없다.

象曰 未濟亨은 柔得中也ㅣ오 小狐汔濟는 未出中也ㅣ오 濡其
단왈 미제형   유득중야   소호흘제   미출중야   유기

尾无攸利는 不續終也ㅣ라. 雖不當位나 剛柔ㅣ 應也ㅣ니라.
미 무 유 리　불 속 종 야　　수 부 당 위　강 유　응 야

「단전」에 이르되, '미제가 형통하다(未濟亨)'는 것은 유(柔, 육오)가 중中을 얻었기 때문이고, '작은 여우가 겨우 건너서 그 꼬리를 적신다(小狐汔濟)'는 것은 (내괘 구이가) 가운데를 벗어나지 못하는 것이며, '그 꼬리를 적셔서 이로울 바가 없다(濡其尾无攸利)'는 것은 이어서 마치지 못하는 것이다. 비록 자리에 마땅하지 않지만 강剛과 유柔가 상응하고 있다.

六五之柔得中, 所謂老成決斷, 而能首尾一致者也. 未出中, 言尙未出險中, 此時正賴老成決斷之才識, 首尾一致之精神, 而可不續終如小狐乎. 然雖不當位, 而剛柔相應, 則是未濟所可以可亨之由.

유순한 육오는 외괘에서 가운데 자리하고 있다. 이른바 노련하고 결단할 줄 알아서 처음과 끝을 일관되게 하는 자라 할 수 있다. 가운데에서 벗어나지 못한다는 것은 아직 험한 가운데서 벗어나지 못함을 말한다. 이러한 시기에는 바로 노련하게 결단할 줄 아는 재능과 지식, 처음과 끝을 일치시켜 나가게 정신을 의지해야만 한다. 처음과 끝을 일관되게 이어서 마치지 못함으로써 마치 작은 여우처럼 행동해서야 되겠는가? 그러나 미제괘는 비록 자리가 마땅하지 못하지만, 음효와 양효가 서로 상응하고 있다. 곧 미제괘가 형통할 수 있는 이유다.

象曰 火在水上이 未濟니 君子ㅣ 以하야 愼辨物하야 居方하나니라.
상 왈 화 재 수 상　미 제　군 자　이　신 변 물　　거 방

「상전」에 이르길 불(離, ☲)이 물(坎, ☵) 위에 있는 것이 '미제未濟'니,

군자가 이를 본받아서 삼가 사물을 분별하여 방소(알맞은 제자리)에
있게 한다.

物之性不可不辨, 方之宜不可不居, 故君子必愼之也. 如火性炎上, 水
性潤下, 此物之不可不辨者也. 炎上而又居於上, 不已亢乎. 是宜居下
以濟水. 潤下而又居於下, 將安底乎. 是宜居上以濟火. 此方之不可不
居者也. 如水能制火, 亦能滅火. 火能濟水, 亦能竭水. 又水火皆能養
人, 亦皆能殺人, 以例一切諸物無不皆然, 辨之可弗詳明, 居之可弗斟
酌耶.

사물의 본성을 잘 분별해서 있어야 할 알맞은 장소에 있게 해야만
한다. 그렇기 때문에 군자는 그러한 것에 대해 신중히 한다. 예를
들면 불의 속성은 위로 타오르고, 물의 속성은 아래로 흘러 적시는
것으로, 이러한 사물의 속성을 잘 분별하지 않으면 안 되는 것이다.
불은 위로 타오르는 성질이 있는데, 또 한편으로 위에 놓여 있다면
이미 너무 지나치지 않겠는가? 이러한 경우에 있어서는 마땅히 불을
아래에 두고 물로써 적절히 조절해야만 한다. 물은 아래로 흘러가면서
적시는 성질이 있는데, 또 한편으로 아래에 있다면 장차 어찌 멈추게
(底: 止) 할 수 있겠는가? 이러한 경우는 마땅히 물을 위에 올려놓고
불로써 적절히 다스려야만 한다. 이러한 예는 사물이 있어야 할 장소
(方)에 따라 사물을 있게 하지 않으면 안 되는 경우라 할 수 있다.
예컨대 물은 불을 적절히 다스릴 수도 있지만, 또 한편으로는 불을
완전히 꺼버릴 수도 있다. 불은 물을 다스릴 수도 있지만, 또 한편으로는

물을 완전히 고갈시켜 버릴 수도 있다. 역시 물과 불은 모두 사람에게 도움이 될 수도 있지만, 또 한편으로는 모두 사람을 살상시킬 수도 있다. 이러한 물과 불의 예는 일체의 모든 사물에 있어서도 동일하게 적용된다. 사물에 대한 분별을 상세하고 분명하게 하지 않을 수 있을 것이며, 사물이 있어야 할 알맞은 장소를 숙고하지(斟酌) 않을 수 있겠는가?

初六은 濡其尾니 吝하니라.
초 육   유 기 미   인

초육은 그 꼬리를 적시는 것이니, 인색하다.

象曰 濡其尾ㅣ 亦不知ㅣ 極也ㅣ라.
상 왈 유 기 미   역 부 지   극 야

「상전」에 이르길 '그 꼬리를 적신다(濡其尾)'는 것은 또한 알지 못함이 극함이다.

陰柔居下, 無濟世才, 將終於不濟而可羞矣. 豈知時勢已極, 固易爲力者哉.

음효로서 유약하고 맨 아래에 자리하여 세상을 구제할 재능이 없다. 장차 구제하지 못한 상태에서 끝마치게 되니 부끄러울 수밖에 없다. 어찌 시세가 이미 극한 상황에 이르렀음을 알아서 진실로 능력을 다 발휘하는 것이 쉬운 일이겠는가?

九二는 **曳其輪**이면 **貞**하야 **吉**하리라.
구 이 예 기 륜 정 길

구이는 그 수레를 당기면 바르게 해서 길하다.

象曰 九二貞吉은 **中以行正也**ㄹ새라.
상 왈 구 이 정 길 중 이 행 정 야

「상전」에 이르길 구이가 바르게 해서 길하다는 것은 중도로써 바르게 행하기 때문이다.

剛而不過, 以此曳輪而行, 得濟時之正道者也. 由其在中, 故能行正, 可見中與正不是二理.

강건하지만 지나치지 않다. 이렇기 때문에 수레를 잡아당기며 나아가니 구제해야 할 시기에 있어서 바른 도를 얻은 자라 할 수 있다. 그는 내괘에서 가운데에 자리하고 있기 때문에 바르게 처신할 수 있다. '중(中: 中庸, 中道)'과 '정(正: 正道, 正義)'이 하나의 이치임을 깨달을 수 있는 것이다.

六三은 **未濟**에 **征**이면 **凶**하나 **利涉大川**하니라.
육 삼 미 제 정 흉 이 섭 대 천

육삼은 '미제未濟'에 가면 흉하나, 대천을 건넘이 이롭다.

象曰 未濟征凶은 **位不當也**ㄹ새라.
상 왈 미 제 정 흉 위 부 당 야

「상전」에 이르길 '미제에 가면 흉하다(未濟征凶)'는 것은 자리가 마땅하지 않기 때문이다.

陰不中正, 才德俱劣, 故往必得凶. 然時則將出險矣, 若能乘舟以涉大川, 不徒自恃其力, 則險可濟也.

음효로서 중정하지 못하니, 재주와 덕망이 모두 열등하다. 그러므로 섣불리 나서면 반드시 흉할 수밖에 없다. 그러나 시기상으로는 험난한 상황에서 벗어나야만 하는 시기이다. 만약 배를 타고서 큰 내를 건널 수 있게 되어, 한갓 자신의 힘에만 의지하지 않을 수 있다면 험난한 상황에서 벗어날 수 있다.

九四는 貞이면 吉하야 悔ㅣ 亡하리니 震用伐鬼方하야 三年에아 有賞于大國이로다.
구 사   정   길   회 망   진 용 벌 귀 방   삼 년   유 상 우 대 국

구사는 바르게 하면 길해서 후회가 없어질 것이니, 움직여 귀방(鬼方: 북쪽, 초육)을 쳐서 3년에야 큰 나라에서 상이 있다.

象曰 貞吉悔亡은 志行也ㅣ라.
상 왈   정 길 회 망   지 행 야

「상전」에 이르길 '바르게 하면 길해서 후회가 없다(貞吉悔亡)'는 것은 뜻이 행해지는 것이다.

剛而不過, 如日方升, 得濟時之德之才之位者也, 故貞吉而悔亡. 於以
震其大明之用, 伐彼幽闇鬼方, 三年功成, 必有賞於大國矣. 濟時本隱
居所求之志, 今得行之.

강건하지만 지나치지 않다. 해(日: 火, 離, ☲)가 바야흐로 막 떠오르는
것과 같이 시대를 구원할 덕과 재주를 갖춘 자리를 얻은 자이다. 그러므
로 바르게만 하면 길하여 후회가 없다고 한다. 그는 큰 광명의 작용을
떨침으로써 저 어두운 귀방을 정벌하여 3년 만에 공을 이루었다. 반드시
대국으로부터 상을 받게 된다. 시대를 구원하는 것은 본래 은거하면서
추구했던 뜻이 지금에야 실행에 옮길 수 있게 된 것이다.

六五는 **貞**이라 **吉**하야 **无悔**니 **君子之光**이 **有孚** ㅣ라. **吉**하니라.
육 오 정 길 무 회 군 자 지 광 유 부 길

육오는 바르게 한다. 길하여 후회가 없으니, 군자의 빛이 믿음을 둔다.
길하다.

象曰 君子之光은 **其暉** ㅣ **吉也** ㅣ라.
상 왈 군 자 지 광 기 휘 길 야

「상전」에 이르길 '군자의 빛(君子之光)'은 그 빛남이 길하다.

柔中離主以居天位, 本得其正, 本無有悔, 此君子之光也. 又虛己以孚
九二, 而其暉交映, 天下仰之, 吉可知矣.

음효이지만 가운데 자리하고 이(離, ☲)괘의 주효로써 천자의 자리에

올라 있다. 본래부터 그가 바른 자리에 올라 있으니, 본디 후회가 없다. 이것이야말로 군자의 빛남이라 할 수 있다. 또한 자신을 비움으로써 구이로부터 신뢰를 받고 있으니, 그 빛남이 서로를 빛나게 한다. 천하 사람들이 모두 그를 추앙하니 길함을 알 수 있다.

上九는 有孚于飮酒ㅣ면 无咎어니와 濡其首ㅣ면 有孚에 失是하리라.
상구　유부우음주　　무구　　　유기수　　　유부　실시

상육은 믿음을 두고 술을 마시면 허물이 없지만, 그 머리까지 적시면 믿음을 두는 데 바름을 잃는다.

象曰 飮酒濡首ㅣ 亦不知節也ㅣ라.
상왈　음주유수　　역부지절야

「상전」에 이르길 술을 마시고 머리를 적신다(飮酒濡首)는 것은 또한 절도를 알지 못하는 것이다.

六五之有孚吉, 天下已旣濟矣, 故上九守其成, 而有孚於飮酒, 乃與民同樂, 無咎之道也. 然君子之於天下也, 安不忘危, 存不忘亡, 治不忘亂, 苟一任享太平樂, 而無競業惕厲之心, 如飮酒而濡其首, 吾信其必失今日此樂, 以彼不知節故. 節者, 如天地之四時必不可過, 亦謂之極. 初六柔疑太過, 故云亦不知極. 上九剛信太過, 故云亦不知節. 知極知節, 則未濟者得濟, 已濟者可長保矣.

육오가 믿음을 얻어 상서롭다는 것은 천하가 이미 모두 구제된 것임을 의미한다. 그러므로 상구는 그러한 성과를 지키기만 하면 된다. 술을 마시는 데 있어서도(飮酒: 旣濟의 성과를 축하하고 함께 나누는 것) 믿음이 있어 백성과 더불어 즐거움을 함께할 수 있어야 허물이 없는 도라 할 수 있다. 그러나 군자는 천하를 다스림에 있어서 편안할 때에 위태해질 것을 잊지 않고, 존속하고 있을 때에 멸망할 것을 잊지 않으며, 다스려질 때에 어지러워질 것을 잊지 않아야 한다. 단지 태평한 때의 즐거움만을 누리는 데 빠져서(一任) 경계하고 조심스러워 하며(兢業)[694] 두려워하고 위태로워하는 마음이 없다면, 마치 술을 마시면서 그 머리까지 적시는 것(곧 술을 너무 지나치게 많이 마셔 이성을 잃을 정도가 되는 것)과 같다. 나는 그가 오늘날의 이러한 즐거움을 잃게 될 것임을 확신한다. 저 상구가 절제할 줄을 알지 못하기 때문이다.

'절節'이라는 것은 천지의 사계절이 반드시 지나치지 않는 것과 같다. 또한 그것을 '극極'이라 한다. 초육은 유약하여 의심이 너무 지나치다. 그러므로 '또한 극極을 알지 못한다(亦不知極)'고 하였다. 상구는 강건해서 믿음이 너무 지나치다. 그러므로 '또한 절도를 알지 못한다(亦不知節)'고 하였다. 극極을 알고 절節을 알면 미제未濟한 자는 구제를 얻을 수 있고, 이미 구제된 것은 길이 존속할 수 있다.

---

694 긍업兢業: 조심하고 삼가하다는 뜻의 '긍긍업업兢兢業業'의 줄임말이다. 『서경』 「우서虞書」 「고요모皐陶謨」편에서 "안일과 탐욕으로 나라를 다스리지 않게 하고, 조심하고 삼가야 한다(無教逸欲有邦, 兢兢業業.)"라는 내용으로 언급되고 있다.

주역선해 제8권

계사상전繫辭上傳

伏羲設六十四卦, 令人觀其象而已矣. 夏商各於卦爻之下, 繫辭焉以斷吉凶. 如所謂連山歸藏者是也. 周之文王, 則繫辭於每卦之下, 名之曰象. 逮乎周公, 復繫辭言每爻之下, 名之曰象. 孔子既爲象傳象傳以釋之, 今又統論伏羲所以設卦, 文周所以繫辭, 其旨趣綱領體度凡例, 徹乎性修之源, 通乎天人之會, 極乎巨細之事, 貫乎日用之微. 故名爲繫辭之傳, 而自分上下焉. 隨緣不變, 不變隨緣之易理, 天地萬物所從建立也. 卦爻陰陽之易書, 法天地萬物而爲之者也. 易知簡能之易學, 玩卦爻陰陽而成之者也. 由易理方有天地萬物, 此義在下文明之. 今先明由天地萬物而爲易書, 由易書而成易學, 由易學而契易理.

복희씨[695]는 64괘를 만들어 사람들로 하여금 그 상만을 볼 수 있게 하였을 뿐이다. 하나라와 상나라에 들어와 각각 그 괘와 효에 계사繫辭를 붙임으로써 길흉을 판단하도록 하였는데, 이른바 연산역連山易과 귀장역歸藏易 같은 것이 바로 이것이다. 주나라 문왕은 곧 매 괘卦의 아래에 계사를 붙여 '단彖'이라 이름하였고, 주공에 이르러서는 다시 매 효爻의 아래에 계사를 붙여 '상象'이라 이름하였다. 공자는 이미 단전彖傳과 상전象傳을 지어 그것을 해석하였다.

이제 또다시 복희씨가 지은 괘와 문왕과 주공의 계사를 전체적으로 논술하였으니, 그 가르치는 취지와 강령과 체도體度와 범례凡例가 성性과 수修의 근원을 관철하고[696] 하늘과 사람의 회합을 통관하며 크고 작은 일을 극진히 하며 일상의 작은 미세한 것에까지 관철하고 있다.[697] 그러므로 「계사전」이라 이름하고 스스로 상하로 나누었다.

'수연불변隨緣不變'과 '불변수연不變隨緣'[698]인 역리는 천지만물을 따

---

695 복희(伏羲, 伏犧): 또는 포희庖犧라고도 하며, 중국 삼황 중 하나이다. 태호(太昊, 太皞)로 불리기도 한다. '복희'는 희생(제사에 쓰이는 짐승)을 길러 붙여진 이름이다. 성씨는 풍風으로 전해진다. 그는 수인씨燧人氏를 대신하여 왕이 되었고, 뱀의 몸에 사람의 머리를 하였다고 한다. 사마천의 『사기』에는 동이족이라고 서술되어 있다. 8괘를 창제하였다고 전해진다.

696 역학사易學史에 있어 이설이 있지만, 보편적으로 공자의 저작으로 받아들여지고 있는 「계사전」에 대한 찬탄의 내용이다. 「계사전」이 담아내고 있는 그 취지와 강령, 그리고 역리의 실상(體度)과 내용(凡例) 등이 본마음(性)과 그 마음을 닦는(修) 근원의 이치에 부합(撤)하고 있다는 의미이다.

697 역시 「계사전」에 대한 찬탄의 글이다. 「계사전」의 역리에 대한 가르침을 통해 하늘과 인간이 만나 회통할 수 있게 하고(通乎天人之會), 세상과 인간사의 크고 작은 일들을 다 나타내고 있으며(極乎巨細之事), 일상적인 작은 미세한 이치까지 다 표현해 내고 있다는 것(貫乎日用之微)이다.

라 건립되었다. 괘효와 음양으로 이루어진 역서易書는 천지만물을 본받아 된 것이고, 이지易知와 간능簡能의 역학易學[699]은 괘효와 음양을 완미玩昧하여 이루어진 것이다. 역리易理를 말미암아서 바야흐로 천지 만물이 있게 된 것이니, 이러한 뜻은 아래 글에서 밝힌다. 지금은 먼저 천지만물을 말미암아 역서가 만들어지고, 역서를 말미암아 역학 이 이루어지고, 역학을 말미암아 역리에 계합함을 밝힌다.

제1장

天尊地卑하니 **乾坤**이 **定矣**오 **卑高以陳**하니 **貴賤**이 **位矣**오 **動靜**
천 존 지 비　　건 곤　　정 의　　비 고 이 진　　귀 천　　위 의　　동 정

有常하니 **剛柔**ㅣ **斷矣**오 **方以類聚**코 **物以君分**하니 **吉凶**이 **生矣**
유 상　　강 유　　단 의　　방 이 류 취　　물 이 군 분　　길 흉　　생 의

---

698 수연불변隨緣不變, 불변수연不變隨緣: 『화엄경』과 『기신론』 등에서 설해지고
　　있는 교설이다. 우주 본원의 당체當體인 진여불성眞如佛性은 '인연을 따라 작용을
　　일으키지만(隨緣) 변하지 않고(不變), 변하지 않지만(不變) 인연을 따른다(隨緣)'
　　는 뜻이다. 불교에 있어 '불변'은 진리의 본체로서 진여眞如·심心·불佛·이理를
　　의미하고 '수연'이란 그러한 진여가 인연에 따라 현상적으로 모습을 드러난
　　현상계를 의미한다. 따라서 수연불변과 불변수연은 같은 의미이지만 단지 수연
　　불변은 현상적인 측면에서의 설명이고, 불변수연은 본체적인 측면에서의 설명
　　의 차이일 뿐이다.

699 이지간능지역학易知簡能之易學: '이지易知'는 쉽게 주관한다는 뜻으로 중천건괘의
　　덕을, '간능簡能'은 간략하게 능히 만물을 생성화육生成化育한다는 뜻으로 중지곤
　　괘의 덕을 가리킨다. 이러한 건괘와 곤괘의 덕을 합쳐 '이간지도易簡之道'라고
　　한다. 이 같은 이간의 법칙에 대해서는 「계사전」 제1장에서 자세히 언급되고
　　있다.

오 在天成象코 在地成形하니 變化ㅣ 見矣라. 是故로 剛柔ㅣ 相
　　재천성상　　재지성형　　변화　현의　　시고　　강유　　상

摩하며 八卦ㅣ 上湯하야 鼓之以雷霆하며 潤之以風雨하며 日月
마　　팔괘　　상탕　　고지이뇌정　　윤지이풍우　　　일월

이 運行하며 一寒一署하니라.
　운행　　　일한일서

하늘은 높고 땅은 낮으니 건乾과 곤坤이 정해졌다. 낮고 높음으로써 펼쳐지니 귀천貴賤이 자리하게 되었다. 동정動靜에는 항상함(불변한 일정한 법칙: 常道)이 있으니 강剛과 유柔가 판단되어진다. 방소方所로써 종류별로 모이고 물색物色으로써 무리가 나누어지니 길흉이 생겨난다.[700] 하늘에 있어서는 형상을 이루고 땅에 있어서는 형체를 이루니 변화가 나타난다. 이런 까닭으로 강剛과 유柔가 서로 마찰하며, 팔괘가 서로 움직이고, 우레와 번개로써 고동하며, 바람과 비로써 윤택하게 하고, 일월이 운행하며, 한 번은 춥고 한 번은 덥게 되는 것이다.

此先明由天地萬物易書也. 易之乾坤, 卽象天地. 易之貴賤, 卽法高卑. 易之剛柔, 卽法動靜. 易之吉凶, 卽法方物. 易之變化, 卽法形象.

---

700 '방方'은 동서남북의 사방을, '류類'는 같은 종류를, '취聚'는 모인다는 뜻으로, '방이류취方以類聚'는 곧 공간(방향, 지역)의 특성에 따라 그 공간에 적합한 인류·조수鳥獸·어개魚介 등과 같은 만물이 종류별로 모여서 존재한다는 의미이다. '유이군분類以君分'은 이렇듯 공간에 따라 달리 모여 사는 만물들이 또 한편으로는 그 종류의 특색에 따라 작은 종류별로 나뉘어 유유상종한다는 의미이다. 이렇듯 지역적으로 종류에 따라 존재하고, 물류의 특색에 따라 유유상종으로써 친소가 나누어지고 상대적 분별과 차별이 생겨 그로부터 길흉이 생겨나게 된다는 것(吉凶生)이다.

是故易之有剛柔相摩, 八卦相盪, 而變化無窮. 猶天地之有雷霆風雨,
日月寒暑, 而萬物皆備, 蓋無有一文一字, 是聖人所杜撰也.

이것은 먼저 천지 만물을 말미암아서 역서易書가 성립됨을 밝힌 것이다.
역易의 건괘와 곤괘는 곧 하늘과 땅을 형상화한 것이다. 역의 귀천은
곧 높고 낮음을 본받은 것이고, 역의 강유剛柔는 곧 동정動靜을 본받은
것이다. 역의 길흉은 곧 지역에 따라 존재하는 사물(方物)을 본받은
것이고, 역의 변화는 곧 형상을 본받은 것이다. 그러므로 역에는 강유가
서로 마찰함(相摩)이 있고, 팔괘는 서로 움직임(相盪)이 있어서 변화가
무궁하다. 마치 천지의 천둥 번개와 비바람, 일월과 추위와 더위가
있어서 만물이 다 갖추어지게 된 것과 같다.[701] 대개 한 문장, 한 글자에
있어서도 성인이 헛되이 덧붙인 것(杜撰)[702]은 없다.

乾道ㅣ成男하고 坤道ㅣ成女하니 乾知大始오 坤作成物이라. 乾
以易知오 坤以簡能이니 易則易知오 簡則易從이오 易知則有親

---

701 역易에 있어 강유가 서로 마찰하고 팔괘가 서로 움직여 변화가 무진하다고
하는 것은, 마치 천둥과 번개가 치고 일월이 있어 추위와 더위가 번갈아 드는
변화 작용에 의해 만물이 존재하게 된 천지자연의 이치와 같음을 가리키고
있다.

702 두찬杜撰: 송나라 때 두묵杜黙이 시를 짓는데 격률에 맞지 않는 것이 많았다고
한다. 그래서 출처가 불분명한 저술, 혹은 근거 없이 허구로 조작한 글을 두찬이라
한다. 위 문장에서 성인이 두찬함이 없다는 것은 『주역』의 모든 내용들이 성인이
아무 근거 없이 자의적으로 저술한 것이 아니라, 모든 내용이 천지자연의 실상과
이치를 관찰하고 본받아 그 이치 그대로 담아내었다는 의미이다.

이오 **易從則有功**이오 **有親則可久**ㅣ오 **有功則可大**ㅣ오 **可久則**
　　　　이 종 즉 유 공　　　　유 친 즉 가 구　　　　유 공 즉 가 대　　　　가 구 즉

賢人之德이오 **可大則賢人之業**이니 **易簡而天下之理**ㅣ **得矣**니
현 인 지 덕　　　　가 대 즉 현 인 지 업　　　이 간 이 천 하 지 리　　　득 의

天下之理ㅣ **得而成位乎其中矣**니라.
천 하 지 리　　　득 이 성 위 호 기 중 의

건도乾道는 남성을 이루고 곤도坤道는 여성을 이룬다. 건은 크게 시작하
는 것을 주장(주관)하고, 곤은 만물을 작성한다. 건은 쉬움으로써 주장하
고, 곤은 간단함으로써 능하다. 쉬우면 알기 쉽고, 간단하면 따르기
쉽다. 알기 쉬우면 친할 수 있고, 따르기 쉬우면 공덕이 있게 된다.
친함이 있으면 가히 영구할 수 있고, 공이 있으면 가히 위대하게 될
수 있는 것이다. 가히 영구한 것은 곧 현인의 덕이요, 가히 위대한
것은 곧 현인의 업적이다. 쉽고 간단하므로 천하의 이치를 얻을 수
있으며, 천하의 이치를 얻게 되므로 그 가운데(天地之間)에서 자리가
이루어지게 된다.

此明由易書而成易學, 由易學而契易理也. 萬物雖多, 不外天地, 易卦
雖多, 不出乾坤. 聖人體乾道而爲智慧, 智慧如男. 體坤道而爲禪定,
禪定如女. 智如金聲始條理, 定如玉振終條理. 智則直心正念眞如, 故
易知而無委曲之相. 定則特心常在一緣, 故簡能而無作輟之岐. 正念
眞如, 故吾無隱乎爾而易知. 特心一緣, 故無入不自得而易從. 易知,
故了知生佛體同而有親. 易從, 故快能原始要終而有功. 有親, 不惟可
大而又可久, 卽慧之定也. 有功, 不惟可久而又可大, 卽定之慧也. 德
業俱備, 以修顯性, 故得理而成位矣. 易理本在天地之先, 亦貫徹於天

地萬物之始終. 今言天下之理者, 以旣依理而有天地, 則此理卽渾然
在天下也. 亦以孔子旣示爲世間聖人, 故且就六合內言之.

이것은 역서를 말미암아서 역학이 이루어지고 역학을 말미암아서 역리
에 계합하게 됨을 밝힌 것이다. 만물이 비록 많지만 천지를 벗어나지
못하고, 역의 괘가 비록 많더라도 건괘와 곤괘를 벗어나지 못한다.
성인이 건도乾道를 체득하심이 지혜가 되는데, 지혜는 곧 남자와 같다.
곤도를 체득하심이 선정이 되는데, 선정은 곧 여자와 같다.

　지혜는 쇳소리와 같아서 시작의 이치(始條理)이고, 선정은 옥구슬소
리와 같아 끝마침의 이치(終條理)이다.[703] 지혜는 곧은 마음(直心)으로
진여(眞如, 法性)를 바르게 통찰(正念, 알아차림, 억념, sati)하는 까닭으
로 알기 쉬워서 세세한 상(委曲)이 없으며,[704] 선정은 마음이 한 가지

---

703 『맹자』「만장하萬章下」편에서 "공자는 (소리를) 모아서 크게 이루신 분이다.
　　모아서 크게 이루었다는 것은 (음악을) 종(쇳)소리로 시작해서 경쇠(옥)소리로
　　마친다는 뜻이다. 종소리를 울리는 것은 시작의 이치이고, 옥소리를 울림은
　　끝마침의 이치이다. 조리를 시작하는 것은 지혜의 일이고, 조리를 마치는 것은
　　성인의 일이다(孔子之謂集大成. 集大成也者, 金聲而玉振之也. 金聲也者, 始條理
　　也. 玉振之也者, 終條理也. 始條理者, 智之事也. 終條理者, 聖之事也.)"라고 한
　　데서 인용하고 있다. 시작이 있으면 반드시 끝마침이 있게 되고 끝마침이 있으면
　　반드시 또 다른 시작이 있게 되는 것으로, 시종始終과 종시終始는 불가분의
　　필연적 관계라 할 수 있다. 마찬가지로 불교에 있어 지혜와 선정은 시작과
　　끝마침(始終)처럼 불가분의 관계로서, 둘이면서 하나이고 하나이면서 둘인
　　불이不二의 존재이다. 지욱선사는 이러한 이치를 만물의 창조를 시작하는 하늘
　　(乾)과 그 하늘의 시작함에 순종하여 만물을 생육하는 땅(坤)의 작용과 덕성에
　　비유하여 불교의 지혜와 선정이 불이의 관계임을 설명하고 있는 것이다.
704 무위곡지상無委曲之相: '위곡委曲'은 구불구불하고 작고 세세한 것을 의미한다.

인연에 머물러 있는 까닭으로 간능簡能하여 생각을 일으켰다 멈추고 하는 갈래의 마음(作輟之岐)이 없다.[705] 진여를 바르게 통찰하는 까닭으로 내가 너에게 숨김이 없어서 알기 쉬운 것이고, 한 가지 인연에 마음이 집중해 있는 까닭으로 사물을 이해하는 데 있어서 스스로 깨닫지 못하는 것이 없어 따르기 쉽다. 알기 쉬움으로 중생과 부처의 본성이 같음(生佛體同)을 깨달아 친함이 있게 된다. 따르기 쉬운 까닭으로 필연코 근원을 규명하고 끝을 강구하여 공덕이 있게 된다. 친함이 있으면 오직 위대할 수 있을 뿐만 아니라, 또한 항구할 수 있는 것이니, 곧 지혜에 바탕한 선정이기 때문이다. 공덕이 있으면 오직 항구할 수 있을 뿐 아니라 또한 위대할 수 있게 되는 것이니, 선정에 바탕한 지혜이기 때문이다. 덕과 공업을 함께 구족하여 닦음으로써 본성은 드러나게 된다. 그러므로 이치를 체득하여 지위를 이루는 것이다.[706]

역리는 본래 천지보다 먼저 존재하였으며, 또한 천지 만물의 시작과 끝(始終)을 관철하고 있다. 지금 천하의 이치(易理)를 말하고 있는

'위곡의 상이 없다'는 것은 곧 지혜는 직관적인 것으로 단박에 분명히 아는 것이지 알음알이를 통해 세세하게 아는 것이 아니라는 뜻이다.

705 간능이무작철지기簡能而無作輟之岐: '간능簡能'은 복잡하지 않고 간략한 작용을, '작철作輟'은 어떠한 생각을 일으켰다가 다시 그만 두는 것을, '기岐'는 갈래의 길을 의미한다. 곧 선정은 하나의 인연(화두, 혹은 어떠한 한 이치)에 마음을 집중하는 것으로, 여기에는 어떠한 생각을 일으켰다가(作) 다시 그만두는(輟) 등의 갈등과 갈래의 마음이 있을 수 없으므로 이를 간능하다는 의미로 해석하였다.

706 득리이성위得理而成位: 진리를 체득하여 지위를 이룸. 곧 수행을 통하여 범부의 지위를 벗어나 보살과 부처의 경지에 나아감을 의미한다.

것은 이미 이치를 의지함으로써 천지가 존재하기 때문인데, 이러한 이치는 곧 혼연히 천하에 존재해 있는 것이다. 또 한편으로는 공자가 이미 세상의 성인이심을 보여 주는 것으로, 재차 천하(六合)를 내용으로 하여 그것(易理)을 설명하고 있는 것이다.

제2장

聖人이 設卦하야 觀象繫辭焉하야 而明吉凶하며 剛柔ㅣ 相推하
성 인   설 괘   관 상 계 사 언   이 명 길 흉   강 유   상 추

야 而生變化하니 是故로 吉凶者는 失得之象也ㅣ오 悔吝者는 憂
이 생 변 화   시 고   길 흉 자   실 득 지 상 야   회 린 자   우

虞之象也ㅣ오 變化者는 進退之象也ㅣ오 剛柔者는 晝夜之象也
우 지 상 야   변 화 자   진 퇴 지 상 야   강 유 자   주 야 지 상 야

ㅣ오 六爻之動은 三極之道也ㅣ니 是故로 君子ㅣ 所居而安者는
육 효 지 동   삼 극 지 도 야   시 고   군 자   소 거 이 안 자

易之序也ㅣ오 所樂而玩者는 爻之辭也ㅣ니 是故로 君子ㅣ 居則
역 지 서 야   소 락 이 완 자   효 지 사 야   시 고   군 자   거 즉

觀其象而玩其辭하고 動則觀其變而玩其占하나니 是以自天祐
관 기 상 이 완 기 사   동 즉 관 기 변 이 완 기 점   시 이 자 천 우

之하야 吉无不利니라.
지   길 무 불 리

성인이 괘를 만들어놓고 형상을 관찰하여 말(辭)을 붙여(繫) 길흉을 밝혔다. 강剛과 유柔는 서로를 밀어서 변화를 이루어 낸다. 이런 까닭으로 길함과 흉함은 잃고 얻음의 상이요, 뉘우침(悔)과 인색함(吝)은 근심하고 걱정하는 상이다. 변화는 나아감과 물러남의 상이고, 강유는 낮과 밤의 상이며, 여섯 효의 움직임은 삼극의 도(三極之道)[707]이다.

이런 까닭에 군자가 거처하여 편안한 것은 역의 차례(易之序)요, 즐겁게 완미하는 것은 효의 말(爻之辭)이다. 이런 까닭에 군자가 거처할 때는 그 형상(象)을 살펴보고 그 말(辭)을 음미하며, 움직일 때는 그 변화를 살펴보고 그 점사占辭를 알아본다. 이로써 하늘로부터 도움을 받아서 길하지 않음이 없는 것이다.

惟其易理全現乎天地之間, 而人莫能知也, 故伏羲設卦以詮顯之. 文周又觀其象, 繫辭焉而明吉凶, 而昭告之. 順理者吉, 易理者凶也. 夫易理本具剛柔之用, 而剛柔各有善惡之能. 剛能倡始, 而過剛則折. 柔能承順, 而過柔則靡. 然剛柔又本互具剛柔之理, 故悟理者能達其相推而生變化. 是故吉凶者, 卽失理得理之象. 悔吝者, 乃憂於未然, 慮於事先之象也. 知吉凶之象, 則必爲之進退, 而勿守其窮. 故變化者, 明示人以進退之象也. 知悔吝之方, 則必通乎晝夜而善達其用, 故剛柔者明示人以晝夜之象也. 然則六爻之動, 一唯詮顯三極之道而已. 三極之道, 卽先天易理, 非進非退, 而能進能退. 非晝非夜, 而能晝能夜. 天得之以立極於上, 地得之以立極於下, 人得之以立極於中. 故名三極之道. 乃卽一而三, 卽三而一之極理也. 夫易理旣在天而天, 在地而地, 在人而人, 是故隨所居處無非易之次序, 只須隨位而安. 只此所安之位, 雖僅六十四卦中之一位, 便是全體三極, 全體易理. 不須更向外求, 而就此一位中, 具足無量無邊變化, 統攝三百八十四種爻辭, 無

---

707 삼극지도三極之道: 천도天道·지도地道·인도人道, 곧 삼재三才의 도를 말한다. 여기서는 괘의 6효 중에서 초효와 2효의 지위地位, 3효와 4효의 인위人位, 5효와 상효의 천위天位를 가리킨다.

有不盡, 是可樂而玩也. 平日善能樂玩, 故隨動皆與理合, 縱遇變故, 神恒不亂, 自能就吉遠凶. 此乃自心合於天理, 故爲理之所祐. 豈徼幸 於術數哉.

오직 그러한 역리가 천지 사이에 온전히 드러나고 있지만, 사람들이 능히 알지 못하는 까닭에 복희씨가 괘를 그려 그것을 밝혀 드러나게 하였다. 문왕과 주공은 또한 그 상을 관찰하고 설명의 글(繫辭)을 덧붙여 길흉을 밝힘으로써 분명하게 알게끔 해주었다.

진리에 순응하는 자는 길하고, 진리를 거역하는 자는 흉하다. 무릇 역의 이치는 본래 강유剛柔의 작용을 갖추고 있는데, 강과 유는 각기 선과 악의 작용력이 있다. 강은 능히 창시倡始[708]하지만은 지나치게 강하면 곧 부러진다. 유는 능히 순함을 따르지만 유순함이 지나치면 쓰러지게 된다(靡). 그러나 강유는 또 한편으로 본시 강유의 역리를 서로 간에 갖추고 있기도 하다. 그러므로 역리를 깨달은 자는 능히 그것(剛柔)이 서로 작용하여 변화가 일어남을 통달할 수 있는 것이다. 이러한 까닭으로 '길흉吉凶'은 곧 잃고 얻음(失得)이라는 이치의 상이 고, '회린悔吝'은 이에 미연에 근심하고 일을 하기에 앞서 염려하는 상이라고 하는 것이다. 길흉의 상을 깨닫게 되면 반드시 진퇴를 하여 그 궁극을 지킬 필요가 없다.[709] 그러한 까닭에 '변화'라는 것은 사람에게

---

708 창시倡始: 창도하여 시작하다. 곧 건乾의 만물을 창조해내는 능동적, 주체적 덕성(작용력)을 가리키고 있다.

709 길흉이 생기는 이치를 알게 되면(知吉凶之象) 굳이 반드시 진퇴를 경험해서(必爲 之進退) 그 결과를 기다려 확인할 필요가 없게 된다(而勿守其窮)는 뜻으로, 길흉의 이치를 알면 미래의 길흉을 미리 예측할 수 있게 된다는 의미이다.

진퇴의 상을 밝게 보여 주는 것이다. '회린'을 해결할 방안(方所)을 안다는 것은 필연적으로 주야의 이치에 능통하여 그 작용을 잘 이해할 수 있게 됨을 의미한다. 그런 까닭에 '강유'라는 것은 사람에게 주야의 상을 통해 밝게 보여 주는 것이다.

그렇기 때문에 6효의 움직임은 한결같이 오직 삼극三極의 도를 밝게 드러내는 것일 뿐이다. 삼극의 도는 곧 하늘보다 먼저 존재하는 역리이다. 나아가는 것도 아니고(非進) 물러나는 것도 아니지만(非退), 능히 나아가고 능히 물러난다. 낮도 아니고(非畫) 밤도 아니지만(非夜), 능히 낮이 되고 능히 밤도 된다. 하늘이 그것(易理)을 얻어서 위에서 태극을 세우고, 땅이 그것을 얻어서 아래에서 태극을 세우며, 사람이 그것을 얻어서 중간에서 태극을 세우는 것이다. 그러므로 '삼극의 도(三極之道)'라 한다. 이에 하나에 바탕한(기준한) 셋이요, 셋에 바탕한 하나인 태극의 역리이다.

대저 역리는 이미 하늘에 있으면 하늘이 되고, 땅에 있으면 땅이 되며, 사람에게 있으면 사람이 된다. 이러한 까닭으로 거처하는 바를 따라서 역의 차서次序가 아닌 것이 없지만,[710] 단지 모름지기 자리를 따라서 안주할 뿐이다. 단지 이 안주해 있는 바의 자리가 비록 겨우 64괘 중의 한 자리이지만, 곧 전체적인 삼극이고 전체적인 역리이므로 모름지기 또다시 밖을 향해 찾을 필요가 없다. 나아가 이러한 한 효의 자리(爻位) 가운데에는 무량무변한 변화가 갖춰져 있고, 384종류의

---

[710] 곧 역리는 천·지·인 삼재를 바탕으로 하여 모든 존재와 현상에 작용하고 있으므로, 지금 거처하고 있는 현재의 그 처소가 바로 역리가 작용하고 있는 곳이라는 의미의 해석이다.

효사를 모두 포섭(總攝)하고 있어 다하지 않음이 없으므로 가히 즐거이 완미한다고 하는 것이다. 평소에 기꺼이 즐거이 완미할 수 있기 때문에 행동하는 것에 따라(隨動) 모든 것이 역리에 계합하게 된다. 비록 변고를 만나게 될지라도 정신이 어지럽지 않게 되고, 스스로 능히 길함을 취하고 흉함을 멀리할 수 있는 것이다. 이러한 것이야말로 바로 자신의 마음(自心)이 하늘의 이치(天理)와 하나로 합치는 것이다. 그러므로 역리의 도움을 받게 되는 것이니, 어찌 술수로 요행을 바라겠는가?[711]

제3장

象者는 言乎象者也ㅣ오 爻者는 言乎變者也ㅣ오 吉凶者는 言乎
단자　언호상자야　　효자　언호변자야　　길흉자　언호

其失得也ㅣ오 悔吝者는 言乎其小疵也ㅣ오 无咎者는 善補過也
기실득야　　회린자　언호기소자야　　무구자　선보과야

ㅣ니 是故로 列貴賤者는 存乎位하고 齊小大者는 存乎卦하고 辯
시고　열귀천자　존호위　제소대자　존호괘　변

吉凶者는 存乎辭하고 憂悔吝者는 存乎介하고 震无咎者는 存乎
길흉자　존호사　우회린자　존호개　진무구자　존호

悔하니 是故로 卦有小大하야 辭有險易하니 辭也者는 各指其所
회　시고　괘유소대　사유험이　사야자　각지기소

之니라.
지

'단象'은 상象을 말하는 것이요, '효爻'는 변變을 말한 것이다. '길흉吉凶'이

---

[711] 역리를 체득하게 되면 스스로 길흉의 이치를 알 수 있는 까닭에, 굳이 길흉을 피하고자 하는 요행과 술수를 찾을 필요가 없다는 의미이다.

란 잃고 얻음을 말하는 것이요, '회린悔吝'은 작은 허물을 말하는 것이다. '허물이 없다(无垢)'라는 것은 과오를 잘 보완하는 것이다. 이러한 까닭으로 귀천을 나열한 것은 효위爻位에 있고, 대소를 가지런히 한 것은 괘에 있으며,[712] 길흉을 변별하는 것은 계사에 있다. 뉘우치고 인색함을 우려하는 것은 분별(介)하는 데 있으며,[713] 움직이는(震) 데 허물이 없게 하는 것은 뉘우치는 데 있다.[714] 이런 이유로 괘에는 작고 큰 것이 있으며, 계사에는 험한 것과 쉬운 것이 있다. 계사란 것은 각각 그 가야 할 바를 지시하고 있는 것이다.

承上居則觀其象, 而言象者, 莫若象也. 動則觀其變, 而言變者, 莫若爻也. 彼象爻所言吉凶者, 乃示人以失得之致, 使人趣得而避失也. 所

---

712 '제齊'는 '분별하여 가려낸다'는 의미로 곧 '정定'의 뜻이다. '小'는 음을, '大'는 양을 가리키는 것으로 '小大'는 곧 음이 괘의 중심을 이루고 있는 소괘小卦와 양이 중심을 이루고 있는 대괘大卦를 뜻한다. 예를 든다면 중지곤(重地坤, ䷁)괘, 천지비(天地否, ䷋)괘 등은 소괘이고, 중천건(重天乾, ䷀)괘, 지천태(地天泰, ䷊)괘 등은 대괘라 할 수 있다. '제소대자齊小大者, 존호괘存乎卦'라는 말은 64괘는 이렇듯 소괘와 대괘로 구별되어 이루어졌다는 뜻이다.

713 '개介'에 대해서 주자는 "개介는 변별하는 것의 단서를 말하는 것이다. 대개 선악이 이미 움직여서 나타나지 않을 때다(介謂辨別之端, 蓋善惡已動而未形之時也.)"라고 하였다. 주자의 주장처럼 '개'는 길선善吉·악흉惡凶의 경계를 미리 잘 분별하고 변별한다는 의미이다. 후회하고 인색하지 않도록 미리 분별함으로써 허물을 낳지 않게 된다는 말이다.

714 왕필은 이 문장에 대해서 다음과 같이 주를 달고 있다. "허물이 없다는 것은 잘못을 잘 고치기 때문이다. 진震은 움직인다는 뜻이다. 그러므로 움직이는 데 허물이 없게 하는 것은 잘못을 잘 뉘우치는 데 달려 있다.(無咎者, 善補過也. 震, 動也. 故動而無咎, 存乎悔過也.)"

言悔吝者, 乃示人以小疵, 使勿成大失也. 所言無咎者, 乃示人以善補
其過, 使還歸於得也. 是故位以列其貴賤, 使人居上不驕, 爲下不倍
也. 卦以齊其小大, 使人善能用陰用陽, 不被陰陽所用也. 辭以辯其吉
凶, 使人知吉之可趣, 凶之可避也. 此其辯別之端甚微, 非觀象玩占
者, 不能憂之. 此其挽回之力須猛, 非觀變玩占者, 不能震之. 是故卦
有小大, 辭有險易, 蓋明明指人以所趣之理矣. 所趣之理卽吉道也, 自
非全體合理, 快不能有吉無凶.

위의 말씀을 받들어(乘上)[715] 거처하면서 그 상象을 관찰한다면, 상에
대해 말한 것은 단象만 한 것이 없다.[716] 움직이고자 할 경우에는 그
변화를 관찰해야 한다고 했는데, 변화를 말한 것은 효爻만 한 것이
없다.[717] 저 단과 효에서 말하는 바의 '길흉'이라는 것은 곧 사람에게
잃고 얻음의 이치를 보여줌으로써 사람으로 하여금 길함(得)을 취하고
흉함(失)을 피하게끔 하는 것이다. 이른바 '회린悔吝'이라는 것은 곧
사람에게 작은 허물을 보여줌으로써 큰 과실을 범하지 않게끔 하는
것이다. 이른바 '허물이 없다(無咎)'는 것은 곧 사람에게 그 허물을
잘 보완해야 함을 보여줌으로써 이득利得으로 돌아가게끔 하는 것이다.
이러한 이유로 효의 위치에 따라 그 귀천을 열거해 놓은 것은 사람으로
하여금 높은 지위에 거처하게 되더라도 교만하지 않도록 하고, 낮은

---

715 「계사상전」 제3장의 가르침을 이해하고 실천한다는 의미이다.

716 64괘 하나하나가 나타내고 있는 괘상의 상징적 의미와 가르침은 단사에서
　　설명되고 있다는 의미이다.

717 움직이는 것(震)은 곧 변화를 이루는 것이다. 그런데 역에 있어 이러한 변화의
　　이치를 나타내고 있는 곳은 바로 효를 설명하고 있는 효사라는 의미이다.

지위가 되더라도 배반하지 않게끔 하려는 것이다.

  괘에 그 작고 큰 것을 정한 것은 사람으로 하여금 능히 음양의 이치를
잘 활용하게끔 하여 음양의 작용을 피하지 않게 하려는 것이다.[718]
계사로써 그 길흉을 분별함은 사람으로 하여금 길한 것은 취하고 흉한
것은 피하는 방법을 알게 하려는 것이다. 이것은[719] 그 변별하는 단서가
극히 미세한 것이어서 상을 관찰하고 점占[720]을 완미할 줄 아는 사람이
아니면 능히 그것을 우려하지 못한다.[721] 이것은 그 만회하는 힘이
모름지기 용맹해야만 하는 것이니, 변화를 관찰하고 점사를 완미할
줄 아는 사람(觀變玩占)이 아니면 능히 그것에 따라 움직일 수 없다.
이러한 까닭으로 괘에는 크고 작은 괘가 있으며 사辭에는 험난한 것과
쉬운 것이 있어서 대개 사람이 취할 바의 이치를 명명백백하게 제시하고
있다. 취할 바의 이치라는 것은 곧 길한 도(吉道)이다. 자신이 전체적으
로 도에 계합하지 못하면 결코 길함만 있고 흉함이 없게 할 수는 없다.[722]

---

718 음양의 변화이치를 깨달음으로써 그러한 변화이치에 능동적으로 대처함을
   의미하고 있다.

719 피흉취길避凶取吉하기 위하여 괘효를 통해 길흉을 분별하고 판단하는 것.

720 곧 괘효의 점사占辭를 의미한다.

721 역리를 깨달아 괘상을 잘 살펴볼 줄 알고, 또한 그 괘상에 붙여진 괘사를
   잘 판별할 줄 아는 사람이 아니면 길흉에 대해서 미리 염려하고 걱정하지
   않는다는 의미이다.

722 인간사에 있어 길함을 얻고 흉함을 피할 수 있으려면 곧 역리를 깨달아 천지의
   도에 계합해야 함을 말하고 있다. 천지의 도에 수순하면 길하고(順則吉), 반대로
   천지의 도를 깨닫지 못해 그러한 도에 역행하는 삶을 살면 흉하게 됨(逆則凶)을
   말하고 있는 내용이다.

제4장

易이 與天地準이라 故로 能彌綸天地之道하나니 仰以觀於天文
역　여천지준　고　능미륜천지지도　앙이관어천문

하고 俯以察於地理라 是故로 知幽明之故하며 原始反終이라 故
부이찰어지리　시고　지유명지고　원시반종　고

로 知死生之說하며 精氣爲物이오 遊魂爲變이라 是故로 知鬼神
지사생지설　정기위물　유혼위변　시고　지귀신

之情狀하나니라. 與天地相似ㅣ라 故로 不違하나니 知周乎萬物
지정상　여천지상사　고　불위　지주호만물

而道濟天下ㅣ라 故로 不過하며 旁行而不流하야 樂天知命이라
이도제천하　고　불과　방행이불류　낙천지명

故로 不憂하며 安土하야 敦乎仁이라 故로 能愛하나니라. 範圍天
고　불우　안토　돈호인　고　능애　범위천

地之化而不過하며 曲成萬物而不遺하며 通乎晝夜之道而知라
지지화이불과　곡성만물이불유　통호주야지도이지

故로 神无方而易无體하나니라.
고　신무방이역무체

역易은 천지와 더불어 표준(準)을 삼았다. 그러므로 능히 천지의 도를 빈틈없이 엮어 놓았다(彌綸).[723] 우러러서 천문을 관찰하고, 엎드려서 지리를 살폈다. 그러므로 그윽함과 밝음의 연유를 알 수 있다. 시초始初를 근원으로 하여 종말을 돌이킨다. 그러므로 생사의 연유(說)를 알 수 있다. 정기精氣는 사물이 되고, 혼은 떠돌다 흩어져(遊魂) 변화한다. 이러한 연유로 귀신의 정상을 알 수 있다.

천지와 더불어 서로 동등하다. 그러므로 어긋나지 않는다.[724] 지혜는

---

[723] 미륜彌綸: '미彌'는 얽는 것을, '륜綸'은 실을 엮어 베를 짜는 것을 의미한다. 따라서 '미륜'은 실을 엮어 베를 짜듯 안과 밖으로 빈틈없이 엮는다는 뜻이다.

만물에 두루하고 도는 천하를 구제한다. 그러므로 지나치지 않는다.[725] 자유롭게 행하여도(旁行) 정도를 벗어나지 않고(不流), 천도를 즐기고 천명을 안다.[726] 그러므로 근심하지 않는다. 대지를 본받아서(安土) 인仁을 돈독히 하니, 능히 사랑할 수 있다.[727] 천지의 모든 조화를 범위하고

---

724 역서易書에 담긴 역리가 그러하다는 뜻임과 동시에, 하늘을 우러러 천문을 관찰하고 구부려 지리를 살펴서 역리를 깨달은 성인이 천지와 더불어 동등한 덕을 소유하고 있어 천지와 더불어 어긋나지 않는다는 뜻이기도 하다.

725 앞글에서 공자는 '주역은 천지를 기준으로 엮어졌으며(易與天地準), 천지의 도를 남김없이 다 담아내고 있다(能彌綸天地之道)'고 하였다. 그렇기 때문에 주역에 담겨 있는 지혜는 만물에 두두 미칠 수 있는 것이며, 천하를 구제할 방도를 갖추고 있어 조금도 지나치지(허물됨이) 않는다는 것이 본 문장의 뜻이다. 동시에 역리를 깨달은 성인의 덕성이 이와 같음을 뜻하기도 한다. 여기서 '지知'는 '지智'와 같은 의미로 쓰였고, '주周'는 보편적으로 두루하다는 '보편'의 의미로 쓰였다. 한편으로 '지주호만물知周乎萬物'은 '건이이지乾以易知'와 같은 양적陽的인 하늘의 도를, '도제천하道濟天下'는 '곤이간능坤以簡能'과 같은 음적陰的인 땅의 도를 의미한다.

726 방행이불류旁行而不流, 낙천지명樂天知命: '방행旁行'에 대해서 명대의 역학자 래지덕來知德은 그의 『주역집주周易集注』에서 "방행이라는 것은 권도權道를 행하는 것이다. 불류라는 것은 마땅히 지켜야 할 도리를 잃지 않는 것이다(旁行者, 行權, 不流者, 不失乎常經也.)"라고 하였고, 주자는 『주역본의周易本義』에서 "방행이라는 것은 권도를 행하는 지혜이고, 불류라는 것은 정도를 지키는 인이다(旁行者, 行權知之也, 不流者, 守正之仁也.)"라고 하였다. 결과적으로 '방행'은 불교의 '방편方便'과 같은 의미로서, 상황과 처지에 따라 두루두루 적절히 역도를 실천함을 의미하는 것이라 할 수 있다. 그렇지만 비록 그 같은 방행을 실천하더라도 결코 삿된 길로 빠져 들지 않고 정도를 지켜나가는 것, 그것이 바로 '불류'의 의미이다. 이렇듯 역리를 깨달아 두두두루 실천하면서도 정도를 벗어나지 않는 삶, 그것이 바로 하늘의 이치를 즐기고 천명을 아는(樂天知命) 성인의 삶이라는 것이다.

있지만 지나치지 않고, 만물을 원만하고 완전히 생성시키지만 하나도
빠뜨리지 않으며, 주야의 도를 통달해서 안다. 그러므로 신은 방소가
없으며 역은 체가 없다.

夫觀象玩辭觀變玩占者, 正以辭能指示究竟所趣之理故也. 易辭所以
能指示極理者, 以聖人之作易, 本自與天地準, 故能彌合經綸天地之
道也. 聖人之作易也, 仰觀天文, 俯察地理, 知天文地理之可見者, 皆
是形下之器, 其事甚明. 而天文地理所以然之故, 皆不出於自心一念
之妄動妄靜, 動靜無性, 卽是形上之道, 其理甚幽. 此幽明事理, 不二
而二, 二而不二, 惟深觀細察乃知之也. 原其所自始, 則六十四始於
八, 八始於四, 四始於二, 二始於一. 一何始乎. 一旣無始, 則二乃至六
十四皆無始也. 無始之始, 假名爲生. 反其所以終, 則六十四終只是
八, 八終是四, 四終是二, 二終是一. 一終是無, 無何終乎. 無旣無終,
則一乃至六十四亦無終也. 無終之終, 假名爲死. 由迷此終始死生無
性之理, 故妄於天地間攬精氣以爲物, 遊魂靈以輪廻六道而爲變, 是
故知鬼神之情狀也. 聖人旣如此仰觀俯察, 乃至鬼神之情狀皆備知
已, 然後作易, 所以易則與天地相似, 故不違也. 依易起知, 知乃周乎
萬物, 而道濟天下, 故不過也. 依易起行, 行乃旁行而不流, 樂天知命,

---

727 '안토安土'는 자기가 처한 지위와 환경에 안주하여 천명에 순종한다는 의미와
하늘에 순종하여 만물을 생육하는 무량한 대지의 덕에 안주한다(본받는다)는
의미를 나타내고 있다. 이 구절의 인仁과 애愛에 대해 주자는 『주역본의』에서
"인은 사랑의 이치이고 애는 인의 작용이다(仁者, 愛之理, 愛者, 仁之用.)"라고
풀이하고 있다.

故不憂也. 知行具足, 則安土敦仁, 廣度含識, 故能愛也. 是以橫則範
圍天地之化而不過, 曲成萬物而不遺, 竪則通乎晝夜之道而知, 橫徧
竪窮, 安有方所. 旣無方所, 寧有體相哉. 神指聖人, 易指理性, 非無體
之易理, 不足以發無方之神知. 非無方之神知, 不足以證無體之易理.
旁行者, 普現色身三昧, 現形六道也. 不流者, 不隨六道惑業所牽也.
樂天者, 恒觀第一義天也. 知命者, 善達十界緣起也. 安土者, 三塗八
難皆常寂光也. 敦仁者, 於一切處修大慈大悲三昧也. 晝者涅槃, 夜者
生死, 了知涅槃生死無二致. 故三世一照, 名爲通乎晝夜之道而知.

무릇 '괘상을 관찰하고 괘사를 완미하며(觀象玩辭)', '변화를 관찰하고
점사를 완미한다(觀變玩占)'는 것은 바로 사辭가 능히 궁극적으로 추구
하여 지향해야 할(趣向) 바의 진리를 가르쳐 지시하고 있기 때문이다.
역사易辭가 능히 지극한 역리를 지시하고 있다고 하는 이유는 성인이
역을 만드실 적에 본디 천지와 더불어서 준칙을 삼으셨기 때문이다.
그러므로 능히 천지의 도를 "미합경륜彌合經綸[728]하고 있다고 하는 것이
다. 성인이 역서를 지으실 적에 우러러서는 천문을 관찰하고, 엎드려서
는 지리를 관찰하시었다. 천문지리를 가히 살펴보고 아신 것은 모두
형이하학적인 기세계器世界[729]인데, 그러한 현상계도 심도 있게 밝혀
놓고 있다. 천문지리가 드러나게 된 연유는 다 자기 자신의 마음속에서
일어난 한 가지 생각(一念)의 망동망정妄動妄靜을 벗어나지 못하기

---

728 미합경륜彌合經綸: 세상을 다스릴 수 있는 모든 진리를 두루 취합하여 그러한
진리를 역에 갖추고 있음을 의미한다.
729 형하지기形下之器: 일체 모든 중생들이 살고 있는 현상세계를 의미한다. 불교에서
는 이러한 세계를 기세간器世間, 혹은 기세계器世界라고 한다.

때문이다.[730] 움직이기도 하고 고요하기도 한, 자성이 없는 것이 곧 이러한 형이상학적인 진리의 세계로서 그 이치는 심히 그윽하다.[731] 이러한 그윽하고 밝은 사(事: 형체, 현상세계, 물질세계)와 이(理: 본원적인 마음, 근원적인 진리세계)는 둘이 아니면서도 둘이요(不二而二), 둘이면서도 둘이 아니기 때문에(二而不二) 오로지 심도 있고 세밀하게 관찰해야만 바로 알 수 있다.

그 시작된 근원을 탐구해 보면 64괘는 8괘에서 비롯된 것이고, 8괘는 사상四象에서 시작된 것이며, 사상은 양의兩儀에서 비롯되었고, 양의는 하나(一, 太極)에서 근원하고 있다. 그렇다면 태극(一)은 어디에서 시원하고 있는가? 하나가 이미 시작됨이 없는 것이라면 곧 양의, 나아가 64괘마저도 시작됨이 없는 것이다. 시작됨이 없는 시원始原을 생하여 이루어진다고 임시적으로 이름을 붙였을 따름이다. 그 끝나는 바를

---

730 천문지리는 곧 현상세계이다. 불교에 있어 이러한 현상세계는 다름 아닌 곧 마음에서 비롯된 유심唯心의 세계라는 것이다. 우주의 모든 삼라만상은 오직 마음에서 변현變現한 것으로서 마음을 여의고 존재하는 것은 없으며, 마음은 만유萬有의 본체로서 유일唯一의 실재實在라고 보는 것이 불교에 있어 유심의 논리이다. 본 문장에서 지욱은 바로 이러한 불교의 유심론에 근거하여 성인이 관찰하여 역서에 담아 놓은 천문지리라는 기세계가 다름 아닌 인간의 마음에서 비롯된 유심의 세계임을 가르치고 있는 것이다.

731 본체론적인 관점에서 진리의 당체當體를 설명하고 있다. 유심으로 드러난 세계가 현상세계라고 한다면, 그러한 현상세계가 드러나게끔 내적으로 근원하고 있는 작용의 진리가 있을 것이다. 지욱은 그러한 근원적 진리를 형이상학적 도라고 말하고 있으며, 그러한 형이상학적 도는 작용하고 고요히 있음에 고정된 실체가 없다는 것(動靜無性)이다. 이는 곧 만물의 변화작용의 근원을 이루고 있는 태극에 대한 불교적 해석이라고도 할 수 있다.

반추해 보면 64괘가 마침내 다만 8괘이고, 8괘가 마침내 사상이며, 사상이 마침내 양의이고, 양의가 마침내 태극이며, 태극이 결국은 무無인 것이다. 그렇다면 무는 어디에서 끝나는 것인가? 무가 이미 끝이 없는 것이라면 태극, 나아가 64괘도 또한 마침이 없는 것이다. 마침이 없는 마침을 거짓으로 이름하여 '사死'라 했을 뿐이다.

이러한 '마침과 시작함(終始), 죽음과 태어남(死生)'이라는 무자성無自性의 이치를 깨닫지 못했기 때문에 천지 사이의 정기精氣를 붙잡아서(攬) 물질이 되고, 혼령으로 떠돌며, 6도에 윤회하여 변화를 이룬다. 그러므로 귀신의 정황을 알 수 있다고 하는 것이다.

성인은 이미 이와 같이 위로는 하늘을 관찰하시고, 아래로는 땅을 살피시고(仰觀俯察), 나아가 귀신의 정황까지도 다 갖추어 아신 연후에 역易을 지으셨다. 이러한 이유로 '역은 천지와 더불어 형상이 비슷하기(與天地相似) 때문에 어긋나지 않는다(故不違)'고 한다. 역에 의해 지혜가 생겨나게 되기 때문에 '지혜가 이에 만물에 두루 작용하고 도는 천하를 구제한다. 그러므로 허물이 되지 않는다(知乃周乎萬物, 而道濟天下, 故不過)'고 한다. 역에 의지하여 행동을 일으키게 되면 그러한 행위를 바로 '온갖 것을 자유롭게 행해도 잘못된 곳으로 흐르지 않고, 하늘을 즐기고 명을 알 수 있기 때문에 근심하지 않는다(旁行而不流, 樂天知命, 故不憂)'고 한다. 지혜와 실천을 구족하게 되면 곧 중생세계에 안주해 인을 돈독히 실천하며 널리 중생(含識)들을 제도할 수 있게 된다. 그러므로 '능히 사랑할 수 있다(能愛)'고 한다.

이러한 까닭으로 가로로는 곧 천지의 조화를 포괄하여 조금도 지나침이 없고 만물을 곡진히 생성하면서도 하나도 빠뜨리지 않게 되며,

세로로는 곧 주야의 도를 통하여 깨닫게 되는 것이다. 종횡으로 두루 존재하고 무궁한데 어찌 특정한 방소가 있겠는가![732] 이미 특정한 방소가 없다고 한다면 어찌 불변한 체상體相이 있을 수 있겠는가? '신神'은 성인을 가리키는 것이고, '역易'은 이성理性을 가리킨다. 고정된 체성이 없는(無體) 역리가 아니면 족히 방소가 없는 신령한 지혜가 발현될 수 없고, 방소가 없는 신령한 지혜가 아니면 족히 체성體性이 없는 역리를 증득할 수 없다. '방행旁行'이라는 것은 색신삼매色身三昧를 두루 나타내어 형상을 6도 세계에 드러내는 것이고,[733] '불류不流'는 6도 세계의 미혹한 업력에 이끌려 따라가지 않는다는 뜻이다. '낙천樂天'은 항상 제일의 궁극적인 진리인 하늘(第一義天)을 관조하는 것이고, '지명知命'은 모든 세계(十界)[734]가 인연의 소생(緣起)임을 잘 통달하는 것이다. '안토安土'는 삼도三塗[735]와 여덟 가지 고난(八難)[736]의 세계가

---

732 안유방소安有方所: 역리는 천지만물과 시방세계에 두루 작용하여 특정한 시간과 특정한 장소에 국한되지 않는다는 의미이다.

733 색신色身은 물질적인 육체를, 삼매는 깨달음으로 고요히 안정되어 있는 마음을 가리킨다. 따라서 '보현색신삼매普現色身三昧, 현형육도야現形六道也'라고 하는 뜻은 수행자가 진리를 체득한 이후의 몸과 마음을 널리 드러내어 육도 중생의 구제를 위해 육체적인 형상을 나타내는 것을 의미한다.

734 십계는 곧 시방세계十方世界를 가리키는 말이다. '시방'은 동서남북 사방과 그 중간 중간의 간방間方, 그리고 상하방을 가리키는 것으로, 곧 모든 우주적인 공간을 뜻한다.

735 삼도三塗: 곧 지옥·아귀·축생의 삼악도를 가리킨다.

736 팔란八難: 부처님과 불법을 만나고 보지 못하는 여덟 가지 경계를 말한다. 곧 고통이 심한 ①지옥 ②아귀 ③축생의 삼악도에 태어나는 것, ④장수하여 구도심을 일으키기기 어려운 장수천長壽天에 태어나는 것, ⑤즐거움이 너무

모두 상적광常寂光[737]의 세계임을 뜻하고, '인을 돈독히 한다(敦仁)'는 것은 일체의 모든 곳에서 대자대비의 삼매를 닦는다는 의미이다. '낮(晝)'은 열반을 뜻하고, '밤(夜)'은 나고 죽는 생사를 의미한다. 열반과 생사가 두 가지 이치가 아님을 깨달아야만 한다. 그러므로 삼세(三世: 과거·현재·미래)를 하나로 비추어 볼 수 있음을 '주야의 도를 통달하여 안다(通乎晝夜之道而知)'고 한다.

제5장

一陰一陽之謂ㅣ 道ㅣ니 繼之者ㅣ 善也ㅣ오 成之者ㅣ 性也ㅣ라.
일음일양지위　도　계지자　선야　성지자　성야

仁者ㅣ 見之애 謂之仁하며 知者ㅣ 見之애 謂之知오 百姓은 日
인자　견지　위지인　지자　견지　위지지　백성　일

用而不知라 故로 君子之道ㅣ 鮮矣니라. 顯諸仁하며 藏諸用하야
용이부지　고　군자지도　선의　현저인　장저용

鼓萬物而不與聖人同憂하나니 盛德大業이 至矣哉라. 富有之謂
고만물이불여성인동우　성덕대업　지의재　부유지위

많아 구도심을 일으키지 않게 된다는 변지邊地에 태어나는 것, ⑥맹농음아盲聾瘖瘂와 같은 육체적인 장애자로 태어나는 것, ⑦알음알이를 바탕으로 한 세속적인 지혜와 변덕(世智辯德)에 빠져 있는 것, ⑧부처님이 태어나기 이전이나 열반하신 이후에 태어나는 것(佛前佛後) 등이다.

737 상적광常寂光: '적광寂光'은 번뇌를 끊어 적정한 열반의 경지에 들어 발휘하는 진리의 광명을 의미한다. 안토安土의 의미가 삼도와 팔난이 곧 성적광이라는 뜻은 안락정토安樂淨土가 다른 곳에 특별하게 존재하는 것이 아니라, 바로 삼악도의 고통과 팔난과 같은 어려움의 세계가 곧 우리들의 마음에 따라 안토의 세계가 될 수 있음을 가리킨다.

ㅣ 大業이오 日新之謂ㅣ 盛德이오 生生之謂ㅣ 易이오 成象之謂
　　대업　　　일신지위　　성덕　　　생생지위　　역　　　성상지위

ㅣ 乾이오 效法之謂ㅣ 坤이오 極數知來之謂ㅣ 占이오 通變之謂
　　건　　　효법지위　　곤　　　극수지래지위　　점　　　통변지위

ㅣ 事ㅣ오 陰陽不測之謂ㅣ 神이라.
　　사　　　음양불측지위　　신

한 번은 음이고 한 번은 양인 것을 도라 한다. 그것을 이어받은 것(繼)[738]을 선善이라 하며, 그것을 이룬 것을 성性이라 한다. 어진 자는 그것을 보면 인仁이라고 부르고, 지혜로운 사람이 그것을 보면 지혜라고 말하지만, 백성들은 날마다 사용하고 있으면서도 알지 못한다. 그러므로 군자의 도는 드문 것이다. 인仁에 나타내고 작용 속에 감춰져 있으며, 만물을 고취시키지만 성인과 더불어 한가지로 근심하지 않으니, 성덕과 대업이 지극하다! 부유한 것을 일러 대업이라 하고, 날마다 새로워지는 것을 일러 성덕이라 부른다. 생하고 또 생하는 것을 역易이라 하고, 형상을 이룬 것을 건乾이라 부르며, 법칙을 본받은 것을 곤坤이라 한다. 수리를 극진히 하여 미래를 아는 것을 점占이라 하고, 변화를 통달하는 것을 일(事)이라 하며, 음양을 헤아릴 수 없음을 신神이라고 한다.

夫易雖無體, 無所不體. 非離陰陽形體而別有道也. 一陰一陽, 則便是 全體大道矣. 然非善稱理以起修者, 不能繼陰陽以立極. 而卽彼成位 於中者, 全是本性功能. 乃世之重力行者, 往往昧其本性, 是仁者見之

---

738 繼繼: '계'의 뜻에 대해서 주자는 "접속해서 쉬지 않는다(接續不息之意)"라고 해석하였다.

謂之仁也. 世之重慧解者, 往往不尙修持, 是知者見之謂之知也. 百姓
又日用而不自知, 故君子全性起修, 全修顯性之道鮮矣. 然仁者雖但
見仁, 而仁何嘗不從知以顯. 知者雖但見知, 而用何嘗不隨仁以藏. 仁
體至微而恒顯, 知用至露而恒藏, 此卽一陰一陽之道, 法爾鼓舞萬物
而不與聖人同憂者也. 不與聖人同憂, 且指易之理體而言, 其實聖人
之憂亦不在理體外也. 且聖人全體易理, 則憂亦非憂矣. 包含天地萬
物事理, 故爲富有, 變化不可窮盡, 故爲日新. 業業之中具盛德, 德德
之中具大業, 故爲生生. 凡德業之成乎法象者, 皆名爲乾, 不止六陽一
卦爲乾. 凡效法而成其德業者, 皆名爲坤, 不止六陰一卦爲坤. 極陰陽
之數, 而知數本無數, 從無數中建立諸數, 便能知來, 卽爲之占, 非俟
渫蓍而後爲占. 旣知來者, 數必有窮, 窮則必變, 變則通, 通則久. 卽是
學易之事, 非俟已亂而後治, 已危而求安之謂事. 終日在陰陽數中, 而
能制造陰陽, 不被陰陽所測, 故謂之神. 自富有至謂坤五句, 贊易理之
無體, 極數三句, 贊聖神之無方也.

무릇 역易이 비록 고정된 실체가 없다고 하지만 체體가 아님이 없다.
음양의 형체를 떠나서 특별히 따로 '도道'라는 것이 존재하는 것이
아니기 때문이다. 한 번은 음으로, 한 번은 양으로 번갈아 작용하는
이것이야말로 곧 전체의 큰 도(大道)이다.

　그렇지만 이러한 이치에 잘 계합하여 수행을 닦고자 신심을 일으키는
자(起修者)가 아니면 능히 음양의 이치를 계승하여 궁극적인 깨달음을
이룰 수(立極) 없다. 저것(陰陽之道, 本性, 易)에 바탕하여 그 가운데에
서 깨달음의 지위를 성취할 수 있는 것은 전적으로 본성의 공능이라

할 수 있다. 하지만 세상에서 힘써 노력하는 것(力行)만을 중요하게 여기는 자는 왕왕 그 본성에 어두울 수밖에 없다. 이러한 것을 '어진 자는 그것을 보고 어질다고 이른다(仁者見之, 謂之仁)'고 한다. 세상에서 지혜만을 중요하게 여기는 자는 왕왕 수행과 계행의 실천(修持)을 숭상하지 않는다. 이러한 것을 '지혜로운 자는 그것을 보고 지혜라고 이른다(知者見之, 謂之知)'라고 한다. 백성들은 또한 날마다 역의 작용 속에서 살고 있지만 스스로 알지 못하고 있다. 그러므로 군자의 온전한 성품을 의지해 수행할 마음을 일으키고, 온전한 수행을 통해 본성의 도를 드러내는 도가 드물다고 하는 것이다.

그렇지만 인仁자는 비록 단순히 인이라는 측면만을 보지만, 인이 어찌 일찍이 지혜를 좇아서 드러나는 것이 아닐 수 있겠는가? 지知자가 비록 단순히 지혜라는 측면만을 보지만, 지혜를 사용함에 어찌 일찍이 인이 따라서 감춰져 있는 것이 아닐 수 있겠는가?[739] 인의 본체는 지극히 미세하지만 언제나 명확히 드러나고, 지혜의 작용은 지극하게 드러내고 있지만 언제나 감춰져 있다. 이러한 것을 곧 '일음일양지도一陰一陽之道'라고 한다.

진리는 자연스럽게(法爾)[740] 만물을 고무 진작시키고 있지만, 성인과 더불어 근심하지는 않는다. '성인과 더불어 근심하지 않는다(不與聖人

---

739 인은 지혜를 바탕으로 드러나는 것이며, 지혜는 드러난 인 속에 감춰져 있음을 말하고 있다. 결국 인과 지혜는 둘이면서 하나이고 하나이면서 둘인 불이적不二 的 관계를 이루고 있다는 의미이다.

740 법이法爾: 법연法然, 자연이라고도 한다. 제법만상諸法萬象이 자연 그대로의 상태로 있는 것, 본래부터 저절로 그러한 것을 의미한다.

同憂)'는 것은 또한 역의 이치와 본체를 가리켜서 하는 말이지만, 실제적
으로는 성인의 근심함도 또한 역의 이치와 본체 밖에 따로 있는 것이
아니다. 또한 성인이 바로 전체적인 역리라고 한다면, 근심한다는
것 또한 근심하지 않는 것이 된다.[741]

　천지만물의 현상과 이치를 포함하고 있는 까닭으로 '부유함이 있다
(富有)'고 하고, 변화를 거듭하여 영원히 끝이 없기 때문에 '날로 새롭다
(日新)'고 한다. 하나하나의 행위 속에서(業業之中) '성대한 덕(盛德)'을
이루고, 성대한 덕을 거듭 이루는 과정 속에서(德德之中) '위대한 업적
(大業)'을 이룬다. 그런 이유로 '생성하고 또 생성한다(生生)'고 한다.

　무릇 성대한 덕과 위대한 업적을 진리의 형상(法象)으로 이루어
낸 것을 모두 '건乾'이라 이름하지만, 단지 여섯 양효陽爻로 이루어진
한 괘만을 건이라고 하는 것은 아니다. 무릇 건의 역리를 본받아 그
덕업을 완성해 이루어 내는 것을 모두 '곤坤'이라 하지만, 단지 여섯
음효陰爻로 이루어진 한 괘만을 곤이라 이름하지는 않는다. 음양의
수를 끝까지 탐구해 보면(極) 수가 본래 무수無數임을 알 수 있다.
무수로부터 모든 수를 운용(建立)하면은 곧 미래를 알 수 있게 되는데,
이를 곧 '점占'이라 한다. 설시를 하는 것만이 점을 치는 것이 아니다.[742]

---

741 성인은 역리를 깨달으신 분이다. 까닭에 성인의 품성과 언행은 역리에 계합하여
　　역리와 하나를 이루고 있다. '성인전체역리聖人全體易理'는 바로 이러한 의미를
　　가리킨다. 앞의 문장에서 역리는 자연스러운 것(法爾)이라 했다. 그렇다면 역리
　　에 계합하여 일으키는 성인의 백성에 대한 근심과 걱정도 자연스러운 인의
　　마음일 것이다. 이것이 바로 '근심하지만 또한 근심하지 않는다'는 '우역비우憂亦
　　非憂'의 의미일 것이다.
742 주역에 있어 설시는 미래를 예측하는 하나의 수단이고 방법일 뿐이다. 이러한

이미 미래를 안다는 것은 수는 반드시 다함이 있고, 다한즉 반드시 변하게 되며, 변한즉 통하고, 통한즉 장구하다는 것, 곧 이것이 역을 배우는 일이다.

이미 어지러움이 발생한 이후에 다스리려 하고, 위태롭게 된 이후에 안정을 구하려고 하는 것은 올바른 처사가 아니다. 종일토록 음양의 수 가운데에 있어서 능히 음양을 창조, 제어하고 있지만 음양에 구애되지 않기 때문에 '신神'이라 부른다.[743]

'부유富有'로부터 '위곤謂坤'에 이르기까지, 다섯 구절은 역리가 고정 불변한 본체가 없음(無體)을 찬탄한 내용이고, '극수極數' 이하 세 구절은 성스럽고 신령한 역의 작용이 특정한 방소가 없이 나타나고 있음을 찬탄한 내용이다.

설시를 통해서 미래에 대한 예측을 이끌어 낼 수 있지만, 미래를 안다는 것이 단순하게 꼭 설시를 통해서만 이루어지는 것은 아니라는 것이다. 역리를 깊이 깨닫고 그러한 역리에 대한 혜안慧眼을 얻어 세상의 이치를 살필 수 있게 되면 설시를 하지 않고서도 세상에 대한 길흉을 미리 알고 점칠 수 있다는 의미이다.

[743] 운명을 아는 사람은 운명에 구속되지 않는다. 운명을 아는 까닭에 운명의 노예가 되지 않고, 스스로 능히 운명의 주인공으로 운명을 창조해 가며 살 수 있는 능력을 갖추기 때문이다. 본 문장은 바로 그러한 이치를 말하고 있다. 음양의 이치를 깨달은 성인은 비록 음양의 이치 속에서 살고 있지만, 그러한 이치를 아는 까닭에 이치를 수순하며 스스로 창조적 삶을 이끌어 낼 수 있는 것이다. 알면 대처할 수 있고 대비할 수 있으며 능히 속박되지 않게 된다. 비록 선천적으로 음양의 이치 속에 살고 있다고 하더라도 그러한 음양의 이치를 깨달아 아는 이상, 도리어 음양을 제어하고 창조하며 주인공으로 당당히 살 수 있게 된다. 본 문장에서 지욱은 바로 그러한 경지를 '신'이라고 부르고 있다.

제6장

夫易이 **廣矣大矣**라. **以言乎遠則不禦**하고 **以言乎邇則靜而正**하
부역　광의대의　　이언호원즉불어　　이언호이즉정이정

고 **以言乎天地之間則備矣**라. **夫乾**은 **其靜也**ㅣ **專**하고 **其動也**
이언호천지지간즉비의　　부건　기정야　전　　기동야

ㅣ **直**이라 **是以大**ㅣ **生焉**하며 **夫坤**은 **其靜也**ㅣ **翕**하고 **其動也**ㅣ
직　시이대　생언　　부곤　기정야　흡　　기동야

闢이라 **是以廣**이 **生焉**하나니 **廣大**는 **配天地**하고 **變通**은 **配四時**
벽　시이광　생언　　광대　배천지　변통　배사시

하고 **陰陽之義**는 **配日月**하고 **易簡之善**은 **配至德**하나니라.
음양지의　배일월　이간지선　배지덕

무릇 역易은 광대하다. 멀기로 말하면 막지 못하고(한계가 없고), 가까운
곳으로 말하면 고요하고 바르고(正),[744] 천지의 사이를 말하면 다 갖추고
있다. 무릇 건乾은 그 정함에 오로지하고(專一), 그 동함에 곧음이라.
이로써 큼(위대한 작용)이 생겨나게 된다. 무릇 곤坤은 그 정함에 닫히고
(翕), 그 동함에 열림(闢)이다. 이로써 넓음이 생겨난다. 넓고 큰 것은
천지와 배합하고, 변화하고 통함은 사시와 배합하며, 음양의 뜻은
일월과 배합하고, 이간易簡의 선함은 지극한 덕에 배합된다.

---

744 이언호이즉정이정以言乎邇則靜而正: 이 문장에서 '정正'에 대한 일반적인 해석은
'바르다'로 해석되고 있다. 그러나 문장 속에 '이邇(가까울 이)'의 뜻에 기준해서
보면, '정'은 바르다고 해석하기보다는 '바로 눈앞의 그것이다(正是他)'라는 뜻으
로 해석하는 것이 더 타당한 해석으로 여겨진다. 남회근南懷瑾 역시 그의 저서
『역경계사전별강易經繫辭(傳別講』에서 이러한 해석의 입장을 취하고 있으며(復
旦大學出版社, 2004, 140쪽 참조), 지욱 역시도 이 문장에 대한 주석에서 그러한
뜻을 취하고 있음을 알 수 있다.

上云, 生生之謂易, 指本性易理言也. 依易理作易書, 故易書則同理性
之廣大矣. 言遠不禦, 雖六合之外, 可以一理而通知也. 邇靜而正, 曾
不離我現前一念心性也. 天地之間則備, 所謂徹乎遠邇, 該乎理事, 統
乎凡聖者也. 易書不出乾坤, 乾坤各有動靜, 動靜無非法界, 故得大生
廣生而配於天地. 旣有動靜, 便有變通以配四時. 隨其動靜, 便爲陰陽
以配日月, 乾易坤簡以配至德, 是知天人性修境觀因果, 無不具在易
書中矣.

위에서 말한 '생하고 생함을 역이라 한다(生生之謂易)'라는 말은 본성인
역리를 가리켜서 한 말이다. 역리를 기준해서 역서易書가 만들어졌기
때문에 역서는 곧 이성理性의 광대함과 같다. '멀기로 말하면 한계가
없다(言遠不禦)'라는 것은 비록 육합(六合: 六爻, 大成卦)을 벗어나더라
도 한 가지 이치로써 깨달아 알 수 있음을 뜻한다. '가깝기로 말하면
고요히 눈앞에 있다(邇靜而正)'라는 말은 일찍이 나의 눈앞에 드러나
있는 생각을 일으키는 본성을 벗어나지 않음을 뜻한다. '천지의 사이에
다 갖추어져 있다(天地之間則備)'라는 말은 멀고 가까운 것을 관통하고,
현상과 이치를 포괄하며, 범부와 성인을 통합하고 있음을 뜻한다.

　역서는 건괘, 곤괘를 벗어나지 않는다. 건괘, 곤괘는 모두 움직임과
고요함을 갖추고 있다. 움직이고 고요함이 바로 진리의 세계(法界)이
다. 그러므로 광대하게 생성해 내는 것을 천지에 배합할 수 있다.
이미 동함과 고요함이 있게 되면 곧 변화하고 통함이 있게 된다. 이는
춘하추동의 사시에 배합할 수 있다. 그 동하고 정함을 따라서 곧 음양이
나타나게 되는데, 이는 해와 달에 배합할 수 있다. 건은 쉽고 곤은

간단하다는 것은 지극한 덕(至德)에 배합할 수 있다. 이러한 하늘과 사람(天人), 본성과 닦음(性修), 경계와 통찰(境觀), 원인과 결과(因果) 등이 역서 가운데에 모두 갖춰져 있음을 알아야만 한다.

제7장

子ㅣ 曰 易이 其至矣乎ㄴ뎌. 夫易은 聖人이 所以崇德而廣業
자 왈 역 기지의호 부역 성인 소이숭덕이광업

也ㅣ니 知는 崇코 禮는 卑하니 崇은 效天하고 卑는 法地하니라.
야 지 숭 예 비 숭 효천 비 법지

天地ㅣ 設位어든 而易이 行乎其中矣ㅣ니 成性存存이 道義之
천지 설위 이역 행호기중의 성성존존 도의지

門이니라.
문

공자가 말씀하시길, 역易은 과연 지극한 것이다! 무릇 역은 성인이 이로써 덕을 숭상하고 사업을 넓게 펼치기 위해 만든 것이다. 지혜는 높고 예는 낮으니, 숭상함은 하늘을 본받고 낮음은 땅을 본받은 것이다. 천지가 자리를 잡으니 역이 그 사이에서 행하여진다. 인성을 완성하여 보존하고 보존하는 것이 도의道義의 문이다.[745]

---

[745] '성성成性'은 인격을 완성한다는 뜻이고, '존존存存'은 보존하고 보존하여 잃지 않는다는 뜻이다. '도의지문道義之門'은 도덕과 정의에 들어가는 문호라는 뜻이다.

제8장

聖人이 有以見天下之賾하야 而擬諸其形容하며 象其物宜라 是
성인　유이견천하지색　이의저기형용　상기물의　시

故謂之象이오 聖人이 有以見天下之動하야 而觀其會通하야 以
고위지상　성인　유이견천하지동　이관기회통　이

行其典禮하며 繫辭焉하야 以斷其吉凶이라 是故謂之爻ㅣ니 言
행기전례　계사언　이단기길흉　시고위지효　언

天下之至賾호대 而不可惡也ㅣ며 言天下之至動호대 而不可亂
천하지지색　이불가오야　언천하지지동　이불가란

也ㅣ니 擬之而後애 言하고 議之而後애 動이니 擬議하야 以成其
야　의지이후　언　의지이후　동　의의　이성기

變化하니라.
변화

성인이 천하의 뒤섞인 것(賾)[746]을 봄에 있어서, 그 형용을 비기어(模擬)
그 물건의 마땅함을 형상화하였다. 이런 까닭에 상象이라 하였다. 성인
이 천하의 동함을 봄에 있어서, 그 회통함을 보아서 그 전례를 행하며,
계사로써 그 길흉을 판단하였다. 이런 까닭으로 효爻라 한다. 천하의
지극한 뒤섞인 것(賾)을 말하되 싫어하지 못하며,[747] 천하의 지극히
동함을 말하되 어지럽지 않다. 모의한 뒤에 말하고 의논한 뒤에 행동하
니, 비기고 의논해서 그 변화를 이룬다.

---

[746] '색賾'에 대해서 정자는 '심원深遠'의 뜻으로, 주자는 '잡란雜亂'의 뜻으로, 공영달은
'유심난견幽深難見'의 의미로, 래지덕은 '사물지다지상事物至多之象'의 뜻으로 해
석하고 있다.

[747] '지색至賾'은 심원하고 잡다한 지극한 도라는 의미이고, '불가오不可惡'는 이렇듯
심원하고 잡다한 지극한 도를 표현하고 있는 주역에 대해서 싫어하거나 싫증의
마음이 일어나지 않는다는 의미이다.

夫聖人依易理而作易書, 易書之配天道人事也如此. 故孔子作傳至
此, 不覺深爲之歎賞曰易, 其至矣乎. 夫易, 乃聖人所以崇德而廣業
也. 知則高高山頂立, 故崇. 禮則深深海底行, 故卑. 崇卽效天, 卑卽法
地. 蓋自天地設位以來, 而易理已行於其中矣. 但隨順其本性之性, 而
不使一念之或亡, 則道義皆從此出, 更非性外有小法可得也. 是故易
象也者, 不過是聖人見天下之賾, 而擬其形容, 象其物宜者耳. 易爻也
者, 不過是聖人見天下之動, 而觀其會通, 以行其典禮, 繫辭焉以斷其
吉凶者耳. 夫天下之物雖至賾, 總不過陰陽所成, 則今雖言天下之賾,
而安可惡. 若惡其賾, 則是惡陰陽. 惡陰陽, 則是惡太極. 惡太極, 則是
惡吾自心本具之易理矣. 易理不可惡, 太極不可惡, 陰陽不可惡, 則天
下之至賾, 亦安可惡乎. 夫天下之事雖至動, 總不出陰陽之動靜所爲,
則今雖言天下之至動, 而何嘗亂. 若謂其亂, 則是陰陽有亂, 太極有
亂, 吾心之易理有亂矣. 易理不亂, 太極不亂, 陰陽不亂, 則天下之至
動亦何可亂乎. 是以君子當至賾至動中, 能善用其擬議, 擬議以成變
化, 遂能操至賾至動之權. 蓋必先有中孚之德存於己, 而後可以同人.
孚德旣深, 雖先或事物至多之象號咷, 後必歡笑, 況本無暌隔者乎. 然
欲成孚德, 貴在錯地之一著, 譬如籍用白茅, 則始無不善. 又貴在究竟
之不變, 譬如勞謙君子, 則終無不吉. 儻勞而不謙, 未免爲亢龍之悔.
儻籍非白茅, 未免有不密之失. 而所謂不出戶庭者, 乃眞實愼獨功夫,
非陽爲君子陰爲小人者, 所能竊取也.

무릇 성인은 역리를 준칙으로 삼아 역서易書를 저술하였다. 역서가
천도天道와 인사人事에 배합된다는 것은 이와 같은 이유에서다. 그러므

로 공자께서 「전傳」을 지으시다가 여기에 이르러서 본인도 모르게
깊이 찬탄하고 감상에 젖어 "역은 과연 지극하도다(易, 其至矣乎)!"라고
말씀하신 것이다.

무릇 역은 곧 성인이 덕을 숭상하고 사업을 널리 펴시고자 만들었다.
지혜는 곧 높고 높은 산 정상에 올라선 것과 같기 때문에 '숭崇'이라
한다. 예禮는 곧 깊고 깊은 바다 밑과 같이 낮춰 행동하는 까닭에
'비卑'라고 한다. '숭'은 곧 하늘을 본받음이요, '비'는 곧 땅을 본받음
이다.

대개 천지가 설립되어진 이래로 역리는 이미 그 사이에서 행해지고
있다. 다만 그 본성의 성품을 순종하여 한 생각도 혹여 망령되게 하지
않는다면 도의道義가 모두 이를 좇아서 생겨나게 된다. 더욱더 본성을
벗어나서는 작은 진리도 얻지 못한다. 그러므로 '역상易象'은 성인이
천하의 뒤섞임(賾: 존재의 다양함, 존재의 난잡함)을 보고 그 모양을
모의模擬해서 그 만물의 마땅함(物宜)[748]을 형상화시킨 것일 뿐이다.
'역효易爻'는 성인이 천하의 변화하는 움직임을 보고 그러한 변화의
이치가 하나로 회통함을 관찰하여 행동의 모범(典禮)으로 삼게 하고,
설명의 글을 덧붙여 그 길흉을 판단하도록 한 것에 지나지 않는다.

대저 천하의 만물이 비록 지극히 혼잡하게 뒤섞여 있다고는 하지만,
모두 음양으로 이루어진 것에 불과하다. 그러기 때문에 지금 비록
천하 만물의 지극히 혼잡하게 뒤섞여 있음을 말하고 있지만 어찌 혐오할
수 있겠는가? 만약에 그 뒤섞임을 혐오한다면 곧 음양의 이치를 혐오하

---

748 물의物宜: 만물이 갖추고 있는 고유한 형상과 성질.

는 것이고, 음양을 혐오한다면 곧 이것은 태극을 혐오하는 것이며, 태극을 혐오하는 것은 결과적으로 자기 자신의 마음속에 본래 구족해 있는 역리를 혐오하는 것이다. 역리도 혐오할 수 없고, 태극도 혐오할 수 없으며, 음양도 혐오할 수 없는 것이라면, 천하의 지극히 뒤섞여 잡란함(至賾)을 또한 어찌 혐오할 수 있겠는가?

무릇 천하의 만사만물이 지극한 움직임 속에 있지만, 모두 음양이라는 동정動靜의 움직임에서 벗어나지 못한다. 이치가 그러하다면 지금 비록 천하의 지극한 움직임을 말하는 것이 어떻게 일찍이 어지럽히는 것이라고 할 수 있겠는가? 만약에 그것을 어지럽다고 말한다면 곧 음양에 혼란함이 있다고 하는 것이고, 태극에 혼란함이 있다고 하는 것이며, 내 마음의 역리가 혼란함이 있다고 하는 결과가 된다. 역리가 혼란하지 않고, 태극이 혼란하지 않으며, 음양이 혼란하지 않다고 한다면 천하의 지극한 음직임이 또한 어찌 혼란하다고 할 수 있겠는가? 이러한 까닭으로 군자는 마땅히 지극히 뒤섞인 잡다함과 지극한 움직임 속에서 그것에 대해 잘 비교하고 논의할 줄 안다. 비교하고 논의함으로써 변화를 이루어 내고, 마침내 지극히 뒤섞여 혼란함(至賾)과 지극한 움직임(至動)의 권능을 훌륭하게 행할 수 있는 것이다.

대개는 반드시 먼저 중정한 믿음의 덕(中孚之德)을 스스로가 갖추고 난 후에 다른 사람과 함께(同人: 곧 다른 사람을 교화하고 제도하는 것) 할 수 있다. 믿음의 덕이 이미 깊이 갖추어졌다면, 비록 처음에는 슬퍼하며 부르짖더라도 나중에는 반드시 환희의 웃음을 웃을 수 있게 된다. 하물며 본래 규격曖隔이 없는 것이겠는가?[749] 그러나 믿음의 덕(孚德)을 이루고자 한다면 땅에 첫발을 내딛는 시작(錯地之一著)을

중요시해야 한다. 비유하자면 '자리를 까는 데 백모를 사용하는 것(籍用
白茅)'과 같아서 곧 처음부터 불선함이 없어야 한다.[750] 또한 중요한
것은 궁극적으로 변하지 않는 데 있다. 비유하자면 수고롭게 애쓰면서
도 겸손해하는 군자처럼 하면 마침내 길하지 않음이 없다.[751] 만약에

---

749 '규격暌隔'은 어긋나고 사이가 벌어진다는 뜻이다. '중정한 믿음의 덕(中孚之德)'
은 천지만물에 작용하는 근원적인 진리인 역리를 깨달아 인격을 완성함으로써
갖춰지는 수승한 덕이라 할 수 있다. 불교적인 관점에서는 곧 모든 미혹한
번뇌를 일으키는 마음의 근원인 불성을 깨달아 부처의 경지를 성취하는 것에
비유할 수 있다. 군자가 이러한 중정한 믿음의 덕을 갖춤으로써 백성을 교화하고
나라를 바르게 이끌어 갈 수 있듯이, 불교의 보살 역시 이러한 불성을 깨달음으로
써 중생을 교화하고 제도할 수 있게 되는 것이다. 그런데 이러한 '중부지덕中孚之
德'에 비유되는 역리, 불성은 모든 중생들이 본래부터 선천적으로 갖추고 있는
근원적인 천성이고 본성이라 할 수 있다. 단지 인간의 만족을 모르는 욕망으로
인해 그러한 진리본성과 역리가 감춰져 그 본래의 빛나는 작용을 드러내지
못하고 있을 뿐이다. 지욱의 표현은 바로 이를 나타내고 있다. 본래부터 우리들이
본래 갖추고 있는 중부지덕(역리, 불성)에서 조금도 어긋나거나 떨어져 있지(暌
隔) 않기에, 우리는 단지 그러한 본성의 진리를 후천적인 노력(학습, 수행)을
통해 깨닫고 드러내기만 하면 된다는 의미의 설명이다.

750 '자리를 까는 데 백모를 사용한다(籍用白茅)'는 말은 택풍대과澤風大過괘 초육의
효사이다. 대과의 어려운 시기를 맞이한 초육은 그러한 어려움을 극복해 내기
위해서 신중히 정성을 다해 조상과 하늘에 제사를 올리듯 몸과 마음을 조심해야
하는 처지이다. 초육이 제사를 올림에 있어 깨끗한 흰 띠(白茅)를 꺾어다가
땅에 깔고 그 위에 제물을 차려놓고 제사를 모신다는 효사의 표현은, 바로
초육이 어려움의 극복을 위해 신중히 정성을 다하는 지극한 행위에 대한 묘사이
다. 그러한 신중함과 정성을 통해서만이 대과의 허물에서 벗어날 수 있기 때문이
다. 지욱은 바로 이러한 효사의 의미를 빌려와 '믿음의 덕(孚德)'을 이루기
위해서는 그 무엇보다 신중함과 정성을 기울일 것을 말하고 있다. 욕망을 좇는
불선한 마음으로는 절대 믿음의 덕을 갖출 수 없다는 의미의 설명이다.

수고롭게 애쓰더라도 겸손하지 않으면 가장 높이 솟아오른 용처럼
후회가 있음(亢龍有悔)을 면하지 못하게 된다. 만약 자리를 까는 데
백모를 쓰지 않으면 주도면밀(周密)하지 못해 (역리, 불성을) 잃어버리
는 실수를 면하지 못하게 된다. 이른바 '방문 뜰 앞에도 나가지 않는다(不
出戶庭)'752는 것은 곧 진실로 홀로 있을 때라도 신중하게 공부해야
함을 말한다. 양효陽爻는 군자가 되고 음효陰爻는 소인이 된다고 생각하
는 자들이 능히 훔쳐서 알 수 있는 바가 아니다.

鳴鶴이 在陰이어늘 其子ㅣ 和之로다. 我有好爵하야 吾與爾靡之
명학　　재음　　　　기자　화지　　아유호작　　오여이미지

라하니 子曰 君子ㅣ 居其室하야 出其言애 善이면 則千里之外ㅣ
자왈 군자　거기실　　출기언애 선　　즉천리지외

---

751 지욱은 '중부지덕中孚之德'을 갖추기 위해서는 '궁극적으로 변하지 않는 것(究竟之
不變: 역리, 불성, 본성)'을 귀하게 여겨야 함을 말하고 있다. 그러면서 지산겸地山
謙괘 구삼 효사에서 표현되고 있는 '노겸군자勞謙君子'라는 표현을 인용하여
그 내용을 보완적으로 설명하고 있다. '노겸군자'라는 말은 군자가 다른 사람을
위해서 애쓰면서도 그 애씀의 노력을 자랑하거나 알아주기를 바라지 않고
자신을 낮춰 겸손해야 한다는 의미이다. 불교에서는 누구나가 근원적으로 불성
을 구족하고 있음을 가르친다. 그렇기에 지욱은 중부지덕을 갖추기 위해서는
이러한 불변한 본성을 귀히 여길 것을 강조하고 있다. 그러나 우리는 본연적인
진리본성을 구족하고 있다는 사실만을 귀하게 여겨 자만심을 갖거나 교만해서는
안 된다. 그러한 자만심과 교만심은 도리어 불변한 본성을 가리어 어둡게 하기
때문이다. 지욱이 '노겸군자'의 표현을 비유로 든 것은 바로 이러한 것을 경계하는
내용이다. 비록 우리가 중부지덕을 갖추기 위해 본연적인 역리와 불성을 귀히
여겨야 하지만, 그로 인해 자만심과 교만심에 빠져서는 안 되고 항상 노겸군자처
럼 자신을 낮춰 남을 위해 애써야 한다는 의미의 설명인 것이다.

752 수택절괘 초구 효사에서 표현되고 있다.

應之하나니 況其邇者乎여. 居其室하야 出其言애 不善이면 則千
응지　　　　　황기이자호　　　거기실　　　출기언　　불선　　　즉천

里之外ㅣ 違之하나니 況其邇者乎여. 言出乎身하야 加乎民하며
리지외　　위지　　　　　황기이자호　　　언출호신　　　가호민

行發乎邇하야 見乎遠하나니 言行은 君子之樞機니 樞機之發이
행발호이　　　현호원　　　　언행　　군자지추기　　추기지발

榮辱之主也ㅣ라. 言行은 君子之所以動天地也ㅣ니 可不愼乎
영욕지주야　　　언행　　군자지소이동천지야　　　가불신호

아. 同人이 先號咷而後笑ㅣ라 하니 子曰 君子之道ㅣ 或出或處
동인　　선호조이후소　　　　자왈　군자지도　　혹출혹처

或黙或語ㅣ나 二人이 同心하니 其利ㅣ 斷金이로다. 同心之言이
혹묵혹어　　　이인　　동심　　기리　　단금　　　　　동심지언

其臭ㅣ 如蘭이로다.
기취　　여란

"우는 학이 그늘에 있거늘 그 자식이 화답하도다. 내게 좋은 벼슬(好爵)[753]
이 있어 내가 너와 함께 한다"[754] 하니, 공자 말씀하시길 "군자가 그
집에 거처해서 하는 말이 선하면 천리 밖에서도 그 말에 감응할 것이다.
하물며 그 가까운 데 있는 사람이겠는가? 그 집에 거처해서 하는 말이
불선하면 천리 밖에서도 어길 것이다. 하물며 그 가까운 데 있는 사람이
겠는가? 말은 몸에서 나와서 백성들에게 다해지며(영향을 미치며), 행실
은 가까운 데서 나와 먼 데까지 나타난다. 언행은 군자의 추기樞機[755]이
다. 추기가 발하는 것은 영광스러움과 욕됨의 주체가 되는 것이다.

---

753 호작好爵: 좋은 벼슬, 혹은 선미한 도덕을 의미한다.

754 풍택중부괘 구이의 효사이다. '이미爾靡'는 '너와 함께하다'라는 뜻으로, '미靡'는
　　'얽히다, 함께하다'의 의미로 사용된다.

755 추기樞機: '추樞'는 문고리를 뜻한다. 추기는 곧 사물의 요긴한 곳, 또는 중요한
　　요체를 의미한다.

언행은 군자가 천지를 움직이는 까닭이 되니, 가히 삼가지 않을 수 있겠는가?" 동인同人괘에 "먼저는 부르짖어 울고 뒤에는 웃는다"[756] 하니, 공자께서 말씀하시길 "군자의 도가 혹은 나아가고 혹은 거처하고 혹은 침묵하고 혹은 말하기도 하나, 두 사람의 마음이 같으면 그 날카로움이 쇠를 끊고, 같은 마음(同心)의 말은 그 향기가 난초와 같다"(金蘭之交)라고 하셨다.

金雖至堅, 同心者尙能斷之. 此所謂金剛心也.

쇠가 비록 지극히 단단하다고는 하지만, 사람의 마음이 하나로 합치면 오히려 능히 끊을 수 있다. 이것을 일러 금강심金剛心[757]이라 한다.

初六 藉用白茅ㅣ니 无咎ㅣ라 하니 子曰 苟錯諸地라도 而可矣어늘 藉之用茅하니 何咎之有ㅣ리오 愼之至也ㅣ라. 夫茅之爲物이 薄而用은 可重也ㅣ니 愼斯術也하야 以往이면 其无所失矣리라.

"초육은 자리를 까는 데 흰 띠(白茅)를 사용하니 허물이 없다"[758] 하니, 공자께서 말씀하시길 "진실로 땅에 두더라도 괜찮거늘, 까는 데 띠를 씀은 무슨 허물이 있겠는가? 삼가함이 지극한 것이다. 무릇 띠의 물건

---

756 천화동인괘 구오의 효사이다.
757 금강심金剛心: 금강처럼 굳건하여 어떠한 것으로도 파괴할 수 없는 마음을 가리키는 것으로, 곧 보살의 넓고 큰 마음의 확고부동함을 의미한다.
758 택풍대과괘 초육의 효사이다.

됨은 하찮은 것이지만 쓰임은 가히 귀중한 것이니, 이러한 방법을
신중하게 활용해 간다면 그 잃는 바가 없을 것이다."

苟, 誠也. 誠能從地檃放, 卽禪門所謂脚跟檃當者也. 白茅潔淨而柔
軟, 正是第一寂滅之忍.

'구苟'는 '진실하다(誠)'는 뜻이다. 정성스러운 마음으로 능히 땅의 상태
에 따라 안정되게 내려놓는다는 뜻이다. 곧 선문(禪門: 禪宗)에서 말하
는 '발뒤꿈치가 온당한 자(脚跟檃當者: 행적, 혹은 입장이 사리事理에
어그러지지 않고 떳떳한 사람)'라는 의미이다. '흰 띠풀(白茅)'은 정갈하고
유연한 풀로, 바로 가장 으뜸가는 열반의 성취를 위한 인욕바라밀(第一
寂滅之忍)[759]을 의미한다.

勞謙이니 君子ㅣ 有終이니 吉이라 하니 子曰 勞而不伐하며 有功
노 겸   군자   유종   길   자왈 노이불벌   유공

而不德이 厚之至也ㅣ니 語以其功下人者也ㅣ라. 德言盛이오 禮
이 부 덕   후 지 지 야   어 이 기 공 하 인 자 야   덕 언 성   예

言恭이니 謙也者는 致恭하야 以存其位者也ㅣ라.
언 공   겸 야 자   치 공   이 존 기 위 자 야

"수고로운 겸(勞謙)이니, 군자가 마침이 있으면 길하다"[760] 하니, 공자가

---

759 제일적멸지인第一寂滅之忍: '제일'은 실상의 묘리妙理 가운데서 제일이라는 의미
이고, '적멸'은 언어와 사고의 경계를 초탈한 궁극적인 깨달음의 경지인 열반을
의미한다. 따라서 '제일적멸'은 곧 열반을 가리키는 말이고 '인忍'은 그러한
열반을 증득하기 위해 닦아 나가는 인욕수행(인욕바라밀)을 말한다. 지욱은
백모白茅를 정갈하고 유연한 것으로 설명하면서, 그러한 정갈하고 유연한 마음
으로 인욕수행을 실천할 것을 가르치고 있는 것이다.

말씀하시기를 "수고로워도 자랑하지 않고, 공이 있어도 자신의 덕으로 하지 않으니, 후덕함의 지극함이로다! 그 공으로써 남보다 아래 함을 말함이다. 덕은 융성함을 말하고, 예는 공손함을 말한다. 겸손이란 것은 공손함을 극진히 함으로써 그 지위를 보존하는 것이다"라고 하셨다.

愼斯術也以往, 卽始而見終也. 亦因該果海義. 致恭以存其位, 令終以全始也, 亦果徹因源義.

'신중하게 이런 방법을 활용해 간다(愼斯術也以往)'는 말은 곧 시작함을 말미암아서 끝마침을 미리 안다는 의미이다. 또한 원인 속에 마땅히 결과가 포함되어 있다는 뜻(因該果海義)[761]이기도 하다. '공손함을 극진히 함으로써 그 지위를 보존한다(致恭以存其位)'는 말은 끝마침(終)을 잘 마무리함으로써 시작을 온전하게 완성한다는 의미이다. 역시 결과 속에 인의 원인이 관철되어 있다는 뜻이다.

亢龍이니 **有悔**라 하니 **子曰 貴而无位**하며 **高而无民**하며 **賢人**이
항 용   유 회   자 왈 귀 이 무 위   고 이 무 민   현 인

在下位而无輔ㅣ라 **是以動而有悔也**ㅣ니라. **不出戶庭**이면 **无咎**
재 하 위 이 무 보   시 이 동 이 유 회 야   불 출 호 정   무 구

---

760 지산겸괘 구삼의 효사이다.

761 인해과해의因該果海義: '인因'은 원인, '해該'는 겸하다, 포용하다의 뜻이다. '과해果海'의 원래 뜻은 불과佛果의 공덕이 넓고 커서 마치 바다와 같다는 의미이지만, 여기서는 인의 상대적인 개념으로 모든 결과적 과를 뜻하고 있다. 원인 속에 이미 결과를 내포하고 있다는 의미이다.

ㅣ라 하니, **子曰 亂之所生也**ㅣ **則言語**ㅣ **以爲階**니 **君不密則失**
자왈 난지소생야　　 즉언어　　 이위계　　 군불밀즉실

臣하며 **臣不密則失身**하며 **幾事**ㅣ **不密則害成**하나니 **是以君子**
신　　 신불밀즉실신　　　기사　 불밀즉해성　　　 시이군자

ㅣ **愼密而不出也**하나니라. **子曰 作易者**ㅣ **其知盜乎**ㅣ뎌. **易曰**
신밀이불출야　　　　　 자왈 작역자　 기지도호　　　 역왈

負且乘이라 **致寇至**라 하니 **負也者**는 **小人之事也**ㅣ오 **乘也者**는
부차승　　 치구지　　　 부야자　 소인지사야　　 승야자

君子之器也ㅣ니 **小人而乘君子之器**라 **盜**ㅣ **思奪之矣**며 **上**을
군자지기야　　 소인이승군자지기　 도　 사탈지의　　 상

慢코 **下**를 **暴**ㅣ라 **盜**ㅣ **思伐之矣**니 **慢藏**이 **誨盜**며 **冶容**이 **誨淫**
만　 하　 포　　 도　 사벌지의　 만장　 회도　 야용　 회음

이니 **易曰 負且乘致寇至**라 하니 **盜之招也**ㅣ라.
　　 역왈 부차승치구지　　　 도지초야

"높이 솟아오른 용은 후회함이 있다"[762] 하니, 공자께서 말씀하시기를 "귀하지만 자리가 없고, 높지만 추종하는 사람이 없으며, 어진 자가 밑에 있어도 도와줌이 없다. 이러한 까닭으로 움직이게 되면 뉘우침이 있게 되는 것이니라"라고 하셨다. "문밖 뜰 앞을 나가지 않으면 허물이 없다"[763] 하니, 공자께서 말씀하시기를 "어지러움이 생기는 바는 언어가 단서가 되는 것이니 군주가 주밀하지 않으면 신하를 잃게 되며, 신하가 주밀하지 못하면 몸을 잃으며, 중요한 일이 주밀하지 않으면 성공하지 못한다. 이러한 이유로 군자는 삼가고 주밀해서 (기밀이) 나가지 않게 한다"라고 하셨다. 공자께서 "역을 지으신 분이 도둑의 심보를 알고 계셨던가?"라고 말씀하셨다. 역에 이르기를 "지고 또 탔으니 도적을

---

762 중천건괘 상효의 효사이다.

763 수택절괘 초구의 효사이다.

불러 이르게 한다"[764]라고 하니, 지는 것은 소인의 일이요, 타는 것은 군자의 도구(器: 道具)인데, 소인이 군자의 도구(말)를 탔으니 도적이 빼앗을 것을 생각하는 것이다. 위로는 거만하고 아래로는 포악하니 도적이 칠 것을 생각한다. 감춤(단속)을 게을리 하므로 도적을 부르는 것이며, 야하게 꾸밈이(冶容) 음탕함을 불러일으키는 것(誨淫)[765]이다. 역에 이르기를 "지고 또 탔으니, 도적을 다다르게 만든다"라고 하니, 이는 도적을 불러들이는 것이다.

事者心事, 器者象貌. 佛法所謂懷抱於結使, 不應著袈裟者也. 招字妙甚, 可見致魔之由皆由主人.

'일(事)'은 마음의 일이요, '그릇(器)'은 형상[766]이다. 불교에서 말하는 "번뇌를 품고서는 마땅히 가사를 걸치지 말라"[767]라는 뜻이다. '불러들인다(招)'는 글자는 그 뜻이 아주 미묘하다. 마장(魔)[768]이 다다르게 된

---

[764] 뇌수해괘 육삼의 효사이다.

[765] 회음誨淫: 음탕한 사나이를 불러들이는 것.

[766] 지욱은 '사事'를 마음으로, '기器'를 마음을 담아내는 몸(象貌)으로 풀이하고 있다.

[767] 『사분율장四分律藏』에서 표현되고 있다. '회포懷抱'는 마음속에 품는 것, '결사結 使'는 번뇌의 또 다른 명칭이다. '회포어결사懷抱於結使'는 곧 번뇌를 마음속에 품어 헤어나지 못함을 가리킨다. 가사는 스님들이 예불이나 법회의식 때 겉에 걸치는 법복을 말한다.

[768] 마魔: 살자殺者, 탈명奪命, 장애障礙, 마장魔障, 마군魔軍이라고도 한다. 곧 진리의 깨침을 위한 수행을 방해하고 정법을 방해하는 유형무형의 모든 현상과 번뇌, 삿된 경계를 포괄적으로 가리킨다.

연유가 모두 자기 자신(主人)에게서 비롯됨을 깨달을 수 있어야만
한다.

제9장

天一地二天三地四天五地六天七地八天九地十이니 **天數**ㅣ **五**
천 일 지 이 천 삼 지 사 천 오 지 육 천 칠 지 팔 천 구 지 십　　　천 수　　오

오 **地數**ㅣ **五**ㅣ니 **五位相得**하며 **而各有合**하니 **天數**ㅣ **二十有五**
지 수　　오　　　오 위 상 득　　이 각 유 합　　　천 수　　이 십 유 오

ㅣ오 **地數**ㅣ **三十**이라. **凡天地之數**ㅣ **五十有五**ㅣ니 **此**ㅣ **所以**
지 수　　삼 십　　　범 천 지 지 수　　오 십 유 오　　차　　소 이

成變化하며 **而行鬼神也**ㅣ라.
성 변 화　　　이 행 귀 신 야

천 1, 지 2, 천 3, 지 4, 천 5, 지 6, 천 7, 지 8, 천 9, 지 10이니,
하늘의 수가 다섯(天數: 1·3·5·7·9)이고 땅의 수가 다섯(地數: 2·4·6·8·
10)이다. 다섯 개의 수가 서로 더해져서 각각 합을 이루니, 천수는
25이고 지수는 30이 된다. 무릇 천지의 수가 55이니, 이것으로써 변화를
이루며 귀신의 조화가 행해지게 되는 것이다.

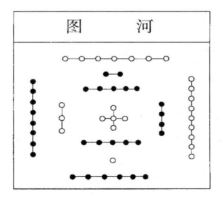

此明河圖之數, 卽天地之數, 卽所以成變化而行鬼神者也. 太極無極, 只因無始, 不覺妄動强名爲一. 一卽屬天, 對動名靜. 靜卽是二, 二卽 屬地. 二與一爲三, 三仍屬天. 二與二爲四, 四仍屬地, 四與一爲五, 五孕屬天. 四與二爲六, 六仍屬地. 六與一爲七, 七仍屬天. 六與二爲 八, 八仍屬地. 八與一爲九, 九仍屬天. 八與二爲十, 十仍屬地. 十則數 終, 而不可復加, 故河圖只有十數. 然此十數總不出於天地, 除天地外 別無有數, 除數之外亦別無天地可見矣. 總而計之, 天數凡五, 所謂一 三五七九也. 地數亦五, 所謂二四六八十也. 一得五而成六, 六遂與一 合居下. 二得五而成七, 七遂與二合而居上. 三得五而成八, 八遂與三 合而居左. 四得五而成九, 九遂與四合而居右. 旣言六七八九, 必各得 五而成, 則五便在其中. 旣言一二三四, 則便積而成十, 十遂與五合而 居中. 積而數之, 天數一三五七九, 共成二十有五. 地數二四六八十, 共成三十. 凡天地之數五十有五, 而變化皆以此成, 鬼神皆以此行矣. 有陰陽乃有變化, 有變化乃有鬼神. 變化者, 水火木金土, 生成萬物 也. 鬼神者, 能生所生, 能成所成, 各有精靈以爲之主宰也. 變化卽依 正幻相, 鬼神, 卽器世間主, 及衆生世間主耳.

이것은 하도河圖의 수가 곧 천지의 수임을 밝힌 것이다. 곧 이로써 변화를 이루고 귀신을 움직이게 하는 것이다. 태극과 무극은 단지 시작함이 없이 부지불각 중에 망령되이 움직임을 일으킨다. 까닭에 억지로 이름하여 1이라고 한다. 1은 하늘에 속하는 수이다. 움직임(動) 의 상대적인 것을 고요함(靜)이라 하는데, 정靜은 곧 2로서 땅에 속하는 수이다. 2(靜, 地)와 1(動, 天)이 합해져서 3이 되는데 3은 하늘에 속하는 수가 된다. 2와 2가 더해져서 4가 되는데 4는 땅에 속하는 수이다. 4와 1일 합해져서 5가 되는데 5는 하늘에 속하는 수가 되며, 4와 2가 더해져서 6이 되는데 6은 땅에 속하는 수이다. 6과 1이 더해져 7이 되는데 7은 하늘에 속하고, 6과 2가 더해져 8이 되는데 8은 땅에 속하는 수가 된다. 8과 1이 더해져 9가 되는데 9는 하늘에 속하고, 8에다 2를 더하면 10이 되는데 10은 땅에 속한다. 10이 곧 수의 마지막으로서 더 이상 더해지지 않는다. 그러므로 하도에는 단지 10개의 수가 있을 뿐이다. 그렇지만 10개의 수는 모두 천지를 벗어나지 못한다. 따라서 천지를 벗어나서 특별한 수가 있을 수 없으며, 수를 제외하고서는 또한 특별히 천지를 볼 수도 없다. 그 모든 수(天地數)를 합하면 하늘의 수는 무릇 다섯으로, 바로 1·3·5·7·9가 된다. 땅의 수 또한 다섯으로 2·4·6·8·10이다. 1이 5를 얻어서 6이 되는데 6은 1과 더불어서 하도의 아래에 위치하며, 2는 5를 얻어서 7이 되는데 7은 2와 함께 하도의 위에 위치한다. 3은 5를 얻어서 8을 이루는데 8은 3과 더불어서 하도의 왼쪽에 위치하고, 4는 5를 얻어서 9가 되는데 9는 4와 함께 하도의 오른쪽에 위치하고 있다.

이미 설명한 것처럼 6·7·8·9라는 수는 반드시 각기 5라는 수를 얻어서 이루어지는 수이다. 그렇기 때문에 5는 곧 하도의 중앙에 그려져 있는 것이다. 이미 말한 것처럼 1·2·3·4·5라는 수는 서로 더해져서 10을 이루는데, 10은 그렇기 때문에 5와 함께 하도의 중앙에 자리하고 있다. 그러한 수를 합계하면 천수天數인 1·3·5·7·9는 모두 더해져서 25가 되며, 지수地數인 2·4·6·8·10은 모두 더해져서 30이 된다. 무릇 이러한 천지의 수를 합하면 55가 되는데, 천지의 모든 변화가 이러한 수로부터 이루어지는 것이며, 귀신과 같은 조화가 이로써 행해지는 것이다.

음양이 있으면 변화가 있게 되고, 변화가 있으면 귀신과 같은 조화가 있게 된다. 그런데 변화라는 것은 수水·화火·목木·금金·토土라는 오행이 만물을 생성함을 의미한다. 귀신이라는 것은 생성하는 것(能生)과 생성되어지는 것(所生), 이루는 것(能成)과 이루어지는 것(所成)에 각기 정령精靈이 있어서 그러한 작용을 주재함을 의미한다. 변화는 곧 세계(依)와 나(正)의 환상幻相[769]이고, 귀신은 곧 일체만물이 사는 세계(器世間)[770]의 주재자이며, 중생이 사는 세계(衆生世間)[771]의 주재자이다.

大衍之數 ㅣ **五十**이니 **其用**은 **四十有九** ㅣ라. **分而爲二**하야 **以**
대 연 지 수　　오 십　　기 용　　사 십 유 구　　분 이 위 이　　이

象兩하고 **掛一**하야 **以象三**하고 **揲之以四**하야 **以象四時**하고 **歸**
상 량　　괘 일　　이 상 삼　　설 지 이 사　　이 상 사 시　　귀

---

769 '의정依正'은 곧 의보依報와 정보正報를 말한다. 정보는 과거의 업에 의해 받게 되는 몸과 마음을 의미하고, 의보는 그러한 정보의 몸과 마음이 의탁하는 밖의 일체 사물을 의미한다. 결과적으로 '의정환상依正幻相'이라는 뜻은 나(正)와 밖의 세상(依)이 모두 무상하고 덧없어 고정된 실체가 없는 환상과 같다는 의미이다.

770 기세간器世間: 삼세간三世間의 하나로 기세계器世界, 기계器界, 기器라도고 한다. 일체 중생이 살아가고 있는 세계를 가리킨다.

771 중생세간衆生世間: 삼세간의 하나로 가명세간假名世間, 유정세간有情世間, 중생세衆生世 등으로도 부른다. 불세계佛世界로부터 지옥세계에 이르기까지 십계에 존재하는 오온(五蘊: 色·受·想·行·識)으로 이루어진 생명체들이 사는 세계이다.

奇기**於**어**扐**륵하야 **以**이**象**상**閏**윤하나니 **五**오**歲**세애 **再**재**閏**윤이라 **故**고로 **再**재**扐**륵**而**이**後**후애 **掛**괘하나니라.

크게 펼친 수(大衍數)는 50이니, 그 중에서 사용하는 것은 49다. 나누어 둘로 함으로 양의(兩儀: 陰陽, 天地)를 형상하고, 하나를 걸어서 삼재(三才: 天·地·人)를 상징하고, 넷으로 세는 것으로써 사시를 상징한다. 손가락 사이에 끼움으로로써 윤달을 형상화한다. 5년에 윤달이 두 번 든다. 그러므로 다시 끼운 후에 괘를 짓는 것이다.

衍, 乘也. 大衍, 謂乘此天五地五之數, 而演至於萬有一千五百二十也. 河圖中天地數, 共計五十有五. 今以天五地五, 原非兩五, 是其定數, 以對於十, 亦是中數. 一得之以爲六, 二得之以爲七, 三得之以爲八, 四得之爲九, 復合一二三四以成於十. 故除中宮五數, 以表數卽非數, 而惟取餘五十以爲大衍之數, 以表從體起用. 及揲蓍時, 又於五十數中, 存其一而不用, 以表用中之體, 亦表無用之用, 與本體太極實非有二. 夫從體起用, 卽不變隨緣義也. 用中之體, 卽隨緣不變義也. 將此四十九策, 隨手分而爲二, 安於左右, 象吾心之動靜, 卽成天地兩儀. 次以左手取左策執之, 而以右手取右策之一, 掛於左手之大指間, 象人得天地合一之道以爲三才. 次四四以揲之, 象天地間四時新新不息. 次歸其所奇之策, 扐於左手無名指間, 以象每年必有閏日. 又以右手取右策執之, 而以左手四四揲之, 歸其所奇之策, 扐於左手中指之間, 是名再扐, 以象五歲必有兩個閏月, 是爲再閏. 已上分二掛一揲四歸奇, 共四營而爲一變, 取其所掛所扐之策置之, 然後再取左右揲過

之策而重合之, 重複分二掛一揲四歸奇, 故云再扐而後掛也, 是爲二
變. 又取所掛所扐之策置之, 然後更取左右揲過之策而重合之, 重復
分二掛一揲四歸奇, 是爲三變. 置彼三變所掛扐之策, 但取所揲之策
數之, 四九三十六則爲○, 四八三十二則爲--, 四七二十八則爲—, 四
六二十四則爲×, 於是成爻. ○爲陽動, 動則變陰, --爲陰靜, —爲陽
靜, 靜皆不變, ×爲陰動, 動則變陽. 故下文云四營成易, 三變成爻,
十八變成六爻, 則爲卦也. 此蓍草之數, 及揲蓍之法. 乃全事表理, 全數
表法, 示百姓以與知與能之事, 正所謂神道設敎, 化度無疆者矣. 謂之
大乘, 不亦宜乎. 若不以惟心識觀融之. 屈我羲文周孔四大聖人多矣.

'연연衍'은 곱한다(乘)는 뜻이다. 대연大衍은 이러한 천수 5와 지수 5를
곱하여 11,520으로 늘려 펼쳐놓은 것(敷演)을 말한다. 하도 중에서
천지의 수는 모두 합해서 55이다. 이제 천5, 지5로 곱한다고 말하는
것은 원래 두 5(天五, 地五)는 정해진 수로서 10을 상대한다는 의미의
뜻이 아니다. 또한 중수(中數: 하도 중앙에 위치한 5)를 1이 얻어서
6이 되고, 2가 얻어 7이 되고, 3이 얻어서 8이 되며, 4가 얻어 9가
되고, 다시 1, 2, 3, 4를 합해서 10이 되는 것이다. 그러므로 중궁(中宮:
하도의 중앙) 수 5를 제외함으로써 수이지만 수가 아님을 나타내고(數卽
非數), 오직 나머지 50의 수만을 취해서 대연수 50으로 삼아 본체(天地)
를 좇아서 작용이 일어나게 됨을 표시하고 있는 것이다. 아울러 설시를
할 때에 있어 또 한편으로 50 중에서 하나를 남겨놓고 쓰지 않는 것은
쓰임 중에 본체(태극)가 있음을 표시하고 있는 것이며, 또 쓰임 없는
쓰임(無用之用)이 본체인 태극과 더불어서 진실로 둘이 아님을 나타내

고 있는 것이다.

무릇 본체로부터 작용이 일어난다고 하는 것은, 곧 '변하지 않으면서도 인연을 따른다(不變隨緣)'는 뜻이다. 쓰임 중에 본체가 있다고 하는 것은 곧 '인연을 따르고 있지만은 변하지 않는다(隨緣不變)'라는 의미이다. 이러한 49책策을 가지고서 손으로 둘로 나누어 왼손과 오른손에 잡는 것은 내 마음의 동정動靜이 곧 천지라는 두 가지 위의威儀를 이루고 있음을 상징한다. 다음에 왼손으로써 왼손의 책수策數를 그대로 잡고 있고, 오른손에 쥐고 있던 책수 중에서 하나만을 빼내어 왼손의 대지大指 사이에 끼워두는 것은 사람이 천지와 합일하는 도를 얻어서 하늘(天)·땅(地)·사람(人)이라는 삼재三才가 됨을 상징한다. 다음에 4개씩 4개씩 그것을 덜어내는 것(揲)은 천지 사이에서 사계절이 새롭고 또 새롭게 쉬지 않고 운행하고 있음을 상징한다. 다음에 그 나머지 시초를 왼손 무명지 사이에 끼워두는 것(扐)은 해마다 반드시 남는 날(閏日)이 있음을 상징한다. 또 한편으로 오른손에 쥐고 있는 시초를 왼손으로 4개씩 덜어내고 그 나머지를 도로 왼손의 중지 사이에 걸어두는 것을 '재륵再扐'이라 부른다. 이는 5년마다 반드시 두 달의 윤달(閏月)이 있게 됨을 상징하는 것으로, 이것이 '재윤再閏'의 뜻이다.

이상과 같이 양손으로 둘로 나누고, 하나를 왼손의 대지 사이에 걸고, 4개씩 덜어내고, 나머지를 도로 왼손 무명지 사이에 끼워두는 것 등을 모두 합해서 '사영四營'이라 하며, 이것이 1변變이 된다. 손가락 사이에 끼워둔 시초(策)들을 모두 모아서 내려놓은 후에, 다시 왼손과 오른손으로 설시했던 시초를 거듭 합쳐 재차 나눠가지고 앞에서 한 것처럼 반복(重複分二掛一揲四歸奇)한다. 그러므로 "두 번 반복 후 괘를 짓는다(再扐而後掛)"라고 하는 이것이 2변이다. 또다시 손가락 사이에 끼워둔 시초들을 모두 모아 내려놓은 후에, 다시 왼손과 오른손으로 설시했던 시초를 거듭 합쳐 재차 나눠가지고 앞에서 한 것처럼 반복(重複分二掛一撰四歸奇)한다. 이것이 3변이 된다. 저렇듯 3변하면서 얻은 시초들은 그대로 놓아두고, 설시하고 남은 책수策數만을 취해서 4×9＝36책이면 ○(老陽)이고, 4×8＝32책면 ‑‑(少陰)이며, 4×7＝28책이면 ―(少陽)이고, 4×6＝24책이면 Ⅹ(老陰)이 되는데, 이것으로 효를 이루는 것이다. ○(老陽)은 양이 동하는 것으로, 동하게 되면 곧 음으로 변한다. ‑‑(少陰)은 음이 고요한(靜) 상태이고, ―(少陽)은 양이 고요한(靜) 상태로, 모두 변하지 않고 고요함을 유지하고 있는 상태이다. Ⅹ(老陰)은 음이 동한 것으로, 동하게 되면 곧 변하여 양이 된다. 그러므로 아래 글에서 말하기를 "4영營이 역을 이루고, 3변變이 효를 이루며, 18변이 6효를 이루어 곧 괘가 된다"고 하였다.

　이 이초의 가지 수와 설시법의 모든 일(全事: 설시의 모든 과정)은 이치(천지자연의 이치)를 나타내는 것이며, 모든 수(全數)는 변화의 현상을 나타내는 것이다. 이렇게 함으로써 백성들에게 알 수 있게 해주고, 능히 함께할 수 있는 일(설시하는 일)임을 보여 주고 있는 것이다. 바로 신묘한 진리로서 가르침을 베풀어 사람들을 교화하여 제도함이 끝이 없음을 말한다. 대승이라고 말하여도 또한 마땅하지 않겠는가? 만약에 오직 깊은 마음으로 살펴(惟心識觀)[772] 그것을 융통시

---

772 유심식관惟心識觀: 심心은 마음의 본체를, 식識은 마음으로 받아들인 것으로, 인식·분별하는 작용을 의미한다. 통상적으로 이 둘을 합쳐 그냥 마음으로 해석하기도 한다. 따라서 '유심식관'은 마음으로 깊이 관찰하여 통찰한다는

키지 못한다면 우리의 복희·주공·문왕·공자 등 네 분의 훌륭한 성인을
다분히 굴욕스럽게 하는 것이라 할 수 있다.

乾之策이 二百一十有六이오 坤之策이 百四十有四ㅣ라. 凡三
건지책   이백일십유육   곤지책   백사십유사   범삼

百有六十이니 當期之日하고 二篇之策이 萬有一天五百二十이
백유육십   당기지일   이편지책   만유일천오백이십

니 當萬物之數也라.
당만물지수야

건乾의 책수策數는 216이고, 곤坤의 책수는 144이다. 무릇 합해서 360이
니, 기期의 날(일 년)에 해당된다. 두 편의 책수가 11,520이니 이것은
만물의 수에 해당된다.

九七皆乾, 而爻言其變, 故占時用九不用七. 一爻三十六策, 則乾卦六
爻, 共計二百一十六策也. 八六皆坤, 而占時用六不用八. 一爻二十四
策, 則坤卦六爻, 共計一百四十四策也. 合成三百六十策, 可當期歲之
日. 然一歲約立春, 至第二年春, 則三百六十五日有奇. 約十二月, 則
三百五十四日. 而今云三百六十, 適取其中, 亦取大概言之, 不必拘拘
也. 又合上下二篇六十四卦之策而總計之, 陽爻百九十二, 共六千九
百一十二策. 陰爻百九十二, 共四千六百八策, 故可當萬物之數. 夫期
歲之日, 萬物之數, 總惟大衍之數所表. 大衍不離河圖, 河圖不離吾人
一念妄動, 則時劫萬物, 又豈離吾人一念妄動所幻現哉.

뜻을 나타내고 있다.

9와 7은 모두 건(乾, 陽爻)을 나타내고, 효는 그 변함을 말한다. 그러므로 점을 칠 때에는 9만을 사용하고 7은 쓰지 않는다.[773] 1효가 36책이라면 건괘의 6효를 모두 합치면 216책이 된다. 8과 6은 모두 곤(坤, 陰爻)으로 서 점을 칠 때에는 6만을 사용하고 8은 쓰지 않는다.[774] 1효는 24책으로서 곤괘의 6효를 모두 합하면 144책이 된다. 합하면 360책을 이룸이니, 가히 한 해의 날짜에 해당된다. 그러나 한 해를 입춘을 기준하여 다음해 의 입춘까지 이르게 되려면 365일과 남는 시간(奇)이 있게 되고, 12개월 을 기준으로 하면 354일이 된다. 지금 360일이라고 말하는 것은 적당하 게 그 중간을 택해 대강 말하는 것이기에 구구하게 따질 필요는 없다.

또한 두 편(주역의 상경과 하경)의 64괘의 책수를 모두 합하면 양효가

---

773 九는 사상책수四象策數 49-13=36(4×9)에 근거하여 태양(太陽, 老陽)을 나타내고,
七은 사상책수49-21=28(4×7)에 근거하여 소양小陽을 나타내어 모두 양효를
이룬다. '구칠개건九七皆乾'은 바로 이를 가리키는 말이다. 그런데 만약에 작괘作
卦하여 6효가 모두 노양(老陽, 三少: 5, 4, 4)인 중천건괘(本卦)를 얻었다면,
이 중천건괘는 곧 변하여 중지곤괘(之卦)가 된다. 이럴 경우 그 점사를 해석함에
있어서는 양효 하나하나에 대한 효사를 해석하는 것이 아니라, 6개의 양효가
전부 변한 까닭으로 九(用九)의 효사 하나만을 취해서 해석해야 한다. '점시용구
불용칠占時用九不用七'은 바로 이러한 내용을 가리킨다.

774 八은 사상책수에 49-17=32(4×8)에 근거하여 소음小陰을 나타내고, 六은 사상책
수 49-25=24(4×6)에 근거하여 태음(太陰, 老陰)을 나타내어 모두 음효를 이룬다.
'팔육개곤八六皆坤'은 바로 이를 가리키는 말이다. 그런데 만약에 작괘하여 6효가
모두 노음(老陰, 三多: 9, 8, 8)인 중지곤괘(本卦)를 얻었다면, 이 중지곤괘는
곧 변하여 중천건괘(之卦)가 된다. 이럴 경우 그 점사를 해석함에 있어서는
음효 하나하나에 대한 효사를 해석하는 것이 아니라, 6개의 음효가 전부 변했기
때문에 六(用六)의 효사 하나만을 취해서 해석해야 한다. '점시용육불용팔占時用
六不用八'은 바로 이러한 내용을 가리킨다.

192개로 모두 6,912책이며, 음효는 192개로 모두 4,608책이 된다. 그러므로 만물의 수에 해당된다고 한다. 무릇 기세일(期歲之日)[775]과 만물의 수는 모두 오로지 대연수大衍數를 나타낸 것이다. 대연수는 하도를 벗어나지 않으며, 사람들의 한 생각이 망령되게 움직이는 것에서 벗어나지 못한다. 역시 그러한다면, 시간과 만물이 어찌 사람들이 한 생각으로 일으키는 헛된 움직임 속에서 나타난 환영이라고 하지 않을 수 있겠는가?

是故로 四營而成易하고 十有八變而成卦하니
시 고　　사 영 이 성 역　　십 유 팔 변 이 성 괘

이러한 까닭으로 4번 경영해서 역(爻)을 이루고,[776] 18번의 변화를 거쳐서 하나의 괘를 얻는다.[777]

一變必從四營而成, 以表一念一法之中, 必有生住異滅四相. 三變成爻, 以表爻爻各具三才之道. 六爻以表三才各有陰陽, 十八變以表三才各各互具而無差別.

1변變은 반드시 4영營으로 이루어진다. 한 생각(一念)과 하나의 현상

---

775 곧 지구가 태양을 한 바퀴 공전하는 365일 1년을 말한다.

776 본문 작괘법에서 설명된 '분이위이分二爲二'가 제1영, '괘일이상삼卦一以象三'가 제2영, '설지이사揲之以四'가 제3영, '귀기어륵歸奇於扐'이 제4영이 된다. '사영이성역四營而成易'은 곧 4영해서 변화가 성립된다는 의미이다.

777 작괘에서 한 효를 얻기까지는 3변이 이루어진다. 따라서 한 괘를 이루는 6효를 얻으려면 3×6=18변이 필요하다. 이렇게 18변을 거쳐 마침내 대성괘를 이룬다는 뜻이다.

(一法) 속에는 반드시 '생성되어(生) 존재하다가(住) 변화하여(異) 소멸하는(滅)' 네 가지 과정의 모습(四相)이 있음을 나타내고 있다. 3변이 효를 이루는 것은 효마다 삼재(三才: 天·地·人)의 도를 각각 갖추고 있음을 나타내고 있다. 6효는 삼재가 각각 음양을 가지고 있음을 나타내고 있으며, 18변은 삼재가 각각 서로를 갖추고(互具) 있어 차별이 없음을 나타내고 있다.

八卦而小成하야
팔 괘 이 소 성

팔괘는 작게 이루어진 괘이다.

三爻已可表三才, 九變已可表互具, 故名小成.

3효가 이미 삼재를 나타내고 있고, 9변이 이미 서로를 갖추고 있음을 나타내고 있으므로[778] '소성小成'괘라 한다.

引而伸之하며 觸類而長之하면 天下之能事ㅣ 畢矣리니
인 이 신 지　　촉 류 이 장 지　　천 하 지 능 사　　필 의

이끌어 펼쳐서 유형별로 확대해 나가면 천하의 가능한 일을 마칠 수

---

778 소성괘는 3효로 이루어진 팔괘를 가리킨다. 지욱은 이러한 소성괘의 3효가 각기 다른 삼재(三才: 天地人)를 이미 갖추고 있다고 하였다. 그런데 작괘에 있어서 하나의 효를 얻기까지는 3변이 이루어진다. 따라서 3효로 이루어진 소성괘를 이루기 위해서는 모두 9변(3×3=9)이 필요하다. 이렇듯 9변으로 이루어진 소성괘는 한 효 하나하나마다 또 다른 삼재를 서로 구족하고 있다는 것이다. '구변이가표호구九變已可表互具'는 바로 이러한 내용을 말하고 있다.

있다.[779]

八可爲六十四, 不過引而伸之也. 三百八十四爻, 以定天下之吉凶, 是
在觸類而長之也. 至於觸類而長, 則一一卦, 一一爻, 皆可斷天下事,
而裁成輔相之能事, 無不盡矣.

8괘가 64괘가 되는 것은 소성괘를 이끌어 펼쳐놓은 것(引而伸之)에
지나지 않는다. 384효로 천하의 길흉을 정한다는 것은 바로 세상의
모든 만물을 상대하여 확대시켜 나간 것에 길흉이 있음을 말한다.
만물을 상대하여 확대시켜 나감에 이르러서는 하나하나의 괘와 하나하
나의 효가 모두 천하의 일을 판단할 수게 하여, 재단하여 이루고(裁成)
도와주는(輔相) 일[780]이 무궁하게 이루어지게 되는 것이다.

---

779 촉류이장지觸類而長之, 천하지능사필의天下之能事畢矣: '촉류이장지'에 대해서
래지덕은 "팔괘의 무리에 비기어서 길게 늘인다는 의미다. 마치 건괘가 하늘이
되고 원이 되는 거와 같으며, 곤괘가 땅이 되고 엄마가 되는 거와 같은 의미다(觸
此八卦之類而長之, 如乾爲天爲圓, 如坤爲地爲母之類)"라고 하였다. '천하지능사
필의'에서 '능사'는 가능한 일, 사람이 할 수 있는 일을 뜻한다. 따라서 '천하지능사
필의'는 곧 주역의 64괘 속에는 우주만물의 생성변화의 이치와 사람이 할 수
있는 모든 일이 다 구비되어 있다는 의미이다.

780 지천태괘의 「상전」에서 "하늘과 땅이 서로 사귐이 태泰이니, 임금이 이를 본받아
천지의 도를 재단하여 이루며, 천지의 마땅함을 도움으로써 백성을 좌우한다(天
地交, 泰, 後以, 財成天地之道, 輔相天地之宜, 以左右民.)"라고 하였다. '재성財成'은
곧 '재성裁成'과 같은 의미로 천지의 운행도수나 법칙을 잘 관찰하여 책력 등을
만들고 법제法制를 세워 천시를 잘 이용하도록 백성들을 가르치는 것을 말하는
것이고, '보상輔相'은 천지의 기후나 지질과 높고 낮음, 습하고 건조한 곳 등을
알맞게 조절하고 흉년, 흉작을 대비하여 식량을 비축하여 때맞춰 나눠주는

顯道하고 神德行이라 是故로 可與酬酌이며 可與祐神矣니 子ㅣ
현 도　　　신 덕 행　　　시 고　　가 여 수 작　　　가 여 우 신 의　　자

曰 知變化之道者ㅣ 其知神之所爲乎ㄴ뎌.
왈 지 변 화 지 도 자　　기 지 신 지 소 위 호

도를 나타내고 덕행을 신비스럽게 행한다.[781] 이런 까닭에 함께 수작酬
酌[782]할 수 있는 것이며, 더불어 신을 도울 수 있는 것이다.[783] 공자께서는
"변화의 도를 아는 자는 신이 행하는 바를 알 수 있다!"라고 말씀하셨다.

有一必有二, 有二必有四, 有四必有八, 有八必有六十四, 有六十四必
有三百八十四. 然三百八十四爻, 只是六十四卦. 六十四卦, 只是八
卦. 八卦祗是四象, 四象祗是兩儀. 兩儀祗是太極. 太極本不可得. 太
極不可得, 則三百八十四皆不可得, 故卽數可以顯道也. 陰可變陽, 陽
可變陰. 一可爲多, 多可爲一, 故體此卽數之道者, 可以神其德行也.
旣卽數而悟道, 悟道而神明其德, 則世間至賾至動, 皆可酬酌, 而鬼神

것과 같이 백성을 도와주는 것을 뜻한다.

781 현도신덕행顯道神德行: '현도'는 숨겨진 천지자연의 도가 괘를 통해 현명顯明하게
　　드러난다는 의미이고, '신덕행'은 그러한 역도가 주역을 연구하고 수양한 서자筮
　　者의 점을 통해서 신비롭게 행사된다는 의미이다.

782 수작酬酌: 손님과 주인이 서로 술(酒)로 응대함을 의미하는 것으로, '수'는 주인이
　　술을 권하는 것으로 신에게 물어보기 위해 시초를 뽑는 것이요, '작'은 손님이
　　답례로 술잔을 주인에게 돌리는 것으로 신이 나에게 답하는 것을 가리킨다.
　　즉 여기서는 산가지(筮竹)라는 매개체를 통해서 서자筮者와 신이 서로 응대함을
　　바유하고 있다.

783 신이 인간에게 가르쳐주고 예지해주고 싶은 것을 서자의 괘와 시초蓍草를 통해
　　대신 알게 해줌으로써 결과적으로 신을 돕게 된다는 의미이다.

所不能爲之事, 聖人亦能祐之矣. 先天而天弗違, 此之謂也. 人但知撰
著爲變化之數耳, 若知變化之道, 則無方之神, 無體之易, 皆現於靈知
寂照中矣. 故述傳至此, 特自加子曰二字, 以顯咨嗟詠歎之思, 而史記
自稱太史公曰, 乃本於此.

1이 있으면 반드시 2가 있고, 2가 있으면 반드시 4가 있으며, 4가
있으면 반드시 8이 있다. 8이 있으면 반드시 64괘가 있으며, 64괘가
있으면 반드시 384효가 있다. 그러나 384효는 단지 64괘이고, 64괘는
다만 8괘이며, 8괘는 다만 사상四象이고 사상이 바로 양의兩儀이며,
양의가 바로 태극이다. 태극은 본래 얻을 수 없는 것이다. 태극을
얻을 수 없다면 곧 384효도 모두 얻을 수 없다. 그러므로 수를 바탕으로
해서(卽數) 도를 드러낼 수 있을 뿐이다.

　음은 양으로 변할 수 있고, 양은 음으로 변할 수 있다. 하나가 다수가
될 수 있고, 다수가 하나가 될 수 있다. 그러므로 이렇듯 수로써 도를
체득한 자는 가히 덕행을 신비스럽게 행하게 되는 것이다. 이미 수리數
理를 통해 도를 깨닫고, 도를 깨달아 그 덕을 신명스럽게 행할 수
있게 되면 곧 세상사의 지극히 오묘한 것(至賾)과 지극히 미세한 움직임
(至動)까지도 더불어 수작酬酢할 수 있게 되며, 귀신도 능히 할 수
없는 일을 성인은 또한 능히 도와줄 수 있게 되는 것이다. "하늘보다
먼저 해도 하늘을 어기지 않는다(先天而天弗違)"784는 표현은 이것을
두고 하는 말이다.

　사람들은 단순히 시초를 통하여 변화의 수를 알 수 있을 뿐이다.

784 중천건괘 구오 효사에 대한 「문언전」에서 언급되고 있다.

만약 변화의 도를 깨닫는다면 곧 특정한 공간에 구애됨 없어 두루 존재하는 신(無方之神)과 두루 작용하는 역(無體之易)이 신령스러운 지혜(靈知)의 고요히 비추는 작용 속에 나타나게 될 것이다. 그러므로 공자께서 「계사전」의 이러한 대목에 이르러서 특별히 스스로 '자왈子曰'이라는 두 글자를 덧붙여 탄식과 감탄의 생각을 표현했던 것이다. 사마천이 '태사공왈太史公曰'이라고 스스로 표현한 것은 바로 여기에서 근원하고 있다.[785]

제10장

易有聖人之道ㅣ **四焉**하니 **以**[786]**言者**는 **尙其辭**하고 **以動者**는 **尙**
역 유 성 인 지 도   사 언   이 언 자   상 기 사   이 동 자   상

其變하고 **以制器者**는 **尙其象**하고 **以卜筮者**는 **尙其占**하나니
기 변   이 제 기 자   상 기 상   이 복 서 자   상 기 점

역에는 성인의 도가 넷이 있다. 역으로써 말하고자 하는 자는 그 말을 숭상하고, 역으로써 움직이고자 하는 자는 그 변화를 숭상하며, 역으로써 그릇을 짓는 자는 그 형상을 숭상하고, 역으로써 점을 치려는 자는

---

785 사마천(司馬遷: B.C. 145~65?)은 태사령太史令이라는 벼슬을 지낸 까닭으로 태사공太史公이라고도 불렸다. 그가 심혈을 기울여 지은 역사서 『사기』는 원래의 서명이 그의 이름을 딴 『태사공서太史公書』였다. 삼국시대 이후에 『사기』라고 서명이 바뀌었는데, 바로 이 책에서 사마천 스스로가 자신의 의견을 서술하면서 「계사전」에서 공자가 한 것처럼 '태사공왈'이라고 하였다는 것이다.

786 '以'는 보통 앞의 문장의 의미를 이어서 '~으로써'라는 의미로 주로 쓰인다. 여기서는 '역서에서 가르치는 이치에 근거하여, 혹은 그러한 이치에 순종함으로써'라는 의미로 쓰이고 있다.

그 점占을 숭상한다.[787]

前文云, 君子觀象玩辭, 觀變玩占, 今言此四卽易所有聖人之道也. 夫
玩辭則能言, 觀變則能動, 觀象則可以制器, 玩占則可以卜筮決疑. 言
也, 動也, 制器也, 蔔筮也. 聖人修身治人之事, 豈有外於此四者哉.

앞글[788]에서 말하기를 "군자는 괘의 상을 보고 괘사를 완미하고 괘의
변화를 보고 점치는 것을 완미한다"고 하였는데, 지금 여기에서는
역에 네 가지 성인의 도가 있음을 말하고 있다. 대저 괘사를 완미하다
보면 말이 능숙해질 수 있고, 변화를 관찰하다 보면 능동적으로 행동할
수 있다. 상을 관찰하다 보면 곧 물건(器, 道具)을 만들 수 있게 되고,
점占을 완미하다 보면 점치는 것으로써 의혹을 풀 수가 있게 된다.
말하고, 행동하고, 도구를 만들어 내고, 점치는 것은 성인이 몸을
닦고 사람을 다스리는 일이다. 어찌 이러한 네 가지 외에 다른 것이
있을 수 있겠는가?

是以君子 | **將有爲也**하며 **將有行也**애 **問焉而以言**하거든 **其受**
시 이 군 자　　　 장 유 위 야　　　　장 유 행 야　　 문 언 이 이 언　　　　기 수

命也 | **如嚮**하야 **无有遠近幽深**히 **遂知來物**하나니 **非天下之至**
명 야　　 여 향　　 무 유 원 근 유 심　　 수 지 래 물　　　 비 천 하 지 지

---

787 이 장에서는 성인이 역서를 활용하는 데 있어 사辭·변變·상象·점占 등 네
　　 가지 사항을 설명하고 있다.
788 「계사상전」 제2장 "君子, 居則觀其象而玩辭, 動則觀其變而玩其占……" 부분을
　　 지칭한다.

精이면 **其孰能與於此**ㅣ리오.
정　　　　기 숙 능 여 어 차

이 때문에 군자가 장차 하고자 마음먹은 일이 있거나 장차 실천하고자 하는 일이 있으면 물어서 답을 얻게 되는데, 그 명(命: 묻는 것에 대한 응답)을 받음이 마치 메아리가 돌아옴과 같아서 먼 것이나 가까운 것이나 깊거나 어두운 것에 상관없이 미래의 일들을 알 수 있게 된다. 천하의 지극한 정밀함이 아니고서는 누가 이에 참여할 수 있겠는가?

君子, 學聖人者也. 學聖人者必學易, 善學易者, 擧凡有爲有行, 必玩辭而玩占. 果能玩辭玩占, 則易之至精, 遂爲我之至精矣.

군자는 성인의 언행을 배우는 사람이다. 성인을 배우는 자는 반드시 역易을 공부해야만 한다. 역을 잘 배우는 자는 대개 하고자 마음먹은 것이 있거나(有爲), 행하고자 하는 일이 있으면(有行) 반드시 괘사와 효사를 완미하고 점을 완미할 수 있어야만 한다. 결과적으로 능히 괘·효사를 완미하고 점을 완미할 수 있게 되면 역의 지극한 정밀함(至精)이 마침내 나의 지극한 정미로움(至精)이 될 수 있다.

參伍以變하면 **錯綜其數**하야 **通其變**하야 **遂成天地之文**하며 **極**
삼 오 이 변　　　착 종 기 수　　　통 기 변　　　수 성 천 지 지 문　　　극

其數하야 **遂定天下之象**하나니 **非天下之至變**이면 **其孰能與於**
기 수　　　수 정 천 하 지 상　　　비 천 하 지 지 변　　　기 숙 능 여 어

此ㅣ리오.
차

3과 5로써 변하며,[789] 그 수를 착종하고,[790] 그 변함을 통해서 마침내

천지의 문채文彩가 이루어진다.[791] 그 수를 극해서 드디어 천하의 상이 정해진다. 천하의 지극한 변화가 아니고서 그 누가 능히 이에 참여할

789 '삼參'은 50개의 대나무 가지를 가지고 시초점을 칠 때, 태극을 상징하는 하나를 빼내 책상 앞에 먼저 놓고 나서 ①'분이위이이상량分而爲二以象兩', ③'괘일이상삼掛一以象三', ③'설지이사이상사시귀기어륵이상윤撲之以四以象四時歸奇於扐以象閏'의 과정을 거쳐 '불오즉구不五則九'의 무더기 하나(一變)를 얻고, 다시 같은 과정을 거쳐 '불사즉팔不四則八'의 무더기 둘(二變)을 얻고, 또다시 같은 과정을 거쳐 '불사즉팔'의 무더기 셋(三變)을 얻게 되는 과정을 의미한다. '오伍'는 역시 50개의 대나무 가지를 가지고 시초점(蓍草占)을 할 때, ①태극을 상징하여 제외해 놓은 나머지 49개를 좌우의 손으로 나누어서 왼손에 쥐고 있는 것(天策), ②오른손에 쥐고 있는 것(地策)을 바닥에 내려놓은 것, ③다시 우측 바닥에 내려놓았던 가지 중에서 사람을 상징하여 한 개(人策)를 빼서 왼손 새끼손가락과 넷째손가락 사이에 끼우는 것, ④다시 왼손에 들고 있던 시초를 네 개씩 세어서 그 나머지를 왼손 넷째손가락과 가운데손가락 사이에 끼우는 것, ⑤마지막으로 우측 손에 있는 시초를 다시 네 개씩 세고 그 나머지를 왼손 가운데손가락과 둘째손가락 사이에 끼우는 것을 의미한다. 그러한 결과로 시초를 통하여 얻게 되는 한 괘는 이와 같은 '삼오이변參伍以變'의 과정을 거쳐 이루어진다는 뜻이다. (김석진 저, 『대산주역강의 3』, 127~128쪽 참조)

790 착종기수錯綜其數: '착'은 교대하여 뒤섞임을, '종'은 밀어서 가고, 당겨서 온다는 뜻(推而往, 引而來)으로, '착종'은 어떤 것이 종횡으로 뒤섞임을 가리킨다. '기수'는 시초를 통하여 하나의 괘를 얻기까지 18변의 과정을 거쳐 얻게 되는 삼다(三多: 9·8·8)의 태음(太陰, 老陰), 일소양다(一少兩多: 9·4·8, 9·8·4, 5·8·8)의 소양(小陽,少陽), 일다양소(一多兩少: 9·4·4, 5·4·8, 5·8·4)의 소음(小陰, 少陰), 삼소(三少: 5·4·4)의 태양(太陽, 老陽)의 사상수四象數를 의미한다. '착종기수'는 시초를 통해 얻게 되는 이러한 사상수들이 서로 뒤섞여(錯綜) 하나의 괘를 이룬다는 의미이다. (김석진 저, 『대산주역강의 3』, 128~129쪽 참조)

791 '통기변通其變'은 효가 변함으로써 새로운 괘로 바뀜을 의미하는 것이고, '수성천지지문遂成天地之文'은 그렇게 효가 변함으로써 천지의 모든 사물과 형상(文彩)을 상징하여 이루어지는 64괘가 된다는 의미이다.

수 있겠는가!

參者, 彼此參合⁷⁹²之謂. 伍者, 行伍定列之謂也. 雖彼此參合, 而不壞
行伍之定列. 雖行伍定列, 而不壞彼此之參合. 故各參伍以變. 由彼此
參合, 則其數相錯. 由行伍定列, 則其數可綜, 故云錯綜其數. 擧凡河
圖洛書之成象, 揲蓍求卦之法式, 無不皆然. 非僅偏指一種也. 陰陽各
有動靜, 故成天地之文. 六十四卦各具六十四卦, 故定天下之象. 誠能
觀象以通變, 觀變以極數, 則易之至變, 遂爲我之至變矣.

'참參'이란 이것저것이 섞여서 합해지는 것을 말하고, '오伍'는 행을
이루어 정렬하는 것을 말한다. 비록 저것과 이것이 섞여 합해지더라도
행오行伍를 이루어 가지런히 정렬됨을 흐트러뜨리지 않고, 비록 행오를
이루어 정렬되어 있더라도 이것저것이 섞여 합해짐을 망가뜨리지 않는
다. 그러므로 '삼오로써 변화를 이룬다(參伍以變)'고 한다. 저것과 이것
이 섞여 합해지는 것을 말미암아 그 수가 서로 뒤섞여지고 행오를
이루어 정렬됨으로써 그 수가 모아진다. 그렇기 때문에 '그 수를 착종한
다고(錯綜其數)'고 한다. 대개 하도와 낙서가 형상을 이루고 설시를
통해 괘를 얻는 방식이 모두 그러하다. 단지 어느 한 가지 경우만을
편협하게 지칭하는 것이 아니다.

　음양에는 각각 동정이 있으므로 천지의 무늬를 이룬다. 64괘에는
각기 64괘를 갖추고 있는 까닭에 천하의 상이 정해진다. 진실로 상을

관찰함으로써 변화를 통할 수 있으며(通變), 변화를 관찰함으로써 수를 극진히 할 수 있으면 역의 지극한 변화가 마침내 나의 지극한 변화가 될 수 있는 것이다.

易은 **无思也**하며 **无爲也**하야 **寂然不動**이라가 **感而遂通天下之**
역   무사야   무위야   적연부동   감이수통천하지

故하나니[793] **非天下之至神**이면 **其孰能與於此** ㅣ리오.
고   비천하지지신   기숙능여어차

역易은 생각함도 없으며 행위함도 없다. 고요히 움직이지 않다가 감응하여 드디어 천하의 연고에 통한다. 천하의 지극한 신묘함이 아니면 그 누가 능히 이에 참여할 수 있겠는가!

夫易雖至精至變, 豈有思慮作爲於其間哉. 惟其寂然不動, 所以感而遂通. 誠能於觀象玩辭觀變玩占之中, 而契合其無思無爲之妙, 則易之至神, 遂爲我之神矣.

대저 역易은 지극히 정미롭고 지극히 변화무쌍하니, 그 사이에 어찌 사려하고 작위함이 있을 수 있겠는가![794] 오직 고요하여 움직이지 않기

---

793 이 문장에 대해서 주자는 『주역본의周易本義』에서 다음과 같이 해석하고 있다. "이 네 가지(無思·無爲·寂然·感通)는 역의 본체를 확립하고 행하게 하는 것이다. 역은 시괘著卦를 가리키고 무사無思와 무위無爲는 무심無心을 이른다. 고요함은 감응의 본체이다. 감응하여 통한다는 것은 고요함의 작용이다. 사람 마음의 신묘함, 그 동정도 또한 이와 같다.(此, 四者之體所以立, 而用所以行者也. 易指著卦, 無思無爲, 言其無心也. 寂然者, 感之體, 感通者, 寂之用. 人心之妙, 其動靜亦如此.)"

794 사려작위思慮作爲: 의도적인 생각과 인위적인 행동.

때문에 감응하여 마침내 통하는 것이다. 진실로 상象을 관찰하고 사辭를 완미하며, 변화를 관찰하고 점치는 것을 완미하는 데 능숙할 수 있다면 그 무사무위無思無爲의 신묘함에 합할 수 있다. 그렇게 되면 역의 지극한 신묘함이 마침내 나 자신의 신묘함이 되는 것이다.[795]

夫易은 **聖人之所以極深而研幾也**ㅣ니 **唯深也故**로 **能通天下之**
부역　성인지소이극심이연기야　　유심야고　　능통천하지

志하며 **唯幾也故**로 **能成天下之務**하며 **唯神也故**로 **不疾而速**하
지　　유기야고　　능성천하지무　　유신야고　　부질이속

며 **不行而至**하나니 **子曰 易有聖人之道四焉者**ㅣ **此之謂也**ㅣ라.
불행이지　　자왈 역유성인지도사언자　　차지위야

무릇 역易은 성인이 이로써 깊은 것을 탐구(窮究)하고 기미를 연구함이니,[796] 오직 깊음으로 능히 천하의 뜻을 통하며, 오직 기미함으로 능히 천하의 일을 이루며, 오직 신묘함으로 서두르지 않아도 빠를 수 있고, 행하지 않아도 이르게 된다. 공자께서 말씀하시길 "역에 성인의 도가 넷이 있다"고 함은 이를 두고 하는 말이다.

由此觀之, 則易之爲書, 乃聖人所以極深而研幾者也. 苟極其深, 則至精者在我, 而能通天下之志. 苟研其幾, 則至變者在我, 而能成天下之務. 苟從極深研幾處悟其無思無爲, 寂然不二之體, 則至神者在我, 故

---

[795] 역에 담겨 있는 지극한 이치를 체득하고 역리에 계합함으로써 본인 스스로가 또한 밝은 지혜를 얻어 지극히 신묘해질 수 있음을 뜻한다.

[796] 극심이연기極深而研幾: '극심'은 유심현원幽深玄遠한 도리를 탐구하고 '연기'는 기미機微를 정밀하게 연구했다는 의미이다.

能不疾而速不行而至矣. 謂聖人之道, 不全寄詮於易書中可乎. 今有
讀易而不知聖人之道者, 何異捨醇醲而味糟粕也.

이러한 연유로써 살펴본다면, 역易이 책으로 엮어지게 된 것은 성인이
깊이 이치를 탐구하고 기미를 연구하여 된 것이다. 진실로 그 깊은
이치를 탐구하다 보면 지극히 정미로움이 나 자신에게 있게 되어 천하의
뜻을 통달할 수 있게 된다.[797] 진실로 그 기미를 연구하다 보면 지극한
변화가 나 자신에게 있게 되어 천하의 일을 이룰 수 있다. 진실로
깊은 이치를 탐구하고 기미를 연구하는 것을 좇아 무사무위無思無爲하
고 고요하여 둘이 아닌 근원적인 본성(體性)을 깨닫게 된다면 지극한
신묘함이 나에게 있게 되는 것이다. 그러므로 능히 서두르지 않아도
빠를 수 있게 되며, 행하지 않아도 도달하게 되는 것이다.

  성인의 도가 역서에 온전히 담겨 있지 않다고 말하는 것이 옳은
것이겠는가? 지금 역을 배우면서도 성인의 도를 알지 못하는 사람이
있다면, 어찌 참 맛(醇醲)[798]을 버리고 찌꺼기 맛(糟粕)[799]에만 맛 들여
있는 것과 다르겠는가?

---

[797] 능통천하지지能通天下之志: 역서는 성인이 천지자연의 이치를 깨달아 담아 놓은
    것이기 때문에, 역에 담겨 있는 이치를 연구하고 탐구하다 보면 자연히 천지자연
    의 이치(易理)를 통달하여 깨달을 수 있다는 의미이다.

[798] 순농醇醲은 진하고 순수하다는 뜻으로 진한 술맛, 혹은 음식의 진한 맛을 의미
    한다.

[799] 조박糟粕은 술을 거르고 남은 술지게미를 가리키는 것으로, 쓸모없는 것, 가치
    없는 것을 뜻한다.

제11장

子曰 夫易은 何爲者也ㅣ오. 夫易은 開物成務하야 冒天下之道
자왈 부역 하위자야   부역   개물성무   모천하지도

하나니 如斯而已者也ㅣ라. 是故로 聖人이 以通天下之志하며 以
여사 이이자야   시고 성인이 이통천하지지   이

定天下之業하며 以斷天下之疑하나니라. 是故로 蓍之德은 圓而
정천하지업   이단천하지의   시고 시지덕   원이

神이오 卦之德은 方以知오 六爻之義는 易以貢이니 聖人이 以此
신   패지덕   방이지 육효지의   역이공   성인이 이차

로 洗心하야 退藏於密하며 吉凶애 與民同患하야 神以知來코 知
세심   퇴장어밀   길흉 여민동환   신이지래 지

以藏往하나니 其孰能與於此哉ㅣ리오. 古之聰明叡知神武而不
이장왕   기숙능여어차재   고지총명예지신무이불

殺者夫ㅣ니더.
살자부

공자께서 말씀하기를 "무릇 역은 무엇을 하고자 함인가? 무릇 역은
만물을 열고 세상의 업무를 이루며, 천하의 도를 포괄하는 것이다.[800]
이와 같을 따름이다"라고 하셨다. 이런 까닭으로 성인이 이로써 천하의
뜻에 통달하며, 천하의 사업을 완수하며, 천하의 의혹을 판단한다.
이런 까닭에 시초의 덕(작용)은 원만하고 신묘하며, 괘의 덕은 방정하여
알게 하고, 육효의 뜻은 바뀜으로써 가르쳐 준다. 성인이 이로써 마음을
닦아서 물러가 주밀한 데 감추며,[801] 길흉을 백성과 더불어 근심하여

---

800 '개물開物'은 시귀蓍龜와 같은 신물神物을 개발하는 일, '성무成務'는 사업을 성취했
다는 의미로 여기서는 시초를 통해 점괘를 얻는 것을 가리킨다. '모천하지도冒天
下之道'는 시초를 가지고 점을 쳐서 얻은 괘(64괘·384효)에 천하의 모든 이치와
일들이 포함되어 있다는 뜻이다.

신령스러움(神)으로써 오는 것을 알고, 지혜로써 과거의 일을 감추었으니,[802] 그 누가 능히 이에 참여하리오! 옛적에 총명예지聰明叡知와 신비스런 무력을 소유하고 있으면서도 살상하지 않는 분(성인)이 아니었던가!

此欲明易書之妙, 而先示易理之大也. 夫所謂易, 果何義哉. 蓋是開一切物, 成一切務, 包盡天下之道者也. 是故聖人依易理而成易書, 以通天下之志, 使人卽物而悟理. 以定天下之業, 使人素位而務本. 以斷天下之疑, 使人不泣岐而徽倖. 是故蓍之德, 極其變化而不可測也. 卦之德, 有其定理而不可昧也. 爻之義, 盡其變通而未嘗隱也. 夫蓍圓而神, 卦方以知, 爻易以貢, 皆所謂寂然不動, 感而遂通者也. 聖人卽以此洗心, 退藏於密. 所謂自明誠謂之敎. 能盡其性, 則能盡人之性, 故吉凶興民同患. 神以知來, 知以藏往, 不俟問於蓍龜而後知吉凶也. 此惟古之聰明睿知, 斷惑而無惑可斷者, 乃能與於此耳.

이는 역서의 신묘함을 밝히고자 하여 우선적으로 역리의 위대함을 나타낸 것이다. 이른바 '역易'은 과연 무슨 뜻인가? 대략 이는 일체의 사물을 개발하고 일체의 업무를 성취하며, 천하의 도를 모두 포함하는

---

801 퇴장어밀退藏於密: 주역으로 얻은 깨달음의 경지를 쉽게 드러내지 않고 심중 깊숙이 감추어 둔다는 뜻.

802 '길흉吉凶, 여민동환與民同患'은 시초를 해서 얻게 되는 64괘와 384효 괘효사의 가르침을 통해 백성들의 근심을 함께한다는 뜻이고, '신이지래神以知來'는 그러한 신비한 시초점을 통해 미래의 일을 예측한다는 뜻이며, '지이장왕知以藏往'은 시초점을 통해 얻게 되는 괘효사에는 지나간 과거의 일(이치)이 이미 감춰져 있다는 의미이다. 결과적으로 시초점을 통해 과거사를 알 수 있다는 뜻이다. 김경방金景芳은 '장왕藏往'을 "과거를 아는 것(知道過去)"이라고 했다.

것이라 할 수 있다. 이러한 이유로 성인은 역리를 의지하여 역서를 만들고, 이로써 천하의 뜻을 통하며 사람들로 하여금 사물에 접해 진리를 깨닫도록 한 것이다. 천하의 사업을 완수하고, 사람들로 하여금 자기가 처한 지위와 환경 속에서(素位) 근본을 힘쓰게 하며, 천하의 의혹을 끊고, 사람들로 하여금 갈림길에서 울면서 요행을 바라지 않도록 하려는 것이다. 이러한 까닭으로 설시의 덕은 그 변화가 극진하여 (極: 無窮함) 헤아릴 수 없고, 괘의 덕은 그 정해진 이치(定理)가 있어서 어둡지 않으며, 효의 뜻은 그 변통이 극진하여 일찍이 숨길 수가 없는 것이다.

무릇 설시는 원만하고 신묘하고, 괘는 방정하여 알게 해주며, 효는 바뀜으로써 알려 준다. 모두가 이른바 고요하여 움직이지 않다가 감응해서 마침내 통하게 되는 것이다. 성인들은 곧 이러한 것으로써 마음을 닦고 물러나 비밀스럽게 감추어 둔다. 이른바 "밝아짐을 말미암아서 성실해지는 것을 가르침이라 한다(自明誠謂之敎)"라고 하는 뜻이다.[803]

능히 그 성품을 깨닫게 되면(盡) 다른 사람의 성품까지도 깨닫게 할 수 있다.[804] 그러므로 "길흉을 백성들과 더불어 근심하고, 신령함으로써 미래를 알려 주며, 지혜로써 과거의 일을 감추었다"고 한다. 설시(蓍)와 거북점(龜)에 물어서 답을 기다린 연후에야 길흉을 아는 것만은

---

803 『중용』 21장에서 표현되고 있다.

804 능진기성能盡其性, 즉능진인지성則能盡人之性: 여기서 '진盡'은 '극치에 이르다, 최고에 도달하다'의 의미이다. 따라서 '진기성'은 그 성품을 깨달아 최고의 경지에 이름을 뜻한다. 결과적으로 '능진기성, 즉능진인지성'은 자신의 성품을 깨달음으로써 다른 사람의 성품까지도 깨달을 수 있게 할 수 있음을 말하고 있다.

아니다. 이러한 것은 오직 옛적의 총명예지를 갖추고 미혹을 끊어서 마음에 미혹됨이 없어 의혹을 끊을 수 있는 성인과 같은 사람이라야 능히 여기에 동참할 수 있을 뿐이다.

是以明於天之道而察於民之故하야 **是興神物**하야 **以前民用**하
시 이 명 어 천 지 도 이 찰 어 민 지 고 　　　 시 흥 신 물 　　　 이 전 민 용

니 **聖人**이 **以此齋戒**하야 **以神明其德夫**ㄴ뎌.
성 인 　 이 차 재 계 　　　 이 신 명 기 덕 부

이로써 하늘의 도를 밝히고 백성의 연고를 살펴서, 이에 신물(神物: 시초)을 일으켜 백성 앞에 사용한다. 성인이 이로써 재계(齋戒: 몸과 마음을 깨끗이 하며 행동을 삼가함)하여 그 덕을 신명하게 하신 것이다!

夫神以知來, 知以藏往, 則又何俟蓍龜之神物, 而後斷民之吉凶哉. 但聖人能之, 衆人不能, 不籍蓍龜以示, 則民不信也. 是以明於借物顯理, 乃天之道, 因占快疑, 乃民之習, 故籍此蓍龜以開民用之前, 而聖人亦示現齋戒然後蔔筮者, 正欲以此倍神明其德也.

대저 신령함으로써 미래를 예지하고, 지혜로써 지난 일을 감추었다면, 또한 어찌 설시와 거북점이라는 신물을 기다린 연후에야 백성의 길흉을 판단하셨다고 할 수 있겠는가? 다만 성인만이 그러한 것에 능숙하셨을 뿐, 일반인들은 능숙하지 못했기 때문이고, 설시와 거북점 등을 이용해서(籍)[805] 보여 주지 않으면 백성들은 믿으려 하지 않기 때문이다. 이러한 까닭으로 사물을 빌려 이치를 드러내신 것이니,[806] 곧 하늘의

---

805 '적籍'은 '빌다, 빌리다'의 뜻으로 쓰였다.

도라 할 수 있다.

점치는 것으로 의심을 풀고자 하는 것은 백성들의 습관이라 할 수 있다. 그러므로 이러한 설시와 거북점이라는 수단을 빌려(籍) 백성들이 사용하기에 앞서 열어주신 것이다. 성인들이 또한 몸과 마음을 청결히 한 연후에 점치는 것을 보여 주신 것은, 바로 이렇게 함으로써 그 덕을 더욱더 신명스럽게 하시고자 했기 때문이다.

是故로 闔戶를 謂之坤이오 闢戶를 謂之乾이오 一闔一闢을 謂之
시고   합호   위지곤   벽호   위지건   일합일벽   위지

變이오 往來不窮을 謂之通이오 見을 乃謂之象이오 形을 乃謂之
변   왕래불궁   위지통   현   내위지상   형   내위지

器오 制而用之를 謂之法이오 利用出入하야 民咸用之를 謂之神
기   제이용지   위지법   이용출입   민함용지   위지신

이라. 是故로 易有太極하니 是生兩儀하고 兩儀ㅣ 生四象하고 四
시고   역유태극   시생양의   양의   생사상   사

象이 生八卦하니 八卦ㅣ 定吉凶하고 生大業하나니라. 是故로 法
상   생팔괘   팔괘   정길흉   생대업   시고   법

象이 莫大乎天地하고 變通이 莫大乎四時하고 縣象著明이 莫大
상   막대호천지   변통   막대호사시   현상저명   막대

乎日月하고 崇高ㅣ 莫大乎富貴하고 備物하며 致用 立(象)成器
호일월   숭고   막대호부귀   비물   치용 입 상 성기

하야 以謂天下利ㅣ 莫大乎聖人하고 探賾索隱하며 鉤深致遠하
이위천하리   막대호성인   탐색색은   구심치원

야 以定天下之吉凶하며 成天下之亹亹者ㅣ 莫大乎蓍龜하나라.
이정천하지길흉   성천하지미미자   막대호시귀

是故로 天生神物이어늘 聖人이 則之하며 天地變化ㅣ어늘 聖人이
시고   천생신물   성인   칙지   천지변화   성인

---

806 곧 시귀蓍龜 등을 이용해 역리를 밖으로 표현해 내었다는 뜻이다.

效之하며 天垂象하야 見吉凶이어늘 聖人이 象之하며 河出圖하며
효 지   천 수 상   현 길 흉   성 인   상 지   하 출 도

洛出書ㅣ어늘 聖人이 則之하니 易有四象은 所以示也ㅣ오 繫辭
낙 출 서   성 인   칙 지   역 유 사 상   소 이 시 야   계 사

焉은 所以告也ㅣ오 定之以吉凶은 所以斷也ㅣ라.
언   소 이 고 야   정 지 이 길 흉   소 이 단 야

(12장) 易曰 自天祐之라 吉无不利라 하니 子曰 祐者는 助也ㅣ니
       역 왈 자 천 우 지   길 무 불 리   자 왈 우 자   조 야

天之所助者ㅣ 順也ㅣ오 人之所助者ㅣ 信也ㅣ니 履信思乎順하
천 지 소 조 자   순 야   인 지 소 조 자   신 야   이 신 사 호 순

고 又以尙賢也ㅣ라 是以自天祐之吉无不利也ㅣ니라.
   우 이 상 현 야   시 이 자 천 우 지 길 무 불 리 야

이러한 까닭으로 문을 닫음을 곤坤이라 부르고, 문을 연 것을 건乾이라
이른다. 한 번 닫고(闔) 한 번 여는 것(闢)을 변變이라 하고,[807] 가고
오는 데 궁하지 않음을 통通이라 한다. 나타남을 이에 상象이라 하고,
형체를 이에 기器라 이른다. 만들어 쓰는 것을 법法이라 하고, 출입에
이롭게 하여 백성들이 다 쓰는 것을 신神이라 이른다. 이러한 까닭으로
역에는 태극이 있으니, 이것이 양의兩儀를 낳고, 양의가 사상四象을
낳고, 사상이 팔괘를 낳는다. 팔괘가 길흉을 정하고, 길흉이 대업을
생성한다. 이러한 까닭으로 법상法象[808]은 천지보다 큰 것이 없고, 변통變

---

807 일합일벽위지변一闔一闢謂之變: '합闔'은 닫음을, '벽闢'은 여는 것을 뜻한다. 음양
   (坤乾)의 변화작용을 비유한 것으로, '일합일벽위지변'은 '일음일양지도一陰一陽
   之道'에 대한 또 다른 설명이라 할 수 있다.

808 법상法象: '법法'은 효법效法의 뜻이고 '상象'은 성상成象의 뜻으로, 곧 현상을
   본받는다는 의미이다. 제5장에서 언급되고 있는 '성상지위건成象之謂乾, 효법지
   위곤效法之謂坤'과 통하는 말이다.

通은 사시보다 큰 것이 없으며, 상象을 매달아 밝음을 나타낸 것은
일월보다 큰 것이 없다. 숭고함은 부귀보다 큰 것이 없으며, 만물을
구비하여 사용하게 하고 도구를 만들어 천하를 이롭게 함은 성인보다
훌륭한 분이 없다. 잡다하게 뒤섞여 있는 것을 탐구해 내고(探賾) 은미한
것을 찾아내며(索隱), 심오한 것을 이끌어 내고(鉤深) 심원한 것을 이르
게 함으로써(致遠)[809] 천하의 길흉을 정하고 천하의 사람들이 근면하고
노력하게 만드는 것(亹亹)[810]은 시초와 거북점보다 큰 것이 없다. 이러한
까닭에 하늘이 신물神物[811]을 내셨으니 성인이 그것을 본받고, 천지가
변화하니 성인이 그것을 본받았으며, 하늘이 변화현상을 드리워서
길흉을 나타내니 성인이 그것을 형상화시키셨다. 하수河水에서 하도가
나오고, 낙수洛水에서 낙서가 나오니, 성인이 그것을 본받으셨다. 역에
사상이 있는 것은 보여 주기 위한 이유 때문이요, 계사繫辭한 것은
알려 주기 위한 이유이며, 길흉을 정함은 판단하게 하려는 것이다.
(12장)[812] 역에 말하기를 "하늘로부터 돕는지라 길하여 불리함이 없다(自
天祐之, 吉无不利)"[813]라고 하니 공자가 말씀하시길 "우祐란 돕는다는

---

809 탐색색은探賾索隱, 구심치원鉤深致遠: '탐색探賾'은 잡다하고 유심현원幽深玄遠한
　　것을 탐구해 내는 것이고, 색은索隱은 숨어 있는 것을 찾아내는 것이다. '구심鉤深'
　　은 낚시 바늘로 끌어당기듯 깊은 이치를 끌어냄을 상징하는 것이고, '치원致遠'은
　　먼 곳까지 이르게 한다는 의미다. 결과적으로 '탐색색은, 구심치원'은 곧 유현하
　　고 심원한 갖가지의 이치와 가르침을 탐구하고 숨은 것을 찾아내며, 심오한 것을
　　것을 이끌어내어 멀리까지 미치게 한다는 뜻이다.
810 '미미亹亹'는 근면 노력함을 형용하는 말이다.
811 신물神物: 시귀蓍龜, 또는 하수에서 나왔다는 용마龍馬를 가리킨다.
812 지욱은 『주역선해』에서 12장의 첫 문장이 11장 끝의 문장과 연관된다고 보고,
　　12장의 첫 문장을 11장 끝에 이어서 적어놓고 주석을 달고 있다.

것이니, 하늘이 돕는 것은 진리에 순종(順理)하는 자요, 사람이 돕는 것은 신의를 지키는 사람이다. 신의를 실천하고 순리를 생각하며, 또한 현인을 숭상함이라. 이 때문에 하늘로부터 도움을 받아 길하여 이롭지 않음이 없다고 한 것이다"라고 하셨다.

是故德旣神明, 方知易理無所不在. 且如闔戶卽謂之坤, 闢戶卽謂之乾. 一闔一闢卽是變, 往來不窮卽是通. 見卽是象, 形卽是器. 隨所制用卽是法, 隨其民用出入卽是神. 則乾坤乃至神明, 何嘗不卽在日用動靜間哉. 凡此皆易理之固然, 而易書所因作也. 是故易者, 無住之理也. 從無住本, 立一切法, 所以易卽爲一切事理本源, 有太極之義焉. 旣云太極, 則快非凝然一法, 必有動靜相對之機, 而兩儀生焉. 旣曰兩儀, 則動非偏動, 德兼動靜, 靜非偏靜, 亦兼動靜, 而四象生焉. 旣曰四象, 則象象各有兩儀之全體全用, 而八卦生焉. 旣曰八卦, 則備有動靜陰陽剛柔善惡之致, 而吉凶定焉. 旣有吉凶, 則裁成輔相之道方爲有用, 而大業生焉. 易理本自如此, 易書所以亦然也. 是故世間事事物物, 皆法象也, 皆變通也, 乃至皆深皆遠, 皆賾皆隱也. 而法象之大者莫若天地. 變通之大者, 莫若四時, 縣象著明之大者, 莫若日月. 崇高之大者莫, 若天位之富貴, 備物致用利天下者, 莫若天德之聖人. 探賾索隱, 鉤深致遠, 定吉凶, 令人知趨避, 成亹亹, 使人進德業者, 莫若蓍龜之神物. 是故天生神物, 聖人卽從而則之. 天地變化, 聖人卽從而效之. 天垂象現吉凶, 聖人卽從而擬象之. 河出圖, 洛出書, 聖人卽法而

---

813 화천대유괘 상구 효사에서 표현되고 있다.

爲八卦九疇. 然則易之有四象, 所以示人動靜進退之道也. 易有繫辭,
所以昭告以人合天之學也. 易有吉凶定判, 所以明斷合理之當爲, 而
悖理之不可爲也, 故大有上九之辭曰, 自天祐之, 吉無不利. 吾深知其
故也. 夫天無私情, 所助者不過順理而已. 人亦無私好, 所助者不過信
自心本具之易理而已. 誠能眞操實履, 信自心本具之易理, 思順乎上
天所助, 則便眞能崇尙聖賢之書矣. 安得不爲天所祐, 而吉無不利哉.

이러한 까닭으로 덕이 이미 신령스럽게 밝아지게 되면 바야흐로 역리가
모든 곳에 존재하고 있음(無所不在)을 깨닫게 된다. 그렇기 때문에
또한 비유하여 문을 닫는 것(闔戶)을 곧 곤坤이라 하고, 문을 여는
것(闢戶)을 곧 건乾이라고 한다. 한 번 닫고 한 번 여는 것(一闔一闢)을
곧 '변화(變)'라 하고, 왕래가 끊이지 않음을 곧 '통通'이라 한다. 나타낸
것을 '상象'이라 하고, 형체를 갖춘 것을 '기器'라 한다. 만든 바를 따라서
사용하는 것을 곧 '법法'이라 하고, 그 백성들이 사용하는 것에 따라
나가고 들어오는 것을 곧 '신神'이라 한다. 그렇다면 건곤과 내지 신명이
어찌 일찍이 곧 일상적으로 쓰고 있는 동정動靜 사이에[814] 존재하고
있지 않다고 할 수 있겠는가? 무릇 이것은 모두 역리가 원래 그러하기
때문이다. 역서易書도 이러한 이치를 바탕으로 만들어졌다.

　이러한 까닭에 역易은 한곳에 머물러 있는 이치가 아니다(無住之
理).[815] 머물러 있지 않는 본체를 좇아서 모든 법(一切法)[816]이 성립된다.

---

814 곧 음과 양, 낮과 밤, 또는 일상적인 우리의 행동과 삶을 가리킨다.

815 역자무주지리易者無住之理: 역리는 어느 한곳에 고정되어 머물러 있는 것이
　　아니라, 두두물물의 모든 사물과 현상에 두루 작용하고 있음을 뜻한다.

816 일체법一切法: 모든 현상과 존재를 가리킨다.

까닭에 역은 곧 모든 사물과 이치(一切事理)의 본원적인 근원이고, 태극의 뜻을 가지게 되는 것이다. 이미 태극이라고 하는 것은 결코 고정된(凝然) 하나의 진리만이 아니다. 반드시 동動과 정靜이라고 하는 상대적 기틀(機: 作用)이 있으므로 양의兩儀를 생한다. 이미 양의라고 한다면 동動은 동에만 치우치지 않아서 작용(德) 속에는 동정이 함께 담겨져 있는 것이며, 정靜도 정에만 치우치지 않고 또한 동정을 함께 포함하고 있어서 사상四象을 낳는 것이다. 이미 사상이라고 한다면 상象 하나하나가 각각 양의의 전체적인 체(全體)와 전체적인 작용(全用)을 갖추고 있어서 팔괘를 낳는 것이다. 이미 팔괘라고 한다면 동정·음양·강유·선악의 치밀함을 갖추고 길흉이 정해진다. 이미 길흉이 있다고 한다면 재단하여 이루고 도와주는 도(裁成輔相之道)[817]를 바야흐로 활용할 수 있어서 대업을 낳게 되는 것이다.

역리가 본래 스스로 이와 같다면 역서가 만들어진 이유도 또한 그러하다. 이런 까닭에 세상의 사사물물事事物物[818]이 모두 역리를 본받아 형상된 것(法象)이고, 모두 변통變通하고 있는 것이다. 나아가 모두가 깊고 심원한 것이고, 모두가 잡다하게 뒤섞여 있는 것(賾)이며, 모두가 은미한 것(隱)이다. 역리가 드러난 것 중에서 큰 것은 하늘과 땅만 한 것이 없고, 변통의 큰 작용 중에서는 사시四時만 한 것이 없다. 형상으로 드러나(縣象) 밝게 빛나는 것 중에서 큰 것은 해와 달만 한 것이 없고, 숭고함의 큰 것 중에서는 하늘의 지위만큼 부귀한 것이 없으며, 만물을 구비하고(備物) 쓰일 수 있도록 하여(致用) 천하를

---

817 재성보상裁成輔相: 지천태괘 「상전」에서 언급되고 있다.

818 사사물물事事物物: 우주에 존재하는 모든 존재, 곧 삼라만상을 가리킨다.

이롭게 하는 사람 중에서는 하늘의 덕(天德)을 갖춘 성인만 한 분이 없다. 잡다하게 뒤섞여 있는 것을 탐구해 내고(探賾) 은미한 것을 찾아내며(索隱), 심오한 것을 이끌어 내고(鉤深) 심원한 것을 이르게 하므로써(致遠) 길흉을 결정하여 사람들로 하여금 신속하게 피하게 하고, 부지런하게 만들어 사람들로 하여금 덕을 쌓는 데 정진하도록 하는 것은 설시와 거북점만 한 것이 없다. 그러므로 하늘이 신물神物을 내려주시니, 성인이 곧 좇아서 그것을 본받은 것이다.

천지가 변화하므로 성인이 곧 따라서 그것을 본받은 것이고, 하늘이 변화현상을 드리워[819] 길흉을 나타내니 성인이 곧 좇아서 그것을 형상화한 것[820]이다. 하수에서 하도가 나오고, 낙수에서 낙서가 나오자 성인이 곧 본받아서 팔괘와 구주九疇[821]를 만드셨다. 그러한즉 역에 사상四象이 있는 것은 사람들에게 동정과 진퇴의 도를 보이기 위해서이다.

역에 계사繫辭가 있는 것은 사람들에게 하늘의 이치에 합일하게 하는 배움을 밝혀서 알려 주기 위해서이다. 역에 길흉을 정하여 판단하게 함이 있는 것은 이치에 합당한 것은 마땅히 실천하도록 하고(合理之當爲), 이치에 어긋나는 것은 하지 못하도록(悖理之不可爲) 분명하게 밝히기 위함이다. 그러므로 화천대유(火天大有, ䷍)괘 상구의 계사에서 '하늘로부터 도움을 받으니, 길하여 이롭지 않음이 없다(自天祐之,

---

819 천수상天垂象: 하늘이 일월성신日月星辰의 회명박식(晦明薄蝕: 낮과 밤의 작용, 일식이나 월식으로 해나 달이 흐려지거나 이지러짐)을 통하여 길흉의 변화를 나타냄을 의미한다.

820 하늘이 계시한 길흉을 성인이 관찰하여 그것을 괘로 그려 길흉을 나타냄을 의미한다.

821 『홍범구주洪範九疇』를 가리킨다.

吉無不利)'고 하였다. 나(지욱)는 그렇게 말한 연고를 깊이 알 수 있다. 무릇 하늘에는 사사로운 감정이 있을 수 없다. 도움을 받는다고 하는 것은 이치에 순종하는 것에 지나지 않을 뿐이다. 사람들도 또한 사사로이 좋아하는 감정이 없어야만 한다. 도움을 받는다는 것은 자신의 마음속에 본래 구족해 있는 역리를 믿는 것에 지나지 않을 뿐이다. 진실로 능히 진리를 의지하여 성실하게 실천하고(眞操實履),[822] 자신의 마음속에 본래 구족해 있는 역리를 믿음으로써 높은 하늘이 도와주심에 순종하기를 생각한다면, 진실로 성현의 역서를 숭상하는 것이라 할 수 있을 것이다. 어찌 하늘의 도움을 받아 길하여 이롭지 않을 수 있겠는가?

제12장

子曰 書不盡言하며 言不盡意니 然則聖人之意를 其不可見乎
자왈 서부진언　　　언부진의　　　연즉성인지의　　　기불가견호

아. 子曰 聖人이 立象하야 以盡意하며 設卦하야 以盡情僞하며 繫
자왈 성인　입상　　　이진의　　　설괘　　　이진정위　　　계

辭焉하야 以盡其言하며 變而通之하야 以盡利하며 鼓之舞之하야
사언　　　이진기언　　　변이통지　　　이진리　　　고지무지

以盡神하니라. 乾坤은 其易之蘊耶ㄴ뎌. 乾坤이 成列而易이 立
이진신　　　건곤　　기역지온야　　　건곤　성렬이역　　　입

乎其中矣니 乾坤이 毀則无以見易이오 易을 不可見則乾坤이 或
호기중의　　건곤　훼즉무이견역　　　역　불가견즉건곤　　혹

---

822 진조실리眞操實履: '진조'는 진리를 의지한다는 의미이고, '실리'는 실천해 나간다는 뜻이다.

幾乎息矣리라. 是故로 形而上者를 謂之道ㅣ오 形而下者를 謂
기 호 식 의　　　시 고　　형 이 상 자　　위 지 도　　　형 이 하 자　　위

之器오 化而裁之를 謂之變이오 推而行之를 謂之通이오 擧而措
지 기　　화 이 재 지　　위 지 변　　추 이 행 지　　위 지 통　　거 이 조

之天下之民을 謂之事業이라. 是故로 夫象은 聖人이 有以見天
지 천 하 지 민　　위 지 사 업　　시 고　　부 상　　성 인　　유 이 견 천

下之賾하야 而擬諸其形容하며 象其物宜ㅣ라 是故謂之象이오.
하 지 색　　　이 의 저 기 형 용　　　상 기 물 의　　　시 고 위 지 상

聖人이 有以見天下之動하야 以觀其會通하야 以行其典禮하며
성 인　　유 이 견 천 하 지 동　　이 관 기 회 통　　　이 행 기 전 례

繫辭焉하야 以斷其吉凶이라. 是故謂之爻ㅣ니 極天下之賾者는
계 사 언　　　이 단 기 길 흉　　　시 고 위 지 효　　극 천 하 지 색 자

存乎卦하고 鼓天下之動者는 存乎辭하고 化而裁之는 存乎變하
존 호 괘　　고 천 하 지 동 자　　존 호 사　　화 이 재 지　　존 호 변

고 推而行之는 存乎通하고 神而明之는 存乎其人하고 黙而成之
추 이 행 지　　존 호 통　　신 이 명 지　　존 호 기 인　　　묵 이 성 지

하며 不言而信은 存乎德行하니라.
불 언 이 신　　존 호 덕 행

공자께서 말씀하시기를 "글로는 말을 다하지 못하고, 말로는 뜻을
다하지 못한다. 그렇다면 성인의 뜻을 알 수 없는 것인가?"라고 하셨다.
공자께서 말씀하시기를 "성인이 상象을 건립함으로써 뜻을 다하고,
괘를 설립함으로써 참과 거짓을 다하며, 계사로써 그 말을 다하고,
변하고 통함으로써 이로움을 다하며, 고무시킴으로써 신묘함을 다한
다"라고 하셨다. 건곤은 그 역의 쌓임(蘊)[823]인가! 건곤이 열列을 이루어

---

823 '온蘊'은 곧 '온오蘊奧'의 뜻으로 가장 중요한 핵심, 중심을 의미한다. 순양純陽,
　　순음純陰인 건곤乾坤은 마치 부모와 같이 64괘를 낳는 가장 핵심적인 괘가
　　됨을 말한다.

서 역이 그 가운데 성립하는 것이니, 건곤이 훼손되면 곧 역을 볼 수 없을 것이다. 역을 볼 수 없게 되면 건곤이 혹 거의 그치게 되는 것이다. 그러므로 형이상形而上인 것을 '도道'라 하고, 형이하形而下인 것을 '기器'[824]라 이른다. 변화하여 마름함(이루어 나감)을 '변變'이라 말하고, 미루어서 이를 실행하는 것을 '통通'이라 하며, 들어서(擧: 역리로써) 천하의 백성들에게 두는 것(措)[825]을 '사업事業'이라 한다. 이러한 까닭으로 무릇 상象은 성인이 천하의 잡다한 것(賾)을 봄에 있어서 그 형용(모양)에 비교하여 그 사물의 마땅함[826]을 형상화한 것이다. 그러므로 '상象'이라 부르는 것이다. 성인이 천하의 움직임을 봄에 있어서 그 회통함을 관찰하여 전례(典禮: 法度)로써 실천하고, 계사로써 그 길흉을 판단하였다. 그러므로 '효爻'라고 하는 것이다. 천하의 잡다한 것을 궁극窮極한 것은 괘(64괘)에 존재하고, 천하의 움직임을 고무시키는 것은 계사에 있으며, 화化하여 이루어 나가는 것은 변화하는 것에 존재한다. 미루어서 행하게 하는 것은 통함에 있고, 신명스럽게 그것을 밝히는 것은 사람에 달려 있으며, 묵묵히 이루며 말하지 않아도 믿게 하는 것은 덕행에 존재한다.

上文, 發明易理易書, 及聖人作易, 吾人學易之旨, 亦旣詳矣. 然苟非

---

824 '형이상자위지도形而上者謂之道'는 본체적인 도리를 의미하고 '형이하자위지기形而下者謂之器'는 그러한 본체적인 도리를 바탕으로 드러난 현상세계, 물질세계를 지칭한다.

825 '조措'를 '착錯'자로 쓰는 경우도 있다. 두 글자 모두 '두다, 안배하다, 베풀다'의 의미로 쓰이고 있다.

826 물의物宜: 사물이 본래 구족해 있는 본성과 그 형상적 특질.

其人, 苟無其德, 則隨語生解, 亦何以深知易理易書之妙致乎. 故更設
爲問答, 而結歸其人其德行也. 夫書何能盡言, 言亦何能盡意, 然則聖
人之意, 豈終不可見乎. 詎知聖意不盡於言, 而亦未嘗不寓於言. 聖言
不盡於書, 而亦未嘗不備於書. 且如易書之中, 亦旣立象以盡意, 聖意
雖多, 而動靜二機足以該之, 故乾坤二象卽可以盡聖人之意也. 又復
設卦以盡情僞, 動靜雖只有二, 而其中變態, 或情或僞, 不一而足, 故
六十四卦乃能盡萬物之情僞也. 又復繫辭焉以盡其言, 蓋擧天下事物
一一言之, 則勞而難徧. 今借六十四卦而繫以辭, 則簡而可周也. 雖六
十四卦已足收天下事物之大全, 而不知事事物物中, 又各互具一切事
物也, 故變而通之. 每卦皆可爲六十四, 而天下之利斯盡矣. 雖有三百
八十四爻動靜陳設, 若不於中善用鼓舞, 使吾人隨處得見易理, 則亦
不足以盡神, 而聖人又觸處指點以盡神矣. 雖復觸處指點, 然收彼三
百八十四爻大綱, 總不出乾坤二法. 故乾坤卽易之蘊藏也. 夫本因易
理而有乾坤. 旣有乾坤, 易卽立乎其中. 設毁此乾坤二法, 則易理亦不
可見. 設不見易理本體, 則乾坤依何而有, 不幾至於息滅哉. 此甚言易
外無乾坤, 乾坤之外亦無易也. 蓋易卽吾人不思議之心體. 乾卽照, 坤
卽寂. 乾卽慧, 坤卽定. 乾卽觀, 坤卽止. 若非止觀定慧, 不見心體,
若不見心體, 安有止觀定慧. 是故卽形而非形者, 向上一著卽謂之道.
無形而成形者, 向下施設卽謂之器. 道可成器, 器可表道, 卽謂之變.
從道垂器, 終期入道, 卽謂之通. 自旣悟道與器之一如, 以此化天下之
民, 卽謂之事業矣. 是故夫象也者, 不過是聖人見天下之賾, 而擬諸其
形容象其物宜者也. 夫爻也者, 不過是聖人見天下之動, 而觀其會通,
以行其典禮, 繫辭焉以斷其吉凶者也. 是以卦可極天下之賾, 辭可鼓

天下之動, 變可盡化裁之功, 通可極推行之妙. 此終非書之所能盡言,
亦非言之所能盡意也. 神而明之, 必存乎其人, 而默而成之, 不言而
信, 又必存乎德行耳. 德行者, 體乾坤之道而修定慧, 由定慧而徹見自
心之易理者也.

윗글에서는 역리와 역서에 대해서 분명하게 밝히고, 아울러 성인이
역을 지으시고 우리가 역을 배워야 하는 취지에 대해서도 또한 자세하게
설명하고 있다. 그러나 진실로 그 사람이 아니고, 진실로 그러한 덕을
갖추고 있지 못하다면[827] 말을 좇아 이해를 하게 될 뿐이니, 또한 어찌
깊이 역리와 역서의 미묘한 이치를 알 수 있겠는가? 그러므로 다시
문답이라는 형식(設爲)을 통해 그 사람(성인)과 그 덕행(성인이 갖추신
덕행)에 귀결토록 한 것이다.

　무릇 글로 어떻게 말을 다할 수 있으며, 말로 어찌 뜻을 다 표현해
낼 수 있겠는가! 그렇다고 하더라도 성인의 뜻을 어찌 마침내 볼(깨달
을) 수 없겠는가? 어찌(詎)[828] 성인의 뜻을 말로는 다 표현해 낼 수
없음을 알더라도, 일찍이 말을 의지하지 않을 수 없다. 성인의 말씀을
글로 다 표현해 낼 수 없지만, 또한 일찍이 글을 의지하지 않을 수는
없다. 바로 역서 중에 또한 이미 상을 세움으로써 뜻을 다 표현해
낸 것과 같다.[829] 성인의 뜻이 비록 많지만, 동정動靜이라는 두 가지

---

827 구비기인苟非其人, 구무기덕苟無其德: 역리를 깨달아 역서를 저작하신 성인들과
　　그 덕을 지칭하고 있다. 역리를 깨달은 성인, 그리고 덕을 갖춘 성인이 아닌
　　이상 결국은 역을 설명하고 가르치는 사람의 말을 좇아 알음알이의 이해에
　　머물게 된다는 설명이다.

828 거詎: '豈(어찌 기)'자와 같은 의미로 '어찌 ~인가?'의 뜻으로 쓰였다.

작용(機)만이 족히 그것(성인의 뜻)에 부합(該)된다고 할 수 있다. 그러므로 건곤이라는 두 가지 상을 통해 곧 성인의 뜻을 다 표현해 낸 것이다. 또다시 괘를 만들어서 참과 거짓을 다 밝혔다. 동정이라는 비록 다만 두 가지 작용이 있으나, 그 중에서 변하는 상황(變態)은 혹은 참이거나 혹은 거짓인 경우인데, 한 가지로는 부족할 수밖에 없게 된다.[830] 그러므로 64괘로 능히 만물의 참과 거짓을 다 밝혀낸 것이다. 또다시 계사로써 그 말을 다 표현해 낸 것은 대개 천하의 사물을 열거하여 하나하나 말로 표현해 내려고 하면 수고롭기만 할 뿐, 보편적으로 표현해 내기 어렵기 때문이다. 현재는 64괘를 가탁(借)하여 설명의 글(辭)을 붙인즉, 간략하면서도 두루 표현해 낼 수 있게 되었다.

비록 64괘에 이미 천하의 사물 전체가 충분히 수용되어 있다고 하지만, 사사물물事事物物 속에 또한 각기 서로 간에 일체사물을 포함하고 있음은 알지 못한다. 그러므로 변화하여 서로 통함으로써 매 괘가 모두 64괘가 되는 것이니, 천하를 이롭게 하는 것이 여기에 다 갖춰져 있다. 비록 384효에 동정(動靜, 陰陽)이 펼쳐져 시설되어 있다고 하더라도, 만약에 그 중에서 잘 사용하도록 고무 진작시켜 사람들로 하여금 처지에 따라 역리를 깨닫게 하지 못한다면 또한 신묘함을 다했다고 하기엔 부족하다. 따라서 성인이 또한 처지에 따라서(觸處) 나아갈

---

829 비록 참된 역리를 말과 글로 다 담아내고 표현할 수 없다고 하더라도, 성인은 그러한 역리를 이미 역서 속에 다 담아서 표현해 내었다는 뜻이다.

830 불일이족不一而足: 동정에 따른 참과 거짓(眞僞)을 하나의 표현만으로 설명해 내기에 부족하다는 의미이다.

지침을 가르쳐(指點) 신묘함을 다 표현해 낸 것이다. 비록 또다시 처지에 따라서 나아갈 바의 지침을 가르쳤지만, 그러나 저 384효의 대강을 취합하면 모두 건과 곤이라는 두 가지 진리를 벗어나지 않는다. 그러므로 건곤이 곧 역의 핵심(蘊藏)이라고 하는 것이다.

무릇 근본적으로 역리를 본체로 하여 건곤이 있는 것이지만, 이미 건곤이 있게 되면 역이 곧 그 속에 성립되어진다. 만약(設)[831] 이러한 건곤이라는 두 가지 진리가 훼손된다면 곧 역리 또한 볼 수 없게 된다. 만약에 역리의 본체를 볼 수 없게 된다면 건곤이 어디에 의지해 존재할 수 있겠는가! 거의 소멸해 사라지는 지경에 이르게 되지 않겠는가? 이는 참으로 역을 벗어나서 건곤이 있을 수 없고, 건곤을 벗어나 또한 역이 있을 수 없음을 말하는 것이다.

대개 역은 우리들의 헤아릴 수 없는 마음의 본체이다. 건이 곧 비춤(照)이라고 한다면 곤은 바로 고요함(寂)이다. 건이 곧 지혜라고 한다면 곤은 바로 선정이다. 건이 곧 관觀이라면 곤은 바로 그침(止)이다. 만약에 지관止觀과 정혜定慧가 아니라면 마음의 본체를 깨달을 수 없을 것이다. 만약에 마음의 본체를 깨달을 수 없다면 어찌 지관과 정혜가 있을 수 있겠는가. 이러한 까닭으로 형상의 바탕을 이루면서도(卽形) 형상이 아닌 것(非形)은 위를 향한 근원적인 귀착점이니(向上一著),[832] 곧 '도道'라 말한다. 형상이 없는 것이지만 형상을 이루는 것은 아래를 향해 시설되어진 것이니, 곧 '기器'라 이른다. 도는 가히 기器를

---

831 설설設: '若(만약 약)'자의 의미로 쓰였다.

832 향상일착向上一著: 이름과 형상을 벗어난, 보이지 않는 저 높이 향해 있는 궁극적인 것, 곧 근원적인 진리의 본체·법신·도를 의미한다.

이루어 내고, 기器는 가히 도를 드러내니, 곧 그러한 것을 '변화작용(變)'이라 한다. 도를 좇아 기세계(器世界: 역리를 바탕으로 해서 드러난 물질적인 현상세계)가 펼쳐지고, 기세계를 좇아 도에 들어가게 됨을 '통通'이라 부른다. 스스로 이미 진리의 세계와 기세계가 하나의 세계(一如)임을 깨닫는다면 이로써 천하의 백성들을 교화시킬 수 있는 것이니, 곧 그것을 '사업事業'이라 한다.

이렇기 때문에 무릇 '상象'이라는 것은 성인이 천하의 잡다함(天下之賾)을 보고서 그 모양을 모방하여(擬) 그 물건들의 마땅함(物宜)을 형상화한 것에 지나지 않는다. 무릇 '효爻'라는 것은 성인이 천하의 움직임을 보고 그 회통會通함을 관찰하시어 그것을 전례(典禮: 法度)로써 실천하도록 하고, 설명의 말을 덧붙여(繫辭) 그 길함과 흉함을 판단하도록 한 것에 지나지 않는다. 이러한 이유로 괘는 천하의 잡다함을 다할 수 있는 것이고, 사辭는 천하의 움직임을 고무시킬 수 있는 것이며, 변變은 화하여 이루어짐의 공을 극진히 할 수 있는 것이고, 통通은 미루어 행하는 미묘한 작용을 극진히 하는 것이다. 이러한 것이 마침내 글로는 말을 다 표현해 내지 못하고 또한 말로는 뜻을 다 표현해 낼 수 없다는 의미이다. 신명스럽게 그것을 밝히는 것은 반드시 사람에게 달려 있고, 묵묵하게 그것을 성취시키고 말하지 않아도 믿게끔 하는 것은 또한 반드시 덕행에 달려 있을 뿐이다. 덕행이라는 것은 건곤의 도를 체득하여 선정과 지혜를 닦고, 선정과 지혜를 말미암아서 자신의 마음속 역리를 철저히 꿰뚫어 깨닫는 것이다.

주역선해 제9권

계사하전繫辭下傳

제1장

八卦成列하니 象在其中矣오 因而重之하니 爻在其中矣오 剛柔
팔괘성렬   상재기중의   인이중지   효재기중의   강유

ㅣ 相推하니 變在其中矣오 繫辭焉而命之하니 動在其中矣라.
  상추   변재기중의   계사언이명지   동재기중의

吉凶悔吝者는 生乎動者也ㅣ오 剛柔者는 立本者也ㅣ오 變通者
길흉회린자   생호동자야   강유자   입본자야   변통자

는 趣時者也ㅣ라. 吉凶者는 貞勝者也ㅣ니 天地之道는 貞觀者
  취시자야   길흉자   정승자야   천지지도   정관자

也ㅣ오 日月之道는 貞明者也ㅣ오 天下之動은 貞夫一者也ㅣ라.
야   일월지도   정명자야   천하지동   정부일자야

夫乾은 確然하니 示人易矣오 夫坤은 隤然하니 示人簡矣니 爻也
부건   확연   시인이의   부곤   퇴연   시인간의   효야

者는 效此者也ㅣ오 象也者는 像此者也ㅣ라. 爻象은 動乎內하고
자   효차자야   상야자   상차자야   효상   동호내

吉凶은 見乎外하고 功業은 見乎變하고 聖人之情은 見乎辭하니
길흉　　현호외　　　공업　　현호변　　　성인지정　　　현호사

라. 天地之大德曰生이오 聖人之大寶曰位니 何以守位오 曰仁
　천지지대덕왈생　　　성인지대보왈위　　하이수위　　왈인

이오. 何以聚人고 曰財니 理財하며 正辭하며 禁民爲非ㅣ曰義라.
　하이취인　왈재　이재　　정사　　금민위비．왈의

8괘가 열을 이루니 상象이 그 가운데 있다. 인하여 그것을 거듭(중첩)하
니 효가 그 가운데 있게 되었다. 강유剛柔가 서로 미니 변화가 그
속에 있고, 계사繫辭하여 명하니(알려 주니) 움직임이 그 가운데 있다.
길흉吉凶과 회린悔吝은 행동하는 데서 생기고, 강유는 근본을 세운
것이며,[833] 변통은 때에 맞춰 나아가는 것이다. 길흉이라는 것은 올바름
(貞: 正)으로 이기는 것이요,[834] 천지의 도는 바르게 보는 것이며,[835]
일월의 도는 바르게 밝히는 것이고, 천하의 움직임은 올바름 하나이
다.[836] 무릇 건乾은 확연하니 사람에게 쉽게 보여 주고, 무릇 곤坤은
유순하니[837] 간단히(簡約하게) 보여 준다. 효爻는 이것[838]을 본받은 것이

---

833 주역에 있어 곧 강(剛, 陽)과 유(柔, 陰)가 근본이 됨을 의미한다.

834 인간이 겪게 되는 길흉이라는 현상은 결국 인간 스스로의 행위에 의해서 얻어지게
　　되는 것으로, 바른 마음과 바른 언행을 통해서만이 길함을 취하고 흉함을 피할
　　수 있음(取吉避凶)을 의미한다.

835 천지지도天地之道, 정관자야貞觀者也: '관觀'은 곧 '시示'의 뜻과 같다. 천지는
　　정도正道에 근거하여 변화를 이루고 질서정연하게 운행하며 만물을 생육하고
　　있음을 보여 준다는 것이다.

836 정부일자야貞夫一者也: 인간의 모든 언행은 올바름(貞, 正) 하나로 귀착되어야
　　함을 가르치고 있다. 이 하나의 올바름(貞)이란 곧 정도正道이고 선善과 성誠이며,
　　천도天道이고 궁극적으로는 우주의 본체인 태극이라 할 수 있다.

837 '퇴연隤然'은 천도에 순종하여 만물을 생육하는 지도의 유순함을 나타낸다.

고, 상象은 이것을 형상화한 것이다. 효와 상은 안에서 동하고, 길과
흉은 밖에서 나타난다. 공업은 변하는 데에서 나타나고, 성인의 뜻은
말(辭)에서 나타난다. 천지의 큰 덕을 '생生'이라 하고,[839] 성인의 위대한
보배를 '위位'라 한다.[840] 무엇으로써 지위를 지킬 것인가? 바로 인(仁:
仁愛之德)이다. 어떻게 사람들을 모이도록 할 것인가? 바로 재화이다.
재화를 잘 다스리고, 언사를 바르게 하며, 백성들이 그릇된 짓을 못하도
록 하는 것을 '의義'라 한다.

此直明聖人作易, 包天地萬物之理, 而爲內聖外王之學也. 蓋自八卦
成列, 而天地萬物之象已皆在其中矣. 因而重之, 而天地萬物之交, 亦
皆在其中矣. 剛柔必互具剛柔, 而天地事物之變又皆在其中矣. 繫辭
焉而命之, 而吾人慧迪從逆之動又皆在其中矣. 夫吉凶悔吝, 皆由一
念之動而生者也. 一念之動, 必有剛柔以立其本. 一剛一柔, 必有變通
以趨於時. 得其變通之正者則勝, 不得變通之正者則負, 故吉之與凶,
唯以貞勝者也. 此易中示人以聖賢學問, 全體皆法天地事理, 非有一
毫勉強. 是故天地之道, 一健一順, 各有盈虛消長之不同, 皆以變通之
正示人者也. 日月之道, 一晝一夜, 亦有中昃盈缺之不定, 皆以變通之
正爲明者也. 天下之動, 萬別天差, 尤爲至賾, 實不可亂, 乃歸極於變

---

838 효차자야效此者也: 곧 천지의 이간지도易簡之道를 본받음을 말한다.

839 천지의 위대한 작용은 곧 만물을 낳고 기르는 '생성화육生成化育'함에 있음을
　　의미한다.

840 여기에서 '위位'라 함은 곧 천자의 제위를 뜻한다. 천자의 지위를 통해서 백성을
　　위해 천지의 도를 펼칠 수 있는 까닭이다.

通之一正者也. 夫乾之變, 現於六十四卦, 雖有一百九十二爻, 無不確
然示人以易矣. 夫坤之變, 現於六十四卦, 雖亦一百九十二爻, 無不隤
然示人以簡矣. 此易簡之理, 正所謂千變萬化而貞夫一者也. 爻卽效
此易簡, 象卽像此易簡. 苟吾心之爻象一動乎內, 則事物之吉凶卽現
乎外. 吉可變凶, 凶可變吉. 得此善變之方, 乃見裁成輔相功業. 而聖
人所以敎人之眞情, 則全見乎卦爻之辭, 所應深玩細觀者也. 是故生
生之謂易, 而天地之大德, 不過此無盡之生理耳. 聖人體天立極, 其所
以濟民無疆者則在位耳. 何以守位. 則必全體天地之德, 純一不已之
仁耳, 仁則物我一體矣. 庶必加之以富, 故曰財. 富必加之以敎, 故曰
義, 此內聖外王之學, 一取法於天地事物者也.

이것은 바로 성인이 역을 지으시면서 천지만물의 이치를 담아내어
내성외왕의 학문(內聖外王之學)[841]으로 삼으신 것을 밝히고 있다. 대개
8괘가 배열을 이룸으로부터 천지만물의 상이 이미 다 그 속에 존재하게
된다. 인하여(팔괘를 바탕으로) 그것을 중첩하므로 천지만물이 교류가
또한 그 속에 있게 되었다. 강유剛柔는 반드시 서로서로 강유를 갖추고
(互具) 있어서 천지만물의 변화가 또한 그 속에 존재하는 것이다.
계사로 알려 주니 우리들이 진리에 순종하고 거스르는 행동(慧迪從逆之
動)[842]이 또한 그 속에 모두 들어 있다.

---

841 내적으로는 수행을 통해 우주의 진리를 깨달아 성인의 경지를 이루고, 밖으로는
　　어진 정치를 실현하여 백성을 이롭게 하는 학문을 의미한다.

842 혜적종역慧迪從逆: '혜慧'는 곧 '혜惠'의 의미로, 여기서는 따르고 순종한다는
　　'순順'의 뜻으로 사용되었고, '적迪'은 '도道'의 뜻으로 쓰였다. 곧 '혜적'은 도를
　　따른다는 의미이고 '종역'은 도를 거스른다는 의미이다. 『서경』「대대우모大禹

대저 길흉과 회린은 모두 한 생각이 움직이는 것에서부터 생겨난다. 한 생각이 움직이게 되면 반드시 강유가 있어서 그 근본이 성립되어진다. 하나의 강강(剛剛)과 하나의 유유(柔柔)는 반드시 변하고 상통함이 있어서 때에 따라 나아가는 것(趨於時)[843]이다. 그 변하고 상통함의 정당성(正)을 얻게 된 사람은 곧 이길 수 있지만, 그 변하고 상통함의 정당성을 획득하지 못한 사람은 곧 지게 된다. 그러므로 길과 흉은 오로지 바른 것으로써만 이기는 것이다. 이러한 것은 역의 내용을 이루고 있는 성현의 학문 전체가 모두 천지의 사물의 이치를 본받은 것으로서, 털끝만큼도 억지로 만들어진 것(勉强)이 없음을[844] 사람들에게 보여 주고 있다.

이러한 까닭에 천지의 도는 한 번은 강건하다가 한 번은 유순하면서 각기 채움과 비움, 소멸과 성장이라는 다른 작용이 있는 것이며, 모두 변화하고 상통하는 데 바른 이치로써 작용함을 사람들에게 보여 주고 있는 것이다. 일월의 도는 한 번은 낮이 되었다가 한 번은 밤이 되면서 또한 만월(中: 滿月)이었다가 기울어지고(昃), 채워졌다가(盈) 이지러지는(缺), 고정되어 있지 않은 작용이 있다. 모두가 변하고 상통하는 바른 이치로써 밝게 비추고 있는 것이다. 천하의 움직임은 천차만별하

謨」편에 "도를 따르면 길하고, 거역하면 흉하다. 오직 그림자와 메아리와 같다(惠迪吉, 從逆凶, 惟影響.)"라는 경구에서 유래하고 있다.

843 추어시趨於時: '추趨'는 '빨리 가다, 어떤 방향으로 나아가다'의 뜻으로 '추어시'는 시기와 공간에 따라 적절히 변화해 감을 의미한다.

844 비유일호면강非有一毫勉强: '일호一毫'는 털끝만큼의 미미함을, '면강勉强'은 '억지로, 인위적으로'의 뜻이다. '비유일호면강'은 곧 성인이 역易을 지음에 있어서 터럭만큼의 인위적인 가미가 없음을 의미한다.

여 더욱 지극히 복잡한 것 같지만(尤爲至賾) 실상은 어지러운 것이
아니다. 곧 궁극적으로는 변하고 상통함이라는 하나의 바른 이치(一正)
로 회귀하고 있는 것이다.

무릇 건도乾道의 변화는 64괘에서 나타나는데, 이 중에서 양효는
비록 192효에 지나지 않지만 확연하지 않음이 없기 때문에 사람들에게
쉽게 보여 주고 있다. 곤도坤道의 변화도 64괘에서 나타나는데, 또한
비록 음효는 192효에 지나지 않지만 유순하지 않음이 없어서 사람들에
게 간단히 보여 준다. 이러한 쉽고 간단한 역의 이치(易簡之理)가 바로
천변만화하고 있지만, 올바름 하나(貞夫一者)일 뿐이다. 효爻는 곧
이러한 이간易簡의 법칙을 본받은 것이고, 상象은 곧 이러한 이간의
법칙을 형상화한 것이다. 진실로 우리들 마음의 효상爻象이 한번 안에
서 움직이게 되면 사물의 길흉이 곧바로 밖으로 나타나게 된다.[845]
길함이 흉함으로 변할 수 있고, 흉함이 길함으로 변할 수도 있다.
이 중에서 선한 것으로 변화시킬 수 있는 방편을 얻을 수 있어야만
이내 재단하여 이루고(裁成) 서로 도와주는(輔相) 공업을 드러낼 수
있게 된다. 성인이 사람들을 교화시키는 참된 뜻은 곧 괘와 효의 계사에
온전히 드러나 있다. 마땅히 깊이 완미하고 세밀하게 살펴야만 한다.

이러한 까닭으로 '생하고 생하는 것이 역이다(生生之謂易)'라고 하는
것이며, 천지의 위대한 덕은 이렇듯 끝없이 이어지는 생성의 진리(生理)
에 지나지 않을 뿐이다. 성인이 하늘을 체득하고 진리를 세워서(體天立

---

845 '일체는 오직 마음에서 창조된다(一切唯心造)'라고 하였듯이, 마음으로 어떠한
　　밖의 경계를 받아들여 그에 따른 희로애락의 작용(爻象)을 일으키게 되면,
　　그 결과가 길흉이라는 형태가 되어 밖으로 드러나게 된다는 뜻이다.

極)[846] 끝없이 백성을 구제할 수 있는 이유는 곧 성인이라는 지위에 있기 때문이다. 그렇다면 무엇으로써 지위를 지켜나갈 수 있는 것인가? 곧 반드시 천지의 덕을 온전히 체득해서 순일하고 멈춤 없는 인(純一不已之仁)[847]을 실천하는 것뿐이다. 인은 곧 사물과 내가 하나가 되는 경지를 이룸(物我一體)이다. 백성들은 반드시 부유함을 필요로 한다. 그러므로 '재財'라고 하는 것이고, 부유해지면 반드시 교화가 요구된다. 그래서 '의義'라 하는 것이다.[848] 이러한 것이 내적으로 성인의 경지를 이루고, 밖으로는 백성을 이롭게 하는 학문(內聖外王之學)이며, 하나같이 천지와 사물에서 본받아 취한(이루어 낸) 것이다.

---

846 하늘의 진리를 체득하고 그러한 진리(易理)를 이 인간세계에 구현시킨다는 의미이다. '입극立極'에서 '극極'은 영원한 도덕적 기준 혹은 표준을 상징하는 것으로, 곧 성인이 깨달은 바의 역리를 말한다. 남송시대 진호陳澔가 지은 『예기』 해설서인 『예기집설禮記集說』의 첫머리에 실려 있는 다음과 같은 글 역시 '입극'에 대한 이러한 의미를 담고 있다. "前聖繼天立極之道, 莫大於禮, 後聖垂世立教之書, 亦莫先於禮, 禮儀三百威儀三千, 孰非精神心術之所寓."

847 순일불이지인純一不已之仁: 하늘의 덕을 체득하여 얻게 되는 성인의 '인애심仁愛心'을 가리키고 있다. 순일하다는 것은 인을 베푸는 데 있어 모든 존재에 차별 없이 평등심으로 한다는 것이며, '불이不已'라는 것은 그러한 인애심이 마치 샘에서 물이 솟아나듯이 멈춤 없이 계속 이어진다는 의미일 것이다. 이러한 인애심은 바로 천지의 덕을 체득한 성인만이 가질 수 있는 마음이라 할 수 있으며, 불교적으로 보면 곧 불성을 체득한 보살의 마음인 대자대비심이라 할 수 있을 것이다.

848 백성을 재물로써 풍족하게 하고 교화로써 의로움을 지키게 함을 설명하고 있다. 성인의 인을 백성을 위해 밖으로 실천해 내는 '외왕지학外王之學'에 대한 설명이라 할 수 있다.

제2장

古者包犧氏之王天下也애 **仰則觀象於天**하고 **俯則觀法於地**하
고 자 포 희 씨 지 왕 천 하 야   앙 즉 관 상 어 천   부 즉 관 법 어 지

며 **觀鳥獸之文**과 **與地之宜**하고 **近取諸身**하고 **遠取諸物**하야 **於**
관 조 수 지 문   여 지 지 의   근 취 저 신   원 취 저 물   어

是애 **始作八卦**하며 **以通神明之德**하야 **以類萬物之情**하니
시   시 작 팔 괘   이 통 신 명 지 덕   이 류 만 물 지 정

옛날 포희씨[849]가 천하의 왕이 되었을 때에 우러러서는 하늘의 형상을
관찰하고,[850] 구부려서는 땅의 법식을 관찰하며[851] 새와 짐승의 무늬(모양
새)와 땅의 마땅함[852]을 살폈다. 가까이는 몸에서 취하고, 멀리로는
사물에서 취하였다.[853] 이렇게 하여 비로소 8괘를 지어 신명한 덕[854]을

---

849 포희씨: 곧 대호복희씨大昊伏犧氏를 가리킨다.

850 일월성신과 춘하추동의 사시의 운용에 대한 관찰을 가리킨다. 곧 천문에 대한
연구를 의미한다.

851 지상의 산천호해山川湖海와 고저심천高低淺深, 동식물의 분포서식에 관한 관찰을
가리키고 있다. 지리에 대한 연구를 뜻한다.

852 지지의地之宜: 땅의 고저高低와 조습燥濕과 같은 지리적 특성을 살폈다는 의미
이다.

853 인간의 몸에서부터 저 멀리 모든 천지 만물에 이르기까지 모든 존재의 형상과
특성을 8괘로 형상화하여 담아내었음을 가리키고 있다. 예컨대 건乾은 천天·수
首·미馬 등을, 곤坤은 지地·복腹·우牛 등의 상을 취하여 나타내고 있다는 것이다.

854 신명지덕神明之德: 주자는 "신명한 덕은 강건함과 유순함, 움직임과 그침의
성품이다(神明之德, 如健順動 止之性.)"라고 하였다. 곧 건건乾健, 곤순坤順, 진동
震動, 손입巽入, 감함坎陷, 이명離麗, 간지艮止, 태열兌悅 등의 8괘가 가지고 있는
고유한 덕성을 의미한다. 이러한 8괘를 통해 만물의 고유한 덕성을 깨달을
수 있다는 것이다.

통달하게 하고 만물의 실정[855]을 분류할 수 있게 하였다.[856]

本法天地身物以作八卦, 旣作八卦, 遂能通神明之德於一念, 類萬物
之情於一身.

본래 하늘, 땅, 사람, 사물을 본받음으로써 8괘가 만들어졌다. 이미
8괘가 만들어짐으로써 마침내 신묘하고 밝은 덕을 한 생각에 통달할
수 있게 되었고, 만물의 실정을 한 몸에 분류할 수 있게 되었다.[857]

作結繩而爲網罟하야 以佃以漁하니 蓋取諸離하고
작 결 승 이 위 망 고   이 전 이 어   개 취 저 리

노끈을 엮어 그물을 만들어서[858] 사냥하고 물고기를 잡았으니,[859] 대개
중화리(重火離, ☲)괘에서 취한 것이다.[860]

---

855 만물지정萬物之情: 사물을 상징화하여 8괘가 나타내고 있는 여러 가지 사물의
특성을 의미한다. 주자는 "만물의 실정은 우레, 바람, 산, 연못의 상과 같다(萬物之
情, 如雷風山澤之象.)"라고 하였다. 이렇듯 8괘는 모든 크고 작은 사물의 특성을
분류하여 담아내고 있다는 것이다.

856 이 글의 전체 내용은 인류 역사에 있어서 원시적인 수렵시대에 대한 설명이라
할 수 있다.

857 8괘가 상징하여 나타내고 있는 만물의 실정을 몸으로 체험적으로 알 수 있게
되었다는 의미이다.

858 망고網罟: '망網'은 고기를 잡는 그물, '고罟'는 새와 짐승을 잡는 그물을 뜻한다.

859 이전이어以佃以漁: '전佃'은 사냥하는 것을, '어漁'는 고기 잡는 것을 의미한다.

860 개취저리蓋取諸離: 이離괘는 「서괘전」에서 "이離, 여야麗也"라고 하였다. 여麗는
마치 해가 허공에 걸려 있는 것처럼 보이듯이 '걸려 있다', '붙어 있다'의 의미를
나타낸다. 또한 이괘를 효로 살펴보면 중간의 두 음효는 그물눈의 모양이고,

驅鳥獸魚蛇於山澤, 使民得稼穡者, 乃深明物各宜麗其所者也. 故取
諸離.

산과 호수에서 새와 짐승, 뱀과 물고기 등을 쫓아내고[861] 백성들로
하여금 농사(稼穡)[862]를 짓게 한 것은, 곧 만물이 각기 마땅히 정착(麗)하
여[863] 그 살아갈 곳을 깊이 밝힌 것이다. 그러므로 이離괘에서 취했다고
한다.

包犧氏沒커늘 神農氏作하야 斲木爲耜하고 揉木爲耒하야 耒耨
포 희 씨 몰　　　신 농 씨 작　　　착 목 위 사　　　　유 목 위 뢰　　　뇌 누

之利로 以敎天下하니 蓋取諸益하고
지 리　　이 교 천 하　　　개 취 저 익

포희씨가 죽자 신농씨가 이어서 나무를 깎아서 보습을 만들고, 나무를
구부려 쟁기를 만들었다.[864] 밭 갈고 김매는 이로움으로써[865] 천하를

4양효는 그물눈을 만든 횡사橫糸처럼 되어 있다. 이러한 까닭에 이괘에서 그물의
상을 이끌어 내게 되었다는 것이다.

861 백성들이 편안하게 정착하여 농사짓고 살아 갈 수 있도록 인간에게 해로운
짐승들을 몰아내고 산과 들을 개간하였음을 가리킨다.

862 가색稼穡: 파종하고 수확하는 것, 곧 농사짓는 것을 의미한다.

863 '여麗'는 '걸려 있다' '부착되어 있다'의 뜻을 가지고 있다. 이러한 의미를 살려
여기서는 만물이 각기 자신들의 살기에 적합한 곳에 정착(부착)하여 산다는
것을 나타내고 있다.

864 착목위사斲木爲耜, 유목위뢰揉木爲耒: '착斲'은 깎는다는 뜻이고 '사耜'는 보습의
뜻으로, '착목위사'는 곧 나무를 깎아서 보습을 만든다는 의미이다. '유揉'는
구부리고 휜다는 뜻이고 '뢰耒'는 쟁기의 뜻으로, '유목위뢰'는 곧 나무를 휘어서
쟁기를 만든다는 의미이다. 결과적으로 새롭게 농사를 지을 수 있는 농기구를
만들어 냄을 가리킨다.

가르치니, 이는 풍뢰익(風雷益, ䷩)괘에서 취한 것이다.[866]

魚鳥之害旣除, 田疇之利方起.

물고기와 새의 폐해가 이미 제거되자, 논밭(田疇)[867]의 이로움이 바야흐로 시작된 것이다.

日中爲市하야 致天下之民하며 聚天下之貨하야 交易而退하야
일 중 위 시　　　치 천 하 지 민　　취 천 하 지 화　　교 역 이 퇴

各得其所케 하니 蓋取諸噬嗑하고
각 득 기 소　　　개 취 저 서 합

한낮에 시장을 열어서 천하의 백성들이 모이게 하며, 천하의 재화를 모아서 교역하고 물러가도록 하여 각자 원하는 것을 얻을 수 있게 하였다.[868] 대개 화뢰서합(火雷噬嗑, ䷔)괘에서 취한 것이다.[869]

---

865 '뇌누耒耨'는 쟁기와 호미를 뜻한다. 곧 밭을 갈고 김맨다는 의미로, 농사를 짓는 것을 의미한다. '뇌루지리耒耨之利'는 곧 농사를 짓는 데 이로운 농기구를 만들고 사용법을 가르쳐 백성을 이롭게 함을 말한다.

866 개취저익蓋取諸益: 풍뢰익괘는 농업을 상징하는 괘라 할 수 있다. 하괘의 진(震, ☳)은 강한 양목陽木이고 상괘손(巽, ☴)은 유순한 음목陰木이다. 강한 양목을 깎아서 보습을 만들고, 유한 음목을 구부려 쟁기를 만든다는 것이다. 또한 진震은 움직이는 것(動)이고, 손巽은 들어가는 것(入)이다. 익괘의 초구를 가리면 내호괘內互卦가 곤괘가 되는데, 결과적으로 진괘의 보습 머리가 움직여 흙 속에 들어가(巽入) 전진한다(震動)는 의미가 된다. 까닭에 익괘가 곧 경작의 의미를 갖게 된다는 것이다.

867 전주田疇: 논밭을 의미한다.

868 각득기소各得其所: 농경사회가 이루어짐에 따라 농산물의 생산이 증가되어, 자연히 생산물을 교환할 시장이 필요하게 되었다. 신농씨는 이러한 백성의

農事旣備, 商賈隨興.

농사(농업)가 이미 갖춰지자, 상업이 따라서 흥기했다는 것이다.

神農氏沒커늘 黃帝堯舜氏作하야 通其變하야 使民不倦하며 神
신 농 씨 몰   황 제 요 순 씨 작   통 기 변   사 민 불 권   신

而化之하야 使民宜之하니 易이 窮則變하고 變則通하고 通則久
이 화 지   사 민 의 지   역   궁 즉 변   변 즉 통   통 즉 구

ㅣ라. 是以自天祐之하야 吉无不利니 黃帝堯舜이 垂衣裳而天
     시 이 자 천 우 지   길 무 불 리   황 제 요 순   수 의 상 이 천

下治하니 蓋取諸乾坤하고
하 치   개 취 저 건 곤

신농씨가 죽자 황제와 요순이 이어서 그 변화를 통하게 하여 백성들로
하여금 권태(나태)하지 않게 하였으며,[870] 신묘하게 그들을 교화하여
백성들로 하여금 마땅하게(알맞게) 하였다.[871] 역은 궁하면 변하고, 변하

필요성을 알아 시장을 열어 물물을 교환할 수 있도록 하였다는 것이다.

869 화뢰서합괘에서 상괘인 이(離, ☲)괘는 태양으로, 한낮을 의미한다. 그러므로
'일중日中'이라 했다. 하괘인 진(震, ☳)괘는 움직인다는 의미를 갖는다. 그러므
로 사람들이 활동한다는 의미를 살려 '치천하지민致天下之民, 취천하지화聚天下
之貨'라 하였다. '서합噬嗑'은 씹어 먹는다는 뜻을 가졌다. 초구와 상구의 두
양효는 이(齒)를 상징하고, 구사는 방해물을 상징한다. 또한 초구를 가리면
내호괘가 산을 의미하는 간(艮, ☶)괘가 된다. 까닭에 사람들이 산처럼 쌓인
필요 없는 물건을 해결하고 재화를 얻기 위해서 저자거리에 나와 물물교역을
할 필요성이 제기되는데, 이러한 것을 서합괘에서 그 상을 취했다는 것이다.

870 통기변通其變, 사민불권使民不倦: 천지자연의 변화, 계절의 변화, 시절의 변화,
왕권의 변화를 일깨워서 백성들의 의식을 새롭게 하여 싫증내고 권태롭지
않게 하였다는 뜻이다.

871 신이화지神而化之, 사민의지使民宜之: 황제와 요순이 신묘한 도리로써 백성들을

면 통하며, 통하면 곧 오랫동안 지속한다. 이로써 하늘로부터 도와서 길하고 이롭지 않음이 없는 것이다.

황제와 요순이 의상을 드리우고 천하를 다스리니,[872] 대개 저 중천건(重天乾, ䷀)괘와 중지곤(重地坤, ䷁)괘에서 취한 것이다.[873]

通變神化, 全體乾坤之德. 所謂自强不息厚德載物者也.

통변通變과 신화神化는 전체적인 건곤의 덕이다. 이른바 '스스로 굳세어 쉬지 않고(自强不息厚), 후덕하여 만물을 포용한다(厚德載物)'는 의미이다.[874]

刳木爲舟하고 剡木爲楫하야 舟楫之利로 以濟不通하야 致遠以
고 목 위 주　　염 목 위 즙　　주 즙 지 리　　이 제 불 통　　치 원 이

利天下하니 蓋取諸渙하고 服牛乘馬하야 引重致遠하야 以利天
이 천 하　　개 취 저 환　　복 우 승 마　　인 중 치 원　　이 이 천

下하니 蓋取諸隨하고 重門擊柝하야 以待暴客하니 蓋取諸豫하고
하　　개 취 저 수　　중 문 격 탁　　이 대 포 객　　개 취 저 예

교화시켜 그들로 하여금 마땅한 도리를 좇아 살도록 했다는 의미이다.

872 황제와 요순이 한가롭게 긴 옷을 입고 억지로 백성을 간섭하며 정치를 하지 않아도 천하가 스스로 다스려졌다는 의미이다. 곧 성왕의 덕화에 의한 무위이치無爲而治를 말한다.

873 성인이 백성을 다스리고 교화하는 데 이간易簡의 법칙으로써 만물을 무위이치無爲而治하는 저 하늘(乾)과 땅(坤)의 도를 본받아 정치를 실현했음을 가리킨다.

874 '자강불식自强不息'은 건괘 괘상전에 나오는 말이고, '후덕재물厚德載物'은 곤괘 괘상전에 나오는 말이다. '자장불식'은 하늘의 건도乾道가 굳세게 잠시도 쉬지 않고 운행하고 있음을 의미하는 것이고, '후덕재물'은 땅의 곤도坤道가 건도에 순종하여 마치 어머니의 품처럼 만물을 길러내고 있음을 의미한다.

나무를 파서 배를 만들고[875] 나무를 깎아서 노를 만들어[876] 배와 노의 이로움으로써 통하지(다니지) 못하던 곳을 건너게 하였다. 먼 곳까지 왕래하도록 하여 천하를 이롭게 하였으니, 대개 풍수환(風水渙, ䷺)괘에서 취한 것이다.[877] 소를 길들이고(服) 말을 타도록 하여 무거운 것을 옮기어 먼 곳까지 이르게 하였다. 이로써 천하를 이롭게 하였으니, 내개 택뢰수(澤雷隨, ䷐)괘에서 취한 것이다.[878] 문을 이중으로 하고 목탁(딱딱이)을 두드려[879] 도적[880]을 대비토록 하였으니, 대개 뇌지예(雷地豫, ䷏)괘에서 취한 것이다.[881]

---

[875] 고목위주剡木爲舟: '고剡'는 파고 쪼개는 것을 말한다. 나무를 파내서 배를 만들었다는 뜻이다.

[876] 염목위즙剡木爲楫: '염剡'은 깎고 다듬는 것을, '즙楫'은 배를 젓는 노를 가리킨다. 나무를 깎아서 노를 만들었다는 뜻이다.

[877] 개취저환蓋取諸渙: 풍수환괘의 상괘는 손(巽, ☴)괘로 바람과 나무의 상이다. 그러므로 나무를 깎아서 배를 만든다고 하였다. 하괘인 감(坎, ☵)괘는 물의 상이다. 그러므로 환괘는 물에 뜬 배가 바람을 타고 나아가고 있는 상이 된다는 것이다.

[878] 택뢰수괘의 하괘는 진(震, ☳)괘로 움직임(動)을 의미하고, 또한 장남과 대장부를 의미한다. 상괘인 태(兌, ☱)괘는 기뻐함을 뜻하고 소녀를 의미하기도 한다. 이러한 의미를 살려 택뢰수괘는 혈기왕성한 대장부(장남)를 소녀가 기뻐하며 따른다는 괘의를 갖게 된다. 또한 소와 말은 사람이 필요에 따라 길들여 사람이 시키는 대로 따르게 하였으니, 바로 이러한 택뢰수괘의 상에서 본받은 것이라고 한 것이다.

[879] 격탁擊柝: '격擊'은 두드리는 것, '탁柝'은 목탁(딱딱이)을 뜻한다.

[880] 폭객暴客: 도둑, 폭력배를 뜻한다.

[881] 뇌지예괘의 상괘는 진(震, ☳괘)로서 움직임·나무를 상징한다. 2, 3, 4효의 호괘는 간(艮, ☶)괘로서 손·대궐문을, 3, 4, 5효의 호괘는 감(坎, ☵)괘로 도둑을 상징한다. 종합해 보면, 호괘인 간괘의 대궐문은 중문重門에 대응되고,

坤如重門, 震如擊柝. 暴客, 溫陵郭氏以爲初至之客, 甚通. 蓋使動者
得隨地而安也.

곤괘는 중문과 같고, 진괘는 목탁(딱딱이)을 두드리는 것과 같다. 도둑
(暴客)을 온릉곽씨는 '한밤중에 오는 손님'(初至之客)[882]이라 여겼는데,
깊이 통함이 있다. 대개 움직이고자 하는 사람으로 하여금 처지에
따라서 편안함을 얻게끔 하고자 한 것이다.

斷木爲杵하고 掘地爲臼하야 臼杵之利로 萬民이 以濟하니 蓋取
  단 목 위 저   굴 지 위 구   구 저 지 리   만 민   이 제   개 취

諸小過하고 弦木爲弧하고 剡木爲矢하야 弧矢之利로 以威天下
  저 소 과   현 목 위 호   염 목 위 시   호 시 지 리   이 위 천 하

하니 蓋取諸睽하고
    개 취 저 규

나무를 잘라서 공이(도곳대)를 만들고 땅을 파서 절구를 만들어 공이와
절구의 이로움으로써 민을 구제했으니,[883] 대개 뇌산소과(雷山小過, ䷽)
괘에서 취한 것이다.[884] 나무를 휘어서 활을 만들고 나무를 깎아 화살을

진목震木·간수艮手는 격탁擊柝에 대응된다. 또한 감坎은 도둑을, 예豫는 예방을
상징하여 '중문격탁重門擊柝, 이대포객以待暴客'의 뜻이 파생되어 나온다는 것
이다.

882 초지지객初至之客: '초初'는 전날 밤중부터 이튿날 아침까지를 가리키는 '초야初夜'
를 뜻한다. 따라서 '초지지객'은 곧 '한밤중에 오는 낯선 손님'이라는 의미이다.

883 '저杵'는 절구공이(도곳대)를, '굴堀'은 땅을 파냄을, '구臼'는 절구를 가리킨다.
곡물의 껍질과 겨를 깎아 식용할 수 있도록 식생활에 유용한 생활도구를 만들어
백성들을 이롭게 했다는 뜻이다.

884 뇌산소과괘의 상괘는 진(震, ☳)괘로 동動·나무를 상징하는 것으로 '움직이는

만들어 활과 화살의 이로움으로써 천하에 위엄을 보이니,[885] 대개 화택규

(火澤睽, ䷥)괘에서 취한 것이다.[886]

由上明故下悅, 所謂若大旱之望雨者是也.

위의 밝음을 말미암아서 아래가 기뻐함이니, 이른바 큰 가뭄에 단비가

내리기를 갈망하는 것(大旱之望雨)[887]과 같다는 것이 바로 이러한 의미

이다.

上古엔 穴居而野處ㅣ러니 後世聖人이 易之以宮室하야 上棟下
상 고   혈 거 이 야 처   후 세 성 인   역 지 이 궁 실   상 동 하

宇하야 以待風雨하니 蓋取諸大壯하고
우   이 대 풍 우   개 취 저 대 장

나무', 곧 공이의 상이 도출된다. 간(艮, ☶)괘는 토土·산山·석石을 상징하는

것으로 돌로 만든 절구의 상이 파생된다.

885 '현현'은 나무를 휘는 것을, '호弧'는 활을, '염剡'은 깎는 것을, '호시弧矢'는 화살을

의미한다. 국방을 위한 군사적 목적으로 무기를 제작해 적이 함부로 침략해

오지 못하도록 나라의 위엄을 지켰다는 뜻이다.

886 화택규괘의 상괘인 이(離, ☲)괘는 불을 상징하여 불로 나무를 구워서 휜다는

의미가 있어 활과 화살의 뜻이 파생된다. 하괘인 태(兌, ☱)괘는 날카로운

금속을 상징하여 화살 끝에 화살촉을 붙인다는 의미가 도출된다. 상괘의 불은

위로만 향하는 작용적 특성이 있고, 하괘의 물은 아래로만 흐르는 작용적 특성이

있어 항시 서로 어긋나는데, 활은 당기고 화살은 앞으로 나아가고자 하는 어긋남

의 작용 또한 여기에 비교될 수 있다는 것이다.

887 대한지망우大旱之望雨: '대한大旱'은 큰 가뭄을 말하는 것으로 '대한지망우'는

큰 가뭄의 고통 속에서 비가 내려주기를 간절히 바란다는 의미로, 곧 큰 고통으로

부터 벗어나기를 갈망한다는 뜻이다.

상고시대에는 동굴 속과 들판에서 살았으나,[888] 후세에 성인이 궁실(집)로 바꾸어서 기둥을 올리고 지붕(서까래)을 내려서 비바람을 피하게 하였으니, 대개 뇌천대장(雷天大壯, ䷡)괘에서 취한 것이다.[889]

震木之下, 別有天焉. 宮室之象也.

진목(震木, ☳) 아래에 특별히 하늘(天, 乾, ☰)이 있으니, 궁실의 상이다.

古之葬者는 厚衣之以薪하야 葬之中野하야 不封不樹하며 喪期
고 지 장 자   후 의 지 이 신   장 지 중 야   불 봉 불 수   상 기

ㅣ 无數ㅣ러니 後世聖人이 易之以棺槨하니 蓋取諸大過하고
무 수   후 세 성 인   역 지 이 관 곽   개 취 저 대 과

옛날에 장사를 모시는 것은 섶나무로써 두텁게 입혀서 들 가운데에서 장사지냈으나, 봉분도 없고 나무도 심지 않았고[890] 기간도 일정하지가

---

888 굴 속에 거처하고 들판에 살았다는 뜻으로, 곧 안정된 집이 없는 상태에서 자연적인 생활을 했음을 말한다.

889 뇌천대장괘의 상괘는 우레(雷, 震, ☳)괘를 상징하고, 3, 4, 5의 호괘는 태(兌, ☱)괘로 물을 상징한다. 착錯괘는 손괘로 바람이다. 종합하면 진뢰震雷가 진동하고 손풍巽風이 불어 태우兌雨가 몰아치는 상이다. 하괘인 건괘는 강하고 견고함의 상이다. 대장괘의 아래 네 양효는 네 개의 들보(梁)와 용마루를, 위의 두 음효는 서까래와 처마를 의미한다. 여기에서 곧 비를 피하고 거처할 수 있는 궁실의 상이 도출된다는 것이다.

890 '장葬'은 장사지내는 일을, '신薪'은 섶나무를, '중야中野'는 들판을, '봉封'은 흙을 북돋우는 것, 봉분을 뜻한다. 지금의 장례법처럼 시신을 땅에 묻고 봉분을 올리며 나무를 심고 묘비를 세우는 것과 같은 장례가 아니라, 들판에 봉분도

않았다. 후세에 성인이 관곽(棺槨)[891]으로써 바꾸었는데, 대개 택풍대과

(澤風大過, ䷛)괘에서 취한 것이다.[892]

以巽木入於澤穴之中.

손(巽, ☴)괘의 목으로써 택(澤, ☱)괘의 혈중에 들어가는 것이라

할 수 있다.[893]

上古앤 結繩而治러니 後世聖人이 易之以書契하야 百官이 以治
상 고   결 승 이 치   후 세 성 인   역 지 이 서 계   백 관   이 치

하며 萬民이 以察하니 蓋取諸夬니라.
     만 민   이 찰   개 취 저 쾌

상고시대에는 노끈을 매어서 다스렸으나,[894] 후세에 성인이 문서에

없이 그냥 간단히 장례를 지냈다는 뜻이다.

[891] 관곽棺槨: '관棺'은 시체를 담는 내관을, '곽槨'은 내관을 덮는 외곽(뚜껑)을 뜻하는
것으로, 곧 지금의 나무로 만든 일반적인 관을 가리킨다.

[892] 택풍대과괘의 가운데 네 양효를 하나로 묶어서 보면 곧 감(坎, ☵)괘가 된다.
이런 것을 대괘大卦, 사괘似卦라고 하는데, 대과괘의 대괘는 곧 감괘로서 엎드려
숨은(隱伏) 의미가 있어 매장의 상이 도출된다. 2, 3, 4효의 호괘는 건괘로
옷(衣)을 의미하여 후의厚衣의 의미가 도출되고, 하괘인 손(巽, ☴)괘는 목으로서
장신葬薪의 의미가 생겨난다. 한편으로 초육과 상육의 두 음효는 열려 있는 상으로
혼이 드나드는 의미가 파생된다. 이러한 의미를 종합하여 대과에서 관곽의
상을 취했다고 하는 것이다.

[893] 성인이 지금과 같이 관곽을 만들어 절차에 따라 장사를 지내는 법을 대과괘에서
취했다고 하는 것에 대한 설명이다. 나무로 관을 만드는 것을 나무를 뜻하는
손괘로, 시신을 땅을 파서 장사지내는 것을 택괘로 보아 위와 같이 표현하고
있는 것이다.

계인을 찍는 것(書契)[895]으로 바꿔서 백관이 이로써 다스리고 만민이 이로써 보살펴지게 되었다. 대개 택천쾌(澤天夬, ䷪)쾌에서 취한 것이다.[896]

以書契代語言, 遂令之與天同久.

문서와 계인으로써 언어를 대신하게 하여, 마침내 율령律令이 하늘과 더불어서 함께 영구하게 되었다.

제3장

是故로 易者는 象也ㅣ니 象也者는 像也ㅣ오 象者는 材也ㅣ오 爻
시 고 역 자 상 야   상 야 자 상 야   단 자 재 야   효

也者는 效天下之動者也ㅣ니 是故로 吉凶이 生而悔吝이 著也ㅣ
야 자 효 천 하 지 동 자 야   시 고 길 흉 생 이 회 린 저 야

니라.

이러한 까닭으로 역易이라고 하는 것은 형상이니, 형상이라고 하는 것은 본받음이다. 단象이라고 하는 것은 재목이요,[897] 효爻라고 하는

---

894 결승이치結繩而治: '승繩'은 새끼, 노끈을 뜻한다. 상고시대에는 문자가 없었기 때문을 사안에 따라 매듭을 지어 일의 크고 작음을 나타내고, 약속의 증거로 삼는 등 의사표시의 방법으로 이용하여 나라를 다스렸다는 뜻이다.

895 서계書契: 곧 문서와 계인契印을 뜻한다.

896 택천쾌괘는 아래의 다섯 양효가 큰 세력을 형성하여 맨 위에 있는 음효 하나를 결단하는 상이다. 이러한 결단의 의미를 담고 있는 쾌괘에서 문서에 계인을 찍어 기결과 미결을 구분하는 의미를 도출해 내었다는 것이다.

897 '단象'은 '단정斷定하다'는 뜻으로, 곧 단사를 가리킨다. 이러한 단사는 한 쾌의

것은 천하의 움직임을 본받음이다. 이러한 까닭에 길흉이 생겨나고, 후회와 인색함이 나타나게 되는 것이다.

由此觀之, 所謂易者, 不過示人以象耳. 而象也者, 則是事物之克肖者也. 所謂彖者, 則是事物之材質也. 所謂爻者, 則是效天下之動者也. 是故得有吉凶悔吝之生著也. 夫動則必有吉凶悔吝之生著, 君子可不思所以愼其動乎.

이러한 내용에 말미암아 살펴보면, 이른바 역易이라고 하는 것은 사람들에게 상象으로써 보여 주고자 하는 것에 불과할 뿐이다. 상象이라는 것은 곧 사물의 자세한 본받음(克肖)이다.[898] 이른바 단彖이라고 하는 것은 곧 사물의 재질이다. 이른바 효爻라는 것은 곧 천하의 움직임을 본받은 것이다. 이러한 이유로 길흉회린吉凶悔吝이 생겨서 나타나게 되는 것이다. 대저 움직이게 되면 반드시 길흉회린이 생겨 나타나게 된다. 군자가 가히 그 움직임을 신중하게 생각하지 않을 수 있겠는가?

제4장

陽卦는 **多陰**하고 **陰卦**는 **多陽**하니 **其故**는 **何也**오. **陽卦**는 **奇**오
양 괘　　다 음　　　음 괘　　다 양　　　기 고　　하 야　　　양 괘　　기

전체적 성질, 재능, 도덕과 길흉회린을 판단한 말이라 할 수 있다. '재材'는 재목의 뜻으로, 64괘를 집에 비유한다면 단사는 바로 집의 구조를 이루고 있는 재목(재질)과 같다는 것이다. 곧 길흉회린을 판단하는 재료가 되는 것이다.

[898] 극초克肖: '초肖'는 '닮다, 모사하다, 본받다'의 뜻으로, '극초'는 곧 자세히 모사함을 의미한다.

陰卦는 耦ㄹ새라. 其德行은 何也오. 陽은 一君而二民이니 君子
음 패   우   기 덕 행   하 야   양   일 군 이 이 민   군 자

之道也ㅣ오 陰은 二君而一民이니 小人之道也ㅣ라.
지 도 야   음   이 군 이 일 민   소 인 지 도 야

양괘는 음이 많고 음괘는 양이 많은데,[899] 그 이유는 무엇인가? 양괘는
기수(奇: 홀수)이고 음괘는 우수(耦: 짝수)이기 때문이다. 그 덕행은
어떠한가? 양은 한 임금에 두 백성이니 군자의 도요, 음은 두 임금에
한 백성이니 소인의 도다.

欲愼其動, 當辨君民之分於身心. 孟子所謂從其大體爲大人, 從其小
體爲小人也. 觀於陽卦多陰, 陰卦多陽, 可以悟矣. 奇者, 天君獨秉乾
綱之謂. 耦者, 意念夾帶情欲之謂. 陽一爲君, 而兩陰之二爲民以從
之, 所謂志壹則動氣, 故是君子之道. 陰二爲君, 而兩陽之一反爲民以
從之, 所謂氣壹則動志, 故是小人之道.

그 움직임을 신중히 하고자 하면 마땅히 몸과 마음에 있어서 임금(君:
본마음, 불성)과 백성(民: 욕망의 마음, 번뇌)의 직분을 잘 분별할 수
있어야만 한다. 맹자가 말하고 있는 "큰 자아(大體: 본마음)를 따르면
대인이 되고, 작은 자아(小體: 감각적 욕구)를 따르면 소인이 된다"[900]고

---

899 양괘다음陽卦多陰, 음괘다양陰卦多陽: 양효가 짝수면 음괘, 양효가 홀수면 양괘라
  는 의미로, 8괘 중에서 건乾☰·곤坤☷을 제외한 진震☳·감坎☵·간艮☶은
  양이 홀수로서 양괘가 되고, 손巽☴·리離☲·태兌☱는 양이 짝수로 음괘가
  된다.

900 『맹자』「고자장구상告子章句上」편의 주에서 주희는 "대체는 마음이요, 소체는
  눈과 귀와 같은 종류이다(大體, 心也. 小體. 耳目之類也.)"라고 하였다.

하는 의미이다. 양괘에는 음이 많고 음괘에는 양이 많음을 볼 수 있으면 가히 깨달을 수 있다. '기奇'라고 하는 것은 마음(天君)이 홀로 하늘의 권능(법칙)을 간직하고 있음을 말하는 것이고,[901] '우耦'라고 하는 것은 생각에 정욕이 뒤섞여 있음(夾帶)[902]을 말한다. 양 하나가 임금이 되니, 짝인 음 둘이 백성이 되어 그를 따르고 있다. 이른바 "뜻이 전일하면 곧 기를 움직인다(志壹則動氣)"[903]고 하는 뜻이다. 그러므로 군자의 도이다. 음 둘이 임금이 되니, 짝인 양 하나가 도리어 백성이 되어 그를 따르고 있다. 이른바 "기가 전일하면 뜻이 움직이게 된다(氣壹則動志)"고 하는 뜻이다. 그러므로 소인의 도이다.[904]

제5장

易曰 憧憧往來면 朋從爾思 l 라 하니 **子曰 天下** l **何思何廬** l 리
역왈 동동왕래　　붕종이사　　　자왈 천하　　하사하려

---

901 '천군天君'은 사람의 마음, '병秉'은 '잡다, 장악하다'의 뜻이며, '건망乾網'은 하늘이 만물을 다스리는 법칙, 혹은 권능을 뜻한다. 지욱은 '하나(奇)'라는 개념을, 만물을 창조해 내는 주체요 주인공인 근본적인 마음에 비유하고 있는 것이다.

902 협대夾帶: 순수하지 못하여 혼란스럽게 뒤섞여 있음을 뜻한다.

903 『맹자』「공손축장구상公孫醜章句上」편에 "뜻이 전일하면 곧 기를 움직이고, 기가 전일하면 뜻이 움직이게 된다(志壹則動氣, 氣壹則動志也.)"라는 구절에서 인용하고 있다.

904 위와 같이 지욱은 음괘와 양괘를 분별함에 있어 양괘를 하늘의 권능을 갖춘 본마음(임금: 佛性)으로, 음괘를 감각적 욕구를 따르는 번뇌의 마음(백성)으로 설명하고 있다. 나아가 이와 같은 본마음을 지켜 살아가는 것이 바로 군자의 도가 되고, 번뇌의 마음을 좇아 사는 것이 소인의 도가 됨을 지적하고 있다.

오. 天下 ㅣ 同歸而殊塗하며 一致而百慮 ㅣ니 天下 ㅣ 何思何慮 ㅣ
천하   동귀이수도   일치이백려   천하   하사하려

리오. 日往則月來하고 月往則日來하야 日月이 相推而明生焉하
일왕즉월래   월왕즉일래   일월   상추이명생언

며 寒往則暑來하고 暑往則寒來하야 寒暑 ㅣ 相推而歲成焉하니
한왕즉서래   서왕즉한래   한서   상추이세성언

往者는 屈也 ㅣ오 來者는 信也 ㅣ니 屈信이 相感而利生焉하니라.
왕자 굴야   래자 신야   굴신   상감이이생언

尺蠖之屈은 以求信也 ㅣ오 龍蛇之蟄은 以存身也 ㅣ오 精義入神
척확지굴   이구신야   용사지칩   이존신야   정의입신

은 以致用也 ㅣ오 利用安身은 以崇德也 ㅣ니 過此以往은 未之或
이치용야   이용안신   이숭덕야   과차이왕   미지혹

知也 ㅣ니 窮神知化 ㅣ 德之盛也 ㅣ라.
지야   궁신지화   덕지성야

역易에 말하기를 "자주자주 가고 오면 벗이 네 생각을 따른다"[905]라고 하였다. 공자가 말씀하시기를 "천하에 무엇을 생각하고 무엇을 염려하겠는가? 천하가 돌아가는 곳은 같아도 길은 다르며, 이루는 것은 하나지만 생각은 백 가지이니 무엇을 생각하고 무엇을 염려하겠는가?"라고 하셨다. 해가 지면 달이 뜨고, 달이 지면 해가 뜨니, 해와 달이 서로 밀어 밝음이 생겨난다. 추위가 지나면 더위가 오고 더위가 지나가면 추위가 찾아오니, 추위와 더위가 서로 밀어 세월을 이룬다. 가는 것은 굽히는 것이요, 오는 것은 펴는 것[906]이니, 굽히고 펌이 서로 감응해서 이로움이 생겨난다. 자벌레가(尺蠖)[907] 굽히는 것은 펴기 위해서요, 용과

---

905 택산함괘의 구사 효사이다.

906 '굴屈'은 '물러나 웅크린다'는 뜻이고, '신信'은 편다는 '신伸'의 뜻이다.

907 척확尺蠖: 자벌레를 가리킨다.

뱀이 칩거함(蟄)[908]은 몸을 보존하기 위함이다. 의로움을 정미롭게 하여 신의 경지에 드는 것은 쓰임을 이루기 위해서다. 쓰임을 이롭게 하여 몸을 이롭게 함은 덕을 숭상하기 때문이다. 이것을 지나치는 부분은 누구도 알지 못함이니, 신을 궁구하여 변화를 깨닫는 것이 덕을 성대하게 하는 것이다.

夫心之官則思, 而不知思本無可思也. 能思無思之妙, 則無思無慮而殊塗同歸. 能達無思之思, 則雖一致而具足百慮. 思而無思, 所謂退藏於密, 屈之至也. 無思而思, 所謂感而遂通, 信之至也. 屈乃所以爲信, 信乃所以爲屈, 觀師所謂往復無際, 動靜一源. 肇公所謂其入離其出微, 皆此理耳. 法界離微之道, 豈思議之可及, 故曰未之或知. 苟證此思卽無思, 無思而思之妙, 則可以窮神知化矣. 殊塗同歸, 一致百慮. 皆所謂一君二民之道也.

대저 마음의 주요 임무[909]는 생각하는 것이지만, 생각이 본래 생각할 수 없음을 알지 못한다. 능히 생각할 수 없다는 묘한 이치를 헤아릴 수 있다면 곧 생각할 것도, 염려할 것도 없어 길은 달라도 한곳으로 돌아가게 된다.[910] 능히 생각함이 없이 생각한다는 것을 통달할 수 있다면 곧 비록 하나에 이르러도 백 가지 생각을 구족하게 된다. 생각하

---

908 칩蟄: 칩거하다의 뜻.

909 심지관즉사心之官則思: '마음의 벼슬(心之官)'은 곧 '마음이 맡아 하는 주 임무'라는 의미이다.

910 무사무려이수도동귀無思無慮而殊塗同歸: 모든 생각은 결국 하나의 이치로 회귀한다는 뜻이다.

되 생각함이 없다고 하는 것은 이른바 '물러나 은밀하게 감춘다(退藏於密)'[911]고 하는 것으로, 굽힘의 지극함이다. 생각함이 없이 사량한다는 것은 이른바 '감응해서 마침내 통한다(感而遂通)'[912]는 것으로, 펼침의 지극함이다. 굽힘은 이내 펼치기 위한 것이요, 펼침은 이내 굽히기 위한 까닭으로, 청량 징관선사가 말한 바 "가고 옴이 끝이 없고, 움직임과 고요함이 하나의 근원이다"[913]라고 한 것이 이것이다. 조공肇公이 말한 바 "그 들어감은 밝으나, 그 나옴은 희미하다"[914]고 하는 것은 모두 이러한 이치일 뿐이다.

법계의 이미離微[915]한 진리를 어찌 사량하여 이를 수 있겠는가? 그러므로 '누구도 알지 못한다(未之或知)'고 하였다. 진실로 이러한 생각하되 곧 생각함이 없고, 생각함이 없되 생각하는 묘한 이치를 증득할 수 있다면 곧 신을 궁구하여 변화를 안다고 할 수 있을 것이다. 길은 달라도 한 곳으로 돌아가고, 이루는 것은 하나지만 생각은 백 가지라고 하는 것은 모두 '일군 이민의 도(一君二民之道: 군자의 도)'를 말한다.

---

[911] 「계사상전」 제11장에서 언급되고 있다.

[912] 「계사상전」 제10장에서 언급되고 있다.

[913] 관사觀師는 곧 당나라 청량 징관(淸涼澄觀, 738~839)선사를 가리킨다. 그가 지은 『대방광불화엄경왕복서大方廣佛華嚴經往復序』에서 "가고 돌아옴이 끝이 없으나, 움직이고 고요함은 한 근원이다. 온갖 미묘함을 함유하고도 여유가 있고, 말과 생각을 초월하여 멀리 벗어난 것은 오직 법계뿐이다(往復無際, 動靜一源, 含衆妙而有餘, 超言思而洞出者, 其唯法界歟.)"라는 내용으로 언급되고 있다.

[914] 조공은 남북조 시대의 승조(僧肇, 384~414)를 가리킨다. 그가 지은 『보장론寶藏論』에서 언급되고 있다.

[915] 평등(離)과 차별(微)이 하나로 융합되어 있는 진리의 세계를 뜻한다.

易曰困于石하며 據于蒺藜ㅣ라. 入于其宮이라도 不見其妻ㅣ니 凶
역왈곤우석   거우질려   입우기궁   불견기처   흉

이라 하니 子曰 非所困而困焉하니 名必辱하고 非所據而據焉하니
자왈 비소곤이곤언   명필욕   비소거이거언

身必危하리니 旣辱且危하야 死期將至어니 妻其可得見耶아.
신필위   기욕차위   사기장지   처기가득견야

역易에 말하기를 "돌에 곤궁하며 가시덤불(據于蒺藜)[916]에 응거함이라.
그 집에 들어가더라도 그 아내를 보지 못하니 흉하다"[917] 하니, 공자께서
말씀하시기를 "곤궁할 바가 아닌데 곤궁하니 이름이 반드시 욕되고,
응거할 곳이 아닌데 응거하면 몸이 반드시 위태하다. 이미 욕되고
또한 위태하여 죽을 시기가 장차 이르게 될 것이니, 아내를 그가 볼
수 있겠는가?"라고 하셨다.

妄計心外有法, 而欲求其故, 所謂困於石也. 不知萬法唯心, 而執有差
別, 所謂據於蒺藜也. 無慧故名辱, 無定故身危, 喪法身慧命, 故死期
將至, 永無法喜, 故不見其妻, 此二君一民之道也.

마음 밖에 진리가 있다고 그릇되게 생각해서 그 연유를 찾고자 하는
것을 이른바 '돌에 곤란함이 있다(困於石)'고 한다. 만법이 오직 마음에
있음을 알지 못하고, 차별이 있다고 집착하는 것을 이른바 '가시덤불에
응거한다(據於蒺藜)'고 한다. 지혜가 없는 까닭으로 이름이 욕되게
되는 것이고, 선정이 없는 까닭으로 몸이 위태롭게 된다. 법신의 혜명을

---

916 거우질려據于蒺藜: '거據'는 의거하다, '질려蒺藜'는 가시덤불의 의미로, '거우질려'
는 매우 곤궁한 처지에 빠져 있음을 비유한다.

917 택수곤괘 육삼의 효사다.

잃어버린 까닭으로 '죽을 시기가 장차 이르게 된다(死期將至)'고 한다. 영원히 진리의 기쁨을 맛볼 수 없는 까닭에 '그 처를 보지 못한다(不見其 妻)'고 한다. 이것은 '이군일민의 도(二君一民之道: 소인의 도)'라 할 수 있다.

易曰公用射隼于高墉之上하야 獲之니 无不利라 하니 子曰 隼者
역왈공용석준우고용지상   획지   무불리   자왈 준자

는 禽也ㅣ오 弓失者는 器也ㅣ오 射之者는 人也ㅣ니 君子ㅣ 藏器
　 금야   궁실자 기야   석지자 인야   군자 장기

於身하야 待時而動이면 何不利之有ㅣ리오. 動而不括이라 是以
어신   대시이동   하불리지유   동이불괄   시이

出而有獲하나니 語成器而動者也ㅣ라.
출이유획   어성기이동자야

역易에 말하기를 "공(재상)이 높은 담 위의 새매를 쏘아서 잡으니, 이롭지 않음이 없다"[918]라고 하니, 공자께서 "준隼이라는 것은 새요, 활과 화살은 무기요, 그것을 쏘는 자는 사람이다. 군자가 도구를 몸에 감추었다가 때를 기다려 움직이면 무슨 불리함이 있겠는가? 움직임에 막힘이 없게 된다.[919] 이렇게 함으로써 나가서 잡을 수 있게 되는 것이니, 그릇(능력)을 성취한 후에 행동해야 함을 말하는 것이다"라고 말씀하셨다.

禽喩惑, 器喩戒定, 人喩智慧. 解之上六, 獨得其正, 而居震體, 如人有 慧, 故能以戒定斷惑也. 宗門云, 一兎橫身當古道, 蒼鷹才見便生擒,

---

918 뇌수해괘 상육의 효사다.

919 동이불괄動而不括: '괄括'은 막히다, 매다의 뜻.

亦是此意.

'새(禽)'는 미혹됨을 비유한 것이고, '기器'는 계율과 선정을 비유한 것이며, '사람(人)'은 지혜를 비유한 것이다. 뇌수해(雷水解, ䷧)괘의 상육이 홀로 그 바른 자리를 얻어서 진(震, ☳)괘에 거함은 마치 사람에게 지혜가 있는 것과 같다. 그러므로 능히 선정으로써 미혹을 끊을 수 있는 것이다.

종문(宗門: 禪宗)에서 말하기를 "한 마리 토끼가 몸을 가로질러 옛길에 다다르니, 사나운 매가 마침내 보고 곧 산 채로 잡는다"[920]라고 하였는데, 역시 이러한 뜻이다.

子曰 小人은 不恥不仁하며 不畏不義라. 不見利면 不勸하며 不威
자 왈 소 인 불 치 불 인 불 외 불 의 불 견 리 불 권 불 위

면 不懲하나니 小懲而大誡ㅣ 此ㅣ 小人之福也ㅣ라. 易曰 屨校하
부 징 소 징 이 대 계 차 소 인 지 복 야 역 왈 구 교

야 滅趾니 无咎ㅣ라 하니 此之謂也ㅣ라. 善不積이면 不不以成名이
멸 지 무 구 차 지 위 야 선 부 적 불 부 이 성 명

오 惡不積이면 不足以滅身이니 小人이 以小善으로 爲无益而弗
악 부 적 부 족 이 멸 신 소 인 이 소 선 위 무 익 이 불

爲也하며 以小惡으로 爲无傷而弗去也ㅣ라. 故로 惡積而不可掩
위 야 이 소 악 위 무 상 이 불 거 야 고 악 적 이 불 가 엄

이며 罪大而不可解니 易曰 何校하야 滅耳니 凶이라 하니라.
죄 대 이 불 가 해 역 왈 하 교 멸 이 흉

공자께서 말씀하시길 "소인은 어질지 못함을 부끄럽게 여기지 않고, 의롭지 못함을 두렵게 여기지 않는다. 이익을 보지 않으면 권장하지(힘

---

920 『선림승보전禪林僧寶傳』 11권에서 언급되고 있다.

써 노력하지) 않고, 위엄스럽게 하지 않으면 징계로 여기지 않는다. 조금 징계해서 크게 경계시킴이 소인의 복이라 할 수 있다"라고 하셨다. 역에 말하기를 "형틀을 씌워서 발끔치를 멸하니(묶어두니) 허물이 없다 (屨校滅趾 无咎)"[921]고 하였는데, 이를 말함이다. 선을 쌓지 않으면 족히 명성을 이룰 수 없고, 악을 쌓지 않으면 족히 몸을 멸하지(망치지) 않는다. 소인은 작은 선은 이익 됨이 없다고 여겨서 실천하지 않고, 작은 악은 해될 것이 없다고 여겨서 저버리지 않는다. 그러므로 악이 쌓여서 가릴 수 없게 되며, 죄가 커서 해결할 수 없게 되는 것이다. 역에 이르기를 "형틀을 짊어져서(何校) 귀를 멸하니 흉하다(何校滅耳, 凶)"[922]라고 하였다.

夫戒定之器必欲其成, 障戒障定之惡必宜急去, 勿輕小罪以爲無殃, 懲之於小則無咎, 釀之於終則必凶, 修心者所宜時時自省自改也.

대저 계율과 선정의 기틀(器)은, 반드시 그것을 성취하고자 노력해야만 한다. 계율을 장애하고 선정을 방해하는 악은 반드시 신속히 제거해야만 한다. 작은 죄업이라도 가볍게 여기지 말아야 재앙이 없다. 작은 것에서부터 징계할 수 있어야 허물이 없게 되는 것이다. 끝없이 죄업을 지어 나가다 보면 결국에는(釀之於終) 반드시 흉하게 된다.[923] 마음을

---

921 화뢰서합괘 초구의 효사다. '구교멸지屨校滅趾'에서 '구屨'는 신을 신는 것, '교校'는 형틀, '지趾'는 발꿈치를 뜻한다. 발꿈치에 형틀을 씌워서(足鎖) 죄를 다스림을 의미한다.

922 화뢰서합괘 상구의 효사다. '하교何校'는 대죄인의 머리에 씌우는 형구를 가리킨다.

닦는 자는 마땅히 수시로 스스로를 살피고 스스로의 허물을 고쳐 나가야
만 한다.

子曰 危者는 安其位者也ㅣ오 亡者는 保其存者也ㅣ오 亂者는
자왈 위자 안기위자야 망자 보기존자야 난자

有其治者也ㅣ니 是故로 君子ㅣ 安而不忘危하며 存而不忘亡하
유기치자야 시고 군자 안이불망위 존이불망망

며 治而不忘亂이라. 是以身安而國家를 可保也ㅣ니 易曰 其亡
치이불망란 시이신안이국가 가보야 역왈 기망

其亡이라아 繫于苞桑이라 하니라.
기망 계우포상

공자께서 말씀하시길 "위태롭게 여기는 것은 그 지위를 편안히 하려는
것이요, 망할까 염려하는 것은 그 생존을 보존하려는 것이며, 어지러울
까 염려하는 것은 그 다스림을 가지고자(지키고자) 함이다. 이러한
까닭으로 군자는 편안할 때 위태로움을 잊지 않고, 보존하고 있을
때라도 망함을 잊지 않으며, 다스려질 때에도 혼란함을 잊지 않는
것이다. 이렇게 함으로써 몸이 편안해지고 나라를 보전할 수 있게
된다"라고 하셨다. 역에서 말하길 "그 망할까 그 망할까 하여야 우북한
(더부룩한) 뽕나무에 맨다"924라고 하였다.

---

923 '양釀'은 '조성하다, 빚는다'의 뜻으로, 여기서는 곧 차츰차츰 양성한다는 '양성釀
成'의 뜻을 나타내고 있다.

924 천지비괘 구오 효사다. '계우포상繫于苞(包)桑'은 가지 많은 뽕나무 떨기(苞桑)에
묶어 맨다(繫)는 뜻이다. 질기고 단단한 뿌리의 뽕나무에 매단다는 것은 곧
국가를 튼튼하고 편안히 해서 국가 안녕을 영구하게 해야 함을 의미한다.

自有因過而憬悟以進德者, 自有無過而託大以退道者, 故君子雖未必有過, 尤宜乾乾惕厲, 如否之九五可也. 安其位是德, 保其存是知, 有其治是力.

자신에게 허물의 원인이 있음을 깨달아서 덕을 닦아 나가는 자가 있는가 하면, 자신에게 허물이 없다고 여겨 대인인 듯 행동하며(託大)[925] 도에서 물러나는 자도 있다. 그러므로 군자는 비록 반드시 허물이 없다고 하더라도 더욱더 마땅히 종일토록 애쓰면서 두려워하고 조심해야만 한다. 천지비(天地否, ䷋)괘의 구오와 같이 처신해야 하는 것이다. 그 지위를 편안하게 하는 것은 덕이라 할 수 있고, 그 생존을 보존하는 것은 지혜이며, 그 다스림을 유지해 갈 수 있는 것(有)은 힘이다.

子曰 德薄而位尊하며 知小而謀大하며 力小而任重하면 鮮不及
자왈 덕박이위존 지소이모대 역소이임중 선불급
矣나니 易曰 鼎이 折足하야 覆公餗하니 其形이 渥이라 凶이라 하니
의 역왈 정 절족 복공속 기형 악 흉
言不勝其任也ㅣ라.
언불승기임야

공자께서 말씀하시길 "덕은 부족한데 지위는 높고, 지혜(앎)는 작으면서도 도모하고자 하는 것은 크며, 힘이 보잘것없으면서도 책임이 무거우면 (禍에) 미치지 않는 사람이 적을 것이다"라고 하셨다. 역에 말하기를 "솥의 발이 꺾어져서(부러져서) 공(公: 임금)의 밥을 엎으니, 그 얼굴(형체)이 젖어 흉하다"[926]라고 하였으니, 그 책임을 이기지 못함을 말하는

---

925 탁대託大: '탁託'은 '기대다, 붙다'의 의미로, '탁대'는 스스로가 깨달은 척, 훌륭한 사람인 척 행위를 하는 것을 비유하고 있다.

것이다.

欲居尊位, 莫若培德. 欲作大謀, 莫若拓知. 欲任重事, 莫若充力. 德是
法身, 知是般若, 力是解脫, 三者缺一, 決不可以自利利他.

존귀한 자리에 거처하고자 하면 덕을 배양하는 것만 한 것이 없고,
큰일을 이루고자 한다면 지혜(앎)를 개척하는 것과 같은 것이 없으
며, 중요한 소임을 맡고자 한다면 힘을 기르는 것만 한 것이 없다.
덕은 곧 법신이고, 지혜는 곧 반야이며, 힘은 곧 해탈이다. 세 가지
중에서 하나라도 결여된다면 결코 자신도 남도 구제할 수 없다.[927]

子曰 知幾ㅣ 其神乎ㅣ더. 君子ㅣ 上交不諂하며 下交不瀆하나니
자 왈 지 기 기 신 호   군 자 상 교 불 첨   하 교 부 독

其知幾乎ㅣ더. 幾者는 動之微니 吉之先見者也ㅣ니 君子ㅣ 見
기 지 기 호   기 자 동 지 미 길 지 선 현 자 야   군 자 견

幾而作하야 不俟終日이니 易曰 介于石이라 不終日이니貞코 吉
기 이 작   불 사 종 일   역 왈 개 우 석   부 종 일   정 길

타 하니 介如石焉커니 寧用終日이리오. 斷可識矣로다. 君子ㅣ 知
개 여 석 언   영 용 종 일   단 가 식 의   군 자 지

微知彰知柔知剛하나니 萬夫之望이라.
미 지 창 지 유 지 강   만 부 지 망

공자께서 말씀하시기를 "기미를 아는 것은 신神일 것이다. 군자가 윗사

람과 사귐에 아첨하지 않고 아랫사람과 사귐에 함부로 하지 않으니, 그 기미를 아는 것이다. '기미'라는 것은 움직임이 은미함(아직 드러나지 않음)이니, 길한 것(또는 흉凶)이 먼저 나타나는 것이다. 군자가 기미를 보고 일어나서(행동을 개시하여) 종일토록 기다리지 않는다"라고 하셨다.[928] 역에 말하기를 "절개가 돌이라. 날을 마치지 않으니 바르고 길하다 (介于石, 不終日, 貞吉)"[929]라고 하였으니, 절개가 돌과 같은데 어찌 종일토록 기다리겠는가? 판단해서 가히 아는 것이다. 군자가 미미한 것도 알고 드러난 것도 알며, 부드러운 것도 알고 강한 것도 아니, 만인이 우러러볼 것이다.

此所謂德厚而位自尊者也. 十法界不出一心, 名之爲幾. 知此妙幾, 則上合十方諸佛本妙覺心, 與佛如來同一慈力, 故上交不諂. 下合十方六道一切衆生, 與諸衆生同一悲仰, 故下交不瀆. 稱性所起始覺. 必能合乎本覺, 故爲吉之先見.

이는 이른바 덕이 후덕해서 지위가 스스로 존귀해진 자이다. 시방법계가 일심에서 벗어나지 않음을 일컬어 '기幾'라 한다. 이러한 미묘한 기미를 깨닫게 되면 위로는 시방세계의 모든 부처님의 본래로 묘하게 깨어 있는 마음(妙覺心)[930]과 합하여 부처님과 더불어서 자비의 힘이

---

928 곧 기미를 알게 되면 머뭇거리지 않고 바로 행동으로 옮겨 실천한다는 뜻. '사俟'는 기다린다는 의미.

929 뇌지예괘의 육이의 효사다. '개우석介于石'은 '개여석介如石'과 같은 의미로 절개가 돌처럼 확연하다는 뜻이다.

930 본묘각심本妙覺心: 부처님뿐만 아니라 시방세계 모든 중생들이 본래 구족하고

동일해지는 것이다. 그렇기 때문에 '윗사람과 사귐에 아첨하지 않는다
(上交不諂)'고 한다. 아래로는 시방의 육도의 중생들과 합하여 모든
중생과 더불어 슬퍼하고 갈망함(悲仰)[931]이 같아지게 되니, '아랫사람과
사귐에 함부로 하지 않는다(下交不瀆)'고 하는 것이다. 진성(稱性)[932]에
서 일으키는 시각始覺[933]이 반드시 본각本覺에 합쳐질 수 있게 되는
것이다. 그러므로 '길하여 먼저 나타나게 된다(吉之先見)'고 한다.

子曰　顔氏之子ㅣ　其殆庶幾乎ㄴ뎌.　有不善이면　未嘗不知하며
자왈　안씨지자　기태서기호　유불선　미상부지

있는 진리의 본성, 곧 불성을 의미한다. 부처님이 이러한 진리의 성품을 깨달아
부처가 되신 것이라면, 중생은 이러한 성품을 잊어버리고 번뇌 망상의 욕망을
좇는 까닭에 중생인 것이다. 『수능엄경』 「제6권」에 "홀연히 세간과 출세간을
초월하고 시방이 원만하게 밝아져서 두 가지 수승한 경계를 얻었으니, 첫째는
위로는 시방의 모든 부처님이 본래 구족하고 신묘하게 깨어 있는 마음에 합하여
부처님과 더불어 자비의 힘이 같아지게 되었고, 둘째는 아래로는 시방의 일체
육도중생의 마음에 합하여 중생들과 더불어 슬픔과 갈망함이 같아지게 되었다
(忽然超越世出世間, 十方圓明獲二殊勝, 一者上合十方諸佛, 本妙覺心, 與佛如來同
一慈力, 二者下合十方一切六度衆生, 與諸衆生同一悲仰.)"라고 하였는데, 지욱은
이러한 『능엄경』의 구절을 빌려와 위와 같이 불교적 해석을 하고 있는 것이다.

931 비앙悲仰: '비悲'는 중생의 고통과 슬픔을 함께하고자 하는 마음이고, '앙仰'은
중생들과 즐거움을 함께하고자 희망하는 마음이다,

932 칭성稱性: 곧 진여의 불성을 말한다.

933 시각始覺: 모든 중생이 본래 구족해 있는 불성(本覺)을 깨달아 그 깨달음의
성품을 드러냄(顯證)을 의미한다. 비유하자면, 숨겨진 불성(本覺)이 땅속에
묻혀 있는 금덩이라고 한다면, 그 금덩이를 캐내어 밖으로 드러낸 것이 '시각'이라
할 수 있다.

知之ㅣ면 未嘗復行也하나니 易曰 不遠復이라 无祗悔니 元吉이
지 지　　　미 상 부 행 야　　　역 왈　불 원 복　　　무 지 회　　원 길

라 하니라.

공자께서 말씀하시기를 "안 씨의 아들[934]만이 거의 이에 가까울 것
같다.[935] 옳지(착하지) 못함이 있으면 일찍이 알지(깨닫지) 못함이 없었으
며, 알게 되면 일찍이 다시 행하지 않았다"라고 하셨다. 역에 말하기를
"머지않아서 다시 회복하리라. 뉘우치는 데 이르지 않으니 크게 길하
다"[936]라고 하였다.

此所謂知大而謀自遠者也. 欲證知幾之神, 須修不遠之復.

이것은 앎(지혜)이 커서 도모함이 스스로 고원함을 말하는 것이다.
기미의 신묘함을 깨달아 증득하고자 한다면 모름지기 '머지않아 회복함
(不遠之復)'의 이치를 닦아야 할 것이다.[937]

天地ㅣ 絪縕애 萬物이 化醇하고 男女ㅣ 構精애 萬物이 化生하나
천 지　　인 온　　만 물　　화 순　　　남 녀　　구 정　　만 물　　화 생

니 易曰 三人行앤 則損一人코 一人行앤 則得其友ㅣ라 하니 言
역 왈 삼 인 행　　즉 손 일 인　　일 인 행　　즉 득 기 우　　　　　언

---

934 곧 안자, 안회를 가리킨다.

935 기태서기호其殆庶幾乎: '기其'는 안회를 지칭하고 '태殆'는 '자못 ~하다'의 뜻이며,
　　'서기庶幾'는 시기적으로 가깝다는 의미이다.

936 지뢰복괘의 초구 효사다.

937 수수불원지복須修不遠之復: 지욱은 '머지않아 회복한다(不遠之復)'는 것을 곧
　　'수행을 통한 불성의 깨달음(회복)'으로 불교적 해석을 하고 있다.

致一也 ㅣ라.
치 일 야

천지의 기운이 뭉쳐지고 엉겨짐(絪縕)에 만물이 화하여 두터워지고(化
醇),[938] 남녀의 정기가 교합함(構精)[939]에 만물이 화하여 생겨난다. 역에
말하기를 "세 사람이 가면 곧 한 사람이 손실되고, 한 사람이 가면
곧 그 벗을 얻는다"[940]라고 하니, 하나로 합치되는 것을 말하는 것이다.

此所謂力大而任可重者也. 旣有不遠之復, 須有致一之功. 男慧女定,
不使偏枯, 乃可以成萬德矣.

이것은 힘이 커져서 중책을 맡을 수 있음을 말하고 있다. 이미 '머지않아
다시 회복함'이 있다고 한다면, 모름지기 하나로 합치(致一)되는 공덕
도 있게 된다. 남자는 지혜에, 여자는 선정에 비유된다. 지혜와 선정
중에서 어느 한 쪽으로 치우치지 않아야만 만 가지 덕을 성취할 수
있다.

子曰 君子ㅣ 安其身而後애아 動하며 易其心而後애아 語하며 定
자왈 군자   안기신이후   동   이기심이후   어   정

其交而後애아 求하나니 君子ㅣ 脩此三者故로 全也하나니 危以
기교이후   구   군자   수차삼자고   전야   위이

動하면 則民不與也코 懼以語하면 則民不應也코 无交而求하면
동   즉민불여야   구이어   즉민불응야   무교이구

---

938 '인온絪縕'은 뒤엉켜 쌓인다는 뜻으로, 곧 음양의 교류와 변화를 의미한다.
'화순化醇'은 변화하여 번성한다는 뜻이다.

939 '구정構精'은 남녀 자웅이 서로 교화해서 정기를 합한다는 뜻.

940 산택손괘 육삼의 효사다.

則民不與也하나니 莫之與하면 則傷之者ㅣ 至矣나니 易曰 莫益
즉민불여야　　　　　막지여　　　즉상지자　　　지의　　　역왈 막익

之라 或擊之리니 立心勿恒이니 凶이라 하니라.
지　혹격지　　　　입심물항　　　흉

공자께서 말씀하시기를 "군자는 그 몸을 편안히 한 후에 행동하며,
그 마음을 편안하게 한 후에 말하며, 그 사귐을 정한 뒤에 요구한다.
군자는 이 세 가지를 닦음으로 온전해질 수 있는 것이다. 위태로움으로
써(위태로운 처지에서) 움직이게 되면 백성들이 더불어(따르지) 하지
않고, 두려워하며(불안전한 태도로) 말하면 백성들은 호응하지 않으며,
사귐이 없으면서 요구하면 백성들은 주려고 하지 않게 된다. 더불어
하지 못하게 되면 그를 해치려는 자가 이르게(생기게) 되는 것이다"라고
하셨다. 역에 말하기를 "더하지 마라. 혹 공격하리니 마음을 세움에
항상 하지 못하니 흉하다"[941]라고 하였다.

惟仁可以安身, 惟知可以易語, 惟力可以定交. 仁是斷德, 知是智德,
力是利他恩德. 有三者, 不求益而自益. 今危以動則德薄, 懼以語則知
小, 無交而求則力小, 不亦傷乎.

오직 인仁으로써 몸을 편안하게 할 수 있고, 오직 지혜(앎)로써 말을
편안하게 할 수 있으며, 오직 힘으로써 사귐을 이룰 수가 있다. 인은
곧 단덕斷德이고, 지는 곧 지덕智德이며, 힘은 곧 남을 이롭게 하는
은덕恩德[942]이다. 세 가지를 갖추고 있으면 이로움을 구하지 않아도

---

941 풍뢰익괘 상구의 효사다.

942 단덕, 지덕, 은덕: 불과佛果를 성취함으로써 갖추게 되는 세 가지 덕(三德)을

저절로 이롭게 되는 것이다.

이제 위태로운데도 행동함은 덕이 박한 것이고, 두려워하며(불안전한 태도로) 말함은 지혜가 부족한 것이며, 사귐이 없이 구함은 힘이 부족한 것이라 할 수 있으니, 역시 해롭지 않겠는가?

제6장

子曰 乾坤은 其易之門邪 ㄴ뎌. 乾은 陽物也ㅣ오 坤은 陰物也ㅣ니
자왈 건곤   기역지문야   건 양물야   곤   음물야

陰陽이 合德하야 而剛柔ㅣ 有體라. 以體天地之撰하며 以通神
음양   합덕   이강유   유체   이체천지지찬   이통신

明之德하니 其稱名也ㅣ 雜而不越하나 於稽其類앤 其衰世之意
명지덕   기칭명야   잡이불월   어계기류   기쇠세지의

耶ㄴ뎌. 夫易은 彰往而察來하며 (而)微顯而闡幽하며 (開而)當
야   부역   창왕이찰래   이미현이천유   개이당

名하며 辨物하며 正言하며 斷辭하니 則備矣라. 其稱名也ㅣ 小하
명   변물   정언   단사   즉비의   기칭명야   소

나 其取類也ㅣ 大하며 其旨ㅣ 遠하며 其辭ㅣ 文하며 其言이 曲而
  기취류야   대   기지   원   기사   문   기언   곡이

中하며 其事ㅣ 肆而隱하니 因貳하야 以濟民行하야 以明失得之
중   기사   사이은   인이   이제민행   이명실득지

報ㅣ니라.
보

말한다. '단덕斷德'은 모든 번뇌와 미혹의 업이 끊어진 덕을 의미하고, '지덕智德'은 깨달음을 통하여 모든 지혜를 구족하고 만법을 여실하게 보는 덕을 말하며, '은덕恩德'은 중생을 구제하고자 하는 원력에 의해서 베풀어지는 실천적 덕을 의미한다. 지욱은 인仁, 지知, 력力을 이러한 세 가지 덕에 비유하며 공자의 말씀을 불교적인 관점에서 재해석하고 있다.

공자께서 말씀하시기를 "건곤乾坤은 그 역易의 문이던가! 건은 양물이요 곤은 음물이니, 음양이 덕을 합해서 강剛과 유柔라는 체가 있게 된다. 이로써 천지의 일(撰)[943]을 체득하고 신명의 덕을 통달할 수 있는 것이다. 그 부르는 이름이 잡다해도[944] 벗어나지 않으며,[945] 그 종류를 상고(고찰) 해 보면 그 쇠약한 시대의 뜻이던가?[946] 무릇 역은 지나간 것(과거)을 밝혀서 오는 것(미래)을 살필 수 있게 하고(彰往而察來), 드러난 현상 속의 미미한 이치를 밝혀내며, 보이지 않는 심오한 이치를 밖으로 드러낸다(微顯而闡幽).[947] (64괘를) 개발하여 마땅한 이름을 붙여서 사물 을 변별하게 하고, 말을 증정하게 하고 계사로 판단하게 하니[948] 곧 갖추어지게 되었다.[949] 그 부르는 이름은 작지만 그 취하는 종류는

---

943 찬撰: 주자는 "찬은 일과 같다(撰, 猶事也)"라고 하였다.

944 64괘와 384효에 붙여진 괘명과 효명의 잡다함을 의미하고 있다.

945 복잡하게 보이는 괘와 효의 명칭은 아무렇게나 붙여진 것이 아니라 일정한 이치와 법칙, 원칙과 질서에 맞춰 붙여진 것이라는 의미.

946 '계稽'는 '상고하다, 헤아리다'의 뜻으로, 주역의 괘명과 효사의 뜻을 상고해 보면 주역이 만들어진 시대가 어지럽고 쇠퇴한 시대였을 거라는 뜻이다. 대표적 인 예로 지화명이, 수산건, 택수곤, 택화혁괘 같은 괘는 분명 평탄치 못한 시대를 상징하는 괘일 것이라는 내용이다.

947 미현이천유微顯而闡幽: '미微'는 미묘함, 곧 도리를 의미하고 '현顯'은 '드러내다, 밝혀내다'의 의미로, '미현'은 드러난 현상 속에 숨어 있는 미미한 이치를 찾아낸 다는 뜻이다. '천闡'은 '분명하다, 밝힌다'의 의미이고, '유幽'는 '그윽하다'는 의미 로, '천유'는 곧 보이지 않는 그윽한 이치를 보이도록 밝혀낸다는 뜻이다.

948 개이당명변물開而當名辨物, 정언단사正言斷辭: '개이당명변물'은 성인이 64괘를 개발하여 마땅한 괘명을 정하여 사물을 변별했다는 의미이고, '정언단사'는 바른 말로써 시비선악과 길흉화복을 판단했다는 의미이다.

949 '창왕찰래彰往察來', '미현천유微顯闡幽', '당명변물當名辨物', '정언단사正言斷辭'

크며,[950] 그 뜻은 심원하고 그 말은 문채가 있다. 그 말이 곡진하면서도 법도에 맞고 그 일을 베풀어(펼쳐) 놓았으나 이치는 은미하다.[951] 두 가지로 인하여 백성의 행동을 구제하고,[952] 이렇게 함으로써 잃고 얻음 (失得: 吉凶)의 결과(因果關係)를 밝히고 있다.

有易理卽有乾坤, 由乾坤卽通易理, 如城必有門, 門必通城. 蓋乾是陽物, 在天曰陽, 在地曰剛, 在人曰知. 坤是陰物, 在天曰陰, 在地曰柔, 在人曰仁. 而陰不徒陰, 陰必具陽. 陽不徒陽, 陽必具陰, 故陰陽合德, 而剛柔有體. 卽天道而爲地道, 卽地道而爲人道, 卽人道而體天地之撰, 通神明之德. 易理旣然, 易書亦爾. 所以六十四卦之名雜而不越. 雜, 謂大小善惡邪正吉凶之不同. 不越, 謂總不外於陰陽二物之德. 然

등과 같은 주역의 이치가 갖춰지게 되었다는 뜻.

950 괘명과 효사에 붙여진 이름(예컨대, 정鼎·용龍·빈마牝馬 등과 같은 사물의 이름과 건乾·곤坤·둔屯·몽蒙 등과 같은 괘명)은 작지만 그것이 표현해 내고 있는 의미는 천지만물을 다 수용하고 있다는 뜻이다.

951 단사, 효사의 말은 이리저리 복잡하게 표현하고 있는 것 같지만, 역리를 설명하기 위한 것으로 법도를 벗어나지 않고 있고, 64괘, 384효 등을 통해 모든 사물과 세상일을 펼쳐 놓고 있지만, 그 이면에 내재되어 있는 역의 이치는 아주 심원하다 는 뜻. '곡曲'은 구불구불하다는 뜻으로 '착잡錯雜'의 의미를 나타내고, '사肆'는 베푼다는 뜻이지만 여기서는 진열한다는 의미를 나타내며, '은隱'은 심원하고 은미하다는 뜻이다.

952 인이이제민행因貳以濟民行: '이貳'에 대해서 주자는 "이는 의심하는 것이다(貳, 疑也)"라고 해석하고 있는데, 길과 흉으로 해석하는 경우도 있다.(南東園, 『주역해의 Ⅲ』, 2005, 나남출판사, 226쪽 참조). '인이이제민행'은 의심나는 것을 풀어주기 위해 주역을 만들어 그것으로써 백성들을 구제한다는 뜻이다.

使上古之世, 有善無惡, 有正無邪, 則此書亦可無作. 今惟以衰世旣有善惡邪正之殊, 欲卽此善惡邪正, 仍歸於非善非惡之至善, 非邪非正之至正, 所以方作易耳. 是以易之爲書, 能彰往因, 能察來果, 能以顯事會歸微理, 能使幽機闡成明象. 故以此開示天下萬世, 名無不當, 物無不辨, 言無不正, 辭無不斷也. 一卦只有一名, 故小. 一名具合衆義, 故大. 包盡內聖外王之學, 故旨遠. 辭不煩而意已達, 故文. 言偏而意無不圓, 故曲而中. 事定而凡情難測, 故肆而隱. 因決疑以明失得之報, 遂令民之蚩蚩, 亦可避失而趨得也.

역리가 있으므로 곧 건곤乾坤이 있고, 건곤을 말미암아서 곧 역의 이치를 통달할 수 있다. 마치 성에는 반드시 문이 있고, 문은 반드시 성으로 통하는 것과 같다. 대개 건을 양물陽物이라 한다. 하늘에 있으면 양陽이라 하고, 땅에 있으면 강剛이라 하며, 사람에게 있으면 지혜(知, 앎)라 한다. 곤은 음물陰物이라 한다. 하늘에 있으면 음陰이라 하고, 땅에 있으면 유柔라 하며, 사람에게 있어선 인仁이라 한다. 음은 단지 음뿐만 아니라 음은 반드시 양을 구족하고 있으며, 양은 다만 양뿐만 아니라 양은 반드시 음을 갖추고 있다. 그러므로 음과 양이 덕을 합해서 강과 유라는 체가 있게 되는 것이다.

천도天道를 바탕으로 하여 지도地道가 이루어지고, 지도를 바탕으로 하여 인도人道가 성립되며, 인도를 바탕으로 하여 천지의 이치(撰)를 체달體達하여 신명한 덕을 통달하게 된다. 역의 이치가 이미 그렇다고 한다면 역서易書 또한 그러하다고 할 수 있다.[953] 까닭에 64괘의 명칭이

---

[953] 역서가 천지와 사람에 대한 역리를 그대로 담아내고 있음을 가리키고 있다.

잡다한 듯해도 (음양이라는 역리를) 벗어나지 않는 것(雜而不越)이다. '잡다하다(雜)'는 것은 크고 작음, 선과 악, 삿됨과 바름, 길과 흉이 같지 않음을 말하는 것이다. '벗어나지 않는다(不越)'는 것은 모두 음양이라는 두 가지 물질의 덕을 벗어나지 않음을 말한다.

그러나 만약 상고의 시대에 선만 있고 악은 없으며, 바름만 있고 삿됨은 없었다면, 이러한 역서도 또한 만들 필요가 없었을 것이다. 지금 (유추해 보면) 오로지 쇠퇴(혼란)한 시대였기 때문에 이미 선악과 사정邪正의 다름이 있었다고 하겠다. 이러한 선악과 사정을 당면함으로 인하여 선도 아니고 악도 아닌 지극한 선함(至善)과 사邪도 아니고 정正도 아닌 지극한 올바름(至正)으로 회귀시키고자 한 이유로 바야흐로 역서를 만들게 된 것뿐이다. 이러한 까닭에 역이 책으로 만들어져서 능히 과거의 원인을 밝혀내고, 능히 미래의 결과를 살필 수 있는 것이며, 능히 드러난 일(현상)로써 미미한 이치에 회귀토록 하고, 능히 심원한 기미함(機微)으로 하여금 밝은 상을 이루어 분명하게 드러나게 하는 것이다.[954] 그러므로 이로써 천하 만세에 열어 보여 준 것이니, 붙여진 이름은 합당하지 않은 것이 없고, 사물을 제대로 분별하지 않음이 없으며, 말은 바르지 않음이 없고, 계사는 제대로 판단하지 않음이 없는 것이다.

---

954 '유기幽機'는 현상 뒤에 작용하고 있는 근원적 진리, 곧 역리라고 할 수 있으며, 바로 모든 현상의 근원적 체라 할 수 있다. 이러한 근원적 역리는 한편으로 현상을 통해 그 실체가 나타나게 되는데(用), '천성명상闡成明象'은 바로 그와 같은 이치를 말하고 있다. 역서에서는 바로 그러한 현상 속에 숨겨진 역리를 64괘라는 괘상을 통해 우리들에게 밝게 드러내 보여 주고 있다는 것이다.

한 괘에 단지 하나의 명칭만이 있기 때문에 '작다(小)'고 하는 것이며, 하나의 명칭은 많은 뜻을 갖추어 함축하고 있기 때문에 '크다(大)'고 한다. 내성외왕의 학문(內聖外王之學)을 다 포함하고 있기 때문에 '뜻이 심원하다(旨遠)'고 하는 것이며, 괘사는 번거롭지 않아서 뜻이 이미 달성되어 있기(達: 드러나) 때문에 '문(文)'이라고 한다. 말은 치우친 듯해도 뜻이 원만하지 않음이 없으므로 '곡진하면서도 법도에 적중하다 (曲而中)'고 한다. 일이 정해져 있어도 범부의 뜻으로는 헤아리기 어려운 까닭으로[955] '펼쳐 놓았지만 이치는 은미하다(肆而隱)'고 한다. 의혹을 결단함을 바탕으로 득실의 과보를 밝히고, 마침내 백성의 어리석은 마음(蚩蚩)[956]으로 하여금 또한 손실을 피하고 이익을 따르도록 한 것이다.

제7장

易之興也ㅣ **其於中古乎**ㅣ**뎌. 作易者**ㅣ **其有憂患乎**ㅣ**뎌.**
역 지 흥 야　　　기 어 중 고 호　　　　작 역 자　　　기 유 우 환 호

역易이 흥성함이 그 중고시대였던가?[957] 역을 만든 사람은 우환이 있었기

---

955 주역은 64괘와 384효를 통해 세상의 사물과 세상사를 단정적으로 표현하고 있는데(事定), 그것이 내포하고 있는 심오한 뜻은 보통 사람(凡情)으로서는 쉽게 알기 어렵다는 것(難測)이다.

956 치치蚩蚩: 남을 어리석게 여김을 뜻한다.

957 주역의 역사를 보통 '시력삼고時歷三古'라는 말로 표현하고 있다. 복희씨에 의해 처음으로 팔괘가 그려지고 64괘가 만들어진(畵易) 시대를 상고시대, 64괘에 괘명을 붙이고 단사를 단 문왕과 384효에 효사를 붙인(作易) 문왕의 아들 주공의

때 문인가?[958]

言其有與民同患之心深也.

그 백성들과 더불어 우환을 함께하고자 하는 깊은 마음이 있었음을
말한다.

是故로 履는 德之基也ㅣ오 謙은 德之柄也ㅣ오 復은 德之本也ㅣ
시 고　리　덕지기야　　　겸　덕지병야　　　복　덕지본야

오 恒은 德之固也ㅣ오 損은 德之修也ㅣ오 益은 德之裕也ㅣ오 困
항　덕지고야　　　손　덕지수야　　　익　덕지유야　　　곤

은 德之辨也ㅣ오 井은 德之地也ㅣ오 巽은 德之制也ㅣ니라.[959]
덕지변야　　　정　덕지지야　　　손　덕지제야

이런 까닭으로 천택리(天澤履, ䷉)괘는 덕의 기초(基), 지산겸(地山謙,

시대를 중고시대, 그리고 공자와 그 제자에 의해 십익十翼(大傳)이 덧붙여진(贊
易) 시대를 하고시대라 하는데, 여기서 '中古'는 바로 문왕과 주공의 시대를
가리키고 있다. 한편으로 이러한 시력삼고와 같은 의미로 복희씨, 문왕, 주공,
공자 등 네 성인에 의해 역경이 완성되었다는 뜻으로 '인경사성人經四聖'이라고도
한다.(김석진, 『대산주역강의 1』, 34~37쪽 참조)

958 문왕은 폭군 주紂왕에 의해 유리옥에 갇혀 있으면서 괘명과 단사를 지었다고
한다. 문왕 자신이 처한 시대적 난세를 극복하고 앞으로 모든 백성이 길함을
얻고 흉함을 피하게 하려는 생각에서 주역을 지었다고 하는데, 위 내용은 바로
문왕이 주역을 지을 때에 처한 개인적 어려움과 시대적 환란을 가리키고 있다.

959 역을 지은 문왕과 주공이 우환이 있었을 것이라고 하였는데(作易者其有憂患乎),
공자는 그러한 성인이 근심한 바를 해결하기 위한 덕목(德目)으로 64괘 중에서
9괘를 뽑아서 세 번에 걸쳐서 설명을 하고 있다. 이것을 이른바 '구덕삼진九德三陳'
이라고 하는데, 위 내용이 바로 구덕삼진의 제1진에 해당하는 내용이다.

▤)괘는 덕의 자루, 지뢰복(地雷復, ▤)괘는 덕의 근본, 뇌풍항(雷風恒,
▤)괘는 덕의 견고함, 산택손(山澤損, ▤)괘는 덕의 닦음, 풍뢰익(風雷益,
▤)괘는 덕의 넉넉함, 택수곤(澤水困, ▤)괘는 덕의 분별함, 수풍정(水風
井, ▤)괘는 덕의 대지, 중풍손(重風巽, ▤)괘는 덕의 지음이다.

心慈而力健, 故爲德基. 內止而外順, 故爲德柄. 天君爲主, 故是德本.
動而深入, 故德可固. 譬如爲山, 故爲德修. 鼓舞振作, 故爲德裕. 積而
能流, 故爲德辨. 入而能出, 故爲德地. 徧入一切, 故爲德制. 素位而行
之謂履, 蘊高於卑之謂謙, 爲仁由己之謂復, 動而有常之謂恒, 去惡淨
盡之謂損, 積善圓滿之謂益, 歷境鍊心之謂困, 有源不窮之謂井, 無入
不得之謂巽. 其實六十四卦, 無非與民同患, 內聖外王之學, 且就九卦
指點者, 以其尤爲明顯故也.

마음이 자비롭고 힘이 강건한 까닭으로 '덕의 기본(德基)'이 되고,
안으로는 그치고 밖으로는 유순하기 때문에 '덕의 자루(德柄)'가 되며,
마음(天君)이 주인이 되기 때문에 '덕의 근본(德本)'이라고 하고, 움직
여 깊이 들어가는 까닭으로 '덕의 견고함(德固)'이라 한다. 비유하자면
마치 산처럼 되려고 하기 때문에 '덕의 닦음(德修)'이 된다.[960] 고무
진작시키는 까닭에 '덕의 넉넉함(德裕)'이 되며, 쌓아서 능히 흘러가게

---

[960] 산은 크고 작은 초목을 품어 길러내고 있다. 뿐만 아니라 온갖 동식물들의
삶의 터전을 제공하고 있기도 하다. 뭇 생명을 품어서 길러내고 삶의 터전으로
제공하고 있는 산이야말로 넉넉한 덕을 갖춰 만백성을 제도하는 성인에 비교할
수 있을 것이다. 지욱은 산택손괘에서 그러한 산의 덕을 취해 '위산고위덕수爲山
故爲德修'라고 한 것이다.

하기 때문에 '덕의 분별(德辨)'이 된다. 들어가면 능히 나오게 되기 때문에 '덕의 대지(德地)'가 되고, 일체에 편입하는 까닭으로 '덕의 지음(德制)'이 된다.[961]

본래의 자리에서 해야 할 일을 실천하는 것을 '리履'라 하고, 높은 것이 낮은 곳에 자리하는 것(蘊)[962]을 '겸謙'이라 하며, 어질게 되는 것이 자기 자신을 말미암아서 이루어지게 됨을 '복復'이라 한다. 행동함에 항구성이 있음을 '항恒'이라 하고, 악을 제거하여 완전하게 깨끗해짐을 '손損'이라 하며, 선을 쌓아서 원만해짐을 '익益'이라 한다. 경계를 경험하여 마음을 단련시키는 것을 '곤困'이라 하고, 원천源泉이 있어 마르지 않음을 '정井'이라 하며, 들어가서 얻지 못함이 없음을 '손巽'이라 한다. 그 사실은 64괘가 백성과 더불어 같이 근심하는 내성외왕의 학문인 것이다. 또한 아홉 괘만을 취해 가리켜 지정한 것(指點)은, 그렇게 함으로써 그것이 더욱더 밝게 드러나게 되는 까닭이다.[963]

---

961 「서괘전」에서 "손은 들어가는 것이다(巽, 入也)"라고 하였다. 바람은 그 어느 곳이든 간에 막힘없이 틈을 통해 왕래한다. 지욱은 중풍손괘에서 바람의 이러한 특징의 상을 취해 '편입일체偏入一切'라고 하였다. 덕으로써 만물을 두루 품고 제도하는 것, 그것이 '바로 덕의 지음(德制)'이다. 지욱은 바람이 일체만물에 두루함의 상을 취해 중풍손괘에서 '덕제德制'의 의미를 유추해 내고 있는 것이다.

962 '온蘊'은 '품다, 내포하다, 쌓다, 간직하다. 매장하다' 등의 여러 가지 뜻이 있다. 여기서는 높은 산이 낮은 땅 아래 자리하고 있는 지산겸괘의 의미처럼, 높은 것이 자신을 낮춰 낮은 것 아래에 겸손히 내포되어 있음을 뜻하고 있다.

963 이기우위현고야以其尤爲明顯故也: 여기서 '기其'는 64괘가 담고 있는 백성들과 함께 근심하는 내성외왕의 학문의 근본 취지를 가리키고 있다. 9덕괘를 통해 그러한 취지가 더욱 밝게 드러나게 된다는 의미이다.

履는 和而至하고 謙은 尊而光하고 復은 小而辨於物하고 恒은 雜
리 화이지   겸 존이광   복 소이변어물   항 잡

而不厭하고 損은 先難而後易하고 益은 長裕而不設하고 困은 窮
이불염   손 선난이후이   익 장유이불설   곤 궁

而通하고 井은 居其所而遷하고 巽은 稱而隱하나라.[964]
이통   정 거기소이천   손 칭이은

리履는 화순和順하되 지극하고, 겸謙은 높으면서(존경 받으면서) 빛나며, 복復은 작지만 사물을 분별함이다. 항恒은 복잡해도 싫어하지 않고,[965] 손損은 처음은 어렵지만 나중에는 쉬운 것이며, 익益은 길러 넉넉하지만 조작하지 않음이다. 곤困은 궁하면 통하게 되는 것이고, 정井은 제자리에 있지만 옮겨 가는 것이며,[966] 손巽은 칭물稱物[967]하면서도 드러내지 않는 것이다.

和卽兌慈, 至卽乾健. 尊卽山高, 光卽坤順. 小卽一陽而爲衆陰之主. 入於群動, 故雜而不厭. 譬如爲山, 方覆一簣, 故先亂而後易. 鼓舞振

---

964 구덕삼진의 제2진에 대한 내용이다.

965 항구한 덕(恒德)은 세상이 아무리 복잡하고 변화가 무쌍하다고 하더라도 싫어하지 않고, 그 덕을 보전하고 실천해 간다는 의미이다.

966 우물은 한곳에 정착되어 있지만, 그 속의 물은 사람들에 의해 퍼올려져 사방으로 옮겨가게 되어 생명을 이롭게 한다. 성인과 군자의 덕 또한 심중에 담고 있지만, 그 덕은 마치 우물물과 같이 모든 생명을 이롭게 하고 길러내는 것이다.

967 '칭稱'은 곧 '칭물稱物'의 뜻으로, 저울질해서 사물의 무게를 단다는 의미인데, 여기서는 사물의 경중대소輕重大小와 세력의 대소성쇠大小盛衰 등을 참작하여 임기응변식으로 처리함을 가리키고 있다. 지산겸괘「상전」에도 "많은 것을 덜어서 적은 데 보태고, 물건을 저울질하여 고르게 베푼다(裒多益寡, 稱物平施)"라는 말이 나온다.

作, 則自然長裕. 窮卽澤之止水, 通卽坎之流水. 由積故流, 猶所謂隱
居求志而行義達道也. 井不動而澤及於物, 巽能徧入一切事理深奧之
域, 故稱而隱.

'조화(和)'는 곧 연못(兌, ☱)의 자비로움,[968] '지극함(至)'은 곧 하늘의
강건함을 의미한다. '높다(尊)'는 것은 곧 산의 높음을, '빛남(光)'은
곧 땅의 유순함을 의미한다. '작다(小)'는 것은 곧 하나의 양이 여러
음들의 주인이 됨을 의미한다. 뭇 생명들의 움직임에 들어가는 까닭으
로 '섞이되 싫어하지 않는다(雜而不厭)'고 한다.[969] 비유하자면 산을
쌓는 데 있어 바야흐로 한 삼태기의 흙을 엎는 것(方覆一簣)[970]과 같기
때문에 '먼저는 어려워도 나중에는 쉽다(先難而後易)'고 한다. 고무
진작하게 되면 곧 자연적으로 길러져서 넉넉해진다. '궁하다(窮)'는
것은 곧 연못의 물이 고여 있다는 뜻이고, '통하다(通)'는 것은 곧
감(坎, ☵)괘의 흐르는 물을 뜻한다. 가득 차게 됨을 말미암아서 흐르게

---

968 천택리괘의 하괘는 연못(澤, ☱)을 상징하는데, 연못은 곧 밖의 사물을 거부하지
   않고 있는 그대로 화순和順하여 받아들여 비춘다. 지욱은 이러한 연못의 화순작
   용을 뭇 생명을 사랑으로 받아들이고 포용하는 자비심에 비유하고 있는 것이다.
969 불교의 동체대비同體大悲 사상이라고 할 수 있다. 수행자, 보살, 혹은 군자는
   모든 생명들의 삶 속에 함께 동참하여 그들과 섞여 동고동락하면서도 결코
   그러한 동체의 삶(雜)을 싫어하지 않는다(不厭)는 의미일 것이다.
970 『논어』「자한子罕」편에 있는 "학문은 비유컨대 마치 산을 쌓는 것과 같아서,
   한 삼태기를 마저 이루지 못하고 그만 두어도 내가 그만두는 것이고, 비유컨대
   땅을 평평하게 하는 것과 같아서 비록 흙 한 삼태기를 부었다 하더라도 나아감은
   내가 나아감이다(譬如爲山, 未成一簣, 止, 吾止也. 譬如平地, 雖覆一簣, 進, 吾往
   也.)"라는 경구에서 인용하고 있다.

되는 것이니, 다만 숨어 살며 뜻을 구하며 의로움을 실천하여 도를 통달함을 이르는 말이다. '우물(井)'은 움직이지 못하지만 윤택함이 만물에 미치고, '바람(巽)'은 능히 모든 사리事理의 깊은 영역에까지 두루 스며든다. 그러므로 '칭물하면서도 은밀하다(稱而隱)'고 하는 것이다.

履以和行코 謙以制禮코 復以自知코 恒以一德코 損以遠害코
리 이 화 행   겸 이 제 례   복 이 자 지   항 이 일 덕   손 이 원 해

益以興利코 困以寡怨코 井以辨義코 巽以行權하나니라.[971]
익 이 흥 리   곤 이 과 원   정 이 변 의   손 이 행 권

리(履: 禮)로써 조화롭게 행하고, 겸(謙: 謙下)으로써 예를 이루어 내며, 복復으로써 스스로를 안다. 항恒으로써 덕을 항구(一如: 精一)하게 하고, 손損으로써 해로움을 멀리하며, 익益으로써 이로움을 흥하게 한다. 곤困으로써 원망을 적게 하고, 정井으로써 의로움을 분별하며,[972] 손巽으로써 권세를 실천한다.

此正明九卦之用如此. 以此而爲內聖外王之學, 所以能歸非善非惡之至善, 非邪非正之至正, 而聖人與民同患之線索, 亦盡露於此矣. 按此九卦, 亦卽是以餘九法, 助成不思議觀之旨. 蓋易卽不思議境之與觀也. 作易者有與民同患之心, 更設九法以接三根. 履是眞正發菩提心,

---

971 구덕삼진의 마지막 제3진에 대한 내용이다.
972 우물의 물은 생명을 이롭게 한다. 성인의 덕도 또한 이와 같지만, 중요한 것은 성인의 덕이 대 사회적으로 실천되어질 때에는 공사를 구분하고 정의가 변별되어져야 한다. 이를 가리키고 있다.

上求下化. 謙是善巧安心止觀, 地中有山, 止中有觀也. 復是破法徧,
一陽動於五陰之下也. 恒是識通塞, 能動能入也. 損是道品調適, 能除
惑也. 益是對治助開, 成事理二善也. 困是知次位, 如水有流止, 不可
執性廢修也. 井是能安忍, 謂不動而潤物也. 巽是離法愛, 謂深入於正
性也.

이것은 바로 9괘의 쓰임새가 이와 같음을 밝힌 것이다. 이로써 내성외왕
의 학문이 되는 것이고, 그렇게 함으로써 능히 선도 아니고 악도 아닌
지극한 선(至善)과, 사도 아니고 정도 아닌 지극한 바름(至正)에 회귀토
록 하는 것이다. 성인이 백성들과 더불어 근심걱정을 함께하려는 실마
리의 해답이[973] 또한 여기에 다 드러나 있다.

　이러한 9괘를 불교적인 관점에서 고찰해 보면, 또한 나머지 아홉
가지 법(九法)으로써 불사의관不思議觀을 도와 완성시키는 종지宗旨라
할 수 있다.[974] 대체로 주역은 곧 불사의경不思議境과 그에 대한 법(觀法)

---

973 선색線索: 어떠한 일의 실마리를 탐색하여 그 해답을 찾는 것을 의미한다.
　　성인이 백성들과 근심걱정을 함께하는 데 있어 그 실천적 내용들이 이러한
　　9괘에 모두 갖춰져 있음을 가리키고 있다.

974 천태종에서는 깨달음을 이루기 위해 수행을 실천해 나감에 있어 열 가지 수행관법
　　을 제시하고 있는데, 바로 「십승관법十乘觀法」이다. 곧 ①불가사의한 경계를
　　관조함(觀不思議境), ②자비심을 일으킴(起慈悲心·發眞菩提心), ③교묘히 지관
　　에 안주함(巧安止觀), ④법의 변계소집분을 타파함(破法遍), ⑤통함과 막힘을
　　앎(識通塞), ⑥도품을 닦음(修道品·道品調適), ⑦대치하는 데 조도를 엶(對治助
　　開·助道對治), ⑧위계를 앎(明次位), ⑨능히 안정하고 참음(能安忍), ⑩법에
　　대한 애착을 없앰(無法愛) 등이다. 이러한 열 가지 관법 중에서 제일 중요한
　　관법(觀體)은 첫 번째 관법인 '관불사의경觀不思議境'이다. 나머지 아홉 가지
　　관법은 이러한 '관불사의경'의 관법을 이루기 위한 보조적 관법이라 할 수

이라 하겠다.[975] 역을 지은 사람은 백성들과 더불어 우환을 함께하고자 하는 마음이 있어, 다시금 구법(九法: 九德)을 시설함으로써 세 가지 차별적 성품(三根)[976]의 중생들을 이끌어 들이고자 한 것이라 할 수 있다. 리履괘는 진정으로 보리심을 일으키는 것(眞正發菩提心)[977]으로 위로는 진리를 구하고, 아래로는 중생들을 제도하는 것이다. 겸謙괘는 바로 훌륭한 방편(善巧)으로 마음을 편안하게 하는 지관止觀이다.[978]

있다. 지욱은 구덕삼진에 대한 해석을 이렇듯 십승관법을 예로 들어 불교적 관점에서 해석하고 있다.

[975] '불사의경不思議境'은 천태종에서 제시하고 있는 열 가지 관법 중에서 그 첫 번째인 '관불사의경'의 관법의 대상을 가리킨다. '불사의경'이란 뜻은 '불가사의 한 경계'라는 의미로, 바로 우리들 본성의 마음을 가리킨다. 누구나가 가지고 있는 이 마음은 세상 모든 이치(진리)를 구족하고 있지만, 헤아려 그 실체를 깨닫기가 어렵다. 그러므로 '불사의경'이라고 한다. 이렇듯 불가사의한 마음이 또 한편으로 이 우주의 모든 요소를 내포하고 있다는 것으로 주장되고 있는 것이 바로 천태종에서 가르치고 있는 '일념삼천설一念三千說'이다. 삼천이라는 숫자는 비유와 상징의 의미로, 한마음 속에 모든 세계의 진리와 현상을 갖추고 있다는 것이다. 지욱은 주역이 바로 이러한 삼천세계의 진리와 현상을 구족하고 있는 불가사의한 마음과 그 마음을 깨닫기 위해 실천하는 관법의 내용에 지나지 않는다고 불교적 관점에서 재해석을 하고 있는 것이다.

[976] 삼근三根: 중생의 자질(根機·根性)과 지혜가 상·중·하 세 가지로 차별이 있음을 말한다.

[977] 진정발보리심眞正發菩提心: 십승관법 중에서 두 번째 관법이다. 진리를 구하고자 하는 보리심과 중생을 제도하고자 하는 자비심을 일으켜 수행해야 된다는 뜻이다. 그러한 보리심과 자비심의 구체적 내용이 바로 불교에 있어 ①중생을 다 구제하고, ②번뇌를 다 끊고, ③모든 가르침을 다 배우고, ④진리를 완전히 깨닫겠다고 다짐하는 사홍서원四弘誓願이다.

[978] 선교안심善巧安心: 십승관법 중에서 세 번째 관법이다. 진리의 본성인 법성에

땅 속에 산이 있는 것처럼, 번뇌를 그치는 선정(止: 定) 속에 지혜(觀: 智)가 함께하고 있는 것이다. 복復괘는 바로 모든 현상과 진리에 대한 집착을 타파시키는 것(破法徧)⁹⁷⁹이니, 하나의 양이 다섯 음 아래에서 움직이기 때문이다. 항恒괘는 통함과 막힘을 아는 것(識通塞)⁹⁸⁰이니, 능히 움직이고 능히 들어감이다. 손損괘는 도품을 닦는 것(道品調適)⁹⁸¹이니, 능히 미혹됨을 제거하기 때문이다. 익益괘는 대치對治로 조도助開하는 것⁹⁸²이니, 현상(事)과 진리본체(理)라는 두 가지 지극한 선을

몸과 마음을 안주해 수행해 나가는 것을 의미한다.

979 파법편破法徧: 십승관법 중에서 네 번째 관법이다. 그릇된 진리와 번뇌에 대한 집착을 타파함을 의미한다. 지욱은 지뢰복괘의 '회복한다'는 괘상에서 잘못된 진리와 번뇌와 망상을 타파하고 참된 진리의 본성을 회복한다는 '파법편'의 의미를 유추해 내고 있는 것이다.

980 식통색識通塞: 십승관법 중에서 다섯 번째 관법이다. 진리를 수행해 나감에 있어 자신의 수행 경지가 어디에서 막히고 통하고 있는지를 분명히 구분하고 깨달음을 의미한다. 지욱은 뇌풍항괘의 '바람은 들어가는 것(風入也)'라는 괘상을 취해 수행자가 막히고 통함을 깨달아 능동적으로 진퇴를 할 줄 알아야 한다는 의미로 '식통색'의 뜻을 유추해 내고 있는 것이다.

981 도품조적道品調適: 십승관법 중에서 여섯 번째 관법이다. 소승불교에서 수행의 내용으로 제시하고 있는 37조도품과 같은 여러 가지 수행법을 자신의 능력에 맞춰 실천함을 의미한다. 지욱은 산택손괘의 '손해보고 덜어 낸다'는 괘상에서 37도품의 수행을 통해 번뇌와 욕심을 제거해 내는 수행법인 '도품조적'의 의미를 유추해 내고 있는 것이다.

982 대치조개對治助開: 십승관법 중에서 일곱 번째 관법이다. 각 개인의 근기와 처한 상황에 맞춰 본인에게 가장 적합한 수행법을 찾아 닦아 나가는 수행법이다. 예를 든다면, 파계심破戒心이 일어났을 경우에는 계율을 철저히 지키려는 지계의 수행을, 나태한 자는 열심히 노력하는 정진 수행을 하는 것과 같다. 지욱은 풍뢰익괘의 '더하여 이익 되게 한다'는 괘상의 의미에서 이러한 '대치조개'의

성취해 내기 때문이다. 곤困괘는 수행의 단계를 아는 것(知次位)[983]이다. 마치 물이 흐르고 그치는 것처럼, 불성이 있음을 집착하여 닦기를 그만두는 것(執性廢修)[984]이 불가함을 뜻한다. 정井괘는 능히 안정하고 참는 것(能安忍)[985]이니, 움직이지 않고 만물을 윤택하게 함을 말하는 것이다. 손巽괘는 법에 대한 애착을 버리는 것(離法愛)[986]이니, 바른

의미를 찾아내고 있다.

[983] 지차위知次位: 십승관법 중에서 여덟 번째 관법이다. 수행자가 자신의 수행을 점검하여 현재 수행의 계위가 어느 위치에 도달했는가를 명확히 아는 관법을 가리킨다. 물은 외부 환경에 적절히 적응하면서 때로는 흐르고, 때로는 그치며 끊임없이 흘러감의 작용을 이어간다. 지욱은 택수곤괘에서 물의 이러한 특성의 상을 취해 수행자가 자신의 수행의 깊이(次位)를 점검하며 수행을 멈추지 않고 이어간다는 '지차위'의 뜻을 도출해 내고 있다.

[984] 집성폐수執性廢修: '모든 중생들이 부처의 본성인 불성을 소유하고 있다(一切衆生 皆有佛性)'라는 가르침을 잘못 이해하여 스스로가 이미 불성의 존재라는 아상我 相에 빠져 더 이상 수행하기를 포기하거나 게을리 하는 것을 의미한다.

[985] 능안인能安忍: 십승관법 중에서 아홉 번째 관법이다. 세상의 모든 유혹과 희로애 락의 감정에 동요되지 않고 능히 인내하고 고난을 극복해 나가는 수행관법이다. 지욱은 수풍정괘가 상징하고 있는 우물이 한곳에 안정적으로 정착해 있으면서 고인 물로 모든 생명을 이롭게 하듯이, 수행자 또한 모든 것에 유혹되거나 동요하지 않고 수행정진에 안주하여 중생들의 이롭게 해야 한다는 취지에서 이렇게 말하고 있다.

[986] 이법애離法愛: 십승관법 중에서 열 번째 관법이다. '이것이 진리다, 이것이 불법이다'라고 집착함을 '법애'라 하는데, 수행자는 이러한 진리에 대한 집착까지 도 초월해야 한다는 관법을 가리킨다. 지욱은 중풍손괘가 상징하는 바람이 모든 것에 장애 없이 출입하는 괘상을 취해 수행자가 진리에 대한 집착 없이 곧바로 바른 본성(佛性)을 깨달아 들어가야 된다는 취지에서 이렇듯 손괘를 '이법애'의 관법에 대비하여 말하고 있다.

본성으로 깊이 깨달아 들어가기 때문이다.

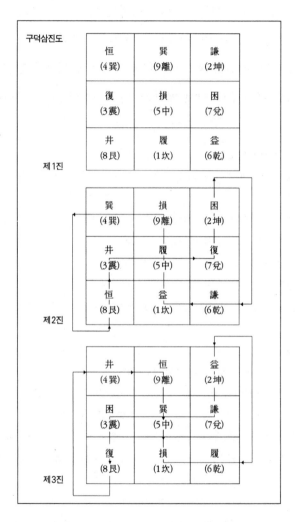

구덕삼진도九德三陳圖[987]

---

987 김석진 저, 『대산주역강의 3』, 269쪽 도표 참조.

제8장

易之爲書也ㅣ 不可遠이오 爲道也ㅣ 屢遷이라 變動不居하야 周
역 지 위 서 야   불 가 원   위 도 야   누 천   변 동 불 거   주

流六虛하야 上下ㅣ 无常하며 剛柔ㅣ 相易하야 不可爲典要ㅣ오
류 육 허   상 하   무 상   강 유   상 역   불 가 위 전 요

唯變所適이니 其出入以度하야 外內에 使知懼하며 又明於憂患
유 변 소 적   기 출 입 이 도   외 내   사 지 구   우 명 어 우 환

與故ㅣ라. 无有師保ㅣ나 如臨父母하니 初率其辭而揆其方컨댄
여 고   무 유 사 보   여 림 부 모   초 솔 기 사 이 규 기 방

旣有典常이어니와 苟非其人이면 道不虛行하나니라.
기 유 전 상   구 비 기 인   도 불 허 행

역의 책 됨(易書)은 멀리할 수 없다.[988] 도 됨(爲道: 도의 됨됨이)은 자주
변천한다.[989] 변화하고 움직여서 한곳에 머물러 있지 않고, 상하와 사방
(六虛)을 두루 유행하여 오르고 내리어 항상함이 없다.[990] 강유剛柔가
서로 바꾸어 가히 고정적인 법식(典要: 常法, 일정하여 변화하지 않는
도리)이 없이 오직 변화해 간다. 나고 드는 데 법도로써 하여[991] 안과

---

988 '역지위서易之爲書'는 곧 역서를 말한다. '불가원不可遠'은 이러한 역서를 늘
　　가까이 두고 연구하고 공부해야 함을 가리킨다.

989 '위도爲道'는 도의 됨됨이, 곧 역도易道의 본성을 의미한다. '누천屢遷'은 여러
　　번 변화하여 옮겨간다는 뜻이다. 태극에서 양의로, 양의가 사상으로, 사상이
　　팔괘로, 팔괘가 64괘로, 수시로 변하여 옮겨감을 말하고 있다.

990 '주류周流'는 유행한다는 의미이고, '육허六虛'는 공간적인 의미로 보면 동서남북
　　사방과 상하를 가리키고, 한 괘를 이루고 있는 여섯 효(六位)가 고정된 실체가
　　없이 공허하다는 의미이다. 역리가 무상하고 그 역리를 괘효로써 표현해 놓은
　　육효가 무상하다는 뜻이다.

991 주역(易書)은 사람들이 나고 드는 데 법도를 가리켜 바르게 처신하도록 한다는

밖에서 두려움을 알게 한다.[992] 또한 우환과 연고를 밝혀 놓았다.[993] 스승의 도움(師保)[994]이 없더라도 부모가 옆에 와 계심(臨席)과 같다. 처음에 그 괘사[995]에 따라서(率) 그 방도를 헤아려 보면(揆) 이미 일정한 법칙(典常)이 있으니, 진실로 그 사람[996]이 아니면 도가 헛되어 행해지지 않는다.

易書雖具陳天地事物之理, 而其實切近於日用之間, 故不爲遠. 雖近在日用之間. 而初無死法. 故爲道屢遷. 隨吾人一位一事中, 具有十法界之變化. 故變動不拘, 周流六虛. 界界互具, 法法互融. 故上下無常,

---

의미이다.

[992] 외내사지구外內使知懼: '출입'을 괘로 말하면 하괘에서 상괘로 가는 것을 '출出'이라 하고, 상괘에서 하괘로 오는 것을 '입入'이라 한다. 또한 '내외'를 괘로 말하면 '내內'는 내괘, '외外'는 외괘를 뜻하기도 한다. 곧 괘효의 변화를 가리키는 것이다. 역서는 괘효의 변화를 통해 사람으로 하여금 바른 도리로써(以道) 출입하고 일을 행하도록(行事) 가르쳐 주고, 안에서나 밖에서 처신의 두려움을 알도록 하여 피흉취길避凶取吉하도록 한다는 것이다. 왕필은 『주역왕필주周易王弼注』에서 위 구절에 대해 "들고 나는 법도를 밝혀 사람들로 하여금 안팎에서 경계하고 조심해야 할 것을 알게 한다(明出入之度, 使物知外內之戒也.)"라고 설명하였다.

[993] 명어우환여고明於憂患與故: '우憂'는 미래에 대한 걱정, '환患'은 현재의 환란, '고故'는 연고, 원인, 까닭을 말하는 것으로, 역서는 곧 현재와 미래의 우환이 생기는 원인과 결과의 까닭을 설명해 주고 있다는 의미이다.

[994] 사보師保: '스승의 도움'이라고 풀었는데, 한편으로는 『주례』에 나오는, 교육의 일을 주관하는 사씨師氏와 보씨保氏라고 한 곳도 있다.(김경방·여소강 지음, 『주역전해 下』, 심산, 2013, 566쪽)

[995] 괘사와 효사를 말한다.

[996] 문왕, 주공, 공자와 같이 역리의 이치를 깨달은 성인을 가리킨다.

剛柔相易. 所以法法不容執著而唯變所適, 唯其一界出生十界. 十界
趣入一界, 雖至變而各有其度. 故深明外內之機, 使知競業於一念之
微. 又明示憂患之道, 及所以當憂當患之故. 能令讀是書者, 雖無師
保, 而如臨父母. 可謂愛之深敎之至矣. 是以善讀易者, 初但循其卦爻
之辭, 而深度其所示之法. 雖云不可爲典要, 實有一定不易之典常也.
然苟非其人, 安能讀易卽悟易理, 全以易理而爲躬行實踐自利利他之
妙行哉.

역서가 비록 천지사물의 이치를 갖추어 펼쳐 놓은 것이라 해도, 그
사실은 일상적인 생활 및 사물과 매우 친밀한 것이라 할 수 있다.
그러므로 멀리할 수 없다는 것이다. 비록 일상적인 생활 및 사물과
밀접하게 존재하고 있지만, 처음부터 생명 없는 죽은 이치(死法)가
아니기 때문에 도(易道)가 거듭 변천한다고 한다. 우리 인간의 모든
처지(一位)와 모든 일상사(一事) 속에는 어떠한 것이든 간에[997] 십법계
十法界[998]의 모든 변화가 구족해 있다고 할 수 있다. 그러므로 변하고
움직임이 구애되지 않고 상하와 사방(六虛)을 두루 유행한다고 하는
것이다. 세계와 세계(界界)가 서로를 갖추고 있고 현상과 현상(法法)이

---

997 수오인일위일사중隨吾人一位一事中: '일위一位'는 사람이 처해 있는 모든 처지와
　　환경을, '일사一事'는 모든 사물과 사람이 하고 있는 일상적인 일을 가리키고
　　있다. '수隨'는 여기서 '따르다'는 일반적인 의미보다는 '어떠한(아무리) ~라도'라
　　는 의미로 쓰이고 있다. 곧 인간이 처해 있는 모든 처지와 환경, 그리고 모든
　　사물과 인간이 하는 일상적인 행위 중에는 이미 시방법계의 변화작용을 하나하
　　나 모두 갖추고 있다는 것을 말하고 있다.

998 십법계十法界: '십계十界'라고도 하며, 곧 지옥·아귀·축생·아수라·인간·천상·
　　성문·연각·보살·부처를 가리킨다.

서로 간에 융합되어 있다. 그러므로 오르내림에 항상함이 없다고 하는 것이고, 강유가 서로 교역한다고 하는 것이다.

그러한 까닭에 현상과 현상이 집착함을 용납지 않고 오직 변화하여 간다고 하는 것이다. 오직 그러한 한 세계(一界)가 시방세계(十界)를 낳게 되는 것이며, 시방세계가 한 세계에 포함되어(趣入) 비록 변화함에 이르더라도 각기 그 고유한 법도法度를 지니고 있다. 그러므로 안과 밖의 기미를 깊이 밝혀 미미한 한 생각에 있어서도 행동을 조심할 것을 깨닫도록 하는 것이다. 또한 근심과 우환의 도리와 마땅히 근심하고 우환을 겪게 된 연유의 까닭을 밝게 보여 준다. 능히 역서를 읽는 사람으로 하여금 비록 스승의 도와줌이 없더라도 부모가 곁에 계신 것과 같이 하니, 지극한 사랑과 지극한 가르침이라고 말할 수 있다. 까닭에 역서를 잘 배우고자 하는 사람은 처음에는 단지 그 괘사와 효사의 말씀을 따르다가(循) 깊이 있게 그 가르쳐 주는 바의 진리(示法)를 탐구(度)해야만 한다. 비록 일정한 준칙(典要)으로 삼지 못한다고 말하지만, 실은 바뀌지 않는 일정한 법칙(典常)이 있는 것이다. 그러나 진실로 그러한 성인이 아니라면 어찌 역을 배워서 곧 역리를 깨닫고 온전히 역리로써 궁극적 실천의 원리(躬行實踐)로 삼아 자리이타의 신묘한 행(妙行)을 실천할 수 있겠는가!

제9장

易之爲書也ㅣ 原始要終하야 以爲質也코 六爻相雜은 唯其時物
역 지 위 서 야　　원 시 요 종　　이 위 질 야　　육 효 상 잡　유 기 시 물

也ㅣ라. 其初는 難知오 其上은 易知니 本末也ㅣ라. 初辭擬之하
야   기초 난지 기상 이지 본말야   초사 의지

고 卒成之終하니라. 若夫雜物과 撰德과 辨是與非는 則非其中
졸성지종   약부잡물 선덕 변시여비 즉비기중

爻ㅣ면 不備하리라. 噫라. 亦要存亡吉凶인댄 則居可知矣어니와
효   불비   회 역요존망길흉   즉거가지의

知者ㅣ觀其象辭하면 則思過半矣니라. 二與四ㅣ同功而異位하
지자 관기단사   즉사과반의   이여사 동공이이위

야 其善이 不同하니 二多譽코 四多懼는 近也ㄹ새니 柔之爲道가
기선 부동   이다예 사다구 근야   유지위도

ㅣ不利遠者컨마는 其要无咎는 其用柔中也ㄹ새라. 三與五ㅣ同
불리원자   기요무구 기용유중야   삼여오 동

功而異位하야 三多凶코 五多功은 貴賤之等也ㄹ새니 其柔는 危
공이이위   삼다흉 오다공 귀천지등야   기유 위

코 其剛은 勝耶ㄴ뎌.
기강 승야

역서(易의 책 됨)는 처음을 근원으로 하여 끝을 탐구하는 것(原始要終)[999]
으로 본질(卦體)을 삼는다. 6효가 서로 섞이는 것은 오로지 그 때와
사물(時物)일 뿐이다.[1000] 그 처음(初爻)은 알기 어렵고, 그 위(上爻)는

---

[999] 원시요종原始要終: 원인을 추구하여 결과를 탐구함을 의미한다. 역서는 이와
    같이 원인을 추구하여 그 결과를 탐구하는 인과관계를 밝혀내는 것으로 그
    본질을 삼고 있다. 효로 설명하면 '원시'는 초효를, '요종'은 상효를 말한다.
    초효를 근원으로 시작하여 종착점인 상효에 이르러서 한 괘가 이루어짐을
    말하고 있다. 이렇게 초효부터 상효까지 여섯 효로 이루어지는 것이 괘의 본질이
    라는 것이다. 초효를 시작으로 하여 상효를 종착점으로 완성되는 한 괘는 한
    시대의 실태가 어떤 원인으로 시작되었고 어떤 상태로 종말을 맞이하게 될
    것인가를 알려 주는 것이다.

[1000] 시물時物: 그 시대에 상응하는 사물이라는 뜻으로, 효사는 오직 그 시대에
    상응하는 사물을 본떠서 역을 보는 사람들로 하여금 그에 적응하도록 가르쳐

알기 쉬우니 근본과 말단이다. 초효의 계사(初辭)는 사물의 시초를
모사(擬)하고, 마침내는(卒: 上爻) 결과(終)를 이룬다. 만약 무릇 사물이
섞이고(雜物) 덕을 가려내고 시비를 분별하려면 곧 그 가운데 효[1001]가
아니면 구비하지 못한다. 아아! 또한 존망存亡과 길흉吉凶을 알고자
하면 곧 거처하면서도 알 수 있다. 지혜로운 사람은 그 단사를 보면
곧 반 이상의 의미를 알 수 있는 것(思過半)이다. 2효와 4효는 둘 다
음위陰位로서 똑같이 공을 이루고 있지만(同功),[1002] 지위가 달라서 그
선善이 같지 않다.[1003] 2효는 명예로움이 많고 4효는 두려움이 많은
것은 가까이 있기 때문이다.[1004] 유柔의 도 됨은 먼 것이 이롭지 않지만,[1005]
그 중요한 것은 허물이 없다는 것이다. 그것은 유가 중정함을 활용하고

준다는 의미이다. 6효는 그 시대에 해당하는 그 효의 지위와 환경, 도덕과
재능 등을 표현하여 사람을 교화하고 있다는 것이다.

[1001] 중효中爻: 곧 괘의 가운데에 위치한 2·3·4·5의 네 효를 가리킨다.

[1002] 동공同功: 두 효가 모두 음위陰位라는 뜻이다. 신하를 상징하는 2효는 음이
음 자리에 있으면서 구오인 임금을 멀리서 모시고 있으며, 대신(장관)을 상징하
는 4효 또한 음이 음 자리에 있으면서 임금을 근거리에서 보좌하면서 똑같이
공을 이루고 있음을 말하고 있다.

[1003] 2효와 4효가 비록 구오인 임금을 보좌하는 신하로서 같은 공을 이루고 있지만,
각기 처해 있는 위치가 달라서 그 역할에 따른 가치(善)가 다르다는 것이다.

[1004] 제2효는 중정한 덕을 소유하고 있고, 임금과 멀리 떨어진 위치에서 임금을
보좌하고 있기 때문에 명예로울 수 있지만, 4효는 비록 음이 음 자리에 위치하고
있지만 중위中位를 벗어났고, 또한 책임 있는 대신으로서 임금을 근거리에서
보좌하고 있는 까닭에 일에 따른 책임도 무거울 수밖에 없다. 따라서 두려움(懼)
이 많다고 하는 것이다.

[1005] 불리원자不利遠者: '유柔'는 음효를 뜻한다. 음효는 강한 양효를 의지해야 하는데,
양효(구오)와 멀리 떨어져 있게 되면 이롭지 못하다는 의미이다.

있기 때문이다.[1006] 3효와 5효는 둘 다 양위陽位로서 똑같이 공을 이루고 있지만 지위가 달라서 3효는 흉함이 많고 5효는 공이 많다.[1007] 귀천의 차별이 있기 때문이다. 그 유柔는 위태롭지만 강剛은 이겨낼 수가 있다.[1008]

夫離卻始終之質, 則無時物. 離卻時物, 亦無始終. 故學易者, 須得其大體, 盡其曲折, 乃可謂居觀象動觀變也. 然雖發心畢竟二不別, 而初則難知, 上則易知, 以二心中先心難故. 旣發心已, 終當克果, 一本一末法如是故. 是以初辭擬之, 卒以此而成終. 顧爲學者, 又不可徒恃初心已也. 若夫徧涉於萬事萬物之雜途, 而撰成其德行, 及深辯修行之是非, 則非其中之四爻不備. 夫事物雖有萬殊, 是非雖似紛糅, 豈眞難辯也哉. 噫, 亦要歸於操存舍亡, 迪吉逆凶之理, 則所以自居者, 斷可知矣. 知者觀於象辭, 提綱挈領, 以定大局. 則雖時物相雜, 而是非可

[1006] 육이가 비록 구오와 멀리 떨어져 있어 불리한 처지이긴 하지만, 허물이 없게 되는 중요한 요점은 육이 음이 음 자리에 바르게 있고, 또한 가운데에 위치하면서 중정한 덕을 사용하고 있기 때문이라는 의미이다.

[1007] 3효와 5효는 같은 양위라 해도 존비尊卑의 차등이 있다. 3위는 대부분 대부(차관급)의 자리이고 5위는 천자의 자리이기 때문이다. 까닭에 그 효사 또한 3효는 흉한 효사가 많지만, 5효의 효사는 길한 경우가 대부분이다. 단 지산겸괘 구삼 효사에 "노겸군자勞謙君子, 유종길有終吉"이라 하였듯이, 64괘 가운데 3효가 길한 경우는 이 겸괘 하나뿐이다.

[1008] 유약한 음이 양위인 3위와 5위에 오는 것은 위태로워 좋지 않지만, 강한 양이 양위인 3위와 5위에 오는 것은 난관과 힘든 책무를 극복해 낼 수 있을 것이라는 뜻이다. 대체로 '기유위其柔危'는 3위에 유효(柔爻: 陰爻)가 오는 경우를 말하고, '기강승야其剛勝耶'는 5위에 강효(剛爻: 陽爻)가 오는 경우를 말한다.

辯, 思過半矣. 何謂是之與非, 且如二與四同是陰也, 而譽懼不同, 則遠近之分也. 三與五同是陽也, 而凶功不同, 則貴賤之分也. 柔宜近不宜遠. 四之位近君, 故雖多懼, 而其要無咎. 二之位遠君, 但用柔中, 故多譽也. 剛宜貴不宜賤. 五之位貴, 上位必須剛德乃克勝也, 此約時位如此. 若約修證者, 知慧宜高遠, 行履宜切實穩當, 故知內聖外王之學, 皆於一卦六爻中備之.

무릇 처음과 끝이라는 본질을 벗어난다면(離卻)[1009] 곧 시물時物도 없을 것이다. 시물이 없게 된다면 또한 시작과 끝도 있을 수 없다. 그러므로 역을 배우는 사람은 모름지기 그 대체大體를 체득하고[1010] 그 곡절曲折을 다 알아야만 한다.[1011] 그렇게 되면 머물러 있으면서도 상을 관찰할 수 있게 되고, 움직이고자 함에 변화를 살필 수 있게 된다.[1012]

그러나 비록 구도의 마음을 일으키는 것(發心)과 궁극적인 깨달음을 체득하는 것(畢竟)이 둘이지만 차별적이지는 않다(二不別).[1013] 처음(初

1009 이각離卻: '이離'는 '떠나다', '각卻'은 '물러나다, 후퇴하다'의 뜻이다. '리각'은 곧 어떠한 본질에서 '벗어나다'의 뜻이다.

1010 한 괘상이 나타내고 있는 본래의 의미와 상징성을 깨달아야 함을 가리킨다.

1011 '곡절曲折'은 한 괘에 있어 6효가 변화를 통해서 나타내는 의미와 상징성을 의미한다. 역을 배우는 사람은 6효의 변화와 그러한 변화가 나타내고 있는 의미와 가치, 그리고 상징성을 잘 파악하고 이해해야 한다는 의미이다.

1012 거관상동관변居觀象動觀變: '거관상居觀象'은 가만히 있으면서 괘상을 얻어 살피는 것이고, '동관변動觀變'은 무언가 행동을 하고자 함에 6효의 변화를 살핀다는 의미이다.

1013 연수발심필경이불별然雖發心畢竟二不別: 이 문장부터는 불교의 교설을 바탕으로 주역의 본 경문을 해석하고 있다. '발심'은 진리를 깨닫고자 처음 구도심을 일으킴을 가리키며, '필경'은 그러한 발심을 출발점으로 하여 수행을 통해

發心)에는 곧 깨닫기 어렵지만 수행이 향상되어 갈수록(上) 곧 깨닫기 쉬워진다. 두 마음 중에서 먼저 마음을 내는 것(先心)[1014]이 어렵다고 하지만, 이미 발심을 이루고 나면 마침내 당연히 결과를 얻게 되기(克果) 때문이다.[1015] 하나의 근본과 하나의 지말(末端)이라는 진리가 이와 같기 때문이다.[1016] 이러한 이유로 처음(초효)은 사물을 모사(初擬)하고, 마침내 이로써 끝을 이룬다고 하는 것이다. 다만 학문을 하는 사람은 또한 한갓 초심만을 의지해서는 안 된다.

만약 저 만사만물의 잡다한 길을 두루 섭렵하여 그 덕행을 가려내어 이루고, 수행하는 데 시비를 깊이 분별해 내려면 그 가운데의 4효(2·3·4·5효)가 아니면 갖추고 있지 못하다.[1017] 대저 사물이 비록 만 가지의 다름이 있고, 시비가 비록 어지럽게 뒤섞여 있는 듯해도(似紛糅),[1018] 어찌 진실로 분별해 내는 것이 어렵겠는가? 아! 또한 잡으면 있다가도 놓으면 사라지고(操存舍亡),[1019] 수순하면 길하고(迪吉),[1020] 역행하면

궁극적인 불법의 진리를 깨달음을 의미한다. 결과적으로 발심과 깨침의 마음은 둘로 나뉠 수 없는 본래 하나의 마음이라는 의미이다.

1014 선심先心: 곧 발심發心을 가리킨다.

1015 극과克果: 곧 '필경'을 가리킨다. 여기서 '극克'은 얻는다는 '득得'의 의미이다.

1016 일본일말법여시一本一末法如是: 시始와 종終, 본본과 말末, 생生과 사死 등의 모든 상대적인 개념들은 드러난 현상으로 보면 나누어진 각각 별개의 것으로 보이지만, 근원적 진리의 입장에서 보면 하나(一)면서 둘(二)이고, 둘이면서 하나인 불이不二의 관계를 이루고 있다고 볼 수 있다. 하나의 근본과 하나의 말단이 같은 진리라는 말은 바로 이와 같은 이치를 설명하고 있다.

1017 곧 초효와 상효를 제외한 나머지 2·3·4·5효의 효사를 통해 덕을 가려내어 이루고 수행하는 데 옳고 그름을 분별해 낼 수 있다는 의미이다.

1018 '분유紛糅'는 어지럽게 뒤섞여 있는 모양을 뜻한다.

흥하다는 이치(易理)에 반드시 회귀해야만 한다. 그렇게 되면 혼자 머물러 있는 자라도 결단코 알 수 있다.[1021] 지혜로운 사람은 단사만을 보고서도 핵심 원리를 깨닫게 되고(提綱挈領),[1022] 그럼으로써 전반적인 틀(大局)을 정할 수 있게 된다. 그러한즉 비록 시물時物이 서로 복잡하게 뒤섞여 있다 하더라도 옳고 그름을 분별해 낼 수 있게 되어 '생각만으로도 반 이상을 알 수 있게 되는 것(思過半矣)'이다.

무엇으로 옳다, 그르다 말하는가? 바로 2효와 4효가 똑같이 음위陰位이지만 영예롭고(2효) 두려워함(4효)이 같지 않은 것은 곧 멀고 가까움의 분별(分: 差別)이 있기 때문이다. 3효와 5효는 함께 양위陽位이지만, 흉하고(3효) 길함이(5효) 같지 않은 것은 귀천의 분별이 있기 때문이다. 유(柔, 陰)는 가까이 있는 것이 마땅하고, 멀리 있는 것은 마땅하지 않다. 4효의 자리는 임금(5효)과 가까이 위치하고 있는 까닭으로 비록 두려움은 많지만, '그 중요한 것은 허물이 없다(其要無咎)'는 것이다. 2효의 자리는 임금과 멀리 떨어져 있지만, 다만 유순한 중정함을 활용하

1019 조존사망操存舍亡: 『맹자』「고자상告子上」편에 "공자께서 말씀하시기를, 잡으면 있다가도 놓으면 사라지고, 출입에 때가 없으며, 그 고향을 알지 못하는 것은 오직 마음을 이르는 것이다(孔子曰, 操則存, 舍則亡, 出入無時, 莫知其鄉, 惟心之謂與.)"라는 내용으로 언급되고 있다.

1020 적길迪吉: '적迪'은 따른다는 의미의 '순順'과 같은 뜻이다. 따라서 '적길'은 곧 진리에 수순하면 길하다는 의미이다.

1021 현상에 따라 움직이는 마음의 본성(體性)을 깨닫고, 진리에 수순해서 살 수 있는 사람은 가만히 앉아 있으면서도 세상에서 일어나는 길흉의 이치를 알아 피흉취길避凶取吉할 수 있음을 말하고 있다.

1022 제강설령提綱挈領: 그물 벼리를 잡고 옷깃을 거머쥔다는 뜻으로, 곧 요점을 간명하게 제시함을 비유한 말.

고 있기 때문에 '명예로움이 많다(多譽)'고 한다. 강(剛, 陽)은 귀함을 적합하게 여기고, 천함은 적합하게 여기지 않는다. 5효의 자리는 귀하지만, 상위는 반드시 모름지기 강한 덕을 갖추고 있어야 능히 이겨낼 수가 있게 된다. 이러한 것은 때(時)와 지위(位)로 예를 들어도 이와 같다.[1023]

만약 수행(修)과 깨달음(證)이라는 것으로 예를 든다면, 지혜는 고상하고 원대해야(高遠) 마땅한 것이고, 수행의 실천(行履)은 절실하고 사리에 적합한 것(穩當)이어야 마땅하다. 그러므로 내성외왕의 학문이 모두 하나의 괘와 6효의 가운데에 갖춰져 있음을 알아야만 하는 것이다.

제10장

易之爲書也ㅣ 廣大悉備하야 有天道焉하며 有人道焉하며 有地
역 지 위 서 야　　광 대 실 비　　　유 천 도 언　　　　유 인 도 언　　　유 지

道焉하니 兼三才而兩之라. 故로 六이니 六者는 非他也ㅣ라. 三
도 언　　겸 삼 재 이 양 지　　　고　　육　　　육 자　　비 타 야　　　삼

才之道也ㅣ니 道有變動이라 故曰爻ㅣ오 爻有等이라 故曰物이오
재 지 도 야　　도 유 변 동　　고 왈 효　　　효 유 등　　　고 왈 물

[1023] 5효는 양의 자리임과 동시에 나라를 통치하는 임금의 자리이다. 이러한 자리에 위치해 있는 임금은 당연히 강한 덕(剛德)을 갖추고 있어야만 모든 통치의 고난을 이겨내고, 신하를 이끌고 백성들을 다스릴 수 있다. 그런데 이러한 덕목은 어느 시기나 어느 자리에 있어서나 마찬가지이다. 임금은 시간적으로나 공간적으로나 그 자리에 알맞게 항상 귀함을 지키고 강한 덕을 갖추고 있어야만 한다는 의미이다.

物相雜이라 **故曰文**이오 **文不當**이라 **故**로 **吉凶**이 **生焉**하니라.
물 상 잡   고 왈 문   문 부 당   고   길 흉   생 언

역서는 광대하여 모든 것을 다 갖추고 있다. 천도天道가 있고, 인도人道
가 있으며, 지도地道가 있다. 삼재(三才: 天地人)를 겸해서 그것을 둘(陰
陽)로 하였고, 그러므로 6효가 된다.[1024] 6효라는 것은 다른 것이 아니라
삼재의 도이다. 도에는 변하고 동함이 있는데, 그러므로 효라 한다.
효에는 등급이 있으므로 물物이라 한다.[1025] 물物이 서로 뒤섞이므로
문채文彩라 하는데,[1026] 문채가 마땅하지 않으므로 길흉이 생기는 것이
다.[1027]

[1024] 천天·지地·인人 삼재를 또다시 음양으로 나누면 하늘의 음양, 땅의 음양,
사람의 음양 여섯이 되고, 이것이 한 괘의 6효를 이룬다는 의미이다.

[1025] 6효에 등급이 있다는 말은 64괘에 담겨 있는 384효는 음효와 양효, 강효剛爻와
유효柔爻, 귀한 효와 천한 효, 서로 가까이 있는 효와 멀리 떨어져 있는 효,
초효와 상효와 같은 본말의 효 등과 같이 차별이 있다는 의미이다. 그런데
이러한 차별적 효는 그 효가 의상擬象하여 나타내고 있는 사물이 있다는 것이다.
중천건괘를 예로 든다면, 같은 용이지만 시공에 따라 달리 표현되고 있는
잠룡潛龍·현룡見龍·비룡飛龍·항룡亢龍 등을 가리킨다.

[1026] '문文'은 곧 '문채文彩'를 의미한다. 사물이 뒤섞여 문채를 이룬다는 말은 64괘의
384효는 음효와 양효가 서로 뒤섞여 있고, 또한 이러한 음양이 뒤섞여 있는
각각의 효는 각종 사물을 의상擬象하여 표현되고 있어 결과적으로 가지가지의
문채를 이루고 있다는 것이다. 곧 64괘 384효는 천지만물의 문채를 나타내고
있다는 뜻이다.

[1027] '문부당文不當'은 '유문당有文當, 유문부당有文不當'과 같은 의미로, 곧 음양의
당위當位와 부당위不當位를 말한다. 음이 음효 자리에 있거나, 양이 양효 자리에
있으면 '문당'이라 할 수 있지만, 음이 양위에, 양이 음위에 있게 되면 '문부당'이
된다. 음양이 본래 자리에 있으면 길하지만, 음양이 제자리에 있지 못하면
흉이 된다.

上明質與時物, 且約人道言之, 而實三才之道無不備焉. 且如三畫便
是三才, 而三才決非偏枯單獨之理. 當知一一才中, 還具兩才事理, 故
象之以六畫. 而六者非他, 乃表一一畫中, 又各還具三才之道, 不但初
二爲地, 三四爲人五上爲天而已矣. 是故三才各有變動之道, 各之曰
爻. 爻有初終中間之等, 故名曰物. 物又互相夾雜不一, 故名曰文. 文
有當與不當, 故吉凶從此而生. 而所以趨吉避凶, 裁成輔相於天地者,
則其權獨歸於學易之君子矣.

위 경문에서는 괘체(質)와 시물時物에 대해 밝히고 있다. 또한 인도人道
를 예로 들어 그것에 대해 설명하고 있다. 진실로 삼재三才의 도가
갖추어지지 않음이 없다는 것이다. 또한 세 획(三畫: 곧 소성괘의 3효)은
바로 삼재와 같은 것으로, 결코 어느 한쪽으로 치우쳐 단독으로 존재하
는 이치가 아니다. 마땅히 하나하나의 재才 중에는 또다시 두 재(兩才)의
사물의 이치를 구족하고 있음을 알아야만 한다.[1028] 그러므로 여섯
획(六畫)으로써 그것을 상징하는 것은 바로 6효이지 다른 것이 아니다.
이에 하나하나의 획畫 중에는 또한 각기 또다시 삼재의 도를 구족하고
있음을 나타내고 있다. 단지 초효와 2효가 지도가 되고, 3효와 4효가
인도가 되며, 5효와 상효만이 천도가 되는 것은 아니다.[1029]

[1028] 지욱은 호구론互具論의 관점에서 삼재가 천·지·인으로 이루어지지만, 그 하나
하나의 재才는 또다시 다른 2재를 포함하고 있음을 말하고 있다. 곧 '일즉다一則
多, 다즉일多則一'의 이치라는 것이다.

[1029] 일반적으로는 6효의 자리를 말할 때, 초효와 2효는 지위地位, 3효와 4효는
인위人位, 5효와 상효는 천위天位로 단정하지만, 지욱은 그러한 효위의 분별은
고정불변한 것이 아니라, 시공과 상황에 따라 변동할 수 있음을 말하고 있다.

이러한 까닭으로 삼재가 각기 변화하여 움직이는 도가 있게 된다. 그러므로 '효爻'라 부른다. 효에는 처음과 끝과 중간이라는 차등이 있다. 그러므로 '물物'이라 한다. 효가 나타내고 있는 물상物象은 또한 서로 뒤섞여서 하나의 모습이 아니다. 그러므로 '문채文彩'라 한다. 문채에는 온당함과 온당하지 못한 것이 있다. 그러므로 길흉이 이것에 따라 나타나게 된다. 그러한 이유로 역서가 길한 것은 추구하게 하고 흉한 것은 피하게 하며, 천지를 재단해 이루고 도우는 것(裁成輔相)이라면, 곧 그러한 권능은 오로지 역을 배우는 군자에게만 부여될 수 있는 것이다.

제11장

易之興也ㅣ 其當殷之末世周之盛德邪ㄴ더. 當文王與紂之事
역지흥야   기당은지말세주지성덕야   당문왕여주지사

邪ㄴ더. 是故로 其辭ㅣ 危하야 危者를 使平하고 易者를 使傾하니
야   시고 기사 위   위자 사평고   이자   사경

其道ㅣ 甚大하야 百物을 不廢하나 懼以終始면 其要ㅣ 无咎리니
기도   심대하야 백물 불폐   구이종시 기요   무구

此之謂易之道也ㅣ라.
차지위역지도야

역이 흥성한 시기는 그 은나라 말기, 주나라의 덕이 흥성할 시기에 해당되는가?[1030] 문왕과 주紂왕의 일에 해당하는가?[1031] 이러한 이유로

1030 주역이 발흥한 시기는 은나라 왕조가 쇠퇴하고 주나라 왕조의 덕이 흥성할 시기였을 것이라는 말이다. 실제적으로 복희씨가 그린 8괘의 그림을 64괘로 확장하고 또한 괘사와 효사를 덧붙여 철학적 의미를 담은 주인공은 바로

말(繫辭)이 위태롭다.[1032] 위태롭게 여기는 자는 평안하게 하고 안이하게 여기는 자는 기울어지게 한다.[1033] 그 도가 심히 커서 만물을 저버리지 않고(不廢),[1034] 두려워하는 마음으로써 끝마치고 시작하여 허물이 없도록 요구하고 있다.[1035] 이러한 것을 역도易道라 이르는 것이다.

주나라 때의 문왕과 주공이다. 공자는 이러한 사실을 염두에 두고 이같이 말하고 있는 듯하다.

1031 은나라 말기의 주紂왕은 은나라의 제후국으로 있던 주나라 문왕의 성덕을 시기하여 유리옥에 가두는 정치적 탄압을 자행하였다. 주의 문왕은 유리옥에 유폐되어 있으면서 64괘의 괘명과 괘사를 정하고 단사를 썼는데, 위 내용은 바로 그러한 사실을 말하고 있다.

1032 64괘의 괘사는 문왕이 주왕에 의해 유리옥이라는 감옥에 감금되어 있으면서 지어진 것이라 한다. 따라서 64괘에 붙여진 괘사는 이러한 문왕의 위태로운 처지가 반영되어 그 내용이 '길吉, 흉凶, 리利, 불리不利, 무구無咎, 회悔, 린吝' 등과 같이 인간의 행동을 경계시키고 방향성을 제시하는 언사로 표현되고 있다는 의미이다.

1033 주역을 배우는 자가 괘사로 표현된 위태로움을 일깨우는 가르침에 순종해서 언행을 항상 신중히 하고 조심하는 사람은 평안하게 될 수 있지만, 그렇지 않고 안이하게 생각하여 그 가르침을 좇지 않는 사람은 곤란함에 처할 수 있다는 뜻으로, 곧 역도를 순종하면 길하고 역도를 역행하면 흉하다는 가르침이다.

1034 '기도其道'는 곧 역도易道를 가리킨다. 이러한 역도는 심히 위대하여 세상의 모든 사물과 이치를 담아내고 있다는 것(百物不廢)이다. '백물불폐百物不廢'를 "온갖 사물을 흥하게 한다"라고 해석하는 경우도 있다.(임채우 옮김, 『주역 왕필주』, 도서출판 길, 1998, 581쪽 참조)

1035 '마치고 시작한다(終始)'는 것은 '시종'과 같은 의미일 수도 있지만, '시종'이 시작하여 마친다는 종료의 의미가 강하다면, '종시'는 마치고 다시 시작한다는 '계속성의 의미'를 강조하고 있는 표현이라 할 수 있다. 따라서 '종시'는 연속성, 항시성을 나타낸다. "구이종시懼以終始, 기요무구其要無咎"라는 경구는 곧 항상

此正明學易之君子, 於末世中而成盛德. 自旣挽凶爲吉, 又能中興易道, 以昭示於天下萬世也.

이것은 바로 역을 배우던 군자가 말세에 있으면서 성대한 덕을 성취한 것을 밝히고 있다. 스스로가 이미 흉을 면하여 길하게 되었고, 또한 능히 역도를 중흥시켰음을 천하의 온 세상에 명백하게 보여 주고 있는 것이다.[1036]

제12장

夫乾은 天下之至健也ㅣ니 德行이 恒易以知險하고 夫坤은 天下
부건   천하지지건야   덕행   항이이지험   부곤   천하

之至順也ㅣ니 德行이 恒簡以知阻하나니 能說諸心하며 能研諸
지지순야   덕행   항간이지조   능열저심   능연저

(侯之)慮하야 定天下之吉凶하며 成天下之亹亹者ㅣ니 是故로
후지려   정천하지길흉   성천하지미미자   시고

變化云爲애 吉事ㅣ 有祥이라. 象事하야 知器하며 占事하야 知來
변화운위   길사   유상   상사   지기   점사   지래

하나니 天地設位애 聖人이 成能하니 人謀鬼謀애 百姓이 與能하
        천지설위   성인   성능   인모귀모   백성   여능

나니라. 八卦는 以象告하고 爻象은 以情言하니 剛柔ㅣ 雜居而吉
        팔괘   이상고   효단   이정언   강유   잡거이길

凶을 可見矣라. 變動은 以利言하고 吉凶은 以情遷이라. 是故로
흉   가견의   변동   이이언   길흉   이정천   시고

두려워하는 마음으로 처신하고 언행을 실천하면 허물이 없을 것이라는 뜻이다. 주역은 바로 이렇듯 인간의 '무구'의 처신을 요구하고 있다는 것이다.

[1036] 주나라 문왕이 은나라 말기에 주왕에 의해 유리옥에 감금되는 등의 고난을 극복하고 64괘를 연역演繹하여 역을 중흥시켰음을 말하고 있다.

愛惡ㅣ相功而吉凶이 生하며 遠近이 相取而悔吝이 生하며 情僞
애 오   상 공 이 길 흉   생   원 근   상 취 이 회 린   생   정 위

ㅣ相感而利害ㅣ 生하나니 凡易之情이 近而不相得하면 則凶或
  상 감 이 이 해   생   범 역 지 정   근 이 불 상 득   즉 흉 혹

害之하며 悔且吝하나니라. 將叛者는 其辭ㅣ 慙하고 中心疑者는
해 지   회 차 린   장 반 자   기 사   참   중 심 의 자

其辭ㅣ 枝하고 吉人之辭는 寡하고 躁人之辭는 多하고 誣善之人
기 사   지   길 인 지 사   과   조 인 지 사   다   무 선 지 인

은 其辭ㅣ 游하고 失其守者는 其辭ㅣ 屈하니라.
  기 사   유   실 기 수 자   기 사   굴

무릇 건乾은 천하의 지극한 굳셈이니 덕행이 항상 쉬움으로써 위험한
것을 알고, 무릇 곤坤은 천하의 지극한 유순함이니, 덕행이 항상 간략함
으로써 막힌 것을 안다.[1037] 마음에서 기뻐할 수 있고, 생각에서 연구할
수 있어서 천하의 길흉을 정하며 천하의 근면함(亹亹)을 이룬다.[1038]

[1037] '지극히 강건함(至健)'은 건의 자연적 성정性情이고 '지극히 유순함(至順)'은
곤의 자연적 성정이다. 그런데 이러한 건곤의 덕행(능력, 작용)에 있어 건의
덕행은 항상 평이하게 작용하지만 그러한 작용 가운데 어려움이 있음을 알고
있다는 것이고(恒易以知險), 곤의 덕행은 항상 간략하게 작용하지만 그러한
작용 가운데 막히는 것이 있음을 안다는 것이다(恒簡以知阻). 「계사상전」제1장
에서 이미 언급한 '건이이지乾以易知, 곤이간능坤以簡能'라는 표현을 거듭 이어
서 설명하고 있는 내용이다. 만약 인간이 건곤의 이러한 이간易簡의 법칙을
깨닫고 본받아 실천한다면 삶에 있어 어려움과 막힘(險阻)을 잘 알아서, 거기에
빠지지 않고 평안한 삶을 살게 된다는 것을 가르친 내용으로도 해석할 수
있다.

[1038] '열說'은 곧 기뻐한다는 뜻의 '열悅'의 의미이고, '저諸'는 곧 '지어之於(이것을
~에)'의 의미이다. '연研'은 기미機微를 정밀하게 연구한다는 '연기研幾'의 뜻이
며, '미미亹亹'는 열심히 노력하는 모양을 가리키고 있다. '후지侯之'에 대해
왕필과 주자가 연문衍文이라 하여 해석하지 않는 예에 따라 일반적으로 해석을

이러한 이유로 변화와 언행에 있어서 길한 일(吉事)에는 상서로움이 있다. 사물을 형상화하여 기구를 만들 줄 알고, 점을 쳐서 미래의 일을 안다.[1039] 천지가 자리를 배열함에 성인이 공능을 이루니,[1040] 사람이

생략하고 있다. '저諸'는 곧 위 문장의 건곤의 '건순이간지덕健順易簡之德'을 가리키고 있다. 따라서 '능열저심能說諸心'은 그러한 건의 덕을 체득하여 마음속으로 기뻐한다는 의미이고, '능연저려能研諸慮'는 그러한 곤의 덕을 체득해서 생각 속에서 깊이 연심研審한다는 의미이다. '천하의 길흉을 정한다(定天下之吉凶)'는 것은 곧 이러한 '능열저심'을 바탕으로 길흉을 판단한다는 의미이고, '천하의 근면성을 이룬다(成天下之亹亹者)'는 것은 곧 이러한 '능연저려'를 바탕으로 천하의 일에 힘써 노력해 나간다는 의미라 할 수 있다. 또 다른 해석으로 '정천하지길흉定天下之吉凶'은 건곤의 덕을 체득해서 능히 '능열저심, 능연저려' 할 수 있는 성인이 64괘의 괘명과 괘사를 정하고 계사를 달아서 길흉회린을 단정했다는 의미로, '성천하지미미자成天下之亹亹者'는 사람들로 하여금 이러한 역서를 이용하여 피흉취길하게 하고 힘써 노력하도록 했다는 의미로 이해하기도 한다.(남동원, 『주역해의 Ⅲ』, 나남출판, 2001, 300쪽 참조)

1039 '변화變化'는 음양의 변화, 곧 천도를 말하고 '운위云爲'는 그러한 천도를 체득한 인간의 언행을 뜻한다. 건곤의 변화와 그러한 건곤의 변화의 이치를 깨달은 인간의 언행에는 당연히 길함(吉事)이 있게 되고, 그러한 길함이 있을 경우에는 반드시 상서로운 조짐이 있게 된다. 괘효는 여러 사물을 본떠서(象事) 역리를 표현해 낸 것이다. 그러므로 괘효의 관찰을 통하여 기물을 제작해 낼 수 있는 것이고, 점을 쳐서 얻게 되는 괘효사에 의해 미래의 일을 예측해 낼 수 있는 것이다. 이는 「계사상전」 제10장의 "역에는 성인의 도가 넷이 있다. 역으로써 말하고자 하는 자는 그 말을 숭상하고, 역으로써 움직이고자 하는 자는 그 변화를 숭상하며, 역으로써 그릇을 짓는 자는 그 형상을 숭상하고, 역으로써 점을 치려는 자는 그 점占을 숭상한다(易有聖人之道, 四焉, 以言者, 尚其辭, 以動者,尚其變, 以制器者, 尚其象, 以葡筮者, 尚其占.)"라는 내용의 또 다른 표현이라 할 수 있다.

1040 '천지설위天地設位'는 천지가 상하로 자리 잡아서 위치하고 있다는 말, 또는

꾀하고 귀신이 꾀하며 백성들도 능사能事에 참여케 한다.[1041] 8괘는 상象으로써 알려 주고, 효사와 단사는 실정實情으로써 말해 주니, 강유剛柔가 서로 섞여서 길흉을 볼 수 있게 한다. 변동은 이로움으로써 말해 주고[1042] 길흉은 실정으로써 옮겨간다.[1043] 이러한 까닭으로 사랑과 미움이 서로 부딪쳐서 길흉이 생기고,[1044] 멀고 가까운 것이 서로 취하여

천지와 그 사이의 만물이 각각 고유한 제 위치를 정하여 존재하고 있다는 뜻이고, '성인성능聖人成能'은 성인이 그러한 천지의 이간易簡의 도를 체득하여 8괘를 만들고, 이를 또다시 64괘로 연역演易하고 여기에 계사하여 길흉화복을 단정함으로써 백성들을 이롭게 하는 공능을 이루었음을 말한다.

[1041] 성인이 역리를 체득하여 하나의 책으로 엮어놓은 것이 바로 역서다. 무릇 인간이 어떠한 일을 행하는 데 있어 먼저 이러한 역서를 바탕으로 서로 논의하고, 나아가 점서(占筮)를 통해 귀신과 모의하여 행사行事의 길흉화복을 판단하게 되는데, 일반 백성들 또한 이러한 일에 능히 참여해 함께한다는 뜻이다. 역리를 통해 천지와 성인, 일반 백성이 공능을 함께한다는 것이다.

[1042] '변동變動'은 곧 음양의 교역交易, 변역變易을 의미한다. '이리언以利言'은 사람으로 하여금 이익을 얻도록 말했다는 의미이다. 따라서 '변동은 이로움으로써 말해 준다(變動, 以利言)'는 말은 곧 64괘, 384효가 변화하여 운행하는 도리를 성인이 계사하여 사람들로 하여금 피흉취길避凶取吉하게끔 하는 이로움을 말했다는 뜻이다.

[1043] 변동하여 나타나게 되는 길흉은 결국 사람의 심정에 따라 달리 나타나게 된다는 의미이다. 선한 심정의 사람은 길함을 얻게 되고, 불선한 심정의 사람은 흉을 만나게 된다는 말이다. 곧 선악에 따라 길흉이 옮겨진다(遷)는 뜻이라 할 수 있다. 『주역왕필주周易王弼注』에서는 이러한 '길흉이정천吉凶以情遷'에 대해서 "길흉은 정해진 것이 아니라 오직 사람이 어떻게 행동하는가에 달려 있으니, 성정이 이치에 수순하면 길하고 성정이 도리에 어긋나면 흉한 데 빠지게 된다. 그러므로 길흉은 성정으로 인해 바뀌어진다고 말하는 것이다(吉凶無定, 唯人所動, 情順乘理以之吉, 情逆危道以陷凶. 故曰吉凶以情遷也.)"라고 설명하고 있다. (임채우 옮김, 『주역왕필주』, 도서출판 길, 1998, 585쪽 참조)

회린悔吝이 생기며,[1045] 참과 거짓이 서로 감응하여 이로움과 해로움이

1044 '애오상공愛惡相攻'은 애정과 미움이 서로 교차(攻)한다는 뜻이다. 사람의 감정은
일정하지 못하다. 사랑이 미움으로 바뀔 수가 있고, 반대로 미움이 사랑으로
바뀔 수도 있다. 본인에게는 좋은 것이 상대에게는 싫어하는 것이 될 수 있고,
반대로 내가 미워하는 것을 상대는 좋아할 수도 있다. 역리에서 보면 절대적
애오는 존재하지 않는 것이다. 이것이 바로 '애오상공'의 의미이다. 이러한
인간의 애오 감정에 따라 '길흉이 생겨나게 된다(而吉凶生)'는 것이다. 괘로
예를 든다면, 천화동인의 2효 육이는 다른 모든 5효(陽爻)와 동인의 관계를
맺고 있다. 하지만 육이는 5효인 육오하고만 정응관계를 맺고 있다. 까닭에
다른 양효, 특히 2효 바로 위에 위치하고 있는 3효인 구삼은 정응관계를 맺으면
서 2효를 독차지하고 있는 구오를 미워할 수밖에 없다. 구오 역시 2효 바로
곁에서 자신의 상대를 넘보고 있는 구삼을 미워하게 된다. 이러한 구삼과
구오의 관계가 바로 '오상공惡相攻'의 예라 할 수 있을 것이다. 또 지산겸괘의
3효인 구삼은 유일한 양효로서 다른 모든 5효(陰爻)들의 사랑을 받고 있다.
이러한 양효인 구삼 하나를 두고 벌이고 있는 음효들 간의 관계가 바로 '애상공愛
相攻'의 예라 할 수 있다.

1045 '원근遠近'은 곧 효와 효의 관계를 의미하는 것으로 '원'은 응효應爻를, '근'은
비효比爻를 말한다. 따라서 '원근상취遠近相取'는 응효와 비효가 서로 상취상종
相取相從함을 가리킨다. 수뢰둔괘로 예를 든다면, 하괘의 초효와 상괘의 초효인
4효는 음양 상응으로 응효의 관계를 이루고 있고, 역시 2효와 5효도 음양
상응으로 응효의 관계를 맺고 있다. 하지만 3효와 상효는 같은 음효로 대립적인
관계를 이루고 있다. 한편으로 초효와 2효, 4효와 5효, 5효와 상효는 서로
간에 상비相比관계를 이루고 있다. 2효인 육이의 입장에서 보면, 초구와는
비효관계를, 구오와는 정응관계를 이루고 있다. 작용력으로 보면 응효가 비효
보다 훨씬 강력한 관계성을 이루고 있다. 따라서 육이의 입장에서는 당연하게
구오를 따라야 하지만, 바로 아래의 상비관계를 이루고 있는 초구에게도 일정한
마음을 빼앗기고 있는 것이다. 정응관계인 구오를 따를 것인가, 아니면 상비관
계인 초구를 좇을 것인가? 여기에서 육이의 길흉회린吉凶悔吝이 결정 나게
되는 것이다. 이러한 것이 바로 '원근상취遠近相取, 이회린생而悔吝生'의 의미라

생긴다.¹⁰⁴⁶ 무릇 역의 실정은 가까이 있어도 얻지 못하면 곧 흉하게
되고, 혹은 해로우며, 뉘우치게 되고, 또한 인색하게 된다.¹⁰⁴⁷ 장차

할 수 있다.

1046 '정情'은 진실, '위僞'는 거짓을 의미한다. 곧 진실하게 감응할 경우에는 이로움이
생겨나지만, 거짓되게 감응하는 경우에 있어서는 해로움이 생겨나게 된다는
뜻이다. '진실하게 감응하는 것(情相感)'을 예로 든다면, 바로 풍택중부괘의
구이가 될 것이다. 구이 효사에 "우는 학이 그늘에 있거늘, 그 아들이 화답하도
다. 나에게 좋은 벼슬이 있어서 내가 너와 더불어 얽히노라(鳴鶴在陰, 其子和之.
我有好爵, 吾與爾靡之.)"라고 하였다. 구이는 비록 양이 음 자리에 있지만,
내괘의 중을 얻어 돈독한 믿음으로 외괘 구오와 정응의 관계를 맺고 있다.
마치 새끼 학이 그늘에 숨어 울고 있는데, 어미 학이 새끼를 애타게 찾으니
새끼가 화답하는 것과 같다. 구오인 임금은 좋은 벼슬자리가 있으니 구이에게
함께 큰일을 도모하자고 요구하고 있고, 이에 구이도 중부中孚의 마음으로
화답함으로써 진실하게 감응하고 있는 것이다. 바로 '정삼감情相感'의 예라
할 것이다. 이와는 반대로 '거짓되게 감응을 하는 것(僞相感)'을 예로 든다면,
바로 산수몽괘의 육삼을 들 수 있다. 육삼 효사에 "육삼은 여자를 취하지
말아야 한다. 돈 있는 사내를 보고 몸을 두지 못하니, 이로울 바가 없다(勿用取女,
見金夫不有躬, 無攸利.)"라고 하였다. 육삼은 음이 양 자리에 있으면서 중도
얻지 못한 불순한 상태이다. 자신과 정응관계인 상육을 당연히 좇아야 하지만,
바로 아래에 자리하고 있는 돈 많은 구이에게 마음을 빼앗겨 정신을 잃고
있다. 자신의 처지를 망각한 '위상감僞相感'의 대표적 예인 것이다.

1047 '역지정易之情'은 역의 참된 실정을 의미하고, '근이불상득近而不相得'에서 '근近'
은 바로 비효比爻를 가리킨다. 그러므로 '근이불상득'은 가까이 위치하고 있는
효와 효가 서로 사이가 좋지 못하거나 불순한 관계를 의미한다. 예를 든다면
산수몽괘의 육삼과 육이 관계가 될 것이다. 그럴 경우 흉해凶害와 회린悔吝을
낳게 된다. 사람과 사람의 사이도 마찬가지일 것이다. 가까운 사이라도 서로
간에 화합을 이루지 못하고 불화하거나 갈등하면 흉해회린을 겪게 되는 것이다.
역리와 인간사가 같은 이치인 까닭이다.

배반을 하려는 자는 그 말에 부끄러워하는 기색이 있고, 심중에 의심을 품고 있는 자는 그 말에 일관성이 없다. 길한 사람의 말은 적고, 조급한 사람의 말은 많으며, 위선자의 말은 진실하지 못하고, 지조를 잃은 사람의 말은 비굴하다.[1048]

夫易道雖甚大, 而乾坤足以盡之. 乾易而知險, 坤簡而知阻. 惟其知險, 故險亦成易, 否則易便成險矣. 惟其知阻, 故阻亦成簡, 否則簡亦成阻矣. 悟此簡易險阻之理於心, 故悅. 知此挽回險阻, 以成簡易之不

1048 '장반자將叛者'는 장차 배반을 도모하려는 사람(背人)을 의미한다. 이러한 사람은 스스로 양심에 거리낌이 있어 그 말에 부끄러움(慙)을 담고 있다는 것이다. '중심의자中心疑者'는 마음속에 의심을 품고 있는 사람을 의미하고 '지枝'는 '분分'과 같은 뜻으로, 말이 나뭇가지처럼 나눠지고 갈라짐을 의미한다. 곧 일관성이 없음을 가리킨다. 마음속에 의혹을 품고 있는 사람은 의심하는 이유로 해서 그 말에 일관성이 없다는 것이다. '길인지사과吉人之辭寡, 조인지사다躁人之辭多'에 있어 '길인吉人'은 곧 역리를 깨달은 선인, 곧 군자를 가리킨다. 진리를 깨달은 사람은 굳이 잡다한 언사가 필요치 않다. 직접 몸으로 보여 주고 간단한 직설적 언사로 자신의 뜻을 표현할 뿐이다. 이와는 반대로 '조인躁人'은 진리를 깨닫지 못하고 어리석고 조급하고 경망한 사람을 가리킨다. 이러한 사람의 언사는 당연히 수다스럽고 말이 많아질 수밖에 없다. '무선지인誣善之人, 기사유其辭游'에 있어 '무誣'는 거짓말로 속이는 것을 의미하므로, '무선지인'은 곧 위선자를 가리킨다. '유遊'는 '부浮'와 같은 뜻이다. 남을 속이려는 위선자의 언사는 당연히 안정적이지 못하고 붕 뜬 것(遊)처럼 이리저리 갈피를 잡지 못한다는 것이다. '실기수자失其守者, 기사굴其辭屈'에 있어 '수守'는 수절, 절조의 의미이다. 절조를 잃은 사람은 떳떳하지 못한 관계로 그 언사가 비굴해진다는 것이다. 공자는 64괘의 각 효사에서 이러한 인간의 성정을 읽어내고 역도에 의지해 바른 언사를 실천할 것을 지시하고 있는 것이다.

可草率, 故其慮硏. 旣悅其理, 又硏其慮, 則知行合一, 全體乾坤之德, 遂可以定吉凶, 成亹亹也. 是故世間之變化云爲, 擧凡吉事無不有祥. 聖人於此, 卽象事而可以知器, 卽占事而可以知來矣. 由此觀之, 天地一設其位, 易理卽已昭著於中, 聖人不過卽此以成能耳. 然其易理甚深奧, 亦甚平常. 以言其深奧, 則神謀鬼謀, 終不能測. 以言其平常, 則百姓何嘗不與能哉. 夫百姓何以與能, 卽彼八卦未嘗不以象告. 卽彼爻象未嘗不以情言. 卽彼剛柔雜居, 而吉凶未嘗不可見也. 是故易卦之變動, 不過以百姓之利言也. 易辭之吉凶, 不過以百姓之情令其遷善也. 是故百姓之愛惡相攻, 而吉凶生, 遠近相取, 而悔吝生, 情僞相感, 而利害生. 此百姓之情, 卽易中卦爻之情也. 凡易之情, 近而相得則吉, 不相得則凶. 或害之, 悔且吝矣. 而此相得不相得之情, 能致吉凶悔吝者, 豈他人强與之哉. 試觀將叛者其辭慙, 乃至失其守者其辭屈, 可見一切吉凶禍福無不出於自心, 心外更無別法. 此易理所以雖至幽深, 實不出於百姓日用事物之間, 故亦可與能也.

대저 역도易道가 비록 심오하다고는 하지만, 건곤乾坤이 그것을 다하기에 충분하다. 건은 쉬우면서도 험함을 알고, 곤은 간략하면서도 막힘을 안다. 오직 그 험함을 아는 까닭으로 험함을 곧 쉬운 것으로 만들어 내는 것이다. 그렇지 못하다면 쉬운 것도 곧 어렵게 만들 것이다. 오직 그 막힘을 알기 때문에 막힘을 역시 간략하게 만들어 낸다. 그렇지 못하다면 간략함 역시도 막힌 것으로 만들게 될 것이다. 이러한 간이簡易와 험조險阻의 이치를 마음에서 깨닫게 된 이유로 기뻐하는 것이다.

　이처럼 험조함을 돌이켜서 간이함으로 이루어 내는 것은 대강대강

할 수(草率) 없는 것임을 알아야만 한다.[1049] 그러므로 그 마음을 연구(慮研)한다고 하는 것이다. 이미 이치를 깨달아 기뻐하고 또한 그것을 헤아리고 연구하게 되면, 곧 앎과 실천이 하나가 된다. 전체적인 건곤의 덕을 체득하여 마침내 길흉을 판단할 수 있게 됨으로써 천하의 일을 힘써 노력해 나갈 수 있는 것(亹亹)이다.

이러한 까닭으로 세상의 변화와 언행(云爲)은 경사스러운 일(吉事)이 되어 모든 것이 상서롭지 않음이 없게 된다. 성인은 이렇게 하여 곧 사물을 형상화하여 기물(器)을 만들어 낼 줄 아는 것이며, 곧 일을 점쳐서 미래의 일을 예측해 낼 수 있게 되는 것이다. 이를 바탕으로 관찰해 보면, 천지가 한번 그 자리를 정하자 역리가 곧 이미 그 가운데 뚜렷하게 나타나게 된 것(昭著)이고, 성인은 이를 바탕으로 공능功能을 이루어 낸 것에 불과할 뿐이다. 그렇지만 그 역리는 심히 오묘하고, 또한 심히 평범한 것(平常)이라 할 수 있다. 그 심오함으로 말한다면 신이 도모하고 귀신이 도모해도 마침내 헤아릴 수 없는 것이며, 그 평범함으로 말한다면 백성들이 어찌 일찍이 공능을 함께하지 못할 수 있겠는가?

무릇 백성이 무엇으로써 공능을 함께하는가? 곧 저 8괘는 상象으로써 알려 주지 않음이 없고, 곧 저 효사爻辭와 단사彖辭가 일찍이 실정으로써 말해 주지 않음이 없으며, 곧 저 강유剛柔가 서로 뒤섞여 있으면서 길흉을 일찍이 보여 주지 않음이 없는 것이다. 이러한 까닭으로 역에 있어 괘의 변화와 움직임(變動)은 백성의 이로움을 말해 주는 것에

1049 '만회挽回'는 '돌이키다, 만회하다'의 뜻이고, '초솔草率'은 정밀하지 못한 모양, 혹은 동사로서 '경솔하다, 대강대강 하다, 거칠다'의 뜻이다.

불과하고, 역에 있어 사辭의 길흉은 백성들의 실정에 따라 그들로 하여금 선한 곳으로 옮겨 가게끔 하는 것에 지나지 않는다. 이러한 이유로 백성들이 좋아하고 미워하는 감정이 서로 부딪쳐 길흉이 생겨나게 되고, 멀고 가까움을 서로 따져 후회와 인색함이 생겨나게 되며, 참됨과 거짓이 서로 감응하여 이해가 생겨나게 되는 것이다. 이러한 것은 백성의 실정이 곧 역 가운데에 있어서 괘효의 실정과 같기 때문이다.

무릇 역의 실정이 가까워져서 서로 얻게 되면 곧 길하고, 서로 얻지 못하면 곧 흉하거나 해롭고, 후회스럽거나 또는 인색하게 된다. 이렇듯 서로 얻거나 얻지 못하는 실정에 따라 능히 길흉과 회린에 이르게 되는 것이다. 어찌 다른 사람이 억지로 그렇게 하는 것이라고 할 수 있겠는가? 예를 들어 살펴보면, 장차 배반하려는 자는 그 언사에 부끄러워하는 기색이 있고, 나아가 그 지조를 잃어버린 사람은 그 언사에 비굴함이 묻어 있다. 가히 일체의 길흉화복이 자신의 마음에서 나오지 않음이 없음을 볼 수 있어야 한다. 마음 밖에 또다시 특별한 진리가 없는 것이다. 그런 까닭에 역리가 비록 지극히 그윽하고 심오하다고 하지만, 실로 백성들이 일상적으로 사용하는 사물(日用事物之間)을 벗어나지 않는다. 그러므로 또한 더불어 역리에 능통할 수 있는 것이다.

설괘전說卦傳

제1장

昔者聖人之作易也애 幽贊於神明而生蓍하고 參天兩地而倚數
석 자 성 인 지 작 역 야   유 찬 어 신 명 이 생 시   삼 천 양 지 이 의 수

하고 觀變於陰陽而立卦하고 發揮於剛柔而生爻하니 和順於道
관 변 어 음 양 이 입 괘   발 휘 어 강 유 이 생 효   화 순 어 도

德而理於義하며 窮理盡性하야 以至於命하니라.
덕 이 리 어 의   궁 리 진 성   이 지 어 명

옛날에 성인이 역을 지으실 적에 그윽하여 보이지 않는 데서 신명을
도와 시초를 내고, 하늘을 셋으로, 땅은 둘로 해서 수를 의지하고,
음양의 변화를 보아서 괘를 세우셨다. 강유剛柔를 발휘해서 효를 내시
니, 도덕에 화순하고 의리를 다스리며, 이치를 궁구하고 성품을 다함으
로써 천명에 이른다.

夫因蓍有數, 因數立卦, 因卦有爻, 此人所共知也. 借此以和順道德,
窮理盡性, 此人所未必知也. 且蓍之生也, 實由聖人幽贊於神明而生
之. 數之倚也, 實參兩於天地. 卦之立也, 實觀變於陰陽. 爻之生也,
實發揮於剛柔. 此尤人所不知也. 惟其蓍從聖人幽贊生, 乃至爻從發
揮剛柔生, 故卽此可以和順道德, 使進修之義條理有章. 既得進修之
義, 則理可窮, 性可盡, 而天命自我立矣. 作易之旨顧不深歟.

무릇 시초를 바탕으로 하여 수가 있고, 수를 원인으로 하여 괘가 세워지고, 괘를 바탕으로 하여 효가 있는 것이다. 이것은 사람들이 누구나가 알고 있는 내용이다. 하지만 이를 의지함으로써 '도덕에 화순(和順道德)'하고 '궁리진성窮理盡性'해야 한다는 것을 이러한 사람들 모두가 반드시 아는 것은 아니다.

또 한편으로 설시가 생겨나게 된 것은 진실로 '성인이 신명을 그윽하게 도와서 생겨나게 된 것(聖人幽贊於神明而生)'이다. 수를 의지한다고 하는 것은 진실로 '하늘에서 1·3·5, 땅에서 2·4의 수를 유추해 냄(參兩於天地)'을 의미하며, 괘를 세웠다는 것은 진실로 '음양에서 변화를 관찰하였음(觀變於陰陽)'을 말하고, 효가 생겨나게 된 것은 진실로 '강유에서 발휘되었음(發揮於剛柔)'을 의미하는데, 이러한 사실들을 더욱더 사람들은 알지 못한다.

오직 그 시초는 성인의 그윽한 도움(幽贊)을 말미암아서 생겨난 것이며, 나아가 효는 강유剛柔에서 발휘됨을 좇아서 생겨나게 된 것이다. 그러므로 이러한 사실을 바탕으로 도덕에 화순함으로써 정진해 가는(덕과 학문을 닦아 나가는) 뜻에 있어 조리條理가 빛남이 있게 되는 것이다. 이미 정진해 나가는 뜻을 확고히 얻었다면, 곧 이치를 궁구하고 본성을 다할 수 있게 되어 천명이 나로부터 저절로 세워지게 되는 것이다. 역을 지은 취지를 돌이켜 보면 심오하지 않은가?

제2장

昔者聖人之作易也는　將以順性命之理니　是以立天之道曰陰
석 자 성 인 지 작 역 야　　장 이 순 성 명 지 리　　시 이 입 천 지 도 왈 음

與陽이오　立地之道曰柔與剛이오　立人之道曰仁與義니　兼三才
여 양　　　입 지 지 도 왈 유 여 강　　　입 인 지 도 왈 인 여 의　　겸 삼 재

而兩之라 故로 易이 六畫而成卦하고 分陰分陽하며 迭用柔剛이
이 양 지　고　　역　육 화 이 성 괘　　분 음 분 양　　　질 용 유 강

라 故로 易이 六位而成章하나라.
　고　　역　　육 위 이 성 장

옛적에 성인이 역을 지으신 것은 장차 성명性命의 이치에 순응하고자
함이다. 이로써 하늘의 도를 세워서 말하길 '음陰과 양陽'이라 한 것이고,
땅의 도를 세워서 말하길 '유柔와 강剛'이라 한 것이며, 사람의 도를
세워서 말하길 '인仁과 의義'라고 한 것이니, 삼재(三才: 天·地·人)를
겸해서 그것을 둘로 한 것이다. 그러므로 역은 여섯 획으로 괘를 이루고,
음을 나누고 양을 나누며, 유와 강을 차례로 쓴다. 그러므로 역은
여섯 자리로 문채(文彩, 文章)를 이루게 된 것이다.

제3장

天地ㅣ 正位애 山澤이 通氣하며 雷風이 相薄하며 水火ㅣ 不相射
천 지　정 위　산 택　통 기　　뇌 풍　상 박　　수 화　불 상 석

하야 八卦相錯하니 數往者는 順코 知來者는 逆하니 是故로 易은
팔 괘 상 착　　수 왕 자　순　지 래 자　역　　시 고　역

逆數也ㅣ라.
역 수 야

천지가 자리를 정하면 산과 못이 기운을 통하게 되고, 우레와 바람이 서로 부딪치게 되며, 물과 불이 서로 범하지(쏘지) 않게 되어서 8괘가 서로 섞이게 된다. 지나간 것을 헤아리는 것은 순하고, 오는 것을 아는 것은 거스르는 것이다. 이런 까닭으로 역은 역수逆數인 것이다.

吾人自無始以來, 迷性命而順生死, 所以從一生二, 從二生四, 乃至萬有之不同. 今聖人作易, 將以逆生死流, 而順性命之理. 是以卽彼自心妄現之天, 立其道曰陰與陽, 可見天不偏於陽, 還具易之全理, 所謂隨緣不變也. 卽彼自心妄現之地, 立其道曰柔與剛, 可見地不偏於柔, 亦具易之全理, 亦隨緣不變也. 卽彼自心妄計之人, 立其道曰仁與義, 仁則同地, 義則同天, 可見人非天地所生, 亦具易之全理, 而隨緣常不變也. 天具地人之兩, 地具天人之兩, 人具天地之兩, 故易書中以六畫成卦而表示之. 於陰陽中又分陰陽, 於柔剛中互用柔剛, 故易書中以六位成章而昭顯之也. 何謂六位成章, 謂天地以定其位, 則凡陽皆屬天, 凡陰皆屬地矣. 然山澤未始不通氣, 雷風未始不相薄, 水火相反, 而又未始相射也, 是以八卦相錯, 而世間文章成矣. 卽此八卦相錯之文章, 若從其從一生二, 從二生四, 從四生八之往事者, 則是順生死流. 若知其八只是四, 四只是二, 二只是一, 一本無一之來事者, 則是逆生死流. 逆生死流, 則是順性命理. 是故作易之本意, 其妙在逆數也. 謂起震至乾, 乾惟一陽, 卽表反本還源之象耳.

우리는 시작을 알 수 없는 시기로부터 성명性命을 미혹하여 생사윤회를 따르게 되었다. 까닭에 하나를 좇아서 둘이 생겨나게 되고, 둘을 좇아서 넷이 생겨나게 되고, 나아가 만 가지의 서로 다른 존재에 이르게 된 것이다. 지금 성인이 역을 지으신 것은 장차 생사윤회를 역류逆流해서 성명의 진리를 수순하도록 하고자 하는 이유에서다. 이러한 까닭에 저 자심自心이 거짓된 모습으로 나타난(妄現) 하늘을 바탕으로 하여 그 도를 세워 '음과 양'이라고 말하지만, 그렇다고 하늘이라고 해서 양에만 치우친 것이 아님을 볼 수 있어야 한다. 도리어 역의 전체적 이치(易之全理)를 갖추고 있는 것으로, 이른바 수연불변隨緣不變이기 때문이다. 저 자심이 거짓된 모습으로 나타난 땅을 기준으로 해서 그 도를 세워 '유와 강'이라고 말하지만, 그렇다고 땅이라고 해서 음에만 치우친 것이 아님을 볼 수 있어야만 한다. 역시 역의 전체적 이치를 구족하고 있는 것으로, 또한 수연불변隨緣不變인 것이다. 저 자심이 거짓되게 헤아리는(妄計) 사람을 기준으로 해서 그 도를 세워 '인과 의'라고 말하지만 인이 곧 땅과 같고 의가 바로 하늘과 같은 것이니, 사람이 단지 천지로부터 생겨난 것이 아님을 볼 수 있어야만 한다. 역시 역의 전체적 이치를 구족하고 있는 것으로, 인연을 따르고 있지만 언제나 불변한 것이다.

하늘은 땅과 사람이라는 두 가지를 구족하고 있고, 땅은 하늘과 사람이라는 두 가지를 갖추고 있으며, 사람은 하늘과 땅이라는 두 가지를 포함하고 있다. 그러므로 역서에서는 여섯 획으로써 괘를 이루어 그것을 표시하고 있다. 음양 중에서 또다시 음양을 나누어 유柔와 강剛 속에서 유와 강이 서로 사용(互用)되고 있다. 그러므로 역서에서는 육위六位로써 문채를 이루어 그것을 분명하게 드러내고 있는 것이다. 무엇을 육위로 문채를 이룬다고 하는가? 천지가 그 자리를 정함으로써 무릇 양은 다 하늘에 속하게 되는 것이고, 무릇 음은 모두 땅에 속하게 되는 것을 말한다. 그렇지만 산과 못이 처음부터 기를 통하지 못하고, 우레와 바람이 처음부터 서로 부딪치지 못하며, 물과 불이 처음부터 상로 상반되어 서로 범하는 것은 아니다. 이러한 까닭에 8괘가 서로 섞여서 세상의 문채를 이루게 된다고 한다.

이렇듯 8괘가 서로 섞인 문채를 바탕으로 하여, 만약 하나를 좇아 둘이 생겨나고, 둘을 좇아 넷이 생겨나며, 넷을 좇아 여덟이 생겨나게 되는 지난 일을 따르게 된다면 곧 생사의 윤회를 순종하는 것이 된다. 하지만 만약 그 여덟이 단지 넷일 뿐이며, 넷이 다만 둘이고, 둘이 단지 하나일 뿐이며, 하나도 본래 하나가 없다는 것을 안다면 곧 이것이 생사의 윤회를 역류하는 것이다. 생사윤회를 역류하는 것이 바로 성명의 이치에 수순함이다. 이러한 이유로 역을 지은 본래의 의도에 있어, 그 오묘함이 역수逆數에 있다고 하는 것이다.

진震괘에서 시작하여 건乾괘에 다다르게 되는 과정에 있어 건은 오로지 하나의 양陽임을 말한 것이니, 곧 근본을 돌이켜 근원으로 회귀하는(反本還源) 상을 나타낸 것뿐이다.

제4장

雷以動之코 風以散之코 雨以潤之코 日以烜之코 艮以止之코
뇌 이 동 지　　풍 이 산 지　　우 이 윤 지　　일 이 훤 지　　간 이 지 지

兌以說之코 乾以君之코 坤以藏之하나니라.
태 이 열 지　　건 이 군 지　　곤 이 장 지

우레(雷, ☳)로써 움직이고, 바람(風, ☴)으로써 흩어지게 하며, 비(雨, ☵)로써 윤택하게 하고, 해(日, ☲)로써 말리며, 산(山, ☶)으로써 그치고, 연못(兌, ☱)으로써 기뻐하며, 하늘(乾, ☰)로써 임금이 되며(주장하고), 땅(坤, ☷)으로써 감춘다.

先以定動猶如雷, 後以慧拔猶如風, 法性之水如雨, 智慧之照如日. 妙三昧爲艮止, 妙總持爲兌悅, 果上智德爲乾君, 果上斷德爲坤藏.

먼저 선정으로써 움직이는 것은 마치 우레(雷, ☳)와 같고, 나중에 지혜로써 번뇌와 망상을 뽑아내는 것은 마치 바람(風, ☴)과 같으며, 진리(法性)의 물은 마치 비(雨, ☵)와 같고, 지혜의 비춤은 해(日, ☲)와 같다. 미묘한 삼매는 산(艮, ☶)의 그침이 되고, 오묘한 다라니(妙總持)는 연못(兌, ☱)의 기쁨이 되며, 최상의 부처 지혜(果上智德)는 하늘(乾, ☰)의 임금(乾君)이 되고, 최상의 부처 공덕(果上斷德)은 땅(坤, ☷)의 감춤이 된다.

제5장

帝ㅣ 出乎震하야 齊乎巽하고 相見乎離하고 致役乎坤하고 說言
제   출호진   제호손   상견호리   치역호곤   열언

乎兌하고 戰乎乾하고 勞乎坎하고 成言乎艮하니라.
호태   전호건   노호감   성언호간

제(帝: 해)는 진방(震方: 정동방)에서 나와서, 손방(巽方: 동남방)에서 가지런해지고, 이방(離方: 남방)에서 서로 보며, 곤방(坤方: 서남방)에서

역사를 이루고, 태방(兌方: 서방)에서 기뻐하며, 건방(乾方: 서북방)에서 싸우고, 감방(坎方: 북방)에서 위로하고, 간방(艮方: 동북방)에서 이루어진다.

帝者, 吾人一念之天君也, 不憤不啓, 不悱不發, 故出乎震. 旣發出生死心, 須入法門以齊其三業. 三業旣齊, 須以智慧之明見一切法. 旣有智慧, 須加躬行, 智行兩備, 則得法喜樂, 又可說法度人. 說法則降魔爲戰, 戰勝則賞賜田宅, 乃至解髻珠以勞之. 旣得授記, 則成道而登涅槃山矣.

'제帝'는 우리들 한 생각의 마음(天君)이다. '분발하지 않으면 가르쳐 주지 않고(不憤不啓), 표현해 내려고 노력하지 않으면 일깨워 주지 않는다(不悱不發)'[1050]고 하였다. 그러므로 '진방에서 나온다(出乎震)'고 한 것이다. 이미 나고 죽는 마음에서 벗어나려고 하는 마음을 일으켰다면 모름지기 진리의 문에 들어가서 그 삼업(三業: 身業·口業·意業)을 가지런하게(청정하게) 해야만 한다. 삼업이 이미 청정해지면 모름지기 지혜의 광명으로써 모든 것을 볼 수 있다. 이미 지혜를 갖추고 있다면 모름지기 더욱더 몸소 실천해야만 한다. 지혜와 실천이라는 두 가지를 갖추게 되면 곧 진리의 즐거움(法喜樂: 진리에 대한 깨달음)을 얻게 되며, 또한 설법을 통해 중생들도 제도할 수 있게 된다. 진리를 설법하려고 하면 설법을 방해하는 번뇌마장과 싸우게 되지만,[1051] 싸워서 승리하

1050 『논어』「술이述而」편에서 표현되고 있다.

1051 진리를 깨닫고 중생의 교화를 위해 나서고자 할 때, 마음속에서 일어나는 여러 가지 번뇌로 인해 갈등하게 된다는 뜻이다. 이는 마치 석가모니 붓다가

게 되면 전택田宅을 상으로 받게 되고, 나아가 묶었던 머리를 풀어서(解 髻珠) 주는 위로를 받게 된다.[1052] 이미 수기授記[1053]를 얻게 되면, 도를 이루어 열반이라는 산에 오를 수 있는 것이다.

궁극적인 깨달음을 성취하고 나서 자신이 깨달은 바의 진리가 일반 범부중생들이 쉽게 알아듣고 이해하기 힘든 내용임을 알고 한동안 마음속으로 갈등하며 설법을 망설였던 일과 같다.

1052 상사전택賞賜田宅……: 『법화경』 제14 「안락행품安樂行品」에서 "내가 불도를 얻어 모든 방편으로 이 법을 설하여 그들로 하여금 이 가운데 머무르게 하리라. 비유하자면, 힘이 강한 전륜성왕이 싸움에 공이 있는 군병에게 상으로 모든 물건을 주되 코끼리, 말, 수레와 몸을 장엄하는 것과 모든 전택과 촌락 성읍과 혹은 의복과 가지가지 진귀한 보배며 노비와 재물을 주어 기쁘게 하다가, 용맹하여 능히 어려운 일을 하면 왕이 상투 가운데의 밝은 구슬을 풀어서 줌과 같다. 여래도 또한 이와 같아 모든 법의 왕이시니, 인욕의 큰 힘과 지혜의 보장이시다. 큰 자비로 법과 같이 세상을 교화하시는 것이다. 일체의 사람이 모든 괴로움을 받고 해탈을 구하고자 모든 마장과 싸우는 것을 보고, 이 중생을 위해 가지가지 법을 설하되 큰 방편으로 이 모든 경을 설하다가 이미 중생이 그 힘을 얻었음을 알고 끝으로 이 법화경을 설하시니, 왕이 상투 속의 밝은 구슬을 풀어서 줌과 같다. 이 경은 존귀하여 여러 경 가운데서 으뜸이다. 내가 항상 수호해서 함부로 열어 보이지 아니하였으나 지금이 바로 이때라, 너희들을 위해 설하는 것이다(我得佛道, 以諸方便, 爲說此法, 令住其中. 譬如强力, 轉輪之王, 兵戰有功,賞賜諸物, 象馬車乘, 嚴身之具, 及諸田宅, 聚落城邑, 或與衣服, 種種珍寶, 奴婢財物, 歡喜賜與, 如有勇建, 能爲難事, 王解髻中, 明珠賜之, 如來亦爾, 爲諸法王, 忍辱大力, 智慧寶藏. 以大慈悲, 如法化世, 見一切人, 受諸苦惱, 欲求解脫, 與諸魔戰, 爲是衆生, 說種種法, 以大方便, 說此諸經, 旣知衆生, 得其力已, 末後乃爲, 說是法華, 如王解髻, 明珠與之. 此經爲尊, 衆經中上, 我常守護, 不妄開示, 今正是時, 爲汝等說.)"라는 내용으로 표현되고 있다.

1053 부처가 그 제자들에게 수행으로 결과로써 언제 어디에서 깨달을 성취하여 부처가 될 것을 예언하는 것.

萬物이 出乎震하니 震은 東方也ㅣ라. 齊乎巽하니 巽은 東南也ㅣ
만물 출호진 진 동방야 제호손 손 동남야

니 齊也者는 言萬物之潔齊也ㅣ라. 離也者는 明也니ㅣ 萬物이
제야자 언만물지결제야 리야자 명야 만물

皆相見할새니 南方之卦也ㅣ니 聖人이 南面而聽天下하야 嚮明
개 상견 남방지괘야 성인 남면이청천하 향명

而治하니 蓋取諸此也ㅣ라. 坤也者는 地也ㅣ니 萬物이 皆致養焉
이치 개취저차야 곤야자 지야 만물 개치양언

할새 故로 曰致役乎坤이라. 兌는 正秋也ㅣ니 萬物之所說也ㅣㄹ새
고 왈치역호곤 태 정추야 만물지소열야

故로 曰說言乎兌라. 戰乎乾은 乾은 西北之卦也ㅣ니 言陰陽相
고 왈열언호태 전호건 건 서북지괘야 언음양상

薄也ㅣ라. 坎者는 水也ㅣ니 正北方之卦也ㅣ니 勞卦也ㅣ니 萬物
박야 감자 수야 정북방지괘야 노괘야 만물

之所歸也ㅣㄹ새 故로 曰勞乎坎이라. 艮은 東北之卦也ㅣ니 萬物
지소귀야 고 왈노호감 간 동북지괘야 만물

之所成終而所成始也ㅣㄹ새 故로 曰成言乎艮이라.
지소성종이소성시야 고 왈성언호간

만물이 진震에서 나오니, 진은 동방이다. 손巽에서 가지런해지니, 손은 동남방이다. 제齊는 만물이 깨끗하고 가지런한 것을 말한다. 이離는 밝음이다. 만물이 모두 서로 바라봄이니, 남방의 괘이다. 성인이 남쪽을 향해 천하의 여론을 청취하고 밝음을 지향하여 다스리니, 모두 여기에서 취한 것이다. 곤坤은 땅이니, 만물이 모두 양육되는 곳이다. 그러므로 '곤에서 극진히 노력한다(致役乎坤)'고 하는 것이다. 태兌는 한창때의 가을(正秋)이니, 만물의 기뻐하는 바이다. 그러므로 '만물이 기뻐한다(說言乎兌)'고 한다. '건에서 싸운다(戰乎乾)'는 것은, 건은 서북의 괘로 음양이 서로 부딪침을 말한다. 감坎은 물이니, 정북방의 괘로 수고를

위로하는 괘로 만물이 돌아가는 곳이다. 그러므로 '감에서 수고롭다(勞乎坎)'고 한다. 간艮은 동북방의 괘이니, 만물의 종착점이고 시작점이다. 그러므로 '간에서 이루어진다(成言乎艮)'고 한 것이다.

萬物皆出乎震, 況爲聖爲賢, 成佛作祖, 獨不出乎震耶. 萬物皆齊乎巽, 而三業可弗齊耶. 萬物皆相見乎離, 而智慧可弗明耶. 萬物皆養於坤, 而躬行可弗履踐實地耶. 萬物皆說乎兌, 而可無法喜以自娛, 可無法音以令他喜悅耶. 陰陽相薄, 卽表魔佛攸分. 萬物所歸, 正是勞賞有功之意. 自旣成終, 則能成物之始, 自覺覺他之謂也. 約觀心者, 一念發心爲帝, 一切諸心心所隨之, 乃至三千性相, 百界天如, 無不隨現前一念之心而出入也.

만물이 진震에서 나온다고 하였으니, 하물며 성현이 되고 부처와 조사가 되는 것만이 홀로 진에서 벗어날 수가 있겠는가? 만물이 모두 손巽에서 가지런해진다고 하였으니, 삼업三業인들 가히 가지런해지지 않을 수 있겠는가? 만물이 이離에서 모두 서로 본다고 하였으니, 지혜가 어찌 밝지 않을 수 있겠는가? 만물이 곤坤에서 모두 양육되어진다고 하였으니, 몸소 실천하는 데 있어 어찌 실지(實地: 근원적인 본성, 불성)를 밟아 나가지(履踐: 닦아 나가지) 않을 수 있겠는가? 만물이 태兌에서 모두 기뻐한다고 하였으니, 어찌 진리의 즐거움(法喜)으로써 스스로 즐거워함이 없으며 진리의 소리(法音: 설법)로써 다른 사람들을 즐겁게 하지 못하겠는가?

'음양이 서로 부딪친다(陰陽相薄)'고 하는 것은 곧 마魔와 부처를 분간해서 표시한 것이고, '만물이 돌아가는 곳(萬物所歸)'이라는 것은 바로 공덕이 있으면 수고로움을 보상하여 준다는 뜻이다. 스스로가 이미 끝을 이루었다면(곧 수행을 통해 궁극적인 성불의 깨달음을 이룸) 만물의 시작도 이룰 수 있는 것으로, 바로 <u>스스로도 깨닫고 남도 깨닫게</u> 함을 말하는 것이다.

만약에 마음을 관하는 것으로 해석한다면, 한 생각에서 일어난 마음이 '제帝'가 된다. 일체 모든 마음(一切諸心)과 마음의 대상(心所)이 그것(帝)을 따르는 것이며, 나아가 삼천성상과 백계천여가 현전하는 일념의 마음을 따라 출입하는 것이다.

제6장

神也者는 妙萬物而爲言者也ㅣ니 動萬物者ㅣ 莫疾乎雷하고 撓
신 야 자　묘 만 물 이 위 언 자 야　　동 만 물 자　막 질 호 뢰　　　요

萬物者ㅣ 莫疾乎風하고 燥萬物者ㅣ 莫熯乎火하고 說萬物者ㅣ
만 물 자　막 질 호 풍　조 만 물 자　막 한 호 화　　열 만 물 자

莫說乎澤하고 潤萬物者ㅣ 莫潤乎水하고 終萬物始萬物者ㅣ 莫
막 열 호 택　윤 만 물 자　막 윤 호 수　　종 만 물 시 만 물 자　막

盛乎艮하니 故로 水火ㅣ 相逮하며 雷風이 不相悖하며 山澤이 通
성 호 간　고　수 화　상 체　뇌 풍　불 상 패　　산 택　통

氣然後애아 能變化하야 旣成萬物也하니라.
기 연 후　능 변 화　기 성 만 물 야

신神이라는 것은 만물을 묘하게 작용함을 말한 것이다. 만물을 움직이는 것은 우레보다 빠른 것이 없고, 만물을 동요시키는 것은 바람보다 빠른 것이 없으며, 만물을 말리는 것은 불보다 더 말리는 것이 없다.

만물을 기쁘게 하는 것은 연못보다 기쁘게 하는 것이 없고, 만물을 윤택하게 하는 것은 물보다 더 윤택하게 함이 없으며, 만물을 끝내고(終) 만물을 시작하는 것(始)은 산(艮)보다 더 성한 것이 없다. 그러므로 물과 불이 서로 미치고(逮: 따르고), 우레와 바람이 서로 거스르지 않으며, 산과 못이 기운을 통한 연후에 능히 변화하여 만물을 모두 이루는 것이다.

夫神不卽萬物, 亦不離萬物, 故曰妙萬物也. 一念菩提心, 能動無邊生死大海, 震之象也. 三觀破惑無不徧, 巽之象也. 慧火乾枯惑業苦水, 離之象也. 法喜辨才自利利他, 兌之象也. 法性理水潤澤一切, 坎之象也. 首楞嚴三昧究竟堅固, 艮之象也. 凡此皆乾坤之妙用也. 卽八卦而非八卦, 故曰神也.

신은 만물 그 자체도 아니지만, 만물을 떠나 있는 것도 아니다. 그러므로 '만물에 묘하게 작용한다(妙萬物)'고 한다. 일념의 보리심이 능히 무변한 생사의 대해를 움직이는 것이 진震의 상이고, 삼관(三觀: 空·假·中)이 남김없이 미혹을 타파하는 것이 손巽의 상이며, 지혜의 불로 어리석음(惑)·업장·괴로움의 물 등을 말려버리는 것(乾枯)이 이離의 상이다. 진리의 기쁨(法喜)과 변재(辨才: 뛰어난 언변으로 진리를 중생들의 근기에 맞춰 자유자재로 설함)로 나와 남을 함께 이롭게 하는 것이 태兌의 상이고, 존재의 본성(法性)인 진리의 물(理水)이 일체를 윤택하게 하는 것이 감坎의 상이며, 수능엄삼매(首楞嚴三昧: 굳세고 강건하여 모든 번뇌를 깨부수는 부처님의 삼매)가 궁극적으로 견고한 것이 간艮의 상이다.

무릇 이러한 것은 모두 건곤의 신묘한 작용이라 할 수 있다. 곧 8괘이면서 8괘가 아닌 이유로 신神이라 말할 뿐이다.

제7장

乾은 **健也**ㅣ오 **坤**은 **順也**ㅣ오 **震**은 **動也**ㅣ오 **巽**은 **入也**ㅣ오 **坎**은
건　　건야　　　곤　순야　　　진　동야　　　손　입야　　　감

陷也ㅣ오 **離**는 **麗也**ㅣ오 **艮**은 **止也**ㅣ오 **兌**는 **說也**ㅣ라.
함야　　　리　이야　　　간　지야　　　태　열야

건(乾, ☰)은 굳세고, 곤(坤, ☷)은 순하다. 진(震, ☳)은 움직이고, 손(巽, ☴)은 들어가는 것이다. 감(坎, ☵)은 빠지는 것이고, 이(離, ☲)는 걸리는 것이다. 간(艮, ☶)은 그치는 것이고, 태(兌, ☱)는 기뻐하는 것이다.

健則可以體道. 順則可以致道, 動則可以趨道, 入則可以造道, 陷則可以養道, 麗則可以不違乎道, 止則可以安道, 說則可以行道, 此八卦之德也.

강건하면 곧 도를 체득할 수 있고, 유순하면 도에 다다를 수 있게 된다. 움직이면 도를 좇아 갈 수 있고, 들어가면 도를 창조해 낼 수 있으며, 빠져들면 도를 양육할 수 있게 된다. 지혜로우면 도에 어긋나지 않을 수 있고, 그치면 도에 안주할 수 있게 되며, 기뻐하면 도를 실천할 수 있게 된다. 이것이 바로 8괘의 덕이다.

제8장

乾爲馬ㅣ오 **坤爲牛**ㅣ오 **震爲龍**이오 **巽爲鷄**ㅣ오 **坎爲豕**ㅣ오 **離**
건 위 마　　　　곤 위 우　　　　진 위 용　　　　손 위 계　　　　감 위 시　　　　리

爲雉ㅣ오 **艮爲狗**ㅣ오 **兌爲羊**이라.
위 치　　　　간 위 구　　　　태 위 양

건乾은 말이 되고, 곤坤은 소가 되며, 진震은 용이 된다. 손巽은 닭이
되고, 감坎은 돼지가 되며, 이離는 꿩이 된다. 간艮은 개가 되고, 태兌는
양이 된다.

讀此方知蠢動含靈皆有佛性. 雖一物各象一卦, 而卦卦各有太極全
德, 則馬牛等亦各有太極全德矣.

이 글을 읽어 보면, 바야흐로 일체의 모든 생명체(蠢動含靈)가 다 불성을
소유하고 있음을 알 수 있다. 비록 하나의 물건이라도 각기 하나의
괘로 형상할 수 있고, 모든 괘가 각기 태극의 완전한 덕을 갖추고
있는 것이다. 그렇기 때문에 말과 소 등도 마찬가지로 태극이라는
완전한 덕을 소유하고 있는 것이다.

제9장

乾爲首ㅣ오 **坤爲腹**이오 **震爲足**이오 **巽爲股**ㅣ오 **坎爲耳**ㅣ오 **離**
건 위 수　　　　곤 위 복　　　　진 위 족　　　　손 위 고　　　　감 위 이　　　　리

爲目이오 **艮爲手**ㅣ오 **兌爲口**ㅣ라.
위 목　　　　간 위 수　　　　태 위 구

건乾은 머리가 되고, 곤坤은 배가 되며, 진震은 발이 되고, 손巽은 넓적다리가 된다. 감坎은 귀가 되고, 이離는 눈이 되며, 간艮은 손이 되고, 태兌는 입이 된다.

若約我一身言之, 則八體各象一卦, 然卦卦有太極全德, 則體體亦各有太極全德矣. 又體體各有太極全德, 則亦各有八卦全能也. 又馬牛等各有首腹及與口等, 則馬牛等各具八卦全能尤可知也.

만약 내 한 몸을 예로 들어서 설명한다면, 바로 팔체八體가 각각 하나의 괘를 상징한다. 그렇지만 괘마다 온전한 태극의 덕을 갖추고 있다고 한다면, 몸체 하나하나도 역시 각기 태극의 온전한 덕을 갖추고 있는 것이다. 또한 몸체 하나하나가 각각 태극의 온전한 덕을 갖추고 있다면, 역시 8괘도 온전한 공능(全能)을 구족하고 있는 것이다. 또 한편으로 말과 소 등도 각기 머리와 배, 그리고 입 등을 지니고 있다면, 곧 소와 말 등도 각각 8괘의 온전한 공능을 갖추고 있음을 더욱더 알 수 있다.

제10장

乾은 天也ㅣ라 故로 稱乎父ㅣ오 坤은 地也ㅣ라 故로 稱乎母ㅣ오
　건　　천　야　　　고　　칭　호　부　　　곤　　지　야　　　고　　칭　호　모

震은 一索而得男이라 故로 謂之長男이오 巽은 一索而得女ㅣ라
　진　　일　색　이　득　남　　　고　　위　지　장　남　　　손　　일　색　이　득　녀

故로 謂之長女ㅣ오 坎은 再索而得男이라 故로 謂之中男이오 離
　고　　위　지　장　녀　　　감　　재　색　이　득　남　　　고　　위　지　중　남　　　리

는 再索而得女ㅣ라 故로 謂之中女ㅣ오 艮은 三索而得男ㅣ라 故
　　재색이득녀　　　　고　　위지중녀　　　　간　삼색이득남　　　　고

로 謂之小男이오 兌는 三索而得女ㅣ라 故로 謂之少女ㅣ라.
　　위지소남　　　태　삼색이득녀　　　　고　　위지소녀

건乾은 하늘이므로 아버지라 부르고, 곤坤은 대지이기 때문에 어머니라
부른다. 진震은 한 번 구해서(一索)[1054] 남자를 얻게 되므로 장남이라
부르고, 손巽은 한 번 구하여 여자를 얻게 되므로 장녀라 부른다. 감坎은
두 번 구하여 남자를 얻게 되므로 중남中男이라 부르고, 이離는 두
번 구하여 여자를 얻게 되므로 중녀中女라고 부른다. 간艮은 세 번
구하여 남자를 얻게 되므로 소남少男이라 부르고, 태兌는 세 번 구하여
여자를 얻게 되므로 소녀少女라 부르는 것이다.

只此衆物各體之八卦, 卽是天地男女之八卦, 可見小中現大, 大中現
小, 法法平等, 法法互具, 眞華嚴事事無礙法界也. 佛法釋者, 方便爲
父, 智度爲母, 三觀皆能破一切法爲長男, 三止皆能息一切法爲長女,

1054 역易에서는 건과 곤이 음양으로 서로 교류하여 사귀는 것은 '색索'이라 한다.
　　삼남과 삼녀는 이렇게 건곤이 서로 상대적으로 배합되는 자리에 각기 음을
　　구하여 가고, 양을 구하여 가는 데서 얻어진다. 곧 장남과 장녀는 '일색一索',
　　중남과 중녀는 '재색再索', 소남과 소녀는 '삼색三索'에서 나오는 것이다. '일색'은
　　상대의 첫 번째 자리(下位)로 찾아가는 것이고, '재색'은 상대의 두 번째 자리(中
　　位)로 찾아가는 것이며, '삼색'은 마지막 상대의 세 번째 자리(上位)로 찾아가는
　　것을 말한다. 예컨대 진(震, ☳)은 건의 아래 양이 곤의 아랫자리로 찾아가(索)
　　맨 먼저 양이 나와서 첫아들을 얻은 것이므로 장남이라 하고, 손(巽, ☴)은
　　곤의 아래 음이 건의 아랫자리로 찾아가 맨 먼저 음이 나와서 첫딸을 낳은
　　것이 되므로 장녀라고 부른다는 것이다. (김석진 저, 『대산주역강의 3』, 365쪽
　　참조)

三觀皆能統一切法爲中男, 三止皆能統一切法爲中女, 三觀皆能達一
切法爲小男, 三止皆能停一切法爲少女.

다만 이렇듯 여러 사물의 각체의 8괘는 바로 천지와 남녀의 8괘이다.
작은 것 속에서 큰 것이 드러나고, 큰 것 속에서 작은 것이 드러남을
볼 수 있다. 모든 존재(法法)가 평등하고, 모든 존재가 서로를 구족하였
으니, 참된 화엄세계의 사사무애事事無礙한 진리의 세계(法界)[1055]인
것이다.

　불교의 교설로 해석하면, 방편方便[1056]이 아버지가 되고, 지도(智度:
육바라밀 가운데 첫 번째인 지혜바라밀을 가리킨다)는 어머니가 된다.
삼관(三觀: 空·假·中)은 모두 일체의 사법邪法을 타파하므로 장남이
되고, 삼지三止[1057]는 모두 일체의 번뇌마장(一切法)을 쉬게 하므로

1055 사사무애事事無礙: 화엄종에서 주장하는 사법계四法界 가운데 하나이다. 사법계
　　는 ①사법계(事法界: 理法界를 바탕으로 하여 드러난 사물·현상의 세계), ②이
　　법계(理法界: 근원적인 본체, 진리의 세계), ③이사무애법계(理事無礙法界: 본
　　체적인 진리와 사물·현상 세계가 교류·융합하는 조화로운 세계), ④사사무애
　　법계(事事無礙法界: 사물·현상이 서로 교류·융합하는 현상세계) 등이다.

1056 방편方便: 십바라밀十波羅蜜 가운데 하나이다. 보살이 중생들을 근본적인 깨달음
　　으로 이끌어가기 위해 쓰는 신묘한 모든 수단과 방법 등을 말한다.

1057 삼지三止: 천태 지의대사가 천태종의 3관(三觀: 空·假·中)에 대하여 세운 교설로,
　　곧 ①체진지(體眞止: 일체만상은 인연에 의하여 생긴 것이므로, 그 본체가
　　공함을 체달하여 마음을 움직이지 않는 것), ②방편수연지(方便隨緣止: 공하다
　　고 알면서도 가유假有의 존재를 긍정하여 기류機類에 응하여 설법하는 것),
　　③식이변분별지(息二邊分別止: 제1지止는 공空에 치우치고, 제2지는 가假에
　　치우치므로 제3지에서는 공空·유有 2변에 치우치지 않는 중도의 이치를 체달하
　　여 마음을 움직이지 않는 것) 등을 가리킨다.

장녀가 된다. 삼관은 모두 일체의 현상을 통합시키므로 중남이 되며, 삼지는 모두 일체의 현상을 통합시키므로 중녀가 된다. 삼관은 모두 일체의 현상을 통달하게 하므로 소남이 되고, 삼지는 모두 일체의 번뇌마장을 멈추게 하므로 소녀가 된다.

제11장

乾은 爲天 爲圜 爲君 爲父 爲玉 爲金 爲寒 爲冰 爲大赤 爲良
건　위천 위원 위군 위부 위옥 위금 위한 위빙 위대적 위양

馬 爲老馬 爲瘠馬 爲駁馬 爲木果ㅣ라.
마　위노마　위척마　위박마　위목과

건乾은 하늘·둥근 것·임금·아버지·옥·금·찬 것·얼음·크게 붉은 것·좋은 말·늙은 말·마른 말·얼룩 말·목과가 된다.

坤은 爲地 爲母 爲布 爲釜 爲吝嗇 爲均 爲子母牛 爲大輿 爲
곤　위지 위모 위포 위부 위인색 위균 위자모우 위대여 위

文 爲衆 爲柄이오 其於地也애 爲黑이라.
문　위중 위병　　　기어지야　　위흑

곤坤은 땅·어머니·펴는 것·가마솥·인색함·균등한 것·새끼 소와 어미 소·큰 수레·문채·무리·자루(손잡이)가 되고, 그 땅에 있어서는 검은 빛이 된다.

震은 爲雷 爲龍 爲玄黃 爲敷 爲大塗 爲長子 爲決躁 爲蒼莨
진　위뇌 위용 위현황 위부 위대도 위장자 위결조 위창랑

竹 爲萑葦오 其於馬也애 爲善鳴 爲馵足 爲作足 爲的顙이오
죽 위환위 기어마야 위선명 위주족 위작족 위적상

其於稼也애 爲反生이오 其究ㅣ 爲健이오 爲蕃鮮이라.
기어가야 위반생 기구 위건 위번선

진震은 우레·용·현황·펴는 것·큰길·장자·결단과 조급함·푸른 대나무·갈대가 된다. 그 말(馬)에 있어서는 잘 우는 것·발이 흰 것·발을 젓는 것·이마에 흰 털이 많은 것이 된다. 그 심는 데에는 돌아와 생함(反生)이 되고, 그 궁극에 있어서는 굳셈·번성하고 고운 것이 된다.

巽은 爲木 爲風 爲長女 爲繩直 爲工 爲白 爲長 爲高 爲進退
손 위목 위풍 위장녀 위승직 위공 위백 위장 위고 위진퇴

爲不果 爲臭오 其於人也애 爲寡髮 爲廣顙 爲多白眼 爲近利
위불과 위취 기어인야 위과발 위광상 위다백안 위근리

市三倍오 其究ㅣ 爲躁卦라.
시삼배 기구 위조괘

손巽은 나무·바람·장녀·먹줄·목공·흰색·긴 것·높음·진퇴·과단성이 없는 것·냄새가 된다. 그 사람에 있어서는 털이 적음·이마가 넓음·눈에 흰자위가 많음·이득이 시장에서 세 배에 가까운 것이 되고, 그 궁극에는 조급한 괘가 된다.

坎은 爲水 爲溝瀆 爲隱伏 爲矯輮 爲弓輪이오 其於人也애 爲
감 위수 위구독 위은복 위교유 위궁륜 기어인야 위

加憂 爲心病 爲耳痛 爲血卦 爲赤이오 其於馬也에 爲美脊 爲
가우 위심병 위이통 위혈괘 위적 기어마야 위미척 위

亟心 爲下首 爲薄蹄 爲曳ㅣ오 其於輿也애 爲多眚이오 爲通 爲
극심 위하수 위박제 위예 기어여야 위다생 위통 위

月 爲盜ㅣ오 其於木也애 爲堅多心이라.
월 위 도　　기 어 목 야　　위 견 다 심

감坎은 물·도랑·숨어 엎드림·바르고 굽음·활과 바퀴가 된다. 그 사람
에 있어서는 근심이 더해지는 것·심장병·귀앓이·혈괘(피)·붉은 색이
되고, 그 말에 있어서는 아름다운 등줄기·급한 마음·머리를 떨어뜨림·
얇은 발굽치·끄는 것이 된다. 그 수레에 있어서는 재앙이 많은 것·통함·
달·도적이 되며, 그 나무에 있어서는 굳고 심이 많음이 된다.

離는 爲火 爲目 爲電 爲中女 爲甲胄 爲戈兵이오 其於人也애
리　 위 화 위 목 위 전 위 중 녀 위 갑 주 위 과 병　　기 어 인 야

爲大腹이오 爲乾卦 爲鱉 爲蟹 爲蠃 爲蚌 爲龜오 其於木也애
위 대 복　　위 건 괘 위 별 위 해 위 라 위 방 위 귀　 기 어 목 야

爲科上稿라.
위 과 상 고

리離는 불·해·번개·중녀·갑옷과 투구·창과 군사가 된다. 그 사람에
있어서는 큰 배·건괘(하늘)·자라·게·소라·고재·거북이 되고, 그 나무
에 있어서는 속이 비고 위가 마른 것이 된다.

艮은 爲山 爲徑路 爲小石 爲門闕 爲果蓏 爲閽寺 爲指 爲狗
간　 위 산 위 경 로 위 소 석 위 문 궐 위 과 라 위 혼 사 위 지 위 구

爲鼠 爲黔喙之屬ㅣ이오 其於木也애 爲堅多節이라.
위 서 위 검 훼 지 속　　　기 어 목 야　　위 견 다 절

간艮은 산·지름길·작은 돌·작은 문과 큰 문·과일과 풀 열매·내시·손
가락·개·쥐, 부리가 검은 부류의 짐승이 되고, 그 나무에 있어서는
굳어서 마디가 많은 것이 된다.

兌는 爲澤 爲少女 爲巫 爲口舌 爲毁折 爲附決이오 其於地也
태 위택 위소녀 위무 위구설 위훼절 위부결 기어지야

애 爲剛鹵ㅣ오 爲妾 爲羊이라.
위강로 위첩 위양

태兌는 연못·소녀·무당·입과 허·헐고 끊어짐·아부하고 결단하는 것
이 되고, 그 땅에 있어서는 굳셈과 짠 것·첩·양이 된다.

此廣八卦一章. 尤見易理之鋪天帀地, 不間精粗, 不分貴賤, 不論有情
無情, 禪門所謂靑靑翠竹, 總是眞如, 鬱鬱黃花, 無非般若. 又云牆壁
瓦礫, 皆是如來淸淨法身. 又云成佛作祖, 猶帶汚名, 載角披毛, 推居
上位, 皆是此意. 前云乾健也, 坤順也, 乃至兌說也, 而此健等八德,
則能具造十界. 且如乾之善者, 則爲天爲君, 其不善者, 則爲瘠爲駁.
順之善者, 則爲地爲母, 其不善者, 則爲吝爲黑. 下之六卦無不皆然,
可見不變之理常自隨緣, 習相遠也. 然瘠駁等仍是健德, 吝黑等乃是
順德. 可見隨緣之習理元不變, 性相近也. 若以不變之體, 隨隨緣之
用, 則世間但有天圜乃至木果等可指陳, 安得別有所謂乾. 故大佛頂
經云無是見者, 若以隨緣之用, 歸不變之體, 則惟是一乾健之德耳. 豈
更有天圜乃至木果之差別哉. 故大佛頂經云無非見者, 於此會得. 方
知孔子道脈, 除顔子一人之外, 斷斷無有能會悟者, 故再歎曰今也則
亡. 此中具有依正因果善惡無記煩惱業苦等一切諸法, 而文章錯綜變
化, 使後世儒者無處可討線索, 眞大聖人手筆, 非子夏所能措一字也.
歐陽腐儒乃疑非聖人所作, 陋矣陋矣.

이 장은 8괘의 한 장을 넓혀 해석한 것이다. 더욱 역리는 하늘에 두루

펼쳐져 있고 땅을 빙 둘러싸고 있으면서 정미함(精)과 거침(粗)을 가리지 않고, 귀함과 천함을 분간하지 않으며, 유정有情과 무정無情을 따지지 않음을 볼 수 있어야 한다. 선문禪門에서는 '푸르고 푸른 비취빛 대나무가 모두 진여이고 무성한 국화가 반야가 아님이 없다(靑靑翠竹, 總是眞如, 鬱鬱黃花, 無非般若)'고 하였고, 또한 '담장과 기와조각과 벽돌 부스러기가 모두 여래의 청정법신이다'라고 하였으며, 또 '성불하고 조사가 되는 것이 오히려 오명을 뒤집어쓰는 것이고, 뿔 나고 털 난 짐승이 상위(上位: 인간세상)로 옮겨가 살게 된다'고 하였는데, 모두 이러한 뜻이라 할 수 있다.

앞에서 '건乾은 건健이며, 곤坤은 순順이며, 나아가 태兌는 열說이다'라고 하였는데, 이러한 건健 등의 여덟 가지 덕은 곧 십계十界를 모두 창조해 낼 수 있다. 또한 강건함(健)의 선한 것은 곧 하늘이 되고 임금이 되며, 그 불선한 것은 곧 마른 말(瘠馬), 얼룩말(駁馬)이 되는 것이다. 유순함(順)의 선한 것은 곧 땅이 되고 어머니가 되며, 그 불선한 것은 곧 인색함, 검은 것이 된다. 아래의 여섯 괘도 모두 이와 같은 것으로, 불변不變의 이치가 항상 자연스럽게 인연을 따르는 것(隨緣)임을 깨달을 수 있어야 한다. 단지 습성으로 서로 멀어지는 것뿐이다. 그렇지만 '척瘠'과 '박駁' 등도 이내 강건함의 덕이고, '인吝'과 '흑黑' 등도 바로 유순함의 덕이니, 인연을 따르는 습성에 있어서도 이치는 원래 불변한 것(不變)임을 깨달을 수 있어야 한다. 본성은 서로 가까운 것일 뿐이다.

만약 불변의 본체(不變之體)로써 수연의 작용(隨緣之用)을 따른다고 한다면, 곧 세간에는 단지 천원天圜, 나아가 목과木果 등만이 개별적으

로 펼쳐져(指陳) 있을 뿐이니, 어찌 특별히 '건乾'이라고 부를 것이
있겠는가? 그러므로 『대불정수능엄경大佛頂首楞嚴經』에서 '보는 자(見
情, 見分: 대상을 인식하는 주관, 인식 주관의 작용)가 없다(無是見者)'고
한 것이다. 만약 수연의 작용으로써 불변의 본체로 귀착해 본다면,
곧 오직 하나의 건이라는 강건함의 덕일 뿐이다. 어찌 다시 천원,
내지 목과라는 차별이 있을 수 있겠는가? 그러므로 『대불정수능엄
경』에서 '보지 않는 자가 없다(無非見者)'고 한 것이다.

이에 마음으로 깨달아야(會得) 바야흐로 공자의 도맥道脈을 알 수
있다. 안자顏子 한 사람을 제외하고는 결코 깨달은 자가 없었다. 그러므
로 공자가 거듭 탄식하시며 '지금은 그런 사람이 없구나(今也則亡)!'[1058]
라고 하신 것이다. 이 가운데(팔괘)에는 의정依正[1059]·인과·선악·무기
無記[1060]·번뇌·업고業苦[1061] 등의 일체의 제법이 갖추어져 있고, 문장이

1058 『논어』 「옹야雍也」편에서 표현되고 있다.

1059 의정依正: 의보依報와 정보正報를 말한다. 부처나 중생의 몸이 의지하고 있는
국토와 의식주 등을 '의보', 과거에 지은 행위의 과보로 받은 부처나 중생의
몸을 '정보'라고 한다.

1060 무기(無記, avyākṛta): ①시간과 공간을 초월한 무의미한 질문에 붓다가 대답하
지 않고 침묵한 것, ②선도 악도 아닌 것, 또는 그러한 마음 상태, ③아무
생각이 없는 멍한 상태, ④기억이 없음 등을 뜻한다. 여기서는 ②번의 뜻을
나타낸다. 불교에서는 인간 의식이 외부로 표출되는 것을 선과 악과 무기의
3성性으로 구분하는데, 이 중 무기는 선악의 분별이 없는 상태이다. 일반적으로
선과 악, 흑백 등의 상태가 분명한 것을 유기有記라고 하는데, 선·악이라고
분명히 규정지을 수 없는 상태이기 때문에 무기라고 한다. 따라서 유기의
선과 악에는 좋은 과보와 나쁜 과보가 따르지만, 무기에 대해서는 어떤 과보도
따르지 않는다고 한다. 그 까닭은 무기의 업에 대해서는 자성에 기록할 것이

착종(錯綜: 뒤섞여 있음)하고, 변화가 무쌍하여 후세의 유학자들로
하여금 어떠한 토론거리의 실마리(線索)도 없게끔 하였다. 참으로
위대한 성인의 수필手筆로서, 자하子夏[1062]라고 하더라도 한 글자도
덧붙일 수가 없는 것이다. 구양수歐陽修 같은 부패한 유생들이 성인이
지은 것이 아니라고 의심하는 경우가 있는데, 좁디좁은 소견이라 할
수 있다.[1063]

없기 때문에 미래의 과보를 받지 않는 것이라고 본 것이다. 무기는 덮어 가릴
수 있는 유부무기有覆無記와 덮어 가릴 수 없는 무부무기無覆無記로 크게 나뉜다.
유부무기는 번뇌에 오염되어 능히 수행을 방해할 수 있는 것이고, 무부무기는
수행 자체에는 방해를 주지 않는 무기이다. 따라서 불교에서는 유부무기를
제거해야 함을 특별히 강조하고 있다.

1061 업고業苦: 전생에 지은 악업의 인과로 현생에서 받게 되는 악과惡果의 괴로움을
말한다.

1062 자하(子夏: B.C. 507~420?): 복상蔔商 산시성山西省 출생으로 전해지지만, 출생
에 이설도 있다. 공자의 제자로 공문십철孔門十哲의 한 사람이다. 공자가 죽은
뒤에 서하西河에서 사람들에게 가르침을 주었으며 위나라 문후文侯에게 초빙되
어 스승이 되었다. 자하는 자신보다 먼저 세상을 떠난 아들의 죽음을 비통해하다
실명하였다고 전해진다. 그의 학문은 시와 예에 능통하였으며, 공자의 『춘추春
秋』를 전하여 『공양전公羊傳』과 『곡량전穀梁傳』의 원류를 이루었다. 주관적
내면성을 존중하는 증자曾子 등과 달리 예禮의 객관적 형식을 존중하는 것이
특색이다.

1063 「역전易傳」에 대한 공자의 전통적인 저작설이 처음으로 부정되게 된 것은
송대에 이르러서 구양수(1007~1072)에 의해서다. 그는 「십익전十翼傳」을 공자
가 지었다는 견해에 의문을 제기했을 뿐만 아니라, 한 걸음 더 나아가 십익
전체가 공자의 저작이 아니라고 극단적 주장까지 하였다. 구양수는 그가 지은
『역동자문易童子問』에서 "동자가 물었다. 계사繫辭는 성현이 지은 것이 아니란
말입니까? 어찌 계사만 그러하겠느냐. 문언전·설괘전 이하 모두 성인이 지은

것이 아니며, 여러 가지 학설이 뒤섞여 있으니, 역시 한 사람의 말만도 아니다(童
子問曰, 繫辭非聖人之作乎. 曰, 何獨繫辭焉, 文言, 說卦以下, 皆非聖人之作, 而衆說
淆亂, 亦非一人之言也.)"라고 주장하였다. 지욱의 위와 같은 표현은 바로 이러한
「십익전」의 저자가 공자가 아니라고 의심하는 구양수와 같은 유생들을 노골적
으로 비판하고 있는 내용이다.

서괘전序卦傳

서괘상전序卦上傳

有天地然後애 萬物이 生焉하니 盈天地之間者ㅣ 唯萬物이라 故
유천지연후 만물 생언 영천지지간자 유만물 고

로 受之以屯하니 屯者는 盈也ㅣ니 屯者는 物之始生也ㅣ라 物生
수지이둔 둔자 영야 둔자 물지시생야 물생

必蒙이라 故로 受之以蒙하니 蒙者는 蒙也ㅣ니 物之穉也ㅣ라. 物
필몽 고 수지이몽 몽자 몽야 물지치야 물

穉不可不養也ㅣ라 故로 受之以需하니 需者는 飮食之道也ㅣ라.
치불가불양야 고 수지이수 수자 음식지도야

飮食必有訟이라 故로 受之以訟하고 訟必有衆起라 故로 受之以
음식필유송 고 수지이송 송필유중기 고 수지이

師하고 師者는 衆也ㅣ니 衆必有所比라 故로 受之以比하고 比者
사 사자 중야 중필유소비 고 수지이비 비자

는 比也ㅣ니 比必有所畜이라 故로 受之以小畜하고 物畜然後애
비야 비필유소축 고 수지이소축 물축연후

有禮라 故로 受之以履하고 履而泰然後애 安이라 故로 受之以泰
유례 고 수지이리 이이태연후 안 고 수지이태

하고 泰者는 通也ㅣ니 物不可以終通이라 故로 受之以否하고 物
태자 통야 물불가이종통 고 수지이비 물

不可以終否라 故로 受之以同人하고 與人同者는 物必歸焉이라
불가이종비 고 수지이동인 여인동자 물필귀언

故로 受之以大有하고 有大者는 不可以盈이라 故로 受之以謙하
고 수지이대유 유대자 불가이영 고 수지이겸

고 有大而能謙이 必豫라 故로 受之以豫하고 豫必有隨ㅣ라 故로
유대이능겸 필예 고 수지이예 예필유수 고

受之以隨하고 以喜隨人者ㅣ 必有事ㅣ라 故로 受之以蠱하고 蠱
수지이수　　이희수인자　　필유사　　고　　수지이고　　고

者는 事也ㅣ니 有事而後애 可大ㅣ라 故로 受之以臨하고 臨者는
자　사야　　유사이후　가대　　고　　수지이림　　임자

大也ㅣ니 物大然後애 可觀이라 故로 受之以觀하고 可觀而後애
대야　　물대연후　가관　　고　　수지이관　　가관이후

有所合이라 故로 受之以噬嗑하고 嗑者는 合也ㅣ니 物不可以苟
유소합　고　　수지이서합　　합자　합야　　물불가이구

合而已라 故로 受之以賁하고 賁者는 飾也ㅣ니 致飾然後애 亨則
합이이　고　　수지이비　　비자　식야　　치식연후　형즉

盡矣라 故로 受之以剝하고 剝者는 剝也ㅣ니 物不可以終盡이니
진의　고　　수지이박　　박자　박야　　물불가이종진

剝이 窮上反下ㅣ라 故로 受之以復하고 復則不妄矣라 故로 受之
박　궁상반하　　고　　수지이복　　복즉불망의　고　　수지

以无妄하고 有无妄然後애 可畜이라 故로 受之以大畜하고 物畜
이무망　　유무망연후　가축　　고　　수지이대축　　물축

然後애 可養이라 故로 受之以頤하고 頤者는 養也ㅣ니 不養則不
연후　가양　　고　　수지이이　　이자　양야　　불양즉불

可動이라 故로 受之以大過하고 物不可以終過ㅣ라 故로 受之以
가동　　고　　수지이대과　　물불가이종과　　고　　수지이

坎하고 坎者는 陷也ㅣ니 陷必有所麗ㅣ라 故로 受之以離하고 離
감　　감자　함야　　함필유소리　　고　　수지이리　　리

者는 麗也ㅣ라.
자　리야

천지가 존재하고 난 이후에 만물이 생겨나니, 천지 사이에 가득 찬
것은 오직 만물이다. 그러므로 둔屯으로써 받았으니, 둔은 가득 참이니
둔은 물건이 처음으로 생김이다. 만물이 생겨나면 반드시 여리다.
그러므로 몽蒙으로써 받았으니, 몽은 어린 것이니 물건의 어린 것(穉)이
다. 물건이 어리면 가히 양육하지 않으면 안 된다. 그러므로 수需로써

받았으니 수는 음식의 도이다. 음식엔 반드시 송사가 있게 된다. 그러므로 송訟으로써 받았다. 송사에는 반드시 무리의 일어남이 있다. 그러므로 사師로써 받았다. 사는 무리이니 무리는 반드시 돕는 바가 있다. 그러므로 비比로써 받았다. 비는 돕는 것이니 도우면 반드시 쌓는 바가 있게 된다. 그러므로 소축小畜으로 받았다. 물건이 쌓인 연후에는 예禮가 있게 된다. 그러므로 리履로써 받았다. 예절을 지켜 태평한 연후에는 평안해진다. 그러므로 태泰로써 받았다. 태는 통하는 것이니, 물건이 가히 끝까지 통하지는 못한다. 그러므로 비否로써 받았다. 물건이 가히 끝까지 막히지만은 않는다. 그러므로 동인同人으로써 받았다. 사람과 더불어 같이하는 자는 물건이 반드시 모여들게 된다. 그러므로 대유大有로써 받았다. 크게 소유한 자는 가히 채워둬서는 안 된다. 그러므로 겸謙으로써 받았다. 크게 소유하고도 능히 겸손하니 반드시 즐겁다. 그러므로 예豫로써 받았다. 즐거우면 반드시 따름이 있게 된다. 그러므로 수隨로써 받았다. 기쁨으로써 사람을 따르는 자는 반드시 일(사고, 사건)이 있게 된다. 그러므로 고蠱로써 받았다. 고는 일이니, 일이 있은 다음에 가히 크다. 그러므로 임臨으로써 받았다. 임은 큰 것이니 물건이 큰 다음엔 가히 보게 된다. 그러므로 관觀으로써 받았다. 가히 본 연후에는 합하는 바가 있게 된다. 그러므로 서합噬嗑으로써 받았다. 합噬은 합함이니, 물건을 가히 구차하게 합하지는 못한다. 그러므로 비賁로써 받았다. 비는 꾸미는 것이니, 꾸밈을 이룬 연후에 형통하면 다하게(끝마치게) 된다. 그러므로 박剝으로써 받았다. 박은 깎는 것이니, 물건은 가히 끝내 다할 수만은 없어 박이 위에서 궁해져 아래로 돌아오게 된다. 그러므로 복復으로써 받았다. 회복하면 망령되지 않는다. 그러므로 무망无妄으로써 받았다. 망령됨이 없어진 연후에는 가히 쌓이게 된다. 그러므로 대축大畜으로 받았다. 물건을 쌓은 연후에 가히 양육하게 된다. 그러므로 이頤로써 받았다. 이頤는 기르는 것이니, 기르지 않으면 가히 움직일 수가 없다. 그러므로 대과大過로 받았다. 물건이 가히 끝내 지나치지만은 않는다. 그러므로 감坎으로써 받았다. 감은 빠지는 것이니. 빠지게 되면 반드시 걸리는 바가 있다. 그러므로 이麗로써 받았으니, 이는 걸린다는 뜻이다.

서괘하전序卦下傳

有天地然後애 有萬物하고 有萬物然後애 有男女하고 有男女然
유천지연후 　유만물 　유만물연후 　유남녀 　유남녀연

後애 有夫婦하고 有夫婦然後애 有父子하고 有父子然後애 有君
후 　유부부 　유부부연후 　유부자 　유부자연후 　유군

臣하고 有君臣然後애 有上下하고 有上下然後애 禮義有所措ㅣ
신 　유군신연후 　유상하 　유상하연후 　예의유소조

니라. 夫婦之道ㅣ 不可以不久也ㅣ라 故로 受之以恒하고 恒者는
　부부지도 　불가이불구야 　고 　수지이항 　항자

久也ㅣ니 物不可以久居其所ㅣ라 故로 受之以遯하고 遯者는 退
구야 　물불가이구거기소 　고 　수지이돈 　돈자 　퇴

也ㅣ니 物不可以終遯이라 故로 受之以大壯하고 物不可以終壯
야 　물불가이종돈 　고 　수지이대장 　물불가이종장

이라 故로 受之以晉하고 晉者는 進也ㅣ니 進必有所傷이라 故로
　고 　수지이진 　진자 　진야 　진필유소상 　고

受之以明夷하고 夷者는 傷也ㅣ니 傷於外者ㅣ 必反其家ㅣ라 故
수지이명이 　이자 　상야 　상어외자 　필반기가 　고

로 受之以家人하고 家道ㅣ 窮必乖라 故로 受之以睽하고 睽者는
　수지이가인 　가도 　궁필괴 　고 　수지이규 　규자

乖也ㅣ니 乖必有難이라 故로 受之以蹇하고 蹇者는 難也ㅣ니 物
괴야　　괴필유난　　　고　수지이건　　건자　　난야　　물

不可以終難이라 故로 受之以解하고 解者는 緩也ㅣ니 緩必有所
불가이종난　　고　수지이해　　해자　완야　　　완필유소

失이라 故로 受之以損하고 損而不已면 必益이라 故로 受之以益
실　　고　수지이손　　손이불이　필익　　고　수지이익

하고 益而不已면 必決이라 故로 受之以夬하고 夬者는 決也ㅣ니
　익이불이　필결　　고　수지이쾌　　쾌자　결야

決必有所遇ㅣ라 故로 受之以姤하고 姤者는 遇也ㅣ니 物相遇而
결필유소우　　고　수지이구　　구자　우야　　물상우이

後애 聚ㅣ라 故로 受之以萃하고 萃者는 聚也ㅣ니 聚而上者를 謂
후　취　　고　수지이취　　취자　취야　　취이상자　위

之升이라 故로 受之以升하고 升而不已면 必困이라 故로 受之以
지승　　고　수지이승　　승이불이　필곤　　고　수지이

困하고 困乎上者ㅣ 必反下ㅣ라 故로 受之以井하고 井道ㅣ 不可
곤　　곤호상자　필반하　　고　수지이정　　정도　불가

不革이라 故로 受之以革하고 革物者ㅣ 莫若鼎이라 故로 受之以
불혁　　고　수지이혁　　혁물자　막약정　　고　수지이

鼎하고 主器者ㅣ 莫若長子ㅣ라 故로 受之以震하고 震者는 動也
정　　주기자　막약장자　　고　수지이진　　진자　동야

ㅣ니 物不可以終動하야 止之라 故로 受之以艮하고 艮者는 止也
　물불가이종동　　지지　　고　수지이간　　간자　지야

ㅣ니 物不可以終止라 故로 受之以漸하고 漸者는 進也ㅣ니 進必
　물불가이종지　　고　수지이점　　점자　진야　　진필

有所歸라 故로 受之以歸妹하고 得其所歸者ㅣ 必大ㅣ라 故로 受
유소귀　　고　수지이귀매　　득기소귀자　필대　　고　수

之以豐하고 豐者는 大也ㅣ니 窮大者ㅣ 必失其居ㅣ라 故로 受之
지이풍　　풍자　대야　　궁대자　필실기거　　고　수지

以旅하고 旅而无所容이라 故로 受之以巽하고 巽者는 入也ㅣ니
이려　　여이무소용　　고　수지이손　　손자　입야

入而後애 說之라 故로 受之以兌하고 兌者는 說也ㅣ니 說而後애
입 이 후　　열 지　　고　　수 지 이 태　　　태 자　　열 야　　　　열 이 후

散之라 故로 受之以渙하고 渙者는 離也ㅣ니 物不可以終離라 故
산 지　　고　　수 지 이 환　　　환 자　　리 야　　　물 불 가 이 종 리　　고

로 受之以節하고 節而信之라 故로 受之以中孚하고 有其信者는
　　수 지 이 절　　절 이 신 지　　고　　수 지 이 중 부　　　유 기 신 자

必行之라 故로 受之以小過하고 有過物者는 必濟라 故로 受之
필 행 지　　고　　수 지 이 소 과　　　유 과 물 자　　필 제　　고　　수 지

以旣濟하고 物不可窮也ㅣ라 故로 受之以未濟하야 終焉하니라.
이 기 제　　　물 불 가 궁 야　　　고　　수 지 이 미 제　　　종 언

천지가 있고 난 후에 만물이 있고, 만물이 있고 난 후에 남녀가 있고,
남녀가 있고 난 후에 부부가 있고, 부부가 있고 난 후에 부자가 있고,
부자가 있고 난 후에 군신이 있고, 군신이 있고 난 후에 상하가 있고,
상하가 있고 난 후에 예의를 두는 바가 있게 되었다. 부부의 도는
가히 오래가지 않을 수 없다. 그러므로 항恒으로써 받았다. 항은 오래가
는 것이니, 물건이 가히 오래 그곳에만 머물러 있는 것만은 아니다.
그러므로 돈遯으로써 받았다. 돈은 물러나는 것이니, 가히 끝내 물러나
있을 수만은 없다. 그러므로 대장大壯으로써 받았다. 물건이 가히 장대
한 상태로만 있는 것이 아니다. 그러므로 진晉으로써 받았다. 진은
앞으로 나아가는 것이니, 나아가다 보면 반드시 상하는 바가 있게
된다. 그러므로 명이明夷로써 받았다. 이는 상하는 것이니, 밖에서
상한 자는 반드시 그 집에 돌아오게 된다. 그러므로 가인家人으로써
받았다. 가도家道가 궁색해지면 반드시 어긋나게 된다. 그러므로 규睽로
써 받았다. 규는 어긋나는 것이니, 어긋나면 어려움이 있게 된다. 그러므
로 건蹇으로써 받았다. 건은 어려운 것이지만 물건이 가히 마침내

어렵지만은 않다. 그러므로 해解로써 받았다. 해는 느긋해지는 것이니,
느긋해지면 반드시 잃는 바가 있게 된다. 그러므로 손損으로써 받았다.
손해를 마지않으면 반드시 유익하게 된다. 그러므로 익益으로써 받았
다. 이롭기만을 마다않으면 반드시 결단을 당하게 된다. 그러므로
쾌夬로써 받았다. 쾌는 결단하는 것이니, 결단함에 반드시 만나는 바가
있게 된다. 그러므로 구姤로써 받았다. 구는 만나는 것이니, 물건이
서로 만난 뒤에 모이게 된다. 그러므로 취萃로써 받았다. 취는 모이는
것이니, 모여서 위로 쌓아 올라가는 것을 승升이라 이름한다. 그러므로
승升으로써 받았다. 오르기를 마다않으면 반드시 곤란해진다. 그러므
로 곤困으로써 받았다. 위에서 곤한 자는 반드시 아래로 돌아오게
된다, 그러므로 정井으로써 받았다. 우물의 도는 가히 고치지 않으면
안 된다. 그러므로 혁革으로써 받았다. 물건을 변혁시키는 것은 솥만
한 것이 없다. 그러므로 정鼎으로써 받았다. 기구를 만드는 자는 장자長
子만 한 자가 없다. 그러므로 진震으로써 받았다. 진은 움직이는 것이니,
물건이 가히 끝내 동하지만은 않아 그치게 된다. 그러므로 간艮으로써
받았다. 간은 그치는 것이니, 물건이 가히 끝내 그치지만은 않는다.
그러므로 점漸으로써 받았다. 점은 나아가는 것이니, 나아가면 반드시
돌아가는 데가 있게 된다. 그러므로 귀매歸妹로써 받았다. 그 돌아가는
곳을 얻은 자는 반드시 풍성해진다. 그러므로 풍豊으로써 받았다. 풍은
풍성한 것이니, 풍성함이 다하면 반드시 그 거처를 잃게 된다. 그러므로
려旅로써 받았다. 나그네가 되니 용납할 바가 없다. 그러므로 손巽으로
써 받았다. 손은 들어가는 것이니, 들어간 이후에는 기뻐하게 된다.
그러므로 태兌로써 받았다. 태는 기뻐하는 것이니, 기뻐한 후에는 흩어

진다. 그러므로 환渙으로써 받았다. 환은 흩어지는 것이니, 물건이 가히 끝내 흩어지지만은 않는다. 그러므로 절節로써 받았다. 절도가 있으니 믿는다. 그러므로 중부中孚로써 받았다. 그 믿음을 둔 자는 반드시 행하게 된다. 그러므로 소과小過로써 받았다. 물건을 지남이 있는 자는 반드시 건너게 된다. 그러므로 기제旣濟로써 받았다. 물건은 가히 다하지 못한다. 그러므로 미제未濟로써 받아 마쳤다.

序卦一傳, 亦可作世間流轉門說, 亦可作功夫還滅門說, 亦可作버法界緣起門說, 亦可作設化利生 門說. 在儒則內聖外王之學, 在釋則自利利他之訣也.

서괘전 일전은 세상의 생사유전生死流轉하는 이치를 밝힌 가르침이라고 할 수 있고, 또한 공부를 이루어 해탈하는 이치를 밝힌 가르침이라고도 할 수 있다. 또한 법계연기法界緣起[1064]의 이치에 대한 가르침이라고 할 수 있고, 또한 중생을 교화하고 이롭게 하는 가르침이라고도 할 수 있다. 유가에 있어서는 곧 내성외왕의 가르침(內聖外王之學)이며, 불교에 있어서는 자신도 이롭고 남들도 이롭게 하는 자리이타의 비결이라 할 수 있다.

1064 법계연기法界緣起: 이 우주의 모든 현상은 함께 의존하여 일어나, 걸림 없이 서로가 서로를 받아들이고 서로가 서로를 비추면서 끊임없이 흘러가는 장엄한 세계라는 화엄학의 관점을 말한다. 이것을 구체적으로 설명하고 있는 교설이 바로 사법계四法界·십현연기十玄緣起·육상원융六相圓融 등이다.

잡괘전雜卦傳

剛柔合德, 憂樂相關. 與求互換, 見雜相循. 起止盛衰之變態, 乃至窮
通消長之遞乘, 世法佛法無不皆然. 自治治人其道咸爾, 而錯雜說之,
以盡上文九翼中未盡之旨. 令人學此易者, 礚著砑著, 無不在易理中
也. 筆端眞有化工之妙, 非大聖不能有此.

강剛과 유柔가 덕으로 합해지고, 근심과 즐거움이 서로 연관되며,
주고 구함이 서로 간에 교환되고, 드러내고 섞임이 서로 모순되며,
흥기하고 멈춤, 성하고 쇠퇴함의 변태變態, 나아가 궁하고 통함, 소멸하
고 성장함이 번갈아 드는 것은 세상의 이치나 불법이나 다 그렇지
않음이 없다. 스스로를 다스리고 남을 다스림의 그 도가 모두 그러하다.
뒤섞여 복잡함을 설하여 위의 구익(九翼: 잡괘전을 제외한 나머지 역전)
중에 미진한 뜻을 다 밝혔다. 이 역을 공부하는 사람으로 하여금 천둥소
리 울리듯이 모든 이치가 역리 가운데 있지 않음이 없음을 깨닫도록
한 것이다. 마지막 글(筆端)에 참으로 하늘의 조화와 같은 신묘함이
있다. 위대한 성인이 아니면 능히 이렇게 하지 못할 것이다.

乾剛坤柔ㅣ오 比樂師憂ㅣ라. 臨觀之義는 或與或求ㅣ라. 屯은
건강곤유   비락사우   임관지의   혹여혹구   둔

見而不失其居ㅣ오 蒙은 雜而著ㅣ라.
현이불실기거   몽   잡이저

건乾은 강건하고 곤坤은 유순하며, 비比는 즐겁고 사師는 근심함이다. 임臨과 관觀의 뜻은 혹은 주거나 구함이다.[1065] 둔屯은 나타나되 그 거소[1066]를 잃지 않고, 몽蒙은 섞이지만 나타남이다.[1067]

臨有能臨所臨, 以卦言之, 陽臨陰也, 以爻言之, 上臨下也. 觀有觀示觀瞻, 二陽觀示四陰, 則陽爲能示, 陰爲所示也. 四陰觀瞻二陽, 則陰爲能瞻, 陽爲所瞻也. 建侯而利居貞, 故見而不失其居, 包蒙而子克

[1065] 괘상으로 보면, 지택림괘는 원래 위에 있어야 할 두 양효(초구, 구이)가 밑에 내려와 백성들을 상징하는 위에 있는 모든 음효들에게 도움을 주고 있는 형상이다. 따라서 '혹여或與'는 양이 음에게, 곧 임금이 백성에게 도움을 주는 것을 의미한다. 이와는 대조적으로 풍지관괘는 위에 자리하고 있는 두 양(구오, 상구)이 위에서 백성을 상징하는 음효들의 삶을 살피자, 백성들이 위에 있는 임금을 상징하는 양효에게 자신들의 어려움을 구해 주기를 바라고 있는 형상이다. 따라서 '혹여或求'는 바로 백성들이 위에 있는 임금에게 자신들의 어려움의 구제를 요구하는 것을 의미한다.

[1066] '둔屯'은 천지 사이에서 만물이 처음 어렵게 나오는 상이다. 처음 세상 밖으로 나온 생명은 처음 나온 본래의 자리를 옮기지 말고 지키고 있어야 성장에 지장이 없다. 잘못 이리저리 옮기다 보면 제대로 성장하지도 못하고 중도에 생명을 잃을 수도 있기 때문이다. '나타나되 그 거소를 잃지 않는다(見而不失其居)'는 말은 바로 이러한 의미를 나타낸다.

[1067] 산수몽괘는 교육을 상징하는 괘이다. 구이 양효가 선생이 되고 나머지 음효 모두가 제자가 되며, 또 다른 양효인 상구는 접장이 된다. 교육은 각 개인의 숨겨진 능력과 자질을 찾아내서 그러한 능력과 자질을 잘 개발시키고 성장시키는 일이라 할 수 있다. 복잡한 세상에서 교육을 통해 많은 것을 배우고 보고 익힘으로써 이것저것 뒤섞여 잠재되어 있는 자신의 능력과 자질을 하나하나 개발하여 활용할 수 있게끔 드러내는 것, 그것이 바로 '섞이되 나타난다(蒙, 雜而著)'의 의미이다.

家, 故雜而著.

임臨에는 능동적으로 임하는 것(能臨)과 피동적으로 임해지는 것(所臨)이 있다. 괘로 말하면 양이 음에 임하는 것이고, 효로 말하면 위가 아래로 임함이다. 관觀에는 내려다보는 관(觀示)과 올려다보는 관(觀瞻)이 있다. 두 양이 네 음을 내려다봄은 곧 양이 보는 것(能示)이 되고, 음이 보이는 것(所示)이 된다. 네 음이 두 양을 우러러봄은 음이 우러러보는 것(能瞻)이 되고, 양이 우러러보이는 것(所瞻)이 된다. 둔屯은 제후를 세우고 바른 곳에 거처함이 이롭기 때문에 '나타내더라도 그 거처를 잃지 않는다(見而不失其居)'[1068]고 한다. 몽蒙은 몽매한 자를 포용하여 자식이 집안을 다스리는 까닭으로 '섞여서 나타낸다(雜而著)'고 하는 것이다.[1069]

1068 수뢰둔괘 초구효사인 "반환함이니, 바른 데에 거처함이 이로우며 제후를 세움이 이롭다(磐桓利居貞, 利建侯)"에 대한 설명이다. 둔괘의 초구는 천지가 교류하여 만물이 처음 시생하는 단계이다. 비록 초구가 양이 양 자리에 바르게 거처하고 있지만, 외호괘가 간산艮山으로 막혀 있고 외호괘가 감수坎水로 험하여 쉽게 나아가지도 물러나지도 못하는 상황(磐桓)이다. 까닭에 본인이 직접 무엇인가를 도모하기보다는 경험 많고 지혜로운 제후를 앞세우는 것이 이롭다. 하지만 본인 스스로는 제후를 내세워 뜻을 대신 나타내더라도 그 바른 자리를 잃지 않고 있는 것이다.

1069 산수몽괘 구이효사인 "몽을 감싸면 길하고 지어미를 받아들이면 길하리니, 자식이 집을 다스린다(包蒙吉, 納婦吉, 子克家)"와 그에 대한 「상전」인 "자식이 집을 다스린다는 것은 강과 유가 접함이다(子克家, 剛柔接也)"에 대한 해석이다. 구이는 몽괘의 주효다. 교육적인 측면에서는 상응하는 육오뿐만 아니라, 초육, 육삼, 육사를 포용하여 교화시킴으로 길한 것이고, 남녀에 있어서는 상응하는 유순한 육오를 아내로 맞이하여(納婦) 길하다. 가정으로 보면 이효는 자식에

震은 起也ㅣ오 艮은 止也ㅣ라. 損益은 盛衰之示也ㅣ라. 大畜은
<small>진   기야   간   지야   손익   성쇠지시야   대축</small>

時也ㅣ오 无妄은 災也ㅣ라.
<small>시 야   무망   재야</small>

진震은 일어남이고, 간艮은 그침이다. 손損과 익益은 성하고 쇠함의
시작이다. 대축大畜은 시기이고,[1070] 무망无妄은 재앙이다.[1071]

損下益上爲衰之始, 損上益下爲盛之始. 時無實法, 而包容萬事萬物,
故大畜須約時言, 所謂多識前言往行以畜其德, 三大阿僧祗劫修行者
是也. 自恃无妄, 則便成災, 所謂唯聖罔念作狂, 又復道箇如如, 早已
變了.

해당하는 자리이므로 육오의 신임을 받아 구이가 능히 한 집안을 다스리는
경우(子克家)가 된다. 자식이 집안을 다스린다는 것은 강건한 구이와 유순한
육오가 서로 음양 교접하여 하나로 섞이는 것이다. 하나로 섞임으로써 새롭게
한 가정을 이루어 내는 것(雜而著)이다.

1070 산천대축은 산(☶) 밑에 하늘(☰)이 놓여 있는 형상이다. 큰 것이 작은 산속에
자리하고 있는 것이다. 여기에서 '크게 쌓았다(大畜)'는 의미가 파생된다. 그런
데 쌓는 데는 적절한 시기가 필요하다. 학문을 쌓고, 재산을 쌓고, 명망을
쌓기 위해서면 자신에게 주어진 시기를 적절히 잘 이용해야만 하는 것이다.
'대축은 때이다(大畜時)'라는 표현은 바로 이러한 의미를 나타낸다.

1071 천뢰무망괘는 상괘가 하늘(☰), 하괘는 우레(☳)로 이루어진 괘이다. 이는
곧 하늘 전체가 우레로 움직이는 상이다. 하늘은 곧 선하고 청정한 우주만물의
근원적인 본성을 상징한다. 삿됨이 없다는 의미인 '무망无妄'은 바로 이러한
하늘의 천성을 가리킨다. 사람 역시도 이러한 하늘의 성품을 갖고 태어났다고
볼 수 있다. 하지만 인간은 이러한 선한 천성을 잃어버리고 만족을 모르는
욕망을 좇아 살게 됨으로써 흉화凶禍의 재앙을 초래하게 되는 것이다. '무망은
재앙이다(无妄災)'라는 표현은 바로 이러한 의미를 나타낸다.

아래를 덜어서 위에 더해줌은 쇠퇴의 시작이고, 위를 덜어서 아래를
더해줌은 성함의 시작이다. '때(時)'라는 것은 고정된 실체의 진리가
아니지만, 만사만물을 포용하고 있다. 그러므로 '크게 쌓는다(大畜)'고
하는 것은 때를 예로 들어 설명하고 있는 것이다. 이른바 앞에 지나간
말과 행적을 많이 알아서 그 덕을 쌓는 것이다.

　(불교적인 입장에서는) 무량한 세월 동안(三大阿僧祇劫) 수행하는
것이 바로 이러한 예라 할 수 있다. 스스로 무망하다고 자만하는 것은
문득 재앙을 이루는 것이 된다. "오직 성인이라도 생각할 줄 모르면
바보가 된다"고 하였고,[1072] 또다시 "여여如如하다고 말하는 순간 이미
변한다"고 하였다.[1073]

萃는 **聚而升**은 **不來也**ㅣ오 **謙**은 **輕而豫**는 **怠也**ㅣ라.
　취　　취이승　　불래야　　　겸　　경이예　　태야

[1072] 『상서』 제4편 「주서다방周書多方」에서 언급하고 있는 "성인이라도 생각하지
　　않으면 바보가 되고, 바보도 잘 생각할 줄 알면 성인이 된다(惟聖罔念作狂,
　　惟狂克念作聖)"는 내용을 인용하고 있다. 곧 사심이 없다(无妄)고 해서 아무런
　　생각도 하지 않는 목석처럼 바보가 되서는 안 된다는 뜻이다.

[1073] 『금강반야바라밀경오가해』「법회인유분法會因由分」에서 야부冶夫 스님이 언급
　　하고 있는 "옛 사람이 말하기를, 여여하다고 부르는 순간 이미 변해버렸다(古人
　　道, 喚作如如, 早是變了)"라는 문구를 인용하고 있는 내용이다. '여여하다'는
　　표현은 불교에 있어 분별심이 끊어져 마음 작용이 일어나지 않는 상태, 혹은
　　차별을 떠나 있는 본래의 진리적 본성과 현상을 의미한다. 본성에 대해 스스로
　　여여하다고 표현하는 순간 그 본성은 또 다른 변화의 모습을 보이기 때문에
　　현상적인 작용과 언어표현에 매달리지 말고 그 여여한 본성의 실체를 깨닫기만
　　하면 된다는 의미이다.

취萃는 모으는 것이고,[1074] 승升은 오지 않음이다.[1075] 겸謙은 가볍고,[1076] 예豫는 나태함이다.[1077]

勞謙反得輕安, 豫悅反成懈怠, 修德者所應知.

수고로우면서도 겸손해 하면 도리어 편안함을 얻게 되고, 즐기며 기뻐하기만 하다 보면 도리어 나태하게 됨을 덕을 닦는 사람은 마땅히 알아야만 한다.

[1074] 택지취괘는 땅(☷) 위에 못(☱)이 있는 형상이다. 땅 위에 있는 못 속에 물이 모여서 고이는 형상이니 '모인다(聚)'는 뜻이 파생되는 것이다.

[1075] 지풍승괘는 상괘는 땅(☷)을 상징하고, 하괘는 나무(☴)를 상징한다. 나무가 땅 밑에서 뿌리를 내리고 싹이 터 서서히 위로 성장해 올라가는 의미가 파생된다. 그런데 이렇듯 성장해 자라난 나무는 다시 땅으로 내려오지 않는다. 바로 '승불해升不來'의 의미이다. 나무뿐만 아니라 사람 역시도 한 번 세상을 떠나면 (昇天) 다시 되돌아오지 못하는 것이다.

[1076] 지산겸괘는 상괘는 땅(☷)을 상징하고, 하괘는 산(☶)를 상징한다. 땅 위에 있어야 할 산이 도리어 땅 아래에 자리하고 있는 형상이다. 곧 자신을 비우고 낮춰 겸손함을 드러내고 있는 형상이라 할 수 있다. '가볍다(輕)'는 표현은 곧 겸손하다는 말과 같은 의미이다.

[1077] 뇌지예괘는 상괘는 우레(☳)이고, 하괘는 땅(☷)이다. 곧 땅 위에 우레가 우르릉 치는 형상인 것이다. 옛날 성인들은 이러한 우렛소리를 듣고 음악을 지었다고 한다. 효로 보면 구사 양효가 즐거운 음악소리를 내고, 나머지 음효들이 양효가 내는 음악소리에 즐거워하는 모습이다. 향락의 즐거움에만 너무 빠져 있다 보면 당연히 나태해지고 게을러질 수밖에 없다. '예는 나태함이다(豫怠)'라는 표현은 바로 이러한 의미를 나타낸다.

噬嗑은 食也ㅣ오 賁는 无色也ㅣ라.
서 합   식 야   비   무 색 야

서합噬嗑은 먹는 것이고, 비賁는 색이 없는 것이다.[1078]

有間隔而可食, 無彩色爲眞賁, 故違境不足懼, 文采不足眩也.

턱에는 간격이 있기 때문에 먹을 수 있고, 무채색이야말로 참된 꾸밈이
라 할 수 있다. 그러므로 수행자가 번뇌마장의 경계를 거스르는 것을
두려워 하지 않으면, 문채라도 현혹하지 못하는 것이다.[1079]

兌는 見而巽은 伏也ㅣ라.
태   현 이 손   복 야

태兌는 나타나는 것이고,[1080] 손巽은 엎드리는 것이다.

1078 산화비괘는 위는 산(☶), 아래는 불(☲)로 이루어진 괘이다. 산에 단풍이
    드는 것처럼 아름답게 꾸민다는 의미가 파생된다. 효로 보면 양효 셋(초구,
    구삼, 상구)과 음효 셋(육이, 육사, 육오)이 서로 잘 어우러져 꾸미고 있는
    형상이다. 꾸밈에 있어 겉으로 화려하고 요란하게 꾸미는 것보다 실질을 따져
    순수하고 순박하게 꾸미는 것이 더 참된 꾸밈일 수 있다. '비무색賁無色'의
    꾸밈은 바로 이러한 꾸밈을 의미한다. 겉의 화려함보다는 실질적인 내용을
    아름답게 꾸며야 한다는 뜻이다.

1079 '번뇌마장의 경계를 거스르는 것을 두려워 할 필요가 없다(違境不足懼)'는
    표현은 서합괘에 대한 설명이다. 깨달음을 추구하는 수행자는 수행의 과정에서
    나타나게 되는 번뇌마장의 경계에 대해서 서합괘의 '씹어 먹는다'는 괘의처럼
    두려워함이 없이 능히 극복해 내야 함을 설명하고 있다. '문채라도 현혹하지
    못한다(文采不足眩)'는 표현은 비괘에 대한 설명이다. 비괘의 '꾸민다'는 괘의를
    수행자를 어지럽게 만드는 외부의 어지러운 경계(文采)에 비유하고, 수행자는
    이에 대해서 현혹됨이 없어야 함을 말하고 있다.

欲說法者, 還須入定. 欲達道者, 先須求志.

설법을 하려고 하는 자는 오히려 반드시 선정에 들어야만 한다. 도를 이루고자 하는 자는 먼저 모름지기 뜻을 세워야만 한다.[1081]

隨는 无故也ㅣ오 蠱則飭也라.
수　무 고 야　　　 고 즉 칙 야

수隨는 변고가 없음이고,[1082] 고蠱는 본받음이다.

隨不宜無事生事, 蠱不妨隨壞隨修.

1080 중택태괘는 상하가 연못(☱)괘로 이루어진 괘이다. 태(兌, ☱)는 입(口)을 상징하고 기뻐함을 상징한다. 입을 통해 말이 나오고 웃고 기뻐하는 감정이 표출된다. 한편으로 연못에서 수증기가 올라가고, 물결이 출렁이며 위로 뿜어진다. '태는 나타나는 것(兌見)'이란 표현은 이러한 의미를 말한다.

1081 「설괘전」에서 태兌는 입(口), 혀(舌)가 된다고 하였다. 지욱은 이러한 뜻을 취해 수행자가 대중을 위해 설법하는 것에 비유하여 설법하기 전에 먼저 선정에 들어 자신의 마음을 닦을 것을 말하고 있다. 또한 「설괘전」에서 손巽은 들어가는 것(入)이라고 하였는데, 지욱은 손괘의 이러한 뜻을 취해 수행자가 도를 이루기 위해 불문에 들어가는 것에 비유하고, 불문에 들어가 도를 이루고자 하는 자는 먼저 진리를 끝까지 이루겠다고 하는 굳건한 성불의 뜻을 세울 것을 가르치고 있는 것이다.

1082 택뢰수괘는 상괘는 연못(☱), 하괘는 우레(☳)로 이루어진 괘이다. 못 속에 우레가 움직이며 서로 따르고 있는 상이다. 사람으로 보면 장남(☳)인 우레가 움직이니까 소녀(☱)인 못이 서로 따르고 있는 형상이다. 이렇듯 서로가 좋아서 따르는 데 있어 무슨 특별한 연고가 있을 수 없다. 단지 서로 교감하고 좋아하니까 따르는 것뿐이다. '수는 변고가 없다(隨無故)'는 표현은 바로 이러한 의미를 가리킨다.

수隨는 일이 없는데 일이 생하게 하는 것은 마땅하지 못하다. 고蠱는
소멸함을 좇아 따라서 수행하면 해를 당하지 않게 된다.[1083]

剝은 爛也ㅣ오 復은 反也ㅣ라. 晉은 晝也ㅣ오 明夷는 誅也ㅣ라.
박　난야　　복　반야　　진　주야　　명이　주야

박剝은 헤짐(깎임, 떨어짐)이고, 복復은 돌아옴이다. 진晉은 낮이고, 명이
明夷는 베임이다.[1084]

1083 택뢰수괘는 내괘 진뢰(震雷, ☳)와 외괘 태택(兌澤, ☱)으로 이루어진 괘로,
　　괘명인 '수隨'는 서로 따른다는 의미를 나타낸다. 이러한 '수가 변고가 없다(隨無
　　故)'고 하는 것은 바로 못물과 우레가 서로 조화를 이루어 따르고, 외괘 소녀(☱)
　　와 내괘 장남(☳)이 서로 좋아하고 화합해서 따르므로 크게 문제될 게 없다는
　　뜻이다. 지욱은 이러한 수의 뜻을 '불의무사생사不宜無事生事'라고 풀이하고
　　있다. 불교에 있어 '무사無事'는 곧 장애가 없는 '무위법無爲法', 곧 본성인 불성을
　　가리킨다. 이에 반해 '생사生事'는 곧 자신의 내면에 구족해 있는 장애 없는
　　본성인 불성을 외면하고 또다시 밖에서 진리를 찾고자 하는 번뇌의 마음을
　　의미한다. 수괘의 따른다는 의미를 취해 본성인 불성을 따라야지, 따로 진리를
　　찾고자 번뇌의 마음을 일으켜서는 안 된다는 의미로 풀이하고 있는 것이다.
　　산풍고괘는 외괘 간산(艮山, ☶), 내괘 손풍(巽風, ☴)으로 이루어진 괘로,
　　괘명인 '고蠱'는 산에 바람이 불어와 단풍이 들면서 잎이 시들고 병듦을 의미한
　　다. 곧 쇠퇴와 소멸을 상징하고 있는 것이다. 지욱은 이러한 고괘의 뜻을
　　취해 '불방수괴수수不妨隨壞隨修'라고 풀이하고 있다. 존재의 소멸과 무너짐이
　　라는 무상함을 관찰하여 수행을 이끌어 나가면 결코 해로움이 있을 수 없다는
　　취지의 해설이다.
1084 화지진괘는 상괘 불(☲)과 하괘 땅(☷)으로 이루어진 괘이다. 땅 위에 해가
　　밝게 떠서 빛나고 있는 형상이다. 대명천지 밝은 세상을 맞이하여 모두가
　　새롭게 출발하며 뜻을 펼치기 위해 앞으로 나아가는 의미를 담고 있다. '진은
　　낮이다(晉晝)'라는 표현은 바로 이러한 의미를 타나낸다. 이와는 반대로 지화명

爛則必反, 晝則必誅. 禍兮福所乘, 福兮禍所乘, 易學者, 所應觀象玩
辭觀變玩占者也.

헐고 문드러지면 반드시 회복되고, 낮이 있으면 반드시 밤(誅)이 있
다.[1085] 화를 당한 다음에는 복이 이어지고, 복이 있은 연후에는 화가
따른다. 역을 배우는 사람은 마땅히 상을 관찰하여 말씀을 완미하며,
변화를 관찰하여 점을 완미할 줄 알아야 한다.

井은 通而困은 相遇也] 라.
정   통이곤   상우야

정井은 통하는 것이고, 곤困은 서로 만나는 것이다.

이괘는 상괘 땅(☷)과 하괘 불(☲)로 이루어진 괘이다. 땅 위에서 밝게 빛나야
할 태양이 도리어 땅속에 들어가 있는 상이다. 세상이 어둡고 정의가 손상되어
삿된 무리가 설쳐대는 현상을 나타낸다. 중국 고대사로 보면, 은나라 말기
천자인 주紂왕은 폭정을 일삼으며 당시에 백성들에게 성군으로 존경받던 서쪽
의 문왕을 시기 질투하여 유리옥에 가둬놓았지만, 결국에 문왕의 아들 무왕이
혁명을 일으켜 주왕을 몰아내고 새로운 나라를 세웠다. '명이는 베임이다(明夷
誅)'라는 표현은 바로 이러한 역사적인 사건을 담아내고 있다.

1085 박괘는 깎이고 헤진다는 괘의를 나타내고, 복괘는 다시 회복한다는 뜻을 나타낸
다. 지욱은 이러한 박괘와 복괘의 뜻을 하나로 합쳐 '난즉필반爛則必反'이라고
풀이하고 있다. 깎이고 헤지고 나면 다시 반드시 회복되게 된다는 의미의
해석이다. 진괘는 해가 땅 위에 있어 낮을 상징하고 해가 뜨면 만물이 생동하고
움직임으로 나아간다는 의미를 가지고, 명이괘는 해가 땅속에 숨어 어둡게
됨으로 손상되고 움츠려 듦을 의미한다. 지욱은 이러한 진괘와 명이괘의 뜻을
하나로 연결해 '주즉필주晝則必誅'라고 풀이하고 있다. 낮(밝음, 화려함)이 있으
면 반드시 밤(어둠, 손상됨)이 있다는 것으로, 길흉화복의 교차를 말하고 있는
것이다.

井不動而常通, 困雖窮而相遇, 此示人以自守之要道也.

우물은 움직이지 않는 것이지만 항상 통하고, 곤困은 비록 궁색하지만 서로 만난다. 이는 사람들에게 스스로를 지키라는 요점의 가르침(要道)을 보인 것이다.[1086]

咸은 速也 ㅣ오 恒은 久也 ㅣ라.
함   속야   항   구야

함咸은 빠른 것이고,[1087] 항恒은 항구한 것이다.

[1086] 수풍정괘는 외괘 감수(坎水, ☵)와 내괘 손풍(巽風, ☴)으로 이루어진 괘로, 괘명인 '정井'은 마르지 않고 계속 흘러나와 고이는 우물을 상징한다. 그러한 우물은 사람들이 길어다가 먹고 마시게 할 뿐만 아니라, 또는 흘러 넘쳐 만물을 생육함으로써 생명수로의 역할을 하게 된다. 이것이 바로 '항상 통한다(常通)'는 의미이다. 이와 반대로 택수곤괘는 외괘가 태택(兌澤, ☱)과 내괘 감수(坎水, ☵)로 이루어진 괘로, 괘명인 '곤困'은 연못에 고여 있던 물이 아래로 흘러가 고갈되어 버린 상태의 곤란함을 상징한다. 그러나 못에서 흘러간 물은 또다시 못 밑에서 다시 서로 만나게 된다. 지욱은 이러한 뜻을 설명하고 있는 「잡괘전」의 '정통이곤상우야井通而困相遇也'라는 표현에 대해 '이는 사람들에게 스스로를 지키라는 요점의 가르침을 보인 것이다(此示人以自守之要道也.)'라고 설명하고 있다. 곤괘와 정괘에 대한 「잡괘전」의 언급은 사람들에게 풍요로울 때(井)와 곤란할 때(困)를 지혜롭게 살펴서 스스로를 잘 관리하라는 가르침을 나타내고 있는 의미의 해석이다.

[1087] 택산함괘는 상괘 연못(澤, ☱)과 하괘 산(山, ☶)으로 이루어진 괘이다. '산택통기山澤通氣'라고 하였듯이, 못과 산이 서로 간에 정기를 통하고 있는 상이다. 사람에 비유하면, 성인이 된 소녀(☱)와 소남(☶)이 서로 만나 교합함을 상징한다. 이렇듯 산과 못이 정기를 통하고, 소녀와 소남이 교합하여 느낀다는 의미에서 괘명을 '함咸'이라고 했다. 그런데 정기를 통하고 교합하여 감응하는 것은 인위적인 것이 아니라, 저절로 이루어지는 자연적인 것이다. 그래서 머뭇거림

速卽感而遂通, 久卽寂然不動, 斯爲定慧之道.

'빠르다(速)'는 것은 곧 느껴서 마침내 통하는 것이고, '항구하다(久)'는 것은 곧 고요하여 움직이지 않는 것이다. 이것은 선정과 지혜의 도가 된다.

渙은 離也ㅣ오 節은 止也ㅣ라. 解는 緩也ㅣ오 蹇은 難也ㅣ라. 睽는
환　리야　　　절　지야　　　해　완야　　건　난야　　　규

外也ㅣ오 家人은 內也ㅣ라. 否泰는 反其類也ㅣ라.
외　야　　가인　내야　　　비태　반기류야

환渙은 떠나는 것이고, 절節은 그치는 것이다.[1088] 해解는 느슨해진 것이

이 없이 빠르다. 사랑하는 사람은 말이 필요 없이 그저 눈빛만으로도 서로의 마음을 알고 서로의 감정을 느끼는 것이다. '함은 빠르다(咸速)'라는 표현은 바로 이러한 의미를 나타낸다.

1088 풍수환괘는 상괘 바람(風, ☴)과 하괘 물(水, ☵)로 이루어진 괘이다. 물 위에 바람이 부니 물에 파도가 일어 흩어지는 상이다. 옛 성인은 이러한 상에서 나무로 배를 만들어 띄웠다고 한다. 사실 이러한 환괘는 천지비天地否괘에서 왔다. 비괘 구사와 육이가 서로 자리를 바꿔 비괘가 된 것이다. 천지비괘에서 세상이 막히고 전란으로 혼란해지자 비괘에서 사람들이 세상의 어지러움을 피해 이리저리 이산가족으로 흩어지게 된 것이다. 흩어짐은 곧 떠남이다. '환은 떠남이다(渙離)'라는 표현은 바로 이러한 의미를 담고 있다. 한편으로 수택절괘는 상괘 물(水, ☵)과 하괘 못(澤, ☱)으로 이루어진 괘이다. 못 속에 물이 적당히 알맞게 차 있는 상이다. 여기에서 절도와 마디를 뜻하는 '절節'을 괘명으로 하였다. 세상 모든 것은 적절함, 알맞음, 절도, 중화가 필요하다. 너무 넘쳐도 안 되고, 너무 부족해도 안 되는 것이다. 사람에게 뼈마디가 있고, 천지에 사계절, 24절기, 24방위 등이 있는 것은 바로 이러한 이유에서다. 적절함, 알맞음, 절도, 중화 등을 위해 멈추는 것, 이것이 바로 '절지節止'의 의미이다.

고, 건蹇은 어려운 것이다. 규睽는 밖이고, 가인家人은 안이다.[1089] 비否와 태泰는 그 유類가 반대적인 것이다.[1090]

1089 화택규괘는 외괘 불(火, ☲)과 내괘 못(澤, ☱)으로 이루어진 괘이다. 불은 위로만 타오르고 물은 아래로만 흘러가고자 하니, 불과 물이 서로 어긋나므로 괘명을 '규睽'라 했다. 불과 물이 서로 어긋나 따로 작용하듯이, 사람에게 있어서는 친소를 나누고 이익을 따져 서로 반목하고 시기, 질투하는 소외疎外의 상이 유출된다. 따라서 '규외睽外'라고 한 것이다. 풍화가인괘는 외괘 바람(風, ☴)과 내괘 불(火, ☲)로 이루어진 괘이다. 효로 보면 내괘에서 어머니를 상징하는 육이 음이 가운데 음 자리에 바르게 있으면서 중도를 지키고 있고, 아버지를 상징하는 구오 양이 외괘에서 역시 가운데 양 자리에 바르게 있으면서 중도를 지키고 있는 형상이다. 이러한 상에서 여자는 집안에서 집안일을 바르게 지키고, 남자는 밖에서 바르게 사회활동을 실천하고 있는 상이 파생된다. 가정이라는 테두리 안에서 가도家道가 바르게 실천되고 있는 상이다. 이러한 의미에서 '가인내家人內'이라고 한 것이다. 한편으로 안과 밖을 따질 때, 한 가운데 음효가 자리하고 있는 불(☲)괘를 중심으로 분간하기도 한다. 따라서 규괘는 여자를 상징하는 불(☲)이 밖에 있는 형상이기 때문에 '규외睽外'라고 하고, 가인괘는 불(☲)이 안에 자리하고 있기 때문에 "가인내家人內'라고 하는 것이다.

1090 천지비괘는 외괘 하늘(天, ☰)과 내괘 땅(地, ☷)으로 이루어진 괘이다. 하늘은 하늘대로 위에 가만히 있고, 땅은 땅대로 아래에 가만히 있으니, 하늘과 땅이 음양으로써 교류하지 못해서 꽉 막힌 괘상이다. 하늘과 땅의 교류를 통해서 만물이 생성되는데, 천지가 불통하는 상황이니 만물이 또한 생성되지 못하는 비색한 현실인 것이다. 사람에 있어서는 위와 아래가 서로 소통하지 못해서 어려움을 겪고 있는 처지이다. 이에 비해 지천태괘는 외괘 땅(地, ☷)과 내괘 하늘(天, ☰)로 이루어진 괘이다. 하늘의 기운은 아래로 내려오고, 땅의 기운은 위로 올라가 천지가 하나로 서로 상통하니, 만물이 생성되는 것이다. 인간세상으로 보면, 상위의 통치세력과 하위의 백성들이 서로 잘 소통하고 교류하여 나라가 평화롭고 태평한 시대이다. 정치적인 현실로 보면, 비괘는 덕망을 갖춘 임금과 군자가 정권을 빼앗은 소인들에 의해 쫓겨 가는 상황(大往小來)이

有離必有止, 有緩必有難, 有外必有內, 有泰必有否, 有否有必泰. 類相反而必相乘, 易學者不可不知.

떠남이 있으면 반드시 멈춤이 있고, 느슨함(緩: 넉넉함, 평화로움)이 있으면 반드시 어려움이 있다. 밖이 있으면 반드시 안이 있고, 태평함이 있으면 반드시 막힘이 있으며, 막힘이 있으면 반드시 태평함이 있다. 유類는 상반되어 반드시 서로 번갈아 이어지는 것(相乘)임을 역을 배우는 사람들은 반드시 알아야만 한다.

大壯則止오 遯則退也ㅣ라.
대 장 즉 지 돈 즉 퇴 야

대장大壯은 그치는 것이고, 돈遯은 물러나는 것이다.

壯卽宜止, 遯卽宜退, 皆思患豫防之學.

세력이 왕성해졌을 경우(大壯)에는 마땅히 그쳐야 하고, 세력을 잃었을 경우(遯)에는 곧 마땅히 물러나야 한다. 모두 환란을 헤아려서 예방책을 가르치는 학문이다.

大有衆也ㅣ오 同人은 親也ㅣ라. 革은 去故也ㅣ오 鼎은 取新也ㅣ라.
대 유 중 야 동 인 친 야 혁 거 고 야 정 취 신 야

고, 이와는 반대로 태괘는 소인들이 정권을 잃고 덕망 있는 임금과 군자에 의해 도리어 쫓겨 가는 상황(小往大來) 상황이다. 이렇듯 비괘와 태괘는 양의 유類와 음의 유, 군자의 유와 소인의 유가 서로 정반대를 이루고 있다. '비태반기류否泰反其類'는 바로 이러한 의미의 표현이다.

대유大有는 무리이고, 동인同人은 친함이다. 혁革은 옛것을 버림이고, 정鼎은 새것을 취함이다.

衆必相親, 相親必革弊而日新其德.

대중은 반드시 서로 간에 친목해야 한다. 서로 친목하게 되면 반드시 폐단을 혁파하여 날로 그 덕을 새롭게 할 수 있다.

小過는 過也ㅣ오 中孚는 信也ㅣ라.
소 과　과 야　　중 부　　신 야

소과小過는 지나침이고, 중부中孚는 믿음이다.

有過不防相規, 相規乃可相信.

지나침이 있을 경우에는 서로 간에 규제해야만 해롭지 않게 된다. 서로 규제하면 이내 서로 신뢰할 수 있게 된다.

豐은 多故ㅣ오 親寡는 旅也ㅣ라.
풍　다 고　　친 과　여 야

풍豐은 연고가 많은 것이고, 친한 사람이 적은 이는 나그네(旅)이다.

豐必多故, 旅必寡親, 素位而行, 存乎其人.

풍성할 때에는 반드시 연고가 많지만, 나그네에게는 필연적으로 친구가 적을 수밖에 없다. 현재의 지위에 따라 행함[1091]은 그 사람에게

달려 있다.[1092]

離는 上而坎은 下也ㅣ라.
리   상 이 감   하 야

이離는 타서 올라가는 것이고, 감坎은 흘러 내려가는 것이다.

智火高照萬法, 定水深澄性海.

지혜의 불은 높이 만법을 비추고, 선정의 물은 깊이 심성의 바다를
맑힌다.

小畜은 寡也ㅣ오 履는 不處也ㅣ라.
소 축   과 야   리   불 처 야

소축小畜은 적은 것이고, 이履는 처하지 않는 것이다.[1093]

1091 현재의 지위에 따라 행함(素位而行): 주자의 『중용장구中庸章句』 제14장 「정명론
    正名論」에 나오는 구절이다. 여기서 주자는 '소素는 현재와 같다'고 해석하면서,
    군자는 다만 현재 거하는 곳의 지위에 따라 그가 마땅히 해야 할 것을 해야
    한다고 했다. 여기서는 주자의 해석에 따라 번역했다.

1092 사람에게는 풍괘가 상징하는 것처럼 주위에 많은 사람이 따르는 경우도 있고,
    반대로 여괘가 상징하는 것처럼 외로운 나그네인 양 주위에 친한 사람이
    적을 수도 있다. 이는 결과적으로 남의 탓이 아니라 자기 자신의 지위에 따른
    처신에 달려 있다는 의미이다.

1093 천택리괘는 상괘 하늘(☰)과 하괘 못(☱)으로 이루어진 괘이다. 맑은 연못에
    하늘이 비추는 상이니, 위아래를 잘 분별해서 질서를 가르친다는 예절괘가
    된다. 사람이 마땅히 지켜야 할 예절, 바른 삶의 가치, 사회적 정의 등은
    적극적으로 이행, 실천해야만 한다. '이불처履不處'라는 표현은 바로 이러한

但懿文德, 則其道寡, 雖辨定分, 與時變通, 而無定局.

다만 문덕文德만을 아름답게 하다 보면 그 도는 적어지게 된다. 비록 어떻게 처신할 것인가를 분별하더라도 때와 더불어 변통할 수 있어야만 한다. 정해진 틀이 없기 때문이다.

需는 不進也ㅣ오 訟은 不親也ㅣ라. 大過는 顚也ㅣ라. 姤는 遇也
수　부진야　　　송　불친야　　　　대과　전야　　　　구　우야

ㅣ니 柔遇剛也ㅣ오 漸은 女歸니 待男行也ㅣ라. 頤는 養正也ㅣ오
유우강야　　　점　여귀　대남행야　　　　이　양정야

旣濟는 定也ㅣ라. 歸妹는 女之終也ㅣ오 未濟는 男之窮也ㅣ라.
기제　정야　　　귀매　여지종야　　　미제　남지궁야

수需는 나아가지 않는 것(不進: 기다림)이고, 송訟은 친하지 않는 것이다. 대과大過는 엎어짐이다. 구姤는 만나는 것이니, 유柔가 강剛을 만남이다. 점漸은 여자가 시집가는 것이니, 남자를 기다려서 행하는 것이다. 이頤는 바르게 양육하는 것이고, 기제旣濟는 정함이다. 귀매歸妹는 여자의 마침이고, 미제未濟는 남자의 궁함이다.

不進乃可進, 不親乃可親, 大不可過, 所以誡盈, 柔能勝剛, 所以成遇. 定必須慧, 故女待男. 養正則吉, 故須觀頤. 已定者不必言, 但當謀其 未定者耳. 終則有始, 窮則思通, 凡此, 皆言外之旨象中之意也.

나아가지 않는 것이 바로 나아가는 것이 될 수 있고, 친하지 못한 사이가 이내 친해질 수도 있다. 큰 것은 너무 지나쳐서는 안 되기

의미를 나타낸다.

때문에 충만함을 경계하였다. 부드러움이 능히 강함을 이길 수 있기 때문에 만남을 이룬다.

선정은 반드시 지혜를 필요로 한다. 그러므로 여자(선정)가 '남자(지혜)를 기다린다(待男)'고 하는 것이다.[1094] 올바름을 기르면 길하다. 그러므로 모름지기 이頤를 관해야 한다.[1095] 이미 정해진 것(旣濟)은 더 이상 말할 필요가 없다. 단지 그 정해지지 못한 것(未濟)에 대해서만 논할 뿐이다. 끝이 있으면 시작함이 있고, 궁하면 통함을 생각하게 된다. 무릇 이러한 것은 모두 언어를 벗어난 으뜸가는 가르침(宗旨)이고, 괘상卦象 속에 내재된 뜻이다.

夬는 決也ㅣ라. 剛決柔也ㅣ니 君子道長이오 小人道憂也ㅣ라.
쾌 결야   강결유야   군자도장   소인도우야

[1094] 풍산점風山漸괘를 풀이한 「잡괘전」의 '여귀女歸, 대남행待男行'을 풀이하고 있는 내용이다. 지욱은 점괘의 여자가 시집가는 데 남자를 기다려 행한다고 하는 뜻을 선정(여자)이 반드시 지혜(남자)를 필요로 하는 것에 비유하고 있다.

[1095] 외괘 간산(艮山, ☶)과 내괘 진뢰(震雷, ☳)로 이루어진 산뢰이山雷頤괘는 효로 보면, 상구는 간산으로 그쳐 있고 초구는 진뢰로 움직이는 상이다. 그 안에 있는 모든 음효는 이빨이 된다. 따라서 산뢰이괘는 턱을 상징하여 입 안에 음식을 먹고 몸을 양육하여 기른다는 의미가 파생된다. 기른다는 것은 단지 육체만을 기르는 것을 가리키는 것은 아니다. 보다 넓은 뜻으로는 정신, 마음, 학문 등을 기른다는 의미도 담겨 있다. '이양정頤養正'의 표현은 바로 이를 나타낸다. 이괘는 바르게 기른다는 괘의를 담고 있다는 말이다. 이러한 뜻을 지욱은 불교적인 관점에서 재해석하면서 '양정養正'을 수행을 통해 궁극적으로 성취해야 할 깨달음으로, '이頤'를 통찰의 수행을 통해 다스려야 할 번뇌로 풀이하고 있다. 곧 본성을 바르게 닦아 깨달음을 얻으려면 마음에서 일어나는 번뇌(頤)를 바르게 통찰하여 다스려야 한다는 뜻이다.

쾌夬는 결단하는 것으로, 강剛이 유柔를 결단함이다. 군자의 도는 성장하고 소인의 도는 근심이 된다.

上云乾剛坤柔, 則剛柔乃二卦之德, 豈可以剛決柔, 使天下有乾無坤, 其可乎哉. 且立天之道曰陰與陽, 則天亦未嘗無陰也. 立地之道曰柔與剛, 則地亦未嘗無剛也. 今所謂剛決柔者, 但令以君子之剛, 而決小人之柔, 則小人可化爲君子, 而君子道長. 設使以小人之剛, 而決君子之柔, 則君子被害, 而小人亦無以自立, 必終至於憂矣. 所以性善性惡俱不可斷, 而修善須滿, 修惡須盡也. 問, 何謂君子之剛, 答, 智慧是也. 何謂君子之柔, 答, 慈悲是也. 何謂小人之剛, 答, 瞋慢邪見是也. 何謂小人之柔, 答, 貪欲癡疑是也. 問, 何謂君子之剛. 答, 智慧是也. 何謂君子之柔. 噫, 讀此一章, 尤知宣聖實承靈山密囑, 先來此處度生者矣. 不然, 何其微言奧旨, 深合於一乘若此也. 思之佩之.

위에서 건乾은 강건하고 곤坤은 유순하다고 하였는데, 강剛과 유柔는 바로 두 괘의 덕이다. 어찌 강으로써 유를 결단하여 천하로 하여금 건만 있고 곤이 없게 할 수 있겠는가? 또한 하늘의 도를 세워 음과 양이라고 하였으니, 하늘에도 또한 일찍이 음이 있다는 것이다. 또 땅의 도를 세워 유와 강이라고 하였으니, 땅에도 또한 일찍이 강이 있다는 것이다. 지금 이른바 강이 유를 결단한다고 하는 것은 단지 군자의 강건함으로써 소인의 유약함을 결단한다는 의미이다. 곧 소인을 군자로 변화시킴으로써 군자의 도가 성장하게 되는 것이다. 만약 소인의 강건함으로써 군자의 유순함을 결단한다면, 군자는 해를 입게 되고 소인도 자립할 수 없어서 반드시 끝내 근심에 이르게 된다. 까닭에 착한 성품(性善)과 악한 성품(性惡)은 모두 단절시킬 수 없는 것이니, 선을 닦아 모름지기 원만하게 하고 악을 닦아 모름지기 없애야 한다.

문건대, 무엇을 군자의 강건함이라 말하는가? 지혜라 답할 수 있다. 무엇을 군자의 유순함이라 하는가? 자비라 답할 수 있다. 무엇을 일러 소인의 강건함이라 하는가? 성냄과 오만함과 삿된 견해라고 답할 수 있다. 무엇을 소인의 유순함이라 하는가? 탐욕과 어리석음과 의심함이라고 답할 수 있다.

아! 이러한 『잡괘전』 한 전傳을 읽어 보면, 공자께서 실로 부처님이 설법하시던 영산靈山[1096]에서 비밀스럽게 부탁함(密囑)을 받아 이곳에 오셔서 중생을 제도하신 것임을 알 수 있다. 그렇지 않고서야 어떻게 그 미묘한 말씀과 심오한 취지가 이렇듯 일승(一乘: 大乘)의 가르침과 깊이 합치할 수 있단 말인가? 헤아리고 새겨야 할 일이다.

[1096] 영산靈山: 부처님 당시 인도 마가다국의 도읍지인 왕사성王舍城에서 동쪽으로 약 3km 지점에 있는 영취산靈鷲山을 말한다. 음역으로는 기사굴산耆闍崛山이라 한다. 정상에 있는 검은 바위의 모양이 마치 독수리처럼 생겨서 '취鷲'라 하고, 이 산을 신성하게 여겨 '영靈'이라는 말이 붙어 영취산이라 하였다. 이 산에서 석가모니 붓다께서 대승경전인 『법화경』과 『불설무량수경』 등을 설하셨다.

역해 발易解跋

憶曩歲幻遊溫陵, 結冬月臺, 有郭氏子來問易義, 遂擧筆屬稿. 先成繫辭等五傳, 次成上經. 而下經解未及半, 偶應紫雲法華之請, 旋置高閣, 屈指忽越三載半矣. 今春應留都請, 兵阻石城. 聊就濟生庵度夏, 日長無事, 爲二三子商究大乘止觀法門, 復以餘力拈示易學, 始竟前稿. 嗟嗟, 從閩至吳, 地不過三千餘裏. 從辛巳冬至今夏, 時不過一千二百餘日, 乃世事幻夢, 蓋不啻萬別千差, 交易耶, 亦易耶. 至於歷盡萬別千差世事, 時地俱易, 而不易者依然如故. 吾是以知日月稽天不歷, 江河競注而不流, 肇公非欺我也. 得其不易者, 以應其至易, 觀其至易者, 以驗其不易. 常與無常, 二鳥雙遊. 吾安知文王之於羑裏, 周公之被流言, 孔子之息機於周流, 而韋編三爲之絶, 不同感於斯旨耶. 予愧無三聖之德之學, 而竊類三聖與民同患之時, 故閣筆而復爲之跋. 時乙酉閏六月二十九日也.

-北天目道人古吳蕅益智旭書

돌이켜 보니 지난해에 온릉에서 꿈결처럼 노닐다가 월대에서 동안거 결제를 하고 있었는데, 곽씨라는 사람이 찾아와서 역의 이치에 대해 묻기에 마침내 붓을 들어 원고를 쓰기 시작하였다. 먼저 『계사전』을 비롯한 다섯 전(五傳)의 선해를 끝마치고 다음으로 상경上經의 선해를 끝마쳤다. 하경下經에 대한 선해를 채 절반도 마치기도 전에 우연히 자운법화紫雲法華의 요청을 받아들여 원고를 높은 전각에 그대로 넣어 두었다. 손가락을 꼽아 보니 홀연히 3년 반을 넘기게 되었다. 금년 봄(을유년, 1645)에 유도留都의 요청에 응하려다가 병란으로 성이 가로 막혀 잠시 제생암으로 가서 여름을 보내고 있었다. 하루는 길고 할 일도 없어서 두세 사람을 위해 대승의 지관법문을 토론하며 연구하다가 다시 남는 여력이 있어 역학의 이치를 보여 주고자 비로소 예전의 원고를 마저 끝마치게 되었다.

아아! 복건성(閩)에서 오吳 지방에 이르기까지 거리로는 삼천 리에 불과하고, 신사년 겨울부터 이번 여름(을유년)에 이르기까지는 시간상 으로는 천이백여 일에 불과하다. 세상사는 꿈만 같아 다만 천차만별하 게 변화하고 있으니, 교역交易의 시대인가? 변역變易의 시대인가? 천차만별한 세상사를 다 겪어오면서 시대와 땅이 함께 변했는데, 변하 지 않은 것은 의연하게 예전과 같구나! 나는 그래서 '해와 달이 하늘에 머물러 있지만 운행하지 않은 듯하고(知日月稽天不歷), 강물과 시냇물 이 경주하듯이 흘러가면서도 흐르지 않은 듯하다(江河競注而不流)'[1097] 는 조공(肇公: 僧肇法師)의 말씀이 나를 속이지 않았음을 알 수 있었다. 그 불변한 이치를 얻어서 그 지극한 변화에 대응하고, 그 지극한 변화를 관찰해서 그 불변한 이치를 체험함은 항상함과 무상함이라는 두 마리 새가 함께 노니는 것이 아니겠는가!

내가 문왕이 유리옥에 갇혔던 일과 주공이 유언비어로 모함을 받았던 일과 공자께서 천하를 주유하시던 여가에 위편삼절韋編三絶한 뜻을

[1097] 승조대사가 저술한 『조론肇論』의 「물불천론物不遷論」에 언급되고 있는 연구 이다.

어찌 알 수 있겠냐마는, 세 분 모두 이러한 뜻[1098]에 동감하시지 않았을까? 나는 부끄럽게도 세 분의 성인과 같은 덕과 배움이 없지만은 세 성인이 백성들과 더불어 근심을 함께하시고자 했던(與民同患) 시대의 뜻을 겸손히 모방하려 한다. 그러므로 붓을 놓았다가 다시 발문을 쓰는 것이다. 때는 을유년(1645) 윤 6월 29일.

　─ 북천목北天目 도인 고오古吳의 우익지욱이 쓰다.

1098 곧 '得其不易者, 以應其至易. 觀其至易者, 以驗其不易'의 뜻을 가리킨다.

주역선해 제10권

하도河圖

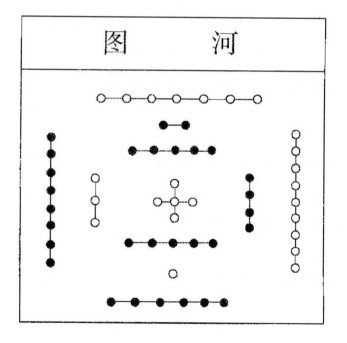

繫辭傳曰, 天一地二, 天三地四, 天五地六, 天七地八, 天九地十. 天數五, 地數五, 五位相得而各有合, 天數二十有五, 地數三十. 凡天地之數五十有五, 此所以成變化而行鬼神也. 此先天之數, 除中五天地生數以爲太極本位, 用餘五十爲揲蓍之策也. 五位相得者, 一得五而爲六, 二得五而爲七, 三得而爲八, 四得五而爲九, 中得一二三四而爲十也. 各有合者, 一合六, 二合七, 三合八, 四合九, 五合十也. 一與九爲十, 二與八爲十, 三與七爲十, 四與六爲十, 一二三四爲十, 共成五十, 而中之五點, 每點含十, 故以中五爲本數也. 然雖先天之數, 亦含後天八卦之用, 且如一六生水, 故坎居正北. 二七生火, 故離居正南. 三八生木, 故震居正東. 四九生金, 故兌居正西. 五十生土, 故土仍居中. 乾寄位於西北者, 陽位陽數之間也. 坤寄位於西南者, 陰數陰位之盡也. 陰陽互結而爲山, 故艮居東北. 陰陽互鼓而爲風, 故巽居東南. 約出世法者, 一是地獄之惡, 六是天道之善, 爲善惡一對. 二是畜生之惑, 七是聲聞之解, 爲解惑一對. 三是餓鬼之罪苦, 八是支佛之福田, 爲罪福一對. 四是修羅之瞋恚, 九是菩薩之慈悲, 爲瞋慈一對. 五是人道之雜, 十是佛界之純, 爲純雜一對. 又約十度修德者, 一是布施, 六是般若. 此二爲福慧之主, 如地生成萬物, 故居下. 二是持戒, 七是方便, 此二爲教化之首. 如天普覆萬物, 故居上, 三是忍辱, 八是大願. 此能出生一切善法, 故居左, 四是精進, 九是十力, 此能成就一切善法, 故居右. 五是禪定, 十是種智, 此能統禦一切諸法, 故居中. 實則界界互具, 度度互攝. 蓋世間之數, 以一爲始, 以十爲終, 華嚴以十表無盡, 當知始終不出一心一塵一刹那也.

「계사전(상전 제9장)」에서 "천 1, 지 2, 천 3, 지 4, 천 5, 지 6, 천 7, 지 8, 천 9, 지 10이니, 하늘의 수가 다섯이고 땅의 수가 다섯이다. 다섯 개의 수가 서로 더해져서 각각 합을 이루니, 하늘의 수는 25이고 땅의 수는 30이 된다. 무릇 천지의 수가 55이니, 이것으로써 변화를 이루며 귀신의 조화가 행해지게 되는 것이다"라고 하였다. 이는 선천수 先天數이다. 중앙의 다섯(1~5)인 선천생수先天生數를 제외함으로써 태극의 본위本位로 삼고, 나머지 50을 사용하여 설시의 책수策數를 삼는다.

'다섯 개의 수가 서로 더해진다(五位相得)'고 하는 것은 1이 5를 얻어 6이 되고, 2가 5를 얻어 7이 되고, 3이 5를 얻어 8이 되고, 4가 5를 얻어 9가 되고, 가운데는 5가 1·2·3·4를 얻어 10이 되는 것을 의미한다. '각각 합하는 것이 있다(各有合)'고 하는 것은 1은 6, 2는 7, 3은 8, 4는 9, 5는 10과 합하는 것을 의미한다. 또한 1과 9가 10이 되고, 2와 8이 10이 되고, 3과 7이 10이 되고, 4와 6이 10이 되고, 1·2·3·4가 더해져 10이 되어 모두 50이 되는 것이다.

중앙의 다섯 점點은 점마다 10을 포함하고 있다.[1099] 그러므로 중앙의 5로써 근원의 수(本數)로 삼는 것이다. 그렇지만 비록 선천의 수라고 해도 역시 후천 8괘의 쓰임(用)을 포함하고 있다. 또한 1·6은 수를 생성하므로 감(坎, ☵)이 되어 정북에 위치하고, 2·7은 화를 생성하므로 이(離, ☲)가 되어 정남에 위치하며, 3·8은 목을 생성하므로 진(震,

---

[1099] 곧 토를 상징하는 중앙에 있는 다섯 개의 점(○) 하나하나는 각자 그 점 하나하나에 수 10을 갖추고 있다는 의미이다. 따라서 다섯 개의 수를 합하여 50이 된다는 것이다.

☰)이 되어 정동에 위치한다. 4·9는 금을 생성하므로 태(兌, ☱)가 되어 정서에 위치하고, 5·10은 토를 생하며 토는 바로 중앙에 위치한다.

건乾이 서북에 자리를 차지(寄)하고 있는 것은 양의 자리(陽位)와 양수陽數의 사이에 있기 때문이고, 곤坤이 서남에 자리를 차지하고 있는 것은 음수陰數와 음의 자리(陰位)가 다한 곳이기 때문이다. 또한 음양이 서로 결합하여 산이 되므로 간(艮, ☶)은 동북에 위치하고, 음양이 서로를 고동시켜 바람이 되므로 손(巽, ☴)은 동남에 위치하는 것이다.

불법(佛法: 出世法)에 의거한다면, 1은 지옥의 악이며 6은 천도의 선으로, 선악이 하나로 상대하며 마주하고 있는 것(待對)이며, 2는 축생의 미혹이고 7은 성문승의 깨달음으로, 미혹과 깨달음이 하나로 대대(待對)하고 있는 것이다. 3은 아귀의 죄업의 고통이고 8은 벽지불의 복을 짓는 밭(福田)으로, 죄와 복이 하나로 대대하고 있는 것이며, 4는 아수라의 성냄(瞋恚)이고 9는 보살의 자비로, 진에와 자비가 하나로 대대하고 있는 것이다. 5는 인간 세계의 잡다함(雜)이고 10은 부처님 세계의 순수함(純)으로, 순수함과 잡다함이 하나로 대대하고 있는 것이다.

또한 십도十度[1100]의 덕을 닦는 것으로 예를 든다면, 1은 보시이고 6은 반야로, 이 둘은 복과 지혜의 주체로서 마치 땅이 만물을 생성해

1100 '도度'는 바라밀의 번역으로, 십도는 곧 십바라밀을 가리킨다. 육바라밀인 보시·지계·인욕·정진·선정·반야에다 방편·원願·력力·지智 등 네 가지 바라밀을 더해서 십바라밀이라 한다. 이러한 십도는 『화엄경』「십지품十地品」 등에서 보살이 마땅히 구족하고 실천해야 할 보살행으로 언급되고 있다.

내는 것과 같다. 까닭에 아래에 위치하고 있다. 2는 지계이고 7은 방편으로, 이 둘은 교화의 우두머리가 된다. 마치 하늘이 만물을 두루 덮고 있는 것과 같다. 그러므로 위에 자리하고 있다. 3은 인욕이고 8은 큰 원력으로, 이것은 일체의 선법을 출생하게 한다. 그러므로 좌측에 위치하고 있다. 4는 정진이고 9는 십력十力[1101]이다. 이것은 일체의 선법을 성취하게 한다. 그러므로 우측에 자리하고 있다. 5는 선정이고 10은 종지種智[1102]로, 이것은 일체제법을 통섭하고 제어한다. 그러므로 중앙에 위치하는 것이다. 하지만 실제적으로는 곧 세계와 세계가 서로를 구족하고 있고, 바라밀(度) 하나하나가 서로를 포섭하고 있다고 할 수 있다.

대개 세간의 수는 1로써 시작하여 10으로써 마친다. 화엄에 있어서는 10으로써 '무진無盡의 수'를 표시하는데, 마땅히 시작과 마침이 한마음(一心)·하나의 티끌(一塵)·한순간(一刹那)에서 벗어나지 못함을 알아야만 한다.

[1101] 십력十力: 보살이 갖춘 열 가지 능력을 말하는 것으로, 곧 심심深心·증상심심增上深心·방편·지혜·원원願·행行·승승乘·신변神變·보리菩提·전법륜력轉法輪力 등을 가리킨다.

[1102] 종지種智: '일체종지一切種智'의 준말로, 현상세계의 만법을 다 아는 부처의 지혜(佛智) 가운데 하나이다.

낙서洛書

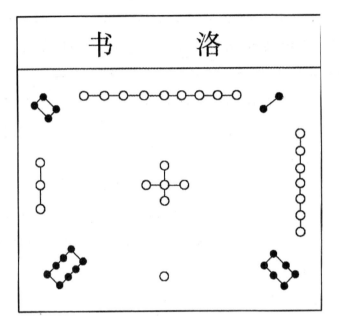

大禹因洛書而作九疇. 今以一三五七九居四方及中央正位, 以二四六
八居四維偏位, 又隱其十. 正表陽德爲政, 而陰德輔之. 在人則爲知及
仁守之學, 智巧聖力之象也. 左右前後縱橫斜直視之, 皆得十五之數.
以表位位法法之中, 皆具天地之全體滿數, 非分天地以爲諸數也, 物
物一太極於此可見. 約出世法, 則九界皆卽佛界, 故不別立佛界之十.
又九波羅密皆卽種智, 故不別立種智之十. 蓋凡數法若至於十, 便是
大一數故, 數於此終卽於此始故.

대우大禹는 낙서洛書를 근거로 홍범구주洪範九疇[1103]를 만들었다. 지금 1·3·5·7·9로써 사방과 중앙의 정위에 배정하고, 2·4·6·8로써 사유(四維: 네 모퉁이)의 편위(偏位: 정위를 제외한 네 모퉁이 자리)에 배정하였다. 또한 그 10은 숨겨 두었다. 바로 양덕陽德이 다스리고, 음덕陰德이 그것을 보좌함을 표시한 것이다.

사람에게 있어서는 곧 지혜로 미치고(이루고) 인을 지키는(知及仁守) 학문[1104]과 지혜의 기교와 성스러운 힘(智巧聖力)[1105]의 형상이 된다.

1103 홍범구주洪範九疇: 중국 하나라 우왕(禹王, 大禹)이 남겼다는 정치이념을 말한다. 홍범은 대법大法을 말하고, 구주는 9개 조條를 말하는 것으로, 즉 '9개 조항의 큰 법'이라는 뜻이다. 왕이 홍수를 다스릴 때 하늘로부터 받은 「낙서洛書」를 보고 만들었다고 한다. 주나라 무왕이 기자箕子에게 선정의 방안을 물었을 때, 기자가 이 홍범구주로써 교시하였다고 한다. 『서경』 「주서周書, 홍범」편에 수록되어 있다. 9조목은 오행五行·오사五事·팔정八政·오기五紀·황극皇極·삼덕三德·계의稽疑·서징庶徵 및 오복五福과 육극六極이다.

1104 『논어』 「위영공衛靈公」편에서 언급되고 있는 "공자가 말씀하시기를, 지혜가 그 지위에 미치고 인으로 지킬 수 있다고 할지라도 위엄으로 임하지 않으면 백성들이 공경하지 않는다. 지혜가 미치면 인으로 그 지위를 지킬 수 있고, 위엄으로 임한다 할지라도 예로써 백성을 움직이는 것이 아니라면 아직 잘된 것은 아니다(子曰, 知及之, 仁不能守 之, 雖得之, 必失之. 知及之, 仁能守之, 不莊以涖之, 則民不敬.知及之, 仁能守之, 莊以涖之, 動之不以禮, 未善也.)"라는 내용에서 인용하고 있다. 곧 낙서에 있어 양수(1·3·5·7·9)와 음수(2·4·6·8)는 공자가 가르치고 있는 지혜(知: 양수)와 인(仁: 음수)의 겸수兼修와 겸용兼用을 나타낸 것이라는 의미의 해석이다.

1105 『맹자』 「만장장구하萬章章句下」편에서 언급되고 있는 "맹자께서 말씀하시기를, 백이는 성인 중에서 결백한 분이고, 이윤은 성인 중에서 천하를 맡은 분이며, 유하혜는 성인 중에서 조화를 이루어 대립이 없는 분이며, 공자는 성인 중에서 때에 따라 알맞게 하신 분이다. 공자께서는 (모든 덕을) 집대성한 분이라

좌우·전후·종횡·대각선 어느 면에서 봐도 모두 15수가 된다. 자리와 자리(位位), 존재와 존재(法法) 가운데에는 모두 천지의 전체적인 만수滿數가 갖추어져 있으며, 천지를 나눔으로써 모든 수가 되는 것은 아니다. 모든 존재가(物物) 하나의 태극임을 여기에서 볼 수 있다.

불교적인 관점으로 본다면, 9계가 모두 곧 부처님 세계인 까닭에 부처님 세계를 뜻하는 10을 별도로 세우지 않는 것이요, 또한 9바라밀이 모두 곧 종지種智인 까닭에 종지를 뜻하는 10을 별도로 세우지 않는 것이다. 대개 무릇 수법數法이 만일 10에 이르게 되면, 문득 대일수大一數가 되는 까닭에 수는 여기(10)에서 끝마치고, 여기에서 시작하는 것이다.

할 수 있다. 모아서 크게 이루었다는 것은, (음악의 경우에 있어서) 처음에 종을 울리고 끝마칠 때에 경쇠(옥소리)를 쳐서 음악을 그친다는 뜻이다. 종소리를 울림은 조리의 시작이고, 경쇠로 음악을 그침은 조리의 마침이니, 조리를 시작하는 것은 지혜의 일이요, 조리를 마치는 것은 성인의 일이다. 지혜를 비유하자면 곧 기교요, 성聖을 비유하자면 곧 힘이라 할 수 있다(孟子曰, 伯夷, 聖之淸者也, 伊尹, 聖之任者也. 柳下惠, 聖之和 者也, 孔子, 聖之時者也. 孔子之謂集大成, 集大成也者, 金聲而玉振之也. 金聲也者, 始條理也, 玉振之也者, 終條理也, 始條理者, 智之事也, 終條理者, 聖之事也. 智, 譬則巧也, 聖, 譬則力也.)"에서 인용하고 있는 내용이다. 곧 낙서에 있어 양수를 정위에 배열하고 음수를 편위에 배열한 것은 지혜의 기교와 성스러운 힘의 균등한 갖춤(具足)의 상을 나타낸 것이라는 의미의 해석이다.

복희팔괘차서伏羲八卦次序

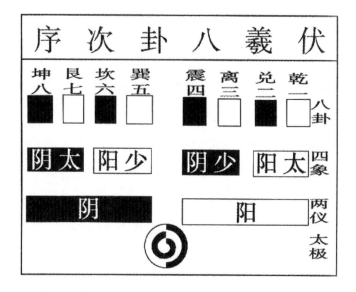

繫辭傳曰, 易有太極, 是生兩儀. 兩儀 生四象, 四象生八卦. 太極非動非靜, 雙照動靜, 故必具乎陰陽. 陽亦太極, 陰亦太極. 故皆非動非靜, 雙照動靜, 還具陰陽而成四象. 四象亦皆卽是太極, 所以皆亦非動非靜, 雙照動靜, 還具陰陽而成八卦. 然則八卦只是四象. 四象只是陰陽, 陰陽只是太極. 太極本無實法, 故能立一切法耳. 若從一生二, 從二生四, 從四生八, 從八生六十四等, 是爲順數. 若從六十四溯至八, 八溯至四, 四溯至二, 二溯至一, 一亦本無實法, 是爲逆數. 順數則是流轉門, 逆數則是還滅門. 流轉從陰陽二畫出. 還滅從陰陽二畫入, 故

曰乾坤其易之門. 聖人作易, 要人卽流轉而悟還滅, 超脫生死轉廻. 故
曰易逆數也.

「계사전」에서 이르기를 "역에는 태극이 있으니, 이것이 양의兩儀를
낳고, 양의가 사상四象을 낳고, 사상이 8괘를 낳는다"고 하였다. 태극은
움직임도 아니고(非動) 고요함도 아니며(非靜), 쌍으로 동정을 비추므
로 반드시 음양을 갖추고 있다. 양도 태극이고 음도 태극이므로 모두
동動도 아니고 정靜도 아니어서 쌍으로 동정을 비추는 것이니, 오히려
음양을 구족하여 사상을 이룬다. 사상 또한 모두 곧 태극이다. 까닭에
모두가 또한 동도 아니고 정도 아니어서 오히려 음양을 구족하여 8괘를
이루는 것이다. 그러한즉 팔괘는 단지 사상이고, 사상은 단지 음양이며,
음양은 단지 태극이다. 태극은 본디 실체가 없는 법(無實法)이기 때문에
능히 모든 존재(一切法)를 성립시킬 수 있는 것이다.

만약 1로부터 2가 생하고, 2로부터 4가 생하고, 4로부터 8이 생하고,
8로부터 64 등이 생하는 것이라고 한다면, 이는 수를 수순함(順數)이
된다. 만약 64로부터 거슬러서 8에 이르고, 8로부터 거슬러서 4에
이르고, 4로부터 거슬러서 2에 이르고, 2로부터 거슬러서 1에 이른다면
1 또한 본디 실체가 없는 법으로, 이는 수를 거스르는 것(逆數)이
된다. 수를 수순하는 것은 곧 유전문流轉門이라 할 수 있고, 수를 거스르
는 것은 곧 환멸문還滅門이라 할 수 있다.[1106] 유전은 음양의 두 획(畫)으

1106 불교에서는 미혹한 세계의 인과관계를 12의 지분支分으로 설명하고 있는데,
바로 12연기설(十二緣起說, dvādaśāuga-pratītyasamutpāda)이다. 12지 연기
또는 12인연이라고도 한다. 그 12의 지분은, 무명無明·행行·식識·명색名色·육
처六處·촉觸·수受·애愛·취取·유有·생生·노사老死 등이다. ①'무명'은 미혹의

로부터 나오는 것이고, 환멸은 음양의 두 획을 좇아 들어가는 것이다.

근본으로서의 무지로, 사제(四諦: 苦·集·滅·道)와 12연기 등의 올바른 세계관·인생관을 모르는 것을 말한다. 우리의 고뇌와 불행이 일어나는 근본 원인은 올바른 세계관, 인생관을 갖고 있지 않기 때문이라는 것이다. ②'행'은 형성력으로서의 행위, 행위의 집적集積이다. 사고행위(意行), 언어행위(語行), 신체적 행위(身行) 등의 모든 행위는 그 행위 후에 사라져버리는 것이 아니라, 우리 속에 축적·보존되어 인격의 내용이 된다. 행은 무지로부터 일어나는 것이기 때문에 필연적으로 윤회의 근본원인으로써의 업을 가리킨다. ③'식'은 인식판단의 의식작용임과 동시에 인식판단의 주체이다. 감각작용으로서의 안식眼識·이식耳識·비식鼻識·설식舌識·신식身識의 5식과 의식意識을 가리키는데, 의식은 6식을 주체적으로 보는 것으로, 식체識體라고도 한다. ④'명색'과 ⑤'육처'는 앞의 '식'과 밀접한 상호의존 관계에 있다. '식'은 식체, 즉 인식판단의 주체이며, '명색'은 이 '식'의 대상으로써 인식된 물질(色)과 정신(名)이다. 명색은 6식의 대상으로써의 색色·성聲·향香·미味·촉觸·법法의 6경境이다. 이 6경을 인식 판단하기 위한 능력이 있는 기관이 '육처'인데, 이것은 안근(시각기관 또는 그 능력)·이근(청각기관)·비근(후각기관)·설근(미각기관)·신근(촉각기관)·의근(사유기관)을 말한다. ⑥일반적으로 '촉'은 근·경·식의 셋이 접촉하는 것이다. 즉 3자의 화합이 '촉'이다. ⑦'수'는 근·경·식의 3자가 화합하여 생긴 고락苦樂 등의 감수작용이다. '수'에는 고수苦受·낙수樂受·불고불락수不苦不樂受의 3수가 있는데, 이것을 다시 육체적·정신적인 두 방면으로 나누어 우憂·희喜·고苦·락樂·사捨의 5수로 나누기도 한다. ⑧'애'는 갈애渴愛, 즉 맹목적인 사랑을 말한다. ⑨'취'는 취착取著의 뜻이다. 즉 싫어하는 것을 버리고, 좋아하는 것을 취하는 취사선택의 행동이다. ⑩'유'는 취착적 행위가 계속되고 선업과 악업이 축적되어 잠재력으로 자리 잡은 것을 말한다. 우리의 현존재는 과거의 행위 경험이 축적된 것이기 때문에 우리의 현존재가 '유'이므로 현존재로서의 인격이 기본이 되어 우리의 미래를 규정하게 된다. ⑪'생'은 내세의 생이라 할 수도 있으며, 시시각각으로 변화하여 새롭게 나타나는 모습을 생이라 할 수도 있다. ⑫'노사'란 인간은 태어나면 반드시 늙고 죽기 마련인데, 이러한 자연적인 사실을 가리키기도 하지만, 그보다는 노사와 관련된 고통을 가리킨다.

그러므로 "건곤은 그 역의 문이다(乾坤其易之門)"[1107]라고 한다. 성인이
역을 지으심은 사람들이 유전을 바탕으로 환멸을 깨달아 생사의 윤회를
초탈할 것을 바라셨기 때문이다. 그러므로 역은 수를 거스르는 것(逆數)
이라 한다.

즉 이 노사는 모든 인간고의 총칭이기도 하다. 이상과 같이 미혹의 현실세계가
무엇에 기초하여 성립되어 있는가를 나타내는 것이 유전문流轉門의 연기, 순관
順觀의 십이연기이다. 유전연기의 일반적인 형식은 "무명無明에 연緣하여 행行
이 있으며⋯⋯"이다. 이것은 곧 "무명이 멸하기 때문에 행이 멸하며⋯⋯"로
표현될 수 있는데, 이 같은 형식이 환멸문還滅門의 연기, 곧 역관逆觀의 12연기이
다. 지욱이 여기서 표현하고 있는 유전문은 미혹한 중생이 생사윤회를 반복하며
살고 있는 중생들의 삶을, 환멸문은 그러한 생사윤회의 유전문에서 벗어나서
궁극적인 깨달음의 세계로 나아가고자 수행을 실천해 감을 의미한다.

1107 「계사하전」 제6장에서 언급되고 있다.

복희8괘 방위伏羲八卦方位

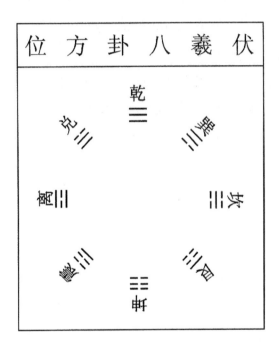

先天八卦, 約體言之. 乾南表天, 坤北表地, 離東表日, 坎西表月, 震居東北, 動之初也, 兌居東南, 海之象也, 巽居西南, 入之初也, 艮居西北, 山之象也. 須彌在此方視之, 則居西北, 日月星辰至西北, 皆爲須彌腰所掩, 故妄計天缺西北也.

선천팔괘는 본체를 중심으로 말한 것이다. 건(乾, ☰)이 남방에 위치함은 하늘을 표시한 것이고, 곤(坤, ☷)이 북방에 위치함은 땅을 표시한 것이다. 이(離, ☲)가 동방에 위치함은 해를 표시한 것이고, 감(坎, ☵)이 서방에 위치함은 달을 표시한 것이다. 진(震, ☳)이 동북방에 위치함은 움직임의 시초를 나타낸 것이고, 태(兌, ☱)가 동남방에 위치함은 바다를 형상한 것이다. 손(巽, ☴)이 서남방에 위치함은 들어감의 시초를 나타낸 것이고, 간(艮, ☶)이 서북방에 위치함은 산을 형상한 것이다.

수미산須彌山[1108]을 이러한 방위도로 살펴보면 서북방에 위치하지만, 일월성신이 서북에 이르러서는 모두 수미산의 산허리를 가리어 감추기 때문에 하늘이 서북에 없다고 망령되게 생각하는 것이다.

1108 불교의 우주관에서 나온, 세계의 중심에 있다고 하는 상상의 산을 가리킨다. 수미산을 중심으로 주위에는 동승신주東勝身洲·남섬부주南瞻部洲·서우화주西牛貨洲·북구로주北俱盧洲의 4대 주가 동남서북에 있고, 그것을 둘러싼 구산九山과 팔해八海가 있다. 이 수미산의 하계下界에는 지옥이 있고, 수미산의 가장 낮은 곳에는 인간계가 있다. 또 수미산 중턱의 사방으로 동방에는 지국천持國天, 남쪽에는 증장천增長天, 서쪽에는 광목천廣目天, 북쪽에는 다문천多聞天의 사왕천四王天이 있다. 또한 수미산의 정상은 정입방체로 되어 있는데, 그 중심에 선견천善見天이 있고 주위의 사방에는 32개의 궁전이 있으므로 삼십삼천三十三天이라고 한다. 이 수미산 위의 공중에는 욕계欲界 6천天 가운데 네 개의 하늘과 색계천色界天, 무색계천無色界天 등이 차례대로 있다.

복희64괘차서伏羲六十四卦次序

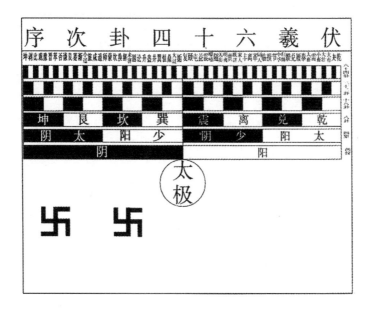

隨拈一陰一陽, 必還具一陰一陽, 故六重之而成六十四卦, 其實卦卦
無非太極全體, 故得爲四千九十六卦也.

일음일양을 따라서 집어보면, 반드시 또한 일음일양을 갖추고 있다.
그렇기 때문에 6을 거듭해서 64괘가 성립되지만, 그 사실은 괘마다
태극의 전체가 아님이 없다. 그러므로 4,096괘가 된다.[1109]

[1109] 지욱은 천태종에서 모든 것이 서로를 구족具足하고 있다는 호구론互具論의
　　　입장에서 하나의 음 속에는 하나의 양을 갖추고 있고, 마찬가지로 하나의

양 역시 하나의 음을 갖추고 있음을 말하고 있다. 이러한 음양이 거듭해서 6효를 이루고, 이러한 6효가 확장되어 64괘를 이룬다는 것이다. 그런데 이러한 64괘 하나하나는 태극의 전체적인 이치를 구족하고 있기 때문에 결과적으로 하나하나의 64괘 모두는 또 다른 64괘를 구족하고 있다는 것이다, 따라서 64괘×64괘=4,096괘가 된다는 설명이다.

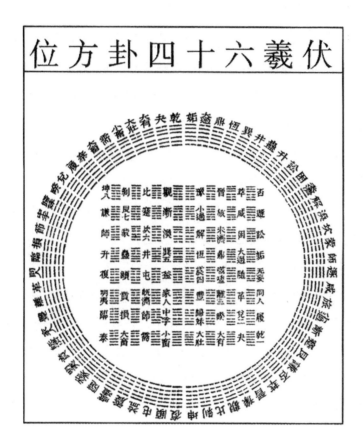

約一天下, 亦以此卦圖而分布之, 約一省一府一縣, 亦各以此卦圖而
分布之. 近約一宅, 亦以此卦圖而分布之, 卽單約一房一坐具地, 亦以
此卦圖而分布之. 大不礙小, 小不礙大, 大亦只是六十四卦, 小亦全具

六十四卦, 一時一刻亦有此六十四卦, 亘古亘今亦只此六十四卦. 若向此處悟得, 便入華嚴事事無礙法界, 故李長者借此以明華藏世界. 不然, 豈令福建在南, 則有乾無坤, 燕都在北, 則有坤無乾, 天竺在西, 但謂坎地, 支那在東, 惟是離方也耶.

하나의 천하에 적용하더라도 또한 이러한 괘도卦圖로써 분포할 수 있고, 하나의 성省, 하나의 부府, 하나의 현縣에 적용하더라도 역시 각기 이러한 괘도로써 분포할 수 있다. 가까이는 하나의 집에 적용시키더라도 역시 이러한 괘도로써 분포해 볼 수 있는데, 곧 단순하게 한 칸의 방, 하나의 방석(坐具地)에 적용시키더라도 역시 이러한 괘도로써 분포할 수 있는 것이다.

　큰 것이 작은 것에 구애되지 않고, 작은 것이 큰 것에 구애되지 않는다. 큰 것 역시 다만 64괘이고, 작은 것 역시 전체적으로 64괘를 구족하고 있다. 한때(一時), 한순간(一刻)에도 이러한 64괘는 존재하고 있으며, 옛날과 지금에 있어서도 다만 이러한 64괘인 것이다. 만약 이러한 이치를 깨닫는다면, 곧 화엄의 모든 것에 걸림 없는 진리의 세계(事事無礙法界)에 들어갈 수 있게 된다. 그러므로 이장자李長者[1110]는 이를 빌려 화장세계를 밝힌 것이다. 그렇지 않다면 어찌 복건성福建城이 남쪽에 있다고 남방(乾)만 있고 북방(坤)이 없다고 할 것이며,

---

1110 이장자李長者: 중국 당나라 시대의 유명한 화엄학자 이통현(李通玄, 635~730)을 말한다. 유불에 정통하였으며, 평생 화엄경을 참구하였다. 『신화엄경론新華嚴經論』40권, 『화엄경회석론華嚴經會釋論』14권, 『약석신화엄경수행차제결의론略釋新華嚴經修行次第決疑論』, 『석해미현지성비십명론釋解迷顯智成悲十明論』1권 등의 저술을 남겼다.

연도(燕都: 현재의 북경)가 북쪽에 있다고 북방만 있고 남방이 없다고
할 수 있겠는가? 또한 천축(天竺: 인도)이 서쪽에 있다고 단지 서쪽
지방(坎地)만 되고, 중국(支那)이 동방에 있다고 오직 동방(離方)이라
고만 할 수 있겠는가?

男卽父, 女卽母, 又父只是男, 母只是女, 坤體得乾爲三男. 有慧之定,
卽止而觀也. 震爲觀穿義, 艮爲觀達義, 坎爲不觀觀義. 乾體得坤爲三
女, 有定之慧, 卽觀而止也. 巽爲止息義, 兌爲停止義, 離爲不止止義.
震動艮靜, 坎能動能靜, 乾非偏於動也. 巽動兌靜, 離能動能靜, 坤非

偏於靜也. 又震動而出, 巽動而入, 艮靜而高, 兌靜而深, 坎兼動靜,
而從上之下, 上終不窮, 離兼動靜, 而從下之上, 下終不盡. 信知一一
皆法界也.

남자는 아버지요 여자는 어머니이다. 또한 아버지는 단지 남자이고
어머니는 단지 여자이다. 곤체(坤體: 여자, 純陰, ☷)가 건(乾: 남자,
純陽, ☰)을 얻어서 세 아들(장남·중남·소남)이 된다. (불교적인 관점
에서 보면) 지혜가 있는 선정으로, 지(止: 선정)를 바탕한 관(觀: 지혜)
이라 할 수 있다.

진(震: 장남, ☳)은 관천觀穿을 뜻하고, 간(艮: 소남, ☶)은 관달觀達
을 뜻하며, 감(坎: 중남, ☵)은 불관관不觀觀을 뜻한다.[1111]

건체乾體가 곤坤을 얻어서 세 딸(장녀·중녀·소녀)이 된다. (불교적인
관점에서 보면) 선정이 있는 지혜이니, 관(觀: 지혜)을 바탕한 지(止:
선정)라 할 수 있다. 손(巽: 장녀, ☴)은 지식止息의 뜻이 되고, 태(兌:
소녀, ☱)는 정지停止의 뜻이 되며, 이(離: 중녀, ☲)는 부지지不止止의
뜻이 된다.[1112] 진震은 움직이고, 간艮은 고요하며, 감坎은 능동능정能動

[1111] 천태종에서 교설하는 지관행법止觀行法 가운데 '관(觀: 지혜, 반야의 뜻으로,
진리본성을 통찰함, 또는 본성을 바탕하여 인연에 따라 일어나는 미혹한 번뇌
망상을 바르게 알아차리는 것)'의 뜻을 세 가지로 설명하고 있는 내용이다.
'관천觀穿'은 지혜의 이용利用을 통해 번뇌 망상을 소멸시키는 것을, '관달觀達'은
통찰하는 지혜(觀智)가 통달하여 진여본성에 계회契會하는 것(이는 통찰하는
주체의 관점에서 이름붙인 것)을, '불관관不觀觀'은 분별할 수 없는 진리(眞如,
法性)에 대해 분별을 임시로 설정하여 무명을 불관(不觀)으로, 이에 상대해서
법성을 관으로 세워 관의 의미를 설명함을 가리킨다.

[1112] 천태종에서 교설하는 지관행법 가운데 '지(止: 선정, 멈춤, 머문다는 뜻으로

能靜하고, 건乾은 움직임에 치우치지 않는다. 손巽은 움직이고, 태兌는 고요하며, 이離는 능히 동하고 능히 고요하며, 곤坤은 고요함에 치우치지 않는다. 또한 진震은 움직여서 나오는 것이고, 손巽은 움직여서 들어가는 것이며, 간艮은 고요하면서 높은 것이고, 태兌는 고요하면서 깊은 것이다. 감坎은 동정을 겸하여 위로부터 아래로 흘러서 내려가지만, 위가 마침내 궁하지 않는다. 이離는 동정을 겸하여 아래로부터 위로 상승하지만, 아래가 마침내 다하지 않는다. 진실로 하나하나가 모두 진리의 세계(法界)임을 깨달아야만 한다.

마음을 고요히 하여 진리본성에 안주하여 머무는 것, 혹은 진리본성을 바탕하여 인연에 따라 일어나는 미혹한 번뇌 망상을 그치는 것)'의 뜻을 세 가지로 설명하고 있는 내용이다. ①'지식止息'은 멈춰지는 대상, 혹은 부수어지는 대상(所止)에 근거해서 지의 의미를 설명하는 것으로, 망상분별을 멈추는 수행법을 의미한다. 멈춘다는 것은 모든 잘못된 감정, 사려분별, 사려분별에 사로잡힌 망념 등이 고요해지면서 멈춘다(息)는 의미이다. ②'정지停止'는 번뇌를 멈추게 하는 주체(能止)의 관점에서 '지止'의 의미를 설명하는 내용이다. '정停'은 마음을 명백히 진리에 근거하여 머무는 것을 의미하고, '지止' 역시 같은 의미이다. ③'부지지不止止'는 분별할 수 없는 진리에 대해 분별을 설정하여 무명을 '부지不止'로, 이에 상대해서 법성을 '지止'로 세워 지의 의미를 설명하고 있는 내용이다. '지식'이 생사의 움직임에 대해 열반의 관점에서 지를 설명하고, '정지'가 마음과 진리를 상대적으로 독립해서 두고 반야에 근거해서 지를 설명했다면, '부지지'는 지혜와 단멸이라는 상대적 관점에서 지의 의미를 설명하고 있는 내용이다.

문왕8괘방위文王八卦方位

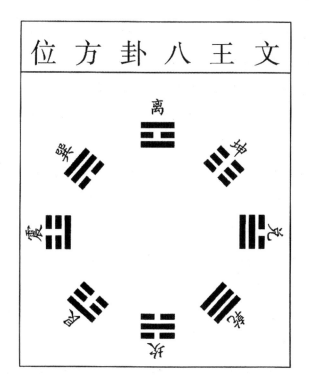

說卦傳曰, 帝出乎震, 齊乎巽, 相見乎離, 致役乎坤, 說言乎兌. 戰乎
乾, 勞乎坎, 成言乎艮. 又曰, 震, 東方也, 乃至艮東北之卦也. 此須約
觀心工夫解釋, 具在說卦傳解中. 火騰, 故旺於南, 坎表水降, 故旺於
北. 交發立堅, 濕爲巨海, 乾爲州潬, 故坎雖居北, 而水輪含十方界,
坤艮之土亦徧四維. 火勢劣水, 抽爲草木, 故有震巽. 木旺於春, 故震

居東方, 巽亦屬木, 又能生火, 其象爲風, 故居東南. 地性堅者, 名之爲金, 金旺於秋, 故居西方. 乾亦屬金, 又表須彌是四寶所成, 在此地之西北也. 右圖說有八, 或與舊同, 或與舊異, 只貴遙通儒釋心要而已. 觀者恕之, 藕益敬識.

「설괘전」에서 이르길 "제(帝, 해)는 진방(震方: 정동방)에서 나와서, 손방(巽方: 동남방)에서 가지런해지고, 이방(離方: 남방)에서 서로 보며, 곤방(坤方: 서남방)에서 역사를 이루고, 태방(兌方: 서방)에서 기뻐하며, 건방(乾方: 서북방)에서 싸우고, 감방(坎方: 북방)에서 위로하고, 간방(艮方: 동북방)에서 이루어진다"고 하였으며, 또한 "진震은 동방이고, 내지 간艮은 동북의 괘이다"라고 하였다.[1113] 이러한 내용을 모름지기 마음을 통찰하는 공부(觀心工夫)로 예를 들어 해석한다면, 「설괘전」의 해석 가운데 이미 담겨져 있다.

후천팔괘는 작용(用)을 기준하여 말한 것이다. 이離는 불이 타오르는 것(火騰)을 나타낸 것으로 남방에서 왕성하고, 감坎은 물이 흘러내리는 것(水降)을 나타낸 것으로 북방에서 왕성하다. 서로 얽혀 굳어지니(交發立堅), 습한 것은 큰 바다가 되고 강건한 것은 대륙과 섬(州潬)이 된다. 그러므로 감坎이 비록 북방에 위치하지만, (불교의 우주관으로 보면) 수륜水輪이 시방의 세계를 포함하고 있는 것이다.

곤坤과 간艮의 토 또한 사유四維[1114]에 두루하고 있다. 불의 세력이 물보다 열등하면 추출되어 초목이 되는 까닭으로, 진震과 손巽이 존재

1113 「설괘전」제5장에서 언급되고 있다.
1114 사유四維: 건(乾: 서북)·곤(坤: 서남)·간(艮: 동북)·손(巽: 동남)을 가리킨다.

하게 된다. 목은 봄에 왕성해지므로 진震은 동방에 위치하고, 손巽 또한 목에 속하고 또 능히 화를 생하며, 그 상은 바람이 되므로 동남에 위치한다. 땅의 성질에 있어 굳건한 것을 금이라 하는데, 금은 가을에 왕성해지는 까닭으로 서방에 위치한다. 건乾 역시 금에 속하는데, (불교의 우주관으로 보면) 수미산이 네 가지 보배(四寶)[1115]로 이루어졌음을 나타낸 것으로, 이 땅의 서북에 존재한다.

　오른쪽[1116]에 있는 8개의 도설은 옛것과 같은 것이 있고 옛것과 다른 것이 있지만, 다만 유교와 불교의 마음의 요체를 아득히 통달하는 것을 귀하게 여겼을 뿐이다. 보는 사람은 용서하기 바란다. 우익蕅益이 공경히 삼가 쓴다.

1115 수미산은 고대 인도의 우주론에 나오는 산으로, 세계의 중심에 위치해 있다는 하는 고산高山을 말한다. 불교에 도입되어 불설佛說로서 오랫동안 신봉되었다. 세계의 최하부를 풍륜風輪이라 하고 그 위에 수륜水輪·금륜(金輪: 地輪)이 겹쳐 있으며, 지륜 위에 구산팔해九山八海, 즉 수미산을 중심으로 그 주위를 8개의 대산이 둘러싸고 산과 산 사이에는 각각 대해가 있는데 그 수가 8개라고 한다. 또한 가장 바깥쪽 바다의 사방에 섬이 있으며(四洲), 그 중에서 남쪽에 있는 섬, 즉 남염부제南閻浮提에 인간이 살고 있다고 한다. 수미산은 사보(四寶: 황금·백은·유리·파리)로 이루어졌고, 중복中腹의 사방에 사천왕四天王이 살고 있으며, 정상에는 제석천帝釋天이 주인인 33천의 궁전이 있고, 해와 달은 수미산의 중복을 회전한다고 한다.

1116 옛날 서적(『주역선해』원본)은 왼쪽에서 오른쪽으로 넘겼다. 따라서 여기서 '오른쪽'이란 말은 앞의 '하도' 그림에서 '문왕8괘방위' 그림까지 8개의 그림을 말한다.

교각역선기사校刻易禪紀事

瑞叨侍大師五年, 每見久精易學之士, 一聞大師拈義, 無不傾服. 遂發心募梓全集, 輒以易禪居首, 大師解易旣畢, 方出圖說, 故幷附於末卷. 或有問曰, 紫陽本義, 圖說在前. 謂聖人作易, 精微之旨, 全在語言文字之先, 今胡得倒置耶. 大師答曰, 聖人悟無言而示有言, 學者因有言而悟無言, 所以古有左圖右書之說, 何倒之有. 且文字與圖皆標月指耳. 不肯觀月, 而爭指之前後, 不亦惑乎. 問者默然. 玆因校刻, 幷識此語. 願我同志閱斯編者, 了知文字與圖無非吾人心性注脚. 不作有言會, 不作無言會. 庶不負法恩矣.

- 門弟子通瑞百拜敬書.

서瑞[1117]가 외람되이 대사를 모신 지 5년이나 되었는데, 매번 볼 때마다 오랫동안 역학을 정미하게 공부한 선비라고 하더라도 한 번 대사의 역리에 대한 설명을 들으면 감복하여 수긍하지 않는 사람이 없었다. 드디어 대사의 전집을 판각하고자 모금을 발심하면서 바로 역선易禪을 머리 부분에 판각하고자 하였으나,[1118] 대사께서 『주역』의 해석을 끝마치시고 나서야 바야흐로 도설圖說을 내놓으셨기 때문에 마지막 권에

1117 기사紀事를 쓴 우익대사의 문도 제자인 석통서釋通瑞 자신을 가리킨다.

1118 '역선易禪'은 본 「교각역선기사校刻易禪紀事」를 지칭한다. 본래는 『주역선해』를 판각하면서 머리 부분에 판각하고자 하였으나, 사정으로 『주역선해』의 맨 마지막 부분에 판각하게 되었다는 설명이다.

아울러 덧붙이게 되었다.

어떤 사람이 대사께 "자양(紫陽: 주자)의 『주역본의周易本義』에는 도설이 앞에 있습니다. 이는 성인이 역을 지으신 정미한 취지가 전적으로 언어문자보다 우선함을 뜻하는 것이라 할 수 있는데, 지금 어찌 (도설의 위치가) 뒤바뀌어 있습니까?"라고 질문하였다. 대사께서는 "성인은 말 없음을 깨달아 말 있음을 보여 주시고, 학자는 말 있음을 인하여 말 없음을 깨닫는다. 까닭에 옛날에 '도상圖象을 왼쪽에 두고 글은 오른쪽에 둔다(左圖右書)'는 이론이 있었지만, 어찌 뒤바뀐 것이 있겠는가? 또한 문자와 도상은 모두 달을 가리키는 손가락일 뿐이다. 기꺼이 달은 보려 하지 않고 가리키는 손가락의 앞뒤만을 다투는 것은 또한 어리석은 일이 아니겠는가?"라고 대답하셨다. 질문했던 사람은 말이 없었다.

이에 교정하여 판각함으로 인하여 이러한 말을 아울러 기록하니, 바라건대 우리 동지들 중에 이 편(編: 판각 내용)을 열람하는 사람은 문자와 도상이 우리 사람들의 심성에 대한 각주임을 알아서 유언(有言: 역리를 표현한 언어문자)으로만 깨달으려고 하지도 말고, 무언(無言: 도상)만으로도 깨달으려 하지 말아야 바로 대사께서 가르치시는 진리의 은혜(法恩)를 저버리지 않는 것이다.

- 문도 제자 통서는 백배의 예를 올리고 공경히 쓴다.

부록: 『주역』에 대한 이해

1. 『주역』은 점서인가?

64괘라는 상징적 부호와 이를 설명하고 있는 괘효사卦爻辭, 그리고 64괘에 대한 철학적 이치를 설명하고 있는 「계사전」・「설괘전」을 비롯한 십익전十翼傳을 내용으로 담고 있는 『주역』은 일반적으로 『역경易經』이라고도 부른다. 다른 일반 유교경전과 마찬가지로 유교의 가르침을 담은 경전이라는 의미이다.

그런데 간혹 일반인들에게 있어 『주역』 하면 연상되는 생각은 바로 점서占書라는 이미지이다. 『주역』이 인간의 길흉을 점치는 책쯤으로 이해되고 있다는 뜻이다. 그렇다면 『주역』이 정말 인간의 길흉사만을 점치는 점서에 불과할까? 대답은 당연히 "그렇지 않다"이다. 그렇다고 해서 점서가 아니라고도 단정하여 말할 수도 없다. 무슨 말인가? 『주역』은 일반적 유교경전과 마찬가지로 성인이 가르치신 진리를 담고 있으면서도 또 한편으로 다른 유교경전과는 달리 인간이 길함을 쫓고 흉함을 피할 수 있는 추길피흉趨吉避凶에 대한 점서의 내용도 동시에 담고 있기 때문이다.

그렇다면 일반인들은 왜 『주역』을 점서라는 개념으로 더 친숙하게 받아들이고 있는 걸까? 이는 그동안 인간의 길흉을 점치는 일부 술법가術法家들이 『주역』을 마치 술법術法의 원전原典이나 되는 것처럼 이해하고 이를 대중에게 그릇되게 인식시킨 까닭이라 할 수 있을 것이다.

이러한 사실은 요즘에도 일부 신문을 비롯한 대중 매체에서 '주역으로 보는 일진', '주역으로 보는 운세' 운운하면서 그릇되게 주역의 명칭을 빌려 대중을 현혹하고 있는 것에서도 확인할 수 있다.

2. 『주역』의 저자

『주역』은 다른 일반 경전처럼 어느 한 시기에 한 개인에 의해 저술된 책이 아니다. 지금의 『주역』은 오랜 시간을 경과하면서 여러 사람의 손을 거쳐 완성된 것이다. 하지만 구체적으로 언제, 어디서, 누구에 의해, 어떻게 저술되었는지는 불분명하다. 다만 여러 역사적 문헌들에 언급되고 있는 사료史料들을 종합하여 그 저자들에 대해 대략적인 추측을 할 수 있을 뿐이다. 전통적으로 역易은 '인경삼성人更三聖', 혹은 '인경사성人更四聖'이라는 표현처럼 복희씨伏羲氏, 문왕文王, 주공周公, 공자 등에 의해 단계적으로 완성된 것으로 받아들여지고 있다.

중국 상고上古시대의 전설적 왕인 복희씨는 64괘의 기본 괘인 8괘를 최초로 만들었다고 전해진다. 「주역」, 「계사하전」 제2장에서는 이에 대해 다음과 같이 표현하고 있다.

옛날 포희씨(복희씨)가 천하의 왕이 되었을 때에 우러러서는 하늘의 형상을 관찰하고, 구부려서는 땅의 법식을 관찰하였다. 새와 짐승의 무늬(모양새)와 땅의 마땅함(地之宜)[1119]을 살폈다. 가까이는 몸에서 취하고 멀리로는 사물에서 이치를 취하였다.[1120] 이렇게 하여 비로소

1119 땅의 고저高低와 조습燥濕과 같은 지리적 특성을 살폈다는 의미이다.
1120 인간의 몸에서부터 저 멀리 모든 천지만물에 이르기까지 모든 존재의 형상과

8괘를 지어 신명한 덕을 통달하게 하고 만물의 실정을 분별할 수 있게 하였다.[1121]

『사기史記』「주본기周本記」에는 주나라 문왕이 은나라 폭군 주왕紂王에 의해 유리羑里의 옥에 갇혀 있을 때에 8괘를 중첩하여 지금과 같은 64괘의 괘상을 만들었다고 서술하고 있다. 또한『사기』「일자열전日子列傳」,『한서漢書』「예문지藝文志」등의 문헌을 참고하면 문왕은 64괘를 만든 것 외에 각 괘에 괘명卦名을 붙이고 괘를 설명하는 괘사卦辭와 효爻를 설명하는 효사爻辭를 지었다고 밝히고 있다. 이외에 청대의 공양학자인 피석서(皮錫瑞, 1850~1908)의『역경통론易經通論』에서는 괘사는 문왕이 쓰고 효사는 그의 아들인 주공이 지었다고 말하고 있다.[1122]

역학사易學史에 있어 빼놓을 수 없는 인물이 바로 공자이다. 공자는 '위편삼절韋編三絶'이라는 말처럼, 말년에『주역』에 심취하여『주역』을 엮은 가죽 끈이 세 번씩이나 끊어질 정도로『주역』을 탐독했다고 전해진다. 괘효사卦爻辭 이외에『주역』의 내용을 부연하여 철학적 이치를 설명하고 있는 이른바 십익전十翼傳[1123]은 송대 구양수歐陽脩가 이의를

특성을 팔괘로 형상화하여 담아내었음을 가리키고 있다. 예컨대 건乾은 天·首·馬 등을, 곤坤은 地·腹·牛 등의 상을 취하여 나타내고 있다는 것이다.

[1121] 「계사하전繫辭下傳」제2장. "古者包犧氏之王天下也애 仰則觀象於天하고 俯則觀法於地하며 觀鳥獸之文과 與地之宜하고 近取諸身하고 遠取諸物하야 於是애 始作八卦하며 以通神明之德하야 以類萬物之情하니……."

[1122] 이기동,『하늘의 뜻을 묻다』, 열림원, 2005, p.23 참조.

[1123] 혹은 「역전易傳」이라고도 한다. '십익十翼'은『주역』의 본 경문의 내용을 마치

제기하기까지 공자가 저술한 것으로 받아들여져 왔다.

3. 『주역』에 대한 해석

예로부터 『주역』은 두 가지 측면에서 해석되어 왔다. 하나는 다른
유교경전과 마찬가지로 『주역』이 담고 있는 성인의 가르침을 통해
천지자연의 진리와 세상사에 대한 이치와 가치를 해석하고 밝혀내어
이를 정치·사회적 이념과 개인적 삶의 가치로 실천하고자 하는 측면에
서의 해석이고, 다른 하나는 『주역』이 담고 있는 점서적占書的 내용과
상수적象數的 관점에 중심을 두고 상수에 담긴 이치와 인간의 길흉사를
밝혀내고 미래에 대한 일을 미리 예측해내고자 하는 관점에서의 해석이
다. 역학에서는 이러한 해석의 차이에 대해 전자를 의리역학義理易學이
라고 부르고, 후자를 상수역학象數易學이라고 부른다.

　　중국 역학사에 있어 대표적인 의리역학자는 남북조시대의 왕필王弼
을 필두로 당대唐代의 공영달孔穎達·이정조李鼎祚, 북송의 정이程頤·장
재張載·구양수歐陽脩, 남송의 주희朱熹·양만리楊萬里·양간楊簡 등을

새의 날개처럼 돕고 있는 열 가지 보조문헌이라는 의미를 나타내는 것으로,
곧 「단전」象傳·「괘상전卦象傳」·「효상전爻象傳」·「건괘문언전乾卦文言傳」·「곤
괘문언전坤卦文言傳」·「계사상전繫辭上傳」·「계사하전繫辭下傳」·「설괘전」說卦
傳·「서괘전序卦傳」·「잡괘전雜卦傳」 등 열 편의 글을 말한다. 사실 이러한
십익전은 「문언전」을 건괘와 곤괘의 두 「문언전」으로, 「계사전」을 상전과
하전으로, 「상전」을 「괘상전」과 「효상전」으로 나눴다는 측면에서 엄격히 따지
면 7전이라고 해야 할 것이다. 이렇듯 굳이 7전을 구분하여 10이라는 숫자를
붙여 '십익전十翼傳'이라 명명한 것은 완성의 수인 10이 갖는 철학적 의미를
살리려 한 것이라 볼 수 있다.

꼽을 수 있다. 그리고 대표적인 상수역학자로는 서한의 맹희孟喜·경방京房, 북송의 주돈이周敦頤·소옹邵雍, 명청대의 래지덕來知德·방이지方以智·초순焦循 등을 대략 꼽을 수 있다. 지욱에 의해 불교적 관점에서 저술된『주역선해周易禪解』역시 의리학적 관점에 중심을 두고 저술된 역학서라고 할 수 있다.

4. 역易의 의미와 종류

『주역』, 혹은『역경』이라고 부르는 명칭에 있어 '역易'은 어떠한 의미를 지니고 있는 것일까? 이에 대해 당대의 공영달이 저술한『주역정의周易正義』에서는 동한의 정현(鄭玄, 127~200)의 설을 인용하여 역易이라는 글자에는 세 가지 뜻이 내포되어 있음을 다음과 같이 밝히고 있다.

역易에는 하나의 이름에 세 가지 뜻을 함축하고 있으니 하나는 '이간易簡'이고, 둘은 '변역變易'이며, 셋은 '불역不易'이다(易一名而含三義, 易簡一也, 變易二也, 不易三也).

『주역정의』에서의 이 같은 표현은 곧 역易에는 우주만물의 변화에 대한 이치(變易)와 그러한 변화 속에서도 변하지 않는 항구한 본원적 진리(不易)가 담겨 있고, 이러한 변역과 불역의 이치는 누구나가 쉽게 알 수 있고 수순隨順할 수 있는 이치(易簡)임을 설명하고 있는 내용이라 할 수 있다.

역학사에 있어 이러한 의미를 함축하고 있는 역易에는 세 가지 종류(三易)가 있었음을 밝히고 있다. 중국 상고시대에 있어서 하夏나라에는

『연산역連山易』이 있었고, 상(商: 殷)나라 시기에는 『귀장역歸藏易』이 있었으며, 주周나라 시기에는 『주역周易』이 있었다고 하는 설이 바로 그것이다.

통설에 의하면 『연산역』은 염제 신농씨炎帝神農氏가 지었는데, 64괘 가운데서 산을 뜻하는 간괘(☶)가 중첩한 중산간(重山艮 ䷳)괘를 맨 첫머리 괘(首卦)로 두었기 때문에 『연산역』이라 하였다. 『귀장역』은 황제 헌원씨黃帝軒轅氏가 지었는데, 역시 64괘 중에서 '모든 우주만물이 땅에서 생겨나서 다시 땅으로 되돌아간다'라는 의미를 내포하고 있는 땅괘, 즉 곤괘(☷)가 중첩한 중지곤(重地坤 ䷁)괘를 맨 첫머리에 두었기 때문에 『귀장역』이라고 불렀다. 『주역』은 주나라 때 문왕이 괘를 설명하는 단사彖辭를 쓰고, 그의 아들 무왕武王이 이어서 6효六爻에 대한 설명의 글인 효사爻辭를 써서 완성한 것이기에 『주역』이라고 부르게 되었다는 것이다.[1124]

이러한 세 종류의 역易 가운데 『연산역』과 『귀장역』은 주대周代까지 전해졌으나 이후 도태되어 사라지게 되었고, 이후 주대에 저술된 『주역』만이 온전히 전해져서 지금과 같이 역易을 대표하는 고유명사처럼 받아들여지게 되었다.

5. 역易의 기본개념

다른 유교경전과는 달리 『주역』을 읽기 위해서는 역易과 관련한 기본적 개념을 먼저 이해해야 한다. 역易에 등장하는 기본개념으로는 태극太極

1124 남동원 저, 『주역해의 I』 하권, 나남출판, 2005, pp.27~28 참조.

·양의兩儀·사상四象·팔괘八卦 등을 나열할 수 있는데, 역易의 구성은
바로 이러한 기본개념을 바탕으로 이루어지고 있다.

1) 태극太極

「계사상전」 제11장에서는 "이러한 까닭으로 역易에는 태극太極이 있으
니, 이것이 양의兩儀를 낳고, 양의가 사상四象을 낳고, 사상이 팔괘八卦
를 생한다. 팔괘가 길흉吉凶을 정하고, 길흉이 대업大業을 생성한다"[1125]
라고 언급하고 있다. 이는 태극을 근원으로 하여 역易을 구성하고
있는 양의와 사상과 팔괘가 생성되고 있음을 밝히고 있는 내용이라
할 수 있다.

역易에 있어 '태극太極'은 역도易道의 본체로서 우주만물의 본원적
근원성根源性을 의미한다. 이러한 태극은 우주를 들어 말하면 우주
그 자체이고, 개별적 현상을 들어 말하면 만유의 현상 하나하나가
바로 태극의 분신이라 할 수 있다. 이는 마치 불교에 있어 우주만유의
근원적 본성으로서 현상 하나하나에 내재해 있다고 하는 법신(法身:
如來藏性)에 비유될 수 있을 것이다. 이러한 이치에서 보면, 사람과
어개조수魚介鳥獸와 일월성신日月星辰을 비롯한 작은 풀 한 포기, 미세
한 먼지까지도 태극의 존재가 된다. 우주만물 이외에 태극이 별도로
존재하는 것도 아니고, 또한 태극을 떠나 따로 만물이 존재하는 것도
아니다. 곧 태극이 바로 만물이고 만물이 바로 태극인 것이다. 이는
불교의 『화엄경』에서 설하고 있는 "하나 속에 일체가 있고(一中一切),

[1125] 『주역』 「계사상전」 제11장, "是故로 易有太極하니 是生兩儀하고 兩儀ㅣ 生四象
하고 四象이 生八卦하니 八卦ㅣ 定吉凶하고 吉凶生大業하나니라."

일체 속에 하나가 있다(多中一)"고 하는 교설과 일맥상통한다고 할
수 있다. 우주 만유는 바로 이러한 태극의 작용에 의해 현상적으로
나타나고 소멸하는 변화현상을 보이고 있는 것이다. 이러한 태극에
대해 주자와 지욱은 각각 다음과 같이 표현하고 있다. 먼저 주자의
표현이다.

태극은 단지 천지만물의 이理이니, 천지에 존재하는 것으로 말한다
면, 곧 천지 가운데에는 태극을 소유하고 있다. 만물에 존재하는
것으로 말한다면, 곧 만물 가운데에는 각기 태극을 소유하고 있다.
천지가 있기 이전에 필경 먼저 이러한 이理가 있다. 움직여서 양을
생하는 것도 또한 다만 이理이고, 고요하여 음을 생하는 것도 또한
다만 이理이다.[1126]

또한 지욱은 다음과 같이 말한다.

천지는 다르지만 동일한 태극이다.[1127]
그러나 384효가 다만 64괘이고, 64괘가 다만 8괘이며, 8괘는 다만
4상四象이고, 4상은 단지 양의兩儀이며, 양의는 단지 태극이다.[1128]

1126 黎靖德 編, 楊繩其·周嫻君 交點, 『朱子語類一』卷1, 岳麓書社, 1996, p.1.
    "太極只是天地萬物之理, 在天地言, 則天地中有太極. 在萬物言, 則萬物中各
    有太極. 未有天地之先, 畢竟先有此理. 動而生陽, 亦只是理, 靜而生陰, 亦只
    是理."

1127 『周易禪解』 제1권, 중지곤괘 「문언전」에 대한 해석, 九州出版社, 2004, p.30.
    "天地不同, 而同一太極."

1128 『周易禪解』 제8권, 「계사상전」 제9장 "顯道神德行"에 대한 해석, pp.266~267.

이 같이 태극이 곧 이理라는 주자의 언급과, 천지가 동일한 태극이며 역易을 구성하고 있는 384효·64괘·8괘·사상·양의가 모두 태극에서 기원하고 있다는 지욱의 표현은 태극이 세상 만물의 근원적 이치로 작용하고 있음을 분명하게 설명하고 있는 예라 할 수 있다.

2) 양의兩儀

역易에 있어 '양의兩儀'는 만물의 근원성인 태극을 바탕으로 변화하여 생겨나는 음(陰 --)과 양(陽 —)이라는 상대적 두 기운을 말한다. 즉 양의는 태극으로부터 분화된 대립하는 음양이라는 양면성에 대한 명칭이다. 이를 주야晝夜에 대비시킨다면 낮은 양, 밤은 음의 기운에 해당된다. 그런데 이러한 양의라는 음양은 서로 상대적인 그런 까닭에 순수한 음과 양은 존재하지 않는다. 따라서 모든 사물은 음양을 동시에 가지고 있다고 할 수 있다. 그런 까닭에 음양은 상의상관相依相關하는 의존적 관계 속에서 서로 대립하고 억제하지만 동시에 상호 보완하며 균형을 유지하는 특성을 나타낸다.

표 〈체體·용用·위位·형形·성性에 있어서의 음양 관계〉

體		用		位		形		性	
陰	陽	陰	陽	陰	陽	陰	陽	陰	陽
無形	有形	靜	動	西	東	地	天	輕	重
水	火	降	昇	北	南	月	日	賤	貴
二	一	臥	立	下	上	女	男	弱	強

"然三百八十四爻, 祇是六十四卦, 六十四卦, 祇是八卦, 八卦祇是四象, 四象祇是兩儀, 兩儀祇是太極."

人爲	自然	閉	開	內	外	夜	晝	柔	剛
器	道	引	推	伏	飛	小	大	寒	熱
鬼	神	退	進	低	高	短	長	濕	燥
僞	眞	亡	生	後	前	方	圓	暗	明
血	氣	成	生	右	左	偶	奇	濁	淸
臣	君	閉	開	背	面	老	少	悲	喜
母	父			方	圓	虛	實	凶	吉
婦	夫							非	是
五臟	六腑							辱	榮
								過	功

이러한 음양의 속성을 나열하면, 음은 유순하고 부드럽고 고요하고 어둡고 포용하는 특성이 있다. 반면에 양은 강건하고 힘차고 활동적이고 밝고 주재하는 특성이 있다. 작용의 면에서 보면 음은 끌고 물러서는 작용을, 양은 밀고 나아가는 작용을 나타낸다.

3) 사상四象

사상四象은 태극을 근원으로 하여 변화, 생성된 음양의 기운을 그 강약에 따라 다시 네 가지 기운의 양상으로 세분화한 것이다. 곧 태양(太陽 ⚌)·소음(少陰 ⚏)·소양(少陽 ⚎)·태음(太陰 ⚏)을 말한다. 이러한 사상을 근원과 현상이라는 측면에서 살펴보면, 태양은 근원과 드러난 현상이 모두 양의 기운을, 소음은 근원은 양이지만 드러난 현상이 음의 기운을, 소양은 근원은 음이지만 드러난 현상은 양의 기운을, 태음은 근원과 드러난 현상이 모두 음의 기운을 말한다. 이를 또한 방위로 표시하면, 태양은 남방, 태음은 북방, 소음·소양은 동방·서방

을 가리킨다고 할 수 있다. 또 시간의 흐름에 따른 계절의 변화에
대비시켜보면, 소양은 봄, 태양은 여름, 소음은 가을, 태음은 겨울에
대비시킬 수 있다.

4) 팔괘八卦

팔괘八卦는 곧 건(乾 ☰ 天, 하늘)·태(兌 ☱ 澤, 연못)·이(離 ☲ 火,
불)·진(震 ☳ 雷, 우레)·손(巽 ☴ 風, 바람)·감(坎 ☵ 水, 물)·간(艮
☶ 山, 산)·곤(坤 ☷ 地, 땅)의 여덟 괘를 말하는데, 사상四象이라는
음양의 기운이 다시 여덟 가지로 3단의 분화작용을 거쳐 나타난 것을
가리킨다. 이는 곧 음양의 기운이 여덟 가지 물상物像으로 현상화된
것이라 할 수 있으며, 역학에서 자연계와 인간계의 본질을 인식하고
설명하는 기호체계라 할 수 있다. 이러한 팔괘가 상징하는 물상과
이를 설명하는 용어에 대해 '선천팔괘차서도先天八卦次序圖'에서는 다
음과 같이 표시하고 있다.

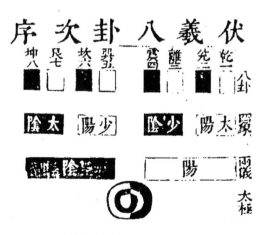

〈선천팔괘차서도先天八卦次序圖〉

위 차서에서는 맨 아래에서 위로 올라가며 태극에서 양의, 양의에서 사상, 사상에서 팔괘가 분화된 단계를 보여 주고 있다. 또 팔괘를 설명함에 있어 맨 첫 번째인 건乾은 물상으로는 '하늘(天)', 순서로는 첫 번째를 뜻하는 '一', 음양의 상으로는 '☰', 축약하여 부르는 명칭으로 는 '일건천一乾天'임을 나타내고 있다. 이외에 다른 괘도 같은 방식으로 표시하고 있다.

한편 역易에서는 이러한 팔괘를 음양이라는 기운의 양상에 기초하여 부를 경우, 양(陽 ─)은 하나의 선으로 이어졌다는 의미에서 '연連'이라 부르고, 음(陰 --)은 하나의 선이 두 개로 끊어졌다는 의미에서 '절絶'이 라 부른다. 따라서 건(乾 ☰)은 세 양이 하나로 이어졌다는 뜻에서 '건삼련(乾三連)', 태(兌 ☱)는 두 양 위에 하나의 끊어진 음이 있다는 뜻에서 '태상절兌上絶', 이(離 ☲)는 두 양 가운데에 하나의 음이 비어 있는 듯 있다는 뜻에서 '이허중離虛中', 진(震 ☳)은 두 개의 음 아래에 하나의 양이 있다는 뜻에서 '진하련震下連, 손(巽 ☴)은 두 개의 양 아래에 끊어진 하나의 음이 있다는 뜻에서 '손하절巽下絶', 감(坎 ☵)은 두 음 사이에 하나의 양이 있다는 뜻에서 '감중련坎中連', 간(艮 ☶)은 두 개의 음 위에 하나의 양이 있다는 뜻에서 '간상련艮上連', 곤(坤 ☷)은 세 개의 끊어진 음이 모여 있다는 뜻에서 '곤삼절坤三絶' 등으로 부른다. 이 같은 팔괘의 괘명卦名·괘상卦象·괘덕卦德을 도표화시켜 정리하면 다음과 같다.

〈괘명卦名·괘상卦象·괘덕卦德〉[1129]

괘의 형상	차례 및 괘명, 괘상	괘의 덕성 (卦德)	자연/ 가족	동물/ 신체	오행/ 방위
건삼련(☰) 乾三連	일건천 一乾天	健(굳건함)	하늘/부친	말/머리	陽金(剛金) 西北
태상절(☱) 兌上絕	이태택 二兌澤	說(기뻐함)	연못/소녀	양/입	陰金(柔金) 正西
이허중(☲) 離虛中	삼리화 三離火	麗(걸림)	불/중녀	꿩/눈	陰火 正南
진하련(☳) 震下連	사진뢰 四震雷	動(움직임)	우레/장남	용/발	陽木(剛木) 正東
손하절(☴) 巽下絕	오손풍 五巽風	入(들어감)	바람/장녀	닭/넓적다리	陰木(柔木) 東南
감중련(☵) 坎中連	육감수 六坎水	陷(빠짐)	물/중남	돼지/귀	陰水 正北
간상련(☶) 艮上連	칠간산 七艮山	止(그침)	산/소남	개/손	陽土(언덕) 東北
곤삼절(☷) 坤三絕	팔곤지 八坤地	順(유순함)	땅/모친	소/배	陰土 西南

6. 『주역周易』의 체계와 구성

현재 전해지고 있는 『주역』은 크게 본문에 해당하는 역경易經과 해설에 해당하는 역전(易傳: 십익) 부분으로 되어 있다. 역경 부분은 64괘를 두 부분으로 나누어 이를 설명하고 있는 상경上經·하경下經으로 되어 있고, 역전은 역易에 대한 철학적 이치, 그리고 괘卦와 괘상卦象에 대해 부가적으로 설명하고 있는 「계사전」·「설괘전」·「서괘전」·「잡괘전」 등을 내용으로 한 「십익전」 등 크게 두 단락, 또는 세 단락으로 구성되어 있다.

1129 金碩鎭 著, 『대산 주역강의』(1), 한길사, 2004, p.88 참조.

1) 상경上經과 하경下經

상경과 하경은 64괘의 괘상卦象과 이를 설명하고 있는 괘사卦辭, 384효爻와 이를 하나하나 설명하고 있는 효사爻辭를 기본 내용으로 구성되어 있다. 아래 도표와 같이 상경에는 64괘의 첫 번째 괘인 중천건重天乾괘를 시작으로 중화리重火離괘까지 모두 30괘가 실려 있고, 하경에는 택산함澤山咸괘를 시작으로 64괘의 마지막 괘인 화수미제火水未濟괘까지 모두 34괘가 실려 있다.

1. 중천건(重天乾)	2. 중지곤(重地坤)	3. 수뢰둔(水雷屯)	4. 산수몽(山水蒙)	5. 수천수(水天需)
6. 천수송(天水訟)	7. 지수사(地水師)	8. 수지비(水地比)	9. 풍천소축(風天小畜)	10. 천택리(天澤履)
11. 지천태(地天泰)	12. 천지비(天地否)	13. 천화동인(天火同人)	14. 화천대유(火天大有)	15. 지산겸(地山謙)
16. 뇌지예(雷地豫)	17. 택뢰수(澤雷隨)	18. 산풍고(山風蠱)	19. 지택림(地澤臨)	20. 풍지관(風地觀)
21. 화뢰서합(火雷噬嗑)	22. 산화비(山火賁)	23. 산지박(山地剝)	24. 지뢰복(地雷復)	25. 천뢰무망(天雷无妄)
26. 산천대축(山天大畜)	27. 산뢰이(山雷頤)	28. 택풍대과(澤風大過)	29. 중수감(重水坎)	30. 중화리(重火離)

〈주역 상경 30괘〉[1130]

1130 申性秀 著, 『주역통해』, 圖書出版大學書林, 2005, p.112 참조.

31. 택산함(澤山咸)	32. 뇌풍항(雷風恒)	33. 천산돈(天山遯)	34. 뇌천대장(雷天大壯)	35. 화지진(火地晉)
36. 지화명이(地火明夷)	37. 풍화가인(風火家人)	38. 화택규(火澤睽)	39. 수산건(水山蹇)	40. 뇌수해(雷水解)
41. 산택손(山澤損)	42. 풍뢰익(風雷益)	43. 택천쾌(澤天夬)	44. 천풍구(天風姤)	45. 택지취(澤地萃)
46. 지풍승(地風升)	47. 택수곤(澤水困)	48. 수풍정(水風井)	49. 택화혁(澤火革)	50. 화풍정(火風鼎)
51. 중뢰진(重雷震)	52. 중산간(重山艮)	53. 풍산점(風山漸)	54. 뇌택귀매(雷澤歸妹)	55. 뇌화풍(雷火豐)
56. 화산려(火山旅)	57. 중풍손(重風巽)	58. 중택태(重澤兌)	59. 풍수환(風水渙)	60. 수택절(水澤節)
61. 풍택중부(風澤中孚)	62. 뇌산소과(雷山小過)	63. 수화기제(水火旣濟)	64. 화수미제(火水未濟)	

〈주역 하경 34괘〉[1131]

2) 십익전十翼傳

『주역』의 본 경문을 보조하여 철학적 이치를 설명하고 있는 '십익전十翼傳'은 보통 '역전易傳'이라고도 한다. 이를 대략 설명하면 다음과 같다.

「단전彖傳」: 64괘의 각 괘사를 다시 부가적으로 해석하고 있는 내용으로, 괘사 다음에 이어서 편재되어 있다.

「상전象傳」: 괘상전卦象傳과 효상전爻象傳의 두 종류로 구분하며,

1131 앞의 책, p.380 참조.

괘상전을 대상전大象傳, 효상전을 소상전小象傳이라고도 한다. 괘상전은 괘상에 담긴 천지자연의 이치를 바탕으로 군자가 본받아야 할 삶의 덕목에 대한 내용을 담고 있으며, 효상전은 효상을 바탕으로 효사를 설명한 것이다. 괘상전은 「단전」 다음에, 효상전은 각 효사 다음에 편제되어 있다.

「문언전文言傳」: 「건괘문언전」과 「곤괘문언전」으로 구분된다. 「계사하전」 제6장에서 공자가 "건곤은 그 역易의 문이던가(乾坤其易之門耶)"라고 표현했듯이, 64괘 중에서 건괘와 곤괘는 마치 아버지와 어머니처럼 나머지 괘의 근본이 되고 모태가 되는 가장 중요한 괘이다. 「문언전」은 바로 이러한 두 괘에 대해서만 괘사·「단사」·상사·효사 등의 구체적 이치를 설명하고 있는 글이며, 각각 건괘와 곤괘의 말미에 편제되어 있다.

「계사전繫辭傳」: 크게 「계사상전繫辭上傳」과 「계사하전繫辭下傳」으로 나뉘어져 있다. '계사繫辭'란 말은 '말(辭)을 매 놓았다(繫)'라는 뜻으로, 곧 본 경문의 괘사와 효사에 대한 철학적 이치와 역易의 기본 원리에 대해 부연설명하고 있는 내용이다. 상전과 하전 모두 12장으로 구성되어 있으며 상전이 주역에 대한 총론적 이치를 설명하고 있다면, 하전은 각론적 견지에서 역易의 이치에 대해 설명하고 있다.

「설괘전說卦傳」: 모두 11장으로 구성되어 있으며 「계사전」 다음에 편제되어 있다. 팔괘의 기본 이치와 원리, 그리고 선천팔괘先天八卦와 후천팔괘後天八卦의 괘 하나하나의 원리에 대해 구체적으로 설명하고 있다.

〈선천팔괘 방위도〉[1132]

〈후천팔괘 방위도〉[1133]

1132 선천팔괘도先天八卦圖는 선천팔괘를 팔방에 배열한 그림인데, 일반적으로 '복희
　　선천팔괘도伏羲先天八卦圖'라고도 부른다. 중국 고대 삼황오제三皇五帝 중에
　　한 분인 복희씨伏羲氏가 하도河圖에 근거하여 이러한 선천팔괘를 만들었다고
　　하는 설 때문이다. 이 괘도의 특징은 어느 계절과 방위에서나 공간적으로
　　펼쳐지는 대자연의 공간과 지리적 원상原象을 잘 표현하고 있다는 점이다.

1133 주나라 문왕文王이 선대의 복희씨의 선천괘를 근간으로 하여 계작繼作한 것으로
　　전해진다. 이 괘도의 특징은 공간의 변화에 따라 나타나는 계절의 변화, 즉

「서괘전序卦傳」: 상전과 하전으로 나뉘어져 있으며『주역』의 상경과 하경에 담긴 64괘의 순서에 대해 풀이하고 있다. 「설괘전」 다음에 편제되어 있다.

「잡괘전雜卦傳」: 「서괘전」이 64괘를 그 배열 순서에 따라 설명하고 있는 내용이라면, 「잡괘전」은 괘의 순서에 상관없이 괘를 뒤섞어 놓고 그 중에서 서로 상대적인 관계에 있는 두 괘를 한 문장으로 묶어 그 특징에 대해 간단히 설명하고 있는 내용이다. 「서괘전」 다음에 편제되어 『주역』의 마지막을 장식하고 있다.

7. 64괘 읽기

1) 소성괘小成卦와 대성괘大成卦

『주역』은 64괘와 이를 설명하고 있는 경문을 중심으로 구성되어 있다. 64괘는 이른바 소성괘小成卦라 불리는 8괘(乾☰·兌☱·離☲·震☳·巽☴·坎☵·艮☶·坤☷)가 중첩한 6효爻의 대성괘大成卦로 이루어진다. 예컨대 하늘을 상징하는 중천건(重天乾☰)괘는 8괘 중에서 소성괘인 건(乾☰)괘 둘이 상하로 중첩하여 이루어진 대성괘다. 그래서 그 명칭도 건괘가 중첩했다고 하여 '중천건괘'라 부른다. 이렇듯 8개의 소성괘가 상호 중첩하여 6효로 된 64괘의 대성괘를 이루는 것이다. 이러한 64괘(대성괘)는 각기 그 괘가 상징하는 고유한 괘상卦象이 있다. 예컨대 중천건괘는 ☰이 괘상이고 우주·하늘·강건함·아버지·용 등을 상징하고, 중지곤괘는 ☷이 괘상이고 지구·땅·유순함·어머니·암말 등을

춘하추동春夏秋冬이라는 시간적 변화의 양상을 잘 표현해 내고 있다는 점이다.

하는데, 생수 1·2·3·4·5 중에서 양수陽數에 해당하는 1·3·5의 합이 9가 되고, 음수陰數에 해당하는 2·4의 합이 6이 되므로 이러한 음양의 합수合數를 근거로 하여 음효를 6, 양효를 9로 표시한다는 것이다.

둘째, 생수 중에서 하늘의 수(天數)에 해당하는 홀수는 1·3·5로 세 가지이고, 땅의 수(地數)에 해당하는 짝수는 2·4로 두 가지인데, 이를 '삼천양지參天兩地'라고 한다. 이렇듯 삼천의 수합인 9(1+3+5)와 양지의 수합인 6(2+4)을 음효와 양효를 대표하는 수로 표시한다는 것이다. 이는 곧 8괘 중에서 양을 대표하는 순양純陽의 태양수太陽數인 건천(乾天 ☰)은 양이 세 개로 3×3=9, 음을 대표하는 순음純陰의 태음수太陰數인 곤지(坤地 ☷)는 음이 세 개로 2×3=6이 되는 것에서 증명되고 있다.

〈황하에서 나왔다는 용마龍馬그림〉

상징한다. 나머지 괘들도 이와 마찬가지로 각기 고유한 괘상과 그 괘상에 따른 상징을 담고 있는 것이다.

坤地	艮山	坎水	巽風	震雷	離火	兌澤	乾天	外卦 / 內卦
地天泰	山天大畜	水天需	風天小畜	雷天大壯	火天大有	澤天夬	乾爲天	乾天
地澤臨	山澤損	水澤節	風澤中孚	雷澤歸妹	火澤睽	兌爲澤	天澤履	兌澤
地火明夷	山火賁	水火旣濟	風火家人	雷火豐	離爲火	澤火革	天火同人	離火
地雷復	山雷頤	水雷屯	風雷益	震爲雷	火雷噬嗑	澤雷隨	天雷无妄	震雷
地風升	山風蠱	水風井	巽爲風	雷風恒	火風鼎	澤風大過	天風姤	巽風
地水師	山水蒙	坎爲水	風水渙	雷水解	火水未濟	澤水困	天水訟	坎水
地山謙	艮爲山	水山蹇	風山漸	雷山小過	火山旅	澤山咸	天山遯	艮山
坤爲地	山地剝	水地比	風地觀	雷地豫	火地晉	澤地萃	天地否	坤地

64괘 일람표

2) 내괘內卦와 외괘外卦

역易에서는 두 개의 소성괘로 이루어진 대성괘를 읽을 때, 아래의 소성괘를 하괘下卦 혹은 내괘內卦라 하고, 위의 소성괘를 상괘上卦 혹은 외괘外卦라 한다. 예컨대 수뢰둔(水雷屯 ䷂)괘의 내괘는 진뢰(震雷 ☳)괘이고 외괘는 감수(坎水 ☵)괘이다. 이러한 내괘와 외괘는 서로 간에 상대相對·상보相補·상응相應의 관계를 이루면서 대응관계를 맺고 있다. 또한 내괘와 외괘는 본말本末·체용體用·선후先後의 관계 속에서 괘의 전체적 양상을 나타내고 있다.

3) 6효

소성괘가 중첩하여 이루어진 대성괘는 모두 여섯 개의 음(--)과 양(—)의 기호가 모여서 이루어졌다. 역易에서는 대성괘의 이러한 음양의 기호 하나하나를 '효爻'라 부른다. 이러한 6효를 읽을 경우 아래서부터 위로 읽어 가는데, 맨 아래 내괘의 첫 효를 초효初爻, 두 번째 효를 2효, 세 번째 효를 3효, 네 번째 효를 4효, 다섯 번째 효를 5효, 외괘의 마지막 효를 상효上爻라 한다. 그런데 이러한 6효를 읽을 때 효가 음(--)이면 육六, 양(—)이면 구九를 붙여 읽는다.

山水蒙

예컨대 산수몽(山水蒙 ䷃)괘를 읽는 경우, 초효는 음효로 초육初六, 이효는 양효로 구이九二, 삼효는 음효로 육삼六三, 사효는 음효로 육사

六四, 오효는 음효로 육오六五, 상효는 양효이므로 상구上九라고 읽는 것이다. 이렇듯 음효를 육六, 양효를 구九라 표시하는 것은 크게 두 가지 이유에서이다.

첫째, 하도河圖[1134]에 배열된 수數 중에서 안(內本)에 배열된 1·2·3·4·5는 다른 수를 생하는 기본수가 된다고 하여 생수生數라 하고, 밖(外末)에 배열된 6·7·8·9·10은 생수를 통하여 이루어진 수라 하여 성수成數라

1134 하도河圖는 중국 황하에서 나왔다는 신비한 그림이다. 지금부터 약 5000년 전 어느 날 하늘에서 갑자기 마른벼락이 쪼개져 내리면서 강물이 용트림하듯 부글부글 끓어올랐다. 잠시 후 신기한 신마神馬 한 마리가 황하를 박차고 뛰어나왔는데 머리는 용이고 몸체는 말의 모습으로, 참으로 희귀한 신물神物이었다. 그때 강 언덕을 한가로이 배회하던 한 사내가 불현듯 타 보고 싶은 충동에 안장도 고삐도 없이 신마에 올라타고 바람처럼 내달려 집으로 돌아왔다. 집에 도착한 사내가 자세히 보니 말 등에는 이상하게 생긴 반점이 찍혀 있었다. 이를 신기하게 여겨 반점에 필묵을 바른 다음 널빤지를 대고 찍어보았다. 그림에는 심오한 우주의 이치가 함축되어 있었다. 이를 황하에서 나온 그림이라 하여 '하도河圖'라 칭하였다. 하도의 연구를 통하여 우주순환의 이치와 인생의 이치, 삶의 철학을 발견하여 세상 사람들을 깨우쳐 준 이가 바로 복희씨로 전해진다. 하도에 나타난 숫자들은 생물처럼 서로 음양의 교감을 하고 있다. 수컷인 양수陽數 1은 암컷인 음수陰數 6을, 음수 2는 양수 7을, 양수 3은 음수 8을, 음수 4는 양수 9를, 양수 5는 음수10을 찾아가고 있다. 1·2·3·4·5의 수는 천지만상의 기본수基本數인 생수生數가 되고, 6·7·8·9·10의 수는 조화수造化數인 성수成數가 된다. 복희씨는 이를 이용하여 우주의 기본 구조를 선천팔괘先天八卦로 설명하였다. 즉 건일乾一은 하늘(天)이요, 곤팔坤八은 땅(地)이다. 그리하여 천지天地는 정립定立한다. 간칠艮七은 산山이요, 태이兌二는 연못(澤)이다. 그리하여 산택山澤은 통기通氣한다. 진사震四는 우레(雷)요, 손오巽五는 바람(風)이다. 그리하여 뇌풍雷風은 상박相搏한다. 감륙坎六은 물(水)이요, 이삼離三은 불(火)이다. 그리하여 수화水火는 불상사不相射한다는 것이다.

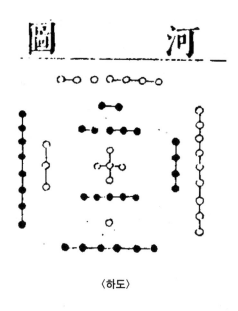

〈하도〉

4) 효위爻位와 삼재三才

대성괘인 64괘의 기본 단위를 이루고 있는 6효의 의미는 공간적으로는 천지인天地人 삼재三才의 자리(位)를 상징하고, 시간적·현상적으로는 이러한 삼재가 변동變動한다는 이치를 상징한다고 할 수 있다. 6효의 효위爻位에 있어 초효와 2효는 지재地才, 3효와 4효는 인재人才, 5효와 상효는 천재天才의 자리에 각각 해당한다. 이렇듯 6효가 천·지·인 삼재의 자리를 상징한다고 하는 뜻은 6효가 바로 천문天文과 지리地理와 인사人事에 대한 변화의 이치를 담고 있기 때문이다. 이러한 6효의 의미에 대해 역易의 철학적 이치를 밝히고 있는 「계사하전」에서는 다음과 같이 표현하고 있다.

역서易書는 광대하여 모든 것을 다 갖추고 있다. 천도天道가 있고

인도人道가 있으며 지도地道가 있으니, 삼재三才를 겸해서 그것을
둘(陰陽)로 하였다. 그러므로 6효가 된다.[1135] 6효爻라는 것은 다른
것이 아니라 삼재의 도이다. 도에는 변하고 동함이 있는데, 그러므로
효라 이른다. 효에는 차등이 있으므로 물物이라 한다.[1136] 물物이
서로 뒤섞이므로 문채文彩라 하는데,[1137] 문채가 마땅하지 않으므로
길흉이 생기는 것이다.[1138]

또한 이러한 6효는 그 자리(爻位)에 따라 다음과 같은 상징적 내용들
을 배속해 볼 수 있다.

[1135] 천·지·인 삼재를 또다시 음양으로 나뉘면 하늘의 음양, 땅의 음양, 사람의
음양 여섯이 되고, 이것이 한 괘의 6효를 이룬다는 것이다.

[1136] 6효에 등급차등이 있다는 말은 64괘에 담겨 있는 384효는 음효陰爻와 양효陽爻,
강효剛爻와 유효柔爻, 귀한 효와 천한 효, 서로 간에 가까이 있는 효와 멀리
떨어져 있는 효, 초효와 상효와 같은 본말의 효 등과 같이 차별이 있다는
의미이다. 그런데 이러한 차별적 효는 그 효가 의상擬象하여 나타내고 있는
사물事物이 있다는 것이다. 건괘를 예로 든다면 같은 용이지만 시공에 따라
잠용潛龍·현룡見龍·비룡飛龍·항룡亢龍 등과 같이 달리 표현되고 있다.

[1137] '문文'은 곧 문채文彩를 의미한다. 사물이 뒤섞여 문채를 이룬다는 말은 64괘의
384효는 음효와 양효가 서로 뒤섞여 있고, 또한 이러한 음양이 뒤섞여 있는
각각의 효는 각종 사물을 의상擬象하여 표현되고 있어 결과적으로 가지가지의
문채를 이루고 있다는 것이다. 곧 64괘 384효는 천지만물의 문채를 나타내고
있다는 뜻이다.

[1138] 「계사하전」제10장, "易之爲書也ㅣ 廣大悉備하야 有天道焉하며 有人道焉하며
有地道焉하니 兼三才而兩之라. 故로 六이니 六者는 非他也ㅣ라. 三才之道也
ㅣ니 道有變動이라 故曰爻ㅣ오. 爻有等이라 故曰物이오 物相雜이라 故曰文이
오 文不當이라 故로 吉凶이 生焉하니라."

六位	사회	인간	동물	가족	연령
上	上王·國師	머리	머리	조부	60
五	天子(왕)	어깨	앞발	부	50
四	公·卿(재상·대신)	몸통	몸의 앞부분	형(자)	40
三	大夫(지방관리)	넓적다리	몸의 뒷부분	제(매)	30
二	士(하급관리)	정강이	뒷발	모	20
初	民(백성)	발	꼬리·엉덩이	손자	10

5) 효위爻位에 따른 중中·정正·응應·비比

여섯 효로 이루어진 한 괘를 해석하는 데 있어 중요한 것은 6효의 위치(爻位)에 따른 관계 분석이다. 역리易理에 있어 가장 중요하게 여기는 것이 바로 '중정中正'의 개념이다. 중정中正은 중中과 정正이 합쳐진 개념이다. 중中은 『중용中庸』에서의 중中과 같은 개념이라 할 수 있다. 즉 불편불의不偏不倚하고 과불급過不及이 없는 상태를 의미한다. 이는 또한 불교에서 있어 두 극단적 사고와 편견을 벗어난 가장 올바른 진리, 혹은 바른 수행의 길을 상징하는 중도中道의 의미와도 상통한다고 볼 수 있을 것이다.

효위에 있어 중中의 자리는 바로 내괘의 가운데 자리인 2효와 외괘의 가운데 자리인 5효를 가리킨다. 역에서는 이렇듯 효가 내괘와 외괘의 가운데에 자리하여 중을 얻고 있는 것을 '득중得中'이라 부른다. 중천건(重天乾 ䷀)괘를 예로 든다면 초구初九와 구사九四는 중에 미치지 못하고(不及), 구삼九三과 상구上九는 중을 지나쳤으며(過中), 오직 구이九二와 구오九五만이 중의 위치에 자리하여 득중得中의 상태를 얻고 있는 것이다.

이에 비해 '정正'은 음양의 효가 각기 정해진 자기 자리에 위치함을 의미한다. 효위에 있어 양효와 음효의 자리는 다르게 정해지는데, 내괘의 맨 아래 초효부터 위로 올라가며 양위陽位·음위陰位의 순서로 정해져 있다. 곧 초효·3효·5효는 양의 자리(陽位)이고, 2효·4효·상효는 음의 자리(陰位)가 된다. 효위에 있어 정正은 바로 양효가 양위에 바르게 있거나(以陽居陽), 음효가 음위에 바르게 자리함(以陰居陰)을 가리킨다. 역에서는 이렇듯 음양이 각기 자기 자리에 바르게 위치하는 것을 '정위正位', '정正', '득위得位'라고 부르고 그렇지 못한 경우를 '부정위不正位', '실위失位'라 부른다. 예컨대 산수몽(山水蒙 ䷃)괘의 초육은 양 자리에 음효가 있기 때문에 부정위不正位이며, 구이도 음위에 양효가 왔기 때문에 부정위이고 육삼 역시 양위에 음효가 있기 때문에 위부정이 된다. 육오와 상구도 마찬가지이며, 오직 육사만이 음위에 음효가 자리하고 있어 정위를 이루고 있는 것이다.

역에 있어 중정中正은 바로 이렇듯 효가 중中과 정正을 동시에 겸한 경우를 가리킨다. 예컨대 중천건괘(䷀)에 있어 구오는 외괘의 가운데에 자리하여 중을 얻고 있고 또한 양효로서 양 자리에 바르게 위치하고 있어 중정中正한 덕을 갖추고 있다. 중지곤괘(䷁)의 육이 역시 내괘의 가운데에 자리하고 있어 중을 얻고 있고 동시에 음효로서 음위에 자리하고 있어 중정한 덕을 갖추고 있는 경우가 된다.

64괘 384효 중에서 중中에 못 미친 불급不及이 되는 효는 128효, 중을 얻고 있는 효 역시 128효, 중을 지나친 과중過中의 효 또한 128효가 된다. 불급, 과중, 득중의 효가 각기 3분의 1을 차지하고 있는 것이다. 또한 64괘·384효 중에서 양효로서 중정한 덕을 갖추고 있는 효는

32효, 음효로서 중정한 덕을 갖추고 있는 효 역시 32효에 불과하다. 양효와 음효를 합쳐서 모두 64효에 불과하고, 384효 전체로 보면 6분의 1에 불과한 것이다. 효위에 있어 이러한 중정한 위치에 있는 효가 가장 좋은 효임은 두말할 필요가 없다.

효위에 있어 '응효應爻'의 의미는 외괘와 내괘의 관계에 있어 효끼리 서로 호응해서 상부상조하는 효를 가리킨다. 6효 중에 내괘의 초효와 외괘의 첫 효인 4효, 내괘의 두 번째 효인 2효와 외괘의 두 번째 효인 5효, 내괘의 마지막 효인 3효와 외괘의 마지막 효인 상효는 서로 대응하는 응효應爻 관계에 놓여 있다. 효위에 있어서 음효와 양효, 양효와 음효가 서로 응하여 협조하는 상보적 관계를 이루고 있는 경우를 '정응正應'·'상응相應'이라 하고, 그렇지 못하여 서로 간에 배타적이고 비협조적인 관계에 놓여 있는 경우를 '불응不應'·'적응敵應'이라 한다. 예컨대 지천태(地天泰 ䷊)괘의 경우 초구와 육사, 구이와 육사, 구삼과 상육은 모두 양효와 음효가 호응하여 정응正應 관계를 이루고 있는 것이다.

효위에 있어 이러한 효의 응효 관계는 음양충화陰陽沖和를 의미한다. 이렇듯 음양이 충화하여야만 남녀가 정기를 하나로 합치는 구정構精 관계가 이루어지고, 만물이 화순和順하여 화생化生의 현상을 드러내는 것이다.

'비比'는 서로 친하다는 뜻으로, 가장 가까이 인접해 있는 효의 관계를 가리킨다. 응효와 마찬가지로 음효와 양효의 인접은 서로 친하여 돕는 관계가 되고 음효와 음효, 양효와 양효의 인접은 서로 반발하여 불편한 관계가 된다. 효위에서는 이렇듯 음효와 양효가 서로 맞닿아 인접하고 있는 관계를 '상비相比'라 한다. 예컨대 수화기제(水火旣濟 ䷾)괘에서 초구와 육이는 음양 상비相比로 비효比爻가 되고, 육이와 구삼, 구삼과 육사, 육사와 구오, 구오와 상육 역시도 상비로 비효가 되는 것이다. 역에서는 이처럼 6효 중에 비효가 있는 경우를 '유비有比'라 하고 비효가 없는 경우를 '무비無比'라 한다. 중천건괘와 중지곤괘는 순양純陽과 순음純陰으로 이루어진 괘이기 때문에 대표적인 무비無比의 효가 된다. 효위에 있어 유비有比는 인접해 있는 효가 음양 상비로 서로 부조扶助함을 의미하고, 무비無比는 인접해 있는 효가 동성同性의 효이기 때문에 서로 돕지 않고 불편한 관계임을 의미한다.

효위에 있어 이처럼 중中·정正·응應·비比는 한 괘체卦體의 6효를 해석하는 데 있어서 매우 중요한 개념들이다. 이러한 효위와 관련한 개념들을 통해서 그 괘가 나타내는 여러 가지 다양한 상황과 이치를 해석해 낼 수 있기 때문이다. 하지만 이러한 개념들이 나타내는 의미와 뜻이 반드시 고정불변한 공식처럼 적용되는 것은 아니다. 64괘의 각 괘가 나타내는 특수한 정황과 상황에 따라 그 양상이 달라질 수 있으며, 이에 대한 해석도 다르게 할 수 있기 때문이다.

6) 대성괘 64괘의 변화(卦變)와 해석

설시(揲蓍: 점占)[1139]를 통해 얻어진 괘를 해석하는 데 있어 가장 중요한 것은 그 괘가 갖는 다양한 정황과 측면을 종합적으로 관찰, 이해하여

1139 설시揲蓍는 50개의 시초蓍草, 혹은 대나무 가지로 점을 쳐서 64괘 중에 한 괘를 얻어 그 괘상이 상징하는 의미와 그 괘를 설명하고 있는 괘효사卦爻辭의 해석을 통해 인간의 길흉회린吉凶悔吝을 예측해 내는 것을 말한다. 이러한 설시법에 관해서는 「계사상전」 제9장에서 자세히 언급하고 있다.

그 의미를 보다 깊이 있게 해석해 내는 일이다. 이와 관련하여 미리
이해해야 될 개념이 바로 본괘本卦·지괘之卦·호괘互卦·도전괘倒顚卦·
배합괘配合卦·착종괘錯綜卦라는 괘변卦變과 관련한 개념들이다.

(1) 본괘本卦와 지괘之卦

앞에서 이미 설명했듯이 역易은 변화의 이치(變易)를 가르치고 있다.
384효로 이루어진 64괘 하나하나는 고정불변한 괘로 정착해 있는 것이
아니라, 괘를 이루고 있는 6효 중에서 어느 한 효라도 동動하면 다른
괘로 변하게 된다. 이는 마치 어느 현상과 상황이 시간과 공간에 따라
다양한 변화의 모습을 드러내는 것과 같은 이치이다. 역에서는 처음
설시를 통하여 얻어진 괘를 '본괘本卦'라 부르고, 본괘의 효 중에서
어느 한 효가 동함으로 인하여 괘 자체가 변하여 이루어진 괘를 '지괘之
卦'라 부른다. 예컨대 설시를 통하여 중천건괘(☰)라는 본괘를 얻었는
데, 이 괘의 효 중에서 초구가 변했다면 괘체卦體도 변하여 천풍구(天風
姤 ☴)라는 전화轉化된 새로운 지괘를 얻게 되는 것이다. 이러한 본괘와
지괘를 해석함에 있어서는 본괘가 현재의 상황과 현상을, 지괘는 앞으
로 변화될 상황과 현상을 의미하는 것으로 해석하게 된다.

(2) 호괘互卦

호괘互卦는 6효로 이루어진 본괘를 해석하는 데 있어 그 내부적인
상황을 보다 자세하게 살펴보고자 하는 관점에서 성립된 개념으로,
특히 효사를 해석하는 데 중요한 판단원리가 된다. 이러한 호괘는
본 대성괘의 초효와 상효를 제외한 이효, 삼효, 사효를 하나의 소성괘

로, 그리고 또다시 삼효, 사효, 오효를 하나의 소성괘로 간주하여 또 다른 대성괘를 만들어서 이루어진다. 이때 이효, 삼효, 사효로 이루어진 소성괘를 내호괘內互卦, 삼효, 사효, 오효로 이루어진 소성괘를 외호괘外互卦라 부른다. 예컨대 지천태(地天泰 ䷊)괘의 내호괘는 태택(兌澤 ☱)이고 외호괘는 진뢰(震雷 ☳)가 되어 태괘의 호괘는 택뢰수(澤雷隨 ䷐)괘가 되는 것이다. 이는 다시 말해 지천태괘 내부에는 또 다른 의미를 담고 있는 택뇌수괘의 괘의가 내재해 있음을 의미하는 것이다.

(3) 도전괘倒顚卦

도전괘는 본괘를 정반대의 관점에서 살펴보는 것을 말한다. 예컨대 수뢰둔(水雷屯 ䷂)괘를 뒤집어서 반대 입장에서 보면 산수몽(山水蒙 ䷃)괘가 되고, 택산함(澤山咸 ䷞)괘를 뒤집어 도전하면 뇌풍항(雷風恒 ䷟)괘가 된다. 그런데 64괘 중에서 본괘를 반대로 뒤집어도 도전되지 않고 다시 본괘 그대로인 괘가 있다. 이를 '부도전괘不到顚卦'라 하는데, 중건천(重乾天 ䷀)·중지곤(重地坤 ䷁)·산뢰이(山雷頤 ䷚)·택풍대과(澤風大過 ䷛)·중수감(重水坎 ䷜)·중화리(重火離 ䷝)·풍택중부(風澤中孚 ䷼)·뇌산소과(雷山小過 ䷽) 등 모두 8괘가 있다.

(4) 배합괘配合卦

배합괘는 본괘의 6효를 모두 다른 음양의 효로 변화시켜 얻어지는 괘를 말한다. 예컨대 택산함(澤山咸 ䷞)괘의 6효를 다른 음양의 효로 변화시키면 산택손(山澤損 ䷨)괘가 되는 것이다. 이러한 배합괘는 본괘를 원인으로 하여 앞으로 일어날 결과적 상황을 미리 판단해 보는 관점에서의 괘변卦變이라 할 수 있다.

(5) 착종괘錯綜卦

착종괘는 6효로 이루어진 대성괘의 내괘와 외괘의 위치를 서로 바꾸어 새롭게 변화된 괘를 말한다. 예컨대 지천태(地天泰 ䷊)는 내괘 건천(乾天 ☰)과 외괘 곤지(坤地 ☷)로 이루어진 괘인데, 이러한 본괘의 내외괘의 위치를 서로 바꾸면 내괘의 건천(☰)이 위로 올라가 외괘가 되고 외괘의 곤지(☷)가 아래로 내려와 내괘가 되어 천지비(天地否 ䷋)가 되는 것이다. 이러한 착종괘는 본괘의 상황을 상하전후上下前後의 종합적 시각에서 판단해 보는 괘변卦變의 관점이라 할 수 있다.

우익지욱 (藕益智旭, 1599~1655)

명말청초明末清初 때 인물로 운서주굉, 자백진가, 감산덕청 등과 함께 명대明代 4대고승으로 추앙받는다. 속성은 종鍾, 이름은 제명際明 또는 명성名聲, 자字는 진지振之이다. 법명은 지욱이고, 호는 서유西有 또는 우익藕益이며, 별호는 팔불도인八不道人이다. 어릴 때 유가의 경서를 읽고 불교와 도교를 멸할 것을 서원하였으나, 17세 때 주굉이 지은 『자지록서自知錄序』와 『죽창수필竹窓隨筆』을 읽고 감화되어 불교에 입문하였다. 20세 때는 『논어』를 주석하다가 공자와 안연이 말하는 유가의 심법心法을 깨달았다. 24세 때 꿈에 수차례 감산덕청을 보고는 덕청의 문인인 설령雪嶺법사에게서 머리를 깎고 승려가 되었다. 그해 주굉의 제자인 고덕古德법사에게 『성유식론』 강의를 듣다가 의문이 생겨 참구, 성종性宗과 상종相宗이 회통됨을 깨달았다. 28세 때 어머니가 돌아가시자 극진히 효자의 예를 다 하고는, 세상의 인연을 끊고 송릉松陵으로 가서 폐관하다가 큰 병을 얻는다. 그리하여 참선공부를 하면서 동시에 염불로 서방정토에 왕생하기를 구하였다. 지욱은 일생에 걸쳐 계율에 기초한 참선과 아울러 염불과 참회수행을 병행하면서 방대한 저술활동을 했는데, 다양한 경론의 주석을 쓰면서 여러 학설의 상이점을 서로 융통시키고자 하였고, 그 융통의 귀결점으로 정토왕생을 위한 염불을 제시하였다. 또한 그는 유교의 사서삼경을 불교적 안목으로 주석했을 뿐만 아니라 화엄, 유식, 천태 등 고도의 교학 체계와 선적 체험을 바탕으로 『주역선해』를 지었다. 『주역선해』는 불교적 안목으로 『주역』을 전면적으로 해석한 탁월한 명저로 정평이 나 있다. 57세 되던 1655년 정월에 병이 나서 가부좌한 채로 서방을 향하여 손을 들고 입적하였다. 저서로는 경전 연구의 안내서인 『열장지진』 44권을 비롯하여 『아미타경요해』, 『능가경의소』, 『능엄경현의·문구』, 『법화경회의』, 『금강경파공론』, 『범망경합주』, 『대승기신론열망소』, 『성유식론관심법요』 등 전 분야에 걸쳐 있으며, 문집으로는 『영봉종론』 38권이 전한다.

만허滿虛 길봉준

중앙승가대학교를 졸업하고, 동국대학교 대학원에서 석사학위를, 동방대학원대학교에서 박사학위를 취득하였다. 주요 저서 및 논문으로 『주역선해 연구』, 『법구경 술해』, 『숫타니파아타 술해』, 「허응당 보우대사 시문학 고」, 「주역선해에 내재된 불교사상과 유교사상 연구」 등이 있다.

주역선해

초판 1쇄 인쇄 2016년 2월 15일 | 초판 1쇄 발행 2016년 2월 22일
우익지욱 저 | 길봉준 역주 | 펴낸이 김시열
펴낸곳 도서출판 운주사

　　(02832) 서울시 성북구 동소문로 67-1 성심빌딩 3층

　　전화 (02) 926-8361 | 팩스 0505-115-8361

ISBN 978-89-5746-452-6　03150　값 85,000원

http://cafe.daum.net/unjubooks 〈다음카페: 도서출판 운주사〉